玉溪年鉴 2020

【第28卷】

YUXI YEARBOOK

中共玉溪市委　玉溪市人民政府　主办

中共玉溪市委党史研究和地方志编纂办公室　编

云南出版集团

云南人民出版社

图书在版编目（CIP）数据

玉溪年鉴. 2020 / 中共玉溪市委党史研究和地方志编纂办公室编. — 昆明：云南人民出版社，2020.9
ISBN 978-7-222-19697-1

Ⅰ. ①玉… Ⅱ. ①中… Ⅲ. ①玉溪 - 2020 - 年鉴
Ⅳ. ①Z527.43

中国版本图书馆CIP数据核字（2020）第202174号

出 版 人：赵石定
责任编辑：张力山
责任校对：陈　晖
责任印制：李寒东

玉溪年鉴 2020
中共玉溪市委党史研究和地方志编纂办公室　编

出　版　云南出版集团　云南人民出版社
发　行　云南人民出版社
社　址　昆明市环城西路609号
邮　编　650034
网　址　www.ynpph.com.cn
E-mail　ynrms@sina.com
开　本　889mm × 1194mm　1/16
印　张　34.25
字　数　1700千
版　次　2020年9月第1版第1次印刷
制　作　昆明美雅奇印务有限公司
印　刷　云南速盈印刷有限公司
书　号　ISBN 978-7-222-19697-1
定　价　380.00元

如有图书质量及相关问题请与我社联系
审校部电话：0871-64164626
印制科电话：0871-64191534
如有印装问题请与承印厂联系，联系电话：0871-63302934

云南人民出版社微信公众号

《玉溪年鉴》编纂委员会

《玉溪年鉴》编辑部

通讯地址　中共玉溪市委党史研究和地方志编纂办公室

（红塔区东风广场一号路上郑井28-1号301室）

邮政编码　653100

联系电话　0877-2025488

电子邮箱　yxdfzb@163.com

撰稿人员名单

（按文章顺序排列）

艾勇智　尹琳芳　向小华　周婧　史丽　何亚澜　方翔　陈晖　杨三保　王媛
俞江　顾锐　宋丽姣　普丽萍　白绍龙　高欣　郑颙　许勇　李向阳　李文奎
黄瑞　高发红　朱文栋　徐瑞江　适丽招　瞿星宏　曹瑞　张新荣　刘飞燕　官家燕
徐琦　何潇　王嫣　吴磊　杨伟　范有刚　潘翠华　刘仕芬　何建刚　杨志文
袁林雨　黄蕊仪　黄晓薇　赵皖婷　周海琼　刘亚丹　黄建祥　段德翔　赵江萍　杨继林
施又莓　王建文　石锐　吴源锋　段青衿　张坤　普兴欣　夏辉雷　朱洪彪　张然
可文苑　张兴伟　郑颙　李海生　王宏伟　张明　李双艳　王星龙　周文忠　颜洪敏
赵艳丽　杨光荣　廖树琼　黄莲英　李微　聂宇　李连坤　曾应春　张志军　孙钺
吕萍　杨云光　候贵琼　李敏华　吴明伟　杨耀兰　杨晓橙　王红琴　刘双玲　李连兴
高瑾　张培清　张员超　曾维庆　朱林立　董灵　施德林　普燕　徐彦明　李翔
何飞逾　贾平　李红彦　王田珍　刘建辉　旃庆全　普群　沐婵　钱荣青　李祥
王文智　钱遵姚　刘坚坚　尹琳芳　夏静娅　李忠跃　杨艳萍　蒋志东　李翠华　何海波
吴建勇　杨春江　向小华　周婧　张婧　张晓燕　高倩　张晓燕　周晗丹　马琴
普泳智　胡宏标　张劲伟　何忠仙　杨妹　谭瑞云　潘美帆　孔素仙　肖钰姗　郑娇
张海珠　郑灵芝　马璇　刘晓宇　孟玉芳　张婧　王麟姣　应倩倩　赵雪如　吴媛
汤婧婧　潘虹　赖恒红　李培辉　马庆凯　杨斌　熊健先　高丽　杨蕾　王曦
李骏　李磊　乔羽　李强　张谨　姚梅　李玥梅　赵艳芳　武映棣　段娟
任媛　张楠　徐昊　段彩云　武文韬　史丽　瞿敏　柏存龙　管迎春　郜鸿
乔艳梅　丁兆成　廖燕　李晓琳　桂红霞　白开旺　粟芳　张芃婉　赵杨骁潇　陈泓冰
罗雅馨　信长科　雷亚萍　雷冬梅　陈永丽　蒋羽梦　刘家伟　郭迎媚　蔡建平　张帆舸
邵昌云　郭珏　杨金发　李震宁　杨菡　沈海亮　王星　龚雪刚　李彤　易帅
刘静　方丽华　谢佰龙　业凌　杨玉婷　胡晓　于洋　尹俊峰　靳雨　李敏
杨勇　王一　殷学勇　梁彬　郜丹　张喜云　岳彩云　梁昆　徐亚玲　刘毅
普文贵　杨梦　杨云舒　董辉　李忠福　陈南男　马一雄　张琼梅　李洪海　徐晓秋
李奇松　邵建洪　雷蕾　谭俊　熊位　普悦　陈娜　包翠芬　马苑　张涛
卢超　普允　普俊松　杜洋　杨坤　杨丽　沈佳佳　邓光明　杞云搏　赵晓睿
黎明燕　王一舒　董国清　赵思嘉　罗永波　陈利民　杨新燕　龙江涛　靳志良　李洪周
解家敏　董文明　刘海屹　蒋晓霜　董朝阳　谭斌　王冬洁　瞿俊　谭悦　赵志丹
王锦　史丽　晋新苑　杨筱劼　陈明　赵艳霞　刘浩勇　孙文山　李雪梅　张莉
杨梅　王德莉　徐凡清　赵腾蛟　苏为勇　张兰　杨雅越　矣永明　宋绍伟　刀燕勤
李红兰

编辑说明

一、《玉溪年鉴》是中共玉溪市委、玉溪市人民政府主办，玉溪市委党史研究和地方志编纂办公室承办的地方综合性年鉴。自1993年创刊，每年出版1卷，2020卷为第28卷。《玉溪年鉴》始终坚持“质量第一、常编常新”的编鉴宗旨，紧紧围绕党委、政府的中心工作，全面系统翔实地记述上一年度玉溪市各族人民在中国共产党的领导下建设美丽幸福新玉溪的伟大实践，以及全市政治、经济、文化、社会、生态等各方面的基本情况，深刻变化和重大成就，是外界了解认识玉溪的重要窗口。

二、《玉溪年鉴2020》第28卷主要反映玉溪市2019年度各方面的情况。全书分为图片专辑、特载、专文、大事记、市情概览、中共玉溪市委员会、玉溪市人民代表大会、玉溪市人民政府、政协玉溪市委员会、民主党派·工商联、人民团体、法治、军事、农业、水利、工业、烟草产业、园区经济、城乡发展、环境保护、经济管理、商业贸易、交通·邮政、财政·税务、金融业、教育、科学技术、文化事业、旅游业、卫生、体育、社会生活、县（区）概况、人物、附录、索引36个类目，各类目下设分目，基本资料以条目形式撰写。全书共有条目1983条，照片197幅，统计图28个，表格28个，力求做到图文并茂，切实增强年鉴的信息量和可读性。

三、本年鉴所采用的稿件均由市直有关单位和各县区史志办明确专人撰写，并经单位领导审核把关后收集，资料翔实准确，内容丰富，信息量大，是全市各级领导干部和各级各部门出台政策、制订工作计划的重要依据。

四、本年鉴设有目录和索引两种检索方法，目录在卷首，索引在卷尾。目录编排到条目、图表；索引采用主题分析法，按主题词首字音序排列，同音字以声调为序排列。

五、在反映数量变化时，一般与2018年年末数相比，文中出现“上年”字样，均指2018年，不一一注明。统计数字如部门间有出入或使用了预计数的，一律以统计部门提供的为准。在条目中，部分单位、事件等名称，第一次出现时用全称，以后用简称，不一一注明。

六、《玉溪年鉴》的标识外形为玉佩造型，由三朵流畅的浪花汇聚成汹涌澎湃的大海，是对玉溪精神“玉汝于成、溪达四海”的最佳诠释。封面标识以浪漫主义的手法，把浪花和音乐符号有机结合起来，充满了生机和活力，体现了新时代玉溪人拼搏进取、追云逐浪、永立潮头的精神。

七、本卷年鉴的编辑出版，得到了各级领导干部和各级各相关部门以及社会各界的关心帮助，在此表示衷心感谢！由于时间紧、工作量大，加之编辑水平有限，年鉴中难免有不足之处，敬请各位读者谅解。

《玉溪年鉴》编辑部

重要活动

2019年，全市上下坚定不移用习近平新时代中国特色社会主义思想武装头脑、指导实践、推动工作，增强“四个意识”、坚定“四个自信”、做到“两个维护”，不折不扣贯彻落实党中央决策部署和习近平总书记对云南工作的重要指示批示精神，扎实开展“不忘初心、牢记使命”主题教育，以“工作发力年”为契机，转变作风，提高效率，确保各项工作始终保持正确的政治方向。

①2019年9月4日，2019年《财富》全球可持续论坛在抚仙湖畔开幕，舞蹈艺术家杨丽萍致辞
②2019年9月5日，中外嘉宾在《财富》全球可持续论坛上分享交流经验
③2019年9月27日，2019年云南省生物医药产业招商推介会
④2019年10月29日，“收获金秋共谋发展”新经济发展招商引智推介大会，市委副书记、市长张德华为招商引资顾问颁发聘书
（曾永洪　摄）

①

FORTUNE GLOBAL SUSTAINABILITY FORUM
FORTUNE

②

FORTUNE

2019年云南省生物医药产业招商推介会

③

新产业 新经济 新发展
"收获金秋 共谋发展"新经济发展招商引智推
ment Promotion and Talents Atttracing Conference for New Economic D
顾问聘书颁发仪式
收获金秋 共谋发展

④

产业升级

2019 年，市委、市政府认真落实中央和省系列稳增长政策，出台 23 条具体措施，推动经济发展提质增效。高原特色现代农业走在全省前列，深入实施高原特色农业三年行动计划，抓好国家农业绿色发展试点先行区建设，红河谷—绿汁江热区产业经济带 126 个项目完成投资 26 亿元，农业增加值增长 6.2%，增速连续四年全省第一。工业转型升级步伐加快，工业增加值增长 6%，非烟规工业增加值增长 13.5%，红塔集团产品影响力明显提升，云南绿色钢城建设项目顺利推进，矿冶及装备制造业增加值增长 12%。服务业倍增计划成效明显，打造“健康生活目的地牌”取得新进展，31 个景区上线“一部手机游云南”，旅游市场秩序不断好转，第三产业增加值增长 7.5%。

①

②

③

① 新平县仙湖钢铁生产车间
② 云南红创包装有限公司生产车间
③ 玉溪维和药业股份有限公司标准化生产车间

（曾永洪　摄）

三大战役

①

②

③

2019年，“三大战役”持续推进。完成华宁磷化工绿色产业园区规划，高新区稳步发展，建成标准厂房51万平方米，全市园区工业增加值增长10.5%。“一企一策”为企业纾难解困，清理拖欠民营企业中小企业账款进度达64.9%，11户企业获评省民营“小巨人”企业，11户企业上榜省百户优强企业，民营经济增加值增长8.3%。县域经济综合实力稳步提升，9个县（区）生产总值突破百亿元大关，新平、通海获评全省县域经济发展“10强县”。

① 玉溪丫眯绿色休闲食品有限公司2019年前三季度实现总产值1.76亿余元
② 华宁大力培育发展生物制药产业
③ 云南磨浆农业有限公司生产车间

（曾永洪　摄）

五网建设

2019 年，全市各级各相关部门千方百计抓项目促投资，五网建设稳步推进。出台抓项目稳投资实施意见，市本级安排前期工作经费 1.2 亿元，盘活批而未供土地 1 万亩，重点建设项目新开工 121 个、竣工 58 个，十大重点行业完成投资 710 亿元。市人民医院改扩建、儿童医院迁建、玉江大道、科创大道、红龙路、东风中路等项目建成投入使用。江通、大戛高速大开门至新平段建成通车，实现县县通高速。玉磨铁路和弥玉、玉楚、澄川、元蔓高速公路建设加快推进，红河谷—绿汁江沿江公路启动建设，新改建“四好农村路”345 千米。玉溪民用运输机场列入国家民航“十三五”规划新建前期项目，机场选址得到国家批复。滇中引水、甸垛龙潭调水、鲁布水库等工程建设稳步推进。改造升级农村电网 265 千米，“早街变”“堵岭变”110 千伏输变电工程建成，红河天然气支线管道工程玉溪段完工。

①

②

③

① 澄江九村立交建成　（徐万林　摄）
② 澄川高速仙湖立交建设施工中　（曾永洪　摄）
③ 红塔区研和南站正搬运集装箱　（曾永洪　摄）

城乡发展

2019 年，全市统筹推进城乡协调发展，城乡面貌不断改观。玉溪市城市总体规划、红塔区“科教创新城、健康宜居城、生态园林城”规划、澄江概念性规划及城市设计完成编制，市规划馆建成开馆。深入推进“增绿添色、点亮玉溪、六城同创、建设花城”，开展城市设计试点，国家海绵城市试点建设接受考核验收，4 条黑臭水体整治如期完成，改造提升绿地面积 50 余万平方米，启动老旧小区改造。高铁新城建设进展顺利。新建排水管网 20 千米、燃气管网 35 千米，改扩建城市公厕 69 座。加快新型智慧城市建设，新增智慧停车位 1 487 个，增加、延长公交线路 13 条，荣获 2019 中国领军智慧城市称号。全面推行城市精细化管理，国家卫生城市、园林城市通过复审，全国文明城市创建工作持续推进。启动“美丽县城”149 个项目建设，完成特色小镇总体策划和 6 个专项策划。实施乡村振兴战略规划和统筹城乡发展专项行动，落实“千名领导挂千村、万名干部抓振兴”责任制，开展人居环境整治春季战役和夏季攻势。

① 建设中的中心城区新天地
② 华宁民间手造陶塑助力乡村振兴
③ 通海县环卫工人正在古城街道打扫卫生，时时保洁
④ 江川区九溪镇矣文村

（曾永洪　摄）

②

①

③

④

生态建设

2019 年，全市各级各相关部门统筹推进蓝天、碧水、净土保卫战和污染防治“8 个标志性战役”，中央和省环保督察反馈问题整改取得重要进展。“一河一策”实现全覆盖，完成 678 个“四乱”问题整改。“三湖”雷霆行动 130 个问题全部销号，新修订的《云南省杞麓湖保护条例》正式施行，《云南省星云湖保护条例》修订颁布。抚仙湖保护 2.2 万人生态移民搬迁安置全面启动，15.2 万亩“森林抚仙湖”建设任务基本完成，水质总体保持Ⅰ类。星云湖“四退三还”、环湖截污、入湖河道治理等项目基本完成，12 月份国控点水质达到Ⅴ类。杞麓湖国家湿地公园通过验收，南岸、西南岸环湖截污工程全面贯通，水质综合为Ⅴ类。县级以上集中式饮用水源地 100% 达标。中心城区空气质量优良率达 96.3%。

①

①玉溪一中海绵工程改造完工后的校园一隅
②16户私营企业和个体单位退出抚仙湖一级保护区
③杞麓湖沿湖截污生态调蓄带

（曾永洪　摄）

脱贫攻坚

2019 年，全市各级各相关部门扎实推进精准脱贫攻坚战。投入财政资金 3.4 亿元，全面落实产业、就业、健康、教育等扶贫措施，未脱贫建档立卡贫困户 512 户 1 705 人全部脱贫。建成易地扶贫搬迁集中安置点 78 个，4 类和非 4 类重点对象存量危房全部清零，新型经营主体带动 2.3 万贫困户增收致富，56 个人居环境整治示范村和 22 个饮水安全巩固提升项目启动实施。

①

①峨山县富良棚乡塔冲村
②新平县戛洒镇曼哈社区关圣庙易地扶贫安置点，打造扶贫车间助农增收
③江川区矣文村发展民族手工刺绣产业，助力乡村振兴

（曾永洪　摄）

民生保障

2019年，全市全力保障和改善民生，人民群众获得更多实惠。实施“找问题、补短板、抓落实、奔小康”行动，优先保障民生投入，十件惠民实事全面完成。发放创业担保贷款11.8亿元，城镇新增就业3.1万人，新增农村劳动力转移就业4.8万人。城乡低保及特困人员基本生活供养标准提高，基本养老、工伤、失业保险参保达200.7万人次，医疗保险覆盖率达97.2%。棚户区改造开工9 000套、建成1 275套，公租房分配4 087套。开展覆盖全社会养老服务体系建设试点，新建改造26个城乡居家养老服务中心。新增学前教育学位2 323个、普通高中学位1 500个。玉溪卫校完成搬迁扩招，全面推行紧密型县域医共体建设，医保基金打包付费、县级公立医院提质达标实现全覆盖，中山大学澄江教学医院开工建设。

①

① 元江县那诺乡脱贫公路通到自然村
② 澄江县凤麓街道开展儿童康复训练
③ 2019 年 7 月 26 日，江川区九溪镇矣文村罗合百村迁入新居的彝族妇女身着盛装庆祝火把节
（崔永红　摄）

文体活动

2019年，玉溪市成功举办庆祝新中国成立70周年、第六届中国聂耳音乐（合唱）周等系列活动，文化惠民演出1 000余场次，“聂耳音乐之都”影响力不断扩大。甘棠箐遗址、江川文庙列入国家文物保护单位，澄江化石地保护取得新成效。在全省率先实现行政村广电网络光纤全覆盖。省第十六届运动会筹办工作有序开展。

① 2019年10月1日8点30分，庆祝中华人民共和国成立70周年，万人同升国旗同唱国歌
② 2019年7月17日，第六届中国聂耳音乐合唱周，合唱《伟大的祖国伟大的党》
③ 2019年7月17日，第六届中国聂耳音乐（合唱周）玉溪分会场启动仪式，出席启动仪式的领导与演职人员合影留念
④ 2019年7月17日，第六届中国聂耳音乐合唱周，舞蹈《阿瓦人民唱新歌》
⑤ 2019年7月17日，第六届中国聂耳音乐合唱周，舞蹈《梦幻花腰》

（曾永洪　摄）

第六届中国聂耳音乐（合唱）周
玉溪分会场启动仪式暨文艺晚会
礼赞新中国
主办：中共云南省委宣传部 中国音乐家协会 中共玉溪市委 玉溪市人民政府
承办：中共玉溪市委宣传部 玉溪市文化和旅游局 玉溪市文学艺术界联合会
③

②

④

⑤

江川星云湖 （官朝弼 摄）

玉溪市行政区划图

子午镇
大庄镇
双柏
大地基
新村镇
楚雄彝族自治州
法脿镇
独田
爱尼山
碍嘉镇
安龙堡
大麦地镇
哀牢山国家级自然保护区
大雪锅山
向阳
竹箐
者竜
峨毛
鱼科
腰村
春元
九甲镇
现功
新平彝族傣族自治县
水塘镇
老厂
新化
新平
(桂山街道)
古城街道
平甸
戛洒镇
者东镇
镇沅
磨盘山国家森林公园
磨盘山
和平镇
普洱市
漠沙镇
平掌
建兴
团田镇
古城镇
孟弄彝族乡
新抚镇
新安镇
景星镇
德安
墨江
通关镇
龙坝镇
因远镇
咪哩
曼来镇
甘庄街道
元江
(红河街道)
澧江街道
元江哈尼族彝族傣族自治县
羊街
那诺
大风垭口隧道
元江隧道
元江大桥
红河大桥
元江农场
红光农场
甘庄华侨农场
漠沙农场
峨山
富良棚
塔甸镇
大龙
绿汁镇
铜厂
小街
龙泉国家森林公园
老黑山
车古
阿波里山

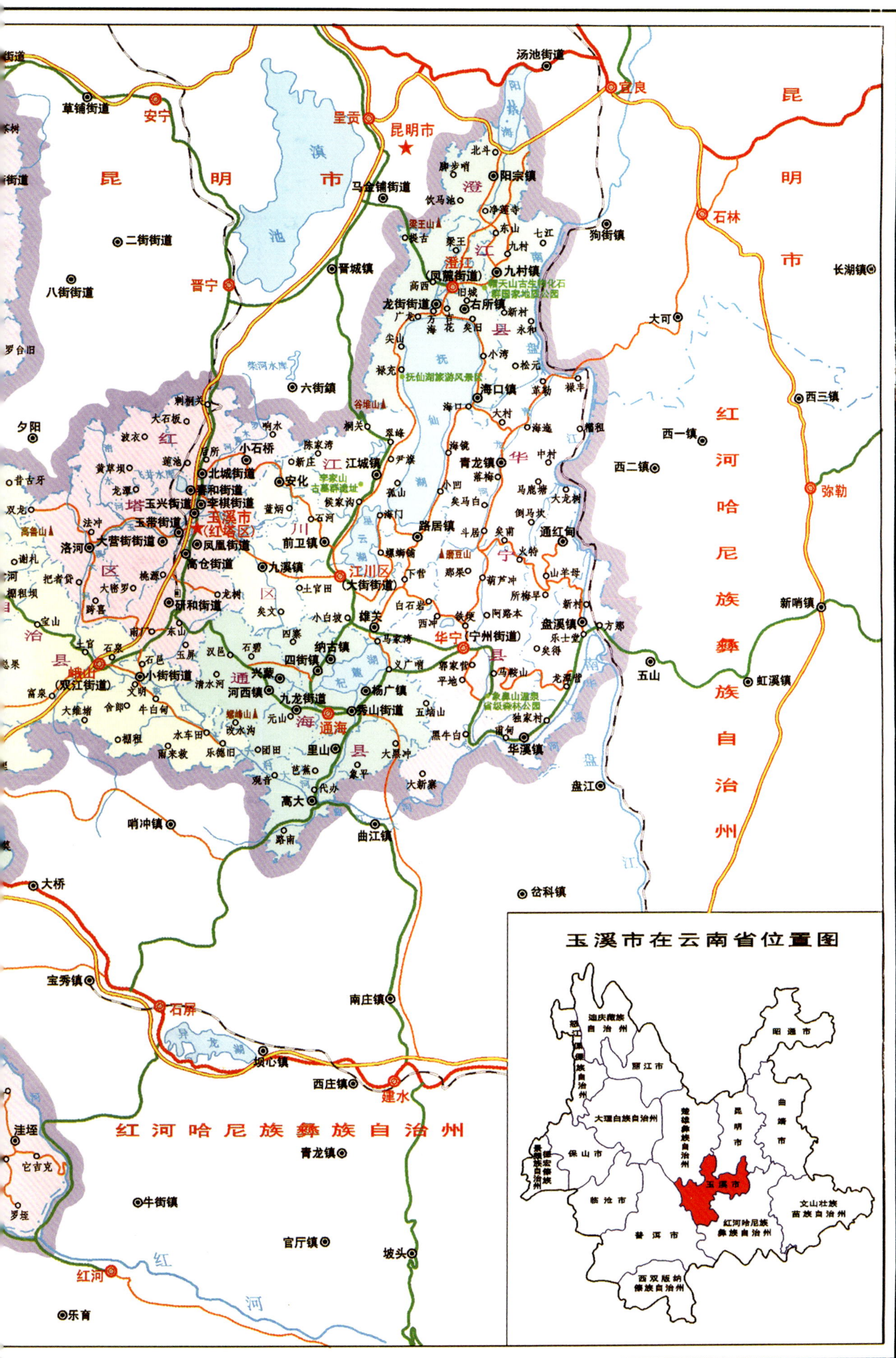

审图号：云S（2017）021号

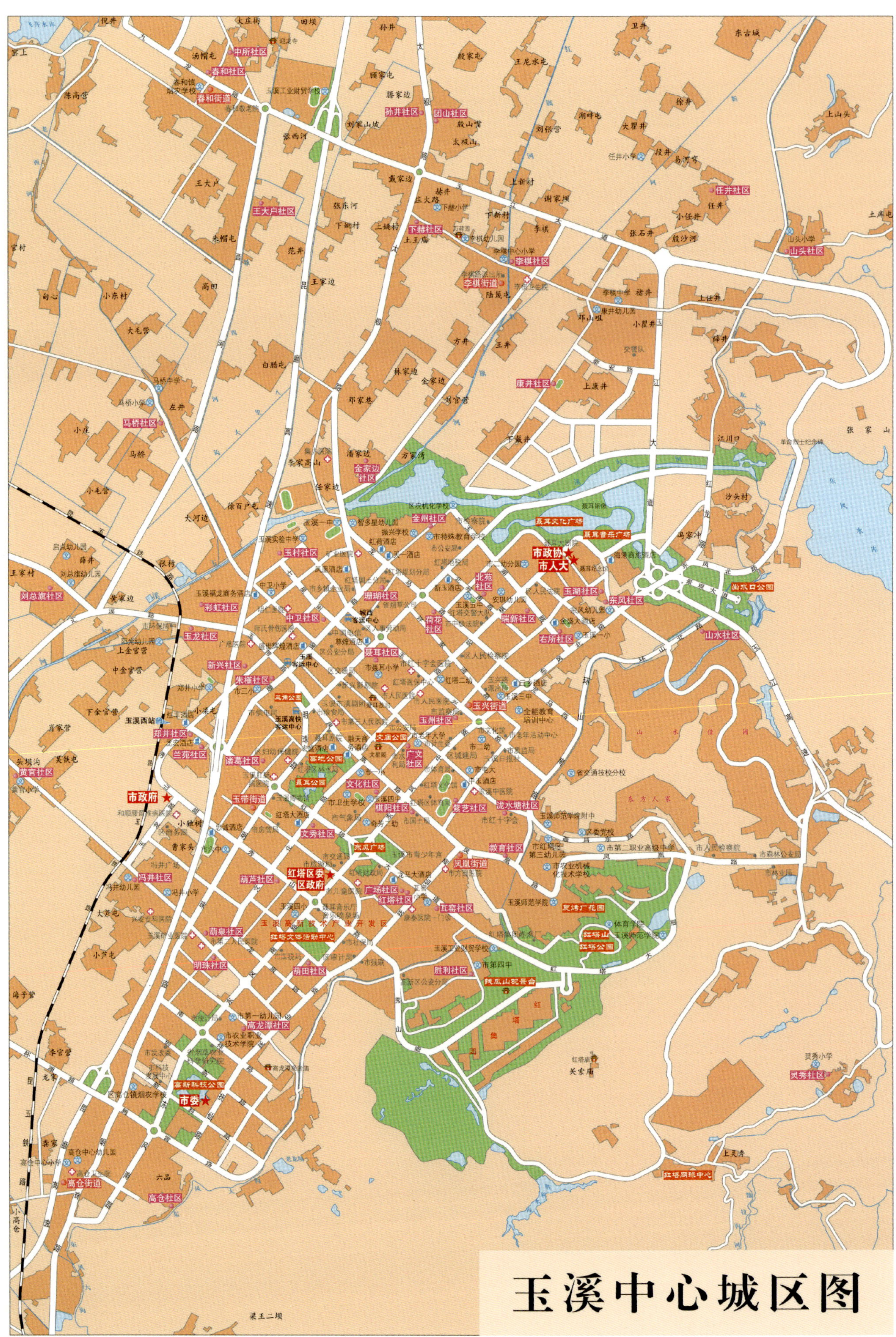

审图号：云S（2017）021号

目 录
CONTENTS

特 载
SPECIAL REPRINT

专 文
SPECIAL ARTICLES

大 事 记
A CHRONICLE OF MAIN EVENTS

市情概览
AN OVERVIEW OF YUXI MUNICIPALITY

中共玉溪市委员会
THE CPC COMMITTEE OF YUXI CITY

玉溪市人民政府
THE PEOPLE' S GOVERNMENT OF YUXI

政协玉溪市委员会
YUXI COMMITTEE OF CHINESE PEOPLE' S POLITICAL CONSULTATIVE CONFERENCE

民主党派·工商联
DEMOCRATIC PARTIES FEDERATION

民革玉溪市委

民盟玉溪市委

民建玉溪市委

民进玉溪市委

农工党玉溪市委

致公党玉溪市委

九三学社玉溪市委

工商业联合会

人民团体
MASS ORGANIZATIONS

总工会

共青团玉溪市委

农　业
AGRICULTURE

林 业

水 利
WATER CONSERVANCY

水利规划及建设

水利管理

水资源管理

防汛抗旱

工 业
INDUSTRY

工业运行

工业产业

电力工业

信息化建设

烟草产业
TOBACCO

烟草管理

园区经济
PARK ECONOMY

城乡发展
URBAN AND RURAL CONSTRUCTION

城乡规划

城镇基础设施建设

建筑业

房地产业

城市管理与行政执法

公积金管理

“六城”同创

环境保护
ENVIRONMENTAL PROTECTION

生态环境保护

经济管理
ECONOMIC MANAGEMENT

商业贸易
TRADE

交通·邮政
TRANSPORTATION·POST

财政 · 税务
FINANCE · TAXATION

金融业
FINANCE AND INSURANCE

教 育
EDUCATION

教育管理

学前教育

义务教育

普通高中教育

中等职业教育

高等教育

成人教育

特殊教育

民办教育

招生考试

科学技术
SCIENCE AND TECHNOLOGY

文化事业
CULTURE

旅游业
TOURISM

卫　生
HYGIENE

体　育
PHYSICAL EDUCATION

社会生活
SOCIETY

县（区）概况
GENERAL SITUATION OF THE COUNTRIES AND DISTRICT OF YUXI

红塔区

江川区

澄江县

通海县

华宁县

人　物
FIGURES

享受省政府特殊津贴

受表彰人物

附 录
APPENDIX

重要文件

主要经济指标

索 引
INDEX

晨雾玉溪城　（李卫东　摄）

特 载

SPECIAL REPRINT

责任编校：李海明

在市委五届九次全会上关于市委常委会工作的报告

在市委五届九次全会第二次全体会议上的讲话

政府工作报告

在市委五届九次全会上关于市委常委会工作的报告

（2019 年 12 月 30 日）

罗应光

受市委常委会委托，现在我向全会作工作报告。

2019 年，面对复杂多变的国内外环境和艰巨繁重的改革发展任务，市委常委会始终坚持以习近平新时代中国特色社会主义思想为指导，按照省委、省政府部署要求，团结带领全市党员干部和各族群众，深入贯彻党的十九大和十九届二中、三中、四中全会及省委十届六次、七次、八次、九次全会精神，坚持稳中求进工作总基调，统筹推进“五位一体”总体布局，协调推进“四个全面”战略布局，全面落实省委、省政府对玉溪提出的“六个走在全省前列”和举全市之力建设国家创新型城市等工作要求，坚持经济社会发展“5577”总体思路，稳增长、调结构、促改革、建生态、惠民生、防风险、保稳定、强党建等各项工作取得新进展新成效。预计生产总值增长 7.5% 左右，固定资产投资下降 10%，社会消费品零售总额增长 12%，金融机构存贷款余额增长 11.3%，引进市外国内资金增长 11%，进出口总额增长 50% 以上，地方一般公共预算收入下降 6.5%，城乡常住居民人均可支配收入分别增长 8% 和 9%。

一年来，市委常委会主要做了九个方面的工作。

一、牢牢把握重点关键，集中精力抓大事办要事

坚持统筹协调、超前谋划，压实责任、主动作为，重点抓了七件大事：

（一）牢牢把握重大政治任务，把学习贯彻党的十九届四中全会精神推向深入。把学习贯彻全会精神同学思践悟习近平新时代中国特色社会主义思想紧密结合，同开展“不忘初心、牢记使命”主题教育紧密结合，同推动各项工作攻坚冲刺紧密结合，采取聆听中央和省委宣讲团宣讲、理论中心组学习、市县宣讲团专题宣讲、集中培训等方式，学习宣传贯彻好全会精神，引导广大党员干部从“13 个显著优势”“13 个坚持和完善”中准确把握精髓、融会贯通。结合玉溪实际，研究制定了《中共玉溪市委关于认真学习贯彻党的十九届四中全会和省委十届九次全会精神高水平推进市域治理现代化的实施意见》，提交本次全会审议，真正将全会精神转化为推动玉溪发展的动力源泉和生动实践。

（二）牢牢把握正确政治方向，扎实开展“不忘初心、牢记使命”主题教育。对标“十二字”总要求、“五句话”具体目标，积极主动先学先改、及时制定实施方案、成立领导机构、压实工作责任，坚持以“四学”守初心、“四问”担使命、“四下”找差距、“四改”抓落实，采取“九个一”措施抓实基层党组织主题教育，抓实 13 方面专项整治、对照党章党规找差距、专题民主生活会、组织生活会等重点工作，强化督促指导，聚焦突出问题抓实整改，全市共解决问题 3 665 个，建章立制 628 项，让人民群众感受到了主题教育带来的新气象新变化。

（三）牢牢把握主旋律，隆重庆祝新中国成立 70 周年。周密部署开展庆祝新中国成立 70 周年系列活动，集中收听收看庆祝大会和国庆阅兵式，开展“同升国旗 · 同唱国歌”等活动，成功举办“辉煌 70 年”云南成就展玉溪专场、“玉溪市庆祝中华人民共和国成立 70 周年”系列主题新闻发布会、“壮丽 70 年　奋进新时代”大型主题采访等系列活动，全面立体展示玉溪经济社会发展的辉煌历程和重大成就，广泛开展宣讲演讲、摄影展、主题晚会等群众性活动，唱响礼赞新中国、奋进新时代的昂扬主旋律。

（四）牢牢把握全面从严治党要求，坚决肃清秦光荣等流毒影响。坚决拥护党中央决定，认真贯彻中央和省委精神，及时召开市委五届八次全会，审议通过《中共玉溪市委关于坚持全面从严治党构建风清气正政治生态的决定》，把肃清秦光荣等流毒影响作为重大政治任务和开展主题教育的重要内容，落实“五个必须”，抓实“八个坚决肃清”，深刻汲取教训，推动“以案促改”、立行立改，高质量开好专题民主生活会，坚决肃清秦光荣等流毒影响，全力营造风清气正政治生态和干事创业优良环境。

（五）牢牢把握率先全面小康目标，全面实施“找问题、补短板、抓落实、奔小康”行动。认真落实市第五次党代会提出的在全省率先全面建成小康社会的部署，扎实开展以“五个一”为重点的“找问题、补短板、抓落实、奔小康”行动，制定行动方案，细化任务分解，聚焦全面建成小康社会短板弱项，由市委常委牵头扎实开展七个专题调研，突出抓好 9 县区和 77 个市直单位 121 项走在全省前列重点工作，精准施策、全力攻坚，各项指标巩固提升，率先全面小康目标基本实现。

（六）牢牢把握政策关键点，圆满完成党政机构改革任务。围绕持续完善党和国家机构职能体系的总体目标，压实改革主体责任，抓实重点工作，市级 26 个新组建和涉改部门在全省率先挂牌授印，班子组建、人员转隶、“三定”等工作全面完成，市县主要机构设置同中央、省保持基本对应，各级机构限额和各类编制总量做到“两个不突破”，全市党政机构和行政职能事业单位改革圆满完成、达到预期。

（七）牢牢把握重大决策部署，全面掀起新一轮扫黑除恶强大攻势。围绕争当扫黑除恶排头兵，制定出台 10 余项扫黑除恶专项斗争制度机制，紧盯重点问题和关键环节，深化打击、深挖幕后、依法严惩、综合整治、源头治理，

顺利完成“孙小果涉黑案”审理并获最高人民法院主要领导批示肯定，全力配合中央督导下沉玉溪和“回头看”、省第九督导组督导工作，彻底整改发现问题，共打掉涉黑涉恶团伙70个，破获各类刑事案件912起，查封、冻结、扣押涉案资金1.52亿元；立案查处涉黑涉恶腐败和“保护伞”等问题215件，给予党纪政务处分155人，移送司法机关28人，专项斗争整体战果位居全省前列，被确定为全省唯一的“全国扫黑除恶重点培育市”。

二、稳住经济基本盘，全力推动经济高质量跨越式发展

认真落实中央和省稳增长工作决策部署，全面实行“七位一体”重点工作责任制，强化经济运行调度，加快建设现代化经济体系，积极培育增长新动能，确保了全市经济总体平稳运行。

（一）聚焦产业转型，强化发展支撑。突出“三区一港”产业定位，紧盯“四带多园”产业布局，加快产业转型升级，构建产业迭代体系。传统产业提质效，持续推进41个省级工业转型升级“三个一百”重点项目和100个市级工业转型升级项目建设，全力支持红塔集团推进“产品力”提升，以打造“云南绿色钢城”为重点推动矿冶及装备制造业转型升级，玉昆、仙福、太标等钢铁产能置换升级改造项目积极推进，新兴钢铁智能制造等5个项目列入省2019年智能制造试点示范项目。预计规上工业增加值增长7%，非烟规上工业增加值增长15%。新兴产业快发展，研究制定大健康产业发展规划，支持沃森、维和、克雷斯等企业加快发展，生物医药及大健康产业增加值增长9%以上；华宁国际陶都、寒武纪小镇、青花街等项目有序推进，大营街社区获“全国乡村旅游重点村”称号，全市旅游总收入增长18%以上；中国东南亚食品商贸仓储物流港一期商贸区完工，滇中（玉溪）粮食物流产业园区、雄关农产品物流园等项目稳步推进，G7智联、京东物流云仓赋能项目落户玉溪，预计物流产业增加值增长10%。数字经济出亮点，全面推进“数字玉溪”建设，大力实施“12310”发展战略，推进网络安全产业“4351”项目建设，加快推进“云上云”、工业互联网三年行动计划和“双创”升级战略、互联网“出口倍增”工程，在全省率先开启5G应用，联通西南数据中心暨国际出口局投入运营，以华为、联通、融建为基础的云南省数据中心集聚区初步形成，获评2019中国领军智慧城市。京东云“互联网+”新经济项目成功落地并顺利推进，云南省绿色食品大数据中心、区块链产业金融服务平台建设启动，普洱茶区块链溯源系统发布，京东智臻链云南绿色食品追溯示范基地、京东（玉溪）新经济产业园和创新中心揭牌。国家电子商务示范市建设加快推进，预计电商销售超过10亿元。

（二）做强实体经济，夯实发展根基。全力打好“三大战役”，千方百计释放实体经济动能。支持民营企业提质发展，坚持市、县级领导挂钩帮扶企业制度，实行重大项目“一企一策”“一项一策”，26户企业被评为省级民营“小巨人”企业和成长型中小企业，11户企业上榜第八届省百户优强企业，12名企业家入选百名优秀企业家名单，云南红塔塑胶被评为全国第一批专精特新“小巨人”企业，民营经济增加值增长8.3%。推进园区经济发展，预计建成园区标准化厂房50万平方米，工业增加值增长10%，玉溪高新区被评为全国模范劳动关系和谐园区、省级知识产权示范园区，红塔、易门工业园区被认定为首批“云南省新型工业化产业示范基地”。县域经济综合实力稳步提升，预计所有县区生产总值可突破百亿元大关，发展基础不断夯实。

（三）抓实项目投资，增强发展后劲。发挥投资关键作用，聚焦项目建设强前期、抓开工、紧入库、抢进度，全面推进省市级“四个一百”、省级“补短板、增动力”重点项目和“三个一百”工业重点项目，新开工项目391个，高铁新城、澄江环湖棚改、玉磨铁路等重大项目稳步推进，玉溪民用机场前期工作取得进展，江通高速、大夏高速大开门至新平县城段建成通车，红河天然气支线管道工程（玉溪段）完工，110千伏堵岭、旱街变二期工程建成投运，市应急气源储备中心、城市生活垃圾发电等项目有序推进。

（四）突出创新驱动，撬动发展杠杆。围绕打造滇中科教创新高地，全面推进国家创新型城市建设，组建市科教创新服务中心，加快科教创新城建设步伐，预计完成投资25亿元，玉溪卫校、职教园区11条市政道路等项目投入使用，玉溪体校和少体校迁建、“一场三馆”项目加快推进。推动“大众创业、万众创新”，抓实“双创”平台建设、创新主体培育、科技成果转化等重点工作，全球创新中心云南分中心、中科（玉溪）创新园等落户玉溪，玉溪双创中心启迪众创园入选2019中国100家特色空间，新认定国家科技型中小企业54户，新增专利授权751项，新申报院士专家工作站4个，6项科技成果荣获2019年度云南省科学技术奖，研发经费投入强度增幅居滇中城市之首，科技创新指标在全省名列前茅，科技对经济增长贡献率达59%。

三、纵深推进改革开放，发展活力持续增强

以改革开放40周年为新起点，牢固树立“改革必须先行、开放不能落后”的鲜明导向，先行先试、善作善成，持续在深化改革和对外开放中打造新优势、培育新动能。

（一）持续深化改革，打造发展引擎。主动对标对表中央和省委各项改革决策部署，坚持高位推动、试点带动、市县联动，调整组建全面深化改革委员会，明确20项重点改革任务市级领导领衔负责，细化321项改革任务，召开深改会6次，审议通过62个改革事项，确定基层改革探索试点14项。持续深化供给侧结构性改革，认真落实“巩固、增强、提升、畅通”方针，推进“三去一降一补”，化解过剩产能钢铁170万吨、焦炭25万吨、水泥75万吨，“地条钢”实现全链条监管，累计为实体经济减税降费84.4亿元；扎实开展“营商环境提升年”十大行动，深化“放管服”改革，全面巩固“123456”改革成果，积极推行“前台综合受理、后台分类审批、统一窗口出件”服务模式，在全省率先实现“只进一扇门”改革目标，市、县区两级政府实现公平竞争审查制度全覆盖，营商服务体系建设总体达到全省一流水平。经济体制、文教卫生、群团组织、党的建设等领域改革纵深推进，全国城市基层党建示范、殡葬综合改革试点等12项重点改革获中央和省肯定，全国探索拓展新时代文明实践中心建设试点县、地方计生协会综合改革试点等12项重点改革获国家级、省级授权。

（二）加大对内对外开放，提升发展活力。主动服务和融入国家“一带一路”建设和落实云南建设面向南亚东南亚辐射中心战略，中国—南亚合作论坛落户抚仙湖畔，成功举办《财富》全球可持续论坛、中德人工智能大会和“相

约春天”“收获金秋”等系列活动，与北京华联、京东集团、中建钢构、浙江大学城乡规划院等重点企业及科研机构合作项目成功签约，继续巩固加深与北京顺义、上海金山、广东佛山等友好城市的交流合作，招大引强、招才引智成果丰硕，预计引进市外国内资金 1 133 亿元。玉溪海关项目筹建工作顺利推进，全省外贸发展综合贡献百强和外向型农业发展百强企业数量位居全省第一。

四、统筹抓实城乡建设，推动区域协调发展

同步推进新型城镇化和实施乡村振兴战略，全力破解城乡发展不平衡不充分问题，预计全市城镇化率达 52% 以上。

（一）注重内外兼修，城市品位持续提升。积极谋划城市发展新格局，编制玉溪市城市总体规划（2018—2035 年），积极构建“一核四区、双廊双轴、七城多点”的城乡空间格局，建立“城市双修”工作近远期行动项目库，启动实施以生态修复、交通出行、设施供给、旧区改造等为主的“城市双修”项目建设。着力打造城市面貌高颜值，持续推进城市设计试点工作，加强城市风貌管控，深入推进“增绿添色、点亮玉溪、六城同创、建设花城”，东风中路、高铁新城站前广场等项目加快推进，玉江大道、红龙路等工程顺利完工，海绵城市建设 181 个试点项目全部完工，城市规划馆建成开馆，国家卫生城市通过第二轮复审并重获命名、国家园林城市通过复检。突出城市管理精细化智慧化，建立健全城市安全管理长效机制，深化城市管理执法体制改革，加快以城市智脑为核心的新型智慧城市建设，完成玉溪国际智慧创新城建设产业规划，扎实开展马路围挡、占道经营等专项整治，城市管理水平和治理能力实现“双提升”。全力推进县城提质扩容，澄江撤县设市获国务院批准，争取中央和省级“美丽县城”建设项目资金 5 亿元，县城面貌逐步改观，综合承载力不断提高。

（二）坚持同频共振，乡村振兴全面推进。以乡村振兴战略规划和乡村振兴统筹城乡发展专项行动为统领，实行“千名领导挂千村、万名干部抓振兴”责任制，推动农业农村优先发展。紧扣打造“绿色食品牌”，推进国家农业可持续发展试验示范区暨农业绿色发展先行先试区及四个特色产业带建设，粮食生产保持稳定，烟菜花果药畜等特色产业发展增势强劲，新型经营主体蓬勃发展，休闲农业和乡村旅游提质升级，8 个农产品品牌入选全省绿色食品十大名品，5 户企业入围全省 20 佳创新企业，华宁柑橘入选中国农业品牌目录，红塔区、通海县、新平县入列省“一县一业”示范县和特色县，预计农业增加值增长 6.2%，农产品加工业产值突破 400 亿元大关。持续深化农村改革，农村土地承包经营权确权登记颁证工作、农村集体产权制度改革全国整市推进试点基本完成。深入开展农村人居环境综合整治和“拆危房、除闲房、腾空间、建新村、换新貌、奔小康”行动，“七改三清”“两污治理”、厕所革命等工作有力推进，“大棚房”清理整治成果有效巩固。多措并举拓展农民增收渠道，新增农村劳动力转移就业 4.4 万人，实现农业转移人口落户城镇 4.6 万人。

五、践行习近平生态文明思想，全力打造实践样板

牢固树立“薄冰”“底线”“担当”意识，大力践行习近平生态文明思想，争当全省生态文明建设排头兵。

（一）落实系统治理，打造“三湖”生态圈。坚定“共抓大保护、不搞大开发”战略导向和“保护第一、治理为要、科学规划、绿色发展”工作思路，统筹山水林田湖草系统治理，打好“三湖”保护治理攻坚战。抓好管水的人，深化“三湖”管理体制改革，全面落实河（湖）长制，持续开展资源环境审计，扎实推进“高原湖泊卫士”行动。管好装水的湖，抚仙湖保护和开发利用专项规划通过省规委会评审，加快编制星云湖、杞麓湖保护和开发利用总体规划，启动“智慧三湖”建设，全面推进“三湖”保护治理雷霆行动，130 项问题全部完成整改。一次性启动抚仙湖沿湖剩余 2.2 万人生态移民搬迁，抚仙湖一级保护区 16 户个体私营单位全部退出，“三湖”“十三五”规划和山水林田湖草生态保护修复试点项目完工 26 项、开工 75 项，预计完成投资 92 亿元，杞麓湖国家湿地公园（试点）项目顺利通过验收。治好流水的河，实施“一河一策”精准治理，678 个“四乱”问题全面整改完成，入湖河道综合治理、污染底泥疏挖处置、湿地和湖滨带功能提升改造等工程全面开工，抚仙湖入湖河流年内全部实现脱劣，实施耕地休耕轮作试点 5.8 万亩，农业种植结构调整和面源污染治理成效明显。护好蓄水的山，抓实“森林抚仙湖”“七彩抚仙湖”建设，15.17 万亩植被恢复工程基本完成，启动森林星云湖和森林杞麓湖建设。抚仙湖总体水质稳定保持Ⅰ类，星云湖水质持续改善，杞麓湖全年全湖水质平均为Ⅴ类。

（二）捍卫蓝天净土，铁腕治污出重拳。压实环境保护“党政同责”“一岗双责”，全力打好 8 个标志性战役，生态环境质量持续改善。加强钢铁、水泥、化工等重污染企业环境监测，完成 153 户“散乱污”企业整治，强化建筑施工场地管理，中心城区环境空气优良天数比率达 95.7%。强化水土流失综合治理和土壤污染治理与修复，高龙潭废渣处置项目开工，建立市级土壤污染防治项目储备库，申报中央储备库项目 11 个。坚持问题导向精准抓好中央、省环保督察反馈问题整改，完成整改事项 65 项、正在整改 42 项。

（三）加强生态建设，厚植发展新优势。启动国家生态文明建设示范市创建，编制生态文明建设规划（2019—2025 年），建立市场化多元化生态保护补偿机制，探索推进生态环境损害赔偿制度改革，加快“三线一单”编制，积极争创抚仙湖“绿水青山就是金山银山”实践创新基地。建设“森林玉溪”，深入实施国土绿化和生态保护修复工程，统筹推进新一轮退耕还林、陡坡地生态治理、石漠化综合治理、低效林改造、“美丽公路”等重点工程，加强自然保护区监管和生物多样性保护，提升森林草原火灾综合防控水平，全市森林覆盖率达 58%。推动生产生活方式绿色转型，强化传统产业绿色化改造和新兴产业绿色化升级，推动绿色工厂和绿色园区创建，扎实做好能耗“双控”，全市单位 GDP 能耗完成省下达任务；广泛开展节约型机关、绿色家庭、绿色学校、绿色社区等创建行动，推广新能源汽车 483 辆，引导群众积极参与垃圾分类等活动，真正让污染排放减下去、环境质量好起来。

六、坚守为民初心，民生福祉显著提升

始终把人民对美好生活的向往作为奋斗目标，增投入、补短板、兜底线，以实际成效造福于民、取信于民。全市民生支出保持在一般公共预算支出的 75% 以上。

（一）始终坚持质量标准，脱贫成果持续巩固提升。聚焦“两不愁三保障”突出问题，尽锐出战、攻坚克难，624 名工作队员继续驻村帮扶，选派 5 名处级干部赴昭通镇雄开展脱贫攻坚帮扶工作，扎实推进产业、就业、健康和教育扶贫，启动实施 22 个贫困地区农村饮水安全巩固提升项目和 56 个农村人居环境整治示范村项目，4 类重点对象和非 4 类重点对象无力建房户危房改造实现清零，完成易地扶贫搬迁集中安置点 78 个，投入财政专项扶贫资金 3.6 亿元，建档立卡贫困人口全面脱贫。

（二）满足多层次需求，社会保障体系不断完善。全面加强就业服务，出台 24 条促进就业政策措施，建成 17 个创业孵化平台，成功孵化 120 户优秀创业企业，城镇新增就业 3 万余人，8 422 名就业困难人员和 10 326 名城镇下岗失业人员实现就业，城镇登记失业率为 3.29%。全面提升社会保障能力，深入实施全民参保计划，有序推进机关事业养老保险制度改革和被征地农民养老保障改革，实施降低社保缴费费率和基数“双降”政策，累计降费减负 7.5 亿元，全面推行医共体打包付费、深化医疗服务价格等改革，金融社保卡持卡人数达 219.8 万。加快城乡社区养老服务设施建设，社会福利和慈善事业健康发展，社会救助、防灾减灾救灾等保障有力，通海县震后重建工作顺利推进；保障性住房建设步伐加快，累计分配公租房 5.4 万套，获得棚户区改造资金 43.4 亿元。

（三）着眼优质均等目标，公共服务能力明显增强。坚持教育优先发展，加快教育现代化步伐，学前三年毛入园率高于全省 5.3 个百分点，义务教育均衡省级试点稳步推进，省级示范幼儿园全省占比、九年义务教育巩固率、高中阶段毛入学率、一级高中占比等多项指标位于全省前列，职业教育全面提质，高等教育基础能力和内涵建设显著提升。全国健康城市试点和国家公立医院综合改革示范城市建设加快推进，市医院改扩建项目和市儿童医院李棋院区建成投入运营，区域卫生信息化步伐加快，“互联网＋健康医疗”项目稳步推进；全面开展紧密型县域医共体建设，峨山、新平两县被列为首批国家级紧密型县域医共体建设试点县，所有县区人民医院综合能力达标，基层医疗服务能力持续提升，妇幼、公卫等各项指标稳中有进，玉溪医改工作得到国务院医改领导小组秘书处肯定，全市人均预期寿命达77.27 岁。持续推进国家体育产业联系点城市工作，省第十六届运动会筹办工作顺利推进。

七、加强民主法治建设，推进全面依法治市

始终坚持党的领导、人民当家作主和依法治市有机统一，市域治理能力和治理成效不断提升。

（一）广泛汇聚各方合力，民主政治建设不断加强。支持人大、政协、“一府一委两院”依法全面履职、充分发挥作用。持续巩固壮大最广泛的爱国统一战线，不断深化与各民主党派、工商联和无党派人士合作共事，新的社会阶层人士统战工作有力有效，港澳台及归侨侨眷、海外侨胞工作做深做实，工青妇、科协、社科联、文联、关工委等人民团体桥梁纽带作用进一步增强，老干部作用得到较好发挥。大力支持国防和后备力量建设，争创全国双拥模范城“五连冠”工作有序开展，退役军人工作制度体系逐步建立健全。认真落实党的民族宗教政策，依法加强宗教事务管理，深入开展宗教场所“五进”活动，强力推进民族团结进步示范市创建，继续实施第三轮“十县百乡千村万户”示范创建工程，分别获国家、省命名少数民族特色村寨 6 个、11 个，新平县荣获全国民族团结进步示范县称号，峨山县委获全国民族团结进步模范集体称号。“七五”普法深入实施，澄江县获全国“七五”普法中期先进县，乡镇（街道）公共法律服务中心（站）建设全覆盖，精准普惠公共法律服务体系加速构建，行政执法和刑事司法体制机制更加健全、运行更加规范高效，法治玉溪、法治政府和法治社会建设加快推进。

（二）不断创新社会治理，和谐稳定局面更加巩固。深化平安玉溪建设，全力打好防范化解重大风险攻坚战，化解和偿还政府债务 45.5 亿元、隐性债务 141.6 亿元，有效守住了不发生区域性、系统性金融风险的底线。全力做好重大活动及敏感节点安保维稳工作，70 周年国庆和党的十九届四中全会期间赴省进京实现“零上访”。不断完善矛盾纠纷排查调处机制，探索推广“最多访一次”，实现群体性事件“零发生”。加强反恐维稳、禁毒防艾和反邪教工作，深入开展缉枪治爆、扫黄禁赌、打击电信网络诈骗等专项整治行动，依法打击各类违法犯罪，有力维护公共安全，成为全省唯一的全国禁毒示范创建工作先进城市。统筹推进应急管理、安全生产、食品药品安全监管等工作，推行“县区—街道—社区—网格—楼栋”五级治理模式，社会治理现代化加快推进，群众安全感和满意度大幅提升，成为全省唯一连续九年上榜中国最安全城市的州市。

八、突出守正创新，宣传思想文化工作不断加强

加强和改进宣传思想文化工作，勇担“举旗帜、聚民心、育新人、兴文化、展形象”的使命，广泛汇聚起率先小康、团结奋斗的强大正能量。

（一）牢牢把握意识形态工作领导权，守好宣传舆论主阵地。严格落实党管意识形态责任，探索实践意识形态工作责任制联系指导制度，创新改进意识形态宣传教育方式，建立健全宣传思想工作机制，突出做好舆情引导和分析研判，完成 45 家单位党组织意识形态工作专项巡察和 99 家党委（党组）专题督查，全市县级融媒体中心软件平台投入试运行，电视新闻外宣工作实现全省“四连冠”，意识形态工作覆盖面和影响力不断扩大。

（二）强化核心价值引领，培育精神文明建设新风尚。持续深化中国特色社会主义、中国梦宣传教育，认真践行社会主义核心价值观，大力弘扬“玉汝于成・溪达四海”玉溪精神，聂耳公园聂耳精神文化主题园等建设完成，两湖大瀑布社会主义核心价值观主题园等加快推进，开展“德耀中华”道德模范事迹暨“玉溪精神”主题巡讲和“文明讲堂”总堂活动，命名表彰第四届“玉溪好人”、第六届玉溪市道德模范。深化群众性精神文明建设，持续推进全国文明城市创建，建成 4 个新时代文明实践中心，广泛开展文明示范村、“十星级文明户”创建，“3・5 学雷锋”“新时代好少年”等精神文明建设品牌深入人心，澄江被列为第二批建设新时代文明实践中心全国试点县。

（三）持续深入挖掘特色优势，推动文化事业产业同发展。大力实施文化惠民，持续推进“聂耳音乐之都”建设，加快中华诗词之市、中国最佳楹联文化城市创建，成功举办第六届中国聂耳音乐（合唱）周，在全省率先完成中央广播电视节目无线数字化覆盖工程，率先实现行政村有线电视通达全覆盖。加大文化文物和非遗传承保护，新增 2

个国家级、4 个省级文物保护单位和 15 名省级非遗传承人，澄江化石地自然博物馆试开馆。成功举办玉溪市文化产业博览会，澄江小湾村文创民俗小镇、华宁碗窑村历史文化遗存保护与开发等项目稳步推进，易门滇鉴陶文化创意产业园通过省级考核验收。

九、坚持抓常抓长，管党治党更加严实紧硬

全面贯彻新时代党的建设总要求，坚持党要管党、全面从严治党，以自我革命精神持续净化政治生态，推进全面从严治党向纵深发展。

（一）坚持以党的政治建设为统领，坚决做到“两个维护”。始终把政治建设摆在首位，深入学习贯彻《中共中央关于加强党的政治建设的意见》等党内法规，出台关于加强党内政治文化建设的实施意见，严明党的政治纪律和政治规矩，率先开展党员党性体检，把增强“四个意识”、坚定“四个自信”、做到“两个维护”贯彻到全市工作各方面各领域。充分发挥市委各议事协调机构作用，不断提高市委把方向、管大局、保落实的能力和定力。

（二）抓实“选育管用”，锻造忠诚干净担当的高素质专业化干部队伍。突出政治标准，强化政治素质考察，推行政治和廉政“双鉴定”，全覆盖开展县区和市直单位领导班子分析研判，注重在基层一线特别是脱贫攻坚主战场考察识别干部，积极激励干部担当作为。健全干部选拔任用制度，创新和改进干部考核评价机制，有序推进公务员职务与职级并行制度实施。扎实推进党员干部培训轮训，常态化开展“万名党员进党校”活动，实现脱贫攻坚五类干部教育培训全覆盖。健全完善干部监督联席工作机制，全面推进管思想、管工作、管作风、管纪律的从严管理体系建设。严格执行“凡提四必”和全程纪实规定，给予 18 名干部暂缓使用或取消考察对象资格处理，对个人有关事项存在漏报、瞒报的 94 名干部给予相应处理。

（三）突出夯基垒台，全力推进基层党建创新提质。认真落实“基层党建创新提质年”各项要求，巩固深化城市基层党建示范市成果，推进街道管理体制改革和社区工作者职业体系建设，实践经验入选全国城市基层党建 40 个最佳案例。扎实推进党支部规范化建设，在全省率先探索开展开放式创意型主题党日活动，完成 4 280 个党支部达标创建，规范党群服务中心设置运行，建立党建引领基层治理“联建双推”、党建带群建联席会议制度，健全党建引领“三社联动”机制，推进“红色物业”，促进小区有效治理。实施党建引领乡村振兴“三百三千双万一化”等行动计划，推动基层组织建设与生态环保、乡村振兴、脱贫攻坚、扫黑除恶等深度融合，持续抓好 76 个软弱涣散基层党组织整顿，在易门县开展中组部排查解决农村发展党员违规违纪问题试点工作，全面提升“两新”组织党建工作水平，“互联网 + 党建”加速向智慧党建迈进，基层党建信息化平台“一张网”实现全覆盖。

（四）保持正风肃纪高压态势，一体推进不敢腐、不能腐、不想腐。严格落实全面从严治党主体责任和监督责任，持续实施“两个责任”派单制，强化对贯彻落实中央和省、市委重大决策部署的监督检查，巩固拓展落实中央八项规定精神成果，全面落实“基层减负年”各项要求，集中整治形式主义、官僚主义和隐形变异“四风”问题。扎实开展“天价烟”、公职人员违规参与借贷活动、殡葬服务行业、扶贫和民生领域腐败和作风问题等专项整治，抓好省委第七巡视组等巡视整改，圆满完成市委 3 轮巡察和 1 轮机动巡察。深化运用监督执纪“四种形态”处理 3 203 人次，对 15 名干部容错免责，问责单位（党组织）85 个 432 人，立案 879 件，给予党纪政务处分 689 人、组织处理 73 人，挽回经济损失 2.75 亿元。对县区纪委监委专项检查实现全覆盖，全省首家完成追逃追赃清零工作，高标准建设留置场所，纪检监察工作玉溪“辨识度”不断增强。

一年来，市委常委会高度重视自身建设，提高政治站位，强化政治担当，自觉增强“四个意识”、坚定“四个自信”、做到“两个维护”，为全市广大党员干部作出表率。严格执行民主集中制，严格遵守请示报告制度，认真落实市委工作规则和市委常委会议事规则，市委决策的科学化、民主化、规范化、法治化水平显著提升。带头开展“不忘初心、牢记使命”主题教育，市委理论学习中心组进行 12 次集中学习，市委常委班子举行 2 次读书班，推动习近平新时代中国特色社会主义思想走深走实。带头执行关于新形势下党内政治生活的若干准则。今年以来，结合脱贫攻坚专项巡视、主题教育和“以案促改”，市委常委班子共召开 4 次民主生活会，以自我革命精神解决存在问题。市委常委同志严格执行中央八项规定精神和廉洁自律准则，坚决反对形式主义、官僚主义，坚决整治特权思想和特权现象，努力成为全市人民干事创业的主心骨。

奋斗历程值得铭记，耕耘硕果尤应珍惜。在充分肯定成绩的同时，必须清醒认识到，玉溪仍处在爬坡过坎、滚石上山的关键时期，前进道路上还有诸多困难和挑战：经济发展形势日趋严峻，少数支撑性经济指标未达预期，县域经济发展不平衡不充分、有效投资增长乏力、财政收支矛盾突出等困难问题较为突出；改革动力、开放活力、创新潜力、有效需求支撑力“四力”的引擎作用发挥不够；“三湖”保护治理压力大，污染防治任务艰巨，农村环境问题比较突出；城镇化率偏低，以城带乡、城乡协调发展还需进一步加快推进；就业、教育、医疗、养老、居住等公共服务保障离人民群众美好生活需求还有差距；各级领导干部的领导水平、执政能力及工作作风还需进一步提高和转变，运用法治思维和法治方式推动改革发展稳定的本领有待增强。对于上述问题，市委常委会将高度重视，创新思路举措、认真系统研究、切实加以解决。

以上报告的是 2019 年以来市委常委会的主要工作。这些工作的推进和各项成绩的取得，是以习近平同志为核心的党中央坚强领导和习近平新时代中国特色社会主义思想科学指引的结果，是全市各县区各部门各单位坚决贯彻落实中央和省委、市委决策部署的结果，是全体市委委员和全市广大党员干部群众团结一心、勤勉工作、奋力拼搏的结果。我代表市委常委会，向同志们表示衷心的感谢！

在市委五届九次全会第二次全体会议上的讲话

（2019 年 12 月 30 日）

罗应光

经过大家的共同努力，市委五届九次全会圆满完成各项议程，就要闭幕了。会议期间，大家以饱满的政治热情和良好的精神状态，听取和讨论了市委常委会工作报告和玉溪市 2019 年党的建设工作专题报告，审议通过了《中共玉溪市委关于认真学习贯彻党的十九届四中全会和省委十届九次全会精神高水平推进市域治理现代化的实施意见》和市委五届九次全会决议，为推进新时代中国特色社会主义玉溪新实践、推进市域治理现代化统一了思想认识，明确了目标任务、凝聚了奋进力量。下面，我就贯彻落实好此次全会精神，讲 3 点意见。

第一，深入学习贯彻党的十九届四中全会精神，高水平推进玉溪市域治理现代化。

党的十九届四中全会审议通过的《决定》，全面回答了在我国国家制度和国家治理体系上应该坚持和巩固什么、完善和发展什么这个重大政治问题，是一篇马克思主义的纲领性文献。全市各级党组织要深入学习贯彻党的十九届四中全会精神，切实增强“四个意识”、坚定“四个自信”、做到“两个维护”，确保中央和省委决策部署及市委工作要求得到全面贯彻落实。

一要突出“坚持和巩固”，把制度自信转化为政治自觉。要提高政治站位，学深悟透习近平总书记关于坚持和完善中国特色社会主义制度、推进国家治理体系和治理能力现代化的一系列新思想新论断新要求，深刻把握中国特色社会主义制度和国家治理体系的历史逻辑、理论逻辑、实践逻辑。要深入学习领会党的十九届四中全会提出的总体目标以及 13 个方面显著优势、13 个坚持和完善等重要内容，全面对标审视，既知道“是什么”，又弄懂“为什么”，更思考“干什么”，切实把学习成效转化为推进制度创新和治理能力建设的理念思路、科学方法和实践成果，真正做到学思用贯通、知信行统一。

二要突出“完善和发展”，把制度优势转化为治理效能。本次全会审议通过的《实施意见》，是推进国家治理体系和治理能力现代化的“玉溪版”“执行版”。全市各级党委（党组）要担起推进制度创新和治理能力建设的政治责任，认真对照党中央《决定》和省委、市委《实施意见》，结合本地区本部门实际，加强组织领导，细化责任分工，建立工作台账，逐项抓好落实。各县区各部门各单位要找准定位、发挥优势、精准发力，推进本地区治理工作彰显特色、打造优势，努力为应对“时代之变”、实现“中国之治”的基层实践作出贡献。

三要突出“遵守和执行”，把制度意识转化为执行能力。制度的生命力在于执行。要强化制度意识，加强制度理论研究和宣传教育，充分发挥制度指引方向、规范行为、提高效率、维护稳定、防范化解风险的重要作用，做制度的忠实尊崇者。要强化制度权威，构建全覆盖的制度执行监督机制，严肃查处有令不行、有禁不止、阳奉阴违等行为，做制度的坚定维护者。要强化治理能力，通过加强思想淬炼、政治历练、实践锻炼、专业训练，推动广大干部做制度的有力执行者。领导干部要以身作则、率先垂范，带动全市上下自觉尊崇制度、严格执行制度、坚决维护制度。

第二，加强党的领导，汇聚推动市域治理现代化强大合力。

市域治理是一项系统复杂的工程、一个探索实践的过程，必须坚持党的全面领导，科学谋划、精心组织，远近结合、整体推进，确保各项目标任务落地生根、取得实效。

一要坚持全面从严治党制度，着力营造风清气正政治生态和干事创业良好环境。要坚定执行维护党中央权威和集中统一领导的各项制度，全面贯彻党的基本理论、基本路线、基本方略和习近平新时代中国特色社会主义思想，坚决维护习近平总书记党中央的核心、全党的核心地位。要坚决肃清秦光荣等流毒影响，落实“八个坚决肃清”要求，深入开展“肃流毒、除影响、清源头、树正气”专项行动，确保玉溪政治生态山清水秀。要把“不忘初心、牢记使命”作为加强党的建设永恒课题和全体党员干部终身课题，把学习教育、调查研究、检视问题、整改落实贯通起来、贯穿始终，把管党治党要求落细落实。

二要广泛汇聚各方力量，切实发挥党委在市域治理现代化中把方向、管大局、保落实的重要作用。共同的事业，需要共同努力。各级党委要切实加强党对一切工作的领导，确保党管干部、党管人才、党管意识形态、党管武装、党对经济工作的领导等得到有力有效落实。要继续支持好人大、政协、“一府两院一委”依法全面履职，充分发挥工青妇、科协、社科联、文联、关工委等人民团体桥梁纽带作用，持续巩固壮大最广泛的爱国统一战线，巩固和发展军政军民团结，共同为全市各族人民的幸福美好生活而团结奋斗。各级党政班子要思想团结一致、步调行动一致，齐心协力抓好各项工作。党政主要领导要带头坚持民主集中制，做团结干事的表率，层层示范、层层带动。

三要全面推进法治玉溪建设，为市域治理现代化提供法治保障。坚定不移把玉溪各项事业纳入法治化轨道，全面推进科学立法、严格执法、公正司法、全民守法。要用好立法权，围绕市域社会治理急需、满足人民对美好生活新期待必备的制度需求，制定务实管用、便于操作的地方性法规规章，构建市域社会治理法律规范体系。要用法治思维破解治理难题，用法治规范引领社会风尚，把人民群众实践中广泛认同、操作性强的道德观念及时上升为共同遵守的行为规范。

第三，聚焦“工作提升年”，确保全市工作质效全面提升。2020 年是一个承前启后的特殊年份、关键年份，我们既要收官“十三五”、建成更高水平全面小康社会，又要谋划“十四五”、开启现代化建设新征程。身处这样重要的时间节点，面对复杂多变的宏观环境，一切抱残守缺、畏首畏尾、僵化呆板均不可取，必须解放思想、务实创新，一级带着一级干、一级做给一级看。市委、市政府经过认真研究，决定把 2020 年确定为“工作提升年”，大家务必聚焦“三个提升”谋发展、抓落实。

一是工作水平要有质的提升。“提升”这个词，不同于“进步”，也不同于“提高”，它的程度在于跨越了层级，从原来的级别变到比之前高的级别上去，这样的变化是质的变化，是显著的变化。落实“工作提升年”，最迫切的就是要解决本领不足、本领恐慌和本领落后的突出问题。对于党员干部来说，要本着“缺什么、补什么”的原则，有针对性地及时填补自身能力上的“短板”，通过在学习中增智，在实践中强能，在重大活动中检验，优化能力结构、丰富能力储备，不断增强用党的创新理论武装头脑、指导实践、推动工作的本领。

二是工作状态要有质的提升。提升状态，核心就是要保持追求卓越的境界、迎难而上的担当、一抓到底的激情、常抓不懈的执着。提升状态，必须坚持宽严相济、激约并重，既要健全完善容错纠错、澄清保护等机制，鲜明树立重担当、重实干、重实绩的用人导向，又要细化实化惩治为官不为、为官乱为等措施办法，让作风“打盹”的官员不敢越雷池半步，用正风肃纪的雷声“叫醒”不在状态的党员干部。好的状态会感染一群人，坏的状态也会传染，今年开展“工作提升年”，要旗帜鲜明地抓几个典型、树几个标兵，真正把干事创业的氛围营造出来，在这方面各级纪委监委和组织部门要牵头加强研究、多出务实举措。

三是工作成效要有质的提升。“工作提升年”，归根结底还是要看工作的成效，看我们对党中央和省委、省政府的各项决策部署落实得怎么样，初心和使命践行的怎么样。我们必须紧扣“更高水平”目标，坚定不移贯彻新发展理念，着力提升全面小康建设的内涵和标准，对标新调整后的全面小康指标体系，全面压实责任，细化对策措施，持之以恒补齐短板，力争所有指标都达到 100% 以上，经得起实践、历史和人民的检验。纪委监委和督查部门要及时主动跟进各县区各部门目标完成情况，及时通报预警、强化追责问责，确保重大项目扎实推进、各项工作取得实效、目标任务圆满完成。

最后，我再强调一下近期重点工作。年关将至，各级各部门要统筹兼顾、合理调度，做好各项重点工作：一要高质量开好经济工作会议。牢牢把握经济发展形势，及时制定稳增长各项措施，科学谋划好重点项目计划、重大改革事项和重要民生实事，为明年实现“开门红”打下基础。各县区要认真准备，确保把经济工作讲深讲透，进一步统一思想，抓好落实。二要全力配合做好中央脱贫攻坚专项巡视“回头看”各项工作。聚焦“两不愁三保障”、饮水安全、问题清零、人居环境整治等重点工作查缺补漏，无条件坚决服从好、配合好巡视“回头看”各项安排，并以此次中央脱贫攻坚专项巡视“回头看”为契机，全力以赴推进脱贫攻坚巩固提升，以高水平的脱贫成效践行初心使命。三要全力维护社会大局稳定。做实做细矛盾纠纷排查化解，深入开展社会治安专项整治，认真排查道路交通、建筑施工、烟花爆竹、危险化学品等行业领域的安全隐患，强化安全生产、食品药品监管和公共场所安全防控，扎实做好猪肉等重要农产品生产保供稳价工作，保障各类市场供应，满足节日消费需求，确保让全市人民过一个欢乐祥和的春节。四要妥善安排困难群众生活。加强过冬保障，确保农民工工资足额按时发放，组织开展好对老党员、困难群众、弱势群体等的走访慰问和帮扶救助，加大对基层干部的关心关爱力度，让他们真切感受到党的关怀和温暖。五要重视做好今冬明春抗旱工作。全面开展旱区缺水状况摸底排查，及早落实应急备用水源建设等应对措施，确保人畜饮水特别是城乡居民饮水安全，全力抓好抗旱保春耕。六要加强落实中央八项规定精神监督检查。狠刹吃请送礼风，坚决杜绝“节日腐败”，倡导勤俭文明过节风尚。七要精心筹备和开好市“两会”。严密组织、严格程序、严肃纪律，确保“两会”顺利进行、圆满成功。八要认真做好应急值守。严格执行 24 小时专人值班和领导干部在岗带班、外出报备制度，提前做好装备、物资、通信等应急保障工作，遇有重要紧急情况，及时请示报告并采取应急处置措施。

同志们，让我们更加紧密地团结在以习近平同志为核心的党中央周围，高举习近平新时代中国特色社会主义思想伟大旗帜，牢记初心使命，勇于闯出新路，积极加快市域治理现代化进程，推动玉溪高质量跨越式发展，为实现“两个一百年”奋斗目标、实现中华民族伟大复兴中国梦作出玉溪新的贡献！

政府工作报告

——2020 年 1 月 12 日在玉溪市第五届人民代表大会第三次会议上

市长　张德华

各位代表：

现在，我代表市人民政府，向大会报告政府工作，请各位代表审议，并请市政协委员提出意见。

一、2019 年工作回顾

2019 年是新中国成立 70 周年。面对复杂严峻的国际国内形势和艰巨繁重的改革发展任务，市人民政府在省委、省政府和市委的坚强领导下，以习近平新时代中国特色社会主义思想为指导，认真贯彻党的十九大和十九届二中、三中、四中全会精神，全面落实“六个走在全省前列”、推进“两型三化”、打造“三张牌”工作要求，坚持经济社会发展“5577”总体思路，统筹推进稳增长、促改革、调结构、惠民生、防风险、保稳定和“六稳”工作，持续打好三大攻坚战，全市经济保持平稳发展、生态环境不断改善、社会大局和谐稳定。预计全市生产总值增长 7.5%，一般公共预算收入下降 6.5%，固定资产投资下降 10%，社会消费品零售总额增长 12%，城乡常住居民人均可支配收入分别增长 8% 和 9%，居民消费价格上涨 3%，城镇登记失业率 3.3%，城镇化率 52.9%，单位生产总值能耗完成省下达任务。由于经济下行影响、对严峻形势预判不足、稳增长措施落实不到位等原因，生产总值、一般公共预算收入、固定资产投资未能完成市五届人大二次会议确定的目标。一年来，我们主要做了以下 8 个方面的工作。

（一）深入学习贯彻习近平新时代中国特色社会主义思想，坚决推动各项决策部署落地见效。坚定不移用习近平新时代中国特色社会主义思想武装头脑、指导实践、推动工作，增强“四个意识”、坚定“四个自信”、做到“两个维护”，不折不扣贯彻落实党中央决策部署和习近平总书记对云南工作的重要指示批示精神，确保各项工作始终保持正确的政治方向。扎实开展“不忘初心、牢记使命”主题教育，累计解决实际问题 3 665 个，人民群众切身感受到新气象新变化。以“工作发力年”为契机，切实转变作风、提高效率，确保了中央和省委、省政府以及市委各项决策部署落地生根、开花结果。

（二）全力创品牌兴产业，经济实现平稳发展。认真落实中央和省系列稳增长政策，出台 23 条具体措施，加强经济运行分析调度，推动经济发展提质增效。高原特色现代农业走在全省前列。深入实施高原特色农业三年行动计划，抓好国家农业绿色发展试点先行区建设，红河谷—绿汁江热区产业经济带 126 个项目完成投资 26 亿元，粮食总产 6 亿千克、增长 0.5%，烟菜花果药畜等特色产业加快发展，农业增加值增长 6.2%，增速连续四年全省第一。高位推动全省“最具影响力烟区”建设，建成抚仙湖径流区绿色生态烟区 2 万亩，完成烟叶生产任务，烟农收入 22.6 亿元。“绿色食品牌”打造成果丰硕，红塔区和通海县入选省“一县一业”示范县、新平县列为特色县，云秀花卉等 8 个产品评为省“10 大名品”，达利食品连续两年名列绿色食品“10 强企业”之首，丫眯食品等 5 户企业评为绿色食品“20 佳创新企业”。11 户企业分别入列国家、省级农业龙头企业，新增农民专业合作社 27 个、家庭农场 46 个，农产品加工产值突破 400 亿元，生产加工比达 1∶1.6。工业转型升级步伐加快。传统产业巩固提升，新兴产业支撑作用逐步增强，工业增加值增长 6%，非烟规上工业增加值增长 13.5%。红塔集团产品影响力明显提升，配套企业 15 个技改项目加快推进。云南绿色钢城建设项目顺利推进，活发水泥、玉珠水泥、穆光工贸技改等项目建成投产，矿冶及装备制造业增加值增长 12%。沃森 13 价肺炎疫苗获得国家批准，克雷斯恒古骨伤愈合剂纳入国家医保目录，生物医药产业增加值增长 20%。“三大战役”持续推进。完成华宁磷化工绿色产业园区规划，高新区稳步发展，建成标准厂房 51 万平方米，全市园区工业增加值增长 10.5%。“一企一策”为企业纾难解困，清理拖欠民营企业中小企业账款进度达 64.9%，红塔塑胶评为全国首批专精特新“小巨人”企业，11 户企业获评省民营“小巨人”企业，11 户企业上榜省百户优强企业，新增规上工业企业 30 户，民营经济增加值增长 8.3%。县域经济综合实力稳步提升，所有县区生产总值可突破百亿元大关，红塔区总部经济、通海外向型经济、澄江绿色经济发展成效明显，华宁国际陶都建设全面加快，新平、通海获评全省县域经济发展“10强县”。服务业倍增计划成效明显。编制实施大健康产业发展规划，推进全国健康城市试点建设，打造“健康生活目的地牌”取得新进展。大力推进旅游革命，31 个景区上线“一部手机游云南”，抚仙湖成为国家级旅游度假区，旅游市场秩序不断好转，旅游总收入增长 16%。中国东南亚食品仓储物流港一期商贸区完工，滇中（玉溪）粮食物流产业园一期、杨广智慧农业小镇冷链物流园等项目稳步推进，物流产业增加值增长 10%。内贸流通繁荣活跃，新增限额以上企业 35 户，第三产业增加值增长 7.5%。数字经济开局良好。编制数字经济发展规划，实施“12310”发展战略，京东云（玉溪）新经济产业园正式开园，联通西南数据中心暨国际出口局投入运营，中电科技数字玉溪运营中心试运行，华为、融建、联通数据中心列为云南重要的云服务中心，智能终端制造产业园建设加快，电子信息制造业增加值增长 15%。建筑业稳步发展。引进金科、碧桂园、北大资源等知名企业，华瑞地产等本土企业发展壮大，房地产业投资完成 185 亿元，销售商品房195万平方米，建筑业总产值完成280亿元。

（三）持续发力打好三大攻坚战，重点战役取得关键进展。精准脱贫攻坚战扎实推进。投入财政资金3.4亿元，全面落实产业、就业、健康、教育等扶贫措施，未脱贫建档立卡贫困户512户1705人全部脱贫。建成易地扶贫搬迁集中安置点78个，4类和非4类重点对象存量危房全部清零，新型经营主体带动2.3万贫困户增收致富，56个人居环境整治示范村和22个饮水安全巩固提升项目启动实施。污染防治攻坚战持续加力。统筹推进蓝天、碧水、净土保卫战和污染防治“8个标志性战役”，中央和省环保督察反馈问题整改取得重要进展。“一河一策”实现全覆盖，完成678个“四乱”问题整改。“三湖”雷霆行动130个问题全部销号，新修订的《云南省杞麓湖保护条例》正式施行，《云南省星云湖保护条例》修订颁布，“十三五”规划和山水林田湖草生态保护修复试点项目完工26个。抚仙湖保护和开发利用总体规划通过省规委会评审，2.2万人生态移民搬迁安置全面启动，15.2万亩“森林抚仙湖”建设任务基本完成，16户私营企业全部退出一级保护区，农业面源污染大幅削减，水质总体保持Ⅰ类。星云湖“四退三还”、环湖截污、入湖河道治理等项目基本完成，生态补水1891万立方米，12月份国控点水质达到Ⅴ类。杞麓湖国家湿地公园通过验收，南岸、西南岸环湖截污工程全面贯通，水质综合为Ⅴ类。南盘江、红河流域水污染防治力度加大，县级以上集中式饮用水源地100%达标。中心城区空气质量优良率达96.3%。全面开展土壤污染防治行动，加快实施国土绿化工程，森林覆盖率达58%。查处环境违法案件304件。防范化解重大风险攻坚战取得新进展。落实防范化解债务风险工作方案和化债清单，规范政府举债融资行为，盘活有效资源资产，市本级土地出让收入35.2亿元，债务化解取得实效。强化银政企合作，金融机构贷款余额增长17%。争取到基本公共服务领域财政事权与支出责任划分利好政策，省级分担由20%提高到70%。争取上级财政补助资金134.7亿元，获得国家财政支持民营和小微企业金融服务试点专项资金5000万元，新增政府债券资金52.6亿元。

（四）千方百计抓项目促投资，五网建设稳步推进。出台抓项目稳投资实施意见，市本级安排前期工作经费1.2亿元，盘活批而未供土地1万亩，重点建设项目新开工121个、竣工58个，十大重点行业完成投资710亿元。集中力量推进一批群众关注、开工多年而未建成的重大项目，市人民医院改扩建、儿童医院迁建、玉江大道、科创大道、红龙路、东风中路等项目建成投入使用。江通、大戛高速大开门至新平段建成通车，实现县县通高速。玉磨铁路和弥玉、玉楚、澄川、元蔓高速公路建设加快推进，红河谷—绿汁江沿江公路启动建设，新改建“四好农村路”345公里。玉溪民用运输机场列入国家民航“十三五”规划新建前期项目，机场选址得到国家批复。滇中引水、甸垛龙潭调水、鲁布水库等工程建设稳步推进。改造升级农村电网265千米，旱街变、堵岭变110千伏输变电工程建成，红河天然气支线管道工程玉溪段完工。

（五）坚定不移促改革扩开放，发展动能持续增强。重点领域改革稳步推进。化解过剩产能钢铁170万吨、水泥75万吨、焦炭25万吨，为实体经济企业降低综合成本91.3亿元。纵深推进“放管服”改革，开展营商环境提升十大行动，工程建设项目审批制度改革加速推进，市场主体登记全程电子化全面推行，智慧型政务服务大厅建成运行，在全省率先实现市级所有政务服务事项“只进一扇门”，企业和群众办事更加便捷。市县机构改革圆满完成。农村集体产权制度改革试点为全省积累了经验，土地承包经营权确权登记颁证工作顺利完成，土地经营权流转56万亩。企事业单位公车改革全面完成，国有企业改革、综合行政执法改革稳步推进，金融、医疗、教育、养老等领域改革取得新进展。对外开放持续扩大。成功举办《财富》全球可持续论坛、中国—南亚合作论坛、中德人工智能大会，“相约春天”“收获金秋”等招商引智活动成果丰硕，引入京东、环球融创、中建钢构、上海宇培、北京华联、广东雄塑等大企业，深化与友好城市合作，引进市外国内资金1135.5亿元、增长11%。稳外贸政策落地见效，46户企业名列省外贸发展综合贡献百强企业榜，66户企业入列省外向型农业发展百强企业榜。智能终端制造产品出口创历史新高，农产品出口额占全省的40%以上。国家创新型城市建设加快。组建市科教创新服务中心，科教创新城完成投资25亿元，职教园区项目顺利实施，与中科院、清华、人大等院校合作不断深化。认定国家和省科技型中小企业120户、高新技术企业36户，新增专利授权751项。启迪众创园入选中国100家特色空间。市级投入1亿元研发资金，全社会研发经费投入占生产总值的0.99%，比上年提高0.35个百分点。

（六）统筹推进城乡协调发展，城乡面貌不断改观。玉溪市城市总体规划、红塔区“科教创新城、健康宜居城、生态园林城”规划、澄江概念性规划及城市设计完成编制，市规划馆建成开馆。深入推进“增绿添色、点亮玉溪、六城同创、建设花城”，开展城市设计试点，国家海绵城市试点建设接受考核验收，4条黑臭水体整治如期完成，改造提升绿地面积50余万平方米，启动老旧小区改造。高铁新城建设进展顺利。新建排水管网20公里、燃气管网35公里，改扩建城市公厕69座。加快新型智慧城市建设，新增智慧停车位1487个，增加、延长公交线路13条，荣获2019中国领军智慧城市称号。全面推行城市精细化管理，国家卫生城市、园林城市通过复审，全国文明城市创建工作持续推进。澄江撤县设市获国务院批准。启动“美丽县城”149个项目建设，完成特色小镇总体策划和6个专项策划，“一镇一策”稳步推进。实施乡村振兴战略规划和统筹城乡发展专项行动，落实“千名领导挂千村、万名干部抓振兴”责任制，开展人居环境整治春季战役和夏季攻势，开工建设集镇垃圾处理场13座、污水处理设施10座，新改建乡镇及农村公厕592座。大棚房清理整治、违建别墅清理排查全面完成。

（七）全力保障和改善民生，人民群众获得更多实惠。实施“找问题、补短板、抓落实、奔小康”行动，优先保障民生投入，十件惠民实事全面完成。发放创业担保贷款11.8亿元，城镇新增就业3.1万人，就业困难人员实现就业8559人，新增农村劳动力转移就业4.8万人。城乡低保及特困人员基本生活供养标准提高，基本养老、工伤、失业保险参保达200.7万人次，医疗保险覆盖率达97.2%。棚户区改造开工9000套、建成1275套，公租房分配4087套，通海“8·13、8·14”地震灾后民房重建开工4297户、开工率达80%。开展覆盖全社会养老服务体系建设试点，新建改造26个城乡居家养老服务中心。新增学前教育学位2323个、普通高中学位1500个。玉溪卫校完成搬迁扩招。全面推行紧密型县域医共体建设，医保基金打包付费、县级公立医院提质达标实现全覆盖，中山大学澄江教学医院开工建设。成功举办庆祝新中国成立70周年、第六届中国聂耳音乐（合唱）周等系列活动，文化惠民演出1 000余场次，“聂耳音乐之都”影响力不断扩大。甘棠箐遗址、江川文庙列入国家文物保护单位，澄江化石地保护取得新成效。在全省率先实现行政村广电网络光纤全覆盖。省第十六届运动会筹办工作有序开展。全国双拥模范城（县）创建活动深入推进，退役军人服务保障体系全面建立。积极创建民族团结进步示范市，新平县荣获全国民族团结进步示范区称号。依法管理宗教事务，宗教和顺局面得到巩固。切实加强应急管理、安全生产、信访维稳工作，有力推进扫黑除恶专项斗争，玉溪被确定为全省唯一扫黑除恶重点培育州市、全国禁毒示范创建工作先进城市，第九次入选全国最安全城市。妇女儿童、工青妇、残疾人、红十字会、慈善、福利等事业全面发展，统计、审计、外事、档案、人防、气象、防震减灾等工作不断加强。

（八）始终坚持依法行政从严治政，政府建设得到加强。认真落实全面从严治党各项要求，以最坚决的态度、最有力的措施抓好“以案促改”，坚决肃清白恩培、秦光荣等流毒影响，促进全市政府系统政治生态全面修复、持续净化。深入贯彻落实中央八项规定和实施细则精神以及省市委实施办法，全面落实“基层减负年”工作要求，认真排查整治形式主义、官僚主义问题，“三公”经费支出下降32.7%，政府系统发文和会议分别压缩35.9%和40.6%，督查事项减少50.5%。抓好国务院第六次大督查和省政府综合督查发现问题整改，重点工作跟踪问效得到强化。坚持科学民主依法决策，严格执行重大行政决策程序，全面推进政务公开，聘请决策咨询、法律顾问29名。自觉接受市人大及其常委会法律监督、工作监督和市政协民主监督，办理人大代表建议248件、政协委员提案308件，办复满意率进一步提高。

回顾去年工作，成绩来之不易。这是习近平新时代中国特色社会主义思想科学指引的结果，是省委、省政府和市委正确领导的结果，是市人大、市政协监督支持的结果，是全市上下团结奋斗的结果。在此，我代表市人民政府，向全市各族人民，向市人大代表、市政协委员，向各民主党派、工商联、各人民团体和社会各界人士，向中央和省驻玉单位、军警部队，向所有关心支持玉溪发展的同志们、朋友们，表示崇高的敬意和衷心的感谢！

同时，我们也清醒地看到，经济社会发展中还存在不少深层次结构性的矛盾和问题，全面建成小康社会还有短板，主要表现在：新旧动能转换不畅，抓产业发展力度不够，支撑高质量发展的后劲不足；谋划包装大项目的精准性超前性科学性不够，存量项目支撑不足，有效投资增长乏力；营商环境有待优化，要素保障不够有力，招商引资大项目少、落地慢；财源培植严重滞后，收支矛盾突出，防范化解债务风险压力巨大；资源环境约束趋紧，“三湖”保护治理任务仍很艰巨，绿色发展任重道远；优质公共服务供给不足，不少民生问题亟待解决；形式主义、官僚主义还不同程度存在，一些干部精气神不足，思想观念、工作作风、能力素质不适应形势变化和发展需要。我们将坚持问题导向、目标导向、结果导向，采取有效措施，切实加以解决。

二、2020年工作重点

今年是全面建成小康社会和“十三五”规划收官之年。当前，世界大变局加速演变的特征更趋明显，我国“三期叠加”影响持续深化，经济下行压力加大。但我们也应该看到，我国经济稳中向好、长期向好的基本趋势没有改变，随着国家和省一系列重大战略决策部署的实施，我市高质量发展的积极因素不断累积，新的竞争优势正在形成。我们要用辩证思维看待形势发展变化，把思想和行动统一到党中央和省、市委的分析判断和决策部署上来，发挥优势，凝心聚力，闯出一条高质量跨越式发展新路子。

政府工作的总体要求是：坚持以习近平新时代中国特色社会主义思想为指导，全面贯彻党的十九大和十九届二中、三中、四中全会精神以及中央经济工作会议精神，坚决落实省委十届九次全会、市委五届九次全会和省市委经济工作会议的决策部署，坚持稳中求进工作总基调，坚持新发展理念，坚持以供给侧结构性改革为主线，坚持以改革开放为动力，着力推动高质量发展，坚决打赢三大攻坚战，全面做好“六稳”工作，统筹推进稳增长、促改革、调结构、惠民生、防风险、保稳定，确保建成更高水平全面小康社会和“十三五”规划圆满收官，推动玉溪高质量跨越式发展，为实现第一个百年奋斗目标而努力奋斗。

经济社会发展目标建议为：生产总值增长8%左右，固定资产投资增长10%，一般公共预算收入增长3%，社会消费品零售总额增长11%，城乡常住居民人均可支配收入分别增长7.5%和8.5%，居民消费价格涨幅控制在3.5%以内，城镇登记失业率控制在4%以内，城镇化率提高1.5个百分点，单位生产总值能耗完成省下达的目标任务。

实现上述预期目标，需要我们充分调动各方面的积极性，汇聚力量，聚焦重点，科学组织，全力以赴，充分做好打硬仗的准备。我们必须坚定加快发展的信心不动摇。信心是实现玉溪高质量跨越式发展的源泉。面临的困难不可低估，走在全省前列的信心不可动摇。我们既要看到困难，也要看到机遇，更要看到玉溪呈现出厚积薄发的态势，我们完全有信心有能力推动玉溪干在实处、走在全省前列。我们必须坚持四化同步的方向不动摇。四化同步是实现玉溪高质量跨越式发展的路径。要大力发展高原特色现代农业，提速提质新型工业化进程，推动以人为核心的新型城镇化，聚力发展数字经济，全力推动信息化和工业化深度融合、工业化和城镇化良性互动、城镇化和农业现代化相互协调。我们必须坚持产业富市的重点不动摇。产业是实现玉溪高质量跨越式发展的基石。要坚持“三区一港”产业定位和“四带多园”产业布局，大力发展实体经济，坚定不移打造“三张牌”，全力打造卷烟及配套、矿冶及装备制造、高原特色现代农业、生物医药及大健康4大千亿级产业，积极培育文化旅游、信息、现代物流3大百亿级产业，构建特色鲜明、技术先进、绿色安全、动态迭代的现代产业体系。我们必须坚持创新引领的定力不动摇。创新是实现玉溪高质量跨越式发展的第一动力。要深入实施创新驱动发展战略，培育创新主体，健全创新体系，提升创新能力，加快国家创新型城市建设，激发全社会创新创业活力，推动经济结构、发展动力、发展方式转变，持续为玉溪发展注入新动能。我们必须坚持防范化解风险的底线不动摇。防范化解风险是实现玉溪高质量跨越式发展的保障。要坚持底线思维，完善举债和偿还机制，降低市县债务预警等级，确保未来三年政府性债务偿还高峰期平稳度过。着力防范经济社会、生态环境、金融安全、生产安全、自然灾害等领域重大风险，保持社会大局和谐稳定。

今年要着力抓好9个方面的工作。

（一）打造世界一流“三张牌”，做大做强特色优势产业

彰显特色创品牌，聚焦重点解难题，加大产业链延伸和龙头项目建设力度，确保 “三张牌”打造取得新进展。

在打造“绿色食品牌”上再发力。按照“大产业 + 新主体 + 新平台”建设思路，以有机为牵引、绿色为主导，做大做强烟菜花果药畜特色产业，确保农业增加值增长6.2%。大产业方面，稳定粮食种植面积160万亩，确保产量6亿千克以上。巩固优质核心烟区，构建绿色生态优质烟叶产业带，种植烤烟56.7万亩，收购153.1万担；保持蔬菜130万亩、中药材7万亩，新增鲜切花3 000亩；集中精力把柑橘作为继烤烟之后的第二大种植业来培育，强化系列化服务，力争水果在园面积达100万亩，产值55亿元以上；严密防控以非洲猪瘟为重点的重大动物疫病，深化与德康公司合作，落实生猪及猪肉市场保供稳价措施，确保畜牧业产值增长3%。加快实施产业兴村强县行动，把“一县一业”作为打造“绿色食品牌”的重要抓手，加快主导产业培育和“一村一品”专业村建设，打好“区域公用品牌 + 产品品牌 + 企业品牌”组合拳，推动产品落在品牌上、品牌落在企业上、企业落在基地上，确保红塔区、通海“一县一业”示范县和新平特色县建设取得实效，其他县区因地制宜发展优势特色产业、打造拳头产品，力争省“10大名品”评选结果好于上年。做好病险水库除险加固，全力抗大旱保春耕。建成高稳产农田10.3万亩。新主体方面，引进落地一批龙头企业，鼓励支持达利食品、猫哆哩等企业做大做强，新增市级以上龙头企业5户、农民专业合作社20个、家庭农场40个以上。实施农产品加工提升行动，生产加工比达1 ∶ 1.8。抓好农村土地规范流转，引导土地向工商企业、新型经营主体、种植大户集中。新平台方面，加快科技创新、综合交易、质量检验检测、质量安全追溯四大平台建设，推进农业数字化转型，建成亚洲花卉科创谷核心区、通海杨广智慧农业小镇，农业绿色发展试点先行区通过国家考核验收。深化与京东等电商平台合作，扩大绿色食品线上线下销售。

在打造“健康生活目的地牌”上求突破。制定健康玉溪行动计划，加快大健康产业发展规划实施，建立“把健康融入所有政策”长效机制，推进云南国际医疗健康城建设。实施生物医药产业三年倍增行动计划，加大对沃森、维和等企业支持力度，加快泽润生物宫颈癌疫苗三期临床试验，推动佑生药业、克雷斯改扩建项目竣工投产，确保生物医药及大健康产业增加值增长26%。实施旅游业高质量发展三年行动计划，优化“一核两翼”规划布局，全面落实旅游革命和旅游市场秩序整治各项任务，加强宣传推介、市场开拓、品牌建设，确保旅游总收入增长16%。补齐旅游业短板，全面提升旅游六要素品质，高标准编制抚仙湖5A级景区创建规划，推进与融创、华侨城等企业合作项目实施，加快仙湖山水、寒武纪欢乐大世界、星空小镇、果香四季等重大项目建设。改造提升象鼻温泉、映月潭、秀山等老景区，提升精品酒店、民宿客栈标准化、规范化水平。抓好精品旅游线路、汽车营地建设，大力发展乡村旅游。加快文化产业发展，推进玉溪青花街、新平民族文化产业园建设，打响华宁国际陶都品牌，推动动漫产业和广告产业发展壮大。

在打造“绿色能源牌”上见成效。积极发展新能源，加快220千伏玉磨铁路牵引外部供电工程建设，确保110千伏李棋、尖山输变电等工程开工，推动大化、新平工业园区综合能源示范项目共建共享，力争年产15万吨木薯燃料乙醇项目开工、华电达动力电池项目竣工投产。开展江川—通海—华宁生活垃圾焚烧发电和新平、澄江天然气支线管道项目前期工作，确保红塔区生活垃圾焚烧发电项目年内建成并投入使用、华宁天然气支线建成通气，市应急气源储备中心一期工程投产，天然气用气量达到5 000万立方米。

（二）落实高质量发展要求，推动产业发展迈上新台阶

坚持把发展的着力点放在实体经济上，推动人才、资金、政策向实体经济倾斜，加快产业链延伸、集群化发展，确保经济实现量的合理增长和质的稳步提升。

在工业转型发展上发力。把工业放在稳增长的核心位置，实施制造业“补短板”“拉长板”行动计划，推动工业经济高质量发展，确保工业增加值增长8%。紧盯重点行业扩总量。配合红塔集团玉溪卷烟厂技改项目实施，提高品牌影响力；支持卷烟配套企业加快提档升级，提升产品竞争力。全力推进云南绿色钢城建设，完成总体规划编制，争取列为省级工业园区，开工建设玉昆钢铁转型升级项目主体工程，启动大化工业园区铁路专用线建设；抓好联塑技改等项目建设，力争大红山二道河年产100万吨采矿、仙福钢铁技改一期建成投产，推进研和数控机床产业基地数字化转型，着力打造省数控机床产业转型升级示范；启动实施玉溪化工园区“一园多片区”总体规划，盘活闲置产能，落实“三磷”整治，推进磷化工产业转型升级，引导企业全产业链发展，力争矿冶及装备制造业增加值分别增长18%、20%。抓好智能终端制造产业园建设，推进美辰科技园等项目建设，力争电子信息制造业增加值增长30%。强化企业服务稳存量。坚决落实减税降费政策，认真执行中央支持民营企业改革发展的意见，全面完成清理拖欠民营企业中小企业账款任务，帮助扶持有市场有潜力的停产半停产企业复工达产，新增规上工业企业25户，确保民营经济增加值增长8%。聚焦重大项目扩增量。抓好省级 “三个一百”工业转型升级项目建设，加快南恩糖纸公司技改搬迁、西美西高纯供氧制备基地产业化等项目建设，确保一批项目竣工投产，工业投资增长10%。提速园区改革聚能量。扎实推进实体化改革，创新建设和运营模式，加快生物医药产业园、九龙大数据产业园、新能源电池及材料产业园等园中园建设，推动高新区在招大引强、产城融合上取得实质性成效，确保园区工业增加值增长10%。

在现代服务业发展上着力。积极落实促消费各项政策，推动城乡居民消费转型升级，持续优化消费结构，推动生产性服务业向专业化和价值链高端延伸、生活性服务业向高品质和多样化升级，确保第三产业增加值增长8%。加快滇中（玉溪）粮食物流产业园等项目建设，力争滇中智慧农业产业园竣工投运，物流业增加值增长10%。确保万达广场开张营业，引进知名品牌企业设立示范样板店，打造中心城区核心商贸经济圈。支持各县区规划建设特色餐饮街区、特色商业区。

在数字经济发展上加力。实施数字经济发展规划，以“区块链 + 三张牌”为重点，大力推广“大数据 +”“区块链 +”等现代数字信息技术，积极应用“一部手机游云南”“一部手机办事通”等系列产品，实施“刷脸就行”工程。深化与华为、中国电子等大企业合作，抓好京东云“互联网 +”新经济项目实施。培育永兴元、融建信息等企业，推进“4351”网络安全产业项目建设，加快5G基础设施建设和

应用。争取更多数据应用项目落地，建设云南数据中心集群，做大做强玉溪数据中心品牌，用人工智能、大数据、云计算等数字技术赋能经济发展、推动社会治理创新。

在县域经济发展上聚力。强化以经济建设为中心的思想，凝心聚力推动县域经济做大做强。要发挥“关键少数”作用，主要领导带头，拿出三分之二以上精力抓经济发展，每个县区要集中力量培育做强1—2个特色产业。把抓项目增投资作为首要工作，加快谋划、引进实施一批重大产业项目，在打造全省县域经济10强县上取得新成效，稳步提升县域经济实力。

在建筑业发展上用力。支持本土企业发展壮大，积极引进大型优质企业落户玉溪。实施“绿色城市”项目建设，确保宇城杭萧绿色工业装配化建筑产业基地建成投产。充分发挥建筑业在全市经济发展中的支撑作用，力争建筑业总产值增长10%以上。严格落实“房住不炒”政策，促进房地产市场平稳健康发展，满足人民群众多样化的住房需求。

（三）千方百计增加有效投资，打牢跨越式发展基础

坚持把抓投资抓项目作为跨越式发展的重点，在优化投资结构、扩大有效投资上下功夫，千方百计提高民间投资和工业投资比重，发挥好投资关键作用。

加强基础设施建设。聚焦省市“四个一百”重大项目，完善重点项目市县领导负责联系推进制，强化现场会办、一线推动，计划新开工项目110个、加快推进在建项目105个、竣工项目32个。启动澄华、永金高速公路建设，加快弥玉、玉楚高速公路建设，确保澄川、元蔓、新平县城至戛洒高速公路建成通车。做实昆磨高速公路复线、新平戛洒至镇沅者东、宝秀至大开门高速公路前期工作。做好玉溪民用运输机场及元江、新平等通用机场前期工作。加快苗茂等3件中型水库、小箐等7件小（一）型水库以及大龙潭等3件调水工程建设。

调整优化投资结构。规范政府投资行为，调整投资重点和方向，不盲目举债铺摊子，不锦上添花做项目，严控非生产性和无收益项目投资，把财力集中到产业发展和民生急需领域。落实促进民间投资政策，鼓励利用社会力量增加公共设施和服务供给，力争民间投资增长20%以上。谋划引进一批投资上十亿、百亿的重大工业项目，确保工业投资占固定资产投资比重提高到25%。

做实项目前期工作。落实重点项目前期工作经费滚动投入机制，市本级和高新区安排项目前期工作经费均不少于1亿元、各县区均不少于2 000万元。精准对接国家政策和投资导向，编制固定资产投资五年行动计划，各县区按照每年1 000亿元目标策划包装储备项目。完善投资项目评估，做实地方专项债券项目前期及申报工作。用好土地占补平衡、城乡建设用地增减挂钩等政策，加大批而未供土地处置力度，实施4 500亩旱地改水田项目，新增供地6 000亩，切实保障项目用地。

久久为功招大引强。抓住重点地区产业转移机遇，全力做好招商引智、招大引强、选商选资工作，提高“相约春天”“收获金秋”等招商引智活动实效，发挥好4个驻点招商联络处作用。优化完善招商引资政策，集中资金支持重点招商项目，强化重大项目引进专家咨询论证，提高投资强度、增加值、税收贡献、就业带动等考核权重，完善招商项目退出机制，推动招商引资由数量型向质量型转变。开展“迎老乡、回故乡、建家乡”活动，引导玉溪籍外地企业家、专家人才回乡投资兴业。压实签约项目落地要素保障责任，坚决改变“签约多、落地少”的状况，红塔区、高新区新开工亿元以上产业项目均不少于10个，其他县区均不少于5个，确保实际利用市外国内资金增长10%，实际利用外资实现新突破。

（四）实施乡村振兴战略，巩固提升脱贫攻坚成果

认真贯彻中央关于抓好“三农”领域重点工作确保如期实现全面小康的意见，扎实做好乡村振兴各项工作，建立健全农村良性发展机制，加快补齐“三农”领域短板，让各族群众共享发展成果。

全面巩固提升脱贫质量。深入实施脱贫攻坚巩固提升三年行动，抓实产业、就业、教育、健康、生态扶贫，提升新型农业经营主体带动贫困户增收实效，健全完善最低生活保障制度，促进贫困群众持续增收。抓实控辍保学，确保适龄学生不因贫困失学辍学。完成50个贫困自然村人居环境整治示范和80个饮水安全提升项目建设。做好易地扶贫搬迁后续工作，全面完成旧房拆除后的土地整理、复垦复绿任务。建立健全稳定脱贫长效机制，及时做好返贫人口和新发生贫困人口的监测和帮扶。

持续改善农村人居环境。深入实施农村人居环境整治三年行动，加快村委会所在地公厕、农村无害化户厕改建，统筹推进垃圾污水治理、村容村貌提升和“人畜分离”项目建设。推进“美丽公路”建设，新改建农村公路129公里。深入开展“拆危房、除闲房、腾空间、建新村、换新貌、奔小康”行动，确保违法违规建筑“零增长”。积极创建“国家森林乡村”，推进村庄绿化。加强农村亮化工程管护。

构建乡村治理新体系。加强村级自治组织规范化建设，完善村务公开及民主管理，增强村民自治组织能力。深入开展农村精神文明建设示范县创建活动，实施乡风文明培育行动，整治婚丧大操大办、厚葬薄养等不良习俗，打造一批村规民约示范村。推进民主法治示范村创建，加强平安乡村建设，确保乡村社会充满活力、和谐有序。

（五）加大改革开放创新力度，激发发展动力活力

发挥创新第一动力作用，推动改革开放走深走实，形成支持和保障经济高质量发展的体制机制，激活蛰伏的发展潜能。

大力提升创新驱动力。全力推进国家创新型城市建设，以科技、产业创新为重点，对标对表41项指标，确保通过科技部、国家发展改革委综合评估。加快科教创新城建设，建成主体育场、体育馆、游泳馆和交流中心，体校、少体校新校区投入使用，加快玉昆钢铁科技研发中心、科教创新创业中心建设，推动已签约项目落地。支持高新区创建国家级创新型特色园区，加快玉溪国家农业科技园、新能源产业技术研究院建设，新认定国家级高新技术企业32户、省科技型中小企业30户，认定重点实验室、工程技术研究中心5个。加大财政科技投入，强化企业主体地位，着力提高全社会研发经费占生产总值比重。推进“百千万人才计划”，培养引进一批高层次急需紧缺人才和创新团队。

深化重点领域改革。持续深化供给侧结构性改革，巩固“三去一降一补”成果，提高供给体系质量和效益。深入推进“放管服”改革，认真落实《优化营商环境条例》，推进“一站式”惠民平台建设，开展第三方评估，建立“好差评”“红黑榜”制度，强化信用监管，打造市场化、法治化、国际化的一流营商环境。加快建立以管资本为主的国有资产管理体制，全面完成国企改革，提升企业核心竞争力。深化农村集体产权制度改革，出台新的土地征收标准，推进农村集体经营性建设用地入市。做好机构改革“后

半篇文章”，提升各级机构履职效能。统筹推进收入分配、综合行政执法、社会保障等领域改革，确保完成从事生产经营活动事业单位改革任务。

加快对内对外开放。积极参与“一带一路”建设，主动服务和融入国家、省发展战略，加强与友好城市和滇中州市交流合作。健全完善外向型经济保障和支撑体系，落实稳外贸政策，强化出口企业服务，调整优化出口结构，提高工业产品出口比重，推动外贸稳中提质，确保外贸进出口总额增长10%。充分发挥境外商务代表处作用，引导支持更多企业“走出去”开拓国际市场，提升外经合作水平。确保完成玉溪海关建设并移交使用。

（六）加强国土空间管控，着力推进新型城镇化

坚持以人为核心，以质量为导向，优化城镇功能，建设绿色生态、和谐宜居、特色鲜明、活力四射的新型城镇，让全市人民共享新型城镇化发展红利。

强化国土空间规划引领。坚持“多规合一”，完成国土空间总体规划编制，划定城镇、农业、生态三个空间和生态保护红线、永久基本农田、城镇开发边界三条控制线，启动中心城区和县城开发边界内国土空间详细规划编制。深化城市设计，加强高层建筑、公共空间、街道景观、建筑立面风貌控制。强化规划刚性约束，修订完善城乡规划管理技术规定，维护规划的严肃性、权威性。

提升城镇功能品质。围绕中心城区城市定位，完善规划布局和功能配套，提升综合承载和资源优化配置能力。加快科教创新城科技片区市政道路、高铁新城周边道路建设，全力推进玉溪大河三期、市第三污水处理厂及管网配套工程、市污水处理厂污泥处理处置项目建设，建成城市公厕18座、改造13座。加快红塔区、江川区融合发展，推进基础设施、产业发展、公共服务、城乡建设一体化。牢牢把握澄江设市内涵和本质要求，以“市”的格局定位谋划和推动国际旅游城市、国际健康养生城市、国际会议中心城市建设。加快实施“美丽县城”三年行动计划和城镇品质提升行动，突出干净、宜居、特色三大要素，确保1个县进入省“美丽县城”奖补名单。把特色小镇作为推进城镇化的重要载体，在彰显特色、打造产业、创新智慧、追求卓越上下功夫，推进十大特色小镇建设，广龙小镇7月底前整改到位。加大户籍制度及配套改革力度，落实“人地钱”挂钩机制，促进农业转移人口市民化。

提高精细化管理水平。巩固国家海绵城市、卫生城市、园林城市、节水型城市创建成果，持续推进“六城”同创。按照“业主主体、社区主导、政府引领、各方支持”原则，加大工作力度，推进城镇老旧小区改造。统筹推进城市更新，实施城市修补、生态修复，更加注重市民感受，加强城市建设项目管理，持续推进占道经营、工地扬尘、噪音、违规养犬、城郊接合部脏乱差等问题整治。搭建智慧交通平台，加快推进县区智慧停车系统建设，挖掘停车资源，规范停车秩序。加快数字城管建设，实现市县区城管数据联网。创新物业管理，打造红色物业品牌。抓好红塔区垃圾分类试点工作。

（七）加强生态建设和环境保护，打好污染防治攻坚战

深入践行“绿水青山就是金山银山”理念，牢固树立“薄冰、底线、担当”意识，全面加强生态环境保护，确保生态文明建设走在全省前列。

持续加强“三湖”保护治理。完善河（湖）长制责任体系，巩固“清四乱”成果，推动“见河长”向“见成效”转变。坚持“保护第一、治理为要、科学规划、绿色发展”，以“四个彻底转变”理念抓好湖泊保护治理。严格执行湖泊保护条例，贯彻落实湖泊保护和开发利用总体规划，持续开展“三湖”保护治理雷霆行动，完成“智慧三湖”一期项目建设，确保“十三五”规划和山水林田湖草生态保护修复试点项目建设基本完工。全面完成抚仙湖2.2万人生态移民搬迁和“森林抚仙湖”建设，加快实施休耕轮作区农业面源污染控制示范项目，启动健康水循环试点，巩固入湖河道脱劣成果，确保抚仙湖水质稳定保持Ⅰ类。深入实施星云湖水体达标行动计划，完成原位控藻及水质提升、污水处理厂除磷提标改造等工程建设并投入运行，科学实施生态补水，实现星云湖水质脱劣目标。加快杞麓湖一级保护区生态修复项目建设，实施化肥农药减量增效行动，全面完成东岸、西北岸环湖截污治污工程，确保杞麓湖保持Ⅴ类水质并向好发展。

着力解决环境突出问题。抓实环保督察反馈问题整改，坚决打好污染防治“8个标志性战役”。大力推进南盘江、红河流域水污染综合防治，加强东风水库等集中式饮用水源地保护，确保县城以上集中式饮用水源地水质达标率稳定保持100%。深入开展清洁能源替代、工业污染达标减排行动，中心城区空气质量优良率达99%以上。推进污染土壤治理与修复行动，加快“森林玉溪”建设，完成营造林29.7万亩，治理水土流失122平方公里，提高森林覆盖率和城市建成区绿地率。严格执行源头严防、过程严管和后果严惩制度，全面加强环境执法监管。

深入推进生态建设。全力推进全国生态文明建设示范市创建，申报抚仙湖径流区“绿水青山就是金山银山”实践创新基地，加快红塔区、江川区、易门县省级生态文明县创建。配合做好《生物多样性公约》第十五次缔约方大会筹备工作。加强生物多样性保护，强化外来物种防控。加快完善生态文明制度体系，稳步实施跨界河流生态补偿，全力维护生态环境安全。

（八）切实做好财税金融工作，打好重大风险防控攻坚战

坚持开源节流、争取引进盘活并举，正确处理稳增长与防风险的关系，筑牢经济平稳发展基础，确保财税金融运行稳定。

实施财源培植工程。市级安排1亿元财源培植资金，积极培植税收大户，大力盘活土地、矿产等有效资源，加大税收征管力度，充盈可用财力。落实向上争取任务，最大限度挖掘政策红利。优化支出结构，坚决压减非刚性非重点支出，坚决取消不必要支出，坚决从严控制新增支出，强化预算绩效管理，做到“花钱必问效、无效必问责”，以政府的“紧日子”换人民群众的“好日子”。

打好政府债务化解战役。强化政府债务化解主体责任，严格落实地方政府债务限额管理，严厉问责违法违规举债行为，严控政府债务增量。建立健全债务动态监测机制，完善应急处置预案，及时排查债务风险隐患，妥善化解存量债务。探索构建偿债准备金制度，积极争取新增政府债券额度，严格债务预算管理，制定债务化解中期规划和年度计划，确保完成年度化债和降低风险等级目标任务。强化国有企业债务杠杆约束，依法依规开展市场化融资，推进资产管理与预算管理、债务管理有效结合。

开展金融服务实体经济行动。加强金融服务平台建设，创新金融产品，深化银税互动，强化对实体经济融资支持，提升政府性融资担保公司实力，切实解决中小微企业融资

难融资贵问题，确保金融机构存贷款余额增长9%。用好市级社会信用信息平台，支持银行业不良贷款处置化解，严厉打击非法集资、金融诈骗等违法金融活动，推进互联网金融风险专项整治，坚决守住不发生系统性风险底线。

（九）加快补齐民生短板，提高基本公共服务水平

坚守节用裕民之道，统筹政府资源和社会力量增加公共服务供给，着力解决普惠性、基础性、兜底性问题，提升人民群众的获得感、幸福感、安全感。

加强就业和社会保障。坚持就业优先，大规模开展职业技能提升培训，促进高校毕业生、退役军人、农民工等重点群体就业，推动劳动者多渠道就业创业，新增城镇就业3万人。用法治手段根治拖欠农民工工资顽疾。深入实施全民参保计划。深化打击欺诈骗取医保基金专项行动，强化社保基金风险防控。加快养老服务体系建设，健全社会救助机制，切实保障困难群众基本生活，力争残疾人康复中心建成运营。实施农房抗震改造4 100户，完成通海“8・13、8・14”地震灾后民房恢复重建任务。

坚持教育优先发展战略。加快“一村一幼”建设，确保学前三年毛入园率达86%以上。启动实施义务教育薄弱环节改善与能力提升工程，优化中心城区教育资源配置，推动城乡义务教育一体化进程。新增高中阶段学位1 100个，完善绩效激励机制，提升教育教学质量。支持玉溪师院向应用型本科转型发展，完善职业院校体系，加快构建中高衔接的现代职业教育体系。健全教师队伍培养机制，提高立德树人水平。

加快健康玉溪建设。继续做好国家综合医改试点和国家健康城市试点建设工作。做实城市医联体和紧密型县域医共体，完善医保基金打包付费，取消公立医疗机构医用耗材加成，推动优质医疗资源、管理、人才向乡村下沉，提升基层医疗机构防病治病能力。抓好市中医院扩容提质、市妇幼保健院整体迁建、中山大学合作办医等项目实施，推进互联网医院发展。健全完善现代医院管理制度，实施县级中医院综合服务能力提升工程，加快县级公立医院省级临床重点专科及脑卒中、危重儿童和新生儿救治等五大中心建设。

繁荣发展文体事业。加强公共文化基础设施建设，全面提升文化馆、图书馆、博物馆、乡镇综合文化站服务水平。繁荣文艺创作，加快“聂耳音乐之都”建设。持续抓好“中华诗词之市”“中国最佳楹联文化城市”创建。加强文物、非物质文化遗产保护和开发利用。广泛开展全民健身活动，全面筹办、备战省十六届运动会，完成省下达的足球场地设施建设任务，促进体育健身产业市场化发展。

加强和创新社会治理。完成“七五”普法，全面推进依法治市，建设法治玉溪。认真贯彻落实党的民族宗教政策，扎实做好全国民族团结进步示范市创建工作。创新城市社区治理，推进社区议事协商规范化建设。抓好国防动员、国防教育、双拥共建、优抚安置工作，加强退役军人服务保障。持续开展信访矛盾化解攻坚，打好禁毒防艾人民战争，争当扫黑除恶专项斗争排头兵。加强食品药品安全监管，深化安全工程三年行动，严防重特大安全事故发生，守护好广大人民群众的平安生活。

认真抓好第七次全国人口普查。做好外事、保密、档案、计生、红十字、关心下一代等工作，切实保障妇女儿童、老年人、残疾人合法权益，支持群团组织发展。聚焦人民群众最关心、最需要、最急迫、最直接的问题，全力办好十件惠民实事。

各位代表，今年是谋划“十四五”发展的关键之年。我们要准确研判国内外发展大势，加强对全局性、战略性、基础性问题研究，找准玉溪发展的历史方位和战略定位，抓紧编制引领玉溪高质量跨越式发展的“十四五”规划，精心描绘未来五年发展蓝图，在谋划大项目、布局大产业、拓展大空间、构建大格局上下功夫，研究推出一批重大工程和项目，争取尽可能多的项目纳入国家和省级规划。

三、建设人民满意的服务型政府

我们要深入学习贯彻党的十九届四中全会精神，认真执行《中共中央关于坚持和完善中国特色社会主义制度、推进国家治理体系和治理能力现代化若干重大问题的决定》和省委实施意见，全面落实市委关于高水平推进市域治理现代化的实施意见，不断完善和创新体制机制，切实转变职能，提高行政效能。

一是始终坚持党的领导。全市各级政府要进一步提高政治站位，认真贯彻新时代党的建设总要求，坚持把党对一切工作的领导贯穿到政府工作各个领域、各个方面，全面推进政府系统党的政治、思想、组织、作风、纪律建设，增强“四个意识”，坚定“四个自信”，做到“两个维护”，坚决贯彻落实党中央决策部署和习近平总书记对云南工作的重要指示批示精神，全面落实省委省政府和市委的安排部署，确保政令畅通、令行禁止。把不忘初心、牢记使命作为党的建设的永恒课题和党员干部的终身课题，继续巩固深化主题教育成果，形成长效机制。

二是始终坚持依法行政。把制度建设和治理能力建设摆到更加突出的位置，聚焦政府治理各领域，推进制度创新、流程再造，完善工作机制、操作流程，构建职责明确、依法行政的政府治理体系，把制度优势更好转变为治理效能。切实强化制度意识，带头维护制度权威，提高运用制度干事创业的能力。依法接受人大及其常委会的法律监督和工作监督，主动接受人民政协的民主监督，自觉接受纪检监察监督，发挥审计常态化“经济体检”作用。认真办理人大代表建议和政协委员提案，广泛听取各民主党派、工商联、无党派人士和各人民团体的意见建议。认真落实《重大行政决策程序暂行条例》，健全科学民主依法决策机制，切实提高决策质量和效率。

三是始终坚持务实担当。坚决贯彻执行中央八项规定和实施细则精神以及省市委实施办法，坚决破除形式主义、官僚主义，严厉整治不敬畏、不在乎、喊口号、装样子等问题，规范督查检查，大力精文简会，集中精力干实事、出实绩。健全正向激励、容错纠错等机制，营造“想干事、真干事、会干事、干成事、不出事”的良好氛围。开展“工作提升年”活动，全面推行政府工作项目化、清单化，雷厉风行、说到做到，一鼓作气、一抓到底，推动工作提速提质。加强学习型政府建设，锻造一支忠诚干净担当的高素质干部队伍。

四是始终坚持廉洁从政。坚定不移推进全面从严治党，严明政治纪律和政治规矩，扎实推动政府系统党风廉政建设和反腐败工作向纵深发展。深化廉政风险防控，强化重点领域、关键环节、重要岗位权力运行监督制约。大力培育和践行社会主义核心价值观，坚决反对特权思想和特权现象，持续做好“以案促改”，深入开展“肃流毒、除影响、清源头、树正气”专项行动，营造风清气正的良好政治生态。

各位代表！时代赋予重任，奋斗铸就辉煌。让我们更

加紧密地团结在以习近平同志为核心的党中央周围，在省委、省政府和市委的坚强领导下，不忘初心、牢记使命，坚定信心、奋发作为，为推进玉溪高质量跨越式发展、全面建成小康社会而努力奋斗！

2020年十件惠民实事

一、推进“美丽公路”建设，新改建农村公路129公里。

主办单位：市交通运输局，各县（区）人民政府。

二、完成50个贫困自然村人居环境整治示范项目、80个饮水安全提升项目建设。

主办单位：市农业农村局、市水利局、市扶贫办、市住房城乡建设局、市生态环境局，各县（区）人民政府。

三、发放创业担保贷款10亿元以上，实施职业技能提升行动职业培训3万人次。

主办单位：市人力资源社会保障局，各县（区）人民政府。

四、加快推进县区智慧停车系统建设，挖掘停车资源，规范停车秩序。

主办单位：市住房城乡建设局、市公安局交警支队、市智慧办，各县（区）人民政府。

五、因地制宜推进“厕所革命”，新建城市公厕18座、改造13座。

主办单位：市住房城乡建设局，各县（区）人民政府。

六、新增高中阶段学位1100个，完成省下达的足球场地设施建设任务。

主办单位：市教育体育局，各县（区）人民政府。

七、实施关爱妇女儿童健康行动，免费为10500对计划怀孕夫妇提供孕前优生健康检查、为10000名贫困育龄妇女提供宫颈癌检查，妇女常见病筛查率达到70%以上；新生儿遗传代谢性疾病和听力筛查率均达85%以上，0—6岁儿童眼视力保健与筛查率达90%以上；实施Hib流感嗜血杆菌结合疫苗、23价肺炎球菌多糖疫苗群体性预防接种健康惠民工程。

主办单位：市卫生健康委，各县（区）人民政府。

八、完成2000户农房抗震改造任务。

主办单位：市住房城乡建设局、市财政局、市自然资源规划局，各县（区）人民政府。

九、实施200名贫困重度残疾人免费住院救助、1350名贫困精神残疾人免费服药救助，为1000名残疾人提供辅助器具适配，为100户贫困残疾人家庭实施无障碍改造。

主办单位：市残疾人联合会，各县（区）人民政府。

十、加大公共文化服务体系建设力度，“三馆一站”（文化馆、图书馆、博物馆、乡镇社区文化站）覆盖率达到120%小康目标要求；积极开展文化惠民演出，全年进农村、进社区、进企业、进学校、进军营等文艺演出700场次。

主办单位：市文化和旅游局，各县（区）人民政府。

名词解释

1. 六个走在全省前列：省委、省政府提出，玉溪要在推动经济高质量发展、新型城镇化建设、乡村振兴、生态文明建设、民生保障和公共服务、全面从严治党走在全省前列。

2. 两型三化：推动产业结构向开放型、创新型和高端化、信息化、绿色化转型发展。

3. 经济社会发展“5577”总体思路：第1个“5”是坚定不移地实施生态立市、产业富市、创新强市、开放兴市、共享和市五大战略；第2个“5”是坚定不移地推进“五网”设施建设；第1个“7”是坚定不移地巩固提升卷烟及配套、矿冶及装备制造、高原特色现代农业三大传统产业，发展壮大生物医药及大健康、文化旅游、信息、现代物流四大新兴产业；第2个“7”是坚定不移地实施脱贫攻坚、教育提质惠民、创业促进就业、城乡居民增收、社保扩面提标、健康养生养老、人口均衡发展七大民生工程。

4. 三大战役：园区经济、县域经济和民营经济。

5. 四带多园：打造昆玉—玉元经济带，带动玉溪高新区、红塔工业园区、研和工业园区、大化产业园区、新平矿业循环经济特色工业园区、元江工业园区发展；打造“三湖”生态经济带，带动通海、江川、澄江、华宁绿色经济和航空物流园、通海高原特色农业物流园、通海五金产业园发展；打造滇中高速环线经济带，带动华溪高原特色水果经济园、高鲁山生态休闲文化旅游园、甸中—十街生物产业园、华宁工业园区、易门工业园区发展；打造红河谷—绿汁江热区产业经济带，带动易门、峨山、新平、元江热区资源开发。

6. “12310”发展战略：通过构建1个数字经济发展体系，坚持“数字产业化”和“产业数字化”2条发展主线，突出数字基础型产业、数字应用型产业、数字服务型产业3个重点产业方向，推进数字基础设施、云计算服务、工业互联网、大数据外包、前沿信息技术应用、网络安全服务、数字政府、物联网、智能消费产品、数字创新应用10个细分产业领域建设，加快玉溪数字经济创新发展。

7. 脱贫攻坚4类重点对象：建档立卡贫困户、低保户、农村分散供养特困人员、贫困残疾人家庭。

8. 污染防治8个标志性战役：九大高原湖泊保护治理、以长江为重点的六大水系保护修复、水源地保护、城市黑臭水体治理、农业农村污染治理、生态保护修复、固体废物污染治理、柴油货车污染治理攻坚战。

9. 四乱：乱占、乱采、乱堆、乱建等河湖管理保护突出问题。

10. 四退三还：为加强抚仙湖、星云湖、杞麓湖“三湖”保护治理，在一级保护区内实施“退人、退房、退田、退塘，还湖、还水、还湿地”。

11. 五网：综合交通网、能源保障网、水网、信息网、物流网。

12. 四好农村路：建好、管好、护好、运营好农村公路。

13. 营商环境提升十大行动：省委、省政府把2019年作为“营商环境提升年”，从政府服务、“放管服”改革、保障企业地位、投资贸易、优化企业服务、扶持企业发展、维护企业权益、事中事后监管、落实政策措施，以及企业水电气接入、纳税和不动产登记10个方面采取具体措施，打造法治化、国际化、便利化营商环境。

14. 六城同创：我市同时创建联合国人居环境奖、全国文明城市、国家健康城市、国家海绵城市、国家智慧城市、国家创新型城市。

15. 三区一港：全省产业转型升级的先行区、新兴产业发展的集聚区、生态休闲旅游度假区和重要内陆港。

16. 一核两翼：我市旅游“十三五”发展规划按东部、中部、西部布局，简称“一核两翼”。“一核”指中部中心城市休闲旅游区，“两翼”指东部“三湖”休闲度假旅游区、西部哀牢山—红河谷生态民族文化旅游区。

17. 旅游六要素：吃、住、行、游、购、娱。

18. 三磷：磷矿、磷化工企业、磷石膏库。

19. 省级“三个一百”工业转型升级项目：100 项重点新开工项目、100 项重点续建项目、100 项重点竣工项目。

20. “4351”网络安全产业：“4”是指青少年网络安全教育基地、国家网络安全教育基地、国家涉密网络安全教育基地、国防网络安全教育基地。“3”是指电子政务云应急保障及指挥中心、大数据网络安全运行中心、智慧城市应急保障中心。“51”是指 1 个学院、1 个安全靶场、1 个国家工程实验室、1 个“数字经济玉溪模式”论坛、1 个大数据协同数字经济生态园。

21. 区块链：是分布式数据存储、点对点传输、共识机制、加密算法等技术的集成应用，具有多方共识、交易溯源、不可篡改等技术特点，在确保信息可信、安全、可追溯等方面具有传统技术不可比拟的优势。

22. “四个一百”重大项目：100 项竣工投产项目、100 项在建项目、100 项新开工项目、100 项前期工作项目。

23. 百千万人才计划：为抢抓建设国家创新型城市机遇，加快实施人才强市战略，2018 年我市提出：用 5 年时间，分类引进百名高层次创新创业人才和团队、培养千名重点产业拔尖人才、储备万名急需紧缺专业化人才。

24. 国土空间规划：是对一定区域国土空间开发保护在空间和时间上作出的安排，包括总体规划、详细规划和相关专项规划，是可持续发展的空间蓝图和各类开发保护建设活动的基本依据，将主体功能区规划、土地利用规划、城乡规划等空间规划融合统一，实现“多规合一”。今年我市将完成国土空间总体规划编制，启动中心城区和县城开发边界内国土空间详细规划编制。

25. “人地钱”挂钩机制：财政转移支付与农业转移人口市民化挂钩、城镇建设用地新增指标与农业转移人口落户数挂钩、基建投资安排与农业转移人口市民化挂钩，是调动地方政府吸纳农业转移人口落户积极性的政策机制。

26. 四个彻底转变：省委、省政府提出，以革命性措施抓好九大高原湖泊保护治理，彻底转变“环湖造城、环湖布局”的发展模式，下决心先做“减法”再做“加法”；彻底转变“就湖抓湖”的治理格局，下决心解决岸上、入湖河流沿线、农业面源污染等问题；彻底转变“救火式治理”的工作方式，下决心解决久拖不决的老大难问题；彻底转变“不给钱就不治理”的被动状态，下决心健全完善投入机制。

红河谷 （崔永红 摄）

抚仙湖孤山 （李卫东 摄）

专　文

SPECIAL ARTICLES

责任编校：李海明

玉溪市产业工人队伍建设改革问题研究报告

2017年6月，中共中央、国务院印发的《新时期产业工人队伍建设改革方案》明确把产业工人定位为：是工人阶级中发挥支撑作用的主体力量，是创造社会财富的中坚力量，是创新驱动发展的骨干力量，是实施制造强国战略的有生力量。因此，新时代，我国产业工人队伍建设改革是全面深化改革的重要组成部分，也是推动建设现代化经济体系的基础性工程。统计数据表明，我国产业工人总数2017年已经达到3.91亿人，其中非公有制单位就业职工不断增加，职工产业、行业分布结构越来越优化，产业工人已经成为中国经济发展绝对主体力量。总体来说，我国产业工人队伍建设与经济社会发展总体相适应。但是，新时期产业工人队伍建设和发展也面临着一系列的问题：产业工人素质难以完成适应产业转型升级的需要；产业工人利益分配矛盾突出，产业工人内部利益格局分化明显；产业工人利益诉求没有完善的体制机制支撑；提升产业工人专业素质和思想素质的渠道有限；产业工人的政治地位和权益保障缺少有效的制度支撑。为解决产业工人队伍建设中存在的突出问题，按照政治上保证、制度上落实、素质上提高、权益上维护的总体思路，中共中央、国务院印发的《新时期产业工人队伍建设改革方案》明确了改革不适应产业工人队伍建设要求的体制机制，通过产业工人队伍建设改革来充分调动广大产业工人的积极性主动性创造性，为实现“两个一百年”奋斗目标、实现中华民族伟大复兴的中国梦更好地发挥产业工人队伍的主力军作用。近年来，玉溪市委、市政府把加快经济发展、提高发展质量作为全市工作的重中之重，围绕经济社会发展“5577”总体思路，积极培育战略型新兴产业，全市经济发展的质量和结构不断优化。2018年，玉溪矿冶及装备制造业增加值增长26%，电子信息产品制造业增加值增长70%，现代物流业增加值增长7%，信息产业增加值增长25%，民营经济增加值增长10.5%。产业兴则玉溪兴。产业强市的基础就是要有一支与建设现代化经济体系相适应的新时代产业工人队伍。当前玉溪产业工人队伍建设仍存在诸多短板，如产业工人技术技能与产业发展需求不相适应、职业教育和培训供需脱节、产业工人的社会待遇和经济待遇有待提高等。这些都是制约玉溪转方式、调结构，实现经济高质量跨越式发展的瓶颈。因此，对玉溪市产业工人队伍建设改革问题进行深入调查研究，摸清玉溪市产业工人队伍建设基数，提出玉溪市产业工人队伍建设改革的对策建议，对于夯实党执政的阶级基础、群众基础具有重大的政治意义，对于深入实施产业强市、人才强市、创新活市战略具有重大的现实意义。为此，2019年4月至5月，玉溪市总工会联合中共玉溪市委党校组成专题调研组，赴七县二区开展玉溪市产业工人队伍建设情况调研。此次调研涵盖工业、旅贸、建设、经信等产业，企业样本总量119个，职工样本总量1 250个，工会干部样本总量229个。此外，调研组还深入玉溪市七县二区工会、组织部门、宣传部门、人社部门、劳动部门、民政部门、企业等实地走访，在各级工会干部、企业管理人员、产业工人、相关部门工作人员等不同群体中，通过采取召开座谈会、发放问卷、翻阅资料、实地考察等方式，就产业工人队伍建设基本情况、发展趋势、主要诉求等开展专题调研。现形成研究报告如下：

一、玉溪市产业工人队伍发展现状分析

根据中共中央、国务院印发的《新时期产业工人队伍建设改革方案》，我们把产业工人的范围定义为：在第一产业的农场、林场，第二产业的采矿业、制造业、加工业、建筑业和电力、热气、燃气及水生产和供应业，以及第三产业的交通运输、仓储及邮政业和信息传输、软件和信息技术服务业等行业中从事集体生产劳动，以工资收入为生活来源的工人。根据这个定义来统计，玉溪市目前拥有产业工人20万左右。通过对玉溪20万产业工人构成要素进行调研、统计、分析和研究，我们得出如下结论。

（一）玉溪本地城镇居民和农民工是玉溪产业工人的主体，工人队伍不稳，企业人员流动性相对较大

调查数据表明，玉溪产业工人主要来源于本地居民，玉溪户籍占玉溪市产业工人总数的83.52%，玉溪市除外云南户籍占玉溪产业工人的12.08%，外省籍占玉溪产业工人的4.4%。从产业工人的构成情况来看，城镇居民仅占产业工人的39.36%，农民工占60.64%，农民工成为玉溪产业工人的主体。玉溪产业工人的来源结构表面，玉溪正处于工业化发展加速的阶段，玉溪发展先进制造业和高端产业工人严重短缺，玉溪实现经济高质量发展产业人才支撑的矛盾已经凸显。60%的农民工为初中及以下文化程度，六成以上没有接受过非农职业技能培训。而在非公有制企业、小微企业中，技术工人更是严重匮乏。农民工占据玉溪产业工人的主体意味着工人队伍不稳，企业人员流动性大，农忙时招工难，成为玉溪非公有制企业、小微企业普遍存在的现象。这种现象也导致了大部分非公有制企业、小微企业对产业工人权益保障不够，除工伤保险之外，大部分工人的“五险一金”难以落到实处，企业对产业工业的培训缺乏规划性和长远性。

图一：玉溪产业工人籍贯统计表

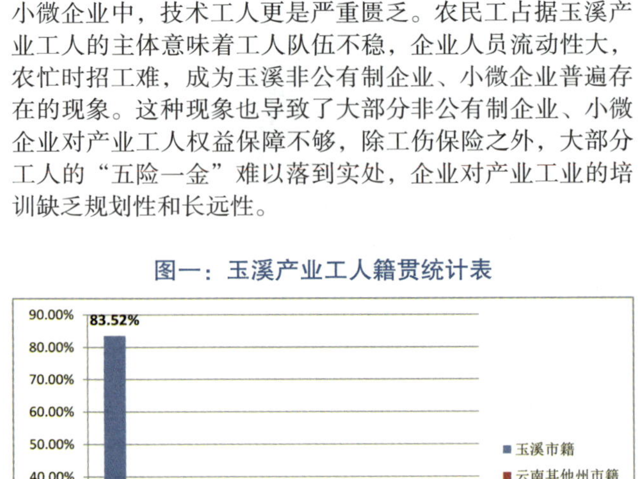

图二：玉溪产业工人户籍统计表

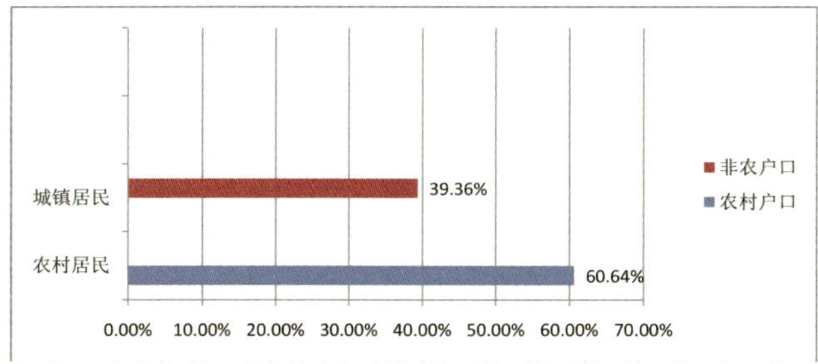

（二）玉溪产业工人年龄构成主要以青壮年为主，劳动生产效率相对较高，产业发展有一定的竞争力

从人口统计数据来看，2010年中国开始进入老龄社会，目前正处于老龄社会加速发展阶段。人口老龄化的到来意味着50岁以上的产业工人数量增加，劳动生产效率相对下降，产业的竞争力也会随之下降。从我们调研的数据来看，玉溪产业工人年龄构成相对好于全国，2014年中国50岁以上的产业工人已经占产业工人总数的12%，16—40岁的产业工人只占产业工人总数的52%，40岁到49岁以上产业工人占38%。而从玉溪的情况来看，25岁以下的青年人占玉溪产业工人的16%，26—35岁以下的产业工人占38.72%、36—49岁的中青年占38.16%，50岁以上的产业工人只占玉溪产业工人的7.12%。这种年龄构成劳动生产效率相对较高，产业发展有一定的人口红利支撑，有利于承接东部沿海地区的产业转移，有利于发展装备制造业和新兴产业。完善产业工人培养培训机制、实施产业工人技能形成顶层设计就能为玉溪产业转型升级提供有力支撑。

图三：玉溪产业工人年龄结构表

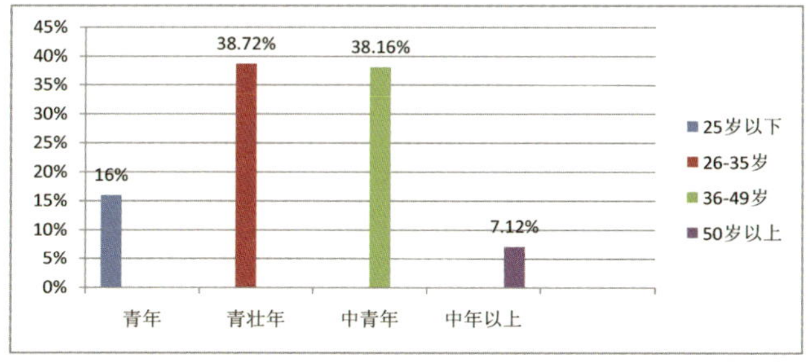

（三）玉溪产业工人技能素质偏低，不利于玉溪产业高质量发展

中国从制造大国向制造强国转型升级，关键的因素是产业工人队伍素质的提升。从现实情况来看，发展先进制造业对高端产业工人队伍的迫切需求和高端产业工人严重短缺之间的矛盾是中国产业工人队伍建设面临的突出问题。玉溪产业高质量发展面临的产业工人技能素质更为严峻。调查表明：接受过高等教育的玉溪产业工人仅占产业工人总数的11.68%，而仅接受过初中及以下教育的占29.52%、高中、中专、职高教育占34.32%，相当于大专的占24.48%。玉溪产业工人总体知识层次偏低。从玉溪产业工人的技术构成情况来看，55.36%的产业工人没有任何技术等级定级，近5成产业工人没有接受过相关技术等级职业技能培训。高级技师仅占产业工人的2%，技师仅为7.76%，高级工仅为7.52%、中级工为10.08%、初级工为17.28%。高技术人才主要集中于国有企业、外资企业和规上民营企业，大量民营企业和小微企业技术人才严重短缺。显然，加快产业人才引进、建立和完善产业技术人才培训和提升素质的制度和机制是玉溪产业工人队伍建设的迫切问题。

图四：玉溪产业工人技术等级构成状况表

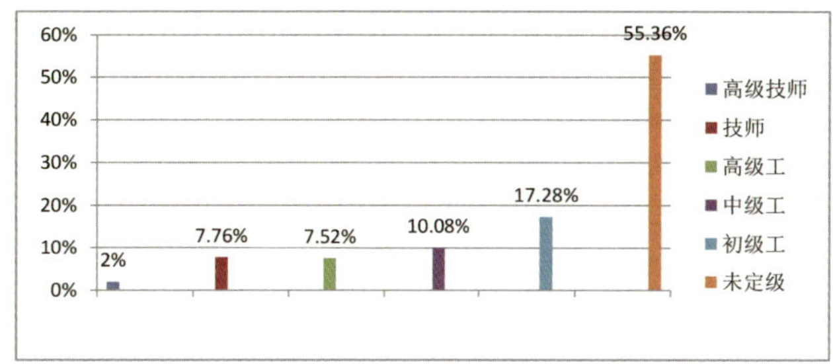

图五：玉溪产业工人学历情况构成表

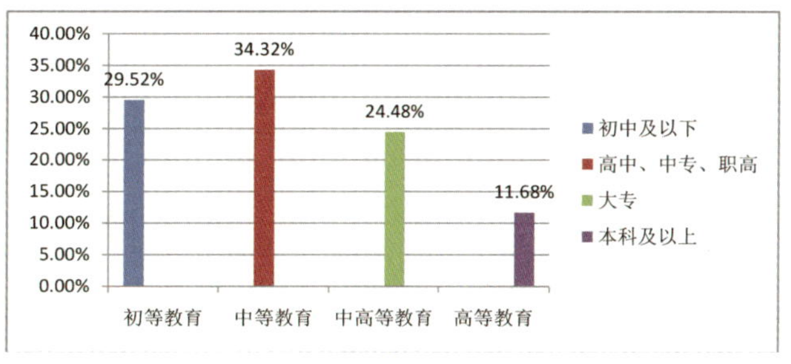

（四）玉溪产业工人工资收入相对较低，对高素质产业工人缺少吸引力

根据国家统计局的数据，2018年全国城镇非私营单位就业人员年平均工资为82 461元，月均6 872元；全国城镇私营单位就业人员年平均工资为49 575元，月均4 131元；全国规模以上企业就业人员年平均工资为68 380元，月均5 698元。从玉溪企业性质来看，国有企业产业工人仅占玉溪产业工人总数的4.08%、集体企业占7.12%；非公有制民营企业是产业发展的主体，占玉溪产业工人总数的78.32%；外资企业占5.21%，其他类型企业占5.46%。与此相对应，玉溪产业工人的高收入群体主要集中于国有企业、集体企业、外资企业和规模以上企业，民营企业产业工人收入普遍偏低，对高素质产业工人缺少吸引力。2 000元以下的低收入群体占玉溪产业工人的12.32%、2000—3500元中低收入群体占到了产业工人的49.04%、3500—5000元中收入群体占20.16%，5 000元以上收入群体占玉溪产业工人的18.28%。玉溪产业企业构成性质和收入水平表明，小、散和缺乏竞争力是玉溪产业高质量发展的瓶颈。产业工人经济地位不高，收入水平相对偏低是玉溪产业转型升级和高水平发展的制约因素。

图六：玉溪产业发展企业性质构成表

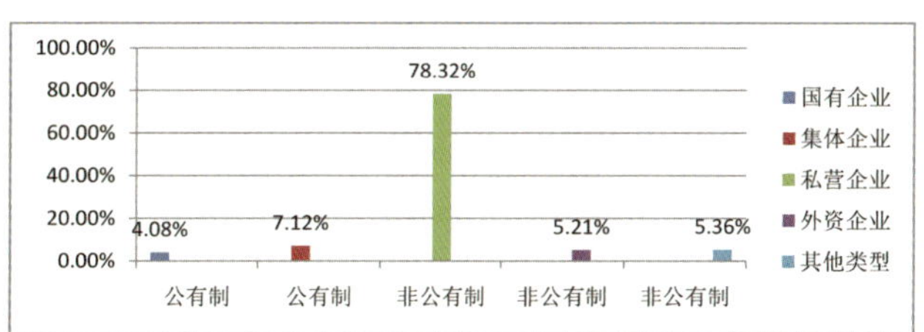

图七：玉溪产业工人工资收入情况表

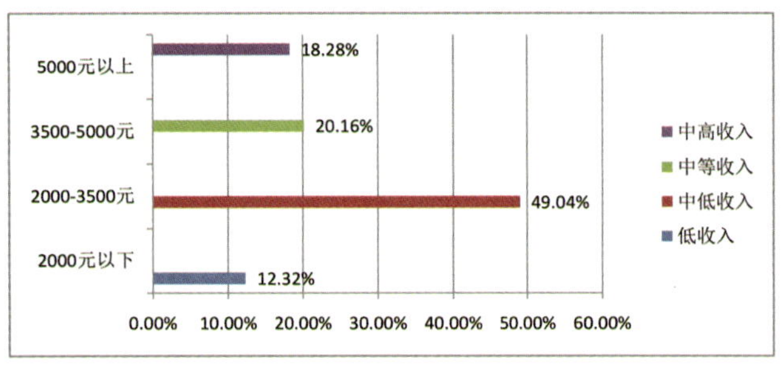

（五）玉溪产业工人权益保障不到位，产业工人对职业发展前景信心不足

产业工人有获得感、幸福感和安全感是企业长远发展的动力和活力所在。产业工人有获得感、幸福感和安全感来源于企业经济效益和竞争力可持续发展、产业工人的基本权益能得到保障，技术技能提升机制完善、工资待遇、福利保障、晋升渠道科学合理，产业工人对职业发展前景信心满满。从我们对玉溪产业工人调查的情况来看，产业工人权益维护难、工会力量薄弱、各方对工会维护产业工人权益支持不够是玉溪市非公有制企业存在的普遍现象。产业工人对收入不高、晋升渠道不畅、发展空间有限等问题反映强烈。玉溪产业工人在开展工资集体协商、签订劳动合同、推进民主管理方面满意度不高，工会促进劳动关系和谐难以达到预期目标。产业工人对自己在企业中的主人公地位感受不明显，对单位提供的职业发展满意度不高。因此，建立保障工人合法权益制度机制、提升产业工人的政治地位、发挥工会组织作用，完善产业工人培训和提供渠道和平台，是玉溪产业产业工人队伍建设改革发展的重要内容。

图八：影响玉溪产业工人工作积极性因素构成表

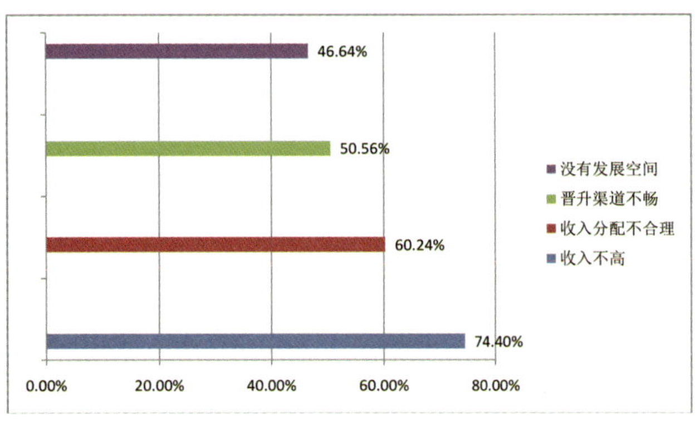

图九：玉溪市产业工人工会开展工作难点情况表

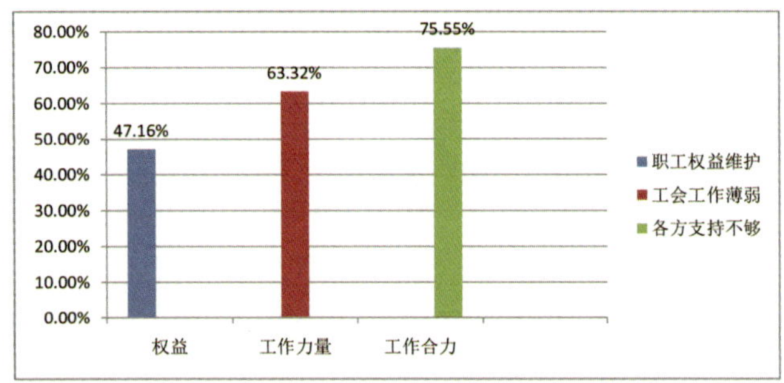

图十：玉溪产业工人对维护自身权益制度机制的满意度

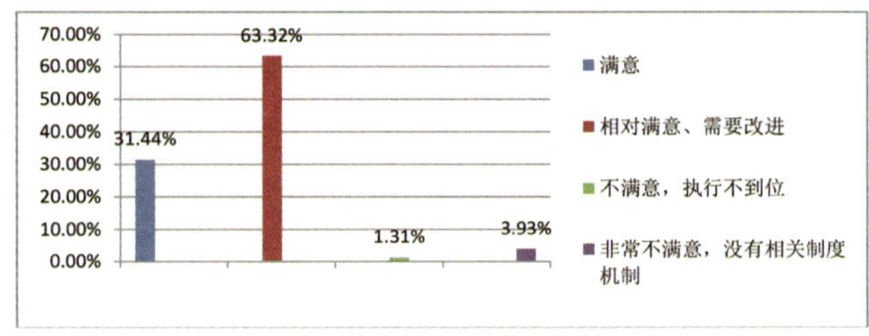

图十一：玉溪产业工人在企业中对职业发展的满意度

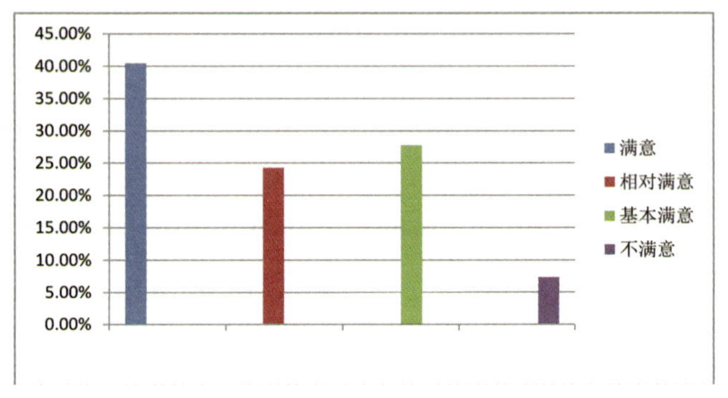

二、玉溪推进产业工人队伍建设改革的探索和实践

产业兴，玉溪兴，而支撑产业发展的基础和关键性因素是产业工人队伍的建设和发展。玉溪市聚焦改革不适应高质量产业发展的产业工人队伍建设的体制机制，把产业工人队伍建设作为实施科教兴玉战略、人才强市、创新驱动发展战略的重要支撑和基础保障，制定了“6662211”产业工人技能提升行动，对新时期玉溪市产业工人队伍建设改革进行了顶层设计，围绕造就一支有理想守信念、懂技术会创新、敢担当讲奉献的宏大的产业工人队伍，玉溪市各县（区）以及高新技术产业开发区结合地区、行业、工人队伍实际进行了实践探索，改革工作成效初步显现。

（一）立足玉溪产业工人发展现状，通过顶层设计出台《玉溪市新时期产业工人队伍建设改革实施方案》

玉溪市委、市政府在集中统一领导的基础上，明确由玉溪市总工会牵头推动玉溪市产业工人队伍建设改革工作，召开贯彻落实《实施方案》工作协调会，明确责任分工。玉溪市总工会在七县二区 100 个企业、500 名职工中，开展新时期产业工人队伍建设改革问卷调查，涉及产业工人所在企业性质、经营状况、党群组织和民主管理状况、职工培养培训情况、职工成长渠道、职工创新创造情况、职工工资等各种福利待遇以及意见建议，共 116 项目调查内容。在全面掌握玉溪市产业工人队伍建设的成绩、问题和企业、职工愿景的基础上，在玉溪市委、市政府的支持下，玉溪市总工会联合相关部门，抽取骨干力量组成起草组，集中进行理论论证和研究，对玉溪市产业工人队伍建设的政策、现状、问题和对策进行分析梳理，通过多次深入细致的调研和座谈会，研究推进玉溪市产业工人队伍建设改革的具体措施，最终起草出科学有效的《玉溪市新时期产业工人队伍建设改革实施方案》，并于 2018 年 9 月 27 日，经玉溪市委市政府研究讨论，正是出台《玉溪市新时期产业工人队伍建设改革实施方案》（玉发〔2018〕17号）。这个《实施方案》提出玉溪新时期产业工人队伍建房改革的指导思想、基本原则和目标任务。从解决产业工人普遍关心的突出问题入手，对加强和改进产业工人队伍思想政治建设、构建产业工人技能形成体系、运用互联网推动产业工人队伍建设、创新产业工人发展制度、拓展产业工人队伍建功立业机制、完善产业工人权益维护机制、强化产业工人队伍建设支撑保障等从七个方面对玉溪产业工人队伍建设改革作出了明确部署，为玉溪产业工人队伍建设发展提供支撑和方向。

（二）创新机制、形成合力，把玉溪产业工人队伍建设改革工作做实做细

抓好产业工人队伍建设是一项系统工程，需要统筹各方力量共同参与。一个部门单打独斗下不好产业工人队伍建设改革这盘大棋，改革必须在党委的领导下，把相关工作纳入企业发展的大局当中通盘考虑，整合各方力量共同参与，各个方面各司其职携手并进，才能推动改革各项措施真正落到实处。玉溪市始终坚持把党委统揽全局、协调各方作为核心，把各级工会牵头抓总作为关键，把有关部门各司其职、密切配合作为重要保证，把社会力量广泛参与作为基础，打破部门界限，形成整体合力。玉溪市总工会牵头、各相关部门参与，成立了玉溪市产业工人队伍建设改革领导小组，协调统一推进玉溪产业工人队伍建设改革工作。

1. 建立领导督查机制。玉溪市委、市政府十分重视《实施方案》的落实，多次组织召开专题会议，研究部署《实施方案》的推进工作，总结工作成效和不足，适时调整部署下一步推进工作。

2. 明确责任清单。玉溪市委、市政府将方案实施情况纳入各级党委、政府综合目标考核内容，与有关部门签订《2019年度玉溪市新时期产业工人队伍建设改革责任书》，明确目标，细化责任，确保改革稳步推进、顺利实施。

3. 建立监督检查和信息反馈制度。玉溪市新时期产业工人队伍建设改革工作领导小组适时开展专项督查和重点督查，督促各有关部门根据职责要求、进度安排，逐项抓好落实，针对《实施方案》落实中的难点与不足，提出解决方案。玉溪市产业工人队伍建设改革领导小组办公室成员涉及17个市级委办厅局，各成员单位加强信息互通，坚持定期报送进展情况。

4. 完善情况通报和责任追究制度。各县区、各部门及时报送工作动态、反映重大活动的专题报道，总结典型做法和阶段性工作经验。玉溪市委督查室、市政府督查室对责任部门落实项目情况进行督查考核，考核结果作为领导班子年度综合考核评价的重要内容，对考核不合格或存在弄虚作假的，终止相关经费补助或资助。建立联合调研和宣传动员机制。玉溪市产业工人队伍建设改革领导小组定期抽调成员单位人员，组织集中调研，共同发现问题、总结经验，推动下一步工作顺利开展。同时，为营造良好的推进《实施方案》落实氛围，玉溪市产业工人队伍建设改革领导小组办公室成员单位，对中央、省市委有关指示精神、产业工人队伍建设改革的重大意义以及本系统承担的职责任务、工作推进情况进行广泛宣传。

（三）立足实际、因地制宜、重点突出，推进产业工人队伍建设改革示范点工作先行先试

把落实改革要求与总结实践经验有机结合，充分发挥典型的示范引领作用，制定符合地方实际、体现地方特色的配套措施、创新措施，是确保《实施方案》真正落地生根的重要举措。玉溪市辖9个县（区），其中2个市辖区、4个县、3个民族自治县，整体而言，各县区的趋同度比较高，但在产业布局、发展优势等很多方面仍有差异。基于此，各县区各有关部门立足实际，分别制定印发了落实《实施方案》的任务分工、实施细则和配套措施，坚持突出重点，发挥国有企业的带动作用，着力在支柱产业、战略性新产业和骨干企业中推进，确保《实施方案》落地生根。截至目前，玉溪市七县二区均已启动改革工作，印发了体现各县区特色的实施方案，成立了各县区产业工人队伍建设改革工作领导小组及办公室。为探索可借鉴、可复制的经验做法，玉溪市选取红塔区等3个县区、新平工业园区等2个工业园区、红塔区大营街街道1个街道、红塔集团玉溪卷烟厂等20个企业，共计26个示范点。示范点重点抓好建立推动工作的机构、形成贯彻落实的机制、制订切合实际的措施、提供持续推进的保障四个方面的工作，探索内容丰富、体现特色、可操作性强的推广范本，推动《实施方案》落地生根。为加强示范点创建工作，玉溪市总工会建立机关干部联系新时期产业工人队伍建设改革示范点工作制度。联系工作制度采用定人、定点方式，根据工作需要，确定1名工会干部，定向联系若干玉溪市新时期产业工人队伍建设改革示范点企业，协调和解决企业在发展过程中遇到的困难和问题。

（四）多筹并举，激励全社会积极参与，营造玉溪产业工人队伍建设改革的浓厚氛围

要顺利推进玉溪产业工人队伍建设改革落地生根，全社会必须充分认识《实施方案》的重要性、充分理解《实施方案》的方法路径，多筹并举，激励全社会积极参与才能取得实效。

1. 坚持正确舆论导向，营造新时期产业工人队伍建设改革舆论氛围。玉溪市以市总工会牵头，联合党校、宣传部门和玉溪日报大力宣传新时期产业工人队伍建设改革的重大意义、目标任务、主要举措，宣传改革实施中的先进典型、经验成效，鼓励企业、产业工人积极参与到改革中来，营造全社会关心、支持改革的良好氛围。

2. 以举办各项活动为载体，引导企业和产业工人积极参与建设改革工作。玉溪市总工会、市人力资源和社会保障局、市工业和信息化委员会联合组织选拔赛，为第五届滇中城市经济圈职工技能大赛选送“玉溪能匠”的同时，宣传《实施方案》的重大意义。通过积极组织家政服务行业职业技能大赛等技能竞赛，在全社会倡导弘扬劳模精神和劳动精神，引导广大产业工人立足岗位，发扬奋斗精神，建功新时代。

3. 积极制定配套措施，推进产业工人队伍建设改革工作有序开展。玉溪市人才工作领导小组办公室印发《玉溪市关于提高技术工人待遇的实施方案》，加强政策引导，把为玉溪作出突出贡献的高技能领军人才作为重点支持对象，提升技术工人收入水平，完善工资正常增长机制，拓宽收入渠道，加大培养培训力度，强化激励机制，优化社会环境，着力改变技术工人社会地位偏低的现状。《玉溪市千人计划“兴玉产业领军人才”专项实施细则》则为玉溪破解发展先进制造业对高端产业工人队伍的迫切需求和高端产业工人严重短缺之间的矛盾提供了政策和资金支持，为玉溪产业转型升级提供有力支撑，建立和完善了产业技术人才发展保障的制度和机制。《玉溪市千人计划“兴玉信息化及信息产业拔尖人才”专项实施细则》立足于玉溪

产业基础和新兴产业发展需要，破解产业小、散和缺乏竞争力制约玉溪产业高质量发展的瓶颈，通过产业工人人才突破，推进玉溪产业转型升级。《玉溪市千人计划“兴玉技能大师” 专项实施细则》则明确提升产业工人的政治地位和经济地位，使产业工人技能培训和提升素质成为产业工人共同的价值追求。

（五）以党建引领工建，加强政治建设，提升产业工人的政治地位和经济待遇

玉溪市始终把产业工人思想政治工作放在重要位置来抓，制定形成了一系列制度安排，使党的路线方针政策在企业得到有效落实，产业工人的主体地位得到充分尊重。

1. 重视加强企业基层党组织建设。玉溪建立起不同性质企业党的工作委员会，制定各类企业开展党的基层组织规范化建设，积极开展把党员培养建设为企业的骨干，把企业骨干培养转化为党员工作。在常态化、制度化开展学习教育的同时，搭建“互联网＋理论学习”平台，注重发挥车间班组党组织的战斗堡垒作用和工人党员的先锋模范作用。

2. 加强产业工人思想政治教育。引导产业工人认真学习贯彻习近平新时代中国特色社会主义思想，尤其是习近平总书记关于工人阶级的重要论述，引领团结产业工人紧紧围绕在以习近平同志为核心的党中央周围，促使产业工人自觉践行社会主义核心价值观，为实现中华民族伟大复兴的中国梦而自觉行动，坚定不移听党话、跟党走。

3. 大力弘扬劳模精神、工匠精神，增强产业工人的荣誉感。玉溪通过各种新媒体重点宣传产业工人队伍中优秀人物、先进人物的模范事迹，使“工人伟大、劳动光荣”成为社会主流价值观，通过每年五一劳动节对先进工人进行表彰，提升“兴玉产业领军人才”“兴玉技能大师”“兴玉信息化及信息产业拔尖人才”的政治地位和经济待遇，为玉溪产业工人提高自身素质，增强产业工人的荣誉感提供平台和渠道。

4. 强化产业工人的正能量。通过产业工人喜闻乐见的形式开展一系列理想信念、职业道德等教育活动，持续深入开展“中国梦·劳动美”主题系列活动，增强产业工人的使命感和责任感。

（六）强化产业工人主人翁地位，提升产业工人推进企业发展的作用

玉溪市积极引导企业坚持全心全意依靠职工办企业，通过一系列制度安排，重视并充分发挥产业工人在企业改革发展中的主力军作用，切实保障产业工人的合法权益，逐步形成企业依靠产业工人、产业工人相信企业，双方同频共振、携手共进的良好态势。

1. 坚持和完善职工民主管理制度。玉溪市强调和落实企业工会建设全面覆盖工作。依法建立和落实职工代表大会制度，凡涉及产业工人切身利益的重大问题，必须经过职代会审议通过。

2. 引导企业建立“厂务公开”“班务公开”等制度。通过内容更完善、公开方式更多样、公开范围更全面的“厂务公开”“班务公开”有效保障了产业工人的知情权、参与权、表达权、监督权。

3. 坚持引导企业和产业工人形成依靠产业工人办企业与办好企业惠产业工人有机统一意识。玉溪积极引导和规范各级各类企业建立健全平等协商签订集体合同等制度，主动与产业工人签订“三险一金”或“五险一金”。保证产业工人的待遇，据调研，目前，玉溪市部分企业一线产业工人的工资，甚至高于本企业管理层和后勤职工的工资。

4. 不断完善创新劳资纠纷的解决方式。比如有的企业专门设置固定接待日，职工直接面见老总提出问题。此外，还有工会维权、职工代表维权、稽查专员、党支部书记调解（党群中心）、职工座谈会、意见箱、举报箱等方式，创新渠道解决劳资纠纷及产业工人存在的实际困难。

5. 落实产业工人劳动安全权益。积极引导企业把安全生产与职业健康视为企业持续发展的重要内容，纳入企业总体战略发展规划。指导企业工会按时按期做好安全生产与职业健康的教育培训，让产业工人获得更好的安全保障。

6. 保障产业工人的职业健康权益。要求各企业积极配合职业卫生监管部门开展执法检查，对于从事接触职业病危害作业的产业工人，认真做好各项防护措施，保障最大限度地减少职业危害。

（七）加强和完善产业工人培训制度机制，夯实玉溪产业发展人才队伍支撑

加快提升产业工人素质特别是技能素质，建设一支高素质产业工人队伍，是实施科教创新战略、人才培养战略、创新驱动发展战略、提升产业发展战略的必然要求，也是玉溪产业工人队伍建设的关键环节。

1. 加强和完善玉溪产业工人统一培训制度机制建设。针对产业工人教育培训的主体既有人社部门，又有各级工会，还有各类职业院校，玉溪市采取多部门合作，多措并举开展职工培训，不断推进培训制度常态化、制度化。通过统筹发挥职业培训、技能竞赛、导师带徒、劳模创新工作室、网上学习平台（学习强国 App）等作用，积极开展产业工人技能培训、引导性培训、专项培训、安全培训等各类培训。

2. 建立完善玉溪不同产业人才培训制度。玉溪市以工会、妇联和人社部门为主体，针对不同群体开展专项培训，如专门针对农村剩余劳动力、妇女、下岗职工等群体，组织开展免费培训。针对玉溪产业发展的需要，积极培养高精尖人才、高技能人才、特需人才、“能工巧匠”等，制定出台玉溪市《关于实施玉溪市“百千万人才计划”的若干意见》，重点培养高级技能人才，发挥高级技能人才的示范引领作用。通过各类培训的开展，为产业工人岗位成才创造有利条件，为企业健康发展提供保障支撑。

（八）加强企业文化建设，增强产业工人的荣誉感和自豪感

文化是一种力量、一面旗帜。加强企业文化建设，建立健全激励机制，引导产业工人树立正确的劳动价值观，增强他们的文化认同、情感认同，提升他们自主管理、自我完善的能力，增强他们的荣誉感和自豪感是产业工人队伍建设的重要内容。

1. 强化对基层工会的指导和服务，引导企业加强产业工人文化阵地建设。玉溪总工会、工商联和各级各类党组织，引导企业广泛开展一系列群众性文体活动，组织产业工人自发创作文艺作品，真正做到以产业工人为主体，让产业工人唱主角。如云南易门山里香食品有限责任公司将“学习、超越、领先”确定为企业精神，以“做行业标杆，引领行业发展”为使命，追求“员工幸福、企业发展、社会和谐”，通过开展班组竞赛、文体活动、工间操比赛等，增强集体荣誉感，弘扬工匠精神，使产业工人获得更多的尊严、幸福感、认可度。

2. 把握舆论导向，弘扬产业工人创业奋斗的正能量。加大对重大活动和重要节日的宣传力度，发挥工会系统媒

体的作用，大力宣传广大产业工人为经济发展、实现玉溪梦所付出的努力和取得的成效。选树一批重点宣传的典型，广泛传播普通职工群众的先进事迹和感人故事等，在产业工人中牢固树立理想信念、高尚道德准则和良好精神风尚。

3. 积极探索激励机制，增强玉溪产业工人的自我进取精神。在产业工人队伍建设改革进程中，玉溪部分企业畅通保障产业工人合理的晋升渠道，建立完善普工—核心员工—班长—工段长（车间主任）—部门负责人的晋升机制；在每个岗位中开展相应的技能竞赛，比赛结束后颁发奖状；实施学历提升奖励制度，对自学提高学历的产业工人给予奖励；成立不同生产小组，各小组之间开展公平竞争，通过攒积分、兑换奖金的方式，激励产业工人的工作热情，增强玉溪产业工人的自我进取精神。

4. 开展对产业工人的人文关怀，增强了产业工人对企业的认同感。通过产业工人队伍建设改革工作的推进和实施，绝大多数企业认识到了增强工人对企业的认同感重要性，对产业工人的人文关怀得到重视。比如有的企业开展评优带薪旅游活动、慰问困难职工活动、为夜班职工准备宵夜、夏天在车间内提供糖水、建设职工驿站和职工文体中心、帮助产业工人子女解决入学困难等等，增强了产业工人对企业的认同感。

（九）利用“互联网＋”，创新服务产业工人新模式

互联网、大数据、人工智能是时代发展的方向，必将深刻改变人们的工作和生活。面对形势的新发展、产业工人的新需求，玉溪市各级工会主动适应，积极顺应“互联网＋”发展大势，利用微信公众号、QQ 群等新媒体，及时发布有关信息、收集产业工人的建言建议和诉求愿望等，及时解决产业工人反映的突出问题。产业工人足不出户，通过手机就能工作、学习、反映问题、交流思想、接受普惠性服务等。这种工作方式，大大拉近了工会与产业工人之间的距离，获得企业和产业工人的广泛接受和称赞。

三、玉溪市产业工人队伍建设改革存在的问题及原因分析

玉溪市《新时期产业工人队伍建设改革实施方案》印发以来，玉溪市各县（区）以及高新技术产业开发区结合地区、行业、工人队伍实际进行了实践探索，改革工作成效初步显现，同时也存在重视程度不够、工作机制不健全、改革氛围不浓厚、与企业和工人诉求存在差距等突出问题。玉溪市产业工人队伍建设改革是事关玉溪高质量跨越式发展的一项系统性重大工程，课题组坚持问题导向，深入开展调研，对《实施方案》贯彻落实中存在的突出问题进行梳理，并就问题产生原因进行了认真分析。

（一）玉溪市贯彻落实《实施方案》存在的突出问题

1. 思想重视程度不够，示范点创建工作滞后。自 2018 年 9 月玉溪市出台《实施方案》以来，各县（区）和高新技术产业开发区相继制定出台产业工人队伍建设改革实施方案，对改革的指导思想、目标任务、主要举措等进行明确，成立了工作领导机构，按照要求在有关企业开展了示范点创建工作。但是在工作推进中特别是示范点创建过程中，部分地区、企业没有切实把思想统一到市、县的决策部署上来，对推进产业工人队伍建设改革的深远意义、现实意义认识不充分，习惯于以会议落实会议、以文件贯彻文件，一定程度地存在工作流于形式、应付了事的情况。例如，有的地区开展调研、座谈不多，深入职工、倾听职工、服务职工的意识不强，存在等待观望的思想；有的地区、企业的工作措施大而化之，针对性和实效性不强，在强调与上级要求保持一致、不搞变通的同时，忽视了与行业、企业、工人实际的紧密结合；部分地区、企业的工会组织规范运行不到位、工作较为被动，工会的牵头带动作用没有得到有效发挥，推进产业工人队伍建设改革工作缺乏创新及亮点；示范点创建是推进玉溪产业工人队伍建设改革的有力抓手，部分示范企业迟迟未制定产业工人队伍建设改革方案，示范点创建工作停滞不前或进展缓慢。当前玉溪市确定的 3 个地区（红塔区、高新区、元江县）、2 个工业园区（新平工业园区、华宁工业园区）、21 个企业的示范点创建工作已经进入组织实施、抓好落实的重要阶段，但是存在思想重视不够、改革目标任务落地难等突出问题，对照形成可推广经验、发挥示范带动效应的目标还存在一定的差距。

2. 聚焦改革的机制不健全，工作合力有待增强。玉溪市产业工人队伍建设改革作为一项系统性工程，目标任务重、涉及范围广，对政策联动、力量整合、机制建立等提出了较高的要求，迫切需要完善党委统一领导、政府有关部门各司其职，工会、行业协会、企业代表组织共同参与推进的工作格局。《实施方案》在组织实施部分提出了要落实领导责任、加强分类指导、完善督促检查等要求，但是在具体工作中，部门齐抓共管、各方面齐心协力聚焦改革的机制没有形成并有效运行，各自为政的情况一定程度存在，工作合力有待加强。调查问卷统计显示，关于工会工作的评价，只有 14.85% 的工会干部表示认可，认为工会大有可为、大有作为，有 59.83% 的工会干部认为目前的工会工作任务繁重，需要各方重视和支持，有 16.15% 的工会干部认为困难很多，干好不容易，有 9.17% 的工会干部认为工会没有独到之处，作用发挥不明显。在对工会工作存在的主要问题是什么（多选）的调查中，有 58.95% 的工会干部认为是工作机制问题，有 56.33% 的工会干部认为是职工对工会认可度不高，有 55.46% 的工会干部认为是员工参与工会的积极性不高。调研中，有的县级总工会反映，工作领导机构和有关机制虽然已经建立，但是处于工会主动牵头、其他部门被动参与的阶段，相关部门的积极性和主动性没有充分调动起来，呈现一头热一头冷、整体协作和推进较慢的状况。工人队伍建设改革宏观政策与地区的产业政策、就业政策、社会政策没有进行有机联动，政府部门、群团组织的力量和相近职能没有得到有效整合。例如在职业技能培训方面，由于多头管理、职能重合，培训的项目、资金、师资等分散于人社局、教体局、工信局、总工会、工商联等部门，立体化、精准化、动态化的职业培训网络难以形成，不能满足产业工人队伍素质提升需要。产业工人来自不同行业和企业，横跨一、二、三产业，情况千差万别，队伍建设中迫切需要解决的矛盾和问题也不尽相同。有的地区、部门没有依据产业、行业对企业进行分类指导，选取的示范企业的代表性、示范性不强。有的企业贯彻落实《实施方案》流于形式，工作措施与企业实际相脱节，工作成效达不到预期目的。《实施方案》虽然把改革任务分解到了各有关单位，对任务推进的时间进度进行了明确，但是存在目标任务不够细化，工作成效难以量化，督查检查没有制度化、常态化等问题，协调联动机制和督促检查机制尚未建立健全。

3. 改革的氛围不浓厚，产业工人的主体地位没有得到充分体现。玉溪市有产业工人近 20 万人，他们是构建玉溪迭代产业体系、确保玉溪市全面建成小康社会的力量支撑

和人才保障。产业工人队伍建设改革的目的是提高产业工人的主人翁地位，调动广大产业工人的积极性和主动性、彰显产业工人的主体地位要贯穿产业工人队伍建设改革的全过程和全方位。《实施方案》印发以来，相关职能部门、大部分企业对方案进行了传达学习，但是中央、省、市的决策部署在广大产业工人中没有引起强烈反响，产业工人积极主动投身建设改革的意识不强。工作推进通常采取行政命令、文件制定、会议安排等形式，工作成效很大程度上取决于工会组织是否建设得坚强有力，部分企业和产业工人对改革工作漠不关心，关心改革、支持改革、投身改革的氛围没有真正形成。这反映出玉溪市产业工人队伍的思想政治建设存在一些短板和弱项，制约了产业工人队伍建设改革工作的深入推进。有的企业发展党员工作滞后，党组织建设不完善，开展党建的方法不新、思路不多，党组织活动与企业的生产经营创新联系不紧密，车间、班组党组织的战斗堡垒作用和党员工人的先锋模范作用没有得到充分发挥。在劳模精神、“工匠精神”的培育方面，有的工人没有较好地把个人价值和社会价值相统一，把对工作的认识局限于工资报酬、养家糊口上，爱岗敬业、勇于创新的内生动力不足。在对工人工作的目的进行问卷调查时，在接受调查的 1 250 名工人中，62.8% 的人认为工作是为了尽量多挣钱和工作只是谋生的手段，为了自己做一番事业、有所成就的人数只占 24.64%，反映出产业工人的事业心、进取心较为欠缺。在对影响职工工作积极性的因素进行调查（多选）时，有 74.4% 的工人选择了收入不高，60.24% 的工人选择收入分配不合理，50.56% 的工人选择晋升通道不畅，远高于其他几个因素。说明大多数企业还没有培育形成鼓励创新、精益求精的企业文化，没有建立人人皆有作为、人人皆可成才的体制机制，技能要素参与分配没有得到充分体现，影响了职工超越自我、追求卓越的积极性。部分企业的职代会制度落实不到位，职工的知情权、参与权、表达权、监督权得不到有效保障，职工对民主管理、有序治理的热情不高，长期以来形成的惯性心理让他们对改革工作持消极观望的态度。部分企业工会组织力量薄弱、工会会员少，宣传营造改革氛围缺乏人力支持和财力保障，思想宣传效果不佳，导致工人对改革的目的意义、方法举措知之甚少，广泛参与改革、共享改革成果的氛围不浓厚，改革工作浮于表面，尚未深入到广大职工的心中，落实到广大职工的行动上。

4. 改革成效难以满足企业、工人的诉求，技能人才对经济社会发展的支撑作用不明显。贯彻落实《实施方案》，从长远来看是为地区产业振兴、经济高质量发展提供人才保障，从现实来看是要解决企业和产业工人发展面临的突出困难和问题，促进产业工人队伍健康发展。通过调研发现，在改革成效初步显现的同时，一些深层次的矛盾和问题也不断凸显，对改革工作不断提出更高的要求。一是农民工数量大、文化程度低，技能培训矛盾突出。随着玉溪城市化进程的加快，农民工已经成为产业工人队伍的主力军，但是受文化程度、知识水平的制约，他们所从事的大多是熟练工种而不是技术工种，后续发展能力不强。在对一线工人特别是农民工的技能培训中，有的企业自身发展面临困难，培训工作难以正常开展；有的企业认为农民工流动性较大，人员不稳定，培养以后人才流失率高，相对于耗时耗力培养人才，更愿意直接招收技术工、熟练工。在培训取证方面，农民工接受专业技能培训且评定技术等级的比重较低，各级工会和政府部门组织的培训大都是通用工种的培训和取证，与部分企业急需的专业制造工种资格认定相脱节。二是产业工人的政治和经济地位亟待提高。我市产业工人的政治参与渠道较为单一，产业工人代表在各级党代表、人大、政协及群团组织代表中所占的比例偏少。产业工人普遍工作环境差、工资收入低、福利待遇差，与企业中层管理人员的收入相比存在较大的差距，有的工人抱怨“工资低、工作累、没前途”这显然不能达到工人的期望值，制约着工人生活条件和社会地位的提升。三是激励机制不健全，产业工人向上流动的渠道不畅通。在工人对本单位发展前景的调查中，有 24.16% 的工人认为晋升机会很多，39.6% 的工人认为晋升机会一般，25.52% 的工人认为晋升机会很少，10.72% 的工人认为晋升的机会完全没有。在和部分工人座谈时，有的工人反映，在民营企业中，产业工人的晋升空间小，很难成为企业的中上层管理人员，相应的工资待遇、福利也得不到合理的改善。由此可见，一线产业工人的培养、交流、提拔、使用的机制尚未健全，企业的经营管理者支持工人向上发展的意识比较不强。四是高技能人才缺乏，不能满足产业、行业和企业高质量发展的需要。《实施方案》提出要打造技术能手、“玉溪工匠”的目标任务，部分企业认为现在玉溪引才留才的力度不大、优惠政策不多，在高端制造产业、新兴支柱性产业领域具有一定影响力和代表性高技能人才奇缺，存在分布不均衡、结构不合理等问题。大多数企业在高技能人才培养方面有心无力，缺乏资源、项目和资金支持，企业主导、政府支持、社会关心的协调联动制度未建立。

（二）玉溪市贯彻落实《实施方案》存在问题的原因分析

1. 经济发展形势严峻是制约产业工人队伍建设改革的客观因素。

近年来，受宏观经济下行压力持续加大的影响，玉溪市传统优势产业如烟草及配套、矿冶产业等受到严重冲击，其他新兴产业发展不足，三次产业结构不合理。据统计数据显示，2018 年全市完成现价生产总值（GDP）1 493.0 亿元，按可比价格计算增长 8.9%，在全省 16 个州市中，经济总量位居第四，经济增速仅达到全省平均增速，与昆明、曲靖、红河等州市的经济发展差距越来越大。发展动力不足、产业结构不合理，已经成为制约玉溪经济发展的瓶颈，在产业不断转型升级，逐步迈向高端化、信息化、绿色化的过程中，如何打好绿色能源、绿色食品、健康生活目的地“三张牌”，培育一批玉溪新兴支柱性产业成为政府和企业必须思考的问题。而“三张牌”起点高、产业链长，短期内效果难以得到显现，玉溪当前产业发展的困境还将持续。工人、企业、产业、经济发展是一个共生共荣、相互依存的共同体，经济发展环境的不容乐观，既反映出产业发展面临着严峻形势，又势必给企业的生产经营和经济效益带来影响，缺乏产业和企业的支撑，产业工人队伍的健康发展也就无从谈起。所以，玉溪市产业结构和经济发展整体形势，是影响产业工人队伍建设改革的客观因素。

2. 企业落实的力度不够是影响《实施方案》深入推进的重要原因。

在市场经济条件下，企业以追求利润为目标，一切生产经营活动都围绕这个目标展开。很多企业不能很好地兼顾长远利益和现实利益，没有把产业工人队伍建设改革与企业健康发展统一起来，贯彻落实《实施方案》的力度需要加强。企业落实的力度一方面受生产经营状况的影响，另一方面受认识程度、改革意识的影响。调研中发现，生产效益越好的企业，越重视对员工进行技能提升培训，越重视畅通工人的晋升渠道，越鼓励工人参与民主管理，工会组织能够在维护职工权益、保障职工福利待遇等发挥重要的作用。说明企业在财富积累到一定程度的时候，能够建立现代企业管理制度，注重承担相应的社会责任，这一类企业是产业工人队伍建设改革的主要推动力量。而数量众多的小微企业生存压力大，发展面临的制约因素较多，主要精力还是放在生产经营活动上，无暇顾及工会组织建设、工人待遇改善、职业技能提升等方面，对产业工人队伍建设改革的积极性、主动性不高，导致《实施方案》贯彻落实流于形式。企业担负着培养高素质产业工人队伍的主体责任，工会以及政府有关部门承担着指导、督促、检查的重要责任，依靠行政手段推进产业工人队伍建设改革工作收效甚微。“亲清”政商关系构建得如何，政府帮助企业解决困难和问题的效果怎么样，都直接影响了《实施方案》在企业中落实的力度。

3. 产业工人整体素质偏低影响了《实施方案》贯彻落实的效果。

玉溪市产业工人大多是高中以下文化水平，对新知识、新技能的学习和接受较慢；他们对自己的职业生涯缺乏规划，提升专业技能水平的意愿不强；部分产业工人特别是农民工群体对企业和职业缺乏归属感和认同感，为了追求更好的工作环境和工资待遇频繁更换工作。文化程度低、专业技能低、流动性较大，造成了产业工人队伍的整体素质不高。产业工人是改革的推动者和受益者，是贯彻落实《实施方案》的主体，从调研的情况看，他们对工人阶级的先进性和产业工人的主人翁地位认识还存在偏差。在工会组织建设方面，有的企业工会工人的入会率较低，工会开展活动难，“有困难找工会”的氛围没有形成。由于文化程度低，在产业工人中开展思想政治教育、组织集中学习很难达到预期效果，学习教育方式亟须创新。在技能培训方面，产业工人提升职业技能的原动力不足，大部分认为过得去就行，缺乏精益求精的“工匠精神”。有的产业工人把对工资报酬提高的需求摆在第一位，没有把工资待遇与知识技能、长远发展相统一，缺乏危机意识、前瞻意识和学习意识。广大产业工人目前还处于被动改革的阶段，积极参与、主动改革的力量没有被激发出来，把“要我改”变为“我要改”还有一个过程，《实施方案》中的举措很难收到立竿见影的效果。

4. 外部环境尚未形成导致产业工人队伍建设改革缺乏有力支持。

产业工人队伍建设改革具有全局性、系统性、联动性等特征，营造支持改革的良好外部环境是推进《实施方案》落地见效的必然要求。从社会层面看，“工人伟大、劳动光荣”的社会氛围还没有形成，人们心理上会对职业进行“金领”“白领”“蓝领”的划分，认为奋战在生产一线的产业工人工作脏、累、苦，工资待遇低而且没有前途。年青一代缺乏对产业工人的真正了解，“劳心者治人、劳力者之于人”的观念根深蒂固，不愿意就读相关专业或从事相应职业，部分行业、企业技能人才紧缺，用工荒问题凸显，产业工人队伍可持续发展面临危机。从机制层面看，党委统一领导下各负其责的工作机制虽然已经建立，但是作用和成效不明显。有的部门本身的工作任务就十分繁重，难以把较多的精力投入到产业工人队伍建设改革工作上。党政部门、群团组织、企业之间缺乏及时有效的沟通交流，在政策制定、工作落实上力量分散。由于工会群团组织的性质，市、县两级工会在牵头推进有关工作的时候存在一定的困难，主导性作用需要进一步发挥。企业工会组织的力量普遍较弱，特别是民营企业需要加强工会建设，重视和发挥工会组织的作用。

四、进一步推进玉溪市产业工人队伍建设改革工作的对策建议

推进产业工人队伍建设改革是一项复杂的系统性工程，涉及各种公共资源的调整分配，更涉及调动玉溪各企业对产业工人队伍建设改革动力和活力问题，需要不断探索，有序推进。针对玉溪在推进产业工人队伍建设改革实践过程中存在的问题和困难，我们提出如下对策建议。

（一）提升政治站位、进一步统一思想认识，强力推进示范点创建工作健康有序开展

加快玉溪经济发展、提高发展质量需要有产业工人队伍做支撑。这是事关玉溪创新驱动发展、产业转型升级，谱写中国梦玉溪篇章的基础性工程。因此，充分调动产业工人的积极性和创造性，把产业工人队伍建设改革作为实施科教兴玉战略、人才强市、创新驱动发展战略的重要支撑和基础保障势在必行。

1. 提升各级党委和相关职能部门的责任意识，强化工作实效的考核和监督。

从玉溪推进产业工人队伍建设改革工作情况来看，市委高度重视，也与人才工作领导小组成员单位签订责任目标合同，细化责任清单。但是，形式主义和官僚主义的问题依然不同程度地存在。破解这一问题的关键是必须改变考核和监督方式，从形式、相关材料考核和监督向结果考核、工作成效考核转变。压实各级党委、政府综合目标考核内容，改变以材料和汇报工作情况为主的考核方式，增强产业工人建设改革领导和推进工作的主动性、积极性，通过实地考察、与产业工人交流，促进企业发展等方面对产业工人队伍建设改革工作作出评价，从而提升各级党委和相关职能部门的责任意识，把推进产业工人队伍建设改革工作成为各级党委和相关职能部门自身求发展的内生动力。

2. 改进工会工作，激发工会组织推动产业工人队伍建设活力。

新时代的工会工作要紧紧围绕“党的领导、建功立业、思想引领、维权服务、改革创新”等5个方面的内容，充分履职，探索建立以专职干部为骨干力量、以兼职挂职干部为重要支撑的机关干部队伍，不断完善维护职工权益制度和机制，健全职工服务体系，为推进产业工人队伍建设提供有力支撑。广泛组织引导产业工人以“当好主人翁、建功新时代”为主题，深入开展各类劳动竞赛，协同各个方面为劳动模范、玉溪工匠、玉溪产业领军人才发挥作用搭建平台、提供舞台，培养造就更多劳动模范、玉溪工匠、产业领军人才。党委和政府要给予工会抓好牵头工作相应的资源和手段，包括建立由党政领导挂帅的领导小组，明确各成员单位的责任分工，完善工作协调推进制度，支持工会加强劳动法律监督，及时处理工会反映的问题和困难等等，在推动产业工人队伍建设改革中充分发挥工会的作用。

3. 利用制度资源和经济资源，促使示范企业肩负起产业工人队伍建设改革的责任使命。

实施企业产业工人队伍建设与玉溪企业发展扶持政策、产业政策、就业政策、社会政策联动，建立对企业推进产业工人队伍建设改革的考核监督机制、提供财政经费补助

或资助，对示范企业落实项目情况进行督查考核，强化结果导向，适时对企业推进建设改革工作情况进行督查考核，对考核不合格或存在弄虚作假的，终止相关经费补助或资助，取消示范企业资格，不再给予企业扶持政策、产业政策、就业政策、社会政策联动的支持和帮助，促使示范企业肩负起产业工人队伍建设改革的责任使命，使推进产业工人队伍建设改革成为企业发展的内生动力。

（二）健全改革机制、增强工作合力，为产业工人队伍建设改革提高保障

从实践的情况来看，进一步加强完善党委统一领导、政府有关部门各司其职，工会、行业协会、企业代表组织共同参与推进的工作格局，完善部门齐抓共管、各方面齐心协力聚焦改革的有效运行机制，强化工会牵头的职能作用，充分调动起来相关部门的积极性和主动性，是推进玉溪产业工人队伍建设改革亟须解决的现实问题。

1. 强化主体责任观念，建立沟通协调机制。

领导小组和办公室要充分发挥协调组织作用，适时开展调研沟通协调会议，认真听取各方面对落实《改革方案》的真知灼见，针对突出问题、抓住关键点、进行总体考量，通过改革情况通报制度和责任追究制度，对照改革方案任务分工，加强与成员单位的沟通联系，对照职责任务，督促各责任单位认真履行相关责任。加大跟踪督查力度，提高督查实效，对督查中发现的问题，要及时会同成员单位研究解决，确保各责任单位认真肩负起自己在推进产业工人队伍建设改革中的主体责任。

2. 强化职能部门工作职责，完善工作责任制。

构建合力推进改革的工作合力，必须坚持党委统一领导，政府有关部门各司其职，工会、行业协会、企业代表组织充分发挥作用，统筹社会组织的协同力量共同推进。各成员单位要围绕玉溪市的总体《实施意见》结合单位担负的工作责任，分别制订方案和举措，责任到人。领导小组办公室要建立联合调研机制，对涉及本单位的职责任务，可以开展专题调研，对涉及几个部门的职责任务，可以开展联合调研，真正掌握产业工人队伍建设改革存在的短板、难点，找准突破、寻找对策，对推进改革过程中共性问题进行研究，出台相关的政策和配套措施。

3. 充分发挥市总工会在组织协调方面牵头作用，建立健全配合协调工作机制。

市总工会要积极主动作为，担当牵头作用，依托领导小组和成员单位开展工作。领导小组要通过督促和信息反馈机制，要求各成员单位按照牵头计划和要求，制定本单位、本系统落实方案和计划，推进改革工作贯彻落实，要结合各自职责、制定时间表、厘清路线图，指导对口的各县区、单位开展好相关工作，配合推动产业工人队伍建设改革工作全面铺开。

（三）进一步加大营造改革的氛围，提升产业工人在建设改革中的主人翁地位

办公室成员单位要共同做好宣传引导工作，为全市推动改革营造良好氛围，要借助网络宣传平台，对中央、省市委有关指示精神，产业工人队伍建设改革的重大意义，以及本系统承担的职责任务、工作推进情况进行宣传，真正把改革的声音传导下去，把改革的动力传递下去，把改革的举措落实下去。

1. 加强舆论引导，彰显产业工人在玉溪经济社会发展中的地位。

全面深入实施“兴玉产业领军人才”“兴玉技能大师”“兴玉信息化及信息产业拔尖人才”“玉溪工匠”工程，加大物质奖励力度，给予社会荣誉，提高他们的社会地位，通过产业工人先进模范进电视、广播、报纸、网络、企业、机关和学校工程，让勤于钻研、身怀绝技的“玉溪工匠”和劳动模范成为时代的榜样。

2. 健全制度安排，把提高产业工人的政治地位落到实处。

把增加产业工人在党的代表大会代表和委员会委员、人民代表大会代表、政协委员、群团组织代表大会代表和委员会委员中的工作落实到实处，推进产业工人在群团组织挂职和兼职制度化。建立健全产业工人代表、委员和提案、议案承办单位的联系沟通配套，彰显产业工人在玉溪高质量发展中的地位和作用。

3. 突出创新面向产业工人的工会工作，增强产业工人的自豪感。

各级工会要认真组织劳模、工匠进企业、进班组、进校园，协调宣传文化部门制作公益广告、事迹专题片、组织创作演出讴歌产业工人的文艺作品，加大对产业工人宣传力度，进一步奏响“工人伟大、劳动光荣”的时代主旋律。协调人事和相关执法部门大力推进职工民主参与民主管理，切实维护职工的合法权益，让职工群众真正感受到工会是职工之家，工会干部是最可信赖的娘家人、贴心人。创新工会工作方式和职能作用发挥形式，保持和增强工会组织的政治性、先进性、群众性，引领产业工人队伍健康发展。

（四）健全科学有效的产业工人队伍培训培养制度机制，提升玉溪产业工人的素质和能力

建立和完善产业技术人才培训和提升素质的制度和机制是玉溪产业工人队伍建设的难点问题，也是推进产业工人队伍建设改革亟须解决的迫切问题。科学制定实施产业工人培养规划，创新培训培养方式，整合各种培养资源，不断提升玉溪产业工人的素质和能力是玉溪产业工人队伍建设改革的重要方面。根据玉溪市《实施意见》，我们以问题为导向，提出完善建议。

1. 建立党委政府领导，各级总工会牵头，产业工人短期教育培训的资源配置机制。

从产业工人短期培训工作的实际情况来看，产业工人培训的项目、资金、师资等分散于人社局、教体局、工信局、总工会、妇联、工商联等部门。各相关部门各自为政，各种制定自己的培训规划和计划，往往会造成重复培训、资源、资金浪费。培训的科学性、有效性和效率性大打折扣。为此，我们建议建立党委政府领导，各级总工会牵头，产业工人教育培训的资源配置机制，整合各种渠道的培训资源和资金，协调各相关职能部门，制定科学合理，有效的培训计划和规划，建立覆盖全面的职工教育培训网络，把教育培训、推荐就业、考核定级、学历提升有机衔接起来，为经济社会发展不断输送技能型人才特别是高技能人才。

2. 以农民工为主体，深入实施农民工学历与能力提升行动计划。

以各级劳动人事部门为主体，做好农村劳动力转移就业培训，帮助农民工特别是新生代农民工增加受教育培训机会，提高职业素养、专业技能和胜任岗位能力。通过订单、定向、定岗式培训等方式，对新生代农民工开展就业技能培训，把他们培养成为符合产业转型升级需要的技术工人。

3. 强化和落实企业主体责任，把提升产业工人素质和能力成为企业发展的基础性支撑。

督促企业依法提取职工教育培训经费，引导企业结合

生产经营和技术创新需要，科学制定实施技术工人培养规划，通过岗位练兵、岗位培训、技能竞赛、劳模创新工作室、师带徒活动等方式，开展多样化的培训，培养更多的“玉溪工匠”，企业发展、产业发展技能型人才。

（五）健全完善激励保障机制，不断提高产业工人的经济地位和晋升渠道

不断提高产业工人的经济地位和晋升渠道，维护产业工人的合法权益是产业工人最关心最直接最现实的利益问题，是满足产业工人美好生活需要、调动产业工人建功立业积极性的基础性工作，是检验产业工人队伍建设改革工作成效的关键性指标，也玉溪产业工人队伍建设改革亟须解决的现实问题。

1. 健全企业维护产业工人的激励机制，加强产业工人队伍建设的法治保障和政策支持。

依法保障产业工人维护合法权益，出台相关企业民主管理、集体协商等方面的制度，工会、劳动执法部门、工商联要充分履行职责，督促企业依法履行社会责任。完善财政投入机制，建立产业工人队伍建设改革专项资金补贴方式，合理确定补贴标准和补贴对象，支持企业推进科学有效的工资和晋升渠道制度机制建设，对符合产业工人队伍建设改革相关奖励政策的企业，按规定享受有关支持政策。完善工资平等协商机制、正常增长机制、支付保障机制，鼓励和在配套政策上支持企业健全向一线产业工人倾斜的分配制度，落实产业工人参与分配决定的权利。

2. 创新激励机制，营造产业工人成长成才的制度环境。

通过政策和财政专项资金支持，引导企业在关键岗位、关键工序培养使用高技能人才，促进实现一流人才、一流业绩、一流报酬的收入分配机制。完善政府奖励激励机制，完善市级技术工人表彰奖项，形成以党委政府表彰为导向，加大对职业技能竞赛中优秀选手的表彰奖励力度，推进营造企业和社会积极参与的表彰奖励制度环境。增加产业工人在劳动模范、兴玉人才奖、政府特殊津贴等先进评选中的比例和名额。出台配套政策，激励企业建立技术工人创新成果按要素参与分配制度，支持和促进有条件的企业推行技师、高级技师聘任制度，并对做出突出贡献的高技能人才给予股权、期权激励。

3. 完善产业工人晋升和发展渠道机制，为产业工人拓展发展空间提供保障。

建立玉溪市产业工人人才信息库，实行统一的玉溪产业发展人力资源管理制度，把优秀产业工人特别是高技能人才纳入党管人才总盘子统筹考虑，搭建产业工人职业成长平台。畅通产业人才流动渠道，完善就业信息服务制度，及时充分提供用人需求、工作岗位信息和行业发展分析，提高人力资源配置效率，为产业工人拓展发展空间提供保障。

参考文献

[1] 李珂，潘泰萍 . 推动新时代产业工人队伍建设改革扎实落地 [J]. 中国党政干部论坛，2018（12）.

[2] 刘向兵 . 中国特色社会主义新时代背景下的产业工人队伍建设改革 [J]. 中国劳动关系学院学报 2017（06）.

[3] 王艳霞 . 深化产业工人队伍建设研究——基于新时代我国社会主要矛盾变化的视角 [J]. 山东工会论坛，2018（4）.

[4] 李臻，王政，孙利斌，刘光庆，匙涛 . 产业工人队伍建设的“莱钢模式”——关于莱钢推进产业工人队伍建设的调研报告 [J]. 山东工会论坛，2018（02）.

[5] 闫利民 . 加强新时期产业工人队伍技能素质建设 [J]. 现代企业文化（上旬），2018（12）.

[6] 浙江省宁波市总工会 .“筑梦补钙”建设新时期产业工人队伍 [J]，中国工运，2017（03）.

[7] 建设高素质的产业工人队伍 [J]. 中国工人 .2017（07）.

[8] 中共中央国务院印发《新时期产业工人队伍建设改革方案》[J]. 工会博览，2017（07）.

[9] 刘建清 . 准确把握新时期产业工人队伍建设的重大意义 [J]. 中国工运，2017（06）.

[10] 周正秋 . 关于推进新时期产业工人队伍建设改革途径的思考 [J]. 中国工运，2017（07）.

[11] 花蕾 . 工会助推产业工人队伍建设改革的思考 [J]. 工友，2017（08）.

[12] 张凤民 . 建设高素质产业工人队伍 [J]. 工会博览，2017（08）.

[13] 乔健 .2017 年中国产业工人队伍状况分析报告 [EB/OL].

（市委党校提供）

返乡女工再就业问题研究

——玉溪市返乡女工再就业状况调查报告

女职工是我国改革开放和工业化、城镇化进程中涌现的一支新型劳动大军，是我国产业工人的重要组成部分。近年来随着经济下行压力逐渐增强，就业形势逐年严峻，同时各级政府持续加大对返乡就业创业的政策扶持力度，部分外出女工选择返乡就业创业。为及时了解和掌握玉溪市返乡女工返乡后就业创业的情况，中共玉溪市委党校、玉溪市总工会组成联合课题组，对七县二区返乡女工的基本情况进行调研。虽然调研涵盖面很广，但因就业灵活性大，今天就业明后天失业的现象普遍存在。同时，也没有专门的部门对返乡女工进行专门的登记管理，返乡女工存在基本情况模糊、统计数据不全的问题。因此，课题组的调研采取座谈、个别访谈、调查问卷的方式同时进行，力求通过相关数据的相互佐证反映出普遍存在的基本现状。

一、玉溪市返乡女工的现状调查

（一）调查设计

本次调研对象分散，故采用以调查问卷为主，座谈和个别访谈为辅的调查方法。在查阅了相关资料和充分了解玉溪的经济发展和近年劳务输出的情况后，课题组拟定会议座谈提纲、个人访谈提纲和调查问卷。先是与市县（区）两级工会、人社局、妇联、农业局、扶贫办、民宗局等相关部门的主要负责人进行座谈，了解近年的就业形势、技能培训、就业创业扶持政策等情况；然后选取返乡就业创业的女工进行交流访谈，了解她们返乡的原因、就业创业的意愿、对政策的需求等情况；最后对返乡就业创业的女工进行问卷调查。虽然整个过程用时较长，但通过实地调查折射出的问题真实可信，实效性高、针对性强。

1. 调查目的和内容

调查旨在了解玉溪市返乡女工的思想动态、技能状况、就业创业的现状，找准返乡女工就业创业存在的问题，并通过交流访谈获取返乡女工在就业创业过程中亟须的帮助，针对此，提出相应的切实可行的解决对策，为相关部门进一步做好返乡女工再培训再就业工作提供参考借鉴。此次调查的内容包括返乡女工的基本情况、相关部门对返乡女工的培训情况、政府扶助返乡女工再培训再就业的政策等。调查目的明确，内容充实完备，可操作性较强。

2. 调查样本的基本情况

调查样本的选取以返乡就业女工为主，涵盖了返乡女农民工、返乡创业女工等群体。此次调研前往玉溪市的七县二区（红塔区、江川区、澄江县、通海县、华宁县、峨山县、易门县、新平县、元江县），座谈交流 9 次，个别访谈 18 人次，选取未走访的 48 位返乡女工进行问卷调查。由于返乡女工比较分散，很难集中发放问卷，只能分散到企业、社区确定人选后现发、现做、现收，故问卷回收率 100%，数据真实、可靠，有较强的代表性与科学性。第一次调查在春节后进行，考虑到此期间有一些特殊性，半年后我们又对访谈人员进行部分回访，除个别人员就业创业的情况发生变化外，其他基本没有变化，今后我们还会继续跟踪研究。

（二）调查结果分析

玉溪市是云南省唯一没有贫困县的州市，相对其他州市劳务输出比例不大，虽受经济下行压力的影响，返乡就业创业的工人有所增加，但数量相对并不大。譬如，2019 年春节前返乡人数是 92 341 人，占玉溪市转移就业人数 11.6%。春节后留在家乡就业创业的人数是 10 417 人，占比 11%，其中自主创业的 2 063 人，占比 2%，返乡就业的 8 354 人，占比 9%。故受访对象数量相对不多。

1. 受访返乡女工的基本情况

图 1

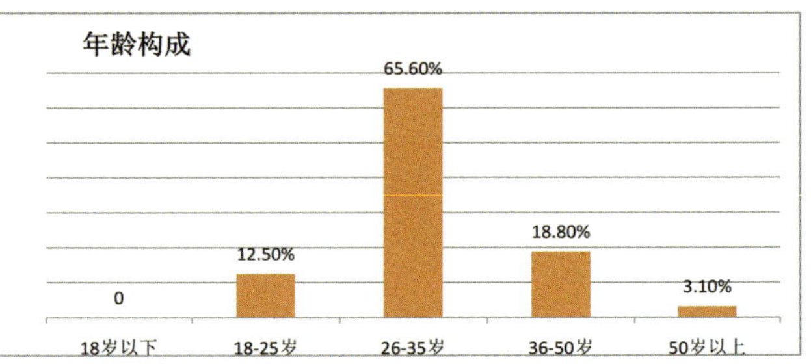

图 2

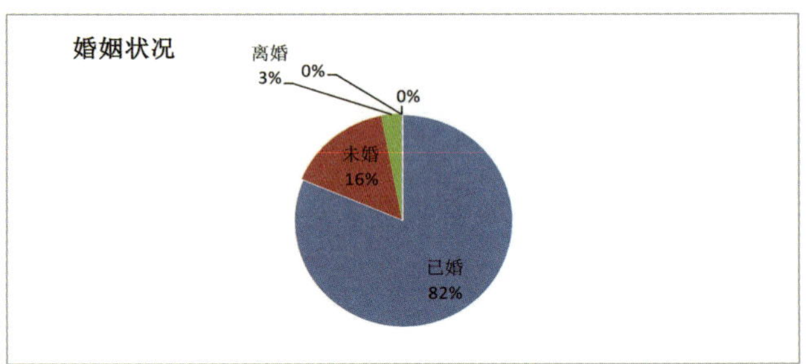

图 3

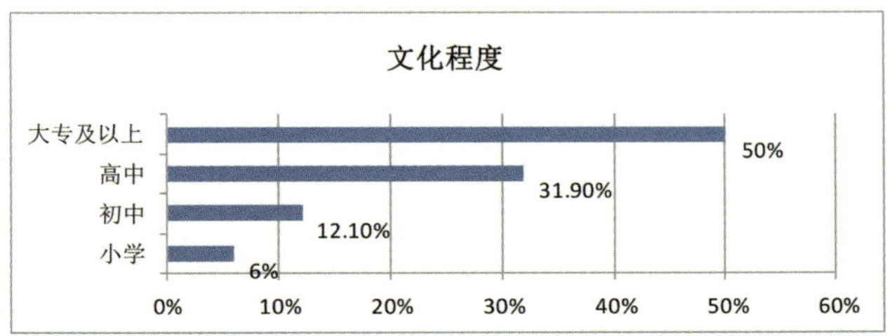

从年龄构成来看（图1），18岁以下占比为零，18—25岁的占比12.5%，26—35岁的占比65.6%，36—50岁的占比18.8%，50岁以上的占比3.1%。其中已婚占比82%，未婚占比16%，离婚占比3%（图2）；在被调查对象中（图3），小学文化程度占比6%，初中文化程度占比12.1%，高中文化程度占比31.9%，大专及大专以上文化程度占比50%。其中获得过国家承认的职业资格证书、技术等级证书的占比48.5%。

小结：从以上数据综合得出，一是26岁以上50岁以下年龄的占比较大，高达85%。虽然问卷涵盖了受访返乡女工的各个年龄段，但因18岁以下的群体绝大多数还在读书，占比为零。18—25岁的妇女多数还没结婚，就业后相对比较稳定，返乡就业的比较少，占比12%。而26—50岁以下的妇女多数已经成家，她们既要照顾孩子读书、又要照顾和赡养父母，返乡就业创业是她们比较好的选择；二是文化程度不低，有一定技能。初中及以下学历仅占比18%，高中及以上学历占比高达82%。由此可见，返乡就业创业女工文化水平不低，其中近一半的人有技能等级证书，这也为技能培训和返乡创业提供了有利条件。

2. 受访女工返乡的原因

图 4

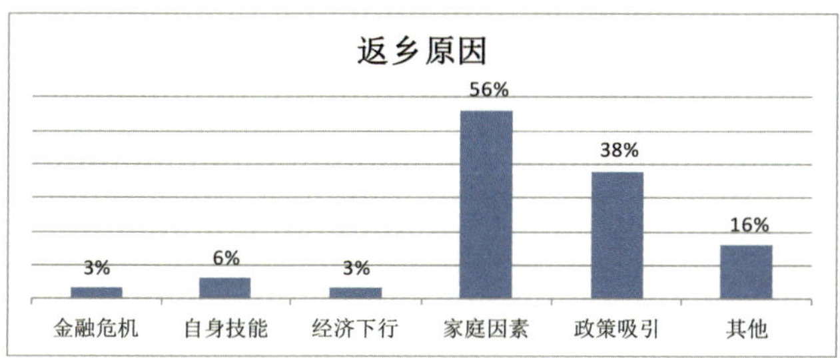

图 5

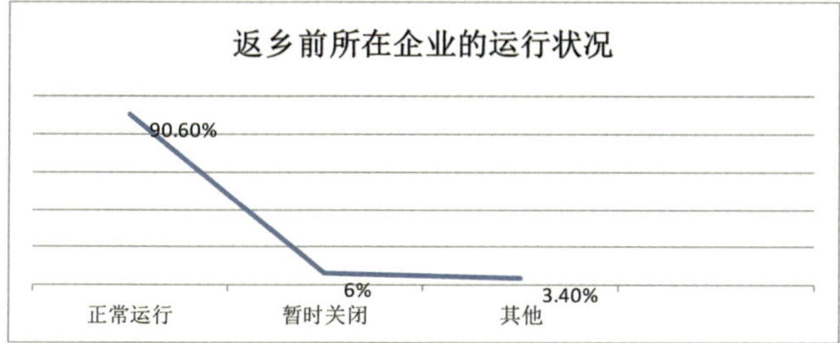

根据课题组的问卷调查与实地走访，受访女工的返乡原因如下（图4）：因受金融危机的影响，所在企业裁员或停产的占比3%。因自身技能不能适应工作岗位的占比6%。因行业普遍不景气，工作不好找的占比3%。因家乡对返乡就业创业政策扶持力度大，想回家就业创业的占比18%。因家庭因素的占比66%。其他（收入低、受到排斥等）的占比16%。一个结果的产生可能由多种因素综合导致，故此题是多项选择；返乡离开时就业所在企业的运行状况（图5），企业正常运行的占比90.6%，企业暂时关闭的占比6%，其他占比3.4%。

小结：受经济下行压力的影响，玉溪市返乡就业创业的女工虽有所增加，但并未形成主流。现阶段返乡主要是家庭因素，具体包括照顾小孩和老人或家中病人等。也有个人原因，具体包括年龄较大、不习惯外面的工作和生活、结婚等。同时，也有一部分是因返乡就业创业政策扶持力度大而主动选择返乡就业创业。这也表明经济下行对玉溪市外出就业妇女的影响并不大。

3. 受访返乡女工就业创业的现状

（1）返乡前的从业特点

图 6

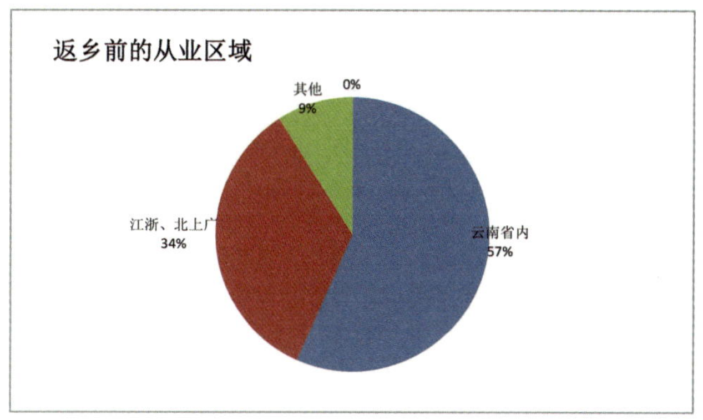

图 7

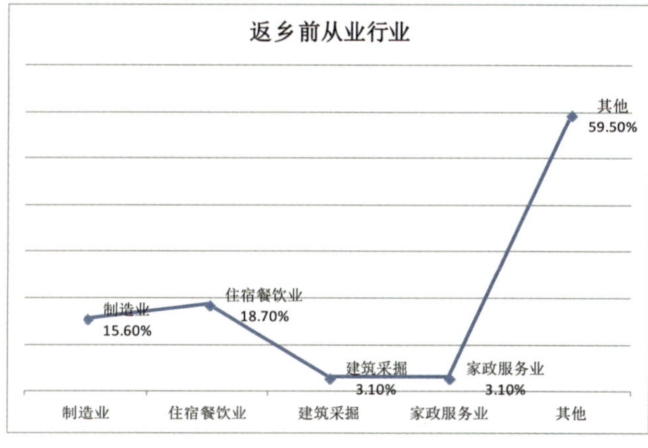

在本次参加调查的返乡女工中返乡前从业区域情况见（图6），在云南省内其他地区就业的占比57%，在江浙、北上广地区就业的占比34%，其他的占比9%。返乡前就业的产业情况见（图7），从事制造业的占比15.6%，从事住宿餐饮业的占比18.7%，从事建筑采掘业的占比3.1%，从事家政服务业的占比3.1%，其他（设计制作、教育、房产销售、服装设计、保险服务业等）行业占比59.5%；返乡前平均每月收入低于2 500元的占比25%，返乡前平均每月收入高于2 500元的占比75%。

（2）返乡女工在家乡的就业情况

图 8

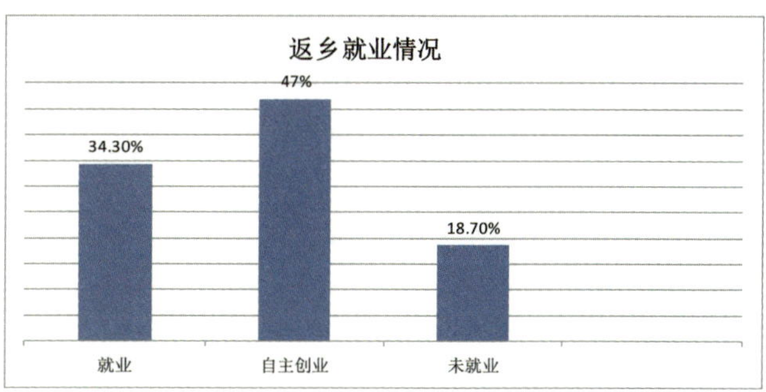

在被调查的返乡女工当中，已就业的占比 34.30%，自主创业的占比 47%，没有就业的占比 18.70%（图 8）；与外出就业相比，认为返乡就业更难的占比 44%，返乡就业收入低的占比 35%。

小结：受访女工返乡前就业地多选择云南省内，这与气候条件、饮食生活习惯有关。返乡前就业的产业以第三产业为主、领域广泛，有设计制作、教育、房产销售、服装设计、保险服务业、地籍调查、陶瓷等行业，这也进一步说明受访女工的受教育程度不低；回乡后就业创业的比例相对较高，占 81%，表明本地就业形势相对良好。但供求结构性矛盾是存在的，在采访中了解到就业虽不难，但收入、工种却不能达到本人的预期。

4. 返乡女工的就业创业意向

总体来看，受访返乡女工想自主创业的意愿强烈，在受访者中有自主创业意愿的占比 89%。这主要由内在个体因素和外部环境因素影响产生。首先，大部分返乡女工返乡就业不是因为所在企业不能正常运行而被迫返乡，她们是因为家中上有老下有小，无人照料的内在个体原因，而主动选择回乡就业以方便照顾家庭。其次，因为家乡的发展和返乡就业创业政策扶持力度大有利于自身发展的外部环境因素而主动选择回乡创业。另外，部分返乡女工虽现在没有创业，但选择就业只是权宜之计，想等小孩大一些、老人身体好一些再去创业。这部分女工更多是从长远自身发展来考虑，因为随着年龄增长，就业选择越来越难、岗位受限越来越大。

二、玉溪市返乡女工再就业工作的现状

（一）玉溪市返乡女工再就业工作的探索与实践

近年来，党和政府积极引导和扶持就业创业，构建起了以“货免扶补”“个人创业担保贷款”“小微企业贷款”为主，税费减免为辅，社会保障为补充的创业配套扶持政策体系。玉溪市委政府高度重视女性就业工作，　认真落实国家和省各项就业创业政策，采取了一系列有效措施促进女性就业，稳步推进各项政策落地开花。市县（区）劳动就业局、妇联、工会、农业局等部门真切关爱女性就业，积极开展形式多样、内容丰富的引导性培训和职业技能培训，如餐饮服务、服装裁剪、美容美发、刮痧按摩、厨师、育婴师等职业技能培训及农业实用技术培训，着力抓好女性基础素质、就业观念，全面提升女性工作能力、竞争能力、职业转换能力和创业带动能力，不断拓宽女性就业领域。在诸多就业创业政策扶持及各级各部门积极努力和关爱下，女性就业呈现良好态势。返乡女性作为女性中的重要组成部分，同等享受政府各项就业创业扶持政策及各部门的培训资源。当前，返乡女性再就业实践主要有以下两种类型：

（二）自主创业

自主创业是返乡女性实现再就业的一种重要途径。伴随着全面建成小康社会进程的不断推进及国家各项惠农政策、就业创业扶持政策的实施，部分女性在外出就业的过程中开阔了视野，积累了一定的技术和经验、物质资本与人力资本后，选择返乡创业。这部分自主创业的女性在返乡女性中占比不大，有的创业成功，有的正在创业的道路上艰辛探索。如易门县的 A 女大学毕业后在北京一家房地产公司做销售，工作三年后，觉得一个人在外比较孤独、比较辛苦，想在有限的人生做点儿自己喜欢的事情，于是辞职回乡，在父母的资助下，投资十几万元开了一家小餐馆，目前餐馆经营状况良好，但投资尚未收回。B 女因身体原因从工厂辞职后，冲破家庭阻碍，自主学习按摩技术，开办按摩店，同时兼具缝补衣裤、手套等，用自己的双手撑起了家庭的生活。元江县的 C 女，大学时学习服装设计，毕业后先在昆明就业，后返回家乡元江。由于自身是哈尼族，对哈尼族服饰有所研究，也非常热爱，回乡后在哥哥带动和帮助下，开办了哈尼族服饰制作、销售店，致力于民族服饰文化的传承和发扬。华宁县的 D 女大学时学习陶艺，毕业后在江西景德镇做陶瓷行业。随着华宁陶产业的发展，给她施展才华提供了一片天地。带着对家乡、对亲人的眷恋，她踏上了回家的路，在华宁陶产业一条街开了一家陶艺店，自己亲自设计、亲手制作、售卖陶艺作品。澄江县的 E 女，在民办大学任教几年后，怀揣创业梦想及对抚仙湖的热爱，辞职回乡，与朋友合伙，投资百万，开起了餐厅，兼具抚仙湖旅游宣传。新平县的 F 女回乡后开店售卖服装，同时兼顾父母的果园管理。此类回乡创业的例子还有不少。从她们身上，我们看到了女性的自立自强，看到了无限的青春活力。女性自主创业已然成为时代的热点话题，打破了“女不如男”的思维限制，让女性真正融入时代的发展。

（三）就近再就业

大部分外出务工女性因自身条件限制，大多从事低端劳动，技术含量和劳动收入较低，没有一技之长，回乡后因资金、技能缺乏，无法自主创业。为了贴补家用，满足家庭生存需求及照顾家庭，选择在居家附近就业。有的通过培训，进入当地工厂工作；有的加入了其他村民创办的农业种植养殖基地；有的在家附近的乡镇或县城从事餐饮、宾馆等领域的低技能工作。这些就近就业大多呈现“五低”特点，即技术含量低、工资待遇低、职业地位低、就业自主性低、工作稳定性低。他们的月工资奖金收入大约在两三千元左右，对日常生活有所补益，但离过上美好生活的目标还有一定距离。部分女性返乡后回归家庭，不再到外地打工，在家照顾老人孩子，生活主要依靠丈夫或前期打工积累。有的会在家附近参与当地的种植、养殖大户需要的临时性工作，如除草、收割农作物等，工资当日结算，每天收入在 50 至 100 元之间，视工作量多少给付。有的返乡女性比较能吃苦耐劳，兼职多份工作。如通海县是农业大县，以种植蔬菜闻名，有的返乡女性除在附近工厂上班赚取工资收入外，下班后积极投入农业生产，种植、养护、收割蔬菜，经营好土地，获取更多收入，向着美好生活目标奋进。从她们身上，我们看到了自信、奋进的力量。她们展现出的新型农民形象，改变了人们对农民这一职业的看法。

不论哪种再就业方式，均展现出返乡女性自立自强的时代女性风采，她们都在以自己的方式为国家的富强、家庭的幸福、个人的发展贡献着自己的力量。

（四）玉溪市返乡女工再就业存在的主要问题及原因分析

1. 自主创业难。创业并非易事。除了自身强烈的创业意愿、能力素质、拼劲干劲，还需要资金、技术、政策的支持及有效引导。2015 年 6 月，国务院总理李克强在主持召开的国务院常务会议中明确指出，支持农民工等人员返乡创业，增添大众创业、万众创新的新动能，同时，国家层面不断出台相关的政策措施，这都给返乡女工创业带来了良好的机遇。调研发现，不管是创业成功者，还是正在创业探索者，都有着自身创业的辛酸史。究其原因，主要有以下几种：

（1）自身资金困难。调研发现，玉溪市返乡女工创业还在起步阶段，和大部分企业一样，资金短缺是阻碍返乡女工创业的主要因素。在返乡女性中，怀揣创业梦想并勇于创业的，大多比较年轻，虽然在外出打工期间有一定的资金积累，资金量不大，创业时缺乏通盘考虑，一次性投

入到项目中去，发展到一定阶段后，缺乏后续资金和防备风险的能力，急需多渠道融资。有的家庭条件较好，父母支持，能得到父母的一些资助。但有的家庭条件不是太好的创业者，创业资金是一大难题。

（2）贷款困难。虽然国家对创业有贷款扶持政策，贷款额度在逐年增加，如“个人创业担保贷款”由最初的5万元提高到2019年的15万元，“小微企业”贷款由原来的100万元增加到2019年的300万元，但因为创业规模小，达不到银行规定的贷款担保条件，如提供抵押、担保，要求健全的财务制度或销售合同等，所以很难从银行获得资金支持。创业担保贷款主要采取国家公职人员信用担保和资产抵押担保方式，这种单一的担保方式，最终造成真正需要贷款扶持的找不到金融机构认可担保，个人创业担保贷款和小微企业融资贷款需求的最后一公里无法有效打通，普惠金融政策扶持服务未能得到落地生根，形成实效。譬如，华宁县返乡创业女工就是因没有达到银行规定的贷款担保条件，找不到担保人而错失个人创业担保贷款，致使扩大工作室的计划搁浅。

（3）公共政策、城镇建设规划公开力度不够及稳定性差对创业影响较大。创业者对当地城镇建设规划、相关政策不了解或有违政策、规划，会给创业带来很大困难。调研访谈中，一个返乡创业者表示，她返乡后与朋友合伙，投资100万元左右在县城开了一家餐馆，才一年多时间，政府颁布新的城镇建设规划，对餐馆所在片区进行改造，新建县城新区。由于施工等影响，目前客源严重缩水，还将面临再次搬迁的问题。一旦搬迁，之前投入的巨额装修费将打水漂。这对创业刚刚起步的她们来说，是巨大的灾难。在这个事例中，选址的错误与对城镇建设规划不了解密切相关，也可能存在城镇建设规划的不公开或朝令夕改等因素。此外，还有返乡创业者表示，政策的不稳定性也让她们无所适从。在这种政策下，非常适合干这一行，于是积极投资创业。过几年，政策突变，干这行会带来一些不好的问题，必须停止，导致她们损失惨重。如前几年在抚仙湖边依靠抚仙湖的旅游资源开办农家乐，投入几十万上百万，现在要加大力度保护抚仙湖，这些农家乐必须停止营业或拆除，让这些创业者跌入谷底。面对政策和规划的不稳定性，许多创业者选择观望，不敢贸然前行。

（4）缺乏创业指导。当前，政府在提供创业指导方面的公共服务严重不足。有些在家人或亲戚朋友带领下开展创业。有些没有这种资源，只能自己摸索。有的即使想创业，也找不到途径，对创业很茫然，迫切需要政府的引导和指导。课题组走访调研中发现大部分返乡女工不知晓市、县（区）出台的优惠政策及就业创业信息。问卷调查中受访女工对政府提供的发展政策及服务不确定有还是没有的占比48%。有的甚至不知道有创业贷款扶持政策。对于就业服务信息平台上的用工信息，很大一部分女工也无法及时获取。

（5）家庭因素影响。女性，尤其是已婚女性，因为自身作为女儿、儿媳、妻子、母亲等性别角色，返乡后要想创业，需要家人的积极支持。由于受几千年“男主外，女主内”封建思想影响，许多人认为，女人最主要的职责是在家照顾好老人、孩子，无需把太多时间精力花在赚钱养家这个事情上，更无需考虑长久的职业规划和个人发展。因此，许多人对女性创业持反对意见，认为女性只需在照顾好家庭之余做些零工对家庭生活有所补益即可，无需担风险搞创业。在以男性为中心的家庭文化影响下，女性在资源的占有权、支配权和决策权远不如男性，使女性处于家庭的边缘，成为弱势群体。有些男性因怕妻子比自己强，取缔了自己在家里的地位，更不愿意支持妻子创业。调研访谈中，有个返乡女性表示，自己想开店，找个长久的生计之道，为年老以后不能外出打工做些准备，但一直得不到丈夫的支持。丈夫认为开店风险太大，投入太多，收益太慢，还是外出打工、每个月有两三千元固定收入比较稳妥。类似的例子不在少数。许多想创业的女性，因家庭的阻碍，最终放弃了创业的梦想。

（6）个人能力素质阻碍。创业需要一定的见识、理念、技能等做支撑。许多返乡女性，因个人学历、能力等因素，外出打工时只能做一些低技能或重复性工作，没有学到一技之长，回乡后即便想创业，也没有能力。

2.高质量稳定就业难。有一份既体面、待遇好又稳定的工作，对大多数返乡女性而言，是一种奢望。许多因素导致她们再就业选择空间小，就业难度大，自我发展难，只能从事如餐饮、宾馆、家政等技术含量低、收入偏低的低附加值的服务行业和劳动密集型产业，流动性高，稳定性差，长期处于低收入、无社保、同工不同酬、同岗不同制的非公平性就业。

（1）自身观念、条件限制。个人能力素质、受教育程度和职业技能作为返乡女性的就业能力素质，在返乡再就业过程中起着至关重要的作用。许多返乡女性因文化程度不高、技能单一或无技能、年龄偏大、女性生理等因素，想找一份稳定的好工作很难，只能选择“有业即就”，走向低质量就业。有的女性在外出工作过程中付出了太多时间精力，面对社会变革，面对失业，进取意识和自信心因受挫而弱化，自立自强意识也逐渐淡化，把人身依附在婚姻和家庭上，没有了太多职业追求。有的经过打工积累，经济条件较好，不喜欢再吃苦受累受约束，丧失了外出工作的积极主动性。有的虽有着强烈的再就业需求，但在再就业择业过程中比较在乎职业的社会层次和社会地位，很难获得自己理想的职业。女性在一些行业所需要的职业技能弱于男性，也限制了女性对就业领域的选择。尽管女性干得不比男性差，但主观努力仍然弥补不了先天的性别劣势。

（2）返乡女工就业结构性矛盾突出。据玉溪市劳动就业服务局对2019年劳动力市场供求数据摸底情况来看，玉溪市劳动力需求人数15 016人，求职人数11 189人，求人倍率0.94，出现求大于供的现象。为什么在受访女工中认为返乡就业更难的还占比44%，主要是存在就业结构性矛盾。一是返乡女工的期望收入与现实收入存在较大差距，受访女工返乡前平均每月收入高于2 500元的占比75%，而玉溪市产业工人的平均工资是2 000多元，这就造成部分返乡女工不能稳定就业。

（3）技能与岗位不匹配。课题组走访中了解到受访的返乡女工大部分有一定技能，但在返乡就业过程中却出现技能对口的岗位由于家庭原因不能选择，有岗位的却与自身技能不相匹配。譬如，红塔区一名女工是学护理专业，由于家里有小孩、老人需要照顾，医院的岗位需要值夜班不能选择，只好在一个企业里做文秘；另一名女工专业是地籍调查，因结婚生小孩后不适宜长期出差，选择返乡就业，由于收入落差和岗位要求现还赋闲在家。三是就业供需信息不对称。当前，用人单位“用工荒”与返乡女性“就业难”并存。这除了用工单位给付的工资待遇与返乡女性的预期收入不符、技能不匹配等因素，更重要的是信息不对称，就业信息传输不畅，返乡女工不能及时得到市场的就业信息，即想用工的单位找不到人，想就业的人找不到就业的渠道，两者之间缺乏一条畅通的信息发布与接收通道，导致“两难”问题的存在。

（4）就业创业技能培训供需不平衡。技能培训目的是提高返乡女工的就业率和创业能力。虽然目前许多部门积极开展女性再就业培训，但存在培训方式、培训内容等与返乡女性的就业需求不匹配、大班制培训效果不理想、培训单位与用人单位脱节等诸多问题，致使许多返乡女性得不到需要的培训，或培训只能学到皮毛，对技能提升作用不明显，培训后仍然不能上岗就业。这种“教”与“学”的失衡，导致一方面培训部门组织培训难，另一方面女性学习需求得不到满足，技能得不到提升，阻碍了返乡女性高质量就业。所以要针对返乡女工的就业创业需求进行精准培训，不能为了节约办学成本而大规模、无针对性的培训。譬如，部分县区开展的烹饪培训、育婴师培训，培训结束后大多数学员获得技能证书，但就业率非常低，因很多学员参加培训的目的是为自己家庭服务而不是为了就业。

（5）家庭拖累。家庭人口规模和生活水平构成返乡女性的生活环境，这对她们的人格禀赋、精力体能、人脉资源、职业兴趣等都会产生很大的影响，继而影响到她们对再就业的抉择。许多返乡女性因性别角色定位，需要承担照顾家、照顾老人、孩子的责任以及更多的家务劳动，这会占用她们太多的就业时间，使得她们外出就业的机会变少，成本加大，不能远离家外出就业，只能在家附近从事一些较低层次的灵活就业，随时准备为家庭牺牲工作，更不用谈个人职业发展。在家附近的低质量就业从属于家庭需要，即便工作强度大，收入低，对这份工作也不太满意，但考虑到家庭需要，还得坚持干下去。在生活不富裕、家庭负担重的家庭中的女性，相对于生活水平较高、经济条件较好的家庭中的女性，前者实现高质量就业的可能性更小。调研访谈中，有位返乡女性表示，自己原本有一份不错的工作，收入也非常高，但结婚后要照顾孩子，只能放弃工作。目前“二孩”政策全面实施，越来越多的女性面临这一问题。女性需要承担的家庭负担越来越重，对高质量就业影响越来越大。

（6）外部就业环境影响。当前就业形势、外出成本、外出预期收入等发生变化，导致返乡女性外出再就业意愿不高。伴随着乡村振兴战略的实施，土地经营方式朝着规模化、现代化转变，许多女性回乡后就近在家旁边参与农村种植、养殖等临时性工作，既能照顾家人，又能获取一定的收入，相比外出打工的高成本如交通、住房等高昂费用以及家庭温暖的缺失等，致使她们更愿意在家附近从事临时性、低质量工作，外出就业意愿不高，也不愿考虑长远发展。

三、做好玉溪市返乡女工再就业工作的对策建议

根据调查了解和掌握的基本情况以及对上述存在问题及原因的分析，我们提出如下做好玉溪市返乡女工再就业工作的对策建议：

（一）提高思想认识，形成工作合力

做好返乡女工就业创业工作，事关老百姓的切实利益，事关社会的稳定，事关区域经济的发展。因此，要积极探索新方法、新途径，切实把返乡女工就业创业作为一项“民心工程”来抓。进一步健全组织，加强领导，把实施“女工返乡就业创业工程”纳入党委和政府重要的议事日程，建立一个由政府、银行、财政、民政、税务、工商、劳动就业、土地、城建、社会保障等职能部门以及工、青、妇、工商联合街道办事处构成的返乡女工再就业指导服务体系，明确各部门职责分工，各司其职，各负其责，形成促进返乡女工再就业的工作合力。

（二）强化公共管理，提供优质服务

返乡女工流动性大，接受新事物快，思想纷繁复杂，这个群体处于不断变化的状态。目前玉溪市还没有相关机构专门对这一群体进行基本数据的统计和管理，对返乡女工的思想状况、学习状况、政治认同等方面缺乏系统的了解，对她们的整体知识结构、专业结构、年龄结构等信息缺乏足够的数据分析，工作缺乏针对性。因此，一是安排相关机构开展好农村劳动力就业状况监测调查，重点掌握返乡女工的文化程度、培训意愿、年龄结构、外出意愿、目前就业状况等基础性数据，为政府决策提供参考依据。其次还要掌握返乡女工的经济诉求、政治诉求、思想诉求、文化诉求、社会诉求、生态诉求等延伸性信息，在调查研究和总结经验的基础上，深刻把握返乡女工的变化与动向，有的放矢地做好返乡女工的再就业工作。二是整合各职能部门涉及返乡女工就业创业的相关信息，多渠道收集市场信息，为返乡女工提供及时有效的信息服务。三是市、县（区）应定期或不定期地召开创业女工代表座谈会，了解其所思所想，听取其意见建议，加强沟通，并就反映的问题同有关方面进行协调，帮助解决返乡创业女工的困难。四是各有关部门应当通过行政、经济、法律各种手段，搭建返乡女工回乡创业服务平台，为女工回乡创业提供土地使用、劳动人事档案、落户和户籍管理、子女入学、住房、社会保障、基本医疗、卫生保健等方面的政策咨询和便利措施。

（三）加大宣传服务，营造就业创业氛围

市、县（区）党委、政府要因势利导，积极实施“引凤还巢”工程，牢固树立“输出劳动力，引回生产力；输出打工者，引回创业者”的新理念，将实施“返乡就业创业工程”作为从更高层次破解“三农”问题的一个很好的做法，作为促进区域经济又好又快发展真正能够依靠的力量，加强对返乡女工的就业、创业宣传，在全社会营造鼓励就业、扶助创业的良好舆论氛围。一是要充分利用广播、电视、报刊、网络、板报、横幅、专栏、标语、图片展、宣传车等媒体和宣传阵地，采取多种形式，从不同角度广泛深入地宣传党和国家有关再就业工作的各项方针政策，宣传地方经济社会发展的信息，使返乡女工能正确理解和掌握各项政策的精神实质，了解地方经济社会发展的情况，解放思想、认清形势，更好地就业创业。二是大力宣传女工返乡就业创业先进典型、成功经验和先进做法，大力弘扬女工返乡就业创业精神，引导返乡女工转变就业观念，积极自主择业和创业，争取“一人创业、带动一群、影响一村、致富一方”。实践表明，在当前的返乡女工再就业中，观念转变至关重要，观念一变天地宽，这方面例子是非常多的。三是市、县（区）政府要积极开展返乡女工就业创业“先进单位”和“先进个人”的评选活动，对作出贡献的返乡创业者，政府应予以表彰奖励，并给予一定的政策倾斜，真正唱响返乡创业、全民创业的主旋律，吸引更多的有实力的外出女工返乡投资创业，营造崇尚创业、勇于创业、善于创业、支持创业的氛围。

（四）落实优惠政策，优化就业创业环境

调研发现，很大一部分女工一方面因为家庭因素返乡，另一方面也因为政策优惠愿意返乡创业。但调研发现有关单位、部门或企业在落实对返乡女工的各项优惠政策方面还存着较大的差距，导致相当一部分返乡女工不愿或不敢创业。各级政府和有关部门除了大力宣传女工返乡创业的现实意义外，一方面要广开媒体宣传渠道，对现行各类就业再就业优惠政策以多种形式进行宣传，针对各类优惠政策的具体享受对象进行分类解析。通过宣传形式的“多样

性”“生动性”和受众的“ 广泛性”，使返乡女工及时知晓新政策，了解就业新动向。创办再就业优惠政策宣传专栏，及时宣传最新优惠政策，详尽解答返乡女工心中的“热点”“难点”问题。另一方面要不折不扣地落实行政性收费减免、税费减免、小额担保贷款及贴息等鼓励创业的扶持政策，优化创业环境，大力支持和鼓励返乡女工创业，解除她们的后顾之忧。一是积极制定和出台相关文件，配套完善诸如税费减免、创业培训、工商登记、信息咨询、人员招聘、信贷优惠等帮扶政策，进一步引导和推动女工回乡创办各类企业、兴办各类专业合作社、社会事业或从事个体经营等，并搞好风险评估、开业指导、跟踪扶持等服务。建议对女工返乡创办的企业，在登记注册后，3 年内按规定缴纳的企业所得税地方留成部分，由财政部门安排给企业，支持企业进一步发展；对返乡创业女工从事个体经营的，自工商注册登记之日起 3 年内，现行政策规定应缴纳的各项地方行政事业性收费，有关部门原则上按最低限额标准减半收取；对不征营业税、增值税且经调查核实无应纳税所得的，不征收个人所得税；各项优惠政策若有重叠，则按最优的一项执行，不得重复享受。二是建立激励机制，明确政府对返乡创业的女工给予一定数额的创业补贴、奖励，把返乡女工创业纳入招商引资范围，与外地客商享受同等优惠政策，对符合条件的返乡创业女工，要按规定享受扶持发展中小企业、非公有制经济、现代服务业、高新技术企业、农产品加工业以及农业产业化龙头企业等政策优惠。

（五）开展精准培训，提升就业创业能力

提高返乡女工就业创业能力，是推进返乡女工再就业工作的根本。影响返乡女工再就业的主要原因有两点：一是择业观念比较陈旧，与当前的就业形势和市场就业的要求不相符合。把就业门路局限在较小的范围，不利于返乡女工尽快实现再就业。二是一些返乡女工年龄偏大、技能单一、文化水平偏低，不能适应再就业需要，极大地制约了返乡女工求发展、求生存的步伐。有些人尽管有一技之长，但面临着转换职业，也需要更新技术。因此，应结合玉溪实际和各产业发展的需要，并根据返乡女工的职业技能结构和需求情况，突出技能培训这个重点，大力整合职业教育和农村劳动力转移培训等资源，针对返乡女工的不同意愿，分类开展精准培训，提高培训的针对性和实用性，不断提高返乡女工的再就业和创业能力。一是进行返乡女工的就业培训。在加强各类培训和农村劳动力转移培训基础的同时，应把返乡女工作为各类技能培训的重点，配合政府推行劳动预备制度和就业准入制度，健全培训、取证、持证上岗的再就业机制，使培训工作逐步规范化、制度化、市场化，提高培训对象的再就业率。二是积极进行返乡女工创业培训。以产业发展和创业项目的需求为导向，依托 SYB 创业培训项目，对有培训需求、创业意识、思想活跃，有一定资金实力的返乡女工进行创业观念、创业准备、文化科技、政策法律、企业管理、产品研发、技术创新、市场开拓和企业制度建设等方面的培训，不断给他们“充电”，激发其自主创业的信心和激情，使其尽快具备企业家必备的个人素质和参与市场竞争的能力，降低其创业风险。要着重培养更多的“巾帼创业带头人”，使她们在创业中建功成才，帮助更多姐妹实现再就业。三是组织优秀返乡创业女工到重点企业、龙头企业、大型企业进行实地学习锻炼，增加其管理知识，提高其经济管理水平和创业能力。通过培训帮助她们转换观念，努力提高返乡女工职业技能和创业能力，力求实现培训、就业、创业一体化，为返乡女工创业和重新择业创造良好的条件。

（六）开发就业岗位，吸收返乡女工就业

培育完善的劳动力市场，加大就业岗位开发力度，是推动返乡女工再就业工作的前提和保证。当前岗位开发的自发化与大批涌现的社会劳动力不相适应，远不能满足返乡女工就业需要。尤其是每年毕业的大学生涌入本地，更使得大龄返乡女工只能在夹缝中谋饭碗、求生存。因此，无论从经济发展，还是从缓解社会就业压力的角度，政府都应加速扶持劳动力市场的发育，以经济发展为龙头，加快就业岗位的开发，解决返乡女工再就业问题。建议劳动和社会保障部门将开发就业岗位的着力点放在第三产业上，一方面拓展商贸、餐饮等传统服务业领域，另一方面应该重点开发家政服务、社区文化、教育、绿化、卫生、社区治安等岗位和领域的社区服务业，并提供相应的优惠政策。这样，在未来实现家务劳动社会化的进程中，社区服务业门槛低、投入少、容量大等特点将充分发挥出来，从而为绝大多数返乡女工提供一个迅速实现再就业的渠道。

（七）发挥群团组织作用，建立社区就业服务体系

中央指出，第三产业、中小企业、集体经济、个体私营经济是今后就业的主攻方向，特别是社区就业潜力很大，要把充分开发社区服务业的就业岗位作为一个重点。因此建立与劳动力市场相衔接的社区劳动就业服务体系，是帮助返乡女工解决就业实际困难的关键。其实在整个社会再就业系统工作中，各级劳动保障部门做了大量的服务工作，如建立下岗职工档案、提供用工信息、举办劳务交流、开展技能培训和职业介绍、结对帮扶等，为返乡女工再就业提供了切实有效的帮助。但是，随着经济体制改革的深入和劳动用工制度的变革，返乡女工将大量进入社区，特别需要社区组织提供服务和帮助。而由于机制改革的滞后，当前玉溪市社区服务业在相当程度上存在着项目传统陈旧、各服务行业之间关联性较弱、服务标准和经营行为不规范等问题，并不能满足这一要求。由此，适应经济结构调整，建设新型、高效、多功能的社区劳动就业服务体系成为必然。由此工会、共青团、妇联、工商联等群团组织要抓住广泛性和群众性的特点，发挥在实施“再就业工程”中具有的特殊优势和作用，在各自的职责范围内， 配合劳动就业部门积极探索社区服务的新路子，进一步帮助社区建立返乡女工就业服务体系和政策扶持体系，完善返乡女工再就业信息指导中心的服务功能，提高职业介绍、职业指导、再就业培训等工作水平。有条件的社区要对返乡女工提供“一站式”服务，即返乡女工进入一个中心就能获得政策、资金、信息、技术、法律等全方位服务，满足就业需求。

（八）强化资金扶持，提供创业保障

加强对返乡女工创业的资金扶持力度，是推动玉溪市再就业工作的保障。相关部门和金融机构对进行创业的返乡女工在贷款担保、全额贴息等方面给予大力支持，建立小额担保贷款奖励机制，按市县（区）当年新发放小额担保贷款总额的 1.5% 给予奖励性补助，中央、市和县三级财政各承担 0.5%，所需资金全部从贴息资金中安排。特别是要增强政策性担保公司担保能力，扩大担保覆盖面，从快、从优解决返乡女工创业的资金需求，做到“创业一个、成功一个、发展一个”。建议邮政储蓄进一步调整邮政储蓄贷款结构，拿出一定比例资金对女工回乡创业开展信贷业务支持。各有关部门应立足职能，通过支持各类投融资服务企业改善贷款方式，开展动产抵押登记、股权质押登记等服务，拓展返乡女工融资渠道，扶持返乡女工创业。

（市委党校提供）

澄江县农村劳动力转移就业调研报告

农村劳动力转移就业是解决“三农”问题、增加农民收入的有力抓手，也是各级党委、政府工作中的重中之重。近年来，澄江县深入贯彻落实习近平生态文明思想，按照省委、省政府“保护第一、治理为要、科学规划、绿色发展”和“四个彻底转变、四个下决心”的工作要求，大力推进生态移民搬迁安置和土地休耕轮作等工作。随着工作的不断深入，在较短时期内剩余劳动力体量增大，就业、稳定、发展等一系列社会问题随之产生，系统研究解决剩余劳动力就业问题已成为澄江县当前急需解决的紧迫问题。按照主题教育“为民服务解难题”及“将调查研究贯穿始终”的要求，市委政研室（改革办）、澄江县委办有关同志组成联合调研组，针对澄江县农村劳动力转移就业问题进行了专题调研，形成如下调研报告。

一、澄江县农村劳动力情况

（一）澄江县基本情况。澄江地处云南中部，素有“生命摇篮·山水澄江”的美誉，属于滇中城市一小时经济圈、昆玉旅游文化产业经济带的核心区域，距玉溪市区 87 公里，到昆明主城区 50 公里，辖区面积 984.6 平方公里。2018 年年末，全县常住人口（含阳宗）为 18.2 万人，其中：农业人口 8.79 万人，城镇人口 9.41 万人。下辖 6 个镇（街道），40 个村（居）委会、社区。总耕地面积 89 140 亩，人均 0.95 亩。2018 年完成生产总值 100.3 亿元、增长 13.1%；一般公共财政预算总收入 9.51 亿元、增长 8.6%；固定资产投资增长 17.3%；城镇居民人均可支配收入 38 274 元，农民居民人均可支配收入 15 236 元，分别增长 8.2% 和 9.7%。

（二）澄江县农村劳动力现状。近年来，澄江县深入践行“绿水青山就是金山银山”理念，对抚仙湖的保护力度前所未有，在持续推进保护抚仙湖 I 类水质工作中，严格落实空间管控要求，分步实施抚仙湖环湖 9 个片区 54 个村民小组 3.1 万人的生态移民搬迁，对抚仙湖径流区内涉及 12.31 万人的 5.8 万亩土地实行休耕轮作，沿湖农村劳动力迅速从农业生产中解放出来。当前，在抚仙湖径流区土地流转区域 12.31 万人中，男性 6.18 万人，女性 6.13 万人，18 岁以下 2.42 万人，18 岁—55 岁 7.39 万人，40—50 岁 2.5 万人，55 岁以上 2.5 万人。截至 2019 年 9 月底，本年新增农村劳动力就业 1.32 万人次，劳动年龄内未就业人数 4.92 万人。

二、澄江县农村劳动力转移工作采取的措施

为切实解决好生态移民搬迁和抚仙湖径流区土地休耕轮作带来的农村剩余劳动力问题，澄江县把农村劳动力转移就业作为工作的重点之一，着力抓了以下 4 方面工作。

（一）摸清情况，细化任务。一是摸清农村劳动力底数。认真抓好土地流转剩余劳动力统计工作，初步掌握了总人数、未就业人数、就业去向、人员年龄段等情况。二是明确 2019 年农村劳动力培训和转移就业任务，计划培训 2.3 万人，转移就业 1.3 万人，将工作任务细化分解，针对

牧 （李卫东 摄）

农村劳动力就业意愿、技能特点和自身实际情况，鼓励支持异地转移就业、就地就近就业。

（二）强化培训，提高就业技能。一是把职业技能培训作为促进就业创业的重要抓手，推进“大学生创业补贴计划”“技能扶贫专项行动”“农村劳动力转移就业扶贫行动”以及失业保险支持参保职工技能提升“展翅行动”等各类培训，提升劳动者技能素质和创业水平，提高就业创业能力。二是开展劳务经纪人培训，首批 50 名劳务经纪人培训班于 4 月结束，实现就业人数 110 人。1—6 月，按照云南省职业培训目录，组织开展各类培训 1.67 万人次。

（三）积极作为，落实就业扶持政策。一是开展就业援助。通过开发公益性岗位、社保补贴等途径，对就业困难人员实行帮扶，实行零就业家庭动态管理。1—6 月开发公益性岗位共安置就业困难人员 502 人，帮扶灵活就业困难人员 300 人次。举办“春风行动”“民营企业招聘周”“立夏节专场招聘会”“送岗位下乡”等就业援助活动，累计发放宣传资料 2 万余份，政策咨询 1.8 万人次，初步达成就业意向 1.5 万人次。三是实施失业保险稳定岗位促进就业政策，政府对不裁员或少裁员的企业给予稳岗补贴，享受职工达 1 200 人。四是强化与云南省人力资源公司的合作，掌握县外、省内外用工企业的情况，了解企业招聘信息和用工条件，先后与武汉天马微电子有限公司、湖北德炎水产食品股份有限公司、昆明长水机场申通快递、云南嘉华食品有限公司等 8 家企业取得联系，获取就业信息岗位 5 000 余个。

（四）加强协调，提高“双创”资金扶持力度。大力推进创业担保贷款工作，落实提高贷款申请额度、贷款贴息等优惠政策，个人创业担保贷款额度由 10 万元提高到 15 万元，企业担保贷款额度由 200 万元提高到 300 万元，支持帮助各类群体开展创业。1—6 月，新增发放创业贷款 5 100 万元，扶持创业人数 340 人。

三、澄江县农村劳动力转移工作中存在的困难问题

澄江县虽然采取了一系列工作措施，有力推进了农村劳动力转移，但由于涉及的人数多、任务重、时间紧，需要解决的问题又十分迫切，仍然存在着不少困难和问题。主要是：

（一）受传统思想观念影响，不愿“走出去”。一方面受家庭、观念等因素的影响，本地群众大多存在小富即安的思想，不愿意打破生活的平稳，怕出去担“风险”。另一方面，澄江县优越的人居环境，让大量农村劳动力只愿在本地就近就业，不愿到县域外工作，澄江县城镇化水平和产业发展水平又无法提供充足的就业岗位，吸纳就业能力较弱，就业岗位少和剩余劳动力总量急剧增加的矛盾突显。

（二）农村劳动力技能素质偏低，就业能力偏弱。农村劳动力因缺乏相关信息或技能，难以找到如愿以偿的工作，就业转移所从事的工作一般体力型较多，技能型较少，制约了转移空间。突出表现在农村劳动力接受过技能培训的较少，平均文化水平不高，因缺乏科学知识、专业技能、市场意识，大多从事苦、脏、累的工作，收入水平不高且在就业竞争中处于劣势，难以向新兴产业转移。2019 年澄江县共培训 1.02 万人次，通过培训实现转移就业人数 0.66 万人，占比 64.5%，但短期内又再次失业，培训和转移就业形成“两张皮”，技能培训对农村劳动力转移的作用发挥不够充分。

（三）高位推动和高效服务在农村劳动力转移就业中尚有差距。澄江县在推进农村劳动力转移就业工作上，思想认识上还有待提高，工作力度上还有待加强，突出表现在县级有关部门和各镇（街道）在此项工作上虽然明确了分管领导和具体工作人员，但未能作为“一把手”工程加以重视推动。县级层面上，劳动力流动的服务体系及中介组织建设严重滞后，没有专门的机构和人员协调、服务、落实、督促劳动力转移工作。

（四）劳动力市场不完善限制了农村劳动力转移就业。随着澄江越来越多的农村劳动力转移就业，劳动力市场将逐步壮大，但目前澄江劳动力市场大多是自发的、松散的，组织性的保障（如失业、工伤、医疗保险等）不健全或完全缺失，急需政府规范管理。当前，澄江县对农村劳动力市场监管是缺位的，缺乏对农村劳动力的总需求和总供给的调节，缺乏有效的组织和指导。没有对农村劳动力资源和就业状况及流动有关具体问题进行详细调查，对何地需要劳动力、需要多少、需要什么工种的劳动力等问题掌握不够全面、不够精准，缺乏对劳动力市场进行系统规划、精准调度，农村劳动力市场尚处于初级阶段，导致转移就业受到种种限制，影响了转移速度和效果。

四、加快澄江农村劳动力转移的对策措施

做好澄江县农村劳动力转移就业对保护好抚仙湖这一湖碧水、维护好澄江社会和谐稳定、决战决胜全面建成小康社会具有重大意义。结合澄江县的实际，调研组提出“搭建一个平台，抓好六个一批，优化三项服务”的劳动力转移就业对策措施。

（一）搭建一个平台。搭建以就业信息平台为核心的劳动力供需对接匹配平台，开通就业信息高速公路。一是搭建澄江县就业信息平台。依托华为云服务西南大区中心、玉溪政务云数字中心或云南联通玉溪数据中心等，通过政府购买服务方式，给予一定的政策和资金支持，扶持一家经营性人力资源服务机构，搭建和运营维护澄江县就业信息平台，由其做好劳动力资源信息的收集、分类、调度等工作。群众通过平台不仅可以实现网上查询岗位、求职报名、培训报名、申请贷款、政策查询等事项外，还能进行网上申诉维权等。二是建立澄江县就业大数据库。建立完善平台的数据库，全面掌控劳动力供需状况。在劳动力供给上，全面摸清澄江县剩余劳动力基本情况，掌握就业人员数量及地址和联系方式，拟从事工作的类型、工资要求等信息。在劳动力需求上，健全完善企业、项目建设用工信息库，收集、汇总、整理、分析县内外企业、项目建设招工聘用信息，及时通过平台发布。三是提高就业信息化服务水平。拓宽信息平台的传播途径，除用手机、有线电视、电话自助查询等传统手段外，基于平台开发用工方与求职者免费使用的职业介绍自助智能招聘匹配系统软件和手机 App，让求职者和用人企业劳资双方方便进入，实现需求信息双向公开、共享。通过群众喜闻乐见的“微信”等服务平台，实现“搜一搜”定向寻岗、“摇一摇”就近找岗、“扫一扫”求职报名、“问一问”答疑解惑等功能，查询热门岗位情况、实时工资指导价位、环比工资变化情况，实现“一键报名”，搭建起就业供求双方信息高速公路网，增加就业成功率。

同时，不断丰富就业数据库逐步向“就业云”过渡，大力提供灵活就业、职业培训、职业介绍、技能鉴定、大学生求职见习等海量信息，为劳动力转移提供精准服务。

（二）抓好六个一批。劳动力转移就业工作是一个系统工程，涉及方方面面，应当突出重点、多措并举、次第推进。

第一，加快农业产业转型发展，着力安置一批。随着抚仙湖流域休耕轮作项目的不断推进，绿色水稻种植基地、绿色优质烤烟水旱轮作示范区、绿化苗木基地、7个田园综合体和生态湿地屏障区建设等项目招商引资工作进展加快。建议澄江县在招商过程中把握一个原则：不管哪家经营主体进入，在同等条件下优先使用澄江本地劳动力。同时，抓住乡村振兴的战略机遇，加大向上级部门争取项目的工作力度，帮助解决好乡村产业发展中人、地、钱等难题。一是以绿色水稻种植基地、荷藕基地、香根草基地为依托，大力支持生态订单农业发展，打造具有地理标识的有机安全的农产品品牌。二是以蓝莓种植基地、绿化苗木基地为依托，加强花卉种养等技术支持，帮助农民发展花卉园区经济和庭院经济。三是及时整顿抚仙湖周边旅游业发展秩序，统筹民宿旅游、餐饮经营、文化娱乐、沿湖风景资源的保护和利用，组建以村组为单位的旅游股份经营有限公司，把财政补助资金形成资产并量化到农户，作为入社或入股的股份，与村民的股金一起投入旅游开发项目，促进现代旅游业发展，以产业带动就业。

第二，大力扶持自主创业，着力成就一批。贯彻落实好玉溪市人民政府《关于做好当前和今后一个时期促进就业工作的实施意见》（玉政发〔2019〕9号）文件精神，一是积极为自主创业者争取利用各类可清腾的公共厂房、仓库、校舍等资源作为经营场地，在租金、费用等方面给予减免或为失业人员创业提供优惠政策。二是按照创业担保贷款政策，对符合条件的创业者个人，允许申请一定额度的创业担保贷款，给予贴息；对符合条件的劳动密集型小微企业允许申请一定金额的贷款，给予全部贴息或一定比例的贴息；对符合条件的创业大学生给予一次性创业补贴。三是落实好金融机构对个体工商户贷款利息收入免征增值税、贷款损失准备金所得税税前扣除等政策，推进增值税等实质性减税，对小微企业、科技型初创企业实施普惠性税收减免；根据实际情况，降低社会保险费率，支持中小企业吸纳就业等政策，积极帮助有创业意愿和创业实力的人员实现再就业。

第三，积极开展技能培训，着力转移一批。在精准摸清土地流转区人员基本情况，精准掌握企业用工需求、紧缺工种的基础上，组织开展有针对性的技能培训，提供精准就业服务，坚持以“市场引导培训、培训促进就业”方针，把突出职业技能培训、提高务工本领作为转移就业的首要环节来抓。一是整合教育资源。充分利用职业教育、成人教育和各单位的培训机构等教育资源，通过资格审查，确定培训基地。紧扣市场需求，合理设置培训内容，把培训经费与最终的就业人数挂钩，促使培训机构研究市场、对接市场，不断提高就业率。二是探索培训途径。创新探索各种实用、实效的培训方式，鼓励职业培训机构与用工企业对接，推行订单式培训、定向式输出，多途径地培训农村劳动力；鼓励职业培训机构与劳动力市场联合，强化培训针对性，满足求职者需求，将培训重心延伸到乡镇、村组和个人。

第四，加强与县内外企业对接，着力输出一批。针对农村剩余劳动力放心不下留守家属等原因不想出省就业等情况，澄江县应成立高规格的劳动力转移领导机构，对县内企业，可采取出台优惠政策鼓励县内重点企业在招工用人时更多地向农村剩余劳动力倾斜。对县外企业采取“领导干部走出去、把用工单位请进来”的方式，巩固老基地，发展新伙伴，大力开拓劳务市场。可以考虑把重点放在滇中产业新区、长水机场、省级机关家政服务和市内的11个工业园区上，第一时间掌握他们的用工需求动态，成批地把农村劳动力输出去。一是依托骨干企业定向输出。与大中型企业集团签订常年劳务输出协议，实施定向培训、定点转移。二是政府间合作输出。由政府牵头，与劳务输入地政府结为友好县区、友好乡镇，签订常年劳务协议，政府间合作开展劳务输出。三是劳务派遣输出。以用人单位为依托，组建劳务派遣公司，组织人员派往企业务工，配合用工单位共同管理，促进劳动力有序转移。

第五，用好用活农村社会保障政策，着力兜底一批。通过各类社会保障政策，兜底解决一批农村劳动力的基本生活。一是完善各项保障政策。积极推动符合缴费条件的群众参加城乡居民养老保险，确保老有所依、老有所养。二是加强补助力度和范围。对家庭财产状况符合农村低保规定条件的家庭，纳入低保给予保障。三是安排一批“4 050”人员就业。对澄江政府购买性服务岗位进行一次全面清理，对于技术、学历要求不高，一般人就能做的岗位，全部用于安排“4050”人员。

第六，依托劳务中介和返乡创业者，着力消化一批。加大力度培养一批本地劳务带头人、劳务经纪人，充分发挥劳务公司、劳务带头人本土优势，“输出去”与“召回来”两条腿走路。一是建立激励制度。大胆探索激励机制，以在本地具有影响的劳务带头人、劳务经纪人、打工能人为依托，带领本地劳动力成规模对外输出，根据带动同乡、同村人员外出务工的实际成效，给予一定的物质奖励。二是强化与人力资源服务机构联系。澄江县应主动加强与市级8家经营性人力资源服务机构的联系，采取成功转移人数与补助相挂钩的措施，委托其提供服务。三是引导外出务工人员回乡创业。制定返乡创业优惠政策，吸引在外创业成功者回乡投资创业兴业，消化一批剩余农村劳动力。

（三）优化三项服务。就业是民生之本、发展之基，澄江县应继续把农村劳动力转移就业工作摆上重要议事日程，完善措施，加大宣传，做好服务，全力营造农村劳动力转移就业的良好氛围，为转移就业“保驾护航”。一是做好下沉服务。建立包含教育程度、技术专长、务工区域、职业培训等情况的县级资源信息库，让用工需求和就业需求在第一时间无缝对接，实行数据库动态管理，形成“人人有表、村村有帐、乡乡有库”的劳动力资源管理模式，提高劳务对接的成功率。二是做好保障服务。积极解决外出务工人员最关心、最现实的利益问题，加快外出务工需要办理各类有效证件速度，尽量解决好外出务工人员的住宿、就医及子女就学等问题。同时，关心关爱留守儿童和老人，解除后顾之忧，定期检查督促通报进展情况，促进农村劳动力转移就业取得实效。三是做好维权服务。加快组建“农民工维权中心”“农民工法律援助中心”，设立侵权举报电话、电子信箱等维权热线，及时处理和解决劳动力转移人员劳资纠纷；对用人单位拖欠克扣工资、收取押金、扣押身份证、签订无效合同等进行及时调处，形成政府救助和司法援助相结合的救助机制。

（市委政研室提供）

澄江县民宿旅游发展调研报告

民宿是指利用当地闲置资源，为游客提供体验当地自然、文化与生产生活方式的小型住宿设施。近年来，随着澄江旅游影响力的不断“升温”，越来越多的游客把澄江作为旅游目的地，抚仙湖流域的特色民宿客栈备受青睐，民宿旅游呈现蓬勃发展态势。依托自身优势，抓住发展机遇，科学培植发展民宿旅游产业，对于调整澄江县产业结构、推进乡村振兴、拓宽群众增收渠道、解决群众就地就近就业、延伸旅游产业链等具有重要意义，也是抚仙湖保护治理和打造“三个国际”城市的重要举措之一。按照主题教育“为民服务解难题”及“将调查研究贯穿始终”的要求，市委政研室（改革办）、澄江县委办组成联合调研组，针对澄江县民宿旅游发展问题进行了专题调研，形成如下调研报告。

一、澄江县民宿旅游发展的基本情况

澄江县民宿旅游兴起可以追溯到20世纪90年代。当时，受市场大环境影响，“农家乐”热潮刚刚兴起，在抚仙湖周边的禄充等地陆续出现了农家餐馆和家庭旅馆，之后范围逐步扩大至抚仙湖北岸和立昌、孤山等区域，至此澄江“农家乐”发展初具雏形。随着交通基础条件改善、旅游重大项目建设和生态环境保护的加强，抚仙湖知名度和影响力不断扩大，旅游人数逐年递增，极大带动了民宿旅游的发展。

据统计，2018年，澄江县有住宿经营户（企业）800余家，具备了高、中、低档次齐全接待能力。高档次酒店仅希尔顿酒店等几家，数量不多，接待能力有限；中、低档次各类酒店多数为个体经营户，主要集中于县城、禄充、孤山、新河口、矣旧、小湾、热水塘、矣渡村等片区，经营规模、装修档次、管理和服务总体质量水平不高；精品民宿主要集中在小湾村片区，档次较高、特色鲜明，房间价格旺季在500—1700元之间，淡季在300—1200元之间，年平均入住率在30%—70%之间。

近年来，随着游客消费需求的不断攀升，住得好不好不再是游客评判旅游配套设施的唯一标准，商业味浓重的宾馆、酒店已不能满足游客找寻“家”和“自然”的感觉。很多游客把更多的目光投向乡村旅游，希望在乡村民宿中远离城市的喧嚣，寄情山水放松自我，寻觅在城市中难以找到的回忆、体验。在这样的背景下，在短短几年间，抚仙湖周边以星火燎原之势兴起了民宿热，并实现了从“单一餐饮”到“住宿配套”再到“休闲娱乐”多元经营的格局，成为我市文化旅游发展的一个亮点。如元尘酒店、泊莲臣客栈、同尘院、遇忱度假酒店、阅海听涛客栈、吾舍东岸客栈、湖影精品客栈、柏田庄园、古月宿清、多萝西度假酒店等10余家特色民宿，具有较高影响力，备受游客青睐和好评。小湾村、马房村等区域逐步成为精品民宿的聚集区，如小湾村80余栋村民房屋现已出租40余栋，已开业经营17户（同尘院、遇忱度假酒店均在此范围），其余正在改造装修。在广龙小镇等项目建设中，同步规划建设特色民宿区，引入十余家国内知名客栈品牌，建成后将推动澄江民宿旅游整体水平的提高。

二、澄江县民宿旅游发展的主要特点

（一）投资建设主体多为民间资本。澄江县民宿投资多为民间资本，投资经营方式以个人独资或合伙投资方式投资建设，也有品牌连锁经营。在抽样调研的19家民宿中，投资者主要来自昆明、四川、福建等地，少数为玉溪本地人。房屋多以租赁方式获得，经营权大多在10至20年间。租赁期内，由民宿租赁者自行按照经营风格改建装修，自主经营，租金一次性或分年份支付；约定租赁期满后，房屋等固定设施无偿交还提供者。

（二）经营情况总体良好。澄江县第一批具有影响力的特色民宿于2016年开业，主要有柏田庄园、元尘度假酒店、阅海听涛客栈等。调查显示，近年游客逐年增多，客源地不断扩展，特色民宿平均每家拥有20.39间客房；旺季集中在节假日、周末、7至8月平均房价可达550元，淡季房价平均320元；订房方式主要为网上订购，占71%，其余为回头客、熟人介绍、自来客人上门咨询、会议集体订购、旅行社订购、酒店系列课程活动订购等，主要受众以家庭、亲子为主的休闲游客。

（三）市场营销效果日益突显。一方面，澄江县近年连续成功策划举办“铜锅美食街”“荷花节”等主题营销活动，以及通过摄影比赛、昆石高速和长水机场广告牌、参加对外交流等多种形式，持续宣传推广澄江旅游产品，不断提高了抚仙湖全域旅游的知名度，为澄江县民宿入住率提供了充足的客源。另一方面，民宿经营者主动在携程、美团等网络平台发布民宿信息，运用微博、微信、微电影、旅游节庆、会议活动等多种渠道，大力宣传民宿特色，提升知晓率和入住率，增强了线上线下营销能力。

（四）精品化趋势逐步呈现。澄江县成立精品民宿旅游领导小组，有针对性地打造精品民宿村，进行现场指导、督促，民宿整体精品化程度不断提升。小湾村民宿依托太阳山和抚仙湖实施精品示范工程，利用优越的生态环境和地理优势，吸引各种专业创意人士前来投资、兴办具有文化内涵的精品旅游民宿，提升区域品位。积极引入多元投资，打造如“同尘院的儒雅、遇忱的开阔、多萝西的青春浪漫”等不同特色的乡村休闲旅游产品。孤山古月宿清抓住民宿不仅仅是住宿的理念，抓住孤山片区的市场空缺，以大堂吧为亮点，突出酒文化，为旅客打造“浪漫观景”的个性化体验，带来独一无二的居住享受。

三、澄江县民宿旅游发展的困难问题

（一）规划引导不够清晰。目前，市县层面均未对民宿旅游发展出台相关政策，民宿旅游发展的控制性规划、建设性详规亦未制定，对民宿区域布局以及民宿的发展规模尚不明确。在民宿项目建设和改造上，各地缺乏前瞻性指导，远期、中期和近期规划尚不明确，对于“房屋怎样改，改成什么样”等改扩建标准尚无明确的指导意见。由于缺乏规划引导，部分新建的乡村民宿因地处偏远，道路狭窄，可进入性不强，加大了游客前往该地的心理阻力，也增加了团队游运行成本，优势资源没有得到有效整合，公共设施及旅游配套不能及时跟进。由于政策不明朗，大多数经营者投资顾虑较多，仍以个体零散经营为主，没有形成较大的组织或者团体经营，未形成具有相当规模和较高知名度的民宿集聚发展区域。虽然成立了澄江县民宿客栈精品酒店联盟，但并未发挥预期作用，联盟在各民宿主之间、民宿主与政府间沟通桥梁作用不大。

（二）品牌特色不够鲜明。乡村旅游的魅力在于浓郁的乡土气息和乡村风情。田园观光、自然生态和民俗文化等是吸引游客的最大特色，但是目前澄江的乡村旅游基本上停留在低层次开发阶段，巨大潜力远未开发出来。大多数民宿经营项目仅限于餐饮、喝茶、棋牌等，对地方文化内涵挖掘不够，缺乏以独具特色的乡村民俗文化为灵魂的人文旅游。集中在小湾、矣渡、马房村附近的民宿，相同的面湖环境，建筑风格杂乱无章，体量只求大而不求精，相似的中式、田园装修设计，照搬城市宾馆装修设计，缺乏乡土气息。客房存在同质化情况，造成了民宿的经营形式和服务内容雷同，极度缺乏乡村风情与文化，特色不明显，主题不突出。以孤山风景区为例，除古月宿清等3家精品民宿外，其他大多数民宿缺乏自身吸引游客的亮点。此外，民宿市场定位模糊，没有针对青年白领、退休群体等不同的消费者群体进行市场细分，缺乏针对性、个性的旅游服务产品开发，让游客“慢下来、静下来、留下来”的吸引力不够。孤山片区，推荐的主打项目是乘船往返于孤岛，内容单一，游客最多停留半天，不足以使游客产生“住下来”的欲望。

（三）发展环境不够优化。因环境保护要求，抚仙湖110米范围内禁止有建筑物，澄江民宿因此多靠山面水而建，位于山腰村子中，周边环境多为土基坡路、村间通道和杂乱民宅。虽然部分民宿经营者赋予了较好的室内装饰和住宿条件，但本身的硬件设施和外部基础设施、环境不匹配，旅客的民宿体验因周边环境不佳而大大降低。

（四）营销手段不够丰富。在当今游客出游普遍借助互联网信息资源的时代，大量民宿经营者宣传营销的手段比较单一，主要还是依靠人传人、发名片和口碑宣传，在携程、同程、途牛等知名旅游网络平台注册的信息不全、图片不多，致使大多数民宿品牌知名度不高。虽然有一些民宿开展了网络营销，但是因未搭建专门的营销平台，缺乏政府部门牵引，没有整体宣传营销的意识，营销范围不广，没有形成规模，致使经常出现“节假日人满为患，平时关门打烊”的现象。

四、加快澄江民宿旅游发展的对策措施

随着澄江县打造“国际旅游城市、国际健康养生城市、国际会议中心城市”的推进，抚仙湖保护的力度必将进一步加大，澄江县的产业结构也必将面临大的调整。第三产业作为澄江县域经济发展的重心所在、活力所在、希望所在，若能发挥好民宿旅游产业这个“支点作用”，利用好“四两拨千斤”的“杠杆效应”，加速上下游释放产业红利，必将促进全域旅游及三产的发展，为抚仙湖的保护作出贡献。为此，调研组提出“五个一”的对策建议。

（一）一个认识统一到底。澄江县各级各部门应进一步统一思想，形成“高度重视、全力扶持”的广泛共识。培育民宿旅游产业是实现经济高质量发展的重要环节，对于实施乡村振兴战略、助推抚仙湖保护治理和澄江县打造“三个国际城市”具有重要意义。一是能够激活农村产业活力。民宿旅游投资强度相对较小、建设运营相对简单、准入门槛相对较低的特点，促使其成为大众创业、万众创新的“宠儿”，可以说是继乡镇企业崛起之后引领乡村服务业发展的又一次农村产业革命，是实施乡村振兴的重要渠道和抓手，打好“民宿+”组合拳，合理引导带动其衍生出的设计、建设、融资、运营、培训等服务业态和“吃、住、游、购、娱、养”等上下游产业，将强力拉动产业链和服务链的延伸，有效激发农村发展的活力。二是能促进城乡融合。发展民宿需要道路、水电、污水管网、通讯等基础设施建设的配套和完善，有利于加速城乡基础设施一体化发展；民宿发展能吸引一批有头脑、有见识的创业者返乡创业，带动城市人才、资金、项目、信息等要素向乡村回流，促进城乡各种资源要素的良性循环互动；一批有文化、有情怀的人回归农村，将现代生活方式渗透到农村生产生活之中，能推动文化资源向乡村倾斜，有益于提升乡风文明、提高基层治理水平、推动城乡公共服务普惠共享。三是能促进乡村生态环境保护。民宿是生产、生活、生态一体化的最佳呈现方式，它兼具家园经济、田园经济、休闲经济、美丽经济的内涵、属性和优势，凭借的是优美的环境，最吸引人的地方就是其周围漂亮的自然生态或环境优美的田园风光。民宿的发展与生态环境保护是相辅相成的，生态环境良好的民宿才能可持续地获得金山银山，让游客其乐融融地享受绿水青山，实现产业发展和生态保护的双赢。可见，民宿发展的根本就是与当地环境相结合，符合当地的人文特色，是在保护中发展，在发展中保护的典范，对于生态保护、人居环境整治能起到积极推动作用。

（二）一个规划管控到底。规划是民宿发展的龙头。澄江县应抓紧制定符合实际的《澄江县民宿旅游发展专项规划》，久久为功、有序推进。一是注重合理布局。针对资源分布状况，布局一批资源富足、条件上佳的重点发展区域，引导民宿聚集有序发展；谋划一批有一定资源条件的发展区域，适时探索性发展；划出一片红线发展区域，限制其发展。二是注重错位发展。适应经济社会发展进入新常态，顺应人民群众对美好生活新向往，细分不同人群对民宿的新要求，注重精品、特色、大众的结合，引导民宿有序错位发展。三是注重产业融合。注重民宿产业与农业、文化产业、旅游业、卫生与健康产业、互联网产业等相关产业关联布局，引导民宿产业链延伸，拓展民宿吃、住、行、游、购、娱等诸多环节，丰富民宿产品供给，在产业互动中发展民宿经济。四是注重规划约束。民宿旅游发展规划与其他上位规划和专项规划相衔接，加强规划公开公示，提升科学决策水平，健全规划管理制度，强化规划刚性约束和执行力，确保一张蓝图干到底。

（三）一个意见落实到底。澄江县应尽快研究制定《关于扶持民宿产业高质量发展的意见》，制定澄江民宿统一的行业标准和规范的监管体系，对民宿的进入门槛、税收管理、组织保障、投入机制等方面进行精准指导和监管。项目准入方面，借鉴民宿先进地区的经验和做法，把民宿项目划分为鼓励类、许可类、限制类并列出清单，在符合规划的前提下，由相关部门根据项目类别分别提出不同的准入标准和要求，达到标准一律给予通过，让项目前置审批成为项目准入制。审批服务方面，重点对公安特种行业许可证、卫生健康许可证和营业执照的“二证一照”办理，结合“放管服”改革，推出证照办理流程清单，有条件的

聂耳广场 （李卫东 摄）

镇（街道）可实行统一代理办理制度，提高办事效率。投入奖补方面，按照“新建发展一批、提标改造一批、做优做强一批、集聚集约一批”的思路，设立民宿发展专项资金，重点鼓励民间资本、工商资本投资发展民宿经济，积极引导城乡居民的资金、土地或房屋入股参与民宿发展，鼓励民宿经营者提档升级发展；整合涉农资金，加大对民宿集聚区的基础设施和公共服务建设投入力度；对引进的知名文艺家、创业创新团队、文艺青年、大学生返乡创业人员、高素质退休人员等，按照文创产业的人才标准给予补助，吸引一批高素质的民宿经营者。招商引资方面，积极引进社会资本参与民宿建设，以重点企业、重点经营户为抓手，探索公司＋居民、合作社＋农户等民宿发展模式；鼓励各类企业充分发挥资本优势，整村连片开发建设民宿；鼓励通过注册乡村旅游投资开发公司、组建乡村旅游合作社、村民入股等方式发展乡村民宿。服务监管方面，开展民宿行业线上线下服务监管，督促民宿经营者在信息平台上完善信息，设置游客评价系统，方便游客在信息平台上对民宿服务提出意见。加强对民宿行业服务线下监管力度，健全“经常性检查＋节假日重点检查”工作机制，对民宿经营主体和从业人员的服务质量进行监管。

（四）一个品牌打造到底。民宿不应该只停留在模仿阶段。澄江县应结合山水特色和风土人情，加快推动民宿品牌化、品质化发展，做出有独特风格的民宿，打造独具澄江特色的民宿品牌。一是注重整体包装推介。强化精品民宿品牌意识，积极推行区域品牌运营模式，设计并注册具有鲜明特色的Logo徽标，打造“抚仙湖民宿”等具有本地特色的公共民宿品牌，统一宣传、统一推介、统一授牌。将精品民宿与周边景区、休闲体验、体育健身、非遗、美食、民俗文化等融入一体，编制《民宿休闲旅游地图》《民宿休闲旅游宝典》等资料，打造精品旅居线路，条件成熟时可举办“民宿文化节”等活动，不断扩大提升民宿的知名度、影响力和带动力。二是口碑传播树立形象。通过运用新媒体、讲述民宿故事、展示入住体验、客群营销等方式，广泛传播精品民宿中所蕴含的文化价值，让入住游客切身感受到一处宾至如归的空间、一张舒适安逸的床铺、一顿可口提神的早餐、一位充满魅力的民宿主人、一段可讲述的居留经历、一段令人回味的人生记忆，不断提升游客的好感度和忠诚度，打造良好口碑。三是加大创意文案开发。鼓励引导民宿运营者向游客发布吸引眼球的原创信息，让游客潜移默化的主动复制和分享文章，在更广泛的范围内传播文章，增强用户黏性，鼓励游客通过游记、攻略等软文的投放、分享、传播，达到宣传引流的效果。

（五）一部手机智慧到底。智慧民宿是民宿今后发展的必经之路。澄江县要借助“一部手机游云南”App，充分展示澄江好山、好水、好风光和多姿多彩民俗文化，以游客需求为中心，让“带手机、游仙湖、住民宿，说走就走、全程无忧”成为现实，实现游客旅游体验自由自在、政府管理服务无处不在，真正让智慧民宿产业“叫得响”“走得远”。一是平台建设智慧化。面向消费者需求，打造快速、便捷、高效的线上操作系统，提供全方位的民宿介绍，包括实景图片、动态地图，尝试开发VR参观等，提供多种互动式交流，让游客提前了解住宿体验，在平台上实现订房、结算、沟通、个性需求等，利用大数据分析，推送附近商圈、景点、购物等信息，合理引导游客进行附加消费。二是民宿管理智慧化。转变传统民宿的高劳力投入，探索实现“AI民宿”管理，即实现自动化、语音控制、远程控制等特点，弥补传统民宿在安全和节能方面的不足，逐步实现民宿经营者无须与游客面对面接触就能办理完入住、退房等一系列流程，让游客充分享受到高科技和传统民俗相融合的生活体验。三是配套服务智慧化。围绕智慧便民，实施一批交通工程，统筹谋划交通环线路网建设，确保有民宿的地方道路通畅。实施一批民宿亮牌工程，配套建设一批路灯、标识和标牌，方便消费者休闲旅居。实施一批民宿停车场工程，配套跟进建设一批民宿停车场、观景台，方便消费者停车休憩。实施一批通信站点建设工程，配套建设通信站点，确保通信讯号全覆盖。

（市委政研室提供）

彝族圆舞曲 （李卫东 摄）

大 事 记

A CHRONICLE OF MAIN EVENTS

编　写：王　斌

1—12 月大事记

1月

△ 玉溪市荣获国家卫生健康委员会、中国红十字会总会、中央军委后勤保障部卫生局颁发的2016—2017年度全国无偿献血先进市牌匾。至此，玉溪市已连续6届获全国无偿献血先进市表彰，成为云南省唯一6次蝉联该称号的城市。

1日

△ 玉溪市第四次全国经济普查入户登记启动仪式在峨山县举行。

△ 市儿童医院与市人民医院脱离，独立运营。

3日

△ 省委办公厅、省政府办公厅印发《关于2017年度县域经济10强县和县域跨越发展先进县进位县的通报》。澄江县被列为"县域经济10强县"受表扬。

7日

△ 中国共产党玉溪市第五届委员会第七次全体会议在玉溪召开。

10日

△ 玉溪市政府与中国人民大学在北京签署合作框架协议。

11日

△ 玉溪市政府与中国电子科技开发有限公司签署投资协议。

12日

△ 玉溪市政府与昊邦医药集团有限公司签订战略合作框架协议。

13日

△ 11—13日，市级机构涉及机构改革的多部门举行挂牌仪式。

18日

△ 14—18日，中国人民政治协商会议玉溪市第五届委员会第二次会议在玉溪举行。

19日

△ 15—19日，玉溪市第五届人民代表大会第二次会议在玉溪举行。

22日

△ 市纪委五届四次全会召开。

24日

△ 玉溪市见义勇为促进会和太平洋保险公司玉溪中心支公司到红塔区大营街街道大密罗社区八组，向该社区3位见义勇为人员兑付见义勇为无记名保险理赔金21万元。这是玉溪市以无记名方式购买见义勇为伤亡保险以来首次兑付理赔金，在全省尚属首例。

25日

△ 玉溪市启动院前急救全市联网，成为云南省首个启用院前急救全市联网的城市。

△ 玉溪市互联网协会揭牌成立。

2月

24日

△ 云南鸿翔中药新生产基地在华宁县建成投产，华宁县与云南鸿翔一心堂药业（集团）股份有限公司在投产启动仪式上签订战略合作协议。同时，鸿翔药业集团生产示范基地和研发检验科创数字中心揭牌。

26日

△ 全市一季度建设项目集中开工暨杯湖公园、城市展厅建设启动仪式举行，总投资124.5亿元的79个建设项目集中开工。玉溪高新区和全市各县区同步举行项目开工仪式。

3月

△ 2018年云南省州（市）实施乡村振兴战略考评中，玉溪在昆明、曲靖、红河等10个州（市）构成的一类地区中排名第一，综合得分98.16分。

1日

△ 新修订通过的《云南省杞麓湖保护条例》正式施行。该《条例》由云南省第十三届人民代表大会常务委员会第七次会议于2018年11月29日修订通过。

2日

△ 国家体育总局等相关部委到玉溪，就重点体育产业项目进行实地调研。

△ 1—2日，玉溪组织玉溪高新区管委会、江川区工业园区管委会等部门负责人组成项目组赴北京海淀区、天津市武清区京滨工业园区、河北廊坊市开发区等地开展招商引资活动。

7日

△ 国家卫生健康委印发《关于推进先天性结构畸形救助项目全覆盖工作的通知》，玉溪市儿童医院被国家卫健委妇幼司、中国出生缺陷干预救助基金会确定为先天性结构畸形救助项目定点医疗机构。

8日

△ 江川区首次开展濒危物种双团棘胸蛙增殖放流活动，2.5万尾双团棘胸蛙蝌蚪和1 000只幼蛙投放江川区安化董炳河流域、大龙潭自然保护区、九溪大石板流域溪流山箐中。

9日

△ 云南克雷斯制药股份有限公司与中国工程院院士张兴栋签订云南克雷斯天然药物深度开发院士工作站建站协议。

11日

△ 市委副书记、市长张德华率队到京东集团，围绕绿色食品产业大数据、数字经济、智慧城市建设等项目进行招商合作洽谈。

14日

△ 玉溪市中医医院举行帮扶临沧市中医医院合作协议签约仪式。

15日

△ 澄江县召开抚仙湖环湖棚户区改造暨生态移民搬迁项目工作动员大会，沿湖6 428户19 361人将在2019年一次性启动搬迁。

△ 副省长董华率领省直相关职能部门负责人到玉溪调研，了解玉溪市数控机床、生物医药、新能源等产业研发、生产情况。

16日

△ 玉溪市第五批省级专家基层科研工作站授牌仪式在通海县举行，分别为通海县人民医院王剑松专家基层科研工作站、通海县中医医院叶建州专家基层科研工作站、澄江县抚仙湖管理局张虎才专家基层科研工作站揭牌。

20日

△ 国家卫健委发布《关于印发第一批国家分娩镇痛试点医院名单的通知》，全国有900多家医院通过遴选成为首批分娩镇痛试点医院。玉溪市妇幼保健院、市第三人民医院、元江县人民医院、新平县人民医院入选。

25日

△ 云南省人民政府表彰100户民营企业及100名民营企业家。玉溪11户民营企业及12名民营企业家受表彰。

31日

△ 30—31日，市委书记罗应光、市长张德华率玉溪党政代表团到清华大学、北京体育大学、北京中科科仪股份有限公司、中科星图股份有限公司及中国科学院计算技术研究所进行考察交流。

4月

1日

△ "七彩云南　抚仙玉溪—'相约春天　共筑梦想'2019年开放合作招才引智（北京）峰会"在北京举行。

本次活动突出数字经济与智能制造、生物医药及大健康、现代农业及绿色食品、招才引智四个板块。推介会签约项目39个，总投资额240亿元。市委书记罗应光在推介会上致辞，市长张德华做主旨发言。

2日

△ 在第十四次全国民政会议上，玉溪市民政局荣获“全国民政系统先进集体”称号。

10日

△ 全省放心农资下乡进村宣传周启动仪式暨扫黑除恶宣传活动在江川区前卫镇举行。

15日

△ 全市全面执行由国家市场监督管理总局、国家标准化管理委员会于2018年5月15日批准发布的电动自行车新强制性国家标准《电动自行车安全技术规范》。

△ 玉溪政务云数据中心荣获“2018—2019年度优秀数据中心”奖，为云南省唯一获奖的数据中心。

21日

△ “七彩云南全民健身运动会”2019年首届云南·新平磨盘山户外运动挑战赛在新平县磨盘山国际户外运动公园正式开赛，来自全省各地的400余名越野跑、野战运动爱好者参赛。

26日

△ 玉溪市儿科专科联盟启动仪式在市儿童医院举行，市儿童医院与全市30家医疗机构签订《玉溪市儿科专科联盟医联体合作协议书》，玉溪市儿科专科联盟正式成立。

30日

△ 玉溪市政府与中国联通云南省分公司签订5G建设和应用战略合作框架协议，云南联通玉溪数据中心同步启动。

5月

1日

△ 玉溪开始发布旅游“红黑榜”，原则上每月发布一次。

17日

△ 华宁县政府与云南鸿翔一心堂药业（集团）股份有限公司签订中药材产业发展深度扶贫战略合作框架协议。

18日

△ 全市2019年二季度86个建设项目集中开工。项目涵盖基础设施、社会事业、产业发展等领域，投资总额450.6亿元，年度计划投资65.1亿元。

19日

△ 文化和旅游部在安徽省黄山市公布新一批4家国家级旅游度假区，并为这4家新晋国家级旅游度假区授牌。分别是：四川成都天府青城康养休闲旅游度假区、广西桂林阳朔遇龙河旅游度假区、广东河源巴伐利亚庄园及云南玉溪抚仙湖旅游度假区。

27日

△ 全市市场监管热线实现“五线合一”，原工商（12315）、质监（12365）、食药监（12331）、物价（12358）、知识产权（12330）五条投诉举报热线整合由12315受理。

6月

4日

△ 3—4日，省委书记、全省总河（湖）长、抚仙湖河长陈豪率调研组到玉溪市督促检查抚仙湖、星云湖等湖泊保护治理工作，带头落实河（湖）长制责任。

6日

△ 住房和城乡建设部等六部门公布第五批中国传统村落名录，玉溪市有8个村落入选。分别是：易门县六街街道旧县村、十街乡十街村、小街乡甲浦村核桃箐村，峨山县甸中镇甸尾村、岔河乡安居村青龙村、大龙潭乡迭所村大塔克冲村，新平县漠沙镇曼线村南薅村，元江县羊街乡羊街村。至此，全市共有五批36个村落被列入国家级传统村落名录。

10日

△ 玉溪市级自然人政务服务中心正式投入使用。

11日

△ 10—11日，由外交部和云南省政府主办的第二届中国—南亚合作论坛在抚仙湖畔举行，500多位中外代表参会。云南省副省长张国华、省政协副主席喻顶成参加相关论坛并致辞。玉溪市委副书记、市长张德华作为中方代表在中国—南亚省市长论坛上，向与会嘉宾分享了玉溪在加强基础设施、提升互联互通水平方面的经验和做法。

△ 玉溪与昆明、楚雄、曲靖等省内7个城市一起，与全国245个地级以上城市实现交通一卡通互联互通。

12日

△ 市委、市政府召开抚仙湖、星云湖、杞麓湖“三湖”保护治理雷霆行动启动会。

△ 2019南亚东南亚国家商品展暨投资贸易洽谈会在昆明滇池国际会展中心举行。玉溪组织83户企业参展，交易团布展面积达1 200平方米，集中展示玉溪先进装备制造、电子信息制造、新材料、服务贸易及澄江健康生活目的地建设，以及推进高原特色农业、特色文化创意、生物医药及大健康产业发展新成就。

△ 市委副书记、市长张德华会见越南安沛省省委副书记、省人民委员会主席杜德维一行，就推动玉溪市与越南安沛省在各领域的务实合作进行深入交流，加快推动玉溪市与安沛市建立友好城市工作。

13日

△ 参加2019年南亚东南亚国家商品展暨投资贸易洽谈会的玉溪交易团举行专场外经贸签约活动，签订外经贸项目20项，合同和协议金额6.11亿美元；玉溪市10项招商引资项目参加商洽会集中签约。其中9项国内投资项目签约金额28.76亿元、1项外资投资项目签约金额330万美元，拟利用外资100万美元。

△ 在2019年第二届“寻找100家特色空间”活动中玉溪双创中心启迪众创园成功入选2019中国100家特色空间，云南省仅有两家入选。

21日

△ 华宁县陶瓷文化产业发展办公室、华宁县陶土和釉色研发中心挂牌成立。

25日

△ 玉溪市政府与京东云“互联网+”新经济项目签约仪式在昆明举行，市企双方签订“互联网+”新经济项目合同，21户企业签约入驻京东玉溪产业园，云南省绿色食品大数据中心启动。

△ 玉溪第二职业高级中学举行首届老挝留学班毕业典礼。

27日

△ 玉溪高新区管委会与苏商建设集团签订战略合作协议。

30日

△ 元江县政府与深圳市家家分类科技有限公司签订《元江县年处理10万吨烟秆、秸秆农林废弃物循环还田生产线项目》框架协议。

7月

2日

△ 全市社会各界人士上万名干部群众齐聚玉溪聂耳音乐广场，开展

一场别开生面的升国旗唱国歌快闪活动，表达对新中国成立70周年的美好祝福。

3日

△ 2019年全省广播电视新闻年会暨县级融媒体中心建设推进培训会在玉溪召开，会议为期两天。

△ 国家烟草专卖局党组成员、副局长杨培森率全国烟区生产负责人到澄江县，参观考察抚仙湖流域两万亩核心烟区、世界烟草品种园、绿色农业智能温室、烟农增收产业孵化园。

11日

△ 由人力资源和社会保障部、中华全国总工会、中国企业联合会/中国企业家协会、中华全国工商业联合会等单位组织开展的全国构建和谐劳动关系先进表彰会召开。玉溪高新技术产业开发区获评“全国模范劳动关系和谐工业园区”，成为全国50个获此殊荣的园区之一，也是云南省唯一受表彰园区。

15日

△ 滇中（玉溪）粮食产业园一期项目（粮食仓储中转区建设项目）在玉溪研和工业园区粮食物流园片区开工建设。

16日

△ 15—16日，迪庆州德钦县党政代表团就种植产业、养殖产业、教育事业和易地搬迁等工作到新平县、峨山县、红塔区进行考察学习，并就两地的扶贫对口帮扶工作深入交流。

20日

△ 易门县在第十五届中国（云南）野生食用菌交易会招商引资推介暨投资和外贸项目举行签约仪式，签约项目24项，投资总额23.63亿元、贸易总额1.54亿美元。

21日

△ 中国工程院院士、中国工程院副院长、中国医学科学院北京协和医学院校长王辰到市人民医院调研，并以“推动医院学科建设与发展”做专题讲座。

△ 17—21日，第六届中国聂耳音乐（合唱）周举行，以“礼赞新中国　奋进新时代”为主题，以系列文化艺术活动为载体，采取“一体两翼”的方式，在昆明举行开幕式，在玉溪举行闭幕式，并在两地设分会场分别开展丰富多彩的系列文化活动。

22日

△ 玉溪大河黑臭水体治理及海绵城市项目河道改造工程启动。玉溪大河的防洪能力从20年一遇的标准提高到50年一遇。

24日

△ 玉溪市中医医院与勐海、勐腊、石屏、泸西县中医医院签订帮扶合作协议。

25日

△ “鼓绣彝乡·醉美峨山”2019峨山县招商引资推介会在峨山大酒店举行，共签约项目20个，累计投资金额30亿元。

△ 第二十四届全国少数民族珠算珠心算比赛在甘肃兰州举行，华宁县盘溪中心小学代表云南省出征参赛，并荣获团体二等奖。

26日

△ 20—26日，在澳门举办的第34届全国青少年科技创新大赛上，玉溪市2个科技创新研究项目、2幅少年儿童科学幻想绘画参加大赛终评展示交流活动，获得一等奖1个、三等奖3个。

8月

1日

△ 市红十字会向红塔区玉兴街道党群服务中心捐赠一台自动体外除颤仪。为全市首台配置于公共场所的自动体外除颤仪。

△ 玉溪科教创新大楼（创新创业中心）和玉昆钢铁集团科技研发综合项目两个重点项目开工仪式在玉溪科教创新城举行。玉溪科教创新大楼（创新创业中心）总占地面积60.2亩，估算总投资19.4亿元。玉昆钢铁集团科技研发综合项目，总占地面积143亩，估算总投资17.35亿元。

2日

△ 环法挑战赛澄江站签约仪式举行，澄江县山水旅游发展有限公司与云南执竞体育文化有限公司签订《云南环法挑战赛运营合作协议》。

4日

△ 7月30日至8月4日，2019年云南省青少年U系列射箭锦标赛在玉溪体育运动学校举行。

8日

△ 2019年“全民健身日”云南省启动仪式暨“七彩云南全民健身运动会”开幕式在聂耳文化广场举行。

11日

△ “云投体育杯”2019年玉溪·江川云南省铁人三项公开赛在江川区开赛。

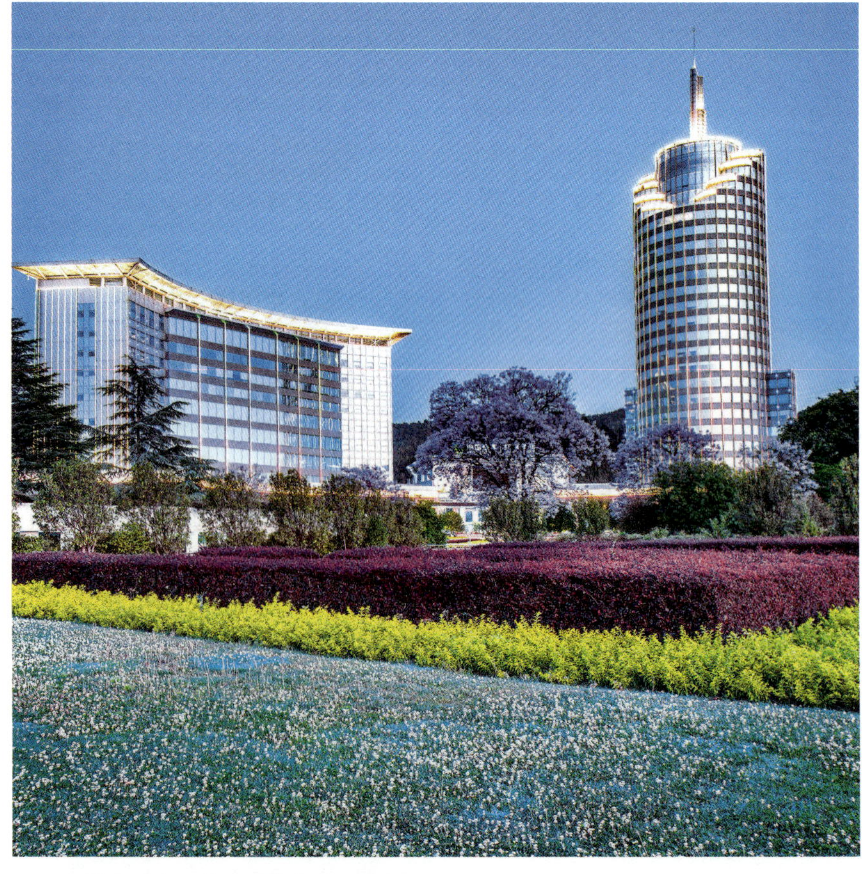

红塔集团办公楼　（张本聪　摄）

13 日

△ 通海县政府与昆明新深港商业运营管理有限公司举行秀麓国际汽车工业园项目签约仪式。项目拟投资10亿元，建设用地约860亩，计划在5年内分期完成整体开发。

20 日

△ 玉溪市首批就业扶贫车间正式授牌，8家企业获扶贫车间认定。

27 日

△《云南省人民政府办公厅关于公布云南省“一县一业”示范县和特色县名单的通知》，通海县凭借蔬菜产业被列为云南省“一县一业”示范县。

30 日

△ 玉溪高新区管委会在高新区政务服务中心举行行政审批局揭牌仪式。

△ 全市2019年三季度建设项目106个集中开工仪式在澄江县举行。此次开工项目总投资209.2亿元，年度计划投资76亿元，涵盖基础设施、社会事业、产业发展等领域，其中产业项目年度计划投资59.8亿元、占比达78.7%。

31 日

△ 据中国地震台网正式测定，6时24分元江县发生3.9级地震，震源深度8千米，震中位于北纬23.34度，东经101.99度。

9 月

2 日

△ 云南省教育厅发布“云南省2019年度乡村学校从教20年以上优秀教师奖励名单”，玉溪市27名优秀乡村教师名列其中，每人获奖励10万元。

4 日

△ 2019年《财富》全球可持续论坛在抚仙湖畔举行。此次论坛为期三天，以“绿色发展　共享未来”为主题，来自《财富》全球500强企业等中外知名企业代表、国际组织和非政府组织代表、知名专家学者等约300位中外嘉宾出席论坛。云南省委书记陈豪、《财富》首席执行官穆瑞澜在开幕式上致辞，云南省省长阮成发、省委副书记王予波等中外嘉宾出席开幕式。本次论坛是《财富》首次举办可持续主题论坛。市委书记罗应光，市委副书记、市长张德华参加论坛。

12 日

△ 市政府与成都环球融创文化旅游有限公司签署战略合作框架协议。

15 日

△ “一带一路·七彩云南”2019抚仙湖国际半程马拉松赛，在澄江县举行。来自26个国家的1万余名国内外跑者参赛。

19 日

△ 以“科技支撑创新发展、绿色引领健康生活”为主题的第九届云南省科协学术年会在玉溪举行，中国工程院院士徐志磊，中国科学院院士都有为，中国工程院院士、省科协主席朱有勇出席开幕式，并围绕智能制造和创新设计、创新是科学的灵魂、云南科技扶贫工作实践及思考等主题做大会特邀报告。市委书记罗应光在开幕式上致辞。“学会改革与创新发展”为主题的中西南学会研究第37届年会同期举行。

△ 澄江县荣获全国绿化委员会“全国绿化模范单位”荣誉称号。

26 日

△ 玉溪市儿童医院新院区揭牌开业，新院区占地面积51.2亩，总建筑面积12.1万平方米。

27 日

△ 以“数字经济·驱动未来”为主题的第四届中德人工智能大会在抚仙湖畔开幕，来自国内外高等院校、人工智能研究机构的专家学者及企业和产业界代表围绕人工智能、机器人、智能制造等展开对话和产业交流。会上，云南省智能制造产业联盟正式揭牌。匈牙利wherefor与同济大学玉溪智能制造研究院战略合作项目、澄江化石地世界自然遗产管理委员会（澄江化石地自然博物馆）与中德人工智能研究院合作项目、同济大学玉溪智能制造研究院与富勘中德工业物联网合作项目、同济大学玉溪智能制造研究院与云南前列电缆智能制造试点示范合作项目签约。

△ 玉溪市人力资源和社会保障局在玉溪师范学院举行人事考试示范基地授牌暨玉溪市人社公共服务网上经办启动仪式。玉溪技师学院、玉溪第二职业高级中学两所学校被授予玉溪市人事考试示范基地。

△ 在全国民族团结进步表彰大会上，峨山县委荣获“全国民族团结进步模范集体”称号。

△ 2019年云南省生物医药产业招商推介会在抚仙湖畔举行。会上，玉溪高新区管委会、石林县、宣威市、楚雄市、腾冲市分别与有关企业就发展生物医药产业签订战略合作协议。

30 日

△ 大戛高速公路（大开门至新平县城段）通车试运营。大开门至新平段长19千米。

△ 江通高速公路通车，江通高速起于江川区紫红坝，止于通海县秀水沟，全长33.8千米，计划总投资49.1亿元。江通高速2016年8月开工建设。

△ 昆明绕城高速公路东南段（澄江段）建成通车。澄江段起于澄江县九村镇黄草铺村，止于龙街街道大风垭口，全长33千米，总投资约50亿元。

10 月

1 日

△ 玉溪市庆祝中华人民共和国成立70周年“同升国旗·同唱国歌”活动在玉溪聂耳广场举行。市领导罗应光、张德华、保明顺、李洪云、夏立洪等与市直有关部门、行业干部员工、学生代表和社会各界约2万人参加活动。

△ 全市城乡居民门诊慢性病中的高血压、糖尿病评审不再受年龄限制，每季度末经专家评审通过即可享受相关待遇。

△ 澄江化石地自然博物馆试开馆，该馆2014年开始新建，项目估算总投资6.3亿元。

△ 市人民医院改扩建工程项目正式投入使用，该改扩建工程项目总建筑面积9.3万平方米，2013年动工兴建。

11 日

△ 庆祝中华人民共和国成立70周年暨2019年优秀网络文学原创作品推介活动发布仪式在北京未来剧院举行，玉溪作家马玫创作的长篇小说《观音泥》成功入选推介名单，成为云南省唯一入选作品。

12 日

△ 全市首批企业新型学徒制合作协议在玉溪技师学院签约。

15 日

△ “辉煌70年——云南省庆祝中华人民共和国成立70周年成就展”玉溪主题日活动在昆明举行，市委宣传部向中央、省、市媒体介绍玉溪70年来的经济社会发展取得的成就。

18 日

△ 以“聚力玉溪，同心发展”

为主题的云南省异地商会2019年会长联席会暨玉溪市招商引资推介会在红塔大酒店举行。

21日

△ 云南省政府在昆明举行2019年云南省外国专家“彩云奖”颁奖仪式，美国纽约州立大学博士、玉溪泽润生物技术有限公司总经理曾宪放名列其中。

23日

△ 由省发展和改革委员会、昆明市政府、玉溪市政府、华为软件技术有限公司共同主办的“2019华为云城市峰会”在昆明开幕。玉溪市政府与华为软件技术有限公司签署全面深化战略合作协议。

25日

△ 中国共产党玉溪市第五届委员会第八次全体会议在玉溪举行。

△ 第六届中国水环境模型与智能决策研讨会在红塔区大营街汇龙生态园举行。

26日

△ 2019云南省首届户外运动嘉年华在抚仙湖畔举行。

28日

△ 玉溪师范学院创新创业学院正式揭牌成立。

29日

△ 七彩云南 抚仙玉溪——2019年“收获金秋 共谋发展”新经济发展招商引智推介大会举行。峰会主题为“新产业·新经济·新发展”。49个项目在大会上签约，项目总投资额296.57亿元。市委书记罗应光为玉溪市“百千万人才计划”颁证授牌。市委副书记、市长张德华代表市政府为16位招商引资顾问颁发聘书。与会领导嘉宾共同为云南省绿色食品大数据中心、中科（玉溪）创新园、中国科学院绿色城市产业联盟（玉溪）联络办事处揭牌。

31日

△ 全市四季度建设项目集中开工启动仪式在华宁县举行，总投资155.8亿元的120个建设项目集中开工。

11月

1日

△ 红塔区举行“相约红塔·收获金秋”招商引资大会。会上签订20个合作项目投资协议，协议投资额216.15亿元。

5日

△ 第二届中国国际进口博览会在上海开幕，玉溪组织行政团、企业团代表200余人参加。

10日

△ 2019京东（玉溪）特产馆“11.11”活动启动仪式在聂耳广场举行。

11日

△ 在2019年云南“10强县”“县域经济跨越发展先进县”考评中，新平县、通海县上榜2018年度云南省“10强县”榜单。

14日

△ 在深圳举行的第二十一届中国国际高新技术成果交易会上，玉溪荣获智慧城市展组委会颁发的“2019中国领军智慧城市”称号。

△ 中国生物环保科技产业联盟考察团一行到玉溪考察。市委书记罗应光等与考察团就加强生物技术交流及相关产业发展和落地进行交流座谈。座谈会上，玉溪高新区与中国生物环保科技产业联盟签订战略合作协议。

15日

△ 10—15日，由中国国际扶贫中心举办的“2019年发展中国家生态与旅游扶贫官员研修班”和“2019年发展中国家社会保障与减贫政策官员研修班”的学员，赴新平、澄江等地进行现场考察研修活动。

△ 11—15日，2019年寒武纪大爆发国际研讨会在抚仙湖畔举办。来自美国、加拿大等7个国家28所大学和研究机构的130多人参加。

17日

△ 云南“10强县”“县域经济跨越发展先进县”考评结果出炉，新平县、通海县上榜。

19日

△ 新平彝族傣族自治县与浙江省桐庐县在桐庐签订友好合作协议书。

20日

△ 经国务院批准，民政部批复同意撤销澄江县，设立县级澄江市，以原澄江县的行政区域为澄江市的行政区域。

△ 杞麓湖水生态健康科普馆、华宁磨豆山新能源科普馆、江川区青少年学生校外活动中心被省科技厅命名为“云南省科普教育基地”。

24日

△ 22—24日，云南省第四届“彩云杯”中华优秀传统文化节集中活动在玉溪举行。

27日

△ 玉溪研和工业园区举行玉溪市机床产业数字化转型试点示范标准化代工生产（OEM）合作签约。

28日

△ 玉溪公共资源电子交易平台工程建设投标保证金电子保函服务平台启动上线，为省内首家。

29日

△ 玉溪高铁新城·建投发展大厦开工建设。玉溪市政府与云南建投集团现场签约投资建设意向合作协议。

12月

3日

△ 第六批299家农业产业化国家重点龙头企业名单出炉，通海高原农产品有限公司、云南源天生物集团有限公司榜上有名。

△ 2—3日，在科技部主办的2019年全国火炬统计工作培训会上，玉溪高新区成绩突出再获表彰，位居第20位，比2017年度上升9位，在云南省三个国家级高新区中排名第一。

5日

△ 市互联网行业委员会成立。

6日

△ 市政府举行180余名新任职领导干部集体宪法宣誓仪式。

7日

△ 省委书记、全省总河（湖）长、抚仙湖河长陈豪率队到澄江县督促检查抚仙湖保护治理工作，重点检查入湖河流治理、环湖生态移民搬迁、面山植树造林三大工程。

8日

△ 6—8日，2019数字科技文化节·玉溪暨第12届全国3D大赛年度总决赛在聂耳文化广场举行。全国3D大赛年度总决赛已连续三届在玉溪举办。

△ 数字经济与产业创新高峰论坛在红塔大酒店举行，6位来自国内的专家做主旨演讲。

11日

△ 国家民委印发《关于命名第七批全国民族团结进步示范区（单位）的决定》，新平彝族傣族自治县榜上有名。

13日

△ 11—13日，市科协、市社科联、市文联、市红十字会4家群团组织集中开展换届工作，选举产生新一届委

员会（理事会）及领导班子成员。

△ 市委书记罗应光、市长张德华率队赴昆明考察融创文旅城项目。

15 日

△ 省委副书记王予波到玉溪调研农业农村、基层党建和县域经济发展等工作。

△ 2019 环法挑战赛全球系列赛事最终站——澄江抚仙湖站完美收官，来自 14 个国家的 1 920 名参赛骑手参赛。

17 日

△ 京东云（玉溪）新经济产业园在玉溪高新区启迪双创园内开园。

△ 云南省中医医院与江川区中医医院签订外科专科联盟合作协议。

18 日

△ 德国国际企业家商会到玉溪洽谈项目合作事宜期间。市长张德华向德国国际企业家商会主席李其昌颁发玉溪市政府招商引资顾问聘书。

20 日

△ 市政府与华夏银行股份有限公司昆明分行签署战略合作协议。

△ 玉溪融建信息技术有限公司生物组学大数据算力云服务平台正式上线。同日，玉溪融建信息技术有限公司分别与中国科学院昆明植物研究所中国西南野生生物种质资源库、中国科学院昆明动物研究所适应性进化与进化医学学科组签订战略合作协议，成立联合实验室并举行揭牌仪式。

21 日

△ 市政府与云南环球融创会展旅游集团有限公司签署合作框架协议。澄江县政府与云南环球融创会展旅游集团有限公司签署合作框架协议、澄江三级甲等综合医院项目投资协议、合作备忘录。

25 日

△ 国家林业和草原局公布 2019 年国家湿地公园试点验收结果，杞麓湖国家湿地公园通过验收。

30 日

△ 中国共产党玉溪市第五届委员会第九次全体会议在玉溪召开。

△ 玉江大道提升改造工程完工通车。

蓝花楹　（张本聪　摄）

聂耳广场　（李卫东　摄）

市情概览

AN OVERVIEW OF YUXI MUNICIPALITY

责任编校：李海明

主要数据指标 2019

基本概况
总 面 积：15 285 平方千米
行政区划：辖七县二区，共设 75 个乡（镇、街道）
最高海拔：3 165.9 米（哀牢山脉主峰大磨岩山）
最低海拔：327 米（小河底河与元江汇合处）

人口

常住人口：238.9 万人
男性：122.6 万人
女性：116.3 万人
少数民族人口：77.2 万人
人口自然增长率：5.8‰
城镇化水平：52.98%

GDP

生产总值（GDP）：1 949.7 亿元
第一产业增加值：181.6 亿元
第二产业增加值：852.6 亿元
第三产业增加值：915.5 亿元
三次产业结构：9.3：43.7：47.0
人均生产总值：81 667 元

农业

农林牧渔业增加值：183.6 亿元
农业增加值：136.6 亿元
粮食总产量：60 374 万千克
烤烟总产量：8 160 万千克
蔬菜产量：278 925 万千克
肉蛋奶总产量：27.1 万吨

工业和建筑业

全部工业增加值：721.6 亿元
规模以上工业企业主营业务收入：1 745.2 亿元
建筑业增加值：131.6 亿元

固定资产投资

固定资产投资下降：8.8%
第一产业投资增长：4.8%
第二产业投资下降：10.4%
第三产业投资下降：9.7%

国内贸易和对外经济

社会消费品零售总额：439.4 亿元
外贸自营进出口总额：30.8 亿美元
引进市外国内资金：1 135.5 亿元
实际使用外资：1 003 万美元

交通与旅游

公路通车总里程：1.7 万千米
年末机动车保有量：91.9 万辆
接待游客：4 716.8 万人次
旅游总收入：452.0 亿元

财政收支

一般公共预算收入：133.2 亿元
一般公共预算支出：292.7 亿元
减税政策共计减免税额：20.3 亿元

教育和医疗

普通高校：2 所
普通高中：23 所
公共图书馆：10 个
医疗卫生机构：1 422 个

城乡居民收入

城镇居民人均可支配收入：40 700 元
农村居民人均可支配收入：15 719 元
城镇职工医疗保险参保：28.8 万人
城乡居民医疗保险参保：185.3 万人

自然环境

【地理位置】 玉溪市位于云南省中部，介于东经101° 16′—103° 9′ 、北纬23° 19′—24° 53′之间。东北和北面接昆明市，东南和南面与红河州相邻，西南和西面连普洱市，西北靠楚雄彝族自治州。市委、市政府驻地红塔区中心城区距云南省省会昆明市88千米。区域最大横距172千米，最大纵距163.5千米。总面积15 285平方千米，其中，红塔区、江川区、澄江县、通海县4个县（区）是坝区，面积共3 348平方千米，占总面积的21.9%；华宁县、易门县2个县是半山区，面积共2 888平方千米，占总面积的18.9%；峨山县、新平县、元江县3个县是山区，面积共9 053平方千米，占总面积的59.2%。

【地形地貌】 市内地势西北高，东南低，地形复杂。山地、峡谷、高原、盆地交错分布。西部哀牢山是一巨大屏障，山峦连绵，谷壑纵横，属滇西纵谷地带；哀牢山以东是云贵高原西缘，东部和北部有一些较大的断层陷落盆地，南部和西部地表因被河流切割得支离破碎，形成一系列向南弯凸的弧形山脉，失去高原本来面貌。元江河谷沿哀牢山脉东侧的元江断裂带切割较深，从江面到山顶高差达2 000米以上，形成高山峡谷地带。哀牢山脉主峰大磨岩山海拔3 165.9米，为市内最高点。小河底河与元江汇合处海拔327米，是市内最低点。全市除元江河谷外，大部分地区海拔1 500—1 800米。玉溪市政府驻地红塔区中心城区海拔1 630米。

【山地和山脉】 境内主要山峰中，哀牢山脉呈西北向东南走向，斜贯市内新平、元江2县西部。高鲁山位于玉溪盆地西侧，南北走向，主峰黑风洞山海拔2 614米；梁王山从江川区谷堆山转向北东，直抵阳宗海西侧，最高海拔2 820米；磨豆山沿抚仙湖东岸经江川区、华宁县直达杞麓湖北岸，最高海拔2 663米；大水井岩头山位于华宁县中部，自北向南，有红岩（海拔2 281米）、大水井岩头（海拔2 623米）、登楼山（海拔2 507米）、羊槽（海拔2 229米）等山峰；螺峰山位于通海县境内，是云南山字形构造的前弧地带，呈向南凸出的弧形，海拔2 241米。境内还有众多的零散破碎山体，因高山峡谷交错，形成海拔在2 000米以上的数十座孤立山峰。

【江河和湖泊】 市内河流分属珠江和红河两大水系。新平、易门、元江3个县和峨山县的一部分属红河水系，集水面积共9 981平方千米。红塔区和江川区、通海县、华宁县、澄江县及峨山县的一部分属珠江水系，集水面积5 044平方千米。红河的上游元江，源头在区外巍山县与大理市之间的茅草哨，自北向南流，进入新平县，称戛洒江、漠沙江，流入元江县境后称元江，出境入红河县，流入越南后方称红河。元江在市内长度为165千米。其支流绿汁江由北向南流经禄丰、双柏、易门、峨山4个县，在新平县三江口汇入元江，在市内长度为180千米；小河底河发源于峨山县甸中，流经化念称化念河，再沿新平、元江2县与石屏县边界流向东南称撮科河、小河底河，在元江县洼垤乡注入元江干流，在市内全长170千米。珠江上游南盘江的一段，在市内长度为90千米，流经华宁县。其支流曲江，发源于红塔区小石桥，南流入江川区称董炳河，经红塔区南流入峨山县，称猊江（峨山大河），流入通海县称曲江（高大河），再流经建水县曲溪镇入华宁县称华溪河，在盘溪镇三江口注入南盘江。曲江全长208千米，集水面积4 103平方千米。

市内有高原断陷湖泊抚仙湖、星云湖、杞麓湖和阳宗海。抚仙湖位于江川区、澄江县、华宁县之间。湖形似葫芦，北宽而深，南窄而浅，中间细长如颈，南北长31.5千米，东西最宽11.5千米，最窄处3千米，湖岸线长90.6千米，湖面水位海拔1 721米，面积212平方千米，容量205.5亿立方米，最大水深151.5米，平均水深87米，是云南省最深的湖泊，也是中国第二深水湖，总蓄水量比滇池大12倍，比洱海大6倍。

【气候概述】 2019年，玉溪市大部气温特高，降水偏少至特少，光照略偏多。全市平均降水量631.0毫米，比常年同期偏少29.1%，为1961年以来第二少雨年（仅次于2011年的623.9毫米）。全市平均气温18.6℃，比常年同期偏高1.5℃，创1961年以来最高纪录。年内冬、春、初夏和秋季气温异常偏高，冬季干旱较常年偏轻，暖冬现象突出；春末夏初干旱和秋冬干旱较常年偏重，其中春末夏初干旱极为严重；大部县（区）5月降水特少，雨季开始期特晚；主汛期强降水日数较常年同期偏少，暴雨洪涝灾害较常年同期偏轻；后汛期降水偏少至特少，大部县（区）雨季结束期异常偏早。2019年我市水分条件较差，热量和光照条件较好。年内低温霜冻和暴雨洪涝影响偏轻，干旱影响偏重，水稻抽扬期无夏季低温影响，夏、秋“阴雨寡照”天气影响偏轻。本年气候条件对交通、旅游较有利，对湖泊和库塘蓄水、森林防火工作及农业生产不利，总体属略差至偏差年景。

气温 2019年全市各县（区）平均气温：元江25.8℃，新平18.8℃，其余各县（区）为17.3—18.0℃，江川、澄江、通海、新平、元江5县（区）创1961年以来最高纪录。与常年相比，江川偏高2.1℃，其余县（区）偏高1.1—1.9℃，总体属特高年景（见表1）。全市平均气温18.6℃，比常年同期偏高1.5℃，创1961年以来最高纪录。与2018年相比，元江偏高1.6℃，其余县（区）偏高1.0—1.3℃。

气温月、季变化 2019年，全市气温季节分布为冬季（2018年12月至2019年2月）、夏季（6—8月）和秋季（9—11月）偏高；春季（3—5月）特高。全市各月平均气温与常年同期相比，2月、4—6月和11月偏高2.1—3.2℃，属特高年份；7月、9月、12月偏高0.1—0.8℃，属正常略偏高年份；其余各月偏高1.0—1.4℃，属偏高年份（图2）。

年内冬、春、初夏和秋季气温异常偏高，暖冬现象突出，全市冬季（2018年12月—2019年2月）平均气温12.7℃，较常年同期偏高1.8℃，属1961年以来仅次于2013年（12.8℃）的第2高值年，其中澄江、江川比常年偏高接近3℃，创1961年以来最高纪录；春季至初夏气温持续特高，4—6月全市平均气温23.3℃，比常年同期偏高2.5℃，创1961年以来同期最高纪录，除华宁外，其余县（区）均突破历史同期最高纪录。

2019 年玉溪市平均气温（左）和气温距平（右）分布图

单位：℃

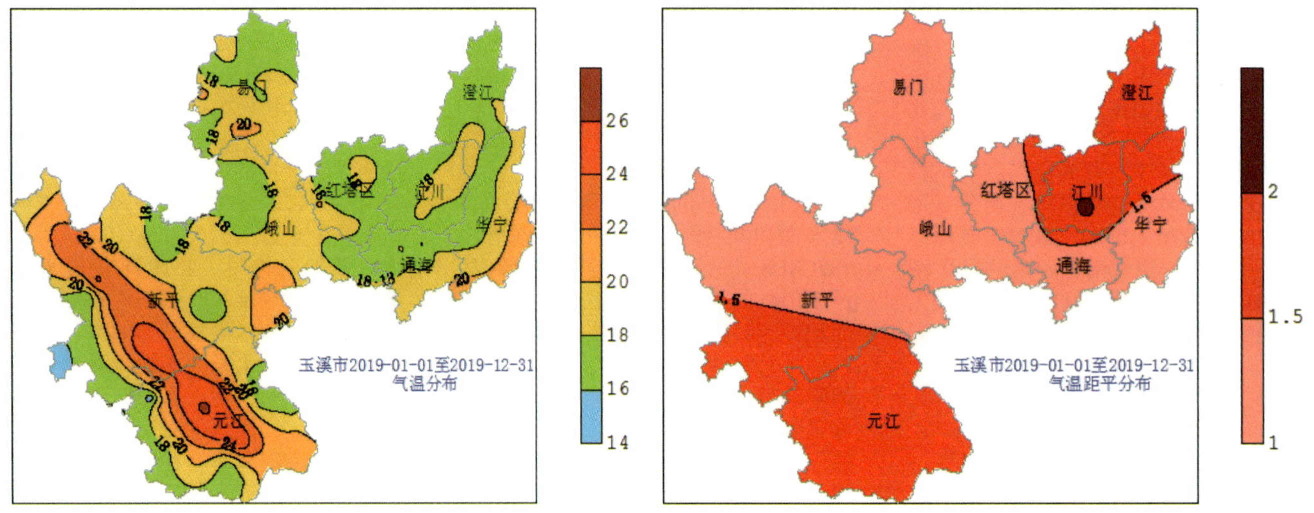

2019 年玉溪各县区平均气温表

气象要素	红塔区	江川	澄江	通海	华宁	易门	峨山	新平	元江
温度（℃）	17.7	18.0	17.8	17.3	17.4	17.6	17.4	18.8	25.8
比历年（±℃）	+1.4	+2.1	+1.8	+1.3	+1.1	+1.1	+1.2	+1.3	+1.9
比 2018 年（±℃）	+1.3	+1.3	+1.2	+1.1	+1.1	+1.0	+1.1	+1.3	+1.6

2019 年全市平均气温逐月分布图

单位：℃

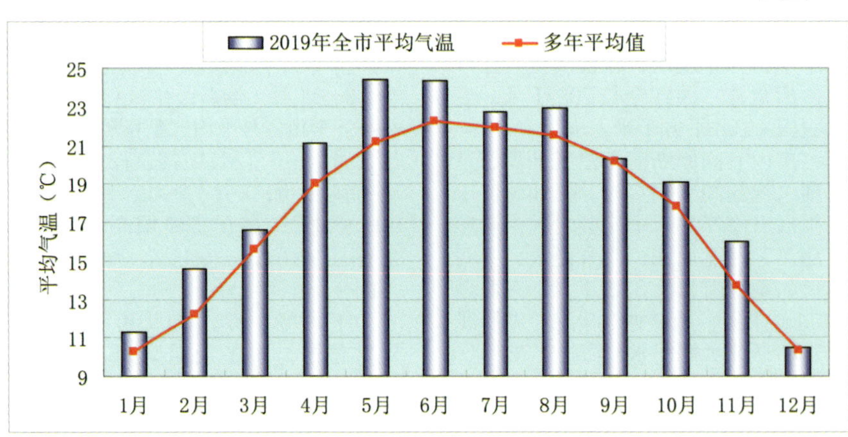

降水 2019 年全市各县（区）降水总量：澄江 998.8 毫米，元江 375.0 毫米，易门 509.9 毫米，其余县（区）587—671 毫米。与常年同期相比，澄江偏多 8%，元江偏少 53%，其余县（区）偏少 26%—40%（见表 2），易门、元江创 1961 年以来最少纪录。全市平均降水量 631.0 毫米，比常年偏少 29.1%，为 1961 年以来仅次于 2011 年（623.9 毫米）的第二少雨年。与 2018 年相比，澄江偏多 79.9 毫米，元江偏少 458.4 毫米，红塔区偏少 167.1 毫米，其余县（区）偏少 254—400 毫米。

降水月、季分布　2019 年全市降水季节分布为冬季（2018 年 12 月至 2019 年 2 月）特多；春季（3—5 月）除澄江略多外，其余大部地区特少；夏季（6—8 月）大部地区偏少（元江特少）；秋季（9—11 月）除澄江略多外，其余县（区）偏少至特少，其中红塔区、通海、峨山、新平、元江特少（比常年同期偏少 50% 以上）。全市平均各月降水量与常年同期相比，1 月特多（全市 1 月平均降水量是常年同期的 5.31 倍）；2—5 月及 11 月偏少 51%—79%，属特少年份；6 月、8—10 月、12 月偏少 24%—45%，属偏少年份；7 月偏多 7%，属正常略多年份。降水绝对量以 5—6 月及 8 月偏少和 1 月偏多明显（图 4）。

年内冬季（2018 年 12 月至 2019 年 2 月）干旱较常年偏轻，但春夏旱（4—6 月）和秋冬干旱（9—12 月）较常年偏重，其中春末夏初 4—6 月干旱极为严重；雨季开始期早晚不一，其中澄江、江川正常，通海偏晚，其余县（区）特晚；主汛期强降水日数较常年偏少，无大范围严重洪涝灾害发生，暴雨洪涝灾害较常年偏轻；后汛期（9—10 月）降水偏少至特少，10 月中旬 11—18 日先后受弱冷空气和西南气流影响，中部以东地区出现 4—8 天阴雨寡照天气，其中澄江达到秋季连阴雨标准；新平、澄江雨季于 10 月中旬末至下旬初结束，其余县（区）于 9 月中、下旬结束，与常年相比，新平接近常年，澄江偏晚 8 天，其余县（区）偏早 21—31 天。

2019 年玉溪市降水量和降水距平分率分布图

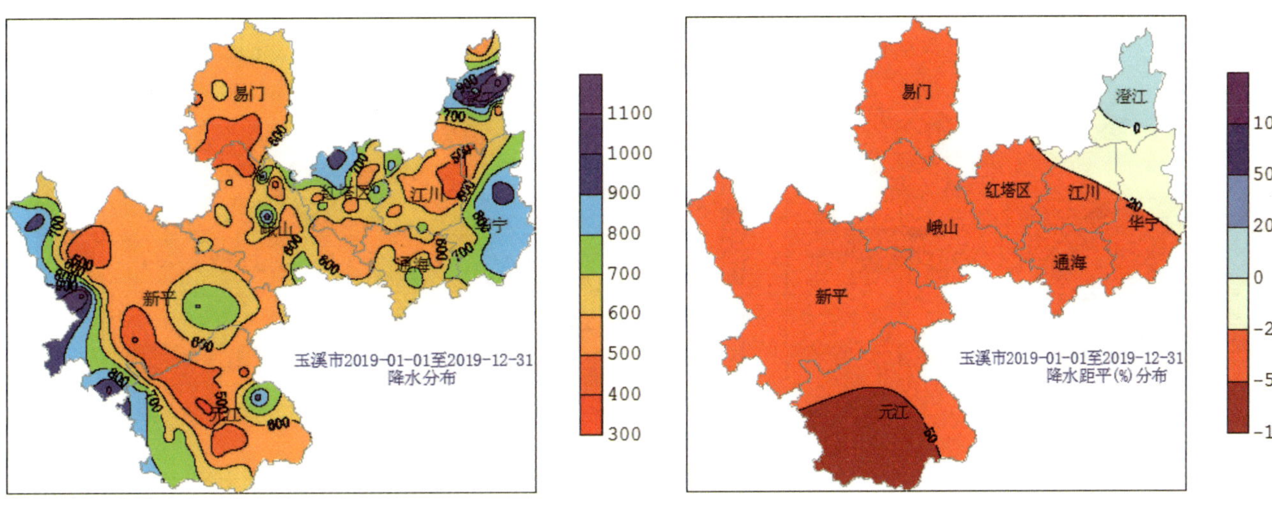

2019 年玉溪各县区降水总量表

气象要素	红塔区	江川	澄江	通海	华宁	易门	峨山	新平	元江
降水（mm）	671.3	600.4	998.8	635.3	654.0	509.9	587.0	647.4	375.0
比历年（±%）	-26.1	-29.3	7.9	-29.4	-27.2	-39.5	-36.6	-32.0	-53.4
比2018年（±mm）	-167.1	-308.6	79.9	-268.3	-254.3	-320.5	-359.5	-399.5	-458.4

玉溪市 2019 平均降水量逐月分布图

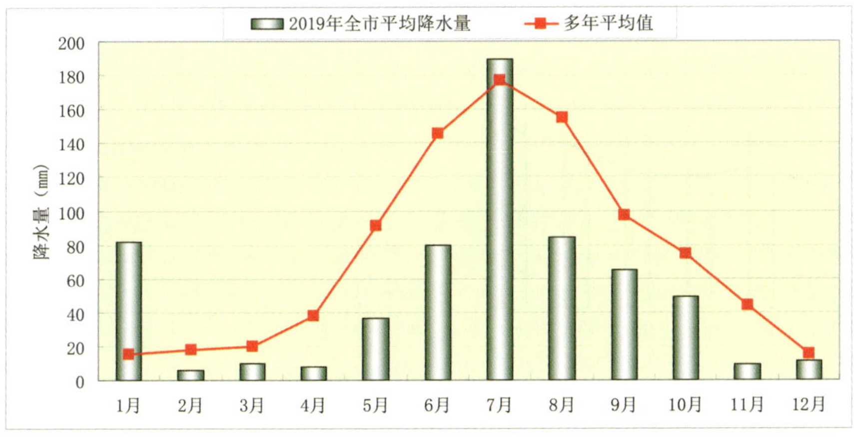

日照 2019 年全市各县（区）日照时数：元江、新平 2537—2582 小时，其余县（区）2314—2442 小时。与历年相比，大部县（区）偏多 10%—15%。与 2018 年同期相比，华宁、红塔区偏多 484—493 小时，易门偏多 197 小时，峨山、元江偏多 340—367 小时，其余县（区）偏多 244—282 小时。

日照时数月、季分布 2019 年我市日照时数季节分布为冬季（2018 年 12 月至 2019 年 2 月）和夏季（6—8 月）正常至略多；春季（3—5 月）和秋季（9—11 月）略多至偏多，大部县（区）偏多 1—2 成。全市平均日照时数与常年同期相比，7 月偏少 3 成；5 月、8 月和 10 月偏多 3 成左右；1 月和 6 月与常年同期基本接近；其余各月偏多 1—2 成。

主要气候事件及影响

冬季强降水。2019 年 1 月 7 日夜间—9 日受西南暖湿气流和冷空气共同影响出现罕见冬季强降水天气，全市均出现大到暴雨，过程降水量易门 35.9 毫米，澄江 59.2 毫米，其余县（区）达 67—93 毫米。江川、通海、华宁、元江日最大降水量突破历史同期（1 月）最大纪录。

异常暖冬现象。2018/2019 冬季（2018 年 12 月至 2019 年 2 月），全市气温显著偏高，暖冬现象突出，全市冬季平均气温 12.7℃，比常年同期偏高 1.8℃，属 1961 年以来仅次于 2013 年（12.8℃）的第 2 高值年，其中澄江、江川比常年偏高接近 3℃，创 1961 年以来最高纪录。

春末夏初严重干旱。2019 年 2—6 月，全市降水持续偏少，气温持续偏高，雨季开始期异常偏晚，4—6 月全市平均气温较常年同期偏高 2.5℃，创 1961 年以来同期最高纪录。受持续高温少雨天气影响，全市 3 月底 4 月初开始出现局部轻度气象干旱，此后迅速蔓延和发展，5 月初发展为大部中旱局部重旱，5 月中旬发展为重到特旱，6 月大部地区出现持续性特旱。6 月 13—14 日及 23—24 日在东部地区出现两次明显降水过程，东部地区干旱明显缓解，但西部地区仍维持在重到特旱状态。7 月上旬末，受弱冷空气和切变线影响，全市出现全市性中到大雨局部暴雨天气，此后降水天气逐渐增多，干旱逐步解除。

大部县（区）雨季开始期特晚。全市 2019 年雨季开始期早晚不一，其中江川最早，峨山最晚。江川、澄江于 5 月 22—23 日进入雨季，通海 5 月 28 日进入雨季，峨山为 7 月 9 日，其余县（区）于 6 月 23—30 日先后进入雨季。与常年同期相比，澄江偏早 3 天，江川偏晚 2 天，通海偏晚 12 天，其余县（区）偏晚 30—52 天，大部县（区）属特晚年份。

2019年玉溪市日照时数和日照距平百分率分布图

单位：小时

单位：%

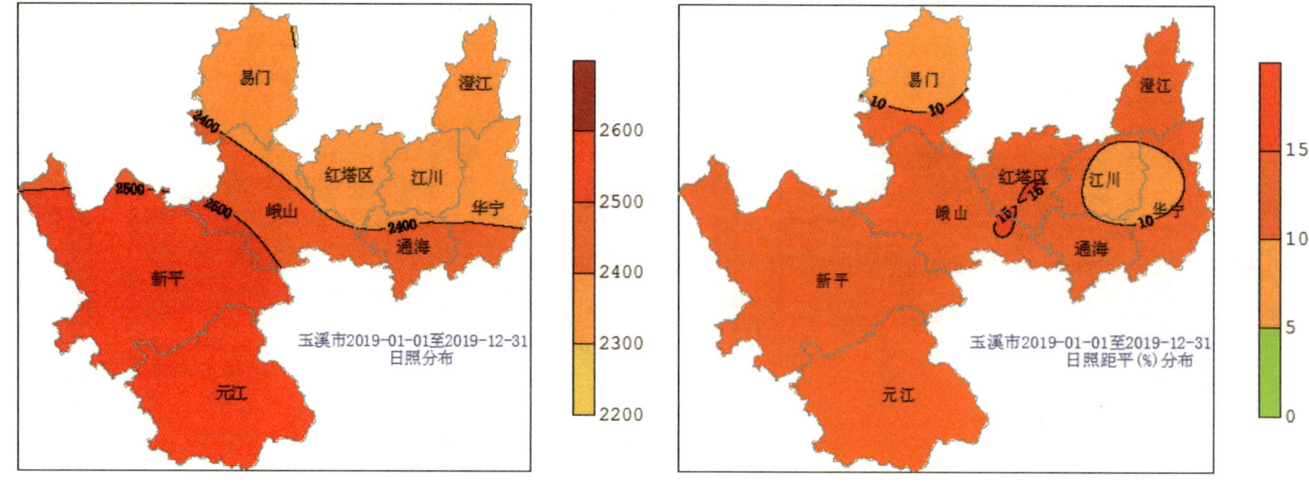

2019年玉溪市各县区日照表

气象要素	红塔区	江川	澄江	通海	华宁	易门	峨山	新平	元江
日照（小时）	2 323	2 335	2 315	2 442	2 402	2 314	2 411	2 584	2 537
比历年（±%）	+15	+7	+12	+13	+10	+9	+15	+14	+12
比2018年（±小时）	+493	+263	+282	+244	+484	+197	+340	+263	+367

玉溪市2019平均日照时数逐月分布图

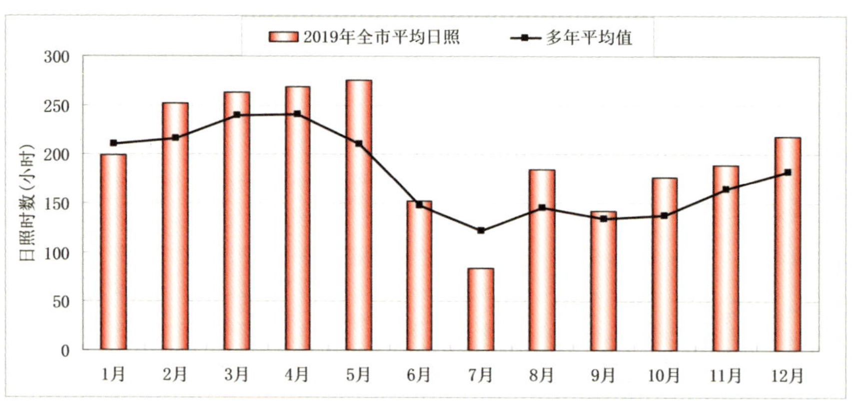

玉溪市2019年各县（区）雨季开始期情况表

单位：天

县（区）	红塔区	江川	澄江	通海	华宁	易门	峨山	新平	元江
开始日期	6月23日	5月22日	5月23日	5月28日	6月23日	6月30日	7月9日	6月30日	6月30日
比常年早晚	晚30	晚2	早3	晚12	晚36	晚37	晚52	晚43	晚46
比去年早晚	晚27	晚19	早4	晚31	晚20	晚57	晚43	晚64	晚34

汛期（5—10月）降水异常偏少，雨季结束期异常偏早。大部县（区）2019年汛期降水总量较常年同期偏少3成以上（元江偏少逾6成），全市汛期（5—10月）平均降水量504.8毫米，较常年同期偏少32.6%，为1961年以来第二少年份，元江、峨山创历史同期最少纪录。

2019年，全市大部雨季结束期异常偏早，其中新平、澄江雨季于10月中旬末至下旬初结束，其余县（区）于9月中、下旬结束，与常年相比，新平接近常年，澄江偏晚8天，其余县（区）偏早21—31天。

秋冬干旱（2019年9—12月）。受汛期降水异常偏少和雨季结束异常偏早影响，全市南部地区8月开始就有气象干旱发展，9月上旬大部地区出现中到重旱局部特旱。9月9—10日受中到大雨局部暴雨天气影响，干旱暂时缓解，此后再度发展，10—12月大部时段出现中到重旱。

气候对农、水、林以及交通、旅游的影响：2019年全市气温特高，降水偏少至特少，光照略偏多。年内冬季降水特多，春、夏、秋季偏少至特少，春末夏初干旱严重、汛期暴雨洪涝影响偏轻。

2019年小春作物生长中、前期，全市气温偏高，降水偏多，光照充足，土壤墒情较好，气象条件较有利于作物的生长。作物生长后期出现轻到中度气象干旱，对作物灌浆成熟有一定不利影响，但对夏粮作物收晒入库工作较有利。总体而言，小春作物气候适宜度为偏上年景；2019年全市大部雨季开始期异常偏晚，5—6月出现持续“高温多光少降水”的天气，春末夏初干旱严重，大部地区土壤出现不同程度缺墒。干旱对灌溉条件差、无水源保障地区的水稻、玉米等秋收作物的顺利播种、移栽、出苗及成活产生了较大影响，作物受灾严重。主汛期和后汛期降水偏少，阴雨寡照天气和局部暴雨洪涝灾害偏轻，今年大春气候适宜度总体为偏差年景。综上所述，2019年全市气候条件对农业生产而言属略差至偏差年景。

2019年全市平均降水量631.0毫米，比常年同期偏少29.1%，为1961年以来第二少雨年，年内干旱较常年偏重，主汛期和后汛期降水持续偏少，对夏、秋季蓄水不利。据玉溪市防汛抗旱指挥部统计，2019 年库塘实蓄水量仅占计划的 61.92%，主要湖泊蓄水量比多年同期减少 2 402.4 万立方米。总体而言，2019 年蓄水条件为偏差。

2019 年干季（1—4 月及 11—12 月），全市大部 1—4 月降水总量比常年同期偏多 1—3 成，但降水高度集中在 1 月上旬，2—4 月持续高温少雨，加之前汛期 5—6 月高温少雨，雨季开始期特晚，干旱严重，高温低湿天气致森林火险气象等级持续偏高。2019 年秋季降水持续偏少，雨季结束期异常偏早，10—12 月大部时段出现中到重旱，秋冬森林火险气象风险等级偏高。总体而言，年内气候条件对森林防火不利。

2019 年全市冬季无明显冰冻雨雪灾害影响交通，春季高温少雨，有利于旅游，夏、秋季阴雨天气较少，汛期大面积洪涝灾害不明显，除局地强降水造成部分道路堵塞、塌方外，基本未出现严重影响交通、旅游的天气、气候事件。年内“春节”“五一”“中秋”“国庆”等重大节假日天气较好，对交通旅游有利。本年气候条件对交通、旅游总体较有利。

（艾勇智）

自然资源

【森林资源】 2019 年年末，全市有森林面积 90.9 万公顷，有林地面积 109.9 万公顷，森林覆盖率 58%。全市已建立各级自然保护区 15 个，面积 163.27 万亩，占国土总面积的 7.28%，其中，国家级自然保护区 2 个，省级自然保护区 1 个。市境内有国家级重点保护野生植物 31 种，其中：国家一级保护野生植物 5 种，国家二级重点保护野生植物 26 种。国家重点保护陆生野生动物 87 种，其中，一级保护陆生野生动物 13 种，二级保护陆生野生动物 74 种。

【湿地资源】 全市湿地总面积 64.6 万亩，列全省第四位，占全市面积的 2.88%。其中河流湿地 12.4 万亩，占湿地总面积的 19.21%；湖泊湿地 45.1 万亩，占湿地总面积的 69.79%；沼泽湿地 0.08 万亩，占湿地总面积的 0.12%；人工湿地 7 万亩，占湿地总面积的 10.88%。

（尹琳芳）

【水资源】 水资源总量　全市多年平均降雨量 993.8 毫米，折合水量 148.53 亿立方米；多年平均水资源总量 42.64 亿立方米（含地下水 16.81 亿立方米），平均每平方千米产水量 28.56 万立方米，2019 年全市水资源量 19.07 亿立方米，人均水资源量 802 立方米。降水量时空分布不均，一年内干、湿两季分明，降水多集中在夏、秋季而形成雨季，雨季地表径流量占全年径流量的 70%—80%，元江流域的新平县、元江县的水资源较多，而珠江流域的红塔区、通海县、江川区、澄江县水资源较少。

水利工程蓄水动态　至 2019 年末，全市累计建成水库工程 608 座，其中：中型 16 座，小（一）型 101 座，小（二）型 491 座，总库容 7.63 亿立方米；小坝塘 2 073 座；窖池 312192 处。年末，全市各类水利工程实蓄水量 3.22 亿立方米，比上年同期减少 2.28 亿立方米，减少 41.4%，完成计划蓄水量的 61.9%。其中：中型水库年末蓄水量 1.56 亿立方米，较上年同期减少 1.10 亿立方米；小（一）型水库年末蓄水量 1.04 亿立方米，较上年同期减少 0.64 亿立方米；小（二）型水库年末蓄水量 0.44 亿立方米，较上年同期减少 0.38 亿立方米；小坝塘年末蓄水量 0.18 亿立方米，较上年同期减少 0.14 亿立方米。

三湖蓄水动态　2019 年末，境内三个高原湖泊（抚仙湖、星云湖、杞麓湖）年末总容水量 205.18 亿立方米，比上年同期少蓄 1.59 亿立方米。其中：星云湖比上年同期少蓄 0.03 亿立方米；抚仙湖比上年同期少蓄 1.18 亿立方米；杞麓湖比上年同期少蓄 0.38 亿立方米。

供用水量　2019 年，全市河道外供水总量为 8.41 亿立方米，比上年减少 102 万立方米，其中地表水源供水量 7.89 亿立方米，占河道外供水量的 93.9%；地下水源供水量 0.39 亿立方米，占河道外供水量的 4.6%，其他水源（污水处理回用）供水量 0.13 亿立方米，占河道外供水量的 1.5%。地表水源供水量中，蓄水工程供水量 5.10 亿立方米，占地表水源供水量的 64.6%；引水工程供水量 1.48 亿立方米，占地表水源供水量的 18.7%；提水工程供水量 1.28 亿立方米，占地表水源供水量的 16.2%，其他（人工载运水量）供水量 0.04 亿立方米，占地表水源供水量的 0.5%。按供水用途分，年内全市河道外用水量 8.41 亿立方米。其中生产用水量 7.05 亿立方米，占河道外用水量的 83.8%；居民生活用水量 0.97 亿立方米，占 11.6%；生态环境用水量 0.39 亿立方米，占 4.6%。在生产用水量中，第一产业用水量 5.09 亿立方米，占生产用水的 72.2%；第二产业用水量 1.85 亿立方米，占生产用水的 26.2%；第三产业用水量 0.11 亿立方米，占生产用水的 1.6%。

地表水水资源分布状况　主要河流有元江、南盘江两大水系，径流面积 14 945.4 平方千米，其中元江流域径流面积 9 524 平方千米，珠江流域径流面积 5 421.4 平方千米。多年平均水资源量 42.64 亿立方米。其中：元江流域多年平均水资源量 32.82 亿立方米，珠江流域 10.38 亿立方米。2019 年，全市水资源总量 19.07 亿立方米，其中：元江流域 12.37 亿立方米，珠江流域 6.70 亿立方米。

玉溪出境断面以上元江控制径流面积 23 125 平方千米，多年平均年径流量 58.75 亿立方米。玉溪境内全长 165 千米，主要支流有绿汁江、清水河、小河底河、扒河等 80 多条，全长 360 千米。玉溪出境断面以上南盘江控制径流面积 14 000 平方千米，多年平均年径流量 31.57 亿立方米。主要支流有曲江、海口河、青龙河等 17 条主要河流，全长 292 千米。

主要湖泊有抚仙湖、星云湖、杞麓湖。抚仙湖位于江川区、澄江县和华宁县 3 个县之间，径流区面积 674.69 平方千米，当湖面高程为 1 723.35 米时，水域面积约 216.6 平方千米，湖长约 31.4 千米，湖最宽处约 11.8 千米，湖岸线总长约 100.8 千米；最大水深 158.9 米，平均水深 95.2 米，相应湖容水量约 206.18 亿立方米，其蓄水量占云南省九大高原湖泊蓄水总量的 68.3%，占全国淡水湖泊蓄水总量的 9.16%，水质为Ⅰ类。

星云湖位于江川区境内，湖面积 34.7 平方千米，水深 4 至 10 米，最大水深 10 米，平均水深 6 米，湖容量 2.02 亿立方米，多年平均入湖量 8 191 万立方米，水质为劣Ⅴ类。杞麓湖位于通海县境内，湖面积 37.3 平方千米，最大水深 6.79 米，平均水深 4 米，湖容量 1.82 亿立方米。多年平均入湖量 8 710 万立方米，水质为劣Ⅴ类。

河流湖泊的水质，除曲江流经红塔区、峨山段和星云湖、杞麓湖已被污染外，其他河流湖泊的水质基本达标。全市省级以上（含省级）水功能区达标率 76.7%。

地下水资源分布状况　珠江流域各县岩溶地区地下水出露形成泉水较

多，珠江流域的红塔区、江川区、通海县、华宁县、澄江县及峨山县的珠江流域部分，出露流量在0.01立方米每秒以上的就有150处，其中华宁县最多，有53处。较大的泉水有红塔区的九龙池，华宁县的王马大龙潭、盘溪大寨大龙潭，澄江县的西龙潭，峨山县的大龙潭及易门县的大龙泉等。元江流域各县的泉水则较少，但由于河床切割较深，降水渗入到地下的水量绝大部分又汇入河道，特别是哀牢山地区，地下水的动储量较为丰富。地下水较为丰富的县为新平县、元江县，较少的为通海县。

地下水无大的污染现象。几个大的泉水如澄江县的西龙潭，华宁县的盘溪大龙潭、王马大龙潭，易门县的大龙泉水质都很好。

入出境水量　主要过境河流有元江、南盘江、小河底河，2019年，从邻近地区（含南盘江干流）入境的水量为25.44亿立方米，流出本市的出境水量为42.01亿立方米。其中：南盘江流域入境水量14.04亿立方米，出境水量19.08亿立方米；元江流域入境水量11.40亿立方米，出境水量22.93亿立方米。

各县区水资源分布情况　红塔区：多年平均水资源总量即地表水2.38亿立方米（含地下水0.85亿立方米），2019年水资源量1.53亿立方米（含地下水0.77亿立方米），人均占有量297立方米。主要河流有州大河、红旗河、西河、密罗河、龙潭河、清水河、甸苴河、干沟河等。主要水库有东风水库、飞井海水库、红旗水库等，东风水库总库容为9 060万立方米，是红塔区生产、生活的主要水源。较大的泉水有九龙池、黑龙潭、白龙潭等。其中九龙池的多年平均出流量为1.13立方米/秒。

江川区：多年平均水资源总量即地表水0.98亿立方米（含地下水0.74亿立方米），2019年水资源量0.67亿立方米（含地下水0.33亿立方米），人均占有量232立方米。境内有星云湖，与澄江、华宁共有抚仙湖，有季节性河流16条。中型水库有茶尔山水库。

澄江县：多年平均水资源总量即地表水1.45亿立方米（含地下水0.72亿立方米），2019年水资源量1.03亿立方米（含地下水0.52亿立方米），人均占有量596立方米。境内河流短小，以湖泊为主。湖泊有抚仙湖、阳宗海。海口河为抚仙湖至南盘江的唯一天然出口，年平均出流量0.95亿立方米。实施抚仙湖星云湖出流改道工程以来，抚仙湖出口海口闸基本全年关闭，几乎无出流。重要水库有梁王河、东大河2座中型水库。地下水比较丰富，其中西龙潭年出流量为3 500.5万立方米，最大出水量2.82立方米/秒，最小出流量0.49立方米/秒，是县城凤麓镇和龙街镇的生产、生活用水水源。

通海县：多年平均水资源总量即地表水0.97亿立方米（含地下水0.41亿立方米），2019年水资源量0.62亿立方米（含地下水0.31亿立方米），人均占有量198立方米。杞麓湖是县内的主要湖泊，沿湖有中河、碧溪、大兴河等10多条季节性河流汇入。境内最大的河流为曲江。曲江常受上游东风水库蓄泄水量的影响，多年平均流量16.0立方米/秒。

华宁县：多年平均水资源总量即地表水3.36亿立方米（含地下水1.10亿立方米），2019年水资源量2.16亿立方米（含地下水1.08亿立方米），人均占有量976立方米。与澄江县、江川区共有抚仙湖，主要河流有5条，分别为南盘江、曲江、华溪河、青龙河、龙洞河、小红河。泉水有盘溪大龙潭泉水，最大出流量为5.2立方米/秒。

易门县：多年平均水资源总量即地表水2.33亿立方米（含地下水0.81亿立方米），2019年水资源量1.28亿立方米（含地下水0.53亿立方米），人均占有量707立方米。主要河流有绿汁江及其支流扒河。扒河集水面积1 531平方千米，年平均产水3.15亿立方米。绿汁江县内集水面积560.6平方千米，年平均流量28立方米/秒，多年平均产水1.15亿立方米。2019年扒河阿姑水文站断面年平均流量2.07立方米/秒，最大流量37.9立方米/秒，最小流量0.24立方米/秒，重要水库有岔河，大谷厂、苗茂等3座中型水库。

峨山县：多年平均水资源总量即地表水3.79亿立方米（含地下水1.35亿立方米），2019年水资源量1.88亿立方米（含地下水0.83亿立方米），人均占有量1 108立方米。县内有大小河流24条，分属红河、珠江水系，属珠江水系的有猊江（上游为州大河），属红河水系的有化念河、绿汁江。2019年峨山大河峨山水文站控制断面平均流量6.13立方米/秒，最大流量69.6立方米/秒，最小流量0.556立方米/秒。绿汁江多年平均径流量0.64亿立方米；2019年绿汁江江边水文站断面平均流量10.2立方米/秒，最大流量172立方米/秒，最小流量0.66立方米/秒，化念河多年平均径流量9 701亿立方米。全县蓄水工程平水年可供水量4 261万立方米，重要水库有化念水库，总库容1 836万立方米。

新平县：多年平均水资源总量即地表水17.67亿立方米（含地下水7.23亿立方米），2019年水资源量5.0125亿立方米（含地下水2.0387亿立方米），人均占有量1 717立方米。主要河流有戛洒江（元江上游）和平甸河。戛洒江最大流量319立方米/秒，最小流量3.88立方米/秒；2019年平甸河大开门水文站控制断面平均流量1.54立方米/秒，最大流量87.2立方米/秒，最小流量0.180立方米/秒。全县蓄水工程总库容14 410万立方米。中型水库有黄草坝、平甸河两座，总库容5 620万立方米。

元江县：多年平均水资源总量即地表水9.70亿立方米（含地下水3.60亿立方米），2019年水资源量4.88亿立方米（含地下水2.09亿立方米），人均占有量2 174立方米。2019年元江干流元江水文站控制断面平均流量55.6立方米/秒，最大流量427立方米/秒，最小流量10.4立方米/秒。清水河最大流量390立方米/秒，最小流量0.49立方米/秒；小河底河最大流量1 400立方米/秒，最小流量1.67立方米/秒；主要河流有元江（红河）及其支流清水河、小河底河、磨房河等27条。主要中型水库有章巴水库、磨房河水库、街子河水库等，其中街子河水库总库容1 292万立方米，是元江县城集中式饮用水水源地。

（向小华　周　婧）

建置区划

【历史沿革】　玉溪市辖地，两汉分属益州、牂牁两郡。蜀汉分属益州、牂牁、兴古三郡。东晋、南朝分属晋宁、建宁、梁水、兴古四郡。隋属昆州。唐初分属黎、钩二州。唐南诏时分属拓东节度、通海都督、银生节度。宋大理时分为37部及善阐府、银生节度地。元设云南行省时，分属澄江路、临安路、元江路、中庆路。明时，澄江路改澄江府，通海、华宁、峨山县属临安府，新设新平县隶临安府，易门县属云南府，元江县设元江军民府。清时，新平县属元江直隶州，其余沿明制。民国废府、州，设道，属滇中道、蒙自道、普洱道，后撤道，县直属省。民国后期曾在新平县设第六行政督察专员公署。

新中国成立后，1950年1月1日成立滇中专员公署，3月改称玉溪专员公署，辖玉溪、昆阳、晋宁、呈贡、澄江、江川、华宁、通海、河西、峨山、易门、新平12个县。1951年，峨山县改为峨山彝族自治区。1954年，原属蒙自专区的元江县划属玉溪专区。1956年，峨山彝族自治区改为自治县。1960年，晋宁县（包括昆阳、呈贡）划属昆明市。1970年12月，新平县改设新平彝族傣族自治县，元江县改设元江哈尼族彝族傣族自治县。1983年8月，玉溪县改设玉溪市（县级）。1997年12月13日，经国务院批准，撤销玉溪地区，设立地级玉溪市，原县级玉溪市改设红塔区，1998年6月28日，新设立的市级领导机关挂牌工作。玉溪市下辖红塔区、江川区、澄江县、通海县、华宁县、易门县、峨山彝族自治县、新平彝族傣族自治县、元江哈尼族彝族傣族自治县。2015年12月3日，经国务院批准，撤销江川区，设立江川区。2019年11月20日，经国务院批准，民政部批复同意撤销澄江县，设立县级澄江市。

【行政区划】 2019年，全市下辖七县两区，共设75个乡（镇、街道），其中街道24个，镇25个，乡26个（其中10个民族乡），其中社区280个，行政村429个。红塔区辖9个街道，2个乡，94个社区，10个行政村。江川区辖1街道，4镇，1乡，1民族乡，21社区，53行政村。澄江县辖2街道，4镇，25个社区，15个行政村。通海县辖2街道，4镇，3个民族乡，27个社区，49个行政村。华宁县辖1街道，3镇，1个民族乡，23个社区，54个行政村。易门县辖2街道，1镇，1个乡，3个民族乡，19个社区，39个行政村。峨山县辖2街道，3镇，3个乡，21个社区，55个行政村。新平县辖2街道，4镇，6个乡，26个社区，97个行政村。元江县辖3街道，2镇，5个乡，24个社区，57个行政村。

（史　丽）

人口与民族

【人口统计】 常住人口 2019年年末，全市常住人口238.9万人，比上年增加0.3万人，增长0.1%，其中男性人口122.6万人，占总人口的比重为51.3%；女性人口116.3万人，占总人口的比重为48.7%。年末全市城镇人口126.6万人，乡村人口112.3万人。年末全市城镇化水平达52.98%，比上年提高1.1个百分点；人口自然增长率为5.8‰，比上年下降0.3个千分点。

户籍人口 2019年年末，全市户籍人口221.3万人（不含澄江县阳宗镇），其中男性人口111.3万人，占总人口的比重为50.3%；女性人口110.0万人，占总人口的比重为49.7%。年末总户数为80.39万户，其中城镇38.89万户，乡村41.50万户；户均2.75人。

【民　族】 2019年末，全市共有少数民族771 948人，占总人口的34.89%。其中彝族471 812人，占少数民族人口的61.12%；哈尼族134 260人，占少数民族人口的17.39%；傣族77 770人，占少数民族人口的10.07%；回族45 232人，占少数民族人口的5.86%；白族12 051人，占少数民族人口的1.56%；苗族8 974人，占少数民族人口的1.16%；蒙古族7 926人，占少数民族人口的1.03%；拉祜族7 874人，占少数民族人口的1.02%；其他民族6 049人，占少数民族人口的0.78%。民族自治县的土地面积为9 053万平方千米，占全市总面积的59.2%。

（何亚澜）

国民经济与社会发展

【生产总值】 2019年，全市完成现价生产总值（GDP）1 949.7亿元，按可比价格计算增长6.8%。分产业看，第一产业增加值181.6亿元，增长5.6%；第二产业增加值852.6亿元，增长4.9%；第三产业增加值915.5亿元，增长9.2%。三次产业结构由上年的8.3：45.0：46.7调整为9.3：43.7：47.0，一、二、三产业分别拉动GDP增长0.5、2.4、3.9个百分点，对经济增长的贡献率分别为7.0%、35.9%、57.1%。全市人均生产总值达到81 667元，按可比价格计算增长6.6%。非公经济实现增加值921.7亿元，增长7.7%，占全市生产总值比重为47.3%，比2018年提高0.1个百分点，拉动全市经济增长3.5个百分点，对全市经济增长的贡献率为51.9%。分产业看，第一产业非公经济增加值对经济增长的贡献率为2.0%；第二产业非公经济增加值对经济增长的贡献率为16.0%，其中工业贡献率15.0%，建筑业贡献率1.0%；第三产业非公经济增加值对经济增长的贡献率为34.0%，其中批发和零售业贡献率11.5%，其他服务业贡献率7.5%。

【财政收支】 2019年，全市一般公共预算收入133.2亿元，下降6.5%，其中增值税完成51.0亿元，下降8.1%；企业所得税完成5.7亿元，下降2.6%；城市维护建设税完成18.8亿元，增长0.7%；环境保护税完成0.5亿元，增长124.6%。

各县区一般公共预算收入完成情况：红塔区18.1亿元，增长1.0%；江川区5.4亿元，下降31.5%；澄江县9.2亿元，下降3.1%；通海县4.0亿元，下降23.2%；华宁县3.2亿元，增长28.2%；易门县6.8亿元，增长6.0%；峨山县3.8亿元，下降14.5%；新平县13.0亿元，下降3.2%；元江县4.5亿元，增长3.5%。

全市一般公共预算支出292.7亿元，增长5.4%，其中教育支出48.8亿元，增长10.9%；社会保障和就业支出37.5亿元，增长2.5%；医疗卫生支出29.2亿元，增长5.4%。

减税政策共计减免税额20.3亿元（含小微企业普惠性减税政策减免税额2亿元；个人所得税专项附加扣除政策减免税额7 602万元；增值税改革减免税额17.5亿元）。下调城镇职工基本养老保险单位缴费比例至16.0%。

【市场物价】 2019年，全市居民消费价格比上年上涨2.7%。分类别看，居民消费八大类商品及服务价格呈现“六涨两降”的运行态势：食品烟酒类价格上涨6.2%，其中粮食类价格上涨2.0%，畜肉类价格上涨19.2%，鲜菜类价格上涨4.6%，鲜瓜果类价格上涨20.2%；衣着类价格下降1.3%；居住类价格上涨3.8%；生活用品及服务类价格上涨0.2%；交通和通信类价格下降2.2%；教育文化和娱乐类价格上涨0.7%；医疗保健类价格上涨3.9%；其他用品和服务类价格上涨1.9%。全市商品零售价格上涨1.9%；农业生产资料价格下降5.6%；工业生产者出厂价格上涨3.8%，购进价格上涨0.8%。

【农　业】 2019年，全市实现农林牧渔业增加值183.6亿元，按可比价格计算增长5.6%，其中农业（种植业）增加值136.6亿元，增长5.7%；林业增加值4.3亿元，增长4.8%；牧业增加值38.3亿元，增长5.6%；渔业增加值2.4亿元，增长4.9%；农林牧渔服务业增加值1.9亿元，增长4.3%。

全市粮食总产量为6.04亿千克，增长0.4%；烤烟总产量8 160万千克，增长2.1%；油料产量4 131万千克，增长15.0%；园林水果产量9.72亿千克，增长1.3%；甘蔗产量6.30亿千克，下降7.0%；蔬菜产量27.89亿千克，增长4.1%；核桃产量1 493万千克，增长13.7%。

全市肉蛋奶总产量27.1万吨，增长0.2%，其中肉类产量19.4万吨，下降2.6%；禽蛋产量7.1万吨，增长9.9%；奶类产量0.7万吨，下降8.2%。水产品产量1.7万吨，增长0.4%。

【工　业】 2019年，全市完成全部工业增加值721.6亿元，按可比价格计算增长5.5%，拉动GDP增长2.4个百分点，对经济增长的贡献率为35.6%。2019年全市规模以上工业企业446户，主营业务收入1 745.2亿元，增长12.0%，增加值增长6.0%。分轻重工业看：轻工业增加值增长1.4%，其中烟草制品业下降0.3%；重工业增加值增长15.3%，其中黑色金属矿采选业增长2.7%，黑色金属冶炼及压延加工业增长25.7%，有色金属矿采选业增长11.1%，有色金属冶炼及压延加工业增长0.6%。工业产品中产量增幅最高的是铁矿石原矿量增长22.6%，其次是水泥增长18.0%，其余依次是变压器增长16.2%、纸制品增长14.9%、钢材增长13.3%。

【建筑业】 2019年，全市建筑业完成增加值131.6亿元，按可比价格计算增长0.4%。全市联网直报资质以上建筑施工企业262户，资质建筑企业期末人数84 889人，其中工程技术人员14 212人，比重为16.7%。资质以上建筑企业房屋施工面积1 319.5万平方米，增长22.4%；房屋竣工面积581.4万平方米，增长11.2%。

【固定资产投资】 2019年，全市固定资产投资下降8.8%，其中第一产业投资增长4.8%，第二产业投资下降10.4%，第三产业投资下降9.7%。从主要行业看：工业投资下降10.4%，交通运输、仓储和邮政业投资下降28.2%，房地产业投资增长6.0%。

【国内贸易和对外经济】 2019年，全市实现社会消费品零售总额439.4亿元，增长12.0%。从销售地区看：城镇市场实现消费品零售额369.0亿元，增长11.9%；乡村市场实现零售额70.4亿元，增长12.1%，乡村市场增速快于城镇市场0.2个百分点。从消费形态看：餐饮收入实现74.7亿元，增长12.0%；商品零售实现364.7亿元，增长11.9%。

全市完成外贸自营进出口总额30.8亿美元，增长67.7%，其中出口30.14亿美元，增长67.8%；进口6 543万美元，增长61.6%。分企业类型看：202户国有集体民营企业完成出口29.99亿美元，增长68.7%；6户外商投资企业完成出口1 502万美元，下降20.4%。同我市有贸易往来的国家和地区77个，进口国家和地区12个，有进出口经营权的企业846个。

全市引进市外国内资金1 135.5亿元，增长11.0%，其中引进省外资金985.6亿元，增长11.2%。实际使用外资1 003万美元，增长102.3%。新批准设立外商投资企业6户，合同外资金额3 705.4万美元。

【交通运输、邮电业和旅游】 2019年，全市交通运输、仓储及邮政业实现增加值115.4亿元，增长10.4%。全市公路通车总里程达到17 087千米，其中高速公路155.3千米、一级公路117.6千米，高级、次高级路面占全市公路总里程的46.3%。全市公路运输客运量完成1 732万人，增长3.1%，旅客运输周转量127 797万人千米，增长8.4%；全市公路运输货运量完成14 135万吨千米，增长11.6%，货物运输周转量2 421 764万吨千米，增长14.6%；铁路运输总周转量增速达13.9%；共计为34.3万辆车辆发行ETC，运输服务保障能力不断提升。

全市拥有机动车91.9万辆，其中汽车46.8万辆，汽车中载客汽车38.0万辆（轿车21.2万辆），载货汽车8.6万辆（普通载货汽车8.1万辆），其他汽车2 632辆；摩托车44.6万辆；挂车5 030辆。

全市电信业务总量179.6万元，增长59.8%，互联网用户246.8万户，比上年增加68.2万户，增长38.2%，其中宽带网用户57.2万户，比上年增加0.5万户，增长0.9%，全市固定电话用户7.9万户，移动电话用户223.3万户。

全市接待游客4 716.8万人次，增长9.9%；实现旅游总收入452.0亿元，增长22.7%。全市拥有星级饭店25家；国际国内旅行社40家；国家级A级以上景区19个，其中四A级5个，三A级7个，二A级7个；全国工业旅游示范点1个。完成住宿业营业额19.9亿元，增长15.1%，重大项目完成投资99.2亿元，增长19.9%，完成旅游固定资产投资44.1亿元，增长35.6%。

【金融和保险业】 2019年，全市金融业实现增加值70.8亿元，增长7.9%。年末金融机构人民币各项存款余额1 956.8亿元，比上年增加109.4亿元，增长5.9%，其中住户存款余额966.0亿元，增长10.3%。全市金融机构人民币各项贷款余额1 340.6亿元，增加198.0亿元，增长17.3%。存贷比68.5%，比上年提高6.7个百分点。

全市有产险公司15家、寿险公司11家、代理公司3家。全市实现保费收入48.1亿元，增长7.4%，其中财产险保费收入20.3亿元，增长7.1%；人寿险保费收入27.8亿元，增长7.6%。全市赔款支出14.3亿元，赔付（给付）率为29.7%，其中财产险业务支付赔款9.8亿元，赔付率48.1%；人寿险业务给付赔款4.5亿元，给付率16.2%。

【教育和科学技术】 2019年，全市有各级各类学校1 116所，共有教职工30 835人，专任教师26 021人。大专以上院校2所，招生6748人，比上年增长29.7%；在校学生19 212人，增长14.4%；毕业生4 199人，下降3.7%。普通中专学校3所，招生2 979人，增长18.5%；在校学生7 673人，下降3.8%；毕业生2 807人，增长13.5%。职业高中10所，招生4 800人，下降12.4%；在校学生15 136人，下降0.2%；毕业生5 074人，增长9.2%。普通高中23所，招生13 540人，下降0.6%；在校学生39 277人，增长0.9%；毕业生12 099人，下降1.6%。普通初中84所，招生23 140人，下降5.6%；在校学生73 836人，下降5.4%；毕业生26 969人，下降4.7%。普通小学508所，招生24 784人，增长0.9%；在校学生142 679人，增长0.1%；毕业生23 971人，下降5.0%。学前三年毛入园率88.5%，小学学龄儿童入学率99.98%，幼儿园在园幼儿6.4万人。

全市投入“三免一补”资金2.56亿元，全市义务教育阶段学生共6.5万人享受生活补助，小学生补助标准1000元/生/年，初中生补助标准

1250元/生/年。职校与普通高中招生比例为0.8∶1。

全市实施国家和省级各类科技计划项目112项，获国家、省奖励的科技成果项目6项，向市级申报科技项目364项，其中一等奖1项、二等奖1项、三等奖4项。争取各项科技经费5 122万元，市级科技项目投入25万元，认定高新技术企业36户，拥有高新技术企业98户，认定国家科技型中小企业49户，认定省科技型中小企业66户，累计471户。

【文化、卫生和体育】 2019年末，全市有文化馆10个，公共图书馆10个，乡镇综合文化站75个；国家级文物保护单位8个，省级25个，市级75个，县级168个；被列入国家级"非遗"名录项目6个，省级40个，市级166个，县级422个。全市共有文化经营单位596家，其中娱乐场所293家，网吧303家。完成9个贫困乡镇"两个百分之百"（一是所有自然村，二是所有家庭），广播电视信号综合覆盖率达到100%。

扎实推进"厕所革命"，全年争取上级投入1 186万元资金建设旅游厕所，完成79座，完成国家旅游厕所管理系统拍照、定位、打点、百度打点及A级评定验收工作；有11座3A级厕所、21座2A级厕所、47座1A级厕所。

全市医疗卫生机构1 422个，其中医院67个；医疗卫生机构实有床位数13 470张；卫生技术人员18 563人，其中执业（助理）医师6 558人。疾病预防控制机构10个，卫生技术人员463人；妇幼保健院（所、站）10个，卫生技术人员854人。传染病发病率为136.7/10万，全年发现艾滋病感染者随访管理率达98.2%。

全市稳步提高城镇职工医疗保障水平，参保职工最高支付限额达35万元。全市城乡居民筹资标准为788.8元，其中各级财政补助568.8元（中央财政补助416元，省级财政补助72.8元，市县区补助80元），个人缴费220元。

全市参加基本医疗保险人数达214.1万人，其中城镇职工医疗保险参保28.8万人，城乡居民医疗保险参保185.3万人，参保城镇职工就医271.4万人次，统筹基金支付74 106万元；参保城乡居民就医871.8万人次，统筹基金支付128 728万元。

全市输送的运动员，在皮划艇世界杯首站波兰波兹南比赛中，获得混合双人划艇500米、男子双人划艇500米两个项目金牌；在皮划艇世界杯德国杜伊斯堡站比赛中，一举夺得男子划艇双人1 000米和混合双人划艇500米两项冠军，创造男子划艇双人1 000米的世界最好成绩，并获得2019CCTV体坛风云人物年度评选候选人两项提名，分别是年度最佳组合奖和年度突破奖；第二届全国青年运动会跨界跨项高山滑雪比赛中，田径队跳跃组在滑雪小回转女子团体项目中夺得金牌，并获得该项目的个人赛铜牌。

【城市建设和生态环境】 至2019年年末，城市建成区面积38.7平方千米，城市污水处理率96.2%，城市生活垃圾处理率100%，建成区绿化覆盖面积1 561.3公顷，建成区绿化覆盖率40.6%。建成区园林绿地面积1 404.9公顷，其中公园绿地面积399.9公顷，人均公园绿地面积10.4平方米。全市乡镇生活垃圾处理设施覆盖率100%、乡镇生活污水处理设施覆盖率95.1%、污水处理率93.7%；村庄垃圾有效治理率100%、村庄生活垃圾保洁员制度覆盖率100%、村庄生活垃圾收费制度覆盖率100%；中心城区供水普及率达99%，水质综合合格率达99.9%；

全市集中式饮用水源地水质达标率保持100%，中心城区环境空气质量优良率达到96.4%，比上年下降3.3个百分点，实现了县级城镇环境空气质量自动监测系统全覆盖，中心城区环境空气质量均达到《环境空气质量标准》（GB3095-2012）二级标准。

全市规模以上工业能源消费量为720.7万吨标准煤（综合能耗，下同），增长12.3%，其中：采矿业能源消费量为18.3万吨标准煤，增长18.5%；制造业能源消费量为694.7万吨标准煤，增长12.1%；电力、热力、燃气及水生产和供应业能源消费量为7.7万吨标准煤，增长8.0%。规模以上工业电力消费量为99.2亿千瓦时，增长4.4%。

【劳动就业、社会保障和安全生产】 2019年，全市城镇新增就业人员3.1万人，帮助0.9万名就业困难人员实现就业，城镇下岗失业人员再就业1.1万人，开发公益性岗位4 731个。全市农村劳动力转移培训17.6万人次、新增农村劳动力转移就业4.8万人、新增省外转移就业1.2万人次、新增高技能人才3 954人。全市新增发放创业担保贷款11.8亿元，创业担保贷款扶持创业4 167人，扶持小微企业56户，"贷免扶补"扶持创业2 819人。城镇登记失业率3.3%，企业劳动合同签订率为96.5%，劳动人事争议仲裁结案率为99.8%，劳动人事争议调解成功率为76.9%，劳动保障监察举报投诉案件结案21件，结案率为100%，社会保障卡持卡人数为220.8万人。

全市参加基本养老保险156.5万人，其中参加城镇职工基本养老保险34.6万人；参加城乡居民基本养老保险121.9万人；参加失业保险17.1万人；参加工伤保险27.8万人；参加生育保险21.6万人。城镇职工基本养老保险基金征缴收入34.7亿元，其中企业为20.7亿元，机关事业单位为13.9亿元；城镇职工基本医疗保险基金征缴收入13.9亿元，失业保险基金征缴收入1.1亿元，工伤保险基金征缴收入0.9亿元，生育保险基金征缴收入1.3亿元。

全市发生各类生产安全伤亡事故53起、死亡55人，同比事故起数减少3起、下降5.4%，死亡人数减少3人、下降5.2%。其中生产经营性道路交通事故死亡10人；工矿商贸事故死亡31人；发生一次死亡3至9人（含3人）较大生产安全事故2起，死亡6人，事故起数与去年同期持平，死亡人数减少3人、下降33.3%，连续17年未发生一次死亡10人以上的重特大事故。

【人民生活】 2019年，全市在岗职工平均工资达82696元，比上年增加2 892元，增长3.6%。城镇常住居民人均可支配收入40700元，比上年增加3 050元，增长8.1%；城市常住居民（红塔区）人均可支配收入42154元，比上年增加3 086元，增长7.9%。农村常住居民人均可支配收入15719元，比上年增加1 455元，增长10.2%。

全市脱贫建档立卡贫困人口512户1 705人全部脱贫，建档立卡贫困人口100%参加基本医疗、大病保险、医疗救助，农村贫困人口大病专项救治率达99.8%。建档立卡贫困劳动力就业培训12 499人次，新增建档立卡贫困劳动力转移就业1 554人，建成就业扶贫车间19个，吸纳就业2 295人，其中吸纳建档立卡贫困劳动力397人。全市1 279户5 246人建档立卡搬迁户全部搬迁入住，实现有条件有意愿的建档立卡搬迁户每户1人以上就业。

（何亚澜）

机构及负责人

市直单位正副职名录

中共玉溪市委

书　记　罗应光
副书记　张德华
　　　　保明顺
常　委　罗应光
　　　　张德华
　　　　保明顺
　　　　明正彬（2019.09 离任）
　　　　景　绚
　　　　柳文炜
　　　　马加能（2019.09 任）
　　　　杨兴荣
　　　　金志达（2019.01 离任）
　　　　张小良
　　　　孟凡兵
　　　　王志新
　　　　安　顺（2019.01 任）
　　　　田　川（挂职，2019.07 离任）
　　　　胡春雨（挂职）
　　　　梁　栋（挂职，2019.12 任）
秘书长　王志新
副秘书长　陈川铭
　　　　吕　伟
　　　　罗绍国（2019.02 离任）
　　　　张　丽
　　　　李　德
　　　　杨文钦
　　　　王　鹏（2019.09 离任）
　　　　张国华
　　　　施克林（2019.11 任）

玉溪市人大常委会

主　任　李洪云
副主任　叶本功
　　　　郭开堂
　　　　孙云鹏
　　　　马良昌
　　　　吴伯平
　　　　龙　兰
党组书记　李洪云
党组副书记　叶本功
秘书长　廖　伟（2019.01 任）
副秘书长　朱尤锋
　　　　张存良（2019.01 任）
　　　　肖剑林（2019.01 离任）
　　　　姚学松
　　　　吴　芸
　　　　金德芳
　　　　许忠云
　　　　邓　兵
　　　　李万标
　　　　王革平（2019.01 任）
市纪委监委驻市人大机关纪检监察组
　组　长　秦俊杰
办公室
　主　任　朱尤锋
　副主任　罗　旭
　　　　杨　辉
　　　　罗焯丹（2019.09 任）
民族外事与华侨委员会（机构改设）
　主任委员　吕元平（2019.01 任）
　副主任委员　鲁燕标（2019.01 任）
法制委员会
　主任委员　张　敏
　副主任委员　杨英泽
　　　　卢八林
监察和司法委员会（机构改设）
　主任委员　杨正昌（2019.01 任）
　副主任委员　向绪林（2019.01 任）
财政经济委员会
　主任委员　魏德武
　副主任委员　孙学著
　　　　黄太武
环境与资源保护委员会（机构改设）
　主任委员　唐建民
　副主任委员　杨静媛
社会建设委员会（机构改革新组建）
　主任委员　肖剑林（2019.01 任）
教育科学文化卫生工作委员会（机构更名）
　副主任　邹伟斌
农业农村工作委员会（机构更名）
　主　任　马琼仙（2019.01 任）
　副主任　蒋兴龙（2019.01 任）
　　　　刘建荣（2019.09 任）
选举联络工作委员会
　主　任　袁　平
　副主任　普香庭
法制工作委员会
　主　任　卢八林
　副主任　李建军（2019.01 离任）
预算工作委员会
　主　任　黄太武
　副主任　柏宁红
机关党委
　专职副书记　李发林

玉溪市人民政府

市　长　张德华
副市长　柳文炜
　　　　解仕清（2019.11 离任）
　　　　马加能（2019.01 任、2019.12 离任）
　　　　蔡四宏
　　　　贺　彬
　　　　黄太文（2019.12 任）
　　　　李劲松
　　　　曾　敏
　　　　李　锐（2019.12 任）
　　　　田　川（挂职，2019.07 离任）
　　　　周群英（挂职，2019.03 离任）
　　　　胡春雨（挂职）
　　　　梁　栋（挂职，2019.12 任）
党组书记　张德华
党组副书记　柳文炜
秘书长　张亚辉
副秘书长　张　名
　　　　田江龙（2019.01 任）
　　　　钱树才（2019.05 任）
　　　　毕孝宁
　　　　戴兴德（2019.05 离任）
　　　　刘世祥（2019.01 离任）
　　　　王贵元（2019.05 离任）
　　　　刘建荣（2019.09 离任）
　　　　李　莉（2019.01 任）
　　　　白文华（2019.09 任）
　　　　溥恩武（2019.09 任）

玉溪市政协

主　席　夏立洪
副主席　贺光明
　　　　郭亚钢
　　　　李少华
　　　　何雪峰
　　　　杨建敏
　　　　杨丽萍
党组书记　夏立洪
党组副书记　贺光明
秘书长　普昌文
副秘书长　方正春
　　　　马文荣
　　　　莽成柱
　　　　冯晓燕
　　　　何国斌（兼）
　　　　毕永富
　　　　侯　坤
市纪委监委驻市政协机关纪检监察组
　组　长　张　寻
办公室
　主　任　方正春
　副主任　韩　龙
　　　　黄海东
提案委员会
　主　任　刘兴荣
　副主任　吴志珍
经济和农业农村委员会（机构改革新组建）
　主　任　谢光平（2019.01 任）
　副主任　李　娜（2019.05 任）
　　　　宋子正（2019.05 任）
　　　　杨　敏（兼，2019.05 任）
人口资源环境委员会
　主　任　普永发
　副主任　张国华
　　　　杨立波（兼）

教科卫体委员会（机构改革更名）
主　任　金志林（2019.01 任）
副主任　刘德安（2019.01 任）
沐德能（2019.01 任）
陈　原（兼，2019.01 任）
社会和法制委员会
主　任　王宏义
副主任　吕玉雄（2019.12 任）
合丽娟
施忠平（兼）
民族宗教委员会
主　任　许志云
副主任　张少英
矣胜荣（兼）
文化文史和学习委员会（机构改革更名）
主　任　房红彬（2019.01 任）
副主任　张德华（2019.01 任）
张艳霞（2019.01 任）
杨志文（兼，2019.01 任）
联络委员会
主　任　任连荣
副主任　李金秀
周　勇（兼）
研究室
主　任　马文荣
副主任　白洪峰
机关党委
专职副书记　马孔忠（2019.05 离任）
田　涓（2019.05 任）
机关党组
书　记　普昌文
副书记　方正春

玉溪市中级人民法院
院　长　陈　昌
副院长　业宁州
严　翔
陈　聪（2019.01 任）
杜红英
党组书记　陈　昌
党组副书记　业宁州
市纪委监委驻市法院纪检监察组
组　长　王建文（2019.06 任）
副组长　郭　玉（2019.11 离任）
政治部
主　任　那汝琼（2019.02 任）
副主任　王海明（2019.02 离任）
文　艳
机关党委专职副书记
钱丽芳
执行局
局　长　郑子云
副局长　刘宝金
审判委员会专职委员
李泳材
潘万江
办公室主任　阮朴全（2019.09 任）
立案庭庭长　洪家敬
行政审判庭庭长　孙忠宁（2019.05 离任）
杨志江（2019.09 任）
刑事审判一庭庭长　柴继红
刑事审判二庭庭长
王云峰（2019.03 离任）
杨贵东（2019.09 任）
民事审判一庭庭长　严光辉
民事审判二庭庭长　曹　燕
审判监督庭庭长　杨　勇
研究室主任　田永德
司法行政管理处处长　苏建友
司法警察支队支队长　吕永江
书记员管理处处长　张兴明
司法技术处处长　王庆生
新闻信息宣传中心主任　武国中
环境资源审判庭庭长　范兴林
审判管理办公室主任
李文玉（2019.03 离任）
孙忠宁（2019.05 任）
监察处处长　杨志江（2019.09 离任）

玉溪市人民检察院
检察长　张德勋（2019.12 离任）
张仕明（2019.12 任）
副检察长　方家明
矣长城
李志明
褚绍明
党组书记　张德勋（2019.12 离任）
张仕明（2019.12 任）
党组副书记　方家明
市纪委监委驻市检察院纪检监察组
组　长　尹贞宁
副组长　李　新
政治部
主　任　王永兴（2019.02 离任）
副主任　王政云
张玉江
检察委员会专职委员
柏利民
杨燕晨
机关党委专职副书记　吴秀芬
办公室主任　杨绍平
第一检察部主任　林家宏（2019.05 任）
第二检察部主任　何　斌（2019.05 任）
第三检察部主任　黄希志（2019.05 任）
第四检察部主任　李　芊（2019.05 任）
第六检察部主任　陈永俊（2019.05 任）
第八检察部主任　严　康（2019.05 任）
法律政策研究室主任　曹立松
案件管理办公室主任　杨云川
检察技术与信息部主任
段　兵（2019.05 任）
检务督察部主任　龙　斌（2019.05 任）
财务装备部主任　李权晖（2019.05 任）
法警处处长　王　超
公诉处处长
何　斌（机构职能重组，任至 2019.05）
控告申诉处处长
黄希志（机构职能重组，任至 2019.05）
检察技术处处长
段　兵（机构职能重组，任至 2019.05）
侦查监督处处长
林家宏（机构职能重组，任至 2019.05）
监察处处长
龙　斌（机构职能重组，任至 2019.05）
民事行政检察处处长
陈永俊（机构职能重组，任至 2019.05）
人民监督员办公室主任
秦绍有（机构职能重组，任至 2019.05）
环境资源保护检察处处长
严　康（机构职能重组，任至 2019.05）
计划财务装备局局长
李权晖（机构职能重组，任至 2019.05）
刑事执行检察局局长
李　芊（机构职能重组，任至 2019.05）

市委部门负责人

中共玉溪市纪律检查委员会（市监察委员会）
书　记　孟凡兵
副书记　张　伟
蒋光厚
陈世雄
常　委　孟凡兵
张　伟
蒋光厚
陈世雄
金家辉
施纯律（2019.02 离任）
杨　红（2019.08 离任）
叶永发
李文山
张　宇（2019.09 任）
主　任　孟凡兵
副主任　张　伟
蒋光厚
陈世雄
委　员　龚德武
吕玉雄（2019.12 离任）
金家辉
李学祥
叶永发
办公室
主　任　叶永发（2019.05 离任）
李文山（2019.05 任）
组织部
部　长　施纯律（2019.02 离任）

宣传部
部　长　杨　红（2019.08 离任）
研究室
主　任　王　杰（2019.05 离任）
施正林（2019.05 任）
党风政风监督室
主　任　王　洪（2019.05 离任）
张　宇（2019.09 任）
案件监督管理室
主　任　张　宇（2019.09 离任）
第二纪检监察审查室（机构改革，不再保留）
主　任　高　勇（任至 2019.11）
第五纪检监察审查室（机构改革，不再保留）
主　任　郑　翔（任至 2019.09）
第六纪检监察审查室（机构改革，不再保留）
主　任　赵　旭（任至 2019.11）
第一监督检查室
主　任　叶正华（2019.05 任）
第二监督检查室
主　任　张盛国（2019.05 任）
第三监督检查室
主　任　武国珍（2019.05 任）
第四监督检查室
主　任　俞　琴（2019.05 任）
第六监督检查室
主　任　赵　旭（2019.11 任）
第七审查调查室
主　任　李晓荣（2019.05 任）
第八审查调查室
主　任　高　勇（2019.11 任）
第九审查调查室
主　任　毕　芳（2019.05 任）
第十审查调查室
主　任　龙证明（2019.05 任）
案件审理室
主　任　杨涓涓
纪检监察干部监督室
主　任　胡　斌
机关党委
专职副书记　魏鸿林（2019.01 离任）
赵　波（2019.05 任）

市委巡察工作领导小组办公室（市委巡视工作联络办公室）
主　任　杨丽坤
副主任　王宏明
储建玲
市委第一巡察组
组　长　杨江明
副组长　刘庆平
市委第二巡察组
组　长　吴天明
副组长　甘莉娅
市委第三巡察组
组　长　袁永祥
副组长　卢　辉
市委第四巡察组
组　长　邵昌荣
副组长　李亚林
市委第五巡察组
组　长　李　黎
副组长　赵　波（2019.05 离任）
刘利平（2019.05 任）
市委第六巡察组
组　长　王　辉
副组长　马凌云（2019.09 离任）

市委办公室
主　任　陈川铭
副主任　王　力
毛金明（2019.05 离任）
杨建兰
丁光猛（2019.05 任）
专职副书记　张春天
市纪委监委驻市委办纪检监察组
组　长　朱建全
市委常委办主任　王　鹏（2019.09 离任）
信息综合室主任　何光涛（2019.02 离任）
市委督查室主任　吕　伟
市委国安办专职副主任
罗云寿（2019.09 任）
市委副处级督查专员
罗云寿（2019.09 离任）
王红喜
丁　莉
张　云（2019.11 任）
市档案局局长　王　力（2019.05 任）
市档案馆馆长　杨长利（2019.01 任）
市专用通信局局长　徐永梅

市委机要局（机构改革，并入市委机要和保密局）
局　长　王从明（任至 2019.01）
副局长　杨　勇（任至 2019.01）

市档案局（馆）（副处级）（机构改革，不再保留）
副局（馆）长　杨长利（任至 2019.01）
陈全胜（任至 2019.01）

市委组织部（市公务员局）
部　　长　景　绚
常务副部长　王　华
副　部　长　周　俊
李家富
詹道斌
黄子连
代春强（2019.09 任）
部 务 委 员　宋成杰（2019.09 任）
白树明
李生喜（2019.09 任）
市招商引资绩效考核办公室（机构改革，不再保留）
副主任　普绍平（任至 2019.09）
市非公有制经济组织和社会组织党工委
书　记　詹道斌
副书记　方建华（兼）
丁　伟（兼，2019.01 离任）
王　军（兼，2019.01 任）
马利兴（兼）
普庆荣（兼）
市党的基层组织建设办公室
主　任　普庆荣
市人才工作领导小组办公室（机构改革，不再保留）
专职副主任　朱培亮（任至 2019.01）
市纪委监委驻市委组织部纪检监察组
组　长　毕现昆

市委宣传部
部　长　杨兴荣
副部长　龚紫山
张正友（2019.01 任）
邓志刚
李文平
方勇云
市文明办
主　任　邓志刚
副主任　郑寿启
乐兴建（2019.01 任）
市新闻出版（版权）局
局　长　龚紫山
市委讲师团（副处级）（机构改革，不再保留）
团　长　乐兴建（任至 2019.01）
市政府新闻办公室
主　任　张正友
副主任　官朝弼（2019.01 离任）
市文化体制改革与文化产业发展领导小组办公室（机构改革，不再保留）
主　任　龚紫山（任至 2019.01）
副主任　李宜涛（任至 2019.01）
市加强和改进互联网舆论引导工作领导小组办公室（机构改革，不再保留）
主　任　倪　军
市纪委监委驻市委宣传部纪检监察组
组　长　郭春良

市委统战部
部　　长　保明顺（兼）
常务副部长　何国斌
副　部　长　沐爱斌
马利兴
杨美琼（2019.02 任）
市纪委监委驻市委统战部纪检监察组
组　长　张庆春

市委台湾工作办公室（市政府台湾事务办公室）
主　任　柳卫国（兼）
市政府侨务办公室
主　任　柳卫国（兼）

市委政法委员会
书　记　明正彬（2019.09 离任）
马加能（2019.09 任）
常务副书记　娄勇强
副书记　马加能（兼，2019.09 离任）
杜　杰
杨应勇
政治部
主　任　李　浩
副主任　肖玉成
市委依法治市领导小组办公室（机构改革，不再保留）
专职副主任　潘宝华（任至 2019.01）
市委（市政府）防范和处理邪教问题领导小组办公室（机构改革，不再保留）
副主任　杜云昌（兼，任至 2019.01）
何东明（任至 2019.01）
市社会治安综合治理委员会办公室（机构改革，不再保留）
专职副主任　祁　涛（任至 2019.01）
执法监督室
主　任　马映涛
市维稳工作办（机构改革，不再保留）
专职副主任　吴仕祥（任至 2019.01）

市委政策研究室
主　任　罗绍国（2019.02 离任）
杨文钦（2019.02 任）
副主任　王　东（2019.01 离任）
合晓斌
刘万平
张子懿

市委网络安全和信息化委员会办公室（市互联网信息办公室）
主　任　李矿生（2019.09 离任）
王　勇（2019.09 任）
常务副主任　杨林生（2019.01 任）
副主任　杨林生（2019.01 离任）
李宜涛（2019.01 任）

市委机构编制办公室
主　任　赵永云
常务副主任　师尚佳（机构改革，任至 2019.01）
副主任　师尚佳（2019.01 任）
马勤伟（2019.01 离任）
周　萍（2019.01 任）
市事业单位登记管理局（机构改革，不再保留）
局　长　赵永云（兼，任至 2019.01）
副局长　师尚佳（兼，任至 2019.01）
马勤伟（兼，任至 2019.01）

市直机关工作委员会
书　　记　王志新
常务副书记　曹绍平
副　书　记　李增荣
纪工委书记　李文学（2019.05 离任）
汤之德（2019.05 任）

市委机要和保密局
局　长　许中华（2019.01 任）
副局长　王从明（2019.01 任）
李艳萍（2019.01 任）
杨　勇（2019.01 任）
陈全胜（2019.01 任）
市国家保密局
局　长　许中华（2019.01 任）
市国家密码管理局
局　长　王从明（2019.01 任）

市委老干部局
局　长　周　俊
副局长　冯　平
何永贤
干休所（副处级）
所　长　杜继玲
老年大学（副处级）
校　长　刘应元
市委离退休干部工作委员会
书　　记　周　俊（兼）
专职副书记　王　玲（2019.11 离任）

市委党史研究室（机构改革，不再保留）
主　任　孔施祥（任至 2019.01）
副主任　高柳莎（任至 2019.01）

市委党史研究和地方志编纂办公室
主　任　孔施祥（2019.01 任）
副主任　高柳莎（2019.01 任）
官朝弼（2019.01 任）

市委党校
校　长　保明顺（兼）
常务副校长　刀有忠
副校长　宋红瑛
傅鹏飞（2019.09 离任）
任　晗（2019.02 任）
党委书记　刀有忠（任至 2019.02）
副 书 记　任　晗（任至 2019.02）
纪委书记　万舰航（任至 2019.02）
市行政学校
校　长　保明顺（兼）
副校长　刀有忠
宋红瑛
傅鹏飞（2019.09 离任）
任　晗（2019.02 任）
玉溪社会主义学院
院　长　保明顺（兼）
副院长　刀有忠
宋红瑛
傅鹏飞（2019.09 离任）
任　晗（2019.02 任）

市接待办
主　任　李　德（兼）
副主任　岳东芬
严　辰（2019.09 任）

玉溪日报社
社　　长　金宏森（2019.09 任）
党组书记　金宏森（2019.09 任）
副 社 长　李卫东
李向文
赵　琳
总 编 辑　杨　光
副总编辑　矣顺文
赵　琳

市关工委
秘 书 长　李雪梅

群团组织负责人

市总工会
主　　席　马良昌
党 组 书 记　张艳华
常务副主席　张艳华
副 主 席　陈　杰
郭荣兴
兼职副主席　王新华
林　清

共青团玉溪市委
书　　记　朱　莉（2019.05 离任）
普　睿（2019.05 任）
党组书记　朱　莉（2019.05 离任）
副 书 记　张　磊（2019.05 离任）
卜绍良
魏丽明（2019.05 任）
兼职副书记　冯海云
余家赛

市青联
主　席　朱　莉（2019.05 离任）
普　睿（2019.05 任）
副主席　魏丽明（2019.05 任）

市妇女联合会

主　　席　王　红
党组书记　王　红
副 主 席　张永慧
　　　　　张春亚
兼职副主席　张　丽
　　　　　　李红梅
　　　　　　吕爱平

市科学技术协会

主　席　沐华斌
党组书记　施　超
副主席　陈晓静
　　　　杨继林（2019.12 任）
　　　　张　华（兼，2019.12 离任）
　　　　王保才（兼，2019.12 离任）
　　　　吴光连（兼，2019.12 离任）
　　　　张　钟（兼，2019.12 任）
　　　　宋明清（兼，2019.12 任）
　　　　张锡光（兼，2019.12 任）
　　　　杨琼英（兼，2019.12 任）

市社会科学界联合会

主　　席　陈克华（2019.11 离任）
　　　　　钱彦富（2019.12 任）
党组书记　陈克华（2019.11 离任）
　　　　　钱彦富（2019.11 任）
专职副主席　钟长生（2019.12 离任）
副主席　钟长生（2019.12 任）
　　　　傅鹏飞（2019.12 任）
　　　　苏　涛（兼，2019.12 离任）
　　　　宋红瑛（兼，2019.12 离任）
　　　　方勇云（兼，2019.12 离任）
　　　　李　涛（兼，2019.12 任）
　　　　李文平（兼，2019.12 任）

市社会科学院

院　长　钱彦富（2019.12 任）
副院长　钟长生（2019.12 任）
　　　　傅鹏飞（2019.12 任）

市文学艺术界联合会

主　　席　普　辉（2019.09 离任）
　　　　　鲁春红（2019.09 任）
党组书记　普　辉（2019.09 离任）
　　　　　鲁春红（2019.09 任）
专职副主席　贾来发（2019.12 离任）
副主席　贾来发（2019.12 任）
　　　　龚紫山（兼）
　　　　杨耀芬（兼，2019.12 任）

市残疾人联合会

理 事 长　普建蓉
党组书记　普建蓉
副理事长　李媛美
　　　　　金忠武（2019.09 任）

市归国华侨联合会

主　　席　罗云川
党 组 书 记　罗云川
专职副主席　许真生
兼职副主席　周海明
　　　　　　李晓松

市计生协会

会　　长　曾　敏
专职副会长　郑丽英
副　会　长　刘燕萍（2019.05 任）
兼职副会长　李　丹
　　　　　　史　勇
　　　　　　张春亚

市法学会

会　长　明正彬（2019.09 离任）
副会长　吕玉雄（2019.12 离任）
　　　　严　翔
　　　　矣长城
　　　　苏少明（2019.12 离任）
　　　　夏黎明
　　　　马映涛
　　　　罗家云

市贸促会

会　　长　自福庄
党组书记　丁　伟（2019.01 任）
副 会 长　郑玉玲

市红十字会

会　　长　曾　敏
常务副会长　欧光荣
党 组 书 记　欧光荣
副会长　田海泉（2019.12 任）
　　　　陈　挺（兼）
　　　　曲校德（兼）
　　　　杜　勋（兼，2019.12 离任）
　　　　孙乔宽（兼，2019.12 任）
监事长　沐德能（兼，2019.12 任）
副监事长　彭曾平（2019.12 任）

民主党派和工商联负责人

民革玉溪市委

主　　委　李少华
专职副主委　施忠平
副　主　委　董金柱（兼）
　　　　　　冯咏梅（兼）

民盟玉溪市委

主　　委　董晓娟
专职副主委　杨志文
副　主　委　白洪峰（兼）
　　　　　　蒋建明（兼）

民建玉溪市委

主　　委　自福庄
专职副主委　杨　敏
副　主　委　高巨华（兼）
　　　　　　王建钢（兼）

民进玉溪市委

主　　委　何雪峰
专职副主委　矣胜荣
副　主　委　谭　佳（兼）
　　　　　　伍贤学（兼）

农工党玉溪市委

主　　委　周爱华
专职副主委　陈　原
副　主　委　张铁群（兼）
　　　　　　罗增勇（兼）

致公党玉溪市委

主　委　周　勇
副主委　任云珏（兼）
　　　　李晓松（兼）
　　　　邓雪松（兼）

九三学社玉溪市委

主　委　郭亚钢（2019.02 离任）
　　　　宁　杰（2019.09 任）
专职副主委　杨立波
副主委　王树坤（兼）
　　　　宁　杰（兼，2019.09 离任）

市工商业联合会（商会）

主席（会长）　杨建敏
党组书记　马利兴（兼）
副主席（副会长）　任　敏
　　　　　　　　　谢　江
　　　　　　　　　黄翠岚

市政府部门负责人

市政府办公室

主　任　张　名
副主任　卢春剑（2019.01 离任）
　　　　桂云国（2019.01 离任）
　　　　张伟红（2019.11 任）
　　　　秦立明
　　　　黄继麟（2019.02 任）
　　　　刘有会（2019.02 任）
党组书记　张亚辉
副 书 记　张　名

市纪委监委驻市政府办纪检监察组

组　长　郑　江（2019.05 离任）
　　　　耿　兵（2019.05 任）

市政府法制办公室（机构改革，不再保留）
主　任　李尊平（任至 2019.01）
市政府机关事务管理局（机构改革，不再保留）
局　长　豆　卿（任至 2019.01）
市政府驻北京联络处
主　任　张　名（兼，2019.01 任）
副主任　付少剑（2019.01 离任）
李晓斌（2019.11 任）
市政府督查室
主　任　李　斌
正处级督查专员　王伟生
副处级督查专员　黄必权
杨四新
普家荣
市政府应急管理办公室（机构改革，不再保留）
主　任　郭永生（任至 2019.01）
副主任　孙乔宽（任至 2019.01）
市政府烟草产业办公室（机构改革，不再保留）
专职副主任　夏伯林（任至 2019.01）
市政府食品安全办（机构改革，不再保留）
主　任　王　军（兼，任至 2019.01）

市移民局（机构改革，不再保留）
局　　长　柳　洪（任至 2019.01）
党组书记　柳　洪（任至 2019.01）
副 局 长　刀红雁（任至 2019.01）
张　建（任至 2019.01）

市发展和改革委员会
主　　任　邓　皓（2019.01 离任）
罗绍国（2019.02 任）
党组书记　邓　皓（2019.01 离任）
罗绍国（2019.02 任）
副 主 任　罗盛勇（2019.01 任）
李长伟
钱兴平（2019.01 任）
夏德喜
隆　勇
付春飞（2019.01 离任）
市纪委监委驻市发改委纪检监察组
组　长　施永林
正处级稽查特派员
曾丽娟（任至 2019.01）
重点项目稽查特派员
苏　搏（任至 2019.01）
杨海军（任至 2019.01）
市能源局
局　长　罗盛勇（2019.01 任）
市粮食局（机构改革，不再保留）
局　长　王毓华（任至 2019.01）
副局长　杨丽芬（任至 2019.01）
钱兴平（任至 2019.01）

市粮食和物资储备局
局　长　钱兴平（2019.01 任）

市工信局（机构更名）
局　长　李庆华（2019.01 任）
副局长　刘永新（2019.05 退休）
孙汝泽（2019.01 离任）
傅宏辉（2019.01 任）
王　亮（2019.01 任）
杜　勋（2019.01 任）
张伟红（2019.11 离任）
黄建华（2019.09 任）
党组书记　李庆华
市纪委监委驻市工信委纪检监察组
组　长　王礼学
市数字经济局（市中小企业局）
局　长　李庆华
市无线电管理办公室
主　任　李庆华
市委工业和信息化工委
书　记　李庆华

市教育局（机构改革，不再保留）
局　　长　罗江云（任至 2019.01）
党组书记　张绍东（任至 2019.01）
副 局 长　颜永宏（任至 2019.01）
陈　挺（任至 2019.01）
王　刚（任至 2019.01）
吴光连（任至 2019.01）
党委副书记
李　丹（任至 2019.01）
市纪委驻市教育局纪检组
组　长　武国珍（任至 2019.01）

市体育局（机构改革，不再保留）
局　　长　罗盛勇（任至 2019.01）
党组书记　罗盛勇（任至 2019.01）
副 局 长　段利星（任至 2019.01）
王　红（任至 2019.01）

市教育体育局
局　　长　张绍东（2019.01 任）
党组书记　张绍东（2019.01 任）
副 局 长　颜永宏（2019.01 任）
陈　挺（2019.01 任）
王　刚（2019.01 任）
段利星（2019.01 任）
李　丹（2019.01 任）
吴光连（2019.01 任）
王　红（2019.01 任）
市纪委监委驻市教育体育局纪检监察组
组　长　武国珍（2019.05 离任）
郭　华（2019.05 任）
市教育科学研究所（副处级）
所　长　矣向阳（2019.05 离任）
杨琼英（2019.05 任）

市招生考试委员会办公室
主　任　方丽华
市委教育工作委员会
书　记　李劲松（兼，2019.05 任）
常务副书记
张绍东（兼，2019.05 任）
副书记　陈　廷（兼，2019.05 任）

市科学技术局
局　　长　李世华
党组书记　李世华
副 局 长　柏文忠
张　华
宋明清（2019.09 任）
曹仕辉
市知识产权局（机构改革，职能划转）
局　长　李世华（兼，任至 2019.01）
副局长　张　华（兼，任至 2019.01）
曹仕辉（兼，任至 2019.01）
市外专局
局　长　李世华（2019.01 任）
云南玉溪国家农业科技园区管委会
主　任　李世华（2019.01 任）

市民族宗教事务局
局　　长　沐爱斌
党组书记　沐爱斌
副 局 长　董存志（2019.01 离任）
官建团
杨哲博
解永辉（2019.01 任）

市公安局
局　长　李　锐（2019.12 任）
马加能（2019.01 任，2019.12 离任）
常务副局长　徐琪勇（2019.12 任）
副局长　杨江云
刘绍华（2019.11 离任）
曾　逵
赵南方
党委书记　马加能（2019.12 离任）
李　锐（2019.12 任）
副 书 记　苏少明（2019.12 离任）
徐琪勇（2019.12 任）
市纪委监委驻市公安局纪检监察组
组　长　汤文龙（2019.05 离任）
王贵元（2019.05 任）
副组长　尹炳学（2019.09 离任）
李　斌（2019.09 任）
政治部
主　任　飞　霞（2019.09 任）
副主任　黄伟华
飞　霞（2019.09 离任）
李　斌（2019.09 离任）

公安局交警支队（正处级）
支 队 长　王景明
政　　委　聂　波
副支队长　何文奎
李　昊（2019.02 离任）
许文平（2019.05 任）
丁光师（2019.05 任）
车管所所长　李劲明
车管所政委　张庆莲
政治处主任　王　全
公安局禁毒支队（正处级）
支 队 长　卢保成
政　　委　李荣坤（2019.04 离任）
副支队长　李浏华
周庆刚
公安局治安支队（正处级）
支 队 长　彭　涛（2019.08 离任）
杨兴龙（2019.09 任）
副支队长　李天才
刘　荣（2019.03 任）
公安局国内安全保卫支队（正处级）
支 队 长　杜云昌
政　　委　张再洪
副支队长　胡来福
杨江飚
公安局科技信息化支队（正处级）
支 队 长　雷建明（2019.09 任）
政　　委　夏贵山
副支队长　雷建明（2019.09 离任）
公安局技术侦查支队（正处级）
支 队 长　李红星
政　　委　余　辉
副支队长　孙　建
公安局网络安全保卫支队（正处级）
支 队 长　业光权
政　　委　周　斌
副支队长　王乔林
公安局经侦支队（正处级）
政　　委　业增华
副支队长　王卫林
李东有
公安局刑侦支队（正处级）
支 队 长　李顺平
政　　委　阮兆成
副支队长　李乔明
拔春明
公安局巡特警支队（正处级）
支 队 长　李世强（2019.08 离任）
政　　委　李卫东
副支队长　张文献
肖　明
公安局警令部（正处级）
主　任　谢俊东
政　委　毕金剑
副主任　李光文（2019.05 病故）
杨　峰（2019.05 离任）
吴　卫（2019.09 任）
反恐支队（副处级）
支队长　侯　冬（2019.09 离任）
政　委　李云峰
市公安局水务治安分局（副处级）
局　长　曹文刚
政　委　李　迪
监所管理支队（副处级）
支队长　普光伟
政　委　李先祥
市公安局警务督察支队（副处级）
支队长　汪兴介
公安局警卫支队（副处级）
支队长　谢　军
信访处（控告申诉办公室）（副处级）
处长（主任）　饶　静
警务保障处
处　长　期来红（2019.05 任）
出入境管理支队（副处级）
支队长　李绍洪
市看守所
所　长　解靖南

市民政局
局　　长　方建华
党组书记　方建华
副 局 长　杨思荣
杜　勋（2019.01 离任）
赵　燕（2019.01 任）
戴吉国（2019.01 任）
市纪委监委驻市民政局纪检监察组
组　长　李佳雄
市社区建设领导小组办公室
副主任　肖　伟
市社会福利服务中心
主　任　赵　燕（2019.01 离任）

市司法局
局　　长　师　文
党委书记　师　文
副 局 长　张文信
夏黎明
刀彦伟
黄志慧（2019.02 任）
市纪委监委驻市司法局纪检监察组
组　　长　周葆华
政治部主任　黄志慧（2019.02 离任）
何东明（2019.01 任）

市财政局
局　　长　李丁全
党组书记　张春玉（2019.01 离任）
李丁全（2019.01 任）
党组副书记　李丁全（2019.01 离任）
副局长　张春玉（2019.01 离任）
禹联信
杨　莉
沈国庆（2019.01 任）
黎　坚（2019.09 任）
张　娟（2019.11 任）
市纪委监委驻市财政局纪检监察组
组　长　梁黎坤
市政府金融办公室
主　　任　黎　坚（2019.09 任）
专职副主任　黎　坚（2019.09 离任）
市会计管理局（副处级）
局　长　陈　波
市非税收入管理局（副处级）
局　长　沈国庆

市人力资源和社会保障局
局　　长　李家富
党组书记　李家富
副局长　张　秦
代春强（2019.01 离任）
林甲乙（2019.08 政务撤职）
杨丽萍（2019.01 离任）
马勤伟（2019.01 任）
朱培亮（2019.09 任）
市纪委监委驻市人社局纪检监察组
组　长　施立慰
市社会保险局
局　长　唐碧云
市就业局
局　长　沈永生
市人事考试院
院　长　王自超
市人才服务中心
主　任　董　波

市国土资源管理局（机构改革，不再保留）
局　　长　胡庆华（任至 2019.01）
党组书记　胡庆华（任至 2019.01）
副 局 长　廖　勇（任至 2019.01）
李云辉（任至 2019.01）
刘红进（任至 2019.01）
市纪委驻市国土局纪检组
组　　长　高培洪（任至 2019.01）
市规划局（机构改革，不再保留）
局　　长　董金柱（任至 2019.01）
党组书记　王　宁（任至 2019.01）
副 局 长　王　宁（任至 2019.01）
陆建明（任至 2019.01）

市自然资源和规划局
局　　长　董金柱（2019.07 任）
党组书记　胡庆华（2019.02 任）
副 局 长　陈川明（2019.02 任）
王柄璋（2019.02 任）
李云辉（2019.02 任）
刘红进（2019.02 任）

市纪委监委驻市自然资源和规划局纪检监察组
组　长　高培洪（2019.01 任）
市土地储备中心
主　　任　钱树才（2019.05 离任）
党组书记　钱树才（2019.05 离任）
副 主 任　余　莉
李云嵩

市环境保护局（机构改革，不再保留）
局　长　张金翔（任至 2019.01）
党组书记　张金翔（任至 2019.01）
副局长　黄朝荣（任至 2019.01）
矣家宁（任至 2019.01）
李春文（任至 2019.01）
市纪委驻市环保局纪检组
组　长　马　青（任至 2019.01）
市生态环境局
局　长　张金翔（2019.01 任）
党组书记　张金翔（2019.01 任）
副局长　黄朝荣（2019.01 任）
矣家宁（2019.01 任）
李春文（2019.01 任）
杨雪波（2019.11 任）
市纪委监委驻市生态环境局纪检监察组
组　长　马　青（2019.11 任）

市住房和城乡建设局
局　　长　田江龙（2019.01 离任）
董晓娟（2019.01 任）
党组书记　田江龙（2019.01 离任）
张春玉（2019.01 任）
副 局 长　李春宏（2019.01 离任）
资永俊
王　晋
业权华（2019.11 任）
李　毅（2019.09 任）
张帮能（2019.11 任）
市纪委监委驻市住建局纪检监察组
组　长　秦京伟
市政公用事业和园林管理局（副处级）（机构改革，不再保留）
局　长　李　毅（任至 2019.09）
市人民防空办公室
主　任　乐士发（2019.09 离任）
业权华（兼，2019.09 任）

市交通运输局
局　　长　马金鸿（2019.11 离任）
朱光波（2019.12 任）
党组书记　马金鸿（2019.11 离任）
朱光波（2019.11 任）
副 局 长　李金荣（2019.03 离任）
孙汝泽（2019.01 任）
张赶良
廖江华
冯卫宁

市纪委监委驻市交通运输局纪检监察组
组　长　普绍福（2019.05 离任）
刘　麟（2019.05 任）
市道路运输管理局
局　长　杨云波

市农业局（机构改革，不再保留）
局　　长　陈开翔（任至 2019.01）
党组书记　陈开翔（任至 2019.01）
副 局 长　王琼丽（任至 2019.01）
保艳敏（任至 2019.01）
王保才（任至 2019.01）
李顺德（任至 2019.01）
市纪委驻市农业局纪检组
组　长　陈　勤（任至 2019.01）
市畜牧兽医局（副县级）
局　长　王保才（兼，任至 2019.01）
市农科院（副县级）
院　长　张　钟（任至 2019.01）
市乡镇企业局
局　长　陈开翔（兼，任至 2019.01）

市农业农村局
局　　长　陈开翔（2019.01 任）
党组书记　陈开翔（2019.01 任）
副 局 长　王　东（2019.01 任）
保艳敏（2019.01 任）
王琼丽（2019.01 任）
王保才（2019.01 任）
李顺德（2019.01 任）
市纪委监委驻市农业农村局纪检监察组
组　长　王　杰（2019.05 任）
市畜牧兽医局（副处级）
局　长　王保才
市农科院（副处级）
院　长　张　钟

市水利局
局　　长　乔正喜（2019.11 离任）
马金鸿（2019.12 任）
党组书记　乔正喜（2019.11 离任）
马金鸿（2019.11 任）
副 局 长　李霁涛
吴正坤
可松柏
宁　杰
市中心城区水资源调度管理局
局　　长　李吉友
副处级督查专员
王　燕（2019.05 任）

市商务局
局　　长　赵　琼
党组书记　赵　琼
副 局 长　李艳红
赵永平

王传宝（2019.01 任）
林德开（2019.05 任）

市文化广播电视局（机构改革，不再保留）
局　　长　何永平（任至 2019.01）
党组书记　何永平（任至 2019.01）
副 局 长　岳　川（任至 2019.01）
冯咏梅（任至 2019.01）
钱彦富（任至 2019.01）
李飞跃（任至 2019.01）
市纪委驻市文广局纪检组
组　长　李树辉（任至 2019.01）
市新闻出版和版权局
局　长　岳　川（任至 2019.01）
玉溪市电视台
台　长　朱星宇（任至 2019.01）

市旅游发展委员会（机构改革，不再保留）
主　　任　董晓娟（任至 2019.01）
党组书记　李　泓（任至 2019.01）
副 主 任　陈川明（任至 2019.01）
孙　旭（任至 2019.01）
朱建华（任至 2019.01）

市文化和旅游局
局　　长　何永平（2019.01 任）
党组书记　何永平（2019.01 任）
副 局 长　岳　川（2019.01 任）
冯咏梅（2019.01 任）
朱建华（2019.01 任）
孙　旭（2019.01 任）
杨耀芬（2019.09 任）
督查专员　王洪卫（2019.05 任）
市纪委监委驻市文化和旅游局纪检监察组
组　长　李树辉（2019.09 任）
市文物局
局　长　岳　川（2019.01 任）
玉溪滇剧（国家非物质文化遗产）传承保护展演中心
主　任　冯咏梅
玉溪市滇剧院
院　　长　冯咏梅（兼）
市博物馆
馆　　长　张　青（2019.05 任）

市卫生和计划生育委员会（机构改革，不再保留）
主　　任　鲁志明（任至 2019.01）
党组书记　周延海（任至 2019.01）
党组副书记　鲁志明（任至 2019.01）
副主任　周延海（任至 2019.01）
施玉兰（任至 2019.01）
史　勇（任至 2019.01）
郭　敏（任至 2019.01）
曲校德（任至 2019.01）
市纪委驻市卫生计生委纪检组
组　长　俞　琴（任至 2019.01）

市卫生监督局（副县级）
局　长　尉迟培俊（任至2019.01）
市疾病控制中心（副县级）
主　任　矣成江（任至2019.01）
市医改办
主　任　杨士伟（任至2019.01）

市卫生健康委员会
主　　任　鲁志明（2019.01任）
党组书记　鲁志明（2019.01任）
副 主 任　施玉兰（2019.01任）
尹义宪（2019.01任）
史　勇（2019.01任）
曲校德（2019.01任）
师琼华（2019.01任）
督查专员　杨　坤（2019.09任）
市纪委监委驻市卫生健康委纪检监察组
组　长　康德勤
市中医药管理局
局　长　鲁志明（2019.01任）
市防治艾滋病局
局　长　鲁志明（2019.01任）
市卫生监督局（副处级）
局　长　尉迟培俊
市疾病预防控制中心（副处级）
主　任　矣成江
市委卫生健康工委
书　记　曾　敏（兼，2019.05任）
常务副书记　鲁志明（2019.01任）

市退役军人事务局
局　　长　孔令斌（2019.01任）
党组书记　孔令斌（2019.01任）
副 书 记　孔令斌（2019.01离任）
副 局 长　孔令斌（2019.01离任）
林　清
施义东
向贵福
陈　凡

市安监局（机构改革，不再保留）
局　　长　王虎能（任至2019.01）
党组书记　王虎能（任至2019.01）
副 局 长　李之泽（任至2019.01）
金发辉（任至2019.01）
申从德（任至2019.01）
安全生产巡查专员（副县级）
杨丽红（任至2019.01）

市应急管理局
局　　长　潘宝华（2019.01任）
党组书记　潘宝华（2019.01任）
副 局 长　郭永生（2019.01任）
张智勇（2019.01任）
李之泽（2019.01任）
申从德（2019.01任）
金发辉（2019.01任）
罗金寿（2019.01任）
孙乔宽（2019.01任）
安全生产巡查专员
杨丽红（2019.01任）

市审计局
局　　长　方　洪
党组书记　方　洪
副 局 长　李国录
许立贞
张　雄（2019.09任）
重点项目稽查特派员
曾丽娟（2019.01任）
苏　博（2019.01任）
杨海军（2019.01任）

市政府外事侨务办公室（机构改革，不再保留）
主　　任　姚晓岩（任至2019.01）
党组书记　姚晓岩（任至2019.01）
副 主 任　李　莉（任至2019.01）
刘东红（任至2019.01）

市政府外事办公室
主　　任　姚晓岩（2019.01任）
党组书记　姚晓岩（2019.01任）
副 主 任　刘东红（2019.01任）
张桂兰（2019.05任）

市政府国有资产监督管理委员会
主　任　李丁全（兼，2019.01离任）
柳　洪（2019.01任）
专职副主任　杨　徽（2019.01离任）
副　主　任　杨　徽（2019.01任）
康旭辉（2019.01任）
王　波（2019.01任）
党委书记
李丁全（兼，2019.01离任）
柳　洪（2019.01任）
专职副书记
康旭辉（兼，2019.01离任）

市工商局（机构改革，不再保留）
局　　长　丁　伟（任至2019.01）
党组书记　丁　伟（任至2019.01）
副 局 长　王传宝（任至2019.01）
李宏奇（任至2019.01）
邹明佑（任至2019.01）
市纪委驻市工商局纪检组
组　　长　王进方（任至2019.01）

市质监局（机构改革，不再保留）
副局长　陆永喜（任至2019.01）
王　林（任至2019.01）
廖　平（任至2019.01）

市食品药品监督管理局（机构改革，不再保留）
局　　长　王　军（任至2019.01）
党组书记　王　军（任至2019.01）
副 局 长　普文生（任至2019.01）
尹义宪（任至2019.01）
王琼珍（任至2019.01）

市市场监督管理局
局　　长　王　军（2019.01任）
党组书记　王　军（2019.01任）
副 局 长　陆永喜（2019.01任）
王　林（2019.01任）
王琼珍（2019.01任）
普文生（2019.01任）
付春飞（2019.01任）
廖　平（2019.01任）
李宏奇（2019.01任）
邹明佑（2019.01任）
食品安全总监　鲁法荣（2019.11任）
市纪委监委驻市市场监督管理局纪检监察组
组　　长　王进方（2019.01任）

市广播电视局
局　　长　雷　鸣（2019.01任）
党组书记　雷　鸣（2019.01任）
副 局 长　郭　敏（2019.01任）
李飞跃（2019.01任）

市林业局（机构改革，不再保留）
局　　长　沐洪胜（任至2019.01）
党组书记　沐洪胜（任至2019.01）
副 局 长　吴洪明（任至2019.01）
张跃伟（任至2019.01）
张世杰（任至2019.01）
市护林防火指挥部
专职副指挥长
张智勇（任至2019.01）
市森林公安局
政　　委
局　　长　胡健伟（任至2019.01）
党组书记　胡健伟（任至2019.01）
副 局 长　余朝俊（任至2019.01）
柴力明（任至2019.01）
政治部主任
董海霞（任至2019.01）
市自然保护区管理局
局　长　沐洪胜（兼，任至2019.01）

市林业和草原局
局　　长　沐洪胜（2019.01任）
党组书记　沐洪胜（2019.01任）
副 局 长　吴洪明（2019.01任）
张跃伟（2019.01任）
张世杰（2019.01任）

市自然资源公安局
局　　长　胡健伟
党组书记　胡健伟
副 局 长　余朝俊
　　　　　柴力明
政治部主任　董海霞

市统计局
局　　长　史金华
党组书记　史金华
副 局 长　周映海
　　　　　张　娟
　　　　　蔡　伟

市政府扶贫开发办公室
主　　任　刘应华
党组书记　刘应华
副 主 任　曹炳勇
　　　　　杨其久

市机关事务管理局
局　　长　刘世祥（2019.01 任）
党组书记　刘世祥（2019.01 任）
副 局 长　付少剑（2019.01 任）
　　　　　董存志（2019.01 任）
　　　　　万里鹏（2019.01 任）

市委、市政府信访局（市委群众工作局）（机构改革，新组建市信访局）
局　　长
党组书记　张　丽（任至 2019.01）
副 局 长　袁自福（任至 2019.01）
　　　　　甘向阳（任至 2019.01）
　　　　　马孔军（任至 2019.01）
　　　　　吕爱平（任至 2019.01）
副县级督察专员
　　　　　王若文（任至 2019.01）
　　　　　潘美华（任至 2019.01）

市信访局
局　　长　张　丽（2019.01 任）
党组书记　张　丽（2019.01 任）
副 局 长　袁自福（2019.01 任）
　　　　　马孔军（2019.01 任）
　　　　　吕爱平（2019.01 任）
副处级督察专员
　　　　　王若文（2019.01 任）
　　　　　潘美华（2019.01 任）

市医疗保障局
局　　长　李　泓（2019.01 任）
党组书记　李　泓（2019.01 任）
副 局 长　杨丽萍（2019.01 任）
　　　　　杨益昌（2019.09 任）
　　　　　杨士伟

市医疗保险中心
主　任　杨益昌（2019.01 任）

市政府政务服务管理局（机构改革，不再保留）
局　　长　王增琪（任至 2019.01）
党组书记　王增琪（任至 2019.01）
副 局 长　郭艾华（任至 2019.01）
　　　　　张艳霞（任至 2019.01）
　　　　　陈黎彬（任至 2019.01）
市政务服务中心
主　任　王增琪（任至 2019.01）
副主任　郭艾华（任至 2019.01）
　　　　张艳霞（任至 2019.01）
市公共资源交易管理局
局　长　王增琪（兼，任至 2019.01）
市公共资源交易中心
主　任　普长福（任至 2019.01）

市政务服务管理局
局　　长　王增琪（2019.01 任）
党组书记　王增琪（2019.01 任）
副 局 长　郭艾华（2019.01 任）
　　　　　桂云国（2019.09 任）
市公共资源交易管理局
局　　长　王增琪（2019.01 任）
市公共资源交易中心
主　　任　普长福

云南省抚仙湖旅游度假示范区管委会
主　　任　罗江鹏
市抚仙湖管理局
局　　长　罗江鹏
党组书记　罗江鹏
副 局 长　马　虎
　　　　　杨云华
　　　　　王　波（2019.01 离任）
　　　　　施纯律（2019.02 任）
机关党委专职副书记
　　　　　马凌云（2019.09 任）
抚仙湖管理处
处　　长　郭志云（2019.02 任）
杞麓湖管理处
处　　长　周国斌（2019.02 任）

市招商合作局（机构改革，不再保留）
局　　长　康凌华（任至 2019.01）
党组书记　康凌华（任至 2019.01）
副 局 长　冯以春（任至 2019.01）
　　　　　胡宝玉（任至 2019.01）
　　　　　陈　佳（任至 2019.01）

市投资促进局
局　　长　康凌华（2019.01 任）
党组书记　康凌华（2019.01 任）
副 局 长　胡宝玉（2019.01 任）
　　　　　冯以春（2019.09 任）
　　　　　马艳青（2019.01 任）

市供销合作社联合社
主　　任　廖　伟（2019.01 离任）
　　　　　喻学超（2019.02 任）
党委书记　廖　伟（2019.01 离任）
党组书记　喻学超（2019.02 任）
副 主 任　喻学超（2019.02 离任）
　　　　　郭恩达
　　　　　罗　勇（2019.05 任）

市政府研究室（发展研究中心）（机构改革，不再保留）
主　　任
党组书记
副 主 任　祁　虹（任至 2019.01）
　　　　　杨　增（任至 2019.01）

市政府发展研究中心
副主任　毕孝宁（2019.01 任）
　　　　杨　增（2019.01 任）
　　　　祁　虹（2019.01 任）

市科教创新服务中心
主　　任　普红青（2019.01 任）
党组书记　普红青（2019.01 任）
副 主 任　柴连树（2019.01 任）
　　　　　法绍伟（2019.02 任）

市防震减灾局
局　　长　陆建明（2019.01 任）
党组书记　陆建明（2019.01 任）
副 局 长　孙军伟（2019.09 离任）
　　　　　张　建（2019.09 任）
　　　　　钱宝运（2019.09 任）

市住房公积金中心
主　　任　李春宏（2019.01 任）
党组书记　李春宏（2019.01 任）
副 主 任　柴艳华（2019.05 任）
　　　　　杨田伟（2019.05 任）

市烟草产业服务中心
主　　任　贺　彬（兼，2019.09 任）
党组书记　夏柏林（2019.09 任）
常务副主任　夏柏林（2019.09 任）
副 主 任　张　磊（2019.05 任）

玉溪广播电视台
台　　长　朱星宇（2019.01 任）
党组书记　朱星宇（2019.01 任）
副 台 长　陈　佳（2019.05 任）
　　　　　朱学红（2019.05 任）
　　　　　舒　勇（2019.05 任）
副总编辑　李勇坤（2019.05 任）

玉溪高新技术产业开发区管委会
主　任　姚　翔（2019.01 任）
副主任　李长金

黄云鹍（2019.08 任）
普东海
宋明清（2019.09 离任）
马艳青（2019.01 离任）
党工委书记 马亚东
党工委副书记 姚 翔（2019.01 任）
李长金
曲春祥（2019.11 离任）
纪工委书记 曲春祥（2019.02 离任）
何光涛（2019.02 任）

市公安局高新技术产业开发区分局
局 长 李全盛

党群工作部
部 长 周于娜（2019.02 任）

经济发展部
部 长 杨云兵（2019.02 任）

建设发展部
部 长 陈云松（2019.02 任）

社会事业发展部
部 长 赵世福（2019.05 任）

玉溪研和工业园区管委会
主 任 吴小郎
副主任 矣 勇
蔡振刚
期来生
党工委书记 方 灵
党工委副书记 吴小郎
彭福山

市直学校、医院、企业负责人

玉溪工业财贸学校（技师学院）
校长（院长）
李华伦（副厅级）（2019.07 离任）
杨宝嘉（副厅级）（2019.07 任）
副校长（副院长） 刀玉萍
张正全
周爱华
党委书记 杨正祥（副厅级）
副书记 杨宝嘉（副厅级）（2019.07 任）
李华伦（2019.07 离任）
汤之德（2019.05 离任）
朱 莉（2019.05 任）
纪委书记 汤之德（2019.05 离任）
朱 莉（兼，2019.05 任）
行政办公室主任 李相达
计划财务处主任 李 磊
人事处主任 李 朝
招生就业处主任 谭华运
教务处主任 林向阳
学生处主任 韩东良
保卫处主任 朱贵云
总务处主任 杨建帆
纪检监察处主任 倪吉艳
党委办公室主任 张庆泉（2019.05 任）

玉溪一中
校 长 李富春
副校长 岳从阁
武增明
刘建坤
党委书记 迟万昌（2019.02 退休）
副书记 李富春
王 利
纪委书记 王 利（兼，2019.02 离任）

玉溪农业职业技术学院
院 长 董从华
副院长 董绍辉
陆星星
党委书记 王丽娟（2019.05 任）
副书记 董从华
普发明
纪委书记 许建辉

玉溪卫生学校
校 长 权永红
副校长 施茗祥
王启润（2019.05 离任）
李翠芳（2019.09 任）
党委书记 高丽清
副书记 权永红
王启润（2019.05 任）
纪委书记 王启润（兼，2019.05 任）

玉溪体育运动学校
校 长 柏家渭
副校长 张朝和
张开兰
何 斌（2019.09 任）
党委书记 杨 红（2019.08 任）
副书记 柏家渭
杨长兴（2019.05 离任）
李文平（2019.05 任）
纪委书记 杨长兴（兼，2019.05 离任）
李文平（2019.05 任）

玉溪师范学院附属中学
校 长 张兴斌
副校长 李明辉
曾学康
杨春楠
党委书记 吴希敏
副书记 张兴斌
王 敏
纪委书记 王 敏（兼）

玉溪市民族中学
校 长 李永云
副校长 何建国
朱培康
李红敏
党委书记 张延强
副书记 李永云
罗忠诚
纪委书记 罗忠诚

玉溪市特殊教育学校（副处级）
校 长 张国强

玉溪市人民医院
院 长 曾 勇（副厅级）
常务副院长 郝应禄
副院长 蔡德芳
童宗武
张锡光
赵云焰
党委书记 马跃光（副厅级）
副书记 曾 勇
杨 玲
纪委书记 王娅波
总会计师 朱红媛

玉溪市中医院
院 长 景 明
副院长 赵贵红（2019.05 离任）
徐 欣
杨晓歌
刘 琼（2019.05 任）
党委书记 施 平
副书记 景 明
纪委书记 李文平（2019.05 离任）
白跃林（2019.05 任）

玉溪市第二人民医院
院 长 马晓元
副院长 杨顺英
刘 琼（2019.05 离任）
李玉有
赵贵红（2019.05 任）
党委书记 杨顺英
副书记 马晓元
陈存文
纪委书记 陈存文（兼）

玉溪国有资本运营有限公司
董事长 柏继武
党组书记 柏继武
党组副书记 张国庆
副总经理 王建斌
李玉红
工会主席 张国庆

玉溪融资担保公司
董事长 胡 芸
党组书记 胡 芸
总经理 邱 海
监事会主席 王锦文

玉溪交通运输集团公司

董事长 孔　伟
党委书记 孔　伟
副书记 李　睿
　　　 李东滏
纪委书记 李东滏（兼）
总经理 李　睿
副总经理 尹跃洪
　　　　 邹桂鹏
　　　　 马现廷
工会主席 花苡萍（2019.01 退休）
　　　　（陈燕红）

新平花腰傣傣洒服饰　（官朝弼　摄）

红塔大道 （张本聪 摄）

中共玉溪市委员会

THE CPC COMMITTEE OF YUXI CITY

责任编校：王竹能

重要会议及决策

【市委重要会议】 2019年1月7日，中国共产党玉溪市第五届委员会第七次全体会议召开。会议听取和讨论市委书记罗应光受市委常委会委托作的市委五届五次全会以来的工作报告，听取和讨论市委常委会2018年党的建设工作专题报告，审议通过《玉溪市深化市级机构改革实施方案》，全面安排部署2019年全市经济社会发展各项任务。10日，五届市委理论学习中心组举行第三十次暨2019年第一次集中学习。学习习近平总书记在中共中央政治局民主生活会上的重要讲话精神等。

12日，市委常委班子召开2018年度民主生活会。会议以“强化创新理论武装，树牢‘四个意识’，坚定‘四个自信’，坚决做到‘两个维护’，勇于担当作为，以求真务实作风坚决把党中央决策部署落到实处”为主题，开展批评和自我批评。13日，召开全市烟草产业高质量发展工作会。会议学习贯彻全国烟叶工作会议精神和全省烟草产业高质量发展工作会议精神，总结回顾玉溪烟草产业发展取得的成绩，分析当前面临的形势。

15—18日，中国人民政治协商会议玉溪市第五届委员会第二次会议在聂耳大剧院召开。

16—19日，玉溪市第五届人民代表大会第二次会议在聂耳大剧院召开。

18日，省扫黑除恶专项斗争第九督导组召开督导玉溪市工作反馈会。市委书记罗应光要求全市各级各部门认真贯彻落实好督导组的各项要求，认真从思想深处警醒起来，以最坚决的态度、最迅速的行动、最有力的措施抓好整改落实，切实做到思想上高度重视，整改上立说立行，落实上务求实效。22日，召开市纪委五届四次全会。市委书记罗应光强调，要以习近平新时代中国特色社会主义思想为指导，深入学习贯彻中央纪委三次全会和省纪委十届四次全会、市委五届七次全会精神，提高政治站位，增强“四个意识”，坚定“四个自信”，做到“两个维护”，以永远在路上的韧劲和执着，坚定不移推进全面从严治党，不断开创全市党风廉政建设和反腐败斗争新局面。23日，召开市委政法工作会议。罗应光强调，全市政法机关要深入学习领会习近平总书记在中央政法工作会议上的重要讲话精神，不忘初心、牢记使命，不怕牺牲、砥砺前行，以新气象、新作为确保全市社会大局和谐稳定，以确保玉溪长治久安的优异成绩喜迎新中国成立70周年。

2月15日，召开全市领导干部警示教育大会暨专题党课。市委书记罗应光强调，以案示警、以案为鉴、以案促改，教育引导全市党员领导干部牢记前车之鉴，严守党纪国法，筑牢清廉为政的坚固防线，坚定做碧玉清溪良好政治生态的践行者和维护者，不断推进全市全面从严治党向纵深发展。同日，五届市委理论学习中心组举行第三十一次暨2019年第二次集中学习，再学习、再认识、再领悟习近平总书记考察云南重要讲话精神，贯彻落实省委全会及省两会精神。28日，市委召开全面深化改革委员会第一次会议，传达学习中央、省委全面深化改革委员会相关会议精神，研究审议玉溪市有关改革方案和事项。

3月7日，省委第六巡视组向玉溪市委反馈巡视情况。市委书记罗应光表示，诚恳接受、照单全收，并将逐条逐项提出具体整改措施，立行立改、坚决整改。18日，全市城市基层党建暨“高原湖泊卫士”行动现场推进会在澄江县召开。市委书记罗应光强调，聚焦实施“基层党建创新提质年”重点任务，巩固提升全国城市基层党建示范市建设成果，打赢“三湖”保卫战，为全省城市基层党建和高原湖泊保护治理贡献玉溪经验。19日，召开全市扫黑除恶专项斗争领导小组会议。市委书记罗应光强调，要充分认清当前面临的新形势，牢牢掌握扫黑除恶专项斗争主动权，聚焦重点问题和关键环节，再掀新一轮扫黑除恶强大攻势，持续推动专项斗争向纵深发展，确保扫黑除恶专项斗争干在实处、走在全省前列。20日，中共玉溪市委召开各民主党派、工商联和无党派人士2018年度调研协商座谈会，听取全市各民主党派、工商联和无党派人士重点调研成果汇报，凝聚各方智慧力量，推动玉溪高质量跨越式发展。21日，市委召开议军会议。会议深入贯彻习近平新时代中国特色社会主义思想和强军思想，传达学习省委议军会议精神，部署全市2019年国防动员和后备力量建设工作任务。22日，五届市委理论学习中心组举行第三十二次暨2019年第三次集中学习，深入学习贯彻中央和省委关于扶贫攻坚重要指示精神，学习习近平总书记在省部级主要领导干部坚持底线思维着力防范化解重大风险专题研讨班上的重要讲话精神以及在中央政治局第十三次集体学习时的重要讲话精神等。26日，市委常委班子召开脱贫攻坚专项巡视整改专题民主生活会。会议深入学习贯彻习近平总书记关于扶贫工作重要论述和对云南工作的重要指示精神。

4月4日，五届市委理论学习中心组举行第三十三次暨2019年第四次集中学习，围绕“深入学习领会习近平新时代中国特色社会主义思想、习近平生态文明思想和习近平总书记关于扫黑除恶专项斗争重要指示精神，切实把思想和行动统一到党中央决策部署上来，全力抓好中央扫黑除恶督导迎检和省委第六巡视组机动巡视玉溪市高原湖泊保护治理反馈问题整改工作”的主题，进行集中学习研讨。15日，中央扫黑除恶第20督导组召开督导玉溪市工作汇报会。市委书记罗应光表示，玉溪将以下沉督导作为检验“四个意识”、做到“两个维护”的重要标尺，作为补齐短板、提升水平的重要契机，作为深化平安法治玉溪建设的重大举措，深入贯彻落实习近平总书记重要指示精神和党中央决策部署，紧紧围绕“坚决不让任何一个黑恶势力进入小康社会”的目标，进一步提升政治站位，强化督导问责，全力支持配合保障好中央督导组开展工作，扎实认真抓好问题整改落实，坚决打赢扫黑除恶这场攻坚仗，持续提升人民群众获得感、幸福感、安全感。26日，市委全面依法治市委员会召开第一次会议。会议传达学习中央和省委有关会议精神，研究相关法治建设事项，安排部署下一阶段工作。同日，市委外事工作委员会召开第一次会议。会议传达学习习近平外交思想和2019年度党的对外联络工作座谈会精神及省委相关会议精神，审议通过市委外事工作委员会工作规则、工作细则，听取2018年全市外事工作情况及2019年工作计划汇报。28日，召开全市庆祝“五一”国际劳动节大会，激励全市人民锐意进取、砥砺奋进，为推动玉溪高质量跨越式发展汇聚强大正能量。29日，市委全面深化改革委员会召开第二次会议。会议传达学习中央全面深化改革委员会第七次会议精神、省委全面深化改革委员会第二次会议精神，审议通过市委全面深化改革委员会2019年工作要点、工作台账。

5月8日，五届市委理论学习中心组举行第三十四次暨2019年第五次集中学习，深入学习领会习近平总书记关于新时代好干部标准的重要论述。中央党校党建部党的领导与领导科学教研室主任胡月星教授作题为《提高领导干部的领导力》的专题辅导。15日，市委财经委员会召开第一次全体会议，传达学习中央和省委相关会议精神，研究市委财经委员会相关工作。15日，市委审计委员会召开第一次会议。会议传达学习习近平总书记在中央审计委员会第一次会议上的重要讲话精神和省委审计委员会第一次会议主要精神，审议并原则同意市委审计委员会工作规则、办公室工作细则、2019年度市本级审计计划项目，听取2018年度全市审计工作情况汇报，研究部署2019年度审计工作。16日，市委退役军人事务工作领导小组召开第一次会议暨市双拥工作领导小组会议。会议传达中央、省委退役军人事务工作领导小组会议精神，审议并原则同意市委退役军人事务工作领导小组工作规则、办公室工作细则和加强拥军优属拥政爱民工作的意见，听取相关工作汇报。29日，市委常委领导班子召开巡视整改专题民主生活会，对照省委第六巡视组机动巡视玉溪市高原湖泊保护治理反馈意见，结合思想和工作实际，进行党性分析，开展批评和自我批评，明确整改方向和整改措施，抓好整改落实，确保巡视整改工作取得实效。

6月5日，市委召开农村工作会议。同日，召开全市营商环境提升年工作推进电视电话会议。11日，召开全市公安工作会议。会议对全市公安工作进行总结，并分析当前形势，安排部署任务。同日，召开2019年全市深化医药卫生体制改革领导小组会议。会议听取当前全市医改工作总体进展、医保付费改革、药品询价采购、医共体建设等情况汇报，审议并原则同意《支持玉溪市儿童医院改革与发展实施意见》。25日，召开全市学校思想政治理论课教师座谈会。市委书记罗应光强调，要深刻认识、准确把握，深入学习贯彻习近平总书记关于加强学校思想政治工作、办好思想政治理论课的重要论述，不忘初心、牢记使命，打造思想政治理论课堂的“玉溪样板”。

7月4日，市委全面深化改革委员会召开第三次会议。会议审议并原则通过《玉溪市分类推进人才评价机制改革的实施方案》《玉溪市党政机关公务用车管理实施细则》《玉溪市党政机关办公用房管理实施细则》等。同日，召开全市网络安全产业发展推进工作领导小组会议。会议听取玉溪市“4351”网络安全产业（一期）项目有关情况汇报、市网络安全产业发展工作推进情况汇报，审议并原则同意《关于调整充实玉溪市网络安全产业发展推进工作领导小组的通知》。12日，召开审计进点会。经省委审计委员会批准，省审计厅决定派出审计组对中共玉溪市委书记罗应光同志任职期间履行经济责任、自然资源资产管理和生态环境保护责任情况进行审计。同日，玉溪市城市基层党建工作领导小组召开会议，贯彻落实中央办公厅相关意见，总结全市城市基层党建工作，安排部署当前和今后一个时期重点任务。19日，市委、市政府与中国人民银行昆明中心支行共同举办的金融助力实体经济高质量发展暨支持民营和小微企业玉溪专项行动融资促进会召开。26日，五届市委理论学习中心组举行第三十五次暨2019年第六次集中学习，深入学习领会习近平总书记关于党的初心和使命的重要论述。

8月2日，召开全市2019年上半年工作会。会议强调，以习近平新时代中国特色社会主义思想为指导，全面贯彻落实省委全会精神和省委、省政府对玉溪工作要求，不忘初心、牢记使命，砥砺前行，全面完成全年目标任务，确保在全省率先全面建成小康社会取得决定性成效。28日，市委全面深化改革委员会召开第四次会议。会议传达学习中央、省深化改革委员会相关会议精神，研究审议深化改革事项。同日，召开全市深化党政机构改革总结会议。会议审议通过《玉溪市“最多访一次”三年行动方案》《中共玉溪市委全面深化改革委员会关于印发专项小组和专题组及成员的通知》《玉溪市贸促会深化改革实施方案》等。同日，召开全市创建全国民族团结进步示范市工作推进会，表彰先进，交流经验，安排部署下一阶段创建工作。同日，市委审计委员会召开第二次会议，传达学习省委审计委员会第二次会议精神，审议通过玉溪市2018年度市级地方预算执行和其他财政收支情况的审计工作报告等。

9月9日，召开全市教育大会，总结成绩经验，分析研究新形势新问题，安排部署加快教育现代化的各项任务。11日，召开全市新中国成立70周年大庆安保信访维稳工作会议。市委书记罗应光强调，要积极投身“不忘初心、牢记使命”主题教育和“践行新使命、忠诚保大庆”主题实践活动，坚持最高标准、最严要求、最强举措、最佳状态，坚决打赢新中国成立70周年大庆安保信访维稳攻坚战。12日，召开玉溪市“不忘初心、牢记使命”主题教育工作会议。市委书记罗应光强调，要以习近平新时代中国特色社会主义思想为指导，贯彻落实中央和省委部署要求，深刻认识开展主题教育的重大意义，确保全市主题教育高标准开局、高质量完成，以走在全省前列的标准扎实抓好主题教育。16日，市委常委班子召开“不忘初心、牢记使命”主题教育部署工作会。市委书记罗应光强调，要抓住市委常委班子这个“关键少数”，充分发挥常委班子的示范带动作用，以身作则做到“五坚持五带头”，引领全市主题教育高标准高质量开展。16日，市委“不忘初心、牢记使命”主题教育领导小组召开第一次会议。会议审议并原则通过市委“不忘初心、牢记使命”主题教育领导小组工作规则、领导小组办公室工作规则、主题教育宣传工作方案，听取领导小组办公室关于全市主题教育近期工作情况和下一步工作考虑的汇报。20日，市委理论学习中心组举行第三十七次暨2019年第八次集中学习研讨。市委书记罗应光强调，要深入学习贯彻习近平总书记关于“不忘初心、牢记使命”的重要论述和向杨善洲同志学习的重要指示精神，自觉加强党性修养，忠诚践行初心使命，发扬斗争精神，增强斗争本领，做人民满意的好党员好干部。25日，市委“不忘初心、牢记使命”主题教育领导小组召开第二次会议。会议传达学习习近平总书记在视察北京香山革命纪念地时的重要讲话精神以及在河南考察时对“不忘初心、牢记使命”主题教育的重要指示精神，研究审议有关文件方案，安排部署主题教育下一步工作。26日，召开全市巡察工作会暨五届市委第十轮巡察工作动员部署会议。会议贯彻中央和省委巡视巡察工作精神要求，通报五届市委巡察发现的普遍性问题，安排部署今后一段时期和市委第十轮巡察工作。

10月9日，五届市委理论学习中心组第三十八次暨2019年第九次集中学习，结合开展“不忘初心、牢记使命”主题教育，深入学习习近平总书记关于党史、新中国史的重要论述及在庆祝中华人民共和国成立70周年大会上的重要讲话精神等。14日，市委常委班子召开“不忘初心、牢记使命”主题教育听取意见座谈会。会议征求部分领导干部、“两代表一委员”和基层党员干部代表对市委常委班子及成员的意见和建议，进一步查找问题、找准差距、改进工作，推动主题教育深入开展。15日，召开全市冲刺四季度打赢稳增长攻坚战推进会议。市委书记罗应光强调，要紧盯目标，担当作为，攻坚破难，把主题教育的成果体现到确保全年目标任务的圆满完成上。16日，市扫黑除恶专项斗争领导小组召开2019年第六次（扩大）会议。会议传达学习中央、省委相关会议精神，通报省、市对中央督导反馈问题整改落实工作的督导情况，对全力支持配合督导组“回头看”和深化扫黑除恶专项斗争进行安排部署。22日，中央扫黑除恶第20督导组召开“回头看”玉溪市工作汇报会。市委书记罗应光表示，将以中央督导“回头看”为契机，咬定三年目标，瞄准主攻方向，进一步提升政治站位，进一步提升打击效能，进一步推进“打伞破网”，进一步提升治乱水平，进一步优化基层组织建设，全力当好扫黑除恶排头兵。同日，五届市委理论学习中心组举行第三十九次暨2019年第十次集中学习，深入学习贯彻习近平新时代中国特色社会主义思想和习近平总书记对云南工作的重要指示精神。23日，市委常委班子举行“不忘初心、牢记使命”主题教育第二次集中学习暨调研成果交流会，深入学习贯彻习近平新时代中国特色社会主义思想，对照习近平总书记重要指示批示精神特别是对云南工作的重要指示精神，交流调研成果，对照党章党规找差距，进一步提高政治站位，认真落实全面从严治党要求，坚定理想信念，切实做到新时代新担当新作为，为玉溪率先在全省全面建成小康社会、实现高质量跨越式发展提供坚强的政治和组织保证。24日，市委常委班子举行“不忘初心、牢记使命”主题教育第二次集中学习专题研讨。参学同志结合各自工作实际、认真研究分析存在的问题，深刻领会全面从严治党、严守党的政治纪律和政治规矩的重大意义，明确了努力方向。25日，中国共产党玉溪市第五届委员会第八次全体会议召开。会议听取讨论了市委书记罗应光同志代表市委常委会作的讲话，审议通过了《中共玉溪市委关于坚持全面从严治党构建风清气正政治生态的决定》。同日，市委常委班子举行主题教育第二次集中学习。市委书记罗应光围绕“深入学习贯彻习近平总书记关于党的建设重要论述，以自我革命精神推动全面从严治党向纵深发展”讲授专题党课。29日，举行七彩云南，抚仙玉溪—2019年“收获金秋　共谋发展”新经济发展招商引智推介大会。

11月4日，市委全面深化改革委员会召开第五次会议。会议审议通过《关于贯彻落实〈中共云南省委　云南省人民政府关于全面实施预算绩效管理的意见〉的通知》《中共玉溪市委外事工作委员会关于新时代统筹和加强地方外事工作的实施办法》《关于加强工会社会工作专业人才队伍建设的实施办法（试行）》等。5日，市委常委班子召开对照党章党规找差距专题会议。会议围绕守初心、担使命，找差距、抓落实的总要求，在深入学习习近平总书记关于“不忘初心、牢记使命”重要论述的基础上，以正视问题的自觉和刀刃向内的勇气，对照党章党规，全面查找各种违背初心和使命的问题，扎实推动主题教育不断走深走实。13日，五届市委理论学习中心组举行第四十次暨2019年第十一次集中学习，深入学习领会习近平总书记关于“不忘初心、牢记使命”、全面从严治党、规划工作等方面的重要论述及指示批示精神。20日，召开全市党建引领小区治理暨“红色物业”现场推进会。会议强调，认真贯彻落实习近平新时代中国特色社会主义思想和党的十九届四中全会精神，结合主题教育开展，提高政治站位，健全体制机制，努力破解党建引领小区治理和“红色物业”难题，推进城市基层治理体系和治理能力现代化。22日，五届市委理论学习中心组举行第四十一次暨2019年第十二次集中学习，结合“不忘初心、牢记使命”主题教育，深入学习贯彻党的十九届四中全会精神。26日，全市学习贯彻党的十九届四中全会精神宣讲报告会在聂耳大剧院举行。同日，主题教育评估工作召开听取意见座谈会，听取各级党代表、人大代表、政协委员和党员、群众代表以及工作对象、服务对象等对全市主题教育和市委常委班子主题教育开展情况的评价和意见建议。27日，召开全市2019年度省管领导班子和领导干部考核测评会。28日，市委“不忘初心、牢记使命”主题教育领导小组召开第三次会议。会议传达学习省委主题教育领导小组第四次会议精神；审议通过《主题教育期间需要市级层面联动整改的问题清单》《玉溪市“不忘初心、牢记使命”主题教育工作报告》。

12月3日，市委常委班子召开“不忘初心、牢记使命”专题民主生活会暨汲取秦光荣案深刻教训专题民主生活会。会议强调，要聚焦深刻汲取秦光荣案教训，引以为戒，切实加强领导班子自身建设，持续净化政治生态，不断提高领导干部政治觉悟和政治能力。9日，市委、市政府召开会议，对全市经济运行工作进行安排部署。市委书记罗应光强调，要保持对当前形势的清醒判断，紧盯稳增长主要指标，保持冲刺的状态定力，坚持问题导向补齐短板，强化工作举措精准发力，形成强大合力奋勇攻坚，确保圆满完成全年稳增长各项目标任务。10日，市委召开务虚会议。会议围绕“明年怎么干、四化怎么抓、目标措施怎么定”，深入研判发展形势，集思广益、凝聚共识，科学谋划明年工作。市委书记罗应光强调，以习近平新时代中国特色社会主义思想为指导，贯彻落实党的十九届四中全会精神和省委全会精神，牢牢把握目标定位，确保玉溪全面建成高水平小康社会和“十三五”规划圆满收官。12日，市科协、市社科联、市文联、市红十字会群团组织召开换届大会。市委书记罗应光强调，全市各群团组织要以习近平新时代中国特色社会主义思想为引领，把牢政治方向，围绕中心、服务大局，强化责任担当、汇聚智慧力量，推动玉溪高质量跨越式发展。12日，市委全面深化改革委员会召开第六次会议。会议审议通过《玉溪市江川区“双比双通报”制度（试行）》《易门县发展党员前置政治审查制度（试行）》《易门县农村基层干部近亲属入党报告制度（试行）》《元江县治理干部庸懒散混促进干部担当作为实施办法（试行）》《峨山县党建引领小区治理工作方案》等。19日，市委召开“以案促改”警示教育大会。会议强调，以习近平新时代中国特色社会主义思想和党的十九大精神为指导，全面贯彻党的十九届四中全会和习近平总书记对云南工作的重要指示精神，认真贯彻落实省委、市委全会决策部署，以秦光荣案为镜鉴，进一步坚定政治自觉、强化政治担当、扛起政治责任，有针对性地做好“以案促改”工作，坚决肃清秦光荣流毒影响，构建风清气正的政治生态。同日，市委政协工作会议召开。会议强调，坚持以习近平新时代中国特色社会主义思想为指导，深入学习贯彻党的十九届四中全会和中央、省委政协工作会议精神，明确方向，凝聚共识，新时代担负新使命，推动全市政协工作创新发展，奋力开创全市人民政协事业新局面。30日，中国共产党玉溪市第五届委员会第九次全体会议在玉溪召开。会议听取和讨论了市委书记罗应光受市委常委会委托作的市委五届七次全会以来的工作报告，听取和讨论了《玉溪市2019年党的建设工作专题报告》，审议通过了《中共玉溪市委关于认真学习贯彻党的十九届四中全会和省委十届九次全会精神高水平推进市域治理现代化的实施意见》。同日，市政协举行2020年新年茶话会。31日，市委召开经济工作会议，总结全市2019年经济工作，分析当前经济形势，部署2020年经济工作。同日，召开全市稳增长专题会议。市委书记罗应光强调，要全面贯彻落实省委十届九次全会、省委经济工作会、省政府经济运行专题会及市委五届九次全会、市委经济工作会议精神，盯紧目标、全力以赴，切实做好2019年冲刺收官和2020年一季度“开门红”谋划工作。

【市委常委会会议】 2019年1月5日，市委书记罗应光主持召开五届市委常委会第111次会议。会议共有7项议题：1.传达学习习近平总书记在中共中央政治局第十一次集体学习时的重要讲话精神，提出全市贯彻落实意见。2.传达学习中央经济工作会议、省委传达学习中央经济工作会议精神，提出全市贯彻落实意见。3.传达学习省委十届六次全会精神，提出全市贯彻落实意见。4.研究市委五届七次全会相关事宜，审议《关于召开中共玉溪市委五届七次全体会议建议方案（送审稿）》《在市委五届七次全会上关于市委常委会工作的报告（讨论稿）》、在市委五届七次全会第一次全体会议上市委书记罗应光和市长张德华的讲话（讨论稿）。5.审议《中共玉溪市委关于2018年意识形态工作情况的报告（送审稿）》。6.审议《市委常委会2018年党的建设工作专题报告（讨论稿）》。7.听取《玉溪市深化市级机构改革实施方案》主要内容等情况汇报。1月7日，市委书记罗应光主持召开五届市委常委会第112次会议，专题听取市委五届七次分组讨论情况。1月7日，市委书记罗应光主持召开五届市委常委会第113次会议。会议共有3项议题：1.审议《关于做好深化市级党政机构改革有关事项的通知（送审稿）》《市级机构改革专项协调小组主要工作任务分解方案（送审稿）》。2.研究涉及机构改革党组（党委）和部分市委派出机关调整设置有关事项。3.研究干部人事议题。1月10日，市委书记罗应光主持召开五届市委常委会第114次会议。会议共有7项议题：1.听取市人大常委会、市政府、市政协、市中级人民法院、市人民检察院党组2018年工作情况汇报。2.听取市纪委监委、市委组织部、市委宣传部、市委统战部、市委政法委2018年工作情况汇报。3.研究市五届人大二次会议和政协玉溪市五届二次会议的市人大常委会、市政府、市政协、市中级人民法院、市人民检察院工作报告（讨论稿）及有关事项；研究《玉溪市2018年国民经济和社会发展计划执行情况与2019年国民经济和社会发展计划草案的报告（讨论稿）》《玉溪市2018年地方财政预算执行情况和2019年地方财政预算草案的报告（讨论稿）》。4.研究召开市纪委五届四次全会有关事宜。5.研究审定2018年度党风廉政建设责任制检查考核结果。6.传达学习全省烟草产业高质量发展工作会议精神，研究全市贯彻意见。7.研究干部人事议题。1月14日，市委书记罗应光主持召开五届市委常委会第115次会议，开展2018年度党委（党组）书记抓基层党建述职评议考核。1月15日，市委书记罗应光主持召开五届市委常委会第116次会议，研究干部人事议题。1月19日，市委书记罗应光主持召开五届市委常委会第117次会议，听取关于急需成立有关机构的汇报，对《玉溪市深化市级机构改革党政群机关编制调整方案》《玉溪市深化市级机构改革党政群机关领导职数调整方案》《县（区）领导职数核定原则》《玉溪市深化市级机构改革涉改事业单位调整划转方案》进行审议。1月21日，市委书记罗应光主持召开五届市委常委会第118次（扩大）会议。会议共有5项议题：1.观看《激浊扬清在云南》专题纪录片。2.传达学习十九届中央纪委三次全会和省纪委十届四次全会精神，研究全市贯彻落实意见。3.传达学习中央和省委政法工作会议精神，研究全市贯彻落实意见。4.审议《中共玉溪市委2018年度全面工作报告》，通报《中共玉溪市委关于2018年度落实全面从严治党主体责任情况的报告》。5.研究玉溪市省管干部2018年度考核等次评定相关事宜。

2月15日，市委书记罗应光主持召开五届市委常委会第119次会议，研究干部人事议题。2月21日，市委书记罗应光主持召开五届市委常委会第120次会议。会议共有12项议题：1.传达学习《关于党的十九大以来中央政治局贯彻执行中央八项规定情况的报告》，提出全市贯彻落实要求。2.传达学习习近平总书记在中央政治局第十二次集体学习时的重要讲话精神，提出全市贯彻落实要求。3.传达学习王鸿津、武在平、陈豪同志在中央第十二巡视组对云南省开展脱贫攻坚专项巡视情况反馈会议上的讲话精神，提出全市贯彻落实要求。4.传达学习中央统战部新的社会阶层人士统战工作经验交流座谈会暨实践创新基地建设中期推动会议精神，提出全市贯彻落实要求。5.听取全市扫黑除恶专项斗争工作汇报。6.传达云南省政府性债务管理委员会会议和全省重点州市经济运行分析会议精神，提出全市贯彻落实意见。7.审议《玉溪市贯彻落实〈云南省人民政府关于保持经济平稳健康发展22条措施的意见〉实施方案（送审稿）》。8.传达学习全国全省宣传部长会议精神，研究全市贯彻落实意见。9.审议《市委常委会2019年工作要点（送审稿）》。10.传达学习全国全省组织部长会议和全省离退休干部工作会、全省“基层党建创新提质年”工作部署视频会议精神，研究全市贯彻落实意见。11.审议《2018—2022年玉溪市干部教育培训规划（送审稿）》《玉溪市实施“基层党建创新提质年”实施方案（送审稿）》《玉溪市实施“高原湖泊卫士”行动方案（送审稿）》；12.研究纪检案件。2月27日，市委书记罗应光主持召开五届市委常委会第121次会议。会议共有7项议题：1.传达学习抚仙湖保护开发利用等规划汇报会精神，提出全市贯彻落实要求。2.传达学习中央脱贫攻坚专项巡视指出问题整改工作暨全省脱贫攻坚推进和作风建设会精神及阮成发省长对全省“大棚房”问题清理整治工作的指示要求，通报全市有关工作推进情况，提出全市贯彻落实要求。3. 审议《关于统筹规范督查检查考核工作的若干措施（送审稿）》。4. 审议《玉溪市人大常委会2019年工作要点（送审稿）》。5. 审议《政协玉溪市委员会2019年工作要点（送审稿）》《政协玉溪市委员会2019年协商计划（送审稿）》。6. 听取市委第六轮巡察整改情况及第七轮巡察工作情况汇报，审议《市委第八轮巡察工作方案（送审稿）》《市委2019年巡察工作计划（送审稿）》《市委脱贫攻坚巩固提升扫黑除恶农村人居环境整治专项巡察整改落实情况（送审稿）》。7. 研究干部人事议题。

3月14日，市委书记罗应光主持召开五届市委常委会第122次会议。会议共有6项议题：1. 传达学习省委书记陈豪在省委常委会听取十届省委第六轮巡视工作汇报时的重要讲话精神，审议《中共玉溪市委关于省委第六巡视组机动巡视玉溪市高原湖泊保护治理反馈问题的整改方案（送审稿）》。2. 审议《玉溪市关于中央第十二巡视组对云南省开展脱贫攻坚专项巡视反馈意见的整改方案（送审稿）》。3. 传达学习全国全省统战部长会议精神，研究全市贯彻落实意见。4. 传达学习省委常委、省委组织部部长李小三同志赴玉溪调研讲话精神，研究全市贯彻落实意见。5. 传达学习全省干部人事档案工作会精神，研究全市贯彻落实意见。6. 传达学习省委常委、省纪委书记、省监委主任冯志礼同志在2019年全省贫困县纪委书记上半年工作例会上的讲话精神，研究全市贯彻落实意见。3月20日，市委书记罗应光主持召开五届市委常委会第123次会议。会议共有7项议题：1. 审议各部门“三定”规定、调整通知的方案和事业单位机构编制方案。2. 传达学习全国“两会”精神，提出全市贯彻落实要求。3. 听取《财富》全球可持续论坛筹备情况汇报，研究下一步工作。4. 审定2018年全市综合考评结果及相关情况。5. 审议《关于调整市级领导联系“七位一体”重点工作项目的通知（送审稿）》。6. 传达学习《关于深入开展“回头看”问题整改继续做好贯彻落实习近平总书记对云南工作重要指示批示工作的通知》精神，审议《〈中共玉溪市委关于贯彻落实习近平总书记考察云南重要讲话精神闯出跨越式发展路子的决定的实施意见重点工作分工方案〉等系列文件贯彻落实情况“回头看”存在问题整改任务分工方案（送审稿）》《深入开展“回头看”问题整改继续做好习近平总书记对云南工作的重要指示批示任务分工方案（送审稿）》。7. 通报江川机场建设前期工作有关情况，研究下一步工作。3月29日，市委书记罗应光主持召开五届市委常委会第124次会议。会议共有11项议题：1. 通报省委对全市2018年度基层党建述职评议考核综合评价反馈意见，审议全市有关述职评议考核综合评价结果。2. 审议《玉溪市领导干部自然资源资产离任审计工作规划（2018—2020年）》《玉溪市开展领导干部自然资源资产离任审计实施意见》。3. 审议《关于开展质量提升行动的实施意见》。4. 研究市级行政综合服务中心建设内容和规模相关事项。5. 传达学习2019年全省机关党的工作会议精神，研究全市贯彻落实意见。6. 审议《市委常委会会议2019年度议题计划》。7. 研究玉溪市留置场所项目建设有关事项。8. 审议《关于2018年全市意识形态领域情况的通报》。9. 审议《市委理论学习中心组2019年学习选题计划》。10. 传达学习全省高校党的建设工作会议精神，研究全市贯彻落实意见。11. 传达学习省武器装备科研生产单位周边安全保密工作领导小组第三次会议精神，研究全市贯彻落实意见。

4月9日，市委书记罗应光主持召开五届市委常委会第125次会议。会议共有3项议题：1. 传达学习中央扫黑除恶第20督导组督导云南省工作动员会、督导组与云南省委第一次工作通报对接会和省委常委会专题会议精神，审议《玉溪市扫黑除恶专项斗争工作总结》《玉溪市扫黑除恶专项斗争情况汇报》，提出全市贯彻要求。2. 传达学习中纪委通报，提出全市贯彻要求。3. 传达学习省委有关文件，提出全市贯彻要求。4月14日，市委书记罗应光主持召开五届市委常委会第126次会议。会议共有2项议题：1. 研究纪检监察案件。2. 研究干部人事议题。4月24日，市委书记罗应光主持召开五届市委常委会第127次会议。会议共有10项议题：1. 传达学习习近平总书记给贡山县独龙江乡群众回信重要精神，传达学习云南省深度贫困地区脱贫攻坚现场推进会精神，提出全市贯彻要求。2. 通报中央扫黑除恶第20督导组下沉全市督导情况，研究整改落实初步意见。3. 传达学习省纪委省监委主要领导调研玉溪讲话精神，提出全市贯彻要求。4. 审议《第六届中国聂耳音乐（合唱）周玉溪分会场活动方案（送审稿）》。5. 审议《庆祝中华人民共和国成立70周年活动方案（送审稿）》。6. 传达学习全省县级融媒体中心建设推进培训会精神，研究全市贯彻意见。7. 研究《云南省星云湖保护条例》修订有关事项。8. 传达学习全省宗教工作督查整改专题会暨宗教专项工作部署会精神，研究全市贯彻意见。9. 传达学习新修订的《党政领导干部选拔任用工作条例》，提出全市贯彻要求。10. 研究市管领导班子和市管领导干部2018年度考核等次。4月29日，市委书记罗应光主持召开五届市委常委会第128次会议。会议共有4项议题：1. 传达学习州（市）党委书记向省纪委常委会专题报告履行全面从严治党主体责任情况会议精神，提出全市贯彻要求。2. 听取全市一季度经济运行情况汇报。3. 审议《关于解决形式主义突出问题为基层减负的具体措施（送审稿）》《关于建立解决形式主义突出问题为基层减负专项工作机制的通知（送审稿）》。4. 审议《玉溪市人民代表大会常务委员会2019年立法工作计划（党内送审稿）》。

5月8日，市委书记罗应光主持召开五届市委常委会第129次会议。会议共有5项议题：1. 传达学习习近平总书记在十九届中央政治局第十四次集体学习时的重要讲话，提出全市贯彻要求。2. 审议《玉溪市争当扫黑除恶专项斗争排头兵工作方案》。3. 研究建立全市村干部岗位补贴长效机制事宜。4. 审议《中共玉溪市委关于加强新时代人民政协党的建设工作的实施意见》。5. 研究干部人事议题。5月29日，市委书记罗应光主持召开五届市委常委会第130次会议。会议共有12项议题：1. 传达学习习近平总书记在解决“两不愁三保障”突出问题座谈会上的重要讲话，提出全市贯彻落实要求。2. 传达学习全省脱贫摘帽县党委书记座谈会精神，提出全市贯彻落实要求。3. 传达学习中央扫黑除恶第20督导组督导云南省情况反馈会议精神，提出全市贯彻落实要求。4. 传达学习全国、全省公安工作会议精神，研究全市贯彻落实意见。5. 传达学习省委农村工作会议精

神，研究全市贯彻落实意见。6.通报2018年度省对市综合考核情况。7.审议《玉溪市2019年度全市目标任务综合考评实施方案》。8.审议《中共玉溪市委关于加强新形势下宣传思想工作的实施意见》。9.传达学习全省教育大会精神，研究全市贯彻落实意见。10.审议《关于2018年党内法规工作情况和2019年工作安排的报告》。11.传达学习《党政领导干部考核工作条例》精神及全国、全省有关干部人事工作座谈会议精神，研究全市贯彻落实意见。12.研究纪检案件。

6月6日，市委书记罗应光主持召开五届市委常委会第131次会议。会议共有7项议题：1.传达学习省委书记陈豪同志在玉溪调研高原湖泊保护治理工作时的重要讲话精神，研究全市贯彻工作。2.传达学习《中共中央关于在全党开展"不忘初心、牢记使命"主题教育的意见》精神及中央、省委"不忘初心、牢记使命"主题教育工作会议精神，研究全市贯彻工作。3.审议《关于省委第六巡视组机动巡视玉溪市高原湖泊保护治理反馈意见整改落实情况的报告》；4.传达学习全省解决形式主义突出问题为基层减负工作推进会精神，研究全市贯彻工作。5.研究市政府与京东云互联网新经济合作项目有关事项。6.书面传达学习赵乐际同志在市县巡察工作推进会上的重要讲话精神，听取"三湖"机动巡视整改监督检查情况、市委第七轮巡察整改情况及第八轮巡察工作情况汇报，审议《市委第九轮巡察工作方案》《关于加强全市县（区）党委巡察向村（社区）党组织延伸工作的意见》；7.研究纪检案件。

7月3日，市委书记罗应光主持召开五届市委常委会第132次会议。会议共有15项议题：1.传达学习《中共中央关于李平同志搞形式主义、官僚主义案件查处情况及其教训警示的通报》，研究全市贯彻工作。2.通报州（市）党委书记向省纪委常委会专题报告履行全面从严治党主体责任情况综合评价反馈意见。3.研究2019年市委联系专家调整补充工作建议人选名单。4.研究机构编制事项。5.传达学习全国违建别墅问题清查整治专项行动电视电话会议精神，研究全市贯彻工作。6.研究2018年度脱贫攻坚巩固提升工作成效考核有关事项。7.审议《关于坚持农业农村优先发展全面完成"三农"工作硬任务的实施意见》。8.审议《玉溪市关于支持民营经济高质量发展的实施意见》。9.研究《2019年市本级财政专项预算调整方案（草案）的报告》。10.传达学习全省文明城市创建工作推进会议精神，研究全市贯彻工作。11.听取全市精神文明建设工作情况汇报。12.审议《中共玉溪市委关于2019年上半年意识形态工作情况的报告》。13.审议《关于涉党政机构改革党内相关文件专项清理的决定》。14.宣布省纪委有关处分决定；15.研究干部人事议题。7月16日，市委书记罗应光主持召开五届市委常委会第133次会议。会议共有4项议题：1.传达学习习近平总书记在中央政治局第十五次集体学习时的重要讲话，研究全市贯彻工作。2.听取玉溪市全面建成小康社会专题调研7个调研组调研情况汇报，审议《关于开展全面建成小康社会"找问题、补短板、抓落实、奔小康"行动方案》《玉溪市推进乡村振兴统筹城乡发展专项行动方案（2019—2020年）》。3.研究市科协、市文联、市社科联、市红十字会换届工作。4.研究召开全市2019年上半年工作会有关事宜。7月31日，市委书记罗应光主持召开五届市委常委会第134次会议。会议共有10项议题：1.学习习近平总书记关于"不忘初心、牢记使命"的重要论述。2.传达学习省委十届七次全会精神，研究全市贯彻工作。3.听取全市上半年经济运行情况及下半年工作措施建议汇报。4.听取全市上半年安全生产工作情况汇报。5.通报《玉溪市全民科学素质行动计划纲要实施方案（2016—2020年）》中期工作情况。6.审议《2019年"扫黄打非"工作方案》。7.传达学习全省巡视巡察工作会议精神，研究全市贯彻工作。8.审议《玉溪市纪委市监委推荐考核选调公务员方案》。9.传达学习省纪委省监委近期有关会议和省纪委省监委书记冯志礼到玉溪调研讲话精神，研究全市贯彻工作。10.研究纪检案件。

8月5日，市委书记罗应光主持召开五届市委常委会第135次会议。会议共有5项议题：1.学习习近平总书记关于"不忘初心、牢记使命"的重要论述。2.传达学习习近平总书记在深化党和国家机构改革总结会议上的重要讲话，研究全市贯彻工作。3.传达学习习近平、丁薛祥在中央和国家机关党的建设工作会议上的重要讲话，研究全市贯彻工作。4.传达学习中央"不忘初心、牢记使命"主题教育第四指导组调研玉溪座谈会精神，研究全市贯彻工作。5.审议《2019年政党协商计划》。8月8日，市委书记罗应光主持召开五届市委常委会第136次会议，研究干部人事问题。8月14日，受市委书记罗应光委托，市委副书记、市长张德华主持召开五届市委常委会第137次会议，研究干部人事议题。8月21日，市委书记罗应光主持召开五届市委常委会第138次会议。会议共有10项议题：1.学习习近平总书记关于"不忘初心、牢记使命"的重要论述。2.传达学习省委书记陈豪会见华人文化集团董事长黎瑞刚一行时的讲话精神和2019年《财富》全球可持续论坛现场专题会议精神。3.传达学习全省农村人居环境整治推进现场会和全省推进农村劳动力转移就业工作现场会议精神，研究全市贯彻工作。4.传达学习全省深化党政机构改革总结会议精神，听取全市党政机构改革总结评估情况汇报。5.研究抚仙湖径流区耕地休耕轮作项目实施情况有关事项。6.研究红龙路、科创大道（原大坝路）、城市规划馆、东风中路、玉江大道和儿童医院市政电源6个项目资金安排有关事项。7.研究绿汁江公路建设市级补助资金有关事项。8.审议《玉溪市纪检监察干部轮岗交流办法（试行）》。9.审议《关于当前全市意识形态领域形势的通报》。10.研究干部人事议题。

9月11日，市委书记罗应光主持召开五届市委常委会第139次会议。会议共有7项议题：1.学习习近平总书记关于"不忘初心、牢记使命"的重要论述。2.传达学习中央"不忘初心、牢记使命"主题教育第一批总结暨第二批部署会议精神，研究全市"不忘初心、牢记使命"主题教育有关事项。3.研究澄江县撤县设市个别申报材料修改相关事宜。4.审议《云南省峨山彝族自治县城市管理条例（草案）》（党内送审稿）。5.传达学习新修订的《中国共产党问责条例》，研究全市贯彻工作。6.传达学习《省纪委省监委关于宣威市海岱镇旧屋村民小组饮用水安全工程造假问题调查情况的通报》，研究全市贯彻工作。7.研究纪检监察案件。9月16日，市委书记罗应光主持召开五届市委常委会第140次会议。会议共有6项议题：1.学习习近平总书记关于"不忘初心、牢记使命"的重要论述。2.审议《玉溪市深化国有企业改革行动实施方案（送审稿）》及7个配套文件、《玉溪市市属企业领导人员管理规定（送审稿）》。3. 研究关于支持玉溪师范学院财政管理体制上划存量债务偿还补助事宜。4. 通报玉溪市县级财政 2018 年末欠拨专款情况。5. 听取全市“扫黄打非”工作情况汇报。6. 研究干部人事议题。9 月 26 日，市委书记罗应光主持召开五届市委常委会第 141 次会议。会议共有 6 项议题：1. 学习习近平总书记关于“不忘初心、牢记使命”的重要论述。2. 审议《玉溪市推进城市安全发展实施方案》。3. 传达学习《地方党政领导干部食品安全责任制规定》《关于深化改革加强食品安全工作的意见》，研究全市贯彻工作。4. 审议《玉溪市民生领域暨扶贫领域腐败和作风问题专项整治重点检查情况报告》。5. 听取市委第八轮巡察整改情况及第九轮巡察工作情况汇报，审议《五届市委第十轮巡察工作方案》。6. 研究干部人事问题。

10 月 22 日，市委书记罗应光主持召开五届市委常委会第 142 次（扩大）会议。会议共有 8 项议题：1. 学习习近平总书记关于“不忘初心、牢记使命”的重要论述。2. 传达学习中共云南省委十届八次全会精神，研究全市贯彻工作。3. 传达学习中央“不忘初心、牢记使命”主题教育第四巡回督导组到玉溪调研督导主要精神，研究全市贯彻工作。4. 研究峨山、新平、元江 3 个民族自治县民族自治条例修改工作。5. 传达学习中央政协工作会议和习近平总书记重要讲话精神，研究全市贯彻工作。6. 审议《玉溪市 2019 年度党风廉政建设责任制检查考核实施方案》。7. 研究纪检案件。8. 研究干部人事议题。10 月 24 日，市委书记罗应光主持召开五届市委常委会第 143 次会议。会议共有 2 项议题：1. 听取市委五届八次全会筹备情况汇报，审议《中共玉溪市委关于坚持全面从严治党构建风清气正政治生态的决定》及市委五届八次全会第一次全体会议市委书记罗应光的讲话。2. 研究玉溪市 2019 年市本级财政预算调整方案。10 月 25 日，市委书记罗应光主持召开五届市委常委会第 144 次会议，听取对《中共玉溪市委关于坚持全面从严治党构建风清气正政治生态的决定（讨论稿）》、市委书记罗应光的讲话、《中国共产党玉溪市第五届委员会第八次全体会议决议（草案）（讨论稿）》分组讨论情况汇报。

11 月 4 日，市委书记罗应光主持召开五届市委常委会第 145 次（扩大）会议。会议共有 10 项议题：1. 学习习近平总书记关于“不忘初心、牢记使命”的重要论述。2. 传达学习党的十九届四中全会精神，研究全市贯彻意见。3. 研究通海县钢铁行业转型升级资金补助有关事项。4. 研究玉溪交通运输集团公司农村公路建设贷款 8 亿元还款有关事项。5. 研究玉昆钢铁集团科技研发中心项目投资合作事宜。6. 审议《抚仙湖径流区现代标准化农业产业面源和土壤污染控制示范项目实施方案》及《国都东方玉溪抚仙湖绿色生态环保产业母基金设立方案》。7. 传达学习《中国共产党宣传工作条例》，研究全市贯彻意见。8. 传达学习中宣部、中央文明办深化拓展建设新时代文明实践中心试点工作电视电话会议及云南省建设新时代文明实践中心全国试点工作专题会议精神，研究全市贯彻意见。9. 传达学习中央纪委国家监委《关于监委向本级人大常委会报告专项工作有关问题的通知》。10. 研究干部人事议题。同日，市委书记罗应光主持召开五届市委常委会第 146 次会议，研究干部人事议题。11 月 8 日，市委书记罗应光主持召开五届市委常委会第 147 次会议，研究干部人事议题。11 月 22 日，市委书记罗应光主持召开五届市委常委会第 148 次会议。会议共有 6 项议题：1. 学习习近平总书记关于“不忘初心、牢记使命”的重要论述。2. 传达学习《中央统一战线工作领导小组关于宗教工作督查对呼和浩特市委、三亚市委、宝鸡市委问题情况的通报》和中央统战部副部长侍俊同志调研玉溪讲话精神以及中央统战工作领导小组宗教工作督查“回头看”专题汇报会上陈豪书记的讲话精神。3. 审议《玉溪市人大常委会 2020 年立法计划项目（党内送审稿）》。4. 传达学习云南省学习贯彻党的十九届四中全会精神省委宣讲团动员会议精神，研究全市贯彻工作。5. 传达学习中央巡视工作领导小组办公室主任王鸿津同志在第一期全国县级巡察办主任培训班上的讲话精神及十届省委第九轮巡视工作动员部署会议精神。6. 研究纪检案件。11 月 27 日，市委书记罗应光主持召开五届市委常委会第 149 次会议，研究干部人事议题。

12 月 5 日，市委书记罗应光主持召开五届市委常委会第 150 次会议，研究干部人事议题。12 月 13 日，市委书记罗应光主持召开五届市委常委会第 151 次会议。会议共有 14 项议程：1. 学习习近平总书记关于“不忘初心、牢记使命”的重要论述。2. 传达学习习近平总书记关于做好统计工作的重要指示精神及相关文件精神。3. 传达学习省委政协工作会议精神，研究全市贯彻工作。4. 审议《中共玉溪市委五届九次全体会议工作方案》《中共玉溪市委经济工作会议方案》。5. 研究玉溪市救灾物资储备库项目建设匹配资金相关事宜。6. 研究红塔区平战结合人防工程市政公用设施扩容增容项目优选事宜。7. 研究聂耳文化广场拖欠管维资金有关事宜。8. 传达学习全省干部监督工作会议精神，研究全市贯彻工作。9. 传达学习云南省第七届道德模范座谈会议精神，研究全市贯彻工作。10. 听取 2019 年玉溪市未成年人思想道德工作情况汇报。11. 审议《做好“议案促改”坚决肃清秦光荣流毒影响实施方案》。12. 审议《玉溪市留置看护队伍建设实施细则（试行）》。13. 研究审定 2019 年度党风廉政建设责任制检查考核结果。14. 听取市委第十轮巡察工作情况汇报。12 月 18 日，市委书记罗应光主持召开五届市委常委会第 152 次会议。会议共有 12 项议题：1. 传达学习习近平总书记在中央政治局第十八次集体学习时的重要讲话精神，研究全市贯彻工作。2. 传达学习习近平总书记在中央政治局第十九次集体学习时的重要讲话精神，研究全市贯彻工作。3. 传达学习滇中地区党委书记座谈会议精神，研究全市贯彻工作。4. 传达学习省委副书记王予波赴玉溪调研讲话精神，研究全市贯彻工作。5. 传达学习全国全省扫黑除恶专项斗争第二次推进会议精神，研究全市贯彻工作。6. 听取市人大常委会、市政府、市政协、市中级人民法院、市人民检察院党组 2019 年工作情况汇报。7. 听取市纪委市监委、市委办公室、市委组织部、市委宣传部、市委统战部、市委政法委 2019 年工作情况汇报。8. 听取工青妇 2019 年工作情况汇报。9. 研究召开市五届人大三次会议和市政协五届三次会议有关事项。10. 审议《深化玉溪市纪委市监委派驻机构改革的实施意见》等 3 个文件。11. 研究纪检案件。12. 研究干部人事议题。12 月 20 日，市委书记罗应光主持召开五届市委常委会第 153 次会议。会议共有 2 项议题：1. 研究干部人事议题。2. 开展 2019 年党委（党组）书记抓基层党建述职评议考核工作。12 月 28 日，市委书记罗应光主持召开五届市委常委会第154次会议。会议共有14项议题：1.传达学习省委十届九次全会和省委经济工作会议精神，研究全市贯彻工作。2.审议《中共玉溪市委关于认真学习贯彻党的十九届四中全会和省委十届九次全会精神高水平推进市域治理现代化的实施意见》、市委常委会在市委五届九次全会上的工作报告、《2019年党的建设工作专题报告》。3.听取全市2019年经济运行情况汇报，研究2020年经济社会发展预期目标建议。4.研究市委书记罗应光、市长张德华在市委经济工作会议上的讲话。5.传达学习中央第十二巡视组对云南省开展脱贫攻坚专项巡视“回头看”进驻沟通会议精神，研究《迎接中央脱贫攻坚专项巡视“回头看”工作方案》。6.审议机构编制事项。7.审议《中共玉溪市委关于废止、宣布失效和修改部分党内规范性文件的决定》。8.研究澄江县撤县设市有关事项。9.传达学习全省抓党建促脱贫攻坚暨产业扶贫就业扶贫易地扶贫搬迁组织化现场会议精神，研究全市贯彻工作。10.审议《玉溪市“不忘初心、牢记使命”主题教育工作总结报告》。11.审议《中共玉溪市委关于2019年意识形态工作情况的报告》。12.听取2019年市委全面依法治市工作情况汇报。13.听取全市安全生产工作情况汇报。14.研究干部人事议题。12月30日，市委书记罗应光主持召开五届市委常委会第155次会议，听取对《中共玉溪市委关于认真学习贯彻党的十九届四中全会和省委十届九次全会精神高水平推进市域治理现代化的实施意见（讨论稿）》、市委书记罗应光代表市委常委会向全会作的工作报告、《玉溪市2019年党的建设工作专题报告》、酝酿市委委员辞职事项、《中国共产党玉溪市第五届委员会第九次全体会议决议（草案）（讨论稿）》分组讨论情况的汇报。

（杨三保）

【重要通知、决定】 2019年1月10日，市委办公室、市政府办公室印发《关于做好深化市级机构改革有关事项的通知》。深化市级机构改革，是全面贯彻习近平总书记对云南发展重要指示精神、完善市级机构职能体系的重要任务，是破解新时代玉溪深层次体制机制问题、决战脱贫攻坚、决胜全面建成小康社会、实现高质量跨越式发展的重要保障。坚持“先立后破、不立不破”机构改革组织实施的总原则，统筹衔接好涉改部门和单位班子调配、人员转隶、挂牌及制定“三定”等组织实施关键环节的时间顺序，紧凑有序做好职责调整和各项工作衔接运转，规范机构变动部门和单位的文件发送、印章使用及挂牌，依法依规管理处置机构变动部门和单位的经费资产，积极做好涉改部门和单位的档案交接管理工作，确保涉改部门和单位的机构、职责按市委要求及时有序调整到位，确保如期高质量完成市级机构改革任务。

2月28日，市委办公室印发《玉溪市实施“高原湖泊卫士”行动方案》。为深入学习贯彻习近平生态文明思想和对云南工作的重要指示精神，全面贯彻落实中央、省委、市委关于“三湖”保护治理各项决策部署，践行“绿水青山就是金山银山”理念，加强沿湖县区对抚仙湖、星云湖、杞麓湖（以下简称“三湖”）保护治理的领导，充分发挥各级党组织和广大党员干部的政治引领和示范带动作用，动员全社会积极参与湖泊保护治理，争当生态文明建设排头兵，为全省高原湖泊保护治理贡献玉溪经验，决定在“三湖”流域的江川区、通海县、澄江县开展“高原湖泊卫士”行动。

3月11日，市委印发《2018—2022年玉溪市干部教育培训规划》。干部教育培训是干部队伍建设的先导性、基础性、战略性工程，在进行伟大斗争、建设伟大工程、推进伟大事业、实现伟大梦想中具有不可替代的重要地位和作用；培养造就忠诚干净担当的高素质专业化干部队伍，努力实现以习近平新时代中国特色社会主义思想为中心内容的理论教育更加深入、党性教育更加扎实、现代化知识提升培训更加精准、综合素质培训更加有效、干部教育培训体系改革更加深化的主要目标，推进新时代中国特色社会主义的玉溪新实践，推动玉溪各项事业开创新局面、实现新突破、取得新发展。

5月6日，市委、市政府印发《关于开展质量提升行动的实施意见》，扎实开展质量提升行动，深入推进质量强市战略，加快推动玉溪经济社会发展进入质量时代。通过全面提升质量水平、破除质量提升瓶颈、夯实质量基础设施、改革完善质量发展政策和制度等措施，确保到2020年，全市供给质量明显改善，质量型发展优势更加凸显，供给体系更有效率，质量总体水平显著提升，质量对提高全要素生产率和促进经济发展的贡献进一步增强，更好满足人民群众不断升级的消费需求。

5月6日，市委办公室印发《关于解决形式主义突出问题为基层减负的具体措施》。为深入贯彻落实习近平总书记关于加强党的作风建设，力戒形式主义、官僚主义的一系列重要指示精神和中央、省委关于解决形式主义突出问题为基层减负的相关要求，围绕“基层减负年”工作部署，通过大幅精简文件、大力压缩会议、全面推行一线工作法、规范督查检查考核、完善问责追责和激励关怀机制，切实解决困扰基层的形式主义突出问题，更好为基层干部松绑减负，激励广大干部担当作为，把增强“四个意识”、坚定“四个自信”、做到“两个维护”落到实处。

7月29日，市委办公室、市政府办公室印发《关于开展全面建成小康社会“找问题、补短板、抓落实、奔小康”行动方案》。为全面落实省委、省政府对玉溪提出的“六个走在全省前列”工作要求，真抓实干，转变作风，切实把开展主题教育同应对化解各种风险挑战、同推动本地区本部门本单位中心工作结合起来，确保今年目标任务圆满完成和在全省率先全面建成小康社会目标如期实现，自2019年3月起至12月底，围绕全面建成小康社会监测指标体系，通过组织实施“五个一”系列活动，即一个鲜明主题、一次专题调研、一个行动方案、一次启动大会、一个专项督查，在全市各级各部门高质量高标准开展“找问题、补短板、抓落实、奔小康”行动，坚决打赢在全省率先全面建成小康社会的决胜战。

7月31日，市委、市政府印发《关于支持民营经济高质量发展的实施意见》，认真落实省委、省政府关于支持民营经济高质量发展的要求，营造良好发展环境，坚定发展信心，进一步激发民营经济发展动力和活力，推行降低税费负担、缓解融资难融资贵、营造良好发展环境、推进产业集群发展、支持民营经济高质量发展等政策措施，支持民营经济高质量发展。

8月15日，市委、市政府印发《关于坚持农业农村优先发展全面完成“三农”工作硬任务的实施意见》，坚持农业农村优先发展，聚力解决突出问题，巩固提升脱贫成果；做优做强特色产业，拓宽农民增收渠道；夯实农业基础，保障农产品有效供给；

扎实推进乡村建设，加快补齐农村短板；深入推进农村各项改革，激发乡村发展活力；完善乡村治理机制，保持农村和谐稳定；发挥战斗堡垒作用，全面加强农村基层；加强党对“三农”工作的领导，把“四个优先”落到实处，全面完成“三农”工作硬任务。

9月16日，市委印发《关于开展“不忘初心、牢记使命”主题教育的实施方案》，明确以县处级以上领导干部为重点，在全市各级党组织和广大党员中开展“不忘初心、牢记使命”主题教育，以深入学习贯彻习近平新时代中国特色社会主义思想为根本任务，贯彻守初心、担使命，找差距、抓落实的总要求，坚持抓思想认识到位、抓检视问题到位、抓整改落实到位、抓组织领导到位，努力实现理论学习有收获、思想政治受洗礼、干事创业敢担当、为民服务解难题、清正廉洁做表率的目标。各级领导干部必须在学懂弄通做实习近平新时代中国特色社会主义思想上下功夫、作表率，确保与党中央思想意志统一、行动步调一致。

10月11日，市委、市政府印发《玉溪市深化国有企业改革行动实施方案》。国有企业是国民经济的主导力量，是社会主义经济的重要支柱。进一步深化国有企业改革，加快全市国有资本布局优化和结构调整，推动国有企业战略性整合重组，完善公司法人治理结构，放大国有资本功能，防范化解债务风险，促进国有企业实体化市场化转型发展，对全市建设现代产业体系和现代经济体系，促进玉溪经济社会高质量跨越式发展，在全省率先全面建成小康社会，具有十分重要的意义。通过2年努力，打造一批具有核心竞争力的国有企业，国有资本在全市经济社会发展中的作用进一步增强。

12月26日，市委办、市政府办印发《玉溪市深化农业综合行政执法改革实施方案》。为深化全市农业综合行政执法改革，整合组建全市农业综合行政执法队伍，解决农业领域分散执法等突出问题，通过理顺层级职责、加强队伍建设、规范执法事项、健全执法制度、创新工作机制、强化执法保障等措施将分散在同级农业农村部门内设机构及所属单位的行政处罚以及与行政处罚相关的行政检查、行政强制职能剥离，整合组建农业综合行政执法队伍，以农业农村部门的名义统一执法。市级不设置农业综合行政执法队伍，农业综合行政执法职能主要由县区承担，市级主要负责监督指导、重大案件查处和跨区域执法的组织协调工作。

12月30日，市委办、市政府办印发《关于全面深入持久开展民族团结进步创建工作铸牢中华民族共同体意识的实施意见》。中华民族共同体意识是国家统一之基、民族团结之本、精神力量之魂。玉溪市少数民族人口占全市总人口34.8%，民族自治地方占全市面积57.5%，民族团结进步事业是永恒的工作主题。全市各级各部门要坚持以习近平新时代中国特色社会主义思想为指导，深入贯彻落实党的十九大和中央民族工作会议精神，以铸牢中华民族共同体意识为根本方向，以“中华民族一家亲，同心共筑中国梦”为总目标，以共同团结奋斗、共同繁荣发展为主题，以加强各民族交往交流交融为根本途径，全面深入持久开展民族团结进步创建工作，为谱写好中华民族伟大复兴中国梦玉溪篇章凝聚磅礴的精神力量。

（王　媛）

【办文、办会】 2019年，市委办认真贯彻落实中央、省委和市委关于“基层减负年”的重要决策部署，着力在减量、提质、增效上下功夫，加强文件制定工作的统筹计划，严格审核把关，强化督促指导，解决“文山”这一顽症痼疾，切实为基层干部松绑减负。提升文电办理质量效率。优化文电拟办机制，完善文件流转管理台账，健全快速响应、督促提醒、及时反馈机制，有效提升文电办理水平。全年共拟办中央、省委和各部门来文797件；排版、印发市委各类文件、材料、简报、信息共1 930件；收发中央、省、市各级各部门文件6 516件39 689份，传阅文件10 400人次，做到不横传、不延误。加强统筹谋划，严控文件数量。聚焦“发至县级以下的文件减少30%—50%”的目标，制定《2019年市委文件制定计划》。全年制定市委文件149件（不含80件涉党政机构改革类文件），其中规范性文件类82件，议事协调机构类文件26件，通报类文件41件，总量同比减少36.05%，规范性文件类同比减少33.87%。强化审核把关，严守文件质量。强化文稿上会前审查、发文前审核，弘扬“短实新”文风，加大政治性、合法合规性、合理性、规范性审查力度。全年前置审查市委文件稿105件，发文前审核207件，出具审查意见书64份，提出政治性、合法性、合理性、规范性审查意见建议126条，对24件照搬照抄、缺乏务实管用举措、内容违反上位文件规定的文稿退回起草部门重新修改，对13件发文必要性不够充分、随意升格发文的，报请市委领导同意后，不再以市委文件印发。同时，进一步规范市委规范性文件报备范围、报备流程、报备方式、报备期限，杜绝迟报、漏报现象发生，做到备案“零停留”、工作“零延误”，高效做好向省委报备工作。全年向省委报送备案市委规范性文件115件，报备率、及时率、合法合规率达100%。规范开展下备一级工作。全年审查各级各部门报送市委备案的党内规范性文件1 059件，其中各县（市、区）党委844件，市委各部委153件，党组（党委）62件，经审查发现和处理“违法违规问题文件”56件（纠正5件、提醒51件）。

市委办高质量召开市委全会、市委常委会、市委理论学习中心组学习和市委专题会议等重要会议，完成市委各项重要调研、视察、检查活动。全年充分发挥好市委办公室“四最一中枢”职能作用，进一步完善市级机关秘书长办公室主任联席会议机制和全市性会议活动“季谋划、月计划、周安排”制度，提高工作科学性和预见性，统筹市委重要工作高效运转；精心统筹好新中国成立70周年全市系列重大活动，圆满完成国家领导人和省委领导赴玉调研考察、市委重要调研100余次；顺利召开市委五届七次、八次、九次全会，召开市委常委会会议、市委常委班子民主生活会、市委理论学习中心组集中学习、市委议事协调机构或领导小组会等会议121次，其中召开全市性会议38次，比上年减少17次，减幅达30.9%。

（俞　江　顾　锐　宋丽婋）

【信息工作】 2019年，市委办信息工作按照中央、省委和市委领导对信息工作的新指示新要求，紧紧围绕市委、市政府的中心工作，突出中心导向、问题导向、咨政导向、典型导向和情报导向，扎实做好新形势下党委信息工作，为省委及时了解玉溪发展情况提供了及时、全面、优质、高效的服务，为市委及时全面掌握重要动态、进行科学决策、推动工作落实提供了准确信息支撑。全年向省委办公厅上报信息4 643条，被省委办采用383条，市本级采编各县（市、区）、市直各单位信息3 603条，编辑出刊《玉溪重要信息》47期、《信息专报》97期、《工作情况交流》18期。

（普丽萍）

【上级领导视察调研】 2019年2月12日，省委常委、省委政法委书记张太原率队对全市2018年度落实党风廉政建设责任制工作情况进行检查考核。罗应光主持会议，并代表市党政领导班子汇报玉溪市2018年度落实党风廉政建设责任制工作情况。13—14日，副省长李玛琳率领省卫生健康委、省体育局相关负责人到玉溪市调研省第十六届运动会场馆规划建设、综合医改、红十字会工作和市地方志编纂工作情况，要求玉溪珍惜荣誉、深化改革、继续探索，使综合医改工作始终走在全省前列，使建设健康生活目的地工作走在全省前列。

3月2日，国家体育总局等相关部委到玉溪市就重点体育产业项目进行实地调研，并表示玉溪在发展体育产业的同时要进一步做好体育产业发展规划和体育产业优化升级工作。同日，省委常委、省委组织部部长李小三带队到玉兴街道调研城市党建工作。李小三强调，城市基层党建要以街道、社区党组织为核心，实现组织共建、资源共享、机制衔接、功能优化方面的突破创新。2—3日，省委常委、省委组织部部长李小三到玉溪就《中国共产党支部工作条例（试行）》（以下简称《条例》）贯彻落实情况进行调研。李小三强调，各级党委（党组）要重视党支部、善抓党支部，采取有力措施，推进《条例》落到实处、见到成效。罗应光、景绚、张小良、王志新陪同调研。9日，中国工程院院士、四川大学教授张兴栋及其团队一行来到玉溪，就支持玉溪生物医药产业发展、建立院士工作站等工作进行座谈交流。记保明顺、景绚参加座谈交流。

4月10—11日，省委常委、省纪委书记、省监委主任冯志礼到玉溪，就扫黑除恶专项斗争工作开展调研，强调进一步提高政治站位，督促推进责任落实，坚决破“网”拔“伞”，交出一份省委和玉溪人民满意的答卷。罗应光、明正彬、景绚、孟凡兵陪同调研或参加座谈。冯志礼还对中央环保督察“回头看”暨省委高原湖泊保护治理机动巡视整改情况和抚仙湖保护治理进行了调研。11—12日，国家和省退役军人事务部门调研组到玉溪了解全市退役军人事务工作开展情况，指导信息采集等业务工作，听取相关意见建议。18日，中央扫黑除恶第20督导组下沉督导小组组长时乃龙一行下沉到峨山县督导基层扫黑除恶专项斗争工作开展情况。明正彬陪同督导。19日，中央扫黑除恶第20督导组下沉督导小组组长时乃龙率队到澄江县，对基层扫黑除恶专项斗争工作进行督导指导。明正彬、孟凡兵陪同督导。25—26日，省人大常委会常务副主任、省级河（湖）长制副总督察和段琪率督察组到对杞麓湖河（湖）长制工作落实情况开展督察。罗应光汇报了杞麓湖保护治理有关工作情况。保明顺陪同督察组实地督察并详细汇报了杞麓湖河（湖）长制工作落实情况。王志新参加座谈或陪同督察调研。

5月15日，国家烟草专卖局党组成员、副局长杨培森到玉溪市调研，了解全市当前抗旱保苗及助烟农增收等工作开展情况。副省长董华，罗应光、张德华、王志新陪同调研。24日，省政协副主席、省计生协会会长高峰一行到玉溪市调研基层计生协会工作，实地调研青春健康教育基地项目。

6月3—4日，省委书记、全省总河（湖）长、抚仙湖河长陈豪率调研组在玉溪市督促检查抚仙湖、星云湖等湖泊保护治理工作，带头落实河（湖）长制责任。陈豪强调，要深入学习贯彻习近平生态文明思想和习近平总书记对云南工作重要指示精神，提高政治站位，强化责任担当，以系统性思维抓好抚仙湖等流域环境综合治理，以科学精准思维着力解决湖泊保护治理短板，以辩证思维实现“绿水青山”向“金山银山”的有效转化，坚决守住生态之基和发展之本，努力建设蓝海抚仙湖、七彩抚仙湖、森林抚仙湖。省委常委、省委秘书长刘慧晏、省政府省长王显刚参加调研，罗应光、张德华、王志新陪同。14日，省人大常委会常务副主任、省级河（湖）长制副总督察和段琪率队到玉溪市督察星云湖河（湖）长制落实情况。和段琪要求，玉溪市和江川区在星云湖保护治理过程中要抓住主要矛盾，找准问题的关键所在，围绕“截污、除磷、除藻、补水”四方面来着力，精准治湖、科学治湖，确保星云湖保护治理目标任务顺利实现。张德华陪同督察并向督察组汇报有关工作。19日，国家档案局副局长刘鲤生一行到玉溪市就档案机构改革、档案工作运转、档案信息化建设以及国家重点档案专项等工作进行调研。调研组希望玉溪继续推进信息化建设，加大培训力度，尽快提高新进人员素质，确保档案工作正常运转。王志新陪同调研。26—27日，省人大常委会常务副主任、省级河（湖）长制副总督察和段琪率督察组到我市澄江县，调研督察玉溪市落实抚仙湖河（湖）长制工作和保护治理情况，开展“不忘初心、牢记使命”主题教育调查研究。和段琪强调，要通过深入开展“不忘初心、牢记使命”主题教育活动，全面落实“守初心、担使命，找差距、抓落实”总要求，把主题教育同落实党中央各项决策部署紧密结合起来，把抓好抚仙湖保护治理工作作为落实主题教育的实际行动，全面压实责任，持续深入开展调查研究，拿出破解难题的实招硬招，以最坚决的态度、最有力的举措解决抚仙湖保护治理难题。罗应光、王志新陪同调研督察。27—30日，副省长和良辉率调研组到玉溪市调研养老服务及高原湖泊保护治理工作，要求玉溪强化政策扶持，不断提升养老服务机构的建设和管理服务水平；全力恢复抚仙湖流域自然水生态系统，坚决守护好绿水青山。罗应光陪同调研。

7月2日，国家烟草专卖局党组成员、副局长杨培森率全国烟区生产负责人到澄江县，参观考察抚仙湖流域2万亩核心烟区、世界烟草品种园、绿色农业智能温室、烟农增收产业孵化园，对玉溪烟草产业所取得的成绩、烟草产业发展探索创新等工作给予充分肯定。罗应光、王志新陪同调研。11日，省委第六巡视组组长孙耕耘、副组长李兴荣一行赴江川区、澄江县，就玉溪市高原湖泊保护治理巡视整改进展情况进行实地检查。记罗应光、孟凡兵、王志新陪同检查。12日，中华全国供销合作总社党组书记、理事会副主任王侠一行在云南调研期间就玉溪市供销合作社综合改革情况进行调研，对改革成效给予充分肯定。王侠希望玉溪供销合作社继续坚持好为农服务的初心，不断深化综合改革提升服务能力，加快构建现代农产品市场网络，提升农民专业合作社发展质量，稳妥发展合作金融业务，不断满足广大群众多层次、多样化服务需求，在乡村振兴中发挥更大作用，助推全省、全市高质量跨越式发展。副省长陈舜，罗应光、张德华陪同调研。21日，中国工程院院士、中国工程院副院长、中国医学科学院北京协和医学院院校长王辰到玉溪市人民医院指导调研，并以“推动医院学科建设与发展”做专题讲座。罗应光陪同考察调研，就全市生态文明建设和大健康产业发展进行交流。

8月3—4日，省人大常委会秘书长韩梅率队到玉溪市澄江县、红塔区，围绕创新工作思路，提高执行力，服务保障人大及其常委会依法履职开展专题调研。15—16日，由部分专家、学者委员组成的省政协委员视察组，到玉溪市开展“城市公办养老机构服务质量提升”重点视察。17日，由省卫生健康委牵头的省脱贫攻坚督查组到玉溪市开展脱贫攻坚督查，督查组组长、省卫生健康委主任杨洋代表省督查组反馈意见。张德华、保明顺参加反馈会。

9月9—10日，省药品生产流通使用政策专项督察组到玉溪，就全市贯彻落实《云南省人民政府办公厅关于进一步改革完善药品生产流通使用政策的实施意见》情况进行专项督察。10—11日，省人大常委会副主任纳杰率队到玉溪，就全市贯彻实施《农产品质量安全法》情况进行执法检查。纳杰要求，要以习近平总书记关于食品安全的一系列重要论述为指导，继续推进《农产品质量安全法》的全面落实，以最严谨的标准、最严格的监管、最严厉的处罚、最严肃的问责，管好“舌尖上的安全”，回应社会关切，建设健康云南。19日，省人大常委会副主任李培率调研组到江川区开展立法调研，了解现行《云南省星云湖保护条例（修订草案）》的实施情况及存在问题，听取相关修改意见和建议，并对星云湖保护治理取得的成绩给予了肯定。19—20日，国家校园医院安保工作督查组到玉溪市就校园、医院安保工作进行督导检查。

10月8日，全国政协副主席汪永清率全国政协“乡村治理创新”党外委员专题视察团到玉溪市视察，与乡村干部和村民面对面交流，随机入户走访了解情况。汪永清强调，积极实践探索，走出一条中国特色社会主义乡村善治之路，建设充满活力、和谐有序的乡村社会，不断增强广大农民的获得感、幸福感、安全感。省政协副主席高峰，罗应光、张德华、王志新陪同视察。16—17日，省人大常委会副主任杨福生率队到玉溪市专题调研扫黑除恶专项斗争工作开展情况。杨福生要求，要围绕中央扫黑除恶专项斗争的目标任务和争当全省排头兵的目标，继续推进工作。21日，国家药品监督管理局党组书记、副局长李利率调研组到玉溪高新区玉溪沃森生物技术有限公司、云南维和药业股份有限公司等药品生产企业进行实地调研检查。李利强调，各级药品监管部门要坚持问题导向，排查薄弱环节，化解风险隐患，落实全过程、全链条监管责任；要加强疫苗驻厂检查员专业化队伍建设，构建“亲”“清”政商关系，在坚决守住药品质量安全底线的同时，服务支持药企高质量发展。21—23日，农工党内蒙古自治区委调研组到澄江县、江川区、通海县、红塔区开展脱贫攻坚民主监督工作。调研组由农工党内蒙古自治区委巡视员、专职副主委王学东率队。胡春雨介绍了全市脱贫攻坚工作情况。30日，新华社副社长严文斌来到澄江县就抚仙湖保护治理、高原特色现代农业发展等情况进行调研。省委宣传部常务副部长罗杰，罗应光陪同。同日，中华全国供销合作总社党组成员、理事会副主任蔡振红一行到玉溪澄江县、红塔区，深入生产企业和物流中心、商业网点调研，了解企业生产经营情况。云南省供销合作社党组书记、理事会主任陈霖陪同调研。

11月6—8日，省人大常委会原副主任刀林荫以及驻玉的全国人大代表和玉溪选举的省人大代表对玉溪市打造绿色食品牌和红河谷—绿汁江热区产业经济带建设情况进行视察。11—12日，省委副书记王予波到玉溪市宣讲党的十九届四中全会精神，并实地调研玉溪乡村振兴、高原湖泊治理、民族宗教、基层党建等工作。王予波强调，要深入学习贯彻党的十九届四中全会精神，推动全会精神深入人心，奋力推进乡村振兴，推动经济社会高质量跨越式发展。罗应光、保明顺陪同调研。14日，中央政治局委员、全国人大常委会副委员长王晨在澄江县考察立法保护高原湖泊生态环境和依托科技发展特色农业取得的成效。记罗应光、李洪云陪同考察。12—15日，中央政法委维稳指导局二级巡视员禹丽芸一行到玉溪开展蹲点调研，围绕贯彻落实党的十九届四中全会精神、创新完善新时代维稳工作机制、防范化解重大风险各项工作进行调研，并召开调研座谈汇报会。马加能主持会议。18日，省人大常委会副主任、省总工会主席王树芬率调研组到玉溪市宣讲十九届四中全会精神及全国推进产业工人队伍建设改革工作电视电话会议精神，调研玉溪产业工人队伍建设改革工作推进情况。保明顺陪同调研并参加座谈。20日，中共云南省委“不忘初心、牢记使命”主题教育第四指导组组长刘绍怀一行到玉溪高新区调研主题教育工作，充分肯定了高新区党工委在党的建设和主题教育中作出的积极努力，认为高新区发展势头良好、党建工作务实高效、发展成效未来可期。

12月7日，省委书记、全省总河（湖）长、抚仙湖河长陈豪率队到玉溪市澄江县督促检查抚仙湖保护治理工作，重点检查入湖河流治理、环湖生态移民搬迁、面山植树造林三大工程。陈豪强调，要坚定不移贯彻落实习近平生态文明思想，切实扛起政治责任和历史使命，保持战略定力，坚定信心决心，按照“保护第一、治理为要、科学规划、绿色发展”的工作思路，持之以恒抓保护治理，让抚仙湖一池清水永驻云岭高原。赵金、刘慧晏、王显刚参加陪同，罗应光、张德华、王志新先后参加调研。10日，副省长李玛琳率队到云南沃森生物技术股份有限公司调研。李玛琳要求玉溪市要围绕现代生物医药产业精准招商，完善生物医药产业链，集聚生产发展，以沃森生物为龙头做大做强玉溪生物医药产业。14—19日，中央依法治国办第六督察组第二组进驻玉溪开展法治政府建设全面督察。16日，罗应光与督察组组长马玉珍一行举行工作座谈，张德华代表市委、市政府在工作汇报会上汇报玉溪市法治政府建设工作情况，并作表态发言。会议由省司法厅副厅长马忠华主持，马加能出席工作汇报会。15日，省委副书记王予波到玉溪市调研农业农村、基层党建和县域经济发展等工作。王予波强调，要深入学习习近平总书记关于“三农”工作的重要论述和《中国共产党农村工作条例》，认真贯彻落实省委常委会第155次（扩大）会议精神，健全党领导农村工作的制度体系、责任体系和工作体系，集中精力抓好农村工作，持续促进农业增效、农民增收、农村美丽。罗应光、张德华、保明顺先后陪同调研。16日，省委副书记王予波率省委第三检查考核组到我市检查考核2019年度党风廉政建设责任制落实情况。王予波强调，认真学习贯彻习近平新时代中国特色社

会主义思想和党的十九大精神，深入贯彻落实党中央全面从严治党决策部署，高标准高质量严要求，确保检查考核取得实效，发挥导向作用，以高质量的党建促进玉溪高质量跨越式发展。罗应光主持会议，并代表市党政领导班子汇报2019年度玉溪市落实全面从严治党责任，推进党风廉政建设和反腐败工作情况。18日，全国总工会副主席、书记处书记、党组成员阎京华率全国工会改革任务落实情况专项督查调研组到玉溪市，督查调研工会改革和新时期产业工人队伍建设改革推进情况，希望玉溪以习近平新时代中国特色社会主义思想为指导，深入学习贯彻十九届四中全会精神，全面落实中央关于新时期产业工人队伍建设改革工作精神，按照政治上保证、制度上落实、素质上提高、权益上维护的总体要求，深入推进产业工人队伍建设改革，确保改革取得实效。省总工会党组书记、常务副主席孔贵华及保明顺陪同调研。22日至24日，住房城乡建设部、财政部、水利部复核工作组到玉溪市开展第二批国家海绵城市绩效评价现场复核，并召开座谈会。张德华在座谈会上作汇报。

（杨三保）

督查工作

【党中央和省委、市委重大决策、重要工作、重要会议部署贯彻落实情况督促检查】 2019年，市委督查室围绕中央、省委、市委重大决策部署，突出重点，抓住难点，找准突破点，狠抓落实，充分发挥好督查和综合考评的职能作用，有力推动党委决策部署落地见效。按照中央和省委、市委关于“不忘初心、牢记使命”主题教育专项整治工作的要求，牵头开展全市贯彻落实习近平新时代中国特色社会主义思想和党中央、省委决策部署情况专项整治及全市形式主义官僚主义突出问题专项整治。联合市政府督查室，对相关责任单位贯彻落实习近平总书记对云南工作重要指示批示精神“回头看”存在问题整改情况进行督查，形成督查专报3期。对2018年中央环境保护督察“回头看”部分交办投诉举报件进行专项督查，协助配合省委省政府第一督导检查组完成中央环境保护督察“回头看”及高原湖泊环境问题专项督察反馈意见问题整改情况督导检查工作。按照省委办公厅、省政府办公厅通知要求，完成对贯彻落实中央八项规定情况及省委第十次党代会报告重点任务分工方案落实情况督查。按照省委办公厅通知要求，对贯彻落实习近平总书记重要讲话精神开展防范化解重大风险工作进行立项督查，按时报送我市相关情况报告。协调配合省委督查室完成整治形式主义突出问题为基层减负工作调研、村组活动场所建设工作调研、抚仙湖保护治理工作和河（湖）长制情况的督查。牵头完成省委第六巡视组机动巡视玉溪市高原湖泊保护治理反馈意见整改落实情况督查，及时向省委巡视办报送相关情况报告。对省委书记陈豪2018年8月、11月和2019年6月调研玉溪重要讲话精神贯彻落实情况进行专项督查，及时报送落实情况。对2019年贯彻落实市第五次党代会精神情况进行督查，形成督查报告。起草印发《关于落实市委五届七次全体会议精神的任务分工方案》，并对文件落实情况进行督查，形成《关于落实市委五届七次全体会议精神的督查报告》。起草并印发《市级领导联系“七位一体”重点工作项目表》，按季度对工作推进情况进行督查，及时向市委作出报告。全年下发督查通知26期，分解立项督查事项743项。

【领导批办件督促落实】 2019年，市委督查室严格按照“准确、快捷、高效”原则，坚持“即时交办、专人负责、逐件反馈、及时专报”，始终做到全程跟踪，督查从速，办理快速，反馈迅速，真正做到“事事有着落、件件有回音”。全年接收市委罗书记批示件177件（备案件21件），办结177件，办结率100%。承办省委陈豪书记批示件1件，迅速反应，持续跟进督查，及时报送落实情况。

【重点督查】 2019年，市委督查室围绕脱贫攻坚、重点项目建设、招商引资、固定资产投资完成情况和民生工程等重大项目和任务，组织开展各类实地督促检查和专项查办27次。对华宁县、易门县、新平县的8个乡（镇）街道14个村委会26个自然村116户农户（4类重点对象93户、非4类重点对象23户）危房改造情况进行实地随机抽查督查，形成《玉溪市脱贫攻坚农村危房改造工作的专项督查报告》。抽调人员参与全市扫黑除恶专项斗争督导工作。对全市重点项目玉溪青花街项目、玉溪高铁新城项目、新平县南恩糖纸有限责任公司搬迁改造情况进行实地督查，形成督查报告。对冲刺四季度打赢稳增长攻坚战推进会议精神、通海县“8·13”“8·14”地震抗震救灾和灾后恢复重建推进情况、元江县曼来镇红旗村委会大西蒿村“直过民族”脱贫攻坚情况进行督查，及时向市委领导报告工作推进情况及问题并提出督查建议。及时将市政协五届二次会议涉及党群部门的13件提案交由19个主会办单位办理，对办理情况全程跟踪。每月按时参加书记市长接待日活动，对市党政领导视频接访的信访事项跟踪催办、督办，限期办结。

【督查通报】 2019年，市委督查室强化预警通报，在各责任单位报送指标进度的基础上，根据工作进展情况，对目标任务完成情况进行核实整理，以通报形式，及时印发到各县（区）、各责任单位，指出存在问题和不足，责令限期整改，发挥引领鞭策作用。强化责任通报，紧盯责任单位和责任人。对工作抓得紧、落实情况好的进行通报表扬，对措施不得力、工作不落实的限期整改。对社会普遍关注的重点工作、重点项目进展情况，适时进行通报，充分发挥督查的监督、引导、促进作用。全年编发《督查专报》63期、《督查通报》6期、《督查工作》14期。

【综合考评】 2019年，市委督查室圆满完成2018年度省对市综合考评，在2018年度全省综合考评工作中，玉溪市被考核评价为优秀等次，在全省16个州市中排名第三。顺利完成全市2018年度综合考评工作，综合考评结果经五届市委常委会第123次会议讨论通过。不断优化2019年全市考评体系。按照市委、市政府年度工作要求，参照全省综合考评指标体系，结合实际，起草《2019年度全市目标任务综合考评实施方案》，精简考评指标，突出工作重点，建立新的目标任务综合考评指标体系，使考评工作更加科学、高效，切实减轻基层负担。2019年度全市综合考评基础考评指标和分值权重与全省综合考评指标保持一致，市对县（区）的考核共设22项考核指标，对照2018年县（区）考核指标，保留16项，精简49项，合并考核5项；市级部门考核共设10

项考核指标，对照2018年市级考核指标，保留10项，精减6项。同时，完成2013年度至2018年度全市综合考评工作资料汇编，分为全市综合考评资料、省对市综合考评相关资料、附录（收录市综合考评领导小组及办公室的会议纪要、综合考评会议汇报资料、综合考评相关事项资料等）3个部分，分上中下3册，共224份资料1 784页。

【专项机制】 2019年，市委督查室坚决贯彻落实党中央关于解决形式主义突出问题为基层减负的决策部署及省委、市委工作要求，做好全市专项工作机制办日常服务保障工作，切实推动“基层减负年”各项举措落地见效。起草《关于统筹规范督查检查考核工作若干措施》，从八个方面提出50条具体措施，改进督查检查考核方式方法，增强督查检查考核实效，激励干部担当作为，经五届市委常委会第121次会议审议通过，以玉办通文件印发实施。印发《关于明确市委督促检查工作职责的通知》，发挥市委办公室在市委督促检查工作中的牵头抓总作用，建立健全相关督促检查工作机制，明确市委督促检查工作职责，不断增强督促检查工作的整体效能。按照省专项工作机制办的统计口径和上报要求，全面梳理统计全市印发文件、召开会议及开展督查检查考核有关情况，建立全市各县（区）各部门整治形式主义为基层减负的工作台账。确定9个乡（镇）（街道）作为市级解决形式主义突出问题为基层减负工作观测点，实时监测相关规定落实情况。按月对各县（区）各部门执行年度督查检查考核计划和精简文件、会议的情况实行动态监测、分析研判，将动态监测的结果按月向市专项工作机制汇报。抓好预警提醒，建立月度通报制度，对进度未达到时序要求、控制不力的及时进行预警提醒，层层压实各级各部门责任，圆满完成年度工作目标。全年市本级发文2702件，比上年减少31.35%，占全年限额的98.11%；召开会议678次，比上年减少30.75%，占全年限额的98.98%。按照“控制总量、精简数量、提高质量”的要求，进一步做好督查检查考核事项的统筹、规范工作，不断增强督查检查考核工作的科学性、针对性、实效性。对市级各类督查、督导、检查、巡查、考核、考评等事项进行全面清理、合并和压缩，制定全市督查检查考核计划并报省委办公厅备案，并下发执行。全市督查检查考核计划共77项，比上年的259项，减少70.3%。全年督查检查考核计划实际开展76项，执行进度98.7%，其中3项特殊原因不开展（市纪委监委深化党政机构改革情况监督检查，市委市政府环境保护督察，市水利局水利综合考核），2项计划外开展（市纪委监委组织的减税降费政策措施落实情况监督检查、全市医疗卫生行风建设监督检查）。

【督查调研】 2019年，市委督查室对市委重大决策和重要工作部署落实情况、领导关注的重要问题以及群众反映的热难点问题，深入开展督查调研，研究分析影响决策深入贯彻的因素，发现和反映带全局性的倾向性、苗头性问题，推动和促进决策的落实，切实发挥督查工作的参谋助手作用。同时，及时总结基层在贯彻落实决策过程中的典型性问题、倾向性苗头和有创造性的工作经验，通过《督查工作》反映典型，推广经验，通过典型带动和示范，使决策在更大范围和更广领域得到切实有效落实。印发《江川区开展“双比双通报”活动推动工作任务落实》《新平县创新推进民族团结进步示范县创建工作》等县（区）典型经验交流材料。结合“不忘初心、牢记使命”主题教育活动，通过实地走访、座谈交流、群众访谈、查阅资料等方式，围绕决策落实的进展情况进行督查调研，在调研中推动督查，在督查中寻求解决问题的措施，为完善决策和再决策提供依据，并形成《关于玉溪市解决形式主义突出问题为基层减负工作开展情况的调研报告》《玉溪市重点项目“十大工程”推进情况调研报告》等调研报告。

【督查队伍建设】 2019年，市委督查室着力打造一支政治过硬、业务熟练、作风优良的督查干部队伍。深入学习贯彻习近平新时代中国特色社会主义思想和党的十九大精神，认真做好“不忘初心、牢记使命”主题教育相关事宜，传达学习中央、省关于加强新形势下党的督促检查工作文件精神。以每月例会形式，组织好专题学习。同时，通过以会代训的形式加强督查、考评、专项工作机制人员培训。先后组织筹备全市解决形式主义突出问题为基层减负工作推进会暨统筹规范督查检查考核工作及综合考评业务培训会、党委督促检查工作会议、综合考评工作会议等14场会议。还委托知名高校开展培训。9月22日—30日在北京大学举办玉溪市党委督查系统领导干部能力素质提升培训班。市委督查室、市政府督查室、市委办公室、市直相关部门及各县（区）委督查室专兼职督查员共50人参加培训。在机构改革中探索设立玉溪市目标绩效考核评价中心，以补充督查考评人员力量。1月19日五届市委常委会第117次会议研究同意设立市目标绩效考核评价中心，1月30日、4月12日，市深化党政机构改革领导小组办公室和市委机构编制委员会办公室分别印发《关于成立玉溪市目标绩效考核评价中心的批复》和《中共玉溪市委办公室所属事业单位机构编制方案》，明确市目标绩效考核评价中心为市委办公室所属公益一类事业单位，财政全额拨款，机构规格正科级，核定事业编制9名，设主任1名（正科级）、副主任2名（副科级）。

（白绍龙）

政策研究

【重要文稿起草】 2019年，市委政研室坚持以习近平新时代中国特色社会主义思想为指导，深入开展“不忘初心、牢记使命”主题教育，认真贯彻落实中央和省市委决策部署，始终把服务市委工作大局、服务领导科学决策作为工作的出发点和落脚点，充分发挥参谋助手作用，立足大局、紧扣中心，以文立室、以文辅政，先后完成《关于开展玉溪市全面建成小康社会专题调研方案》《全市“找问题、补短板、抓落实、奔小康”行动方案》等文稿起草；牵头或参与起草市委五届七次八次九次全会报告及讲话、市委主要领导在市委农村工作会议上的讲话、全市“不忘初心、牢记使命”主题教育工作会讲话等各类文稿90余篇，得到市委领导的肯定。

【调查研究】 2019年，市委政研室始终围绕市委的决策部署和中心工作，聚焦事关全市经济社会发展的重大问题，开展全面建成小康社会、园区经济发展、科教创新城建设、税收视角下的玉溪民营经济发展、华宁县农村人居环境整治、澄江县民宿旅游发展、澄江县农村劳动力转移就业、扶贫联系点新平县水塘镇大口村扶贫项目和产业发展、“三湖”保护治理等专题调研，形成《科教创新城建设的玉溪实践》《税收视角下的玉溪民营经济发展》《“三湖”保护治理调研报告》《澄江县民宿旅游发展报告》《澄江县农村劳动力转移就业情况报告》及市委政研室履职尽责的调查研究等8篇高质量的调研报告，为市委决策提供重要依据。全年编印《调查研究》4期，为市委决策提供重要依据。同时积极主动完成省委政研室（改革办）和市委交办的任务，办理省委《重要调研记录》4期，办理市委《重要调研记录》3期，并做好《玉溪》宣传小册子和《2019年市县（区）全会报告汇编》等工作。

（高　欣）

农业农村工作

【概　况】 2019年，市委农村工作领导小组办公室认真履行职能，扎实抓好深化农业农村改革任务，深入推进“三农”发展和乡村振兴工作。6月5日，筹备召开了市委农村工作会议，深入学习浙江农村人居环境整治经验，总结2018年“三农”工作，研究落实率先全面建成小康社会“三农”工作必须完成的硬任务，部署安排2019年农业农村工作，奋力推动乡村全面振兴和农业农村高质量发展，提升在全省率先全面建成小康社会目标。8月29日，筹备组织市委农村工作领导小组会议，部署研究阶段性工作。代市委牵头起草2019年市委一号文件《关于坚持农业农村优先发展全面完成“三农”工作硬任务的实施意见》。起草省委农村工作会和全省农业农村局长会议玉溪市“三农”工作交流材料、市委农村工作会讲话材料、玉溪市推进乡村振兴统筹城乡发展推进会讲话材料、农村集体产权制度改革试点推进会材料、深改会农村改革专项汇报材料等多篇涉农文稿。上报省委农办谨防乡村振兴战略变成“运动式”战役、玉溪市2019年推进实施乡村振兴战略工作报告、2019年度云南省对州市党政领导班子和领导干部推进乡村振兴战略实绩考核和“三农”发展综合考评自查自评报告等材料3篇。督促落实农业农村改革，向市委深改委报告农村改革推进情况。陪同省委领导对玉溪市推进产权制度改革情况进行调研。组织开展2018年市级美丽宜居乡村项目建设情况检查调研。组织迎接2019年度省对市党政领导班子和领导干部推进乡村振兴战略实绩考核和“三农”发展综合考评，分别获得全省第3名和第6名，农村人居环境整治等7项指标获省上通报为优秀。并组织完成对各县（区）2019年乡村振兴考核和“三农”发展综合考评。多形式开展《中国共产党农村工作条例》和《习近平关于“三农”工作论述摘编》宣传学习。还组织赴浙江大学乡村振兴培训和举办玉溪市高质量跨越式发展乡村振兴专题培训班。完善市委农村工作领导小组工作机制，牵头研究制定市委农村工作领导小组工作规则和办公室工作细则；督促各县（区）完善党委农村工作领导小组机构设置；督促落实县委书记任农村工作领导小组组长的规定，确保发挥“一线总指挥”作用；督促落实“千名领导挂千村、万名干部抓振兴”责任制，并起草了领导干部挂包工作方案，组织安排全市科级以上领导干部至少联系一个村组，实现全市村组领导干部全覆盖；参与组织向全市70个涉农乡镇选派乡村振兴工作队，研究相关事宜。

【农村重点领域改革】 根据2019年全面深化改革重点工作要求，全市农村改革完成5项成果。开展农村土地“三权分置”，农村基本经营制度全面巩固。全年颁发土地承包经营权证书47万本，土地确权面积326.3万亩，确权数据通过农业农村部数据库汇交，引导农村土地规范流转，新增土地承包经营权流转面积2.5万亩，累计流转56万亩，全市农村土地“三权分置”工作基本完成。同时，开展农村承包地确权登记颁证“回头看”，及时排查工作中的问题。对落实中央、省保持土地承包关系稳定并长久不变政策工作进行任务分解，下发关于保持土地承包关系稳定并长久不变的责任分工文件。完善城乡建设用地增减挂钩和土地复垦政策，24个易地扶贫搬迁增减挂钩项目获批实施，有效解决安置点用地3 203亩，完成拆旧区复垦2 881亩。推进农村集体产权制度改革国家级试点，出台《玉溪市农村集体产权制度改革试点方案》，全市清产核资、成员身份认定、股权设置管理、成立新型集体经济组织完成率100%，组织6 223个村居民小组完成清产核资、成员身份认定、股权量化和股权设置、颁发股权证书等改革试点工作，全市共计颁发《农村集体经济组织登记证》6 867份，颁发股权证书53万份，股金分红总额2.5亿元，为全国提供了一批可借鉴推广的玉溪经验。深化国有林场改革，推进国有林场经营活动市场化运作，以2个市级国有林场作为试点开展旅游融合发展总体规划编制，促进国有林场向生态旅游、林下经济、生态保护功能等转型升级。

（郑　颢）

全面深化改革

【概　况】 2019年，市委全面深化改革委员会以习近平新时代中国特色社会主义思想为指导，坚决贯彻落实党中央改革决策部署特别是习近平总书记系列重要指示精神，把全面深化改革作为政治责任扛在肩上，市委、市政府主要领导以身作则，重要改革亲自部署、重大方案亲自把关、关键环节亲自协调、落实情况亲自督查，全年推进各类改革258项，确保各项改革在玉溪不折不扣落到实处、见到实效。在全省州市中第一家挂牌组建市委全面深化改革委员会及办公室，制定《中共玉溪市委全面深化改革委员会2019年工作要点》，建立《中共玉溪市委全面深化改革委员会2019年工作台账》，细化321项改革任务。全年召开市委深改委会议6次，组织学习《在全面深化改革中守初心担使命》等重要评论文章11篇，研究审议通过《关于探索建立涉农资金统筹整合长效机制的实施意见》等62个改革议题，听取经济体制改革专项小组等3个改革专项小组和《玉溪市农村集体产权制度改革工作推进情况》等6个重大改革事项推进情况汇报，审议同意《红塔区村（社区）党总支理论学习中心组学习制度》等14个县（区）自行探索并全市复制推广的改革试点；9个改革专项小组、15个专题组召开各改革专项小组会议、专题组会议累计52次，研究审议各改革领域方案和事项119项；争取上级授权改革试点，获国家级、省级授权的改革试点24个，涌现出城市基层党建、国家创新型城市建设等一批改革亮点，得到国家和省的肯定，省对州市全面深化改革考核获得第一名。

【全力推动各项改革】 2019年，市委改革办履行工作职能，按照市委深改委的决策部署，全力服务推动各项改革工作。先后出台《市委全面深化改革委员会工作规则》《市委全面深化改革委员会专项小组工作规则》和《市委全面深化改革委员会办公室工作细则》，完善改革工作职责、规范改革议事程序；严格执行《市委全面深化改革委员会2019年督查计划》，以结果倒逼过程，把改革放在全局工作更加突出的位置。全年召开全市改革办主任会议1次、改革工作调度推进会4次，分别听取9个县（区）、专项小组和市直部门工作推进情况汇报，督促、指导县（区）和市直部门推进改革工作和解决改革问题152次，压实72个市直部门主要负责人抓改革的责任。并制定《玉溪市全面深化改革走在全省前列工作方案》，确保全市改革开放事业不断推向前进，改革工作继续走在全省前列。印发《市委贯彻落实党的十九大报告重要改革举措实施规划（2018—2022年）》，谋划149项409条改革举措，对5年全市各县（区）各部门改革实施工作进行安排、提供依据。科学修订《2019年市委全面深化改革工作考核内容及评分标准》，大幅压缩台账痕迹资料报送，确保全面深化改革考评工作的公平性和权威性。印发《关于对省委全面深化改革委员会2018年督察反馈问题的整改方案》，省反馈中点到玉溪市的5项7条问题已全部整改完毕。结合庆祝新中国成立70周年和改革开放40周年系列活动，在《中国改革报》刊发《玉汝于成 溪达四海》玉溪改革宣传文章，与《玉溪日报》、玉溪电视台等媒体进行深度合作，刊发多篇改革宣传文章。同时，开通“玉溪改革”微信公众号，累计刊发25期140余条信息。刊发《玉溪改革简报》共32期135篇稿件，专刊8篇，7篇信息被《云南改革快报》采用。全年市委书记、市长在市委改革办上报的改革文件、改革工作调研、改革工作进展和信息上批示16次。

【重点领域改革】 2019年，全市圆满完成党政机构改革，机构职能体系全面建立。组建相关议事协调机构，强化党对重大工作的领导体制，加强党对全面深化改革、依法治市、国家安全、网络信息、财经、外事、机构编制、审计、教育、农业农村等重大工作的领导；公务员、新闻出版、电影、侨务、社会治安综合治理、维护稳定等职责划入各级党委相关机构，机构编制、老干部、机要保密等部门实行归口管理，统战部、民族宗教局实行合署办公；各级党的组织、宣传、统战、政法等部门的职责配置得到充实和加强，党的职能部门归口协调本系统本领域重大工作的职能得到强化；组建各级监察委员会，与同级纪委合署办公，加强党对反腐败工作的统一领导，实现了对所有行使公权力的公职人员监察全覆盖。市级新组建和重新组建处级机构26个，调整优化管理体制和职责处级机构30个，制定印发44个部门“三定”规定和17个涉改单位机构编制调整通知，印发10个直属事业单位和45个部门所属189个事业单位机构编制方案，机构设置和职能配置更加优化高效。市、县（区）党委职能部门、办事机构、直属事业单位的机构职能进一步调整优化，党政职责关系进一步理顺。对应中央和省设置机构、配置职能，市级设置党政机构47个，县（区）设置党政机构35至37个，市、县（区）机构职能上下衔接更加顺畅。涉及应急管理、退役军人事务、医疗保障等重点领域新组建机构，做到对标对表、上下一致。在坚持上下基本对应的前提下，结合玉溪在招商引资、营商环境改革、互联网+、烟草产业发展、科教引领创新发展、城市管理综合执法以及城市基层党建示范市等方面的改革实践，因地制宜设置投资促进、政务服务、城市管理、数字经济、烟草产业服务、科教创新服务等市、县（区）机构，统一设置党建工作办公室、区域发展与乡村振兴办公室、党群服务中心等乡（镇）机构。相关领域机构改革整体效应更加明显，人大、政协职能作用的发挥得到保障。群团组织改革持续深化，服务群众功能不断增强，桥梁和纽带作用更好发挥。同步推进市、县（区）涉改部门所属事业单位调整划转、整合优化，大力推进承担行政职能事业单位改革，全市48个承担行政职能事业单位改革全面完成。稳妥推进市场监管、生态环境保护、文化市场、交通运输、农业等领域综合行政执法改革，及时组建5个领域综合行政执法队伍，推进执法力量下沉，减少执法队伍种类。全面清理合署办公机构、挂牌机构、议事协调机构、临时机构和派出机构，各类机构的设置运行进一步规范。

【经济体制改革】 2019年，全市供给侧结构性改革成效显著。制定《玉溪市2019年利用综合标准依法依规推动落后产能退出工作方案》，压减黄磷过剩产能5 200吨、水泥熟料过剩产能75万吨，化解过剩钢铁产能170万吨。全力化解房地产库存，商品房销售面积155.8万平方米，增长20%，棚户区改造累计开工5 550套，基本建成1 275套，新增分配公租房4 188套，入住率89.5%。国企改革稳妥有序推进，印发《玉溪市深化国有企业改革行动实施方案》和相关配套政策措施，采取“1+4”模式，改组设立1户国有资本运营公司、4户产业化公司，加快债务重组和破产退出的企业市场出清，提出4户“僵尸企业”处置的意见。进一步加强政府性债务风险管控，新增债券52.6亿元，其中专项债券48.7亿元，一般债券3.9亿元。全力打好降成本“组合拳”，降低实体经济企业综合成本91.3亿元。实施大规模减税降费政策措施，累计为企业减税65.93亿元，减免行政事业收费7 300万元。进一步清理规范银行业金融机构的收费行为，为企业降低收费8 299万元，让利1 300万元。严格执行降低社保缴费费率和降低社保缴费基数“双降”政策，全市养老、工伤、失业保险累计降费减负76 323.69万元。深入推进电力市场化改革，为2 715户参与电力市场化交易企业节省电费11.3亿元，28座电网系统享受系统备用费减免优惠5 400万元，一般工商业用户节省电费1.7亿元。停征各类新增建设用地坝区耕地质量补偿费2.9亿元，降低土地出让价款2 913万元。用活用足铁路总运价下浮优惠政策，为玉昆、仙福及涉农企业下浮优惠铁路运费3 386万元。实施高速公路物流运输通行费标准优惠政策，降低企业高速公路物流成本11 779.49万元。出台《玉溪市基本公共服务领域市以下共同财政事权和支出责任划分改革实施方案》，稳妥推进基本公共服务领域市以下共同财政事权和支出责任划分改革。金融体制改革不断深化，制定《玉溪市信贷工作指导意见》，督促辖区银行业金融机构创新金融产品和服务模式，增强金融机构服务实体经济的能力和意愿。出台《中小微企业专项贷担保业务审查审批办法（试行）》，针对担保额度在500万元（含）以内的民营企业，进一步简化审批流程，缩短放款时限。建立辖区金融机构落实深化小微、民营企业金融服务问询机制，力促辖区金融机构做精做深做实小微企业服务。行政审批制度改革深入推进，市级承接行政许可事项3项，取消行政许可事项5项、下放1项、调整6项。整合12个部门21个自建大厅进驻政务服务大厅，印发《进一步深化“互联网＋政务服务”推进政务服务“一网、一门、一次”改革工作方案》，集中市级所有政务服务事项，实现企业和群众找政府办事“只进一扇门”改革目标。深化“互联网＋”应用，开发排队叫号评价一体化系统，建成智慧型政务服务大厅，推动线上线下融合服务，网上办事申请、受理、审批、制证（缴费）、送达等“一网通”全流程闭环，“一次都不跑、事情全办好”更加便民。推广“一部手机办事通”，全市注册用户量达124 302人，办理业务量15 977件，3 140家单位、12万住房公积金缴存用户都可通过“一部手机办事通”轻松办理公积金信息查询、贷款信息查询等7项业务。商事制度改革卓有成效，全力推进市场主体登记全程电子化改革，全程电子化企业申请2 135户，核准1 363户，共颁发企业电子营业执照9 701份，与全省同步组织实施个体工商户全程电子化核准登记3 092户。继续深化“先照后证”、企业名称自主申报等其他激活市场、便民为民改革，新登记企业5 100户。

【开放型经济体制改革】 2019年，全市打造对外开放新高地，对外贸易实现历史性高速增长，实现外贸进出口总额30.8亿美元、增长67.7%（按人民币计算完成213.8亿元，增长74.2%），创历史新高，增速排全省第3位、在全省进出口额超10亿美元的7个州市中排名第1位。农产品出口主导地位稳固，全市农产品出口额26.59亿美元，增长74.2%，占全市出口总额的88.2%，占全省农产品出口总额的55.6%。对亚洲市场出口额29.77亿美元，增长79.3%，占全市出口总额的98.8%。外向型企业持续发展壮大，全年新增进出口实绩企业56户，开展外贸业务企业总数达208户，其中进出口额千万以上的企业76户。全省外贸发展综合贡献百强玉溪企业首批上榜25户、第二批上榜44户，外向型农业发展百强玉溪企业首批上榜57户、第二批上榜64户，双百强企业数量居全省第一。全市实现服务贸易进出口总额5 312.62万美元，增长3.7%。对外交流合作成效明显，引进市外国内资金1 135.45亿元，增长11%；新设外商投资资企业6户，投资总额8 178.8万美元，实际到位外资1 003万美元；落实境外罂粟替代种植农产品返销进口指标22 934吨。全市经国家商务部及省商务厅核准备案的境外投资项目达38个，涵盖农产品加工、烟草种植加工、精细磷化工等多个领域。全省首个京东项目—京东云“互联网+”新经济项目成功落地玉溪并顺利推进，云南省绿色食品大数据中心、区块链产业金融服务平台建设正式启动，普洱茶区块链溯源系统正式发布，京东（玉溪）新经济产业园、京东智臻链云南绿色食品追溯示范基地、京东云（玉溪）创新中心、京东（玉溪）新经济展厅正式揭牌。国家电子商务示范市、电子商务进农村等示范项目稳步推进，全年实现电商销售额10.8亿元，增长19.5%。与多米尼加蒙特克里斯蒂市和佩皮洛·萨尔塞多市、越南安沛省安沛市签署发展国际友好城市关系意向书。与荷兰、以色列、印度、泰国等国家对接友好城市工作正在稳步推进。

【农业农村改革】 2019年，全市推动“三农”发展上台阶，着力打造绿色食品牌。全年完成烤烟种植56.7万亩、蔬菜148万亩，新植水果6.2万亩，新增鲜切花1 330亩，中药材种植7.02万亩。同时，推动“三湖”周边农业种植结构调整，实施耕地休耕轮作5.8万亩。通海县（蔬菜）、红塔区（花卉）成功入围全省20个“一县一业”示范创建县，新平县（柑橘）列为20个“一县一业”特色产业县。全力推进德康100万头生猪产业化项目建设，畜牧生产在非常之年仍实现总体平稳。新增24家企业75个农产品获绿色食品认证，8户企业的10个农产品获云南名牌农产品认定。“云秀”牌月季鲜切花、“宏斌”小米辣、“褚橙”牌冰糖橙、维和三七等8个产品荣获云南省绿色食品“10大名品”称号，云南达利获绿色食品“10强企业”，云南猫哆哩、云南宏斌等5户企业获绿色食品“20佳创新企业”。持续加强农村基础设施，推进“四好农村路”建设，完成新改建农村公路362.8公里，开展“四好农村路”示范乡（镇）评选，确定9个乡（镇）为市级“四好农村路”创建示范乡（镇）。深入实施“路长制”，695个行政村制定爱路护路村规民约。东片区暨三湖生态保护水资源配置应急工程、澄江抚仙湖水资源生态保护甸垛龙潭调水工程项目顺利推进，实施病险水库除险加固11件，巩固提升农村饮水安全人口16.5万人。完成江川110千伏早街二期和新平110千伏堵岭增容工程，建成投运充电基础设施项目33个，覆盖全部县（区）。全国农村集体产权制度改革整市推进试点工作基本完成，74个乡（镇）、667个行政村、6 223个村（居）小组完成清产核资和成员身份认定，股权设置管理完成率达100%；666个行政村、6 201个村小组成立新型集体经济组织，颁发《农村集体经济组织登记证》6 867份，颁发股权证书53万份，股金分红总额2.5亿元。开展县（区）农村土地确权数据向农业农村部汇交和开展农村土地确权“回头看”，扎实推进农村承包地土地确权登记颁证工作。全市农村土地确权工作基本完成，9县（区）共659个村（居委会、社区）、6 056个村（居）民小组完成农村土地承包经营权确权登记颁证工作，分别占总数的97.5%和96.9%；确权面积326.3万亩，占应开展确权面积的99.44%；完善土地承包合同数量485 137份，占应确权承包方比例的99.5%；颁发土地承包经营权证书471 452份，颁证率达97.18%；完成确权登记颁证档案归档102 960卷。着力提升农村人居环境。“美丽县城”建设全面启动，6个特色小镇进入云南省创建名单。开展乡村生活环境卫生整治工作，全市61个非城关乡（镇）生活垃圾设施覆盖率100%，乡（镇）生活污水处理设施覆盖率95.08%，污水处理率达93.37%，村庄垃圾有效治理率、保洁员制度和收费制度覆盖率均达100%。乡（镇）驻区公厕改厕完成238座，完成率100%；行政村村委会所在地公厕年度改建完成347座，完成率100.50%；无害化卫生户厕改建完成74 123座，完成率88.56%；公厕建档率87.92%，户厕建档率77.52%。

【民主法制领域改革】 2019年，全市汇聚各方合力，全力促进社会公平正义，民主政治建设不断加强。支持人大、政协、“一府两院一委”依法全面履职，发挥作用。持续巩固壮大最广泛的爱国统一战线，不断深化与各民主党派、工商联和无党派人士合作共事，新的社会阶层人士统战工作有力有效，港澳台及海外侨胞工作做深做实。工青妇、社科联、文联、科协、关工委等人民团体桥梁纽带作用进一步增强，老干部作用得到较好发挥。全国双拥模范城创建有序开展，新型军政军民关系不断巩固发展。落实党的民族宗教政策，依法加强宗教事务管理，深入开展宗教场所“五进”活动。强力推进民族团结进步示范市创建，继续实施第三轮“十县百乡千村万户”示范创建工程，全力抓好1个示范县、21个示范村（特色村）、2个示范社区项目建设，命名110个民族团结进步示范单位，建成224个示范点，新平县被国家民委命名为全国民族团结进步示范县，峨山县委被国务院表彰为全国民族团结进步模范集体，3个乡（镇）上榜首批云南省少数民族特色小镇，6个村上榜中国少数民族特色村寨，17个村上榜云南省少数民族特色村寨。首次成立律协党委，召开律师行业党建工作座谈会。并积极推进律师参与涉法涉诉问题化解工作，出台《玉溪市律师参与化解和代理涉法涉诉信访案件工作方案》，在法律服务大厅设立“玉溪市律师协会涉法涉诉信访法律服务中心”。法治政府建设走在全省前列，全面贯彻落实中央、省法治政府建设《纲要》《规划》，积极发挥法治引领、规范和服务保障作用，法治玉溪、法治政府和法治社会建设创新发展，玉溪市人民政府被列为2019年全国法治政府建设示范市全省唯一一个州市级政府推荐对象。积极推进地方立法工作，出台《玉溪市人民代表大会及其常务委员会制定地方性法规条例》，全面规范市人大及其常委会立法活动。完成《玉溪市人民政府拟订地方性法规草案和制定市人民政府规章程序规定》修订工作。配合省级做好高原湖泊保护立法相关工作，《云南省杞麓湖保护条例》修订并正式施行，《云南省星云湖保护条例》完成修订。

【文化教育卫生体制改革】 2019年，全市文化体制改革稳步推进，出台《加强新形势下宣传思想工作的意见》，创新开展意识形态工作，制定《玉溪市贯彻落实意识形态工作责任制联系指导制度（试行）》，完成45家单位党组织进行专项巡察、2家单位巡察“回头看”和全市99家党委（党组）专题督查，压实各级党委（党组）主体责任。全市9县（区）融媒体中心挂牌成立，县级融媒体中心软件平台投入试运行。全面推进公共文化机构法人治理结构改革，推动公共图书馆、博物馆、文化馆理事会组建。持续推进“聂耳音乐之都”建设，引进2019新春交响音乐会、音乐剧等优秀剧节目15场，成功举办第六届中国聂耳音乐（合唱）周。组织实施文艺精品创作扶持，长篇小说《观音泥》成为全省唯一入选2019年优秀网络文学原创作品推介活动作品，民歌《欢欢乐乐唱起来》获全国民间文艺“山花奖”。寒武纪乐园列入全省重点文化产业项目库，小湾村文创民俗小镇、华宁碗窑村历史文化遗存保护与开发等项目稳步推进，通海县通过国家历史文化名城专家组实地考察评审。教育体育改革不断深化，学前三年毛入园率达84.99%。江川区一幼、峨山县幼儿园被评定为省一级一等幼儿园，全市省一级一等幼儿园达10所，占全省10%，排全省第二位。对31所村级幼儿园建设实施项目补助，新增学位2 323个。对11所普惠民办幼儿园实施奖补，受益幼儿1 411人。义务教育均衡发展，九年义务教育巩固率达94.99%。推进中心城区资源布局调整，中心城区玉河小学与玉溪一小整合办学设立溪源校区。落实《义务教育学校管理标准》，全市313所学校达标，280所学校基本达标，红塔区优质均衡省级试点稳步推进，全市4 480余名农村留守儿童少年100%入学。高中教育提质增效，从2019年起，市直高中学校非税收入20%返回学校作为绩效增量，市财政每年安排500万元作为绩效增量。组建玉溪市普通高中质量提升研究指导中心，进一步加强语文、数学、英语等10个学科的教育科研，助推高中质量提升和新高考改革。玉溪市民族中学晋升省一级二等高中通过评估，全市共有省一级高中11所，占比全省第一。公办新平三中（初中）和民办新平衡水实验中学（高中）、玉溪衡水中学均已正常招生。职业教育质量稳居全省前列，参加云南省职业技能大赛，获60项一等奖、81项二等奖和88项三等奖，代表云南省参加全国职业技能大赛获6项一等奖，居州市第一。顺利完成玉溪卫校迁建项目，招收新生900余名。推进校企深度融合，北方汽修新能源汽车维修培训等项目有序推进。民办教育规范发展，建立校外培训机构黑白名单制度，审批校外培训机构213家、民办幼儿园28所，分类整治无办学许可证的民办幼儿园，规范民办学前教育。教师队伍建设稳步推进。出台《关于深化新时代中小学教师队伍建设改革的实施意见》，全面加强中小学教师队伍建设。推荐3名教师获全国表彰、1个单位和3名教师获全省表彰。体育工作快速发展，举办“元旦·春节环城赛跑”、承办“七彩云南全民健身运动会”暨云南省“全民健身日”启动仪式等活动，组织各类群众体育赛事活动100余次。医疗卫生体制改革有序推进，出台紧密型县域医共体建设实施方案，创新三级医院医联体建设模式。启动新三轮医疗服务价格调整，全面推行医共体打包付费，探索开展公立医院药品询价采购，城市社区基本实现15分钟医疗卫生服务圈，基层医疗服务能力不断提升。市医院改扩建及市儿童医院建设项目投入运营，与昆明儿童医院签订联盟合作协议。制定《玉溪市大健康产业发展规划(2018—2035年)》，完成红塔区健康产业发展规划。大力推进“互联网+健康医疗”项目建设，成为全省首家市县（区）院前医疗急救网络联网的州市。成功上线家庭医生签约服务系统和基层高血压管理系统，建成覆盖全市村级卫生室的医保信息网络体系，实现“医保服务全覆盖、经办服务不出乡（村）”。建立“互联网+城市服务”医保服务体系，构建慢性病普通门诊省内直接结算、跨省异地就医结算等便民惠民信息平台，方便近10万慢性病患者购药及结算。市人民医院互联网医院外联试点应用工作正式启动。

【社会体制改革】 2019年，全市社会建设治理驶入快车道。努力探索“枫桥经验”本地化新途径，积极探索试行“最多访一次”，成立玉溪市人民调解参与信访问题化解工作室，对符合人民调解要求的来访群众通过就地调解、党政领导包案等方式，实现人民调解参与信访问题“一站式接待、一条龙办理、一揽子解决”目标，人民调解效能全面提升。省级领导包案的3起案件已经得到有效化解，市级领导包案的13起案件已化解12件。全力做好重大活动及敏感节点安保维稳工作，社会治理更加和谐有序。庆祝新中国成立70周年和党的十九届四中全会期间赴省进京实现“零上访”。制定出台10余项扫黑除恶专项斗争制度机制，顺利完成“孙小果涉黑案”审理，有效推动省第九督导组、中央督导下沉玉溪和“回头看”

督导发现问题彻底整改，被确定为“全国扫黑除恶重点培育市”。加强反恐维稳、禁毒防艾和反邪教工作，深入开展缉枪治爆、扫黄禁赌、打击电信网络诈骗等专项整治行动，依法打击各类违法犯罪，有力维护公共安全，成为全省唯一的全国禁毒示范创建工作先进城市。深化平安玉溪建设，统筹推进安全生产、食品药品安全监管、应急管理等工作，创新提升基层治理，推行“县（区）—街道—社区—网格—楼栋”五级治理模式，实施数字化智能化安防网络建设，“核心区”“环市区”“全市域”快速反应、梯次响应、联动处置的动态巡防体系初步形成，社会治理现代化加快推进，群众安全感和满意度大幅提升，成为全省唯一九次上榜中国最安全城市的州市。

【生态文明体制改革】 2019年，全市争当生态文明建设排头兵。打造“三湖”生态圈，全面落实河（湖）长制，持续开展资源环境审计，扎实推进“高原湖泊卫士”行动；完成抚仙湖保护和开发利用总体规划编制，加快编制星云湖、杞麓湖保护和开发利用总体规划；深入开展“三湖”保护治理雷霆行动，一次性启动抚仙湖沿湖剩余近2.3万人生态移民搬迁，“三湖”“十三五”规划和山水林田湖草生态保护修复试点项目完工21项，开工74项，抚仙湖一级保护区16户私营企业和个体单位全部退出。实施“一河一策”精准治理，入湖河道综合治理、污染底泥疏挖处置、湿地和湖滨带功能提升改造等重点工程全面开工，实施耕地休耕轮作制度试点5.35万亩，农业种植结构调整和面源污染治理成效明显。“森林抚仙湖”“七彩抚仙湖”“深蓝抚仙湖”建设一次性启动15.17万亩植被恢复，加快森林星云湖、森林杞麓湖建设，提高森林覆盖率和水涵养能力，抚仙湖总体水质稳定保持Ⅰ类，星云湖水质持续改善，杞麓湖水质脱劣向好。压实环境保护“党政同责”和“一岗双责”，全力打好8个标志性战役，生态环境质量持续改善。坚决打好蓝天保卫战，加强钢铁、水泥、化工等重污染企业环境监测，完成153户“散乱污”企业整治，强化建筑施工场地管理，中心城区环境空气优良天数比率达95.7%。扎实推进净土保卫战，强化水土流失综合治理和国土资源管理，实施土壤污染治理与修复示范项目，高龙潭废渣处置项目正式开工，建立市级土壤污染防治项目储备库，申报11个土壤污染防治中央储备库项目，争取中央资金1 626万元。坚持问题导向精准整改，以“钉钉子”精神抓好中央、省环保督察反馈意见整改，认真开好高原湖泊保护治理机动巡视整改专题民主生活会，共完成整改事项65项、正在整改42项。启动国家生态文明建设示范市创建，编制生态文明建设规划（2019—2025年），建立市场化多元化生态保护补偿机制，探索推进生态环境损害赔偿制度改革，加快“三线一单”编制，积极争创抚仙湖“绿水青山就是金山银山”创新实践基地。建设“森林玉溪”，深入实施国土绿化和生态保护修复工程，统筹推进新一轮退耕还林、陡坡地生态治理、石漠化综合治理、低效林改造、高速公路绿化美化等重点工程，加强自然保护区监管和生物多样性保护，全市森林覆盖率达58%。推动生产生活方式绿色转型，强化传统产业绿色化改造和新兴产业绿色化升级，推动绿色工厂和绿色园区创建，扎实做好能耗“双控”。广泛开展节约型机关、绿色家庭、绿色学校、绿色社区等创建行动，推广新能源汽车388辆，引导群众积极参与垃圾分类等活动，真正让污染排放减下去、环境质量好起来。

【党建制度改革】 2019年，全市深化党的组织制度改革，出台《关于深入推进习近平新时代中国特色社会主义思想学习教育深化转化常态化的方案》，教育引导全市广大党员干部自觉做践行“两个维护”的示范者。以党政机构改革为契机，同步推进各级党委（党组）、派出机构及其基层组织的调整设置，捋顺隶属关系，明确单位党建科室职能职责和编制职数，配齐配强党建工作力量，强化党组织在同级组织中的领导地位；出台《关于加强党内政治文化建设的实施意见（试行）》，探索推行开放式、创意型主题党日活动，进一步提升党内组织生活吸引力。在全省率先出台《玉溪市突出政治标准加强干部政治表现考察的实施办法（试行）》，明确政治素质考察5个方面16项正反向指标，树牢选人用人“风向标”。结合“不忘初心、牢记使命”主题教育先学先改工作，制定《玉溪市领导干部现代化知识教育培训实施意见》《玉溪市干部教育培训现场教学基地建设管理办法》，围绕新型城镇化、乡村振兴等10个重点开展现代化知识培训，有效提升干部队伍素质能力。坚持严管和厚爱相结合，改进干部考核评价机制，完成县（区）和部分市直单位领导班子分析研判，开展在脱贫攻坚、招商引资、扫黑除恶三个一线考察识别干部工作。巩固深化全国城市基层党建示范市成果，积极推进街道管理体制改革，规范党群服务中心设置运行，探索建立岗位评价与绩效考核结合的薪酬分配制度，深入推进社区工作者职业化体系建设。实施“高原湖泊卫士”行动，在沿湖3县（区）分别成立联合党委，设立党群工作站471个，将“三湖”生态治理纳入沿湖村（社区）的村规民约（居民公约），常态化组织开展活动。持续用力党支部规范化建设，制定“创新提质年”重点工作任务清单，集中开展基层党建形式主义、官僚主义等5项专项整治，重点解决机关党建“灯下黑”“两张皮”等问题，压实基层基础保障。深化人才发展体制机制改革，出台《玉溪市“百人计划”引进专项实施细则（试行）》《玉溪市“千人计划”9个专项及高端人才培养激励实施细则（试行）》，整合优化人才引进、培养、储备项目，全面提升玉溪人才品牌竞争力；实施“兴玉回归”工程，推动招商引资和招才引智互联互动，举办“相约春天”招才引智峰会，吸引有意向到玉溪建站工作的专家人才86人；制定分类推进人才评价机制改革、基层人才对口培养计划等工作方案，积极为各类人才投身经济社会发展主战场搭建平台。

【纪律检查体制改革】 2019年，全市营造风清气正政治生态，在全省率先出台《玉溪市巡察整改专题民主生活会实施意见》《玉溪市巡察整改检查考核评价办法》等一批制度机制，建立完善《关于进一步规范巡察报告审核工作的意见（试行）》《关于规范巡察与审计工作协调机制的意见》《玉溪市对村（社区）巡察工作指导流程》《关于进一步规范巡察立行立改工作的意见》，巡察工作制度化、规范化水平进一步提高。对21个派驻机构监督单位进行调整，实现派驻监督全覆盖。并制定深化市纪委市监委派驻机构改革的实施意见等系列文件，完善派驻监督体制机制。出台《关于全市纪检监察机关把监督挺在前面的实施意见（试行）》，细化12项监督措施，建立“1+1+N”“捆绑”

联动工作机制。向22家市管国有企业、学校、医院和市政府4个重大投资项目派出监察专员。向74个乡（镇）（街道）派出监察室，配备监察人员222名，探索村（社区）监察联络员制度，聘任699名村务监督委员会主任为村级廉情监督员，并开展全覆盖培训。坚持严管与厚爱结合，激励和约束并重，发出纪检监察建议书192份，提出工作建议433条。全年问责85个单位（党组织）、432人，对47个单位进行问责预警，对15名干部容错免责。执行好严肃惩治诬告陷害行为及为党员和公职人员澄清正名工作办法，为49名干部澄清正名。回访教育受处分人员172人，让“跌倒干部”重振精神再出发。

（高　欣）

纪检监察

【专项整治】　2019年，市纪委市监委牢牢把握纪委监委政治机关定位，把学习习近平新时代中国特色社会主义思想和党的十九大、十九届二中、三中、四中全会精神作为首要政治任务，市纪委常委会6次、市纪委理论学习中心组11次专题学习习近平总书记重要讲话、重要指示批示精神，深刻学习领会习近平总书记关于全面从严治党、党风廉政建设和反腐败斗争重要论述和做好纪检监察工作的重要指示批示精神，自觉把全面从严治党“五个必须”宝贵经验运用到实践中，确保纪检监察工作始终沿着正确方向前进；扎实开展“不忘初心、牢记使命”主题教育，将学习教育、调查研究、检视问题、整改落实贯穿始终。全年抓实专项整治，督促各级党组织和职能部门履行专项整治主体责任，开展明察暗访，发现整改类问题87个、问题线索19条，公布专项整治成果3期，通报曝光11批56起典型问题，推动解决群众的操心事、烦心事、揪心事1 503件。

【政治监督】　2019年，市纪委市监委更加自觉地把“两个维护”贯穿于纪检监察工作全过程、各方面，延展工作手臂，强化“常态化、近距离、可视化、规范化”的精准监督，开展贯彻新发展理念、打好三大攻坚战等相关政策措施落实情况监督检查，加强对市委经济社会发展“5577”总体思路、“六个走在全省前列”、推进“两型三化”、打造“三张牌”新定位新要求及稳增长、脱贫攻坚巩固提升、民生领域突出问题等的监督，对70个市直单位党组（党委）政治生态进行分析研判，开展蹲点式调研监督128次，采取“政治关爱式”谈话88次434人，进行“体验式”监督79次，组织交叉式、推磨式检查157次，实现监督由“被动式”向“主动式”、由“背靠背”向“面对面”转变。同时，出台《关于全市纪检监察机关把监督挺在前面的实施意见》，细化12项监督措施，建立“1+1+N”“捆绑”联动工作机制，坚持全面从严要求，综合考虑事实证据、思想态度和量纪执法标准，精准运用“四种形态”处理干部3 203人次，其中第一、第二种形态占比90.6%；提高与监督对象的面见率、面谈率，开展面询216人次；提高函询工作针对性、实效性，采信51人；严把党风廉政意见回复关，提出否定建议22批次57人；严肃查处违反政治纪律案件29件、处分28人。并制定《玉溪市领导干部防止利益冲突的规定》，规范领导干部从政行为。全年市纪委市监委发出纪检监察建议书192份，提出工作建议433条；问责85个单位（党组织）、432人，对47个单位进行问责预警，对15名干部容错免责。严肃惩治诬告陷害行为及为党员和公职人员澄清正名，为49名干部澄清正名，1名处级干部主动向组织说明了自己乱告状的行为；回访教育受处分人员172人，让“跌倒干部”重振精神再出发。

【管党治党政治责任监督】　2019年，市纪委市监委贯通党委主体责任、纪委监督责任，督促各级党委（党组）增强主责意识，主动扛起全面从严治党政治责任，全力推动中央脱贫攻坚专项巡视和省委机动巡视玉溪高原湖泊保护治理反馈意见整改落实，围绕“七看”“七着力”，明确8个方面28项指标，构建政治生态评价体系，细化主体责任清单43项、监督责任清单36项，推动主体责任、监督责任派单制形成常态。同时，组织开展县、乡两级党委书记向市、县纪委常委会专题报告履行全面从严治党主体责任情况，集中审查20名市管党委（党组）主要负责人述责述廉报告，督促2018年度考核为基本合格和不合格的单位从严从实抓好整改；进一步优化党风廉政建设责任制检查考核方式，提高检查考核效率，新平县问责落实主体责任不力的党组织14个、领导干部39人；开展新任市管干部履职能力提升和反腐倡廉教育培训。华宁县还开展家庭助廉以廉守家活动，用清廉守住家庭幸福门。

【肃清秦光荣流毒专项行动】　2019年，市纪委市监委坚决拥护党中央对秦光荣严重违纪违法问题的处理决定，充分认清秦光荣对云南政治生态造成的严重污染和破坏，聚焦“五个必须”“八个坚决肃清”“八个查一查”的政治要求，把自己摆进去，把职责摆进去，把工作摆进去，突出政治标准，督促各级党委（党组）扎实开展“肃流毒、除影响、清源头、树正气”专项行动。监督各县（区）党委、市直各单位党组（党委）召开汲取秦光荣案深刻教训专题民主生活会，组织召开全市领导干部肃清秦光荣流毒“以案促改”警示教育大会暨专题党课，80余名市直单位主要领导干部配偶参加家庭助廉警示教育活动。

【“三项改革”】　2019年，市纪委市监委持续推进党的纪律检查体制改革、国家监察体制改革、纪检监察机构改革，建立健全对下级纪委“两为主”，对派驻机构“三为主”工作机制，提名考察15名县（区）纪委监委领导班子成员，提级办理问题线索108件。市纪委派驻纪检组统一更名为市纪委市监委派驻纪检监察组，赋予监察权限。同时对21个派驻机构监督单位进行调整，实现派驻监督全覆盖；制定深化市纪委市监委派驻机构改革的实施意见等系列文件，完善派驻监督体制机制，强化派驻监督“上级监督”“政治监督”意识。各派驻机构进一步擦亮监督“探头”，做好监督“前哨”，盯紧“关键少数”，掌握重点人和事，“派”的权威进一步体现，“驻”的优势进一步发挥，“督”的职责进一步履行。易门县制定出台巡察监督、派驻监督和执纪监督“三位一体”协作办法，建立高效协作监督体系。分类施策推进市管企业、市属院校纪检监察体制改革，探索推进市管医院纪检体制改革，向22家市管国有企业、学校、医院和市政府4个重大投资项目派出监察专员。还向74个乡镇（街道）派出监察室，配备监察人员222名，探索村（社区）监察联络员制度，聘任699名村务监督委员会主任为村级廉情监督员，并开展全覆盖培训。成立市纪律教育中心，组成专家咨询委员会，聘请特约监察员，充分发挥法律顾问作用。江川区制定《关于国家公职人员直系亲属和农村党员、干部享受国家补助（贴）政策公示办法》。元江县出台《关于向政府重大投资项目派出监察专员的暂行办法》。

【落实中央八项规定精神成果】 2019年，市纪委市监委继续以钉钉子精神打好作风建设持久战，紧盯重要节点开展纪律作风监督检查，全年派出1 089个明察暗访组深入3 862个党政机关、企事业单位开展监督检查，发现并督促整改问题287个，查处违反中央八项规定精神问题70件，给予党纪政务处分65人、问责9个单位40人，通报曝光43起20个单位68人。清理整治违规发放领取自办刊物稿酬问题，清退稿酬170万元。采取“先曝光、后核查、再严处”方式，及时公开曝光“四风”等问题11批41个，提升监督的“时度效”。

【整治形式主义、官僚主义】 2019年，市纪检监察机关聚焦习近平总书记重要讲话和批示中指出的形式主义、官僚主义突出问题，影响党的路线方针政策和中央重大决策部署贯彻落实的突出问题，大力推进集中整治。全面贯彻“基层减负年”各项要求，开展解决形式主义突出问题为基层减负监督检查、全市纪检监察机关形式主义官僚主义突出问题专项整治，减少市级层面督查检查考核事项182项，比上年减少70.3%；查处典型问题58件，问责14个单位51人，给予党纪政务处分26人，通报典型案例13起。

【整治群众身边腐败和作风问题】 2019年，市纪检监察机关对教育、医疗、住房等9个民生领域开展专项整治，处置侵害群众利益问题线索96件，督促整改问题111个；高度重视生态环保领域问题线索处置，对13个单位、40名领导干部进行责任追究；创新出台并认真执行吸收群众代表参与办理信访事项规定，有效解决信访突出问题10个。澄江县突出抓好抚仙湖保护治理存在问题专项整治。同时，围绕漠视群众利益问题进行专项整治，广泛开展殡葬服务行业侵害群众利益、“大棚房”问题、人防系统腐败问题、供电系统用电客户满意度测评弄虚作假等21项专项整治，人民群众获得感幸福感不断增强；有效发挥纪检监察机关在推动扫黑除恶、“破网打伞”中的尖刀作用，处置涉黑涉恶腐败和“保护伞”问题线索956件，立案215人，办结185件185人，给予党纪政务处分156人，问责41个单位46人，移送司法机关28人，通报曝光典型案件2批14起。玉溪成为全国扫黑除恶专项斗争排头兵培育市。

【扶贫领域监督执纪问责】 2019年，市纪检监察机关深入开展扶贫领域腐败和作风问题专项治理，从严抓好扶贫领域监督执纪问责，处置问题线索198件，立案45人，给予党纪政务处分27人、问责13个单位41人，通报曝光42起62人。同时，严肃查处漠视群众利益问题108件120人，给予党纪政务处分85人，问责35人，通报曝光27起40人。

【构建亲清新型政商关系】 2019年，市纪委市监委制定出台《关于强化监督执纪服务保障民营经济高质量发展的通知》，划出政商交往6条“正面清单”、8条“负面清单”，强化监督执纪服务，保障民营经济高质量发展。严肃查处以公务活动为名进行利益输送、权钱交易、变相行贿受贿等行为，开展公职人员违规参与借贷、领导干部利用名贵特产特殊资源牟取私利等专项整治，给予党纪政务处分13人。并对默许纵容亲属利用本人职务影响谋取利益的2名处级干部立案审查调查。

【巩固反腐败斗争】 2019年，市纪委市监委坚持不敢腐、不能腐、不想腐一体推进，持续加大惩治腐败力度，对党的十八大后不收敛不收手，特别是十九大后仍然不知止、胆大妄为的，发现一起查处一起，坚决清除甘于被“围猎”的腐败分子。全市纪检监察机关共接受信访举报3167件，比上年增长66.5%；立案879件，比上年增长75.1%（县处级55人）；主动投案24人，比上年增长300%；给予党纪政务处分689人（县处级50人），比上年增长58%；给予组织处理73人，比上年增长217.4%；采取留置措施80人，比上年增长196.3%；涉嫌犯罪移送司法机关78人，比上年增长200%；挽回经济损失2.75亿元。通海县统筹用好纪法“两把尺子”，有效提升纪法贯通、法法衔接的质量和效率，移送司法机关16人。全市坚持“一案一总结”，做好查办案件“后半篇文章”，政法系统、市抚仙湖管理局、红塔区、江川区、澄江县等召开“以案促改”警示教育大会154场次。通报曹仕祥、王亚波、肖维春、张开平、张文彬等典型案件，督促发案单位深挖问题根源，健全完善制度，持续净化政治生态，实现政治效果、纪法效果、社会效果有机统一。制定《玉溪市留置看护队伍建设实施细则》，增设留置勤务支队作为留置看护任务专门机构，审查调查基础工作进一步夯实。并把安全作为审查调查的“生命线”，实现全市查办案件“零事故”。

2019年5月13日，市纪委市监委组织纪检监察干部到云南省反腐倡廉警示教育基地进行廉政警示教育 （市纪监委提供）

【市县（区）巡察】 2019年，市委巡察机构落实"六围绕一加强""五个持续"的总体要求，开展市、县（区）机关事业单位常规巡察及巡察"回头看"，以常规、提级、交叉、专项等方式开展市县联动巡察。市委开展3轮巡察，对31个单位党组织开展常规巡察，对2个单位开展巡察"回头看"；开展减税降费及优化营商环境专项巡察、全市人防系统机动巡察，发现各类问题1 224个、问题线索90件，退缴违规资金1 075万元。统筹推进市、县（区）巡察向村（社区）党组织延伸，对150个村（社区）党组织开展巡察，发现问题1 235个、问题线索71件，立案19人。红塔区建立巡察向村（社区）党组织延伸"巡查改治"一体推进工作机制，把巡察整改作为对党忠诚的"试金石"，督促被巡察党组织落实整改责任，真改实改、全面整改。巡察政治"显微镜""探照灯"作用更加彰显。

【纪检监察队伍建设】 2019年，全市各级纪检监察机关和广大纪检监察干部自觉把对党忠诚作为工作的首要政治原则、队伍的首要政治本色、干部的首要政治品质，干部队伍立场更加坚定、意志更加坚强、行动更加坚决，严格执行《玉溪市纪检监察系统领导班子和领导干部政治素质考核考察办法》，推动全市各级纪检监察机关讲特色、讲原创、讲贡献。全年化解空编173名，空编率由16.8%下降至3.5%；制定《玉溪市纪检监察干部轮岗交流办法》《市纪委市监委审查调查人员帮带工作方案》，有序开展干部轮岗交流和帮带工作，干部队伍整体活力有效激发；明确"十四个不准"，划出全市纪检监察干部思想、工作、生活等方面"禁区"；严格落实《云南省纪检监察干部"十严禁"规定》，一体执行监督执纪工作规则和监督执法工作规定，出台规范监督执纪工作相关程序规定、监督执纪执法工作行为规范、纪检监察干部打听案情过问案件说情干预登记备案等制度，依纪依法行使监督执纪执法权。率先在全省开展对县（区）纪委监委专项检查，实现上级纪委监督全覆盖。开展肃清秦光荣流毒影响实施方案，从政治、思想、组织、作风、纪律等方面深刻检视纪检监察干部队伍自身建设问题。坚持刀刃向内，对执纪违纪、执法违法者"零容忍"，严肃处置反映纪检监察干部问题线索76件，立案7人，问责11人，给予党纪政务处分6人，调离纪检监察系统5人，移送司法机关1人，通报10起14名纪检监察干部违纪违法典型问题。同时，构建多层次干部关爱激励机制，评选表彰全市纪检监察系统先进集体40个、先进个人100名。承办第一期省纪委省监委纪检监察文化走廊，充分展现玉溪纪检监察干部良好精气神。高度重视和加强干部心理健康调适，落实好干部家访制度，有序推动解决干部职工实际困难。依托玉溪纪检监察学院，制定"菜单式"培训计划、开展"差异化"专题培训6期1 300人次；以学习贯彻监督执纪工作规则、监督执法工作规定和中央纪委18门培训课程为主要内容，开设培训专题229个、培训2.3万人次，实现培训全员覆盖。建立全市纪检监察人才库，提升人才匹配度，选派31名同志参与省纪委专项工作，历练提升能力素质，提高玉溪"贡献率"。市纪委市监委成为全省纪检监察系统唯一获省2019年脱贫攻坚奖扶贫先进集体表彰单位，干部监督、组织人事、党风政风监督、案件监督管理等多项工作在省纪委作交流发言，推动玉溪纪检监察工作不断出新、出彩，增强纪检监察工作的玉溪"成色"。

【重要会议、活动】 2019年1月9日，市纪委监委召开新闻发布会，通报2018年党风廉政建设和反腐败工作情况。21日上午，市纪委监委召开会议，向特约监察员、专家咨询委员会委员和法律顾问颁发了聘书。21日下午，召开情况通报会，向党外人士通报2018年度全市党风廉政建设和反腐败工作情况，听取各民主党派、工商联和无党派人士代表对做好2019年党风廉政建设和反腐败工作的意见建议。22日，中国共产党玉溪市第五届纪律检查委员会第四次全体会议召开，市委书记罗应光出席全会并讲话。全会传达学习习近平总书记在十九届中央纪委三次全会上的重要讲话精神和十九届中央纪委三次全会、省纪委十届四次全会精神，学习市委书记罗应光的讲话，总结2018年纪检监察工作，部署2019年任务，审议通过了孟凡兵同志代表市纪委常委会所作的工作报告。2月12日，省委常委、省委政法委书记张太原率队对玉溪市2018年度落实党风廉政建设责任制工作情况进行检查考核。汇报会上，张太原对检查考核工作进行动员、安排和部署。市委书记罗应光主持会议，并代表市党政领导班子汇报玉溪市2018年度落实党风廉政建设责任制工作情况。市委书记罗应光和市长张德华分别进行个人述责述廉，其余市党政领导班子成员以书面形式述责述廉。参会人员进行了民主测评。15日，市委召开全市领导干部警示教育大会暨专题党课，通报省纪委查处的张玲、陈现武严重违纪违法案件和玉溪市查处的莫晓顺、武继昌、李戈良等案件。市委书记罗应光讲授党课时强调，全市各级党组织和每一名党员领导干部一定要从中吸取教训、深刻反思、引

2019年6月26日，县区党委书记、高新区党工委书记向市纪委常委会专题报告履行全面从严治党主体责任情况 （邓雪飞 摄）

以为戒，以案示警、以案为鉴、以案促改，教育引导全市党员干部牢记前车之鉴，严守党纪国法，筑牢清廉为政的坚固防线，坚定做碧玉清溪良好政治生态的践行者和维护者。

3月7日，省委第六巡视组向玉溪市委反馈巡视情况。省纪委常委、省委巡视工作领导小组成员、省委巡视办主任杨军出席反馈会议，对抓好巡视整改工作提出要求。会上，省委第六巡视组组长孙耕耘向玉溪市委领导班子反馈巡视情况。市委书记罗应光主持反馈会议并作表态讲话。11日，五届市委第八轮巡察工作动员部署会暨全市巡察干部业务培训班举行。市委常委、市纪委书记、市监委主任、市委巡察工作领导小组组长孟凡兵出席会议并讲话，要求深入贯彻中央和省委、市委决策部署，进一步突出政治巡察地位和作用，坚持创新与规范相统一，结合玉溪实际，对标对表，全面提升巡察工作质量水平，打造高素质专业化巡察铁军。12日，召开五届市委第七轮专项巡察工作反馈会，听取巡察情况汇报，要求针对巡察发现的问题，全面抓好整改落实工作。市委常委、市纪委书记、市监委主任、市委巡察工作领导小组组长孟凡兵要求被巡查单位要切实提高政治站位，充分认识巡察的重大意义，体现政治担当，加强问题整改落实。28日，市委书记罗应光率队到抚仙湖调研并现场督办省委第六巡视组机动巡视玉溪高原湖泊保护治理反馈问题整改工作。市委书记罗应光强调，要从思想上高度警醒、从根源上深入剖析、从措施上精准推进、从责任上全面压实，把巡视整改作为重大政治责任，以实际行动维护巡视整改的严肃性、权威性，确保向省委交出合格整改答卷。29日，市纪委市监委组织全市纪检监察干部进行扫黑除恶应知应会知识测试。4月10日，省委常委、省纪委书记、省监委主任冯志礼到玉溪市调研扫黑除恶专项斗争工作。冯志礼在调研中指出，扫黑除恶事关国家政治安全和基层政权安全，是检验“四个意识”“两个维护”的试金石，各级党委、政府和相关部门要进一步提高政治站位，落实政治责任，坚决查处涉黑涉恶腐败和“保护伞”，不断增强群众的获得感幸福感安全感，厚植党执政的群众基础。各级纪检监察机关要将党员干部涉黑涉恶问题作为执纪审查的重点，加大提级办理、直查直办力度，深挖彻查“保护伞”问题。坚持“监督的再监督、检查的再检查、问责的再问责”职责定位，强化对专项斗争的监督检查和督促推动，坚决整治履职不力、失职失责等突出问题，做到有责必问、问责必严。18日，中央扫黑除恶第20督导组下沉督导小组组长时乃龙一行下沉到玉溪市峨山县，通过实地走访、查阅资料、个别谈话、随机询问等方式，督导基层扫黑除恶专项斗争工作开展情况。25日，市纪委监委召开新闻发布会，通报全市扫黑除恶专项斗争监督纪检监察工作情况。

5月13日，市纪委市监委组织纪检监察干部到云南省反腐倡廉警示教育基地参观。6月17日，五届市委召开第九轮巡察工作动员部署会议，在巡察内容上，市直部门、县（区）直部门等巡察对象除常规巡察内容外，还将重点查找形式主义、官僚主义方面存在的问题。26日，召开县（区）委书记和玉溪高新区党工委书记履行全面从严治党主体责任情况专题汇报会。市委常委、市纪委书记、市监委主任孟凡兵主持会议并作现场点评。县（区）委书记和玉溪高新区党工委书记先后做专题汇报，并由市纪委常委、市监委委员逐一进行现场提问，报告人进行回答，随后进行民主测评。7月11日，省委第六巡视组组长孙耕耘、副组长李兴荣一行赴江川区、澄江县，就高原湖泊保护治理巡视整改进展情况进行实地检查。市委书记罗应光陪同检查。巡视组对玉溪敢啃“硬骨头”、生态保护“不留尾巴”，不惜代价保护抚仙湖的做法表示赞赏，认为玉溪巡视整改工作效果明显，显现了长期治理保护的态度和决心。22日，省委常委、省纪委书记、省监委主任冯志礼到元江县调研信访包案化解工作。31日，市纪委监委召开新闻发布会，对上半年全市党风廉政建设和反腐败工作情况进行通报。

8月5日，市纪委市监委“不忘初心、牢记使命”主题教育先学先改集中学习读书班暨全市纪检监察工作会议举行。19日，省委常委、省纪委书记、省监委主任冯志礼率省农业农村厅、省水利厅、昆明铁路局相关领导到元江县咪哩乡孟鹏村实地调研地表失水补给水源工程建设情况。9月26日，全市巡察工作会暨五届市委第十轮巡察工作动员部署会议召开，市委书记罗应光强调，要始终保持巡视巡察利剑高悬有力，紧扣“两个维护”根本任务，推进巡察政治监督具体化和常态化，不断推动玉溪巡察工作高质量发展，为在全省率先全面建成小康社会提供坚强政治保证。同日，全市民生领域暨扶贫领域腐败和作风问题专项整治重点检查发现问题交办会召开，市委副书记、市委统战部部长保明顺出席会议并向各县（区）交办整改问题清单。孟凡兵主持会议并就相关工作提出要求。11月22日，市委书记罗应光率队对红塔区党风廉政建设工作进行检查考核。区委书记张小良汇报了红塔区2019年度落实党风廉政建设责任制工作情况。红塔区党政主要领导在会上述责述廉。参会人员按要求现场对红塔区政治生态评价暨党政领导班子落实党风廉政建设责任制和党政领导干部述责述廉进行民主测评。12月2日，市委巡察工作领导小组召开动员暨业务培训会，启动对全市人防系统开展机动巡察。会议宣布五届市委对全市人防系统开展机动巡察组组长、副组长授权决定和任务安排。4日，市纪委市监委在市自然资源规划局举行不实信访举报了结澄清反馈会，对反映市自然资源规划局主要领导问题线索作了结处理的情况进行通报。16日，按照省委统一部署，省委副书记王予波率省委第三检查考核组到玉溪市检查考核2019年度党风廉政建设责任制落实情况。在汇报会上，王予波对检查考核工作做了动员、安排和部署。市委书记罗应光主持会议，并代表市党政领导班子汇报2019年度玉溪市落实全面从严治党责任，推进党风廉政建设和反腐败工作情况。市委书记罗应光和市长张德华分别进行个人述责述廉。参会人员进行了民主测评。19日，市委召开“以案促改”警示教育大会。市委书记罗应光出席大会并强调，要以习近平新时代中国特色社会主义思想和党的十九大精神为指导，全面贯彻党的十九届四中全会和习近平总书记对云南工作的重要指示精神，认真贯彻落实省委、市委全会决策部署，以秦光荣案为镜鉴，进一步坚定政治自觉、强化政治担当、扛起政治责任，有针对性地做好“以案促改”工作，坚决肃清秦光荣流毒影响，构建风清气正的政治生态。20日，市纪委市监委、市委组织部、市妇联组织市直单位负责人配偶开展“肃清秦光荣流毒影响　传承廉洁齐家好家风”为主题的家庭助廉警示教育活动。

（许　勇）

组织工作

【党的政治建设】 2019年，市委组织部深入学习贯彻中央关于加强党的政治建设的意见和省委实施意见，制定出台全市关于加强党内政治文化建设的实施意见。深入开展习近平新时代中国特色社会主义思想学习教育，结合“百名讲师上讲台、千堂党课下基层、万名党员进党校”活动，推动广大党员干部更加自觉地用习近平新时代中国特色社会主义思想武装头脑、指导实践、推动工作，增强“四个意识”，坚定“四个自信”，做到“两个维护”。严肃党内政治生活，对领导干部落实组织生活制度不经常不认真不严肃问题进行专项整治，推动党员领导干部带头参加组织生活，高标准、高质量组织召开民主生活会和组织生活会。深入开展“肃流毒、除影响、清源头、树正气”专项行动，坚决肃清白恩培、秦光荣、仇和等流毒影响，持续建设风清气正的政治生态。

【“不忘初心、牢记使命”主题教育】 2019年，市委组织部组织全市1 299名县处级以上领导干部和13.8万名党员参加主题教育，围绕学习贯彻习近平新时代中国特色社会主义思想这条主线，把“学习教育、调查研究、检视问题、整改落实”四项重点措施有机融合、贯穿始终，以项目化方式推进各项任务落实。并创新提出“四学四问四下四改”、基层党组织主题教育“九个一”以及党员党性体检等具体举措，制定出台《关于深入推进习近平新时代中国特色社会主义思想学习教育深化转化常态化的方案》。认真组织召开专题民主生活会，深入开展政治体检，聚焦发展堵点、民生痛点、治理难点，制定全市13个专项整治工作方案，解决了一大批群众最急最忧最盼的问题，有力推动全市主题教育干在实处、取得实效。

【党支部规范化建设】 2019年，市委组织部贯彻落实《中国共产党支部工作条例（试行）》，精准推进12类党支部规范化达标创建，完成4 503个党支部达标创建，17个被命名为省级规范化建设示范党支部，普通党员“万名党员进党校”实现全覆盖；落实“四个一”整顿措施，完成76个软弱涣散基层党组织整顿提升；实施互联网企业党建规范、“红色物业”党建推进、公立医院党建示范、中小学党建提升主题创建活动，推动各领域齐头并进、重点任务全面落实。同时，在全省率先探索开展开放式创意型主题党日活动，不断浓厚主题党日“党味”色彩，让主题党日“活”起来、党员群众“动”起来。

【城市基层党建】 2019年，市委组织部实施35个市、县（区）、街道三级书记抓城市基层党建创新项目，突破街道管理体制改革、社区减负增效、社区工作者职业体系建设等重难点任务，率先在全省设立市县乡三级党群服务中心机构，并入选全国城市基层党建40个最佳案例之一。制定《玉溪市党群服务中心功能设置及运行基本标准》，推进“1+10+N”党群服务中心红色阵地群建设，建成标准化党群服务中心72个。建立党建引领基层治理“联建双推”联席会议制度、党建带群建联席会议制度，健全党建引领“三社联动”机制。组织召开全市党建引领小区治理暨“红色物业”现场推进会，开展“红色物业”推进月活动，以党建引领推进小区治理。

【抓党建促脱贫攻坚、乡村振兴】 2019年，市委组织部深入实施“三百三千双万一化”行动计划，指导推动每个县（区）建设3个以上党建引领乡村振兴示范点。同时，深入实施村级集体经济强村工程，投入中央、省、市财政资金3 800万元，实施76个扶持壮大村级集体经济项目。并圆满完成2019年度贫困村驻村工作队调整轮换工作，在全省率先平稳有序完成2016年选聘大学生村官分流安置。建立由“基本报酬+绩效补贴+村级集体经济创收奖励”构成的村（社区）干部薪酬待遇正常增长机制，市级财政新增预算3 450万元用于提高村（社区）干部待遇。

【党建引领“高原湖泊卫士”行动】 2019年，市委组织部实施党建引领“高原湖泊卫士”行动，健全完善“三湖”保护治理联动协调机制，开展护湖爱湖等“五个先锋”行动，助推生态移民搬迁、森林抚仙湖建设、截污治污等重大项目落实落地。组织召开全市基层党建暨高原湖泊卫士现场推进会，打破环湖各领域党组织层级、隶属的藩篱壁垒，在沿湖3县（区）分别成立联合党委，建立区域性党组织44个。建立“生态主题党日”制度，将“三湖”生态治理纳入沿湖村（社区）的村规民约（居民公约），常态化组织开展活动。设立“仙湖卫士”党群工作站（室、点）471个，促进基层组织建设与生态环境保护深度融合。

【扫黑除恶专项斗争】 2019年，市委组织部建立专项斗争与组织工作协调共推机制、线索双向移送反馈机制、分片督导联系“双督导”制度，从严抓好村（社区）干部任职资格联审，研究提出村（社区）“两委”成员补选配齐工作参考流程，对审查出不符合条件村（社区）干部106名全部完成清理补齐。延伸开展村（居）民小组干部任职资格联审，对审查出不符合条件小组干部296名全部完成清理补齐。开展扫黑除恶重点任务“百日攻坚”清零行动，实现软弱涣散基层党组织100%整顿提升、村组干部任职资格联审100%清理配齐、村组干部涉黑涉恶线索100%核查办理，圆满完成中央扫黑除恶督导组下沉玉溪督导和“回头看”督导工作。

【党员教育管理】 2019年，市委组织部制定《玉溪市乡镇（街道）党校规范化建设管理办法》，按照“有领导机构、有场地设施、有师资队伍、有培训内容、有培训范围、有规章制度、有经费保障、有实训基地”的“八有”标准，规范化建设74个乡镇（街道）党校，构建起市、县（区）、乡（镇）、村（社区）四级教育培训阵地布局。编写《玉溪市党员教育培训简明教材》《玉溪市普通党员应知应会》《玉溪市党务工作者应知应会》等党员教育教材，规范设置培训内容。建立市、县、乡三级党员教育培训师资库，师资规模达1 600余人。开展“万名党员进党校”1 747期，累计培训普通党员11.3万余名，培训已覆盖普通党员总数的90.18%。全面推广使用党员信息化教育平台（远程教育）、基层党建综合考核评价网络平台、“云岭先锋”App，实现基层党建信息化平台“一张网”覆盖。广泛运用“云岭先锋”App开展“三会一课”、主题党日、党务公开、党员积分等组织活动，全市共有9.7万名党员实名登录使用“云岭先锋”手机App，实名登录率达72.32%。在易门县开展中央组织部排查解决农村发展党员违规违纪问题试点工作，探索形成一批制度成果。在全市开展发展党员违规违纪专项整治，进一步提升发展党员质量。

【干部教育】 2019年，市委组织部制定出台《2018—2022年玉溪市干部教育培训规划》，明确提出未来五年干部教育培训目标要求。强化党的理论、党性和理想信念教育，实施“习近平新时代中国特色社会主义思想教育培训计划”，制定《关于深入推进习近平新时代中国特色社会主义思想学习教育深化转化常态化的方案》，以“六个一”措施推动习近平新时代中国特色社会主义思想教育培训往深里走、往心里走、往实里走。开展领导干部专业化能力提升培训，实施“现代化知识提升培训计划”，加强领导干部现代化经济体系建设、生态文明、乡村振兴、金融财税等十个方面的教育培训，牵头举办出省培训重点班次17期，在市委党校举办主体培训班次30期，培训干部6 200余人次；聚焦打赢精准脱贫攻坚战开展干部教育培训，实施“脱贫攻坚干部教育培训计划”，统筹举办脱贫攻坚培训班89期，培训干部1万余人次，实现“五类干部”全覆盖。选派335名干部参加中央党校、中国井冈山干部学院、省委党校、云南农村干部学院等干部培训机构58个班次的学习培训。制定《玉溪市干部教育培训现场教学基地建设管理办法》。

【党政机构改革人事调整】 2019年，市委组织部成立市级机构改革人事工作领导小组，组建工作专班，制定实施方案，完成市直单位机构改革人事安排和11家市委议事协调机构组成人员安排，在全省率先完成市级机构改革人事安排。在机构改革人事调整工作中，始终坚持事业为上，把政治标准放在第一位，突出精准识人，从脱贫攻坚、生态建设、县域经济发展等重点工作一线提拔重用干部16名，9名多岗位历练、综合领导能力较强、敢于担当负责的干部调整担任单位“一把手”，一批基层工作经验丰富、讲担当有作为的县（区）干部提拔或交流到市直部门任职，一半以上党政部门领导班子注入了新鲜血液，年龄、专业、经历等结构进一步优化。

【干部选拔任用】 2019年，市委组织部抓好新修订的《干部任用条例》《干部考核工作条例》等政策文件的学习贯彻，制定《市管干部个别提拔任职推荐考察工作规程》《玉溪市市属企业领导人员管理规定》，编印《玉溪市学习贯彻〈干部任用条例〉资料选编》，规范选拔任用工作。同时，制定《玉溪市突出政治标准加强干部政治表现考察的实施办法（试行）》，推行政治鉴定和廉政鉴定“双鉴定”，建立干部政治表现负面清单，对5名政治担当不够、履职成效一般的处级干部进行调整，对2名不讲政治、搞不好团结的干部进行轮岗交流。全年提拔114人（副处级87人、正处级27人），机构改革重新任命220人，试用期满任职15人，挂职4人，平职调整209人，免职50人，军转安置5人，退休27人。

【干部分析研判】 2019年，市委组织部坚持正确选人用人导向，加大在脱贫攻坚暨乡村振兴一线、扫黑除恶专项斗争一线、招商引资一线“三个一线”考察识别干部工作力度，全覆盖开展市管领导班子和领导干部综合调研分析研判，分领域对354名干部进行一线了解识别，提拔使用实绩突出的干部83名。印发《关于进一步关心关爱异地交流干部挂职干部及驻村工作队员有关事项的通知》，选派5名处级干部支持昭通市镇雄县脱贫攻坚工作，落实每人每年110万元的党建经费和产业发展工作经费。

【干部监督】 2019年，市委组织部开展“一报告两评议”，结合市委巡察对26家市直单位开展选人用人工作检查，不断强化干部选拔任用监督。常态化落实领导干部报告个人有关事项报告制度，全年开展查核12批次431人，对查核存在漏报、瞒报的94人结合具体情况给予相应处理。持续抓好省委组织部选人用人调研反馈问题的整改落实，对县（区）选人用人工作开展全覆盖调研，结合主题教育开展选人用人风气不正等问题专项整治。制定《玉溪市管干部选拔任用档案审查实施办法（试行）》，发挥市管干部任前档案审核把关作用，防止“带病提拔”。

【公务员管理】 2019年，市委组织部抓好新修订《公务员法》学习贯彻，顺利完成全市党政机构改革和涉改人员转隶工作，市本级涉改单位32家，转隶559人，审批公务员（参公人员）登记391人。抓实公务员分类改革，有序推进公务员职务与职级并行制度入轨运行，完成职级套转7 192人。平稳有序完成226名公务员考录工作，定向招录选调生9名。举办公务员初任培训、任职培训、选调生及大学生村官素质能力提升培训4期培训903人。依法依规落实公务员收入分配管理工作。

【人才发展体制机制改革】 2019年，市委组织部围绕《关于实施玉溪市“百千万人才计划”的若干意见》，配套出台《玉溪市“百人计划”引进专项实施细则（试行）》《玉溪市“千人计划”9个专项及高端人才培养激励实施细则（试行）》《玉溪市基层人才对口培养计划实施细则（试行）》《玉溪市高原特色农业产业示范基地评选实施细则（试行）》《玉溪市农村实用人才创新创业项目评选实施细则（试行）》《玉溪市社会工作专业人才登记管理实施细则（试行）》等实施细则，进一步改革创新人才评价体制机制和明确高技能领军人才待遇政策措施，不断完善人才工作体系。

【“百千万人才计划”】 2019年，市委组织部启动实施“百千万人才计划”申报评审工作，“百人计划”专项刚性引进高层次人才33人，柔性引进高层次创新创业团队1人，新建市级专家基层科研工作站5个；“千人计划”专项“兴玉英才计划”共评选89人，建立市级以上重点实验室、工程技术中心项目5个，支持总部经济人才计划项目1个，获得市级以上技能大赛前三名的技能人才23人，建立玉溪高原特色农业产业示范基地5个，玉溪市农村实用人才创新创业项目5个；“万人计划”专项市属单位在职干部专业化学历教育项目11人，非公经济组织和社会组织人员取得中职以上专业技术职称项目48人，人才工作创新项目5个。举办“相约春天　共筑梦想”招才引智峰会和“收获金秋　共谋发展”招商引智峰会，邀请29名玉溪籍在外知名人士回乡共谋发展。实施“兴玉回归”工程，充分运用好第二届中国—南亚合作论坛、《财富》论坛成果，吸引更多玉溪籍人才项目回乡落地。

【人才服务管理】 2019年，市委组织部调整补充市委联系专家190名，做好分层分类联系工作。并完成25名省委联系专家的体检和轮训工作。实施人才助力乡村振兴行动，印发《玉溪市“百名专家扶百村”行动方案》。结合“不忘初心、牢记使命”主题教育，拓展深化“弘扬爱国奋斗精神、建功立业新时代”活动，举办全市高层次人才省情市情示范研修班，45名市委联系专家代表、29名人才工作者接受培训。分别推荐15名和72名扎根基层、有发展潜力的优秀中青年专业技术人才到省、市级对口单位研修，选派9名教师、4名医生助力怒江州脱贫攻坚。

【自身建设】 2019年，市委组织部按照树标杆、做示范要求，从严从实带头开展“不忘初心、牢记使命”主题教育。以党政机构改革为契机，调整理顺部机关职能配置、内设机构和人员编制，建立市委组织部统一管理市委编办和市委老干部局管理方式和工作机制。带头落实“基层减负年”要求，实行总额计划管理，年内制发文件精简30%，召开全市性部门性会议精简35%。调整完善部领导分片联系基层党建工作制度，全面推行随机调研和蹲点调研。出台24项市委党的建设制度改革举措，完成461件规范性文件集中清理，党的建设制度体系更加科学、系统、完备。

（方　翔　陈　晖）

宣传工作

【概　况】 2019年，全市宣传思想工作紧紧围绕中央、省市关于宣传思想工作的重大决策和部署，准确把握新形势下宣传思想工作的定位和要求，制定《中共玉溪市委关于加强新形势下宣传思想工作的实施意见》《2019年全市宣传思想工作要点》等文件，进一步明确当前和今后一段时期全市宣传思想工作的主要任务、重点工作和实践路径。召开全市宣传部长会议，进一步统一思想，明确目标，压实任务，确保全市宣传思想工作笃定前行。强化责任落实，将常委会工作要点、市委五届七次全会工作任务、全面深化改革、“七位一体”以及《实施意见》《工作要点》等纳入《2019年度重点工作任务分解手册》，细化量化年度工作任务，实施项目化管理，明确责任分工，以“项目化、清单化、责任化”全面压实全市宣传思想文化系统各级各部门年度任务。坚持督查工作常态化，注重日常提醒跟进，从严跟踪问效，实行按月“销号”，定期反馈，打造一级抓一级，一环扣一环的任务落实责任链条，形成落实情况反馈长效机制，推动各项工作精准发力、全面落实。

【机构职能改革】 2019年3月20日，经市深化党政机构改革领导小组办公室批准，市委宣传部“三定规定”正式施行。“三定规定”主要职责十九条，并核定行政编制和领导职数设置。市文化广播电视局的新闻出版、电影管理职责，市文化产业发展领导小组办公室、市委对外宣传办公室的职责划入市委宣传部。市委宣传部对外加挂市政府新闻办公室、市新闻出版（版权）局牌子。受市委委托，代管玉溪市精神文明建设指导委员会办公室。对玉溪市互联网信息办公室互联网宣传和信息内容管理方面的工作实施方针、政策的指导。归口管理玉溪日报社，归口领导玉溪广播电视台。不再保留市文化产业发展领导小组办公室、市委对外宣传办公室。

【全市宣传部长会议】 2019年3月1日，全市宣传部长会议召开，市委常委、宣传部部长杨兴荣出席会议并讲话，副市长李劲松主持会议。会议深入学习贯彻习近平总书记关于宣传思想工作的重要思想，全面落实全国、全省宣传部长会议精神和省、市相关会议精神，总结工作、分析形势，研究部署宣传思想工作。市委常委、宣传部部长杨兴荣强调，要坚持思想引领，深入推动习近平新时代中国特色社会主义思想学习宣传贯彻向纵深发展；要聚焦庆祝中华人民共和国成立70周年主线营造浓厚氛围；要增强政治意识，牢牢把握意识形态工作领导权；要壮大舆论声势，汇聚推动全市改革发展正能量；要弘扬主流价值，大力推动社会主义精神文明建设；要激发创新创造活力，更好满足全市人民精神文化生活新期待；要构筑以面向南亚东南亚为重点的对外宣传格局，展示创新开放生态宜居文明幸福的玉溪新形象；要加强党对宣传思想工作的全面领导，旗帜鲜明讲政治，增强“四力”教育实践锤炼作风，把握守正创新的时代坐标促进发展，努力开创全市宣传思想工作新局面。会议同时套开全市网信办主任会议、全市文明办主任会议、全市政府新闻办主任会议、全市文化和旅游工作会议、全市广播电视工作会议。

【庆祝中华人民共和国成立70周年系列活动】 2019年，市委宣传部紧扣庆祝中华人民共和国成立70周年主线，先后举办“辉煌70年”云南成就展玉溪专场，组织参加省“庆祝中华人民共和国成立70周年”系列主题新闻发布会；召开玉溪市庆祝中华人民共和国成立70周年理论研讨会，遴选编印《玉溪市庆祝新中国成立70周年理论研讨会学术论文选编》；组织开展“同升国旗·同唱国歌”“我和我的祖国”百姓宣讲、故事征集、“好记者讲好故事”等活动；举办《我和我的祖国》主题文艺晚会、“大美玉溪——庆祝中华人民共和国成立70周年书画摄影展”，策划开展“壮丽70年奋进新时代”大型主题采访；召开“玉溪市庆祝中华人民共和国成立70周年”系列主题新闻发布会。

2019年9月26日，玉溪市举办庆祝中华人民共和国成立70周年理论研讨会

（市委宣传部提供）

2019 年 8 月，玉溪市"好记者讲好故事"演讲选拔赛　（市委宣传部提供）

【理论武装】 2019 年，全市理论学习坚持突出"关键少数"，带动"绝大多数"，紧紧围绕"深入学习贯彻习近平新时代中国特色社会主义思想，再学再悟习近平总书记考察云南重要讲话精神"等主题，组织开展市委理论学习中心组 12 次集中学习，编印参阅资料、赠阅学习用书 1 万余册，制作学习课件 150 套，带动各级党委（党组）开展学习 1 090 余次，理论学习氛围进一步浓厚。参加中央宣传部"进一步加强和改进新时代党委（党组）理论学习中心组学习，不断深化习近平新时代中国特色社会主义思想的学习贯彻，推进'不忘初心、牢记使命'主题教育深入开展"座谈，红塔区代表全省 129 个县（区）作"把理论学习中心组建到村（社区）的经验做法"交流发言，得到中宣部高度认可，经验成效被《云南宣传》、党建网等刊载。同时，加强载体建设，丰富理论学习路径，推动学习贯彻习近平新时代中国特色社会主义思想往深里走、往实里走、往心里走。持续加强"学习强国"平台使用推广力度，搭建 16 个学习管理组，涵盖 8.9 万人，160 余篇稿件、视频被"学习强国"云南学习平台采编，选树"学习达人"先进典型 2 人，增强理论学习示范引领；持续加强重点理论书籍学习宣传，召开学习使用《习近平新时代中国特色社会主义思想学习纲要》座谈会，组织征订《新中国发展面对面》《党建》等理论学习书籍刊物；持续深入开展理论宣讲，各级各类宣讲队伍开展习近平新时代中国特色社会主义思想、党的十九届四中全会精神等宣讲活动近 4 800 余场，受众 46 万余人次；持续深化学习宣传贯彻习近平新时代中国特色社会主义思想示范点（示范基地）、《今日玉溪》、玉溪宣传"理论学习"微信平台等理论阵地建设；持续抓实理论研究，社科理论研究获国家社科规划项目立项 2 项、省级社科规划项目立项 3 项。市委宣传部连续三年获中宣部办公厅《党建》杂志学刊用刊工作先进集体，获全省宣传文化系统 2018 年度调研和部刊工作先进单位。

【舆论推动】 2019 年，市委宣传部始终坚持正确政治方向、舆论导向、价值取向，坚持团结稳定鼓劲、正面宣传为主，新闻舆论宣传的传播力、引导力、影响力和公信力进一步提升。整合"报、刊、台、网、微、端、屏"等资源，围绕"六个走在全省前列"、建设国家创新型城市、经济社会发展"5577"总体思路等中心工作，全面深化改革、脱贫攻坚、扫黑除恶专项斗争等重点工作和稳增长、调结构、促改革、建生态、惠民生、防风险、保稳定、强党建的具体举措统筹开展新闻宣传，全面展示全市经济社会取得的新进展新成效，营造和谐安定、团结干事、奋发有为的良好舆论环境。提升与中央、省级主流媒体合作质量，央视国际在线播出《江山如此多娇—玉溪市》专题报道，《城市基层党建的玉溪样本》登上云南日报头版头条，《云南日报》"幸福玉溪"专版刊登玉溪市相关报道 200 余篇，新华社官方微信公众号推出《这就是玉溪》，阅读量 80 余万，网友评论近 5 万条。电视新闻外宣工作实现全省"四连冠"。全年在中央级媒体刊发宣传报道稿件 1 186 篇（幅、条），省级及其他媒体刊发稿件 4 290 篇（幅、条）。坚持占领舆论引导高地，组织召开"玉溪市扫黑除恶专项斗争新闻发布会""保卫抚仙湖雷霆行动系列新闻发布会"等新闻发布会 26 场次，有效服务和满足社会公众信息需求，新闻发布工作逐步迈入常态化、规范化轨道。加强舆论引导，相关突发网络舆情得到有效处置。2018 年度舆情信息工作排名全省第二，受到省委宣传部表彰。全市 9 县（区）融媒体中心挂牌成立，县级融媒体中心软件平台投入试运行。

【精神文明建设】 2019 年，全市精神文明建设坚持以培育和践行社会主义核心价值观为主线，不断提升全市人民思想觉悟、道德水平、文明素养和全社会文明程度；持续深化中国特色社会主义、中国梦宣传教育，培育和践行社会主义核心价值观，大力弘扬"玉汝于成·溪达四海"玉溪精神。同时，完成聂耳公园社会主义核心价

市委宣传部党风廉政警示教育　（市委宣传部提供）

2019 年 7 月 2 日，万名干部群众齐聚玉溪聂耳音乐广场，举行升国旗唱国歌快闪活动 （玉溪广播电视台提供）

值观主题园、玉溪大河孝文化主题园二期、两湖大瀑布社会主义核心价值观主题园项目建设。持续开展“德耀中华”道德模范事迹暨“玉溪精神”主题巡讲和“文明讲堂”总堂活动，善行义举榜覆盖面进一步扩大。组织开展文明交通系列活动，命名表彰第四届“玉溪好人”、第六届玉溪市道德模范。建立健全“学校、家庭、社会”三结合教育网络机制，加强未成年人思想道德建设。“3·5学雷锋”“12·5国际志愿者日”等志愿服务活动广泛开展。诚信领域问题整治初见成效，城市信用排名大幅提升。深化群众性精神文明建设，广泛开展文明示范村、“十星级文明户”创建，移风易俗成效显著。积极推动新时代文明实践中心探索工作，构筑精神文明建设新高地，建成 3 个新时代文明实践中心、27 个所、178 个站，参与志愿服务人数 20 395 人次。澄江县被列为第二批建设新时代文明实践中心全国试点县。红塔区、江川区、易门县推荐为全省试点。深入推进“自强、诚信、感恩”主题实践活动，深化“扶贫扶志”主题内涵，增强脱贫攻坚内生动力。凝聚文明城市创建合力，提升创建工作成效。贯彻落实全市文明城市创建工作推进会会议精神，挂图作战，细化 105 项具体工作，倒逼工作责任落细落实。开展“党建＋创建”，推动 198 家市、区级单位党组织包保 43 个社区网格，全面整合创建工作力量。加强联络员业务培训，提升网上申报材料质量。规范管理公益广告，中心城区实现公益广告全覆盖。加强媒体宣传，注重媒体监督，广泛开展主题月活动和入户宣传，文明城市创建知晓率和参与率有效提升。制定《玉溪市创建文明城市实地考察指导手册（2019 年）》，开展第三方实地模拟测评，找准问题，加强整改，补齐短板，有效压实县（区）主体责任，持续巩固提升创建工作水平。

【文化体制改革和文化事业发展】 2019 年，市委宣传部持续深化文化体制改革，促进文化事业全面繁荣、文化产业快速发展和优秀传统文化传承弘扬，不断提升文化软实力。深入推进文化领域供给侧结构性改革，持续加大公共文化基础设施“补短板”力度，推进全市图书馆、文化馆总分馆制建设，探索公共文化机构法人治理结构改革。做足“文化＋”文章，促进文化与旅游、园区、商贸等深度融合，米线节、柑橘节、立夏节等玉溪特色文化旅游品牌影响力不断彰显，小湾村文创民俗小镇、华宁碗窑村历史文化遗存保护与开发等项目稳步推进，市内文化企业积极参展各类文化展会活动，拓展文化产业发展空间，并成功举办玉溪市文化产业博览会。完成“四经普”文化产业统计，2018 年全市文化及相关产业完成增加值 67.76 亿元，占全市生产总值比重 3.76%。加大文化文物和非遗传承保护，新增 2 个国家级、4 个省级文物保护单位和 15 名省级非遗传承人，命名第五批民族民间工艺师 25 人，玉溪工匠 50 名，首批工匠创新工作室 9 个。澄江化石地自然博物馆试开馆。深化“放管服”，全市出版印刷行业健康发展，版权保护工作深入推进。组织实施 2019 年文艺精品创作扶持，升级打造花灯剧《山茶花红》，组织《花腰飞虹》《花腰竹女》《贵妇还乡》等 26 项剧目申报国家级项目，申报力度和数量创历年之最。长篇小说《观音泥》成为全省唯一入选 2019 年优秀网络文学原创作品推介活动作品。民歌《欢欢乐乐唱起来》获“第十四届中国民间文艺山花奖·优秀民间艺术表演作品”。有序推进中华诗词之市、中国最佳楹联文化城市创建。成功举办第六届中国聂耳音乐（合唱）周、庆祝新中国成立 70 周年等系列文化活动。持续推进“聂耳音乐之都”建设，举办各类优秀剧节目演出及重要文化活动 51 场，开展群众性文化惠民演出活动 1 000 余场。积极开展“书香九进”系列读书活动，“乡愁书院”“校园书店”稳步推进，全民阅读初显成效。整合农家书屋等资源，丰富“三馆一站”免费开放的内容。在全省率先完成中央广播电视节目无线数字化覆盖工程，率先实现行政村有线电视通达全覆盖。开展“四个一”文艺创作，“三下乡”、农村公益电影放映等工作深入开展，满足基层群众文化需求，助推全市乡村振兴。

【对外宣传】 2019 年，全市对外宣传工作积极融入省委、省政府构建立足西南，面向南亚东南亚的对外传播体系，外宣工作取得新成效。加强国际传播能力建设，开拓海外信息落地渠道，与省级外宣期刊《湄公河》杂志社建立合作关系，在缅文《吉祥》、泰文《湄公河》杂志持续宣介特色人文、物产资源和经济社会发展建设成效；借 2019《财富》全球可持续论坛活动在玉溪抚仙湖举办的契机，围绕“一地四乡”玉溪元素，组织抚仙湖为主题的外宣稿件以 10 种语言形式在海外媒体上刊发；依托新华丝路媒体平台，组织外宣稿件，在北美洲、欧洲、亚洲、大洋洲、拉美以及其他多个国家和地区以多国语言发布，获得海外主流媒体转载 812 家次，进一步拓展玉溪境外知名度。加强活动外宣策划，围绕 2019 年商洽会、华宁国际陶都招商引智推介会、相约春天·招才引智、收获金秋、重庆大健康产业推介会、中德人工智能大会、云南省生物医药产业招商推介会等重大会议会展活动，组织开展对外宣传报道，玉溪知名度美誉度进一步提升。拓展文化外宣路径，圆满完成赴非洲纳米比亚、吉布提“魅力彩云南·欢乐春节”，赴老挝万象寮都“相约彩云南·走进老挝”和赴泰国“相约彩云南·走进泰国”等涉外文化交流演出，展现魅力玉溪文化特色。

【意识形态工作】 2019年，市委宣传部持续开展意识形态工作责任制落实情况专项巡察，完成45家单位党组织进行专项巡察，2家单位巡察“回头看”和全市99家党委（党组）专题督查，约谈2018年考核排名靠后2家党委（党组），召开巡察问题整改督办会，压实各级党委（党组）主体责任。加强广播电视安全播出监管，深入开展广播电视行业安全大检查。依法加强新闻出版版权和论坛、讲座、文学刊物、研讨会管理。组织实施“扫黄打非五大专项行动”，市“扫黄打非”领导小组办公室获评全省“扫黄打非”先进集体。“扫黄打非”基层站点规范化标准化建设实现乡镇（街道）全覆盖，工作经验在全省“扫黄打非”基层站点规范化标准化建设现场推进会上作交流发言。落实网络意识形态工作责任制，加强属地新媒体建设管理，依法管网治网能力得到有效提升。探索实践意识形态工作责任制联系指导制度，意识形态工作机制进一步健全。

【队伍建设】 2019年，全市宣传思想战线以增强“脚力、眼力、脑力、笔力”为着力点，打造政治过硬、担当作为、本领高强的干部队伍，为全市宣传思想战线提供有力人才支撑。并圆满完成机构改革人员转隶、内设机构负责人配备和人员优化调整。同时，以政治建设为统领，深入开展“不忘初心、牢记使命”主题教育，抓实理论武装，坚持宣传思想战线先学一步、学深一点，深化习近平新时代中国特色社会主义思想和党的十九大、十九届四中全会精神学习；广泛开展学习党章党规党纪、党史国史和《中国共产党宣传工作条例》；举办全市宣传思想暨意识形态培训班、全市新闻发言人培训班及县级融媒体中心建设专题培训班等；抓实作风建设，落实精文简会工作要求，部机关文件、会议压缩30%以上；全面推行“一线工作法”，深入基层开展调研工作，积极做好脱贫攻坚工作，选派优秀年轻干部驻村扶贫；组织开展“兴玉文化名家”推荐评审，完成年度新闻系列专业技术人才申报评审；加强干部教育监督，完成选人用人专项检查，强化党风廉政建设日常管理。

（李向阳　李文奎）

统战工作

【强化思想政治引领】 2019年，市委统战部按照中央和省、市委“不忘初心、牢记使命”主题教育安排部署，坚持把学习教育、调查研究、检视问题、整改落实贯穿主题教育全过程，在学深悟透、联系实际、务实戒虚、整改提高上持续发力。成立以市委副书记、市委统战部部长保明顺为组长的市委统战部（市民族宗教局）“不忘初心、牢记使命”主题教育领导小组，主题教育期间，部务会第一专题学习3次、专题研究4次，召开领导小组会议6次、对照党章党规找差距等专题会议3次；班子成员深入调查研究，召开座谈会18次，访谈群众176人次，撰写调研报告10个，帮助基层解决实际困难12个；组织安排统战成员和统战干部参加各类培训15批694人次，推荐4名党外干部参加全省党外县处级中青年干部培训班，实现机关干部职工和12类党外代表人士年度培训全覆盖；举办统一战线“同心智汇”大讲堂活动6期，参加人数1 518人次。积极支持各民主党派、无党派人士开展“不忘合作初心、继续携手前进”主题教育活动，研究制定《关于支持玉溪市各民主党派、无党派人士开展“不忘合作初心，继续携手前进”主题教育活动工作方案》，市委副书记、市委统战部部长保明顺参加动员部署会议并做动员讲话；各民主党派市委、市知联会开展各种形式的主题教育活动54次，撰写主题教育活动专题活动文章20篇（主委专题署名文章6篇）。各民主党派领导班子首次召开专题民主生活会。还通过多种形式与统战各领域对象开展沟通交流，积极宣传习近平新时代中国特色社会主义思想，引导全市统一战线广大成员不断巩固共同思想政治基础。

【深化多党合作事业】 2019年，市委统战部协助市委研究制定《2019年度政党协商计划》，组织召开向党外人士通报2018年度全市党风廉政建设和反腐败工作情况会议；协助市委召开各民主党派、工商联和无党派人士2018年度调研协商座谈会；支持各民主党派市委围绕中心工作广泛开展调查研究，2019年完成调研报告15篇，年初“两会”期间提交人大建议19件、政协提案135件，其中5件被列为重点督办提案，内容涉及生态环境保护、县域经济发展、文化、体育等多个方面，对中共玉溪市委科学决策和市政府有效施策提供重要参考。同时，着力加强民主监督工作，支持农工党内蒙古区委对玉溪市开展脱贫攻坚民主监督和7家民主党派市委对口9个县（区）开展脱贫攻坚巩固提升民主监督工作，组织各民主党派市委部分主委、副主委赴内蒙古开展脱贫攻坚民主监督学习交流活动；推荐1名民主党派成员担任市监委特约监察员，支持民主党派人士参加检察院听证，旁听法院案件审理；支持各民主党派着力加强党内监督，民盟玉溪市委、民建玉溪市委、民进玉溪

2019年8月，市委统战部组织各民主党派市委前往内蒙古自治区开展“不忘合作初心　继续携手前进”主题教育暨脱贫攻坚民主监督学习交流活动

（市委统战部提供）

市委已成立监督委员会。协助民主党派加强自身建设，配合省委统战部开展加强民主党派领导班子建设调研，找准当前民主党派领导班子建设中存在的困难和问题，形成《加强民主党派领导班子建设研究调查问卷报告》。协助九三学社玉溪市委届中调整主任委员、农工党玉溪市委补选委员、民盟玉溪市委配备秘书长，首次受市委委托对各党派领导班子和领导干部进行考核。指导各民主党派市委制定完善《市委委员联系基层制度》《市委机关请销假办法》《财务工作规则》《公务接待管理办法》等规章制度23项，支持各民主党派市委开展阵地建设，不断丰富完善“民主党派发展史展室”陈列内容，创设“民革之家”“民盟盟员之家”等阵地。认真配合做好党派中央、省委到玉溪调研、考察、开展社会服务等工作。

【民族宗教领域工作】 2019年，市委统战部强力推进民族团结进步示范市创建工作，代市委市政府起草《关于全面深入持久开展民族团结进步创建工作铸牢中华民族共同体意识的实施意见》，明确创建导向，强化政策支撑。新平成功创建全国民族团结进步示范县。峨山县委被国务院表彰为全国民族团结进步模范集体。1名干部被表彰为全国民族团结进步模范个人。市级命名110个示范单位，全市建成224个示范点。深入实施第三轮“十县百乡千村万户”示范创建工程，争取省级资金2 560万元，实施1个示范县（峨山县）、21个示范村（特色村）、2个示范社区项目建设，创成6个中国少数民族特色村寨、3个云南省少数民族特色小镇、17个云南省少数民族特色村寨。认真落实省政府十件惠民实事，争取省级资金109万元，组织实施11个省级少数民族文化项目，《彝山花鼓》节目在第十一届全国民运会表演项目中荣获一等奖。深入推进宗教场所“五进”活动，81个宗教活动场所参与到活动中，国旗、国歌、402个“主旋律”宣传载体进入全市各大宗教活动场所。全面贯彻落实中央、省委宗教工作督查安排部署，中央和省委宗教工作督查交办、反馈和玉溪市主动认领的43个问题全部整改完成。积极破解历史难题，依法取缔大营老清真寺中阿幼儿园，得到省委王予波副书记和市委罗应光书记肯定批示，工作经验入选国家民委典型案例。

【港澳台及海外统战工作】 2019年，市委、市政府领导高度重视对台工作。市委副书记、市委统战部部长保明顺率农业考察交流团赴台湾参访，深入农会、农村、农家与台胞了解社情民意，到企业与台商洽谈合作。全年完成12个团组121人赴台参访交流任务，接待台湾地区31个团组675人到玉溪参访交流考察。以云台会、南博会、参访交流为契机，积极宣传推介玉溪经济社会发展和生态建设情况，吸引台湾中小企业总会理事长李育家，中华两岸一家亲交流协会理事长、云台文化青创中心、云台两岸书院院长湛秀英等台湾地区政商界知名人士领衔的访玉台胞台商150余人次对玉溪现代农业、大健康、文化、信息、生物技术等方面投资考察。玉溪大健康投资有限公司与云南同道伟业集团联手云台智能健康咨询管理有限公司，投资1 200万元打造玉溪健康管理服务中心。云南同道伟业集团与云台智能健康咨询管理有限公司投资300万元成立青少年智能编程教育培训中心。向省委统战部争取专项经费56万元，实施甘庄侨乡文化展览馆建设、澧江街道红侨社区侨乡文化广场建设2个侨乡文化建设项目，在红塔区金州社区、元江县红侨社区打造2个侨胞之家，在峨山县小街街道文明社区、红塔区玉兴街道聂耳社区、江川区大街街道浪广社区打造3个侨法宣传角。积极开展走访慰问和送医送药活动，春节走访慰问困难归侨侨眷和侨界代表人士200户，发放慰问金10万元；对40户因因病、受灾导致

2019年10月31日，市委统战部（市侨办）在红塔区金州社区开展送医送药义诊活动 （市委统战部提供）

生活困难的归侨侨眷发放临时救助金8万元；开展送医送药送温暖活动4期，接诊800余人次，发放价值4.6万余元的各类药品；中国宋庆龄基金会副秘书长唐九红携省黄埔军校同学会一行到玉溪市慰问4名抗战老兵。大力拓展海内外宣传，促成新华社、人民网、中新社、《云南日报》等7家媒体到玉溪市采访部分台商台企，促成省台办邀请台湾中南部新闻媒体、台湾联合报系媒体记者到红塔区大营街、澄江县采访拍摄，向海峡两岸同胞展现玉溪人民群众富裕幸福新生活以及玉溪自然山川风光、文物、旅游、文创、美食特产、乡村农业旅游等。积极开展对外文化交流，甄选6名优秀教师外派老挝、缅甸协助当地开展华文教育工作；组织优秀歌舞演员13人参团代表云南省参加在老挝万象、琅勃拉邦地区及泰国清莱、清迈地区举办的“相约彩云南，2019走进老挝”“相约彩云南，2019走进泰北”文艺表演；成功举办来自两岸7所高校30余名师生参加的“2019首届云台青年学生帆船训练营”。新平县设立海峡两岸少数民族交流与合作基地已经国台办批准，待国家民委审批。

【助力非公经济】　2019年，市委统战部推动出台《玉溪市工商联深化改革方案》和《玉溪市促进工商联所属商会改革和发展重点工作责任清单》。同时，以“守法诚信经营，坚定发展信心”为重点，深入开展非公经济人士理想信念教育，赴井冈山举办年轻一代民营企业家理想信念教育暨创业创新实践观摩活动，组织120名民营企业家开展民营企业税务知识专题讲座，组织5名企业家参加省委统战部2019年云南省年轻一代非公经济人士培训班，组织33名绿色食品产业龙头企业负责人参加省工商联民营企业绿色食品加工流通营销培训班，组织60名年轻一代民营企业家到清华大学参加创业与提升能力培训班，举办“玉溪市年轻一代非公经济代表人士、新的社会阶层代表人士专题培训班”；积极搭建政企沟通和民营经济服务平台，组织召开玉溪市民营企业座谈会，听取50多户民营企业家及相关政府部门有关情况和问题反映，汇总形成问题清单，组织部分企业参加曼德勒国际贸易展暨商务论坛、2019年中国香港国际美食博览会、第九届国际健康食品暨品牌农产品展览会等展会，提升玉溪品牌影响力、知名度。扎实推进“万企帮万村”精准扶贫行动，全市226户民营企业参与结对帮扶208个村，实施帮扶项目498个，投入总金额12 248.12万元，惠及困难群众34 689人。4名民营企业家被表彰为“第五届云南省非公有制经济人士优秀中国特色社会主义事业建设者”，6户工商联执委企业和8名执委企业家荣获云南省政府“百户优强民营企业和百名优秀民营企业家”称号，在“2019年云南省上规模民营企业调研及非公企业100强评选”活动中，12户企业跨越8.27亿元的入围门槛登榜100强。

【新的社会阶层人士统战工作】　2019年，市委统战部按照“九有”标准（有保障、有机制、有组织、有思想引领、有综合评价、有政治安排、有品牌活动、有动态管理、有实践创新基地）工作要求，勇于探索有效工作方式方法，全市新的社会阶层人士统战工作推进有序、重点突出、各具特色、亮点纷呈。构建“1个总会+4个专业委员会+9个垂直分会+N个工作站”的联谊组织平台体系，9个县（区）全部成立市新联会垂直分会，设立“新媒体”“玉溪九峰”“公益”“文化艺术”等4个专业委员会，建成工作站145个，以“专委会+基地”“分会+基地”“企业+基地”“工作站+基地”等方式，探索建立各具特色的实践创新基地21个，实现联谊组织县（区）全覆盖、实践创新基地县（区）全覆盖。开展“玉溪九峰”大型户外公益攀登活动8期，2 400余名新的社会阶层人士参与，在各类媒体平台发布宣传信息300余条，微信分享、转载量达2万余条次。指导市新联会加强制度建设，积极组织开展各类活动，团结引导新的社会阶层人士积极参与经济社会发展和生态文明建设。发挥新媒体的组织动员能力，挖掘玉溪文化历史和民俗风情，打造“州城记忆”文创产品。在新平县花街节、江川区安化斗牛节等地方特色节日期间，广泛宣传推介，服务地方经济社会发展。引导新的社会阶层人士开展形式多样的公益活动，打造“云蚁力量”公益品牌，组织开展“一杯姜茶温暖中国，同升一面旗共爱一个家”“垃圾不落地社区更美丽”“让公益陪我们一起成长”“百童画州城绚丽新时代”“寒冬送暖·爱在玉溪”等公益活动5期，参与活动人数2 000余人，得到社会广泛好评。

【强化机关自身建设】　2019年，市委统战部认真落实《中共云南省委办公厅、云南省人民政府办公厅关于印发〈玉溪市机构改革方案〉的通知》文件精神，市民族宗教局与市委统战部合署办公，市委统战部加挂市委台办（市政府台办）、市政府侨办牌子；核定行政编制31名（含市民族宗教局行政编制15名），设部长1名、副部长5名，市民族宗教局设副局长3名；设内设科室11个，核定正科级领导职数11名，副科级领导职数4名。按照机构改革工作要求，选举产生市委统战部总支部委员会，理顺部机关第一、二支部的组织关系和组织架构，新成立离退休老干支部，规范划转组织关系。认真落实五届市委第九轮巡察工作的部署要求，以高度的思想自觉、政治自觉和行动自觉，积极配合市委第三巡察组开展资料核查、问卷调查、巡察谈话等工作，对15项工作进行了情况说明，对4项工作进行了立行立改。针对巡察反馈的领导班子以及选人用人、意识形态工作存在的61个问题，制定整改方案，细化91条整改措施，按照“一问题一方案”，明确责任领导、责任科室、完成时限，建立整改问题清单、任务清单、责任清单和整改销号台账，全部整改完成。强化干部队伍建设，新增干部科，新增行政编制1名，从部机关提拔1名正科级干部、1名副科级干部，平级调整8名科级干部；完成市委统战部（市民族宗教局）、各民主党派玉溪市委19名公务员职务与职级并行首次套转；从县（区）选调2名干部到部机关、九三学社玉溪市委机关工作，选调1名事业人员到民主党派服务中心工作，工作力量进一步加强。加强干部职工学习教育，选派7名干部赴中央统战部培训中心、北京大学、复旦大学、浙江大学学习培训；举办理论学习中心组学习8次、干部职工理论学习8次、主题党日活动32次、双周集中学习9次。压实党风廉政工作责任，认真落实脱贫攻坚政治责任和党委（党组）意识形态工作责任制，做好扫黑除恶专项斗争、全面深化改革、宣传思想和精神文明建设、创文等工作；强化网络信息安全与信息化建设，加强综治维稳（平安建设）、反恐防邪、国家安全、依法治市、信访、保密等各项工作。

（黄　瑞）

机关党建

【开展“不忘初心、牢记使命”主题教育】 2019年，市委市直机关工委坚持将学习教育、调查研究、检视问题、整改落实贯穿始终，周密部署，统筹推进。全年围绕“三本书”原原本本学，通过中心组学习、举办读书班、会议第一议题交流发言等方式，先学先改，打牢基础。细化学习教育具体方案，重点围绕党的政治建设、全面从严治党、理想信念等专题，开展8次集中学习研讨。结合主题党日活动，通过参观大型档案文献展、到市法院旁听案件审理等，统筹开展革命传统、警示教育、形势政策、先进典型教育。围绕6个调研选题，采取随机走访、调查问卷、座谈交流等多种形式，深入基层一线，认真开展调查研究，形成调研报告3篇。召开调研成果交流会、上专题党课深化调研成果转化运用。全面听取意见建议，结合学习研讨、调查研究、巡视巡察、对照党章党规找差距等深入查摆问题，形成班子问题清单13个，班子成员问题清单35个，及时制定班子和成员整改措施108条。坚持边学改、即知即改，抓实9个专项整治，充分运用主题教育成果，推动机关党建工作落实。

【开展党支部规范化达标创建】 2019年，市委市直机关工委围绕“健全基本组织、建强基本队伍、落实基本制度、开展基本活动、强化基本保障”五大核心任务，深入推进支部规范化建设达标创建工作，完成2018年党支部规范化建设验收，命名市委办一支部等35个“玉溪市直机关规范化建设示范党支部”；持续开展软弱涣散党组织排查，对3个党支部进行整顿提升。根据机构改革实际，开展基层党组织设置情况排查，按照分级负责原则，全年精准推进94个党支部考核验收。

【健全完善基层组织体系】 2019年，市委市直机关工委顺应机构改革等领导体制调整，优化和规范组织设置，新建党组织20个，调整合并12个，撤销11个。根据市委组织部《关于调整理顺市委直属党（工）委基层党组织隶属关系的通知》要求，切实规范理顺机关党组织关系，市委市直机关工委划转党委7个、党总支12个、党支部205个、党员3 625人。加强基层纪律检查工作，批准设机关党委的单位成立机关纪委28个，其余党组织配齐纪检委员。

【机关党建领域专项整治】 2019年，市委市直机关工委持续开展机关党建“灯下黑”专项整治工作，积极推进上年度党组织述职评议反馈意见40个问题整改落实工作，切实改进文风会风，减少文件、会议数量，取消“三会一课”月报工作制等材料报表，推动解决基层党建工作中形式主义官僚主义问题。同时，开展宗教势力干扰侵蚀基层党组织和党员信教问题排查。对所属党支部2014年5月以来发展的党员进行摸底自查、逐一分析，列出疑似清单，扎实抓好发展党员违规违纪问题专项整治工作。建立党组织对党员领导干部认真落实组织生活提醒单、回执单和公示单制度，有效解决落实组织生活制度不经常不认真不严肃问题。

2019年7月25日，“红土地之歌”演讲大赛市直单位组比赛获奖者
（市委市直机关工委提供）

【发展党员】 2019年，市委市直机关工委认真贯彻落实《发展党员工作细则》，把好党员“入口关”，严格按程序培养考察和审查，全年发展党员56名。同时，加强入党积极分子和发展对象队伍建设，培训入党积极分子和党员发展对象266名。

【基层党组织换届选举】 2019年，市委市直机关工委按照从严从实、依法依规、严把程序关口、严肃换届纪律要求，抓好基层组织换届工作。建立党组织换届提醒机制，下发提醒通知单，严格党组织书记任职资格条件审查，对不符合任职条件的党组织书记进行及时调整，进一步配齐配强党组织班子。全年指导完成55个党组织按期换届，审批直属基层党组织负责人69名。

【党员教育管理】 2019年，市委市直机关工委扎实开展2轮“万名党员进党校”示范培训，邀请省、市委宣讲团成员授课，620余名普通党员接受教育。举办2期“书香机关、书香支部”专题讲座，580名党员干部参加。强化示范培训，坚持请进来和走出去相结合，先后在市委党校、西安交通大学、杨善洲干部学院、市老年大学举办党组织书记和党务干部培训4期，培训党组织书记和党务骨干820余名。注重党内关怀，在春节、“七一”、国庆等重要节日前，走访慰问困难党员、老党员和因公牺牲党员家属287人。

【机关党建重要活动】 2019年4月25日，全市机关党的工作会议召开，市委常委、市委秘书长、市直机关工委书记王志新出席会议并讲话。王志新强调要紧紧围绕强化党的政治建设的主题，强化政治引领，把党的政治建设摆在首位，以实际行动带头做到“两个维护”；要强化理论武装，把深入学习贯彻习近平新时代中国特色社会主义思想和党的十九大精神作为头等大事；要强化整体功能，提升党组织组织力，推进机关党建工作高质量发展；要强化责任担当，全面推进机关党建各项工作落地见效，以更高的站位、更严的要求，不断推动全市机关党建高质量创新发展，以优异成绩庆祝中华人民共和国成立70周年。6月26日，在市委宣传部、市文明办的指导下，由市委市直机关工委主办的庆祝中华人民共和国成立70周年暨玉溪市市直单位组2019年“玉溪精神”主题演讲比赛决赛在玉溪师范学院科学讲堂举行。来自市直各部门单位和中央、省驻玉单位的20名选手经过初赛、复赛层层选拔进入此次决赛。经过紧张激烈的角逐，最终决出一等奖3名、二等奖3名、三等奖5名、优胜奖9名。7月25日，举行玉溪市第十二届“红土地之歌”演讲大赛市直单位组比赛，来自市直机关和中央、省驻玉单位的20名选手激烈的比拼，最终决出一等奖2名、二等奖3名、三等奖5名、优胜10名。9月26日，举行“不忘初心、牢记使命”主题教育省委宣讲团玉溪报告会暨“万名党员进党校”专题培训。省委宣讲团成员、省社会科学院副院长黄小军受邀作题为《习近平新时代中国特色社会主义思想的精神实质和丰富内涵》的专题宣讲辅导。市委书记罗应光主持宣讲，指出开展“万名党员进党校”培训有助于教育引导广大党员干部自觉用党的十九大精神和习近平新时代中国特色社会主义思想武装头脑、指导实践、推动工作，更好地担负起党和人民赋予的重要职责；要求党员干部认真听、认真悟，结合自己的思想、工作实际吸收消化，在学懂弄通上下功夫，在做细做实上有成效，时时处处展示我市机关党员干部理论水平、政治素养和形象风貌；要围绕市委常委班子“不忘初心、牢记使命”主题教育第一次集中学习读书班上提出的“初心十问”，自觉在真学、真懂、真信、真用上作表率，营造机关党员干部“后进赶先进、中间争先进、先进更前进”的浓厚氛围，为玉溪各项工作干在实处、走在全省前列贡献力量。宣讲辅导中，黄小军紧扣“不忘初心、牢记使命”主题，联系实际、深入浅出地对习近平新时代中国特色社会主义思想形成的时代背景、丰富内涵、重大意义、理论体系等进行系统讲解和生动阐述。11月20—22日，市委市直机关工委分别在江川区、峨山县召开加强和改进机关党的建设调研座谈会，围绕深入学习贯彻习近平总书记在中央和国家机关党的建设工作会议上重要讲话精神，总结交流加强和改进机关党建工作经验，认真分析当前机关党组织建设现状、面临的困难和问题，深入研讨创建模范机关的思路举措。9个县（区）直机关工委负责人结合实际，从不同的角度和方向，介绍了加强和改进机关党的建设的经验做法。与会人员还调研学习了江川区党群服务中心、大街社区党群服务中心和峨山李光才党建工作室。12月26日上午，开展部门市直单位党组（党委）书记抓基层党建述职评议考核。市委常委、市委秘书长、市委市直机关工委书记王志新主持会议。会议强调，推动新时代机关党建高质量发展，前提在于压实党建主体责任，要强化政治担当，切实增强抓好机关党建工作的政治自觉；勇于自我革命，切实正视机关党建工作存在问题；把握规律特点，努力适应新时代机关党建工作需要，推动机关党建高质量发展。会上，10个市直部门单位的党组织书记进行现场述职，63个部门单位的党组织书记以书面形式进行述职。

（高发红）

老干部工作

【离退休干部队伍】 截至2019年底，全市有离休干部295人，退休干部23 215人，共23 510人，离退休干部党员10 734人（离休219，退休10515）；离退休干部党（工）委10个，党总支17个，有党支部620个，其中离休干部支部3个，退休干部支部213个，离退休合编支部204个，与在职党员合编支部195个，社区党支部5个。

【走访慰问老干部】 2019年春节前夕，市委、市政府统一安排，对全市557名离休干部、离休干部遗属和副县（处）级以上退休干部、特困老干部以及建国初期参加革命工作的部分退休干部进行走访慰问，把党和政府的关怀及温暖送到老干部的心坎上。“八一”建军节期间，市委书记罗应光，市委副书记、市长张德华等领导率队走访慰问部分离休干部，并为他们颁发“庆祝中华人民共和国成立70周年纪念章”。

【《金色时光》研讨会】 2019年1月4日，《金色时光》研讨会在玉溪举行。会议总结《金色时光》杂志的办刊基本情况，分析存在的困难和问题，并谋划下一步工作。玉溪老年大学在会上介绍了办学经验。

【全市老干部工作会议】 2019年1月31日，市委老干部局召开2019年全市离退休干部工作会议，总结2018年工作，安排部署2019年工作。市委常委、组织部部长景绚出席会议并讲话。各县（区）委常委、组织部部长，各县（区）委老干部局局长，市直各单位老干部工作专（兼）人员共150余人参加会议。

【新春团拜会】 2019年2月初，市委老干部局举办2018年度玉溪经济社会发展情况老干部通报会暨2019年新春团拜会，700余位老同志欢聚一堂，共迎新春佳节。市委常委、市委组织部部长景绚出席并通报2018年经济社会发展情况。老干部们表演了民族舞、滇剧小戏、花灯歌舞等节目，传递了热爱生活、弘扬传统的正能量。

【“银发添彩·碧玉生辉”系列活动启动】 2019年3月13日，玉溪市“银发添彩·碧玉生辉”系列活动拉开帷幕。市委常委、组织部部长景绚出席启动仪式并致辞。实施“金晖先锋”“玉韵溪声”“碧玉生辉”三项工程，进一步发挥全市广大离退休干部的政治优势、经验优势、威望优势，为推动玉溪高质量跨越式发展贡献智慧和力量。

【参观考察】 2019年3月18日，市委老干部局组织17位市级老领导开展市情考察，为玉溪教育工作和5G发展建言献策。9月16—20日，组织27位厅级离退休干部赴昭通参观易地扶贫搬迁、乡村振兴等情况。老干部们表示将一如既往地支持市委、市政府工作，积极建言献策，为玉溪经济社会发展贡献余热。

【离退休干部工作“比学赶超”活动】 2019年4月11日，云南省离退休干部工作“比学赶超”活动第一组第一次研讨会在易门县举行，围绕“党建交流比学赶超·凝心聚力共谋发展”主题集中研讨离退休干部党组织规范化建设，交流党支部工作典型案例。全市离退休干部工作“比学赶超”活动分两组开展，交流了助力社区治理、回乡发挥作用、精准服务等工作。

【离退休干部健康体检】 2019年4月22日至23日，市委老干部局组织担任过副厅以上领导职务和享受副厅级双项、三项、单项待遇，以及抗日战争时期享受副厅级医疗待遇的离退休干部共84人进行一年一度的健康体检，做到“精准式”谋划、“全程式”陪同、“贴心式”服务。

【离退休干部党建工作】 2019年2月，市委老干部局在全省率先印发《关于加强新时代离退休干部基层党建工作的实施意见（试行）》（简称《实施意见》）。4月，举办第21期离退休干部党支部书记读书班，探索成立5个临时党支部，组织开展主题党日示范活动。5月7日，召开全市离退休干部党建工作会，总结市委离退休干部党工委成立以来的离退休干部党建工作开展情况，交流各地各部门的经验做法。6月，市委组织部发文明确市委离退休干部工委管辖基层党组织范围：统一管辖市委老干部局机关及所属单位党组织，以及在市委各部委和市级国家机关各委办局中单独成立的离退休干部党组织，领导全市离退休干部党的建设工作，离退休干部工委共管辖55个党组织，党员1 358名。市干休所离退休干部党支部、新平第一教育集团党总支第三支部被评为全省离退休干部示范党支部。

【首届离退休干部“微党课”比赛】 2019年6月27日，市委老干部局举办全市首届离退休干部党组织微党课比赛，来自市直单位及各县（区）党支部的23名党员参加比赛，评选出“十佳微党课”10个。

【“十佳主题党日”评选】 2019年，市委老干部局在全市离退休干部党组织中开展“十佳主题党日”评选，庆祝建党98周年。全市共有122个离退休干部党组织参与，评选出“十佳主题党日”10个、“优秀主题党日”25个。

【党员党性体检中心】 2019年，市委老干部局利用老干部红色资源打造党员党性体检中心，设置“初心起航、对照自检、党性提升”三个单元，通过“初心唤起、书记寄语、党性自评、重温誓言、体检会诊”5个环节完成党性体检，助力主题教育。全年共457个党组织7 254名党员接受党性体检，并留下368条感言。其中包括来自北京、山西、广西、内蒙古、昆明等地的党组织及党员。

【主题教育】 2019年，市委老干部局积极开展“不忘初心、牢记使命”主题教育，为离退休干部党组织配发《摘编》《党章》《倡议书》三件套1 345套，通过主题党日、党性体检等方式，教育引导离退休干部增强“四个意识”、坚定“四个自信”，做到“两个维护”。中央主题教育第四巡回督导组、省委主题教育第四巡回指导组、省委老干部局及市委、市政府、市纪委领导多次到市委老干部局党员党性体检中心调研指导工作。

【为党和人民事业增添正能量】 2019年，市委老干部局举办“我与祖国共成长”庆祝新中国成立70周年系列活动，包括书画展、摄影展、剪纸展、文艺汇演、《我和我的祖国》快闪活动等，相关报道被“学习强国”平台采用。举办“碧玉生辉”大讲坛6期，分别就“增强防范意识、远离非法集资”“科学养生保健”“助力创建中华诗词之市”等内容开展培训，2 000余人次老同志聆听了讲座。持续推广《玉溪老年人文明健康生活方式66条》，评选老同志抗癌“明星”，并首次举办老同志捐献遗体报名大会，4名老同志签订捐赠协议。

2019年6月27日，玉溪市首届离退休干部基层党组织微党课比赛

（市委老干局提供）

【干休所】 2019年，市委老干部局干休所主动链接社会资源，建立“服务中心（社会组织）—服务站点—服务队—志愿者”服务体系，提供咨询、生活照顾、困难帮扶、医疗救助等菜单式服务，建立离休干部就医绿色通道和电子健康台账，开通健康咨询热线，开展“晚霞情缘”服务。

【老年大学】 2019年，市委老干部局老年大学强化“互联网”思维，开通微信报名，共招收学员6 500多人次，网络报名率达88%。其中中共党员1 948人次，占学员总数的29.9%。市老年大学按照有利于教育管理、有利于发挥作用、有利于参加活动的原则，成立中共玉溪市老年大学临时委员会，构建“关系在原单位、活动在学校、奉献在社会”的新型老年学员党员教育管理模式。

【老干中心】 2019年，市委老干部局老干中心完善电子化办证管理平台，采集完善7 300多名老同志居住情况、子女信息、身体状况、服务需求等信息。搭建心理咨询沟通平台和健康保健培训平台，举办心理健康知识讲座、义诊等活动，参与老同志700余人次，救助活动中突发疾病的3人次。

【宣传信息】 2019年，市委老干部局加强信息员队伍建设，推进信息宣传工作，在《中国老年报》《老干部之家》《云岭先锋》《云南老年报》《玉溪日报》等媒体刊登报道154篇，《云南老年报》专版宣传2期。“玉溪晚晴”微信公众号发布信息168条、75期，全年点击率97 300多人次，累计点击率60多万人次。

【脱贫攻坚工作】 2019年，市委老干部局领导多次带队到联系点澄江县养白牛社区开展人居环境整治、劳动力转移、易地扶贫搬迁等调研，并

讲党课。春节前到扶贫点开展“送文化、送温暖、送健康”下乡活动，为77户帮扶群众发放了2.8万元的慰问品，并和群众联合表演歌舞节目、赠送春联、送医送药。全年投入资金6万元，购买管道5 000米，解决2个小组99户307人的饮用水问题。

（朱文栋）

党校工作

【干教培训】 2019年，市委党校积极开发新专题，打造精品课、样板课，不断提升教学质量。主体班党的理论教育和党性教育约占总课时的74.51%，其中党性教育约占27.55%。全年举办培训班（会议）149期合计24 079人次。并完成韩国、孟加拉国、老挝、刚果（布）等7个外国班次146人的培训任务以及2019级研究生班招生工作。

【宣传宣讲】 2019年，市委党校组织骨干教师深入企业、农村、机关、校园、社区开展习近平新时代中国特色社会主义思想和党的十九大精神等党的理论宣传宣讲，全年选派19名教师外出宣讲325场，受众人数约31 500人次。同时办好《理论与宣传》、龙马论坛、门户网站、微信公众号等宣传阵地。

【科研咨政】 2019年，市委党校聚焦习近平新时代中国特色社会主义思想、党的十九大精神等重大主题和中心工作，推进教研咨一体化建设。全年取得科研成果127项，其中核心期刊5项、国家级成果5项、省级成果68项、市级成果49项。并荣获云南省党校（行政院校）系统2017—2018年度科研工作组织奖。

【队伍建设】 2019年，市委党校公开招聘3人、选调5人，安置随军家属1人，选拔任用正科级干部4人，专业技术人员职务岗位晋升17人。全年选派4人到市委市政府部门跟班锻炼、2名扶贫工作队员、2人到基层挂职锻炼、1名城市基层党建指导员，并选派99人次参加省委党校、中央党校、中国人民大学等各类学习培训。举办全市党校系统办公室业务培训暨学习贯彻习近平总书记关于改革落实工作重要论述专题培训班、全市党校系统师资培训班、党的十九届四中全会精神专题培训暨教师综合能力提升班，培训全市党校系统人员154人次。

【主题教育】 2019年，市委党校围绕“守初心、担使命，找差距、抓落实”总要求，把学习教育、调查研究、检视问题、整改落实四项重要措施衔接起来，整体推进。县处级领导集中研讨4次，组织校委中心组学习3次、集中学习2次、班子成员讲党课3次、专题辅导3次、党支部研讨3次、现场教学3次，形成3份高质量调研报告。班子成员对照党纪党规共查找问题58个，制定整改措施58条。选派17名教师深入市直单位、县（区）开展主题教育宣讲和专题辅导204场，受众人数21 488人次，主题教育取得良好成效。

【全面深化改革】 2019年，市委党校把“用学术讲政治”教学改革工作列为“一号工程”，高位统筹、指导、对标，将市委党校和红塔区委党校、澄江县委党校、易门县委党校列为改革试点先试先改。《聂耳的精神品质及其当代价值》被评为全省党校（行政院校）系统第三届精品课，入选云岭大讲堂讲题库。《深刻领会中国共产党的初心和使命》符合中央党校样板课要件要求，实现市委党校省级精品课、校级样板课的零突破。用学术讲政治教学改革试点工作得到省委党校主要领导的肯定，认为中共玉溪市

2019年6月15日，刚果（布）劳动党干部考察团到玉溪市红塔区高仓街道上牟溪冲开展现场教学　（市委党校提供）

委党校在全省十六个州（市）委党校中先行先试，并取得初步成效。全年召开6次深改委（深改组）会议，制定创新工程改革任务清单32项，制定落实工程任务清单25项，编辑《玉溪党校改革简报》16期。

【精神文明建设】 2019年，市委党校顺利通过省级文明单位复审。全年积极做好"图说我们的价值观""讲文明树新风"和公益广告刊播工作，启动校园文化长廊建设，举行庆祝新中国成立70周年系列活动，完成"我和我的祖国"快闪拍摄。开展文明（道德）讲堂4场，外出开展20场。并组织300余人次到社区开展每月"双创"等志愿服务活动。

【业务指导】 2019年，市委党校加强对县（区）党校的指导，全面推进县（区）党校校园改扩建工作，红塔区、澄江县、峨山县、易门县、元江县5个县（区）党校已新建投入使用。同时，组织县（区）党校领导、教师参加学术研讨和培训班，召开全市党校系统常务副校长座谈会，组织教师不定期到县（区）党校开展调查研究，帮助解决实际问题。

【校志编纂】 2019年，市委党校完成《中共玉溪市委党校校志（1950—2017）》编纂出版工作。校志共40万字，含组织机构、队伍建设、干部培训、学历教育、科研、保障与服务、图书档案与信息化建设、群团工作、业务指导、合作交流、名录、专记、县（区）党校简介13章，属市委党校首志，全面、系统、翔实地记述了市委党校自1950年成立地委训练班至2017年的办学史实和发展历程。

（徐瑞江）

史志研究

【概　况】 2019年，市委党史研究和地方志编纂办公室始终把思想政治建设放在首位，坚持用习近平新时代中国特色社会主义思想武装头脑，指导实践，推动工作。贯彻党的十九大及十九届二中、三中、四中全会精神，树牢"四个意识"，坚定"四个自信"，坚决做到"两个维护"，狠抓学习教育，加强理论武装，全年组织中心组理论学习11次，干部职工周五学习日学习18次；扎实开展好"不忘初心、牢记使命"主题教育，室党支部全体党员干部共19人参加主题教育，完成"规定动作"，创新"自选动作"，全体党员干部理论水平不断提高，思想受到洗礼，党性得到锻炼，存在问题得到有效解决，干事创业劲头更足，为民务实清廉的意识更加坚定。同时圆满完成机构改革，并抓实保密、机要工作，全年全室没有失泄密事件发生；抓实扶贫攻坚工作，选拔优秀干部到帮扶村指导帮扶，下拨经费6万元帮助村民小组修建蓄水池、修复灌溉管网，全年帮扶工作得到当地群众认可；抓实综治维稳（平安建设）、依法治市、扫黑除恶、反邪教和国家安全人民防线工作，全室上下保持和谐、稳定平安的良好态势。编修史志严格执行各项规章制度，形成依规治室良好局面。坚持以党的政治建设为统领，一以贯之地深化全面从严治党，持之以恒正风肃纪。党建工作强化党员日常管理教育监督工作和党内政治生活，构建党员活动阵地，推进标准化党员活动室建设。严格执行"三会一课"制度，全年支部召开党员大会4次，支委会12次，支部书记讲党课4次，主题党日活动12次。

【党史正本编撰】 2019年，市委党史研究和地方志编纂办公室按照任务分工分章节推进《中国共产党玉溪历史 第二卷（1950—1978）》资料收集整理工作。同步督促指导县（区）开展党史基本著作编撰，对尚未完成党史正本（第一卷）编撰任务的县（区）进行督促指导。年末，峨山、易门、华宁、澄江4县已完成党史正本一卷出版发行，启动二卷本编纂工作。红塔区、新平县已完成一卷本送审稿，市委党史研究和地方志编纂办公室进行了审读把关。元江县、江川区拟定了一卷本编撰大纲，通海县已展开一卷本资料收集。

【口述史资料、回忆录资料征稿】 2019年，市委党史研究和地方志编纂办公室通过《玉溪日报》和玉溪史志网等公共媒体，面向社会公开征集社会主义革命和建设时期党史口述史资料、回忆录资料。全年共征集口述史资料28篇，图片4幅，文献资料3部，为广大党员干部群众进行爱国主义和革命传统教育提供重要史料和素材。

【《中国共产党玉溪历史简明读本》（1927—1950）编纂出版】 2019年，市委党史研究和地方志编纂办公室完成《中国共产党玉溪历史简明读本》（1927—1950）编纂出版工作。全书共10万字，内插76幅历史照片，以内部版出版发行2 050册，分发至全市副处级以上领导干部及全市史志部门，为全市开展"不忘初心、牢记使命"主题教育提供了很好的党史学习教材。

【《中共玉溪市委执政纪要》编纂】 2019年，市委党史研究和地方志编纂办公室完成《2018中共玉溪市委执政纪要》编纂出版发行工作。该书共有彩页14个，文字共42.1万字。

【部分党史书籍撰稿】 2019年，市委党史研究和地方志编纂办公室继续做好党史大事记资料收集整理工作，启动《玉溪市革命老区通览》编纂工作，完成《云南民主法制建设》（1978—2012）玉溪民主法制建设综述材料撰写任务，完成《关于庆祝中华人民共和国成立70周年征文》撰稿工作，完成《玉溪征粮剿匪》综述材料撰写任务。

【加强业务指导】 2019年，市委党史研究和地方志编纂办公室参与对玉溪市博物馆《烽火硝烟——玉溪革命斗争史实展提升改造》陈列大纲史料的修改和完善；对《玉溪市规划馆布展图文内容审核清单》中有关历史沿革部分、历史大事记部分提出合理化意见和建议；对县（区）史志部门编纂的史志成果进行审读把关。

【二轮修志】 2019年，玉溪市全面推进市、县两级二轮志书编修工作，列出任务清单，明确编纂人员职责，一本书一个编纂工作组，一个县一个办法、一套方案，全盘推进市、县二轮志书编修工作。《玉溪市志》已形成样书，全志分上、中、下三册，志设33篇，前置图说玉溪、总述、大事记，后置人物、附录，共计320余万字。《红塔区志》《江川区志》《华宁县志》《新平县志》《峨山县志》《澄江县志》《通海县志》7部县（区）志已出版；《元江县志》《易门县志》正在进行终审后的修改完善工作。预计2020年6月底前实现市、县两级志书全面出版。

【《玉溪年鉴》(2019卷)编纂】 2019年，市委党史研究和地方志编纂办公室全面推进《玉溪年鉴》(2019卷)编辑工作，年内完成编纂任务。全书共计130余万字。同步督促指导推进各县(区)鉴编纂出版，全力实现“两全目标”。

【史志宣传】 2019年，市委党史研究和地方志编纂办公室延伸机构改革成果，服务广大人民群众，助力玉溪党史网和玉溪党史微信公众号走在全省前列，将玉溪党史网和玉溪党史微信公众号更名为玉溪史志网和玉溪史志微信公众号，并从功能优化、栏目调整、内容充实等方面，对“一网一微”进行改版升级，版块功能设置更为科学合理，版面效果更好，更能彰显玉溪史志工作特色亮点，成为宣传玉溪党史、地方志的重要平台和窗口，为玉溪经济社会提供了更为优质、稳定的服务。截至12月31日，玉溪史志网浏览量3 795 575人次，比上年同期的26 409人次增加3 769 166人次，增长14 273%；玉溪史志微信公众号订阅量2 592人，阅读量65 623人次，实现了网站浏览量和公众号阅读量的大幅提升。

【党史信息】 2019年，市委党史研究和地方志编纂办公室持续抓实党史信息编写工作，截至12月31日，编辑各县(区)上报信息98条，在玉溪史志网发布市县(区)史志信息79条；上报省委党史研究室79条，被采用28条；报送市委办信息综合室重点信息11期13条，一般信息111条，采用8条，完成信息约稿5篇，得分70分；编写史志工作信息5期，及时宣传玉溪史志工作，实现史志工作信息数量和质量新突破。

【党史宣讲团宣讲】 2019年，市委党史研究和地方志编纂办公室组建党史宣讲团，弘扬革命传统，到47个市直单位和县(区)广泛宣讲玉溪革命斗争史，受众4 759人，为各单位在开展“不忘初心、牢记使命”主题教育中学习党史、国史提供了很好的服务。

【《滇中·红色记忆》宣传教育】 2019年，市委党史研究和地方志编纂办公室推进《滇中·红色记忆》党史纪录片的宣传利用工作，发放《滇中·红色记忆》党史纪录片U盘到市直各单位和各县(区)委，收到各单位报送心得体会40篇。

【玉溪党史进校园试点】 2019年，市委党史研究和地方志编纂办公室选取全市初中二年级学生作为2019年至2020年玉溪党史进校园试点。市委党史研究和地方志编纂办公室发放《中国共产党玉溪历史学生读本1927—1950(试行)》16 000册到全市七县二区作为玉溪党史进校园试点辅助读本，持续推进玉溪党史进校园试点工作。

【“一网一微”宣传】 2019年，市委党史研究和地方志编纂办公室利用玉溪史志网和玉溪史志微信公众号，开设“党史知识1 000问”“玉溪党史上的今天”等栏目，积极推送党史和新中国史相关知识；在玉溪史志网开设“纪念新中国成立70年”专栏，刊登纪念文章70余篇，在玉溪史志微信公众号刊发纪念文章100多篇；开展“辉煌七十年　云岭革命遗址保护利用与红色文化传承”庆祝新中国成立70周年主题宣传征文活动，上报省委党史研究室征文29篇，在《云南日报》刊登3篇；在元旦节、清明节、建党节、建军节、国庆节，以及国家公祭日、聂耳纪念日、抗战胜利纪念日等重大节庆日，利用玉溪史志网、

2019年5月，市委党史研究和地方志编纂办公室主任孔施祥带队到元江县咪哩乡小柏木调研军政干部训练班旧址

(市委史志办提供)

玉溪史志微信公众号、微信 QQ 群等现代化信息平台，刊发各种纪念文章，至 12 月末，共刊发 700 余篇（条），社会反响较好。

【革命遗址保护利用】 2019 年，市委党史研究和地方志编纂办公室完成全市革命遗址和纪念设施保护利用项目补报，补报 2010 年革命遗址普查时遗漏的革命遗址 20 个；配合省委党史研究室检查 2018 年玉溪革命遗址保护项目及资金使用情况；争取省室革命遗址保护补助资金 15 万元，修缮保护江川区工委诞生地旧址；向省委党史研究室上报“元江县小柏木军政干部训练班旧址”、峨山县“小河乡青年互助会活动纪念地旧址”，积极争取 2020 年革命遗址保护资金。2019 年，在全市“不忘初心、牢记使命”主题教育中，全市“红色阵地”累计接待党员干部及中小学生 1 200 多批 360 000 余人次参观学习，发挥了“红色阵地”的宣传教育作用。

【机构改革】 2019 年，市委党史研究和地方志编纂办公室拥护、执行好市委机构改革决策部署，组建机构改革领导小组，先后 3 次召开机构改革领导小组会议，统筹协调推进机构改革，研究制定“三定方案”，完成人员转隶、转任工作，完成办公楼协调、选定、修缮改造、搬迁工作，完成科室人员的岗位分配并做好思想工作，完成党员活动室、工会活动室、办公楼大厅、楼道文化建设。4 月下旬，完成机构改革工作，史志机构得到优化整合，史志队伍更具战斗力。

（适丽招）

保密工作

【组织领导】 2019 年，根据中央和省委、市委的决策部署，在市委办公室的机要、保密职责基础上，组建市委机要和保密局，进一步健全内设科室、优化岗位设置、充实人员编制，统一全局干部职工思想认识，努力从思想上、资源上、职能上、情感上推进机要保密队伍合为一体、形成合力。同时，立足新时代机要和保密部门的职责使命，及时调整市密码工作领导小组和市委保密委员会，组织召开会议，传达学习全省机要工作会议和保密工作会议精神，安排部署新年度机要保密工作。根据市委安排部署，先后开展“找问题、补短板、抓落实、奔小康”调研、定密授权调研和“不忘初心、牢记使命”主题教育调研，并针对调研发现存在的问题、意见建议和服务需求，先后 2 次下发通知和提醒函，督促指导县（区）和机关单位加强机要保密工作。调整完善定点联系工作制度，组成涵盖机要和保密业务工作的 8 个定点联系组，每季度深入 9 个县（区）和 120 余家机关单位，加大对机要保密业务指导力度，逐步构建横向到边、纵向到底、全面覆盖的机要保密监督管理和综合防范体系。2019 年，玉溪市国家保密局被评为全国保密工作先进集体。

【宣传教育】 2019 年，市保密局全面融合抓好宣传教育，提高全民保密意识和保密常识。抓住党政领导干部这个“关键少数”，将中央和省委、市委关于加强和改进保密工作的决策部署、党政领导干部保密工作责任制、保密法律法规等知识纳入各级党委理论学习中心组学习内容。同时，充实各类保密宣传资料，编印《玉溪保密工作》，加大学刊用刊力度，切实提醒各级领导干部带头落实保密工作责任制，履行保密工作职责，担负起维护国家安全和利益的重大政治责任。按照“七五”保密法制宣传教育要求，结合“保密法制宣传月”活动，编印发放保密知识系列读本 1.7 万余册，播放宣传标语 7 条次，发放保密提醒 2 400 余条，讲授保密专题党课 660 多场次，组织保密知识考试 280 场。积极参与新中国成立 70 周年宣传教育活动，在《玉溪日报》刊登保密宣传教育文章，组织开展“保密伴我行、护航新时代”保密宣传教育作品征集评选活动，向全市机关单位推广“保密科学技术”微信公众号，关注人数达 10 382 人，排名全国各州（市）第一。全体公民教育以“4.15”国家安全日和“12.4”宪法日活动为契机，大力开展保密法律法规“进党校、进社区、进机关、进学校”等宣传活动，展示《保密法》和《保密法实施条例》系列挂图，组织全市 3.2 万余人参加“五法”普法知识竞赛活动，滚动播放保密“两识”教育片 20 个、保密警示教育系列案例微电影 15 部，发放保密宣传资料、宣传用品 1 600 余套，引导全体公民弘扬保密法治精神、培育保密法治理念、推动保密法治实践。

【业务培训】 2019 年，市保密局多措并举加强业务培训，全面提升机要保密队伍能力素质。组织开展“计算机网络技术与安全”业务培训，采取干部职工轮流授课、外请专家辅导授课等方式，通过开放互联教学和网络操作实验等方式，系统地学习探究了网络技术与安全领域的科技知识。利用网络实验室主动开展业务学习和培训，主动参加全国、全省涉密信息系统的保密核查工作，提升全局干部职工业务技能水平。组织开展解密试点、资质企业和安可业务培训，安排全市 11 家试点单位进行业务培训，重点对定密工作基本知识、国家秘密的变更与解除等内容进行讲解。组织研发“玉溪市机关单位涉密文件管理系统”，现场督促指导解密试点工作，形成《玉溪市解密审核工作制度》等制度规定。组织云南永兴元、玉溪昊协等 8 家企

2019 年 9 月，市委机要和保密局检查文件资料销毁场所 （李鹏伟 摄）

业进行涉密资质申报辅导培训，讲授申报流程和内容，讲清书面审查、现场审查阶段的准备工作，以及需要准备的材料清单和注意事项，帮助企业理清申报思路。为进一步提高全市公职人员保密意识和保密常识，12 月 10 日至 11 日，分 4 场组织县（区）和市直机关单位分管领导、涉密人员和资质企业相关人员 1 100 余人，对计算机远程控制窃密、网络数据截获窃密、多功能复印打印和扫描一体机窃密、手机监听窃密等进行现场演示和讲解，直观展示现代化办公设备泄密窃密的方式、途径、危害，并就如何防范信息化条件下泄密窃密手段提出了具体有效的对策措施，有效增强了全市公职人员的保密意识、保密常识和技术防范能力。与主办单位、上级部门协调，争取名额、扩大范围参加培训和跟岗见学。先后选派 8 人参加国家保密局组织的军工资质、网络保密监管、涉密载体销毁、涉密资质审查、涉密网络测评等业务培训，其中 1 人入选国家保密局涉密资质审查专家库；选派 6 人参加省级组织的涉密信息系统测评；选派 50 余人次参加市直机关单位组织的各类培训，进一步拓宽了知识结构、更新了知识结构、提升了工作能力。

2019 年 12 月 10—11 日，市委机要和保密局组织防泄密、反窃密技术演示

（李澄易　摄）

【保密管理】　2019 年，市保密局突出重点抓好保密管理，全力打赢三大管理攻坚战。结合保密定点联系制度，全局干部职工与联系单位共同梳理本系统的涉密事项，收集整理 75 家机关单位的国家秘密事项并编印下发《玉溪市机关单位定密事项一览表汇编》，指导规范全市定密工作。持续抓好网络分类核查及分类管理工作，建立健全计算机及网络管理台账，全面落实保密自查自评，加强业务培训、强化督导检查、创新工作方法、强化行为规范，建立保密自查自评工作长效机制，逐步实现“三个转变”。持续开展计算机自检自查，继续抓好网络分类核查及分类管理工作，每季度组织开展计算机自检自查工作，共检查涉密计算机 2 000 余台次，非涉密计算机 4.2 万余台次。根据涉密人员分布于不同行业、不同岗位、不同对象的特点，分类督促落实涉密人员各项管理要求，规范涉密人员上岗、在岗、离岗全过程管控，更新涉密人员动态管理数据库，加强涉密人员因私出国（境）管理，督促指导涉密人员严格履行审查审批和教育提醒制度，确保涉密人员可靠、可控、可管。

【保密科技】　2019 年，市保密局主动作为抓好转型升级，全面提升保密科技水平。按照涉密网络保密管理要求，加强保密监督管理，组织开展市委政法委涉密信息系统 9 个节点的现场审查任务，现场指导市纪委监委和红塔区纪委监委来访接待场所涉密信息系统建设和改造，对元江县人民检察院涉密网络综合布线光纤化建设方案进行审查把关，督促指导市纪委监委按照新的要求做好迁建涉密网络测评审查资料的准备。推进保密测评中心规划建设，将基础设施纳入保密技术服务中心统一规划建设，了解掌握最新的机构申报标准，申领测评实验室建设标准、分级保护技术要求、分级保护管理规范等测评标准文件。建立健全“三大平台”管理制度，调整监管工作流程，完善系统监测策略。根据政府信息公开网站整合和无效网站、僵尸网站工作情况，梳理“互联网门户网站保密检查平台”监测网址，由原来的 1 034 个门户网站、公众号，精确压缩到目前的 215 个。充分发挥“三个平台”的功能作用，加强日常巡查监管，全年共发现涉密计算机违规外联报警 1 起、互联网违规传输敏感信息 2 起。

【保密检查】　2019 年，市保密局全面加强督促检查，有效堵塞隐患漏洞。开展常规检查，组织开展保密自查自评督查，修改调整主要督查项目，将高考试卷保密室检查等工作纳入自查自评督查内容，变堵塞漏洞式检查为经常性、系统性检查。12 月 9 日至 11 日，省国家保密局检查法规处处长傅学保带队，对峨山县、市委办、市政府办、市自然资源和规划局、红塔集团保密自查自评进行专项检查，检查结果均为合格。适时开展专项检查。涉密资质企业开展保密检查，在各资质企业自检自查的基础上，抽查 7 家涉密资质企业，发出整改通知书 1 份，指出存在的问题和隐患，纠正重资质申请、轻日常管理的错误思想和做法。突出保密执法检查重点，开展互联网电子邮件系统、门户网站保密检查，提醒机关、单位慎用、少用互联网邮箱和即时通信工具办公。严肃查处各类案件，认清保密违法违纪行为的危害性，坚决查处各类失泄密案件，不留情面，不徇私情，发现一起，查处一起，结案一起，坚决维护保密法律法纪的权威性和严肃性。全年对执法检查、平台监控和文件清退中发现的 13 起线索进行查处，切实达到“以查促改、以查促防、以查促教、以查促建”的目的。

【保密服务】　2019 年，市保密局全面加强保密保障服务，助推玉溪经济社会发展。为保障各类涉密活动，主动保障全市涉密会议、涉密活动和各类考试保障，先后保障市直机关单位组织的 44 场次 3 089 人参加的涉密会议和 37 场次 21 万余人参加的各类考试。涉密载体清退销毁坚持涉密文件、内部资料“统一回收、统一押运、统一销毁”，严格执行涉密载体销毁管理规定，考察确定 3 家造纸厂作为文件资料承销点。2019 年，全市清退 2018 年度涉密文件和内部资料 52 721 份，销毁纸质资料近 6 吨、磁介质

1 372件，确保涉密载体"全寿命"管控。同时，探索保密工作服务经济社会发展的有效途径，积极参与军民融合工作，指导企业成功申报军工生产乙级资质，加强涉密信息系统集成资质企业的监管，组织11家涉密资质企业开展保密业务知识培训，进一步规范资质企业的日常保密管理，促进资质企业从事涉密业务能力的提升，起到了服务地方经济建设的目的。

（瞿星宏）

档案管理

【档案开发利用】 2019年，市档案局以建国70周年和"不忘初心、牢记使命"主题教育为重点开发档案文化产品，向上级档案部门积极协调争取，与市委组织部、市委宣传部共同协办国家档案局、中央档案馆主办的"不忘初心、牢记使命"档案文献展，为全市各级党组织和广大党员提供主题教育的重要学习平台。全市有200多个单位或党组织、4 652人次参观展览、接受教育，其中厅级干部47人次、处级干部555人次，市档案馆工作人员提供现场讲解140多场。认真落实免费查档，简化查档手续。全年各级档案馆共接待社会各界档案利用者6 773人次，查阅档案27181卷（件）次，其中市档案馆共接待查档群众140余人次，提供利用档案10 025件次，复制档案65 368页。市档案馆积极挖掘档案资源，与玉溪师院、市自然资源和规划局等单位部门合作完成《花腰傣服饰与文化概说》《玉溪传统村落》的出版发行工作，与玉溪网新媒体发展中心联合在全市开展"老物件背后的故事"活动，已在《玉溪日报》及其新闻客户端等发布征集公告，协助完成了1期的拍摄工作。

【档案业务监督指导】 2019年，市档案局主动、高效开展对全市各机关、团体、企业事业单位的档案业务指导工作，特别是加强对机构改革中涉改单位档案规范化管理。市档案局全年完成对市政府办、县（区）档案局、乡（镇）街道、村社区等60余个单位档案业务指导，对市级涉改28家单位的机构改革档案管理与处置工作方案进行逐一复函。全市机关企事业单位档案规范化示范认定及复查工作，完成60个单位部门的档案工作规范化管理认定和复查工作，其中市档案局组织完成市体育运动学校等5个单位的档案工作规范化管理认定工作。

【档案资源建设】 2019年，全市各级档案部门做好机构改革期间档案移交进馆单位的指导，市档案局（馆）拟制《关于做好市级机构改革档案管理与处置工作的通知》报市委办印发，督促指导各涉改单位制定档案管理与处置方案，对各涉改单位上报的处置方案进行整理及函复，稳步开展接收工作。全市共接收征集档案9 696卷、226 575件。市档案馆接收档案1 615卷、24 293件，并全部进行消毒杀虫。以"纪念建国七十周年"为主题，面向全市范围征集重要档案资料，在《玉溪日报》、高古楼等媒体平台上广泛宣传。全市各级档案馆征集特色档案49卷、466件。市档案馆共征集或复印到《古碑遗珍抚仙湖周边地区明清碑刻寻考》等35卷档案资料，编目整理上架图书资料85卷。

【国家重点档案保护与开发项目】 2019年，峨山县档案馆完成县档案馆43件民国档案修裱、5件清朝档案做仿真件，完成重点文书档案数字化扫描挂原文51 148页。易门县、峨山县、新平县档案馆开展婚姻档案共享专题数据库建设项目工作，完成采集婚姻档案目录26 804条，数字化扫描挂原文104 670页。

【县级档案建设】 2019年，国家、省、市有关领导先后对县级综合档案馆建设给予积极支持，红塔区综合档案馆新馆主体工程已全部完工，年内争取市级补助资金20.8万元，区级补助资金400万元，全部拨付到位，消防工程、弱电工程正在复工建设。华宁县档案馆项目于3月开工建设，完成投资约200万元。新平县综合档案馆于2016年12月动工，2018年12月顺利完工，完成投资2 210.16万元，建成占地面积7 058.82平方米，建筑面积6 607.53平方米，其中库房面积3 305.34平方米的综合档案馆。新馆档案库房安装有温湿度自动控制系统、消防自动控制系统，监控系统等，具备科学安全的档案保管条件。2019年1月，新平县档案馆已搬入新馆开展各项工作。

【企业档案、项目档案和农业农村档案】 2019年，市档案局将企业档案、项目档案、农业农村档案作为工作的重点，围绕精准扶贫、土地确权、农业农村、水利建设项目等档案资料，开展调查研究，加强业务指导，有力推动工作开展。新平县积极参与棚户区改造、精准扶贫、农村土地承包经营权确权登记颁证、水库建设等重点工作的档案工作，深入各乡（镇）（街道）和县直相关部门指导档案收集整理工作，确保项目验收的同时，档案工作顺利验收，完成横山水库建设档案专项验收和防洪工程建设专项验收。元江县指导马布鲁水库、板桥水库、和平子水库、甘坝水库除险加固工程档案整理，共计128卷；指导南溪河防洪治理工程档案整理，共计230卷，通过省水利厅组织验收；指导全县土地承包经营权确权登记颁证工作档案归档工作，共规范整理综合管理类（2015年至2018年）731件，扫描3 640页；纠纷调处类（2017年至2018年）20件，扫描209页；确权登记类52 485件，已完成扫描，正开展自检和整改工作；特殊载体类档案正在整理中；指导整理精准扶贫档案规范整理，共整理县级文书档案2 560件，乡（镇）级文书档案6 756件，户档4 640卷，卷内合计70 063件；科技档案93卷，卷内合计934件；部分文书、科技档案原文扫描121 775页。

【档案信息化建设】 2019年，全市各级档案部门采取多种方式争取经费，有效开展数字化工作。全市累计完成档案数字化2 931万画幅，数据量26.28T。其中，红塔区对馆内数据库进行一次完全备份，共备份185万余条、原文126万页，同时将原有的数据备份硬盘进行一次转存；完成原文数字化230 096幅，截至11月完成原文数字化共1 495 222幅并对其中的5 300页档案原文进行了抽查。易门县积极争取省、市档案部门婚姻档案共享数据库建设3.96万元经费支持，顺利完成2018年以前所有婚姻档案的数字化任务，完成35万页婚姻档案数字化扫描加工和信息提取工作，婚姻档案实现计算机查阅，极大地方便了群众。同时，完成馆藏土地证存根9万页数字化扫描加工和信息提取工作，正在进行后期图像处理和目录挂接，实现土地证存根计算机查阅。12月16日，人力资源社会保障部和国家档案局授予红塔区档案馆等单位“全国档案系统先进集体”称号。红塔区档案馆是云南省唯一一家县级档案系统被表彰的集体。

【档案教育培训】 2019年，全市各级档案部门举办档案知识培训班13个班次，参训人员1 117人。市档案学会举办2期档案基础业务知识培训班，来自全市机关、企业、事业单位人员共300余名档案专兼职人员参加培训，并通过考试取得资格证书。市档案局为江川区办公室系统培训进行文书档案业务知识专题授课、第二次全国污染源普查档案工作授课，2次培训约200余人参加，有效提升了全市档案工作队伍能力素质。

【档案行政执法检查】 2019年，根据《玉溪市档案局“双随机、一公开”实施细则》规定，市档案局会同市人大法工委、教科文卫工委开展档案行政执法检查，于11月20日组织随机抽取并确定检查人员及被检单位。检查人员分为3组，于11月26—28日对全市9个县级档案局、9个县级国家综合档案馆、18个县直单位、9个乡（镇）、9个村或社区共54个被检单位，按照实地查看、走访调查、听取汇报、召开反馈会、口头反馈意见、书面反馈意见的程序开展了行政执法检查。此次检查围绕各县（区）贯彻档案相关法律法规情况，国家档案局第8、9、10号令的实施情况，执行《中共中央办公厅、国务院办公厅印发〈关于加强和改进新形势下档案工作的意见〉的通知》及省、市实施意见文件精神情况，档案资源建设、档案数字化、档案工作规范化管理认定或复查、乡（镇）档案馆（室）建设和档案文化陈品开发等重点工作完成情况，各县（区）及单位档案制度建设、安全保障、基础设施设备配备及档案立卷归档情况等方面进行。各县（区）档案局认真宣传贯彻档案法律法规，档案工作体系不断加强，档案工作经费得到不同程度的落实保障，档案基础设施条件得到改善，“三个体系”建设颇有成效，县直单位及乡（镇）、社区综合档案室工作制度、基础设施不断完善，普遍能满足档案工作需要。检查中仍发现存在档案工作发展不平衡，领导对档案工作重要性认识不够，部分县（区）不能严格落实“三个文件”精神，有的新建档案馆迟迟不能投入使用，档案信息化建设缓慢，部分单位未能按时完成立卷归档，部分乡（镇）、村或社区档案工作机制不健全，档案人员从业素质有待提升，档案人员变动频繁，基础设施设备不能满足档案工作需要等问题。

【档案宣传】 2019年，市档案局在“6·9”国际档案日到来之际，围绕“新中国的记忆”为宣传主题，编印档案法律法规宣传材料，联合红塔区档案局、馆在聂耳文化广场、葫芦社区、李棋康井社区、红塔集团开展宣传活动，发放档案法规宣传彩页、扇子、购物袋等宣传资料3 000余份；在全市300余块气象显示屏、企事业单位电子显示屏上滚动播放档案工作宣传标语。为庆祝新中国成立70周年，突出“新中国的记忆”宣传主题，市档案局、馆积极策划制作档案宣传漫画片《新中国的记忆之玉溪·档案》，并在报纸、网站、微信公众号、等网络平台上开展宣传，点击量累计超过3 000多次，为增强全社会档案意识起到了积极作用。

（曹　瑞）

机构编制

【完成全市机构改革任务】 2019年，市机构编制办把深化机构改革作为重大政治任务，精密谋划，精心组织，精细实施，精准落实，机构改革各项工作衔接有序推进，机构改革各项任务如期圆满完成。市、县（区）都按要求成立深化党政机构改革领导小组及其办公室，组建工作专班和专项协调小组，构建党委统一领导、领导小组统筹协调、领导小组办公室具体负责、各专项协调小组分口落实的统筹运行机制，确保机构改革有序开展。在深入调查研究的基础上，对标对表中央、省委部署要求，突出系统性、整体性和重构性，研究制定玉溪市机构改革方案和实施方案，同步研究起草10余个改革配套文件，对涉改部门集中办公、挂牌、人员转隶、“三定”，以及资产管理、预算调整、档案交接等关键环节工作进行统一规范。建立权威高效的机构改革领导决策机制，市级先后召开市委全会1次、市委常委会6次、领导小组会3次、领导小组办公室会3次、工作推进会2次、工作专班会50余次，及时研究解决工作推进中的重点难点问题，确保机构改革各项工作一环一环扎实推进，一项一项精准落实。省委批准玉溪市机构改革方案后，市委迅速召开市委全会、市委常委会，对全市机构改革工作作出全面安排部署。各级党委（党组）坚决贯彻“先立后破、不立不破”的组织实施总原则，压实改革主体责任，严格程序步骤，抓实抓细重点环节工作。市级26个新组建和涉改部门在全省率先挂牌授印，先后转隶人员154人，转隶事业单位24个，44个部门“三定”规定、17个部门（机关）机构编制调整通知、10个直属事业单位和182个部门所属事业单位机构编制方案正式印发。截至3月底，全市机构改革涉及班子组建、人员转隶、挂牌、“三定”、事业单位划转等工作全面完成，市、县（区）机构改革任务按期完成。围绕机构改革工作开展、调整优化机构设置和职能配置、统筹推进各领域改革、机构编制刚性约束、人员转隶安置、“三定”规定执行等方面，7月底开展全市党政机构改革调研评估，形成全市党政机构改革调研评估情况报告。深入学习贯彻全国、全省机构改革总结会议精神，及时召开全市深化党政机构改革总结会议，总结全市深化党政机构改革取得的成效和经验，巩固提升机构改革成果，持续将机构改革推向纵深。通过改革，从机构职能上把坚持和加强党对一切工作的领导贯彻到全市经济社会发展各领域各方面，市县（区）主要机构设置同中央、省保持基本对应，各级机构限额和各类编制总量做到两个不突破，达到改革预期目的，系统完备、科学规范、运行高效的市、县（区）、乡（镇）机构职能体系框架基本建立。市级设置党政机构47个，红塔区、新平县设置党政机构37个，其余7县（区）各设置党政机构35个。市人大设工作机构12个，其中，专门委员会6个，工作委员会和办事机构6个；县（区）人大设工作机构8—9个，其中，专门委员会4—5个，工作委员会和办事机构4个。市政协设工作机构10个，其中，专门委员会8个，办事机构2个；县（区）政协设工作机构7个，其中，专门委员会6个，办事机构1个。同时聚焦发展所需，设置具有玉溪特色的数字经济、烟草产业服务、科教创新服务、城市管理等市县级机构，乡镇（街道）统一设置综合管理办公室、党建工作办公室、区域发展与乡村振兴办公室、社会事务办公室、扶贫开发办公室5个综合办公室和党群服务中心、宣传文化服务中心、规划建设和环境保护中心、农业农村综合服务中心、社会保障服务中心、综治中心、财政所7个事业单位。

【重要领域和关键环节体制机制改革】 2019年，市机构编制办加强机构改革与重要领域体制改革的衔接，以机构改革进一步撬动相关领域改革，以相关领域改革的全面深化促进机构职能不断优化。精准精细，稳妥推进综合行政执法改革。坚持严字当头，对照中央、省标准严格审核把关，以市场监管、生态环境保护、交通运输、农业、文化市场、城市管理等领域为重点，对涉及的综合执法人员编制5 572名进行锁定，主动与市文化旅游局、市市场监管局、市农业农村局等行业主管部门对接，指导部门拟定各领域综合行政执法改革实施方案，为综合行政执法改革奠定基础。精心谋划，稳步推进生态环境和垂直管理体制改革。积极配合市生态环境局拟订《玉溪市生态环境机构监测监察执法垂直管理制度改革实施方案》，按照改革要求，深入研究分析，拟定《玉溪市生态环境垂直管理体制改革和机构调整方案》，为加快生态环境垂直改革提供强有力的机构编制保障。凭风借力，同步推进事业单位改革。以党政机构改革为契机，同步完成市级15个承担行政职能事业单位改革工作。并研究提出《玉溪市深化市级机构改革涉改事业单位调整划转方案》，调整划转事业单位88个，整合“小散弱”事业单位3个，撤销事业单位5个，核销事业编制21名，收回8个事业单位共计38名空编。做好生产经营事业单位改革，及时调整领导小组成员，并牵头组织相关部门赴外州市考察学习从事生产经营活动事业单位改革工作先进经验，研究草拟《关于加快推进市级从事生产经营活动事业单位改革的若干措施》。明晰权责，健全完善权责清单制度。坚持职权法定，全面公布权力清单责任清单，将通过云南省权责清单公布平台、市政府信息公开门户网站和各部门网站向社会公开市县乡三级行政职权66 809项，责任事项520 119项，追责情形472 084项（市级行政职权6 969项，责任事项57 048项，追责情形60496项），将行政权力置于社会和公众的监督之下。严格审核，做好事业单位登记管理和统一社会信用代码赋码等工作。全市应提交年度报告的事业单位2 207家，实际提交2 190家，提交率为99.23%，已公示2 187家，涉密单位未公示3家，公示率为99.86%。同时，做好改革期间两证换发工作，市级共办理事业单位设立登记7家，变更登记58家，注销登记3家，变更事项150项；办理机关群团统一社会信用代码初领6家，变更27家，受理撤销申请12家，合计赋码发证119家，发证率100%。

【全面提升机构编制管理规范化精细化水平】 2019年，市机构编制办按照习近平总书记提出的“瘦身”与“健身”相结合的要求，用严控倒逼管理创新和挖潜增效，用减的办法满足增的需要，统筹盘活使用好各类机构编制资源。严守机构编制总量底线，严格控制各县（区）各部门机构编制规模。编制使用计划管理不断加强，从源头上杜绝财政供养人员无序增长，下达全市机关事业单位编制使用计划2 611名。周转编制、零空编管理、带编制调配、实名制等管理措施办法不断完善，机构编制管理制度体系逐步建立。印发《关于县（区）医共体机构编制管理的意见》《玉溪市市级引进高层次人才专项事业编制管理办法》，系统内编制总量管理、备案管理等事业单位机构编制创新挖潜改革稳步实施，资源配置不断优化，保障能力不断增强。机构编制监督检查不断强化，机构编制管理整体水平不断提升。对机构编制实行数据化、信息化管理，建立市直事业单位机构编制电子档案，进一步加强事业单位机构编制日常管理，提高办公自动化水平和工作效率，夯实工作基础，并加强办机关内外网管理，确保管理规范、使用安全。

（张新荣　刘飞艳）

侨务工作

【打造社区侨务工作阵地】 2019年机构改革后，中共玉溪市委统战部加挂玉溪市人民政府侨务办公室（以下简称市侨办）牌子，对外开展侨务工作。由市委统战部一名副部长兼任市侨办主任。市委统战部成立港澳台侨工作科，配备2名干部。市辖各县（区）委统战部由一名副部长兼任侨办主任并分管侨务工作。侨务工作纳入各级统战工作考核。向省委统战部争取项目资金10万元，在红塔区金州社区、元江县红侨社区打造2个“侨胞之家”。按照“有牌子、有阵地、有人员、有经费、有活动、有制度”等规范要求，通过固定活动场所，完善软硬件设施，组织开展活动，更好地凸显为侨服务服务功能，把“侨胞之家”建设成为侨胞侨眷学习交流的家园。同时，以“侨胞之家”为阵地，凝聚归侨侨眷代表人士，组织开展公益活动，发挥归侨侨眷在群众工作中的优势，探索“党建带侨建、侨建促党建”模式。向省委统战部争取项目资金6万元，在峨山县小街街道文明社区、红塔区玉兴街道聂耳社区、江川区大街街道浪广社区3个社区打造侨法宣传角。以“大侨务”思维为指导，推动全市侨法宣传阵地建设由归侨侨眷集中地区向散居归侨侨眷地区拓展，宣传由主要面向归侨侨眷向面向大众转变，在实践“大侨务”方针、适应新时期侨务工作特点、关注新侨资源方面迈出坚实一步。

【对外文化交流】 2019年2月，市侨办组织玉溪优秀歌舞演员13人参团代表云南省参加在老挝万象、琅勃拉邦地区及泰国清莱、清迈地区举办的“相约彩云南，2019走进老挝”“相约彩云南，2019走进泰北”文艺表演，为当地华人华侨们带去精彩纷呈的文化盛宴，获得当地华人华侨高度肯定，当地媒体分别对演出进行专题报道。系列演出集中展现玉溪独特的民族歌舞和花灯艺术，宣传云南的民族文化，展示玉溪深厚文化底蕴与魅力，有效扩大和提升玉溪对外交流载体和影响力，为推动玉溪打造城市名片、扩大对外友好交流发挥了积极作用。

【海外华文教育】 2019年，市侨办通过积极沟通协调，在教育部门的大力支持配合下，甄选6名优秀教师外派老挝、缅甸协助当地开展华文教育工作，超额完成省委统战部下达的外派任务。市委统战部严格按照要求组织获得外派资格的教师进行行前安全教育、国家安全教育、外事保密纪律教育与防范邪教教育，并签订外派教师保证书，切实推进玉溪外派教师工作安全有序开展。

【着力改善侨界民生】 2019年春节，市侨办走访慰问困难归侨侨眷和侨界代表人士200户，发放慰问金10万元。在为困难归侨侨眷送去党和政府温暖的同时，特别慰问了有影响力的海外华人华侨在国内的眷属和归侨侨眷代表人士，通过他们与海外侨胞联系感情，以乡情、亲情凝聚海外人才，为涵养侨务资源，推动侨务公共外交打下基础。全年向省委统战部争取专项经费8万元，对40户因因病、受灾导致生活困难的归侨侨眷发放临时救助金，充分发挥补助资金扶危救难作用、营造爱侨护侨暖侨氛围的效果。同时，根据《云南省华侨事务经费管理规定》《玉溪市临时救助实施办法》文件精神，结合全市归侨侨眷实际，制定归侨侨眷临时救助实施方案，厘定归侨侨眷临时救助发放的对象范围，临时救助的标准、申请、审核和审批程序及工作原则，进一步规范归侨侨眷临时救助工作。为满足归侨侨眷集中地区困难群众日益增长的健康需求，缓解其看病难的民生问题，在红塔区胜利社区、金州社区、峨山县文明社区、元江县红新社区等涉侨社区开展4期送医送药送温暖活动，共接诊800余人次，发放价值46 000余元的各类药品，活动取得了良好社会效益。

【侨乡文化建设】 2019年9月，为传承侨乡历史文化，展示和弘扬侨乡文化和农场老一辈同志干事创业精神，有效推动侨乡地区的政治文明、物质文明和精神文明建设，市侨办在元江县甘庄街道举办归侨侨眷代表座谈会和“不忘初心、牢记使命”主题教育暨庆祝中华人民共和国成立70周年归侨侨眷联谊活动，一起回顾归侨的归国史、华侨农场的改革发展史，感受新中国成立70年来侨乡和归侨侨眷生活的巨大变化，进一步加强与广大归侨侨眷的紧密联系，凝聚起爱国情、强国志、报国行的精神力量，积极引导广大归侨侨眷和海外同胞不忘初心跟党走，铭记党恩担使命。并向省委统战部争取资金40万元，在元江县实施甘庄侨乡文化展览馆、澧江街道红侨社区侨乡文化广场建设2个侨乡文化建设项目，围绕建设侨乡特色小镇这一规划，打造集中展示甘庄、红侨侨乡文化的核心和窗口，搭建广大归侨侨眷相互沟通和交流的平台，促进侨乡为侨公共服务软硬件更加完善，为争取后续项目、进行提档升级打好了基础。

【归侨侨眷技能培训】 2019年，为有效帮助归侨侨眷掌握劳动技能、提高归侨侨眷的就业创业能力、助力归侨侨眷脱贫致富、把为侨服务落到实处，市侨办针对归侨侨眷集中地区特色产业和归侨侨眷需求，在峨山县双江街道大白邑社区举办归侨侨眷厨师职业技能培训班1期，在峨山县小街街道文明社区开展归侨侨眷板栗种植管理培训班1期，来自大白邑社区、文明社区的归侨侨眷和有就业创业意向的群众150余人参加了培训。培训活动提升了“侨乡”归侨侨眷清真餐饮服务水平和主要经济作物种植管理水平，进一步转变了侨乡群众就业创业观念，对今后增加就业、促进侨乡经济社会发展起到了积极作用。

【侨法宣传】 2019年9月，市侨办举行全市侨法宣传月活动，使侨法宣传进机关、进乡村、进社区、进学校、进企业、进单位，进一步拓展侨务法制宣传渠道与途径，扩大侨法宣传的覆盖面。各级侨务部门扩展工作思路，运用多种载体，不断丰富侨法宣传手段和内容。市委统战部联合多部门开展活动，将侨法宣传和反恐反邪、扫黑除恶、送医送药义诊有效结合起来，促进侨法宣传活动提质增效。红塔区组织归侨侨眷代表参加《庆新中国成立70周年红色观影活动》、“我和国旗同框　我向祖国表白”红歌快闪，参加升国旗、齐唱《我和我的祖国》，开展合影及向国旗表白活动，凝聚侨心侨力同圆共享中国梦。江川区结合“七五”普法和当前“扫黑除恶”宣传广泛深入地宣传涉侨法律、法规等理论知识，提升侨法宣传成效。通海县到部分侨眷企业、中心学校进行座谈和宣传，切实为企业维权排忧解难，激发师生爱国主义热情，提高侨法宣传教育活动的实效性。易门县利用中心广场的宣传专栏设置侨务知识问答宣传栏，深入宣传侨务政策知识，营造全社会关心支持侨务工作的良好氛围。

【涉侨信访】 2019年，市侨办受理涉及办理房产过户、落实退休待遇等关系群众切身利益的涉侨信访2件，办理2件，回复率100%，办结率100%。针对倪某某提出按照《云南省实施〈中华人民共和国归侨侨眷权益保护法〉办法》等政策享受100%的退休工资的诉求，市级侨务部门克服问题发生年代久远，相关政策已发生变化的困难，多次登门与社保、玉交集团（原玉溪总站）等部门沟通研究解决办法，积极向省人社厅、省侨联、省侨办、市人大等部门咨询政策的时效性。在多方协调下，经玉交集团研究决定，依照当时的政策对倪某某的退休工资差额给予补齐。此举充分展示了侨务干部牢记为侨服务的初心，进一步强化担当意识，筑牢为民服务的宗旨，着力推动解决侨界群众的操心事、烦心事、揪心事。

（黄　瑞）

抚仙湖星轨　（李卫东　摄）

玉溪市
人民代表大会

THE PEOPLE' CONGRESS OF YUXI

责任编校：王　捷

重要会议

监督工作

代表工作

人事任免

重要会议

【市五届人大二次会议】 于2019年1月15—19日在聂耳大剧院召开，应出席代表316名，实到301名，符合法定人数，由大会主席团主持。会议分项表决通过玉溪市第五届人民代表大会第二次会议关于市政府工作报告的决议、关于玉溪市2018年国民经济和社会发展计划执行情况与2019年国民经济和社会发展计划的决议、关于玉溪市2018年地方财政预算执行情况和2019年地方财政预算的决议、关于市人大常委会工作报告的决议、关于玉溪市中级人民法院工作报告的决议、关于玉溪市人民检察院工作报告的决议；表决通过《玉溪市人民代表大会及其常务委员会制定地方性法规条例》，按程序上报省人大常委会审查批准后公布施行；选举廖伟为玉溪市第五届人民代表大会常务委员会秘书长；表决通过《玉溪市第五届人民代表大会第二次会议关于设立玉溪市人民代表大会民族外事与华侨委员会等4个专门委员会的决定》；通过玉溪市第五届人民代表大会民族外事与华侨委员会、玉溪市第五届人民代表大会监察和司法委员会、玉溪市第五届人民代表大会环境与资源保护委员会、玉溪市第五届人民代表大会社会建设委员会主任委员、副主任委员、委员人选。

【人大常委会会议】 2019年，市五届人大常委会举行常委会会议10次。1月8日，市五届人大常委会召开第九次会议。会议听取《市人大常委会关于市人大常委会机构调整和更名的决定（草案）》的说明、市政府关于市政府机构调整和设置情况的报备说明；表决通过《市人大常委会关于市人大常委会机构调整和更名的决定》；审议通过有关人事任免事项，组织开展了宪法宣誓仪式。

1月12日，市五届人大常委会召开第十次会议。会议听取玉溪市监察委员会工作报告、关于玉溪市第五届人民代表大会第二次会议主席团和秘书长名单（草案）及有关事项的说明、关于玉溪市第五届人民代表大会第二次会议列席人员名单（草案）的说明、关于玉溪市第五届人民代表大会第二次会议选举办法（草案）的说明、关于《玉溪市第五届人民代表大会第二次会议关于设立市人民代表大会民族外事与华侨委员会等4个专门委员会的决定（草案）》的说明、关于市人大常委会工作报告（讨论稿）及有关事项的说明、市人大常委会代表资格审查委员会关于个别代表的代表资格审查的报告；表决通过玉溪市第五届人民代表大会第二次会议主席团和秘书长名单（草案）、玉溪市第五届人民代表大会第二次会议列席人员名单、市人大常委会关于审议常委会工作报告及报告人的决定、市人大常委会代表资格审查委员会关于个别代表的代表资格审查的报告。

1月19日，市五届人大常委会召开第十一次会议。会议听取市政府关于提请审议人事任免的报告；表决通过市人大常委会决定任命名单，组织开展了宪法宣誓仪式。

2月28日，市五届人大常委会召开第十二次会议。会议听取关于《市人大常委会2019年工作要点（草案）》的说明、关于提请审议接受王亚波辞去玉溪市第五届人大常委会委员职务的决定（草案）的说明、市人大常委会代表资格审查委员会关于个别代表的代表资格审查的报告、关于提请审议调整玉溪市第五届人民代表大会常务委员会代表资格审查委员会部分组成人员的说明、市政府关于全市扫黑除恶专项斗争工作情况的报告、市人大监察和司法委员会关于市政府开展扫黑除恶专项斗争工作情况的调研报告、市人大常委会法工委关于2018年规范性文件备案审查工作情况的报告；传达学习省十三届人大二次会议精神；表决通过市人大常委会2019年工作要点、市人大常委会关于接受王亚波辞去玉溪市第五届人大常委会委员职务的决定、市人大常委会代表资格审查委员会关于个别代表的代表资格审查的报告、市人大常委会关于调整玉溪市第五届人民代表大会常务委员会代表资格审查委员会部分组成人员的决定、市人大常委会关于市政府开展扫黑除恶专项斗争工作的审议意见；审议通过有关人事任免事项，组织开展宪法宣誓仪式。

4月30日，市五届人大常委会召开第十三次会议。会议听取市政府关于玉溪市本级2019年机构改革专项预算调整方案（草案）的报告、市人民代表大会财政经济委员会关于玉溪市本级2019年机构改革专项预算调整方案（草案）的审查结果报告，传达学习十三届全国人大二次会议精神，表决通过市人大常委会关于批准玉溪市本级2019年机构改革专项预算调整方案的决议，审议通过有关人事任免事项，组织开展宪法宣誓仪式。

6月24日，市五届人大常委会召开第十四次会议。会议听取市政府关于2018年玉溪市环境状况和环境保护目标完成情况的报告、市人大环境与资源保护委员会关于玉溪市2018年环境状况和环境保护目标任务完成情况的调研报告、市政府关于全市妇女儿童“两个规划”实施情况的报告、市人大社会建设委员会关于玉溪市妇女儿童发展规划（2011—2020年）实施情况的调研报告、市政府关于《玉溪市新平哀牢山县级自然保护区条例》贯彻实施情况的报告、市人大常委会农业农村工作委员会关于市政府贯彻实施《玉溪市新平哀牢山县级自然保护区条例》情况执法检查报告，表决通过市人大常委会关于玉溪市2018年度环境状况和环境保护目标任务完成情况的审议意见、市人大常委会关于玉溪市妇女儿童发展规划（2011—2020年）实施情况的审议意见、市人大常委会关于市政府贯彻实施《玉溪市新平哀牢山县级自然保护区条例》情况的审议意见。

7月11日，市五届人大常委会召开第十五次会议。会议听取市政府关于玉溪市2019年市本级财政专项预算调整方案（草案）的报告、市人大财经委关于玉溪市2019 年市本级财政专项预算调整方案（草案）审查结果报告，表决通过市人大常委会关于批准玉溪市2019年市本级财政专项预算调整方案的决议。

8月29日，市五届人大常委会召开第十六次会议。会议听取市政府关于玉溪市2019年上半年国民经济和社会发展计划执行情况的报告、市人大财经委关于玉溪市2019年上半年国民经济和社会发展计划执行情况的调查报告、市政府关于玉溪市2019年上半年地方财政预算执行情况的报告、市人大常委会预算工委关于玉溪市2019年上半年地方财政预算执行情况的调查报告、市政府关于玉溪市2018年市本级财政决算（草案）的报告、市政府关于2018年度市级预算执行和其他财政收支的审计工作报告、市人大财经委关于《市政府关于提请审议〈玉溪市2018年市本级财政决算（草案）的报告〉的议案》的审查结果报告；表决通过市人大常委会关于玉溪市2019年上半年国民经济和社会发展计划执行情况的审议意见、市人大常委会关于玉溪市2019年上半年地方财政预算执行情况的审议意见、市人大常委会关于批准玉溪市2018年市本级财政决算的决议；审议通过有关人事任免事项，组织开展宪法宣誓仪式。

10月30日，市五届人大常委会召开第十七次会议。会议听取市政府关于玉溪市2019年市本级财政预算调整方案（草案）的报告、市人大财经委关于玉溪市2019年市本级财政预算调整方案（草案）的审查结果报告、市政府关于玉溪市2018年度行政事业单位国有资产管理情况的报告、市人大常委会预算工委关于2018年度行政事业单位国有资产管理情况的调研报告、市政府关于玉溪市乡卫生院村卫生室建设情况报告、市人大常委会教科文卫工委关于全市乡卫生院村卫生室建设情况的调研报告、市政府关于拟请市人大常委会对撤销澄江县设立县级澄江市原决定个别内容进行调整修改的情况报告、市人大社建委关于修改市人大常委会关于澄江撤县设市决定的报告、市人大常委会关于确认许可对市五届人民代表大会代表赵磊采取强制措施的决定（草案）的说明；书面审议市政府关于2018年度国有资产管理情况综合报告；表决通过市人大常委会关于〈玉溪市2019年市本级财政预算调整方案（草案）〉的决议、市人大常委会关于2018年度行政事业单位国有资产管理情况的审议意见、市人大常委会关于玉溪市乡卫生院村卫生室建设情况的审议意见、市人大常委会关于修改市人大常委会关于澄江撤县设市决定的审议意见、市人大常委会关于确认许可对市五届人民代表大会代表赵磊采取强制措施的决定；审议通过有关人事任免事项，组织开展宪法宣誓仪式。

12月20日，市五届人大常委会召开第十八次会议。会议听取《市人大常委会规范性文件备案审查实施办法》修订情况的报告、市政府关于2018年度市级预算执行和其他财政收支审计查出问题整改情况的报告、市政府关于市五届人大二次会议代表建议批评和意见办理情况的报告、关于视察市人大代表建议批评和意见办理工作情况的报告、市人大环境与资源保护委员会关于市五届人大二次会议主席团交付审议的代表提出的议案审议结果的报告、市人大常委会农业农村工作委员会关于市五届人大二次会议主席团交付审议的代表提出的议案审议结果的报告、关于召开玉溪市第五届人民代表大会第三次会议的决定（草案）的说明；表决通过市人大常委会关于接受张德勋同志辞去玉溪市人民检察院检察长职务的决定、市人大常委会决定代理检察长名单、市人大常委会关于召开玉溪市第五届人民代表大会第三次会议的决定；审议通过有关人事任免事项，组织开展了宪法宣誓仪式。

【主任会议】 2019年，市五届人大常委会举行主任会议20次。1月8日，市五届人大常委会举行第23次主任会议。会议研究市五届人大常委会第九次会议有关事项，听取和讨论市人大常委会主任会议关于市人大常委会机构调整和更名的议案，听取市政府关于市政府机构调整和设置情况的报备说明，听取和讨论人事任免名单（草案）。

1月12日，市五届人大常委会举行第24次主任会议。会议研究市五届人大常委会第十次会议有关事项，听取和讨论市五届人大二次会议相关材料、市人大常委会代表资格审查委员会关于个别市人大代表的代表资格审查的报告，研究市人大代表建议办理工作综合考评情况。

1月19日，市五届人大常委会举行第25次主任会议。会议研究市五届人大常委会第十一次会议有关事项，听取和讨论人事任免名单（草案）。

2月28日，市五届人大常委会举行第26次主任会议。会议研究市五届人大常委会第十二次会议有关事项，听取和讨论人事任免名单（草案）、市人大常委会关于接受王亚波辞去玉溪市第五届人大常委会委员职务的决定（草案）、市人大常委会代表资格审查委员会关于个别代表的代表资格审查的报告、市人大常委会2019年工作要点（草案）、关于调整玉溪市第五届人民代表大会常务委员会代表资格审查委员会部分组成人员的议案、市人大监察和司法委员会关于市政府开展扫黑除恶专项斗争工作情况的调研报告、市人大常委会法工委关于2018年规范性文件备案审查工作情况的报告、玉溪市五届人大常委会听取和审议市政府向市人大常委会报告国有资产管理情况报告的规划（草案），传达学习相关文件精神。

3月25日，市五届人大常委会举行第28次主任会议。会议专题听取玉溪市生活垃圾焚烧发电项目建设情况汇报，研究相关事项。

4月30日，市五届人大常委会举行第29次主任会议。会议研究市五届人大常委会第十三次会议有关事项，听取和讨论人事任免名单（草案）、玉溪市人民代表大会财政经济委员会关于玉溪市本级2019年机构改革专项预算调整方案（草案）的审查结果报告、市人大常委会2019年立法工作计划、关于提请研究决定重点处理建议的报告。

5月24日，市五届人大常委会举行第30次主任会议。会议专题听取市人大常委会预算工委关于玉溪市县级财政2018年末欠拨专款情况的调研报告，市财政局作补充汇报。

5月24日，市五届人大常委会举行第31次主任会议。会议专题听取市政府关于工业园区建设及园区招商引资工作“回头看”情况的报告、市人大财经委关于工业园区建设及园区招商引资工作“回头看”情况的调研报告。

6月21日，市五届人大常委会举行第32次主任会议。会议研究市五届人大常委会第十四次会议有关事项，听取和讨论关于玉溪市2018年环境状况和环境保护目标任务完成情况的调研报告、关于玉溪市妇女儿童发展规划（2011—2020年）实施情况的调研报告、关于市政府贯彻实施《玉溪市新平哀牢山县级自然保护区条例》情况执法检查报告，研究安排下拨代表建议办理专项资金、代表活动阵地建设专项资金有关事项。

7月10日，市五届人大常委会举行第34次主任会议。会议分2个阶段进行。第一阶段的会议研究市五届人大常委会第十五次会议有关事项，听取和讨论市人大财经委关于2019年市本级财政专项预算调整方案（草案）审查结果报告、市政府关于红河谷—绿汁江热区产业经济带旅游产业发展情况报告、市人大常委会教科文卫工委关于红河谷——绿汁江旅游产业发展情况的调研报告。第二阶段会议听取市政府关于全市柑橘产业规划发展及种植加工情况的报告、市人大常委会农业农村工委关于全市柑橘产业发展情况的调研报告。

8月21日，市五届人大常委会举行第35次主任会议。会议分两个阶段进行。第一阶段会议听取市政府关于民族团结进步示范市创建工作情况的报告、市人大民外侨委关于全市民族团结进步示范市创建工作情况的调研报告。第二阶段会议研究市五届人大常委会第十六次会议有关事项，听取和讨论人事任免名单（草案）、玉溪市 2019 年上半年国民经济和社会发展计划执行情况的调查报告、玉溪市 2019 年上半年地方财政预算执行情况的调查报告、玉溪市 2018 年市本级财政决算（草案）的初步审查结果报告。

9 月 29 日，市五届人大常委会举行第 37 次主任会议。会议分两个阶段进行。第一阶段会议听取市政府关于玉溪市残疾人保障工作情况的报告、市人大社会建设委员会关于玉溪市残疾人保障工作情况的调研报告，听取市人大法工委关于暂缓审议《玉溪市飞井水库饮用水水源保护条例（草案）》的报告，研究市人大常委会主任会议议事规则、市人大各专（工）委联系有关部门和单位有关事项。第二阶段会议听取市政府关于打击经济犯罪工作情况的报告、市政府关于 2018 年以来玉溪市扫黑除恶专项斗争工作进展情况报告、市中级人民法院关于全市法院商事审判工作的情况报告、市人民检察院关于开展刑罚执行和监管活动监督工作情况的报告，听取市人大监察和司法委关于玉溪市打击经济犯罪工作情况的调研报告、关于玉溪市“争当扫黑除恶专项斗争排头兵”工作情况的调研报告、关于法院商事审判工作情况的调研报告、关于检察院刑罚执行和监管活动监督工作情况的调研报告。

10 月 22 日，市五届人大常委会举行第 39 次主任会议。会议研究市五届人大常委会第十七次会议有关事项，听取和讨论人事任免名单（草案）、市人大财经委预工委关于《玉溪市 2019 年市本级财政预算调整方案（草案）》的审查结果报告、关于 2018 年度行政事业单位国有资产管理情况的调研报告，听取和讨论市人大常委会教科文卫工委关于玉溪市乡卫生院村卫生室建设工作情况的调研报告，听取市人大社建委关于修改市人大常委会关于澄江县撤县设市决定的报告，研究《市人大常委会预算联网监督系统使用管理暂行办法》。

11 月 29 日，市五届人大常委会举行第 41 次主任会议。会议听取市政府关于玉昆钢铁集团产能置换升级改造项目推进情况的报告、市人大财经委关于玉昆钢铁产能置换升级改造项目推进情况的调研报告，研究《市人大常委会机关信访工作办法（修订草案）》。

12 月 18 日，市五届人大常委会举行第 42 次主任会议。会议研究市五届人大常委会第十八次会议有关事项，听取和讨论人事任免名单（草案），讨论《市人大常委会规范性文件备案审查实施办法（修订草案）》，听取和讨论关于视察市人大代表建议批评和意见办理工作情况的报告、对 2018 年度市级预算执行和其他财政收支审计查出问题整改情况的调研报告、市人大环境与资源保护委员会关于市五届人大二次会议主席团交付审议的代表提出的议案审议结果的报告、市人大常委会农业农村工作委员会关于市五届人大二次会议主席团交付审议的代表提出的议案审议结果的报告，讨论关于召开玉溪市第五届人民代表大会第三次会议的决定（草案），研究《关于加强和改进玉溪市人大代表工作的意见（讨论稿）》。

（官家燕）

监督工作

【概　况】　2019 年，市人大常委会坚持把法治玉溪建设、经济高质量发展、民生改善、生态文明建设等作为依法监督重点，配合全国人大常委会副委员长带队开展执法检查和调研 3 次，配合省人大开展执法检查、视察和调研 7 次，听取和审议“一府一委两院”专项工作报告 18 项，组织专题调研 26 次、视察 3 次，开展执法检查 1 次，切实提升依法行政、依法监察、公正司法的实效性。

【围绕推动法治玉溪建设强化监督】2019 年，市人大常委会组织开展宪法学习、宪法宣誓和国家宪法日活动，不断提高全民宪法意识，大力弘扬宪法精神，推动宪法实施；督促各级各部门加强法治宣传教育，营造全民遵法学法守法用法的浓厚氛围；配合省人大开展《未成年人保护法》《中小企业促进法》贯彻实施情况执法检查，反映存在问题，提出修改建议；听取和审议市政府扫黑除恶专项斗争工作情况报告，推动全市扫黑除恶专项斗争取得显著成效；专题调研政府打击经济犯罪、法院商事审判、检察院刑罚执行和监管监督工作情况，促进营商环境改善、市场经济秩序规范和刑事判决执行的公平公正；首次听取备案审查工作情况报告，加强信息平台建设，不断完善规范性文件备案制度。

【围绕推动经济高质量发展强化监督】　2019 年，市人大常委会适时听取审议国民经济和社会发展计划执行、财政预决算及调整和审计情况报告，助推经济平稳有序运行；开展工业园区建设及园区招商引资工作“回头看”调研，着力推动破解实体经济发展中的用地、资金、人员、服务、信用、基础设施等“瓶颈”问题；持续跟踪问效玉昆钢铁、仙福钢铁产能置换升级改造项目推进情况，合力推动“云南绿色钢城”建设；深入调研全市营商环境现状，推动“放、管、服”改革走深走实；采取专题调研、组织各级代表视察等方式，着力推进红河谷——绿汁江热区产业经济带开发，热区发展的巨大潜力逐步显现；调研全市烤烟蔬菜花卉柑橘油橄榄等特色产业发展、农产品加工和新型农业经营主体培育、供销社改革等情况，助推打造绿色食品牌；合力推进新平县老厂乡土地整治补充耕地项目建设，新增耕地 4 033 亩，在落实耕地占补平衡政策中拓展了发展空间，破解项目建设用地难题，收到较好的经济、生态和社会效益。

【围绕推进预决算审查强化监督】2019 年，市人大常委会充分发挥人大代表、预算审查咨询专家作用，通过提前介入预算编制、广泛征求各方意见、进行实质性审查、审查意见反馈整改，提升初审报告质量，促进财政预算规范化，成立市人大财政预算联网信息服务中心，建成全市人大预算联网监督系统，实现省、市、县三级纵向联网；对一级预算单位预算实行全程跟踪监督，推进人大预算审查监督重点向支出预算和政策拓展；深入调研县级财政未拨专款和地方政府性债务情况，督促完善管理制度；听取和审议财政预算执行和其他财政收支审计情况及审计查出问题整改报告，强化审计监督实效性；听取和审议国有资产管理情况报告，督促加强国有资产管理使用。

【围绕增进民生福祉强化监督】　2019 年，市人大常委会始终把满足人民群众对美好生活的需要作为履职的出发点和落脚点，聚焦群众关注的热点难

6月14日，省人大常委会常务副主任和段琪（右二）率队督察江川星云湖河（湖）长制工作　（高　翔　摄）

点事项持续推进民生改善，配合省人大开展《老年人权益保障法》实施情况专题调研，听取和审议市政府关于妇女儿童发展规划实施、残疾人保障工作、全市乡卫生院村卫生室建设等情况报告；调研指导民族团结进步示范创建和华侨权益保护工作；针对去冬今春严重旱象，强化预判，深入调研形成专题报告，有力助推了全市抗旱保民生保生产；履行“七位一体”重点工作职责，落实“千名领导挂千村”“挂包帮、转走访”责任制，扛实脱贫攻坚联系点责任，巩固提升脱贫成果；落实市级领导包案化解信访积案和重点矛盾纠纷化解工作责任，着力化解信访突出问题，全年共接待来访群众58人次，群众来信来访38件次全部办结。

【围绕生态文明建设强化监督】2019年，市人大常委会以“三湖”保护治理和生态环境整治督查为重点，听取和审议市政府关于2018年玉溪市环境状况和环境保护目标完成情况报告；切实履行河（湖）长责任制和副总督察职责，调研督查“三湖”保护条例施行、“四退三还”、河道整治、环湖截污、污水处理厂运行情况；督促落实城市黑臭水体整治、农村人居环境整治工作；持续跟踪督查生活垃圾焚烧发电建设项目，推动项目全面复工建设；开展《玉溪市新平哀牢山县级自然保护区条例》贯彻实施情况执法检查，组织代表视察森林防火工作，促进森林资源有效管护。

（官家燕）

代表工作

【完善机制强化服务】　2019年，市人大常委会以密切联系代表与人民群众为重点，在增活力、促担当上，充分彰显代表为发展献策、为人民代言的主体作用，健全学习培训机制，举办部分驻玉省人大代表和基层人大代表履职能力提升培训班，全方位提高代表的政治理论水平、法治思维能力、社会活动能力、履职作为能力；健全服务保障机制，出台实施《关于加强和改进市人大代表工作的意见》，进一步规范了代表工作；制定代表经费使用管理办法，改善代表履职条件；通过走访代表，召开代表座谈会、邀请代表列席常委会会议，参加执法检查、视察调研、政情通报、扫黑除恶专项斗争庭审、“三湖”保护治理督查等活动，推荐代表担负执法执纪、效能建设监督和重大事项听证等职责，有效拓展代表知情知政渠道和对常委会工作参与的广度深度。

【代表活动阵地建设】　2019年，市人大常委会按照“一县一特色、一站一亮点、一室一主题”要求，建成规范化人大代表活动站（室）629个，切实发挥代表活动阵地学习培训课堂、联系选民桥梁、服务群众窗口和民主法治建设载体重要作用，各级代表全年共联系选民12万多人次，收集民意4 000多条，解决问题800多个。

【加强建议督办工作】　2019年，市人大常委会完善议案建议人大、政府联合交办制度，健全代表议案和重点建议常委会领导领衔督办、市政府领导牵头督办、代表建议委室对口督办，代表工作机构统筹督办机制，采取重点督办、代表视察、满意度测评等有效措施，加大代表建议督办力度，督促办理“服务普惠金融、支持民营经济发展”建议，有效激发释放了民营企业和中小微企业发展活力；督促办理“支持农业龙头企业为乡村振兴服务”建议，缓解企业融资难融资贵问题；督促办理“加强药品采购和配送监管”建议，减轻人民群众的医疗负担；加强代表建议办理专项资金管理使用，解决了“急、难、老、小”建议34件。市五届人大二次会议主席团交付办理的2件议案、代表提出的251件建议、闭会期间收到的8件建议全部办结并作答复，满意率98.02%。

（官家燕）

人事任免

【国家机关工作人员任免】　2019年，2019年，市人大常委会坚持党管干部与人大依法任免有机统一，依法做好代表补选及退出、资格审查和人事任免工作，接受代表辞职11名，补选产生代表7名，任免国家机关工作人员89人次，组织54人举行宪法宣誓，增强国家机关工作人员民主意识、法治意识、责任意识和人大意识，保证人民赋予的权力真正用来服务人民。

（官家燕）

澄江梁王山杜鹃 （李卫东 摄）

玉溪市人民政府

THE PEOPLE’S GOVERNMENT OF YUXI

责任编校：王 捷

重要会议及决策

【重要会议】 2019年，市政府召开全体会议暨廉政工作会议1次，常务会议19次，专题会议136次。

玉溪市第五届人民政府第二次全体会议暨廉政工作会议于2019年2月13日召开。市委副书记、市长张德华出席会议并讲话，市委常委、常务副市长主持会议。市政府领导班子成员、市政府工作部门主要负责人出席会议；市政府副秘书长，办公室副主任，市政府督查专员，各县区人民政府县区长，市直有关单位，中央、省驻玉有关单位和其他单位主要负责人列席会议；市人大常委会、市政协、市纪委市监委、玉溪军分区，市法院、市检察院，红塔集团、合和集团、云南红塔银行，市委办、市人大办、市政协办，各人民团体，民主党派应邀参加会议。会议贯彻落实了中央、省有关会议精神，安排部署2019年经济工作和政府系统廉政工作。会议对2018年完成目标任务的县区、部门给予表扬，对未完成经济社会发展目标的县区、部门提出批评。市政府与玉溪高新区管委会、各县区人民政府、市直有关部门签订了目标责任书。

第19次常务会议。1月8日，市长张德华主持召开第五届市政府第19次常务会议。会议共有11项议题：1.研究《政府工作报告（送审稿）》《玉溪市2018年国民经济和社会发展计划执行情况与2019年国民经济和社会发展计划草案的报告（送审稿）》《玉溪市2018年地方财政预算执行情况和2019年地方财政预算草案的报告（送审稿）》；2.研究玉溪市市本级2019年一般公共预算支出安排建议；3.研究《关于市政府机构调整和设置情况的备案报告（送审稿）》；4.研究《市政府2018年度法治政府建设情况报告（送审稿）》；5.研究《关于推进石油天然气体制改革的实施意见（送审稿）》；6.研究市政府与北京北航资产经营有限公司合作共建协议所需经费事项；7.研究进一步理顺中心城区城市管理体制机制有关事项；8.研究2019年《财富》全球可持续论坛筹备工作有关事项；9.研究玉溪市东片区暨“三湖”生态保护水资源配置应急工程回购BT方建设资金有关事项；10.研究《玉溪市跨界河流水环境质量生态补偿方案（试行）（送审稿）》；11.通报玉溪市清理拖欠民营企业中小企业账款工作情况。

第20次常务会议。2月18日，市长张德华主持召开第五届市政府第20次常务会议。会议共有6项议题：1.传达云南省政府性债务管理委员会会议和全省重点州市经济运行分析会议精神；2.研究《玉溪市贯彻落实〈云南省人民政府关于保持经济平稳健康发展22条措施的意见〉实施方案（送审稿）》；3.研究《市政府关于探索建立涉农资金统筹整合长效机制的实施意见（送审稿）》；4.研究《玉溪市大健康产业发展战略研究（送审稿）》《玉溪市大健康产业发展规划（2018—2035）（送审稿）》；5.听取全市扫黑除恶专项斗争情况汇报并研究《玉溪市贯彻落实省扫黑除恶专项斗争第九督导组反馈意见问题整改方案（送审稿）》；6.书面传达2019年全省综合交通运输工作会议、全省工业和信息化工作会议、全省退役军人事务工作会议精神。

第21次常务会议。3月21日，市长张德华主持召开第五届市政府第21次常务会议。会议共有14项议题：1.传达学习全国、全省“两会”精神，研究我市贯彻落实意见；2.传达学习王鸿津、武在平、陈豪同志在中央第十二巡视组对云南省开展脱贫攻坚专项巡视情况反馈会议上的讲话精神，研究我市贯彻落实意见；3.传达学习陈豪书记在省委常委会听取第六轮巡视情况汇报讲话和省委第六巡视组反馈高原湖泊保护治理巡视情况会议精神，研究我市贯彻落实意见；4.研究《市政府工作规则（送审稿）》；5.研究《关于贯彻执行〈领导干部自然资源资产离任审计规定（试行）〉的通知（送审稿）》《玉溪市领导干部自然资源资产离任审计工作规划（2018—2020年）（送审稿）》及《玉溪市开展领导干部自然资源资产离任审计实施意见（送审稿）》；6.研究《玉溪市营造企业家健康成长环境弘扬优秀企业家精神更好发挥企业家作用的实施细则（送审稿）》；7.研究玉溪市留置场所项目建设有关事项；8.研究市级行政综合服务中心建设内容和规模相关事项；9.研究《关于开展质量提升行动的实施意见（送审稿）》；10.研究《玉溪市落实关于推行终身职业技能培训制度的实施方案（送审稿）》；11.通报省扫黑除恶第九督导组督导玉溪反馈问题整改情况；12.传达学习全国和全省扶贫开发工作会议精神；13.传达学习全省稳就业工作会议精神；14.传达学习全省政府系统秘书长和办公厅（室）会议精神。

第22次常务会议。4月10日，市长张德华主持召开第五届市政府第22次常务会议。会议共有15项议题：1.研究《关于建立残疾儿童康复救助制度的实施意见（送审稿）》；2.研究《玉溪市残疾人联合会改革方案（送审稿）》；3.研究《玉溪市创建“中华诗词之市”实施方案（送审稿）》；4.研究《第六届中国聂耳音乐（合唱）周玉溪分会场活动方案（送审稿）》；5.研究《关于深化新时代中小学教师队伍建设改革的实施方案（送审稿）》；6.传达全省宗教工作督查整改专题会暨宗教专项工作部署会精神，研究我市贯彻意见；7.研究《市政府常务会议2019年度议题计划（送审稿）》；8.研究安全生产和森林草原防灭火工作；9.研究云南玉溪国家粮食储备库办理流动资金借款抵押有关事项；10.传达学习全省河（湖）长制领导小组暨省总河长会议精神，研究我市初步贯彻意见；11.研究《云南玉溪水利电力开发公司改革发展方案（送审稿）》；12.研究《关于做好当前和今后一个时期促进就业工作的实施意见（送审稿）》；13.研究《关于贯彻落实建立城乡居民基本养老保险待遇确定和基础养老金正常调整机制实施意见（送审稿）》；14.研究《玉溪市推进市直企业退休人员移交社区管理服务实施方案（送审稿）》；15.传达学习中央扫黑除恶第20督导组督导云南省工作动员会、督导组与云南省委第一次工作通报对接会和省委常委会专题会议精神，通报中央扫黑除恶第20督导组督导云南第一阶段边督边改问题清单，部署我市整改工作。

第23次常务会议。4月16日，市长张德华主持召开第五届市政府第23次常务会议。会议共有2项议题：1.研究《云南省星云湖保护条例（送审稿）》；2.研究2019年玉溪市市本级专项预算调整（机构改革）及平衡情况。

第24次常务会议。5月9日，市长张德华主持召开第五届市政府第24次常务会议。会议共有9项议题：1.研究《玉溪市2019年市预算内第

一批前期工作经费投资计划（送审稿）》；2. 研究市工业和信息化局无线电固定资产报废有关事项；3. 研究玉溪旅游文化体育投资有限责任公司向宝兴国晟矿业有限公司、诚泰融资租赁（上海）有限公司融资有关事项；4. 研究抚仙湖流域山水林田湖生态保护修复工程2019年中央专项资金安排计划；5. 研究《玉溪市高原湖泊保护治理及综合开发合作协议（送审稿）》；6. 研究市抚投公司向中国银行贷款用于玉溪高新区龙泉园区启动区供水工程有关事项；7. 传达国务院第二次廉政工作会议和第十三届云南省人民政府第二次廉政工作电视电话会议精神，研究我市贯彻意见；8. 通报用玉溪医疗健康投资有限责任公司对玉溪儿童医院管理有限公司部分股权质押借款有关情况；9. 研究撤销澄江县设立县级澄江市有关事项。

第25次常务会议。5月31日，市长张德华主持召开第五届市政府第25次常务会议。会议共有15项议题：1. 研究《玉溪市各县区发展定位报告（送审稿）》；2. 研究《云南省人民政府关于支持玉溪开展国家创新型城市建设的意见（代拟稿）》；3. 研究红塔区中心城区道路交通安全管理系统设施优化建设有关事项；4. 研究《玉溪汇溪金属铸造制品有限公司"2·01"较大放炮事故调查报告（送审稿）》；5. 研究《玉溪市党政机关公务用车管理实施细则（送审稿）》；6. 研究玉溪国有资本运营有限公司定向债务融资工具融资发行有关事项；7. 研究市政府与京东云互联网新经济合作项目有关事项；8. 研究玉溪市工程建设项目审批制度改革有关事项；9. 研究2018年度脱贫攻坚巩固提升工作成效考核有关事项；10. 传达学习全国全省公安工作会议精神，研究我市贯彻意见；11. 传达学习中央扫黑除恶第20督导组督导云南省情况反馈会会议精神，研究我市初步贯彻落实意见；12. 传达学习全国医改工作电视电话会议精神，研究我市贯彻意见；13. 传达学习全省教育大会精神，研究我市贯彻意见；14. 传达学习全省政府系统办公室整治形式主义为基层减负电视电话会议精神，研究我市贯彻意见；15. 传达学习全省固定资产投资专题会议精神，研究我市贯彻意见。

第26次常务会议。6月20日，市长张德华主持召开第五届市政府第26次常务会议。会议共有13项议题：1. 传达学习省委书记陈豪同志在玉溪调研高原湖泊保护治理工作时的重要讲话精神，研究我市贯彻意见；2. 研究市政府行政规范性文件立改废及调整规范制定主体工作有关事项；3. 研究《玉溪市关于支持民营经济高质量发展的实施意见（送审稿）》；4. 研究云南玉溪玉昆钢铁集团有限公司转型升级产能置换项目一线工作指挥部有关事项；5. 研究《玉溪市脱贫攻坚非4类重点对象无力建房户危房改造实施方案（送审稿）》；6. 研究科教四路（白龙路延长线至康井路延长线段）和康井路延长线工程项目有关事项；7. 研究《玉溪市党政机关办公用房管理实施细则（送审稿）》；8. 研究《玉溪市降低社会保险费率工作方案（送审稿）》；9. 研究《玉溪市改革完善被征地农民基本养老保障工作方案（送审稿）》；10. 研究《关于深化扫黑除恶专项斗争重点行业重点领域综合治理的通知（送审稿）》；11. 解读《政府投资条例》；12. 解读《玉溪市全面推行行政执法公示制度执法过程全记录制度重大行政执法决定法制审核制度的实施方案》；13. 传达学习全省机关事务工作会议精神，研究我市贯彻意见。

第27次常务会议。6月24日，市长张德华主持召开第五届市政府第27次常务会议。会议共有4项议题：1. 研究《2019年市本级财政专项预算调整方案（草案）》；2. 研究水利建设融资贷款还本付息有关事项；3. 研究玉溪交通发展投资有限公司向民生银行融资用于化解平安信托到期贷款有关事项；4. 研究《关于坚持农业农村优先发展全面完成"三农"工作硬任务的实施意见（送审稿）》。

第28次常务会议。7月22日，市长张德华主持召开第五届市政府第28次常务会议。会议共有11项议题：1. 研究《玉溪市创建国家生态文明建设示范市实施方案（送审稿）》；2. 研究《"三湖"水环境保护治理"十三五"规划中期评估项目调整意见》；3. 研究2019年第四届中德人工智能大会系列活动有关事项；4. 研究玉溪市国家园林城市复检经费拨付有关事项；5. 听取全市上半年经济运行情况汇报；6. 听取上半年安全生产工作情况汇报；7. 通报2019年上半年玉溪市扫黑除恶专项斗争工作进展情况；8. 通报上半年信访工作情况；9. 通报玉溪市2019年上半年反恐怖工作情况；10. 通报《玉溪市全民科学素质行动计划纲要实施方案（2016—2020年）》中期工作情况；11. 传达学习全国全省深化"放管服"改革优化营商环境电视电话会议精神。

第29次常务会议。8月7日，市长张德华主持召开第五届市政府第29次常务会议。会议共有6项议题：1. 研究《玉溪市基本公共服务领域市以下共同财政事权和支出责任划分改革实施方案（送审稿）》；2. 研究红龙路、科创大道、城市规划馆、东风中路、玉江大道和儿童医院市政电源6个项目资金安排有关事项；3. 研究玉溪市交通运输局绿汁江公路建设市级补助资金有关事项；4. 研究抚仙湖径流区耕地休耕轮作项目实施情况有关事项；5. 通报近年来玉溪市户籍制度改革工作情况；6. 通报玉溪市调整2019年度城镇职工基本医疗保险缴费基数工作情况。

第30次常务会议。8月20日，市长张德华主持召开第五届市政府第30次常务会议。会议共有6项议题：1. 研究防范和化解县区财政欠拨专款隐性风险有关事项；2. 研究《玉溪市2018年市本级财政决算（草案）的报告（送审稿）》；3. 研究《市政府关于2018年度市级预算执行和其他财政收支的审计工作报告（送审稿）》；4. 传达学习《地方党政领导干部食品安全责任制规定》《关于深化改革加强食品安全工作的意见》；5. 通报玉溪市食品安全工作情况；6. 传达全省脱贫攻坚夏季攻势推进会精神。

第31次常务会议。9月6日，市长张德华主持召开第五届市政府第31次常务会议。会议共有16项议题：1. 研究《玉溪市深化国有企业改革行动实施方案（送审稿）》及7个配套文件；2. 研究《玉溪大化产业园化念片区增量配网规划（2019—2035）》；3. 研究省滇中引水工程建管局玉溪分局管理调度中心业务用房建设及110KV李棋输变电工程建设用地所需资金有关事项；4. 研究《玉溪市推进城市安全发展实施方案（送审稿）》；5. 研究编纂出版《玉溪市志（1978—2005）》所需资金有关事项；6. 研究玉昆项目土地平整补助有关事项；7. 研究玉溪海关建设项目选址有关事项；8. 研究承接取消下放调整行政许可事项；9. 研究2019年第一批生态功能区转移支付资金安排计划有关事项；10. 研究《关于做好云南省第十六届运动会筹办工作全面推进玉溪体育事业发展的实施意见（送审稿）》；11. 研究玉溪师范学院财政管理体制上划存量债务偿还补助有关事项；12. 研究原玉溪会堂资产核销有关事项；13. 研究玉溪市云缦营地投资运营有限责任公司组建有关事项；14. 研究《玉溪市妇幼保健院迁建方案（送审稿）》；15. 听取玉溪市文化娱乐市场乱象整治工作情况；16. 通报澄江县撤县设市有关申报材料调整修改工作情况。

第 32 次常务会议。9 月 30 日，市长张德华主持召开第五届市政府第 32 次常务会议。会议共有 12 项议题：1. 研究《玉溪市关于推进全面实施预算绩效管理的意见（送审稿）》；2. 研究玉溪市规划馆运营经费有关事项；3. 研究云南玉溪交通运输集团公司农村公路建设贷款 8 亿元还款有关事项；4. 研究玉溪高新区南片区“退二进三”有关事项；5. 研究通海钢铁行业转型升级资金补助有关事项；6. 研究《玉溪市加快文化创意产业发展实施方案（送审稿）》；7. 研究《玉溪市属普通高中教学质量绩效考核方案（送审稿）》；8. 传达全省 2019 年国庆值班工作视频会议精神；9. 通报省第九督导组督导暨市专项督导扫黑除恶专项斗争工作情况；10. 传达第二十次全省民政会议精神；11. 通报市政府系统整治形式主义突出问题为基层减负工作情况；12. 通报《云南省工程项目招投标领域营商环境专项整治工作方案》。

第 33 次常务会议。10 月 18 日，市长张德华主持召开第五届市政府第 33 次常务会议。会议共有 6 项议题：1. 研究冲刺四季度打赢稳增长攻坚战工作；2. 研究《玉溪市 2019 年市本级财政预算调整方案（草案）》；3. 研究《玉溪市 2018 年度国有资产管理情况报告（送审稿）》及《玉溪市 2018 年度行政事业单位国有资产管理情况报告（送审稿）》；4. 听取一至三季度全市安全生产工作情况汇报，研究部署下一步安全生产重点工作；5. 研究《抚仙湖径流区现代标准化农业产业面源和土壤污染控制示范项目实施方案》及《国都东方玉溪抚仙湖绿色生态环保产业母基金设立方案》；6. 研究《关于加强工会社会工作专业人才队伍建设的实施方案（送审稿）》。

第 34 次常务会议。10 月 30 日，市长张德华主持召开第五届市政府第 34 次常务会议。会议共有 13 项议题：1. 研究《市政府　云南玉溪玉昆钢铁集团有限公司玉昆钢铁集团科技研发中心项目投资合作协议（送审稿）》；2. 研究原市粮食局南北大街 4 号院不动产资产划转有关事项；3. 研究玉溪市救灾物资储备库项目建设匹配资金有关事项；4. 研究贫困地区农村饮水安全巩固提升和人居环境整治示范村项目有关事项；5. 研究《玉溪市职业技能提升行动实施方案（2019—2021 年）（送审稿）》；6. 研究《玉溪市人民医院扩容提质项目建设方案（送审稿）》；7. 研究中交（玉溪）生态环保投资发展有限公司组建有关事项；8. 研究聂耳文化广场景区拖欠管维资金有关事项；9. 研究《玉溪市备战参赛云南省第十六届运动会周期训练目标管理实施办法（送审稿）》；10. 研究补助江川工业园区投资开发有限公司借款利息经费有关事项；11. 通报全市扫黑除恶综合治理检查评价及排名情况；12. 研究其他事项；13. 传达学习全省殡葬改革工作推进会议精神。

第 35 次常务会议。11 月 26 日，市长张德华主持召开第五届市政府第 35 次常务会议，会议共有 10 项议题：1. 研究红塔区平战结合人防工程市政公用设施扩容增容项目有关事项；2. 研究玉溪交通发展投资有限公司民生银行 6 亿元借新还旧贷款抵押物置换有关事项；3. 研究《关于加强党对地方外事工作领导体制改革的具体措施（送审稿）》；4. 研究《玉溪市深化农业综合行政执法改革实施方案（送审稿）》；5. 研究玉溪市“智慧三湖”项目建设实施方案有关事项；6. 研究《玉溪市足球场地设施建设项目融建方案（送审稿）》；7. 研究《市政府拟订地方性法规草案和制定市政府规章程序规定（送审稿）》；8. 研究《关于全面深入持久开展民族团结进步创建工作铸牢中华民族共同体意识的实施意见（送审稿）》；9. 传达学习《优化营商环境条例》；10. 通报中央扫黑除恶第 20 督导组“回头看”对我市反馈的问题。

第 36 次常务会议。12 月 20 日，市长张德华主持召开第五届市政府第 36 次常务会议，会议共有 13 项议题：1. 传达习近平总书记在主持中央政治局第十九次集体学习时的重要讲话精神和全国全省安全生产电视电话会议精神；2. 听取全市 2019 年安全生产工作情况汇报；3. 听取全市 2019 年经济运行情况汇报，研究 2020 年经济社会发展预期目标建议有关事项；4. 研究其他事项；5. 研究《玉溪市财政支持民营和小微企业金融服务综合改革试点担保贷款实施方案（试行）》；6. 研究玉溪军民融合军粮供应工程项目建设配套资金有关事项；7. 研究《玉溪市国有企业退休人员社会化管理服务工作实施办法（送审稿）》；8. 研究《玉溪市市属企业监事会管理办法（试行）（送审稿）》；9. 研究玉溪市“4 351”网络安全产业项目（一期）有关事项；10. 研究玉溪市残疾人康复中心建设项目市级配套资金有关事项；11. 听取中央依法治国办法治政府建设全面督察第六督察组督察玉溪法治政府建设现场指出问题整改落实情况；12. 通报《2018 年度市级预算执行和其他财政收支审计查出问题整改情况报告》；13. 通报《2019 年市政府系统人大代表建议政协提案办理工作情况报告（送审稿）》。

第 37 次常务会议。12 月 31 日，市长张德华主持召开第五届市政府第 37 次常务会议，会议共有 9 项议题：1. 研究《政府工作报告（送审稿）》《玉溪市 2019 年国民经济和社会发展计划执行情况与 2020 年国民经济和社会发展计划草案的报告（送审稿）》《玉溪市 2019 年地方财政预算执行情况和 2020 年地方财政预算草案的报告（送审稿）》；2. 研究 2020 年冬春干旱风险及抗旱救灾有关事项；3. 研究市高等级公路公司 3 宗闲置土地处置有关事项；4. 研究瀑布生态公园周边地块（冯家冲片区）项目土地收储有关事项；5. 研究玉溪市家园建设投资有限公司为玉溪市晟新商业管理有限公司 7.5 亿元融资业务提供连带责任保证有关事项；6. 研究玉溪海关综合用房项目有关事项；7. 研究《玉溪市生态环境机构监测监察执法垂直管理制度改革实施方案（送审稿）》；8. 研究《玉溪市生态文明建设规划（2019—2025 年）（送审稿）》；9. 研究《玉溪市市本级 2020 年预算安排建议情况报告（送审稿）》。

【市政府专题会】 2019 年，市政府召开 136 次专题会议。主要有：1 月 22 日，市政府召开“一带一路”田园综合体云南示范基地项目推进座谈会。会议听取绿城东方建筑设计有限公司关于“一带一路”田园综合体云南示范基地项目概念规划设计方案介绍，市直有关单位和澄江县与会领导作了会议发言，市长张德华对下一步工作推进提出明确要求。1月23日，市政府市长张德华主持召开与华为公司合作座谈会，研究双方在数字经济、信息产业等领域进一步深化合作相关工作。1月31日，市长张德华率队与云南世博旅游控股集团有限公司党委书记、董事长张睿，党委副书记、总经理程旭哲等公司领导就推进玉溪全域旅游工作进行座谈。会议听取世博集团关于玉溪全域旅游项目前期工作情况汇报，双方就推进玉溪全域旅游事宜进行了深入交流、研商。

2月25日，市长张德华在市科教创新服务中心组织召开玉溪科教创新城2019年工作会暨现场推进会。会议听取市科教创新服务中心关于科教创新城规划建设进展情况及2019年重点工作汇报，各参会单位围绕职能职责，对科创城建设中的困难问题提出了意见建议。副市长李劲松、曾敏对科创城建设提出要求，市长张德华作讲话，对2019年重点工作做了全面安排部署并提出明确要求。2月27日，市新型智慧城市建设工作领导小组召开第4次会议。会议听取市新型智慧城市建设近期工作情况、2019年重点建设项目（清单）设计方案及评估情况汇报，副市长解仕清、马加能、田川、市政府分管领导提出了工作要求，市长张德华作讲话。

3月2日，市政府主持召开会议，专题研究抚仙湖环湖棚户区改造项目相关工作。会议听取澄江县关于抚仙湖环湖棚户区改造项目推进情况及存在困难问题的情况汇报，参会单位作发言，市政府分管领导对下一步工作提出具体要求。3月5日，市政府召开全市“大棚房”问题专项清理整治行动推进会，对全市“大棚房”问题整治整改有关工作再部署、再排查、再推进，各县区人民政府分管领导、市农业农村和国土资源部门相关领导参加会议，会议听取市国土资源局、市农业农村局对“大棚房”问题整治整改工作进展情况的通报，市政府分管领导就全面完成“大棚房”整治整改工作提出明确要求。3月25日，市长张德华主持召开“一带一路”田园综合体澄江县示范基地项目对接座谈会。会议听取大广集团关于“一带一路”田园综合体澄江县示范基地项目概念规划方案编制情况介绍，与会人员充分发表意见，张德华市长就合作推进提出明确要求。

4月9日，市政府召开会议，专题研究国家区域医疗中心建设工作。会议听取市发展改革委主任罗绍国和澄江县人民政府县长范永光关于国家区域医疗中心建设工作推进情况的汇报，副市长曾敏针对加快工作推进作讲话，市委常委、常务副市长对下一步工作提出明确要求。4月11日，市长张德华以星云湖市级河（湖）长身份召开星云湖保护治理工作专题会议，副市长贺彬、秘书长张亚辉出席会议。会议听取江川区2019年星云湖脱劣方案及2019年保护治理重点工作汇报，市直相关单位主要领导参会并发言。市长、星云湖市级河（湖）长张德华对下阶段工作提出明确要求。4月12日，市政府召开会议，专题研究抚仙湖昌新国际艺术小镇项目总体策划方案。会议听取北京巅峰智业旅游规划设计院、云南大学昌新国际艺术学院关于抚仙湖昌新国际艺术小镇项目总体策划方案的情况汇报，参会单位和领导进行发言，市政府分管领导对下一步工作提出要求。

5月9日，市长张德华召开红河谷—绿汁江热区产业经济带建设推进会。会议分别听取市发展改革委、市交通运输局、市水利局、市农业农村局、市文化和旅游局关于红河谷—绿汁江热区产业经济带综合建设组、交通设施建设组、水利设施建设组、农业产业建设组、旅游产业建设组的情况汇报，易门县、峨山县、新平县、元江县政府就推进红河谷—绿汁江热区产业经济带建设进行汇报，参会领导作发言，张德华市长提出工作要求。5月16日，市政府以视频会议形式召开全市打造世界一流“绿色食品牌”工作领导小组第四次会议。会议听取市打造世界一流“绿色食品牌”工作领导小组办公室工作进展情况汇报，通海县、峨山县、新平县、市投资促进局分别汇报2019年打造“绿色食品牌”工作计划，市长张德华就下一步工作提出明确要求。5月23日，市委常委、常务副市长主持召开会议，专题研究督导省委第六巡视组机动巡视玉溪市高原湖泊保护治理反馈意见整改工作。会议听取市政府办公室、市水利局等市直单位和澄江县、通海县工作汇报，参会人员围绕整改工作进行研究讨论。

6月5日，市长张德华主持召开住房城乡建设领域重点项目建设推进会。会议听取市住房城乡建设局关于玉江大道提升改造工程、新天地项目、东风中路道路扩宽工程、玉溪大河下段黑臭水体治理及海绵工程项目、玉水金岸项目等重点项目推进情况的汇报，参会领导围绕项目推进作发言，张德华市长对下一步工作提出明确要求。6月20日，市政府召开会议专题研究部署2019年经济发展冲刺“双过半”工作，会议听取市统计局、市发展改革委、市工业和信息化局、市财政局、市住房城乡建设局、市交通运输局、市商务局、高新区和各县区1—5月经济运行情况的汇报，副市长解仕清、李劲松、曾敏结合分管工作作发言，市长张德华就全市冲刺“双过半”工作提出具体要求。

7月5日，市长张德华主持召开黄磷行业存在问题整改专题会议，研究部署黄磷行业排查整改工作。会议听取江川区、澄江县、华宁县政府和市工业和信息化局、市生态环境局等有关部门黄磷行业发展及监管情况汇报，与会市政府领导及单位负责同志进行发言，张德华市长对开展黄磷行业排查整改工作提出明确要求。7月8日，市长张德华主持召开2019年上半年招商引资工作专题会议。会议听取玉溪高新区管委会、市投资促进局、红塔工业园区管委会2019年上半年招商引资工作情况汇报，与会市领导提出工作意见，市长张德华对下一阶段工作提出要求。7月25日，市政府召开绿色磷化工产业园建设推进会，市长张德华、副市长解仕清出席会议，市直有关单位负责人，江川区、澄江县、华宁县政府主要领导及部分磷化工企业负责人参加会议。会议听取江川区、澄江县、华宁县关于绿色磷化工产业下步发展思路以及市工业和信息化局关于推进绿色磷化工产业园建设有关工作的汇报，市长张德华对绿色磷化工产业发展进行安排部署。

2019年8月3日，市委常委、常务副市长、南盘江（玉溪段）市级河长率队到华宁开展巡河，并召开南盘江河长制督察督导工作专题会，研究南盘江水质提升达标工作。市委常委、常务副市长、南盘江（玉溪段）市级河长宣读并签发《玉溪市南盘江第1号河长令》，反馈省生态环境厅的水质预警及市河长办水质监测情况，并对南盘江水质提升达标工作提出要求。8月13日，市政府召开信息产业发展专题会议，专题研究5G推广应用有关工作，副市长解仕清出席会议。会议听取电信、移动、联通、铁塔公司关于上半年工作开展情况及下半年工作计划，研究了工作推进中存在的困难和问题，与会市直有关单位发表意见建议，解仕清副市长对下一步工作进行安排部署，提出明确要求。8月21日，市政府与功夫动漫股份有限公司召开合作项目座谈会。会议听取功夫动漫股份有限公司董事长李竹兵介绍打造玉溪城市超级IP创意综合体建设内容和选址情况等相关工作，与会人员进行了认真讨论研究并提出意见建议，市政府分管领导、李劲松同志提出要求，市长张德华同志对与功夫动漫股份有限公司合作项目工作进行安排部署并提出明确要求。

9月18日，市政府召开玉溪高新区发展专题会议。市长张德华，副市长解仕清及市政府分管领导出席会议。会议听取市工业和信息化局关于全市工业经济增长情况和玉溪高新区管委会关于经济发展情况的汇报，红塔区、江川区及市直有关单位进行发言。与会市领导做了工作安排，市长张德华对下步工作进行部署，提出明确要求。9月21日，市政府召开会议研究部署全市特色小镇创建工作，会议观看全省特色小镇创建工作视频，传达全省特色小镇创建工作大理现场推进会精神，听取市特色小镇建设发展领导小组办公室和9县区关于特色小镇创建工作的推进情况汇报。市长张德华就加快推进我市特色小镇创建等工作进行统筹安排部署。

10月13日，市长张德华主持召开交通工作专题会议。市政府分管领导传达学习全省“2+1”高速公路绿化美化工作第3次推进会议精神，听取了市交通运输局、市公安局交警支队关于高速公路绿化美化、美丽公路建设、ETC推广应用、治理超限超载和交通安全监控设施建设及交通安全管理工作相关情况汇报，参会领导作发言，市长张德华对下一步工作提出明确要求。10月28日，副市长曾敏主持召开会议，专题研究全市免疫规划冷链设备补充更新及实验室能力建设项目。会议听取市卫生健康委副主任曲校德工作情况汇报，市财政局、市审计局和市疾控中心相关负责人结合职能职责作讨论发言，副市长曾敏提出明确工作要求。

11月1日，市政府召开会议，专题研究抚仙湖·览海国际健康旅游谷项目相关事宜。会议听取览海控股集团、市家园建设投资有限公司、澄江县和市直相关部门有关情况的汇报，市政府分管领导对下一步工作提出明确要求。11月15日，市政府组织召开了全市经济运行分析工作会议。会议听取市统计局、市发展改革委、市工业和信息化局、市财政局、市住房城乡建设局和高新区管委会、各县（区）人民政府关于1—10月经济运行情况及冲刺最后46天工作措施的汇报，副市长解仕清、市政府分管领导贺彬、李劲松、曾敏结合分管工作和督导联系县（区）稳增长工作情况作发言，市长张德华作了重要讲话，就抓好2019年最后46天稳增长工作和2020年经济发展工作进行安排部署。11月30日，市政府召开云南绿色钢城项目建设工作推进专题会议。市长张德华，市人大副主任孙云鹏，副市长、一级巡视员解仕清，市政府分管领导贺彬出席会议。会议听取云南绿色钢城规划建设重点工作任务牵头单位关于工作任务推进情况、存在问题及下步工作措施的汇报。参会市领导作发言。市长张德华对下一步工作进行安排部署，提出明确要求。

12月26日，市政府召开“三湖”保护治理雷霆行动推进会，副市长、“三湖”保护治理雷霆行动组执行组长贺彬出席会议并讲话。会议听取江川区、通海县、澄江县和市抚仙湖管理局关于“三湖”保护治理雷霆行动开展情况及2020年工作计划的汇报，与会市直部门发表了意见建议，副市长贺彬就2020年工作提出明确要求。

【政府督查】 2019年，市政府办落实“基层减负年”工作要求，紧紧围绕中央、国务院和省委、省政府及市委、市政府的各项重大决策部署和重要工作，统筹抓好政府督查工作。全年开展各类督查104次，印发重点工作督查专报95期、领导重要批示督查专报24期、工作提醒6期；实施上级部门要求督查落实件23项；督查整理上报省政府10件惠民实事落实情况10期、国务院大督查发现问题整改情况7期、省政府综合督查发现问题整改情况2期，印发督查专报3期；做好2019年《政府工作报告》确定目标任务和10件惠民实事的细化分解工作，形成政府工作报告落实情况4期，10件惠民实事落实情况报告9期；对2019年19次常务会议137项决定事项、53个专题会议决定事项决进行跟踪落实，推进决定事项办理；抓好市委、市政府主要领导批示件的督促办理和反馈工作，完成督查落实市政府领导交办批示督查件383件，整理上报领导重要批示督查专报24期；督促市级领导“七位一体”工作落实，上报工作情况3期；抓好“不忘初心、牢记使命”主题教育专项整治督促整改工作，以10天为工作单位及时督促责任部门，上报整改情况6期，整改情况统计表4期。

【建议提案办理】 2019年，市政府共办理市人大代表建议、市政协提案556件。其中，市人大代表建议248件，市政协提案308件。均于2019年10月全部按时限要求办理完毕。办理市人大代表建议结果满意（基本满意）率100%。办理市政协提案结果满意（基本满意）率99.68%，不满意1件，占0.32%。

【政务信息】 2019年，市政府办以做好“三服务”为目的，把政务信息工作摆在突出位置，在及时、准确、全面、规范上下功夫，严把政治关、法律关、政策关、内容关、时限关，充分发挥政务信息职能，让政府领导及时准确掌握基层工作的难热点问题，并在信息报送中有针对性地提出解决问题的办法，有效履行政务信息参谋辅政作用。全年收到各县（市、区）、各部门上报的政务信息6 758篇，采编1 561篇，采编率23%；上报省政府办公厅470篇，被省政府办公厅采用99篇，国务院办公厅采用9篇，国务院领导批示2篇，得分2 143分（任务分400分），位列全省第4名；上报市委办公室信息57篇，被采用25篇，得分300分（任务分300分）；编报《信息专报》23期（其中市长批示2期）、编报《信息快报》7期、编发《玉溪政务信息》15期。

【政府信息与政务公开】 2019年，市政府办认真贯彻落实新修订的《中华人民共和国政府信息公开条例》《云南省政府信息公开工作规定》，扎实推进市政府信息与政务公开工作，不断建立健全信息公开工作机制，强化组织领导，调整玉溪市政务公开领导小组组成人员，形成了领导、机构、人员“三位一体”的政府信息与政务公开工作机制；建立健全信息公开工作机制，印发了《市政府网站群管理办法（试行）》《市政府信息公开发布制度》，为政府信息公开提供了制度保证；严格落实“五公开”工作要求，制定下发《玉溪市政务公开领导小组办公室关于印发玉溪市贯彻落实省政府办公厅2019年政务公开工作要点分工方案的通知》，并按月开展检查、督促整改，按季度正式发文通报，通报结果计入年终综合考评；强化考核，印发玉溪市2019年度全市政府信息与政务公开工作考评细则，推进政务公开工作的有效落实；以培训促提升，于2019年10月11日—12日举办了为期2天的全市政府系统信息工作能力提升培训班；加强政策解读，对2019年市政府制定出台的有关政策文件，运用图文开展了政策解读；在市政府门户网设立了“人大代表建议和政协提案办理工作”专栏，2019年公开建议办件251件，提案办件323件；加大网站建设和加大政务新媒体监管，全市保留有10个政府门户网站［市政府网、9个县（市、区）人民政府网］以及4个部门网站和414个信息发布站点，截至2019年12月底，共发布信息918 002条，全市共开设政务新媒体230个；政府网站群完成了互联网协议第六版（IPv6）改造升级，2019年1月至今在国务院办公厅、省政府办公厅组织开展的月度、季度、半年度政府网站抽查中合格率均为100%。

【电子政务】 2019年，新升级的玉溪市智慧政务协同办公平台从3月正常投入运行，新版本对界面设置、流转程序、人员管理、手机办公模块进行深入优化，提高行政效率、节约行政资源，逐步成为市政府办日常办公中最为重要的工具。同时，认真贯彻市委、市政府的要求，严格遵守公文处理的有关规定，加强与系统运营商的及时沟通，指派精通业务和熟悉办文工作专人在各县区、各市直部门普遍开展OA系统安装和培训使用工作；完善OA办公系统电脑平台和手机平台部署，配合市委网信办对OA系统改造升级，提升系统运行性能，确保公文处理及时、高效。市政府办OA系统全年发文2 324个，办公室收文流转10 807个，其中办件3 967个，信息简报1 067个，会议、调研通知类文件2 074个，传阅文件3 699个。

【上级领导调研】 2019年2月13—14日，副省长李玛琳到玉溪市调研综合医改、省十六运会场馆建设等工作，先后深入科教创新城、市人民医院、市红十字会及峨山县调研指导，对玉溪体育、广播电视等事业发展，以及综合医改、市人民医院规划建设工作提出工作要求。2月25日，省政协副主席徐彬到江川区开展“加强幼教师资培养”专题调研，并召开座谈会。3月5日，副省长王显刚到玉溪市调研玉元高速公路、玉磨铁路、研和火车站建设工作。3月15日，副省长董华率省直有关单位负责人，到玉溪市高新区、红塔区、江川区调研工业经济发展情况。4月3日，全国人大常委会副委员长、民盟中央主席、中科院副院长、中科院院士丁仲礼，省人大常委会副主任杨福生率执法检查组到玉溪市开展《中华人民共和国水污染防治法》执法检查。4月25—26日，省人大常委会常务副主任、省级河（湖）长制副总督察和段琪率督察组对玉溪市落实杞麓湖河（湖）长制工作情况进行督察。5月15日，国家烟草专卖局党组成员、副局长杨培森、副省长董华一行到澄江县调研，了解玉溪市当前抗旱保苗及帮助烟农增收等工作开展情况。5月20—23日，全国人大常委会副委员长张春贤率全国人大常委会执法检查组，在云南省就贯彻实施《中华人民共和国就业促进法》情况开展执法检查。在滇期间，检查组一行先后深入昆明市、玉溪市、文山壮族苗族自治州，走进产业园区、人力资源市场、企业、高校，听取工作汇报，与当地党委、政府领导、有关部门负责人和基层代表座谈交流，实地了解就业促进法宣传教育、职业技能培训提升、大学生就业创业、失业保险援企稳岗、创业基地孵化促进就业、园区吸纳就业等情况。6月3—4日，省委书记陈豪率调研组到玉溪市督促检查抚仙湖、星云湖等湖泊保护治理工作，带头落实河（湖）长制责任。6月10—12日，全国人大常委会副委员长、民盟中央主席、中科院副院长、中科院院士丁仲礼一行在云南调研考察工作。期间到玉溪市考察抚仙湖、星云湖保护治理。6月14日，省人大常委会常务副主任、省级河（湖）长制副总督察和段琪率督察组到玉溪市落实星云湖河（湖）长制工作进行督察。6月26—27日，省人大常委会常务副主任、省级河（湖）长制副总督察和段琪率督察组到澄江县，调研督察玉溪市落实抚仙湖河（湖）长制工作和保护治理情况，开展“不忘初心、牢记使命”主题教育调查研究。6月27—30日，副省长和良辉到玉溪市调研养老服务体系建设工作及高原湖泊保护治理工作。7月11日，全国政协常委、提案委主任李智勇，副主任郭庚茂、陈因等率调研组到玉溪市，围绕“坚持优先发展教育事业，培养德智体美劳全面发展的社会主义建设者和接班人”开展专题调研，推动重点提案督办落实。7月12日，中华全国供销合作总社党组书记、理事会副主任王侠，副省长陈舜一行到玉溪市调研供销合作社综合改革情况。7月19日，内蒙古自治区副主席包钢到玉溪市考察就星云湖保护治理和河（湖）长制工作。9月10—11日，省人大常委会副主任纳杰率执法检查组对玉溪市贯彻实施农产品质量安全法情况进行执法检查。9月19日，省人大常委会副主任李培一行赴江川区开展《云南省星云湖保护条例（修订草案）》立法调研。10月8—10日，全国政协副主席汪永清率全国政协“乡村治理创新”党外委员专题视察团在滇视察。期间曾到玉溪澄江县、红塔区等地视察。10月30日，中华全国供销合作总社党组成员、理事会副主任蔡振红到玉溪市调研供销合作社综合改革成效。11月6日，副省长王显刚到玉溪市督导星云湖保护治理工作。11月11—12日，省委书记陈豪到红塔区、江川区、通海县、澄江县、华宁县，围绕玉溪市乡村振兴、高原湖泊治理、民族宗教、基层党建等方面进行调研。11月12日，省委副书记王予波到科教创新城调研。12月7日，省委书记陈豪到澄江县督促检查抚仙湖保护治理工作，重点检查入湖河流治理、环湖生态移民搬迁、面山植树造林三大工程。

（徐　琦）

调研研究

【专题调研文章】 2019年，市政府发展研究中心与各有关单位交流合作不断深化，积极配合有关部门完成《高新区招商引资、优惠政策、财政融资情况调研报告》《玉溪市智慧旅游专题调研报告》2篇专题调研文章。配合省政府研究室开展了滇中崛起专题调研，配合省政府发展研究中心开展了工业产业、乡村振兴、旅游产业发展等调研。

【调研研究】 2019年，市政府发展研究中心紧紧围绕市委、市政府工作重点，积极开展形式多样的调查研究。完成了《玉溪市工业经济和工业投资情况的调研报告》《玉溪市优化营商环境情况调查报告》《玉溪市农村人居环境整治推进情况调研报告》《关于提升玉溪中心城区城市品质的调研报告》《玉溪市红河谷—绿汁江流域热区农业发展情况调研报告》《玉溪市绿色农业发展情况调研报告》《玉溪市脱贫攻坚工作情况调研报告》《玉溪市文化旅游产业发展情况调研报告》《玉溪市加快社会信用体系建设的调研报告》《玉溪市问题楼盘治理情况调研报告》等10篇调研报告，持续深化对玉溪发展全局性、综合性、战略性问题的研究，推动形成一系列经济社会发展新办法、新举措。

【决策咨询服务】 2019年，市政府发展研究中心采取加强与高层智库机构合作、认真履行决策咨询顾问管理办公室职责、提供智库信息支持3方面措施，着力做好决策咨询服务工作。年内，与中国经济信息社、新华社智库、安邦咨询、中宏国研智库、云南农大、省政府发展研究中心等智库建立了合作关系，借助外脑平台加快发展。加强决策顾问与全市单位的协调联系，有力开展决策咨询工作，形成《决策咨询建议》8期。全面加强信息服务的针对性，编辑《领导参阅》20期。

【重要文稿起草】 2019年，市政府发展研究中心按照市政府领导安排，积极参与市政府重要文稿起草工作，全年参与起草《2019年政府工作报告》《政府工作报告起草说明》《政府五届四次全会既暨廉政工作会报告》《政府工作报告起草座谈会主持讲话》《政府工作报告协商会上的发言提纲》《审议国务院政府工作报告时的发言》《审议发展计划执行情况的发言》《审议财政预算执行情况的发言》《玉溪市2018年经济社会发展亮点》《“不忘初心、牢记使命”主题教育第二次集中学习暨调研成果交流会上的发言提纲》《玉溪市2018年工作自检自查报告》《市政府2019年上半年工作总结及下半年工作计划》《国务院第六次大督查汇报材料》等重要文稿30余份。

（何　潇）

应急管理

【自然灾害基本情况】 2019年，全市气候极端异常，相继发生了不同程度的干旱、洪涝、风雹、低温冷冻等自然灾害，其中以旱灾突出严重，大部分县区降雨总量较常年大幅减少（元江县为全省降雨量最少县份），且时空分布十分不均，库坝水塘蓄水严重不足，全市库塘蓄水量仅有3.22亿立方米，比2018年底的蓄水量少2.28亿立方米，完成省防汛抗旱指挥部下达目标任务5.2亿立方米的61.92%，蓄水完成率全省倒数第一。全市未发生较大以上洪涝、地质灾害事件，未造成人员伤亡，但仍有几次局地暴雨、大暴雨导致部分区域遭受洪涝灾害。发生森林火情火灾9起，未发生扑救人员伤亡和重特大森林火灾。据统计，全市受灾人口77.31万人，农作物受灾面积10.65万公顷(成灾6.7万公顷、绝收0.68万公顷)，因灾死亡大牲畜1头，房屋倒塌1间，严重损坏4户11间，一般损坏47户188间，部分基础设施和工矿企业也遭受一定程度的损失，全市因灾直接经济损失8.71亿元。

【自然灾害救助】 2019年，全市下拨各县区自然灾害生活救助资金1 550万元，其中市级预算20万元、省级补助150万元、中央财政补助1 380万元。下拨防灾减灾救灾专项经费1 393.1万元，其中省级救灾物资代储管理经费40万元、江川区救灾物资

①2019年11月9日，玉溪市消防安全委员会、市消防救援支队联合举行“119”消防宣传月活动　②2019年11月15日，玉溪市消防救援支队组织召开全市重点单位消防安全标准化管理现场会

（市应急管理局提供）

储备库建设补助经费 50 万元、综合减灾示范社区补助经费 63 万元（2017 年底获得命名的全市 21 个全国综合减灾示范社区每个补助 3 万元）、江川区 I 类应急避难场所建设补助经费 100 万元、防灾应急演练经费 55 万元、重点监视防御区防震减灾科普宣传产品研发及制作经费 34 万元、地震预警基础能力建设 9.1 万元、基础防震减灾易门县小绿汁观测站改造提升工程 42 万元、玉溪市消防支队训练基地地震救援训练设施建设项目经费 1000 万元。全年累计救助因灾困难人员 18.54 万人次。其中，发放大米 1 493 吨，救助受灾群众 11.57 万人；发放衣服 17618 件（套）、棉被 1 863 床、毛毯 2 144 条、毛巾被 510 条、大衣 6 220 件、棉垫 2 553 床，救助 6.16 万人；直接发放救灾资金 1 482.8 万元，救助 0.81 万元人。向通海、华宁、峨山三县农村居民家庭发放防灾小应急包 12.69 万个。全年各类自然灾害得到及时有效处置，未发生次生灾害和因灾导致影响社会稳定的情况。

玉溪市应急指挥平台　（张志芳　摄）

【灾情研判处置】 2019 年，市应急局加强与水利、防汛、气象、水文等部门联动会商，分析研判水旱灾害趋势，及时做好安全防范和应急准备工作，向上争取 700 万元抗旱救灾资金和 326 万元防洪、地质灾害救灾资金，为县区开展抗旱救灾、抗洪抢险、应急度汛、抢险应急物资及设备购置、地质灾害应急处置、排危除险等工作提供了资金支撑；协调参与 9 起森林火情火灾（3 起一般森林火灾，6 起火情）的扑救工作，对华宁、通海等县区洪涝灾情进行指挥救灾，最大程度减少了灾害损失，确保了社会稳定。

【应急管理体制机制建设】 2019 年，全市按照构建统一指挥、专常兼备、反应灵敏、上下联动、平战结合的应急管理体制要求，建立了符合实际的“1+4”应急管理指挥机制，成立市自然灾害应急管理委员会，下设抗震救灾、森林草原防灭火、防汛抗旱、地质灾害 4 个专项指挥部。常务副市长柳文炜召集自然灾害应急管理委员会有关成员单位召开专题会议 1 次，带队到驻玉部队和消防救援队伍开展调研 1 次，与有关部门组织召开自然灾害趋势研判及对策建议协商会 10 余次。市应急局与市防汛抗旱指挥部办公室、水利、气象、自然资源和规划、农业农村、水文部门进行专题会商，专门分析研判汛期防汛形势；制定《玉溪市自然灾害应急救援联动机制》，建立完善应对重大灾害现场指挥协调保障机制，健全预警、研判、会商等应急联动机制制度，整合各种应急力量，形成工作合力，切实提高防范和处置突发事件的能力；严格值班值守和信息报送工作，制定《玉溪市突发事件信息报告工作制度》，严格执行领导干部到岗带班和关键岗位 24 小时值班制度，对全市 92 名县乡两级灾害信息员组织开展业务培训，落实风险评估、监测预警、应急演练、物资储备等应急准备工作，确保出现险情灾情能够第一时间科学有效应对处置。

【应急管理信息化建设】 2019 年，市应急局组织开展集监测防控、预测预警、信息报告、综合研判、辅助决策、指挥协调、信息发布和总结评估等功能为一体的市应急平台综合应用系统建设，依托原市应急办业务系统和应急指挥系统，改扩建应急指挥中心及与之配套的业务系统，建成基础支撑系统定制开发应急指挥综合系统和指挥场所搬迁改造建设三大系统；积极推进应急指挥系统与省应急平台融合建设，加强与水利、消防、林草等部门沟通，市县信号接入，做到网络互通和音视频系统融合。

【应急管理宣传教育】 2019 年，市应急局扎实开展“安全生产月”、安全咨询日、“七进”宣传活动，积极组织应急救援演练、安全警示宣传教育、科普体验、播放安全警示宣传片、知识竞赛、“危化企业公众开放日”等活动。全市开展安全宣讲 102 场次，发放宣传资料 17 万份，在新闻媒体开设安全科普专栏 25 个，组织应急预案演练 37 场次；围绕“提高灾害防治能力，构筑生命安全防线”主题，组织开展“防灾减灾宣传周”系列活动，展出展板 1 503 块，悬挂宣传标语 1 437 条，发放宣传册子 8 万余册、宣传单 17 多万张、其他宣传品 5 万余份；深入推进以“三项岗位”人员为重点的安全培训工作，全年培训人员 8 384 人，参加考试 8 102 人，考核合格发证 6 375 人，考核合格率为 78.68%。

【应急预案体系建设】 2019 年，市应急局认真抓好现有各类应急预案的收集整理、登记归档工作，完成 1 件市级总体应急预案、9 件县（区）总体应急预案、27 件专项预案、89 件部门预案的收集整理、登记归档工作。不断健全专项应急预案体系，组织编制全市安全生产类、自然灾害类专项预案，着重抓好防汛抗旱、森林草原防火、地震、突发地质灾害、自然灾害救助、生产安全事故灾难、危险化学品事故灾难等专项应急预案的修订，指导协调各县区各有关部门、各企事业单位编制修订各类应急预案，逐步形成相互衔接、完整配套的应急预案体系；加强应急预案管理，做好应急预案管理备案工作，大力推进应急预案数字化建设，建立健全应急预案数据库，逐步实现应急预案的数字化管理、模块化调用，提高应急预案的科学性、实用性和可操作性，全年对 19 件企业安全生产预案进行审查备案登记。

【应急预案演练】 2019 年，全市把应急演练作为提高应急处置能力的重要手段，指导协调政府、部门、企业 3 个层级开展各类应急预案演练，不断提升社会公众的防灾避险意识和自救互救能力，提高全市应对突发事件的应急处置和救援能力，特别是1月25日省市联合在玉溪市玉白顶国有林场举办的森林火灾应急处置实战综合演练、9月10日在玉溪新兴钢铁有限公司举办的全市2019年冶金行业煤气泄漏处置应急演练，均取得良好社会效果。

【应急救援力量】 2019年，市应急局对全市35家单位的应急救援队伍、应急救援装备及救灾物资进行摸底调查，建立数据库，为下步整合全市应急资源、提升全市防灾减灾救灾能力水平奠定基础。据统计，2019年，全市县级以上应急救援队伍共有29支，救援人员2 659人，队伍应急装备共7 390件，仅消防救援队伍为专职队伍，其中，综合救援队伍6支、自然灾害救援队伍5支、安全生产救援队伍2支、医疗卫生救援队伍4支、通讯保障救援队伍3支、其他救援队伍9支。各类应急救援装备10 714件，其中，车辆39辆、通讯装备60件、侦检装备428件、灭火装备2 009件、器材装备789件、破拆装备46件、堵漏装备43件、运输装备1件、洗消装备6件、照明装备1 144件、医疗救助176件、动力燃料121件、工程装备2 143件、防护装备3 394件、食宿装备132件、救援装备43件、其他装备140件。各类救援物资42 248件，其中，临时食宿3 547件、防护用品14 541件、通讯装备88件、器材工具9 599件、安全警示4 992件、灭火装备362件、照明装备2 270件、生命救助5 110件、动力燃料1 593件、其他物资146件。

（王　嫣）

扶贫开发

【概　况】 2019年，全市全面落实精准扶贫精准脱贫基本方略，持续保持攻坚态势，把脱贫质量放在首位，攻坚与巩固并举，以狠抓中央脱贫攻坚专项巡视反馈意见和各级监督督查考核反馈问题整改落实为重点，以“春季攻势”“夏季攻势”“冬季攻势”为抓手，着力解决影响“两不愁三保障”的突出问题，脱贫攻坚成果进一步巩固提升，贫困地区群众生产生活条件明显改善，贫困群众幸福感、获得感明显增强。全市建档立卡贫困人口减少1 705人，2018年末未脱贫建档立卡贫困人口全部脱贫。农村贫困监测人均可支配收入9519元，比上年增长16.9%。

【贫困对象动态管理】 2019年10月，整改落实2018年扶贫专项巡视发现问题，剔除整户识别不精准72户279人，人口清退14人。10—12月，年度贫困对象动态管理中，标注脱贫512户1 705人，人口自然增加1 193人，人口自然减少1 648人。全市锁定建档立卡贫困户26 016户93 160人，已脱贫26 016户93 160人。

【财政专项扶贫资金投入】 2019年，全市财政专项扶贫资金投入36 208.94万元。其中，中央财政专项扶贫资金9 895万元，比上年减少651万元；省级财政专项扶贫资金3 298万元，比上年减少1 274.38万元；市级投入财政专项扶贫资金18 247万元，比上年预算增加35万元，增幅0.19%；县（区）投入财政专项扶贫资金4 768.94万元，占中央和省级财政专项扶贫资金投入的36.15%。2 017、2018年度财政专项扶贫资金结转结余资金清零；2019年度财政专项扶贫资金结余结转970.69万元，结余结转率为2.72%。其中，中央资金1.53%、省级资金8.07%、市级资金1.43%、县级资金6.80%，下达县区资金结余结转率3.92%。

【产业扶贫项目】 2019年，产业扶贫投入财政资金12 974万元。其中，财政专项扶贫资金总投资7 048.35万元，用于实施产业扶贫项目136个，扶持养殖蜜蜂336箱、鸡鸭鹅79 405只、兔子2 700只、猪牛羊毛驴等5 103头、鱼苗5 600尾，扶持种植蔬菜1.06万亩、药材0.053万亩、板栗香椿等经济林果0.29万亩，建设育苗场地3个4 996平方米、交易市场3个5 442.8平方米、机耕路12 708.9米、灌溉管道47 858米、水池水窖177个（口），实施资产收益项目14个；整合涉农资金5 925.65万元，用于实施建档立卡贫困户粮食高产创建6.36万亩，烟草产业精准扶贫4.96万亩，种植蔬菜面积5.30万亩、水果5.01万亩、生物药原料0.17万亩，养猪5.98万头、牛5.65万头、羊8.79万头、家禽27.4万只，稻田养殖0.27万亩，实施贫困地区新一轮退耕还林7.07万亩，天然林停伐补助291.75万亩，聘用生态护林员精准扶贫697人。

【劳动力培训转移】 2019年，全市完成建档立卡贫困人口12 499人次就业培训。其中，引导性培训6 528人次，专项培训839人次，技能培训4 445人次，专项服务培训271人次，经营性培训207人次，创业培训209人次。新增转移就业建档立卡贫困人口1 554人。其中，县内新增转移就业1 034人，县外省内新增转移就业404人，省外国内新增转移就业116人（上海14人、广东44人、其他58人）；第一产业就业人数618人，第二产业就业人数279人，第三产业就业人数657人；有序输出113人，帮带和自发输出1441人。全年组织招聘会65场次，提供岗位73 156个，实现就地就近就业25 903人，其中建档立卡贫困劳动力3 789人；建成扶贫车间19个，吸纳就业2 295人，其中吸纳建档立卡贫困劳动力397人；5 299个公益岗位中带动建档立卡贫困劳动力1 357人。

【扶贫小额信贷】 2019年，全市累计发放扶贫小额信贷41 409.83万元。其中，省联社玉溪办事处发放贷款33 732.33万元，邮储银行玉溪市分行发放贷款5 042.00万元，农业银行玉溪市分行发放贷款2 635.50万元，红塔区发放贷款2 731.90万元，江川区发放贷款3 773.67万元，澄江县发放贷款3 387.80万元，通海县发放贷款1 925.00万元，华宁县发放贷款5 654.10万元，易门县发放贷款5 853.50万元，峨山县发放贷款4 460.60万元，新平县发放贷款6 659.10万元，元江县发放贷款6 964.16万元。累计存入风险补偿金4 771.31万元，放大11.61倍。项目惠及全市建档立卡贫困农户8 607户。

【其他财政专项扶贫资金项目】 2019年，实施基础设施项目198个，实施村内道路硬化11.80万平方米，场地硬化2.15万平方米，机耕路建设68.99千米，沟渠建设44.49千米，饮水管道安装172.14千米，修建水池134口，挡墙支砌12 143.51立方米，建设公厕37座，垃圾池24个，安装太阳能路灯318盏；实用技术和转移就业培训受益建档立卡贫困户3 167户、雨露计划受益4 149人次；实施民族团结示范村项目21个。

【贫困地区农村饮水安全巩固提升和人居环境整治示范村项目】 2019年，为有效解决贫困地区饮水质量不高和人居环境脏乱差问题，坚持县（区）主体，采取以奖代补、先建后补的方式，启动实施贫困地区农村饮水安全巩固提升和人居环境整治示范村项目。截至年底，全市启动实施贫困地区农村饮水安全巩固提升项目22个，总投资10 759.09万元，完成投资4 519.77万元，完成投资42.01%；启动实施人居环境整治示范村项目56个，总投资11 109.72万元，完成投资3 347.94万元，完成30.14%。

【“挂包帮”定点扶贫和驻村扶贫工作队工作】 2019年，市（县、区）挂包单位帮助贫困村引进各类项目723个，其中市级挂包单位引进301个、县（区）挂包单位引进422个；帮扶单位协调或直接投入资金48 752万元，其中市级挂包单位28 605万元、县（区）挂包单位20 147万元，在帮扶单位协调或直接投入中，资金46 725万元，物资折款2 027万元。全市198个建档立卡贫困村和9个贫困乡中的8个非建档立卡贫困村建立驻村扶贫工作队，选派驻村扶贫工作队员624人，驻村帮扶实现全覆盖。驻村工作队员入户调研3.15万人次，撰写驻村工作日记5 713篇、调研报告2 123篇，提交驻村工作计划1 268份，帮助驻村制定和完善各项制度731个、脱贫攻坚巩固提升计划规划983个，提出工作建议1 841条，参与乡村中心工作及扶贫项目落实1 513件，参与组织召开群众会议7 812次，为驻村办好事实事2 013件，参与调解矛盾纠纷981起，帮助驻村协调争取到位扶贫项目191个、落实各类资金及物资折款7 361万元。

（吴　磊）

政务服务管理

【新政务服务中心为民服务】 2019年6月10日，市级新的政务服务中心正式为民服务，大厅整合12个部门的21个自建大厅，进驻部门和单位23个，建筑面积2万余平方米，进驻工作人员292人，办理政务服务事项457项。原市级政务服务中心在过渡期内保留法人政务服务事项，具有投资项目审批职能的16个部门入驻开展审批服务。市级政务服务中心集中市级所有政务服务事项，在全省州市级中率先实现企业和群众找政府办事“只进一扇门”改革目标。市政务服务中心日均接待办事群众突破8 000人次，日均办件突破3 000件。

【推行“一站式”惠民平台】 2019年，全市推广使用“一站式”惠民平台，作为全省统建的政务服务管理平台前端业务受理平台，“一站式”惠民平台推动审批服务线上线下融合，实施前台综合受理、后台分类审批、统一窗口出件的服务模式，所有事项实行“一窗受理”，大幅压缩窗口规模，市政务服务中心从原来38个部门65个窗口改变为5个统一收件窗口和2个统一出件窗口。原来1个窗口只可办理本部门的几项业务，改革后的1个窗口可以办理所有部门业务，实现受理业务的全能化、综合化。

【政务服务实现“一网通办”】 2019年，全市依托“一站式”惠民服务平台和市政务资源统一共享交换平台，利用云南政务服务网作为网上申报入口，开发完成“一窗式”综合受理、投资项目在线审批和企业注册登记联合审批等平台。政务服务、不动产交易登记和开办企业综合服务系统统一依托“一站式”惠民平台实现标准化政务服务，大部分事项实现“一网通办”。

【政务服务大厅改造升级】 2019年，按照同一板块相对集中、前台综合受理、后台分类审批、统一窗口出件的总体要求，市政府对政务服务大厅进行改造升级，改造后设咨询导办区、综合接件区、后台审批区、自助服务区、休息等候区、统一出件区、24小时自助服务区7大功能区，为办事主体营造更方便、更舒适、更多获得感的政务服务环境，实现统一编号、短信提醒、无声叫号，政务服务大厅已经形成网络全覆盖、信息共分享、行为有记录的智慧化服务大厅。

【夯实政务服务基础】 2019年，市政务服务局编制《“一站式”惠民平台事项标准化办事指南》，在政务服务大厅显目位置公开办事流程图；招聘55名辅助性岗位工作人员进行全方位、多技能培训，从事综合窗口服务工作，有效提升窗口服务质量；配套用水、用电、用气、邮政、公交卡等便民服务事项，以最大限度满足办事群众的需求；对政务服务大厅进行规范化布局，设立无障碍通道、服务导向标识，完善老年人、残障人员、妇幼服务专用便民利民设施，免费提供图书、饮用水、雨伞、充电等日常用品，服务水平、服务设施大幅提升。

【政务服务推进“123456”改革】 2019年，市政务服务局深入贯彻落实省委、省政府“优化营商环境提升年”工作相关精神，重点深化优化营商环境“123456”改革，市级政务服务实现“只进一扇门”；推进交易数据整合，一般性不动产登记实现2个工作日办结，不动产交易登记数据共享交换平台上线运行，将不动产登记流程从7个精简为4个，建设完善不动产交易、登记数据共享平台，实现档案自助查询、登记数据共享，红塔区一般性不动产登记、抵押实现2个工作日办结，查封登记、异议登记实现即时办结；推进商事制度改革，实现开办企业3天可营业，建成运行玉溪市开办企业“一窗通”服务平台，一般性企业开办时间由8个工作日压缩至3个工作日；推进审批流程再造，投资审批实现45个工作日办结，市政府印发《玉溪市工程建设项目审批制度改革实施方案》，制作通用流程图，前期工作充分、报件材料完备的项目，做到从项目立项到施工许可45个工作日办结；服务环境更加优化，围绕“123456”改革目标，全面启动“六个一”专项行动，提升营商环境质量，企业和群众普遍反映办事更加高效便利。

【工程建设投标保证金电子保函服务平台上线】 2019年11月28日，市公共资源电子交易平台工程建设投标保证金电子保函服务平台启动上线，成为全省首个投标保证金电子保函服务平台，全市公共资源交易实现电子化、智能化、高效化运作。投标单位可通过电子保函服务平台自行选择采取投标保证保险的形式缴纳现金保证金，足不出户即可全程线上完成投保申请、审核、支付保费等操作，具备方便快捷、安全保密、降低成本三大特点，能有效防范围标、串标行为发生；无需抵押、无需反担保、无需冻结资金，最大限度为投标企业缓解资金压力。同时，电子化交易减少人为干预，更有利于阳光交易和事后的监督检查，招标流程公开透明。

（市政务服务局提供）

机关事务管理

【机构改革】 2019年1月7日，市委批准设立中共玉溪市机关事务管理局党组，设党组书记1名，党组副书记1名，党组成员2名。玉溪市机关事务管理局于1月16日挂牌成立并正式运行。3月20日，市委、市政府印发《中共玉溪市委办公室 玉溪市人民政府办公室关于印发〈玉溪市机关事务管理局职能配置、内设机构和人员编制规定〉的通知》，明确玉溪市机关事务管理局为市政府工作部门，正处级，核定行政编制10名，设局长1名，副局长3名，正科级领导职数5名，副科级领导职数1名，内设办公室、财务资产管理科、公务用车管理科、房地产管理科和服务保障科等5个内设机构，下辖市机关公务用车服务中心，核定事业编制5个。原市政府机关事务管理局人员于4月整体转隶至玉溪市机关事务管理局，截至12月31日，全局实有在职在编人数36人，其中行政人员20人（局长1人、副局长3人），事业编制4人，工勤人员12人。

【财务资产管理】 2019年，根据省机关事务管理局要求，市机关事务管理局会同市财政局、市审计局于3月底前完成全市2018年度国内公务接待情况自查备案工作。8月12日，又会同市财政局开展市级行政事业单位国有资产清查工作，积极配合市政府办做好资产划转工作，对固定资产进行全面清查和如实登记。市机关事务管理局先后完成市政府一、二办公区配套用房改造项目，市级交流干部周转用房葫田修缮项目，市政府一、二办公区视频监控系统改造项目，市级办公用房测绘的绩效评价和项目入库，资金申报工作；切实加强“三公”经费预算的编制和执行管理，完成市机关事务管理2019年部门预算划转、申报工作、会计基础管理规范工作和2020年预算编制。截至年底，局机关经费支出1 352.43万元，工资统发249.04万元；市机关公务用车服务中心工资统发2.17万元，经费支出530.33万元，其中“三公”经费（公务用车运行维护费）支出212.99万元，无超预算执行情况。

【公务用车管理】 2019年，市机关事务管理局拟订《玉溪市党政机关公务用车管理实施细则》，经市政府常务会议和市深改会议审议通过，于8月16日印发施行。全年为党政机关、事业单位配备公务用车11辆，办理车辆划拨手续25辆，完成9个涉改部门公务用车编制核定和车辆调剂工作；筹备召开市公务用车管理领导小组会议2次，并于2月18—22日、10月10—14日开展车改专项督查工作；对易门县、峨山县等3个县（区）和3个乡（镇、街道），14个主管部门49个事业单位开展专项督查和督导调研。市机关事务管理局积极开展企事业单位公务用车制度改革工作，形成全市企事业单位公务用车制度改革备案报告报省车改办，改革前全市企事业单位有公务用车2 760辆，市级事业单位333辆，改革后全市保留车辆2 053辆，市级事业单位保留240辆；按照市车改办的要求，经市公车管理领导小组批准，对市级事业单位车改93辆取消车辆进行处置，已报废处置70辆。23辆拍卖车通过现场拍卖方式成功拍出21辆，流拍2辆，总成交价27.37万元，溢价9.67万元，溢价率达54.63%。同时，完成市级党政机关、事业单位450辆公务用车ETC安装工作。同时，做好公务出行服务保障工作，为涉改单位提供一般公务车辆出行4 855辆次，服务20 407人次；向执勤执法单位提供执勤执法车辆出行369辆次，服务1 079人次；司勤人员出车7 640天次，车辆行驶总任务里程135.95万公里。1—12月，应收取车辆使用费259.10万元，减免执法车辆使用费15.78万元，车辆运行成本支出252.29万元（不含人员经费）。

【公共机构节能管理】 2019年，市机关事务管理局广泛开展以“节能降耗 保卫蓝天”为主题的节能宣传周活动；推广使用《网络直报系统》暨《公共机构节能资源消费统计制度》，全市公共机构能源消费计量统计均实现网络直报，完成1 570余个公共机构能耗数据的统计和上报工；组织39人参加国家机关事务管理局和清华大学第五期、第六期公共机构节能管理远程培训；申报2019—2020年节约型公共机构示范单位，完成玉溪第五中学等8家单位的申报工作；完成《玉溪市公共机构节能管理工作的思考》调研课题任务。

【办公用房管理】 2019年，市机关事务管理局拟定《玉溪市党政机关办公用房管理实施细则》，经市政府常务会议和市深改会议审议通过，于8月16日印发施行，为党政机关办公用房规范化管理提供制度支撑。同时，认真履行市级行政中心筹建工作领导小组办公室职责，在摸底调查基础上，结合玉溪实际，起草《玉溪市市级行政综合服务中心建设内容和规模（征求意见稿）》，报经市委、市政府研究审定，配合完成可行性研究报告编制、实施方案设计和工程勘察服务项目的招投标相关工作；配合做好市政府领导带队赴省管局和国管局汇报工作的材料起草等服务工作；推进全市党政机关办公用房规范管理，完成市级党政机关办公用房开展测绘工作，全面摸清83个市直机关、155个下属单位的用地情况、建筑情况、使用单位情况、房屋基本情况、技术业务用房情况以及在建项目情况等“6类信息”，建立全市市级党政机关办公用房管理分台账和总台账；规范党政机关办公用房统一配置，统一调剂解决10个涉改单位办公用房，调剂3家市直单位办公用房，为14个市直单位出具办公用房调剂意见；完成市纪委监察委过渡办公业务用房修缮改造及配套工程建设项目审计结算和葫田二区市级交流干部周转住房室内装修工作。

【服务保障工作】 2019年，市机关事务管理局全面提升后勤服务保障水平，完成投资100万元的市政府一办公区安保监控网络项目建设，提升市政府办公区安保技防工作水平；对机关大楼开展巡逻600余次，组织人员开展各项安全检查16次，配合市、区公安机关和信访部门处置各种类上访事件32批270人；完成投资230万元的市政府一办公区配套用房改造项目并投入使用，协调市政府一办公区就餐单位组成食堂监督管理小组，每周对食堂进行百分制量化考核，逐步规范食堂监督管理工作；开展市级机关交流干部周转住房服务保障，为8人办理申请入住和退住手续，并按照相关规定进行物资清点移交和登记手续。

（杨 伟）

信访工作

【概　况】 2019年，按照《玉溪市深化党政机构改革领导小组关于印发〈玉溪市深化市级机构改革实施方案〉的通知》文件精神，在市委办、市政府办的信访工作职责基础上，组建市信访局，作为市政府工作部门，于2019年1月11日正式挂牌。全年信访总量8 189件次，比上年上升10.26%；12 840人次，比上年下降22.30%。来访2 379批，比上年下降14.21%；5 960人次，比上年下降45.12%。来信2 530件，比上年上升13.45%；3 399人次，比上年上升17.29%。网上信访3 280件，比上年上升35.31%；3 481人次，比上年上升25.85%。中央、省、市各类督导、巡察转办交办（云南省信访信息系统外）纸质来信669件669人次。市长热线直接电话协调答复群众13 849件13 849人次。到京非接待场所有关人员10人次，比上年下降33.33%。

【领导干部接访下访工作】 2019年，有10位市级领导通过视频接访系统接待群众反映信访事项30件49人次，全市开展视频接访161件284人次。新中国成立70周年大庆期间，市委、市人大常委会、市政府、市政协24名领导轮流到市委市政府信访接待窗口值守接访。全市各级各部门领导接访群众2 743批4 449人次，解决问题2 214件；约访1 259批1 748人次，解决问题1 164件；下访3 842批6 962人次，解决问题2 599件。

【领导包保信访案件化解工作】 2019年，市信访局对全市排查梳理的13件信访积案和4件矛盾纠纷化解案件，分别由市级党政领导包案化解。为成功化解17件信访案件，市、县包案领导作出批示共计36次，召开专题会议研究77次，到实地专题调研92次，各级统筹协调资金2 800多万元。17件领导包案中，化解16件，化解率94%。其中13件信访积案（含省级交办的2件信访积案）已全部化解，化解率100%；4件矛盾纠纷案化解3件，其余1件有效稳控，化解工作在持续推进。

【探索推广“最多访一次”】 2019年，市信访局按照国家、省信访局关于加快探索和推广让群众“最多访一次”的要求，结合玉溪信访工作实际，出台《玉溪市推行“最多访一次”三年行动方案》。并推行“四精准”工作法，规范来访接待业务，对信访事项马上办、简易办，努力在第一时间、第一地点把群众反映的问题解决到位、矛盾化解到位。全市来访人次比上年下降45.12%，集体访人次比上年下降58.05%，走访重复访人次比上年下降70.00%。

【“四大重点”信访矛盾化解攻坚工作】 2019年，全市“四大重点”信访件34件，已办结34件，办结率100%。其中，省级交办5件，办结5件；市级排查交办13件，办结13件；县级交办16件，办结16件。

【打造“阳光信访、责任信访、法治信访”】 2019年，市信访局推进“阳光信访”建设，整合全市范围内非紧急类政务热线，完成12 345市长热线电话与96 128政务查询专线、国土资源投诉热线等8个政务服务热线的整合工作；引导群众多“上网”少“走访”，人民网地方领导留言板留言332件；加大信息公开力度，增强政民互动，主动发声，回应群众关切，播出“信访回音壁”政群互动电视信访节目11期，玉溪日报刊登信访事项办理情况12期，在“玉溪信访”微信公众号推送信息97期。同时，推进“责任信访”建设，对2018年以来已办结的272件信访案件进行评查，召开案件协调会议45次，实地督查38件次。此外，推进“法治信访”建设，继承和发展“枫桥经验”，在全市开展依法逐级走访宣传引导和依法分类处理信访投诉请求工作，依法及时就地化解信访矛盾，并邀请律师参与信访问题会商研究，厘清救济渠道，准确引导，全市接处复查复核信访事项28件。

【“三无”县区和“人民满意窗口”创建工作】 2019年，市信访局全面推进全市“三无”县区创建，开展矛盾纠纷大排查大化解，对于排查出的矛盾纠纷实行动态管理，强化辐射带动，切实将信访问题解决在基层、将矛盾化解在初始；加强非接待场所人员上访和越级访综合治理，针对赴省进京越级上访事项，按照“五清”标准建立台账，强化劝返后的稳控工作。同时，开展“人民满意窗口”创建活动，各级信访部门完善接待窗口的设施、配件，加强信访知识宣传，打造态度热情诚恳、环境整洁优美、接待程序规范的信访窗口，为群众排忧解难，应急处置及时稳妥、措施得力。

【提高信访工作服务保障水平】 2019年，市信访局通过收集整理各类信访信息，对信访形势进行综合分析研判，特别是群众反映强烈的信访突出问题，提出有价值的工作意见建议，上报信访专报63期，信访形势分析24期，发出预警信息67份。市信访局把服务和保障重要会议、重大活动作为重要政治任务抓紧抓好，通过“零报告”“3+N”情报会商预警和处置机制、督导检查等措施，排查信访矛盾纠纷70余件、收集报送有效信息100余条、发送预警30份、召开专题会商会议5次，实现新中国成立70周年大庆和党的十九届四中全会期间全市群众进京到非接待场所“零上访”的目标。

【履行扫黑除恶专项斗争工作职责】 2019年，市信访局畅通信访渠道，广泛收集线索，运用信访信息系统大数据等信息化手段，全面清理摸排群众通过信访渠道反映的涉黑涉恶信访件及问题线索，按照要求对线索信息及时报送，加强与各部门相互协作。全年移送涉黑涉恶线索24件，督促指导各县（区）、有关部门办理省信访局转办中央督导组移送非涉黑涉恶信访件345件。

【信访干部队伍建设】 2019年，为进一步加强市信访干部队伍建设，提高信访干部综合能力，推进全市信访工作法治化、基础业务规范化建设，及时有效化解各类矛盾纠纷。10月13—19日，市信访局组织全市信访部门、部分乡镇以及市直有关部门从事信访工作的50名同志，到厦门大学举办2019年玉溪市信访干部综合素质能力提升培训班。

（范有刚）

外事工作

【因公出国（境）管理】 2019年，市政府外事办坚持“统筹安排、服务大局”原则，多措并举，规范外事纪律，确保全市因公出国（境）工作规范有序，制定2019年全市因公出国（境）计划，严格执行五个不批，即没有列入年度计划的不批，经费没有列入财政预算、经费来源不明的不批，团组人员党风廉政情况不明的不批，事前没有公示的不批，无实质性内容的不批。同时，根据工作实际需要，为招商引资、引智及科研一线工作人员团组提供便捷服务，全年审核审批因公出国（境）团组35批107人次，对无计划、人事不相符的7个团组7人次不予报批。

【重要出访】 2019年6月，为贯彻落实习近平总书记关于把云南建成面向南亚、东南亚辐射中心的战略部署和省委、省政府加强与东盟国家经贸合作、促进睦邻友好关系的要求，市委书记罗应光率团出访缅甸、马来西亚、柬埔寨。通过出访，更好地促进玉溪与缅甸、马来西亚、柬埔寨的经贸合作，扩大国际经济协作，为下一步持续稳步引入外资奠定基础。7月，为推动玉溪市高原特色现代农业的发展，加强与非洲的农业投资与交流对接，推介洽谈农业产业合作项目，了解非洲国家在农产品加工、烟草种植技术提升、农业产业政策指导等方面的优势，市委副书记、统战部部长保明顺率团出访南非、津巴布韦、坦桑尼亚。通过实地调研、与相关部门座谈等交流活动，有力推动玉溪市与相关国家农业技术合作，促进双边农业产业结构调整与发展。

【友好城市建设】 2019年，市政府外事办始终贯彻落实“深化与周边国家、发展中国家和新兴市场国家的友好关系”国家大政方针，积极开展民间外交，充分发挥民间外交优势，多渠道、多形式、多层次地开展对外交流与合作，使“睦邻、安邻、富邻”的周边外交政策落到实处，以2019年南亚东南亚国家商品展暨投资贸易洽谈会、第2届中国—南亚合作论坛为契机，积极邀请老挝占巴塞省参加相关活动。3月，玉溪市分别与多米尼加蒙特克里斯蒂市、佩皮洛·萨尔塞多市签订发展友好城市关系意向书，玉溪市与多米尼加两市商定在经济、农业、工业、贸易、旅游、文化、教育、艺术、体育、科技、行政管理等领域相互合作、促进和支持。7月，第一期老挝班39名学生完成在玉溪二职中的学习，正式毕业，懂技术、又懂中文的老挝班学生回国后，深受欢迎。10月，省委副书记王予波带团赴越南参加第九次中越五省市经济走廊合作会议并赴越南访问，期间，玉溪市与越南安沛省安沛市签订发展友好城市关系意向书。11月，第二期老挝班40名学生抵达玉溪二职中进行学习，专业为机电一体化技术专业。

【外宾接待】 2019年，市政府外事办外事接待工作立足于宣传推介玉溪为出发点，在外事接待中，根据来访外宾的目的和国别，有针对性地安排参观点，着重展示玉溪生态城市建设、基层党组织建设、经济建设、新农村建设、教育、旅游发展等方面的成果，体现玉溪的区位优势和良好的投资环境，重点宣传介绍与外方可能合作的领域和内容，积极牵线搭桥，力促实现成果。全市接待来自美国、加拿大、德国、法国、英国、荷兰、泰国、越南、孟加拉国、老挝等68个国家和地区的外宾56批1 256人次，有效服务全市经济社会的发展。来访外宾国别、批次、人数再创历史新高。

【重要外宾接待】 2019年4月18日，市委书记罗应光会见越南驻昆总领事

2019年6月14日，老挝占巴塞省代表团与玉溪师范学院老挝班学生合影留念 （市外办提供）

苏国俊一行，双方就推动高层次、宽领域友好务实合作进行深入交流，苏国俊总领事向罗应光书记呈交越南安沛省省委书记的邀请信，盛情邀请玉溪市代表团访问越南。6月10—11日，由外交部和省政府共同主办的第二届中国—南亚合作论坛在抚仙湖畔成功举办，此次论坛以“深化地方合作，实现互利共赢”为主题，来自南亚各国、缅甸、阿富汗和国内有关省市及省内相关州市的500余名中外嘉宾参加论坛。论坛发表《中国—南亚经济和社会发展合作愿景》，着力打造中国和南亚各国全方位合作的新格局。9月4—6日，以“绿色发展，共享未来”为主题的2019年《财富》全球可持续论坛在抚仙湖畔成功举办。玉溪市配合做好文化项目、配偶团活动、内宾接待、环境提升及氛围营造等服务保障工作，得到《财富》方、省政府及参会嘉宾的高度肯定和赞赏。9月19日，泰国内政部副次长巴温·查姆尼巴萨率泰国碧差汶、南奔、廊开、清莱、清迈、帕尧、坤西育、彭世洛等8府官员访问玉溪，就与玉溪市建立友好交流合作关系进行探讨。9月27日，第四届中德人工智能大会在抚仙湖畔举行。此次大会由玉溪市人民政府与中德人工智能研究院联合举办，旨在进一步提升玉溪对外开放水平，积极引进德国人工智能领域先进技术和科学理念，促进全市数字经济和智能制造产业的发展。10月15—18日，马来西亚、越南、老挝、柬埔寨、泰国、缅甸等多国驻昆总领事赴玉溪访问，考察工业园区建设、高原特色农业、非遗文化传承与保护等情况，张德华市长就玉溪与南亚、东南亚国家的务实合作进行座谈交流。

①2019年9月19日，玉溪市政府与泰国内政部及相关府尹代表团座谈交流 （市外办提供） ②2019年9月27日，2019第四届中德人工智能大会 （曾永洪 摄）

【着力提升传播力】 2019年，市政府外事办加强对外交流工作载体建设，充分利用国际会议、论坛、海外媒体、展演、玉溪网英文版等载体，广泛宣传和推介宣介玉溪秀美的自然风光、多彩的民族风情和悠久的历史文化。玉溪网英文版内容覆盖玉溪市人文历史、发展状况、社会民生、投资环境、旅游资源等，极大地便利国际各界友人及时获知玉溪市在经济、社会、文化、教育等方面所取得的成就，让更多的人解玉溪、认识玉溪，提升玉溪对外知名度、美誉度和影响力，强化玉溪的竞争优势。

（潘翠华）

元江因远大归池　（崔永红　摄）

政协玉溪市委员会

YUXI COMMITTEE OF CHINESE PEOPLE' S POLITICAL CONSULTATIVE CONFERENCE

责任编校：王　捷

重要会议

协商议政

政协专门委员会工作

重要会议

【政协玉溪市五届二次会议】 于2019年1月14—18日在玉溪召开。中共玉溪市委书记罗应光，市委副书记、市长张德华，市委副书记、市委统战部部长保明顺，市人大常委会主任李洪云出席会议。大会执行主席夏立洪、贺光明、郭亚钢、李少华、何雪峰、杨建敏、杨丽萍、普昌文在主席台前排就座。贺光明主持会议。市政协主席夏立洪代表政协玉溪市第五届委员会常务委员会向大会报告工作。市政协副主席李少华受政协玉溪市第五届委员会常务委员会委托，向大会报告市政协五届一次会议以来提案工作情况。会议听取并协商讨论张德华同志代表市政府所作的《政府工作报告》，协商讨论“两院”工作报告和计划、财政报告。会议审议通过《政协玉溪市第五届委员会第二次会议关于政协玉溪市第五届委员会常务委员会工作报告的决议》《政协玉溪市第五届委员会第二次会议关于五届一次会议以来提案工作情况报告的决议》《政协玉溪市第五届委员会第二次会议决议》。中共玉溪市委常委，市人大常委会副主任，市人民政府副市长，玉溪军分区、市中级人民法院、市人民检察院、玉溪国家安全局、玉溪高新区、玉溪技师学院、市人民医院、玉溪师院、红塔集团、合和集团、红塔银行领导，保留和享受厅级待遇的领导，担任过副厅级以上职务的离退休老领导，中央省驻玉单位、驻玉部队领导，驻玉溪的省政协委员，市属各单位领导等应邀出席会议。

【常务委员会会议】 2019年1月4日，市政协召开五届六次常委会议。市政协主席夏立洪主持会议。市政协副主席贺光明、郭亚钢、李少华、何雪峰、杨建敏、杨丽萍，市政协党组成员李平，秘书长普昌文出席会议。会议听取市委常委、副市长胡春雨通报市政协五届一次会议以来提案办理情况；听取市委常委、市纪委书记、市监委主任孟凡兵通报玉溪市2018年党风廉政建设和反腐败工作情况；听取市政协经济委、科教文卫体委、人口资源环境委工作情况报告，两名市政协常务委员作履职报告。会议审议并原则通过《政协玉溪市第五届委员会常务委员会工作报告(草案)》《政协玉溪市第五届委员会常务委员会关于五届一次会议以来提案工作情况的报告（草案）》，决定关于召开政协玉溪市第五届委员会第二次会议的有关事项。

1月16日，市政协召开五届七次常委会议。市政协主席夏立洪主持会议。市政协副主席贺光明、郭亚钢、李少华、何雪峰、杨建敏、杨丽萍，秘书长普昌文出席会议。会议审议并通过《政协玉溪市第五届委员会常务委员会关于调整专门委员会设置的决定》和相关人事事项。

3月29日，市政协召开五届八次常委会议。市政协主席夏立洪主持会议。市政协副主席贺光明、郭亚钢、李少华、何雪峰、杨建敏，市政协党组成员李平，秘书长普昌文出席会议。会议传达学习全国两会精神；听取市政协提案委员会、社会和法制委员会、民族宗教委员会作工作情况报告，两

2019年1月14日至1月18日，中国人民政治协商会议玉溪市第五届委员会第二次会议在玉溪隆重召开（申进明　李　冉　摄）

名市政协常务委员作履职报告；审议通过《政协玉溪市委员会常务委员会2019年会议计划（草案）》《政协玉溪市委员会2019年工作要点（草案）》和《政协玉溪市委员会2019年协商计划（草案）》。

5月27日，市政协召开五届九次常委会议。市政协主席夏立洪主持会议。市政协副主席贺光明、郭亚钢、李少华、何雪峰、杨建敏、杨丽萍，秘书长普昌文出席会议。会议听取市政协联络委作《关于玉溪市抚仙湖旅游项目开发建设情况的调查报告（草案）》起草情况的说明、中共玉溪市委组织部相关负责人作人事事项说明，听取市文化和旅游局、市抚仙湖管理局、澄江县政府等单位及部分项目业主代表关于抚仙湖旅游项目开发建设情况的通报和发言，围绕“抚仙湖旅游项目开发建设”开展了专题协商。

8月21日，市政协召开五届十次常委会议。市政协主席夏立洪主持会议。市政协副主席贺光明、杨丽萍，秘书长普昌文出席会议，副市长曾敏应邀参加会议。会议听取市政府关于2019年以来全市经济运行情况及下半年工作措施的通报，听取市住房城乡建设局、市自然资源规划局工作情况通报，审议并原则通过了《关于玉溪市农村住房建设管理的调查报告》，围绕“加强农村住房建设管理”开展了专题协商。

11月27—28日，市政协召开五届十一次常委会议。市政协主席夏立洪主持会议。市政协副主席贺光明、郭亚钢、李少华、何雪峰、杨建敏、杨丽萍，市政协党组成员李平，秘书长普昌文出席会议。会议听取全市农业产业发展工作情况汇报，并开展专题协商，审议并通过《关于玉溪市农业产业发展情况的调查报告》《中国人民政治协商会议玉溪市委员会提案工作条例》《中国人民政治协商会议玉溪市委员履职工作规则》及有关人事事项。

【主席会议】 2019年1月14日，市政协召开五届十四次主席会议，讨论《政协玉溪市第五届委员会常务委员会关于调整专门委员会设置的决定（讨论稿）》及人事事项，确定召开政协玉溪市五届七次常委会议的会期及议程。

1月17日，市政协召开五届十五次主席会议，听取各讨论组对政协玉溪市第五届委员会第二次会议“三个决议（草案）”的讨论情况汇报，审议《政协玉溪市第五届委员会第二次会议关于常务委员会工作报告的决议（草案）》《政协玉溪市第五届委员会第二次会议关于五届一次会议以来提案工作情况报告的决议(草案)》《政协玉溪市第五届委员会第二次会议决议（草案）》《政协玉溪市第五届委员会第二次会议期间提案审查情况的报告》。

2月22日，市政协召开五届十六次主席会议，讨论《政协玉溪市委员会2019年工作要点（讨论稿）》《政协玉溪市委员会2019年协商计划（讨论稿）》《政协玉溪市委员会常务委员会2019年会议计划（讨论稿）》，审议《中国人民政治协商会议玉溪市委员会秘书长会议工作规则（讨论稿）》《政协玉溪市第五届委员会界别活动小组分组调整名单(讨论稿)》。

3月22日，市政协召开五届十七次主席会议，审议《政协玉溪市委员会经济和农业农村委员会工作细则（讨论稿）》《政协玉溪市委员会教科卫体委员会工作细则(讨论稿)》《政协玉溪市委员会文化文史和学习委员会工作细则（讨论稿）》、各专门委员会工作手册（讨论稿）和提案委、经济和农业农村委、教科卫体委、文化文史和学习委委员名单（讨论稿）、《玉溪市政协2019年重点督办提案(讨论稿)》《玉溪市政协2019年各委室对口督办提案（讨论稿）》《关于加强新时代人民政协党的建设工作的实施意见（讨论稿）》《全市政协系统反映社情民意信息工作会议筹备方案（讨论稿）》，讨论《2019年工作经费包干额度分配情况（讨论稿）》，研究确定市政协五届八次常委会议相关事宜，研究机关政府购买劳务派遣服务人员相关事宜，审议《关于组织开展社区物业管理专题调研和民主协商进社区活动实施方案（讨论稿）》，传达学习市委关于省委第六巡视组机动巡视玉溪市高原湖泊保护治理反馈意见的整改相关精神及研究部署市政协贯彻落实意见。

5月5日，市政协召开五届十八次主席会议，讨论《玉溪市政协系统2019年脱贫攻坚助推行动实施方案（讨论稿）》《市政协委员捐资助学助推教育扶贫方案（讨论稿）》。

5月21日，市政协召开五届十九次主席会议，讨论人事事项、《关于玉溪市抚仙湖旅游项目开发建设情况的调查报告（讨论稿）》《抚仙湖旅游项目开发建设专题协商方案（讨论稿）》《政协玉溪市委员会全面深化改革2019年工作台账（讨论稿）》、政协玉溪市五届二次会议提案办理专项补助资金分配使用相关事宜、2019年度干部职工体检费用支出相关事宜，研究确定召开市政协五届九次常委会议相关事宜，通报市政协机关部分领导分工调整情况，听取全市政协系统第十六届职工运动会相关事项说明。

7月15日，市政协召开五届二十次主席会议，听取各专门委员会汇报上半年工作总结及下半年工作计划，讨论《全市政协主席座谈会筹备方案（讨论稿）》《全市政协工作提质增效情况专题调研方案（讨论稿）》，研究玉溪市山区民族教育促进会换届相关事宜，讨论《玉溪市山区民族教育促进会、红塔烟草（集团）有限责任公司关于联合资助第九届贫困大学生、表扬山区民族地区优秀教师会议的筹备方案（讨论稿）》。

8月19日，市政协召开五届二十一次主席会议，讨论《关于玉溪市农村住房建设管理的调查报告（讨论稿）》《关于玉溪市农村住房建设管理情况调研工作专题协商方案（讨论稿）》，研究确定召开市政协五届十次常委会议相关事宜。

9月16日，市政协召开五届二十二次主席会议，讨论研究市纪委、市监委《关于建议撤销陈黎彬政协委员资格的函》，一致通过并提请市政协五届十一次常委会议确认通过。

11月15日，市政协召开五届二十三次主席会议，讨论《政协玉溪市五届三次会议筹备工作方案（讨论稿）》，审议《政协玉溪市委员会反映社情民意信息工作规则（草案）》《关于调整五届市政协提案委员会委员名单的建议（草案）》《政协玉溪市委员会关于提高提案工作质量的意见（草案）》，讨论《中国人民政治协商会议玉溪市委员会提案工作条例（讨论稿）》《玉溪市农业产业发展情况调查报告（讨论稿）》《玉溪市农业产业发展专题协商方案（讨论稿）》，审议《中国人民政治协商会议玉溪市委员会委员履职工作规则（修订草案）》，讨论《玉溪市政协2020年新年茶话会筹备方案（讨论稿）》《政协玉溪市委员会关于政协委员助力扫黑除恶专项斗争的倡议书（讨论稿）》，研究召开市政协五届十一次常委会议相关事宜，规范机关办公电话和E人E本使用、电信新套餐相关事宜及巡察整改相关事宜。

11月26日，市政协召开五届二十四次主席会议，审议《政协委员届中调整工作流程（送审稿）》，研究《五届市政协委员届中调整工作情况》，审议《政协玉溪市五届委员会届中调整建议调整委员名单》《增补委员正式提名人选方案建议》。

12月6日，市政协召开五届二十五次主席会议，听取各专门委员会汇报2019年工作总计及2020年工作计划，研究市政协五届三次会议特邀列席人员范围，讨论市委政协工作会议方案。

【市委政协工作会议】 于2019年12月19日召开。市委书记罗应光出席会议并讲话。市委副书记保明顺主持，市人大常委会主任李洪云出席，市政协主席夏立洪作总结讲话，市政协副主席贺光明、郭亚钢、李少华、杨建敏，秘书长普昌文参会。参会人员分组学习习近平总书记在中央政协工作会议上的重要讲话精神，学习讨论罗应光书记的讲话，讨论《中共玉溪市委关于加强和改进人民政协工作的实施意见（讨论稿）》。市委常委，市人大常委会、市政府有关领导，市中级人民法院院长、市人民检察院主要负责同志，市政协领导班子成员、党组成员，市级各委办局、各人民团体、市属企事业单位、市政协工作机构、专门委员会有关负责同志，各民主党派主委、副主委，市工商联有关负责同志，各县（区）党委主要负责同志、统战部部长，各县区政协主席、副主席，住玉省政协委员、市政协常务委员会委员，中央、省驻玉有关单位主要负责同志等参加会议。

【新年茶话会】 于2019年12月30日召开。市党政军领导与各族各界人士代表欢聚一堂、畅叙友情、共谋发展，喜迎2020年元旦。市委书记罗应光，市委副书记、市委统战部部长保明顺，市人大常委会主任李洪云等出席。市政协主席夏立洪主持会议。罗应光代表市委、市政府向全市各族各界人士以及所有关心支持玉溪发展的海内外朋友致以诚挚问候和美好祝福。自福庄、张艳华代表各民主党派、工商联及各界人士发言。

（刘仕芬）

协商议政

【协商民主有序开展】 2019年，市政协积极探索完善政协协商议政格局，搭建各级联动、多方参与的“1+3+N”协商平台，即每年1次全体会议协商，3次以上专题议政性常委会协商，多次对口协商、界别协商、提案办理协商、立法协商、远程协商等。全年对“一府两院”工作报告和计划财政报告开展全会协商，对抚仙湖旅游项目开发建设、农业产业发展、农村建房管理开展专题议政性常委会协商，对玉溪市医养结合发展、民贸民品企业发展、司法公证制度改革、实施城乡“厕所革命”、体育事业发展、重点提案办理情况开展对口协商，对玉溪市公益诉讼工作情况开展了界别协商，对红塔区中心城区中小学生重新划片入学的建议和举办通海大地震50周年系列纪念活动的建议开展提案办理协商，对《玉溪市飞井水库饮用水水源保护条例（草案）》开展立法协商，对基层社会治理中的社区物业管理开展首次网络议政、远程协商，协商的密度、广度、深度进一步提升。

建言资政务实精准。聚焦全市中心工作和民生热点，精心选择课题，对玉溪市招商引资、民营经济发展、卷烟配套产业发展、推行“河长制”、劳动就业、红色文化资源保护利用等重点工作开展调研视察。坚持从源头上把好提案质量关，主席会议成员领衔督办重点提案，委室对口督办提案，政协玉溪市五届二次会议以来立案的323件提案全部办复完毕，解决率达59.4%，比上年提高2.9个百分点。支持和选派政协委员担任各类监督员，参与明察暗访、监督评议、旁听庭审等工作，切实履行政协民主监督职责，推动了相关工作落实和部门作风转变。

【联络联谊】 2019年，市政协始终坚持团结和民主两大主题，建立健全与民主党派、无党派人士的经常性联系制度，广泛邀请各民主党派、无党派代表人士参加政协调研视察协商活动，努力创造畅所欲言、平等协商、合作共事的政治环境；主动加强与少数民族和宗教界代表人士的联系，围绕宗教活动场所“五进”开展调研视察，协助党委政府做好新形势下的民族宗教工作，促进民族团结、宗教和顺；不断扩大交流交往，加强同新的社会阶层人士、非公经济组织、“三胞”眷属等社会各界的联系，通过举办新年茶话会、参加滇中经济区五州市政协合作机制会议、开展经贸交流活动等形式，当好桥梁纽带，凝聚发展共识，进一步巩固和壮大爱国统一战线；组织开展庆祝人民政协成立70周年系列活动，营造团结和谐、聚力发展的浓厚氛围，进一步增强做好政协工作的荣誉感和使命感；编辑出版第19辑文史资料《征粮剿匪》，讲好玉溪故事，用生动的史实教育人、激励人、团结人。加强与县区政协的联系，围绕共同关注的议题协同履职，提升了全市政协工作整体水平。

（刘仕芬）

政协专门委员会工作

【提案委员会】 2019年，深化理论学习，不断提高政治站位，加大引导力度，广泛征集提案，整理编辑提案选题参考题目100条，并及时发送给委员和政协参加单位；建成提案综合管理平台二期平台（手机客户端），实现“指尖上”提交提案；做好审查立案，按时交办提案，政协玉溪市五届二次会议后，收到提案364件，审查立案323件，立案率88.7%；增强服务意识，开展提案督办，确定2件重点督办提案、11件委室对口督办提案，对29件“急难小”提案给予300万元提案办理专项资金补助，立案的323件提案在规定时限内全部办复完毕，办复率100%，解决率59.4%，办理结果满意率99.7%，办理态度满意率100%。同时，做好调研视察工作，深入江川区安化彝族乡安化社区和新平县戛洒镇耀南等村组调研脱贫攻坚及产业发展情况，为联系户协调资金拆除和重建住房，帮助解决就业岗位；深入“千名领导挂千村”联系点易门县绿汁镇棚苴等村组对产业发展情况进行调研，协调解决产业发展培训资金；到江川区、通海县就提高提案工作质量进行调研。

【经济和农业农村委员会】 2019年，对玉溪市卷烟配套产业发展情况进行专题调研，形成《关于玉溪市卷烟配套产业发展情况的调研报告》，市委书记罗应光作批示；对玉溪市民营经济发展情况进行专题视察，形成《关于玉溪市民营经济发展情况的视察报告》，市长张德华作批示；对玉溪市农业产业发展情况进行专题调研；积极参与玉溪市“七位一体”重点工作项目调研；对48号提案《关于建立支持园区建设发展稳定投入机制的建议》进行对口督办。同时，召开全市政协系统经济和农业农村委员会工作研讨会；积极组织经济界别小组委员活动；扎实开展“脱贫攻坚助推行动”，组织工商联、经济界34名市政协委员积极践行“六个助推”和“九个一活动”，动员委员捐款1.64万元，助力脱贫攻坚；认真落实乡村振兴“千名领导挂千村”联系工作。

【教科卫体委员会】 2019年，积极开展调研视察和协商议政，对全市体育事业发展情况开展调研，对全市医养结合工作情况开展视察，协助配合省政协到玉开展调研、视察、协商，提出集体提案《关于加快推进玉溪市医养结合发展步伐的建议》（第182号），认真督办第254号提案《关于举办通海大地震50周年系列纪念活动的建议》和第228号提案《关于红塔区中心城区中小学生重新划片入学的建议》；秉持宗旨意识，积极关注民生，完成山区民族教育促进会换届工作，开展第九届“资助贫困大学生和表扬优秀教师”活动，资助152名贫困大学生，表扬50名山区民族地区优秀教师，配合办公室做好市政协委员助推教育脱贫14.61万元捐款资金的管理和发放工作；开展界别活动，做好相关重要工作，组织科教文卫体界别委员到华宁县、通海县视察特色农业发展情况，到江川区视察湖泊治理工作，到玉溪高新区龙泉工业园区视察有关科技企业。

【人口资源环境委员会】 2019年，对玉溪市城乡“厕所革命”工作开展对口协商，对玉溪市珠江、红河流域县区落实河湖长制工作进行视察，对元江县退耕还林和华宁县农民专业合作社运行情况开展调研，提交调查报告2篇、社情民意信息1篇；跟踪2018年市政协调研和常委会专题协商议政成果，提出提案《关于加快杞麓湖径流区农业生产方式转型升级步伐的建议》，加强跟踪问效，对民盟玉溪市委提出的关于加快推进厕所革命的提案开展协商督办。同时，配合做好其他重要工作，到干部挂村联系点调研2次，到安化社区访问贫困户2次；组织22名委员参与脱贫攻坚助学行动，捐款6 400元；参加飞井水库饮用水源保护条例立法协商、市生态文明建设规划听证会、市人民检察院公益诉讼新闻发布会。

【社会和法制委员会】 2019年，对玉溪市劳动就业情况开展视察，对玉溪市加强农村住房规划建设与管理情况开展调研；开展远程协商，按照省政协“基层社会治理中的社区物业管理”民主监督协商会远程协商和网络议政工作方案，在玉溪分会场开展远程协商和网络议政；积极开展界别协商和对口协商，对玉溪市公益诉讼工作进行界别协商，对玉溪市司法公证改革情况进行对口协商；积极参与司法监督活动，组织部分市政协委员参加玉溪市中级人民法院对孙小果等13人组织、领导、参加黑社会性质组织等犯罪一案的公开开庭审理，旁听峨山县人民法院大法庭就非法占用农用地提起刑事附带民事公益诉讼一案的开庭审理，参加市人民检察院举行的房屋租赁合同纠纷检察监督听证会，旁听玉溪监狱三类案件减刑假释庭审工作；对《关于将全市重度残疾人纳入最低生活保障的建议》进行提案对口督办；开展立法协商，提高地方立法民主化和科学化，对《玉溪市飞井水库饮用水水源保护条例（草案）》开展立法协商。

【民族宗教委员会】 2019年，召开专委会会议3次、工作会1次、主任会议3次，完成《民宗委工作手册》的制定；组织开展市民贸民品企业发展情况调研，与相关部门认真开展对口协商，组织开展市宗教活动场所“五进”工作情况视察；强化委员服务，加强自身建设，积极为委员知情明政创造条件、搭建平台，先后4次组织委员参加调研视察活动；强化团结协作，增强共同意识，加强与对口联系单位和界别委员的联系，加强与州市和各县区政协对口专委会的沟通交流和工作联系，有计划、定期不定期走访民族协会、学会和宗教团体、宗教人士；认真协商、督办民革玉溪市委提出的提案《关于重视林下魔芋种植和发展魔芋产业的建议》。

【文化文史和学习委员会】 2019年，因机构改革，原文史委更名为文化文史和学习委员会，并调整部分职能。文化文史和学习委员会及时制定《政协玉溪市委员会文化文史和学习委员会工作手册》《政协玉溪市委员会文化文史和学习委员会工作细则》，明确职能，理顺关系；紧扣文史资料选题，认真组织重点视察和外出考察活动，对红塔区、峨山县、新平县红色文化资源保护利用情况进行重点视察，“不忘初心、牢记使命”主题教育期间，深入峨山、新平两县，就提升文史工作水平等专题开展调研；突出“三亲”原则，抢救重要史料，编辑出版第十九辑文史资料《征粮剿匪》；关注民生改善，助推脱贫攻坚，发动委员向贫困地区捐款8 000元；组织委员活动，促进交流学习，联合民盟玉溪市委在红塔区后所中学开展名师助力中考“教育烛光行动”，向后所中学赠送《玉溪教育》《玉溪味道》等文史书籍122册。

【联络委员会】 2019年，开展调研视察，突出专门协商机构特色，开展抚仙湖旅游项目开发建设专题调研和专题协商、政协委员履职和服务管理情况专题调研、2019年全市招商引资工作专题视察；坚持广泛联谊，凝心聚力促发展。牵头组织举办市政协2019年新年茶话会，主动做好来玉参观考察、探亲访友、经贸活动、文化交流“三胞”眷属的接待和协调服务工作；加强与对口部门和单位的联系与协作，整合工作力量；优化工作机制，强化委员服务管理，制定《政协玉溪市委员会联络委员会工作手册》《政协玉溪市委员会委员联络实施办法》，修订《政协玉溪市委员会委员履职工作规则》；开展委员界别活动，做好委员服务管理工作；联合市司法局从全市选派161名政治素质高、业务能力强的律师，采取结对、方便、无偿的原则，为314名五届市政协委员提供法律服务；坚持人民政协为人民，关注民生福祉，积极参与“千名领导挂千村”工作，组织民主党派界别一组28名市政协委员参加政协系统脱贫攻坚助推活动，捐款14 400元。

（刘仕芬）

华宁磨豆山　（李晓媛　摄）

民主党派·工商联

DEMOCRATIC PARTIES FEDERATION

责任编校：王　捷

民革玉溪市委

民盟玉溪市委

民建玉溪市委

民进玉溪市委

农工党玉溪市委

致公党玉溪市委

九三学社玉溪市委

工商业联合会

民革玉溪市委

【思想建设】 2019年，民革玉溪市委定期召开全体党员会议，传达学习省、市重要会议精神，增强责任感和使命感。以开展"不忘合作初心、继续携手前进"主题教育活动为契机，深入学习贯彻习近平新时代中国特色社会主义思想和中共十九届四中全会精神，深刻学习领会习近平总书记关于多党合作的重要论述，认真贯彻落实《中共中央关于加强中国特色社会主义参政党建设的意见》，通过系统学习中共党史、国史、改革开放史、社会主义发展史、多党合作史及多党合作理论政策、优良传统、民革党史和民革章程，传承弘扬民革长期以来同中国共产党风雨同舟、休戚与共的优良传统，增强"四个意识"，坚定"四个自信"，做到"两个维护"。团结带领玉溪民革党员始终坚持和维护中国共产党领导的多党合作和政治协商制度；始终坚持与中国共产党在思想上同心同德、目标上同心同向、行动上同心同行。

【组织建设】 2019年，按照民革中央和民革云南省委的要求，玉溪"民革党员之家"于10月建成投入使用，为党员提供学习、交流平台；遵照民革中央和民革云南省委指示，开展"示范支部"创建活动，使民革玉溪市委各基层支部建设逐步驶入规范化轨道。民革玉溪市委文化艺术支部、社会与法制支部、直属支部被民革云南省委评为《示范支部》；继续遵循"巩固与发展相结合"的组织发展原则，按照德才兼备的标准，坚持严把关、细考察、重培养的要求，发展新党员4名。

【参政议政】 2019年，民革玉溪市委提交集体提案7件，联合提案2件。《关于扩建美化海镜社区公墓道路的建议》《关于澄江县乡村旅游与农业融合发展的建议》《关于以乡村振兴战略为契机，大力提升农村人居环境质量的建议》《关于大力推广林下魔芋种植及魔芋产业发展建议》《关于关于中心城区人员密集路段设置人行天桥的建议》《关于在果木林场立交闸道安装路灯的建议》《关于完善玉溪大河公园体育设施的建议》等。提案得到承办单位的高度重视，并进行协商和办理。《关于大力推广林下魔芋种植及魔芋产业发展的调研》确定为重点调研成果汇报会材料，并转化为提案，被市政协列为委室督办提案。《关于以乡村振兴战略为契机，大力提升农村人居环境质量的调查》转化为市政协联组会发言材料；《关于玉溪市实施乡村振兴战略，开启全面脱贫新局面的调查》转化为市政协大会交流材料。

【社会服务】 2019年，民革玉溪市委主委李少华、副主委施忠平多次带队深入扶贫联系点新平水塘镇大口村和旧哈村，实施精准扶贫、家访慰问，为易地扶贫搬迁出谋划策，查缺补漏，为提升人居环境质量建言献策，大力扶持联系贫困户产业发展，增收致富；动员民革骨干玉溪市农科院专家进行技术指导，深入哀牢山区全面掌握林下魔芋种植潜力，有力推动贫困山区产业发展；支持社会和法制支部到易门县铜厂乡开展送医送药、送法下乡活动，服务群众94余人次，受到当地群众的好评。

【"不忘合作初心、继续携手前进"主题教育活动】 2019年，民革玉溪市委自觉把"不忘合作初心、继续携手前进"主题教育作为一项重大任务来推进，研究制定《民革玉溪市委开展"不忘合作初心，继续携手前进"主题教育活动方案》，成立主题教育活动领导小组，由市政协副主席、民革玉溪市委主委李少华任组长，民革市委领导班子施忠平、冯咏梅、董金柱、何建刚任副组长，成员由其他市委委员及机关专干张杰贤8人组成。民革领导班子参加统一战线"不忘合作初心、继续携手前进"主题教育活动动员部署会2次、读书会2次，召开全体党员主题教育动员部署会，开展市委班子学习交流研讨5次，组织学习宣讲3次，提交民革领导署名文章2篇。

（何建刚）

民盟玉溪市委

【民盟中央领导到玉检查工作】 2019年4月3日，全国人大常委会副委员长、民盟中央主席丁仲礼率队到云南省开展《水污染防治法》实施执法检查，到玉溪市实地检查河道综合整治等情况。民盟玉溪市委主委、市住建局局长董晓娟汇报黑臭水体治理情况，丁仲礼勉励董晓娟带领玉溪全盟保持换届以来好势头，发扬爱国奋斗精神，建功立业新时代。

【主题教育活动】 2019年，民盟玉溪市委开展"不忘合作初心、继续携手前进"主题教育活动，精心组织"九个一"做实主题教育活动，即一次系统自学，活动对象加强自学，将学习成果转化为工作落实动力；一场学习宣讲，盟省委副主委夏静到玉溪调研检查宣讲，班子成员布置宣讲，支部主委宣讲；一次老盟员经历分享，敬老节8位老盟员分享"不忘初心·我和我的祖国"经历故事，激励盟员砥砺前行；一次志愿行动，70名盟员到澄江践行习近平生态文明建设思想爱国爱家乡，开展保护抚仙湖拾垃圾行动；一场"烛光行动"研讨，20多名骨干盟员进行"烛光行动"研讨推动义务教育均衡发展；一场革命传统现场教育，80名盟员到西南联大蒙自纪念馆革命传统现场教育，重温入盟誓词；一场玉溪统战"同心智汇"大讲堂，特邀民盟中央专家张冠生为全市统战系统作"重温多党合作历史"宣讲；一次专题民主生活会，领导班子专题民主生活会批评与自我批评富有辣味，制订方案分解任务落实责任整改并接受监督；一次主题教育活动知识测试，精心编制100题251名盟员参加测试，以理论政策、盟史盟章、统战政协常识、市情盟情涵养合作初心。

【组织建设】 2019年，民盟玉溪市委注重制度建设，"三重一大"事项集体研究，召开3次盟员大会及时传达重要精神和部署，主委会通过领导班子民主生活会制度、学习制度，全委会通过委员联系基层制度，机关实行"晨会"制度提升工作效能，24人次参加省内外学习培训；着力加强引领增强归属，首次编印《玉溪民盟年刊（2018年）》，及时撰写刊发节日慰问信送温暖，主委带队上门慰问老领导，组织117名盟员参观烟厂现代化生产、举办妇女权益保护专题讲座开展主题"三八"节活动，组织89名盟员以听取安全用药讲座及老盟员经历分享欢度重阳节，组织35名盟员参观规划馆、"科教创新城"创新创业孵化基地，感悟创业创新精神；落实意识形态暨思想宣传工作责任制，玉溪民盟微信公众号推送132条信息，报送工作信息各级媒体网站采用近百条次，传递民盟好声音。全年发展盟员10人，年发展率2.5%。5个支部换届，适度增加委员加强后备力量，老中青结合优化结构，增强组织活力。十一支部建成玉溪第三个“盟员之家”。

22名盟员入选首届玉溪统战特色智库，赵存芝被表彰为省“优秀乡村教师”，杨琼华被表彰为省“优秀教师”，杨海鑫被评为省“专项工作优秀律师”。

【廉政建设】 2019年，民盟玉溪市委落实廉政建设责任制，主委2次与委员集体廉政谈话廉洁提醒，强调遵守党纪国法和盟章，始终守住规矩纪律底线。15名盟员参加红塔区专题讲授借机廉政学习，机关干部每季度廉政提醒、参加警示教育听取专题辅导，强化廉洁意识，精打细算用好有限经费。监督委员会加强盟内监督，全程参与全委会、主委会、支部换届，审查监督2018年经费支出情况和2019年支出计划。

【参政监督】 2019年，民盟玉溪市委紧扣中心工作和民生事项献智出力，“两会”前征集建议提案素材76件，“两会”上提交集体提案11件、代表建议19件、委员提案46件，其中3件提案被市政协列为“委室督办提案”，2件提案被市政协表扬为“好提案”；2018年度调研协商座谈会《加快推进玉溪红河谷—绿汁江热区经济带建设的建议》得到中共玉溪市委书记罗应光的高度评价，《抓实中心城区义务教育优质均衡试点工作的建议》联组会发言和《加快全市药品流通工作的建议》大会发言受到好评；开展“美丽县城”建设、职业教育和烤烟生产课题调研并报送相应报告；向盟省委报送社情民意10条、采用8条，报送职业教育征文9篇为盟省委与省政府专题协商提供参考，向市政协报送社情民意4条、采用3条，副市长批示1条；继续对口红塔区脱贫攻坚巩固提升民主监督，支持盟员人大代表对“一府一委两院”工作依法监督，支持盟员政协委员开展民主监督、议政建言；盟员特邀、特约监督员参与纪检监察、检察审判、交通安全、教育卫生、廉洁征兵等民主监督。

【扶贫巩固】 2019年，民盟玉溪市委巩固提升新平县磨皮村脱贫成果，支出2万元开展技能培训，协调安装价值4万元的健身器材，开展扶贫扶志“感恩教育”、村组干部培训和抗旱保苗，盟员林果专家到自然村现场培训果树管护技术，盟员黎爱红出资出力帮助沙迷打建设贫困地区人居环境示范村。同时，与市法院、元江县委统战部在莫郎、南昏村医疗义诊和技能扶贫。12名盟员政协委员捐款4 800元帮扶建档立卡户学生。2名盟员到峨山县大维堵村法律扶贫。

【社会服务】 2019年，民盟玉溪市委举办农村支教暨“烛光行动”纪念活动并表扬先进；多次与市“初中语文名师工作室”组织中考研讨，帮助中青年教师成长；持续12年开展“黄丝带”帮教活动，携手元江县政协、元江县委统战部、玉溪市心理学会到元江监狱开展系列帮教，举办扫黑除恶专项斗争专题讲座，讲授国学，作心理健康讲座，一对一法律答疑解惑，一对一进行心理咨询服务。

【“党盟同心”公益活动】 2019年，民盟玉溪市委树立“大统战”意识，开展“党盟同心”公益活动服务社会；科级以上盟员参加“千名领导挂千村、万名干部助振兴”行动；与市、区委统战部联合举办社区“同心文明讲堂”；与江川区委统战部在九溪中学开展“心理名师助力中考”活动；与市政协文史委、红塔区政协到后所中学开展名师助中考活动，赠书籍名师上示范课，进行备考冲刺研讨，作心理专题讲座；精心承办玉溪统战第五期“同心智汇”大讲堂，让140多名各界统战人士重温多党合作历史，感受新型政党制度的优越。

（杨志文）

民建玉溪市委

【思想建设及学习培训】 2019年，民建玉溪市委深入学习中共十九大和习近平新时代中国特色社会主义思想，贯彻习近平总书记在庆祝中华人民共和国成立70周年重要讲话，以及在中央政协工作会议暨庆祝中国人民政治协商会议成立70周年大会上的讲话；抓好会员对民建会章、会史及多党合作制度的学习；认真学习全国“两会”精神；认真学习民建云南省委九届三次全会，中共玉溪市委、市人民政府召开的重要会议等会议精神；组织民建市委领导和会员参加民建中央等部门举办的“民建骨干会员培训班”等6类学习培训。并于12月11日举办新会员入会仪式暨会章会史培训会，专职副主委杨敏对民建会章会史作专题培训，主委自福庄做培训总结讲话。

【“不忘合作初心、继续携手前进”主题教育活动】 2019年，民建玉溪市委认真贯彻落实主题教育活动相关要求，从目标任务、基本要求、工作原则和组织实施4个方面制定工作方案，领导班子高度重视，迅速部署，积极宣传动员并召开专题会议，加强对主题教育活动的领导。先后开展“观抚仙湖保护成果，践行习近平生态文明思想”主题学习活动，激发履职热情；以玉溪统一战线“同心智汇”大讲堂为平台，深入推动主题教育活动；组织骨干会员前往重庆民建成立旧址陈列馆开展现场教学；基层组织紧扣主题教育活动要求，开展系列爱国主义教育活动；召开主题教育专题民主生活会，整改落实，不断提高履职能力。

【组织建设】 2019年，民建玉溪市委加强基层组织建设工作，按照“三为主”的基本方针做好组织发展工作，一些高层次有代表性和影响力的人士被吸收入会。全年共发展新会员19名，截至年底，玉溪民建会员人数372名，其中男会员214名、女会员158名，会员平均年龄47.9岁。具有大专以上学历的会员347名，占93.9%；具有中高级以上职称的会员166名，占44.6%，基层组织的凝聚力和活力进一步得到提升。

【参政议政】 2019年，民建玉溪市委在政协玉溪市五届二次会议上，向大会提交《关于推进玉溪市农村电子商务发展的建议》等4件集体提案，提交《关于玉溪中心城区新建公办幼儿园的建议》1件联合提案，市政协委员提出《关于加快推进大健康产业发展的建议》等6件个人提案；提交《关于促进玉溪市小微企业发展的建议》的交流材料，界别联组会上作《玉溪“三湖”生态经济带产业发展建议》发言。在玉溪市五届人大二次会议上，市人大代表高凤兰向大会提交《关于提高城管人员工资待遇的建议》等3

件个人建议案；市人大代表岳修辉提交《关于加强乡村市场食品监管的建议》个人建议案；民建向大会提交的提案、议案被全部立案。

【调研活动】 2019年，民建玉溪市委紧扣中共玉溪市委、市政府中心工作，组织调研组人员深入市、县（区）有关部门，开展《云南玉溪传统文化与工匠精神融合发展研究》《玉溪市企业家精神研究与探索》《玉溪外贸情况发展调研》专题调研工作，为市委、市政府献计献策。

【民建社会服务工作】 2019年，民建玉溪市委充分发挥自身优势，积极引导和鼓励会员、会员企业家奉献爱心，回报社会，做好“挂包帮、转走访”工作。2月19日，副主委杨敏一行3人前往里士村委会开展教育扶贫暨捐资助学活动，捐赠1.8万元助学款用于资助9位优秀学生。10月23日，副主委杨敏与市财政局一行8人深入里士村开展脱贫攻坚及人居环境整治专题调研，听取铜厂乡、里士村领导脱贫攻坚、人居环境整治等情况介绍，并对巩固脱贫攻坚成果、乡村振兴等工作做出部署，并下拨主委经费2万元，缓解里士村开展烟草栽植等培训经费紧缺的困难。5月，为帮助建档立卡户贫困家庭孩子完成义务教育阶段学业，民建市政协委员，向建档立卡户家庭的学生捐款3 900元，助推教育扶贫。12月13日，民建玉溪市委承办江苏赣榆税务“爱心妈妈”团队携手中国校园健康行动关心下一代爱心行组委会到玉溪民中开展资助特困生共圆大学梦活动。“爱心妈妈”团队向20名受资助中的5名高中生代表，发放高一年级第一学期学杂费、住宿费用共计1.65万元。爱心行组委会、中国关心下一代健康体育基金会爱心行基金管委会向民族中学捐赠了教育部指定书籍2 000册。

【对外联络】 2019年4月10日，民建省委专职副主委马夏林一行8人深入民建会员企业玉溪愉程汽修有限公司、云南维和药业股份有限公司开展民营企业专题调研，召开座谈会。马夏林对玉溪民建落实民建省委调研工作所做的工作给予充分肯定，并对参加座谈会会企业家提出期望和要求。8月27日，中国（玉溪）与斯里兰卡贸易投资推介洽谈会在玉溪举办，洽谈会为民建会员企业“走出去”搭建桥梁和平台提供法律咨询和援助。9月18日，民建中央能源与资源环境委员会委员一行61人到澄江县现场调研抚仙湖保护治理工作，调研组对玉溪为保护抚仙湖一类水质所做的工作给予高度评价。

（袁林雨）

民进玉溪市委

【思想建设】 2019年，民进玉溪市委组织会员学习中共十九届四中全会精神，习近平总书记在中央政协工作会议暨庆祝中国人民政治协商会议成立70周年大会上的讲话，习近平总书记在庆祝中华人民共和国成立70周年大会上的讲话和全国、省市“两会”精神，民进云南省委全会精神，中共玉溪市委五届七次、八次全会精神；积极参加中共玉溪市委、市委统战部、市政协等部门组织的时代前沿知识讲座、“同心智汇大讲堂”和常委会专题讲座；开展“不忘合作初心，继续携手前进”主题教育交心谈心活动；举办庆祝新中国成立70周年“诗歌献给伟大祖国”联谊会；组织会员到市聂耳纪念馆、“滇中革命摇篮”峨山双江小学和玉溪市第一个中共党支部旧址开展爱国主义教育活动；组织会员举办主题教育读书会活动，认真学习中国共产党党史和民进会史；组织骨干会员赴延安进行考察学习，接受“延安精神”洗礼，与民进延安市委联合开展“同心共圆中国梦”论坛，签署友好合作协议；领导班子成员带头撰写理论文章和主题教育活动学习体会；在玉溪市7家民主党派中第一家召开专题民主生活会。

【宣传工作】 2019年，民进玉溪市委编辑、编办《玉溪民进》会刊127期，稿件采用数量居全市七家民主党派之首；“春联万家”“诗歌献给伟大祖国”等活动被玉溪市电视台报道和在《玉溪日报》登载；升级“玉溪民进”微信公众号，开辟“学习园地”“主题教育”等专栏；通过“同心智汇大讲堂”平台向社会讲好玉溪民进助力脱贫攻坚和为教育奉献一生的优秀会员故事。民进玉溪市委被评为“2019年度全市政协信息工作先进单位”，一中支部、综合支部被民进省委评为“宣传思想工作先进集体”，4名会员被评为“2018年宣传思想工作先进个人”，2名会员被评为“2019年度玉溪市政协信息工作先进个人”。

【组织建设】 2019年，民进玉溪市委先后选派120余名骨干会员参加民进中央、民进云南省委和中共玉溪市委统战部举办的培训和专题讲座活动；选举产生民进玉溪市委第一届监督委员会，有序开展会内的政治监督、法律监督与工作监督；制定出台《民进玉溪市委机关请销假办法》《民进玉溪市委财务工作规则》《民进玉溪市委公务接待管理办法》，进一步严肃财经纪律，细化了财务收支和公务接待的相关要求；为规范评先评优工作，制定《民进玉溪市委优秀会员评选办法（暂行）》和《民进玉溪市委基层支部先进集体评选办法(暂行)》。

全年发展新会员5名。截至年底，有9个基层支部，会员214人，其中教育界会员占55.1%，文化艺术界会员占19.2%，出版传媒界会员占0.5%。会员中具有中高级职称的占78%；省政协常委1人，市政协委员11人（常委3人，委员8人），市人大代表1人，县区政协委员、人大代表6人。综合支部被评为“全国组织建设先进基层组织”。师院支部主委被评为“全国组织建设先进个人”。一中支部、综合支部被市委评为“2018年度基层组织先进集体”，18名会员被市委评为“2018年度优秀会员”。会员李培林成为玉溪教育界明星，“李培林教育思想”研讨会在玉溪召开。会员王新华荣获“第七届云南省道德模范—敬业奉献模范”称号。

【参政议政】 2019年，民进玉溪市委在玉溪市政协五届二次全会期间，提交集体提案10件，委员个人和联名提案14件，全部立案。在界别联组会上，会市委专职副主委代表会市委作《保持定力 精准施策加快玉溪工业高质量发展》的发言。在大会发言上，民进玉溪市委以书面形式做《关于做大做强玉溪农产品品牌的建议》。全年完成《云南省小农户生产和现代化农业发展有机衔接研究》《玉溪市农业产学研一体化发展研究》《玉溪市乡土文化研究》和《玉溪市居民营养健康计划及保健模式研究》4个调研课题。在中共玉溪市委召开的各民主党派工商联无党派人士2018年度调研协商座谈会上，会市委主委汇报民进玉溪市委2018年度的调研成果“玉溪市中心城区义务教育健康发展

的建议”，引起市委、市政府高度重视。民进云南省委农业农村专门委员会、民进云南省委“基层组织建设工作”调研组和“云南省乡村振兴战略的人才支撑研究”课题组先后到玉溪走访调研，民进玉溪市委认真组织和配合开展好各项调研工作。

【社会服务】 2019年，民进玉溪市委深入开展扶贫及抗旱工作，先后4次赴挂包村开展走访调研、寒冬送暖、人居环境整治和农业农村科技专题培训活动，积极为挂包村谋产业发展致富之路；组织书法大家开展己亥年“春联万家”活动，为市民义务书写春联360余幅，书写“福”字260张；组织会员到偏远山区开展义诊和扫黑除恶宣传活动，义诊200余人次，发放疾病预防、扫黑除恶宣传资料200余份以及价值4 000余元的药物；部分会员积极到昆明市、楚雄州、红河州个旧市为当地市民进行肥胖义诊，到民营幼儿园为幼儿家长开展健康知识科普讲座；支部之间多次联合开展送文化送医疗卫生下乡和健康知识讲座活动，并开展社区人居环境整治、慰问驻村扶贫干部、诗歌诵读晚会等活动。

（黄蕊仪）

农工党玉溪市委

【思想建设】 2019年， 农工党玉溪市委深入开展“不忘合作初心，继续携手前进”主题教育活动，班子成员认真学习中共十九大和十九届历次全会精神、习总书记系列重要讲话精神，积极参加中共玉溪市政协党组举办的专题活动，中共玉溪市委、市委统战部等部门组织的时代前沿知识讲座、“不忘初心、牢记使命”主题教育系列集中学习、双周学习等系列会议，努力提升班子成员思想政治素质；组织农工党玉溪市委班子成员、全体委员、担任政协委员、科级以上党员干部以及市人民医院、市第三人民医院担任科主任的党员代表参加“不忘合作初心，继续携手前进”主题教育活动暨廉洁风预警提示座谈，在座谈中，农工党玉溪市委班子成员、市委委员和副处级以上党员干部分别结合自己的行业和岗位特点剖析自身廉洁情况并作表态性发言。

【组织建设】 2019年，农工党玉溪市委为强化自身建设，履行好中国特色社会主义参政党职能，根据《中国农工民主党章程》有关规定，报经农工党云南省委同意，市委于12月成立农工党玉溪市第四届监督委员会。全年发展新党员6名，其中处级干部党员1名、主界别党员5名，本科及以上4名。截至年底，有支部17个，党小组1个，党员241人。

【参政议政】 2019年，农工党玉溪市委组织开展对全民健身和体育产业发展工作和构建玉溪现代职业教育体系的调研，参与市政协组织的调研视察和提案协商督办工作、市委统战部组织的调研视察活动；积极履行参政议政和民主监督职能，组织广大农工党员深入调查研究，了解社情民意，广泛收集相关信息，向省政协十二届二次全会提交《关于在全省范围启动专业技术职务中专教师系列正高级职称评聘工作的建议》《关于大力提升农村人居环境质量的建议》《关于澄江县抚仙湖径流区土地流转休耕轮作发展生态农业的建议》3件提案；向玉溪市人大五届二次全会提交《关于加快培育和发展“运动健康”产业的建议》人大代表建议1件；向政协玉溪市五届二次全会提交《关于推进玉溪市科教创新城引智引校工作的建议》《关于加快我市海绵城市建设中相关问题整改的建议》《关于进一步加快我市生态循环农业发展的建议》等政协集体提案和委员提案14件；向政协玉溪市红塔区五届三次全会提交《关于落实中央补助红塔区防治艾滋病工作人员补助的建议》《关于加强玉溪市红塔区中心城区规范养犬管理规定的建议》政协委员提案2件。

【社会服务】 2019年1月7日，农工党玉溪市委文化宣传工作委员会组织党员到玉溪市社会福利服务中心、老年公寓进行慰问，开展文艺表演，送去慰问品；1月31日，农工党玉溪市委深入“挂包帮、转走访”联系点华宁县宁州街道红坡村委会石门坎小组开展“自强、诚信、感恩”主题实践活动暨“关爱民生，寒冬送暖”走访慰问活动；4月23日，开展“健康中国，职业健康同行”主题宣传活动，组织一支部参加第17个《职业病防治法》宣传周活动，倡导和动员全社会共同关心关注劳动者职业健康，活动张贴宣传海报60余份，向群众和企业管理层、一线职工发放职业性尘肺病、职业性急性化学中毒、职业性物理因素损害等3种类型的职业病防治知识折页各1 000余份，循环播放“职业病防治法”和“职业病健康防治”宣传视频，联合市疾控中心、矿业医院的职业卫生专家开展职业健康检查、职业病诊断及职业病防治知识现场咨询，服务80余人次；5月29日，组织第八支部部分党员开展护河清河志愿活动，对春和街道办事处飞井海水库四周的垃圾进行清理，并向周边居民发放倡议书；6月4日，到扶贫挂钩联系点华宁县宁州街道红坡村委会开展人居环境整治集中行动，对村容村貌、人居环境、房前屋后卫生清扫情况进行实地走访，针对旱情对红坡村的影响及雨水到来后次生灾害的防范工作进行走访了解。9月3日，组织第十二支部党员到红塔区洛河乡清水河麻风病康复院慰问在院的麻风畸残患者，向每位老人发月饼、饮料、饼干和糖果等节日慰问品；9月5日，到北城街道夏井小学捐赠1万余元的课外读物，丰富同学们的课余生活；9月19日，到红塔区春和街道波衣小学开展捐赠校服活动，向波衣小学捐赠秋冬款校服56套，总价6 000余元；11月19日，到红塔区春和街道波衣村水槽小组开展捐赠树苗活动，今年是活动连续开展第三年，捐赠价值1.5万元的车厘子等树苗；11月29日，组织十二支部党员到北大资源建筑工地开展宣传及咨询检测活动，悬挂横幅4条，展出艾滋病宣传展板20块，免费发放价值5 000元的毛巾、香皂、牙刷等生活用品，发放安全套1 500只、日历200张、环保袋200个、艾滋病防治、肝病防治、性病防治宣传折页800余张，进行HIV免费检测146人；分别于3月21日和12月10日，组织医卫界专家党员到红塔区北城街道东前社区和新平县漠沙镇仁和村委会开展送医送药社会服务活动，2次义诊活动接诊群众约400人次，并针对不同疾病免费发放1.8万余元相关药品。全年拨付工作经费5万元，在人居环境整治工作中帮助红坡村购买垃圾清运车辆一台。

【民主监督】 2019年10月21—23日，农工党玉溪市委配合农工党内蒙古自治区委员会调研组对全市脱贫攻坚工作开展民主监督。调研组先后到通海县兴蒙乡下村、白阁中村、桃家嘴村进行入户走访实地调研脱贫攻坚工作进展情况，并向走访的各贫困户赠送了慰问品。通过开展座谈和实地调研，农工党内蒙古自治区委巡视员、专职副主委、内蒙古自治区人大常委会委员王学东对全市脱贫攻坚工作给予充分肯定。

【表彰先进】 2018年12月，农工党玉溪市委主委周爱华被农工党中央评为“对口云南省脱贫攻坚民主监督先进个人”。2019年，农工党玉溪市委被市政协表彰为“2019年度全市政协信息工作先进单位”。农工党玉溪市委专职副主委陈原被农工党中央评为“2019年度脱贫攻坚民主监督先进个人”。

（黄晓薇）

致公党玉溪市委

【思想建设】 2019年，致公党玉溪市委不断加强自身建设，切实履行参政党职能，先后组织学习《习近平新时代中国特色社会主义思想学习纲要》、中共十九大报告、《中共中央关于加强中国特色社会主义参政党建设的意见》《习近平总书记关于加强和改进人民政协工作的重要思想专题摘编》、习近平总书记在庆祝中华人民共和国成立70周年大会和庆祝人民政协成立70周年大会上的重要讲话等最新讲话论述以及中共十九大，十九届二、三、四中全会精神，《中国致公党简史》《中国致公党章程》《中国新型政党制度与中国致公党学习问答》，致公党十五大报告等文件精神。通过学习，引导全市党员进一步增强“四个意识”、坚定“四个自信”、坚决做到“两个维护”，树立坚持和发展中国特色社会主义的理想信念，夯实共同思想政治基础。

【组织建设】 2019年，致公党玉溪市委开展“不忘合作初心　继续携手前进”主题教育活动；积极参加市委统战部庆祝中华人民共和国成立70周年暨同心智汇大讲堂活动等系列活动；组织机关工作人员到聂耳纪念馆进行参观学习；组织召开致公党玉溪市委“不忘合作初心　继续携手前进”——庆祝中华人民共和国成立70周年暨重阳敬老座谈会；慰问老党员，开展座谈，认真听取老党员对建国70周年取得的伟大成就、巨大变化的深刻感受和对市委各项工作的意见和建议。截至年底，致公党玉溪市委下设7个基层支部，有党员159人。其中，女性党员共93人，占58.49%；大学学历90人，占56.60%，研究生学历17人，占10.69%；离退休党员共41人，占25.78%；51岁至60岁党员66人，占41.51%；中上层人士比重为73.58%。致公党玉溪市委党员吴家成被致公党中央评为“对外联络工作先进个人”。

【参政议政】 2019年，致公党玉溪市委深入到相关部门和企业扎实开展调研，完成重点调研课题《对玉溪市互联网、大数据与实体经济深度融合的建议》《玉溪市中心城区停车场建设管理情况的研究》，以调研报告为基础，梳理转化为中共市委协商会汇报发言和政协界别联组会发言材料；在玉溪市政协五届二次会议上，提交《关于创新机制完善保障，助推玉溪市电子商务发展的建议》等8件集体提案，《关于玉溪中心城区新建公办幼儿园的建议》1件联合提案，《关于提升抚仙湖流域内污水处理设施净化能力的建议》等7件委员个人提案。15件提案所提意见建议均被办理单位采纳，提案全部办理完毕，有效促进党委政府中心工作的推动和民生难点问题的解决。下半年，致公党玉溪市委会精心组织准备，成立以主要领导为组长的课题调研小组，深入市工信局、网信办，认真开展《加快数字玉溪建设的对策研究》《玉溪市地震监测预报工作的调研》《科研单位科研设施与仪器对外开放的调研报告》3个课题的调研，为下一步的参政议政工作夯实基础。

【社会服务】 2019年，致公党玉溪市委持续推进扶贫攻坚联系点的脱贫巩固提升和人居环境整治工作，组织市委机关干部经常性深入到江川区安化乡早谷田村委会开展慰问走访和调研工作；进行“关爱民生寒冬送暖”走访慰问活动、为生病“挂包帮”贫困户解决实际困难，对烂泥箐小组进行调查走访，帮助村民小组和贫困户解决生产、生活中的困难，在对烂泥箐小组人畜饮水安全进行深入调研的基础上，积极向市政府分管领导汇报，争取得到支持，协调市区水利局安排项目资金37万元，促成烂泥箐小组人畜饮水改造项目得到实施；联合中共玉溪市委统战部、市侨联、玉溪美年大健康体检中心到元江县甘庄街道红新社区、红塔区胜利社区、金州社区、峨山文明社区开展送医送药义诊活动，共计接诊1 000余人次，发放价值20 000余元的各类药品，为广大归侨侨眷和群众解决看病难的实际困难，宣传侨法和涉侨的相关知识；积极筹集资金，为侨乡元江县甘庄街道红新社区解决环境卫生整治项目经费5万元，为扶贫攻坚联系点烂泥箐小组解决老年活动中心改造项目工程资金缺口5万元。

（赵婉婷）

九三学社玉溪市委

【思想建设】 2019年，九三学社玉溪市委紧扣“不忘合作初心，继续携手前进”主题教育活动，围绕“四新”“三好”要求，团结带领全市广大社员以习近平新时代中国特色社会主义思想为指导，深入学习贯彻中共十九大和十九届二中、三中、四中全会精神，专题学习习近平总书记在纪念五四运动100周年大会上的重要讲话和关于民主党派工作、多党合作制度等系列重要讲话精神；组织社员到重庆中国民主党派历史陈列馆、九三学社成立旧址纪念碑、西南联大旧址和周培源故居等九三学社全国传统教育基地和贵州遵义会议会址、峨山县甸中镇中共滇中地委旧址觅池冲、玉溪市第一个党支部成立旧址——红塔区李棋街道任井居委会等爱国主义教育基地开展现场教学，缅怀革命先烈，进行社史、多党合作史和优良传统教育，继承弘扬九三先贤“爱国、民主、科学”精神；组织社员到玉溪市反腐倡廉警示教育基地、云南省第三强制隔离戒毒所开展廉洁从政从业和禁毒警示教育；举行新社员入社仪式；先后组织17人次参加社中央、社省委、市委统战部组织的各类专题学习培训活动；开展纪念“五四运动”100周年，中华人民共和国成立70周年暨中国共产党领导的多党合作和政治协商制度确立70周年等系列纪念活动；开展“我和我的祖国”同唱国歌快闪活动；开展“弘扬爱国奋斗精神，建功立业新时代”主题活动。

【组织建设】 2019年9月7日，九三学社玉溪市委召开第四届委员会第十一次全体会议，进行届中补选主任

2019 年 11 月 10 日，九三学社玉溪市委组织骨干社员到九三学社成立旧址学习
（九三学社玉溪市委提供）

发言材料（书面）；在界别联组会议上，作题为《关于加强抚仙湖面源污染防控工作的建议》的发言；向市人大五届二次会议提交《关于制定玉溪市废弃农药及农药包装废弃物回收处置措施办法的议案》等 3 件人大议案（建议）。《关于大力推进我市绿色农业发展的建议》和《关于净化网络电视荧屏还青少年一个健康成长的空间的建议》被评为年度好提案；《关于加快现代农业与文创产业融合发展的建议》被市政府采纳，玉溪市人民政府出台《玉溪市加快文化创意产业发展实施方案》；社市委提交市政协四届五次会议的《关于加强江川甘棠箐旧石器遗址保护研究的建议》得到落实，玉溪市江川甘棠箐遗址被确定为第八批全国重点文物保护单位（古遗址）。

委员，选举宁杰为主任委员，顺利实现新老政治交接。截至年底，全市有社员 200 名（新社员 11 人）。其中，具有中级职称 73 人，占社员总数的 36.5%，高级职称 114 人，占社员总数的 57%；硕士以上学历的 37 人，占社员总数的 18.5%。有副厅级干部 1 人，正处级干部 1 人，副处级干部 7 人。全国人大代表 1 人，省政协委员 1 人，市人大代表 1 人，市政协委员 14 人，区人大代表（常委）1 人，县区政协委员 7 人。

【社员风采】 2019 年，社玉溪市委被社云南省委表彰为“2019 年度组织工作先进集体”“2019 年度宣传工作先进集体”和“2019 年度社会服务先进集体”；被市政协表彰为“2019 年度全市政协信息工作先进单位”。张立猛、张四春入选 2018 年云南省“万人计划”——产业技术领军人才，任洪冰入选 2019 年云南省“万人计划”——首席技师；宁杰、周文忠被社省委表彰为“2019 年度社务工作先进个人”；张四春获中华农业科教基金会 2019 年度神内基金农技推广奖；卢永新被评为云南省医学学科后备人才；张立猛被命名为第二届玉溪工匠；鲁伟当选云南省整形美容协会口腔美容分会副会长；鲁伟被聘为《中国医刊》杂志第九届编辑委员会特邀编委。飞兴文主持的《用于露天种植猕猴桃的高架微喷装置》获国家知识产权局实用新型专利证书；飞兴文（排名第五）参与的《重楼山坡台地遮荫种植棚》获国家知识产权局实用新型专利证书；施立安（排名第三）、滕玉芬（排名第五）参与的《一种水稻育苗播种装置》获国家知识产权局实用新型专利证书；施立安（排名第二）、滕玉芬（排名第六）参与的《一种水稻筛选装置》获国家知识产权局实用新型专利证书；滕玉芬的《高抗香型粳稻品种玉粳 13 号选育及推广》获玉溪市农业技术推广一等奖；任玉江《油菜新品种玉油 1 号选育及高效技术集成应用》获玉溪市农业技术推广一等奖；周开兴《鲜食豌豆秋豌 1 号选育及推广应用》获玉溪市农业技术推广一等奖；飞兴文《铁皮石斛高效种植模式研究与推广》获玉溪市农业技术推广三等奖。任洪冰创办的“宏斌”牌小米辣连续两年（2018 年、2019 年）荣获云南省“十大名菜”称号。

【参政议政】 2019 年，九三学社玉溪市委就助力乡村振兴工作开展调研，形成《培育新型职业农民助力乡村振兴》《实施乡村振兴战略推动玉溪农业农村经济发展》2 篇调研报告，呈报市委市政府，供决策参考；成功主办九三学社滇中五市（州）（昆明、曲靖、玉溪、楚雄、红河）第三届参政议政联合调研工作研讨会；向市政协五届二次会议提交 14 件集体提案和 13 件委员提案，其中，《关于大力推进玉溪市绿色农业发展的建议》被确定为重点 1 号督办提案，是唯一一件由政协主席会议成员督办的重点提案，《关于加快现代农业与文创产业融合发展的建议》被确定为对口委室督办提案，由文化文史和学习委督办，向大会提交题为《关于大力推进我市绿色农业发展的建议》的大会

【九玉合作】 2019 年，九三学社玉溪市委持续深入开展“九玉合作”，邀请九三学社山东省委青年企业家赴玉溪就装备制造、数字经济、绿色能源、文化旅游等项目考察洽谈；积极协助社中央成功举办九三学社 2019 年组织与社员信息管理系统培训班；成功举办 2 期“九玉合作”科技之光讲堂活动。10 月 18 日，“九玉合作”科技之光讲堂第一期暨玉溪统一战线“同心智汇”大讲堂第三期活动在玉溪师范学院大学生活动中心学生会堂开讲。九三学社云南省地震局支社副主委、云南省地震局昆明地震台副台长钱文品作了题为《地震预报与地震预警》防震减灾科普讲座；九三学社工程委员会社员、云南省环境科学研究院正高级工程师欧阳志勤作了题为《中国传统村落保护发展的现状与对策——以中国最后一个原始村落为例》生态保护知识专题讲座。12 月 6 日，举办“九玉合作”科技之光讲堂第二期暨“不忘合作初心，继续携手前进”主题教育宣讲报告会。社中央宣讲团成员、云南省环境科学学会理事长、教授级高工李唯作题为《学习贯彻习近平生态文明思想，推动绿色发展》专题讲座；社中央宣讲团成员、云南城投集团综合办公室副主任，社中央青工委委员浦天洋宣讲《传承九三志，初心向未来——用实际行动践行“双岗建功”我们都是志愿者》。两场讲座为 300 余名玉溪社员及统战干部、师院学生送来了“科普知识大餐”。

【社会服务】 2019 年，九三学社玉溪市委 4 次深入扶贫联系点开展走访

调研，协调10万元防洪排涝渠应急修复资金给华宁县宁州街道火特村用于防洪沟渠修复；拨付3.8万元资金给火特村作为蔬菜产业种植培训费，提高村民种植技术；深入乡村振兴“千名领导挂千村”联系点——江川区大街街道土官田村委会土官田村走访调研；开展“全国爱牙日”大型义诊活动，共为600余名群众进行诊断咨询，发放口腔宣传资料350余份，保健牙刷600支；组织5名社内医卫专家到江川区大街街道土官田村委会开展送医送药义诊活动，接诊群众约200余人次，针对不同疾病免费发放5 000余元的相关药品；组织13名市政协委员开展爱心捐资助学活动，捐款4 600元。

【宣传工作】 2019年，九三学社玉溪市委依托中共玉溪市委统战部“同心智汇大讲堂”，挖掘优秀社员典型事迹，通过诗歌朗诵、文艺表演、理论征文、讲好玉溪故事、讲好九三故事等形式，宣传身边先进人物。全年共编辑信息63条、《玉溪九三》简讯12期，完成《玉溪九三》（2018年刊）、《九三学社玉溪市委社员工作手册》编印工作。

（周海琼）

2019年5月19日至25日，玉溪市工商联和红河州工商联共同在浙江大学举办云南省民营企业绿色食品加工流通营销培训班，来自玉溪市和红河州的70名企业负责人、管理人员参加培训并参观行业领军企业　（市工商联提供）

工商业联合会

【玉溪市工商业联合会（总商会）五届三次执（常）委会】 于2019年4月26日召开，审议通过《玉溪市工商业联合会（总商会）兼职副主席副会长会费收取及管理使用办法（试行）》《玉溪市工商业联合会（总商会）企业家副主席副会长述职办法（试行）》《玉溪市工商联组织建设工作五年规划》和有关人事事项，通报2018年度会费收支情况，听取执委会工作报告，3名企业家执委在会上现场述职，认定2018年度市级“四好”商会，并举办民营企业税务知识讲座。

【非公经济人士理想信念教育】 2019年，市工商业联合会印发《关于印发非公有制经济人士思想政治工作领导小组组成人员和主要职责的通知》，以“守法诚信经营，坚定发展信心”为重点开展非公经济人士理想信念教育活动；8月19—23日，在井冈山举办年轻一代民营企业家理想信念教育暨创业创新实践观摩活动，全市23名年轻一代民营企业家代表和市县区工商联理想信念教育分管领导共36人参加。

【非公经济人士教育培训】 2019年，市工商业联合会开展“法律三进”培训9场次，参训人员780余人次。5月17日，组织240名民营企业负责人及财务人员参加“聚焦减税降费，助力企业发展”玉溪片区税法专题培训；5月19—25日，在浙江大学举办“民营企业绿色食品加工流通营销培训班”，全市35名企业负责人参加培训；8月26日至9月1日在清华大学举办“玉溪市年轻一代民营企业家创业与传承能力素质提升培训班”，60余名青年企业家参加培训。

【会员发展和商会管理服务】 2019年，市工商业联合会指导成立中共玉溪市商会行业委员会，突出党建在商会发展中的引领作用；制定联系制度，把全市9个县区、16个商会和115户民营企业纳入联系对象；建立商会廉政谈话机制和商会工作提醒机制，向商会下发工作提醒通知书11份；建立商会工作约谈机制，对2个商会主要领导进行工作约谈。截至年底，全市工商联会员共有14 704个，位居全省前列。

【改善营商环境】 2019年，市工商业联合会牵头成立玉溪市民营企业评议政府职能部门工作领导小组，率先在全省建立州（市）民营企业评议政府职能部门工作系统，动员794户民营企业采取线上评议的方式，对27个政府职能部门工作进行评议，报市政府办公室以文件形式对评议结果进行通报，以函件形式向被评议部门反馈评议情况。年底，组织652户民营企业对30个政府职能部门进行评议，有效促进全市营商环境改善。

【经济服务】 2019年，市工商业联合会组织企业参加曼德勒国际贸易展暨商务论坛、2019年中国香港国际美食博览会、第九届国际健康食品暨品牌农产品展览会等展会，提升玉溪品牌影响力、知名度；组织上规模企业参加“2019云南省非公企业100强”评选活动，我市12户企业跨越8.27亿元的入围门槛登榜全省非公企业100强。11月6日，承办召开“玉溪市民营企业座谈会”，市委副书记保明顺、市政府常务副市长柳文炜出席会议并听取50多户民营企业家及相关政府部门有关情况和问题反映，及时梳理企业反映困难问题23条、意见建议11条、58户企业近28亿融资需求上报市委市政府，推动困难问题解决。

【落实创业促就业政策】 2019年，市工商业联合会圆满完成省、市下达的“贷免扶补”1000户全年任务目标，发放贷款1.45亿元，带动就业2 203人；圆满完成“个人创业担保贷款”297户全年任务目标，发放贷款4 450万

元，带动就业 609 人；圆满完成“小微企业创业担保贷款”33 户全年任务目标，发放贷款 8 905 万元，带动就业 749 人，工作成效显著。

【参政议政和调查研究】 2019 年，市工商业联合会向市政协五届二次全会提交《关于加快玉溪市民营企业高质量发展的建议》《关于加大年轻一代民营企业家培育工作力度的建议》《关于规范广场舞行为营造和谐社会氛围的建议》《关于促进玉溪市农产品出口企业发展的建议》4 个集体提案；完成《改善营商环境助推非公经济高质量发展调研报告》《磨皮村脱贫攻坚工作情况调研报告》《玉溪市工商联所属商会发展情况调研报告》《关于玉溪民营企业参与文化产业发展情况的调研报告》《关于玉溪市年轻一代民营企业家成长面临问题和对策建议的调研报告》《玉溪市上规模民营工业企业发展情况调研报告》6 个课题调研报告，其中《关于玉溪民营企业参与文化产业发展情况的调研报告》作为重点调研课题在玉溪市各民主党派工商联无党派人士 2019 年度重点调研课题协商座谈会上向市委、市政府主要领导作专题汇报。

【“万企帮万村”精准扶贫】 2019 年，全市 226 户民营企业参与结对帮扶 208 个村，实施帮扶项目 498 个，投入总金额 12 248.12 万元，惠及困难群众 34 689 人。

【民营企业调查点建设】 2019 年，市工商业联合会动员 124 户民营企业加入全国工商联民营企业调查点系统。澄江县工商联、峨山县工商联、云南新昊环保有限公司、元江县永发水泥有限公司被全国工商联表彰为“2019 年民营企业调查点工作示范单位”；玉溪市工商联被云南省工商联表彰为“优秀州（市）工商联”，红塔区工商联、元江县工商联、易门县工商联被表彰为“优秀县（市、区）工商联”，13 户企业被表彰为“调查点示范企业”。

【表彰荣誉】 2019 年，玉溪市江西商会被认定为全国“四好”商会；华宁县工商联、峨山县工商联被认定为 2018—2019 年度全国“五好”县级工商联；澄江县工商联被认定为全省“五好”县级工商联。4 个商会、4 户企业和 4 名个人分别被省工商联认定为全省优秀商会、先进集体和优秀商会工作者，7 个商会组织被认定为市级“四好”商会；6 户工商联执委企业和 8 名执委企业家荣获省政府“百户优强民营企业”和“百名优秀民营企业家”称号。

（刘亚丹）

元江洼垤肥开 （官朝弼 摄）

抚仙湖帆船　（李卫东　摄）

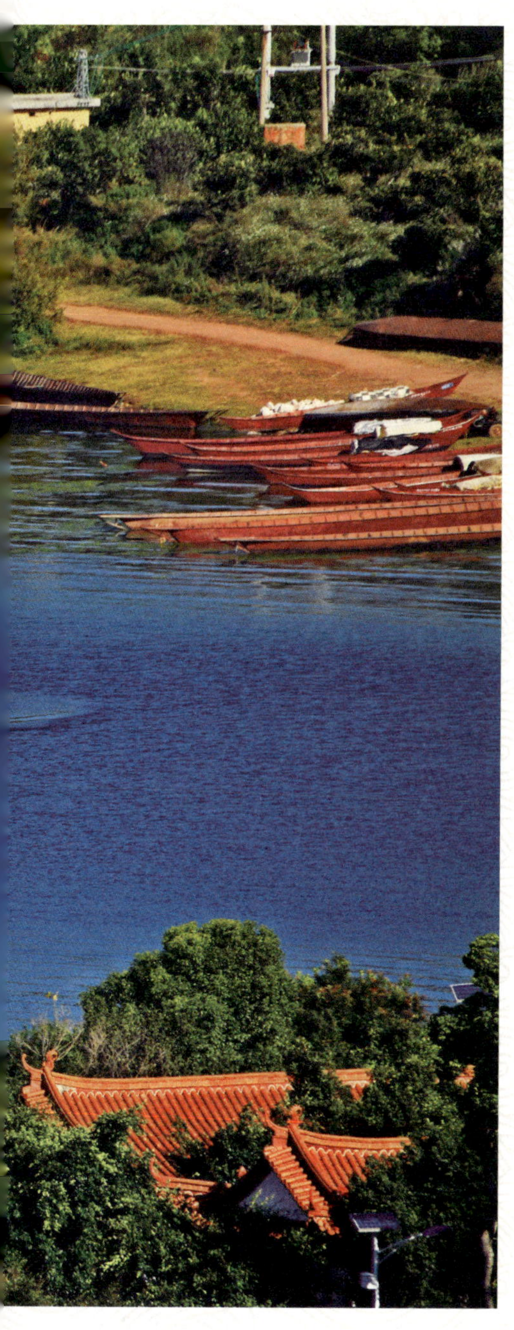

人民团体

MASS ORGANIZATIONS

责任编校：王　捷

总工会

共青团玉溪市委

妇女联合会

科　协

侨　联

总工会

【概　况】 2019年，在市委、市政府和省总工会领导下，全市各级工会以习近平新时代中国特色社会主义思想和党的十九大精神为指导，学习贯彻习近平总书记关于工人阶级和工会工作的重要论述，按照中国工会十七大、省第十二次工代会和市委五届六次全会的总体安排，围绕全党“不忘初心、牢记使命”主题教育总要求和中央、省委、市委主题教育工作部署，真抓实干，转变作风、担当作为，团结动员全市广大职工为推进玉溪高质量跨越式发展发挥积极作用。全市各级工会组织坚持全面从严治党，始终加强干部队伍建设。在市委的坚强领导和第十巡回指导组的精心指导下，市总工会扎实推进“不忘初心、牢记使命”主题教育工作，及时成立“不忘初心、牢记使命”主题教育领导小组，全面领导、指导、督促、调度、分析、研判主题教育工作，聚焦解决思想根子问题，引导全体党员、职工“学、悟、问、用”党的创新理论，取得了滋养初心、牢记使命的阶段性成效。同时，认真履行全面从严治党主体责任，严格落实中央八项规定精神，驰而不息纠正“四风”，努力营造市总工会海晏河清的政治生态环境；强化工会干部协管工作，努力打造“绝对忠诚、干事担当、廉洁自律、充满活力”的工会干部队伍。

【素质提升】 2019年，由市总工会牵头，实施职工技能技术提升计划，在全市开展基层卫生技能大赛“全科医疗”和“社区护理”，共240名医务工作者参加县级初赛，市级预赛七县两区选送9支代表队参加比赛；开展全市第一届快递行业职业技能大赛竞赛，来自全市14支代表队54名选手参加决赛；全市第五届家政服务行业职业技能竞赛。参赛选手来自红塔区、江川区等7县（区）24个家政服务企业的122名职工；指导中铁玉楚高速公路工程指挥部开展易峨高速公路建设（重点工程项目）职工技能大赛，开展测绘、电工、CAD制图等3个工种，参赛选手来自12个建设项目部178名职工，通过竞赛28名职工职业等级得到提升，72名职工取得相应职业资格等级证书；大力开展职工技术技能培训，5 130名职工取得职业资格证书。

【维权服务】 2019年，市、县（区）、乡（镇）各级工会及企业工会、区域联合工会、行业联合工会建立工会劳动法律监督委员会793个，其中25人以上企业566个，劳动法律监督员1 811人。市总工会深入企业宣传314次，发放宣传资料34 645份，发出意见书77件，发出建议书4件。全市各级工会组织坚持以职工为本，切实增进职工群众获得感幸福感安全感。市总工会全面加强职工法律援助维权服务机构建设、队伍建设、制度建设及劳动争议诉调对接工作。全市各级法律援助中心工会工作站接待职工、农民工来信来访100人次，实施法律援助110件110人次，其中工资类109件，安全生产类1件。公有制企事业单位实行厂务公开民主管理和职代会建制率均达100%，非公有制企业分别达97.9%、95.2%。同时，推动三方机制协调运行，共同维护保障职工合法权益，全年召开“三方四家”联席会议2次，并联合“三方四家”开展要约专项行动；全面推进集体协商提质增效县级达标晋级行动计划，持续推动行业协商、区域协商，推进档案评查，全年签订工资集体协商合同1 052份，覆盖企业2 553户，覆盖职工98 656人，合同签订率117.87%；深入推进全年劳动关系和谐企业认定和复验工作，认定“劳动关系和谐企业”达标企业92户；由总工会牵头，对2006年以来被授予省级劳动关系和谐企业称号的企业（园区）开展复验工作，在上年复验37户的基础上，复验6户，全部完成43户的复验工作，复验率达100%；开通网上便民服务通道，依托“基层服务型党组织综合平台”在线办理各项事务；深入开展职工普惠工作，采集工会会员信息259个单位，147 014人，办理工会会员卡（普惠卡）120 357张，与239家商家签订了普惠服务合作协议；开展农民工工资问题专项整治及夏季专项行动，做好职工信访接待、矛盾排查和化解工作，接待职工、农民工来信来访100人（次），妥善解决涉及职工切身利益的问题；持续推进“尊法守法·携手筑梦”服务农民工法治宣传活动，开展宣传活动35场（次）；建立完善工会劳动安全保障机制，参与生产安全事故调查处理，切实维护职工生命安全和职业健康权益，保障职工合法权益。

【组织建设】 2019年，全市工会扎实推进百人以上企业建会和货车司机等8大员入会工作，建立百人以上企业工会219家，发展会员60 465人；建立货车司机等群体聚集企业工会249家，发展会员11 097人。年底，全市工会组织3 303个，涵盖基层单位5 953个，职工245 231人，工会会员233 002人。其中，74个乡镇（街道）、9个工业园区均成立总工会。同时，采取请进来与送出去相结合加大教育培训力度，提升工会干部队伍素质。举办全国总工会送教到玉溪基层工会干部培训班、浙大产业工人队伍建设改革培训班、瑞金干部学院“初心”教育培训班，培训工会干部370多名。推进基层工会规范化建设，全市90%的基层工会建成“六有”工会，荣获全国模范职工之家1个、全国模范职工小家1个、全国先进基层工会干部1人。坚持党建带工建，建设46个党群服务中心，打造新型职工之家；

玉溪市庆祝“五一”国际劳动节大会　（市总工会提供）

玉溪市庆祝“五一”国际劳动节受表彰先进个人 （市总工会提供）

建立市级以上职工书屋示范点26家、便利型职工阅读站点3个、劳模书架3个，建成省市级劳模创新工作室23个；认定“玉溪工匠”50名，创建“玉溪工匠”工作室19个、技师工作站（职工创新工作室）34个；强化智慧工会建设，建立9个县（区）总工会网上职工之家；与市委网信办合作，初步建成“智慧工会”云服务平台，使基层工会组织真正“建起来、转起来、活起来”。全年加强工会重点领域、重点环节、重点工作的审查审计与监督，完善经费审查审计制度，提升工会经费使用效率；进一步推进地税代收工作力度，规范经费收缴工作，截至10月30日，全市工会经费收缴总量达16 101.11万元，比上年同期14 611.8万元增加1 489.31万元，增长10.19%。并统筹推进政策研究、统计调查、女职工等工作。

【竞赛活动】 2019年，全市工会组织举办了基层卫生、快递行业、政服务行业、高速路建设项目、烟草行业等五大行业21个工种的职工技能大赛，参赛职工达648名，培养技术能手187人；深入开展以“新时代·新征程·新奋斗”主题、“七比一创”主题等劳动竞赛活动，参赛单位达197家共25 683人；组织参加全国“安康杯”竞赛活动，参赛单位501家、班组4 883个、职工84 892人；并与抚仙湖管理单位（部门）联合开展高原湖泊保护治理领域劳动竞赛活动。通过技能比武、劳动竞赛、技术技能和就业培训，提升职工队伍综合素质和技能水平，增强建功玉溪新发展的本领。

【职工帮扶】 2019年，全市工会组织180 329万名职工参加第十五期医疗互助活动，收取互助金21 931 050元，补助患病职工24 278人次12 726 075元，补助市级困难劳模6人2.5万元帮扶金。全年深入开展元旦、春节、中秋、国庆送温暖活动，使用帮扶金1 071.82万元，帮扶人数9 595人（次）。其中，生活救助329.18万元，帮扶人数6 788人次；助学救助94.18万元，帮扶人数419人次；医疗救助115.88万元，帮扶人数434人次。困难职工帮扶救助制度化、常态化、全覆盖，建档立卡困难职工从2017年3 874户下降到750户，结对750户。全年开展心理测查6 006项次，开展现场心理咨询44人（次），并举办心理健康讲座16期，培训职工5713人（次）。全年组织劳动模范、市直单位干部职工疗休养活动共12批，疗休养人员487名（劳模29名）；组织一线职工疗休养活动2批，疗休养人员100名。

【改革创新】 市总工会在继续巩固提升市、县（区）总工会改革成果的基础，实施推进全市产业工人队伍建设改革工作。按照中央、省委、市委新时期产业工人队伍建设改革工作部署，结合全市“百千万人才计划”关于加快实施创新驱动发展战略，主动引领产业工人和企业职工适应经济新常态的需要，促进加强工会人才队伍、劳模工匠队伍、企业高技能人才和农村实用人才队伍建设，着力形成以“培训强基础、练兵提素质、晋级促保障、品牌激活力”的职工技能提升新模式，培育培养一批技能人才，抓实产业工人队伍建设，发挥工人阶级主力军作用，推动玉溪经济社会更高质量、更有效益、更有活力健康发展。

（黄建祥）

共青团玉溪市委

【共青团玉溪市委五届二次全委（扩大）会议】 2019年3月14日，共青团玉溪市委召开五届二次全委（扩大）会议，会议传达学习《云南省中长期青年发展规划（2018—2025年）》文件精神及对《玉溪市中长期青年发展规划（2019—2025年）》作出说明并征求意见。审议通过《共青团玉溪市第五届二次全会关于团市委委员、候补委员卸职递补的确认案（草案）》《玉溪市共青团2019年工作要点》《关于加强新时代团的基层建设 着力提升团的组织力的实施意见（草案）》和《共青团玉溪市委员会委员、候补委员履职考核办法（试行）（草案）》，并对2018年度全市基层共青团工作考核结果进行通报。

【中国少年先锋队玉溪市第四届委员会第四次全体会议】 2019年6月24日，中国少年先锋队玉溪市第四届委员会第四次全体会议在北城中心小学召开。共青团玉溪市委书记普睿，市教育工委副书记、市教育体育局副局长陈挺等同志出席会议并作讲话。会议传达学习省少工委六届三次全会会议精神，审议通过《玉溪市少工委四届四次全会关于中国少年先锋队玉溪市工作委员会委员卸职替补的决定（草案）》《玉溪市少工委四届四次全会关于中国少年先锋队玉溪市工作委员会主任、副主任调整的决定（草案）》《玉溪市少工委四届四次全会关于中国少年先锋队玉溪市工作委员会兼职副主任选任的决定（草案）》。

【玉溪市青联四届四次常委（扩大）会议】 2019年7月27日，玉溪市青联四届四次常委（扩大）会议在澄江县举行。会议以举手表决的方式，改选了玉溪市第四届青联主席和副主席，共青团玉溪市委书记普睿当选四届市青联主席，团市委副书记魏丽明当选四届市青联副主席。

【“面对面”活动暨“倾听日”座谈会】 2019年1月9日，共青团玉溪市委召开2019年玉溪市“共青团与人大代表、政协委员面对面”活动暨“倾听日”座谈会，围绕“推进快递从业青年服务月”这一主题展开座谈。

【看望帮教玉溪籍未成年服刑人员】 2019年1月24日，团市委牵头市综治委预防青少年违法犯罪专项工作小组的24家成员单位领导到云南省未成年犯管教所开展看望帮教玉溪籍未成年服刑人员活动，并送去春节慰问品。

【“青春心向党·建功新时代”特别主题团日活动】 为隆重纪念新中国成立70周年暨五四运动100周年，2019年4月28日，在玉溪聂耳大剧院举行“青春心向党·建功新时代”特别主题团日活动。市委书记罗应光出席并发表讲话，市委副书记、市委统战部部长保明顺，市委常委、市委秘书长王志新，玉溪师范学院党委书记张学武，市人大常委会副主任龙兰，市人民政府副市长曾敏，市政协副主席何雪峰应邀出席活动。

【玉溪“青年讲师团”正式成立】 共青团玉溪市委从全市各条战线中选取了20名优秀青年代表组成玉溪青年讲师团，2019年4月28日，在玉溪市共青团纪念建团70周年暨五四运动100周年特别主题团日活动上，玉溪市“青年讲师团”正式成立。截至12月31日，深入学校、企业、农村、社区开展主题宣讲活动，累计开展宣讲60余场，参与人数1万余人。

【“青春心向党　建功新时代——玉溪共青团聚爱抗旱进校园”系列活动】 2019年5月24日至6月21日，团市委开展“青春心向党　建功新时代——玉溪共青团聚爱抗旱进校园”系列活动，募集了54 000瓶矿泉水，总价值近45 000元，分别为各县（区）的9所小学送去矿泉水和文体用品。

【“争做新时代好队员”六一主题系列活动】 在2019年六一儿童节到来之际，共青团玉溪市委、市少工委认真组织开展“争做新时代好队员”六一主题系列活动。期间，在玉溪第一小学开展特邀玉溪聂耳小学、三小、四小以及红塔区振兴农民工子弟学校、市特殊教育学校师生代表参加的“争做新时代好队员”2019年六一主题队日活动。市委常委、市委秘书长王志新同志应邀出席活动并发表讲话。团市委、市少工委先后于5月25日和6月2日，牵手红塔区振兴学校、市特殊教育学校和市体育运动学校，组织学校70名农民工子女及特殊儿童、留守儿童到聂耳大剧院观开展系列活动，为全市的少先队员们送上暖暖的节日礼物。

【“情暖童心·爱系留守”夏令营】 2019年8月16—19日，由团市委牵头举办为期4天的“情暖童心·爱系留守”夏令营，来自全市七县二区的112名农村留守儿童、建档立卡儿童、扶贫一线驻村队员子女参与活动。

【澳门青年代表到玉溪开展学习交流活动】 2019年9月25日，由澳门教青局主办、中央团校承办的“追梦·飞翔”青年领袖培育计划初级培训班的青年学员一行37人到玉溪开展学习交流。中国青年政治学院培训中心主任杨鹏和中央驻澳门联络办程启银处长等参与培训班活动。在市青联代表陪同下，先后参观了聂耳故居、聂耳广场、聂耳纪念馆、红塔集团，并与市青联委员开展座谈会相互交流。

【“我与祖国共奋进—国旗下的演讲”主题团日系列活动】 为隆重庆祝中华人民共和国成立70周年，2019年9月，团市委组织举办“我与祖国共奋进—国旗下的演讲”主题团日系列活动，走进社区、走进学校、走进机关、走进企业。其中9月17日在玉溪技师学院举办的“我与祖国共奋进—国旗下的演讲”主题团日活动之走进校园，参与人数达到3 000余人，同时被团中央抽选为特别节目在团中央平台全国直播。

【庆祝中华人民共和国成立70周年暨中国少年先锋队建队70周年主题活动】 为讴歌伟大祖国70年光辉历程，回顾历史，展望未来，知党情，感党恩，奋进新时代，筑梦新征程，2019年10月10日，在聂耳大剧院举行玉溪市庆祝中华人民共和国成立70周年暨中国少年先锋队建队70周年主题系列活动。市委常委、市委宣传部部长杨兴荣，市人大常委会副主任龙兰，市政协副主席杨丽萍出席活动。市委常委、市委宣传部部长杨兴荣在庆祝大会上作了讲话。

【“不忘初心、牢记使命”团干部培训暨青年马克思主义者培养工程培训班】 2019年10月9日至12日，共青团玉溪市委在市委党校举办2019年玉溪市“不忘初心　牢记使命”团干部培训暨青年马克思主义者培养工程培训班。培训采取集中授课、专题讲座、素质拓展等形式进行，培训内容包括深入学习领会习近平新时代中国特色社会主义思想和系统学习党史、新中国史等方面。

【少先队辅导员培训班】 2019年10月28—30日，全市少先队辅导员培训班在峨山县委党校举办。团省委少年部部长、省少工委常务副主任、省少先队总辅导员栾丽华，省少工委委员、省少先队副总辅导员徐吟鹂，省少工委委员李树勋，市教育体育局副局长、市少工委主任陈挺，峨山县委常委、县委办主任张继等领导出席开班仪式。培训采取集中授课、专题研讨、现场观摩、技能教学、实地交流等形式进行，培训内容涵盖了少先队改革政策要点、标志礼仪规范、鼓号、课题研究等方面的专业知识，同时邀请了省、市专家进行授课。

【建设完善青少年事务社会工作服务中心】 为在城市基层党建中进一步深化党建带团建，推动各级各类团组织资源全方位融入社会治理体系，为基层党建引领基层治理工作提供有力支撑，2019年9月，团市委牵头制定《关于开展玉溪市共青团组织融入城市基层党建与基层治理工作的实施方案》，并指导各县（区）团委通过实体化运作的方式建设青少年事务社会工作服务中心，开展服务青少年成长成才、维护青少年合法权益、预防青少年违法犯罪、社会公益性志愿服务等工作。至年底，各县（区）团委已经陆续建成青少年事务社会工作服务中心。

【青年信息产业人才创业就业培训暨技能竞赛】 2019年12月14—15日，全市青年信息产业人才创业就业培训暨技能竞赛在玉溪师范学院顺利举行。培训采取集中授课的形式进行，技能竞赛包括网络禁毒海报设计大赛和青年志愿者网络平台小程序设计大赛。

【“贷免扶补”“创业担保贷款”工作】 2019年，团市委继续开展“贷免扶补”“创业担保贷款”工作。全年扶持440名“贷免扶补”创业人员和160名小额担保贷款创业人员，分别发放贷款6 493万元和2 400万元，带动当地青年就业2 000余人。

（段德翔）

妇女联合会

【概　况】 2019年，市妇联深入开展“我与中国梦”主题教育活动和“巾帼心向党　礼赞新中国”群众性宣传教育活动。巾帼宣讲团以报告会、座谈分享会、专题辅导等方式宣讲先进事迹，举办宣讲76期，受众人数12 000余人。联合举办“玉溪精神”“红土地之歌”演讲比赛，线上线下开展好家风好家教巡讲、最美家庭故事展播、“我和我的祖国”快闪视频拍摄等活动，唱响祖国颂歌快闪视频在“学习强国”得到展播，多项工作被全国、省妇联和市级相关媒体报道，其中3篇推送到学习强国平台。市妇联被全国妇联表彰为全国维护妇女儿童权益先进集体。全市受全国、省表彰巾帼文明岗12个、巾帼建功标兵10人、巾帼建功先进集体9个，全国三八红旗手1名，1户家庭获得全国最美家庭荣誉称号，4户家庭获得云南省最美家庭荣誉称号。

【巾帼创业创新】 2019年，市妇联完成“贷免扶补”资金610户8 900万元，“小额担保贷款”320户人4 800万元，运作省级妇女发展循环金240万元、市级妇女发展循环金54万元。并举办第四期“巾帼创新业带头人”培训班，与玉溪双创中心启迪众创园、玉溪师范学院开展政、企、校三方合作，开展妇女创业展示及“设计+”服务活动，为18家女性企业提供有效服务；联合开展“春风行动”暨“农村劳动力转移就业百日行动”大型招聘会，提供岗位41 000个，成功介绍女性就业627人次。

【巾帼维权】 2019年，市妇联以“建设法治玉溪·巾帼在行动”为主题，开展“百万妇女学法律”和法律“六进”活动，联合开展“七五”普法宣传、文化科技卫生“三下乡”集中示范活动，开展“三八”妇女维权月暨综治维稳宣传月法制宣传、“3·5”雷锋日、安全生产月宣传和“6·26”国际禁毒日宣传志愿活动。同时，举办维权骨干培训，加强基层维权网络建设，强化妇女儿童司法保护；健全完善12338妇女维权公益热线工作机制，为371人提供咨询服务。

①

②

③

①2019年3月8日，玉溪市妇联、教育体育局、总工会举办“倾情礼赞新中国·巾帼奋进新时代”庆三八职工趣味运动会。图为旱地龙舟比赛　②2019年6月5日，玉溪市妇联“家家幸福安康工程”在玉溪聂耳大剧院正式启动　③2019年9月17日，市妇联举行礼赞新中国·绣美新时代妇女创业创新刺绣活动（民族服饰展示）

（市妇联提供）

【巾帼脱贫】 2019年，市妇联挖掘培育基层30余名绣娘骨干，培训绣娘2 000余人次。并举办“礼赞新中国·绣美新时代”玉溪妇女创业创新刺绣系列活动，开展线上线下刺绣作品大赛、刺绣产业发展座谈会、刺绣服饰作品T台展示等活动。全年实施母亲水窖项目1个，项目资金50万元；实施中国预防性病艾滋病基金会安全套捐赠项目，免费向广大妇女及家庭发放安全套1.7万只；争取并下拨资金205万元帮助扶贫联系点黑牛白村建设村内道路、清理河道，解决群众生产出行安全问题。

【巾帼关爱】 2019年，市妇联举办女领导干部心理健康知识讲座、“倾情礼赞新中国 巾帼奋进新时代”庆三八职工趣味运动会。并争取“两癌”救助资金77.64万元，救助“两癌”贫困妇女186人。开展春节送温暖活动，慰问贫困妇女儿童200人，慰问金10万元。

【巾帼家庭文明】 2019年，市妇联命名第七届玉溪市五好家庭50户、先进协调组织（单位）10个，命名市级最美家庭30户、最美家庭提名49户。启动“家家幸福安康工程”和家风家教宣传月活动，开展“给妈妈的一封信”“我家最美一瞬间”征集、亲子阅读等系列活动，推进平安家庭创建活动，不断深化平安家庭创建工作，规范社区家长学校创建标准及管理，推动文明城市创建中社区家长学校规范化建设。启动玉溪市家庭教育课程化工作，组建玉溪市家庭教育骨干队伍，开展百堂家教进社区宣讲，开展家庭教育骨干培训。

【巾帼共建美丽家园】 2019年，市妇联启动“乡村振兴巾帼共建美丽家园”行动，推动示范点建设，推出居家收纳小视频，实施庭院卫生整治、村庄美化整治、农村妇女素质提升、家庭文明创建四大工程。全市共创建市县乡三级示范点91个，建立巾帼志愿者队伍228支。

【实施“两个规划”】 2019年，市人大常委会对市妇联“两个规划”实施工作开展专题调研，听取和审议实施情况，并对完成义务教育阶段失学辍学儿童统计核实工作和在脱贫攻坚中维护妇女儿童合法权益专项调研。市妇联开展社区儿童保护项目中期评估，完成项目点骨干教师培训，初步构建儿童保护部门联动机制。同时，与玉溪师范学院法学院签订框架合作协议实施妇女儿童服务项目，开展全市党群服务中心暨“两家一校”社区骨干培训、社会工作骨干培训及社区戏剧、亲子阅读等活动。

【妇联改革创新】 2019年，市妇联在基层党建示范点社区党群服务中心加强妇女组织建设，充分发挥妇女之家、儿童之家和社区家长学校的作用，探索“妇联组织＋高校＋社区服务”“党建＋妇建＋社会组织”模式，加强两新妇女组织建设，推动基层妇联组织向新领域新阶层延伸，巩固妇联改革成果，推进妇女之家标准化建设。同时，举办妇联系统干部培训班，并完善市妇女儿童发展中心功能设施建设。

（赵江萍）

科 协

【概 况】 2019年，市科协以习近平新时代中国特色社会主义思想为指导，全面贯彻落实省委、省政府对玉溪提出的“六个走在全省前列”新要求和市委五届七、八次全会精神，对照市级领导联系“七位一体”重点工作项目，切实履行科协桥梁纽带职责，在为科技工作者服务、为创新驱动发展服务、为全民科学素质服务、为党和政府科学决策服务等方面，提出科协各有侧重、切实可行的工作措施，以扎实有效的工作为确保玉溪始终干在实处、走在全省前列贡献科协力量。市科协被中国科协办公厅表彰为“2019年全国科普日活动优秀组织单位”“2019年全民科学素质竞赛先进集体”，被省科协表彰为“学会工作先进单位”“第34届青少年科技创新大赛优秀组织单位”；市防震减灾科普馆、澄江化石科学研究博物馆和玉溪第四小学朱红春老师分别被省人社厅、省科协表彰为第三届“云南省科学技术普及奖”先进集体和先进个人；澄江县凤麓街道、华宁县华溪镇、江川区九溪镇、新平县古城街道被省科协命名为“云南省科普小镇”；玉溪一中、红塔区高仓中心小学被省科协命名为“云南省科普示范学校”；新平县古城街道锦秀社区、易门县龙泉街道兴文街社区、华宁县华溪镇华溪社区、峨山县化念镇凤凰社区被省科协命名为“云南省科普示范社区”。

【科协改革发展】 2019年，市科协持续推进“4+2”基层科协组织力提升工作，市科协机关内设机构、人员编制得到改善，事业编制增加至12名，设主席1名，副主席2名。市科协实际向上争取资金811万，新更换科普大篷车1辆，通海县科协新配备科普大篷车1辆，全市科普大篷车增加至6辆。一批农科站长、文化站长、医院院长、学校校长（简称“四长”）进入县级、乡镇级科协领导机构兼职挂职，9个县级科协的24名兼职副主席中，有“四长”人员8人，

2019年6月4日，中国流动科技馆巡展到华宁县，学生参观“会跳舞的机器人”科普展具 （冷健康 摄）

2019 年 9 月 19 日，第九届云南省科协学术年会现场报告会在玉溪市委党校知行厅举行 （白迪云 摄）

占 33%，75 个乡（镇）科协的 94 名兼职副主席中，有“四长”人员 73 人，占 77.6%，基层科协组织力量进一步增强。玉溪农职院、玉溪体育运动学校成立院校科协。玉溪农职院还组建全市首支“科技志愿服务队”，承办云南省“大众创业、万众创新”活动周启动仪式。玉溪高新区成立园区科协，48 家企业和 1 126 名技术人员加入园区科协组织。

【学术交流活动】 2019 年 9 月 18—20 日，由市委、市政府和省科协共同主办，市科协承办的第九届云南省科协学术年会在玉溪举行。学术年会设主会场和中、西、南学会学研究第 37 届年会等 3 个分会场，来自中、西、南 11 个省（自治区）代表、省级学会和 16 个州市代表、市内相关行业代表近 800 人参加会议。市委、市人大、市政府、市政协主要领导及分管联系领导出席学术年会相关活动。学术年会围绕玉溪经济社会发展“5577”总体思路，以“科技支撑创新发展、绿色引领健康生活”为主题，设“加快发展数字经济、促进产业转型升级”“大力发展绿色经济、促进生态文明建设”“提升组织力、奋斗新时代”3 个专题，开展课题调研、优秀学术论文征集评选、院士特邀报告会、学术研讨会、参观考察、科技科普宣传展示、“弘扬爱国奋斗精神、建功立业新时代”文艺展演等活动。3 名院士、24 名专家围绕生态文明、数字经济、智能制造、绿色农业、健康产业、社团发展等方面作特邀报告。省级 9 个学会的 92 位专家针对玉溪生态文明、数字经济、智能制造、绿色农业等内容开展课题调研，形成行动计划方案 1 个、调研报告 10 个、决策咨询报告 8 个。征集论文 392 篇，组织专家筛选出 266 篇，编印《第九届云南省科协学术年会论文集》。此外，市科协完成玉溪市第十届优秀科技论文征集评选工作，征集论文 154 篇，评选优秀论文 88 篇；专项资助 10 个学会实施项目 15 个；组织市科协专家服务团和 15 人专家评审团，参与调研、咨询、评审等活动 102 次；召开各类科技工作者座谈会听取 130 位省、市委联系专家、学科带头人、基层一线科技工作者代表对玉溪经济社会发展的意见建议。

【科技工作者日】 2019 年 5 月 30 日，市科协在市地震科普馆举办以“礼赞共和国、追梦新时代”为主题的“全国第三个科技工作者日”庆祝活动，以配乐朗诵方式，讲述著名科学家邓稼先投身国防事业的感人事迹，以口述史方式，邀请杨有田、王继林、杨世宽、王洪伟 4 名科技工作者讲述自己以及身边科技工作者投身新时代科技事业的感人事迹，展示了全市科技工作者不忘初心、牢记使命，为实践创新驱动发展战略拼搏奉献的精神。市级学会和市公民科学素质建设领导小组成员单位代表 70 余人参加活动。

【青少年科技创新大赛】 2019 年，市科协征集第 34 届青少年科技创新大赛参赛作品 453 件，其中学生创新成果项目 70 项、科技实践活动 43 项、少年儿童科幻绘画 199 幅、科技教师方案及创新成果项目 141 项。市级评出并推荐参加省级竞赛作品 184 件，经过省级大赛评审委员会初审、复评、技能测试、现场答辩和终评，100 件作品获奖，其中创新大赛作品一等奖 8 项、二等奖 19 项、三等奖 65 项，青少年 FLL 机器人工程挑战赛竞赛一等奖 1 项、二等奖 3 项、三等奖 4 项。元江民族中学、华宁县第七中学、玉溪聂耳小学、玉溪第一小学选送的《少数民族地区普通高中建档立卡户学生学习动机现状调查与分析》《电解水实验装置创新改进》《防近视座舱》《大树加油站》4 项作品，在全国青少年科技创新大赛中获奖。

【青少年学科竞赛】 2019年，市科协组织玉溪一中、云师大易门附中240名高中生参加全国中学生生物学联赛云南分赛，获奖62人，其中一等奖3人、二等奖29人、三等奖30人。

【基层科普组织建设】 2019年，全市科协系统新发展、新成立或新命名各类基层科普组织39个，其中农村专业技术协会7个、科普示范基地14个、企业科协1个、科普示范学校11所、科普示范社区及社区科普大学6个（所）。

【科普信息化工作】 2019年，全市建设科普中国e站843个，其中社区e站354个、乡村e站254个、校园e站235个，比上年新增444个。“科普玉溪”电视专区集成各类科普内容452个，时长10 195分钟，点击量达40.97万次。全市注册科普中国App科普信息员8507人，比上年新增2 321人，转发分享各类科普文章39.96万篇（次），比上年新增31万篇（次）。

【科普宣传活动】 2019年，市科协持续组织“全国科普日”主题科普活动，开展百名科技专家下基层、玉溪科普展、玉溪科普大篷车联合行动、科教影片放映、“流动科技馆巡展”等地方特色科普活动。同时，组织38.5万人次参加各类网络科普知识竞答活动，江川区、易门县、元江县、华宁县科协获得省级“2019年全民科学素质网络竞赛先进集体”，其中江川区科协组织参赛人数在全省129个县区中排名第一；完成中国流动科技馆第三轮5个县（区）巡展工作，累计参观71 405人次；组织开展农村数字电影科教片放映，全年放映农村科教片4 543场次，观众达40.88万人次。

【农函大办学】 2019年，全市科协系统在75个乡镇（街道）开办132个专业241个（统办专业班124个、地方特色专业班117个）农村专业致富技术函授大学教学班，招收学员14 441人（统办专业7 686人、地方特色专业6755人），其中农村党员2 343人、基层干部1 861人、少数民族6 664人、妇女4 755人、返乡农民工及其他人员718人。全市参与农函大教学管理人员170人，专兼职辅导教师176人。

【科协代表大会】 经市委批复同意，2019年12月11—13日，市科协召开第五次代表大会，200名代表参会。会议全面总结过去五年取得的成绩，明确今后五年的工作目标任务，对2014—2019年度全市科协系统的20个先进组织和36名先进个人进行通报表扬。会议选举产生市科协第五届委员会委员37名、常务委员19名，其中，沐华斌当选主席，陈晓静、杨继林2名同志当选副主席，杨琼英、宋明清、张钟、张锡光4名同志当选兼职副主席，阮洪林、孙德昕、李贵富、李彦坤、杨溢、杨斗解、何俊、张晓伟、陆星星、岳修武、赵永富、施超12名同志当选常务委员。

（杨继林）

2019年12月11—13日，玉溪市科协召开第五次代表大会，图为大会选举现场，参会代表表决通过大会选举办法

（张志云 摄）

侨 联

【概 况】 2019年1月28日，市深化党政机构改革领导小组印发《玉溪市深化市级机构改革实施方案》，市政府外事侨务办公室的有关海外华人华侨社团联谊等职责划归市归国华侨联合会行使。市侨联深入学习贯彻习近平新时代中国特色社会主义思想和中央、省、市对侨联工作的部署要求，结合“不忘初心、牢记使命”主题教育和巡察整改工作要求，切实加强职能履行，协同市委统战部（市侨办）、致公党玉溪市委等部门到涉侨重点社区峨山县小街街道文明社区、红塔区胜利社区和金州社区、元江县甘庄社区开展送医送药义诊和普法宣传活动4次，接诊群众1 000余人次，发放侨法宣传材料3 000余份，发放价值35 000余元的药品；协同市委统战部（市侨办）开展全市归侨侨眷调查统计工作；全年接待来访30人次，来信2件，协调解决了原总站职工信访要求按政策给予100%的退休工资待遇问题；争取到“侨胞之家”建设经费31.5万元，解决了元江县、峨山县基层“侨胞之家”建设经费紧缺的问题；争取省级项目资金14万余元，在峨山县、元江县举办2期归侨侨眷产业技能培训；开展专项整治和廉洁教育，积极参与扫黑除恶专项斗争，深入侨乡、侨场、扶贫点等开展宣传，发放宣传材料1 100余份；做好市级侨界政协委员的推荐工作，全市10名侨界人大代表、政协委员共提出提案及议案14件；修改完善和建立健全工作制度，强化管党治党和机关治理。2019年，市侨联平安建设（综治工作）考评为优秀单位一类单位，意识形态工作考评为一等次，依法治市工作考评为优秀档次，党风廉政建设工作责任制考评为合格单位。

【走访慰问】 2019年1月2日，市侨联组织机关全体干部职工、归侨侨眷代表20余人参观“辉煌历史 玉溪巨变——庆祝改革开放40周年暨纪念玉溪撤地设市20周年成就展”。1月14—15日，市侨联党组书记、主席罗云川陪同省侨联副主席高峰到元江县甘庄、红河华侨农场和峨山县文明、大白邑村，走访慰问归侨侨眷，到华侨农场历史文化陈列室调研指导，开展“新春送祝福 温情暖侨心”活动，制作电子贺卡向全市广大归侨侨眷、海外侨胞送上新春祝福。1月28—31日，市侨联党组书记、主席罗云川率队先后到新平县、易门县、澄江县、江川区、通海县、红塔区等走访慰问困难归侨侨眷和侨界代表人士。全年协调省侨联及市委、市政府慰问经费6.25万元，走访慰问了120户困难归侨侨眷和侨界代表人士。

【调研及脱贫攻坚工作】 2019年4月2—3日，市侨联党组书记、主席罗云川带队到元江县华侨农场，就侨联委员、代表的履职情况和基层侨联组织工作情况开展调研。7月31日，市侨联党组书记、主席罗云川，市委统战部副部长、市侨办主任柳卫国到元江县、峨山县就“侨胞之家”建设、侨界群众技能培训及归侨侨眷调查统计工作进行调研指导。10月30日，市侨联党组书记、主席罗云川率队到元江县红河、甘庄华侨农场，峨山县文明、大白邑社区，就侨胞之家建设进行专题调研，形成《“党建带侨建”加强基层侨联组织建设》专题调研报告。在市委统战部“挂包帮”“转走访”脱贫攻坚工作领导小组领导下，1月24日，市侨联机关全体干部捐款1 700元，市侨联党组书记、主席罗云川带领机关干部到马鹿寨硝厂村开展新春慰问。9月4号，市委统战部常务副部长何国斌、市侨联党组书记、主席罗云川到马鹿寨就人居环境整治及新寨河民族团结进步示范村建设工作进行调研。12月3日，市侨联党组书记、主席罗云川协同市委统战部副部长杨美琼到马鹿寨村，参与十九届四中全会精神及“自强、诚信、感恩”宣讲。全年投入资金3万元，帮助硝厂、热水塘、岩子脚等7个村民小组解决道路亮化工程。

【海外联谊】 2019年4月13—14日，法国华侨华人会云南寻谊考察团到玉溪考察联谊，6月7—13日，组织人员积极参与省侨联牵头承办的“侨连五洲·七彩云南：第十七届东盟华商会暨第一届‘一带一路’侨社论坛”活动，联谊交友、宣传推介玉溪。9月24日至10月3日，首次承办来自澳大利亚的“中国寻根之旅”海外华裔青少年玉溪秋令营。期间，协同市委统战部（市侨办）组织市内有关部门及企业与澳大利亚云南总商会就玉溪名特优产品外销及宣传推广开展洽谈交流。全年接待海外华侨华人80余人次。

【侨务培训】 2019年8月29-30日，在市委党校举办全市侨务干部培训班，邀请省委党校溥德书教授作《不忘初心、牢记使命》主题教育专题讲座，省委统战部胡明学巡视员作《做好新形势下的侨务工作》专题辅导，市侨联就“党建带侨建，推进基层侨联组织建设”作业务指导。培训期间组织参训学员围绕“基层侨联组织建设”和“做好新时代侨务工作”两个主题分组开展学习研讨。

【举办联谊活动】 2019年9月19日，市委统战部（市侨办）、市侨联在元江县甘庄街道举办“不忘初心、牢记使命”主题教育归侨侨眷代表座谈会和“不忘初心、牢记使命”主题教育暨庆祝中华人民共和国成立70周年联谊晚会，礼赞新中国、讴歌新时代，进一步凝聚侨心侨力，团结广大归侨侨眷和海外侨胞不忘初心跟党走，铭记党恩担使命。

【“不忘初心、牢记使命”主题教育】 2019年7月下旬，市侨联党组及时组织开展“不忘初心、牢记使命”主题教育先学先改工作。9月20日，召开“不忘初心、牢记使命”主题教育部署工作会议，正式启动主题教育。在市委第十巡回指导组精心指导下，市侨联党组制定实施方案，紧扣学习贯彻习近平新时代中国特色社会主义思想这一主线，切实抓好学习教育；深入基层和群众，扎实搞好调查研究；坚持刀刃向内自我革命，深刻检视剖析问题；突出针对性和实效性，持续抓好整改落实；用好批评和自我批评武器，开好专题民主生活会。通过学习教育，进一步深化对习近平新时代中国特色社会主义思想的学习贯彻，坚定理想信念，加强和改进工作作风，创新思路举措，更好地营造侨联队伍风清气正的良好政治生态。

（施又苺）

元江羊街乡 （刘 斌 摄）

法　治

LEGAL SYSTEM

责任编校：王　捷

政法及综治

立法工作

法治政府建设

公　安

检　察

法　院

司法行政

政法及综治

【概　况】 2019年是新中国成立70周年，也是玉溪政法及综治工作固本强基、守正创新的一年。在省委政法委、市委市政府的坚强领导下，全市政法系统始终坚持以习近平新时代中国特色社会主义思想为指导，统筹抓好防风险、保安全、护稳定各项措施，全市政治社会大局保持和谐稳定。被省扫黑除恶专项斗争领导小组确定为全省唯一一家全国扫黑除恶重点培育市，第九次入选全国最安全城市，全国禁毒示范创建工作受到国家禁毒委表扬。

【平安玉溪建设】 2019年，市委政法委牢固树立底线思维，切实增强忧患意识，牢牢把握全市发展面临的风险挑战，严格落实重大决策事项社会稳定风险评估制度，完成社会稳定风险评估事项75件。全市共组织发动"红袖标"治安志愿者6万余人。702个村（社区）划分为6 690个网格，推行"县区—街道—社区—网格—楼栋"五级治理模式，统筹网格内党建、社保、综治、社会救助等工作。探索基层人民调解新方式新方法，最大限度把矛盾解决在基层、吸附在当地、消除在萌芽状态，实现矛盾不上交、不激化。全市人民调解、司法调解、行政调解三调联动，累计排查各类矛盾纠纷27 491件，成功化解24 782件，化解率90.15%。首次实现群体性事件"零发生"，70周年大庆和党的十九届四中全会期间赴省进京"零上访"。命案同比下降33.3%，命案全破；盗窃、"两抢"案件分别下降14.2%和29.3%。

【扫黑除恶专项斗争】 2019年，市扫黑办紧紧围绕创建全国扫黑除恶重点培育市的工作目标，举全市之力推动扫黑除恶工作大提速、重点大突破、成效大提质，共打掉涉黑涉恶犯罪团伙75个，其中涉黑组织13个、涉恶集团41个、涉恶团伙21个，抓获黑恶势力犯罪嫌疑人1 198人，批捕120件602人，起诉71件631人，一审受理65件591人，审结53件499人，判处五年以上有期徒刑163人。立案查处涉黑涉恶腐败、黑恶势力"保护伞"、工作失职失责等问题215件215人，给予党纪政务处分156人，组织处理20人，移交其他单位处理3人，问责41个单位、46名干部，移送司法机关28人。在全国关注、中央扫黑办督办的孙小果涉黑涉恶案件中，市检察院严把案件事实和法律适用关，受到中央和省扫黑办以及高检院的充分肯定；市中院顺利完成一审，取得了良好的政治效果、法律效果和社会效果，受到最高人民法院周强院长的批示肯定。

【创新社会治理】 2019年，市委政法委积极推动综治工作进入非公经济组织，推动各级各类群团组织、社会力量全方位融入基层治理体系。发挥治保会、单位内保、保安员三支队伍的作用，探索新时期"警民、警企、警保"协作新路子，充分发挥其在维护社会和谐稳定"第一道防线"作用。全力推进立体化社会治安防控体系"365"工程建设，基本形成了基础扎实、反应灵敏、全时空、多层次、宽领域和大数据综合应用支撑的打防管控新格局，社会治安防控能力进一步提升。全市共建成240路人脸识别前端、602路卡口、14588路视频监控、156套电子围栏，1 000余个WIFI信息采集点，对途经车辆、人员、通信工具等信息进行动态实时无感采集，实现了"人过留影、车过留牌、机过留号"。组建10个公安武警混编专班、31个武装处突单元、4个公安武警联勤反恐突击单元，实行24小时应急值守。建成市县两级互联网监控中心，实行7×24小时全天候网上巡查，织密网络社会防控网。整合群防群治巡逻辅助力量，建立专兼职巡防队伍319个。在543个驻村警务室实行治保办公室、调解办公室和警务室"三室"合署办公，推行群防群治"3＋N"模式，全力提升群防群治工作水平。

【司法体制改革】 2019年，市委政法委坚持问题导向，紧紧扭住阻碍政法事业深入发展的体制机制障碍，着力破解制约政法事业长远发展的根本性问题，全面深化触及深层次利益格局调整和制度体系变革，不断把改革引向深入。完善市委全面依法治市委员会办公室工作机制体制，完成了"防范办"和"维稳办"相关工作职能划转公安，平稳完成消防和森林公安的转隶工作，市县区两级党委政法委机构改革全部到位。深化以审判为中心的刑事诉讼制度改革，健全执法监督体制，完善政法单位办案内外部监督机制，印发《玉溪市政法机关依法保障和服务民营企业高质量发展意见及重点任务分工方案》，牵头成立服务民营企业发展法治保障工作领导小组，切实发挥政法机关在促进民营企业高质量发展的法治保障作用。落实《玉溪市生态环境资源保护行政执法与刑事司法衔接工作机制》，提高惩治破坏生态环境资源违法犯罪的效率。补选员额法官17名，全市两级法院新型办案团队构架已初步建成。补选员额检察官16名，全市入额检察长、副检察长带头办理重大疑难复杂案件870件。公安机关完成两个职务序列改革首次晋升工作。

【政法队伍建议】 2019年，市委政法委以全面贯彻执行《中国共产党政法工作条例》为契机，强化党对政法工作的绝对领导。报请市委下发《关于贯彻落实〈中国共产党政法工作条例〉及省委实施细则的分工方案》，明确了28个部门的责任分工，推动解决乡镇（街道）按科级配备政法委员，市、县、乡三级综治中心以事业单位设置，落实编制和人员。深入开展"不忘初心、牢记使命"主题教育，制定《玉溪市政法系统纪律作风督查巡查实施办法（试行）》，开展全市政法队伍突出问题集中整治，坚决肃清秦光荣流毒影响。扫黑除恶专项斗争开展以来，截至2019年底，全市政法系统共有97人因涉黑涉恶腐败和"保护伞"等问题被立案查处。

（王建文）

立法工作

【编制立法计划】 2019年，市人大常委会组织编制玉溪市人大常委会2019年立法工作计划（以下简称立法计划）。2019年2月，市人大常委会党组会议研究立法计划（草案），会议原则同意立法计划（草案），按要求报市委依法治市委员会审议；4月26日，市委依法治市委员会第一次会议审议立法计划（草案），会议原则同意立法计划（草案），同意提请市委常委会会议审议；4月29日，市委第128次常委会会议审议通过立法计划（党内送审稿），会议原则同意立法计划（党内送审稿），进一步修改完善后提请市人大常委会主任会议研究；4月30日市人大常委会第二十九次主任会议研究立法计划（草案），于当日印发实施。

【重要领域立法】 2019年1月19日，市五届人大二次会议表决通过《玉溪市人民代表大会及其常务委员会制定地方性法规条例》。3月26日，云南省第十三届人民代表大会常务委员会第九次会议批准该条例。4月1日，市人大常委会召开条例颁布施行新闻发布会，条例正式颁布实施。加快推进《玉溪市飞井水库饮用水水源保护条例》审议进程，用最严格的法治制度最严密法治保护生态环境。积极跟进国家立法，针对意识形态和道德领域的突出问题，加快《玉溪市革命历史遗址保护条例》《玉溪市文明行为促进条例》的立法调研，充分发挥立法在社会价值取向方面的引领和推动作用。

【立法调研咨询】 2019年，市人大常委会首次牵头起草了《玉溪市人民代表大会及其常务委员会制定地方性法规条例》；加强网上征求意见，广泛听取有关部门、专家、人大代表、政协委员和行政管理相对人意见，充分发挥10个基层立法联系点立法“直通车”和地方立法咨询专家和地方立法基地的智库作用，地方立法咨询专家参与立法调研和咨询论证7次，提出意见建议200余条；深入开展立法调研，《玉溪市飞井水库饮用水水源保护条例》二审期间开展立法调研2次，召开立法座谈会4次，组织专家论证会1次，力求使法规草案符合实际，反映民意；坚持立法时间服从立法质量，积极向常委会党组和主任会议报告，在省政府尚未对飞井水库饮用水水源保护区划分方案批准前，暂缓条例审议，确保立法质量；坚持依法立法，紧紧围绕法规草案的合法性、统一性、科学性和规范性做好法规统一审议工作。2019年共召开3次法制委员会会议。

【规范性文件备案审查】 2019年，市人大常委会向省人大常委会报送备案规范性文件1件，即《玉溪市人大常委会预算联网监督系统使用管理暂行办法》；收到市人民政府报送备案规范性文件1件，即《玉溪市人民政府关于宣布废止部分行政规范性文件的决定》；未收到县区人大常委会报送备案的规范性文件。2月，市五届人大常委会第十二次会议首次听取了法工委《关于2018年度规范性文件备案审查工作情况的报告》，认真落实市人大常委会听取备案审查工作情况报告制度；组织修订《玉溪市人民代表大会常务委员会规范性文件备案审查实施办法》，强化备案制度刚性约束；加强与市政府沟通协调和对县区人大常委会备案审查工作的指导，发挥好地方立法和规范性文件备案审查信息平台作用。

【修订《云南省星云湖保护条例》】 2019年，市人大常委会积极配合省人大常委会做好《云南省星云湖保护条例》修订的调研、论证、修改等工作。2019年9月28日，省十三届人大常委会第十三次会议审议通过了《云南省星云湖保护条例》，至此，玉溪市抚仙湖、杞麓湖、星云湖“三湖”保护条例均修订完毕，为依法保护“三湖”提供了强有力的法制保障。

【修订3个民族自治县自治条例】 2019年10—12月，市人大常委会按照习近平总书记考察云南时对云南提出的新要求、新定位和省人大常委会统一安排部署，积极配合指导峨山、新平、元江3县做好自治条例修改工作，通过修例依法促进玉溪民族自治地方经济发展、社会进步、民族团结和谐。

【法规清理工作】 2019年，市人大常委会按照全国人大和省人大常委会相关工作要求，组织开展了对全市已制定出台涉及生态环境保护的《玉溪市新平哀牢山县级自然保护区条例》《玉溪市城镇绿化条例》《玉溪市森林防火条例》3部法规的清理工作。经组织有关部门认真自检自查，没有发现玉溪市制定的地方性法规存在与上位法相抵触或不符合、不适应法律规定、中央精神、时代要求的情形。

法治政府建设

【依法治市工作】 2019年1月11日，市委全面依法治市委员会办公室揭牌，设置在市司法局。2月27日，玉溪市委下发《关于市委全面依法治市委员会组成人员任职的通知》文件，明确了市委全面依法治市委员会组成人员。4月26日，召开市委依法治市委员会第一次会议，组建四个协调小组，及时履行统筹市委全面依法治市协调、督促、检查、推动的工作职能。7月29日，召开市委全面依法治市委员会办公室负责人暨各协调小组第一次会议，安排部署全市2019年立法、执法、司法和守法普法工作，依法治市工作顺利有序开展。积极落实云南省《党政主要负责人履行推进法治建设第一责任人职责实施办法》及《党政主要负责人述法办法（试行）》等文件精神，各级党政主要负责人认真履行本地区法治建设组织者、推动者和实践者的职责，针对全年履行法治建设职责情况开展了述法工作。加强党内规范性文件备案审查工作，认真贯彻落实新修订的《中国共产党党内法规和规范性文件备案审查规定》，积极审查各县区各部门报送市委备案的党内规范性文件，并按要求及时向省委报送备案市委规范性文件。全市9个县区、74个乡镇（街道）、各党委（党组）的党内规范性文件备案审查网络基本形成。按照市委办《起草〈中共玉溪市委关于认真学习贯彻党的十九届四中全会精神高水平推进市域治理现代化的决定〉调研责任分工方案》的通知要求，市委依法治市办牵头对“坚持和完善中国特色社会主义法治体系，全面推进法治玉溪建设”进行了调研，并上报了调研情况报告。针对中央和省在我市开展食品药品监管执法司法督察、营造法治化营商环境和保护民营企业发展督察、法治政府建设实地督察、中央依法治国办法治政府建设督察等四次法治建设相关督察工作中发现的问题，积极开展整改落实工作。

【政府立法】 2019年，市司法局紧紧围绕地方中心工作，认真贯彻落实《玉溪市第五届人民代表大会常务委员会2018—2022年立法规划》和《玉溪市人民代表大会常务委员会2019年立法工作计划》，本着“少而精”和审慎立法的原则，加强和改进政府立法工作。积极配合市人大做好《玉溪市飞井水库饮用水水源保护条例》立法相关工作。配合省级做好高原湖泊立法相关工作，《云南省杞麓湖保护条例》于2019年3月颁布施行，《云南省星云湖保护条例》经省第十三届人民代表大会常务委员会第十三次会议于2019年9月28日审议通过并公布，自2020年1月1日起施行。

【建设法治政府】 2019年，市司法局围绕《法治政府建设实施纲要（2015—2020年）》和省委省政府贯彻落实意见，严格落实党政主要负责人履行推进法治建设第一责任人职责，扎实推进依法行政和法治政府建设工作。坚持市委常委会会议、市委深化改革委员会会议专题研究法治建设、法治政府建设工作，坚持重要工作及时向党委请示报告制度，切实加强党对法治政府建设工作的领导。市委书记罗应光对《玉溪市法治政府建设示范创建活动工作方案》作出重要批示、2019年12月市委常委会专题研究、听取法治建设、法治政府建设工作。坚持市政府常务会议专题研究、法治政府建设工作，市政府张德华市长主持召开2019年玉溪市法治政府建设工作电视电话会议，全年累计8次听取和研究依法行政、法治政府建设相关工作。坚持市政府常务会议学法和法治专题讲座制度，集体学习《重大行政决策程序暂行条例》《政府投资条例》《优化营商环境条例》等法律法规，全市政府领导干部和工作人员依法行政能力进一步提升。玉溪市人民政府被省推荐为全国2019年法治政府建设示范创建活动唯一的参评州市。

【法治政府建设评估】 2019年，市司法局根据中办、国办印发的《法治政府建设与责任落实督察工作规定》和中央依法治国办《关于开展法治政府建设动示范创建活动的意见》精神，为更好地推进法治政府建设工作再上新台阶，市司法局委托云南省法治政府研究院作为第三方机构对全市9个县区法治政府建设情况开展综合评估，形成《玉溪市法治政府建设评估报告》。评估结果及时反馈至各县区，切实找准差距、补齐短板，整体提升我市法治政府建设水平。

【依法科学民主决策】 2019年，市司法局严格执行《重大行政决策程序暂行条例》《云南省重大行政决策程序规定》和《玉溪市重大行政决策程序规定（试行）》，坚持重大行政决策公众参与、专家论证、风险评估、合法性审查和集体讨论决定的法定程序，强化决策法定程序的刚性约束。全市共组织重大决策事项听证53次，专家论证105件，开展风险评估96件。216件涉及市人民政府重大决策、重要建设项目等事项通过合法性审查，并形成书面审查意见，做到了市人民政府重大决策事项合法性审查率100%，确保政府决策依法、科学、民主。

【行政规范性文件管理】 2019年，市司法局全面贯彻落实《云南省人民政府办公厅关于全面推行行政规范性文件合法性审核机制的实施意见》，制定下发了《玉溪市贯彻落实云政办发〔2019〕67号文件工作任务清单》，将工作任务分解细化到各县（区）、各部门，并将落实情况纳入市委、市政府综合目标任务进行考评。印发《玉溪市人民政府办公室关于认真做好行政规范性文件及其制定主体资格清理工作的通知》，组织开展对行政机关行政规范性文件制定主体资格和现行有效的行政规范性文件进行清理，确定了市级行政规范性文件制定主体资格62个。对符合经济社会发展和深化改革扩大开放要求、必须履行法定职权职责的41件市人民政府行政规范性文件予以保留（其中将对部分内容不适应市场经济社会发展要求的10件行政规范性文件进行修订），废止妨碍深化改革、扩大开放，同现行法律法规不协调甚至相抵触的市人民政府行政规范性文件10件。各县（区）、各部门按要求开展清理工作，保留、废止、修改完善了一批行政规范性文件，清理结果向社会公布。严格坚持行政规范性文件备案审查制度，对县（区）人民政府和市级部门报送备案的14件行政规范性文件进行了备案审查，纠正3件，纠错率达21%。按规定向省政府办公厅报送备案的市人民政府行政规范性文件1件。

【综合行政执法改革】 2019年，市司法局坚持统筹兼顾，以党政机构改革为契机，加快推进农业农村、文化旅游、生态环境、交通运输和市场监管等五个重点领域综合行政执法体制改革，研究出台《玉溪市深化农业综合行政执法改革实施方案》等制度措施，合理配置职能职责，组建五个领域综合行政执法队伍，逐步形成权责明晰、服务为先、管理优化、执法规范、监督有效、保障有力的综合执法管理体制。截至12月31日，5个重点领域综合行政执法队伍已全部完成组建挂牌工作。

【全面推行“三项制度”】 2019年，市司法局全面推行行政执法公示制度、执法全过程记录制度、重大行政执法决定法制审核制度，制定出台《玉溪市全面推行行政执法公示制度执法全过程记录制度重大行政执法决定法制审核制度的实施方案》，及时开展行政执法主体资格公告工作。市、县（区）完成531个行政执法主体和10 073个行政执法人员信息录入，对424家行政执法主体资格进行了公告，其中：市级行政执法主体80家，县（区）和乡镇行政执法主体344家。全市重大行政执法决定法制审核9 129件，着力解决执法不严格、不规范、不文明、不透明等问题。

【行政执法案卷评查】 2019年，市司法局印发《玉溪市司法局关于开展2019年涉民营企业行政执法案卷评查工作的通知》，组织开展全市行政执法案卷评查。全市共组织评查行政执法案卷10 834卷，其中：行政许可案卷4 625件、行政处罚案卷5 734件、行政强制案卷475件。市司法局采取随机抽查的方式，共评查7县2区17个市级行政执法部门报送的行政执法案卷共计107卷，其中：行政许可45卷，行政处罚62卷。经评查，共评出优秀案卷42卷、合格案卷61卷、不合格案卷4卷，优秀合格率96.26%、不合格率3.74%。

【行政复议工作】 2019年，市司法局充分发挥行政复议化解矛盾纠纷主渠道功能，认真落实行政复议、行政诉讼、行政调解、仲裁、行政裁决、信访多元化纠纷解决机制，支持人民法院依法受理和审理行政案件，依法有效化解行政争议。全市共收到行政复议申请103件，依法受理83件，不予受理20件。正在办理9件，已审结87件（含上年结转13件），纠错率21.97%。全市各级政府和部门参与行政诉讼案件108件，已审结90件（含上年结转14件），正在审理32件。全市共受理行政调解案件13 387件，以调解方式结案13 038件，调解成功率97.39%。办理仲裁案件61件，涉案标的额1.72亿元。

（石 锐）

公 安

【概 况】 2019年，全市公安机关在市委、市政府和上级公安机关的坚强领导下，以习近平新时代中国特色社会主义思想为指导，深入学习贯彻党的十九届二中、三中、四中全会精神和全国、全省、全市公安工作会议精神，紧扣新时代公安工作职责使命，以新中国成立70周年大庆安保工作为主线，全力推进各项公安工作跨越发展，取得了“五无一全两升”（即：无影响国家安全和社会政治稳定的重大案事件、无暴恐案事件、无重大恶性公共安全事件、无重大舆论热点炒作事件、无群体性事件；实现命案全破；公安社会治理能力进一步提升，群众安全感满意度进一步提升。）和“四个全省唯一”（即：玉溪市被确定为全省唯一一家扫黑除恶重点培育州市、成为全省唯一一家全国禁毒示范创建工作先进城市受到国家禁毒委的通报表扬、成为云南省唯一一个第九次入选全国最安全城市的州市。玉溪市人民政府被省政府列为2019年全省唯一一个全国法治政府建设示范市推荐对象。）的成绩，在全省公安工作2019年度综合考评中荣获三等奖，以实际行动践行了玉溪公安的初心使命，有效维护了全市政治和社会治安大局的持续稳定。

【维护国家安全和政治稳定】 2019年，全市公安机关始终把维护政权安全、制度安全为核心的国家政治安全作为首要工作职责，牢牢把握对敌斗争的主动权，组织开展维护政治安全系列专项行动，全市未发生敌对势力和重点人员借助社会热点炒作的重大舆情问题，未发生香港“反修例”风波倒灌内流、政治性非法聚集以及“举牌”“快闪”等街头政治活动。全市公安机关以深入推进严厉打击暴恐极端、派遣“回流”、涉恐融资、网上追逃等工作为载体，强化多警种联合反恐怖侦查打击工作机制，坚决将暴恐活动消灭在预谋阶段和发生现实危害之前，坚决防止了暴恐案事件打响炸响。全市共开展反恐应急演练174次，反恐应急处置水平进一步提升。

【政治建警】 2019年，全市公安机关认真学习贯彻党的十九届四中全会精神和习近平总书记对政法、公安工作的重要指示批示精神，自觉主动地将公安工作放在坚持中国特色社会主义制度、推进国家治理体系和治理能力现代化的大局中来谋划，以年初提出的“5+5+5+5”工作思路为基本框架，深入推进警务运行“十个一体化”机制、队伍建设“十一项工程”，抓好政治建警、基层基础、法治公安、改革创新、管党治警等重点任务，开展专项调研37次，设立工作示范点35个，设立攻坚改革的创新项目25个，认真抓好公安机构、警务机制、社会治理创新、“放管服”、执法制度、民警职业保障制度等6方面改革，做强情报指挥、科技应用、侦查手段、规范执法、队伍素质、装备建设、监督激励7大支撑，把贯彻落实工作转化为实实在在的工作成果，体现到对敌斗争、反恐防恐、维护稳定、扫黑除恶、毒品治理、公共安全、队伍建设等各个方面。

【“不忘初心、牢记使命”主题教育】 2019年，全市公安机关在“不忘初心、牢记使命”主题教育中，按照“不划阶段、不分环节”的要求，严格将“学习教育、调查研究、检视问题、整改落实”贯穿始终，保证了主题教育扎实有序开展。选树了一批“最美基层民警”，开通了12 389举报投诉平台，按照“四个到位”的要求，整改解决群众和民警关心的实际问题33个。

【“治慵懒、强担当、树新风”主题实践】 2019年，全市公安机关开展“治慵懒、强担当、树新风”主题实践，着力查找队伍中的“慵”“懒”问题，梳理形成市局党委班子及班子成员问题清单95条，各分、县局和各警种问题清单35份。对照“慵”20个方面的重点问题，通过个人找、同事帮、领导点、群众评的方式，形成民警个人剖析材料3 112份，梳理出在政治、思想、能力、作风、工作、履职6个方面的存在问题142项。积极推进成果转化，在全市推广“一村一警”乡情式服务管理、对民营企业建立“一对一挂靠”“一对一帮扶”工作模式，形成面对面、线对线、键对键多种方式结合的警民沟通交流平台。组织开展全市公安局长派出所长大接访大走访活动，市、县（区）公安局长共接访群众268人，解决问题115条，派出所所长共走访群众1 564人，解决问题265条，共听取意见建议377条。

【建国70周年大庆安保维稳工作】 2019年，全市公安机关将新中国成立70周年大庆安保维稳作为贯穿全年工作的主题主线，高位部署、高标落实、高效推动，圆满完成政治大考、忠诚大考、能力大考，确保了一系列重大活动安全顺利进行，一系列敏感节点的平稳度过，实现了“五个坚决防止”和“三个确保”的既定目标，忠实践行了“忠于党、顾大局、敢担当、勤为民、守纪律”的玉溪公安精神。在大庆安保期间，全市3个集体和1名个人记一等功，6个集体和10名个人记二等功，27个集体和110名个人记三等功，一大批集体和个人受到嘉奖和通报表扬。

【“扫黑除恶”工作】 2019年，全市公安机关按照“全国扫黑除恶重点培育市”目标任务，坚持“七个一”工作标准，建立47个扫黑除恶工作机制，不断完善扫黑除恶专项斗争制度体系、责任体系和评价体系，积极探索创新黑恶案件侦办“十同步”工作模式，全力打造玉溪公安扫黑除恶战斗模式。全年接报各类线索2 201条，核查结束2 058条，查结率93.5%，核查回访率100%；共打掉黑恶势力犯罪集团（团伙）75个，其中13个黑社会性质组织，62个恶势力犯罪集团（团伙），抓获黑恶势力犯罪嫌疑人1 198人，破获各类刑事案件988起，查封、冻结、扣押涉案资产1.52亿元；配合纪监委查办涉黑涉恶腐败案件20起40人；配合组织部门完成19 972名村“两委”干部和村民小组干部的任职资格联审工作，通报不符合条件人员284人，移交涉黑涉恶线索45条；组织开展扫黑除恶“五进”活动，入户宣传79.9万户238万人；全市共印制和发放扫黑除恶主题宣传资料207.6余万份、悬挂标语横幅14 092条，设立宣传电子屏5 539块，刊播全媒体扫黑除恶稿件4625篇（条），向6名举报人发放奖励资金52 500元。玉溪市被确定为全省唯一的扫黑除恶专项斗争重点培育市。

【打击各类违法犯罪活动】 2019年，全市受理治安案件20 903起，同比上升5.7%，查处11 880起，查处违法人员14 369人；共立刑事案件10 391起，同比持平，破3 235起，同比下降25.4%，破年前积案1 145起，破案绝对数为4 380起；共立命案22起，同比下降33.3%，连续四年取得命案全破的好成绩；成功侦办全国第二大虚开增值税发票骗税专案，被公安部记一等功，获四部委通报表扬；河湖保护专项行动办理污染环境、破坏生态案件36起；保护野生动植物资源专项行动查处各类森林和野生动物案件1 017起；打击电信诈骗专项行动共立电诈案件1 179起，破获192起，止付受骗资金4 867.59万余元；打击经济犯罪工作共立经济案件227起，同比下降27.7%，破案126起，挽回经济损失8 138.7万元，抓获犯罪嫌疑人343人。

【禁毒斗争】 2019年，全市公安机关破获毒品案件475起，同比下降16.5%，抓获犯罪嫌疑人439人，缴获毒品581.662千克；共查处吸毒人员1 854人次，收戒吸毒人员1 547人，收治病残吸毒人员242人，基本做到应收尽收；推进吸毒贫困人员精准脱贫行动，全市共计建档立卡吸毒贫困人员108名，已脱贫103人，脱贫率为95.4%，处于全省较高水平。

【执法办案】 2019年，全市公安机关增设受立案管理中心，实现接报案、受案、立案、办案、结案全过程可溯式管理，建立落实执法管理委员会议、法检公联席会议工作机制，积极协商研究疑难案件。全市各级公安法制部门共审核各类案件7 260件11 262人，提出执法监督意见2 331条，始终做到严把案件事实关、证据关和程序关，杜绝了关系案、人情案和冤假错案的发生。

【公安社会治理】 2019年，全市公安机关认真贯彻习近平总书记“推进基层社会治理创新”要求，按照打防并举、标本兼治的原则，统筹推进城乡一体化社会治安防控体系建设，补齐治安整体防控和基层基础方面的短板，不断提升了治安防控和安全管理水平。召开全市公安基层基础工作推进会，积极推广“枫桥式公安派出所”创建活动。提前部署并全面推开“一村一警+N个警务助理”，全市共落实包保民警730人，警务助理1 218人。构建“三个三”矛盾纠纷多元化解调处体系，全市共建成7个县级调解中心，374个公安调解室，配备专兼职调解人员650人。全年排查各类矛盾纠纷7 997起，化解7 328起，化解率为91.1%，未发生因矛盾纠纷排查不到位、调处不彻底引发的个人极端暴力案件和群体性事件。大力推进“除隐患、防事故、保大庆”交通安全整治攻坚战，有效预防群死群伤的重特大道路交通事故发生。

【社会治安防控体系建设】 2019年，全市组建25个武装处突单元，41个动中备勤武装值守点，1个市级反恐机动单元，1个反恐突击队，依托武装执勤点及流动执勤点，构建1分钟、3分钟、5分钟快速处置圈，见警率进一步提高。全市公安机关深入推进群防群治“3+N”工作模式，以治保会、单位内保、保安队伍3支骨干力量为主，整合环卫工人、公交车司机、出租车驾驶员、外卖配送员等“N”种社会力量，积极参与到社会治安防控工作中来，全市共组织发动“红袖标”治安志愿者6万余人，全年协助公安机关排查矛盾纠纷3 511起，排查安全隐患1 312起，协助查处治安案件1 158起。完善“以证管人、以房管人、以业管人、以网管人”的流动人口管理模式，通过“一标三实”共登记出租房屋4.9万间、流动人口10.4万人。全市共建成236路人脸识别前端、742路卡口、15 122路视频监控，有效提升了公安机关对社会动态的全息感知能力。

【智慧公安建设】 2019年，全市公安机关着力打造数据警务，建设智慧公安，全面推动全市公安工作的质量变革、效率变革、动力变革，依托警务云中心，采用“M”模式开展公安大数据智能化建设，完成警综、数据汇聚、视频身份认证等5个系统的云上部署；搭建由78台服务器组成的腾讯云平台和160台服务器组成的网安综合应用平台；在玉溪公安警务云平台上搭建数据汇聚平台，目前平台已汇聚公安内、外部数据89类180亿条；完成动态人像识别系统扩容、视频身份认证体系（VID）两个项目建设，完成全省视频结构化解析试点的架构验证和视图库级联对接测试，完成本地结构化算法测试，为全省提供可复制、可推广的经验和模板；“平安+智慧小区”建设通过5个小区的试点，已采集数据400余万条。全年公安机关利用城市报警与监控系统协破刑事案件4 585起、治安案件1 924起，协助调查处理交通事故4 366起，协助抓获各类违法犯罪嫌疑人976人，人像识别系统共预警抓获在逃人员66人。

【公安职务序列改革】 2019年，全市公安机关全面完成两个职务序列改革首次晋升工作，涉及晋升的民警共2 697名，其中执法勤务警员2 421名，警务技术警员276名；根据市委组织部统筹安排，有序推进综合管理类人民警察改革工作，并已完成套转。

【深化“放管服”改革】 2019年，全市公安机关在原有49条措施的基础上，2019年再推出服务群众12条措施，最大限度地做到便民利民；按照“能放尽放、应落尽落”的原则，积极推动户籍人口城镇化工作，全市户籍人口城镇化率达到41.98%；持续推进公安交管“放管服”改革10项措施落实，建设放管服专网系统、警务云数据备份及排队叫号等9个项目，构建“业务办理—数据采集—实时监管—预警反馈—研判分析—改进提高”的车驾管监管体系，配置行驶证年审终端、自助选号机等16台自助设备，PDA查验等200余台终端，大力推行“机器换人”，有效分流窗口业务，减少排队等候，增强群众体验感。玉溪公安交警部门推出的山岭高速系统治理工程被评为全省公安机关2019年十大亮点工作。

【公共安全管理】 2019年，全市公安机关全面加强危爆物品、道路交通、大型活动安全管理，缉枪治爆专项行动破案94起，收缴各类枪支738支、子弹18 154发、炸药3 718千克；2019年，全市共发生一般程序处理交通事故766起，事故造成246人死亡，650人受伤，事故死亡人数同比下降3.2%。圆满完成了南亚合作论坛、财富论坛等安保维稳任务，全年340场次大型活动未发生重大公共安全事故。

（吴源锋）

检　察

【概　况】 2019年，全市检察机关忠实履行宪法法律赋予的法律监督职责，坚持讲政治、顾大局、谋发展、重自强，采取落实稳进提升的思路举措，各项检察工作全面协调充分发展。批准逮捕各类犯罪嫌疑人2 419人，提起公诉3 978人，同比分别上升25.9%和36.8%；办理各类民事检察监督案件645件，同比下降34.85%；办理行政检察监督案件353件，同比下降34.63%；立案办理公益诉讼案件253件，同比下降44.64%；依法查办司法工作人员职务犯罪3件5人；结合司法办案，对行业监管漏洞、纠正违法等发出检察建议564份；落实“谁执法谁普法”责任制，进行释法说理537件。

【批准、决定逮捕】 2019年，全市检察机关受理审查逮捕案件1 687件3 039人，经审查批准逮捕案件1 387件2 419人，不批准逮捕案件277件592人，不捕率为19.66%，与去年同期相比，件数和人数分别上升12.1%和15.4%。其中不构成犯罪不捕46人，事实不清、证据不足不捕347人，无社会危险性不捕192人，符合监视居住条件不捕2人，其他情形不捕5人。刑事和解25人。无捕后撤案、捕后判无罪案件。

【审查起诉、提起公诉】 2019年，全市检察机关受理公安机关及监察委移送审查起诉的各类刑事案件2 821件4 958人，提起公诉2 378件3 978人，决定不起诉235件510人，其中附条件不起诉31人，法定不起诉21人，情节轻微不起诉298人，证据不足不起诉160人，不起诉率为11.36%，同比不起诉人数上升53.15%。出席一审法庭支持公诉2 356件次，人民法院一审作出有罪判决2 328件3 696人。办理二审刑事案件106件514人，同比分别上升92.73%和9.66%，其中上诉案件93件468人，抗诉案件13件46人。

【扫黑除恶专项斗争】 2019年，全市检察机关认真落实案件备案审查制度，确保是黑恶犯罪的一个不放过，不是黑恶犯罪的一个不凑数，对侦查机关以涉黑涉恶报送的案件，不予认定15件；对法院未认定涉黑涉恶的案件，依法提起抗诉3件。坚持案件会商机制全覆盖，提前介入引导侦查、固定证据12件21次，追加逮捕8人，追加起诉35人，监督侦查机关立案2件3人，挂牌督办重大涉黑涉恶案件7件，金江运等为害一方、欺压群众的56人涉黑集团受到严惩。在高检院、省院的直接领导下，全力办好全国关注、中央扫黑办督办的孙小果系列案件，提前介入、引导公安机关收集、固定证据，依法对孙小果等35人犯罪集团提起公诉，严惩案件背后的职务犯罪，其继父李桥忠、母亲孙鹤予、云南省司法厅原巡视员罗正云等14名涉案公职人员及重要关系人被绳之以法。自专项斗争开展以来，玉溪市检察机关统筹调配办案力量，集中检察官办案团队，坚持以事实为根据、以法律为准绳，批准逮捕涉黑涉恶犯罪嫌疑人365人，起诉482人。

【职务犯罪】 2019年，监察法、刑事诉讼法衔接有序、顺利推进，监、检衔接配合更加顺畅，互相制约更加有力。全市检察机关受理监察委移送职务犯罪91人，决定逮捕45人，起诉61人，反腐败斗争成果不断巩固。主动配合监察体制改革深入推进，向监察委移送问题线索93条，提前介入40件次，退回补充调查26人次，就证据补强、重大事实认定、疑难法律适用以及非法证据排除等方面，加强沟通，统一认识，形成监、检办案合力。严惩司法腐败，依法行使刑事诉讼法赋予的司法工作人员职务犯罪侦查权，深挖彻查徇私舞弊减刑、徇私枉法犯罪5人。

【刑事检察】 2019年，全市检察机关全面推行捕诉一体工作机制，加强刑事立案、侦查、审判活动监督，做到打击犯罪同保障人权、追求效率同司法公正、执法目的同执法形式有机统一，坚决防止和杜绝冤假错案，不批捕592人，不起诉509人，对公安机关应当立案而不立案的督促立案31件，不应当立案而立案的督促撤销案件37件，追诉漏犯115人，纠正遗漏罪行74人，书面纠正侦查机关违法取证、适用强制措施不当等158件次，对认为确有错误的刑事裁判提出抗诉15件。主动履行检察机关在适用认罪认罚从宽制度中的主导责任，适用该制度起诉944人，不起诉157人。加强刑事执行监督，监督纠正减刑、假释、暂予监外执行不当28人；开展羁押必要性审查，监督释放或变更强制措施161人；加强社区矫正监督，纠正执行不当286人，监督收监执行10人；开展监狱巡回检察，监督纠正问题48项。

【民事检察】 2019年，全市检察机关不断完善案件来源和审查机制建设，综合运用抗诉、再审检察建议、支持起诉等方式加强对裁判结果、审判活动和执行活动监督，办理民事监督案件645件。开展虚假诉讼监督工作，注重发现民事诉讼中深层次违法问题，办理纠正虚假诉讼案件12件。对认为确有错误的民事判决、裁定提出抗诉40件，提出再审检察建议13件。监督纠正民事审判、民事执行中的违法情形153件。办理支持起诉案件395件，依法支持农民工336人讨薪，追回工资报酬684.88万元，《检察日报》和省市多家媒体对此项工作进行了专题报道。

【行政检察】 2019年，全市检察机关坚持把人民群众对依法维权之路的信赖作为行政检察健康发展的强大动力，对当事人不服行政判决结果的案件，调查核实42件，监督纠正行政审判活动违法行为12件。针对案结事不了的行政诉讼问题，发出行政执行监督检察建议40件。坚持把为民解忧解困、化解行政争议作为最首要的行政检察监督任务，对行政机关履职中的行政违法行为，监督纠正249件。围绕违法占地、违法建筑、食品药品等社会热点，坚持把行政非诉执行作为行政诉讼裁判、执行监督的延伸，提出非诉执行监督检察建议65件，已采纳40件。

【公益诉讼检察】 2019年，全市检察机关提起公益诉讼6件，办理诉前程序案件282件；聚焦生态文明建设，深入开展生态环境和资源保护公益诉讼检察工作，督促治理被污染损毁耕地、林地、湿地376.33亩，追偿修复生态、治理环境费用996.03万元；聚焦人民群众对美好生活的向往，深入开展“保障千家万户舌尖上的安全”“四个最严”专项监督活动，立办食品药品安全领域公益诉讼案件163件。红塔区检察院督促相关职能部门对学校周边“小饭桌”51家托管机构进行清理整顿；华宁县检察院督促相关职能部门，就辖区内“美团”“百帮生活”等4家网络外卖平台进行约谈，并下发“行政告诫书”，165户网络外卖商家进行了整改。

【未成年人刑事检察】 2019年，全市检察机关坚决惩治侵害未成年人犯罪，起诉344人。坚持宽容不纵容，对罪行较重的涉罪未成年人，起诉193人；对犯罪情节轻微的不起诉33人，附条件不起诉44人，制作社会调查报告441份。认真落实高检院“一号检察建议”，两级院检察长、副检察长担任法治副校长23人，查访中、小学校60所，开展“法治进校园”法治巡讲64次。针对校园安全管理隐患，以及未成年人保护工作中的突出问题，发出检察建议32份，与公安机关、教育部门分别印发了性侵害未成年人取证规则，检校共建、法治进校园联动实施意见等规范性文件。通海县检察院推行性侵害未成年人校园安全分级保护制度，元江县检察院被高检院确定为全国未成年人检察工作创新实践基地。

【控告申诉检察】 2019年，全市检察机关坚持和发展新时代“枫桥经验”，完善检察长接访、联合接访、律师参与接访机制，充分发挥12 309检察服务中心“一站式”服务功能，畅通来信、来访、网络、电话“四位一体”的诉求表达渠道，完善办案风险预判、隐患排查、释法说理等机制，广泛开展检调对接，认真落实7日内程序回复、3个月内办理过程或结果答复制度，办理刑事申诉案件70件，群众来信来访809件，做到件件有回复、事事有回音。深化实施司法救助工作机制，办理国家司法救助案件65件76人，发放救助金99.45万元。

【服务保障】 2019年，全市检察机关坚持以防控金融风险为重点，把办理涉众型经济案件与化解风险、追赃挽损、维护稳定结合起来，起诉非法吸收公众存款、集资诈骗等涉众型经济犯罪39人，起诉电信、网络诈骗40人，依法对涉及3 000余人、涉案金额26.02亿元的玉溪大道金行投资管理有限公司余安玉等28人非法吸收公众存款案提起公诉；把服务精准脱贫与检察工作结合起来，起诉侵害农村集体产权、侵犯群众利益犯罪88人，将因案致贫返贫的刑事被害人纳入司法救助，发放救助金79人99.45万元；紧紧围绕“三湖”保护治理，起诉破坏环境资源犯罪130人，发出公益诉讼诉前检察建议106件，认真做好河长制各项工作，积极参与“三湖”保护治理雷霆行动、“清水行动”和“清四乱”等专项行动。

【服务保障民营经济发展】 2019年，全市检察机关认真落实习近平总书记“三个没有变”的指示和要求，成立保障民营经济发展工作领导小组，依法监督减税降费等惠民政策落实落地，举办“检察护航民企发展”检察开放日活动，召开民营企业家座谈会，充分听取民营企业家意见。起诉欺行霸市、强揽工程、强买强卖等影响非公经济发展犯罪62人，为产权保护和企业家事业发展营造良好法治环境。依法妥善处理涉民营企业犯罪案件7件，最大限度减少司法办案对企业正常经营活动的影响，平等保护民营企业健康发展。

【案件管理】 2019年，全市检察机关案件管理部门共受理公安机关、监察机关、其他检察院及其他单位移送的各类案件5 417件，接收卷宗15 913册，送案审核4 403件，移送案件4 380件，制作电子卷宗3 424件15 786册。对扣押的涉案款物进行统一登记管理，共接收、登记并入库涉案款2 180万余元，登记并入库涉案物品14 029件，登记并出库涉案款5 914万余元，登记并出库涉案物品13 882件。深化案件信息公开工作，共公开案件程序性信息共计5 176条，发布重要案件信息398条，公开法律文书1 811份。认真规范接待辩护人、诉讼代理人，共接待辩护人、诉讼代理人阅卷等事项1 597人次。加强案件质量评查工作，提升司法办案质效，共组织案件质量评查877件。坚持通报办案部门每个月的考评数据，针对薄弱环节和空白情况提出意见和建议，督促业务部门整改落实。加强对业务部门案卡填录的监督指导和日常性统计核查，及时发现和反馈业务不规范问题，纠正业务部门数据质量问题260次。

【检察技术】 2019年，全市检察技术与信息部门以“阳光检务”“智慧检务”建设为突破口，以电子检务工程建设为抓手，强化科学技术与检察工作的深度融合。共受理办结各类检察技术案件19件，其中法医临床8件，法医病理10件，司法会计类1件。同步录音录像21件21人次，比去年同期人次数增加19次，增加了9.5倍。组织视频会议技术保障工作111场次，联调92场次，确保了会议、联调工作的顺利进行。以涉密信息系统分级保护建设为依托，加强信息化安全保密管理，做好计算机及网络的定期检查和台账登记，无失泄密事件发生。加强对“玉溪掌上检务”移动办公平台的维护和管理，有效提升检察办公系统的高效、便捷。加强对内外网网站、官方微博、微信、新闻客户端的维护和管理，拓宽检务公开渠道，增强检察工作透明度，切实提升检察机关公信力。

【检察委员会】 2019年，全市共有检察委员会委员101名，其中，非专职委员86名，占委员总数的85.15%，专职委员15名，占委员总数的14.85%。全年共召开检委会182次，上会审议议题291件，其中审议案件275件，审议事项16件；组织检委会集体学习32次，认真做好检察长列席同级人民法院审委会工作，检察长列席同级人民法院审委会47次。

【检察理论研究】 2019年，全市设置玉溪市检察机关检察理论研究课题方向10个，由11个课题组具体承担研究任务并已结题。申报省院重点调研课题中标1篇并已结题。全市检察机关在省以上刊物发表或获省级以上表彰奖励的检察理论研究成果共11篇。其中，柏利民专委撰写的《廉洁职业精神的基本要求及修炼方法》一文入选获奖论文汇编成《新时代检察职业精神》一书出版发行；侯春忆《零星贩毒案件时间之惑及路径选择》，荣获首届“滇峰法治论坛”主题征文活动优秀论文奖；瞿伟、陈璐《民间借贷演化成非法集资犯罪的认定难点与对策》，荣获首届“滇峰法治论坛”主题征文活动优秀论文奖；王永兴、张菘《司法体制改革背景下的人员分类管理构想》论文，荣获2018年度云南省法学优秀论文征文三等奖；师黎黎《以审判为中心与证明标准之模式选择》论文，荣获2018年度云南省法学优秀论文征文三等奖；陈燕《交通肇事犯罪介入因素下因果关系的认定》论文，荣获2018年度云南省法学优秀论文征文三等奖。

【内设机构改革】 2019年，玉溪市检察机关深化司法体制改革工作，完成了内设机构系统性、重构性改革，不断优化司法资源配置，整体协调推进刑事、民事、行政、公益诉讼“四大检察”法律监督。根据省委编办批复同意的机构改革方案，市、县两级院均按照新的机构将人员调整配置到位，按照新的机构职能履行职责，实现实质化运行。市院机关内设机构负责人已经重新任免，除个别基层院因县委主要领导变更未能及时任免外，其他基层院内设机构负责人当地党委已经重新任免。

【干部人事】 2019年，全检察机关联合市委组织部制定《玉溪市各级人民法院、人民检察院领导干部管理实施办法（试行）》，规范上划省级管理后的干部管理工作，年内配合县（区）委选配基层院班子成9名；认真开展员额补选工作，经过考试、考核等程序，补选检察官15名，其中玉溪市检察院4名、红塔区检察院4名、江川区检察院2名、易门县检察院2名、峨山县检察院1名、元江县检察院2名；推进公务员职务与职级并行制度改革工作，以畅通“三类人员”职业发展空间为根本落脚点，合理设置人员分类和编制设定方案，并经省委组织部、省委编办和省检察院审批，用活现有职级职数管理政策，完成全市两级院47名综合管理类公务员、102名检察官助理书记员的职级套转和52名司法警察执法勤务警员职务序列套改；参加市委组织部组织的公开遴选，在全市范围内遴选1名检察官助理，缓解助理紧缺的问题；选派4名干部到江川区前卫镇、九溪镇担任驻村扶贫工作队员；做好省级财政保障聘用制书记员转聘工作，制定《玉溪市人民检察院聘用制书记员考核转聘工作实施细则》，完成对19名聘用制书记员转聘考核工作。

【检察宣传】 2019年，全市检察机关充分发挥宣传阵地作用，引导网络正能量。共在传统媒体发布信息910条，其中国家级5条，省级14条、市级480条、县级411条。通过检察官方微博、微信、检察新闻客户端等新媒体发出信息4 481条，其中原创信息1 704条、转发信息2 777条。年内刊印《玉溪检察》4期，编发文章80余篇，制作PDF版4期，共计40万余字。注重检察文化和基层基础建设，投资400余万元建成玉溪市院检察干警法治教育馆、党建主题馆、检察综合馆与未成年人法治教育馆，推动党的政治建设教育载体创新走在全省检察系统前列。

【表彰奖励】 2019年，全市检察机关25个集体，36名个人受到国家、省、市表彰奖励，其中市院及7个县区院被省文明委复查确认为云南省文明单位，峨山县检察院被命名为第十五届云南省文明单位；元江县检察院被最高人民检察院命名为第二批全国未成年人检察工作创新实践基地单位，“小太阳”未检团队系列活动荣获“全国检察品牌活动二十强”；红塔区检察院第二党支部荣获云南省省级“规范化建设示范党支部”称号；市院第一党支部委员会被中共玉溪市委市直机关工作委员会命名为“玉溪市直机关规范化建设示范党支部”；市院妇委会荣获“玉溪市先进协调组织(单位)”荣誉称号。

（段青衿）

法 院

【概 况】 2019年，全市法院受理各类案件39 107件，审执结36 253件，同比分别上升17.41%和18.38%。其中，中院受理案件5 320件，审执结4 994件，同比分别下降8.04%和9.46%。

【扫黑除恶专项斗争】 2019年，全市法院坚持依法从严惩处方针，始终保持对黑恶势力犯罪严打高压态势，一审审结非法高利放贷、操纵经营黄赌毒、欺行霸市等涉黑涉恶犯罪案件41件415人，对136名被告人判处五年以上有期徒刑；注重“打财断血”，对11名黑恶犯罪分子没收个人全部财产，对240人判处财产刑1 155.87万元，铲除黑恶势力经济基础。坚持大案攻坚不放松，一审审结在全国范围内有重大影响的孙小果等13人黑社会性质组织犯罪案，审结涉案人数较多的金江运等56人黑社会性质组织犯罪案；坚持“打伞破网”不动摇，一审审结涉孙小果案公职人员和重要关系人职务犯罪案件14件，分别对孙鹤予、李桥忠、罗正云等14名被告人判处二十年至三年零六个月不等有期徒刑；延伸审判职能，针对涉黑涉恶案件审判中发现的社会治理薄弱环节和行业管理漏洞，向有关单位提出司法建议39份。

【商事审判】 2019年，全市法院大力优化法治化营商环境，审结经济领域各类纠纷案件8 040件，诉讼标的额47.05亿元；加大产权司法保护力度，审结公司治理类纠纷案件108件；坚持鼓励交易原则，充分尊重当事人意思自治，审结买卖、租赁、运输、承揽合同纠纷案件3 307件，促进市场资源合理配置；建立旅游纠纷快速解决机制，设立旅游巡回法庭和巡回审判点5个，助力玉溪旅游行业发展；加大对民营经济服务保障力度，秉持谦抑、审慎、善意的司法理念，对暂时经营困难的资信良好企业依法慎用保全、强制执行措施，妥善处置股权质押、三角债等涉民营企业案件，依法保护企业家人身财产安全；全力服务供给侧结构性改革，畅通“执转破”衔接渠道，审理公司强制清算、破产清算和破产重整案件7件，充分发挥破产重整程序的特殊功能，帮助和支持民营企业恢复生机、重返市场。

【三大攻坚战】 2019年，全市法院助力防范化解重大风险，审结集资诈骗、合同诈骗、非法吸收公众存款等涉众型经济犯罪案件32件，坚持保护金融债权与促进实体经济发展相统一，审结金融借款、融资租赁、期货交易等金融纠纷案件2 663件。加强精准脱贫司法保障，判处涉扶贫领域职务犯罪案件1件；加大乡村振兴领域司法保障力度，审结涉农纠纷案件217件，涉案标的1 080.96万元；积极开展农民工工资支付专项整治活动，快立快审快执涉农民工工资、残疾人维权等纠纷案件，对特困当事人给予国家司法救助269.61万元。加大对口帮扶贫困村扶持力度，中院投入资金40.3万元，协助引进产业扶贫项目，帮助改善村容村貌，积极加强法治宣讲，提升平安和谐乡村治理水平。服务污染防治攻坚战，审结污染环境、盗伐林木、非法采矿等破坏环境资源保护类犯罪案件56件。依法支持检察机关和公益组织提起环境公益诉讼，审理环境公益诉讼案件31件。

【刑事审判】 2019年，全市法院认真贯彻落实总体国家安全观，全力维护国家安全和社会稳定，审结一审刑事案件2 383件，判决生效3 699人，审结故意杀人、抢劫、强奸等严重暴力犯罪及涉枪涉爆涉邪教案件441件；审结危险驾驶、盗窃、交通肇事犯罪案件1 102件；审结毒品犯罪案件273件；审结食品药品安全、组织考试作弊、校园欺凌等犯罪案件12件，审结吕致贤等23人重大电信诈骗案；惩治贪污贿赂等职务犯罪，一审审结红河州原政法委书记和建受贿案，促进反腐败斗争深入开展；做好特赦案件审理工作，依法裁定特赦94人；加强未成年人审判工作，贯彻教育、感化、挽救方针，健全轻罪记录封存、回访帮教等制度，帮助未成年犯改过自新、回归社会。

【民事审判】 2019年，全市法院审结各类民事案件10 998件；审结婚姻家庭、继承等家事案件2 772件；审结民间借贷案件2 874件；审结房屋买卖、建设工程施工合同纠纷等涉房地产案件790件；审结物业纠纷案件1 159件；审结机动车交通事故责任纠纷案件766件；审结劳动争议等案件673件，推动构建规范和谐的劳动关系。

【行政审判】 2019年，全市法院审结工伤认定、征地拆迁、不动产登记等行政诉讼案件142件。其中，判决撤销、变更、确认违法和责令履行法定职责25件，驳回起诉及诉请102件，经法院协调后和解、撤诉15件。审查行政非诉执行案件233件，依法审结国家赔偿案件2件。继续推动落实行政机关负责人出庭应诉制度，行政机关负责人出庭应诉率为97%。

【执行攻坚】 2019年，全市法院巩固“基本解决执行难”成效，受理执行案件12 927件，执结11 762件，执行到位金额10.72亿元；构建执行长效机制，与有关部门联合出台实施意见，对负有履行义务的党员、公职人员、国企高管等实施联合惩戒；解决消极执行、选择性执行等问题，执行工作更加规范有序；对有财产可供执行而拒不执行的案件，依法采取强制执行措施，判处拒执罪2件2人，司法拘留153人，搜查17件次，强制腾房67套，扣押车辆63辆，网络查控银行存款3.75亿元；加大对失信被执行人的惩戒力度，依法将5 104名被执行人纳入失信被执行人名单，向社会公开曝光失信被执行人照片等信息1 069人次，限制高消费7 862人次，限制出境39人次，263人迫于信用惩戒压力主动履行义务；推进网络司法拍卖工作，引入淘宝网房产、车辆智能询价系统，实现对房产、车辆的快速、零成本评估，网络拍卖被执行人财产908件，成交392件，成交额3.19亿元，溢价率为46.42%；加强执行监督指导，审查执行异议案件303件、执行复议案件25件，当事人的法定救济渠道更加畅通。

【诉讼服务】 2019年，全市法院严格落实立案登记制，强化对县（区）法院立案工作督导检查，坚决杜绝“立案难”问题回潮。进一步完善诉讼服务中心、12368诉讼服务热线和“电子法院”建设，初步实现网上立案、跨域立案、电子送达等功能，为人民群众提供更为便捷的诉讼服务。通过“网络摇号”选择鉴定、评估机构，提升对外委托工作效率，减轻当事人诉讼负担。注重发挥人民法庭的服务功能，人民法庭审结案件2 374件，群众旁听庭审6 979人次。

【多元解纷】 2019年，全市法院坚持调解优先、调判结合原则，调撤民商事案件10 216件。全市两级法院接入“云解纷”平台开展诉调对接工作，成功调解案件102件。中院制定出台两个“一站式”建设18项工作制度，与市人社局、市司法局、市妇联等部门联合出台5个诉调对接实施意见，为全市推进多元解纷工作打下良好基础。全市两级法院均设立诉调对接中心、法律援助工作站，并设立2个律师调解室和2个人民调解室。积极探索案件繁简分流，由全市基层法院的33名法官和46名审判辅助人员组成8个速裁团队，自成立以来审结各类案件1 945件，调撤率为74.07%，分调裁审、多元解纷工作机制初步建立。

【司法改革】 2019年，全市法院围绕“让审理者裁判，由裁判者负责”，完善权责明晰、人岗相适的人员分类管理制度，严格落实员额法官办案主体地位。实行员额法官动态管理，补选员额法官17人。坚持以审判为中心，落实优化、协同、高效原则，积极推进内设机构改革，全市基层法院

2019年12月4日，玉溪市中级法院围绕“弘扬宪法精神，推进国家治理体系和治理能力现代化”的主题，结合工作实际，开展“走近一站式，体验微法院”的普法宣传活动，邀请玉溪市律师界的代表走进诉讼服务中心 （玉溪市中级人民法院提供）

内设机构数量从129个缩减至71个，精简幅度达45%，司法资源配置更加优化。深入推进庭审实质化改革，坚持证据裁判原则，严格落实“三项规程”，切实防范冤假错案发生，对7件57人不符合恶势力认定标准的案件不予认定；对14名依法不构成犯罪的被告人宣告无罪，其中自诉案件13人，公诉案件1人。全面推行刑事速裁和认罪认罚从宽制度，审判效率明显提高。

【智慧法院】 2019年，全市法院积极融入玉溪智慧城市建设，向全市信用信息共享平台、法院社会公众服务平台推送生效裁判文书、失信被执行人名单等各类司法数据2.14万条。整合视频监控、警务指挥管理等系统，建成数字化警务指挥中心，司法警务保障能力有效提升。推进电子卷宗深度应用，完成1950年至今共61.98万册诉讼档案数字化工作，实现两级法院网络调阅电子卷宗。落实网络安全工作主体责任，安装部署法院专网边界防火墙及网络防病毒软件，积极开展网络安全宣传教育。

【审判管理】 2019年，全市法院主动对标全省先进法院工作水平，大力开展“均衡结案百日攻坚”专项行动，全市法院综合结案率达92.7%。深度运用大数据分析审判运行态势，通报审判执行工作情况20次；突出抓好长期未结案件的清理，长期未结案件明显减少；坚持有序放权和有效监督相统一，修订完善审判委员会工作规则、专业法官会议工作实施办法等文件，深化审判委员会制度改革，充分发挥专业法官会议职能作用。全市两级法院入额院庭长带头办理案件19 639件，占同期结案总数的53.77%，示范引领作用不断彰显。创新监督管理机制，强化院庭长对“四类案件”的智能化监管和全程留痕。

【教育培训】 2019年，全市法院坚持党管干部原则，严把好干部标准，中院选拔任用科级干部11名，遴选优秀青年干部3名，优化干部队伍结构。完善干部基层挂职、交流锻炼机制，中院选派7名干警到扶贫点及社区挂职锻炼。准确把握新时代队伍能力建设要求，充分发挥教育培训主渠道作用，通过脱产培训、网络课程等方式，组织干警参加培训935人次，实现政治理论和业务学习全员覆盖。加强审判理论研究，举办全市法院第二届司法为民理论研讨会，7篇论文、案例在省级以上学术论文评选中获奖。

【强化内部监督】 2019年，全市法院坚持有错必纠，通过二审程序改判、发回重审501件。突出审判监督程序依法纠错功能，中院受理再审案件29件，其中本院决定再审3件；维持原判18件，改判8件。严格减刑假释适用条件，审结减刑假释案件1 685件，其中调整减刑幅度87人，裁定不予减刑1人。扎实开展突出问题集中整治加强内部管理活动，重点查找政治建设、审判管理、风险防范等方面存在的突出问题并加以整改落实，形成规范有序、严明有力的内部运行态势。

【接受外部监督】 2019年，全市法院主动接受人大依法监督，认真贯彻落实市五届人大二次会议决议，积极配合人大开展专题调研，向市人大专题汇报商事审判工作情况。主动邀请人大代表参加重要会议、旁听庭审、见证执行160人次，走访各级代表132人次，办理代表建议1件。自觉接受政协民主监督，加强与政协、各民主党派、工商联、人民团体和无党派人士的沟通联系，主动征求意见建议，办理委员提案1件。依法接受检察机关诉讼监督，建立与检察机关沟通会商机制，认真办理检察建议和抗诉案件，邀请检察长列席审判委员会已常态化。

【深化司法公开】 2019年，全市法院坚持“以公开为原则，不公开为例外”，进一步拓展审判流程公开、裁判文书公开、执行信息公开、庭审活动公开的深度和广度，以公开促公正，以公开促廉洁。全市法院裁判文书上网34 899份，公开执行信息11 689份，庭审直播案件7 635件，点击量达866万余次，峨山法院2场庭审入围全省法院优秀庭审前10名，让人民群众以看得见的方式感受公平正义。切实履行普法职责，认真开展“法律六进”，制作电视普法节目46期。紧紧抓住禁毒日、宪法日等重要时间节点，利用新媒体平台公开案例和审判数据，传递法院声音，弘扬法治精神。

【表彰奖励】 2019年，峨山法院、新平法院被评为云南省“巾帼建功”先进集体，红塔区法院孙莉、玉溪中院田永德分别被评为全国法院办案标兵、全国法院调研工作先进个人，通海法院沈金海见义勇为先进事迹被中央、省市媒体广泛宣传报道。

【孙小果等13人黑社会性质组织犯罪案】 被告人孙小果于1994年、1997年两次犯罪被判刑，特别是1997年犯强奸罪、故意伤害罪、强制侮辱妇女罪、寻衅滋事罪，手段残忍、情节恶劣，其恶名、恶行经媒体报道后在社会上造成了恶劣影响。孙小果出狱后，利用其恶名和影响力网罗刑满释放人员和社会闲散人员，以昆明市五华区国防路的昆都M2酒吧（以下简称M2酒吧）为依托，逐步形成了以被告人孙小果为组织者、领导者，顾宏斌、曹靖、栾皓程、杨朝光为积极参加者，冯俊逸、赵捷、王子谦等人为其他参加者的黑社会性质组织，先后实施了开设赌场、寻衅滋事、非法拘禁、故意伤害、聚众斗殴、妨害作证、行贿等犯罪行为及其他违法行为。该组织通过非法高利放贷、开设赌场、赌博等违法犯罪手段聚敛钱财，并通过经营M2酒吧、银河酒吧等经济体的经营方式使组织的经济实力逐步壮大。该组织通过获取巨额经济利益，以商养黑；通过贿买国家公职人员充当“保护伞”，肆意破坏社会管理秩序和执法公信力；通过实施违法犯罪活动，给群众带来了恐惧感和不安全感；通过在公共场所有组织地聚众犯罪，抗拒执法，公然挑衅法治秩序和法律权威。该组织在云南省昆明市及部分州市酒吧娱乐行业形成了重大影响，严重破坏了经济、社会管理秩序。2019年11月6—8日，玉溪中院一审公开开庭审理被告人孙小果等13人犯组织、领导、参加黑社会性质组织等罪一案并当庭宣判，以犯组织、领导黑社会性质组织罪和开设赌场罪、寻衅滋事罪、非法拘禁罪、故意伤害罪、妨害作证罪、行贿罪判处被告人孙小果有期徒刑四十五年，决定执行有期徒刑二十五年，剥夺政治权利五年，并处没收个人全部财产。以犯参加黑社会性质组织罪、开设赌场罪、寻衅滋事罪、非法拘禁罪等罪分别对顾宏斌、栾皓程、杨朝光等十二名被告人决定执行十五年至二年零六个月不等有期徒刑，并处罚金。

【金江运等56人黑社会性质组织犯罪案】 2013年以来，被告人金江运以个人或他人名义成立江川金恒寄售行、云南江川华佑商贸有限公司、玉溪亿强苗木有限公司，并不断吸纳被告人业秋一、龚棋、周宝健等50余人为犯罪组织成员，有组织地实施了非法拘禁、寻衅滋事、开设赌场、窝藏、聚众扰乱社会秩序、非法持有枪支等违法犯罪活动60余起，在江川一带称霸一方，为非作恶，欺压残害群众。该组织主要实施的违法犯罪活动有三类：一是高利放贷，暴力讨债；二是开设赌场，反复“放水”，引诱他人参赌，对借贷参赌人员形成控制；三是插手民间经济纠纷，充当“地下执法队”。该组织以公司为依托，以有前科劣迹的刑释人员和吸毒人员为骨干，以组织化、公司化的非法高利放贷、暴力讨债为主要经济来源，以攫取巨额非法经济利益为目的，在江川非法放贷行业形成了重大影响，严重破坏了当地金融管理、社会生活秩序。2019年4月26日，江川区法院对该案作出一审判决，以组织、领导黑社会性质组织罪、非法拘禁罪、寻衅滋事罪、聚众扰乱社会秩序罪、开设赌场罪、窝藏罪、非法持有枪支罪判处被告人金江运有期徒刑二十七年六个月，决定执行有期徒刑二十年，并处没收个人全部财产。对其余55名被告人分别判处十三年六个月至一年不等有期徒刑，并处罚金。2019年9月11日，玉溪中院二审对该案作出驳回上诉，维持原判的终审裁定。

【吕致贤等23人重大电信诈骗案】 2012年以来，被告人吕致贤与他人多次前往菲律宾参加诈骗公司，后在他人指使、授权下，先后在菲律宾、印度尼西亚等地组建“黄金系列”“钻石系列”等诈骗公司。通过向他人租赁已安装VOIP网络“吻钻系列”电话等软件的外国服务器，在诈骗公司所在地安装诈骗设备连接互联网，搭建诈骗网络线路，利用诈骗网络向中国国内用户发送包含座机电话欠费等语音提示的诈骗语音包，诱骗被害人回拨诈骗电话。冒充客服的一线人员，通过询问套取被害人的公民基本信息，以被害人身份信息已泄露、被冒用等为由，引导被害人向冒充公安机关工作人员的二线进行报案。二线人员通过虚构被害人涉嫌洗钱、贩毒等违法犯罪行为并已被最高人民检察院下令逮捕等事实，以向被害人传真虚假拘捕令、财产管制令等方式，对被害人进行心理压迫及控制并诱导被害人向冒充检察院、法院等机关部门工作人员的三线寻求帮助。三线人员以被害人的全部财产需要通过清查来证明财产的合法性为由，诱骗被害人将资金转入指定的“安全账户”。诈骗公司将被害人转入“安全账户”的资金通过“水房”转走完成诈骗。在各自参与诈骗期间，诈骗公司共计拨打诈骗电话5 000余次，其中，2016年7月至8月间，“黄金A”诈骗公司诈骗了云南省玉溪市通海县刘某某人民币644万余元，诈骗了黑龙江省大庆市杨某某人民币2.1万元，诈骗了四川省犍为县刘某某人民币9万元；2016年12月16—22日期间，“黄金B”诈骗公司诈骗了四川省自贡市王某某人民币58万元。被告人袁友刚通过湖北警方“警务通”App软件及其他方式查询公民个人信息，在明知他人将公民个人信息用于诈骗犯罪及其他违法犯罪活动的情况下，为牟取利益，向诈骗公司“黄金A”、诈骗公司“黄金B”、诈骗公司“钻石系列”及其他人员出售公民个人信息。2018年8月2日，通海法院对该案作出一审判决，对主犯吕致贤及其余22名从犯以诈骗罪分别判处十二年至三年不等的有期徒刑，并处50万至2万元不等的罚金，责令退赔被害人的损失；其中，被告人袁友刚同时还构成侵犯公民个人信息罪，数罪并罚被判处有期徒刑九年零六个月，并处罚金17万元。2019年1月29日，玉溪中院二审对该案作出驳回上诉，维持原判的终审裁定。

（张　坤）

司法行政

【公共法律服务】 2019年，市司法局以习近平总书记对公共法律服务体系建设的总要求为抓手，加快整合律师、公证、司法鉴定、法律援助、人民调解等法律服务资源，进一步解决人民群众办事难、打官司难、寻求法律服务难的问题，于9月份提前完成省政府10件惠民实事公共法律服务惠民工程下达给玉溪市的各项工作任务；加大对公共法律服务体系建设经费的投入，先后从中央和省级政法纪检监察转移支付资金中下拨经费176万元，用于县区公共法律服务中心、64个民主法治村（社区）公共法律服务工作站、198个贫困村公共法律服务工作站建设；深入开展“应援尽援”法律援助惠民工作，全市共办理法律援助案件2 101件。其中，民事法律援助案件894件、刑事法律援助案件1 200件、行政法律援助案件7件；办理法律咨询4 226人次；受援对象2 101人，其中：残疾人60人、老年人164人、未成年人688人、妇女256人、农民工427人。积极推进办理公证“最多跑一次”试点、实行公证事项证明材料清单制度、缩短办证时限三项重点工作，全市9个公证处26名公证员共办理各类公证7 826件，其中：民事公证4 128件，经济公证2 188件，涉外公证1 496件，涉港澳台公证14件，公证涉及标的85.4亿元。认真做好司法鉴定工作，制定印发《玉溪市健全统一司法鉴定管理体制的实施意见》，对“四类外”的1个司法鉴定机构和31名司法鉴定人进行了注销登记；发挥司法鉴定“守护司法公正”的职能作用，全市6家司法鉴定机构87名鉴定人共办理各类司法鉴定案件3 350件。其中，四大类案件3 288，其他类案件62件；援助鉴定20件，重新鉴定5件，出庭作证13件次。仲裁工作进一步规范，服务水平不断提升，2019年共受理仲裁案件51件，涉及标的额1.53亿元。

【律师工作】 截至2019年底，全市共有51个律师事务所（16个个人所，2个国资所，33个合伙所）387名执业律师，积极为全市经济社会发展提供法律服务，共担任法律顾问1 026家，办理刑事辩护1 163件，民事、经济代理4 837件，提供法律援助1 023件，代写法律文书5 681件。为抓好律师队伍政治、业务学习和职业道德执业纪律教育，市司法局、律师行业党委于2月21日召开2019年度全市律师事务所主任、支部书记会议，会议要求抓实“基层党建创新提质年”工作，有效推进律师事务所基层党组织建设，抓好10个律师行业党建示范点的指导建设工作；指导好律师事务所和律师办理黑恶势力犯罪案件辩护代理工作。市司法局严格按照省律师协会《申请律师执业人员实习管理规则》要求，严格按条件审查并颁发了22名实习人员的实习证书，举办5期共33名实习人员的面试考核并进行公示。办理了1个律师事务所成立初审、1 个律师事务所注销初审和 36 名实习人员申领律师执业证材料初审和 15 名公职、公司律师初审上报工作，28 个公职、公司律师设立单位初审。严格律师和律师事务所年度检查考核制度，规范律师执业行为，全市 50 个律师事务所除 1 个为新设立外全部考核为合格；366 名执业律师中，除 13 名属领取执业证未满三个月参加考核但不评定考核等次、1 名律师有投诉正在接受调查处理而暂缓考核外，其余 352 名律师考核结果全部为称职。同时，完成 37 名公职律师、4 名公司律师、9 名法律援助律师的年度考核备案工作。进一步推进市、县区政府及其工作部门法律顾问全覆盖工作，全市共有 28 个单位开展了公职公司律师工作，45 名公职公司律师在各级党委部门、行政单位、人大机关、国企等法制岗位上为本单位依法执政、行政、依法决策提供法律服务。充分发挥职能作用，积极参与扫黑除恶专项斗争，全市律师共 425 人次参与办理涉黑涉恶案件辩护代理 363 件，确保了我市扫黑除恶专项斗争律师及时参与法律服务。印发我市“律师助力脱贫攻坚专项行动”工作方案，选派充实以律所主任、合伙人、支部书记等为主要成员的 75 人法律服务团，为 75 个贫困村委会提供法律服务，对村规民约合法性进行了法律审查，与村民“面对面”进行法律帮扶。全市 193 名法律服务人员全年在“法润脱贫”微信群共推送 230 条法律知识、案例，共开展进村入镇法治宣讲 109 次，解答法律咨询 708 次，调解纠纷 410 件，调解成功 408 件，审查合同 11 件，代写文书 21 件，培训、以案释法 9 场次，提供法律援助 74 件次。严密组织第二届全国统一法律职业资格考试玉溪考区考试工作，玉溪考区报名人数 791 人，实际参考 655 人，参考率 83%。

【社区矫正管理】 2019 年，市司法局分别于 3 月、6 月、9 月及 12 月抽调相关业务骨干组成执法巡查小组，开展了 4 次社区矫正执法巡查工作，排查和消除社区服刑人员管理中存在的安全隐患，提高监管水平，维护社会和谐稳定。根据《云南省司法厅关于印发〈云南司法行政系统刑罚执行一体化建设实施方案〉的通知》精神要求，选派监狱（戒毒）人民警察 7 人参与社区矫正工作，共同参与巡查了 9 个县区司法局，66 个司法所，查阅社区服刑人员刑罚执行档案和工作档案 346 份；协助县区司法局收监执行 8 起，开展社区服刑人员队列训练 19 场次，点验社区服刑人员 1 229 人次，开展集中教育 41 场次，个别教育 72 次；开展反恐演练 1 次，处突预案演练 3 次，扫黑除恶宣传 8 次；开展工作人员培训 8 次，参与人数 150 人。8 月 21 日至 23 日，在玉溪市委党校举办“2019 年玉溪市社区矫正工作业务培训班”，全市 260 名社区矫正工作人员参加。根据《省司法厅特赦工作实施方案》要求的时限内完成摸排、特赦全市社区矫正对象共 80 名，占在册社区矫正对象的 4.8%（8 月底全市在册社区矫正对象共计 1 656 名），其中：第一批第二类特赦 3 名；第二批特赦 77 名，分别为第五类 1 名、第六类 1 名、第七类 60 名、第九类 15 名。制定《全市司法行政系统 2019 年反恐怖防范工作计划》和《玉溪市司法局反恐怖工作应急预案》，认真开展反恐怖宣传教育活动和联系挂钩县区开展反恐怖防范督导检查。为深入贯彻落实习近平总书记关于新中国成立 70 周年大庆安保维稳工作重要指示精神，制定《关于全市司法行政系统安保反恐怖防范工作的通知》，对全市司法行政系统安保维稳工作做了安排，进一步推进了反恐怖工作的规范化、制度化、实战化建设。

【人民调解】 2019 年，市司法局深入学习贯彻习近平新时代中国特色社会主义思想和党的十九大精神，不断夯实人民调解工作基础，加强调解组织队伍建设，在巩固原有人民调解组织基础上，不断向行业性专业性调解组织领域拓展。全市共建立人民调解组织 943 个，其中村（居）调委会 701 个，乡镇（街道）调委会 74 个，企事业单位调委会 62 个，医疗纠纷调委会 8 个，道路交通事故纠纷调委会 9 个，劳动争议纠纷调委会 14 个，物业纠纷调委会 5 个，商会调委会 4 个，设立人民调解参与信访问题化解工作室或者调委会 10 个；全市有人民调解员 11 181 人，其中村（居）调解员 9 538 人，占总数的 85%，乡镇（街道）调委会 840 人占总数的 7.5%，企事业单位调委会 231 人占 2%。发挥调解组织网络“全覆盖”的优势，全市人民调解共开展矛盾纠纷排查 5 194 次，预防纠纷 2 837 件，调解矛盾纠纷 14 701 件，调解率达 100%，调解成功 14 646 件，成功率达 99% 以上，履行 14 610 件。涉及当事人 34 703 名，协议涉及金额 14 659.36 万元。防止民间纠纷转化为刑事案件 86 件 174 人，防止群体性上访 23 件 2 080 人，环境污染纠纷 204 件。加力提速推进人民调解参与信访问题化解工作，全市共建调解组织 67 个，其中：登记为民办非企业单位的人民调解中心 2 个，单独设立的信访纠纷调解委员会 2 个，设在信访部门的人民调解组织 63 个（调委会 19 个、调解室 44 个），共有调解员 372 人。以党政领导包案为突破口，做好信访矛盾纠纷化解工作，全市人民调解组织排查信访纠纷 331 次 61 件，受理和调解信访纠纷 48 件，调解成功 45 件，履行协议 42 件，省级领导包案的 2 件信访案件已得到有效化解。

【基层法律服务】 2019 年，市司法局深化基层法律服务改革，持续巩固和推进基层法律服务“三个一”工程，全面实施公共法律服务平台建设，为城乡社区发展治理提供优质高效的法律服务。全市 66 个基层法律服务所、156 名基层法律服务工作者担任法律顾问 2 136 家（免费担任法律顾问 619 家），建立微信群 304 个；代理诉讼 1 240 件，非诉讼 357 件，调解纠纷 54 件，解答法律咨询 18 882 人次，办理法律援助 225 件，为当事人避免和挽回经济损失 3 883.26 万元。认真做好 2019 年基层法律服务年度考核注册及公告工作，共有 66 个基层法律服务所、156 名基层法律服务工作者通过考核，保障基层法律服务执业活动的开展。

【人民陪审员和监督员管理】 2019 年，市司法局在《人民陪审员法》出台施行后，会同县（区）人民法院、县（区）公安机关在原有 596 名人民陪审员的基础上，增补选 75 名，均已通过人大常委会任命。指导人民监督员认真履职，开展了 3 件案件的监督评议活动。

【安置帮教】 2019 年，全市司法行政机关及时、准确地开展对安置帮教人员的信息核查工作，通过登录“刑满释放人员信息管理系统”，对监狱、看守所提供的服刑人员信息及时与派出所和基层进行核实查对，确保刑满释放人员出监所后的正常衔接。主动开展帮教帮扶工作，做好详细登记并与刑释人员所在监狱联系，取得相关法律文书，做到“见人见档”，并录入安置帮教系统。做好刑释人员特别是重点对象的无缝衔接工作，加强与监狱、看守所的沟通协调，健全完善相关衔接措施，重点人员衔接率达100%。开展针对近3年来刑满释放人员、以及被判处管制、宣告缓刑、假释或者暂予监外执行人员中的肇事肇祸等严重精神障碍患者排查工作，经过排查梳理发现全市共有24人，已按工作要求与相关部门进行了对接。

【普法与依法治理】 2019年，市司法局围绕玉溪市“5577”发展战略、“六个走在全省前列”、打造“三张牌”和“三湖”保护等目标任务，认真组织实施“七五”普法规划，制定印发《2019年玉溪市普法依法治理工作要点》，推动落实“谁执法谁普法”责任制落实；深入推进“法律六进”活动，开展“民主法治示范村（社区）”复核复审工作，组织全市2019年领导干部法治讲座暨“七五”普法骨干培训班；组织开展重点时段各项法律宣传，开展涉烟法治宣传活动，服务我市重点支柱产业，为玉溪市经济社会高质量跨越式发展营造良好的法治环境。制定下发《玉溪市教育体育局玉溪市司法局关于开展2019年法律进学校律师普法宣讲活动的通知》，在玉溪市第三中学组织开展2019年度“律师进校园”普法宣传活动启动仪式。组织澄江县、华宁县成功申报全省青少年法治宣传教育基地建设项目，积极向上争取建设经费40万元，基地现已竣工投入使用。组织全市各级各部门参加第十六届全国法治动漫微电影和“我与宪法”优秀微视频征集展播活动，积极参与第十三届全国百家网站、微信公众号法律知识竞赛、全省“法治动漫”微视频大赛等活动，上报各类作品30余个，有效传递做好法治工作的主旋律和正能量。积极申报“全国、全省民主法治示范村（社区），组织开展玉溪市民主法治示范村（社区）”创建。全市共创建民主法治示范村52个，其中，国家级7个，省级27个；创建民主法治社区22个，其中省级4个。认真开展好全国、全省、全市“民主法治示范村（社区）”的复核工作，对建议保留的全国、全省、全市“民主法治示范村（社区）”名单予以公示。

【思想政治建设】 2019年，市司法局深入学习贯彻习近平新时代中国特色社会主义思想及党的十九大和十九届二中、三中全会精神，坚持把党的绝对领导、全面领导贯彻到司法行政工作全过程、全领域，切实增强“四个意识”，坚定“四个自信”，坚决做到“两个维护”。根据内设机构改革调整情况，对12名科级干部平职调整，重新明确职务。为加强全市司法行政干部职业能力和综合素能的提升，全面推进干部队伍建设，5月19日至25日，玉溪市司法局组织全市司法行政系统100名干部赴浙江大学，举办为期一周的司法干部业务能力提升专题培训班。组织开展“不忘初心、牢记使命”主题教育，制定实施意见，细化方案措施，在自学基础上举办读书班活动，开展调查研究并交流调研成果，组织党员干部重走红色路，将学习教育、调查研究、检视问题、整改落实贯穿主题教育全过程，扎实有效推进主题教育活动。落实党风廉政建设责任制，层层压实责任，认真抓好党风廉政建设和反腐败工作；开展警示教育坚决肃清白恩培、秦光荣等流毒影响，让广大干部筑牢思想防线，做到警钟长鸣。

【基础设施建设】 2019年，市司法局全面推进司法行政基础设施建设。信息化建设方面，市司法局与各县区司法局按照司法部、省司法厅的要求，从项目建设的资金、人力、物力方面做了研究和部署，稳步推进司法行政系统指挥中心建设和视讯平台系统建设，完成了司法业务承载网的建设和接入、全国司法加密网云南省玉溪市司法局节点分级保护建设项目招投标工作并启动建设，全力推进“数字法治、智慧司法”的建设工作。司法行政业务用房方面，在完成澄江、易门两县业务用房建设的基础上，推进峨山县和红塔区的业务用房建设项目竣工，启动江川、通海、华宁、元江县区司法业务用房建设项目，完成玉溪市司法局和新平县司法局业务用房项目建设申报工作。

（石　锐）

元江那诺 （官朝弼 摄）

元江那诺乡 （刘　斌　摄）

军　事

MILITARY

责任编校：王　捷

玉溪军分区

31637 部队

预备役三团

武　警

消　防

人民防空

玉溪军分区

【党管武装】 2019年3月21日，市委议军会议暨第一书记党管武装述职大会召开，会议传达学习省委议军会议精神，总结部署工作，组织党管武装工作述职和履职情况讲评，强调各级党委政府要围绕“提速贡献率、提增就业率、提高满意率”，办好涉及退役军人、军属就业、子女入学等“情系国防六大暖心事”，号召驻玉部队要围绕“地方所需、群众所盼、部队所能”，积极参与地方“八项共建行动”。年内，市委书记罗应光、市长张德华多次带队走访慰问驻玉部队，5次到军分区现场办公。军分区坚持开展人武部党委第一书记任命宣布仪式、组织党政领导干部过“军事日”活动，激发了党管武装的责任感使命感。11月28日，省军区办公室袁运剑主任代表云南省国动委带工作组检查考评玉溪市党管武装工作，市委书记罗应光代表市委、市政府、军分区作表态发言，经过检查，考评组对全市工作给予充分肯定。

【国防教育】 2019年，军分区进入乡镇（街道）和村委会进行党课教育10余次，入校进行国防教育授课10次，组织民兵国防教育授课9次，累计教育在校学生、党政机关干部、企事业职工、社会青少年1万余人，悬挂横幅100余条，发放宣传单10万余份，租用电子显示屏40余块，制作播放电视节目30余小时，出动宣传车200余台次，发送微信、短信10万余条，覆盖社会群众70%以上；利用聂耳纪念馆、聂耳故居、峨山觅耻冲滇中地委旧址、元江阻击战遗址等爱国主义教育资源，面向广大青少年群体，开展党史军史教育；积极协调联系市委宣传部、玉溪师范学院和市农业职业技术学院，密切关注“爱我国防”大学生主题网络演讲比赛进程，激发在校大学生热爱国防、支持军队建设的热情。

【双拥共建】 2019年，军分区在不断解决新情况新问题中全面落实双拥政策，积极配合玉溪市全国双拥模范城创建“五连冠”活动，协调驻玉部队参加工作推进会，落实“合署办公”制度，对照创建目标细化责任分工，提出具体要求；积极投身美丽玉溪建设和创建美丽军营活动，主动参与抚仙湖生态保护和“三湖”治理，协调驻玉部队官兵160人完成市政府赋予的“森林抚仙湖”建设2 700株植树任务，牵头组织驻玉部队营区周边环境整治项目29个；积极组织军分区拟转业干部参加云南省退役军人事务厅“进军营、送政策、畅安置”政策宣讲活动，教育引导转业干部积极投身地方经济建设。全年接收转业干部66人，计划安置49人，自主择业17人，全部安置人员确保100%公务员或参公身份，协调解决了8名玉溪籍和军分区本级官兵子女入学入园问题，接收安置随调军人家属4名，安置随军家属6名，有效消除了退役军人后顾之忧，激发了现役军人工作热情。

【脱贫攻坚】 2019年，军分区紧密结合定点帮扶贫困村澄江县路居镇红石岩村委会实际困难和需求，调整组织领导，召开扶贫工作推进会，制定《玉溪军分区脱贫攻坚提质增效实施方案》，以“防返贫”为工作重点，调整“一对一”精准帮扶表，明确扶贫工作总体要求、目标任务和实施内容。军分区司令员安顺带领工作组深入红石岩村委会，分别从开展扶志教育、引导产业发展、加强技能培训、促进稳定就业等4个方面展开调研。机关各处紧密结合工作任务，实现与结对贫困户无缝对接，辖区扶贫工作顺利进行，扶贫成效得到持续巩固。

【后备力量建设】 2019年，军分区着眼编实建强民兵队伍，深入推进民兵调整改革和转型发展，1月22—25日，承办全省民兵工作业务培训，16个军分区129个人武部及2个省属武装部共180余人参训，重点对民兵政策法规、《民兵工作管理系统》安装调试、操作使用、维护管理等内容展开教学；扎实抓好年度民兵整组工作任务，突出“国防动员力、支前保障力、应急反应力”打基础、建体系、做准备，及时召开动员部署会议，建立领导挂钩帮带机制，按照“工作性质相通、行政管理相融、专业技术相符、装备器材相近”的原则，着力抓好党组织预建、民兵干部选配、体检政审、营（连）部建设、工作制度落实等重点工作，如期完成普通民兵、基干民兵的调整组建；研究拟制《云南民兵组织整顿突出问题解决办法草案》，编撰印发《玉溪市民兵应急分队建设管理规定》，组织11支市属民兵分队133名民兵代表进行授旗仪式，调整提升民兵训练误工补助标准（由每人103元/天提升至130元/天），为乡、镇（街道）补助民兵建设经费75万元，发放了《基干民兵证》491份，联合市政府对年度民兵工作中优秀个人和单位进行通报表扬；推动实行基层人武部行政例会制度，强化基层人武部日常管理，提升基层武装工作效益。

【群众性练兵比武】 2019年11月26—27日，军分区组织全市民兵分队比武竞赛，玉溪市民兵应急营代表队荣获第一名，易门县代表队荣获第二名，澄江县代表队荣获第三名。个人优胜第一名至第二十名获得者分别为江川区民兵许元伟、市应急营民兵奚燕明、市应急营民兵王贵、易门县民兵张先云、新平县民兵鲁兴荣、易门县民兵普忠山、峨山县民兵龙洪昌、市应急营民兵陈伟、市应急营民兵杨会平、澄江县民兵杨鸿、澄江县民兵王猛、澄江县民兵钟磊、市应急营民兵王绍荣、华宁县民兵刘金荣、江川区民兵普希诗、华宁县民兵张文学、市应急营民兵王跃、峨山县民兵李光响、市应急营民兵普徐斌、元江县民兵白晓明。12月6—9日，参军分区加省军区参谋和民兵分队比武竞赛，荣获了民兵分队野战炊事第3名。澄江县民兵王猛荣获民兵个人单项第2名、民兵个人全能第16名，玉溪市民兵奚燕明荣获民兵个人全能第27名，玉溪军分区动员处金宏霏参谋、玉溪市红塔区人武部军事科李涛科长分别荣获参谋人员个人全能第5名、第9名。

【战备训练工作】 2019年，军分区共召开4次党委议训会，开展民兵训练有关矛盾问题调研，以能打胜仗为根本要求，以实战化训练为主题，严格按照要求狠抓战备训练工作。首长机关完成识图用图、动员文书拟制、作战计算、北斗手持机操作使用、保障部队过境行动等训练任务，累计参训时间548小时。民兵分队采取基地化轮训的方式，组织19个批次1 700名基干民兵进行军事训练。3月初，军分区以应对通海6.1级地震应急救援为课题，组织分区机关指挥组带市民兵应急营1连、江川区民兵轮训队开展了战备拉动演练。6月17—23日，军分区联合市委组织部，组织全市78个基层武装部共计85名专武干部进行强化训练。

【抢险救灾】 2019年，军分区出动官兵和民兵27 960人次，参加了“4·11”华宁东山林场、“4·18”易门龙泉街道瓢把山、“11·3”北城莲池等火灾事故救援5起，支援地方抗旱保苗、河道清理、治安执勤等任务30起，有效维护驻地社会稳定和人民群众生命财产安全。

【学生军训】 2019年8月9日，军分区牵头组织召开全市学生军训工作会议，驻玉军警部队、市学生军训工作领导小组成员单位、各县（区）学生军训工作办公室和教育体育局、各普通高校和高中阶段学校分管领导或负责人共70余人参加会议。会议针对近年来学生军训面临的领导力量薄弱、学生军训供需矛盾突出、训练组织不够规范、保障条件较为困难，监管督导力度不够，市场化运营、商业化运作情况屡禁不止等矛盾问题，提出错峰军训机制、仿真模拟训练、选送优秀学生参加军事夏令营等创新军训模式建议，强调了抓好学生军训是全社会的共同责任，明确党管军训的原则，划定政策底线红线，严禁社会力量承训、市场化运营、商业化施训行为，确保学生军训不变形、不变味、不变色。全年，军分区协调驻玉军警部队高标准完成29所学校35 665名学生军训承训任务，实现了开校即开训、无一校缺训、无一人漏训的目标。

【征兵工作】 2019年5月17日，全市2019年度征兵工作会议在军分区召开，市县两级兵役机关、征兵领导小组成员单位、全市2所高校、75个乡镇（街道）主要领导共316人参加会议。按照“学业务、练技能、强素质”的总体思路，组织9县（区）兵役机关、政考干警、体检组长、主检医生、系统管理员、机要密码管理员等7类业务骨干共78人进行为期3天的征兵业务培训。完成18周岁适龄男青年兵役登记任务，兵役登记率达100%。

【部队建设】 2019年1月15日，军分区召开党委十四届十三次全体（扩大）会议，传达学习军委国防动员部和省军区党委（扩大）会议精神，总结部署党委年度工作，全面分析部队建设形势，表彰奖励先进单位和个人，组织各人武部党委围绕“去年工作怎么看、今年工作怎么干、严守财经纪律怎么抓”进行交流发言。会议深入查找在学习教育、练兵备战、正风肃纪和正规化建设方面存在的突出问题，反思剖析“精神缺支柱、做事缺担当、工作缺标准、落实缺力度”4点原因，形成“突出政治底线统思想、聚焦主责主业求突破、强化责任担当抓落实、围绕正规有序打基础、坚持一严到底正风气”5点共识。7月22日，军分区召开党委十四届十四次全体（扩大）会议，传达学习省军区党委（扩大）会议精神，总结部署党委工作，全面分析部队建设形势。会议提出“抓统筹强合力、抓经常打基础、抓创新求突破”和“保持清醒坚定的政治敏锐、保持主动作为的责任担当、保持昂扬进取的精神状态、保持清正廉洁的为官本色”的总体要求。玉溪军分区被省军区评为安全稳定先进单位，华宁县人武部、战备建设处、政治工作处被评为践行强军目标先进单位。玉溪军分区副司令员周文春因抽调指挥扫雷期间工作表现突出在南部战区陆军荣立三等功，动员处参谋金宏霏因军事训练、比武成绩优异在玉溪军分区荣立个人三等功。

（普兴欣）

31637部队

【思想建设】 2019年，31637部队坚持不懈用习近平强军思想提领认识、统领行动，严格按照“1案3表”推进落实，按照“3+3+4”模式完成10天集中学习研讨、3次视频辅导、1次专题调研成果交流，学习贯彻党的十九届四中全会精神有关指示要求，集中学习《决定》和习主席在会上的重要讲话，先后3次召开主题教育领导小组会议，从严部署推进理论学习、专题调研、检视剖析、整改落实等环节，引领官兵“带着忠诚学、学出忠诚来”；深化“传承红色基因、担当强军重任”主题教育，组织“先进典型话成长”“热点开讲啦”等配合活动，邀请“维和勇士”“十大南疆先锋”邓玉强等先进典型谈感受讲体会；贯穿全年讲好价值观、荣誉感、职能使命等“12堂主课”，结合国际维和、扫雷排爆任务开展向“排雷英雄战士”杜富国学习活动，“让我来、学英模、当尖兵”成为官兵自觉行动；坚持以文兴旅、以文化人，举办春节、庆祝建国70周年联欢晚会，开展“先锋杯”系列文化活动，开设“部队光荣传统与历史”专题教育，发动官兵自觉传承部队优良传统、弘扬“开路先锋、应急尖兵、降魔神兵、维和精锐”的特有精神，打造先锋文化固阵地。

【军事训练】 2019年，31637部队贯彻落实习主席备战打仗指示要求，始终聚焦主业、落实主责，狠抓备战打仗专项巡视问题整改，区分机关、基层两个层面，对照“八查”“四不”持续纠治和平积弊，研究制定《军事训练奖惩实施办法》奖优罚劣，晋职晋衔、入党考学、评先评优实行军事训练“一票否决”，切实把战斗力标准立起来落下去；落实新大纲标准，采取“机关统筹计划、分队交叉考核、每月统计分析”的形式，推动训练“四落实”，坚持以战领训、务战研训，深入开展“和平积弊大起底大扫除”活动，扎实推进战备基础建设和应急专业力量建设，全面推开分队交叉考核，组织第一届军事体育运动会；严格选拔10名官兵参加“1910”维和任务方队阅兵任务，抽组精干人员参加“防化奇兵”“工程奇兵”等比武，出色完成中泰“金色眼镜蛇—2019”演习、东盟防长扩大会反恐专家组实兵演练等任务，顺利组织第17、18批赴黎维和分队轮换交接，部队应急应战能力得到锻炼提高。

【组织建设】 2019年，31637部队狠抓新条令学习宣贯，制定《营连正规化建设规范》《“双争”评比实施细则》等21项规范，担负“四个秩序”试点任务，对照6个方面成果体系集中攻关，形成6类71项具体成果，区分机关基层梳理84个工作流程；坚持扭住官兵主体抓基层，完善领导机关挂钩帮带基层机制，制定党委机关为基层办实事计划，聚力为基层办好5类19件实事，举办军营“鹊桥会”，设立30万元“帮战友”基金，投入14.5万元救济慰问62名生活困难人员，提升官兵幸福感获得感；突出重点抓安全，围绕年终总结、士官选晋、老兵退伍等重要敏感时节，紧盯人车枪弹密管控，清理排查12类38个隐患问题，拉单列条、挂账销账，邀请地方国安局领导来旅授课，集中开展手机网络安全清理整治和社团清理“回头看”，始终确保部队纯洁巩固。

【参加“金色眼镜蛇—2019”多边联演】 2019年1月18日至2月22日，31637部队参加“金色眼镜蛇—2019”演习，主要参加以“灾害救援中军事力量运用问题”为主题的高级论坛和以自然灾害救援行动中多国协同、军民协作、行动指导、冲突预防等为课题的桌面推演；与泰国、韩国、新加坡、马来西亚、日本等参演国共同进行了水上救援、医疗救护等救援减灾实兵演练。

【第18批到黎巴嫩维和多功能工兵分队成立暨出征大会】 2019年5月10日，31637部队召开第18批赴黎维和多功能工兵分队成立暨出征誓师大会，集团军领导，市政府市长张德华，军分区司令员安顺等12名军地领导出席。集团军政委向维和分队授队旗，指挥长高朝宁代表维和官兵表决心，维和分队进行庄严宣誓，市政府市长张德华代表市委、市政府对出征官兵送上诚挚祝福。全体维和官兵叫响“牢记重托、不畏艰险、排除万难、不辱使命”口号，弘扬“忠于祖国，不辱使命，展示国威”的维和精神，圆满完成党和国家赋予的神圣使命。

【参加东盟防长扩大会反恐专家组联合实兵演习】 2019年11月8—21日，31637部队出动67名官兵参加东盟防长扩大会反恐专家组多国联合城市反恐实兵演练。参演分队围绕城市反恐作战中爆炸物处理、反核生化两个内容与俄罗斯、泰国两国参演官兵进行交流研讨、混编联训。演练期间，双方采取各自展示、相互观摩、交流经验、混合编组的方式，在平等、互信的基础上展开联合演练，取得很好效果，达到预期目的，参演队员的职业素养和精神面貌给俄、泰两国官兵留下深刻印象。

【地震救援骨干集训】 2019年11月27日，31637部队组织承办集团军地震救援骨干集训，按照理论学习、实装操作、方案对接和重难点问题交流研讨展开。理论学习内容中包括国际城市搜救指南、地震灾害应急救援专业基础理论和国际重型救援队建设标准等知识，在实装操作中重点对侦检搜索、顶撑破拆等救援科目展开训练。

（31637部队提供）

预备役三团

【思想政治建设】 2019年，预备役三团围绕坚定信仰深化理论武装，抓好习近平新时代中国特色社会主义思想和党的十九届四中全会精神学习，利用每周政治教育时间，统筹安排教育内容，将“三个平台”“六有”要求落实到位；以《军委主席负责制学习读本》为基本教材，反复学习领会，结合工作实践，搞好研讨交流，不断强化“两个维护”和贯彻军委主席负责制的政治自觉；围绕两项主题开展教育活动，统筹开展“传承红色基因、担当强军重任”“不忘初心、牢记使命”两项重大主题教育，严格落实理论学习、授课辅导、辨析讨论、民主生活会等规定动作，积极参加先进事迹报告会、主题演讲比赛等活动，不断深化教育效果；围绕以文育人抓实文化活动，深入发掘红色资源的时代价值，组织全团官兵参观玉溪市反腐倡廉警示教育基地、国防教育基地、聂耳故居，组织官兵重温入伍誓词、召开转服现役动员誓师大会，提升官兵自豪感，强化练兵备战激情；积极精准扶贫新平县马家坝村，紧贴演训任务加强心理战研练和训练中政治工作，以文育人化人作用明显。

【军事工作】 2019年，预备役三团积极适应改革强军大势，紧盯任务实备战，坚持定期议战议训，修订战备方案，组织战备教育，形成《军情研究成果》，制定《关于聚力推进备战打仗的措施》23条。聚焦实战抓演训，紧扣“侦、控、打、评、保”整体联动，组织实案化战备演练，部队“五个能力”显著提升；2月，在师团指挥所开设演练中第一家实现“三通”；6月，组织地震救援演练，有效提升应急处突能力；10月，参加师战备演练综合成绩位列全师第三，5名指挥员考评成绩优秀。区分对象打基础，现役官兵完成基础理论、基础体能、基本技能等共同科目训练及分业训练；预任官兵完成基本常识与技能、共同条令、基础体能训练。参加师定级考评和“三员集训”，取得营级指挥员第一、连级指挥员第二和教练员第二的好成绩。突出“隐蔽行军、引导打击、夜间射击”等课目，周密组织入队训练、分队成建制训练，推动单兵—班（组）—分队基地化轮训。投入经费3万余元，维护保养应急救援器材，积极协调玉溪军分区、工化第75旅、玉溪市工业财贸学校等军地单位，解决“场地受限训练难、力量薄弱管理难、物资紧缺保障难”等问题。

【基层建设】 2019年，预备役三团认真落实军委基层建设会议精神，夯实基层根基，结合人少事多、力量薄弱实际，“以老带新”编成小组、划分片区，深入走访调研，有序进行组织整顿，调整补充兵员，健全基层组织，完善相关制度；正规建设秩序，坚持“党委委员帮营、股室带连”挂钩帮带制度，深化师“大理集训”成果，从思想政治、党管武装、组织建设、战备训练、基础设施等方面，扎实抓好按纲抓建基层工作；突出解难帮困，抓实帮战友活动，对2名困难官兵给予经济帮扶，解决1名干部小孩上学问题，官兵获得感、归属感、幸福感进一步增强。

【依法治军】 2019年，预备役三团狠抓部队安全管理，树牢法治观念，坚持“抓教育统思想、抓领导强责任、抓制度补缺漏、抓预防除隐患”，学习贯彻新条令、开展法治军营创建活动，深入推进“三个转变”；严格制度落实，结合军人军车专项教育整顿和安全教育整顿等活动，针对团队实际和社会热点敏感问题，定期与随机相结合，深入分析部队安全形势，科学制定整改措施，常态实施网络舆情监控，严密组织手机网络专项清理整治、安全保密自查自纠和隐患问题排查等活动，整改隐患问题80余个；完善制度建设，制定常驻分队管理办法，实行专人专管，开展“严格遵规守纪、练强基础体能、正规内务秩序”主题教育整顿活动，推进常驻分队量化考评管理。

【党风廉政】 2019年，预备役三团强力推动全面从严治党向纵深发展，紧抓主题教育学习实效，组织召开专题民主生活会、组织生活会；认真贯彻民主集中制，强力推进党风廉政建设“六项工程”，扎实做好团以上干部述职述廉、个人重大事项情况报告，深入开展“学习思廉、岗位践廉、用权守廉、家庭助廉”群众性廉政文化活动，营造廉洁廉政文化氛围；建立健全监委组织，选拔基层风气监督员队伍，开通纪委监督电话，公布主官手机号码，畅通日常监督渠道，部队党风廉政建设取得新的进步。全年仅1人受到诫勉谈话，全团26个单位和个人受到师以上表彰。

【后装保障】 2019年，预备役三团强化备战保障，及时修订完善各类战备方案、计划，严格车（炮）场日制度，落实武器装备擦拭保养，优化服务质量，组织全团官兵健康体检，及时请领夏、冬两季被装并足额发放；完成团机关营区临时车棚搭建、招待所太阳能热水器更换、机关照明灯安装等工程，官兵生活环境进一步改善；严格执行《基层财务管理规定》，把住预算执行、经费审核、资金结算“三个关口”，高标准迎接陆军党委、战区陆军和师巡视巡察。

（夏辉雷）

武 警

【党委全体（扩大）会议】 2019年1月17—18日，武警玉溪市支队召开党委扩大会议，支队党委成员、机关部门以上领导、各股长、各大（中）队主官参加会议。会议传达总部、总队党委全体（扩大）会议精神，听取支队党委工作报告、纪委工作报告。支队党委副书记陶明昌同志代表党委常委会向全会以《贯彻强军思想，厚实部队底蕴，为实现一流支队建设目标持续发力》为题作工作报告。会议期间，支队党委分析讲评大（中）队党委（支部）班子及干部队伍，分别召开军事工作暨保障工作会议、政治工作暨纪委工作会议，表彰奖励先进单位和个人，签订安全工作责任书。

【地方慰问】 2019年2月1日，玉溪市副市长、市公安局局长马加能和市公安局副书记苏少明代表市委、市政府、市公安局，看望慰问支队官兵，并致以问候和节日祝福。5月16日，省文化厅“文化大篷车，千乡万里行”节目组到支队慰问演出。7月31日，玉溪市庆祝建军92周年暨党政军军事日活动在支队机关举行。市委书记罗应光，市政府市长张德华，玉溪军分区、退役军人事务局领导及驻玉部队主官参加活动。9月18日，市委常委、红塔区委书记张小良，副书记、区长瓦庆超到市高铁站看望慰问执勤官兵。

【联勤巡逻勤务】 2019年元旦期间，为确保澳门回归“20周年”“元旦”期间等敏感时节和重要节日时段，玉溪市社会面稳定，根据支队安排部署，支队参加玉溪市高铁站定点警戒与主城区联勤武装巡逻任务。春节期间，武警玉溪市支队采取定点警戒和乘车巡逻相结合的方式，协同公安干警开展城市联勤武装巡逻。“两会”期间，支队配合玉溪市公安局圆满完成联勤武装巡逻任务。国庆期间，支队配合玉溪市公安局圆满完成“国庆70周年”联勤武装巡逻任务。

【“国庆70周年大阅兵”受阅战士访谈会】 2019年10月25日，玉溪支队举行“国庆70周年大阅兵”受阅战士访谈会。李济福、李绍峰两名战士表示：“能够有幸接受习主席的检阅是自己军旅生涯中最大的光荣和骄傲，感谢各党委首长的关心和教育培训，下一步会将‘阅兵精神’发扬光大，高标准严格要求自己、全力干好本职工作，做习主席的好战士。两名受阅战士为支队全体官兵讲述激动人心的阅兵故事，激发了全体官兵练兵备战热情，全体官兵纷纷表示一定要牢记初心，精武强能，扎实履职，以昂扬的精神状态投入到强军事业当中，做习主席的好战士。”

【视察调研】 2019年2月6日，总队副主任余仕勇亲临执勤三大队江川中队亲切看望慰问官兵。2月27日，解放军报社副总编辑张海平少将莅临支队检查指导，武警部队政治工作部宣传局副局长舒春平、云南总队政治工作部主任冯贵富、支队长陶明昌陪同。3月3日，总队保障部部长杨波率第一批联合工作组深入玉溪支队执勤一中队检查指导。4月11日上午，武警部队副司令员秦天率工作组深入云南总队玉溪支队检查调研指导工作。4月14日上午，总队政委黄天杰率相关人员深入玉溪支队检查指导工作。5月27日，总队司令员高道权率工作组一行5人，深入玉溪支队指导党委召开专题民主生活会。6月4—5日，武警部队参谋部军事职业教育中心主任刘凌志率工作组一行7人，深入云南省总队玉溪支队对2019年毕业国防生军政基础素质进行考核。7月4日，云南总队政委黄天杰深入玉溪支队执勤三大队通海中队检查指导工作。7月10日，武警部队副政委颜晓东率总部宣传局副局长卢焱波一行5人莅临云南总队玉溪支队检查调研工作。9月26—28日，总队政委黄天杰率工作组深入玉溪支队蹲点指导部队安全稳定工作。11月5日，军委巡视组莅临玉溪支队巡视，云南总队政治委员黄天杰、支队政治委员江崴全程陪同。11月7—10日，总队参谋长张建刚深入玉溪支队考帮建。12月2日，总队参谋长张建刚莅临执勤一中队检查指导工作。

【先进集体】 2019年，武警玉溪市支队被武警部队表彰为“安全工作先进单位”“暑期百日安全竞赛活动优胜单位”；被总队表彰为“基层建设先进支队”“装备管理‘三化’达标先进单位”；支队“壮丽70年，奋进新时代”晚会在总队2019年“壮丽70年，奋斗新时代”文艺创演中荣获三等奖；参谋部被总队表彰为“先进参谋部”；政治工作处被总队表彰为“先进政治工作处”；保障处被总队表彰为“先进保障处”；执勤一大队被总队表彰为“基层建设先进大队”；机动中队被总队表彰为“基层建设标兵中队”；红塔中队、执勤一中队、易门中队、峨山中队、华宁中队被总队表彰为“基层建设先进中队”；警勤中队被总队表彰为“红旗车标兵分队”；执勤一大队机动中队机动一排四班、机动二排九班记集体三等功。

【比武竞赛获奖】 2019年，武警玉溪市支队荣获总队“妙算”指挥员大比武团体第2名，支队长陶明昌荣获支队长组第4名，参谋长徐新伟荣获参谋长组第1名，副参谋长胡祖建荣获部门副职领导组第1名。支队荣获总队“运筹”参谋人员大比武团体第6名，参谋部作训股参谋白文博荣获个人第4名，参谋部作训股参谋杨勋华荣获个人第5名。支队荣获总队侦察干部骨干比武竞赛团体第1名，供应保障中队代理中队长凡兴盼荣获个人全能第1名，机动中队班长蒋荣恒荣获个人全能第3名。机动中队班长蒋荣恒荣获总队第二届“巅峰”比武个人全能第3名。支队荣获总队通信大比武团体第3名，机动中队班长骆秀斌荣获500米收放线个人第1名，峨山中队班长张前广荣获1 000米综合作业专业第3名，警勤中队班长铁波荣获密语明语互译专业第3名。支队荣获总队后装专业比武团体第2名，装备保障类团体第5名，机动中队司务长何廷兴荣获财务专业第2名，警勤中队驾驶员王　峰荣获驾驶专业第2名，装备保障股助理员余瑞荣获装备专业干部个人第5名，供应保障中队炊事员杨东荣获炊事专业第5名，执勤二中队班长林辉杰荣获装备类军械员专业第5名，华宁中队班长程仕亮荣获装备类军械修理工专业第5名。

【先进个人】 2019年，武警玉溪市执勤一大队机动中队班长李继福、班长李绍峰参加国庆70周年阅兵被全军统一下发嘉奖令予以嘉奖。参谋部部队管理股股长李饶被武警部队表彰为“暑期百日安全竞赛活动先进个人”。参谋部侦察股股长段文海被总队表彰为“优秀教练员”。政治工作处宣传保卫股干事张喆被总队表彰为“十佳四会政治教员”。机动中队班长鲁平宪被武警部队表彰为“百名优秀士官”。机动中队班长蒋荣恒被总队评为训练等级二级特战队员，机动中队班长鲁平宪被总队评为狙击专业四级特战队员，机动中队士官骆秀斌、朱重任、彭正涛、余海等4人被总队表彰为“极限训练勇士”。机动中队战士刘乾坤、执勤二中队战士李子恒被总队表彰为“履职尽责好士兵”。玉溪中队军械员者中良、执勤二中队军械员林辉杰被总队表彰为“优秀军械员”。执勤二大队政治教导员顾民、卫生队队长赵路林被总队表彰为“模范带头好党员”。执勤二大队大队长高夏至被总队表彰为“善谋打仗好干部”。通海中队班长冯顺伟被总队表彰为“勤奋敬业好士官”。警勤中队副中队长李志宏作品《自信人生三百年》荣获总队2019年“中国梦·强军梦·我的梦”书法作品三等奖。警勤中队驾驶员王峰、徐中海被总队表彰为“红旗车驾驶员标兵”。供应保障中队军械保管员张龙被总队表彰为“优秀军械保管员”。刘闯、郑川、陈哲、蒋荣恒、骆秀斌、余海、尹鹏、梁成、聂伟、杨于、李天柱、铁波被表彰为三等功臣。

（朱洪彪　王文富　张　然）

消　防

【概　况】 2019年，玉溪市消防救援支队在市委市政府和云南消防总队的坚强领导下，以总书记授旗训词精神为根本遵循，守初心、担使命，团结带领消防指战员闯关夺隘、锐意进取，圆满完成“改革、发展、稳定”各项任务，消防工作和队伍建设稳中有进。全年接警1 031起，出动警力9 725人，抢救被困人员258人，疏散被困人员336人，抢救财产价值599.0000万元。其中发生火灾330起，亡2人，伤2人，直接财产损失780万元，比上年，火灾起数下降24.2%，死亡人数上升50%，直接财产损失上升300%，连续24年未发生重大以上火灾事故。

【火灾隐患排查整治】 2019年，市消防支队继续深入宣贯《云南省消防安全责任制实施办法》，持续开展消防安全责任状签订、督导、考核工作，组织召开全市重点单位消防安全标准化管理现场会，推动党委政府、行业部门、社会单位消防安全管理责任有效落实。提请市政府组织开展消防安全形势分析评估、部署冬春火灾防控和防风险保平安迎大庆等多个专项行动，全年检查单位1.2万家次，发现并督促整改火灾隐患2.3万余处，销案重大火灾隐患单位8家，消防安全环境进一步净化。新建市政消火栓301个，安装独立烟感火灾探测报警器2 326个，全市267个社区达到消防安全社区创建标准，702个社区（行政村）“一村一站一池”建设全部完成，火灾抗御能力进一步提升。

【重大安保任务】 2019年，玉溪市消防救援支队圆满完成了国庆70周年、2019年《财富》全球可持续论坛、第二届“中国—南亚合作论坛”等重大消防安保任务，打赢了易门“2.15”、红塔“11.3”和澄江“11.5”等大仗硬仗。

【消防安全基础建设】 2019年，市消防支队全面推进消防安全基础建设，全市74个乡镇（街道）、702个社区（行政村）全部成立组建“一委一办三员”，累计投入500余万元确保702个社区（行政村）“一村一站一池”建设全面推进，完成消防安全风险评估和消防专项规划修编工作，新建市政消火栓312个，702个社区（行政村）“一村一站一池”建设全面推进，火灾抗御能力明显提升。执法规范化成效显著，拍摄《云南省执法现场示范摄录示范片》，经验在全省推广。

【社会消防服务】 2019年，市消防支队始终把人民放在心中最高位置，针对玉溪严峻旱情，全市消防指战员第一时间主动投身抗旱行动，累计送水1 500余吨，有力服务和保障了民生，得到党委政府和人民群众的高度评价。深入贯彻落实中央《关于深化消防执法改革的意见》精神，持续深化消防执法“放管服”改革，全面推行“双随机、一公开”优化消防监管流程，定期向重点行业发送风险提示，扩大消防宣传、培训覆盖面，群众认可度进一步提升。深入开展“119”消防宣传月活动，开展党政机关专场消防安全培训和学校消防演练600余场，联合玉溪日报全媒体开展“最美逆行者炼成记”直播，支队官方抖音、微博、微信公众号关注人数、粉丝数突破40万人，移动互联网消防信息服务平台连续5个月蝉联玉溪政务排行榜第1名，玉溪消防关注度、影响力不断扩大。

【专业力量建设】 2019年，市消防支队投入300余万元完善培训基地仿真训练系统，抽调专人实体化运行练兵工作办公室，每月一队开展执勤中队基地化轮训，训练科学性进一步提高。立足“全灾种、大应急”需求，承办云南省“应急救援第一响应人”培训，邀请红十字会为全体指战员开展应急救护知识培训，组织49人参加水域救援培训，队伍专业救援能力不断增强。结合玉溪主要灾害事故特点制定8种类型事故处置、训练指导手册，依托特勤中队完善全市高层建筑、石油化工和水域、地震攻坚专业队建设，开展高、地、大、化联合实战演练12次，圆满完成元江地震拉动演练，队伍实战能力稳步提升。投入640万元购置20辆地震救援突击车和4辆应急救援保障模块运输车，救援响应更加迅捷高效。修订11类战勤保障预案，与16家社会单位签订联勤保障协议，开展战勤保障拉动演练2次，多元化保障体系更加完善。

【政府专职消防队伍建设】 2019年，市消防支队党委坚持主动作为、大事大抓，着眼缓解基层力量不足、完善应急救援体系、适应使命拓展需求的考量，高效推进政府专职消防队伍事业编制落实工作。支队先后4次向市长张德华、常务副市长柳文炜进行专题汇报，提请市政府副秘书长田江龙组织编制、人社、财政、应急等部门召开专题研讨会3

次，与市委编办、市财政局就机构编制、运行保障、人员待遇等根本性、原则性问题协调会商近10次，最大限度地规范权责、完善保障、健全机制，全力解决瓶颈性难题，在全面落实省级文件精神的基础上，进一步明确队伍架构、机构编制和保障标准，目前已落编30人。

（可文苑）

人民防空

【概　况】 2019年，全市人民防空工作以贯彻落实全国第七次和全省第五次人防会议精神为重点，紧紧围绕新时期人防应急斗争准备，有效履行“战时防空、平时服务、应急支援”职能使命，继续推进人防基本指挥所建设，完成人防宣传教育工作，进行防空警报器维护，新增安装1台防空警报器，进行“九一八”防空警报试鸣，完成了人防业务的培训，完成了短波电台值班和数传训练，进行机动指挥所操作练习和训练，强化了结合城市民用建筑修建防空地下室审批等工作。

【基本指挥所建设】 2019年，市人防办继续推进市级人防基本指挥所建设。安排建设资金426.63万元，其中省人防办补助100万元，市级财政安排326.63万元。于2019年4月15日正式开工，基坑支护工程桩基已施工完毕，共完成三轴水泥桩179棵，长螺旋钻孔灌注桩184棵，观测井4座，土方开挖前期工作已全部完成。

【结合民用建筑开展行政审批】 2019年，市人防办依法开展人防行政审批工作。截至12月31日，全市审批结合民用建筑修建防空地下室建设项目30项；全市审批防空地下室易地建设项目105项。所有审批事项满意率达100%，做到零投诉零复议。同时，认真落实减税降费政策，全市各级人防部门严格执行中央、省关于优化营商环境、减税降费的相关政策法规，全年清退收费标准高于文件要求的人防易地建设项目共53个，清退防空地下室易地建设费共180.52万元。

【人防工程质量监督】 2019年，市人防办按照机构改革后“三定方案”明确的职能职责，认真履行人防工程质量监督检查工作。依据相关法规制度梳理出人防工程质量监督的基本流程，制作相关检查表格资料，及时向社会公布，为企业和群众提供更加高效便捷的服务。全年对3个建设项目开展质监检查，现场检查10次。

【人防指挥宣传业务培训】 2019年4月12日，市人防办举办全市人防系统的指挥宣传业务培训，市人防办全体人员和各县区人防办（住建）分管人防工作的领导和专兼职人员参加会议；4月23日，派出人员到建水县进行人防战备数据采集业务培训，为掌握人防战备情况打下了基础。

【指挥通信训练】 2019年，市人防办开展2次人防机动指挥车指挥通信训练；坚持每月一次对市人防机动指挥车开机维护和加电测试工作；3月18日起，除坚持每天两次的电台执勤值班外，每季度增加一次电台数传训练，由省办分别与一级网各属台进行数传训练；4月2—3日进行机动车装备的训练，市人防办与易门县人防办共15人参加训练；7月11日，进行为期1天机动训练，市人防机动车到华宁县进行野外通信训练，参加此次野外通信训练有6人；8月31日，派出2辆指挥车参与保障玉溪师院新生避险安全演练；12月15日—20日，市人防办派出2车5人参加全省人防办通信培训和机动指挥所野外训练。全年进行短波电台值班，根据省人防办的要求进行电台值班，完成每天与省人防办二次通话任务，保证通信随时联通。

【防空警报器建设】 2019年，市人防办进行防空警报器的补点建设，2018年市纪委在楼顶改建会议室，拆除2010年安装在楼顶防空警报器及控制设备，为填补出现的空白点，购置一台电声防空警报器在原办公楼上安装一台2 400WE电声防空警报器，使全市防空警报音响覆盖率得到恢复。

【防空警报维护管理】 2019年，加强对防空警报设施维护维修，中心城区防空警报设施设备维护维修继续实现社会化管理，按照人防警报设施技术要求，做好玉溪市中心城区的23台固定防空警报器设备巡检维修工作，每月1次对警报器等设备进行巡回检查，发现问题及时修理，检查情况形成月报表。每季度1次对警报器内部终端设备的供电系统和信号控制系统进行电压和信号检测。在“九一八”试鸣前对中心城区防空警报器进行全面的检查、刷漆维护和加电测试，及时排除隐患，保障我市防空警报器系统处于良好的工作状态，为下一步人防机构防空防灾一体化建设打下了坚实的基础，确保全市警报器完好率达100%。11月21日，对彩印公司搬迁房屋拆除的防空警报器进行拆除，警报器进行了收回保管。

【防空警报试鸣】 2019年9月18日，在全市七县二区城区同时进行防空警报试鸣，在试鸣前一周开展人民防空知识宣传周活动，9月11—17日在玉溪日报、玉溪电视台、广播电台、政府新闻网刊播市政府公告，向市民发试鸣的短信，保证全市防空警报试鸣成功。

【人防教育】 2019年，市人防办继续做好在全市初级中学开展以防原子、化学、生物武器为主要内容的“三防”人防知识教育。各县区通过播放人防知识电影科教片，学习人防知识宣传手册，国防知识读本，专题讲座等进行了人防知识的教育，2019年12月根据省人防办的要求，统计汇总了全市各县区中学《中学生人民防空知识读本》需求数量，并将统计情况上报到了省人防办。

（张兴伟）

峨山县富良棚乡油菜　（刘　斌　摄）

农　　业

AGRICULTURE

责任编校：李海明

农业管理

农业经济管理

种植业

畜牧业

乡镇企业

渔　业

农村能源

种子管理

农业机械

土肥植保

农业科研

林　业

农业管理

【概 况】 2019年，全市实现农林牧渔业总产值298.79亿元，按可比价增长5.7%，其中：农业产值205.09亿元，可比增7.4%；林业产值7.61亿元，可比增5.7%；牧业产值79.55亿元，可比增1.7%；渔业产值3.58亿元，可比增4.2%；农林牧渔服务业产值2.95亿元，可比增4.4%。实现农林牧渔业增加值183.6亿元，按可比价增长5.6%（增加值增速全省排名第4），其中：农业增加值136.03亿元，可比增5.8%；林业增加值4.91亿元，可比增4.9%；牧业增加值38.31亿元，可比增5.6%；渔业增加值2.39亿元，可比增4.9%；农林牧渔服务业增加值1.93亿元，可比增4.3%。实现农村居民人均可支配收入15 719元，增长10.2%，绝对值位列全省第2名。完成农业固定资产投资69.7亿元，同比增长2.3%。农产品加工业产值411.8亿元（不含烟叶复烤和卷烟），农产品加工业产值与农业总产值之比1.4：1（若含烟叶复烤和卷烟，则全市农产品加工业产值达924.1亿元，农产品加工业产值与农业总产值之比达3.1：1）。全力推进国家农业绿色发展先行先试区建设，加快推动以“三湖”地区为重点的农业种植结构调整，实施耕地轮作休耕制度试点6.9万亩，扩增高效作物6万亩。加大农业物联网技术应用，大力发展农业电子商务，全市农产品电子商务销售额达9.7亿元。深入开展农村人居环境整治，全年累计清理各类农村生活垃圾30.09万吨、村内水塘4 305个、村内沟渠9.45万公里、村塘淤泥6.99万吨、畜禽养殖粪污等农业生产废弃物6.47万吨、村内残垣断壁6 713处。有效推进农村“厕所革命”，年内完成行政村村委会所在地公厕改造提升350座，完成农村无害化卫生户厕改建74 123座。全市农村无害化卫生厕所普及率、卫生厕所普及率分别提高到63.5%和78.4%。

（郑 颢）

【督查督办】 2019年，市农业农村局按照中央和省、市政府要求，采取定期上报材料与深入一线、调查研究相结合等方式，对涉及市农业农村局的中央和省、市政府确定的重大决策和重点工作、重点项目落实情况进行督查督办。认真落实省、市政府工作报告中涉及市农业农村局的重点工作和10件惠民实事49项，已全部办结，办结率100%。认真落实市委、市政府主要领导批示件16件，其中市委领导批示件2件，市政府领导批示件14件，已全部办结，办结率100%。认真落实市委、市政府重要会议有关事项，落实市第五次党代会任务中涉及我局的18项工作任务、市政府常务会议安排事项4项、市政府专题会议安排事项17项、市级领导联系“七位一体”重点工作3项、市委常委会2019年工作要点分工方案中涉及的3项重点工作、市委关于开展全面建成小康社会“找问题、补短板、抓落实、奔小康”行动方案中涉及的13项、重点工作3项，所有交办件已全部完成，办结率100%。办理电话信访18件，人员上访13人次，云南信访信息系统信访案件5件，所有信访件全部完成，办结率100%。

（李海生）

【建议、提案办理】 2019年，市农业农村局按照市政府“两会”建议提案交办会议要求，承办人大代表建议27件，其中主办11件（含一件议案）、协办16件，比2018年承办的23件（其中主办13件、协办10件）多4件。11件主办件都为A类件。江川区代表团岳修辉代表提出的《关于支持农业龙头企业为乡村振兴服务的建议》（第43号建议）被市第五届人大常委会第29次主任会议确定为重点处理建议。市农业农村局承办的11件代表建议中，涉及农业发展建设3件、农业发展资金扶持2件、农业产业发展扶持4件、农村人居环境整治2件，11件建议的面商率、满意率均达到100%。办理江川区代表团岳修辉代表提出的《关于支持农业龙头企业为乡村振兴服务的建议》（2019年第43号市人大2019年主任会议确定重点处理建议），获得代表的较好评价。承办政协委员提案34件，其中主办22件、会办12件，比2018年承办的33件（其中主办25件、会办8件）多1件。22件主办件中，19件为A类件，3件为B类件。九三学社玉溪市委提出的《关于大力推进我市绿色农业发展的建议》（第139号提案）被政协五届十七次主席会议确定为重点提案。市农业农村局承办的22件提案中，涉及农业产业发展8件、农产品质量安全监管1件、生态绿色农业发展5件、农村人居环境整治3件、畜牧业发展2件、农村集体资产管理2件、农业生产基础设施建设1件，22件提案的面商率、办结率、满意率均达到100%。

【农业重点项目建设】 2019年，市农业农村局扎实推进红河谷—绿汁江热区农业产业开发，加快实施农业产业重点建设项目22个，年度完成投资5.3亿元，完成年度计划的86%。加快高标准农田建设，实施高标准农田建设10.29万亩（其中高效节水灌溉3.72万亩）。全力推进德康100万头生猪等产业化项目建设，截至12月底，德康项目新平种场建设完成投资6 872万元；生猪家庭农场建成56户110个单元，完成投资30 301万元；峨山双胞胎公司9 000头母猪扩繁场项目已完成投资15 600万元。亚洲花卉科创园核心区引进玉溪农投佳海花卉有限公司、岁兰花卉有限责任公司、广东佛山绿聚隆花卉有限公司入驻亚洲花卉科创园，园区新增花卉面积约300亩。元江县芒果现代农业产业园完成循环农业基地1 500亩蓄水池、园区道路修复等工程，共完成投资2 264万元。易门十街农业综合开发区域生态循环农业项目完成投资1 750万元。

【大棚房问题清理整治】 2019年，全市共排查设施农业114 955个、64 090.19亩，发现“大棚房”问题75个（涉及“大棚房”问题项目73个）、343.69亩。其中：Ⅰ类问题25个、62.53亩，Ⅱ类问题1个、1.7亩，Ⅲ类问题10个、30.27亩，附属及配套设施改变用途24个、152.29亩，面积超标15个、96.9亩。截至2019年3月19日，全市已完成了75个“大棚房”问题拆除整改任务，拆除整改面积343.69亩，拆除整改率达100%，共完成复垦土地面积343.69亩，复垦面积占违法用地总面积的100%。

【农业农村领域扫黑除恶】 2019年，市农业农村局积极开展行业检查、案件排查和线索摸排，深入查找排查行业领域监管漏洞和突出乱点问题，开展线索摸排254次，排查行政处罚案件451件，排查行业乱点监管漏洞153个，均未发现涉黑涉恶问题线索和“保护伞”线索，发现行业乱点40个，已全部完成整改。受理举报电话42个，已全部办结，其中作为信访件移交局办公室转相关科室（单位）调查处理的3件、移交市纪委监委信访室1件、移交市纪检监察和扫黑办7件。

（郑　颢）

【农业专项扶持资金】　2019年度，中央、省级、市级投入市农业部门专项扶持资金70 425.99万元，其中：中央44 197.92万元、省级19 051.79万元（含价值690.4万元的强制免疫疫苗物资补助和30万元的种植业检测项目经费）、市级7 176.28万元。

【农业保险补贴】　2019年，全市农作物（水稻、玉米、油菜、能繁母猪、育肥猪）保险补贴2 209.41万元。其中，中央1 741.87万元，省级359.59万元，市级541.53万元。根据《云南省农业农村厅关于印发云南省实施中央财政保费补贴农产品保险工作方案（2019—2020年）的通知》要求，市农业农村局制定了《关于印发2019—2020年度玉溪市政策性农业保险（种植业、养殖业）实施方案的通知》，下发各县（区）参照执行，2019—2020年度纳入财政保费补贴的有玉米、水稻、油料作物、甘蔗、小麦、马铃薯、三大粮食作物（水稻、玉米、小麦）制种保险、能繁母猪、奶牛、育肥猪。全市种植业计划投保面积103.19万亩，其中水稻17.59万亩、玉米69.1万亩、油菜16.6万亩，实际投保面积96.08万亩，其中水稻13.48万亩、玉米66.30万亩、油菜10.26万亩、甘蔗6.05万亩；全市养殖业计划投保头数为能繁母猪13.55万头，实际投保38.92万头，其中能繁母猪9.91万头、育肥猪29.01万头。种植业投保农户数27.28万户、投保企业6个；养殖业投保农户数2.42万户、投保企业42个。

【中央草原生态保护补助奖励】　2019年，澄江、华宁、易门、峨山、新平、元江县获得中央草原生态保护补助奖励2 929.1万元，其中禁牧124.83万亩、补助资金936.22万元；草畜平衡797.15万亩、补助资金1 992.88万元，资金通过一折通发放给养殖户。草原禁牧补助和草畜平衡奖励的发放对象为承包草原并履行禁牧或草畜平衡义务的农牧民，按照已承包到户的禁牧或草畜平衡草原面积，禁牧补助为每亩7.5元、草畜平衡奖励为每亩2.5元。继续开展新平、峨山、元江、华宁、易门、澄江6个县的项目实施，做好牧户信息收集、录入和审核，共录入牧户信息157 806户，其中家庭承包户112 882户，联产承包户44 924户；承包面积921.97万亩，其中家庭承包面积703.17万亩，联产承包面积218.81万亩。

【中央农业生态环境治理专项经费】　2019年，中央下达全市三湖地区农业生态环境治理资金1 675万元，主要用于建立农田退水水质监测站点，开展化肥减量种植试验，减少化肥、农药使用量，建立化肥使用管控长效机制。支持部分重要农产品主产区专业合作社和农户建设果蔬保鲜初加工设施，改善初加工设施条件，实现“增加供给、均衡上市、稳定物价、提高质量、保证加工、促进增收”等一举多效的目标。

【中央农村一二三产业融合发展补助资金】　2019年，中央一二三产业融合发展补助资金281万元，用于支持部分重要农产品主产区专业合作社和农户建设果蔬保鲜初加工设施，改善初加工设施条件，实现“增加供给、均衡上市、稳定物价、提高质量、保证加工、促进增收”等一举多效的目标；建设400个益农信息社。

【中央绿色高效技术推广】　2019年，中央绿色高效技术推广补助资金351万元。通过项目实施健全公益性农技推广服务网络，创新服务方式，提升农技人员能力素质，建设长期稳定的农业科技示范基地，培育农业科技示范主体，加强农业主推技术示范推广，基层农技推广服务水平明显提高。

【中央和省动物防疫等补助经费】　2019年，中央和省级下达全市动物防疫工作补助经费1 326.37万元，用于乡村两级动物防疫人员开展强制免疫经费补助。中央动物防疫等补助经费实行“大专项＋任务清单”管理方式，动物防疫等补助经费主要用于动物疫病强制免疫、强制扑杀、养殖环节无害化处理补助等三方面支出。省级补助经费用于强制扑杀补助、养殖环节无害化处理补助等。

【渔业资源保护项目】　2019年，中央渔业资源保护项目资金62万元，主要用于渔业资源经济物种鲢鱼、鳙鱼、鱼康鱼良白鱼、抚仙四须鲃、云南倒刺鲃、星云白鱼和濒危物种大头鲤增殖放流补助。

【中央水污染防治资金】　2019年，下达全市中央水污染防治专项资金10 000万元，主要用于围绕抚仙湖保护，以改善水质为核心，通过控制农业面源污染，进一步改善抚仙湖水质。通过项目实施，农业灌溉用水减少60%以上，水分生产效率显著提高，肥料利用效率提高50%以上，农作物用药量、病害明显减少，有效消减农业面源污染。

【省级农业发展专项资金】　2019年，省级农业发展专项资金3 286.02万元，主要用于粮食生产、经济作物生产、农村经济信息统计、花卉产业发展、畜牧业生产发展、草地畜牧业生产发展、生鲜乳及饲料安全监管、渔业技术推广与资源保护、农业科技推广与可持续农业技术创新、现代农业产业技术体系建设、新型职业农民培训、农产品质量安全、农机技术推广与购置补贴、农业信息化与市场推广、农产品加工及统计监测、生物产业发展、粮食两区划定、面源污染普查。

（王宏伟）

【农产品质量安全定量检测】　2019年，全市计划完成农产品农残定量检测400批次、定性检测2.25万批次。实际完成农产品定量检测400批次，其中：蔬菜180个、水果90个、畜禽肉45个、禽蛋40个、水产品45个。植物源性产品抽检项目为甲胺磷、氧乐果等67个农药品种，动物源性产品抽检项目为氯霉素类、磺胺类等5类24个品种。合格率99.3%，其中：蔬菜抽检合格率99.4%、水果抽检合格率97.8%、动物源性产品抽检合格率100%；定性检测2.34万批次，合格率98.9%。完成部抽、省抽、市抽、县抽辖区内风险监测、例行监测和监督抽查1 069批次，合格率达98%以上。

（张　明　李双艳）

【蔬菜水果农药残留快速检测】　2019年，全市共计完成23 364个批次的蔬菜、水果样品农药残留快速检测，其中：蔬菜21 406个、水果1 958个。全市农残快检总合格率98.9%，其中蔬菜98.9%、水果99.0%。

（李双艳）

【市农产品质量安全检验检测中心取得“双认证”资质】 2019年6月12日，市农产品质量安全检验检测中心位于红塔区龙马路6号的检测综合楼建成并投入使用。经过半年试运行，于11月29日至12月1日通过“双认证”现场评审、考核，12月20日取得“农产品质量安全检测机构考核”证书；12月23日取得“检验检测机构资质认定”证书。证书核准检测能力范围：食用农产品70项农药残留参数、35项兽药残留参数、7项重金属污染物参数，农业环境9项水质参数、9项土壤参数，动物尿液6项β—受体激动剂参数。

（王星龙）

【云南省首届农产品质量安全检测技能“大比武”】 2019年10月31日至11月4日，省农业农村厅、省人力资源和社会保障厅、省总工会和省人民政府食品安全委员会办公室，在昆明联合举办首届云南省农产品质量安全检测技能竞赛省级决赛暨2019年中国技能大赛第二届全国农业行业职业技能大赛云南选拔赛。在省级决赛上，市农业农村局代表队以团体总分494.69分的成绩，获得首届云南省农产品质量安全检测技能决赛团体第一名，获“优秀团体奖”。

（张 明 王星龙）

【农产品质量安全专项整治】 2019年，积极开展农药及农药残留、“瘦肉精”、兽用抗菌药及兽药、生猪屠宰监管、水产品兽药残留及非法投入品、生鲜乳、农资打假等7个专项治理行动。全市检查生产经营企业12 590家次，出动执法人员9 116人次，查处问题59起，涉及金额32.5万元，责令整改42起，取缔无证照企业2家，媒体宣传20次，发放宣传材料11.03万份，指导培训425场次1.17万人次。

【牵头农村假冒伪劣食品专项整治】 2019年，全市在农村假冒伪劣食品专项整治期间，立案88件，货值47.8万元，罚没金额40.9万元，收缴假冒伪劣食品13.4吨，受理和处理消费者申诉和举报52件，为消费者挽回经济损失4.1万元。

（张 明）

【“双随机、一公开”监管】 2019年，全市各级农业农村部门开展随机抽查485次，出动检查人员9 934余人次，抽查企业（门市、种养殖）10 554个次。制定“双随机、一公开”监管工作实施方案和实施细则，明确双随机抽查事项“两库一单”（建立随机抽查事项清单，建立执法人员名录库、检查对象名录库）。抽查方式主要有现场检查、监督抽查2种，抽查频率为1—4次/年，随机抽查事项的抽查比例各有不同，分别在2—100%之间，如病原微生物实验室监督检查、渔业安全检查、饲料和饲料添加剂监督抽查等为2%，兽药经营检查为10%，动物防疫检查为30%，农业转基因生物安全监督检查为50%，而对持《种畜禽生产经营许可证》的种畜禽场抽查为100%。实际工作中，渔业安全检查、渔业执法检查、兽药经营检查、持《种畜禽生产经营许可证》种畜禽场抽查、病原微生物实验室监督检查等事项的随机抽查比例达100%。

【互联网＋监管】 2019年，市农业农村局在“互联网＋监管”系统上认领监管事项83项，完善形成市级检查实施清单共43项，市级向国家“互联网＋监管”系统推送执法人员数据122条、行政检查数据165条。

【梳理权责清单和市场准入负面清单】 2019年，市农业农村局梳理权责清单8类276项并公布，其中责任事项2 224项、追责情形1 934项；配合发展改革部门做好国家《市场准入负面清单（2019年版）》修订等相关工作，对涉及农业农村部门的禁止准入类43项、与市场准入相关的禁止性规定16项提出了修订意见。

【规范依法行政和依法决策】 2019年，市农业农村局制定《玉溪市农业农村局重大行政决策过程记录制度（试行）》和《玉溪市农业农村局重大行政决策材料归档制度（试行）》，建立局党组会议制度、局务会议制度，按照科学、民主、法治的原则，明确了重大决策事项范围、行政决策程序及监督管理要求，为推行重大行政决策提供制度保障。对《坚持农业农村优先发展全面完成“三农”工作硬任务的实施意见》《玉溪市促进农产品加工业跨越发展实施意见》《玉溪市关于创新体制机制推进农业绿色发展的实施意见》等12件文件进行合法性审查，由云南红塔律师事务所出具合法性审查意见。未发生因依法执政意识弱化、贯彻执行民主集中制不力、执行各项议事决策制度不严而导致的重大偏差和失误。

【“玉溪农业执法”专栏】 2019年，市农业农村局在玉溪市农业信息网开设“玉溪农业执法”专栏，宣传农业综合执法改革、农业法律法规宣传、农村市场监管、农产品质量安全检验检测、农业行政执法、法治农业等内容，发布宣传信息195条。

【农业行政执法改革】 市农业农村局认真贯彻落实中央、省关于深化农业综合行政执法改革的有关文件精神，积极推进农业综合行政执法改革工作，2019年12月19日，各县（区）编办已行文批复县（区）农业农村局组建农业综合行政执法队伍并挂牌；2019年12月26日，《玉溪市深化农业综合行政执法改革实施方案》经市委、市政府同意印发。

【行政执法】 2019年，市农业农村局制定年度农业综合行政执法工作要点，公布行政执法投诉举报地址等信息。全市共出动执法人员11 050人次，检查企业12 255个次，整顿市场1 235个次，受理举报案件29件，挽回经济损失24.75万元。查获假劣农资22 253.2千克、农机具13台（件），货值金额57.65万元。全市立案办理各类农业行政处罚案件142件，办结135件，罚没款186.1万元，公开行政处罚案件信息64件。

【农业行政执法案件评查暨执法培训】 2019年10月9—10日，市农业农村局举办2019年全市农业行政处罚案件评查暨执法培训，各县（区）农业农村局法规股股长、农业综合执法大队大队长及执法业务骨干，市农业农村局有关科室及执法单位60余人参加培训。培训内容主要有：行政应诉知识培训，对2018年10月1日—2019年9月30日结案的15件县（区）农业行政处罚案卷进行互评和点评，相关县（区）执法人员对已结案的实例进行以案释法讲授。对推荐上报的15件案卷进行评查，评出7件优秀卷、7件合格卷和1件不合格卷，选送4件优秀案卷参加省农业农村厅执法案卷评查。2019年12月12日，省农业农村厅公布2019年农业行政处罚案卷评查结果，玉溪市推荐参评的4件案卷全部被评为“2019年全省农业行政处罚优秀案件”。

【法制宣传】 2019年，全市农业农村系统共有专职普法人员66人，兼职普法人员964人，投入普法经费33万元，上报普法信息234条，中心组学法130次，开展普法培训8 517人次、法治讲座18次949人次，组织宣传活动297次3 726人次，开展专项活动3 012人次，组织法律“六进”238次，编制典型案例12个，开展以案释法19次，制作宣传展板299块，印发宣传资料192 059份，提供法律咨询2 229次，发布法律短信39 497次，发布法律微信3条，发布法律视频2个，发布客户端普法微信10条，开辟宣传网页15个、电子信息屏31块，制作宣传专栏78个。利用“12·4”国家宪法日法制宣传平台，组织15人到活动现场宣传、解答涉农法律法规，发放畜牧、兽医、种子、农机、果蔬、土壤肥料、植保、农产品质量安全等方面的法律法规和科普宣传材料25种2 220份。组织59名干部参加“五五”普法知识竞赛等宣传活动。组织参加《中华人民共和国食品安全法》有奖竞赛答题活动，组织开展“防爆恐反偷渡”反恐怖专项宣传活动，2019年保密法制“宣传月”活动。

（周文忠）

【农产品推介展销活动】 2019年，市农业农村局组织147家次企业参加“三区三州”（四省藏区）贫困地区农产品产销对接活动、第5届中国—南亚博览会暨第25届中国昆明进出口商品交易会、第十四届中国昆明国际农业博览会、云南高原特色现代农业（上海）推介活动、第十六届中国国际农产品交易会、西南贫困地区农产品产销对接活动、“云南特色·冬农魅力”2019云南高原特色现代农业（北京）推介活动、江苏淮安“2019首届优质农产品购物嘉年华”活动等8个推介展销活动，现场销售404.8万元，采购签约5份、订单金额2 348万元，意向性签约90个、金额1 089万元，签订供货协议2个、金额19亿元。

【绿色食品“十大名品”】 2019年，全市荣获云南省绿色食品“十大名品”有8家企业8个产品：“十大名花”第一名云南云秀花卉有限公司、第三名通海锦海农业科技发展有限公司、第六名玉溪明珠花卉股份有限公司、第十名云南爱必达园艺科技有限公司；“十大名菜”第二名云南宏斌绿色食品集团有限公司；“十大名果”第八名新平褚氏农业有限公司；“十大名药材”第四名云南万绿生物股份有限公司、第十名云南维和药业股份有限公司。

【农村电子商务行动】 2019年，全市从事农产品电子商务企业56家，交易额超9.7亿元。其中，超1亿元的3家（新平褚氏农业有限公司、玉溪百信电子商务有限公司、通海高原农产品有限公司），超5 000万元的5家（云南特行果业有限责任公司、云南实建果业有限公司、实建电子商务公司、云南地衡丰农业科技开发有限公司、新平济饶科技发展有限公司）。

【庆丰收活动】 2019年，玉溪市举办农历秋分“中国农民丰收节”、峨山·双江桃李摸鱼节、元江·羊街梯田人家“哝奢扎”庆丰收活动，其中：元江·羊街梯田人家“哝奢扎”获得全国70个最具特色乡村庆丰收活动现场直播。

（颜洪敏）

【信息进村入户工程】 2019年，全市完成建设村级益农信息社546个（其中：中心站2个、示范社87个、标准社278个、简易社181个），推广“云农12316”手机App用户33 710人，开展村级信息员培训3 631人次，上传各类信息1 742条。全市依托“益农信息社”“云农12 316”平台开展便民服务78 899人次，依托益农信息社或平台便民服务金额达3.1亿元，依托“益农信息社”累计开展电子商务成交额达507万元。

【农产品质量追溯体系建设】 2019年，完成10个农产品质量追溯系统示范点建设，共扶持54户经营主体推广应用农产品质量安全追溯系统。

【农业招商引资】 2019年，全市高原特色现代农业及食品加工产业招商新建、续建项目5个，计划总投资3.6亿元；实际引进市外国内资金97.15亿元，实际利用外资203 613万美元；开发包装重点产业招商项目33个，其中上亿元项目8个；与广东绿聚隆花卉种苗有限公司、百果园集团和英国企业等31家国内知名省外企业多次洽谈项目合作，成功与3家省外企业签订项目合作框架协议，其中：与辽宁东亚农业发展有限公司签订投资总额1亿元，与佛山市三水区绿聚隆花卉种苗有限公司签订投资总额1.2亿元，与北京华联集团投资控股有限公司签订协议，合作内容为以北京华联集团的物流配送中心、精品超市、百货店为链条，共建玉溪至京津冀的现代农业物流平台，加强对玉溪市特色农产品进京支撑；与省内昆明善治经贸有限公司签订协议，建设中央智慧厨房及冷链物流配送中心，计划投资3 000万元。

（赵艳丽）

【农村“厕所革命”】 2019年，中央、省、市累计投入“厕所革命”专项补助资金12 464.36万元，全市完成行政村村委会所在地公厕改造提升350座，完成农村无害化卫生户厕改建74 123座。全市农村厕所无害化比例大幅提升，农村无害化卫生厕所普及率、卫生厕所普及率分别提高到63.5%和78.4%。群众对改厕的满意率达95%，农村公厕、户厕改建取得了显著成效。

（王宏伟　杨光荣）

【“云南省美丽村庄”创建】 根据《云南省人民政府办公厅关于印发云南省美丽乡村评定工作方案的通知》要求，玉溪市农村人居环境整治工作领导小组办公室组织开展了2019年度美丽乡村创建、评定工作。根据《云南省农村人居环境整治工作领导小组关于公布2019年度美丽村庄名单的通知》，全市被评为省级美丽村庄8个，与保山市并列全省第三；被评为州市级美丽村庄22个，与昆明市并列全省第二；被评为县级美丽村庄27个，与楚雄州并列全省第六。通过开展“美丽村庄”创建、评定工作，有效发挥示范引领作用，扎实推进农村人居环境整治，努力把广大农村建设成为“看得见山、望得见水、记得住乡愁”的美丽家园。

【村庄清洁行动】 2019年，全市有关部门通过开展村庄清洁行动春节、春季、夏季、秋冬季攻势，以乡村治乱、治脏、治污、提升绿化品质、厕所革命、查处拆除“两违”建筑、农村住房建新拆旧工作等为重点，集中整治村庄环境“脏乱差”问题，统筹推进农村垃圾污水治理、农村“厕所革命”、村容村貌提升及“人畜分离”项目建设。全市累计清理各类农村生活垃圾30.09万吨、村内水塘4 305个、村内沟渠9.45万公里、村塘淤泥6.99万吨、畜禽养殖粪污等农业生产废弃物6.47万吨、村内残垣断壁6 713处。发动农民群众投工投劳93.32万人次，开展进村入户宣传教育43.06万人次，发放宣传资料53.71万份，张贴宣传标语3.20万条。财政专项投入村庄清洁行动资金1 413.42万元，社会力量投入村庄清洁行动资金3 572.19万元。

（卢　超）

【乡村治理】 2019年，全市667个行政村中，有189个行政村由党组织书记兼任村主任；村民委员会人数3 907人，其中党员3 304人；从高校毕业生等人员中选拔的村党总支书记人数59人。全市667个行政村均建立村务监督委员会，年内财务公开5 509次；667个行政村均建立村规民约，年内召开村民会议或村民代表会议4 445次；其他自发性群众社会组织94个。全市有548个行政村实行“一村一辅警”；有513个行政村建立法律顾问、法律服务工作室，年内开展农村法治宣传教育3 377次。全市有631个行政村建立红白喜事简办制度，“农村文明家庭”10 266户，“农村道德模范”1 392人，143个行政村有乡村特色文化产业。全市552个行政村有村庄规划，622个行政村有农村社区综合服务站，616个行政村的村庄道路全部硬化。全市666个行政村有人民调解员队伍，年内发生村民上访864起，发生各类刑事犯罪案件2 225起。

（廖树琼）

【新型职业农民培育】 2019年，玉溪市向上争取新型职业农民培育工程项目资金233万元，举办培训班26个，培训1 581人，累计投入项目资金2 148万元，其中：中央资金1 348万元、省级资金337万元、市级资金325万元，累计培训9 099人，其中：生产经营型4 805人、专业技能型2 455人、专业服务型1 839人。

【农业农村实用技术培训】 2019年，全市农业农村系统共开展农业农村实用技术培训1 018期82 319人次，其中：妇女26 834人次，占比32.6%；贫困地区14 744人次，占比14.7%；建档立卡户5 821人次，占贫困地区人数的39.5%；少数民族32 094人次，占比40%，其中，直过民族（拉祜族）305人次。

（黄莲英）

【三湖保护“雷霆行动”】 2019年，市农业农村局以“一控两减三基本”为抓手，着力推进农业面源污染防治，持续开展全国第二次农业污染源普查工作，根据《玉溪市关于“三湖”保护治理雷霆行动总体方案》要求，制定《玉溪市农业农村局关于三湖保护治理“雷霆行动”任务分解的通知》，对方案中涉及农业农村局的重点工作进行任务分解，明确责任领导和责任单位，全部项目按时间节点完成验收销号。

【农业农村污染治理攻坚行动】 2019年，根据市委三大战役要求，市农业农村局与市生态环境局联合印发《玉溪市农业农村污染治理攻坚战实施方案》，印发《玉溪市农业农村污染治理攻坚战任务分解的通知》，于每月20日汇总上报工作进展情况，确保农业农村污染治理攻坚等各项工作取得实效。

（李　徽）

农业经济管理

【农村集体经济组织收益分配情况】 2019年，全市农村集体经济组织实现收入183 576万元，比上年增加21 075万元，增13%。其中经营收入38 706万元、发包及上交收入33 502万元、投资收益5 103万元、补助收入57 035万元、其他收入49 230万元。全年支出116 248万元，其中经营支出15 354万元、管理费用42 920万元、其他支出57 974万元。实现收益67 328万元，比上年增加32 617万元，增94%。加上年初未分配收益31 213万元和其他转入14 327万元，全年实现可分配收益112 868万元，在提取公积公益金73 297万元、应付福利费197万元后，农户分配26 463万元，其他分配1 172万元，年末未分配收益11 739万元。全市户均收入3 108元，人均收入969元；户均收益1 139元，人均收益355元。

【农村集体经济组织资产负债情况】 2019年，全市农村集体经济组织资产总额1 621 080万元，其中流动资产579 325万元、农业资产401万元、长期资产1 041 354万元。负债188 612万元，其中流动负债159 901万元、长期负债28 711万元。所有者权益1 432 468万元。全市村组负债中，兴办公益事业负债16 220万元，占8.6%。全市村均负债283万元，人均负债996元，负债面广、量大，应引起各级领导的高度重视。

【农村集体“三资”管理情况】 2019年，全市代管农村集体资金共计49.27亿元，资产71.56亿元。在集体资源中，耕地5万块，面积30.5万亩；林地72.7万块，面积651.4万亩；果园447块，面积7 873亩；建设用地1.6万块，面积8.2万亩；水面84.4万块，面积3.2万亩；矿山2 662宗，面积8.5万亩；道路35.1万条，长度34 786千米；沟渠701.9万条，长度26 002千米；其他农用地226.5万块，面积21.4万亩。

（廖树琼）

【农村土地承包经营及管理情况】 按照土地确权最新数据统计，2019年全市家庭承包经营的耕地面积3 192951亩，比上年增加1 852 661亩；家庭承包经营农户数491005户，比上年增加22 692户；家庭承包合同477250份，比上年增加39 613份；颁发土地承包经营权证470448份，比上年增加38 430份；机动地面积191866亩，比上年增加159 741亩；家庭承包耕地流转面积409052亩，比上年增加26 192亩，增幅6.84%；2019年征收征用集体土地面积8 153亩，其中涉及农户承包耕地5 120亩，涉及农户8 796户，涉及人口28 040人；获得土地补偿费102 349万，留作集体土地补偿费20 626万，分配给农户81 723万，其中分配给被征收征用农户61 452万。

【农村土地经营权流转情况】 截至2019年底，全市土地经营权流转总面积560507亩，比上年增加24 850亩，增幅4.64%，其中：转包28 069亩，出租521 103亩，互换2 034亩，转让730亩，入股4 385亩，其他方式4 186亩。流向种田大户275 930亩，占土地经营权流转的49.23%，流向专业合作社23 622亩，占土地经营权流转的4.21%，流向企业260 955亩，占土地经营权流转的46.56%。农户间自发流转249 689亩，占流转总面积的44.55%，乡村组织提供信息流转224 052亩，占流转总面积的39.97%，委托乡村组织流转86 766亩，占流转总面积的15.48%。流转

土地的来源：农户承包耕地405 268亩，占流转总面积的72%，非承包耕地155 239亩，占流转总面积的28%。签订土地经营权书面流转合同112 740份，占应签订流转合同的84%，口头协议流转合同22 025份，占应签订流转合同的16%。土地规模经营50亩以上面积364846亩，比上年增加10 337亩，增幅2.92%，其中：50—100亩59 637亩，100—300亩94 101亩，300—500亩61 954亩，500—1000亩56 003亩，1 000亩以上93 151亩。

【土地承包经营纠纷情况】 截至2019年底，全市各县（区）共受理土地承包及流转纠纷729件，比上年受理土地承包及流转纠纷减少392件。调处纠纷总数686件，调解率94.1%。其中：受理土地承包纠纷617件，土地流转纠纷76件，其他纠纷36件；调处纠纷中乡镇调解216件，村民委员会调解449件，仲裁纠纷和解调解20件，仲裁裁决1件。

（聂 宇）

【农村集体产权流转交易情况】 2019年，全市利用农村集体产权流转交易平台累计进行产权交易2 145件，其中：竞价494件，邀标765件，招租25件，询价采购117件，竞争性谈判90件，公开招标654件，标底价49 405.45万元，中标价49 962.45万元，有效增加集体收入557万元。

【农村集体产权制度改革试点工作】 2019年10月，市农业农村局全面完成农村集体产权制度改革试点任务，全市9个县（区）、74个乡镇（街道）、667个行政村、6 223个村小组完成农村集体资产清产核资、确认集体经济组织成员身份、推进经营性资产股份合作制改革、赋予农民集体资产股份权能、发挥集体经济组织功能作用、发展壮大集体经济、全面加强农村集体“三资”管理、探索开展农村产权流转交易等改革试点内容，全市清产核资、成员身份认定、股权设置管理、成立新型集体经济组织完成率100%，全市共计颁发《农村集体经济组织登记证》6 867份，颁发股权证书53万份，累计股金分红总额2.5亿元。通过改革，在健全集体经济组织，明确组织法人地位；摸清集体家底，明晰资产权属关系；实现集体和成员双增收；完善乡村治理机制，增强改革发展内生动力；形成一批创新成果，为全省产改工作推开提供玉溪借鉴等方面取得成效。

（廖树琼）

【农民负担及变动情况】 2019年，农民上交各种集体款项下降明显，全市上交各种集体款项2 024万元，较上年减少290万元。一事一议筹资筹劳负担减少，2019年全市共122个村进行一事一议筹资筹劳，比上年减少47个村，筹资136万元，较上年减少46万元，其中：一事一议筹资涉及村数90个，涉及人数38 822个；一事一议筹劳121 472个，涉及村数120个，涉及人数49 229个，以工代劳18 637个，以资代劳30万元。农业生产性收费有所增加，2019年全市农业生产性收费1 849万元，比上年增加436万元，其中农业灌溉水费987万元，占比53%，比上增加283万元；农业灌溉电费为826万，占比44%，比上年增加117万；其他收费为36万元，占比0.42%，比上年增加31万元。行政事业性收费等其他负担项目保持低负担或无负担，2019年全市行政事业性收费3 095万元，较上年减少439万元，其中农民建房收费3万元；外出务工经商77万元；农机、摩托车、三轮车和低速载货汽车收费2 918万元，占比95%；无计划生育收费；其他收费97万元，比上年增加57万元。

【农村土地承包经营权确权登记颁证】 2019年，全市9个县（区）全部完成了数据汇交工作，重点开展农村土地确权扫尾工作，开展农村土地确权“回头看”，重点对六个方面的确权工作情况进行排查，全市共排查出问题1 839件，整改1 108件，整改率60%，整改户数20 755户，整改面积88 641.68亩。核查接边重叠问题，进行第二次数据汇交。

（李连坤）

【农民专业合作社稳步增长】 2019年，全市在农业部门备案的农民专业合作社共1039个，比上年增加107个，其中，种植业728个，占比70%，比上年增加59个；林业70个，占比6.7%，比上年增加9个；畜牧业131个，占比12.6%，比上年增加15个；渔业10个，占比0.9%，比上年增加1个；服务业86个，占比8.2%，比上年增加24个。198个（不重复统计，重复统计为456个）合作社被各级农业部门认定为合作社示范社，其中国家级22个、省级71个、市级165个（2019年新增24个）；参加农民专业合作社的成员12.51万户，占全市承包农户的25.77%，合作社成员中建档立卡户11143户，比上年增加2 512户，带动非成员建档立卡户8 395万户、24 625人。

【农民专业合作社经营服务能力提升】 2019年，农民专业合作社经营规模进一步提升，全年合作社统一销售农产品总值21.51亿元，比上年增加2.08亿元，增10.7%；统一购买生产投入品5.27亿元，比上年增加1.97亿元；全年实现经营收入5.24亿元，比上年增加1.0亿元，盈余7 672万元，比上年增加899万元，按交易量返还给社员4 806万元，按股分红314万元。244个合作社执行按交易量返还成员，占合作社总数的23.5%。竞争能力进一步增强。全市共有86个合作社拥有注册商标，比上年增加4个，获得质量认证的合作社23个，比上年增加1个；9个合作社探索推行经营权入股，作价金额0.39万元，12个合作社开展内部信用服务，互助资金总额6 340万元，较上年增加887万元，14个合作社开展电子商务，比上年增加4个。

【农业社会化服务体系逐步建立】 2019年，全市各类开展农业社会化服务的组织428个，其中合作社79个、集体经济组织25个、企业27个、专业户249个、其他服务组织48个，服务对象136 141户，服务收入9 947万元，农业社会化服务体系初步建立，但服务能力还很薄弱，不计算个别农户接受多项社会化服务情况，受服务对象也仅占全市农户的23%左右，大部分农户还没得到相应的社会化服务。

（曾应春）

【家庭农场】 2019年，全市有家庭农场1 152个，新增109个，注销48个，总数增加61个，拥有注册商标的家庭农场3个，全部家庭农场均纳入家庭农场名录管理系统。被县级以上农业部门认定为示范性家庭农场示范场514个，其中，省级18个，市级348个，县级148个（不进行重复统计），2019年评审认定市级示范场51个。家庭农场经营土地面积75030亩，比上年新增4 354亩，平均每个家庭农场经营面积65.13亩。从业劳动力3 752个，其中：家庭成员劳动力3 199个，占家庭农场劳动力总数的85%；常年雇工劳动力553个，占家庭农场劳动力总数的15%。行业分布情况：种植业390个，占33.9%；畜牧业517个，占44.9%；渔业14个，占1.2%；种养结合217个，占18.8%；其他14个，占1.2%，家庭农场行业分布以种植业和畜牧业为主。2019年家庭农场年销售农产品总值47 245万元，比上年增加1638万，其中年销售农产品总值10万元以下的302个，年销售农产品总值10—30万元的441个，年销售农产品总值30—50万元的176个，年销售农产品总值50万元以上的233个。家庭农场购买农业生产投入品总值30 289万元。113个家庭农场获得贷款资金总额2 953万元，比2018年增加883万元。

（李连坤）

种植业

【种植结构持续调优】 2019年，全市农作物播种面积428.45万亩，同比增加0.27万亩，增0.1%。其中，粮食166.1万亩，经济作物262.35万亩，粮食作物与经济作物比为38.77∶61.23，粮食作物比重降低0.14个百分点。调减甘蔗1.455万亩、烤烟0.15万亩、蔬菜3.88万亩，增加油料2.8万亩、鲜切花0.69万亩。

【粮食生产实现恢复性“十四连增”】 2019年，全市粮食作物播种面积166.1万亩，同比减0.6万亩，减0.4%；粮食单产363千克，同比增2千克，增0.6%；总产量60 374.07万千克，同比增217.87万千克，增0.4%，全年粮食产量实现“十一五”以来恢复性“十四连增”。其中：小春粮食面积45.59万亩，同比减1.04万亩，减2.2%，总产量8 109.93万千克，减185.54万千克，减2.2%；大春粮食面积120.5万亩，同比增加0.44万亩，增0.4%，总产量52 264.14万千克，同比增加403.41万千克，增0.8%。

【全市经济作物生产呈现“三增两减”特点】 2019年，全市经济作物种植面积262.35万亩，同比增加0.86万亩，增0.33%。油料、花卉面积增加，油料面积25.17万亩，同比增2.8万亩，增12.5%，产量3.59万吨，同比增0.54万吨，增16.1%；花卉面积5.59万亩，同比增加0.76万亩。是甘蔗、烤烟和蔬菜面积减少，甘蔗面积13.71万亩，同比减1.455万亩，减少9.6%，产量63.04万吨，同比减4.75万吨，减少7%；烤烟面积59.39万亩，同比减少0.15万亩，减0.2%，产量8.16万吨，同比增0.17万吨，增2.1%；蔬菜面积142.06万亩，同比减少3.88万亩，减2.66%，产量268.71万吨，同比增加1.08万吨，增0.4%。

【冬季农业开发促进农民收入持续增长】 2019年，全市冬季农业开发面积116.87万亩，同比减少0.26万亩，减0.22%；总产量达136.97万吨，同比减少2.51万吨，减1.8%；总产值31.57亿元，同比增加1.27亿元，增4.19%；平均亩产值2 701元，同比增加114元，增4.41%。

【晚秋作物种植】 2019年，全市种植晚秋作物50.15万亩，其中晚秋粮食26.08万亩，晚秋蔬菜24.07万亩。在晚秋粮食中，种植秋玉米15.16万亩，占58.13%；秋大豆2.19万亩，占8.4%；秋马铃薯1.9万亩，占7.29%；秋荞1.6万亩，占6.13%；晚稻1.91万亩，占7.32%；其他3.31万亩，占12.69%。实现晚秋粮食产量8 516.6万千克。

【十大科技增粮措施促进粮食增产增收】 2019年，全市完成省级粮油作物绿色高质高效创建示范区23片，平均亩产531.57千克，比当年非示范区亩均增产67.67千克，增产15.63%，实现增产粮食1 780.4万千克，每亩节约成本71.35元，每亩增效159.4元，辐射带动面广，增产增收明显。完成农作物间套种220.5万亩。完成测土配方施肥204.12万亩。完成粮食地膜覆盖栽培45.2万亩。集中育秧育苗2.011万亩。完成良种推广总面积108万亩。完成重大病虫草鼠害防治面积1 314.69万亩次，其中统防统治面积350.79万亩，绿色防控面积357.55万亩次。完成玉米“三干”播种66.99万亩。市级（市农科院）组织开展绿色高产高效模式攻关0.36万亩，平均亩产640.34千克，亩均增产137.49千克。晚秋生产完成播种面积50.15万亩。

【农作物受灾较重】 2019年，全市农作物播种面积428.45万亩，农作物受灾面积102.32万亩，占农作物播种面积的23.88%，其中，成灾37.83万亩，占8.83%，绝收5.8万亩，占1.35%。各类受灾的具体情况如下：冰冻灾，农作物受灾面积0.35万亩，占农作物播种面积的0.08%，其中成灾0.35万亩，占0.08%。洪涝灾，农作物受灾面积1.19万亩，占农作物播种面积的0.28%，其中成灾0.38万亩，占0.09%，绝收0.07万亩，占0.02%。风雹灾，农作物受灾面积3.73万亩，占农作物播种面积的0.87%，其中成灾2.31万亩，占0.54%，绝收0.65万亩，占0.15%。干旱灾，农作物受灾面积99.05万亩，占农作物播种面积的23.12%，其中成灾35.14万亩，占8.2%，绝收5.13万亩，占1.2%。

（张志军　孙　钺）

【农作物保险】 2019年，全市种植业保险计划面积103.19万亩，其中水稻17.59万亩、玉米69.1万亩、油菜16.6万亩。参加种植业保险的8个县（区）签单承保面积90.04万亩，其中水稻13.48万亩，玉米66.30万亩、油菜10.26万亩，比计划的103.19万亩少13.15万亩。水稻、玉米、油料作物保费比例：中央财政补贴 40%，省级财政补贴 25%，市级财政补贴 25%（含农户自担10%），县级财政补贴10%。根据《2019—2020年度玉溪市政策性农业保险（种植业、养殖业）工作实施方案》，2019年增加了甘蔗保险，签单承保面积6.05万亩，甘蔗保费比例：中央财政补贴 40%，省级财政补贴25%，市级财政补贴10%，县级财政补贴5%，农户和农业生产经营组织承担20%。投保农作物生长期间，不同程度地发生了霜冻、干旱、冰雹、雨雪和大风等自然灾害，受灾农作物面积74 369亩。通过保险公司和农业部门现场勘查定损，保险公司预计赔付金额807.83万元，其中水稻143.17万元、玉米481.50万元、油菜0.16万元、甘蔗183万元。分作物、分县区预计赔付金额，水稻：红塔区2万元，江川区12万元，峨山县16.17万元，华宁县6万元，新平县105万元，元江县2万元；玉米：红塔区8万元，江川区5万元，通海县5万元，易门县61万元，华宁县15万元，峨山县32万元，新平县320.5万元，元江县35万元；油菜：峨山县0.16万元。甘蔗：

新平县 133 万元，元江 50 万元。

（吕 萍）

【花卉转型升级初见成效】 玉溪地处滇中腹地，年温差较小，昼夜温差较大，四季如春，极端温度 -2 至 30℃，常年温度 16℃至 23℃，1 600 至 1 800 米海拔区域非常适合种植优质鲜切花。2019 年，全市花卉园艺种植面积 8.2 万亩，花卉农业一产产值 30 亿元，其中鲜切花、盆花种植面积 3.94 万亩，鲜切花产量 22.76 亿枝，盆花 1 684 万盆，产值 20 亿元。药用花卉金银花 2 100 亩，工业用花除虫菊 3 400 亩，食用花卉主要有茉莉花 7 500 亩、食用玫瑰 3 600 亩。产品销往全国各大中城市，出口俄罗斯、日本、澳大利亚、韩国、东盟、欧盟、阿盟国家和地区，玉溪市已成为云南鲜切花、盆花、种球种苗重要生产地。

（张志军）

【蔬菜生产】 2019 年，在调整优化蔬菜品种结构的基础上，全市农业部门大力推广化肥农药减量增效、增施有机肥、地膜覆盖、节水灌溉、绿色防控等技术，全市蔬菜生产稳中向好，产量增加、产值提高，蔬菜成为农民增收的主渠道。全市蔬菜种植面积 133.76 万亩，比上年减少 5.95 万亩，减 4.26%；蔬菜总产量 269.25 万吨，比上年增加 2.52 万吨，增 0.9%；蔬菜产值 60.62 亿元，比上年增加 5.58 亿元，增 10.1%。

【水果生产】 2019 年，在“华宁柑橘”“褚橙”品牌的示范带动下，全市以热带亚热带为主的水果生产保持强劲发展势头。全市新种植水果面积 6.19 万亩，其中新植柑橘 19 481.3 亩、芒果 16 672 亩、桃 5 074 亩、草莓 4 933 亩、香蕉 3 265 亩、柿子 2 887 亩、蓝莓 1 774 亩、梨 1 680 亩、李子 1 288 亩。新植果园中，分布在红河谷—绿汁江流域的水果新植面积 4.83 万亩，占全市新植水果面积的 78%。2019 年全市水果在园面积累计达 97.25 万亩，比上年实际增加 5.04 万亩，增 5.5%，其中挂果面积 77.46 万亩，比上年增加 7.06 万亩，增 10.03%；水果产量 103.0 万吨，比上年增加 8.4 万吨，增 8.8%；水果产值 50.16 亿元，比上年增加 9.35 亿元，增 22.9%；水果综合平均单价 4.87 元 / 千克，比上年提高 0.56 元 / 千克，涨幅 12.99%。

【蔗糖生产】 2019 年，全市甘蔗种植面积 14.26 万亩，比上年减少 0.59 万亩，减 3.97%；甘蔗产量 54.1 万吨，比上年减少 6.7 万吨，减 11.0%；甘蔗总产值 3.91 亿元，比上年减少 0.7 亿元，减 15.2%。市内 4 家制糖企业生产白糖 6.5 万吨，比上年增加 0.32 万吨，增 5.2%。

【茶叶生产】 2019 年，全市茶叶种植面积 7.23 万亩，比上年增加 900 亩，增 1.3%；茶叶总产量 4 004.6 吨，比上年减少 600.2 吨，减 13.0%，其中精制茶产量 2 515.45 吨；全市茶叶单产 55.4 千克 / 亩，比上年减少 11.95 千克 / 亩，减 17.7%；全市茶叶综合产值 20 937.4 万元，比上年减少 496.8 万元，减 2.3%，其中茶叶第一产值 11 075.1 万元，比上年减 35.0%。全市现有茶叶地理标志 2 个，有机产品认证 2 个，绿色食品认证 1 个，州市级龙头企业 1 个，Sc 认证企业 4 个，茶叶加工初制所 30 个，专业合作社 10 个，种植大户 17 家，家庭农场 2 个；加工企业固定用工 361 人，临时用工 808 人，茶业第三产业用工 1 502 人。2019 年全市茶农人数 36 544 人，茶农总纯收入 5 403.97 万元，比上年减少 0.73 万元，减 0.01%；茶农人均纯收入 1 478.76 元，减少 1.9 元，减 0.13%。

【芦荟生产】 2019 年，全市芦荟种植面积 11030 亩，比上年减 5.9%；芦荟鲜叶产量 34 657.4 吨，比上年减 1.9%；芦荟产值 2 055.5 万元，比上年减 2.0%。芦荟鲜叶平均单价 0.59 元 / 千克。

【除虫菊生产】 2019 年，全市除虫菊种植面积 2 387.6 亩，比上年增 67.8%；除虫菊产量 202.4 吨，比上年增 114.6%；除虫菊产值 485.8 万元，比上年增 115.4%。除虫菊平均单价 24.00 元 / 千克。

【茉莉花生产】 2019 年，全市茉莉花种植面积 3 795.0 亩，比上年减 15.8%；茉莉花产量 2 205.3 吨，比上年减 17.2%；茉莉花产值 6 174.8 万元，比上年增 5.3%。茉莉花平均单价 28.00 元 / 千克。

【三七生产】 2019 年，全市三七种植面积 20 333.0 亩，比上年减 3.1%；三七产量 1 764.9 吨，比上年增 156.0%；三七产值 20 996.6 万元，比上年增 41.3%。三七平均单价 118.97 元 / 千克。

【重楼生产】 2019 年，全市重楼种植面积 4 601.1 亩，比上年增 27.3%，其中新植面积 1 334.7 亩；重楼产量 22.9 吨，比上年增 11.2%；重楼产值 1 614.4 万元，比上年增 9.4%。重楼平均单价 704.98 元 / 千克。

【露水草生产】 2019 年，全市露水草种植面积 1574 亩，比上年减少 264 亩，减 14.4%；露水草产量 2 875.6 吨，比上年增加 170.9 吨，增 6.3%；露水草产值 703.9 万元，比上年增加 42.7 万元，增 6.5%。

【石斛生产】 2019 年，全市石斛种植面积 357 亩，比上年减 25.2%；石斛产量 133.3 吨，比上年增 77.0%；石斛产值 4 558.7 万元，比上年增 42.0%。

【金银花生产】 2019 年，全市金银花种植面积 39.5 亩，比上年减 50.6%；产量 1 吨，比上年减 44.4%；产值 11.4 万元，与上年基本持平。

【蔬菜新品种新技术推广】 2019 年，全市共引进 10 个蔬菜新品种，试验面积 3.5 亩，蔬菜新品种展示面积 121 亩，蔬菜新技术推广应用面积 137.87 万亩次，其中：漂浮育苗 27.05 万亩、喷滴灌技术 6.37 万亩、测土配方施肥 38.0 万亩、绿色防控 28.17 万亩、地膜覆 33.74 万亩、其他技术 4.54 万亩。全市设施蔬菜面积 4.43 万亩，其中大中棚蔬菜面积 4.427 万亩，小棚蔬菜面积 0.003 万亩。

【水果新品种新技术推广】 2019 年，全市共引进 7 个水果新品种，试验面积 77 亩，水果新品种展示 4 个品种 1 206 亩，水果新技术推广应用面积 150.23 万亩次，其中高接换种 0.96 万亩、喷滴灌技术 20.78 万亩、测土配方施肥 27.29 万亩、病虫害统防统治 50.47 万亩、绿色防控 47.38 万亩、其他技术 3.35 万亩。全市大棚设施水果面积 946.63 亩。

（杨云光 侯贵琼）

【经作技术培训】 2019 年，市农业技术推广站充分发挥技术优势，结合职能职责，深入基层、深入农村、深入田间地头开展多种形式的科技培训和技术指导服务。共开展蔬菜、水果等科技培训及指导2 174人次，印发技术资料2 486份。

【新平县柑橘产业发展协会成立】 2019年9月4日，新平县柑橘产业发展协会成立大会在新平县农业农村局召开。会议表决通过了选举新平县柑橘产业发展协会会长、副会长、秘书长名单及总监票员、监票员名单和《新平县柑橘产业发展协会章程》；会议选举产生了1名协会会长，15名副会长，1名秘书长。县人民政府副县长张林向新平县柑橘产业发展协会授牌、授印，向新当选的新平县柑橘产业发展协会会长、副会长、秘书长颁发当选证书。

【首届中国“新平柑橘”产品推介会】 2019年10月25日，首届中国“新平柑橘”产品推介会在新平县成功召开。大会成立了新平柑橘采购商服务联盟，让新平柑橘种植户、加工企业与采购商实现近距离、全方位、高效率的产销对接。会上，以百果园、本来生活网、顺丰优选等为代表的采购企业与新平县柑橘产业发展协会签订了战略合作协议。新平哀牢潘橙果业有限公司、新平林森果业有限公司、新平龙橙果业发展有限公司、新平久字号果品专业合作社等4家企业与采购商签订了1.2万吨的采购意向协议，占新平柑橘总产量的10%以上。

（杨云光）

【名品强企】 2019年云南省“10大名品”和绿色食品“10强企业”“20佳创新企业”玉溪市上榜的名品企业有：云南云秀花卉有限公司的“云秀”牌月季鲜切花、通海锦海农业科技发展有限公司的月季种苗、玉溪明珠花卉股份有限公司的“MING ZHU”牌百合鲜切花、云南爱必达园艺科技有限公司的盆栽迷你玫瑰被评为“十大名花”；云南宏斌绿色食品集团有限公司的“宏斌”小米辣被评为“十大名菜”，位居云南省第二名；新平褚氏农业有限公司的“褚橙”牌冰糖橙被评为“十大名果”；云南万绿生物股份有限公司的“万绿”牌芦荟粉、云南维和药业股份有限公司的三七被评为“十大名药”。云南达利食品有限公司被评为绿色食品“10强企业”。云南猫哆哩集团食品有限责任公司、云南宏斌绿色食品集团有限公司、云南磨浆农业股份有限公司、玉溪丫眯绿色休闲食品有限公司、通海高原农产品有限公司被评为绿色食品“20佳创新企业”。

（杨云光　侯贵琼）

畜牧业

【畜牧业发展】 2019年，全市畜牧业发展以“优供给、强安全、保生态”为目标，以稳生猪、强家禽、防疫病、减兽药、治粪污、调结构为重点，以“扩量、提质、增效”为核心，以绿色发展为导向，优化区域布局，统筹产业与区域、环境协调发展，突出生猪和家禽两个重点，积极发展牛羊生产，推广种养结合循环养殖模式，扶持培育畜牧龙头企业，深化畜牧业供给侧结构性改革，推动养殖业转型升级。全市肉蛋奶总产量272 844.4万千克，比上年增长0.9%，实现畜牧业产值79.55亿元。

【生猪生产】 2019年，全市生猪存栏101.45万头，比上年增长1.9%，其中能繁母猪存栏9.43万头，比上年增长17.3%；肥猪出栏133.05万头，比上年增长1.9%，出栏率133.6%。

【畜禽生产】 2019年，全市家禽存栏1 535.1万只，比上年增长6.8%；家禽出栏2 850.9万只，比上年减1.4%，出栏率198.3%。牛存栏19.65万头，比上年减0.6%，肉牛出栏11.78万头，比上年增长3.5%，出栏率59.6%；山绵羊存栏38万只，比上年减2.6%，肉羊出栏31.59万只，比上年增1%，出栏率81%。禽蛋产量6 794.1万千克，比上年增长5.9%。

（李敏华　吴明伟）

【重大动物疫病防控】 2019年，各县（区）有关部门扎实开展重大动物疫病防控工作，累计排查养殖场户19 183场次、屠宰场3 559个次，公路检查站排查生猪24 746头、生猪产品7.57万千克；开展餐厨剩余物禁用饲喂生猪宣传排查274 229户次；驻场官方兽医依法对13家屠宰企业开展非洲猪瘟自检工作进行监督。市级共调拨疫苗9种，1 670.07万毫升（万头份），其中重大动物疫苗1 623万毫升，炭疽、狂犬病等其他常规疫苗47.07万毫升。全市共免疫畜禽疫病22种，14 199.89万头（只），其中重大动物疫病免疫5 369.4万头（只），其他常规疫病免疫8 830.49万头（只）；重大动物疫病免疫密度均达到应免数的100%，其他主要动物疫病免疫密度均达到应免数的95%以上。完成了小反刍兽疫消灭计划和布鲁氏杆菌病净化的年度工作任务，对全市所有羊进行小反刍兽疫全面免疫，对新补栏、新生、外地调运羊进行补免，累计免疫27.53万只，小反刍兽疫监测3 139份（病原学检测1 330份，未检出阳性；免疫抗体监测1 809份，转阳1 446份，抗体合格率达79.93%）；布鲁氏菌病监测4 940份。开展非洲猪瘟防控技术专题培训18期，培训1 436人次；到屠宰场开展检测技术现场培训指导11场（次）；编写印发宣传材料7.5万份；开展非洲猪瘟专项监督检查23次，累计64人次。

（杨耀兰　吴明伟）

【“两项制度”落实情况】 2019年，根据国家农业农村部及省农业农村厅的安排部署，全市扎实抓好生猪定点屠宰厂配齐官方兽医和非洲猪瘟自检“两项制度”的落实。5月14日，市政府组织召开全市非洲猪瘟防控工作会议，对落实生猪屠宰环节非洲猪瘟自检和官方兽医派驻制度百日行动进行部署安排，印发相关文件和生猪屠宰环节“两项制度”落实情况表，提出加强组织协调、紧扣时间节点、倒排工期、挂图作战等要求。6月，全市在产的13个生猪屠宰场点全部足额配齐官方兽医，全部实现非洲猪瘟PCR自检。8月，全市在产的13个生猪屠宰场点经农业农村部审核备案，公布为合规合法屠宰场。

【畜禽养殖废弃物资源化利用】 2019年1月14日，市政府召开畜禽养殖废弃物资源化利用工作会议，与各县（区）政府签订2018—2020年畜禽粪污资源化利用目标责任书，并纳入年度综合目标考核。12月14日，市政府办印发《玉溪市人民政府办公室关于开展县（区）2019年度畜禽养殖废弃物资源化利用工作考核的通知》，市农业农村局、市生态环境局组织考核工作组完成对县（区）2019年度畜禽养殖废弃物资源化利用工作的考核，并对各县（区）畜禽养殖废弃物资源化利用工作作出综合评价。全市畜禽粪污综合利用量513.64万吨，畜禽粪污综合利用率89.79%；全市完成粪污处理设施装备配套931个，规模养殖场粪污处理设施装备配套率为96.98%，大型规模养殖场粪污处理设施装备配套率为100%。

【畜禽屠宰监管】 2019年，市畜牧兽医局组织开展“扫黑除恶”“扫雷行动”“百日行动”专项整治，行政执法886次，出动执法人员3 543人次；开展联合执法45次，立案2件，结案2件，查处生猪产品98.7千克，罚没19 100元，有效震慑了不法分子；清理关停小型屠宰场点20个；监督屠宰企业无害化处理猪2 054头、禽类7 017只、有害产品3.14吨。

（吴明伟）

【兽药监管】 2019年，市畜牧兽医局采取经常性和突击性相结合的监管方式，对全市兽药经营开展无缝监管。对提出申请的11个兽药经营店进行兽药GSP认证，通过10个，未通过1个。全市通过兽药GSP认证的兽药经营店170个，无兽药生产企业。全年出动执法人员1 388人次，检查兽药经营企业1124个（次），抽检兽药7.4255万盒（包），检出不合格兽药产品31盒（包），货值106元，立案查处兽药执法案件27件（一般程序4件、简易程序23件），结案27件，罚款4.2万元。为畜产品质量安全生产提供有力保障。

【畜产品质量安全监测】 2019年，全市开展畜产品质量安全例行监测，共抽检样品69批次，其中养殖场（户）26批次、屠宰场10批次、农贸市场33批次，69批样品检测均合格；对全市3个生鲜乳收购站抽样，生鲜乳抗生素残留检测均合格；开展屠宰环节“瘦肉精”监督监测共计14 790头份，结果均为阴性。开展养殖环节瘦肉精监测，监测全市14个规模（猪、牛、羊）养殖场、25个批次的瘦肉精，检测项目为克仑特罗、莱克多巴胺、沙丁胺醇，样品检测均合格。

（吴明伟 杨晓橙）

【德康百万头生猪项目】 2019年，市畜牧兽医局继续推进德康100万头生猪养殖项目建设，实施“公司+家庭农场”模式，促进生猪标准化、规模化、产业化发展。峨山祖代种猪场项目建设完成投产，建成1 200立方米大型沼气池一座，投入项目建设资金6 000万元，存栏种猪2 264头，存栏仔猪5 000头，累计销售父母代种猪和商品猪6 628头；启动新平种猪场建设项目，完成主体工程和部分附属工程建设，累计完成投资6 872万元，完成项目建设工程的90%；易门、峨山、新平和元江项目县生猪家庭农场正式签约151户375个单元（年出栏肥猪1 000头为一个单元），动工92户217个单元，建成并关猪56户110个单元，完成投资30 301万元。

【双胞胎养猪项目】 2019年，峨山双胞胎集团40万头生猪产业链建设项目：存栏9 000头的母猪扩繁场建设项目1个，完成办公楼、宿舍楼、过磅房、门卫室主体工程，一、二生产区等基础设施主体工程完成90%，完成投资3 517万元；完成甸中镇元山村年存栏6 000头母猪扩繁场项目场地平整，开工建设年出栏15万头生猪生态循环养殖小区项目。

【省级畜禽标准化示范场通过验收】 2019年，全市开展创建省级畜禽标准化示范场活动，参加创建活动的峨山县犇牛养殖家庭农场、玉溪恒康养殖有限公司，于8月2日至3日顺利通过省级示范场现场验收。

（吴明伟）

【兽用抗菌药、动物产品兽药残留检测】 2019年，市动物卫生监督所完成兽药监督抽样40个、协助完成畜产品抽样48个、饲料5个、猪尿8个。除2个兽药样品经云南省兽药饲料检测所检测不合格外，其余样品均检测合格。

【兽医社会化服务】 为深化兽医领域供给侧结构性改革、创新兽医服务供给方式，2019年全市新建10个兽医社会化服务组织（动物防疫合作社），全市累计成立31个动物防疫合作社，其中江川区和峨山县全部乡镇（街道）均成立了动物防疫合作社，运行良好。

【官方兽医规范化管理】 2019年，市畜牧兽医局完成全市第三批官方兽医资格市级审核工作，全市审核确认新增官方兽医49人，取消57人，不予确认3人。在清理整顿后的13家生猪定点屠宰企业（场）配齐驻场官方兽医。统一印制官方兽医上岗证800份、兽医协检员上岗证2 200份、检疫申报信息卡（双联复写）20万份、检疫申报委托书20万份、宣传画册120余份供各县（区）使用。8月起，全市全面实行官方兽医挂牌上岗工作制度、检疫申报制度等规范化管理制度。

【动物产地检疫】 2019年，全市动物卫生监督机构实施畜禽产地检疫6 581.03万头（只），其中检疫生猪166.35万头，检出病猪603头；检疫牛14.7万头，检出病牛0头；检疫羊22.99万只，检出病羊4只；检疫家禽6 376.99万只，检出病禽1 518只。对检出的病畜禽按规定进行处理，有效防止动物疫病传播蔓延。

【动物屠宰检疫】 2019年，全市动物卫生监督机构在清理规范后的13个生猪定点屠宰场、1个牛羊屠宰场（点）开展屠宰检疫工作，全年共检疫畜禽504.41万头（只），其中检疫生猪89.65头，检出病害猪1 563头；检疫牛羊31.87头（只）；检疫禽类382.89万只，检出病害禽4 810只。对检出的病害动物及其产品开具《检疫处理通知单》，并监督畜主进行无害化处理。

【检疫电子出证】 2019年，全市检疫电子出证总计46.90万份，其中动物A证0.07万份，动物B证10.32万份，动物产品A证0.39份，动物产品B证36.13份。6月1日起，全市所有生猪定点屠宰场（点）及全部县、乡镇实现检疫票证电子出证。

【动物疫病可追溯体系建设】 2019年，全市动物卫生监督机构继续在74个乡镇推广使用动物标识，共佩戴动物标识156.94万个，其中佩戴猪标识151.3个、牛标识2.80万个、羊标识2.85个。

【活畜禽及其产品跨省移动监管】 2019年，全市动物卫生监督机构加强跨省调运动物及其产品检疫监管工作，共受理出省动物检疫284.02万头（只、羽），其中猪1 229头、牛750头、羊92只、禽279.67万只、其他4.15万只（羽），检疫出省动物产品3.2万吨。出省畜禽及其产品检疫率和标识率达100%。

【执法办案】 2019年，全市动物卫生监督机构办理行政执法案件114件，结案114件，累计罚款22.42万元。

其中，兽药监督执法立案27件，结案27件；动物防疫监督执法立案83件，结案83件；屠宰监管立案2件，结案2件；畜牧执法立案1件，结案1件；农产品质量安全监管执法立案1件，结案1件。

【业务培训】 2019年，市动物卫生监督所举办了"动物检疫及非洲猪瘟防控业务培训""生猪屠宰肉品品质检验人员培训""动物检疫业务培训""畜禽标识App及车辆备案系统培训"，4期培训共计参训人员240人。

（杨晓橙）

【种畜禽场生产】 2019年，全市执有种畜禽生产经营许可证的良种猪禽场、猪供精站共7个，其中新建猪供精站1个。5个良种猪繁育场（供精站）存栏纯种猪2755头，累计销售纯种猪306头、LY母猪3786头、商品仔猪23733头，销售种猪精液111005头份；2个种禽场存栏父母代种禽40.21万羽，累计销售种禽40.5万羽，销售商品禽3690.9万羽。

【种猪精液质量抽检】 2019年9月，市畜牧站、红塔区畜禽改良站严格按《中华人民共和国国家标准种猪常温精液（GB23238-2009）》，对红塔区大营街镇龙潭杨庆雄养殖场生产的种公猪常温精液进行抽检，共抽检30头份，抽检数占该场存栏公猪数的65%，合格率为100%。

【畜禽养殖技术培训】 2019年，市畜牧站组织2期养殖技术培训，共培训250人，其中，举办1期生猪养殖技术及种业（养殖）扫黑除恶培训班，培训各县（区）、乡镇畜牧专业技术人员及部分规模养殖场技术人员100人；在易门县十街乡大村村委会举办1期养牛技术培训，培训养殖户及建档立卡户150人。

【茶花鸡2号示范养殖】 2019年4月，在云南省禽蛋产业技术体系支持下，市畜牧站、玉溪试验站从西双版纳云岭茶花鸡产业发展有限公司引进"茶花鸡2号"鸡苗3000羽，在峨山县、红塔区2个养殖场示范养殖，其中云南民逸农牧科技有限公司养殖场养殖2500羽、玉溪瑞丰农牧科技发展有限公司养殖500羽。期间，开展生产性能测定800羽及免疫抗体监测20余份。通过示范养殖发现，"茶花鸡2号"抗病性强，成活率高，适宜山地放养，特别是茶花鸡鸡蛋很受消费者青睐，供不应求。

【实用新型专利】 2019年，市畜牧站、红塔区畜禽改良站指导玉溪新广家禽有限公司完成《一种育雏期种鸡的鸡舍及饲养设备》及《一种育成及产蛋期的种鸡鸡舍和饲养设备》两个实用新型专利材料的组织及申报工作，分别于6月21日、6月28日获国家实用新型专利证书。

【大豆异黄酮提高蛋鸡生产性能试验】 2019年，市畜牧站组织开展"大豆异黄酮对蛋鸡产蛋后期生产性能及蛋品质的影响"试验，共试验养殖蛋鸡3200只，测定蛋品质180枚。试验结果表明：在产蛋后期饲料中添加6mg/kg的大豆异黄酮，可减少产蛋后期鸡蛋的表面色斑，改善蛋的品质，试验期间产蛋率提高2.03%。

【牛冻精改良】 2019年，全市共有牛冻精改良站点52个，全年完成牛冻精改良8051头，比2016年增3639头，增82.5%；牛冻精改良受胎6742头，产犊6241头，受胎率83.7%，受胎率比2016年提高12.7%。

（王红琴）

【动物疫病监测】 2019年，全市共完成38种、69160头（只）畜禽疫病监测，其中：免疫效果监测36776份，病原学监测32384份，超额完成了上级下达的监测任务，为全市动物疫病防治工作提了科学依据。市动物疫控中心实验室完成畜禽病原学检测2.415万份，出具检测报告书1228本，提交重大动物疫病及主要人畜共患病疫情风险评估报告1份，科学研判2019年禽流感等重大动物疫病发生风险并提出防范策略。

（杨耀兰）

【饲料法律法规宣传】 2019年，市饲草饲料工作站加大对《饲料及饲料添加剂管理条例》等相关配套法律、法规的宣传贯彻，全年发放饲料行业管理及安全知识问答等宣传材料1000份；开展辖区内添加剂预混合饲料等产品备案管理工作。

【新增生鲜乳收购站】 2019年，新增华宁县兴泰牧场生鲜乳收购站1个，交奶去向为云南欧亚乳业有限公司、昆明雪兰牛奶有限公司等地。全市共有生鲜乳收购站3个，另外两个是：通海县云江奶牛场生鲜乳收购站和澄江县众益奶牛合作社。

【饲料经营门店监管】 2019年，为强化饲料领域"双随机、一公开"监管，对全市符合《饲料和饲料添加剂管理条例》等有关规定的375户饲料经营企业进行全面检查，其中红塔区40户、江川区29户、通海县35户、澄江县9户、华宁县43户、易门县59户、峨山县48户、新平县96户、元江县16户。完成23批饲料产品抽检，样品检测均合格。

【饲草地块分布调查】 2019年，云南省草山饲料工作站委托第三方昆明尚霖科技有限公司进行对我市饲草业进行调查和统计监测，全市共有饲草业地块1587块，分布在9个县（区），总面积12.91万公顷，其中天然草地1467块，面积12.81万公顷，占全市饲草业地块总面积的99.23%；人工草地120块，面积995.04公顷，占全市饲草业地块总面积的0.77%。天然草地在新平县、元江县分布面积较大，人工草地主要集中在新平县。通过综合应用已有草地资源图件及监测数据，经图件叠加分析，辅助不同季节中分辨率遥感影像，提取饲草种植、割草与放牧利用等饲草业相关地块位置界线形成准确的图像数据，获得饲草地块空间分布图。

（刘双玲）

乡镇企业

【概　况】 2019年，全市179户市级以上农业产业化经营与农产品加工重点龙头企业实现销售收入220.2亿元，上缴税金4.66亿元，带动农户128万户。其中，云南猫哆哩、玉溪丫眯、云南万绿等50家企业年销售收入上亿元，玉溪百信商贸集团、云南滇雪粮油、云南达利食品等3家企业年销售收入超过10亿元。全市农产品加工企业及个体户62602户，其中企业743户、个体户61859户，农产品加工业产值411.8亿元（不含烟叶复烤和卷烟），上缴税金9.48亿元，农产品加工业产值与农业总产值比1.4∶1（若含烟叶复烤和卷烟，全市农产品加工业产值则达924.1亿元，农产品加工业产值与农业总产值比达3.1∶1）。

【首批“玉溪高原特色农业产业示范基地”认定】 按照《玉溪市高原特色农业产业示范基地评选实施细则（试行）》，经专家评审、市农业农村局审定、市人才工作领导小组审议，锦海优质月季绿色高效花卉示范基地、云南鼎成高原特色现代农业示范基地、3 160亩酸角标准化种植示范基地、元江芒果产业化管理综合集成技术应用示范基地、“褚橙”农业产业示范基地等5个基地被认定为首批“玉溪高原特色农业产业示范基地”。

【休闲农业经营主体】 2019年，全市休闲农业经营主体达384个，其中农家乐334个、休闲农庄31个、休闲农业园6个、民俗村4个、其他8个，全年接待游客813.56万人次，营业收入5.86亿元。

【国家级农业龙头企业】 2019年12月，根据《农业产业化国家重点龙头企业认定和运行监测管理办法》，经专家评审，农业农村部、财政部、商务部等8部委联席会议审定，认定了第六批299家农业产业化国家重点龙头企业，玉溪市申报的通海高原农产品有限公司、云南源天生物集团有限公司名列其中，成功晋级为“国”字号农业龙头企业。

【省级重点龙头企业】 2019年12月，省农业产业化经营协调领导小组根据《云南省农业产业化省级重点龙头企业认定和运行监测管理办法》，认定公布了云南省第十四批农业产业化经营省级重点龙头企业名单，玉溪市申报的云南玉峨现代农业科技发展有限公司、玉溪盛康生物科技开发有限公司等9家企业榜上有名，进入云南省农业产业化重点龙头企业行列。

【市级重点龙头企业】 2019年12月，根据《玉溪市农业产业化经营与农产品加工市级重点龙头企业认定和运行监测管理办法》，经专家评审和市农业产业化领导小组审定，易门汇宝果蔬有限公司、云南沃土果品有限公司、玉溪鸿沅农业科技有限公司等14户企业被认定为第十二批玉溪市农业产业化龙头企业。

【“一村一品”示范村镇】 2019年9月，农业农村部认定了第九批全国“一村一品”示范村镇，新平县嘎洒镇新寨村、通海县秀山街道办事处分别被认定为柑橘示范村和蔬菜示范镇。

（李连兴 高 瑾）

渔 业

【渔业生产】 2019年，全市渔业产值35 791万元，比上年增加3 660万元，增幅11.39%。全市完成水产养殖面积15.9万亩，其中：湖泊10.2万亩，水库3.83万亩，池塘1.87万亩，河沟41亩，比上年减少0.4%。完成水产品产量1 722.9万千克，其中：养殖产量1 518万千克，捕捞产量204.9万千克，比上年增0.44%。完成稻田养鱼面积33 890亩，比上年减少2.40%，推广示范面积1 062亩，产量65.2万千克，比上年减少4.96%。拓展稻田养鱼，新平县、峨山县拓展水稻种植与养泥鳅结合、有机生态稻种植与养鱼结合等养殖模式。

（张培清）

【水产品总产量】 2019年，全市水产养殖面积10 601公顷，比上年的10 643公顷减少42公顷，减幅0.39%。其中，池塘（含坝塘）养殖面积1 248公顷，比上年减少21公顷，减幅1.65%；湖泊养殖6 800公顷，与上年持平；水库养殖面积2 551公顷，比上年减少18公顷，减幅0.7%；河沟养殖面积2.3公顷，比上年减少1.2公顷，减幅34.28%；稻田养鱼面积2 259公顷，比上年2 315公顷减少56公顷，减幅2.42%。全市水产品总产量17229吨，比上年增加76吨，增幅0.44%。其中，淡水养殖产量15 180吨，占水产品总产量的88.1%，比上年增加28吨，增幅0.18%；淡水捕捞产量2 049吨，占水产品总产量的11.89%，比上年增加48吨，增幅2.4%。

【淡水养殖产量】 2019年，全市淡水养殖产量15 180吨，其中池塘（含坝塘）养殖产量7 020吨，比上年池塘养殖产量7 214吨减少194吨，减幅2.69%；湖泊养殖产量4 153吨，其中星云湖产量2 567吨，杞麓湖产量1 586吨，比上年湖泊养殖产量3 745吨增加408吨（星云湖增加202吨，杞麓湖增加206吨），增幅10.89%；水库养殖产量3 320吨，比上年3 454吨减少134吨，减幅3.88%；河沟产量35吨，比上年产量53吨减少18吨，减幅33.96%；稻田养鱼产量652吨，比上年产量686吨减少34吨，减幅4.96%。

【淡水捕捞产量】 2019年，全市淡水捕捞产量2 049吨，比上年淡水捕捞产量2 001吨增加48吨，增幅2.4%。其中，抚仙湖捕捞产量1 950吨，比上年产量1 909吨增加41吨，增幅2.15%。抚仙湖捕捞产量中澄江县1 015吨，江川区576吨，华宁县359吨；江河捕捞产量99吨，比上年92吨增加7吨，增幅7.6%。

（张员超）

【水生生物资源增殖放流】 2019年，全市增殖放流鲢鱼、鳙鱼、鲤鱼、鲫鱼等常规鱼952.5万尾，抗浪白鱼64.37万尾，杞麓鲤4.6万尾，大头鲤103.3万尾，抚仙金线鲃5万尾。6月6日，承办全国“放鱼日”云南分会场—星云湖大头鲤增殖放流活动，活动的主题是“养护水生生物资源、促进生态文明建设”，此次活动共向星云湖投放10—20厘米的大头鲤大规格鱼种3 043千克，当年繁殖5厘米以上夏花鱼种96万尾。通过增殖放流，土著鱼逐步恢复其种群资源，濒危物种资源和生物多样性得到保护，开辟了沿湖、沿江群众增收新途径，促进和保护水域的生态平衡。

（张培清）

农村能源

【农村能源建设】 2019年，省农村能源管理总站下达农村节柴改灶任务1 600户，农村太阳能热水器1 610台，补助资金209万元，各县（区）已按照要求完成省级下达任务。全市在建大型沼气工程8座，生物天然气试点工程1座，已竣工4座大型沼气工程（华宁县2座、新平县、元江县各1座），其中华宁县和新平县已完成初验。

【沼气安全演练】 2019年6月13—15日，市农环能源站组织承办的云南省沼气工程安全生产演练及户用沼气处置培训在峨山举办，此次培训班以“安全生产月”活动为主题，通过专家授课、现场安全事故应急演练、现场沼气安全处置演示等方式，以点带面大力宣传沼气工程安全生产知识。在此基础上，结合当前农村人居环境整治和“厕所革命”，充分发挥农村沼气池的独特优势，采取一户一策，以改善家庭卫生和方便适用为目标，推进农村沼气池改厕工作。共计培训全省16个州市54个重点县农村能源技术骨干160人次。

【沼液沼渣综合利用试验监测】 2019年，市农环能源站在江川区九溪镇中营村开展沼液沼渣综合利用及农业面源污染监测试验，试验设计全化肥、商用有机肥、全沼肥、“化肥+沼肥”“生物炭+沼肥”和民用有机肥6个处理方式，每个处理方式重复3次，共18个处理小区，每个小区面积36平方米，种植监测小区面积540平方米，整个检测小区总面积576平方米。完成6个处理、18个小区的两期种植、采样检测工作，完成沼液沼渣样品检测8个，肥料检测6个，土壤样品检测60个，水样检测160个，甘蓝样品检测12个，玉米样品12个。通过试验监测，分析不同肥料处理对各农作物生长期生长情况的影响、对农作物产量的影响、对氮磷流失情况的影响、对土壤性状、结构的影响以及对作物重金属富集的影响。

（曾维庆）

【“三品一标”认证及证后监管】 2019年，全市24家企业75个产品获得“三品一标”证书，均为绿色食品。全市持“三品一标”证书的有97家企业252个产品，其中无公害农产品30家企业46个产品，绿色食品62家企业201个产品，农产品地理标志产品5家单位5个产品。全市用标“三品”总产量41.75万吨（不含地理标志登记地标产品），认证获准面积（含加工原料面积）41.75万亩（不含地理标志登记地标产品）。

（朱林立）

【全生物降解地膜替代技术试验示范】 2019年，市农环能源站结合抚仙湖保护治理，在澄江县右所镇秧郎村委会开展全生物可降解地膜在烤烟种植上的示范推广，推广面积1 450亩。对减少农膜造成的面源污染，节省田间回收薄膜用工有实际意义。该项目作为农业农村部农业生态与资源保护总站全国全生物降解地膜替代技术组成单元之一，获得了“国家农牧渔业丰收奖”一等奖。

【星云湖流域农田氮磷流失监测项目】 2019年，市农环能源站建成玉溪市第一个在线监测和人工监测相结合的种植业氮磷流失监测小区。项目区位于江川区前卫镇杨家咀村一组，占地约20亩，项目区设有灌溉布水池1个，总径流收集水池1个；项目区按地块分布设置35个监测单元，再将35个监测单元划分为5个局部监测小区，每个局部监测小区排水渠末端设置一个径流收集池，共计5个径流收集池。监测方法采用人工监测与在线监测两种方法进行。植物样品、土壤样品和5个监测小区径流水采用人工监测，终端收集池地表径流水采用在线监测。

【土壤安全利用工作】 2019年，市农环能源站完成玉溪市农产品产地土壤环境质量例行监测点位布设工作，共布设国控监测点位342个，国控例行监测点位122个，完成244个农产品样品的采集流转制备工作；完成37个不同种植模式典型地块抽样调查工作。7月，正式启动受污染耕地安全利用工作，完成《玉溪市受污染耕地安全利用实施方案》《玉溪市耕地土壤环境质量类别划分实施方案》《玉溪市耕地土壤环境质量类别技术方案》《玉溪市受污染耕地治理修复实施方案》《玉溪市受污染耕地治理修复技术方案》等6个方案的编制工作。9月上旬，联合生态环境部门组织召开全市受污染耕地安全利用工作培训班。在省农环站的支持下，初步完成了红塔区、江川区、峨山县三个试点县区的土壤类别划分工作，完成了“一图一表一报告”的编制工作。为摸清三个试点县区受污染区域内作物的受污染情况，精准划分受污染区域，三个试点县区于9月份开始在污染区域进行作物的采样送检工作，全年完成364个农产品协同采样工作。

【种植业氮磷流失原位监测点项目】 2019年，市农环能源站新建3个种植业原位监测点，通过对种植业原位监测点开展地表径流周年监测，了解各区域各类种植模式氮磷流失量，为种植业污染防控提供依据。在江川区前卫镇杨家咀村一组完成了模式为南方山地丘陵区—缓坡地—非梯田—稻菜轮作、在澄江县龙街乡左所村左所完成了模式为南方山地丘陵区—缓坡地—非梯田—大田作物、在通海县完成了模式为南方山地丘陵区—缓坡地—非梯田—露地蔬菜等3个地表径流监测点的建设工作。3个监测点运行正常，完成基础土样采集6个、监测期土壤样品采集36个、分层次土壤容重样品采集45个、降水样品采集3个、小区径流水样品采集62个、产品样品采集36个，并完成田间试验观察记录本相关表格信息的调查、填写。

【第二次农业污染源普查】 根据《农业农村部科技教育司关于做好农业污染源普查数据填报和审核工作的通知》《关于开展云南省农业污染源普查质量控制现场核查的通知》要求，2019年1月起，全市开展数据审核、录入、质量核查等工作。市农普查办组织种植业、畜禽养殖业、水产养殖业、地膜和秸秆专家对七县两区普查数据进行质量核查。采用资料复核、统计数据比较、人工审核、各县区交叉审核、系统审核等多种方式进行数据审核，重点进行了GPS坐标复核、照片复核、电话回访、纸质调查表审核及相关档案核查等工作，普查数据经过多次审核后录入污染源普查环保专网系统。全市农业污染源普查基础数据，经过数据采集、数据审核、数据录入、系统审核、数据质量控制等多个环节后，符合农业污染源普查技术要求。通过污染源普查专网系统进行污染物核算核算，并编写完成玉溪市第二次全国农业污染源普查工作总结报告及数据分析报告。

（曾维庆）

种子管理

【种子市场监督检查】 2019年，在春秋两季农作物种子销售期，全市种子管理机构对各县（区）农作物种子市场进行联合检查。共出动种子执法人员1 280人次，涵盖9个县区、73个乡镇街道，检查集贸市场245个次、种子经营门店1 825个次，检查种子包装、标签34 770个次。

【种子质量抽样检验】 2019年，为确保种子质量，保障农业生产安全，全市种子管理机构在春秋两季对辖区内企业、经销户、门店的种子进行抽样，并进行“净度、水分、发芽率”三项指标室内检验。春季重点抽查玉米、杂交水稻、常规水稻、蔬菜等作物种子，对5户种子企业生产入库经销的玉米品种及135户经销户或门店调进备案登记的种子进行抽样，抽取样品323份，涉及品种312个次，合格样品319份，抽检合格率98.8%。秋季重点抽查油菜、小麦、豌豆、蔬菜等作物种子质量，对5户种子企业及67户经销门店入库或调进备案登记的种子进行抽样，抽取样品137份，涉及品种124个次，合格样品137份，抽检合格率100.0%。

【种子生产经营备案登记】 2019年，为了降低备案成本，提高备案工作效率，全市种子生产经营备案者可通过网络进行备案。全市种子生产经营网点备案931户，网点备案率82.4%；网络备案4 119单，其中种子生产备案10单，主要农作物经营备案品种数628个，非主要农作物经营备案品种数365个。

【农业转基因生物（种子）安全监管】 2019年，市种子管理部门结合开展春秋季种子市场监督检查及农作物种子质量监督抽查工作，开展了农业转基因生物（农作物种子）专项检查。运用上海佑隆生物科技有限公司生产的转基因快速检测试纸条（Bt CrylAb/Ac试纸）对春、秋两季农作物种子质量进行抽查，对抽取的451个种子样品进行转基因成分快速定性检测。其中，春季大春抽检314个种子样品，涉及作物有玉米、杂交水稻、常规水稻、蔬菜豆类（大豆、四季豆）、叶菜类、辣椒、甘蓝、花椰菜等9类，涉及品种305个次；秋季小春抽检137个种子样品，涉及作物有油菜、小麦、茄果类蔬菜（含辣椒、茄子、番茄）、豌豆（含食粒型、食荚型）、蔬菜（主要有白菜、娃娃菜、青菜、甘蓝、花椰菜、芹菜等）等12类，涉及品种124个次。进行转基因成分快速定性检测，20类作物451个种子样品全部检测反应为阴性，即不含Bt CrylAb/Ac试纸对应的转基因成分。

【杂交玉米制种基地田间抽检】 2019年8月，市种子管理部门组织易门县、峨山县种子管理人员对云南正大种子有限公司在易门、峨山2个县的杂交玉米制种基地进行检查，并进行田间花期质量抽检暨制种基地种子亲本是否含有转基因成分快速检测、排查工作。本次检查工作涉及云南正大种子有限公司在易门县六街街道、龙泉街道、浦贝乡、十街乡、铜厂乡、小街乡、绿汁镇和峨山县大龙潭乡等8个街道乡镇24个村委会实施的杂交玉米制种基地38个片区，共3个品种，制种面积5 025亩。

【杂交玉米新品种引进展示及示范】 2019年，市种子管理部门引进、展示玉米品种24个（800千克以上的13个品种，前四位为：纪元8号950.6千克、金亿41.9万千克、北玉152.1 9万千克、胜玉16号872.9千克）。在玉米新品种成熟期召开展示观摩培训会，通过现场观摩培训，对新品种选育单位、品种特征特性、丰产性、抗逆性、适宜种植区域等逐一作详细讲解，使观摩培训人员了解掌握近年来杂交玉米新品种的育种动态、目标、品种性能，推荐该区域适宜种植的玉米新品种，为新品种示范推广打牢基础。

【鲜食玉米开发及品种展示示范】 2019年，市种子管理部门完成省级农业发展专项（粮食生产）—鲜食玉米品种开发及品种展示示范项目，辐射带动1万亩科技增粮。引进鲜食（甜、糯）玉米12个新品种开展筛选试验。征集筛选出的4个品种扩大面积与当地推广品种进行比较种植，经4个示范点实地测产，加权平均白美玉亩产1 426千克、晶煌17亩产1 574千克、雪甜7 401亩产1 323千克、双萃2 750亩产1 526千克，按当时当地市场价计算（2.8—4.2元/千克），亩产值4 000—6 600元，当地推广品种库普拉902、SBS902、双色先蜜亩产1 500千克，亩产值4 200—6 300元。

【建立种子市场观察点】 2019年，市种子管理部门完成云南王记彩云种业公司、云南农夫乐种业有限公司、元江县金穗农作物种子经营部等3个正式种子市场观察点的维护和红塔区瑞农种业经营部、云南秋庆种业公司、华宁宁州镇丰收良种经销部、丰源种子经营部、易门龙泉金色田园农资服务部等5个备选种子市场观察点的建立，并确定专人全程督促和指导培训观察点准时上报相关价格信息。观察点共上报信息2 153次，上报品种数440个，其中，上报玉米价格1 336条，上报水稻价格228条，上报油菜价格114条，上报蔬菜价格413条，上报小麦价格9条，上报大豆价格44条。

【企业监管】 2019年，市种子管理部门按照《云南省种子管理站关于做好2019年冬季农作物种子企业监督抽查工作的通知》要求，组织对辖区内生产经营玉米、水稻种子的云南秋庆种业公司、云南盛衍种业公司、云南正大种业公司3家生产经营企业，进行监督检查及抽样送样检测转基因成分、品种真实性和种子质量等事项。共抽查杂交玉米种子样品8份，均符合国家农作物种子质量标准和种子标签标注要求，品种真实、不含转基因成分。

【主要粮油作物良种面积】 2019年，全市主要粮油作物良种推广面积170.96万亩，其中：玉米良种推广面积96.57万亩，玉米良种中大田玉米良种推广面积85.62万亩，主推品种华兴单7号、红单6号、路单8号、先达901、华兴单88、京滇8号、西抗18、正大719、会单4号等；鲜食玉米良种推广面积10.95万亩，主推品种SBS902、双色鲜蜜、库普拉902、金卡珍、库普拉903、花超902、台珍等；水稻良种推广面积23.59万亩，水稻良种中杂交水稻良种推广面积11.41万亩，主推品种宜香3 728、宜香3 003、文富7号、宜香305、两优1 259、宜优673、内5优39等；常规稻良种推广面积12.18万亩，主推品种楚粳28号、楚粳31号、楚粳27号、楚粳37号、云粳39号、楚粳26号等；小麦良种推广面积19.54万亩，主推品种云麦42、云麦56、川麦107、绵阳20、云麦53、云麦29、云麦63等；油菜良种推广面积24.93万亩，主推品种A35、农夫乐2-4-3、云花油早熟1号、玉红油4号、花油6号、科油243、玉油2号等；蚕豆良种推广面积5.74万亩，主推品种峨山豆、玉溪豆、芸豆7号、昆明豆等。

（董 灵）

【企业联合体区域试验监管】 2019年，按照《云南省种子管理站关于开展2019年玉米、水稻品种试验监督检查的通知》要求，市种子管理站对辖区内58组（429个品种）杂交玉米试验及5组（10个品种）水稻试验进行监督检查：试验严格按照试验方案实施，田间设计规范，田间管理档案齐全，试验数据记载详实，试验组织管理到位。8月16日，省级督查组抽查了峨山县、红塔区部分联合体及自主试验试验点，对年内开展的玉米、水稻品种联合体试验及自主试验工作给予了充分肯定，同时对各实施单位在试验过程中存在的不足提出了意见和建议。

（施德林）

农业机械

【农业机械购置补贴】 2019年，玉溪市农机购置补贴工作以“围绕产业，突出重点，统筹兼顾，全面发展”为原则，以转变农机化发展方式为主线，以调优农机装备结构、提升农机化水平为主要目标，实行“自主购机、先购后补、定额补贴、县级结算、直补到卡”的操作方式，按照“先购机后申请、先申请先补贴，后申请后补贴、不申请不补贴”的原则，高质量完成了年度全市农机购置补贴工作。年内，分2批次下达中央财政农机购置补贴资金总额3 762.19万元。全年完成使用补贴资金3 463.72万元，使用率达到96.85%。补贴资金涉及全市7县2区，补贴受益7 691户，补贴购置各类农业机械12624台（套），新增农机原值13 331.92万元，新增农机总动力4.71万千瓦，拉动全市农户和农业生产经营组织投入购置农业机械资金9 975.86万元。除部分产品［秸秆压块（粒、棒）机］资金因系统封闭未能完成兑付，其他已全部完成资金兑付，资金结算率达到87.95%。自11月15日在全省范围内启用农机购置补贴辅助管理系统手机App 功能后，玉溪市积极推广应用手机App办理农机购置补贴申请，共有4个购机者通过手机App的购机者申请端完成了3台果蔬烘干机和一台旋耕机的补贴申请，共申报补贴资金19 900元。

【农机总动力】 2019年，全市农机总动力实现170.59万千瓦，比去年减少20.05万千瓦，减10.52%。扣除政策因素（主要为排灌机械动力从2019年起不再由农机管理部门统计上报，农机管理部门只统计水泵数量，仅此一项就使全市农机总动力减少28.99万千瓦。），年内实际农机总动力增加8.95万千瓦，增5.53%。

【农业机械作业面积】 2019年，全市农机化作业量44.03万公顷（660.42万亩），比去年增加4.94万公顷（74.12万亩），增12.6%。机播面积1.32万公顷，比去年增加1 887.23公顷，增16.7%。机耕17.4万公顷，比去年增加9 247.76公顷，增5.6%。机电灌溉面积72 534.8公顷，比去年增加3 394公顷，增4.9%。机械植保面积153 461.51公顷，比去年减少4 848.67公顷，减3.1%。机收面积27 111.66公顷，比去年减少9 701.73公顷，减26.4%。耕种收综合机械化水平达到了51.87%。其中，水稻单项耕播收综合机械化率达到了63.64%。

【农机春耕备耕】 2019年，全市组织农机力量投入春耕备耕工作，检修农机具8.75万台。共投入农机具13.03万台（套），其中：拖拉机2.65万台、插秧机1.0万台，投入抗旱机具10.62万台(其中：拖拉机2.16万台，排灌机械6.51万台）；共完成机耕整地面积141.07万亩，其中：深松面积3.44万亩，计划机播面积4.29万亩，完成机播面积4.14万亩，早稻栽植面积3.22万亩［其中：机插（播）水稻面积0.73万亩］，中稻和一季稻栽植面积9.7万亩［其中：机插（播）水稻面积1.48万亩］，春玉米播种面积20.13万亩（其中：机播玉米面积1.68万亩，机播大豆面积0.01万亩），机械浇（灌）地面积84.92万亩（其中农机抗旱灌溉面积71.88万亩）。培训机手、修理工0.24万人。

【农机“三秋”作业】 2019年，全市“三秋”作业中，玉米收获面积54.74万亩（其中：机收玉米面积0.33万亩），中稻及一季稻收获面积14.08万亩（其中：机收水稻面积10.63万亩），晚稻收获面积2.56万亩（其中：机收水稻面积2.17万亩），冬小麦播种面积8.30万亩（其中：机播小麦面积0.75万亩），冬油菜播种面积10.89万亩［其中：机播（栽）油菜面积0.03万亩），机耕整地面积164.89万亩（其中：深松面积4.07万亩）。牧草机械化收获数量0.04万吨，投入农机具数量6.80万台（其中：玉米联合收割机数量0.003万台，水稻联合收割机数量0.02万台，播种机械数量0.08万台，拖拉机数量2.13万台），培训机手、修理工1.89万人，检修各类农业机械数量3.8万台。

（普　燕）

【农机化教育培训】 2019年，全市完成农机化教育培训10 559人次，其中：农机管理人员452人次，拖拉机驾驶员431人次，微耕机操作人员488人次、教练员复训100人，其他培训9 088人次。

【经济作物机械化推广】 2019年，市农机监理部门结合开展中央农机购置补贴工作，举办培训班4期，积极引进适宜以烤烟、林果及中草药为主的农业机械进行示范、推广。引进植保无人机，利用无人机技术，完成果树无人机统防技术推广1 500余亩；对全市果园轨道物资运输机械使用前景进行探索和调研，为以烤烟、林果及中草药为主的农业机械推广奠定坚实基础。

（徐彦明）

【农机安全监理】 2019年，全市共注册登记拖拉机122台（以下数据均不含变型拖拉机），注销拖拉机612台，检验7 057台，累计在册拖拉机33 311台；累计在册联合收割机97台，检验36台。拖拉机驾驶员考试合格发证330人，期满换证3 903人，驾驶证注销1 586个（包含超期一年未检系统自动注销），拖拉机驾驶员累计在册34 160人，联合收割机驾驶员累计在册112人。

【农机安全宣传教育】 2019年，针对春耕备耕、汛期、国庆中秋等重点时段，全市各级农机监理部门充分利用宣传画册、手机短信、互联网、媒体等多种形式，广泛开展送教下乡、宣传进村、科普赶集等活动。出动宣传车辆1 005车次，出动宣传人员3 982人次，张贴宣传标语930条，悬挂宣传横幅234条，建设宣传专栏520个，发放宣传材料87 282份，发送手机短信84 040条，开展“七进”活动1 402次，举办安全知识讲座58次，教育群众3 804人次。

【“打非治违”专项行动】 2019年，全市各级农机监理部门与公安交警、应急管理部门协同配合，在岁末年初、春节“两会”、春耕备耕、汛期“三夏”、中秋国庆期间开展5次农机安全检查。共开展执法检查768次，检查农业机械7 885台次，检查驾驶人员4 222人次，查出农机无牌行驶48起，农机无证驾驶86人次，农机未检作业125起，证件到期未审593人次，违法载人农机 37 台次，进行批评教育 412 次，查出一般隐患 580 项，整改 580 项。

【农机安全专项整治】 2019 年，全市各级农机安全监理部门开展全市农机安全专项整治工作，组织开展中秋、国庆期间农机安全大检查，集中开展拖拉机年度检审，全面落实检验催办、送检下乡。共开展自查 70 次，对下检查 147 次，累计发现问题隐患 331 项，落实整改 331 项；开展送检下乡 100 次，检验拖拉机（不含变型拖拉机）7 070 台；排查农业机械 5 399 台，排查驾驶人 2 572 人次，制止纠正违法行为 283 起，排查单位组织 289 个，排查有关场所 501 个，累计排查一般隐患 232 项，整改 232 项。

（李 翔）

土肥植保

【农田建设项目】 2019 年，省下达玉溪市高标准农田建设任务 10.29 万亩（其中高效节水灌溉 3.72 万亩），中央财政资金和省级财政配套资金 13 842.79 万元。其中：红塔区 0.92 万亩（含高效节水灌溉 0.33 万亩），江川区 0.71 万亩（含高效节水灌溉 0.26 万亩），澄江县 1.01 万亩（含高效节水灌溉 0.36 万亩），通海县 0.99 万亩（含高效节水灌溉 0.36 万亩），华宁县 1.69 万亩（含高效节水灌溉 0.61 万亩），易门县 0.69 万亩（含高效节水灌溉 0.25 万亩），峨山县 0.52 万亩（含高效节水灌溉 0.19 万亩），新平县 1.61 万亩（含高效节水灌溉 0.58 万亩），元江县 2.15 万亩（含高效节水灌溉 0.78 万亩）。建设内容包括土地平整、土壤改良、灌溉和排水、田间道路、农田防护与生态环境保护、农田输配电和科技推广等。

（何飞逾）

【耕地质量提升】 2019 年，全市相关部门综合采用“改、培、保、控、休”等措施，提升耕地内在质量，推广商品有机肥 72 万亩，农家肥 45.4 万亩，秸秆还田 88.79 万亩，废弃菜叶沤化还田 6.24 万亩，种植绿肥 1.86 万亩。在“三湖”沿岸县区实施酸化土壤和退化耕地改良治理。抚仙湖径流区开展水稻、小麦、油菜增施有机肥提升耕地质量减肥增效示范区建设 6 500 亩（核心样板区 2480 亩）、绿肥（苕子）种植减肥增效示范区建设 2 500 亩（核心样板区 2000 亩）；星云湖径流区实施蔬菜有机肥替代化肥示范 4 000 亩（核心样板区 1600 亩）；杞麓湖径流区实施耕地质量提升及化肥减量增效示范 4 000 亩（核心示范样板 1 000 亩，建设水肥一体化示范基地 50 亩）。星云湖、杞麓湖径流区启动实施 0.5 万亩粮食作物绿色高质高效示范区创建，通过测土配方施肥，应用配方肥，增施有机肥改良土壤，达到优质高产减肥的效果。

【耕地质量等级调查评价】 2019 年，全市开展耕地质量等级评价工作，以县为单位开展耕地质量等级年度调查、土壤样品采集和检测工作，按照国家划定的区域及其对应的耕地质量评价指标体系，分级汇总耕地质量等级调查评价数，构建市、县两级耕地质量数据库。完成《2 016、2017 年自然资源资产负债表—耕地质量等级及变动表》的编制、上报审核，完成《2018 年玉溪市耕地质量评价成果报告》。

（贾 平）

【编制《星云湖径流区耕地休耕轮作方案》】 2019 年，为认真贯彻落实生态文明建设思想，结合省委、省政府提出的打造世界一流“绿色食品牌”工作部署，转变星云湖径流区农业发展方式，减轻农业面源污染，市农业农村局委托云南省环境科学研究院编制了《星云湖径流区耕地休耕轮作方案》。方案围绕到 2020 年星云湖湖体达到Ⅴ类（总磷 ≤ 0.4mg/L）水质标准的总体目标任务，以实施休耕轮作为重点，土地流转与水旱轮作为主要手段，调整优化农业种植结构，大力发展绿色有机农业，实现农业面源 TP 污染负荷削减 2.95t/a，促进经济发展与星云湖保护双赢。

（何飞逾）

【化肥使用量持续负增长】 2019 年，全市化肥减量增效工作以农业农村部《到 2020 年化肥使用量零增长行动方案》《云南省到 2020 年化肥农药使用量零增长行动实施方案》和《玉溪市化肥使用量负增长三年行动方案》为依据，以“精、调、改、替、休”为技术路径，通过推进测土配方施肥，精准施肥减量；推进有机肥资源利用，有机肥替代减量；加强化肥减量增效示范区建设，促进高效新型肥料推广应用；推进“三湖”流域种植结构优化调整，全力推进我市化肥使用量零增长工作，取得明显成效。年内全市化肥用量 8.09 万吨（折纯），比上年削减 2.64%，化肥使用量持续实现负增长。

（贾 平）

【化肥施用强度调查】 2019 年，市农田土肥站在上年调查的基础上，持续对“三湖两库”径流区内化肥施用强度进行跟踪调查，并拓展至全市范围实施。全市共布置 340 个化肥施用强度调查点进行长期跟踪调查，分析研究化肥施用的主要品种、施肥结构、施肥方式、肥料用量等，摸清全市耕地平均化肥施用强度，为实现化肥使用量负增长目标提供技术支撑。

【肥料市场监管】 2019 年，全市各级农田土肥部门持续开展肥料市场监督检查工作，出动农业执法人员 749 人次，检查肥料生产企业 17 家，肥料市场 76 个，肥料经销户 919 户，抽检肥料样品 20 个，受理投诉案件 3 件，协议赔偿 0.08 万元，处罚不合格产品 1 个，处罚金额 0.4 万元。通过持续加强监管，规范了全市肥料生产经营秩序，维护了农户合法权益。

（李红彦）

【农作物病虫害监测预警】 2019 年，市、县（区）植保站发布主要病虫害发生趋势预报、简报、防治警报 133 期，其中小春 35 期，大春 98 期，在玉溪市农业信息网发布信息 114 条，发送手机短信 172 条，市、县电视台报道 17 期次，玉溪日报报道 2 条。年内，全市农业有害生物灾害发生 685.81 万亩次，防治面积 1 314.69 亩次，水稻病虫害发生面积 29.26 万亩次，防治面积 55.41 万亩次；玉米病虫害发生面积 144.58 万亩次，防治面积 312.78 万亩次（其中草地贪夜蛾发生面积 75.88 万亩次，防治面积 201.45 万亩次）；小麦病虫害发生面积 19.35 万亩次，防治面积 28.80 万亩次；油菜病虫害发生面积 31.98 万亩次，防治面积 31.43 万亩次；蚕豆病虫害发生面积 8.69 万亩次，防治面积 12.30 万亩次；蔬菜病虫害发生面积 140.34 万亩次，防治面积 232.52 万亩次；马铃薯病虫害发生面积 1.57 万亩次，防治面积 4.81 万亩次；柑橘病虫害发生面积 33.18 万亩次，防治面积 107.61 万亩次；农田鼠害发生面积46.43万亩次，防治面积100.63万亩次；农田草害发生面积149.89亩次，防治面积188.45万亩次。

【绿色防控技术推广】 2019年，全市对蔬菜、花卉、水果、粮食、烤烟等作物开展绿色防控与统防统治面积708.34万亩次，其中：绿色防控面积357.55万亩次（性诱面积17.31万亩次、光诱面积49.89万亩次、色诱面积31.59万亩次、使用生物农药防治面积166.85万亩次、生物防治面积91.91万亩次），统防统治面积350.79万亩次。

（王田珍）

【农药行业市场监管】 2019年，按照“双随机”方式，累计开展农药市场检查216次，出动执法人员1 230人次，出动车辆383台次，依法检查农药生产企业6次，检查农药经营单位（门店）2 773户，检查农药使用者357户，检查农药产品24 498个（含重复）；抽查农药标签2 591个，合格2 305个。累计办理农药经营违法案件36件，涉及违法经销商36家，农药产品51个，查处涉案农药数量共计1 541.9千克，没收农药480.5千克，货值金额49 652.46元，没收违法所得24 639.49元，并处罚款137 700元。

（刘建辉）

【农药使用安全风险防控】 2019年，全市共受理群众投诉农药药害事件5起，药害面积56.3亩，经济损失156 392元，协助农户挽回损失77 560元。为加强农药舆情管控，全年组织农药合理使用技术培训363期，培训人数21 500人次；加强对种植大户、种植企业农药使用情况的检查工作，督促其建立健全农药购进和使用台账。

【农药使用专项统计】 2019年，全市选取400户种植户作为农药使用监测对象，商品农药使用总量4 334.76吨（折百量1268.08吨），商品量比上年减少141.42吨，减3.16%，折百量比上年减少113.46吨，减8.21%。三湖径流区商品农药使用量592.54吨，比上年减15.20%，折百量171.77吨，比上年减10.95%。

（旃庆全）

【植物检疫】 2019年，全市实施产地检疫18.46万亩次，签发产地检疫合格证65份，涉及145个品种19种作物4 475.65万株，面积8 573.11亩。调运检疫签证808批次，调运种子259.68万千克，苗木53.2万株。签证苗木以茉莉花、木瓜、柑橘、玫瑰为主，种子以水稻、玉米和烤烟为主，植物产品主要是玉米、蔬菜。

【柑橘黄龙病防控】 2019年，全市柑橘种植面积28.94万亩，调查面积9.22万亩，柑橘黄龙病发生面积0.94万亩，主要分布在华宁华溪、盘溪，新平腰街、者竜，元江大水平等老柑橘园区。全市共挖除病树3.72万株，推广无病苗264.6万株，开展木虱统防统治28.48万亩次，防治效果达90.9%。开展培训88期，培训橘农7 554人次，发放技术资料2 861份。

市农业农村局执法人员检查农药销售门店 （市农业农村局提供）

【植物检疫执法】 2019年，全市开展植物检疫联合执法26次，抽样送检81份，查出阳性7份，发出《责令整改通知书》2份，全市共检查种子门店425个，检查种子826个。

【植物检疫宣传月活动】 2019年9月，在全市范围内组织开展植物检疫宣传月活动。活动期间，共出动车辆42台次，活动通过云南省植保植检网、玉溪市农业信息网、“三农通”手机短信平台、气象信息显示屏等载体，多层次、多渠道、多形式开展宣传活动。

（普　群）

农业科研

【鲜食玉米、蔬菜轮作见成效】 2019年，市农业科学院与通海县土壤肥料工作站继续开展鲜食玉米控肥技术研究，该项施肥技术在保证产量不减的前提下，可比当地农户常规施肥减少化肥施用量15%以上，对通海县蔬菜基地农业可持续发展、削减农业面源污染、杞麓湖湖水治理保护，以及改善连作土壤环境和提升土壤质量具有重要意义。

（沐　婵　钱荣青）

【优质油菜绿色高质高效现场观摩暨技术培训】 2019年4月12日，市农业科学院组织举办优质油菜绿色高质高效示范现场观摩暨技术培训。参训人员观摩了由云南省现代农业油菜产业技术体系玉溪综合试验站承担的油菜绿色高质高效栽培技术核心示范区展示，实地察看了高产品种云油杂12号和玉油4号、高油酸品种云油杂51号、高含油量品种玉油1号等品种田间表现；听取了对云南高原油菜种植及品种选育的介绍，尤其是田油菜绿色高产高效种植技术，该技术是市农科院针对市冬春干旱和低温冷害频繁、油菜产量和比较效益低下等突出问题，经多年多点试验研究提出的坝区大田油菜绿色高产高效栽培技术，主要以“多抗优质高产的中早熟优质油菜品种、免耕规范打塘直播、播后芽前化除”等为模式的一体化集成技术，有效提高油菜产量和种植比较效益，促进农民增产增收；云南省现代农业油菜产业技术体系功能研究室岗位专家林良斌教授对参训人员进行了油菜绿色高质高效种植技术田间技术培训。

（李　祥）

【现代农业产业技术体系建设】2019年，省农业农村厅下达5个现代农业产业技术体系试验站建设任务，每个试验站下拨资金9.7万元。其中，市农业科学院3个（水稻产业技术体系玉溪试验站、油菜产业技术体系玉溪试验站、花卉产业技术体系玉溪试验站），市改良站1个（禽蛋产业技术体系玉溪试验站），元江县1个（甘蔗产业技术体系元江试验站）。

【基层农技推广体系构建】2019年，全市组织实施全国基层农技推广体系改革与建设补助项目，争取中央财政资金351万元，确定7个县（区）实施农技推广补助项目：江川区47万元、澄江县47万元、通海县51万元、华宁县49万元、易门县55万元、峨山县51万元、元江县51万元，市级及各项目县分别编制了实施方案。以此为契机，将农技推广体系延伸至基层，构建农业社会化服务新机制，加强基层农技推广队伍建设。实施村级农技推广员认定工作，稳定村级农技推广队伍，全市共有村级农科员705人，对认定的村级农科员，每人每月给予300元的工作补贴（市级承担200元，县级承担100元），列入年度财政预算支出。各县（区）结合实际对村农科员进行绩效考核，合格者继续聘用。通过整个体系的构建，提高了农技推广力度，打通了科技服务“最后一公里”的问题。

（李　徽）

【草莓新品种“玉香章”通过云南省种子管理站田间鉴定】草莓新品种“玉香章”由市农科院选育，2019年该品种通过云南省种子管理站田间鉴定。“玉香章”　株高15.9厘米，植株直立型，花序平于叶面，叶面颜色浅绿，中心小叶长等于宽、基部宽楔形、边缘中间型，叶柄长8.1厘米，平均花序花数量20个，小花直径3.0厘米，花瓣分离，果实呈圆锥形、果形端正整齐，果个大（大果均在50克以上，最大果重57克），属中大型果品种，果面中等橙色、果肉浅红色、髓心白色，髓心空洞无或小，果实硬度3.5千克/厘米2　，糖酸比9.2。硬度强耐贮运，匍匐茎抽生能力强，早熟，耐高温、高湿，适于果园观光采摘鲜食和加工。“玉香章”平均亩产2789.4千克，品质优良，抗病性和耐寒性好，适宜滇中中海拔地区中上等肥力田块种植，深受种植户欢迎。

【草莓新品种“玉莓6号”通过云南省种子管理站田间鉴定】草莓新品种“玉莓6号”由市农科院选育，2019年该品种通过云南省种子管理站田间鉴定。“玉莓6号”植株半直立型，株高13.4厘米，叶密度中等，生长势强、匍匐茎发生数量中等，叶面浅绿色，中心小叶长大于宽、基部楔形、边缘中间型，叶柄长8.8厘米，花序低于叶面，花瓣白色，花萼小于花冠，花瓣相接，平均花序花数量12个，小花直径3.1厘米，商品果平均单个重31.1克，菱形果形，果面中等红色，果肉、髓心橙红色，髓心空洞中，果实硬度2.8千克/厘米2，糖酸比5.0。“玉莓6号”平均亩产2678.6千克，品质优良，抗病性和耐寒性好，深受种植户欢迎。适宜滇中中海拔地区中上等肥力田块种植。

（王文智）

【“紫玉之妃”通过云南省林业和草原局园艺植物新品种注册登记】“紫玉之妃”（微型盆栽月季）由玉溪紫玉花卉产业有限公司和市农科院合作选育，2019年该品种通过云南省林业和草原局园艺植物新品种注册登记。“紫玉之妃”　为常绿灌木，植株微型，直立，适宜盆栽，花枝长度17.7—28.5厘米，花为黄色，花瓣着色由外轮到内轮一致，花簇生于茎顶，阔瓣中花型，花朵杯状，开放后侧视花顶形状微凸、侧视花基形状凸，花瓣数20—43枚，花瓣倒椭圆形，花瓣边缘无反卷，花径7.14—10.2厘米，萼片延伸强；叶片上表面浅绿色、光泽度弱，叶脉清晰，叶缘细锯齿、顶端小叶椭圆形，小叶基部钝形、叶尖渐尖，嫩枝、嫩叶花青甙显色弱；植株皮刺为弯刺，刺颜色紫色，在茎的上部无刺，茎的中下部刺的数量中等；植株生长旺盛，抗病性强，年生产4—5茬、生长周期65—85天；盆花的货架期15—28天。基质盆栽，盆距19厘米，每亩1.4万盆，年生产4—5茬，可产6万盆左右。

【“初心”通过云南省林业和草原局园艺植物新品种注册登记】“初心”（切花月季）由通海锦海农业科技发展有限公司和市农业科学院合作选育，2019年该品种通过云南省林业和草原局园艺植物新品种注册登记。“初心”为常绿灌木，植株直立，株高67—87厘米，切枝长度58—82厘米，花枝均匀，适宜切花；嫩枝花青甙显色程度中等；刺为平直刺，刺的颜色为绿色，茎的中上部无刺、中下部刺较密；叶片大，叶上表面绿色程度中、光泽度弱，小叶边缘无波状，顶端小叶形状为椭圆形、基部形状为心形、叶尖渐尖；花卷边杯状、中花无香型，开放后花径6.6—10厘米、花俯视形状为不规则圆形，侧视花顶形状微凸、侧视花基形状平，花瓣基数5，花瓣数59—78片、千重瓣花型，花瓣宽椭圆形，花瓣基部色斑白色，花丝主色为黄色，萼片延伸中等；花整体为深粉红色，植株生长旺盛，抗病性强，年产量80—100枝/平方米；切花（花苞）瓶插后易开放，瓶插期12—15天。可土壤、基质无土栽培，示范种植产量达亩产6万—7万枝/年。

（钱遵姚）

【“玉油5号”取得农业农村部非主要农作物品种登记证书】“玉油5号”由市农科院和红塔区种子管理站合作选育，2019年该品种取得农业农村部非主要农作物品种登记证书。该品种属春性甘蓝型中熟优质双低品系，苗期幼苗半直立，叶色浅绿，叶脉细、色淡，叶缘浅锯齿状，叶片近圆形，株型紧凑，秆硬弹性好，株高适中，分枝部位低，有效分枝12.1个，单株有效角果数292.7角，每角粒数22.4粒，千粒重3.5克，单株产量20.3克，平均亩产236.0千克，比对照云油杂2号增产6.4%，生育期174.2天。该品系品质优良，品质成分经分析，芥酸含量未检出，硫甙含量27.9umol/克，粗脂肪含量48.8%。

【“玉油6号”取得农业农村部非主要农作物品种登记证书】“玉油6号”由市农科院选育，2019年该品种取得农业农村部非主要农作物品种登记证书。该品种属春性甘蓝型中早熟优质双低品系，苗期幼苗半直立，叶色中等绿色，叶脉细、色白，叶缘浅锯齿状，叶片近圆形，株型紧凑，秆硬弹性好，株高181.2厘米，分枝部位中等，有效分枝11.1个，单株有效角果数288.2角，每角粒数21.5粒，千粒重3.97克，单株产量21.61克，平均亩产256.84千克，比对照云油杂2号增产16.01%，生育期173.1天。该品系品质优良，品质成分经分析，芥酸含量未检出，硫甙含量 27.61umol/ 克，粗脂肪含量 48.69%。

（刘坚坚）

林　业

【概　况】 2019 年，全市完成林业投资 39 898.62 万元，完成营造林 27.92 万亩，其中：完成新一轮退耕还林 6.42 万亩。完成义务植树 500 万株。森林覆盖率由 57.48% 提升到 58%，增加 0.52 个百分点；森林蓄积量由 5 586 万立方米增加到 5 843 万立方米。全市有国家级林业龙头企业 2 家、省级林业龙头企业 44 家、省级林农专业示范社 46 家，认定市级家庭农（林）场示范场 17 个。全市查处各类森林和野生动物案件 929 起，处理违法犯罪人员 924 人（次），为国家挽回直接经济损失 400 余万元。全市林业有害生物发生面积 48.21 万亩，防治面积 47.17 万亩，防治率 98%。全市结合特色经济林、林业产业发展和生态公益建设，采取现场示范、专题讲座、发放资料等多种形式，举办各种形式培训 175 期 11 593 人次，发放资料 3.3 万份。

（尹琳芳）

【机构改革】 2019 年，根据《玉溪市深化市级机构改革实施方案》文件精神：“组建市林业和草原局”，“不再保留玉溪市林业局”，按照市政府统一安排，市林业和草原局于 1 月 12 日正式挂牌并启用了新印章。市林草局设置内设机构 7 个和机关党委（人事科）：办公室、行政审批与政策法规科、资源管理科、防火科、生态保护修复科、科技产业与种苗科、规划财务科、机关党委（人事科）。市林业和草原局所属事业单位 8 个：玉溪市林业和草原有害生物防治检疫局、玉溪市生态保护修复工作站、玉溪市林业和草原科技推广站、玉溪市林木种苗工作站（加挂玉溪市林木种苗质量检验站牌子）、玉溪市林火监测中心、玉溪市天然林保护和退耕还林还草工作站、玉溪市红塔山自然保护区管护局（加挂玉溪市北山国有林场牌子）、玉溪市玉白顶自然保护区管护局（加挂玉溪市玉白顶国有林场牌子）。

（夏静娅）

【高速公路绿化美化项目建设】 2019 年，全市积极推进昆明至丽江、昆明至西双版纳高速公路玉溪段路域产权外的绿化美化建设，昆明至丽江高速公路易门段完成 14.6 亩的工程项目建设，种植树木 1 008 株。昆磨高速公路峨山段完成挖塘 3 万个，落实准备好苗木 3.17 万株；新平段完成挖塘 0.98 万个，落实准备好全部苗木 0.98 万株；元江段 3 个标段正在进行施工，完成挖塘 790 个，落实苗木 8 万株；美丽公路建设各项工作稳步推进。

（李忠跃）

【“森林抚仙湖”项目建设】 2019 年，全市累计完成“森林抚仙湖”项目建设 10.82 万亩，完成土地流转 11.99 万亩，其中：完成造林施工 7.62 万亩，完成未成林地幼林抚育 3.2 万亩，其余造林工程正在按设计和施工要求稳步推进。

（杨艳萍）

【首次使用无人机实施山地核桃叶面施肥作业】 2019 年 7 月 19-21 日，新平县林业和草原局在实施中央财政林业科技推广项目中，首次使用无人机对者竜乡竹箐村委会二塘小组 1 000 亩核桃示范林进行叶面施肥作业，使用无人机叶面施肥有 3 个特点：一是喷液高度不受限制，核桃树不管多高，无人机都能将叶面施液喷洒树冠上，而人工喷液高度只能达到 10 米左右；二是用工省，一架载药量 10 千克大疆牌无人机，每小时可完成 30 亩作业，无人机工效是人工的 20 倍；三是成本较高，无人机叶面施肥每亩 15—20 元，是人工的 1.5—2 倍。使用无人机进行核桃叶面施肥作业，在玉溪市尚属首次。

（蒋志东）

【森林草原执法专项行动和极小种群物种保护工作】 2019 年，玉溪市开展“绿卫 2019”森林草原执法专项行动和极小种群物种保护工作，加快推进自然保护区总体规划编制工作，15 个自然保护区完成总体规划编制工作。

【征收占用林地审核审批工作】 2019 年，全市依法依规审核、审批占用林地行政审批事项 101 件，占用林地面积 440.65 公顷，征收森林植被恢复费 7 798.4 万元，减免植被恢复费 188.7 万元，涉林重点项目限时办结率 100%。

（李翠华）

【森林防灭火目标任务全面完成】 2019 年，全市始终坚持“预防为主，积极消灭”方针，各级各部门先后召开相关会议 6 858 场次，落实责任区 450 个、责任人 3 724 人，出动督查组 651 支、2 791 人参与督促检查，开展了“无火清明”武装巡护和“双严”专项行动，森林火灾综合查处率 92.86%，最大限度减少了森林草原火灾的发生，全年共发生森林火情火灾 9 起，没有发生重特大森林草原火灾和人员伤亡事故，圆满完成了年度森林草原防灭火工作目标任务。

【市委书记罗应光调研森林防火工作】 2019 年 3 月 14—15 日，市委书记罗应光率队到新平县调研森

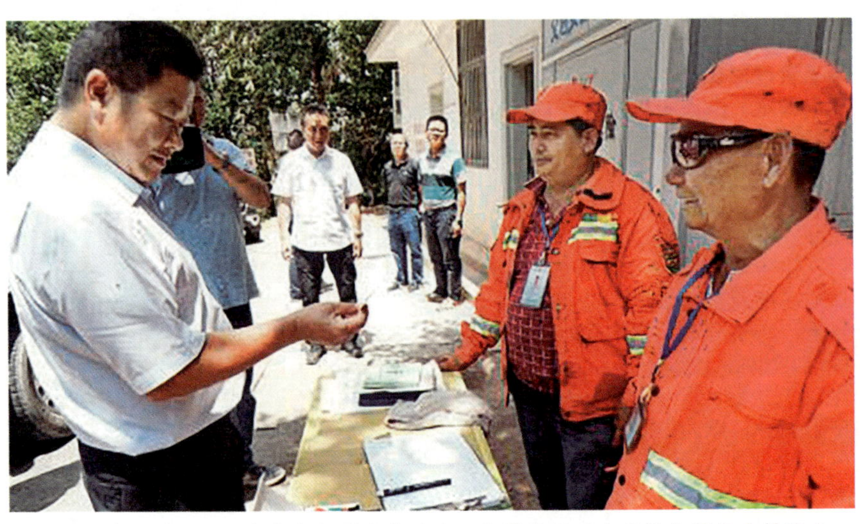

2019 年 5 月 6 日，市委书记罗应光（左一）带队到峨山县塔甸镇海味村防火卡点检查　（市林草局提供）

林防火和哀牢山国家级自然保护区管护工作。罗应光一行先后前往古城街道团结水库火源检查点、哀牢山国家级自然保护区水塘管护所和者竜乡大岔路哨所等地，实地查看森林防火工作，看望慰问护林防火队员。罗应光强调，要扣紧责任链、筑牢防火墙、练好尖刀兵、用好新技术，持续做好哀牢山自然保护区各项管护工作，以零火灾续写森林防火新篇章，为子孙后代守护好绿水青山，更好地推动人与自然和谐发展。5月6日，市委书记罗应光率市委、市政府调研组到峨山县调研森林防火工作。罗应光一行到峨山县塔甸镇海味村森林防火堵卡点，亲切慰问了堵卡点的执勤人员，询问了堵卡点的基本情况，对进入林区的车辆和行人登记情况进行检查。罗应光指出，森林防火是当前林业工作的中心任务，十分重要，大家要从思想上提高认识，牢固树立“绿水青山就是金山银山”的生态理念，坚持保护和发展并重。罗应光要求，全市各级有关部门要按照山林长制和“山山有领导、段段有人管、重点有人盯、责任全覆盖”的总体部署，增强做好森林防火工作的紧迫感和责任感，切实履行森林防火网格化管理职责，加大宣传力度，加强火灾隐患排查，强化巡山护林员、哨卡执勤员等防火专职人员管理，践行守护绿水青山职责。

2019年2月20日，市委副书记、市长张德华（右二）一行到玉溪市森林防火指挥部调研森林防火工作　（市林草局提供）

【市长张德华调研森林防火工作】 2019年2月20日，市委副书记、市长张德华，市委常委、市委宣传部部长杨兴荣，市政府秘书长张亚辉一行到玉溪市森林防火指挥部调研森林防火工作。张德华一行实地调研了市森林消防专业队营区建设、队伍建设及物资储备情况；调研了森林防火视频监测预警系统、指挥系统、护林员定位管理系统等信息化建设及运行情况；查看信息报告登记、值班值守情况；听取市林草局和市应急管理局的工作汇报。

【“5·12”防灾减灾日宣传教育活动】 2019年5月12日，全国第11个防灾减灾日，市政府和红塔区政府在聂耳文化广场联合举行2019年“5·12”防灾减灾日系列宣传教育展示活动，市、区有关单位，森林防火救援、水旱灾害应急救援、地质地震灾害防御救援、青年学生、消防救援、应急管理、卫生健康救援、社区居民代表队500余人参加。

【林业有害生物防治】 2019年，全市林业有害生物发生面积48.21万亩，防治面积47.17万亩，防治率98%；防治作业面积47.82万亩，其中无公害防治作业面积47.05万亩，无公害防治率98%；成灾面积1.31万亩，成灾率1.03‰；全年预测发生面积49.49万亩，实际发生面积48.21万亩，测报准确率97%；种苗产地检疫率100%。

（何海波）

【“三湖”周边鸟类资源调查评价】 2017—2019上半年，由玉溪市林业和草原局主持，玉溪师范学院、西南林业大学共同参与，完成了玉溪市“三湖”区鸟类资源调查与评估工作。通过夏季和冬季的2次调查，共记录鸟类67种，发现有13只紫水鸡（Porphyrio porphyrio）栖息，该物种为云南省极小种群野生动物物种，是湿地恢复效果良好的指标。

【督导检查国家重点珍稀濒危野生动植物保护工作】 2019年4月25日，国家林业和草原局野生动植物保护司长吴建民一行9人深入玉溪市玉白顶自然保护区，督导检查国家重点及珍稀濒危野生动植物保护工作。督导检查组认真查看了玉白顶自然保护区开展的国家重点珍稀濒危野生动植物栖息地、分布区的森林生态环境及监测保护情况，听取市林业和草原局关于玉溪市野生动植物资源保护工作情况汇报，查看玉溪市及玉白顶自然保护区对重点国家珍稀濒危野生动植物保护监测的相关视频及痕迹材料。督导检查组对玉溪市的保护工作给予肯定，要求玉溪市加强对国家珍稀濒危野生动植物资源保护工作的高度重视，对目前分布在玉溪的国家重点保护、珍稀濒危及极小种群物种加强重视。

（吴建勇）

【白阁中村入选2019年度“全国生态文化村”】 2019年12月17日，中国生态文化协会公布了2019年度“全国生态文化村”荣誉称号名单，全国共有132个行政村入选，云南省有6个村庄上榜，其中通海县兴蒙乡白阁中村是上榜村落之一，是玉溪市唯一获此殊荣的行政村。

（杨春江）

江川星云湖　（刘　斌　摄）

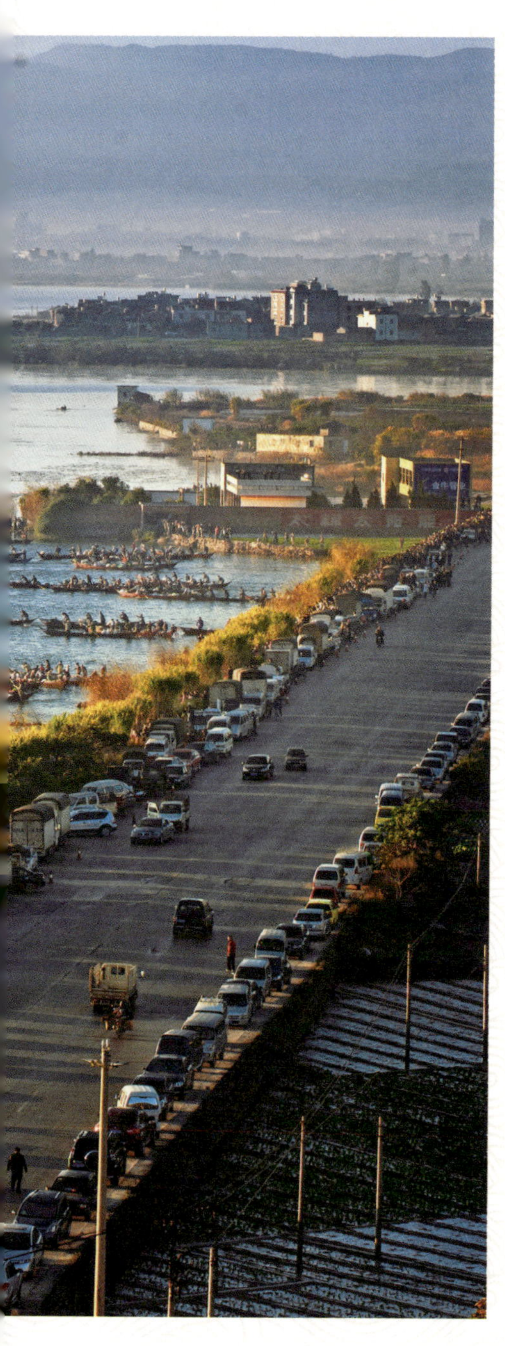

水利

WATER CONSERVANCY

责任编校：李海明

水利规划及建设

【概　况】　2019年，全市水利系统较好地完成了各项目标任务，完成水利固定资产投资20.51亿元，完成水利行业建设投资17.3亿元，争取上级资金2.84亿元，完成农村饮水安全巩固提升16.5万人，完成水土流失综合治理面积192平方千米，完成库塘蓄水3.3亿立方米。在全力推进水利改革发展的同时，始终坚持以人为本的安全理念，坚持与日常业务同安排同部署同落实，安全生产、党风廉政建设、综治维稳等工作成效显著。

【水利规划】　2019年，全市水利系统组织开展好前期工作，着力抓好《玉溪市水利发展"十三五"规划》拟定的49件（其中中型水库4件、小㈠型水库23件、中小河流11条、主要支流项目6条、引调水工程5件）重点水利项目前期工作推进。重点推进云南省水利发展"十三五"规划内新平县洋发城、白沙河2件中型水库、新平县"西水东调"南线及中线等重点项目前期工作。组织完成新平县洋发城、洋芋山、华宁县龙洞河、澄江县小冲等4件小（一）型水库项目的初步设计报告审查批复。配合做好滇中引水前期工作及玉溪市海绵城市建设相关工作。扎实开展规划编制工作，为做好玉昆钢铁大化产业园区供水保障，确保玉昆钢铁集团有限公司搬迁后有充足水资源可用，组织编制《玉昆钢铁集团有限公司转型升级产能置换项目水资源调查评价》《玉溪市大化产业园区水资源配置规划》和《玉溪市大化产业园区供水保障方案》等规划。目前，正在组织开展《玉溪市水利基础设施空间布局规划》《玉溪市水利发展"十四五"规划》等规划编制。

【水利工程建设】　2019年，市水利局加快推进元江县鲁布水库、华宁县矣则河水库扩建、雨勒冲水库等15件在建项目建设进度。新开工建设新平洋发城、通海琉璃河、峨山新街河3件水库，累计完成投资14.04亿元，年内完成投资2.66亿元。玉溪市东片区暨"三湖"生态保护水资源配置应急工程、澄江抚仙湖水资源生态保护甸埃龙潭调水工程、易门岔河水库连通3件调水工程顺利推进，完成投资2.55亿元。新平横山和华宁分水岭水库完成竣工验收，华宁核桃冲水库工程已建设完工，正在进行竣工资料整编。

【农村水利】　2019年，全市水利系统以骨干水源、引水调水工程为依托，统筹安排，通过完善配套，全力构建农村供水安全保障网。不断强化农村饮水安全巩固提升，对全市3 303件农村供水工程建设、运行、管理进行全面排查，有针对性地制定整改措施、整改时限。编制《玉溪市贫困地区农村饮水安全巩固提升项目实施方案》，总投资4.1亿元，对全市贫困地区农村饮水安全分批巩固提升。实施第一批22件项目，总投资1.1亿元，涉及8个县区5.15万人，其中建档立卡贫困户8 918人。突出重点，加大中型灌区节水改造。易门县扒河灌区、新平县漠沙灌区节水改造项目，计划投资3 090万元，改善灌溉面积13.78万亩，项目已全面开工。

杞麓湖调蓄水隧道工程顶管施工现场　（潘　泉　摄）

【水利扶贫】　2019年，全市水利部门认真贯彻落实中央、省委扶贫开发精神，紧紧围绕市委、市政府安排部署，严格按照"扶贫工作必须务实、脱贫过程必须扎实、脱贫结果必须真实"要求，紧扣"两不愁三保障"和贫困人口、贫困村、贫困乡脱贫出列摘帽"695"标准，严格按照"六个精准""五个一批"开展水利脱贫攻坚工作。年内，全市水利脱贫攻坚完成投资2.82亿元，水利脱贫攻坚工程160件，年新增供水能力3 533万方，新增、改善灌溉面积12.53万亩，巩固提升贫困地区农村饮水安全人口13.32万人，其中涉及建档立卡贫困人口1.26万人。项目实施极大地提升了贫困地区水利基础设施配套水平，较好地解决了贫困地区生活生产用水问题，为提高贫困地区抗御水旱灾害能力，　保护和合理利用水土资源，保障经济社会持续、稳定、健康发展产生了重要作用。

【水土保持】　2019年，市水利局认真贯彻落实习近平总书记"绿水青山就是金山银山"重要指示，积极践行党中央"绿色"发展理念，压实水保责任，把其作为全市生态文明建设的重要工作内容抓紧抓实，努力为生态文明建设和乡村振兴战略增色添绿。全市水土流失防治目标任务为完成新增治理水土流失面积122平方千米，通过水利、发改、财政、自然资源、生态环境、农业农村、林业和草原局等部门和社会各界共同努力，全年全市完成水土流失综合治理面积191.99平方千米，完成投资2.06亿元。组织实施新平县小石缸小流域坡耕地水土流失综合治理和澄江县东大河清洁型小流域综合治理2件重点水土保持项目，完成投资1 943.25万元，治理水土流失面积24.22平方千米，占总计划数24.36平方千米的99.4%。

【农村水电】　2019年，市水利局加强对小水电清理整改工作、增效扩容改造水电站招投标的指导和监督管理，确保小水电清理整改工作、增效扩容改造工程建设符合相关规定要

易门岔河水库 （潘 泉 摄）

求，有效促进清理整改工作的开展和改造工程项目的实施进度。督促农村水电站业主建立健全电站生产和安全管理规章制度，完善安全运行管理制度，落实责任，着力提高电站的安全运行水平。完成了小水电清理整改的各县工作任务，实现安全生产、文明生产，有力地促进了绿色小水电的发展。“十三五”规划的5个农村水电站增效扩容项目已经改造完成投入运行，11月底完成了完工验收，改造投资9 900余万元，农村水电发电累计量14.65亿度。云南易门晟丰水电有限公司、新平华鸿水电开发有限责任公司和元江鸿翔水电开发有限责任公司通过达标创建工作，评定为农村水电站安全生产标准化三级单位（共有水电站14座，总装机73370千瓦）。

【水利安全生产和质量监督】 2019年，市水利局始终坚持以人为本的安全理念，全面贯彻落实上级党委、政府关于安全生产工作的一系列重要指示和重大部署。严格落实“党政同责、一岗双责、失职追责”和“三个必须”工作要求，始终坚持把安全生产工作与日常业务同安排同部署同落实。加强宣传教育，强化督促检查，狠抓日常监管，进一步健全完善安全生产管理制度，形成一级抓一级，一级对一级负责、层层抓落实的安全生产监管体系，推动水利生产经营单位标准化管理，不断提高安全生产保障能力。同时，牢固树立“质量第一、安全至上”的思想，落实项目法人、设计、施工、监理等单位质量和安全责任，严格执行参建单位工程质量领导责任制和工程质量终身责任制，确保工程安全、资金安全、干部安全、生产安全。

水利管理

【河（湖）长制】 2019年，在市委、市政府高度重视下，全市河（湖）长体系进一步完善，各级河湖长认真履职，巡河巡湖工作已成常态化。由38位厅级领导分别担任全市78个河湖库渠的河（湖）长，全市河湖库渠全部纳入四级河长管理。294位市、县级河（湖）长巡河湖2 859次、1 793位乡、村级河（湖）长巡河湖6万余次。积极开展“清水行动”和“清四乱”行动，清理河沟1 183条、2 275.87千米，清理各类库溏143个，清理湖滨及湿地2 213亩。排查出“四乱”问题678个，已全数清理销号。联合市环保局开展每月水质预警通报，完成74个市级和329个县级“一河一策”方案编制。推进美丽河湖建设。制定《玉溪市“美丽河湖”评定管理办法（试行）》，以实施“城乡环境提升年”为契机，扎实推进美丽河湖建设，评选出市级“美丽河湖”9个。积极推进信息化平台建设，依托阿里巴巴“钉钉”办公系统，推广使用“钉钉河长通”，初步实现河（湖）长制管理的精细化和智能化。

【“放管服”改革】 2019年，市水利局着力提升水行政服务质量，深入推进“放管服”改革“六个一”行动，落实“三集中、三到位”和“一颗印章管审批”模式，及时公布“最多跑一次”和内部审批事项清单，落实涉水市场准入负面清单制度。进一步推进“双随机、一公开”抽查实现“全覆盖”。认真承接省水利厅下放的审批事项，加强事中事后监管，修订完善审批事项办事指南、业务手册，精减优化审批服务流程，大幅压缩审批时限。审批法定时限20个工作日，承诺时限5个工作日，部分审批事项压缩至3个工作日。目前，市水利局行政许可审批事项有8项，相比2012年精简率为65%。年内，入驻投资项目审批服务中心窗口接收行政许可申请21件，办结21件。

【工程运行管理】 2019年，全市水利系统深化水利工程运行管理体制机制改革，全面推行水库大坝安全管理责任制，落实水库安全管理“三个责任人”和“三个关键环节”，强化预警监测，加强巡查巡视，及时排除安全隐患。积极筹集建设资金，做好灾后水利薄弱环节小型病险水库除险加固项目建设管理和小型水库维修养护工作。统筹协调，积极开展小型水库运行管理专项督查、水利工程管理与保护范围划定和病险水库除险加固遗留问题专项整治。完善全市604座水库大坝注册登记，完成18座水库水文资料整编等。

【建议提案办理】 2019年，市水利局收到交办的人大代表建议21件、政协委员提案6件，共计27件（其中：主办11件，协办件16件），内容涉及加强水利基础设施建设、水资源管理调度、饮水安全、河道治理等方面。至10月31日，已全部办理完毕，面商率、办结率、满意率均达100%。

【水利信息工作】 2019年，市水利局高度重视水利信息工作，充分发挥现代信息网络优势，通过省水利厅官网、市政府信息公开网等平台，多渠道公开发布水利工作信息，加强水利改革发展宣传报道。制定《玉溪市水利局信息公开保密审查制度》，严格按照“谁主管、谁负责；先审查、后公开；谁公开、谁审查”“一事一审”原则，对外公开发布。年内，上报市政府信息科政务信息66条，市政府办采用22条，省政府采用3条，得分318分（考核任务为200分）；上报市委办信息科党委信息118条，采用40条，得分455分（考核任务为200分）。上报省水利厅信息公开网站（重点工作通报、重要事项公示）编辑发布信息90条；在市政府网站市水利局政府信息公开模块“玉溪水利信息”栏目编辑发布194条；在政务新媒体微信公众号《玉溪河长》累计发布信息821条，以透明公开的态度让群众了解水利工作，提升玉溪水利部门公信力，增加群众对水利工作的信任度。

水资源管理

【最严格水资源管理制度】 2019年，按照中央和省政府实行最严格水资源管理制度的要求，玉溪市制定《玉溪市人民政府关于实行最严格水资源管理制度的意见》《玉溪市人民政府关于印发玉溪市实行最严格水资源管理制度考核办法的通知》等文件。自2014年起，接受省政府考核并组织对各县区进行考核，通过4个年度的考核和制度措施的健全完善，全市最严格水资源管理制度逐步落实。按照《云南省河长制办公室关于印发2019年度最严格水资源管理制度考核方案等文件的通知》，市水利局制定印发了《玉溪市实行最严格水资源管理制度工作领导小组办公室关于印发实行最严格水资源管理制度2019年考核工作方案的通知》，编制完成了《玉溪市人民政府2019年度实行最严格水资源管理制度自评报告》，上报省政府。

【严格水资源论证和取水许可】 2019年，全市水利系统严格实施水资源论证制度，认真执行重大规划水资源论证，督促开发建设项目业主编报《水资源论证报告》。凡直接从江河、湖泊或者地下取用水资源的建设项目，对未提交经审定的建设项目水资源论证报告书的，政府投资主管部门不予审批、核准，对擅自开工建设或投产的一律责令停止。强化项目审批与核准水资源论证及审批工作，以流域和区域用水总量控制红线为依据，强化水资源论证制度，严格水资源论证报告的审查。加强水资源论证及审批后的日常监管与执法工作。严格执行《取水许可和水资源费征收管理条例》和《云南省取水许可和水资源费征收管理办法》，加强取水许可管理和水资源费征收。首先是理顺全市取水许可管理体系，按照分级负责的原则，推进规范化管理，建立全市统一、证账相符、信息全面、便于监督管理的市和县（区）两级取水许可台账和信息库。截至2019年底，年终保有有效取水许可证1 207套，取水许可台账录入率100%，全年征收水资源费2 322万元。其次加强日常监管，严格按总量控制红线，执行取水许可的暂停和限制审批。强化取水许可现场核验制度，凡取水工程设施未经过和通过验收的，不得发放取水许可证。

【节水型社会建设】 2019年，全市水利系统积极开展节水型城市、节水型企业（单位）和节水型小区创建活动，全年完成15所节水型学校建设、13个节水型小区建设，2家企业被评定为省级节水型企业，形成典型引导的社会节水氛围。全市农田灌

星云湖人工湿地 （潘　泉　摄）

溉水利用系数为 0.512，城区供水管网漏损率 6.39%，城镇污水处理率达 93.46%。

【星云湖补水】 2019 年，玉溪市东片区暨“三湖”生态保护水资源配置应急工程主体工程建设完成后，为充分发挥其效益，市委、市政府研究决定，依托应急工程向星云湖、杞麓湖进行生态补水，以达到保护和治理“三湖”的目的，最大限度发挥应急工程生态效益、环保效益。通过实施星云湖“十三五”项目，配合生态补水，对水体进行置换，以改善星云湖劣Ⅴ类水体，缓解枯水季节入湖水量不足、水位下降导致蓄水量减少、湖泊自净能力下降等问题，达到对湖泊水环境质量和水生态改善的作用。自 2016 年 10 月 17 日启动星云湖生态补水工作以来，至 2019 年，共计补水 6 882 万方，其中 2019 年补水 2 200 万方。

【依法管水治水】 2019 年，市水利局围绕市委、市政府中心工作及安排部署，以法治水利建设为目标，加快推进水法规制度体系建设，加强水法治宣传教育，协调推进依法行政、依法治水等工作，不断夯实玉溪水利改革发展法治基础。加强组织领导，落实法治建设第一责任，成立了以局党组书记、局长为组长的依法治市工作领导小组。召开局党组会议专题研究法治建设、依法治市（依法行政）工作，始终把依法治市工作放到全局工作中谋划推进。认真组织开展案卷评查、法律知识讲座工作。积极推行行政执法“三项制度”，积极参与全国人大、省人大组织的《中华人民共和国水污染防治条例》的执法检查活动。严格落实水资源管理、河道采砂、水土保持、防汛抗旱、水利安全生产等方面的行业监管和查处主体责任，做好组织指导水政监察和水行政执法，协调、仲裁跨县区水事纠纷，组织查处重大涉水违法事件。

（向小华　周　婧）

2019 年 7 月 20 日，华宁县盘溪镇洪涝灾害现场　（市应急管理局提供）

防汛抗旱

【抗旱救灾】 2019 年，全市气候极端异常，气温持续偏高，雨季较常年偏晚，降雨异常偏少，江河来水异常偏小，全市遭遇了严重干旱灾害。上半年发生了严重的夏秋连旱，市自然灾害应急管理委员会办公室联合市防汛抗旱指挥部办公室分别于 4 月 19 日、5 月 21 日、6 月 16 日、8 月 21 日 4 次组织相关部门会商抗旱救灾工作。市防汛抗旱指挥部于 5 月 16 日启动抗旱预案较大级（Ⅲ级）应急响应，要求市指挥部成员单位按职责分工高度关注和密切监视旱情发展，客观面对，主动介入，确保城乡生活用水安全，确保烤烟移栽、春耕生产顺利进行。6 月下旬至 7 月上旬全市出现几次降水过程，至 7 月上旬全市旱情大部分得到有效缓解或解除，7 月上旬全市 9 县区进入雨季，7 月 11 日解除抗旱预案较大级（Ⅲ级）应急响应，8 月 5 日全市旱情解除。全市因旱农作物 120.18 万亩受旱，17.83 万人、6.5 万头大牲畜饮水困难，42 座小（二）型水库、539 座小坝塘干涸，因旱直接经济总损失 9.03 亿元。全市投入抗旱人数 48.33 万人次，投入机电井 122 眼、抗旱泵站 629 处、机动抗旱设备 6.60 万台套次、机动运水车辆 6.13 万辆次；投入抗旱资金总额为 1.5 亿元，其中：中央 1 200 万元、省级 545.84 万元、市级 3 051 万元、县级 4 436 万元、群众自筹 5 773 万元；抗旱用电 591.2 万度、抗旱用油 1 522.4 吨；抗旱灌溉面积 84.92 万亩；临时解决 17.83 人和 6.5 万头大牲畜因旱饮水困难，拉送水量 772.31 万立方米，提水量 530.62 万立方米，累计拉（提）水总量是 1 302.93 万立方米，挽回经济损失 6.75 亿元。2019 年冬季，受汛期降雨少、江河来水小的影响全市出现了严重的冬季干旱（按国家防总统计旱情报表要求，冬季旱情计入下年旱情统计），2019 年 10 月至 12 月底，全市 9 县区全部出现旱情，因旱 27 座小（二）型水库、184 座小坝塘干涸，河道断流 12 条，49 个乡镇（街道）146 个村（居）委会 440 个自然村（村组），共 17.95 万人（含 9 所学校 4254 名师生）、2.63 万头大牲畜因旱饮水困难，农作物受旱 26.13 万亩，其中：轻旱 19.35 万亩、重旱 5.04 万亩、干枯 1.74 万亩，估算经济损失 1.67 亿元。投入抗旱人数 3.96 万人次，投入抗旱资金 7 780.20 万元，其中：市级 2 000 万元、县级 5 586.5 万元、群众自筹 193.7 万元；投入抗旱 5.58 万人次，抗旱用电 42.55 万度，抗旱用油 104.7 吨，抗旱浇灌面积 7.7 万亩。临时解决 17.95 万人、2.63 万头大牲畜饮水困难。

【洪涝地质灾害及救灾】 2019 年汛期，因降雨偏少，洪涝、地质灾害至灾因素相对平稳，全市未发生较大以上洪涝地质灾害事件，无人员伤亡，是地质灾害相对较轻的一年，有几次局地暴雨、大暴雨导致部分区域出现洪涝灾害。全市共有 6 县区（江川区、澄江县、通海县、华宁县、易门县、新平县）24 个乡镇 2.53 万人受灾（无人员伤亡），农作物受灾面积 3.18 万亩，其中：成灾 18 791 亩、绝收面积 6 662 亩，造成直接经济损失 7 361.41 万元；公路交通设施损毁 43 处，直接经济损失 666.42 万元；水利设施损毁 71 处，直接经济损失 447.17 万元；房屋损毁 4 间，直接经济损失 121.65

万元，造成直接经济总损失 8 596.65 万元。投入抢险人数 5 962 人，投入救灾资金 64.34 万元，减淹耕地 710 亩，避免粮食减收 28 吨，减少受灾人口 3 031 人，减灾经济效益 217.28 万元。市自然灾害应急管理委员会强化督查指导，加强隐患风险排查整改，督促各县区人民政府和市防汛抗旱指挥部成员单位切实落实防汛抗旱工作责任。

【库塘蓄水】 受 2019 年上半年严重干旱和气温持续偏高、汛期降水异常偏少、雨季结束异常偏早、江河来水异常偏小（红河流域少 76.7%、珠江流域少 40.3%）、入汛库塘底水异常偏少（底水为 2.52 亿立方米，正常年份为 3 亿立方米左右）等多因素叠加影响，2019 年底，全市库塘蓄水仅有 3.22 亿立方米，仅完成省防汛抗旱指挥部下达蓄水目标任务 5.2 亿立方米的 61.92%，库塘蓄水完成率全省倒数第一，比上年同期少 2.28 亿立方米，比正常年景保障全市安全用水的 5 亿立方米库塘蓄水底线少 1.78 亿立方米（偏少 35.6%），其中：红塔区蓄水 6 740 万立方米，完成蓄水目标任务的 59.07%，比去年同期少 3 802 万立方米；江川区蓄水 2 424 万立方米，完成蓄水目标任务的 57.31%，比去年同期少 1 440 万立方米；澄江县蓄水 2 508 万立方米，完成蓄水目标任务的 79%，比去年同期少 652 万立方米；通海县蓄水 550 万立方米，完成蓄水目标任务的 49.96%，比去年同期少 664 万立方米；华宁县蓄水 2 798 万立方米，完成蓄水目标任务的 83.76%，比去年同期少 415 万立方米；易门县蓄水 5 203 万立方米，完成蓄水目标任务的 66.24%，比去年同期少 2 663 万立方米；峨山县蓄水 2 744 万立方米，完成蓄水目标任务的 56%，比去年同期少 2 365 万立方米；新平县蓄水 6 056 万立方米，完成蓄水目标任务的 62.79%，比去年同期少 5 183 万立方米；元江县蓄水 3 174 万立方米，完成蓄水目标任务的 50.03%，比去年同期少 5 570 万立方米。库塘蓄水严重不足，成为保障冬春安全供水的最大短板，是导致全市干旱风险的关键因素。截至 2019 年 12 月 31 日，抚仙湖水位 1 721.41 米，比法定最低运行水位（1721.65 米）低 0.24 米，蓄水量 201.99 亿立方米，星云湖水位 1 721.95 米，蓄水量 1.82 亿立方米，杞麓湖水位 1 795.11 米，蓄水量 1.27 亿立方米。抚仙湖等“三湖”水量总体偏少，湖泊水环境安全存在隐患，沿湖农业生产用水受到巨大影响，湖泊安全运行和保护形势严峻。

【应急抢险专业队伍建设】 2019 年，市应急管理局积极推进水旱地质灾害应急抢险救援专业队伍建设，与玉溪市水利建设大队签订《玉溪市水旱地质灾害应急抢险救援服务协议》，由玉溪市水利建设大队承担玉溪市境内的水旱地质灾害应急专业救援抢险突击工作。玉溪市防汛抗旱抢险救灾专业机动队目前具有水利行业丙级设计资质、工程勘察专业丙级资质、水利水电工程总承包二级资质，被评为云南水利建设市场主体信用评价 AAA 级施工单位，自建队以来，参与完成过多件水利工程“险、急、难、重”抢险任务。

【水旱地质灾害应急救援机构改革】 2019 年 2 月 18 日，根据《玉溪市深化党政机构改革领导小组办公室关于调整核定玉溪市应急管理局人员编制的通知》要求，市水利局的水旱灾害应急救援职责及防汛抗旱指挥部应急救援职责划入市应急管理局，并划入行政编制 2 名。2019 年 2 月 18 日，根据《玉溪市深化党政机构改革领导小组办公室关于调整玉溪市防汛抗旱调度中心隶属关系的通知》要求，将市水利局管理的事业单位玉溪市防汛抗旱调度中心调整为市应急管理局下属事业单位，其机构规格、人员编制、领导职数维持不变。2019 年 12 月 17 日，根据《中共玉溪市委机构编制委员会办公室关于调整玉溪市应急管理局机构编制事项的通知》要求，从市应急管理局调整划回承担防汛抗旱指挥部应急救援职责行政编制及相应工作人员 1 名到市水利局，并将市应急管理局的市防汛抗旱调度中心调整划回市水利局，作为市水利局下属事业单位，明确事业编制 3 名，其余 2 名事业编制调整到市应急管理局下属事业单位玉溪市应急救援与安全服务中心，相关工作人员同步划转。

（市应急管理局提供）

哀牢山石门峡　（官朝弼　摄）

元江洼垤丫口村 （官朝弼 摄）

云南玉溪仙福钢铁集团公司铁矿石运输　（崔永红　摄）

工　业

INDUSTRY

责任编校：李海明

工业运行

【工业经济运行主要特点】 2019年，面对复杂严峻的内、外部环境和不断加大的经济下行压力，全市工信系统认真贯彻落实省、市党委、政府的决策部署，坚持目标导向、问题导向、结果导向，强化责任落实，全力推进稳增长、促投资各项工作任务，全市工业经济总体保持了平稳发展。全年全市完成工业增加值增长6.0%。其中，规模以上工业增加值增长6.0%，规模以下工业增加值增长6.6%。规上工业增速位次上升，全市规上工业增加值同比增长6%，增速比去年同期（8.1%）下降2.1个百分点，比1—11月增速（4.3%）环比下降上升1.7个百分点，高于全国增速（5.7%）0.3个百分点，低于全省增速（8.1%）2.1个百分点，与列全省第13位，排名与去年同期一样。从省内看，增速6%，比昆明市的4.8%高1.2个百分点，比曲靖市的12.0%低6个百分点，比红河州的10.8%低4.8个百分点。工业投资增速下降，全市完成工业投资134.1亿元，同比下降10.4%，列全省第12位；完成非电工业投资132.6亿元，下降8.3%，列全省第11位。扣除烟草制品业以外的其他行业工业增速保持增长，12月，扣除烟草制品业以外的其他行业规上工业增加值同比增长15.5%，环比提高2.9个百分点。全年扣除烟草制品业以外的其他行业累计规上工业增加值同比增长14.3%，同比下降6.9个百分点，环比提高1.4个百分点。烟草制品业降幅收窄，12月，烟草制品业规上工业增加值同比增长16.3%，环比提高37.6个百分点；全年烟草制品业累计规上工业增加值同比负增长0.3%，增幅同比下降1.4个百分点，环比降幅收窄1.6个百分点，低于全省烟草制品业工业增速（1.1%）1.4个百分点。多种工业品价格小幅波动，全市监测的9种主要工业产品及原材料价格环比是“5涨2平2跌” 即铁矿石原矿、钢坯、线材、铜选矿和粗铜环比上涨，电解镍和水泥环比持平，焦炭和黄磷环比价格下跌；同比是“6涨1平2跌” 即焦炭、铁矿石原矿、铜选矿、粗铜、电解镍和黄磷同比上涨，水泥同比持平，钢坯和线材同比下跌。工业用电量减少，12月，工业用电量完成10.64 亿千瓦时，同比减少7.39%。1—12月，工业用电量完成103.62亿千瓦时，同比减少3.14%。电信业务总量增速持续下降，全市电信业务总量预计增长60.0%，增速较上年下降46.3个百分点。停产企业和负增长企业情况，12月末，8户企业停产，占全市规上企业总户数的1.7%，其中：1户企业注销、1户企业待注销、3户企业由国家代报数据、1户企业因不具备安全生产条件停产待拆除设备以及2户因产品无订单、产品价格低等原因停产。全市产值累计负增长规上工业企业117户，环比持平，其中：负增长5%以上的94户，负增长10%以上的77户，负增长30%以上的37户。全市规上企业负增长面达26.2%，其中：澄江县高达56.5%，通海县为43.4%，高新区为34.6%，红塔区为32.7%，研和工业园区负增长面为25.0%，新平县为24.2%，华宁县为21.4%，元江县为16.0%，江川区为12.8%，易门县为7.1%，峨山县为6.7%。

【重点产业运行情况】 2019年，全市“四大产业”实现工业总产值1 794.6亿元，增长10.0%；完成工业增加值644.6亿元，增长5.0%。卷烟及配套产业，工业总产值同比增长1.8%；工业增加值同比下降0.2%。其中：卷烟配套工业总产值同比增长0.4%；工业增加值同比增长2.7%。矿冶及装备制造业，工业总产值同比增长15.4%；工业增加值同比增长13.1%。矿冶业工业总产值同比增长16.5%；工业增加值同比增长13.3%，其中：钢铁行业，黑色金属冶炼及压延加工业增加值同比增长25.7%；生产钢材883.4万吨，同比增长13.3%。有色行业，有色金属冶炼及压延加工业增加值同比增长0.6%；生产铜金属含量4.8万吨，同比增长9.6%。化工行业，化学原料和化学制品制造业增加值同比下降11.9%；生产黄磷10.6万吨，同比下降31.2%。建材行业，非金属矿物制品业增加值同比增长19.5%；生产水泥1 525.0万吨，同比增长18.0%。装备制造业工业总产值同比增长9.4%；工业增加值同比增长11.6 %。生物医药及食品加工业，工业总产值同比增长8.0%；工业增加值同比增长13.5%，其中：生物医药，工业总产值同比增长17.3%；工业增加值同比增长28.6%。食品加工业，工业总产值同比增长6.3%；工业增加值同比增长8.7%。电子信息产品制造业，全市信息产品制造业完成工业总产值同比增长12.4%；工业增加值同比增长16.5%。

【工业经济运行存在的问题和困难】 2019年，全市工业经济运行主要存在以下问题：传统支柱产业支撑作用减弱。烟草产业由于严峻的市场形势和从紧的运行调控政策，持续低速增长，带动减弱；矿冶产业随着近两年的高速增长，产能释放已近极限，增速呈逐渐回落趋势。而生物医药及食品、装备制造和电子信息制造等新兴产业在全市工业中的占比较小，难以对冲传统产业下滑带来的影响。工业项目储备不足，投资规模小，发展动能缺乏。由于近年来全市工业项目储备不足，缺乏大项目支撑，工业投资增速逐年下降，发展后劲不足，已成为制约工业经济稳增长的主要瓶颈。受宏观经济下行压力影响，全市负增长企业增多。由于受市场、资金等因素影响，全市卷烟配套企业订单减少，钢铁、粗铜等主要产品价格下降，加之安全环保整治，一些企业生产经营困难，负增长企业增加。年底，全市规模以上产值负增长企业达到117户，比上年增加54户，占全市规模以上企业的26.2%。

（张　婧）

工业产业

【生物医药制造业】 2019年，全市有生物医药企业26户，规模以上企业19户，覆盖生物疫苗、生物制剂、化学原料及制剂、中成药及中药饮片、原料药、植物提取生产领域。初步形成生物技术药和中药民族药两个特色产业体系，加工制造能力快速提升、集聚效应初步显现。生物医药制造业产值增长17.3%、增加值增长28.6%。

【卷烟及配套产业】 2019年，全市有卷烟及配套企业36户，规模以上32户。年内，玉溪卷烟厂生产卷烟186.54万箱，同比增加0.22%，“玉溪”产量135.23万箱，同比减少3.17%，“红塔山”产量191.81万箱，同比增加6%。卷烟及配套产业实现规模以上工业总产值同比增长1.8%，工业增加值同比下降0.2%。

【食品工业】 2019年，全市有食品加工企业136户，规模以上92户。年内，规模以上食品工业实现产值173.7亿元，增长6.3%，实现增加值32.6亿元，增长8.7%。食品工业增加值占全市规模以上工业增加值的5%。规上“绿色食品牌”加工七大行业74户，实现工业产值128亿元，同比增长8%，占全市规上食品工业总产值比重达74%。

【消费品制造业】 2019年，全市的消费品产业涵盖了造纸、陶瓷、日化等工业门类，品种繁多，门类复杂，造纸和印刷、陶瓷产业的集群式发展取得实效，年内，全市年销售收入100万元的消费品工业企业150户（规模以上企业71户）。规模以上消费品制造业工业产值131亿元，增长7%，实现增加值31亿元，增长8%。

【蔗糖产业】 2019年，元江县金珂集团糖业有限责任公司、云南新平南恩糖纸有限责任公司、新平恒源糖业有限公司和新平恒诚糖业有限公司4户企业，生产产品有白砂糖、食用酒精、白酒、纸、纸浆板、单品冰糖、复混肥，2018年/2019年榨季全市甘蔗入榨面积151 239.89亩，食糖产量73 596.8吨，白砂糖单位完全成本同比下降9.6%，企业负债总额同比下降25.29%。

【矿冶产业】 2019年，全市资源优势不断向经济优势转化，以铁、铜、磷、镍、稀贵金属、水泥等为重点的矿冶产业发展迅速，成为全市工业经济增量的主要来源和核心动力，支柱产业地位日益显著。玉溪市矿冶产业主要包含钢铁、有色、化工、建材等行业，全市拥有规模以上矿冶企业153户，矿冶业工业总产值占全市规上工业总产值的56%，工业增加值占全市规上工业增加值的29%，矿业产业实现了快速发展，支柱地位明显。

【钢铁行业】 2019年，依托云南玉溪钢铁集团，以红塔区、新平县、通海县为重点，形成800万吨/年炼铁、1000万吨/年炼钢生产能力。2016—2019年钢铁行业淘汰落后压减过剩产能360万吨，打击取缔地条钢产能359万吨，实现落后产能应退尽退。通海聚元工贸40吨电炉、穆光工贸50吨转炉技改项目建成投产，依托玉昆钢铁、仙福钢铁产能置换升级改造项目，打造云南绿色钢城。年内，全市生产钢材883.4万吨，同比增长13.3%。

【有色金属行业】 2019年，依托铜、镍优势矿产资源，形成规模化开采和加工，集中在新平、元江和易门3个县。主要企业有玉溪矿业、易门铜业、贵研资源等。其中玉溪矿业公司形成铜精矿（含铜）1.8万吨/年产能、铁精矿40万吨/年产能；易门铜业经技改拥有粗铜10万吨/年产能；贵研资源是目前国内最大的贵金属回收企业，专业从事贵金属二次资源循环利用，通过物料预处理精炼提纯回收铂、钯、铑、金、银等稀贵金属，技术实力和开发水平处于全国领先地位。年内，生产铜金属含量10.7万吨，生产稀贵金属227吨。

【化工行业】 2019年，全市的化工行业主要为磷化工，集中于澄江、华宁和江川3个县，共有黄磷生产企业15户，形成35万吨/年黄磷产能。年内，受“三磷”整治影响，企业大面积停产整改，全年生产黄磷10.6万吨，同比下降31.2%。

【建材行业】 2019年，全市的建材行业主要是水泥生产企业。以华宁县、红塔区、易门县为重点，通过淘汰7条落后生产线258万吨熟料产能，形成水泥生产企业10户水泥熟料企业16条熟料生产线1 100万吨产能，全部是新型干法水泥熟料生产线。华宁玉珠、活发刘总旗5 000吨新型干法水泥熟料产能置换项目建成投产，易门大椿树4 000吨新型干法水泥熟料产能置换项目加快推进年底将建成投产，装备技术水平将达到国内同行业领先。全市水泥生产企业落后产能全部退出，企业数量减少，装备水平和盈利能力提升。年内，生产水泥1 525.0万吨。

【装备制造业】 2019年，玉溪市按照省委、省政府对玉溪“六个走在全省全列”“三张牌”工作要求及玉溪市经济社会发展“5577”战略，坚持“四带多园”产业布局，加快推进装备制造业高质量跨越式发展。发展壮大产业规模。年内全市规模以上装备制造企业增加到109户，同比增9%，工业总产值同比增长9.4%，工业增加值同比增长11.6%，工业总产值在云南省的占比超过10%，在云南省排名第二。优化完善产业布局。装备制造业以数控机床、电力装备、优质铸件、新型建筑材料、五金机电等产业为重点，聚集产业发展，形成了以台正集团、太标集团为龙头的光机企业，带动数控机床及配套产业发展的研和数控机床产业园；以上海电气集团为龙头形成年产400套2兆瓦风力发电设备生产能力的华宁县风电设备产业园；以玉溪恒茂铸造有限责任公司、云南恒昌东兴铸造有限公司为主的峨山县优质铸造基地；以云南宇城杭萧钢结构有限公司“钢结构绿色工业装配化建筑产业基地项目”为龙头发展节能、环保、新材料的红塔工业园区观音山片区；以云南通变电器有限公司为龙头的通海县五金机电特色园等5个装备制造特色产业聚集区。推进项目促进发展。装备制造业加快推进项目，形成经济增量。升华电梯西南生产运营中心项目、宇城杭萧钢构“钢结构绿色工业装配化建筑产业基地项目”、 建福集团“LS400自动化车削单元”等项目建成投产；数控机床成为玉溪市装备制造业的支柱产业，研和工业园区聚集了67户数控机床及配套零部件生产企业，具备年产2万台数控机床产能，成为全国知名的数控光机产业基地。随着研和工业园区数控二期产业园的建成和9个项目入园投产，使玉溪数控机床的影响力明显提升；同济大学玉溪智能制造研究院为玉溪智能制造提供智力支持，引导和帮助通变电器、中汇电力、腾达机械、前列电缆等企业进行智能化生产线改造，申报省级智能制造专项，带动装备制造业转型升级，为装备制造业快速发展增添新动能。

（张 婧）

电力工业

【概 况】 2019年年末，玉溪供电局运行维护35千伏及以上变电站120座（500千伏变电站2座，220千伏变电站14座，110千伏变电站56座，35千伏变电站48座），总变电容量1 488.665万千伏安，形成500千伏“口”字形和220千伏双回链式接线为主的坚强输电网架。基本实现每个县城均有2个110千伏变电站联合供电，中压环网率提升至87%，可转供率提升至80%。运行维护35千伏及以上输电线路342条，长度4 830.93千米（500

千伏线路10条，长度659.36千米，220千伏线路36条，长度937.18千米，110千伏线路144条，长度1 933.1千米，35千伏线路152条，长度1301.3千米）。运行维护10千伏及以下配网线路815回，长度11 708.36千米（架空线路10 726.62千米，电缆线路981.74千米），配变22 717台，总配变容量490.2519万千伏安（公用配变8 507台，容量130.87万千伏安，专用配变15 250台，容量359.83万千伏安），公用开关柜间隔1 830个，公用柱上开关4 365台，公用电缆分接箱、户外开关箱146台，公用电缆分接箱、户外开关箱9 574个［配电房273座，台架变8 348台，箱式变635台，户内开关站（开闭所）18座，户外开关站（环网柜）283座］。全年完成售电量125.09亿千瓦时，同比增长4.18%。营业收入42.52亿元，同比增长3.31%。完成固定资产投资7.06亿元，资产总额55.71亿元，同比增长11.39%。电费回收率100%。全员劳动生产率83.58万元/人·年，同比提升9.06%。第三方客户满意度81分。客户平均停电时间(低压）10.67小时/户。综合电压合格率99.508%，同比提高0.1个百分点。综合线损率4.5%，同比下降0.17个百分点。

2019年经济技术指标

指标名称（全口径）	计量单位	本年完成	上年完成	同比增减	备注
供电量	万千瓦时	1 308 700.0	1 255 543.7	4.23%	
售电平均单价	元/千千瓦时	381.89	397.36	-3.89%	含税
最高日供电量	万千瓦时	4 212.93	3 990.00	5.58%	
最高日负荷	万千瓦	206.915	192.703	7.39%	
平均日负荷率	%	86.02	86.33	-0.31	
线损率	%	4.5	4.67	-0.17	
主设备可用率	%	99.95	99.99	-0.04	
综合电压合格率	%	99.508	99.412	0.096	
综合供电可靠率	%	99.8990	99.8903	0.0 087	
电费回收率	%	100	100	0	
企业总资产	万元	557 077.27	500 123.80	11.39%	
固定资产原值	万元	1 091 928.48	1 046 652.11	4.33%	
固定资产净值	万元	472 300.12	463 695.91	1.86%	
主营业务收入	万元	423 054.73	410 156.96	3.14%	
上缴税金	万元	34 887.11	38 418.50	-9.19%	
全员劳动生产率	万元/人年	83.58	76.64	9.05	

【安全工作】 2019年，玉溪供电局未发生人身、设备、电力安全事故和有责任的三级以上电力生产安全事件；未发生Ⅳ级及以上网络安全事件；未发生负同等及以上责任的生产性一般及以上交通事故；未发生火灾事故；未发生对社会造成不良影响的事件。累计安全生产天数2 922天，总体安全生产形势保持平稳。安全生产风险有效防控。全面提升风险管控能力，围绕风险管控核心，全面落实安全生产领域各专项工作方案，充分发挥专业引领作用。从严抓实年度十大系统运行风险，发布玉溪电网风险预警81份，成功管控“500千伏玉溪变220千伏Ⅰ母停电期间存在的云南电网Ⅳ级风险”等多个重大电网运行风险。安全基础有效夯实。全面压紧压实安全生产责任，以“抓执行、抓思想、抓协同、抓作风、抓方法、抓队伍”为六个抓手，牢固树立奖惩分明、奖罚并重的良好导向。构建全覆盖、责任明确、结构合理的责任体系，助推“专业监管+综合监管”模式有效运行。强化现场作业监督检查，累计开展监督检查9 563次，及时查处违章6 001项，发布安全监督通知书12份、重要信息传递单9份、生产安全状态预警36次。完成“护网—2019”网络攻防演习，完成中高风险漏洞整改130项，查杀病毒31.7万例，网络安全防护能力显著提升。围绕“金石”安全文化品牌为核心，推动各单位、班组特色文化建设，举办云南电网公司及玉溪供电局首届安全文化节。设备运维质量有效提升，开展2019年度设备风险评估，确定了玉溪电网设备存在的九大主要风险，梳理出Ⅲ级及以上风险设备638台（其中Ⅲ级风险557台，Ⅱ级风险81台），印发了《2019年主网设备主要风险及重点维护策略》，明确了6个方面76项设备重点管控工作。继续深化差异化运维，有针对性开展抗短路能力不足变压器的运维及设备健康状态趋势的跟踪。制定了684台次设备的专业巡维计划、17台设备的健康状况趋势跟踪运维计划，增加了34条巡维督查计划。对主变压器抗短路能力不足的进站5公里线路运维开展风险联动，制定了22条线路的巡维计划，完成了220kV红塔山变#1主变返厂大修，重点防范220kV新平变及110kV桂山变近区短路对变压器的冲击。重点管

控风险预警设备，完成了110kV紫艺变12把老旧110kV隔离开关更换，112把隔离开关垂直连杆上下抱箍处穿销加装，28相退运阻波器拆除。完成了35kV平掌变、建新变、者竜变CT改造，制定了新平片区35kV变电站PT保险频繁烧毁整改方案并进入实施阶段，有效降低了PT保险熔断频次。

【电力体制改革】 2019年，玉溪供电局持续深化电力体制改革，在册交易用户同比增加422%，全省占比12.2%，结算电量92.62亿千瓦时，累计为企业降低用电成本2.01亿元。内部改革稳步推进，完成县调集约化，优化调整县级单位安全监督管理机构设置，成立安全监管中心（应急指挥中心）。精简县级单位中压配网管理层级，推进县级供电企业安全生产部与配电管理所合署办公。落实绩效工资分配政策，建立了各供电所、配电管理所基于工作积分制的绩效考核方案。积极推进改革后企业盘活发展，建立健全监管体系和工作机制，一企一策制定瘦身健体计划，有序开展企业闲置资产处置，推进改革后企业管理层级和法人户数压减。完成3家厂办大集体企业注销，启动云南省玉溪电力设计院改革。完成全部企业的财务集约，成为系统内首家全面实现财务集约的改革后企业。与南网融资租赁有限公司完成南网首单“产融结合”融资业务，开创融资新渠道。努力拓展综合能源服务，开展客户资产智慧运维，自主研发的“配电智能运维服务平台”推广到189个客户。在EPC总承包模式下引入售电、运维，形成“一站式”服务模式。截至年末，大集体企业资产总额11.78亿元，营业收入8.55亿元，实现利润4 702万元。

【科技进步】 2019年，玉溪供电局持续推进精益项目、职创、大数据应用与业务的信息化融合。着力推进在线监测技术，探索研究网络智能集中发令方式，开展故障数据整合，实现故障智能判断、简报自动推送，提高五大领域移动应用率。积极配合推进“基于区块链技术的电网作业安全风险管控”项目，应用人工智能技术强化作业过程管控。大力推进移动应用，安全监督现场管理、带电作业等6个局自建App投入使用。累计拥有专利数136项，荣获度科技进步奖8项，转化应用奖15项，职工创新奖11项。

【电力供应】 2019年，玉溪供电局积极促进市域清洁能源消纳，地方发电非化石能源消纳率达100%，完成电能替代电量4.27亿千瓦时，同比增长37.6%，完成年度指标157%。建成电动汽车充电站点36处共计564枪，建设投运规模在全省地州电网中排名第一。不断优化营商环境，一般工商业电价平均再降低10%的政策落实到位，降价幅度达21.89%，共为一般工商业客户减少用电成本约1.78亿元。落实公司2019年优化电力营商环境工作措施，促成玉溪市政府印发《玉溪市进一步优化电力接入营商环境实施方案》，实现“两升四降”（提升供电可靠性、提升办电效率、降环节、降资料、降时间、降成本），“获得电力”指标大幅提升。在云南电网公司优化营商环境综合评价中得最高分100分，排名全省第一，在云南省营商环境现状及溯源分析测评中排名全省第二，在2019年玉溪市优化营商环境关键指标第三方评价中，“获得电力”便利度及客户满意度均排名各行业第一。加大投资力度，大幅减少办电成本，年内投资3 449.22万元用于业扩投资界面延伸，实现低压用户及小微企业接电全免费。大力支持小微企业发展，并加大带电作业力度，全年共计完成带电作业2 300次，完成全年指标的102.22%，减少停电时户数57.38万时/户，提高供电可靠率0.35%。积极构建现代服务体系，全力支持玉溪市培育发展新动能打好“三张牌”，做好供电服务保障。互联网业务比例排名全省第一，连续5个月在云南电网客户服务评价指标排名全省前茅。计量实用化评价得分由94分提升至98.68分，实现10个供电所全用户自动抄表，玉溪电网99%以上用户实现自动抄表。费控业务试点推广在玉溪易门、澄江供电局50个台区试运行成功。红塔分局、澄江局承接数字化供电所建设推广试点。玉溪电网10千伏线损异常率3.38%，0.4千伏台区线损异常率为3.51%，线损异常率控制水平排名全省前列，11个供电所实现了线损“零异常”。

【电网建设】 2019年，玉溪供电局完成《玉溪智能电网示范区规划》编制，梳理出65项重点示范项目，2019年重点推进33项。加快配电自动化项目建设，完成配电自动化主站升级改造及调试。建成云南首个基于物联网5G智能台区，实现台区数据智能化、运维智能化。完成玉溪电网首个智能站110千伏尖山变可研，确定按“间隔集成”模式建设智能变电站。完成巡检机器人、无人机巡检、智能营业厅等重点示范项目建设。电网指标得到有效提升。实现全网中压环网率87%、可转供电率80%，全市配电自动化覆盖率91.5%。有序推进迪庆帮扶工作，签订结对攻坚协议，完成维西智能电网规划初步评审。做好电网统筹规划建设，编制完成玉溪高压配电网饱和远景规划。组织“统一问题库”修编，梳理问题5 026项。开展35千伏变电站、10千伏开闭所电压层级优化专项工作，梯次退运部分变电站和开闭所。完成110千伏早街二期工程和110千伏堵岭变增容本体工程投产。有序推进220千伏永济（曲陀关）输变电工程、110千伏哨坡（高仓）输变电等工程建设。7个督办供电所项目按期竣工，进一步改善基层班站生产生活条件。220千伏永济输变电工程获云南电网公司优质工程一等奖，110千伏棋盘变电站获南网优质工程奖。

（玉溪供电局提供）

信息化建设

【概 况】 2019年，全市紧抓科技革命、产业变革和云南建设面向南亚东南亚辐射中心的重大机遇，充分认识信息产业在社会经济中的重要位置，围绕新产业、新业态、新模式等重点，全力加强信息产业建设，推动数字经济发展，相继出台从产业发展规划到产业发展促进措施等一系列政策文件，大力推动信息产业建设发展，以华为、联通西南数据中心建设应用为切入点，大力发展与其相关的云计算、大数据等互联网相关产业和电子信息制造业。年内，全市信息产业增加值达到40.5亿元，同比增长25.7%，其中全市电信业务总量达到179.6亿元，同比增长63.47%，电子信息产品制造业实现产值31亿元，增加值8.6亿元，同比增长16.5%，全市互联网普及率指数增长到98%。6月，启动数字经济发展规划编制工作，经过调研、编写、意见征询、专家评审，于10月完成了《玉溪市数字经济发展规划》《玉溪市工业互联网发展行动计划》编制、出台了《支持数字经济发展七条措施》。3个规划紧密结合玉溪市数字经济发展水平和工业领域的信息化状况，按照科学、务实、创新的思路，以具有指导性、针对性和可操作性为原则，为玉溪高质量的发展数字经济指明方向，为大力发展基础型、应用型、服务型数字产业提供支撑体系。

【信息通信基础设施建设发展迅速】 2019年，全市互联网出口总带宽达到3 048G，光缆总长度达到7.1万千米，宽带用户增长到57.2万户，移动通信基站数量达到14 622座，移动互联网数据通信流量达到每月15 443TB，“宽带乡村”建设取得明显成效，全市702个行政村已全部实现光纤宽带覆盖和4G网络覆盖。编制完成《玉溪市5G建设发展十四·五规划》，建立了《玉溪市5G推广应用工作联席会议制度》，全面系统推进新型基础设施建设；市政府网站群完成IPV6和IPV4双栈部署，电信、移动、联通三大通信运营商及红塔集团制定了5G应用建设方案并在全省率先开展5G应用试点。作为云南省重要的数据中心集聚区，高新区九龙大片区的华为、联通两大数据中心机柜利用达到487个，数据中心业务逐步拓展，吉宝、亿矿等新型数据中心项目正在加紧商谈，绿色数据中心集群发展的趋势越来越明显，建设面向南亚东南亚的通信国际出口节点和“孟中印缅”信息走廊国际数据服务基地的基础初步成型。

【互联网产业集聚效应初显】 2019年，玉溪国家级高新技术园区已形成互联网创业园、双创中心、大数据产业园、电子信息产品制造园区等一批产业集聚区，汇集了齐安信、中科曙光、航天信息、猪八戒网、清华启迪等90多户业内一流企业和上百个互联网行业创业团队，培育了云南永兴元科技、融建信息、玉力科技等一批优秀本土企业，创建了玉溪—华为互联网大学、同济大学玉溪智能制造研究院、云南省网络安全示范培训基地，建立了一套完善的人才交流、培育体系，为发展数字经济提供了良好的软环境。市政府与360、华为、京东、中科曙光签署了相关战略合作协议，就人工智能、互联网、物联网、大数据、区块链等方面的应用和发展达成了共识，为新兴技术产业合作打下了坚实的基础。同时，玉溪华为云计算数据中心，是全国唯一获得国际UPTIME T3双认证的绿色数据中心，联通玉溪数据中心、玉溪融建信息技术有限公司纳入了云南省工业互联网服务商资源池名单，成为云南重要的云服务中心。其中，融建信息运用超算平台为基因测序提供云计算服务，居身基因测序云计算创新服务领域，12月，与中科院昆明动物研究所、中国西南野生生物种质资源库分别签订了战略合作协议，开启了玉溪向一线城市和高层次科研机构输出高端服务的先河。

【政务信息化成效显著】 2019年，玉溪政务云平台已经承载了省、市46个党政部门共110多个的重要业务系统实现上云，云化率达83%。实现了全市政务协同、政府网站、互联网出口、视频会议、移动办公和网络安全保障的有机统一，全市电子公文交换100%覆盖。

2019年1月18—22日，电信玉溪分公司在玉溪公路局举办信息化养护系统使用培训 （电信公司提供）

【电子信息制造业蓬勃发展】 2019年，依托美辰科技、信德科技、泰阳时代、蓝光旭、奇沃、格可达、敏华达等重点企业，玉溪高新区九龙片区的手机整机生产、微电机生产、智能穿戴生产、3D打印、新能源电池、工业机器人生产等智能终端制造及配套产业项目顺利推进。目前，玉溪高新区智能终端制造产业园已签约项目24项，协议总投资253.2亿元。其中，已投产运营项目4项，美辰科技园、粤辉电子产业园、听听语音翻译机等11个项目正在进行装修施工建设，实现年产值28亿元，工业增加值8.6亿元，同比增长16.5%，为玉溪市信息产业奠定了良好的发展基础。紧扣“中国制造2 025”主线，围绕“5577”总体思路，把工业互联网应用、智能制造作为推动玉溪工业转型升级、高质量、跨越式发展的突破口，推进建立完善工业互联网“网络、平台、安全”体系的工作。企业上云上平台工作启动以来，市工信局细化工作举措，落实目标任务，精心组织宣传培训和推荐活动，通过审核“上云”企业家数达133家。与中科曙光开展深度合作，加快工业互联网平台建设，以联合体的形式积极申报国家工业互联网标识解析二级节点，通过工业互联网标识解析二级节点应用和工业互联网平台搭建深度整合，提升平台互联互通能力，快速推广标识应用，催生新的应用模式。打造重点行业的工业互联网应用平台，实现综合型工业互联网平台，在卷烟及配套产业、生物医药、食品、装备制造、矿冶、陶瓷等重点行业以及工业园区培育全省领先的示范性企业。引进同济大学中德工程学院建立“同济大学玉溪智能制造研究院”，致力于智能制造关键技术和智能系统的研发与应用，培养智能制造高层次专业人才，为发展智能制造产业培养人才和提供智力保障；成立了“云南省智能制造产业联盟”，由德国莱茵TÜV、西门子、富勘（上海）软件技术有限公司、美国国家仪器有限公司、浪潮集团、中德人工智能研究院、云南省高新技术企业发展促进会、机械总院集团云南省机械研究设计院、昆明理工大学、云南大学、红塔烟草（集团）有限公司、昆明云内动力股份有限公司等24家单位共同组成，助力玉溪制造迈向智能化时代。以智能制造为发展数字工业的主攻方向，推进传统领域数字化改造，升华电梯、新兴钢铁、猫哆哩、嘉和生物和力高箱包的流程制造入选云南省 2019 年智能制造试点示范项目，大红山矿业、猫哆哩智能化项目入选云南省 2019 年工业互联网“三化”改造试点示范项目；编制了《玉溪高新技术产业开发区数字经济发展规划》《玉溪市高新区智慧园区建设实施方案》支持高新区智能制造产业园快速发展。

（张 婧）

【“网络安全服务基地”打造】 2019 年，全市围绕网络安全教学、科研、人才培养、技术服务等方面，打造网络安全生态体系。确立网络安全产业“4351”发展项目，以“聚集人才、建立高度、输出人才”、建立区域性产业合作生态圈为目标，完成项目建议书编制项目。整体项目包括：青少年网络安全、网络安全、涉密网络安全、国防网络安全教育基地 4 个；电子政务云应急保障及指挥、大数据网络安全运行、智慧城市应急保障中心 3 个；校企合作 1 个、国家级城市网络攻防实战演练靶场合作 1 个、大数据协同国家工程实验室合作 1 个、创业创新基地合作 1 个和数字经济论坛 1 个。

【数字政府建设有序推进】 2019 年，全市建成了统一的政务云，40 个党政部门的重要业务系统实现上云，云化率达 81%。全力推进区块链产业金融服务平台建设。利用政府涉企数据及社会数据，以“一平台、N 场景、M 个服务”为建设内容，构建完善的企业（包含中小微企业）信用体系，高效智能链接企业与银行的融资 / 信贷需求，有效降低资金端信贷风险，真正解决企业端融资 / 贷款难、贵等问题，平台已于 12 月 24 日完成测试。智慧政务广泛应用。实现了全市政务协同、政府网站、互联网出口、视频会议、移动办公和网络安全保障的有机统一，全市电子公文交换 100% 覆盖，全市智慧政务 OA 系统接入部门 1 359 家，注册用户 24 000 个，日活跃电脑用户 9 000 个，日活跃手机用户 14 000 个，日处理公文 11 000 份，为全市各级部门累计节约上亿元的办公经费支出，财政资金使用绩效十分突出。信息资源互联共享应用成效突出。建成了全省第一个实战型的“信息资源互联共享平台”，共享数据 280 余万条。市税务部门通过数据共享应用，累计追缴应交未交税收达 3 亿元，打掉增值税发票犯罪团伙 1 个；市发改部门应用平台数据，在 3 个月的时间内使全市信用体系排名从全国 262 名上升至 149 名。全面推进公共服务“互联网 +”应用。在全省率先建成了教育云平台，全市 612 所中小学全部接入平台，实现山区与城市学校同上一堂课，让山区学校直接享受到了城市优质教学资源。“互联网 + 医疗”“互联网 + 综治”应用在全国处于领先水平，被国家有关部委确定为示范应用项目。

（市委网信办提供）

电信玉溪分公司为 2019 年森林火灾防控提供通信应急保障　（电信公司提供）

【电信运营】 2019 年，电信玉溪分公司紧紧围绕“网络智能化、业务生态化、运营智慧化”战略目标，通过宽带基础设施建设，助力城市大数据运营中心建设，“以信息化带动工业化、以工业化促进信息化”，助力“互联网 +”发展；以“聚数生智”的能力提供“无所不在”的惠民服务，为市政府提供“精准精细”的智慧城市治理手段。加强网络建设，构筑强大的网络平台。光网方面，新建 FTTH 光端口 4.2 万个，光端口数累计到达 60.1 万个，光端口占比到达 90.7%，FTTH 光端口占用率到达 48.87%，光用户占比到达 95.7%。移动方面，八期工程室外基站 23 个及室分系统 66 个小区已全部开通，150 个超忙小区扩容全部完成。完成了 5G 核心网及试验站的开通，对 VR/AR/ 无人机 / 多点高清监控等多项 5G 业务进行测试验证。完成点覆盖深度测试高层楼宇 2 761 栋；完成玉元高速、澄呈高速、通建高速、石红高速四条高速线覆盖测试，2 区 7 县的城区及发达乡镇拉网面覆盖测试。累计拉网里程 5 100 千米，完成天线调整 436 面，邻区优化 60 对，参数修改 119 个。完成全市主城区带宽扩频全部扩容工作，全面提升上网速度，解决网络负荷严重问题。对大中专院校宿舍区、教学楼进行了精确覆盖和容量优化，使用 LAMPSITE 新型室分技术解决玉溪工校 3 幢教学楼上网卡问题，通过异频和负荷分担技术手段，解决流量突发高峰期的拥塞。使用传统 DAS 室分双路系统解决师院新建 4 幢学生宿舍 4G 网络覆盖问题。通过上述工作，800M 全网覆盖率由 94.93% 提升到 97.93%，平均信号强度由 -82.42dbm 提升到 -80.90dbm，1.8G 全网覆盖率由 93.42% 提升到 96.35%，平均信号强度由 -85.03dbm 提升到 -82.78 dbm，VoLTE 语音接通率整体由 99.73% 提升到 99.85%。全市主城区、高速公路、风景区及广大农村 4G 覆盖及用户感知得到较大提升，农村 4G 网络覆盖率由 2018 年底的 74.98% 提升到 85%。做好政府重要项目支撑，推进城市大数据建设。通过做好玉溪市政协远程参政网络议政项目、玉溪日报社“云迁移”项目、玉溪市交警支队高速预警系统项目、中通服科信“玉溪庄园旅游平台”云主机项目、玉溪市农行安全专线组网项目、红塔集团 2019 年度电信通讯光纤租赁项目、玉溪市食品安全监管（明厨亮灶）

2019 年 12 月 20 日，玉溪铁塔与市防震减灾局合作建设，在江川区九溪马家庄完成首套地震烈度仪安装调测工作 （铁塔玉溪市分公司提供）

项目、玉溪市保安有限责任公司（校园一键报警）项目等项目支撑工作，全面助力“数字玉溪”发展。落实全市 6 个区 / 县义务教育光网建设项目，计划建设 411 所学校、3 732 个班级，现除缓建不建 371 个班级外，全部建设完成。多项措施提升服务能力，提升客户感知。以问题为导向，整治服务短板，对服务问题追责考核到责任部门和责任人；印发《关于印发玉溪分公司 2019 年度行风建设暨纠风工作实施方案的通知》，推进落实加强行风建设、解决社会关注的热点问题等两方面 9 类重点工作。充分利用“12 315 消费维权服务站”和“客户服务专席”协调作用，化解服务纠纷，做好投申诉；持续开展每月 15 日“总经理接待日”，公司领导班子与用户面对面，直接接受广大电信客户的业务咨询、投诉，同时增加直营厅服务接待日频次和参加人数，按周开展直营厅服务接待日活动。完成“两会”及“3.15”、国庆、军运会以及玉溪市化念森林防火消防演练及“财富论坛”等各种重要活动通信保障工作。

（张晓燕）

【铁塔玉溪分公司生产经营情况】 2019 年，铁塔玉溪分公司与多家政企单位在智慧气象、智能运维、“点亮玉溪”、新媒体广告、充电桩能源业务等多领域开展业务合作，完成经营收入 13 631.62 万元（不含包干电费、拓展业务收入，按净额计算），累计完成营业成本 11 195.82 万元。着力满足客户交互需求，总计获取需求站点 1 235 点，其中移动需求站点 1 014 点，需求满足率 100%；联通需求站点 154 点，需求满足率 100%；电信需求站点 67 点，需求满足率 100%。商机情况，全量商机个数 59 个，上年结转 11 个商机，新增收集 48 个商机，涉及金额约 778 万元；落地项目 24 个，商机收集落地率约为 50%。“一体业务”服务质量保持稳定，抓住重点，着力从双超整治、隐患整治、发电及时率多方面问题入手，切实解决突出问题，维护和服务质量都得到显著提升，截至 9 月，断电退服率达标率 80%，其中断电退服率 100% 达标，超长退服率 0%，超频退服率 0.24%。高等级服务站址断电退服时长达标率 100%。交维站址数 4 149 个，发电动环覆盖率 100%。FSU 离线率 0.2%，排名全省第一。广义离线率 1.8%，排名全省第一。回单及时率 99.42%，断电退服率 2.8%，工单质检合格率 95.79%。总体服务保障能力较 2018 年保持稳定。费用管理促提质增效，运营商单站电费降幅达到 10.03%，代垫电费确认率 78.7%。资源产品匹配率暂居全省第一。资源与资产匹配率高于 99%。整体“三性达标”符合性测试指标平稳提升。重点工作有序开展，改造转供电站址比例 6.72%，134 个目标站址完成 9 个；拍照值 134 个转改直站点已完成转改直 15 个站点（9 个站点已签非标订单并起租），25 个站点已查勘需对接县级运营商确认非标订单。梯次电池静音发电机应用 9.75%。维修整治有的放矢，全省外市电整治派单 149 个站点，完工 118 个站点，完工率 79.19%。开关电源故障率全省排名第二，故障率 1.07%。

【智慧灯杆在 5G 大会展出】 2019 年 4 月 30 日，铁塔玉溪分公司提供的智慧灯杆在玉溪数据中心运营启动仪式上展出。该灯杆集智能模块组合、拓展卡槽等结构，具备无线城市（公共 WIFI、4G/5G 微站，人流量分析），智慧生活（信息查询、信息发布、道旗指示、手机充电），智慧交通（车流量监测、车位监测、停车导引、汽车充电、停车收费），智慧照明（LED 照明、智能调光、远程监管、自动报警），智慧安防（智能监控、公共广播、一键求助），智慧环保（环境监测、气候监测、扬尘监测），智慧市政（地下管网监测、市政人员管理、环卫设备管理）等功能。

【首套地震烈度仪安装调测】 2019 年 12 月 20 日，铁塔玉溪分公司与市防震减灾局合作建设，在江川区九溪马家庄完成首套地震烈度仪安装调测工作。设备均安装在铁塔公司的机房内，依托铁塔机房及配套设施资源，为地震烈度仪提供台站、电源配套、传输、监测设备等一体化解决方案，为后期地震预警平台快速建设提供完备的支撑保障服务。

【5G 建设发展专项规划实施】 2019 年 11 月 25 日，《玉溪市 5G 建设发展专项规划（2019—2030）》印发实施，玉溪市成为云南省第一个将有线传输纳入通信专项规划并通过专家评审印发实施的州市。规划从玉溪市通信基础设施及管理流程的现状出发，明确 5G 移动通信网络基础设施的范围与规划原则，确定玉溪市 2019 至 2030 年 5G 移动通信网络基础设施的建设规模与建设原则，给出具体的选址建议，明确未来 5G 产业发展趋向，绘制详细的规划站点明细及图层。规划用于指导未来玉溪市 5G 移动通信网络基础设施建设，为政府对通信基础设施实施有效管理提供重要参考依据，是玉溪市进入信息化、数字化快速发展时期的重要标志。

（高　倩）

【移动通信运营】 2019 年，移动玉溪分公司深入推进“网络强国”“数字中国”“智慧社会”战略落地，主动融入市委、市政府中心工作，发挥企业优势助力玉溪数字经济、智慧城市、乡村振兴等经济社会发展，以客户为中心，以服务为根本，充分履行央企的政治责任、经济责任、社会责任。全年累计完成通信服务收入10亿余元，全市通话客户数为168万户，全市宽带客户为20万户。在玉溪本地运营商中率先开通5G试验基站和搭建业务演示场景；全市建设开通5G基站21个，完成7县2区主城区5G第一批站点规划。在5G+政务、旅游、医疗、教育、融媒体、制造等行业应用中输出整体解决方案，与南方电网玉溪供电局共建的“5G+智慧台区”、与红塔集团合作的“5G+制造执行系统（MES）”项目均为省内行业首例应用；与红塔区政府签署“数字红塔·智慧城市”建设战略合作协议及“智慧停车”合作协议，红塔区智慧城市、智慧停车建设进入实质性推进阶段。加强网络安全风险防范，整合支撑平台，建立健全制度规范，不断提升执行能力，提升工作效率。持续深化“法治移动”建设，纵深推动“合规护航计划”，压实法制建设第一责任人职责。加强保密制度执行，严防个人信息和商业机密泄露。紧抓安全生产不放松，切实落实生产安全责任制。完善信息安全管理制度体系，持续开展“防诈”工作，完成节日期间、重要会议期间的信息安全保障任务。

（周晗丹　马　琴）

【联通运营】 2019年年末，联通公司玉溪分公司建成2G基站529座，3G基站1 947座，4G基站1 718座，基站总数4 149座，网络覆盖率从66%提升到85%。修建主干光缆689千米，本地接入光缆5 729千米，宽带端口23.06万个，行政村百分之百覆盖。积极引入资源互补、业务协同、市场发展方面的优秀合作伙伴，设立14个乡镇支局，62家自建厅和147家合作厅，门店总数209家。通过运营侧承包经营改革，建立以客户为中心，以市场为核心的运营体系，拥有固网用户3万户，移网用户23万户。4月，“云南联通玉溪数据中心”正式启动。9月，“云南联通行业云平台”上线运营。12月，“雪球计划”启动，开展促销活动610场，移网新增3.25万户，固网新增2 461户。

（联通公司玉溪分公司提供）

元江洼垤乡斐学村　（刘　斌　摄）

红塔区黄官营烤烟种植　（刘　斌　摄）

烟草产业

TOBACCO

责任编校：佐湘麟

烟草管理

烤烟生产

卷烟生产

卷烟营销及专卖管理

烟草科技

烟草管理

【概　况】 2019年，全市计划烤烟种植面积56.7万亩、烟叶收购量153.1万担，种烟涉及9个县区、64个乡镇、413个村、2 767个小组、63 349户烟农。全市烟叶工作认真贯彻落实省、市烟草产业高质量发展工作会议精神，以高质量发展为统领，贯彻新发展理念，着力稳定核心烟区，以提高发展质量和效益为中心，有序推进烟叶生产各项措施的落实，圆满完成全年烟叶生产收购目标任务。全年种植烤烟56.7万亩、完成计划的100%，完成烟叶收购量153.1万担、完成计划的100%，烟农实现烤烟交售收入22.07亿元，均价28.83元，上等烟比例70.07%，实现烟叶税4.86亿元。

【烤烟规划种植面积】 2019年，《玉溪市人民政府办公室关于预下达2019年烤烟生产收购计划的通知》，全市规划种植面积56.7万亩，其中红塔区3.46万亩、江川区7.3万亩、澄江县6.54万亩、通海县5.05万亩、华宁县8.13万亩、易门县6.02万亩、峨山县6.89万亩、新平县7.65万亩、元江县5.68万亩。

【烟草产业政策扶持】 2019年，全市研究制定烤烟生产政策措施和重点工作实施方案。市人民政府印发《关于切实抓好2019年烤烟生产工作的通知》，市烟草产业发展领导小组印发《玉溪市2019年烤烟生产收购管理千分制考评办法》《玉溪市2019年烤烟生产有机肥推广实施方案》《玉溪市2019年推进土地流转稳定核心烟区实施方案》《玉溪市2019年烤烟生产示范样板工作方案》《玉溪市2019年“2260”高端特色烟叶开发工作方案》。

【烟区规划】 2019年，全市规划烟田面积133.56万亩，其中，核心烟区90.48万亩、占比67.74%，优质烟区36.63万亩、占比27.42%，适宜区6.46万亩、占比4.84%。将种烟区域重点布局到核心烟区、骨干烟区、规模集中连片区域。

【核心烟区土地流转】 2019年，玉溪市综合运用烟农自主流转、合作社（村委会）集中流转、龙头特色企业战略合作、多元化投资经营等多种模式，流转土地13.5万亩种植烤烟。

【烤烟种植品种】 2019年，全市烤烟种植品种布局以K326品种为主，加大红塔集团特需KRK26品种和云烟116品种种植比例，适当安排云烟87和NC297品种，切实提高原料保障水平。其中K326品种37.69万亩、KRK26品种1万亩、云烟116品种7.13万亩、云烟87品种7.31万亩、NC297品种3.57万亩。

【烤烟生产抗旱工作】 2019年，烤烟移栽期间旱情形势严峻，5月份全市受干旱影响烟区面积最高达56.7万亩，占种植面积的100%，其中达到轻旱的面积有5.32万亩、占比9.38%，达到中旱的有20.53万亩、占比36.22%，达到重旱的有30.85万亩、占比54.41%。全市各级各部门投入抗旱资金1亿余元，坚持科学抗旱，做好抗旱用水保障，落实抗旱保苗促栽技术。

【烤烟生产有机肥推广】 2019年，全市推行测土配方施肥、深耕、有机肥施用等土壤保育措施。按计划组织实施35.29万亩商品有机肥、13.5万亩腐熟农家肥推广目标任务。

【实施样板示范工程】 2019年，玉溪市打造烟叶高质量发展典范，辐射带动全市烟叶生产水平整体提升。在5县区实施“2260”项目，全力打造高端特色烟叶生产典范；非“2260”4县区，每县区打造三片由书记、县区长和分管副县区长挂钩联系的千亩连片科技示范样板；澄江县抚仙湖径流区规划种植2万亩绿色生态优质烟叶。

【组织烟叶收购】 2019年8月22日，市人民政府召开烟叶收购工作会议，安排部署全市烤烟收购工作，自8月25日开始组织收购，于10月24日全面完成153.1万担收购计划。

【烟叶生产基础设施建设】 2019年，烟叶生产基础设施建设完成工程总件数1 013件，项目总投资4 435.52万元（不含建设主体投工投劳折资），其中烟水配套项目278件，机耕路项目15件，烟叶调制设施720件。同时新建生物质燃料烤房建设900座，新建果蔬烟叶烘干机烤房1 149座，新建热泵电烤房20座、试验示范天然气烤房10座。

【烟草援建水源工程】 2019年，在建水源工程3件、概算投资2.87亿元，分别是新平县[illegible]川水库、华宁县小箐水库、元江县陆家店水库；即将开工新建水源工程2件，峨山县新街河水库、概算投资7 841.6万元，澄江县小冲水库、概算投资5 984.89万元；省级已评审通过，准备上报国家级评审3件，概算投资2.6亿元，分别是新平县阿者河水库，华宁县三家村水库，元江县那诺一库。

【烟叶产业扶贫】 2019年，在烤烟生产扶持政策基础上，重点对建档立卡贫困户建设果蔬烟叶烘干机配套补助，市级配套补助1万元/座。全市建档立卡贫困户种烟涉及58个乡镇街道311个村社区6 525户2.5万人，种植面积4.96万亩，烟叶直接交售收入1.83亿元。

【“云南省首届最具影响力烟区”参评工作】 2019年，澄江县、江川区和峨山县三个烟区参加“云南省首届最具影响力烟区”评选活动，澄江县获评“云南首届最具影响力烟区”，江川区、峨山县荣获云南首届“发展潜力强劲烟区”称号。

【抚仙湖绿色生态烟叶基地】 2019年，全市按照抚仙湖保护治理决策部署，打造抚仙湖径流区万亩绿色生态烟叶基地，澄江县完成种烟面积2万亩，配套建设650座生物质烤房。

【机构改革】 2019年1月29日，按照全市深化党政机构改革领导小组关于印发《玉溪市深化市级机构改革实施方案》的通知，市烟草产业办更名为市烟草产业服务中心。机构改革后，作为市政府直属事业单位，机构规格正处级。

（普泳智）

烤烟生产

【烤烟生产】 2019年，全市有种烟县（区）9个、乡镇（街道）64个、村（居）委会413个、村（居）民小组2 767个、烟农63 349户，种烟人口21.56万人，签订烤烟种植合同63 349份，种植烤烟3.78万公顷，其中田烟1.27万公顷、地烟2.51万公顷；收购烟叶7 655万千克，其中国内计划收购量7 000万千克，出口备货计划收购量655万千克。上等烟比例70.07%，比上年降低1.36个百分点；实现烟农售烟总收入22.07亿元，加上各项补贴资金，种烟总收入达24.72亿元，在“K326”品种收购价格下浮5%、干旱导致烟叶减产降质的情况下，烟农种烟总收入较上年增加2 713.1万元、增1.11%，户均售烟收入3.48万元、增0.35%，均价28.83元/千克、比上年降低1.11元/千克；上缴烟叶税4.86亿元、降1.76%。

【扶持政策不断完善】 2019年，全市烤烟生产继续执行原有的16元/担（50千克）的县乡村组烤烟生产组织奖励，新增土地流转种烟贷款利息补贴（不超50元/亩）、土地流转种烟保险加保补贴（20元/亩）、生物质颗粒燃料生产线建设补贴（在烟草公司补贴70%的基础上，市级再补贴30万元/条）等扶持政策项目，特色品种“K326”补贴标准由上年的40元/亩提高到60元/亩。市政府统筹扶持政策补贴预算资金约1.32亿元，比上年增加近2 000万元。市烟草公司烟叶产前投入补贴标准由上年的97.06元/担提高到120元/担，总投入预算比上年增加3776万元。全年累计投入抗旱资金8 614.94万元，其中省烟草公司下达1 520万元、市烟草公司统筹1 156.25万元、各级地方政府投入1 920.17万元、烟农自筹4 018.52万元。烤烟种植保险投保标准由上年的50元/亩提高到70元/亩，全损失最高赔付额度由1 000元/亩提高到1 500元/亩，保费补贴标准由上年的35元/亩提高到50元/亩。

【优化种植布局】 2019年，全市进一步优化烤烟产能布局，将种烟区域重点布局到核心烟区、骨干烟区、规模集中连片区域，重新规划基本烟田面积8.9万公顷。其中，核心区基本烟田面积6.03万公顷、占67.75%，优质区基本烟田面积2.44万公顷、占27.42%，适宜区基本烟田面积0.43万公顷、占4.83%。种植田烟面积1.27万公顷、占33.86%，地烟面积2.51万公顷、占比66.14%，与上年相比，田烟面积增加666.67公顷。

【继续推动土地流转】 2019年，全市继续推动土地流转，稳定核心烟区，全年有13 145户烟农流转土地种烟面积0.92万公顷，占全市烤烟总面积的24.24%，户均流转0.7公顷。烟叶生产规模达50万千克以上乡镇46个，收购量占全市的93.75%；千亩村192个，20亩以上种植主体3 699户、收购量占比21.03%。落实种烟片区2 030片，百亩以上连片面积比例达97.52%，较上年片数减少179片、面积占比提高1.31个百分点。其中1 000亩以上连片50片、面积0.5万公顷，500—1000亩连片195片、面积0.88万公顷，100—500亩连片1 576片、面积2.31万公顷。

【调优烤烟品种结构】 2019年，全市烤烟生产根据卷烟工业的品牌需求，结合区域资源优势，进一步优化品种结构，以“K326”品种为主，适当增加“云烟87”和“云烟116”的种植比例，恢复种植集团特需的“NC297”品种。“K326”品种合同种植面积2.51万公顷、占比66.48%，“云烟87”品种0.49万公顷、占比12.89%，“云烟116”品种0.48万公顷、占比12.58%，“NC297”品种0.24万公顷、占比6.29%，“KRK26”品种0.07万公顷、占比1.76%。“K326”品种占比较上年减12.81个百分点，“云烟87”和“云烟116”两个品种占比较上年增5.85个百分点。

【科技抗旱】 2019年，入春以来全市出现持续高温少雨天气，气象干旱快速发展，给烤烟移栽及栽后保苗带来不利。围绕烟叶高质量发展目标，全力以赴抓“五个关键”科学抗旱。抓好壮苗培育，100%实现商品化、专业化育苗，育苗集中度高、分批次育苗6.8亿株；抓牢备耕基础，围绕烤烟谋划调整小春种植结构，妥善解决茬口矛盾，确保备耕整地时间；抓紧移栽进度，5月9日全面完成移栽，98.4%的面积集中在清明至谷雨最佳节令内移栽，其中实施膜下小苗移栽2.96万公顷、占比78.23%；抓实中耕管理，落实“增肥追肥、揭膜破膜、培土填塘”等烤烟大田中耕管理措施，其中揭膜、破膜培土面积2.07万公顷（占比66.00%）；抓准烘烤挖潜，推广稳温降湿烘烤技术覆盖面积70%以上，解决烟叶因干旱采烤推迟、素质参差不齐、烘烤难度增大的问题，专业化烘烤（含商品化烘烤）覆盖烤烟面积2.72万公顷（占比69.74%），其中商品化烘烤模式覆盖面积2.32万公顷；推广上部4—6片叶充分成熟一次性采烤面积3.71万公顷（占比98.14%）。

【发展绿色生态烟叶】 2019年，结合绿色发展新理念，针对全市绿色生态优质烟叶发展需要，主要采取如下措施，持续推进植烟土壤保育，推广施用商品有机肥2.57万公顷，占比67.92%；坚持病虫害绿色防控，100%应用烟蚜茧蜂防治蚜虫为主的生物防治技术，大力推行黄板、篮板、性诱捕器、生物农药等绿色植保技术，全面落实采烤前20天禁止用药禁令，保障烟叶质量安全；加强面源染污治理，实施烟田废弃地膜回收1.17万公顷；推广清洁能源替代煤炭烘烤，新建生物质颗粒燃料生产线7条，新建生物质燃料烤房2 488座、天然气烤房10座、电热泵烤房90座。

【保障云产卷烟品牌发展】 2019年，全市优质烟生产围绕云产卷烟品牌转型升级发展需要安排生产。调拨数量优先保障，调拨云南中烟（红塔集团）烟叶数量5 200万千克，比上年增加7万千克；调拨省烟叶公司1 050万千克，比上年增加85万千克；调拨省烟叶进出口公司655万千克，比上年增150万千克；调拨省外工业750万千克，比上年调减92万千克，调拨省外工业由上年的7家减至6家。烟叶质量强化保障，根据红塔集团烟叶质量评价，优选86个收购站点供应红塔集团烟叶调拨计划。特色品种优化保障，适当增加“云烟116”和“KRK26”品种种植，100%满足红塔集团对特色品种和特需品种的配方需求。

【助力脱贫攻坚】 2019年，烤烟种植助推精准扶贫攻坚效果明显，全市6 527户建档立卡贫困户种植烤烟0.33万公顷，交售烟叶644.5万千克，实现售烟收入1.83亿元，户均售烟收入2.8万元。

【生物防治产品蚜茧蜂实现产业化运营】 2019年，玉溪三农高原特色现代农业有限责任公司助力蚜茧蜂生防技术科研成果转化，加速市场化运营，建成工程化生产线，完成僵蚜采选分装近50亿头，生产僵蚜盒380余万盒，在云南、湖北、重庆、陕西等产区累计推广面积达 23.33 万公顷，实现销售额 1 800 余万元，利润 260 余万元。

【新时代生态农业发展】 2019 年，玉溪市作为分会场之一，以澄江烟区产业综合体为依托，承办 2019 年全国烟农增收现场会，按照“做给烟农看、带着烟农干、帮助烟农赚”工作思路，通过土地流转在抚仙湖径流区打造 0.13 万公顷核心烟区。玉溪三农高原特色现代农业有限责任公司着力发展烤烟 + 水稻、烤烟 + 中药材、烤烟 + 蚕豆等配套产业，种植绿色生态水稻云香香软米 1 400 亩、烟后蚕豆 2 400 亩、中药材 100 亩，探索一二三产融合发展经营管理模式，打造玉溪庄园云菜、云花、云药、云菌系列产品，建成“线上线下”烟农增收产品推广销售一体化体验中心，并依托抚仙湖独特的旅游资源，发展观光游、体验游和亲子游，实现烟农收入直接增值近 700 万元。

【澄江烟区荣获“云南最具影响力烟区”称号】 澄江县、江川区、峨山县三个烟区代表玉溪参加“云南首届最具影响力烟区”评选活动，入围全省前 30 名。最后通过“华山论剑”“巅峰对决”等评选环节，澄江烟区最终在风格特色评价环节综合得分排名全省第一，以综合成绩全省排名第六的好成绩获得了“最具影响力烟区”称号，捍卫了“云烟之乡”的品牌旗帜。

（胡宏标）

【烟叶生产基础设施建设】 2019 年，玉溪市规划建设烟叶生产基础设施建设项目 1 030 件，项目总投资 5 664.39 万元，其中烟草行业补贴资金 4 569.5 万元。其中在建烟水配套项目 122 件，烟草补贴 1 046.74 万元，受益面积 1.45 万亩；在建机耕路项目 8 件，烟草补贴 221.02 万元，受益面积 0.89 万亩；建成新能源密集烤房 900 件，烟草补贴 3 150 万元，烘烤能力 1.8 万亩；综合管理费用 151.74 万元，均为烟草补贴。

【烟草援建水源工程】 2019 年，全市援建水源工程 10 件，项目总投资 9.12 亿元，其中批复烟草援建资金 6.64 亿元。红塔区龙母箐水库、峨山县尼去本水库、红塔区平滩箐水库、新平县横山水库四件工程竣工；华宁县核桃冲水库完工；峨山县[illegible]川水库大坝封顶；元江县陆家店水库、华宁县小箐水库、峨山县新街河水库在建；澄江县小冲水库在招标。

（张劲伟）

卷烟生产

【概 况】 2019 年，红塔集团以母分公司形式下辖云南省内玉溪、楚雄、大理、昭通 4 家不具有法人资格的卷烟厂；控股红塔辽宁烟草有限责任公司、海南红塔卷烟有限责任公司、香港红塔国际烟草有限公司、老挝寮中红塔好运烟草有限公司、云南合和（集团）股份有限公司；参股吉林烟草工业有限责任公司、中烟国际欧洲公司。集团总资产 1 086.77 亿元，其中固定资产净值 89.68 亿元、流动资产 450.9 亿元，资产负债率 10.89%。集团本部及省内四厂在岗员工 8 719 人，其中博士 2 人、硕士 225 人、大学本科 3 106 人；有专业技术人员 3 903 人，其中高级 57 人、中级 1 309 人。集团全面贯彻落实烟草行业和云南中烟高质量发展的战略部署，牢固树立“一盘棋”思想，以加强党的政治建设、强化党对经济工作的领导为保障，以落实云南中烟“管理提升年”要求，找问题、补短板、强基础为着力点，以提升质量力、制造力、技术力、管理力、文化力，增强产品市场竞争力为抓手，在深化全面从严治党、履行生产管理主体责任、稳销量提结构增效益等重点任务目标上下功夫，集团品牌市场状态、经济运行质量达到近年来最好水平。

【卷烟生产经营】 2019 年，红塔集团境内外卷烟总产量（含省内四厂内销与出口、品牌合作、境外加工生产卷烟）2 252.7 亿支（450.54 万箱），比上年下降 2.39%。省内四厂生产内销卷烟 1 705.9 亿支（341.18 万箱），比上年增长 0.22%，其中与红云红河集团互动生产“云烟（小熊猫家园）”0.55 亿支（0.11 万箱）；一类烟 676.75 亿支（135.35 万箱），比上年下降 3.09%；二类烟 24.95 亿支（4.99 万箱），比上年增长 26.58%；三类烟 935.7 亿支（187.14 万箱），比上年增长 5.72%；四类烟 68.55 亿支（13.71 万箱），比上年下降 9.54%；五类烟全部调减。省内四厂生产出口卷烟 29.1 亿支（5.82 万箱），比上年下降 24.47%。

玉溪卷烟厂生产内销卷烟 932.7 亿支（186.54 万箱），比上年增长 0.22%。其中生产一类烟 552.6 亿支（110.52 万箱），比上年下降 3.69%；生产二类烟 23.15 亿支（4.63 万箱），比上年增长 17.61%；生产三类烟 344.15 亿支（68.83 万箱），比上年增长 9.93%；生产四类烟 12.8 亿支（2.56 万箱），比上年下降 41.86%。按品牌，生产“玉溪”552.61 亿支（110.52 万箱），比上年下降 3.69%；“红塔山”365.71 亿支（73.14 万箱），比上年增长 9.91%；“红梅”14.38 亿支（2.88 万箱），比上年下降 40.39%。生产出口卷烟 21.75 亿支（4.35 万箱），比上年下降 31.80%。

红塔集团实现卷烟工业销量（含集团省内四厂内销与出口、合作生产、境外加工卷烟销售）2 284.46 亿支（456.89 万箱），比上年下降 2.26%。省内四厂内销卷烟销量 1 735.95 亿支（347.19 万箱），比上年增长 3.11%，其中，一类烟 705.05 亿支（141.01 万箱），比上年增长 7.23%；二类烟 25.8 亿支（5.16 万箱），比上年增长 30.94%；三类烟 940.2 亿支（188.04 万箱），比上年增长 3.98%；四类烟 64.9 亿支（12.98 万箱），比上年下降 19.22%；合作生产卷烟销量（含回购销售）411.85 亿支（82.37 万箱），比上年下降 19.02%；境外加工卷烟销量 107.55 亿支（21.51 万箱），比上年增长 0.96%；出口卷烟销量 29.1 亿支（5.82 万箱），比上年下降 24.47%。

红塔集团实现卷烟销售收入 650.16 亿元，比上年增长 8.54%；实现税利 519.66 亿元，比上年增长 1.78%；实现工业总产值 742.83 亿元，比上年增长 2.01%，其中，在市内实现工业总产值 505.13 亿元，比上年增长 2.01%。

【品牌建设】 2019 年，红塔集团在《云南中烟品牌发展三年规划（2018—2020 年）》的框架下，修订“玉溪”“红塔山”品牌发展目标，完成《红塔集团品牌发展规划调整稿》《“红塔山”品牌发展破局思路的建议》《“玉溪”品牌发展破局思路的建议》，为助推云产卷烟品牌振兴谰言献策。坚持行业“总量控制、稍紧平衡，增速合理、贵在持续”的调控方针，围绕“稳份额、提结构、抓重点、补短板”重点任务，突出“‘玉溪’稳基座、突高端、树标杆”和“‘红塔山’稳规模、强高三、

扩二类”发展重心，配合云南中烟营销中心、技术中心，聚焦中式卷烟主战场，顺应消费需求新变化，注重市场状态优先，着力增强需求捕捉力、产品创新力、智能制造力、快速响应力，及时调整供求关系，提高供给质量，推进集团重点品牌及规格稳中向好发展。

【主要产品】 2019年，红塔集团卷烟品牌商业销量2 176.95亿支（435.39万箱），比上年下降5.85%。“玉溪”品牌商业销售722.8亿支（144.56万箱），比上年增长2.69%，居行业一类卷烟销量第二位，其中高端及高价位规格卷烟销售45.8亿支(9.16万箱)，比上年增长22.46%；实现单箱批发销售收入5.22万元，比上年增长0.6%，实现批发销售收入755.18亿元，比上年增长3.31%。“红塔山”品牌商业销售1 280.7亿支（256.14万箱），比上年下降3.86%，居全国卷烟品牌销量第四位，其中高三类以上规格卷烟销售444.55亿支（88.91万箱），比上年增长10.31%；实现单箱批发销售收入1.88万元，比上年增长1.59%，实现批发销售收入480.89亿元，比上年下降2.33%。

【新品次新品及新品类卷烟培育】 2019年，红塔集团持续加大新品次新品及新品类卷烟的研发维护和市场培育力度，进一步优化产品线布局和品牌结构，适应和满足消费需求。全年新品（上市销售未满一年的卷烟规格）“玉溪（双中支翡翠）”“玉溪（华叶）新版”“玉溪（细支108）”“玉溪（硬金）”“红塔山（细支传奇）新版”，次新品“玉溪（中支华叶）”“玉溪（中支阿诗玛）”“玉溪（中支和谐）”“红塔山（硬传奇）”“红塔山（新时代）”，合计商业销售87.4亿支（17.48万箱），其中高端卷烟精品“玉溪（双中支翡翠）”自1月份上市以来销售0.66亿支（0.13万箱），增幅在全国1 000元价位产品中名列第一。全年集团“细中短爆”新品类卷烟累计商业销售96.6亿支（19.32万箱），比上年增长32.54%，高于行业新品类卷烟销量增幅4.31个百分点，占集团卷烟商业销量比重的4.44%，其中，细支烟销售59.8亿支（11.96万箱），比上年增长31.34%；中支烟销售13.55亿支（2.71万箱），比上年增长143.27%；爆珠烟销售32.45亿支（6.49万箱），比上年增长33.74%。

【“玉溪（双中支翡翠）”品鉴定制】 2019年1月15日，红塔集团在玉溪举办高端卷烟新品“玉溪（双中支翡翠）”首批品鉴暨定制活动。市委秘书长王志新，市烟草专卖局（公司）、云南中烟技术中心和营销中心领导，集团领导王勇、李恒、曹航、朱学成、朱雄伟、葛孚明，定制“玉溪（双中支翡翠）”的30位企业家参加活动。“玉溪（双中支翡翠）”采用中国烟叶之乡——玉溪的高端烟叶，独创微生物生态调香技术，味感温润如玉，烟香清雅如竹，包装有品位、上档次，是云产卷烟品牌的杰出代表，彰显了“玉溪”品牌创新求变、引领高端的雄心壮志。

【生产管理】 2019年，红塔集团围绕产品力提升工程，以提高生产组织效率、降低生产成本、增强质量保障和及时满足市场订单需求为出发点和落脚点，制订实施制造、质量提升方案，在五个方面取得突破：优化调整省内四厂产能、品规布局，各厂在用卷包设备实现互调，做到设备为生产服务；合理布局各厂在产品规，平衡生产任务压力，并将一类烟和细支、中支、软包硬化等规格集中单一工厂生产，计划生产满足率100%；推进MES系统工艺质量模块的运用，开展省内四厂卷烟生产全流程、全方位、全要素现场工艺评价和核心产品品质系统性优化，均质提升产品质量，全年被抽检卷烟产品合格率100%，抽检样品包装标识质量得分100分，包装与卷制质量平均分99.47分，烟支、盒装缺陷扣分率比上年明显下降，市场有效投诉率0.0002PPM；开展卷烟成品物流业务流程再造，强化承运商考核管理，创新“分离式存储”“集中式发货”仓储管理模式，全年卷烟运输准时发货率99.67%、准时到货率99.74%；推进烟机配件寄售，在确保满足生产的同时，降低烟机配件采购成本和库存资金占用。

【科技创新】 2019年，红塔集团申请专利277件，获受理277件（发明专利59件）；获国家知识产权局授权专利351件，其中发明专利17件、实用新型专利333件、外观设计专利1件；登记计算机软件著作权35件。7月，集团通过云南省知识产权局复审，继续保持云南省知识产权优势企业；集团在中国市场营销国际学术年会暨中国创造论坛首次公布中国企业专利500强榜单中列第465位。11月，红塔集团申报的《用五打十八分加工烟叶的打叶风分机组及方法》项目获云南省专利奖二等奖。12月，红塔集团被国家知识产权局确定为2019年度国家知识产权示范企业。全年集团科技项目获云南中烟科学技术进步奖6项（特等奖1项、一等奖1项、二等奖1项、三等奖3项）；获云南省科技厅2019年度科学技术进步奖二等奖1项。

技改项目，玉溪卷烟厂高端高档卷烟制造专线改造项目和大理卷烟厂打叶复烤锅炉及配套技改项目建成投产。集团安防消防中心建设项目和昭通卷烟厂制丝生产工艺调整配套改造

红塔集团“翡翠工坊”手工分选高端特色烟叶　（红塔集团提供）

项目通过竣工验收；玉溪卷烟厂就地技改造前期项目——卷包二车间及制丝二车间技改项目启动实施；玉溪卷烟厂复烤一车间易地搬迁技改及新建烟叶存储仓库建设项目进入结（决）算评审及整体竣工验收阶段；玉溪卷烟厂复烤二车间原地技改项目初步设计报国家局审批。

【原料采购】 2019 年，红塔集团抓住符合产品配方设计、满足品牌发展需求，持续优化烟叶原料资源配置。与 13 个省级烟区签订烟叶购销协议 18.55 万吨（371 万担），其中省内 14.95 万吨（299 万担），完成省内外烟叶工商交接 16.85 万吨（337.04 万担），合格率国家局检查比上年提高 1.13 个百分点，省局检查为 78.1%。采购进口烤片 0.9 万吨（17.94 万担）。工业调剂（调出）烤片 2.22 万吨（44.42 万担）和长烟梗 0.34 万吨（6.83 万担），工业调剂（调入）烤片 0.1 万吨（2 万担）；采购薄片 0.9 万吨（17.95 万担），销售薄片原料 1.05 万吨（20.99 万担）。从源头抓好成本控制，与烟区反复协调交接等级和部位结构，商定采购均价，全年节约烟叶采购资金 5 565 万元。

【“2260”高端特色烟叶开发】 2019 年，红塔集团全面总结近年来“2260”高端特色烟叶开发项目经验，联合玉溪、楚雄、大理烟区党委政府和烟草公司完成“2260”项目区调整优化，其中新增澄江凤麓街道，澄江县“2260”项目区增至 2 万亩；政工商三方修订工作、技术、考核方案和补贴办法，倡导测土配方施肥，坚持成熟采烤，推进绿色防控，共同把控质量、检查考核，明晰问题导向，持续推进“2260”项目开发。全年采购高端特色烟叶 1.65 万吨（33 万担），为红塔集团特色优质原料供给奠定坚实基础。

【烟叶工业分级】 2019 年，红塔集团完成省内烟叶工业分级 12.85 万吨（256.97 万担），其中，玉溪厂 6.27 万吨（126.35 万担）、楚雄厂 2.85 万吨（57 万担）、大理厂 2.27 万吨（45.35 万担）、昭通厂 1.41 万吨（28.27 万担），各厂复烤车间就来料细分产区、精分等级，制定分选计划，定编分选小组，安排调运流转，加大技能培训力度，确保分后烟叶等级质量均衡稳定。

【复烤加工】 2019 年，红塔集团烟叶复烤加工计划（含片烟回烤）15.31 万吨（306.16 万担），玉溪厂复烤加工 10.28 万吨（205.63 万担），其中原烟加工 7.59 万吨（151.81 万担）、提质加工 2.69 万吨（53.82 万担）；楚雄厂复烤加工 2.82 万吨（56.32 万担）；大理厂复烤加工 2.21 万吨（44.21 万担）。强化投料质量监督、在线监督和关键环节质量管控，严格核验加工过程参数及重点指标，批次产品抽检结果比上年持续向好。

【节能降耗】 2019 年，红塔集团深化能源管理体系建设，深挖主要耗能部门及重点耗能设备节能潜力，全面实现天然气、生物燃料替代燃煤，减少污染物排放，各项能耗、排放指标达到云南中烟下达目标，取得良好经济效益、环境效益、社会效益。全年集团能源消耗总量 5.48 万吨标准煤，比上年下降 8.14%；万支卷烟综合能耗 2.29 千克标煤，比上年下降 2.97%；单箱卷烟综合能耗 11.46 千克标煤，比上年下降 2.88%；卷烟单箱耗水 0.43 立方米，比上年上升 16.22%；复烤吨烟能耗 152.72 千克，比上年上升 13.41%；复烤吨烟耗水 5.75 立方米，比上年上升 36.6%；烤片、滤棒、卷烟纸、接装纸、商标平均消耗分别为 6.08 千克 / 万支、1 669.13 支 / 万支、600.42 米 / 万支、0.32 千克 / 万支、500.13 张 / 万支，水、电平均消耗分别为 0.086 吨 / 万支、7.84 千瓦时 / 万支。其中，玉溪卷烟厂能源消耗总量 30 682.41 吨标准煤，比上年下降 10.40%；万支卷烟综合能耗 2.1 千克标煤，比上年下降 4.55%；单箱卷烟

① 2019 年 9 月，集团烟叶质检团队在江川库区检查工商交接质量
② 2019 年 8 月，云南中烟公司、云南省烟草专卖局（公司）联合检查组在峨山县检查“2260”项目区建设情况

（红塔集团提供）

2019 年 8 月 19 日，红塔集团、市政协举行第九届资助全市 152 名贫困大学生暨表彰 50 名山区民族地区优秀老师会议　（红塔集团提供）

综合能耗 10.51 千克标煤，比上年下降 4.45%；卷烟单箱耗水 0.34 立方米，比上年上升 3.03%；复烤吨烟能耗 162.85 千克，比上年上升 17.82%；复烤吨烟耗水 3.32 立方米，比上年上升 5.40%；烤片、滤棒、卷烟纸、接装纸、商标平均消耗分别为 6.09 千克 / 万支、1 670.9 支 / 万支、600.49 米 / 万支、0.32 千克 / 万支、500.08 张 / 万支，水、电平均消耗分别为 0.068 吨 / 万支、6.57 千瓦时 / 万支。

【社会公益】　2019 年，红塔集团本部及玉溪卷烟厂累计捐款 594 万元，助力玉溪扶贫攻坚、教育事业发展。集团本部捐款 238 万元，其中，向玉溪市教育体育局捐款 110 万元，用于部分中小学校设施设备改造升级；向玉溪市山区民族教育促进会“百名贫困学子大学圆梦计划”捐款 60 万元；向玉溪市易门县六街街道白邑村、铁厂村捐赠抗旱经费 48 万元；向玉溪市防震减灾局捐赠科普宣传经费 20 万元。玉溪卷烟厂捐款 356 万元，其中，向挂钩扶贫点峨山彝族自治县富良棚乡美党村捐款 102 万元，用于人居环境综合治理、农业生产抗旱 2 个项目；向玉溪市红塔区教育体育局捐款 245 万元，用于部分中小学、幼儿园设施设备修缮改造；其他公益捐款 9 万元。

【主要荣誉】　2019 年，2 月，玉溪卷烟厂的吕小波入选云南省委联系专家；4 月 29 日，玉溪卷烟厂获烟草行业先进集体，玉溪卷烟厂的杨存龙、王国琦获烟草行业劳动模范，吕小波获云南省第二批云岭工匠，王良春获云南省五一劳动奖章；6 月，红塔集团获烟草行业精益物流全员改善组织奖，玉溪卷烟厂的林斌、赵培成、吴胜刚获云南省青年岗位能手；6 月 13 日，“玉溪”“红塔山”品牌获标记时代领袖品牌奖；7 月，集团通过云南省知识产权优势企业期满复审；7 月 9 日，集团获 2018 年云南省标准化创新贡献奖；7 月 23 日，集团进入中国企业专利 500 强榜单，位列 465 位；8 月 29 日，集团获全国全面质量管理推进 40 周年杰出推进单位；11 月 7 日，玉溪卷烟厂的肖炫铭、韩承钢获云南中烟技术能手；11 月 21 日，集团选手陈超获玉溪市烟叶分级技术状元，张坤兰、蔡惠仙、郭燕、范瑞婷、李丽华、郑小燕、殷美荣获玉溪市烟叶分级技术能手；12 月 11 日，红塔集团获国家知识产权示范企业。

（红塔集团提供）

卷烟营销及专卖管理

【卷烟营销】　2019 年，全市销售卷烟 8.62 万箱、比上年增长 0.69%，其中，一类烟销售 2.16 万箱、比上年增长 7.62%，二类烟销售 5 577 箱、比上年增长 55.62%；实现销售收入 28.35 亿元，比上年增长 4.01%；上缴卷烟税收 7.1 亿元，比上年增长 4.41%；实现单箱销售收入 3.29 万元，比上年增长 3.3%，高出全省平均水平 169 元。其中全市云产新品次新品销量 1 656 箱，占一二类烟销量比例的 8.41%，云产新品次新品平均单箱 6.35 万元，高于全市平均单箱 3.06 万元。

【“4+1”品牌培育初见成效】　2019 年，市烟草公司携手云南中烟开展“4+1”品牌培育，将 300—600 元价位段卷烟作为突破点，重点攻关，确定以“玉溪·中支和谐”“玉溪·细支 108”“玉溪·华叶蓝”“云烟·黑金刚印象”“玉溪·硬和谐”为重点的“4+1”品牌发展战略。通过“4+1”玉溪市场活动专区、“一店一品”特色陈列、“4+1”品牌宣讲、文化营销竞赛活动等营销活动的开展，实现“4+1”品牌卷烟销售 2 117 箱，比上年增加 271 箱、增长 14.69%，“4+1”品牌培育初见成效，为全市卷烟结构提升注入动力。

【自律互助小组建设成效显著】　2019 年，市烟草公司进一步推进自律互助小组建设工作，在召开自律互助小组品牌文化宣贯、文化营销、市场价格调查等方面深度协同，打造特色街道，开展特色陈列，运用自律互助小组这一平台，挖掘潜力，传递价值，宣传品牌。引导客户养成“分享互助、合作共赢”的理念，互相监督、互相学习，逐步让明码标价走向明码实价，形成诚信经营的良好氛围，树立卷烟零售客户经营卷烟的信心，在推动终端建设、稳定卷烟市场价格、维护卷烟经营秩序等方面起到重要作用。截至年末，全市有效客户数 11 157 户，建设“云香”自律互助小组 545 个；覆盖客户总数 10 727 户，覆盖率 96.15%；参与客户总数量 10 327 户，参与率 96.27%。

（何忠仙）

【专卖管理监督】　2019 年，全市有持证卷烟零售户 11 208 户，占全市人口比例的 5‰，比上年增 2 079 户。年内，全市开展专项行动 5 次，完成市场检查预警 6 877 个，双随机抽查 25 个，检查零售户 11 187 户次；全年查获涉烟案件 554 起，大要案件 70 起（移送公安案件 53 起），其中卷烟案件 514 起（假烟案件 131 起、走私烟案件 12 起、真品卷烟案件 371 起）、烟叶案件 40 起；查获“假私非”涉案卷烟 796.03 万支（案值 127.76 万元），查获烟叶、烟丝等原料 532.32 吨（案值 8 601.77 万元），查获烟草专用机械 45 台 / 套、通用设备13台，扣押涉案车辆14辆；刑事拘留89人，批捕70人，判刑24人，取保候审39人，监视居住5人；破获符合国家局标准的网络案件5起，其中侦破的“玉溪‘1·21’非法制售烟丝窝点系列网络案”该专案组荣立集体二等功。

【“1·21”非法制售烟丝窝点系列案告破】 2019年，在深入开展扫黑除恶专项斗争开展以来，玉溪市、县两级公安局和烟草专卖局深入排查梳理在烟草市场监管和涉烟案件查办中“以烟养黑、以黑护烟”涉黑涉恶涉乱重大涉烟案件线索大排查大起底专项行动中，发现一批涉烟违法犯罪团伙线索后，及时开展调查，初步查实有一伙外省籍涉烟犯罪嫌疑人在玉溪市三县区生产、销售烟丝，市公安局和市烟草专卖局于1月21日成立专案组，全面开展侦查工作，专案组克服涉烟案网店发货地址虚假、无实体店面等困难，综合采取多种侦查措施，经过6个多月的侦查，查清一个跨3个州市7个县区、涉及100多人的生产、销售烟丝窝点涉烟犯罪网络结构。8月2日凌晨，专案组同公安、烟草执法人员进行收网行动，抓获一个以福建云霄籍人员为首多省人员参与非法制售烟丝团伙，分别在玉溪及周边州市5个非法制售烟丝窝点，查获烟叶、烟丝142.79吨，片烟、烟梗烟末13.77吨，查获隧道式叶丝回潮机、立式打叶机、切丝机等设备60余台，扣押涉案车辆14辆，抓获涉案人员96人（福建籍3人、广西籍7人、缅甸籍1人），批捕56人、取保候审15人、监视居住5人、网上追逃福建云霄籍1人，涉案案值4 000余万元，至此成功侦破“玉溪‘1·21’非法制售烟丝窝点系列网络案”。云南省副省长、省公安厅厅长任军号签署命令，给予该专案组荣记集体二等功。

（杨　妹）

【红塔区烟草专卖局（分公司）】 2019年，红塔区局（分公司）设综合办公室、人事劳资科、党群工作办公室（6月3日成立）、监察科、生产科技室、区域市场部、专卖监督管理室、财务室、安全保卫科、现代烟草农业基础设施建设办公室10个职能科（室、部）和高仓、北城、小石桥、大营街、洛河、研和、春和7个烟叶工作站（点）。4月12日，撤销党支部，成立中共红塔区烟草专卖局总支部委员会，下辖3个党支部。在岗干部职工119人，其中专业技术职称81人（中级职称27人，初级职称54人）；通过职业技能鉴定85人；大学专科以上学历112人（含研究生学历10人）；聘用烤烟生产技术员89人，烘烤技术员79人。红塔区局党总支第一党支部被市委组织部评为2019年度市级“规范化建设示范党支部”。黄柏、朱琳、杜明娟、王晋潇、李红娟、许昳羿、张俊杰撰写的论文《中华优秀传统文化与企业文化建设》获全省烟草商业2019年度政研会论文评选一等奖。

经济效益　2019年，全区有3 838户烟农种植烤烟3.46万亩，均为地烟，全部种植“K326”品种；收购烟叶9.5万担（475万千克，其中指令性计划430万千克、出口备货计划45万千克），较上年度增0.53%，完成计划的100%；支付烟叶收购款1.36亿元、比上年减少4.9%，户均交售收入3.54万元、比上年增加5%，收购均价28.64元/千克，较上年减少5.2%；上等烟比例69.86%，较上年减少4.39个百分点；亩均交售烟叶118.5千克，较上年减少13.5%；亩均交售收入3 400.62元，较上年减少731.32元；省局工商交接检查等级合格率79%，比上年增3个百分点；收购综合等级合格率84%，比上年减3.65个百分点；销售卷烟2.66万箱，比上年增2.96%，其中一类烟8 084箱，比上年增5.42%；实现销售收入（含税）9.7亿元，比上年增长6.13%；单箱销售收入（含税）3.65万元/箱，比上年增长3.13%。全年上缴税金9 044.59万元，比上年减少1 010.37万元，其中上缴烟叶税2 992.8万元、比上年减少4.7%。

专卖管理　2019年，红塔区有持证卷烟零售户3 066户，占全区人口比例的0.68%，比上年增828户。全区联合出动执法人员2 214人次、执法车辆631台次，检查工商经营户5 830户次；全年查获涉烟案件350起，其中大要案件13起（全部移送公安机关）、移送工商案件105起、行政案件232起（一般案件194起、无主案件38起）；查获“假私非”涉案卷烟180.97万支（案值296.36万元），查获烟叶、烟丝等原料62.58吨（案值600.28万元），刑事拘留7人，取保候审3人。

卷烟品牌终端建设　2019年，全区建设品牌终端客户94户，占全市发展样本客户的60%；开展70余场“4+1”品吸活动，涉及超过1 000名消费者；4户零售店的消费者关注数量包揽云南省的前四名；在“2019年玉溪市‘4+1’品牌终端陈列宣传比拼活动”中，红塔区包揽全市前三名。

自律建设成效显著　2019年，红塔区局（分公司）率先制定《玉溪市红塔区云香自律互助小组建设评价管理办法（试行）》并向全市推广，全区建成自律互助小组136个，覆盖客户2 766户，覆盖率91.44%，其中城区零售户1 865户，覆盖率100%。

STP项目　2019年，红塔区高仓继续承担全市烟叶生产可持续发展（Sustainable Tobacco Programme，简称STP）项目试点工作。涉及种烟农户467户，合同面积6 800亩，合同收购量1.88万担（94万千克），最终实现上等烟比例66.7%，均价27.71元/千克，烟农交售收入2 604.4万元，户均交售收入5.58万元、比全区平均数增57.62%。

烟叶生产基础设施建设　2019年，由惠兴烤烟综合服务专业合作社建成“生产、加工、销售”为一体的生物质颗粒加工厂，年生产量达3 000吨左右，在198座卧式烤房中推广生物质燃料替代烤煤烘烤技术，促进全区烟叶烘烤节能减排。

助力脱贫攻坚　2019年，全区建档立卡种烟贫困户460户，占总种烟农户的11.99%，贫困户实现售烟收入1 342万元，户均收入2.92万元，人均收入0.58万元。分别为可官九组、洛河跨喜七组争取扶贫资金5万元。

打造党建文化新高地　2019年，红塔区设立3个党员活动室，打造廉政文化走廊，设立荣誉室，组织上报“庆祝新中国成立70周年学术论文征文”1篇、思政课题论文2篇，其中1篇（中华优秀传统文化与企业文化建设）思政课题论文被推送国家烟草专卖局。

（谭瑞云）

【江川区烟草专卖局（分公司）】 2019年，江川区局（分公司）设综合办公室、人事劳资科、财务室、专卖监督管理室（稽查大队）、生产科技室、现代烟草农业基础设施建设办公室、监察科、安全保卫科、党群工作办公室（6月10日设立）、督察考评室（1月5日撤销）、区域市场部、卷烟物流中转站11个职能部门，江城、安化、前卫、大街、九溪、雄关6个烟叶工作站，周官、光山2个烟点。在册在岗职工104（含市管干部6人），其中男性78人、女性26人；大专以上学历78人（含研究生2人）；取得专业技术职称79人、占76%；取得职业技能资格70人、占67%。调出1人。

经济效益　2019年，江川区有种烟农户11 251户，种植烤烟7.3万亩（田烟3.27万亩，地烟4.03万亩），收购烟叶1.04万吨（20.75万担），8月25日开磅，10月7日完成，日均进度2.27%，全市第一家完成收购任务。收购中上等烟叶比例97.43%（上等烟占70.6%，比上年降低0.22个百分点）；收购金额3.06亿元，比上年减少36.62万元；收购均价29.53元/千克，比上年减少1.69元/千克；烟农户均交售收入2.72万元，比上年减少4 493.6元；烟叶税及附加6 740.73万元。全年销售卷烟8 922.32箱，增幅5.96%；销售金额2.84亿元，增幅8.51%；单箱销售收入31 817元/箱，增幅2.41%；差目标单箱321.45元/箱。全年上缴税金1.44亿元，比上年增加1 624.8万元，其中上缴烟叶税6 748.79万元，比上年增长15.20%。

烤烟抗旱移栽　2019年，全区机耕7.3万亩，机械起垄4.5万亩，4月15日移栽，5月8日结束，筹措抗旱资金313万元、投入抗旱5.8万人次、调度水源120余处、组织运水车辆1.3万台次。

专卖管理　2019年，江川区有持证卷烟零售户1 152户，比上年增224户，持证户占全区人口比例的0.4‰。全年出动执法人员1 080人次、车辆337车次，检查经营零售户3 879户次，查获涉烟违法案件58起，其中5万元以上15起；查获烟叶251.33吨、烟丝63.65吨；查获卷烟548.3条；堵住外流烟叶12.34吨；各类案件案值计1 882.14万元，逮捕嫌疑人19人；破获“1·21”江川区首个非法加工烟丝案件和“12·04”专案，获省打击涉烟违法犯罪领导小组贺信表彰，被省公安厅记“集体二等功”，破获国家局三级案件1个。

烟水配套项目　2019年，完成2018年结转项目17件，其中水池14件、管网2件、提灌站1件，项目总造价81.32万元，烟草行业资金81.32万元，受益面积1 300亩，受益农户131户，项目通过验收并投入使用。

烟叶调制设施项目　2019年，新建新能源密集烤房50座，项目通过验收并投入使用，烟草行业资金175万元。

（潘美帆）

【通海县烟草专卖局（分公司）】
2019年，通海县局（分公司）设综合办公室、人事劳资科、生产科技室、区域市场部、专卖监督管理室、财务管理室、安全保卫科、监察科、现代烟草农业基础设施建设办公室、卷烟物流中转站、党群工作办公室11个职能科室（7月3日设立党群工作办公室），下设河西、四街、九龙、杨广、里山5个烟叶工作站，烟叶收购期间增设高大、四寨、二街3个烟叶收购点。年末，有在岗职工79人，其中大专以上学历73人（含研究生4人）、专业技术职称52人、职业技能资格58人，使用劳务外包849人。5月，通海分公司职工纳红艳参与试验推广的“蚜茧蜂规模化生产关键技术研究与应用”项目被中国烟草总公司云南省公司授予“2018年度科学技术进步二等奖”；8月，玉溪市“1·21”非法制售烟丝窝点专案组（通海县局是成员之一）被云南省公安厅授予“集体二等功”，受到云南省打击涉烟违法犯罪工作领导小组贺信表彰。

经济效益　2019年，通海县有9 129户农户种烟、比上年减少180户，种植面积5.05万亩（田烟2.78万亩、地烟2.27万亩）、比上年增3.7%，种植品种“K326”。生产前期受蔬菜价格持续高涨不利影响，移栽期高温干旱，后期“两黑病”、病毒病大面积爆发，完成收购总量与上年相比呈“三增三减”。“三增”：收购烟叶700万千克，其中，国内计划634万千克，出口备货66万千克，比上年增4.09%；烟农种烟收入（售烟收入、品种补贴）2.06亿元，比上年增0.94%；户均种烟收入2.26万元，比上年增2.93%。“三减”：均价27.90元/千克，比上年减2.44元/千克%；上等烟比例67.04%，比上年减4.45个百分点；烟叶税4 296.12万元，比上年减192.55万元；销售卷烟1.1万箱（5.35亿支），比上年减0.94%；实现含税销售收入3.38亿元，比上年增6.47%；实现单箱销售金额3.15万元，比上年增2195元。全年上缴税金9 458.02万元，比上年减少910.17万元，其中上缴烟叶税4 296.12万元、比上年减4.29%。

专卖管理　2019年，通海县有持证卷烟零售户1 393户，比上年增263户，持证户占全县人口比例的4.47‰。全年出动执法人员1 453次224人次、车辆293车次，检查经营零售户3 126户次，查获涉烟案件53起，其中移送公安大要案11起（含2个网络窝点涉及案件6起）；行政案件42起（一般案件19起、移送市场监督管理局无证经营案件7起、简易案件13起、无主案件3起）；查获涉案卷烟1 709.6条、烟叶91.5吨、烟丝23.02吨、烟梗5.12吨、烟末6.15吨、烟片2.29吨、烟机设备17台（套），总案值1 008.14万元。公安拘留36人，逮捕25人，法院判刑5人。

烟叶基础设施建设　2019年，通海县完成烟水配套项目工程29件（水池27件、容量1 550立方米，管网2件、长5.92千米），烟草行业投入补贴资金108.86万元（国家局补贴65.32万元，省内配套补贴43.54万元），受益基本烟田0.14万亩；新建生物质燃料烤房20群（150座），总造价705万元，其中烟草补贴525万元；协助通海县聂苏农产品专业合作社在四街镇四寨村新建生物质燃料生产线1条，年末完成场地浇筑，进入设备安装阶段。

烤烟抗旱移栽　2019年4—6月，是烤烟育苗移栽关键时期，通海境内高温干旱少雨，政府、烟草、烟农投入抗旱人员35万人次、抗旱资金540.13万元（烟草投入275.5万元）、机井37口、泵站157处、动力设备3 538台、拉水车1 480辆抗旱移栽保苗，累计抗旱用电184.2万度、用油51.73万升，有效保障5.05万亩烤烟按节令移栽和成活生长。

成功破获“2·26”“3·29”制假烟丝窝点　2019年1月，通海县公安局、烟草专卖局联合破获“1·15”非法运输烟丝案、“1·18”非法经营烟叶案，经对两起案子的深挖扩线，初步掌握涉案团伙信息，两部门第一时间上报市级，市级成立“1·21”专案组（专案组荣立“集体二等功”），市县公安、烟草联合行动，2月26日在通海县纳古镇纳家营村委会成功捣毁一制假烟丝窝点（“2·26”案），3月29日在昆明市禄劝县九龙镇捣毁另一制假烟丝窝（“3·29”案）。“1·15”“1·18”“2·26”“3·29”四起案件总案值达881.03万元，先后抓获涉案人员32人，其中刑拘32人、逮捕23人。至年末，法院判决“1·15”“1·18”“2·26”案涉案人员 14 人，其中 3 年以上 6 年以下有期徒刑 3 人；3 年以下有期徒刑 11 人；“3·29”案正在二审中。

（孔素仙）

【新平县烟草专卖局（分公司）】 2019 年，新平县局（分公司）设综合办公室、财务室、人事劳资科、监察科、党群工作办公室、生产科技室、现代烟叶基础设施建设办公室、区域市场部（物流中转站）、专卖监督管理室、安全保卫科 10 个科（室）和平甸、新化、老厂、扬武、者竜 5 个烟叶工作站（下设 11 个烟点）及戛洒专卖管理所。在岗职工 79 人，其中，大学专科以上学历 72 人（研究生 3 人），专业技术职称 54 人（中职 13 人、初职 41 人），聘用季节性用工 904 人。

经济效益　2019 年，新平县有 6 489 户烟农种植烤烟 7.65 万亩（田烟面积 4 万亩、地烟面积 3.65 万亩），种植“K326”“KRK26”“云烟 87”“云烟 116”四个品种，收购烟叶 900 万千克（18 万担，市级对收购计划调减 100 万千克）。其中，国内计划完成 829.5 万千克、出口备货计划完成 70.5 万千克，比上年减 10%，完成合同计划 100%；上等烟比例 72.02%，比上年提高 0.06 个百分点；支付烟叶收购款 2.57 亿元，比上年减 10.45%；均价 28.58 元 / 千克、比上年减 0.12 元 / 千克；实现烟农交售收入 2.57 亿元，比上年减 3 000 万元；户均烟农收入 3.96 万元，比上年减 1.25%；实现烟叶农特税 5 660 万元，比上年减 10.36%；上缴烟叶税 5 660 万元，比上年减 10.36%；工商交接等级综合合格率国家局检查为 65.94%，比上年增 5.54 个百分点。全县销售卷烟 4.08 亿支（8 168 箱），比上年减 7.94%，其中一类烟销售 0.87 亿支（1742 箱），占总销量的 21.32%、比上年减 10.1%；实现销售收入（含税）2.43 亿元，比上年减 8.21%；平均单箱销售收入 2.98 万元 / 箱，比上年减 88 元 / 箱。全年新平县局（分公司）上缴税金 1.24 亿元，比上年减少 1 885.45 万元。

专卖管理　2019 年，新平县有持证卷烟零售户 1 182 户，占全县人口比例的 4.25‰，比上年增 160 户。全县联合出动执法人员 1 766 人次、出动执法车辆 635 台次，检查卷烟零售户 10 539 户次；查获涉烟案件 82 起，其中大要案（移送公安案件）4 起、行政案件 78 起（一般案件 75 起、简易案件 3 起）；查获“假私非”涉案卷烟 54.72 万支（案值 109.72 万元）、涉案烟叶 2 801.9 千克（案值 8.58 万元），罚没收入 9 355.35 元。2018 年参与破获的玉溪烟草商业首起卷烟制假窝点网络案（玉溪市“8·13”非法生产销售假烟网络案件）于 2019 年受到国家烟草专卖局关于烟草打假打私重大案件和专项行动的表彰通报。

基础设施建设　2019 年，新平县规划建设烟叶生产基础设施项目 33 件（个、条、件、座、台、片），项目工程总造价 269.84 万元，项目包括 2018 年结转到 2019 年的戛洒米尺莫项目区工程 10 件，烟草行业投入 165.08 万元（含国家局补贴资金 99.5 万元及省内配套补贴 65.58 万元）；2019 年新化乡代味项目区 23 件，烟草行业投入 104.76 万元（含国家局补贴资金 58.75 万元及省内配套补贴 46.02 万元）。

雪茄烟试种　2019 年，新平县选定漠沙镇峨德村坝些小组作为雪茄烟试种基地，共试种茄衣品种“云雪 35 号”“云雪 34 号”和茄芯品种“云雪 26 号”“云雪 6 号”四个品种，面积 22.1 亩。试种全过程严格各项操作规范，于 5 月初完成移栽，10 月初完成晾制，年底完成发酵、初步醇化等工作，其间四川中烟长城雪茄烟厂工程师在雪茄烟大田生长期、发酵前和发酵后分阶段对烟叶进行跟踪测评。

（肖钰姗）

【澄江县烟草专卖局（分公司）】 2019 年，澄江县局（分公司）设综合办公室、财务管理室、人事劳资科、监察科、党群工作办公室（2 月成立）、生产科技室、基础设施建设办公室、专卖监督管理室、区域市场部、卷烟物流中转站、安全保卫科等 11 个职能室（科、部、站），设龙街、右所、九村、海口、路居 5 个烟叶工作站和新村、永和、七江、上坝 4 个烟点。在岗职工 82 人，其中专业技术职称 64 人（中级 16 人，初级 48 人），职业技能资格 60 人（二级 5 人，三级 24 人，四级 23 人，五级 8 人），大专以上学历 69 人（研究生 5 人、本科 27 人、大专 37 人）；退休职工 36 人；有 6 人通过助理农艺师专业技术职务资格评审，1 人通过烟草制品购销员（四级）职业技能鉴定。在市总工会、市人社局、红塔集团、市烟草公司主办的“2019 年玉溪市第一届烟草行业职业技能竞赛”中，澄江县局（分公司）代表队荣获团体二等奖，澄江县局（分公司）职工蔡红涛获得“技术能手”；分公司职工郑娇的论文《思想政治工作队伍增强“脚力、眼力、脑力、笔力”研究》获云南省烟草商业 2019 年度政研会论文评选“三等奖”。年内，澄江县成功入围“云南省最具影响力烟区”。

经济效益　2019 年，澄江县局（分公司）依托抚仙湖径流区土地流转稳定核心烟区契机，以创新土地承包经营权流转机制为核心，在径流区恢复种植田烟 2 万亩，实现烤烟生产与二、三产业融合发展，为全县稳定核心烟区奠定坚实的基础。有 4 432 户种植户，种植烤烟 6.54 万亩，其中田烟 2 万亩、地烟 4.54 万亩，收购烟叶 912.5 万千克，中上等烟叶占 96.36%（上等烟占 69.35%），收购金额 2.6 亿元，比上年增加 0.32 亿元；收购均价 28.54 元 / 千克，烟农户均交售收入 5.88 万元，比上年增加 0.84 万元；工商交接等级综合合格率 97.44%。全县销售卷烟 6 670.61 箱，比上年减少 281 箱，完成全年计划的 94.82%；销售收入 2.19 亿元，比上年减少 564 万元；单箱销售收入 3.28 万元，比上年增长 516 元，单箱金额全市排名第二；上缴烟叶税 5 729.41 万元、比上年增加 718.79 万元。

专卖管理　2019 年，澄江县有持证卷烟零售户 911 户，占全县人口比例的 5.01‰，比上年增加 59 户。全县联合出动执法人员 2 827 人次、执法车辆 343 台次，检查涉烟经营户 3 595 户次，共查处“两烟”违法案件 51 起，其中无证经营卷烟 7 起，一般案件 30 起，简易案件 12 起，公安立案 2 起；查获各类违法卷烟 186.7 万支，其中真品卷烟 30.86 万支（含无证经营卷烟）、假冒伪劣卷烟 130.44 万支、走私烟 25.4 万支；逮捕 5 人、刑事拘留 3 人、判决 3 人。

烟叶生产基础设施建设　2019 年，澄江县局（分公司）完成烟叶生产基础设施建设项目 696 件（座），完成烟草行业投入补贴资金 2 949.76 万元，受益面积 2.18 万亩。其中，完成新建生物质能源烤房 650 座，烟草行业投入项目补贴资金 2 275 万元；完成烟水路项目 46 件，烟草行业投入项目补贴资金 674.76 万元，所有项目已于当年建设完成，并投入使用。

合作社建设　2019 年，澄江县积极筹备全国烟农增收现场会分会场各项工作，澄江玉叶庄园烟农专业合作社利用育苗闲置大棚开展鳝鱼、抗浪鱼、鲫鱼养殖及哈密瓜种植等增收示范探索，投入资金50余万元，盈利8.46万元。同时积极拓展专业化服务，开展烟叶运输，"采烤分"一体化等业务，全年实现盈利130余万元，返还烟农31.2万元。

优化烟叶结构 2019年，澄江县局（分公司）采取多种措施严格按照优化烟叶结构工作流程和技术标准操作要求开展工作，全县底脚叶清除面积6.54万亩，清除率100%。

推进自律小组建设 2019年，全县建设自律互助小组45个，其中城区13个、农网32个，综合覆盖率100%，参与率92%。城区澄波花园自律小组率先带头成立"澄波花园自律小组之家"，自律小组由初期营销人员的协助组建，到当前小组"自律互助、相互监督、合作共赢"理念逐步形成，对推动终端建设、稳定市场价格、维护卷烟销售秩序起重要作用。

土地流转调研 2019年5月15日，国家烟草专卖局党组成员、副局长杨培森深入澄江县调研指导当前抗旱情况及实施土地流转、稳定核心烟区工作，云南省副省长董华，玉溪市委书记罗应光，市长张德华、副市长贺彬及省烟草公司领导陪同调研。

参观万亩核心烟区 2019年，全国烟农增收工作现场会在云南召开，有22个省级烟草专卖局（公司）、10家中烟工业公司相关负责人参加会议。7月2日，国家烟草专卖局党组成员、副局长杨培森率与会人员参观考察澄江县抚仙湖流域两万亩核心烟区、世界烟草品种园等地，玉溪市委书记罗应光，市委秘书长王志新，副市长贺彬、澄江县委书记孙金会等相关领导陪同参观考察。

（郑　娇）

【峨山县烟草专卖局（分公司）】

2019年，峨山县局（分公司）设综合办公室、人事劳资科、生产科技室、区域市场部、专卖监督管理室、财务管理室、安全保卫科、现代烟草农业基础设施建设办公室、卷烟物流中转站、监察科、党群工作办公室（4月30日成立）、化念专卖管理所（4月3日成立）12个职能科室和小街、岔河、塔甸、富良棚、甸中、大龙潭6个烟叶工作站及小街、双江、宝泉、岔河、甸尾、大寨、富良棚、大龙潭、塔甸、亚尼10个烟点。在岗职工67人，其中，男48人、女19人，大专以上学历60人（研究生2人），专业技术职称55人（初职45人、中职10人），职业技能资格53人，使用劳务外包1 436人（长期64人，短期季节工1 372人）。

经济效益 2019年，峨山县有8 607户烟农种植烤烟6.89万亩（田烟2.13万亩，地烟4.76万亩），双江、小街、岔河、化念4个乡镇继续种植"K326"品种2.43万亩，大龙潭、富良棚、塔甸种植"NC297"品种3.57万亩，甸中种植"云烟116"品种0.89万亩；全县收购烟叶937.5万千克（调增计划5万千克），比上年增0.54%；上等烟比例67.55%，比上年下降3.47个百分点；均价28元/千克，比上年下降1.63元/千克；烟叶交售收入2.62亿元，比上年减少1 380.51万元。全年销售卷烟6 464箱（3.23亿支），比上年增1.89%；实现（含税）卷烟销售收入2.05亿元，比上年增5.65%；实现卷烟单箱销售收入3.17万元/箱，比上年增3.69%；上缴烟叶税5 774.69万元，比上年减少303.71万元。

专卖管理 2019年，全县持证卷烟零售户800户，比上年增181户。年内，查获涉烟案件42起（大要案件6起），移送公安案件6起，其中侦破网络案件3起，抓获涉案人员51人（刑拘22、逮捕16人、判刑4人）；查获涉案烟叶3.47万千克、烟丝1.85万千克、制假烟丝设备24台（套）；涉案物品总案值1 030万元。县局联合峨山县公安局成功告破"5·20"非法经营烟叶、烟丝网络案件，得到省打击涉烟违法犯罪工作领导小组的贺信表彰。

烟草科技 2019年，峨山县局（分公司）加强膜下小苗移栽技术推广实施力度，制定下发《2019年烤烟膜下小苗移栽技术推广实施方案》，移栽膜下小苗6.2万亩，占实栽面积的72.6%；落实产质量提升行动，购买提苗肥89.04吨、水溶性有机肥9.8吨，有效解决烟株大田缺肥、脱肥、抗性差、长势差和单产低等问题；组织烟农克服旱情，实施揭膜培土5.62万亩；推广施用烤烟商品有机肥6.56万亩，任务完成率100.3%；推广绿色防控技术，在各乡镇设置繁蜂点6个、繁蜂380棚，实现烤烟100%覆盖的基础上，服务非烟作物19万亩；设置烟草病虫害绿色防控示范区8个，示范面积7 100亩，使用篮板和性诱剂，强化农药使用管控，降低农药施用量；设置5个烟青虫、斜纹夜蛾、烟蓟马综合防控靶标示范区，其中3个分别防控烟蓟马、小地老虎和根结线虫的单靶标示范区。

争创全省最具影响力烟区 2019年，峨山县参评"最具影响力烟区"，7月，专家组深入峨山县核心烟区开展田间现场观摩考评，考评组评价各观摩点品种纯度均一，特色品种"NC297"和"云烟116"田间长势整齐清秀，烟区生态环境优越，是山地烟"清甜香"风格特色烟叶最具代表性的烟区。在参加第二阶段"华山论剑"的角逐中荣获"发展潜力强劲烟区"奖。

"2260"高端特色烟叶开发项目 2019年，峨山县继续在小街街道实施"2260"项目，规划种植烤烟1万亩，其中田烟0.42万亩、地烟0.58万亩，项目区涉及8个村委会、40个种烟小组、1 289户烟农，规划连片区域9个，其中千亩连片区域4个，配套密集烤房718座，全部种植"K326"品种。"2260"开发项目在省级生产环节考核中列全省第十名，全市第一名。

基础设施建设 2019年，峨山县续建水源工程�川水库，批复援建资金6 296.68万元。截至年末，工程量完成95%，烟草援建资金到位5 037.34万元，政府配套资金到位3 033.24万元；新街河水库项目招标完成并于12月10日开工建设，建设期为2年，批复援建资金6 140.97万元；完成2018年批复的峨山县小街街道猴子山及峨山县甸中镇西就两个项目区，投资219.18万元；于11月初开工建设2019年度基础设施建设项目小街白土洞项目区，建设内容为机耕路2条共计6.6公里。

扶贫攻坚 2019年，峨山县局（分公司）精准扶贫帮扶挂钩点是小街雨来村委会6个村民小组，结对帮扶贫困户24户，县局（分公司）选派2名干部驻村扶贫；在产业扶持中，有21户建档立卡户种植烤烟，种植烤烟面积351亩，交售烟叶4.92万千克，烤烟收入135.86万元，户均收入6.5万元。

（[illegible]）

【华宁县烟草专卖局（分公司）】

2019年，华宁县局（分公司）下设综合办公室、财务室、监察科、人事劳资科、党群工作办公室（4月30日成立）、生产科技室、专卖监督管理室、区域市场部、安全保卫科、现代烟草农业基础设施建设办公室、物流中转站11个职能科室和宁州、青龙、通红甸、华溪4个烟叶工作站及前所、新城、葫芦冲、青龙、红岩、大村、干坝、禄丰、糯租（该烟点拟迁建，现在征地阶段）、通红甸、华溪11个烟叶收购点。有在册在岗职工82人，其中女职工14人、男职工68人，大学专科以上学历70人（研究生1人），专业技术职称56人（初级53人、中级3人），使用劳务外包1 180人（全年使用94人、生产阶段180人、烘烤阶段80人、收购期间826人）。

经济效益　2019年，全县6 008户烟农种植烤烟8.13万亩（田烟2万亩、地烟6.13万亩）；种植“K326”（5.21万亩）、“云烟87”（2.54万亩）、“云烟116”（0.38万亩）；收购烟叶1 152.5万千克（23.05万担），比上年增3.6%，完成合同计划100%，其中指令性计划1 061万千克、出口备货计划91.5万千克；收购上等烟824.44万千克，占比71.54%，比上年增加17.3万千克；支付烟叶收购款34 191.79万元，比上年增0.26%；均价29.67元/千克，比上年减少0.98元/千克；烟农户均交售收入5.69万元，比上年增6.5%。全年销售卷烟6 504.61箱（3.25亿支），比上年减1.29%，其中，一类烟销售1 376.26箱，比上年增19.59%；实现卷烟销售收入1.99亿元，比上年增3.29%；实现单箱销售收入3.06万元/箱，比上年增4.64%。全年上缴税金1.38亿元，比上年减少1 015.76万元，其中上缴烟叶税7 522.19万元，比上年增0.26%。

专卖管理　2019年，有持证卷烟零售户929户，占全县人口比例的4.2‰，比上年增136户。全年联合出动执法人员402人次，查获涉烟案件53起（烟叶案1起、卷烟案52起），查获烟叶1.92吨、卷烟21.45万支（真品卷烟3.93万支、假烟17.52万支），案值21.45万元；侦办5万元以上大要案2起。

“2260”高端特色烟叶开发项目　2019年，“2260”项目区种烟1万亩，收购烟叶150万千克，收购金额4 310.39万元，均价28.74元/千克，亩产值4 310.39元/亩，收购上等烟98.93万千克、占65.96%。

科技推广　2019年，华宁县推行专业化育苗、商品化供苗，全县38个育苗点育苗9 750万株，供大田移栽面积8.13万亩；全面推广测土配方，检测土样300个，坚持控氮、稳磷、增钾、补微，科学平衡施肥；围绕田烟200千克、地烟150千克单产目标，田烟和“2260”项目区揭膜培土，不揭膜地烟100%撕大口填满塘；4万亩推广商品有机肥2 795.2吨，2.54万亩使用堆捂腐熟农家肥；全面推广烟蚜茧蜂防治烟蚜生物防治技术，覆盖所有烤烟和24万亩非烟作物，田间安插黄板3万片、篮板3万片、性诱剂5 000套防治田间虫害；推广0.01mm增厚地膜4.5万亩，废弃地膜回收312.77吨；推进生物质燃料烘烤，新增50座清洁能源烤房，改造105台生物质燃烧机，新建1条生物质颗料燃料生产线。

专业化服务　围绕育苗、机耕、植保、烘烤、分级，拓展技术服务、物资供应，探索设施管护及增收渠道。鑫农、鑫科达两个专业合作社分别承担2.94万亩8.29万担及5.19万亩14.76万担烟叶生产收购服务，聘用180名生产技术员、80名烘烤指导员、617名专业化分级员、184名助收员；成立38支育苗、2支机耕、10支植保、4支烘烤技术服务、22支分级专业队，开展综合服务；供应农膜535.39吨、漂盘42万余片、商品有机肥2 795.2吨、专用提苗肥87吨、黄板3万片、篮板3万片、性诱剂5 000套、统防农药20.58吨。

土地流转　2019年，积极鼓励、支持和扶持有种烟技术、资金的种烟专业户、大户开展土地流转，全县落实验收烤烟土地流转面积3万亩，涉及2个乡镇（街道）39个村（社区）237个村小组1 497户种植户，最大土地流转户面积达445亩。

防灾减灾　2019年，全县设立防雹点11个，配备防雹作业人员33名，防雹器械设备14台（套），就位防雹弹239枚，配套防雹经费50万元。投入烤烟抗旱资金656.38万元，其中县财政投入257.5万元，烟草行业投入398.88万元。

基础设施建设　2019年，华宁县规划建设烟叶生产基础设施项目69件，项目工程总造价672.45万元（烟草行业补贴资金612.45万元、建设主体投入60万元）。其中烟水工程项目区1个配套项目19件，项目补贴资金405.56万元；新建生物质能源烤房50座，项目补贴资金175万元；项目综合配套费31.89万元。基本烟田受益面积0.65万亩。

（赵灵芝）

【元江县烟草专卖局（分公司）】

2019年，元江县局（分公司）设综合办公室、人事劳资科、生产科技室、现代烟草农业基础设施建设办公室、财务管理室、专卖监督管理室、安全保卫科、监察科、卷烟区域市场部、卷烟物流中转站、党群办公室（7月成立）11个股室和因远、洼垤、青龙、龙潭、羊街、那诺、咪哩、曼来8个烟叶工作站（专卖管理所）。有在岗在册职工74人（含领导班子），其中，大学专科以上学历69人（研究生4人），专业技术职称47人（初职43人、中职4人）。年内，元江县局（分公司）获“玉溪市烟草商业2019年职工运动会羽毛球团体赛亚军”。

经济效益　2019年，全县有6 446户烟农种植烤烟5.68万亩（田烟1.06万亩、地烟4.62万亩），种植“K326”品种4.1万亩、“云烟87”品种1.58万亩。收购烟叶15.15万担（757.5万千克）。其中，国内计划完成685.5万千克、出口备货计划完成72万千克，完成合同计划100%；亩产交售收入3 881.1元（不含补贴），比上年减少3.16%；支付烟叶收购款2.2亿元、比上年减3.16%，均价29.08元/千克，比上年减0.94元/千克，上等烟比例69.78%，比上年增1.26个百分点，烟农户均交售收入34 168.82元（不含补贴），比上年增2.09%；上缴烟叶税4 845.55万元，比上年减3.16%；工商交接等级合格率70%（不含3 700担预留烟叶），比上年减9.33个百分点。年内，销售卷烟6781箱，比上年减1.1%，完成全年任务的101.05%，其中一类烟销售1 441.1箱；销售收入2.04亿元，比上年增2.18%，完成全年保底销售额任务的102.51%；单箱销售金额3万元/箱，比上年增3.32%，完成全年保底单箱指标的101.45%。

专卖管理　2019年，元江县有持证卷烟零售户956户，占全县人口比例的0.47%，比上年增144户。全县联合出动执法人员2 430人次、执法车辆536台次，检查工商经营户1 030户次；查获涉烟案件57起，其中大要案件6起（已移送公安机关）、行政案件53起（一般案件30起、简易案件23起）。查获“假私非”涉案卷烟99.52万支（案值249.8万元），查获烟叶、烟丝等原料25.8吨（案值121.25万元）。

烟区基础设施建设　2019年，全县规划建设烟水配套项目16件（含2

个项目区），项目工程总造价 206.92 万元，均为烟草行业补贴资金，其中国家局补贴资金 124.15 万元，省内配套补贴资金 82.77 万元，基本烟田受益面积 0.28 万亩。根据《玉溪市财政局 玉溪市烟草产业服务中心关于下达 2019 绿色生态烟叶发展补助经费的通知》，全年绿色生态烟叶发展补助经费 194.2 万元，其中协助因远、咪哩 2 个合作社购置安装燃烧机 150 台，并已投入当年烘烤使用；配合烟办完成购置安装燃烧机和购买生物质（烘烤燃料）燃料的验收；完成新建生物质燃料生产加工线 1 条。

扶贫攻坚　2019 年，元江县局（分公司）挂钩帮扶它科垤村委会，隶属元江县龙潭乡，距乡政府所在地 13 公里，是龙潭乡 4 个建档立卡村委会之一，全村辖黑嘎莫、小河冲、它科垤、小邑甲冲、高粱地、莫作垤、明祖单 7 个村民小组 291 户 968 人，有劳动力 601 人，其中外出务工 296 人；全年为它科垤村捐款 10 万元，用于全村管网建设，改善全村的生产生活水利条件。

雪茄烟叶适应性示范研究试验项目　2019 年，在曼来镇东峨村委会试种雪茄烟面积 34.7 亩、品种 3 个，其中茄衣品种 2 个（“云雪 2 号”16 亩，“云雪 4 号”9 亩）、茄芯品种 1 个（“云雪 6 号”9.7 亩）。开展雪茄烟适宜移栽密度、适宜遮阴方式、适宜施肥方式、雪茄烟晾制关键温湿度调控和雪茄烟叶发酵等多项试验研究，为雪茄烟原料研发、试种与推广提供技术支撑。

（马　璇）

【易门县烟草专卖局（分公司）】 2019 年，易门县局（分公司）设有综合办公室、人事劳资科、监察科、党群工作办公室、生产科技室、区域市场部、专卖监督管理室、财务管理室、安全保卫科、现代烟草农业基础设施建设办公室、卷烟物流中转站 11 个职能室和龙泉、六街、小街、绿汁、铜厂、浦贝、十街 7 个烟叶工作站。在岗职工 79 人，其中专业技术职称 49 人（初职 38 人、中职 11 人），大专以上学历 62 人（研究生 3 人）。年内，易门县局（分公司）王云明、杨林祥、王海、林林荣获玉溪市第一届烟草行业烟叶评级职业技能竞赛（商业组）团体二等奖；其中，王云明、林林被授予“玉溪市 2019 年烟叶分级技术能手”荣誉；易门县局（分公司）组织全体职工开展助农移栽、助农中耕活动 4 次；开展义务植树活动 1 次；开展县城道路清扫、小广告清理活动 4 次。同时开展扶贫帮扶工作，捐款 10 万元，用于帮助挂钩联系点铜厂村解决村庄亮化及清洁设施配备资金缺口问题；组织干部职工捐款 9 700 元，用于帮助挂钩联系点铜厂村开展农村人居环境整治活动。

经济效益　2019 年，易门县有 7 149 户烟农种植烤烟 6.02 万亩（田烟 1.86 万亩、地烟 4.16 万亩），其中种植“K326”品种 4.35 万亩，“云烟 87”品种 1.67 万亩；收购烟叶 782.5 万千克（15.65 万担），完成合同计划的 100%；实现烟农收入 2.46 亿元（含各项补贴及保险赔付），其中支付收购资金 2.27 亿元；烟叶收购均价 29.05 元 / 千克；上等烟比例 71.74%，比上年提高 4.34 个百分点。全年销售卷烟 2.69 亿支（5371.97 箱），比上年增 9.17%；销售收入 1.73 亿元，比上年增 9.98%；单箱销售收入 3.22 万元，比上年增 0.74%；全年上缴烟叶税 5 000.39 万元，比上年减少 2.84%。

专卖管理监督　2019 年，易门县有持证卷烟零售户 819 户，比上年增加 87 户。全县联合出动执法人员 969 人次、执法车辆 272 台次，检查工商经营户 3 539 户次；全年查获涉烟案件 63 起，其中移送大要案 8 起、公安立案 2 起、行政案件 53 起（一般案件 35 起、简易案件 11 起、无证经营 7 起）；查获“假私非”涉案卷烟 209 万支，案值 176.66 万元；刑事拘留 4 人，批捕 4 人，判刑 4 人。

烟叶生产基础设施建设　2019 年，易门县规划建设烟叶生产基础设施项目 26 件、烟水配套项目区 1 个，项目总造价 164.22 万元（烟草行业补贴资金概算 153.48 万元）。其中，烟水配套项目 26 件，烟草补贴 153.48 万元（国家局补贴资金 92.09 万元，省内配套补贴资金 61.39 万元）；综合配套费 10.74 万元，均为省内烟草配套补贴资金，基本烟田受益面积 0.2 万亩。

商品化育苗　2019 年，全县有 51 个育苗点，较上年减少 1 个，共育苗 3—4 个批次，育苗 1.47 万棚，100% 实现商品化育苗。

技术推广　2019 年，围绕烟株平衡生长和提高烟叶亩均单产，分公司突出抓实膜下小苗移栽和科学施肥两项措施；山地烟全面推广膜下小苗移栽，全县完成膜下小苗移栽 5.98 万亩；同时，围绕提高亩均单产，分片区开展科学施足肥料的宣传及技术培训，全面落实“撕大口、施足肥、填满塘”技术措施，全县推广使用“破膜器”800 个，并根据烟株长势，补充增施提苗肥 2.42 万亩。

（刘晓宇）

烟草科技

【科技创新成果】 2019 年，市烟草公司承担科技项目 20 项，其中 4 项在研重点科技项目：“烟草多用途开发技术研究与应用”“烟草内源抗烟草花叶病组份研究及开发利用”“植烟土壤钾素有效性障碍因子研究与应用”“基于基因组编辑技术的烟草砷转运基因功能鉴定”在省局中期检查评估结果中均获优。全年申报专利 21 件，已被受理，其中获得授权专利 10 件（实用新型专利 6 件、发明专利 4 件）；发表国家级中文核心期刊论文 4 篇：《长期定位施钾对烤烟—[illegible]菜轮作土壤钾素容量和强度（Q[illegible]系的影响》《云南玉溪烟田[illegible]天敌资源调查分析研究》[illegible]生物炭对 3 种烟用农药残留[illegible]》《20 年持续施钾对烤烟 / 油[illegible]轮作土壤钾素 QI 关系的影响》。[illegible]蜂规模化生产关键技术研究与应用[illegible]优质烟区植烟土壤综合保育技术研[illegible]用”项目分别获省公司科技进步二等奖，其中“典型优质烟区植烟土壤综合保育技术研究与应用”项目申报中国烟草总公司科学技术进步奖（应用技术研究类），已通过初审与网评。技术中心科研人员代快博士的科研成果“长期定位施钾对烤烟—油菜轮作土壤钾素容量和强度（QI）关系的影响”，在国际烟草科学研究合作中心 2019 年农学植病学组联席会议上交流，得到全球相关领域专家的广泛认同，在土壤供钾能力影响机制的研究及其潜力应用方面，吸引同行专家的关注。

【绿色防控专项工作】 2019 年，全市烟草绿色防控专项工作以蚜虫等天敌昆虫立体防控烟草虫害防治烟草虫害为主攻方向，在技术突破、研发集成、示范推广、模式构建等方面取得新进步，实现烟草虫害绿色防控技术研究的新突破，全面完成年度目标任务，进一步提升烟草虫害绿色防治效果。蚜虫专项研究方面，在国际上首次完成烟蚜茧蜂高质量基因组的测序和注释，从机理层面揭示国内烟蚜茧蜂种群遗传多样性现状，构建蚜茧蜂田间增殖技术体系，全面阐述蚜茧蜂滞育调控机理及种群退化规律；蚜茧蜂工程化开发及产品化生产突破蚜茧蜂高密度繁育、整齐度调控等关键技术，成功构建高效、低成本僵蚜产品生产线，行业内首次实现蚜茧蜂产品市场化运营，借助蚜茧蜂僵蚜产品市场化运营闯出科技成果转化的新路子。其他绿色防控研究持续突破关键技术，具有完全自主知识产权的烟草源抗病毒制剂产品大田效果优于市场一线农药；昆虫病原线虫研发出两种剂型产品，防效显著；探索多种捕食性螨类天敌的饲养技术，为绿色防控增加技术储备；开发蓟马立体防控技术，通过国家局现场田间鉴评，防效获得认可；构建玉溪烟草主要害虫绿色防控体系，并实现大面积推广，为烟草可持续发展提供示范样板。

【植烟土壤保育重大专项有序推进】 2019年，市烟草公司结合玉溪烤烟生产实际，对植烟土壤保育重大专项工作进行安排部署。密集轮作烟区采用腐殖酸与植物源杀线剂、微量元素等配施，可显著减少根结线虫发生，同时提高烟叶产质量指标；通过从以水调肥和提高土壤供钾强度两个方面研究植烟土壤钾素有效性提升技术，为烤烟栽培中水肥控制提供理论指导；通过田间对比试验，科学评价并筛选与烟叶油分直接相关的关键指标，为探索玉溪烟叶油分评价，提升烟叶品质提供依据；烟草定制式精准配方施肥技术提高肥料利用率并积极推广。2019年制定《玉溪烟区烤烟科学施肥指导》，核心示范区3 000亩，辐射带动9个县（区）广泛实施技术推广，实现示范区肥料平均减量11千克/亩，肥料利用效率提高15%以上。

【烤烟种植科技工作取得成效】 2019年，以科技引领突出保障玉溪参加“云南首届最具影响力烟区”评选。通过建设绿色防控示范样板田、土壤保育示范样板田，以及对选送样品进行外观、内在成分的检测和预评分，顺利通过现场观摩、风格特色评价、综合实力评价等环节有力保障江川、峨山、澄江入围决赛，最终澄江烟区以全省第六名的好成绩获得“最具影响力烟区”称号。雪茄烟种植关键技术持续探索，逐步形成自有的雪茄烟叶生产标准化技术体系。全年针对雪茄烟移栽期、种植密度、施肥措施、留叶数、采收成熟度、调制温湿度等关键技术进行专项试验研究。基本明确玉溪优质雪茄烟叶田间栽培管理关键技术，摸清雪茄烟叶晾制技术最优参数范围。烟草病虫害预测预报及综合防治工作上线新系统，方便快捷共享信息。全年全市统一推广应用烟草病虫害预测预报手机App及PC版智能测报系统；围绕2019年烟草病虫害预测预报工作，加大烟草病虫害综合防治技术规范、烟草病虫害预测预报技术的推广力度。结合各县区区域化种植水平差异，培训指导工作重点加强。一是通过预测预报工作的开展，定期或不定期发布病虫情发生趋势预报，同时对七县二区烤烟病虫害测报综防进行巡回指导；二是在各县区设立500—1000亩烟草病虫害综合防治示范样板，以点带面指导全市病虫害综合防治工作；三是各县轮回培训，重点培训以农业防治、生物防治、物理防治为主的绿色防控技术和“以预测预报为指导，以农业防治为基础、生物防治为重点、物理防治为辅助、农药防治为补充”的统防统治策略等，核心技术参训人员160人。四是全面贯彻落实“预防为主，综合防治”的植保方针，降低因有害生物造成的损失。

【烟草专利工作】 2019年，市烟草公司获得授权专利10件，其中实用新型专利6件（“一种电动圆环定量施肥器”“一种挂式方形僵蚜保存释放盒”“一种僵蚜自动采选机”“一种生物炭改良剂定量分散施用装置”“一种生物炭基肥定量定距施肥器”“一种烟草蚜虫的绿色防控系统”）、发明专利4件（“香料烟化合物及其制备方法和应用”“一种高效繁殖萝卜蚜的方法”“一种破解烤烟连作障碍的种植方法”“一种用于烟田土壤改良的生物炭及其制备方法”）。

（孟玉芳）

元江者嘎村 （刘 斌 摄）

元江哈梯村　（官朝弼　摄）

江川开渔节 （李卫东 摄）

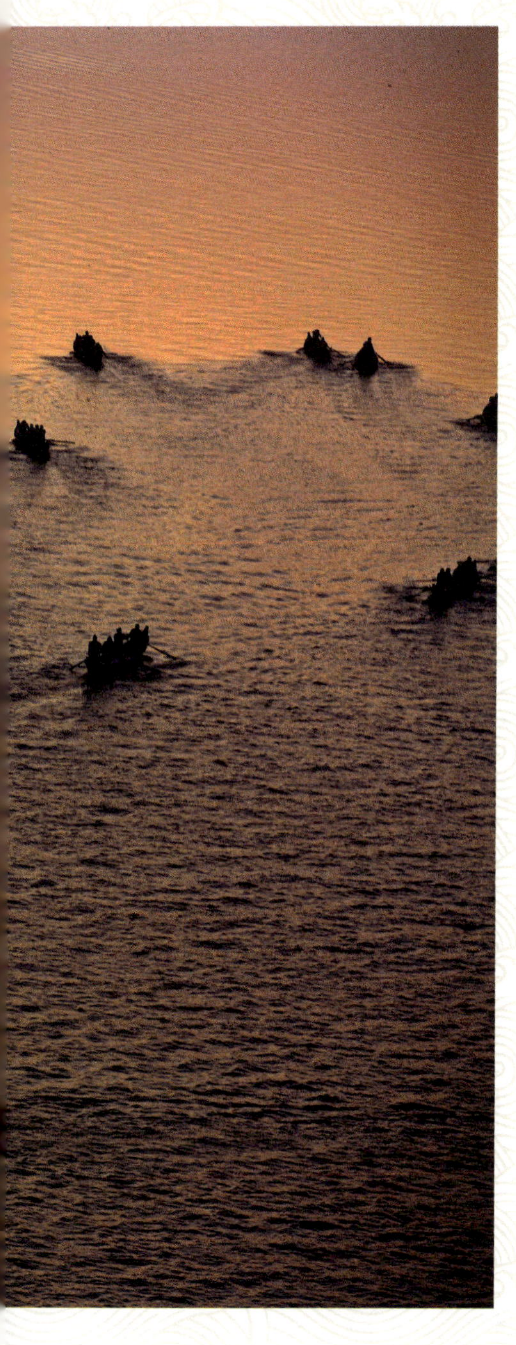

园区经济

PARK ECONOMY

责任编校：李海明

园区宏观管理

高新技术产业开发区

特色园区

园区宏观管理

【园区规划建设】 2019年，全市共规划建设11个工业园区，其中国家级高新区1个，省级工业园区6个（红塔工业园区、研和工业园区、通海五金产业园区、新平矿业循环经济特色工业园区、易门工业园区、华宁工业园区），市级工业园区4个（玉溪大化产业园区、江川工业园区、澄江工业园区、元江工业园区）。

【园区经济运行】 2019年，全市工业园区（不含红塔集团）实现主营业务收入1 674.07亿元，增长17.65%，完成工业增加值372.95亿元，增长18.25%，完成固定资产投资275.12亿元，同比减14.64%。

【园区规划调整】 2019年，全市按照“三区三线”和“多规合一”要求，对市内工业园区空间布局和产业布局进行调整，全市工业园区规划面积由352.32平方千米调整为241.86平方千米，瘦身面积110.46平方千米。园区空间布局由“一园多片”调整为“一园三片”，产业定位调整为“一主两副”3个产业。

【园区基础设施建设】 2019年，全市工业园区完成园区基础设施投资81.32亿元，完成土地收储258.46亩，开发和整理土地2 207.77亩。建成标准厂房51.27万平方米。加快园区“五通一平”和污水集中处理设施建设，高新区、研和工业园区、红塔工业园区、新平矿业循环经济特色工业园区、华宁工业园区、通海五金产业园区、易门工业园区已建成园区污水集中处理设施，并投入运行。

【园区项目建设】 2019年，全市工业园区完成招商引资515.25亿元，同比减0.27%。新开工工业项目172个，其中投资5 000万元以上的项目56个。竣工项目111个，其中投资5 000万元以上的项目36个。

（张　婧）

高新技术产业开发区

【概　况】 2019年，玉溪高新区在全国169个国家高新区综合排名为第59位，比2012年的第87位上升28位，园区综合实力不断增强，国家级排名持续攀升。园区企业达3 418户，其中规模以上工业企业有59户（不含研和工业园区），高新技术企业有36户。个体工商户5 688户，私营企业从业人员约29 734人，个体工商户从业人员16 006人。

【生产总值】 2019年，玉溪高新区实现地区生产总值520.49亿元，同比增长1.5%；规模以上工业总产值681.35亿元，同比增长5.3%；规模以上工业增加值413.61亿元，同比增长0.1%。不含玉溪卷烟厂和研和工业园区，玉溪高新区2019年实现地区生产总值（非烟GDP）116.12亿元，同比增长15.7%；完成规上工业总产值178.02亿元，同比增长16.1%；完成规上工业增加值48.24亿元，同比增长18.8%；完成外贸进出口总额6.07亿美元，同比增长99.4%；完成固定资产投资35.04亿元、同比下降8.0%。龙泉片区。全年完成工业总产值21.72亿元，同比增长16.3%；实现工业增加值3.78亿元，同比增长15.3%；完成固定资产投资12.60亿元，同比降低29.5%；完成招商引资额34.32亿元，同比增长37.28%。研和工业园区。规模以上工业总产值122.69亿元，同比增长14.7%；规模以上工业增加值19.10亿元，同比增长13.4%；固定资产投资2.53亿元，同比增长25.9%。招商引资到位资金51.06亿元，同比增长26.7%。

【财政运行】 2019年，玉溪高新区完成财政总收入11亿元，减收4.1亿元，同比下降27.5%。完成地方一般公共预算收入5.29亿元，减收1.71亿元，同比下降24.5%。其中：完成税收收入4.94亿元，减收0.36亿元，同比下降6.8%；完成非税收入0.35亿元，减收1.35亿元，同比下降79.3%。完成基金预算收入1.18亿元，减收0.39亿元，同比下降25%。完成地方一般公共预算支出4.89亿元，减支1.6亿元，同比下降24.7%。其中：完成八项支出4.26亿元，减支2.01亿元，同比下降32%。完成基金预算支出0.7亿元，减支0.54亿元，同比下降43.4%。

【招商引资】 2019年，玉溪高新区招商引资到位资金166.35亿元，同比增长13.87%（其中南片区、九龙片区及龙泉片区115.29亿元、研和工业园区51.06亿元）。全年开发包装重点产业招商项目32个，完成市下达目标任务的320%；新签约亿元以上项目10个，完成市下达目标任务的100%；新开工亿元以上项目18项，完成市下达目标任务的180%；竣工亿元以上项目10个，完成市下达任务的100%。设立驻深圳投资合作联络处实行驻点招商，组织领导带队外出招商洽谈活动47次，赴省外开展专场推介洽谈4次，接待来访客商、企业近90批次。“相约春天　共筑梦想”（北京）企业家座谈会、2019南亚东南亚国家商品展暨投资贸易洽谈会、“收获金秋　共谋发展”新经济发展招商引智峰会取得实效。新兴产业在招商引资项目中势头发展迅猛，生物医药及健康食品产业完成产值43.81亿元，同比增长14.5%；装备制造及电子信息产业完成产值55.04亿元，同比增长33.33%。智能终端制造产业在美辰科技、敏华达、格可达等企业的带动下，园区进出口全年总额6.08亿美元，同比增长99.4%。昆明长氢科技“涵道涡扇式”无人机、北方嘉科印刷包装等项目签约落地，京东（玉溪）新经济产业园顺利开园，联通玉溪数据中心、敏华达科技SMT贴片生产等项目实现竣工。沃森疫苗国际制剂中心建设项目加速推进，形成新的产业聚集。

【产业培育】 2019年，玉溪高新区以发展实体经济为战略支点，突出打造各片区特色，实现集群发展。南片区致力打造健康特色综合服务区，沃森生物13价肺炎结合疫苗研发与产业化进度居国内第一，并获国家批准上市；维和药业拥有54个品种、73个药品批准文号，健坤生物获得钙维生素D、维生素K软胶囊两个保健品新品市场准入批文。九龙片区致力打造新型特色大数据产业区，玉溪政务云数据中心成为全国第一个通过“T3设计、建造”双认证的数据中心，华为云计算数据中心平台已承载40多家单位业务系统，联通玉溪数据中心被云南联通公司作为全省出口带宽的

备份局进行建设；大数据产业园智能终端制造园入驻企业13户，达产后可实现年产值200多亿元，美辰科技园建成达产后可年产1 500万台手机，实现年产值30亿元以上。龙泉片区致力打造绿色能源特色制造区，已落户华电达动力电池等一批产业项目，建成达产后可实现年产值380亿元。研和工业园区以绿色开放特色高端制造区为发展目标，森钜、森久等10个数控机床项目全部投产运营，数控机床产业园由光机生产向整机制造迈进。

【科技创新】 2019年，玉溪高新区新认定高新企业5户，新增省级企业技术中心3个，园区建成各类创新创业特色载体11个，引进并孵化科技企业及项目279个，新认定国家级、省级科技型中小企业31户，启迪众创园入选中国100家特色空间，云科玉溪高新区科技企业孵化器被认定为省级孵化器。数字经济产业园顺利挂牌，京东云（玉溪）新经济产业园隆重开园，入园协议企业37家，培育赋能本地企业50家。制定《玉溪高新区鼓励和扶持自主创业实施办法》及《玉溪高新区高层次人才创新创业园建设发展实施方案》。国家级人才刘靖峰领衔成立“玉溪人工智能研究院”，云南兰叶、上海夜草等高层次人才创业团队落户玉溪高新区。1人入选国家“万人计划”科技创新人才，2人入选省委联系专家，6人直接列为市委联系专家，1人荣获“云南省外国专家彩云奖”，4人入选玉溪“千人计划”，15人获得玉溪“万人储备”专项奖励。猫哆哩成功申报省级博士后科研工作站、市级段曰汤专家基层工作站和高原特色产业示范基地，中汇电力成功申报“玉溪市配电智能运维工程技术研究中心”，玉溪嘉和被授予“玉溪高层次人才创新创业示范二类基地”。

【园区建设】 2019年，玉溪高新区持续增强综合承载能力，夯基础优环境，坚持以“产城融合”为发展导向，不断健全完善基础设施和城市功能。完成社区便捷生活服务圈建设；数字化城市管理与市政基础设施安全运行。开展海绵城市建设，在九龙片区12条道路铺设了透水地砖3.5万立方米，绿化面积1.93万立方米，提升了园区对外形象。新建规划项目按海绵城市建设要求进行审批和实施。完成南片区“玉溪高新城”总体策划及概规编制；南片区17户企业“退二进三”项目进展顺利，盘活低效利用土地229亩。完成九龙片区34.5万平方米标准厂房建设。完成龙泉片区20.55万平方米标准厂房和污水处理厂建设，扎实推进自来水厂、龙尚路、江义街延长线、电力主干线路等基础设施项目建设。2019年共完成供地15宗，面积650亩，供地价款14 700万元；完成龙泉片区土地收储1.25亩、土地平整580亩。研和工业园区装备制造产业7.58万平方米标准厂房建成入驻，玉溪第二污水处理厂及管网配套设施建设项目投入运营。云南联通玉溪数据中心项目的土建工程完成终验，数据中心正式投入运营，完成5G核心网络设备安装、调试、集成和基站设备安装、调试，联通云服务、5G运营正常。玉溪政务云数据中心项目建设顺利，融建信息技术公司研发中心在深圳正式成立，为大数据中心提供高效运维服务配套管理产品。

【融资担保】 2019年，玉溪高新区持续支持企业创新发展、做优做强，促进园区经济提质增效。对在财税增长、科技创新、安全环保、信访和消防等方面成绩突出的企业奖励资金共计1 584万元；为园区符合条件的企业进行贷款置换5100万元，年内新增融资担保额1 500万元，解除融资担保额700万元，期末在保13笔，共计8 460万元。与农业银行红塔支行

2019年4月30日，云南联通玉溪数据中心运营启动仪式举行　（高新区提供）

共同举办“科创贷”银企对接会，成功协助玉溪拓扑设计有限公司争取小微企业创业贷款24万元；为缩短智能终端制造企业流动资金周转周期，出口垫税资金池共注入资金4 400万元，累计为智能制造企业办理出口退税垫业务113笔，共垫付1.16亿元。组织167个企业（项目）申报工信、科技、发改、商务等部门奖励及补助资金，收到下达各类资金超过2亿元。

【实体化改革】 2019年，玉溪高新区探索建立科学的实绩考核体系，加强与战略研究所合作，完善绩效考核评价载体和评价体系，充分发挥绩效考核的指挥棒作用。全面深化直属公司改革，下发《玉溪高新区深化直属企业改革实施方案》，完成组织构架调整及内部管理机构搭建，启动清产核资，不断优化资本布局和结构。成立行政审批局，对行政审批、政务服务事项流程再造、优化环节、压缩时限，加强代办帮办服务，深化“放管服”改革，优化营商环境。以省政府公布的166项保留证明材料清单为准，通过高新区门户网站向社会公布，杜绝各类“奇葩证明”“循环证明”“重复证明”“过时证明”，不断优化高新区营商环境。持续开展“证照分离”工作，取消其他行政事项1项、行政许可事项3项，调整合并7项；增加行政许可3项，完成行政审批清单的审核认定工作。

【园区品牌打造】 2019年，玉溪高新区不断打造园区品牌，提高园区吸引力和综合承载力，奠定产业发展坚实基础，各项争先示范创建工作取得新突破。积极组织申报国家级知识产权示范园区、国家级创新型特色园区。年内被评为国家级模范劳动关系和谐园区和省新型工业化产业示范基地、省级知识产权示范园区、省级科技企业孵化器。玉溪政务云数据中心荣获中国大数据产业联盟颁发的“2018—2019年度优秀数据中心”奖项。在2019年全国火炬统计工作培训会上，玉溪高新区成绩突出再获表彰，位居169个国家级高新区第20位，在云南省三个国家级高新区中排名第一。争先进位创佳绩，2019年玉溪高新区在全国169个国家高新区综合排名为第59位，比上年排名再进6位。沃森等6户企业荣获“云南省百户优强民营企业”称号，滇雪粮油获“农业产业化国家重点龙头企业”称号，达利继续名列全省绿色食品企业十强之首，猫哆哩保持全省绿色食品二十佳创新企业。

【党建工作】 2019年，玉溪高新区“1+10+N”的模式建成党群活动服务中心3个（含研和工业园区2个），党群活动服务站10个，建设“六有”活动室67个（含研和工业园区13个），党群活动服务中心建成运行以来，共开展各类活动270余批，服务参观、活动人员8 156人次，被评为“全省园区非公企业党建工作示范点”“全省城市基层党建座谈会议重要观摩点”“市委党校现场教学点”。通过创新基层党建主题党日活动内容，创设“拼团上党课”，提升基层党组织党课质量；深入融入城市基层党建，与青少年事务服务中心通力合作，探索“党建+社会服务”融合发展工作模式，依托园区党群活动服务中心开展社会服务项目，各领域党组织、群团组织提供一站式服务，以提升园区人民群众的获得感、幸福感和安全感，推动城市基层党建实现内涵式发展、系统性增效。

【安全环保】 2019年，玉溪高新区与51户企业签订了安全生产目标责任书，明确企业全年安全生产职责；完成园区企业安全设施“三同时”情况摸底调查，扎实做好“安全工程三年行动计划”；完成47户工业企业污染源普查工作；完善“一园一档”

2019年3月31日，“相约春天　共筑梦想”玉溪高新区北京企业家座谈会召开　（高新区提供）

档案，配合做好“退二进三”，督促环境污染大的企业退出南片区；深入开展城市黑臭水体整治，投入资金13.6万元，有效封堵改造金水河污水口2个、雨水排放口48个，对46个雨水排放口进行编号挂牌公示，设置大公示牌10块；积极推进高龙潭历史遗留废渣治理工作。不断加强对园区企业固废的处置监管，抓实抓细，严查企业一般固废管理台账，园区企业一般固废处置率达100%。园区生态环境质量得到有效改善、生态环境高水平保护、企业安全健康协同发展。

（王麟姣　应倩倩）

特色园区

【红塔工业园区】 2019年，红塔工业园区完成上报《红塔工业园区总体规划》修编。将园区的总体规划界定为“一园三片”六地块，规划面积18.65平方千米，初步形成一个新能源新材料主导产业，卷烟及配套产业、生物医药及大健康产业、先进装备制造产业、绿色食品产业四个优势特色产业的产业规划发展格局。2019年，红塔工业园区一园三片区主营业务收入完成206.29亿元，同比增15.74%；规模以上工业总产值完成213.39亿元，同比增17.85%；规模以上工业增加值完成38.14亿元，同比增16%；固定资产投资完成10.74亿元，同比减9.08%；招商引资到位资金39.56亿元；基础设施建设投资完成7.49亿元；新开工亿元以

上项目2个；标准厂房建设面积完成5.12万平方米；实现各项税收32 084.4万元，同比增24.8%。

年内，园区外出招商17次，签约市外国内招商引资项目11项，省外国内项目10项，市外省内项目1项。实际到位市外国内资金39.56亿元，其中到位省外资金37.91亿元，省内到位资金1.65亿元。园区组织申报省级工业园区专项资金，5家企业5个种类省级专项资金奖励补助724万元，烟草加工红塔工业园区获省级新型工业化产业示范基地奖补第一批省级基地奖补资金100万元。园区累计推动建成市级工程技术研究中心14个、重点实验室4个、企业技术中心22个，培育高新技术企业16户、省级科技企业孵化器1个、科技型中小企业66户。

2019年，红塔工业园区被云南省工信厅授予第一批省级新型工业化产业示范基地（烟草加工）称号；被云南省总工会、云南省工信厅等八家单位授予“云南省劳动关系和谐园区”称号；云南省住房和城乡建设厅将云南宇城杭萧钢结构有限公司列入“省级装配式建筑产业基地”；云南玉溪玉昆钢铁集团有限公司、云南省活发集团投资有限公司、云南蓝晶科技有限公司3家企业入围“云南省百户优强民营企业”；云南快大多畜牧科技有限公司总经理杨保和入围“云南省百名优秀民营企业家”。

年内，观音山片区完成基础设施建设项目8个，7个竣工，1个在建，累计完成投资1.49亿元。建成创业路北段并通车，全长998.438米、宽18米—24米，总投资5 005.5万元；完成东恩创新产业园电力线路搬迁，涉及刘总旗线、逗牛嘴线、黄草坝线3条10千伏线路和1条35千伏大刘飞线搬迁；修缮南箐北路防洪排水设施。提前谋划2020年的基础设施建设，争取到2亿元的专项债券资金，为观音山片区修建创业路南段、科技孵化中心、搬迁3条高压线路、改造高位水池提供资金支撑。累计批准征收（收购）土地2 293.07亩，已开发利用1 987.85亩。工业投资项目15个，9个竣工投产，6个在建，累计完成投资27.71亿元。竣工项目分别是：荣盛科技节能特色玻璃深加工项目、刘总旗水泥日产5 000吨新型干法水泥熟料生产线建设项目、宇城杭萧钢结构绿色工业装配化建筑产业基地项目、创业路北段道路工程项目、刘总旗水泥大石洞水泥用灰岩矿扩建、活发木地板木制品生产线建设、云南盐业玉溪储备物流配送基地项目、远东宏安钢结构装配式建筑标准化构件螺栓球网架管桁架生产、玉溪汇溪金属转炉煤气综合利用600t/d石灰窑项目。9个项目相继竣工投产，形成新的经济增量，为经济发展注入了动力和活力。

（红塔工业园区提供）

【研和工业园区】 2019年末，研和工业园区实现主营业务收入181.41亿元，同比增3.4%；规模以上工业总产值122.69亿元，同比增14.7%；规模以上工业增加值19.10亿元，同比增13.4%；固定资产投资2.53亿元，同比增25.9%；一般公共预算收入1.72亿元，同比减9.4%；招商引资实际到位市外国内资金（含市区项目）51.06亿元，同比增26.7%；新开工5 000万元以上工业项目6个，新竣工5 000万元以上工业项目5个，签约5 000万元以上项目7个，开发包装重点产业招商项目5个。截至2019年，入园企业337户，其中工业企业121户，规模以上工业企业24户，拥有玉溪新兴钢铁有限公司、云南太标集团、云南正成工精密机械有限公司、云南滇雪粮油有限公司等一批知名企业。

2019年，园区围绕省、市对园区发展的定位，突出装备制造、钢铁压延、现代物流三大重点产业，着力优化产业结构调整，补齐产业培育短板，推动产业迭代更新，逐步提升园区经济整体质量。先进装备制造产业。在现有基础上，签约数控项目6个，即：年产1 500台智能数控装备项目、年生产加工2 500台数控光机项目、年加工5 000台数控加工中心光机零部件项目、数控机床产业提质增效项目、共建玉溪精密铸造智能工厂项目、共建云南省玉溪市智能制造工程技术中心项目。钢铁及压延加工产业。在现有基础上，引进年产1 500辆专用车生产线建设项目已建成投产、人防工程防护设备项目正在进行设备安装调试中及炼钢用铁合金、炉料及打包钢带生产加工建设项目正在进行立项备案；整合资源加快太标精工年产70万吨特种钢材项目建设。现代物流产业。在现有基础上，积极配合抓好产业招商引资工作，滇中粮食物流园项目一期工程已开工建设，腾瑞科技现代国际物流综合服务体系建设项目已完成土地手续，路通物流配送中心完成二期用地摘牌。电子商务产业。加强多方协调，找准措施办法，解决玉溪华信能油通电子商务“互联网＋石化”项目运营中存在的困难和问题，积极稳妥地推进平台正常运行，助推发展新动能，180户企业入驻平台。

《园区分区规划》通过专家评审。玉溪第二污水处理厂及管网配套设施建设项目建成运营。大坡头主干道路、中小企业创业园基础设施配套一期4条道路、中石油连接线道路、商住二期道路、太阳能路灯建设项目建成投入使用。中小企业创业园基础设施配套土地平整项目（一期）、工投公司物业管理用房项目通过竣工验收。完成中石油连接线配水管及给水管工程建设，扎实推进消防站建设项目给水管道工程。装备制造产业标准厂房建设项目一期已入驻企业8户，二期完

成可研报告审批和土地挂牌。稳妥推进园区土地征转报批收储工作，完成土地供应17宗，面积1 056.156亩，其中出让土地6宗，成交价合计5 106万元（已签订出让合同并现场交地4宗，签订土地成交确认书的2宗）；划拨土地11宗，已全部完成划拨决定书签订并现场交地，完成东山石料综合加工场复垦方案评审。稳步推进整体城镇化建设项目融资及向华夏银行玉溪市分行融资贷款工作，并向上争取上级资金420万元，为园区发展提供资金支持。

加强在库项目、新开工项目、重点前期项目调度，建立项目联系制度，采用一线工作法，抽调人员进驻项目现场，力促项目建设工作落在实处。完成纳入规模以上工业企业5户，升级为规模以上工业企业1户；新入驻工业企业15户，新竣工投产工业企业13户；统计在库项目总数15个，其中：续建项目7个，新开工项目8个，工业项目13个。前期工作项目：太标优化供给结构发展循环经济示范项目、玉溪路通物流配送中心建设项目、腾瑞智能现代国际物流综合服务体系建设项目、隆恒新建玉溪市通达商务中心项目、天然气综合利用项目、水泥立窑、旋窑助磨剂生产项目、玉溪研和混凝土生产基地、装备制造标准厂房二期厂房建设项目、商住二期市政道路工程项目、整体城镇化“孵化中心”项目等。

坚持目标导向，聚焦产业招商、领导带头招商、招商代理招商、优化环境招商，完成包装重点产业招商项目5个，累计签约项目12个，投资总额达9.8亿元，外出招商考察10次，接待来访客商企业57批次。一是聚焦产业抓招商。突出装备制造、钢铁、物流三大重点产业，招大引强，对准产业龙头企业，“一对一”开展招商对接洽谈，抓好招商引资工作。二是领导带头抓招商。由班子成员带队，分批“走出去”到长三角、珠三角等经济较发达地区开展招商工作，邀请企业到园区实地参观考察，积极参加招商推介活动，带动全员参与，形成“千斤重担人人挑”的招商引资良好工作局面。三是借助招商代理抓招商。创新招商理念，聘请部分企业董事长、总经理为园区招商代理人，抓实以商招商。四是优化环境抓招商。出台了数控机床及功能部件产业等优惠政策，健全完善园区内部投资项目入园审查制度，强化企业入园工作机制；投资建成数控机床装备制造产业标准厂房、产业道路，打造景观绿化亮化，为招商引资提供配套保障。

深入实施创新驱动发展战略，强化企业技术创新，激发创新能力和发展活力。大力宣传企业研发经费投入的政策补助，鼓励企业加强研发经费投入。与云南省机械研究设计院合作申报的中央引导地方科技发展专项资金项目通过专家评审，2019年支持资金100万元已拨付到位。完成玉钢、太标太阳能、玉溪万德能源3户企业申报高新技术企业申报工作。云南众诚数控机床有限公司申报省级科技型中小企业工作。启动与重庆九源合作建设智能数控机床工程技术中心，与云南机械研究设计院合作建设智能数控机床研究院等相关工作。云南滇雪粮油有限公司取得“农业产业化国家重点龙头企业称号”。园区科技创新能力进一步提升。

（赵雪如）

【江川工业园区】 2019年，江川工业园区贯彻落实中央创新发展理念引领经济高质量发展的重要决策部署，面对国外严峻经济形势和国内经济的下行压力，立足高新区、江川区“两区”合作发展优势，充分发挥区位、产业基础和资源条件等要素的作用，牢牢把握园区建设发展的机遇和挑战，与高新区合作共赢，共谋发展，一体化全力推进园区经济快速发展。

2019年，园区实现工业总产值20.3亿元，同比增15%；实现主营业务收入18.64亿元，同比增7.5%；实现工业增加值4.69亿元，同比增13.5%。园区完成固定资产投资12.6亿元，同比下降29.5%，其中：工业投资9.15亿元；基础设施建设投资3.45亿元；完成招商引资额33.82亿元，同比增35.3%，其中省外国内资金33.82亿元。园区企业从业人员达1 356人。

园区累计完成基础设施建设投资16.68亿元。其中：投资13.64亿元建设园区标准化厂房24万平方米，标准化厂房A5地块10万平方米已交付企业，B4地块已具备交付入驻企业装修条件；投资8 433万元完成园区龙泉片区供水工程建设；投资1 962万元完成污水处理厂建设；投资1 075万元完成早街变电站至园区的电缆沟工程；投资764万元完成早九线35kV电力线路迁改工程；投资2 546万元完成江义街延长线道路工程；投资15 500万元完成1 800多亩土地平整；投资110万元对园区绿化植物进行管护；投资46万元对园区已建成的沟、管、涵全面进行清淤疏浚。

园区结合全市产业转型升级和新兴产业培育战略，坚持把招商引资引智作为开发建设的生命线，紧扣产业发展方向，抓牢重点产业，着力培育新产业，发展新动能，不断增强发展新活力，招商引资和项目建设成效明显。2019年，园区在建项目13个：标准化厂房、江义街延长线、龙翔路、自来水厂、污水处理厂、粤辉电子、华电达、云兴燃气、宏程物流、博能燃气、深圳燃气、振华场平、科技研发服务中心。拟入驻项目6个：振华数码通信产业园、振华锂电池三元正极材料、省新能源产业技术研究院、星能科技、爱思普能源、迪亚宝新能源。目前，园区已建成云南联塑、新天力农装制造、云南特固电气、云南腾达机械、天虹彩印包装、云南天合立、升华电梯一期、金美印刷包装、万丰彩印9户规上企业，云南福胤钢构1户规下企业，固定资产在库投资项目21个。

园区完成三街七组李增华果园户地上附着物搬迁补偿工作，兑付搬迁资金2.62万元；完成三街十组陈所富桉树商谈补偿，兑付补偿资金18.5万元；完成振华680亩项目用地地上附着物清理工作；完成早街变至园区仙水大道电力沟征地工作，征地面积1.25亩，兑付征地资金19.5594万元；完成2017年度征地371亩征地资金的兑付工作，共计兑付征地资金3 590万元；完成246亩供地，其中云兴燃气18亩、深圳燃气18亩、粤辉电子162亩、云南嘉科包装科技股份有限公司48亩；协调矿山治理项目园区500亩场地平整工程，项目总投资1 100万元；完成大坡头至园区DN300供水管道迁改工程历史遗留问题，共支付资金16.8万元；完成龙泉片区61.75平方千米规划范围内的“生态红线”调整工作；完成园区污水处理厂蓄水池用地租用，租用赵官村0.91亩土地，兑付租地资金0.75万元；完成仙水大道与玉江大道交叉口绿化用地租用工作，租用土官田村小石洞小组3.52亩。

（徐凡清）

【澄江工业园区】 2019年，澄江工业园区工业总产值31.32亿元，工业增加值8.65亿元，主营业务收入23.74亿元，规模以上固定资产投资 6.35 亿元，实现招商引资到位资金 13.20 亿元，建成标准化厂房 2.38 万平方米。按照《澄江工业园区总体规划〔修编〕（2016—2030）》，澄江工业园区规划为“一园三片”空间结构形式，规划总用地面积 14.96 平方千米。其中：蛟龙潭片区规划面积 7.10 平方千米，定位轻工产业区；东溪哨片区规划面积 6.11 平方千米，定位磷化工精深加工及转型升级示范区；提古片区规划面积 1.75 平方千米，定位现代化高新产业区。

2019 年，澄江工业园区加快推进提古片区土地征用储备，全年收储土地总面积 1 049.93 亩，保障云南汇盈环保包装科技有限公司年产 2 亿平方米环保型高档纸板纸箱项目、宇培（澄江）电商冷链产业园等入园项目建设用地。推进基础设施建设，推进蛟龙潭片区 8 号市政道路建设，启动蛟龙潭片区南充沟安全隐患应急排险工程、蛟龙潭片区 1 号路尾桩高边坡排水工程，完成提古片区环保包装产业园配套市政道路工程设计，启动东溪哨片区环境综合整治提升方案编制。

2019 年，澄江县人民政府与上海宇培（集团）有限公司签订宇培（澄江）电商冷链产业园项目投资协议，拟投资 7.3 亿元；与云南巨力集团签订浙商产业园项目投资框架协议，拟投资 20 亿元。接待上海韵达货运控股有限公司、大陆希望集团、金科产业投资集团等企业 30 余户到澄江工业园区实地考察。

2019 年，澄江工业园区新增 1 000 万元以上开工项目 3 个，分别为澄江琢珏道路施工水稳沥青搅和站、云南鑫成鹏高分子科技有限公司生产电线电缆项目、云南三创安防工程有限公司警用装备制造项目。新增 1 000 万元以上竣工项目 5 个，分别为：澄江琢珏道路施工水稳沥青搅和站、云南鑫成鹏高分子科技有限公司生产电线电缆项目、云南三创安防工程有限公司警用装备制造项目、高登门窗加工生产项目、澄江县建筑废料回收及深加工项目。

（赵腾蛟）

【通海五金产业园区】 2019 年，通海五金产业园区在县委县政府的坚强领导下，以科学发展总揽全局，以投资环境建设为基础，以产业培育为中心，以优化软环境为手段，强势推进工业园区建设。按照“大项目带动、配套企业跟进、产业集群发展”的思路，依托园区三大支柱产业的龙头企业，以延伸产业链、促进项目集聚为重点，加快构建新能源、新材料、涉农加工等产业集群，营造工业发展良好条件，培育园区良好营商环境。

2019 年，园区共有入园企业 104 户，其中：建成 84 户、在建 20 户；实现工业总产值 109.55 亿元，同比增长 23%，其中规模以上工业总产值 98.36 亿元，同比增长 37%；主营业务收入 108.93 亿元，同比增长 31%，其中工业企业主营业务收入 105.75 亿元，规模以上工业企业主营业务收入 95.36 亿元；工业增加值 19.78 亿元，同比增长 12%；新增固定资产投资 7.74 亿元，同比下降 35%；完成招商引资 25.16 亿元，同比下降 17%；实施投资 5 000 万元以上开工项目 3 个，同比下降 70%；实施投资 1 000 万元以上开工项目 5 个，同比增长 67%；新增投资 5 000 万元以上竣工项目 4 个，同比下降 33%；新增投资 1 000 万元以上竣工项目 1 个，同比下降 86%；新增土地收储 22.21 亩；标准厂房建设竣工面积 5.01 万平方米；目前园区内可出让土地面积 1 000 亩。企业用电总量 64 918 万千瓦时，同比增 56%；园区从业人员数 8 549 人，同比增 5%。

企业项目建设情况。2019 年开工建设项目共 14 个，其中：云南穆光工贸有限公司 10 000M3/h 空分制氧系统技术改造项目已完工投入运营、通海县光明锻造有限责任公司年产 1 600 吨高锰钢铸件生产线迁建项目竣工投产、云南通海双丰工贸有限公司新建年 10 000 吨制钉冷拔丝生产线等 3 个项目竣工投产；通海佳康型材有限公司、通海云扣工贸有限公司、云南通海恒坤工贸有限公司、云南晋达链传动机械有限公司、通海聚元工贸有限公司、通海锦鑫工贸有限公司、云南云霖金属制品工贸有限公司、通海和创包装有限公司、通海金恒工贸有限公司、福慧科技股份有限公司规模化生物天然气建设一期项目、云南衍通工贸有限公司等 11 个项目正在建设过程中。云南衍通工贸有限公司、云南通海顺明锌业有限责任公司、云南通海西南焊管有限公司 3 个新上项目已通过县项目联席会审查入园建设。

（吴　媛）

【华宁工业园区】 2019 年，华宁工业园区完成工业总产值 71.9 亿元，同比增长 5.8%。主营业务收入增长 11.9%，工业增加值增长 17.2%，招商引资增长 10.9%。完成固定资产投资 6.4 亿元，完成县级目标考核任务的 107.2%。完成新增投资 5 000 万元以上项目 3 个，协议总投资 4.17 亿元。全年未发生较大及以上生产安全及环保事故。新开工投资 1 000 万元以上工业项目 7 个，竣工投资 1 000 万元以上工业项目 8 个，新增入园企业 4 户，累计入园企业 90 户，从业人员 7 792 人。

年内，重点项目建设有序推进，总投资 9.6 亿元的华宁玉珠水泥有限公司日产 5 000 吨水泥熟料生产线项目顺利建成投产。总投资 5 682 万元的华宁金穗食品有限公司年产 1.2 万吨挂面系列产品厂房主体工程完工进入试生产。总投资 2.5 亿元华宁县顺昌工贸有限责任公司年产 30 万吨不锈钢连铸连轧技改项目一期工程完工进入试生产。总投资 1.1 亿元的云南胜创磷化工科技有限公司年产 1 万吨赤磷及 1.5 万吨磷酸盐项目建设顺利推进。园区基础设施建设不断完善，总投资 472.5 万元的盘溪化工企业聚集区活发至胜创道路、金振公司入厂道路建设顺利推进。盘溪化工企业聚集区主干道一号线勘察设计工作完成招标并转入实际作业阶段，设计道路总长 9.5 千米。总投资 600 万余元的新庄片区金昌路、科力电器入厂路、同创至永清陶业路顺利建成投入使用，新增园区道路 4.97 千米。完成了新庄片区北部（陶瓷建材产业规划区）的专线供电工程建设。实施了新庄片区北部（莲花片区）和食品小区环境整治工程、4 号路片区、金昌路片区污水收集系统，新建 5 号路污水处理终端。园区债务得以有效化解，协调资金 100 万元进行银行贷款的偿还，协调资金 1 674 万元对园区建设工程欠款进行支付。

（张　兰）

【易门工业园区】 2019 年，易门县工业总产值 224.3 亿元，增长 9.7%，其中：规模以上工业产值完成 174.6 亿元，增长 12.5%。园区主营业务收入 212.4 亿元，同比增长 22%；园区工业增加值 70.4 亿元，同比增长 25.05%；园区固定资产投资 47.3 亿元，同比减少 14.3%；基础设施建设投资 10.2 亿元，建成标准化厂房 7.2 万平方米。

强化基础设施建设。年内，园区完成 4 万平方米标准化厂房工程消防验收改造和竣工验收；完成易门工业园区大椿树产业园污水管网及配套设施建设工程项目（一期）工程收尾工作；完成大椿树片区（公鸡山）二期开发市政道路工程招标工作，工程已开工；启动大椿树片区（公鸡山）二期开发供水保障工程；完成麦子田综合服务区一期项目公开招标选取社会资本参与合作开发建设工作；完成六街片区惠康路破损路面修复、大椿树片区景峯混凝土公司至新昊环保科技公司道路硬化工程、大椿树片区老排水沟渠改造和金瑞陶瓷至众鑫选矿厂破损道路硬化及雨污水管网铺设及道路红线内的美化亮化。

持续扩大投资拉动。按照县委、县政府打造全省最优招商环境的要求，始终牢固树立“亲商、爱商、扶商、富商”理念，围绕沿海发达地区产业外溢和昆明市“退二进三”战略契机，结合易门环境、区位、政策三大优势，园区采取主动出击招商、以商招商等模式，广泛开展招商活动。年内，形成洽谈项目76个，组织召开项目审查会议6次，审查项目65个，通过审查项目55个，意向投资总额56.25亿元，签约易门县锐异有限公司年产5万吨富有价金属物料综合回收与安全处置改建项目、广东雄塑科技集团股份有限公司年产7万吨PVC/PPR/PE高性能高分子环保复合材料项目、云南民伟建材科技有限公司年产600万平方米纤维水泥瓦及200万平方米树脂瓦生产项目等31个项目，协议总投资16.89亿元，其中签订正式协议26个，协议总投资14.77亿元，框架协议5个，协议总投资2.12亿元。

强力推进项目建设。完成新开工投资1 000万元以上的项目有易门县顺发纸业年产12 000万平方米纸品包装建设项目等25个，其中，投资1亿元以上的项目有云南鑫易金属结构工程有限公司年产2万吨钢结构及10万平方米门窗生产建设项目等3个。完成云南能投华煜天然气产业发展有限公司《易门天然气综合利用配套管网建设项目》等投资1 000万元以上的竣工项目15个，其中，有云南万利金属结构工程有限公司年产7.5万吨钢结构及120万平方米彩板生产线建设项目等投资1亿元以上的项目3个。

年内，园区未发生重特大安全事故，发生一般安全生产死亡事故一起，死亡1人；未发生重大环境污染事件，未出现因环境污染事件，被追究刑事责任和被行政治安拘留的情况；参与调处各类劳资纠纷18件次，接待来访人员60余人次反映工资款、工程款拖欠问题，涉及300余人约640万元，已经办结10件次、403万元。6月，易门工业园区被省工信厅认定为云南省第一批“新型工业化产业示范基地”。

（杨雅越　矣永明）

【大化产业园区】 2019年9月30日，玉溪大化产业园区总体规划获得市工信局审查意见，规划环评经市生态环境局审查通过。园区规划建设为一园三片区（化念片、金水片和甸中片），规划面积44.48平方千米。园区产业定位为：全市冶金及配套加工产业、装备制造产业、特色生物资源加工产业发展聚集区。其中：化念片区规划面积30.38平方千米，产业规划布局为冶金及配套加工产业、装备制造及配套物流产业区；金水片区12.42平方千米，产业规划布局为铸造及装备制造、新型建材、轻工及配套物流加工区；甸中片区1.68平方千米，产业规划布局为生物资源产业加工，重点发展以油橄榄为主的特色食品饮料加工、农特产品物流。

年内，原玉溪市大化产业园区管理委员会的固定资产、化念片区建设、项目实施、财务等工作移交给玉溪大化产业园区管理委员会统一管理。

截至2019年末，园区共有65户企业入园，68个项目入驻（年内新增2户企业、2个项目），其中48个项目建成，15个项目在建，正在开展前期工作的项目5个；规模以上企业29户。年内完成主营业务收入73.61亿元，完成目标任务的101%，工业总产值73.31亿元，完成目标任务的103%；工业增加值20.09亿元，完成目标任务的100%；完成招商引资389 100万元；完成固定资产投资47 618万元；完成向上争取资金305万元。

年内，新增投资1亿元以上开工建设项目2个：总投资212亿元玉昆钢铁产能置换升级改造项目于4月11日启动开工仪式，项目已被列入省级“四个一百”重点建设项目，是市委、市政府产业转型升级的一号工程。总投资6亿元的泰纳生物年产30 000千克工业大麻（CBD）项目，已完成项目选址并完成土地挂牌，完成场地边坡挡墙建设和场地平整工作，项目总平面图正根据实际情况调整设计中。新增项目1个：总投资6 000万元的源天生物集团有限公司“中国好粮油行动”示范工程建设项目。

推进重点项目建设。金水片区：绿水亲山年产180万平方米多层实木复合地板项目、立新混凝土年产40万立方米商品混凝土搅拌站建设项目建成投产；活达木业制造有限公司年产3.5万立方米高档家装实木多层板制造项目建成投产。化念片区：兴达铝业有限公司铝锭/铝棒项目已取得林地使用许可证、项目工程建设规划许可证、项目用地规划许可证、施工许可证等，配电房、变压器、高位水池、场平及挡墙建设已完成；云南能投应急气源储备中心工程项目已取得环评批复、施工许可证，消防设计已通过审核，完成场地平整、边坡、挡墙建设、储罐基础，储罐外部罐体已经安装完毕，并新增二期工程2.5万立方气罐项目已完成项目可研编制工作；配合做好玉昆项目建设工作，一是玉昆项目一期、二期用地需7 334亩，缺口4 363.2亩获得省政府和省自然资源厅支持，土地指标由省级安排。二是项目林地报批工作取得阶段性成效，二期2 931亩林地报件，并取得国家林草局批文。三是制定出台《企业评估补偿（搬迁安置）工作方案》，成立焙烧磁选厂和滇泉啤酒厂搬迁工作专班，一对一开展评估补偿和搬迁安置谈判工作。

园区基础设施建设不断完善。化念片区：集中式污水处理设施项目完成数字地形图测绘、项目选址的土地征用、地质勘探外业，可研报告编制完成并通过评审取得县发改局批复。加紧实施地质灾害危险性评估（含压覆矿产资源查询）、环境影响评价报告表编制、水土保持方案编制、节能评估报告编制、社会稳定风险性评估及土地报件等工作。提请县十七届人民政府第46次常务会议研究同意采用BOT模式，并引入昆明滇池水务股份有限公司作为社会投资人参与本项目的投资、建设和运营维护。甸中片区：完成投资0.85亿元，一期征地332亩，甸中加油站项目正在办理土地权证；配套建设小(一)型笳川水库，正在进行蓄水工程。

（汤婧婧）

【新平工业园区】 2019年，新平工业园区紧紧围绕县委、县政府重点工作，认真贯彻落实省、市、县关于稳增长相关政策，不断完善园区基础设施，优化发展环境，创新招商方式，稳步有序推进园区各项工作。全年完成主营业务收入292.7亿元，同比增12.4%；完成工业总产值273.4亿元，同比增10.4%；完成工业增加值65.5亿元，同比增18.3%；完成固定资产投资17.6亿元（包含非电工业和基础设施等），同比降42.1%；完成招商引资资金12亿元，完成任务数11.45亿元的104%。

基础设施完成情况，重点围绕大开门综合开发项目及云南玉溪仙福钢铁（集团）有限公司产能置换技术升级改造及转型升级项目推进园区基础设施建设。完成园区范围内土地征收补偿1 768.00亩，共完成基础设施投资22 093.79万元（含征地补偿费14 670.09万元）。

企业转型升级项目，重点推进仙福公司产能置换技术升级改造项目、新平瀛洲水泥有限公司2 000td熟料水泥生产线节能环保提升改造项目和新平南恩糖纸有限责任公司搬迁改造转型升级项目。仙福公司产能置换技术升级改造项目，已完成规划、可研、初步设计及部分审批手续；项目用地已完成村组搬迁、土地农赔、河道改道治理、边坡治理、支护；年产140万吨棒材生产线、360平方米烧结生产线、新一号1 350立方米高炉和新一号100吨炼钢转炉已开工建设。一期项目主体设备订货基本完成，部分设备已到场，桩基础施工基本完成。累计完成投资66 101万元；云南新平南恩糖纸有限公司搬迁改造转型升级项目，已完成项目立项、节能评估、水保、老厂区土地变更及补缴土地出让金并取得不动产权使用证、气体充装和瑞隆工贸页岩砖厂收购补偿、新厂区道路改造等工作，完成一期412.3亩和二期411亩土地征收工作，兑付补偿款2 761.4万元；一期项目已供地318.7亩。正在推进项目环保、林勘、生产用水设计、110kV变电站设计等工作；新平瀛洲水泥有限公司2 000t/d熟料水泥生产线节能环保提升改造项目，已完成项目备案、《可行性研究报告（含设计）》编制、《节能评估报告》《使用林地可研报告》《环境影响报告表》，正在开展编制《水土保持方案》和《安全预评价》，征地补偿工作已完成，林地征占用已批复，正在开展土地利用规划调整和农用地转征报批工作。

招商引资完成情况，完成招商引资12亿元，完成任务数11.45亿元的104%。完成项目储备5个完成任务数的100%。新开工5 000万元以上项目3个，完成市政府下达任务数3个的100%；竣工1 000万元以上项目4个。

新平工业园区总体规划修编，根据省、市、县级相关文件要求，新平工业园区认真贯彻落实文件精神。为加快总体规划修编工作，经过工业园区管委会研究决定，通过竞争性比选的方式确定总体规划修编作业单位，由云南西部智库规划研究院有限公司负责园区总规修编的工作。项目建设情况，新平工业园区共有在建项目14个，概算总投资157.6亿元，年内完成投资17.6亿元。其中，续建项目7个，年内完成投资15.4亿元；新建项目7个，年内完成投资2.2亿元。

（潘　虹）

【元江工业园区】 2019年，元江工业园区开展园区总体规划修编，进一步明确发展定位。根据国家、省、市“瘦身强体”、高质量发展的规划要求，园区由原“一园三片区”布局的面积25.93平方千米调减为8.76平方千米（其中：甘庄干坝片区4.55平方千米、江东片区2.98平方千米、安定片区1.23平方千米），将按照“一主两副”的产业布局打造（一主即特色生物资源及农产品加工业，主要在甘庄干坝片区和江东片区打造；两副即综合物流服务业和矿冶及新材料加工业，综合物流服务业将在甘庄片区打造，矿冶及新材料加工业将在安定片区打造）。元江工业园区始终把招商引资作为推动新常态下园区经济发展的重要引擎，大力实施“走出去，请进来”招商战略，园区的集聚效应不断增强。2019年，开展招商洽谈18次，接待企业37家、客商约168人次，外出招商4次，签约项目3个；引进5 000万元以上生产性项目3个、开工建设1 000万元以上项目5个。实现招商引资资金14.95亿元，比上年同期增2.89亿元，同比增长24%。

年内，元江工业园区入驻企业39户，其中规模以上企业18户。实现主营业务收入34.87亿元，比上年同期增3.67亿元，同比增长12%，比市级下达增长10%责任目标任务多2个百分点；工业总产值40.07亿元，比上年同期增7.57亿元，同比增长23%；规模以上工业增加值14.1亿元，比上年同期增2.29亿元，同比增长19%，比市级下达增长10%责任目标任务多9个百分点；招商引资资金14.95亿元，比上年同期增2.89亿元，同比增长24%；固定资产投资15.09亿元，比上年同期增2.87亿元，同比增长23%，比市级下达增长10%的责任目标任务多13个百分点；基础设施建设投资完成3.29亿元，完成市级下达目标任务2亿元的164%；新开工1 000万元以上项目5个，完成目标任务的100%（其中新工5 000万元以上项目3个，完成目标任务的100%）；标准厂房竣工面积1.03万平方米，完成目标任务的103%。

项目投资情况。续建项目：（1）元江县工业园区土地平整及标准厂房（二三期）配套设施建设项目。5、6、7号厂房主体结构工程基本完成；土地平整2-2地块完成平整土地70余亩，且2-2-2地块完成平整11.66亩，开挖土石方271方，回填夯实土方41 798方，计划启动2-2-3地块土石方开挖工作，累计完成固定资产投资5.14亿元，完成固定资产投资1.96亿元，完成目标任务1.2亿元的163%。（2）元江工业园区分布式光伏发电项目（一期）。完成项目开工前的各项工作，累计完成固定资产投资5 100万元，2019年完成固定资产投资3 000万元，完成目标任务1 000万元的300%。新开工项目：（1）镍矿技改项目。采矿权证延期材料已报齐全。（2）元江县白酒生产包装销售项目和普洱茶酒生产项目。项目一期包装销售部分已试生产。完成固定资产投资679万元，完成目标任务2 000万元的34%。（3）元江县普洱茶精深加工项目。一期项目企业已订购设备，2019年12月设备已陆续到场。企业目前已基本安装好设备，计划2020年3月完成调试，4月出产品。现正在进行二期项目用地未批复土地报批，待土地批复后再实施供地。前期项目：（1）年产10万吨微生物菌种产业化繁殖项目。完成项目选址，开展土地等相关手续。项目待年产1 000吨水基型环保型杀菌剂项目竣工后再进行该项目开工建设。（2）元江工业园区中小微企业创业产业园建设工程。完成中小微企业创业园控规、可研初稿。

基础设施建设。元江工业园区以建设元江县工业园区土地平整及标准厂房（二三期）配套设施建设为依托，不断提升基础设施建设，完成基础设施建设投资约1.18亿元，主要完成土地平整350亩和7 475.98平方米的园区标准厂房。

（李红兰）

元江坡垤土掌房　（官朝弼　摄）

城乡发展

URBAN AND RURAL CONSTRUCTION

责任编校：李海明

城乡规划

【推进市级和中心城区规划编制及研究】 2019年，市自然资源和规划局在已有玉溪市城市总体规划基础上启动国土空间规划编制工作，谋划玉溪城市发展新格局，开展了国土空间开发保护现状评估、资源环境承载能力及国土空间开发适宜性评价、生态保护红线评估调整等前期专题研究，积极推进红塔—江川两区融合发展。全力完善抚仙湖、澄江县保护发展规划体系，加快推进通海县申报国家级历史文化名城。新平戛洒镇申报成为国家特色小城镇，广龙小镇、寒武纪小镇等6个小镇申报成为省级特色小镇。系统推进“城市双修”“城市设计”全国试点工作，中心城区新建项目实现海绵规划全覆盖，玉溪市规划馆成功试运营。积极做好生态保护红线评估调整工作，形成自查报告和调整方案成果。

玉溪市规划馆全貌 （马 舒 摄）

2019年11月14日，发展中国家研修班学员到市规划馆参观考察 （梁丽娟 摄）

【市城乡规划建设委员会办公室工作】 2019年，市规委会办公室组织召开会议6次，研究审议规划项目23项；组织筹备市城乡规划建设委员会会议4次，研究审议规划项目17项，为全市重要规划和重大项目建设方案审议决策做好保障。

【加强规划引导和控制】 2019年，市自然资源和规划局严格根据城市总体规划，组织开展高铁海绵新城、海绵城市试点区域、生态文化区、泷水塘片区、出水口瀑布生态公园、玉山城片区控制性详细规划的编制和修改工作，推动片区重点招商引资项目及时落地实施，编制完成《江川区控规一张图制定》中期成果。组织县（区）完成村庄规划编制摸底评估，合理划分县域村庄类型；指导各县（区）结合乡村振兴战略实施和农村人居环境整治以及国土空间规划编制工作，制定“多规合一”实用性村庄规划编制计划，进一步落实乡村建设规划许可证制度。

2019年9月3日，市城乡规划建设委员会第四次会议召开 （曾永洪 摄）

【《玉溪市“城市双修”规划》批准实施】 2019年，《玉溪市“城市双修”规划》编制完成并经市政府批准实施。规划在系统调查评估的基础上，结合城市发展存在的问题和近期重点项目，在城市总体规划基础上合理确立开发时序，并对近期建设项目提出指引要求，保障城市品质的提升。规划明确了红塔区近期建设聚焦“一河两水库、一屏三田园、一城四点”六大实施工程，江川区近期建设聚焦“一湖两廊道、一点一老城”四大实施工程。玉溪作为全国“城市双修”试点城市之一，将通过规划的实施，由“一时的试点示范”转向“常态化的城市建设”，从而推动政府城市建设和治理能力的提升。

【玉溪市规划馆开馆】 玉溪市规划馆紧紧围绕市委、市政府工作要求，认真落实各项布展工作，于2019年9月30日顺利建成开馆。玉溪市规划馆位于玉河路与玉江大道交叉口东北侧，建筑为地上四层、地下一层，占地面积26亩，总建筑面积19 843平方米，其中：展区面积8 790平方米（布展面积6 350平方米），办公及其他用房面积11 053平方米（其中：地下室面积6 578平方米，业务用房4475平方米），总投资2.11亿元。整个建筑外观像一个贝壳，泛着金属的质感，造型线条流畅，显得十分优美，给人一种时尚前卫的观感。规划馆展馆部分共分三层，展陈内容以时间为主线，以“山之魄·诗意的栖息”“水之韵·不息的生命”“人之灵·繁荣的盛世”“城之辉·激昂的壮志” “梦之美·和谐的意境”五大功能板块进行布展，集中展示玉溪悠久灿烂的昨天、辉煌无限的今天、宏图泼墨的明天。

【加强规划服务和保障】 2019年，市自然资源和规划局审批核发规划“一书两证”267件，其中：选址意见书59件、用地规划许可证75件、建设工程规划许可证133件；组织开展验线（含初验和复验）30次，规划竣工验收17件。对5个在建房地产项目开展“双随机、一公开”监管工作。加大历史遗留问题研究力度，解决彩虹小区临玉溪大河一侧项目审批和玉溪溪泽华庭小区房屋用途变更问题。

【海绵城市建设】 2019年，市自然资源和规划局将海绵城市设计纳入工程建设项目审批管理，申请规划行政许可的新建项目均按玉溪市海绵城市建设要求进行海绵专项设计并纳入规划审查范围，配合市住建局完成了国家海绵试点城市验收工作。

【全力保障发展用地需要】 2019年，市自然资源和规划局报批重点建设项目用地，优先确保重点项目用地。全市核拨17个城镇批次、2个乡镇批次、2个民房、1个单选，新增建设用地面积5 026.14亩（335.08公顷），全市共供应建设用地356宗16 869亩（1 124公顷）。做好城乡建设用地指标保障，启动县级、乡级土地利用总体规划评估修改工作，全力做好峨山绿色钢城、抚仙湖生态移民搬迁、澄川高速公路重点建设项目用地保障工作，协调做好滇中引水、玉楚高速、江通高速等重点项目踏勘论证以及耕地占补平衡方案编制等用地报件组件工作，完成县（区）土地征收农用地转用审查报批工作。加大批而未供土地清理处置工作力度，全市1999—2019年累计完成处置面积19 475亩，累计完成率56.27%，2019年省厅下达批而未供处置任务10 460.42亩，全年完成消化批而未供土地11 018.54亩，完成率达105.34%；闲置土地处置面积461.853亩，处置率79%；全市近五年供地率首次突破60%，提高至77.5%，取得了阶段性成效。

（市自然资源和规划局提供）

城镇基础设施建设

【概　况】 2019年，全市住房城乡建设系统广大干部职工，深入学习贯彻习近平新时代中国特色社会主义思想，不断增强“四个意识”，坚定“四个自信”，做到“两个维护”，全面落实市委、市政府提出的经济社会发展“5577”总体思路，攻坚克难，狠抓落实，推动全市住房城乡建设工作取得了新成效。全年建筑业、房地产业固定资产投资、商品房销售面积、房地产单位从业人员和劳动报酬、公共设施管理业投资持续增长。完成4类重点对象和非4类重点对象无力建房户危房改造、4类重点对象的房屋认定及挂牌工作；全市实现棚户区改造100%开工；争取棚户区改造资金43.4277亿元；公租房分配入住率91.3%，住房保障工作不断推进。改造提升绿地面积50余万平方米；新建排水管网20千米，累计处理污水4 213万吨；建成投运垃圾处理厂、垃圾渗滤液处理站、垃圾中转站，垃圾清运处理能力不断增强；中心城区供水普及率达99%，水质综合合格率达99.9%；全市中心县城天然气气化率达38.4%、其中玉溪中心城区达76.5%，国家海绵城市建设试点进行考核验收。全力推进厕所革命和村庄清洁行动，全市乡镇生活垃圾处理设施覆盖率达100%、污水处理设施覆盖率95.08%，全市二类以上城市公厕数量已达到370座，289座乡镇镇区旱厕（含沟槽式简易水冲厕）全部消除。制定出台《玉溪市全面推行城市精细化管理实施方案》，积极推进城市管理执法体制改革，理顺城市管理体制机制。实施智慧停车项目建设，新增智慧停车位1 487个。联合相关部门开展马路围挡、占道经营、工地扬尘等专项整治行动，建成数字城管中心并投入运行，城市精细化管理水平逐步提升。按照市委、市政府关于优化营商环境工作的要求，结合机构改革职能调整，围绕解决影响企业和群众办事关心的热点、难点、堵点以工程建设项目审批制度改革为突破，健全完善“一站式”服务，在房地产管理、执法稽查、标准定额、质量安全、招标投标等方面进一步推进全流程、全覆盖改革，消防设计审查验收逐步健全完善，工程建设领域营商环境持续优化。

【海绵城市建设】 玉溪市成功申报为第二批国家海绵城市试点以来，通过3年多的试点建设，截至2019年末，全市共完成海绵城市工程项目206个，在建16个，在建和完工率为95.7%。对红塔区海绵城市专项规划再次进行了修改完善，形成《玉溪市（红塔区）海绵城市建设专项规划（2017—2030）》。12月22—24日，住房城乡建设部、财政部、水利部复核工作组到玉溪市开展第二批国家海绵城市绩效评价现场复核，本次现场复核是对海绵城市三年建设成果的一次“国检”。复核工作由专家组通过查阅与核实资料、专家提问相关部门答疑等方式开展，专家组分为两个工作组到实施海绵改造工程的道路广场、建筑小区、调蓄设施等地进行实地检查。省住房城乡建设厅、省财政厅、省水利厅相关领导陪同专家组复核检查；市、区有关部门、海绵城市建设相关单位参加了汇报和现场复核工作。玉溪市海绵城市建设取得显著成效，试点区内城市内涝、黑臭水体已基本消除，海绵城市建设初见成效。经监测分析和模型评估，整体实现了试点建设目标：年径流总量控制率达到83.9%；玉溪大河防洪标准达到50年一遇，白龙潭河、红旗大河、东风大沟北段、东风大沟南段等城区段防洪标准达到20年一遇。城市内涝积水点全部消除、内涝风险控制达到30年一遇的标准；水面率达到试点区面积的3.81%，生态岸线达到总岸线长度80.34%；水环境质量显著提升，面源污染得到有效控制，模拟评估面源负荷削减率达到64%，经第三方监测，试点区内无黑臭水体，各水体水质均优于试点建设前水质状况。

【城市污水、垃圾工程】 截至2019年末，玉溪建成县城以上污水处理厂共10座，建成污水管网1 074千米，污水处理率达94.74%，出水水质达标排放率达100%；启动实施华宁、元江、峨山、易门县4座污水处理厂提标改造工程项目；建成规范化生活垃圾处理厂7座，配套7座渗滤液处理站，全市生活垃圾处理率达100%，生活垃圾无害化处理率达93.72%。

【城市供水工程】 截至2019年末，全市供水企业9家，自来水厂17个，供水管网总长1 357.97千米，日供水能力26.82万立方米/日，城市供水普及率92.98%，水质合格率100%；启动实施北片区供水（一期）工程，净水厂构筑物已完成主体土建工程80%，完成投资约3 445万元；完成玉江大道配水管主干管敷设约2.5千米，完成投资约1 446万元，项目建成后将为玉溪科教创新城片区、观音山片区、李棋街道和科创大道、玉江大道沿线居民供水提供保障。

【黑臭水体治理】 截至2019年末，市住建局完成玉溪市中心城区4条黑臭水体（玉溪大河下段、金水河、玉带河、中心沟线段）治理工程5.61千米，完成投资14.64亿元，通过采取控源截污、垃圾清理、清淤疏浚、生态修复、系统治理等措施，全面消除黑臭。

【城镇天然气推广利用】 2019年，全市新增城镇天然气管网42.89千米，新增居民用户7 500户、工业用户21户，商业和公共服务用户60户；建成中心城区北郊LNG/CNG加气站1座（油气合建）、华宁县天然气门站1座、澄江县LNG气化站与LNG/CNG加气合建站1座，峨山县配气站1座；华宁支线与玉溪—普洱支线接气碰口成功，实现通气投产；启动玉溪市应急气源储备中心项目工程建设；年内，全市天然气用量2 510.9万立方米。

【市政道路建设】 2019年，红龙路、科创大道、城市规划馆按期完成市政府既定建国"70周年"献礼目标任务，科创大道、红龙路的顺利通车，为玉溪卫校搬迁和新生入驻提供了保障；火车西站市政道路纵一路、横一路、横二路、横三路、横四路于2019年底前均实现通车，完成道路建设长度6.11千米，配套地下管廊3.78千米，提升了玉溪市政基础设施整体形象。

【农村危房改造】 2019年，农村危房改造任务全部实现清零。2019年度4类重点对象农村危房改造目标任务为"6月底前全面实现16 118户4类重点对象存量危房清零，9月底前完成6月后动态新增危房清零，12月底前完成查缺补漏等工作"。4类重点对象危房存量数16 118户已按第一个时间节点完成清零；按照省厅提供6月份名单动态调整1 470户，存量数变更为17 588户，已按第二个时间节点完成清零；9月份查缺补漏317户，存量数最终变更为17 905户，截至12月30日开工率达100%，竣工率100%；非4类重点对象无力建房户危房改造任务目标为9月底前完成794户非4类无力建房户清零工作，任务实施过程中，通过再次核实数据，经请示省农危改领导小组办公室后将任务数调整至655户，截至9月30日已按要求完成清零。

【百村示范千村整治】 2019年，全市实施"百村示范、千村整治"行动，改善村庄污水、垃圾处理及村内道路、公厕等基础设施，村内道路硬化2 478 115.18平方米，修建挡墙481 058.7立方米、活动场所360 953.3平方米、停车场100 271.8平方米、公事房151 446.9平方米，安装文化活动设施461套、路灯19 499盏，绿化植草（灌木）225 489.32平方米、植树109 780棵，布设人畜管道306 897.99米、污水处理管道466 534.32米、污水处理设施231座、公厕808间27 741.43平方米、化粪池3 678座、垃圾收集处理设施（箱体、池）744个5 002.19立方米、特色民居整治122 807.7平方米，受益群众96 200户313 454人。

【直过民族村庄环境提升】 2019年，全市完成了53个"直过民族"聚居村庄环境设施建设，"直过民族"聚居村庄环境人居环境明显提升，使全市最贫困村庄在住房安全、居住环境上真正脱贫。

【"点亮玉溪"工程】 玉溪市投入3亿元实施农村太阳能路灯建设，系统实施"点亮玉溪"工程，2019年，完成了5万盏太阳能路灯的考评验收移交工作，下发了《玉溪市"点亮玉溪"工程农村太阳能路灯运行管理指导意见》，全部路灯交由项目公司统一运行维护。

【传统村落保护】 2019年，市住建局持续推进传统村落保护发展工作，前四批共28个传统村落已全部开工，完工14个，第五批共8个传统村落保护发展规划已全部通过省级审查。

【厕所革命】 2019年，全市新改建旅游公厕81座；新改建城市公厕29座，消除城市旱厕69座；新建乡镇公厕9座，改造提升乡镇旱厕（含沟槽式建议水冲厕）289座；改造提升乡镇以上政府所在地39座学校厕所；改造提升村委会所在地卫生厕所350座，农村无害化户厕改造完成74 123座。所有县（区）城市建成区均达到每平方千米4座以上城市公厕的标准，5个重点旅游城市均达到每平方千米5座以上A级公厕的标准，所有乡镇建成区均达到2座以上卫生水冲公厕的标准，所有村委会所在地卫生厕所均达到1座以上水冲的标准，18个旅游景区（景点）实现旱厕全部消除，群众如厕条件得到根本改善提升。

【人居环境整治行动】 2019年，全市各级各相关部门继续认真贯彻落实省、市提升城乡人居环境行动重要决策部署，按照提升城乡人居环境五年行动计划、农村人居环境整治三年行动实施办法统一安排部署，制定印发了村庄清洁行动方案、夏季攻势行动方案等系列文件，市政府先后召开了村庄清洁行动动员会、夏季攻势动员部署会、江川夏季攻势现场推进会先后对提升城乡人居环境提升行动作出了系列安排部署。集中开展了"百村示范、千村整治"、乡村清洁行动、夏季攻势行动及"厕所革命"等系列专项行动，持续推进城乡人居环境整治工作。全市城乡空间秩序得到明显改善，701个行政村配备土地规划建设专管员769人，实现行政村100%覆盖。深入开展违法建筑治理，累计摸底排查城乡违法建筑228.2万平方米，已累计查处200.2万平方米；扎实开展拆危房、腾闲房、除旧房行动，累计拆除152.7万平方米。城乡环境治理能力不断提升。全市城区生活垃圾、环卫保洁体系全面建立，城市建成区垃圾收集转运、环卫保洁全部实现社会化服务保障，城市生活垃圾有效处理率达100%，日处理规模达124吨。农村垃圾处理、卫生保洁体系基本健全，全市61个乡镇镇区生活垃圾设施覆盖率达100%，61个乡镇建成垃圾填埋场44个，焚烧厂（站）10个，垃圾中转站28个，垃圾车202辆；701个行政村和5 619个自然村（含社区居民小组）保洁员制度和垃圾收费制度覆盖率、生活垃圾有效治理率均达100%；36个非正规垃圾堆放点启动治理35个，31个已整治销号；已实施垃圾分类试点29个乡镇，153个行政村365个自然村。澄江县作为国家级试点县，开展垃圾分类试点，基本建立了垃圾源头减量、分类处置、集中收集转运的处置体系，江川区、通海县全面启动城乡环卫一体化建设，峨山县、易门县因地制宜，除偏远山区乡镇外启动城乡环卫一体化建设，不断健全“村收集、镇转运、县处理”垃圾处理体系。城乡污水治理体系逐步完善，全市建成标准化城市污水处理厂10座，铺设污水收集管网1 095千米，城市生活污水实现收集处理达93%，日处理污水15.73万吨。61个乡镇中58个建有生活污水处理，设施覆盖率95.08%，处理率93.37%。

【通海“8·13、8·14”地震灾后重建】 2019年，市住建局为解决灾后重建方案中明确的补助资金，调配筹措通海县灾后重建建房补助资金5 216.24万元。积极协调财政部门下达了2 000万元（通海县1 600万元，江川区400万元）的农户贷款风险补偿金。受灾的通海县、江川区须拆除重建总户数5 390户（通海县3 949户，江川区1441户），截至12月底，开工4 297户（通海县3 493户，江川区804），完工960户（通海县269户，江川区691户），完成投资29 873万元（通海县8 873万元，江川区21 000万元），发放灾后民房建设贴息贷款1 644户16 395.5万元（通海县1 416户14 122.5万元，江川区228户2 273万元）。恢复重建村庄89个（省灾情评估报告数：通海县56个、江川区32个、华宁县1个），村庄重建规划编制已基本完成，部分项目已实施，完成投资1 791.81万元。

【康养小镇申报】 2019年，按照《云南省住房和城乡建设厅关于开展康养小镇储备试点的函》文件要求，各县（区）申报了康养小镇储备试点9个：红塔区大营街幸福运动康养小镇、江川区瀛景·国际康养社区、江川区星云·天空之城、江川区九溪康养文旅原乡、通海县中国南方蒙古族风情文创休闲康养小镇、华宁县泉美天下象鼻温泉旅游文化度假区康养小镇、峨山县小街街道天子山文化旅游温泉康养小镇、新平县磨盘山森林康养小镇、元江县泽畔温泉康养小镇。

【职称评审】 2019年，市住建局核发上年度工程系列职称证书1 172份，其中，高职93份，中职339份，初职740份；组织开展2019年度工程系列职称评审工作，5月完成工程系列专业技术职务初级和中级评审委员会调整工作，并开展工程系列专业技术职务申报培训，近200人参加。7月下旬完成资格审查980余份，9月完成924人初、中级职称的评审工作，其中：中级通过257人，未通过52人，通过率83%；初级通过582人，未通过34人，通过率94%。

【绿色城市申报】 2019年6月，玉溪市申报住房和城乡建设部绿色城市科学技术示范项目并通过初审。8月，为进一步加强绿色建筑推广工作，市住房和城乡建设局下发了《关于玉溪市中心城区新建建筑全面执行绿色建筑标准的通知》。12月，根据《云南省住房和城乡建设厅关于做好2019年住房和城乡建设部科学技术计划实施工作的通知》，玉溪市绿色城市示范项目被住建部列入2019年科学技术计划，根据建设方案，玉溪市将在2022年前分三个阶段全面建成绿色城市。

【城市园林绿化】 2019年，玉溪市继续巩固国家园林城市称号，峨山县成功申报国家园林县城。全市成功创建国家园林城市1个（红塔区、江川区），国家园林县城5个（华宁县、易门县、新平县、元江县、峨山县），省级园林县城1个（澄江市）。

【污水提质增效】 2019年，市住建局完成玉溪市中心城区康井路、许家湾路、紫艺路、北苑路、九曲巷道路市政排水管网雨污分流改造工程，建设内容包含管线迁改、路面及附属设施恢复，完成1.8千米管网建设。

【行政审批】 2019年，机构改革设置行政审批科，彻底整合行政审批职能，集中了11项行政许可事项到行政审批科，分别为：建筑工程施工许可证核发、商品房预售许可、房地产开发企业资质核定、房屋建筑工程与市政工程初步设计审批、建筑施工企业安全生产许可证核发、建筑工程抗震设防专项审查、因工程建设需拆除、改动、迁移供水、排水与污水处理设施审核、建筑施工企业资质认定、房地产估价机构资质核准、防空地下室设计方案审批、拆除（改造）人民防空工程审批。实现了一个科室管审批，推行审批服务“三集中”“三到位”，大力实施“一门一窗一网”。截至12月底，行政审批科共办结各类行政审批事项276件，其中：安全生产许可证64件；房地产开发企业资质72件（核定28件、延期23件、变更3件、换证18件）；建筑业企业资质36件（其中新办14件，增项6件，变更16件）；施工许可证核发27件；燃气经营许可6件；抗震设防4件；商品房预售许可20件；初步设计审批19件；防空地下室设计方案审批48件。接受企业、群众电话咨询5 000余人次，现场咨询3 000余人次。

【工程建设项目审批制度改革】 2019年，市住建局为贯彻落实国务院办公厅《关于全面开展工程建设项目审批制度改革的实施意见》文件精神，组织召开了市直相关单位和各县（区）参加的工程建设项目审批制度改革视频培训会议3次，制定下发《关于成立玉溪市工程建设项目审批制度改革工作领导小组的通知》《玉溪市工程建设项目审批制度改革实施方案》，将工程建设项目审批流程划分为立项用地规划许可、工程建设许可、施工许可、竣工验收四个阶段，各阶段实行“一家牵头、内部流转、并联审批、限时办结”，明确了工程建设项目全流程审批时间：一般政府投资类项目不超过70个工作日、一般社会投资类项目不超过40个工作日、一般工业类项目不超过30个工作日、小型社会投资类项目不超过35个工作日、带方案出让土地类项目不超过20个工作日、装修装饰类项目不超过15个工作日。梳理制定了《工程建设项目审批服务事项通用目录清单》，一般政府投资类、一般工业类、一般社会投资类、带方案出让土地类、小型社会投资类、装修装饰类等六类项目的通用流程图。

【红色物业】 2019年，市住建局积极探索党建引领小区治理工作方法，加快红色物业建设，提升小区治理水平。12月市委组织部、市住房和城乡建设局联合印发了《关于开展党建引领推进业主委员会和物业服务企业建设工作的通知》，经摸底调查，全市从事物业服务的企业158家，党支部14个，共有党员79人。为充分发挥党员的战斗堡垒作用，8月23日，经批准成立了“中国共产党玉溪市住建行业委员会”。在行业党委的领导下开展工作，在省内第一家出台了《玉溪市物业服务企业信用评价管理办法实施细则（试行）》，将企业党建工作开展情况纳入物业企业信用评价体系，建立物业主管部门、街道社区党组织、业主委员会、小区居民代表共同参与的物业服务企业信用评价机制。制定出台《玉溪市业主大会和业主委员会议事规则》《玉溪市住宅小区管理规约》《玉溪市物业服务企业信用评价实施细则（试行）》《物业管理协议选聘参考文本》《物业管理招标文件参考文本》5个示范文本。举办3期党建引领“红色物业”推进小区治理工作业务学习培训班，参训人员覆盖市、县组织、政法、住建、街道、社区、物业企业相关领导、负责人及工作人员约500余人。

【人大建议及政协提案办理】 2019年，市住建局共收到人大建议27件（主办12件，协办15件），人大议案1件（协办），内容涉及道路建设、农危房改造及配套设施建设、海绵城市建设等方面，已完成全部办理任务，满意率和答复率达100%。共收到政协提案50件（主办26件，会办24件），内容涉及垃圾分类回收、道路建设、海绵城市建设、城市基础设施建设、农村环境整治等方面，已完成全部办理任务，满意率和答复率达100%。

【清理拖欠民营企业中小企业资金】 2019年，市住建局清理拖欠民营企业中小企业任务为4 234.71万元，涉及企业10家，均为聂耳文化广场景区拖欠2015—2018年管维资金，清偿工作分两个批次完成，第一批次于10月10日清偿30万元，第二批次于10月31日清偿4 204.71万元，清偿比例达100%。

（市住房和城乡建设局提供）

建筑业

【建筑企业及产值】 截至2019年12月底，全市建筑业具有资质企业总数达到390家，其中：一级15家、二级139家、三级192家、不分等级44家。玉溪企业的整体资质数量、质量和规模方面综合排名在全省第二，位列昆明之后。全市建筑业发展工作成绩突出，受到省住建厅的高度肯定。在建筑业发展带动下，勘察、设计、监理、检测、造价、咨询、招投标代理等专业也都取得了长足发展，基本上形成以总承包企业为龙头，专业承包为依托，劳务分包为基础，中介服务相配套的产业组织体系。截至四季度末，全市完成建筑业总产值291.81亿元，增速8.7%。完成建筑业增加值131.59亿元，增速3.2%。全市建筑业吸纳农村劳动力入城进镇就业达到10余万人，为脱贫攻坚、转移农村剩余劳动力做出了重要贡献。

【二级建造师考试】 2019年，根据省住建厅相关部署及要求，玉溪市二级建造师执业资格考试工作首次由市住建局承接。玉溪考区有2 803人参考，考试科目为6 364人次，最大场次需要考场为100个。主项5 744人次，增项620人次，总6 364人次。面对考务工作的艰巨性和复杂性，局主要领导和分管领导统筹安排，局属科室、单位的负责人全部参与流动巡考和相关考务工作。5月25—26日，二级建造师执业资格考试如期举行。干部职工全力以赴，尽职尽责，确保试卷接收、保管、运送、分发、回收、移交，以及考试组织实施等各环节的保障工作，考试工作圆满顺利完成。

【建设工程消防审验】 根据中共中央办公厅印发《关于调整住房和城乡建设部职责机构编制的通知》，明确“将公安部指导建设工程消防设计审查职责划入住房和城乡建设部”。2019年3月27日，住房城乡建设部和应急管理部联合下发《关于做好移交承接建设工程消防设计审查验收职责的通知》，明确移交承接的范围为建设工程消防设计审核、验收、备案和抽查职责。4月，市住建局开展建设工程消防审验工作，截至12月31日，玉溪市2家审图公司共出具59份消防审查报告，已受理消防验收项目36个，出具合格意见书11份，现场踏勘项目70余次，完成验收总面积87万平方米。

【安全生产一岗双责】 2019年，市住建局按照“党政同责、一岗双责、齐抓共管”“三个必须”“三个责任”“四个一律”和企业“五落实五到位”的要求，主要领导就安全生产工作与各分管领导签订了责任书，分管领导与各县（区）住建局、各市属企业签订了责任书。印发了《关于明确党政领导班子成员“一岗双责”安全生产责任制的通知》等文件，进一步细化党政主要领导责任、党组班子成员各自负责分管行业领域的责任、业务科室监管责任、属地管理责任“四张责任清单”。在与市属企业签订的安全生产责任书中明确了企业董事长、党组织书记、总经理等有关人员的安全生产责任，做到一岗双责。

【房屋市政工程领域安全工程三年行动】 2019年，市住建局开展了安全工程三年行动，全市依法取得建筑施工企业安全生产许可证的建筑施工企业有269家，在建项目434个，安全生产标准化工地28个；其中国家、省、州市房屋市政工程重点项目34个，企业安全生产标准化考评率97.5%，在建项目安全生产标准化考评率98.75%，危大工程专项整治整改合格率100%；燃气经营企业35个，安全考核合格率100%，利用《云南省房屋市政工程安全质量监管信息系统》进行质量安全监管的项目247个。

【查大风险防大事故百日行动】 2019年，市住建局按照查大风险防大事故百日行动工作方案要求，对全市66个建筑施工项目、31个燃气重点监控单位、7个城市桥梁、7个渣土填埋场列出重点安全监管责任清单，明确了责任人、责任范围，全面落实事故风险防控责任。

【房屋市政工程施工安全专项治理两年行动】 2019年，全市共开展监督执法检查388次，检查工程316项，下发监督执法检查整改单202份；开展危大工程监督执法检查63次，检查工程82项，企业自查并整改危大工程安全隐患1个，整改合格率100%。开展了建筑起重机械专项整治，对辖区内在建工程项目的塔吊、台式起重机、门式起重机等进行全面排查检查，共检查建设工程项目75个，检查起重机械105台，下达责令限期整改通知书8份，停工整改由检查工程项目实行跟踪督查，确保问题整改到位。

【安全生产月活动】 2019年6月，市住建局围绕“防风险、除隐患、遏事故”主题，广泛深入组织开展“安全生产月”活动。发放了建筑施工各类宣传资料约10 000份，举办论坛、讲坛、研讨会等4场，参与487人次，开展问题整改“回头看”40次，开展区域行和专题行5次，开展暗查暗访36次。在春节、汛期和“中秋节”“国庆节”等重大节假日加大对建筑施工现场边坡、临近挡土墙、宿舍和位于人口密集地段的施工临时围墙进行安全检查力度，彻底排查滑坡、崩塌、洪水、泥石流等安全隐患，做好预测预警，及时制止不安全行为发生。

【施工现场安全生产标准化】 2019年，市住建局在全市范围内开展了年度省、市两级房屋市政工程施工现场安全生产标准化创建工作，15个项目被评为市级标准化工地，玉溪市儿童医院、澄江县委党校异地搬迁建设、玉溪中梁壹号院（二标段）等6个项目通过省级复核验收，被评为“云南建筑施工安全生产标准化工地”；玉溪中梁壹号院（二标段）入选国家级建设工程项目施工安全生产标准化工地。7月，组织市、县两级住建局分管领导、相关科室负责人及在建工程项目负责人、安全总监、总监理工程师等共计260余人，在玉溪体育运动学校及少年儿童体育学校迁建项目举办以施工场地内规范布局、喷雾抑尘等环保措施设置、创新技术应用、VR安全体验运用、质量标准化建设等为主要内容的观摩和建筑施工安全应急救援演练活动。

【城建档案管理】 2019年，市住建局共签订报送建设工程竣工档案责任书28份，发放建设工程档案初验认可证21份，发放建设工程档案合格证12份，入库建设工程竣工档案2373卷。截至年底，累计馆藏档案26 402卷，其中：纸质25 441卷，电子846卷、地下管线115卷；文字3 761 340页，图纸75 099张，照片144 097张。

【建筑工程招投标监管】 2019年，全市完成房屋建筑及市政工程招投标：限额以上工程招投标277个，招标工程造价633 914.20万元，中标造价603 746.13万元，节约造价30 168.07万元，工程造价降低了4.76%，公开招标率100%。落实国家减负政策，将工程质量保证金由5%降低为3%，仅此一项为全市施工企业节约资金6.26亿元。

【海绵工程认质认价】 2019年，市住建局编制了《海绵城市项目认质认价工作实施方案》，进一步建立健全海绵城市项目认质认价工作机制。针对海绵城市涌现出的新材料和新工艺，在《玉溪建设标准造价》增加了彩色沥青混凝土、GCL天然纳基膨润土防水毯、湿地负载微生填料、水生植物等40多种材料市场综合价格，为海绵工程提供配套服务。抽调专业技术人员参与认质认价工作，共对200余种材料和设备的预算价进行了认质认价，作为工程结算的依据，极大地推动了项目的结算进度，为加快项目推进，确保海绵城市建设任务圆满完成发挥了重要作用。

【建设工程质量安全监管】 2019年，全市新增监督工程140项，建筑面积约177.6万平方米。历年结转工程697项，建筑面积约4 597.3万平方米，全市竣工验收150项，建筑面积约76.8万平方米；办理竣工验收备案工程175项，竣工备案面积约1 991.3万平方米。市属新增监督工程43项，建筑面积约42.93万平方米，历年转结42项，建筑面积约148.21万平方米，共竣工验收44项，建筑面积约64.47万平方米，办理竣工验收备案工程25项，竣工备案面积约65.3万平方米。

【质量安全检查】 2019年，市住建局积极开展各类专项检查，制定深基坑、塔吊、高边坡、模板支架等各类专项检查的实施方案，持续开展节假日复工检查、重要节点安全隐患排查、检测质量专项检查，共下发质量整改

①2019年6月6日，市住建局举行安全生产月启动仪式 ②2019年7月3日，市住建局组织召开工程质量安全标准化暨应急演练现场观摩会议

（市住建局提供）

通知书111份、安全整改通知书88份、质量停工通知书4份、安全停工通知书20份，建设工程质量安全行政处罚建议书17份。

【绿色建筑】 为进一步加快推进绿色建筑发展，2019年8月，市住建局印发《玉溪市住房和城乡建设局关于玉溪市中心城区新建建筑全面执行绿色建筑标准的通知》，全年审查施工图403个，涉及绿色建筑面积101.96万平方米。

（市住房和城乡建设局提供）

房地产业

【房地产开发企业管理】 截至2019年末，玉溪市共有房地产开发企业248家，其中：二级8家、三级19家、四级92家、暂定129家。年内，全市共受理房地产开发企业延期换证131家，其中：核定暂定资质39家，暂定延期41家；核定四级资质24家，四级资质换证23家；核定三级资质1家，三级资质换证3家。注销房地产资质2家。

【房地产业投资】 2019年，全市房地产业投资同比增长6.0%，其中：全市房地产开发投资完成176.54亿元，同比增长36.5%；土地购置面积48.42万平方米，同比增长214.8%；商品房施工面积1 267.52万平方米，同比增长13.3%，其中住宅施工面积905.67万平方米，同比增长13.8%；商品房竣工面积172.28万平方米，同比增长7.0%，其中住宅竣工面积142.70万平方米，同比增长19.1%；商品房开发到位资金148.49亿元，同比增长26.5%，其中国内贷款4.48亿元，同比下降39.4%，自筹资金51.78亿元，同比增长30.6%。

【房地产去库存】 2019年，全市商品房销售面积完成202.24万平方米，同比增长17.1%，其中住宅销售面积170.23万平方米，同比增长10.5%。截至年末，全市商品房待售面积108.97万平方米，同比增长18.9%，其中住宅待售面积64.63万平方米，同比增长25.8%。为加大去库存力度，市住建局出台了系列政策，对内制定房地产预售资金监管、商品房合同备案、二手房交易监管制度。

【房地产展示交易会】 2019年11月21—25日，市住建局在聂耳文化广场举办第九届房地产展示交易会，房交会以“滇中碧玉·康养玉溪”为主题，以城镇房产、家装建材、陶瓷洁具、门窗地板展示交易和房地产、税务、金融等政策法规宣传、咨询服务，以及玉溪城市发展成就展、玉溪红色物业形象展、全国房地产联盟渠道对接洽谈推介等系列活动为主要内容。本届房交会为期5天，展区面积达15 000平方米，汇集了玉溪辖区内6个县（区）27家房地产开发企业共30个楼盘项目，以及银行等职能服务部门、家装建材等相关企业参展，参展规模、参展面积、项目覆盖区域创历届展会之最。展会期间，共有5.6万余人次到场参观洽谈，现场登记客户1 036单，房地产楼盘项目现场成交各类房屋23套，成交金额3 922万元；意向成交各类房屋823套，意向成交金额6.4亿元；银行意向贷款8套，意向贷款金额640万；相关产业（含装饰）现场成交16件，现场成交金额98万，意向成交165件，意向成交金额3 009万元。

2019年11月21日，玉溪第九届房交会启动仪式举行 （市住建局提供）

【二手房交易管理】 2019年，全市二手房成交面积123.97万平方米，同比增长11.72%；成交金额52.23亿元，同比增长23.74%。其中二手住房成交面积110.94万平方米，同比增长12.34%；成交金额45.88亿元，同比增长22.31%。成交套数9 310套，同比增长19.24%。

【棚户区改造】 2019年，全市棚户区改造新开工目标任务9 000套，其中，澄江县7 000套、新平县1 500套、江川区500套，截至12月底，全市棚户区改造累计开工9 000套，开工率100%。年内，棚户区改造累计获得资金43.43亿元，其中，成功发行棚改专项债36.7亿元、中央基建投资补助资金4.3亿元、中央补助资金1.98亿元、省级补助资金0.45亿元。澄江县抚仙湖环湖棚户区改造专项债券已发行36.7亿元，资金已到位，目标任务完成100%。

【老旧小区改造】 2019年，国家开始全面推行老旧小区改造，市住建局对全市老旧小区进行了深入摸底调查，统计上报了2019—2021年老旧小区改造计划表，共涉及老旧小区682个，40 471户，2 342栋，建筑面积380万平方米，计划总投资约23亿元。确定2019年老旧小区改造165个，511栋，9 367户，建筑面积87.67万平方米，计划总投资4.1亿元，已开工1 324户。中央财政城镇保障性安居工程专项资金9 547万元已下达各县（区），第一批中央配套基础设施建设补助资金4 700万元已下达江川、新平、澄江、峨山、易门5个县（区）。

【公租房分配】 全市实际建有公租房63 794套（其中：3 376套通过盘活政策转变为双创基地租赁住房，退出公租房管理），可用于分配的公租房总数为60 418套。2019年，全市公租房累计分配54 889套，分配入住率91.3%。年内，新增分配5251套，完成年度目标任务的350%。

【应届大中专毕业生租住公租房免租试点】 2019年，玉溪市实施“百千万人才计划”，印发《2018—2020年应届大中专毕业生租住玉溪市中心城区公共租赁住房免租试点方案》，通过协调提供中心城区公共租赁住房作为大中专毕业生的周转房免租金租用，房源为市本级公共租赁住房“万和家园”公租房800套一室户型、“万裕生态城”公租房200套一室户型，共计1 000套。面向2018、2019、2020年专职技校及以上学历的应届大中专毕业生，免租时间从2019年4月30日起至2020年12月31日止，免租时间最长不得超过2年。

【物业企业管理及“平安小区”建设】 2019年末，全市共有物业服务企业158户（中心城区82户，七县一区76户），从业人员约5 000余人，全市现有各类小区约1 585个，成立业主委员会的小区337个，占21.26%。12月，在社区推荐、县（区）初评的基础上，经市推进社区治理加强平安小区建设领导小组综合复评，珊瑚苑北区、瑞锦苑小区等15个住宅小区达到“平安小区”创建标准，并授予2019年度玉溪市“平安小区”称号。

【房屋网签备案系统实现全国联网】 2019年，按照住房城乡建设部和省住房城乡建设厅房屋网签备案系统全国联网工作统一部署安排，市住建局制定了房屋网签备案系统联网工作方案，积极与联网实施单位建设银行云南省分行协调对接网络规划和接入方案，完成了组织协调、数据库分析、网络联通、数据采集上送、通过检核等环节，至8月28日凌晨2时50分，全市241 120条房屋网签备案数据完成汇集采集上送核验，实现全市房屋网签备案系统全国联网。

【中心城区公租房及其配套商业设施盘活处置】 2019年末，中心城区公租房及其商业设施累计出售收入52 125.47万元。万和家园配套商业拍卖成交64间，合同总额7 795.47万元，实际回款7 795.47万元。李棋片区公租房出售469套，合同总额12 330万元，实际回款10 561万元；配套商业出售和拍卖32 000万元。其中，中心城区公租房及其商业设施累计出售收入17 421.99万元。万和家园配套商业拍卖成交26间，合同总额5 091.99万元，实际回款5 091.99万元。李棋片区公租房出售469套，合同总额12 330万元，实际回款10 561万元。

【租赁补贴发放】 2019年，全市租赁补贴发放任务数为1 360户。截至12月底，共发放租赁补贴1 372户，发放金额311.56万元，红塔区、澄江县、新平县超额完成年度目标任务。

【住房补贴及住房维修资金管理】 2019年，市住建局审批按月发放住房补贴约400余人。一次性住房补贴工作从9月份开始审批，发放73家单位340万余元。住房维修资金已批准10家单位40万余元。

【城镇保障安居工程争取上级资金】 2019年，全市城镇保障性安居工程累计争取资金45.01亿元，其中，中央财政城镇保障性安居工程专项资金2.14亿元，成功发行棚改专项债36.7亿元，中央基建投资补助资金4.3亿元（棚改），省级补助资金0.45亿元，中央财政城镇保障性安居工程专项资金用于城镇老旧小区0.96亿元，中央基建投资补助资金0.47亿元（老旧小区）。

【房地产中介机构管理】 2019年末，全市共有房地产中介机构102家（房地产经纪机构93家、估价机构9家）。年内，结合“双随机、一公开”及“行业乱象专项整治”，检查了9家房地产估价机构和26家经纪机构。共办理房地产经纪机构设立备案17家、延续备案10家、注销1家；办理云南省房地产经纪人协理注册38份、信息变更15份、延续登记161份。2次检查中心城区房地产经纪机构，抽查部分县（区）经纪机构，共检查66家，发放宣传单194张，调解中介机构与购房人矛盾纠纷4起。

【住宅专项维修资金缴存及管理】 2019年，市住建局修订完善《玉溪市房屋租赁和物业管理所住宅专项维修资金管理制度》，对红塔区辖区内住宅专项维修资金的交存操作流程、使用审核标准、申请流程、审核划拨和资金票据、增值收益、档案、退款、财务等10个方面的业务流程及标准作了进一步规范、优化和完善。全市共交存住宅专项维修资金小区420个131 231户，住宅专项维修资金账户余额9.61亿元，其中，中心城区53 907万元，共交存161个小区72268户，年内支出400万元，累计支出832万元。年内，共办理维修资金变更登记1 047件。各县（区）累计交存259个小区58 963户，维修资金余额42 161万元。

【市直公房管理】 2019年，市住建局累计出租市直公房（住房、办公、商铺）166套（户），出租率87%，租金收入456.15万元；通过淘宝网资产竞价网络平台公开竞拍处置市直公房23套（间），总成交价1 133.17万元（总评估价849.97万元），实现国有资产增值283.2万元。

【房屋租赁登记备案】 2019年，市住建局认真贯彻《商品房租赁管理办法》、建设部下发的《城市房屋租赁管理办法》、六部局联发的《关于进一步加强和改进出租房屋管理工作有关问题的通知》等政策，严格落实房屋租赁登记备案制度。中心城区累计办理并发放《玉溪市房屋租赁登记备案凭证》1442户（本）。

（市住房和城乡建设局提供）

城市管理与行政执法

【城市管理执法体制改革】 2019年，市住建局坚定不移地贯彻落实中央和省城市管理执法体制改革要求，以机构改革为契机，合力解决当前城市管理执法体制改革中面临的机构编制、职责划分、执法力量、执法保障、考核评价和信息化管理等问题，科学合理划定职责权限；推进管理重心下移，县（区）城市管理主管部门向街道（特色小城镇）派驻管理执法机构，并向乡镇延伸，逐步实现城市管理执法工作全覆盖，不断加强执法队伍规范化建设。按照“优化协同”原则，深化体制改革，进一步理顺中心城区城市管理体制机制，市级相关部门管理的19条道路及附属设施、9条排水箱涵、3座桥梁、3个公园（聂耳广场、柴家大山、五脑山）全部移交红塔区管理。

【城市管理机构和队伍建设】 2019年4月，玉溪市成立了玉溪市城市管理委员会，构建起高位协调机制，全面推行精细化管理，健全长效管理机制，制定印发《玉溪市全面推行城市精细化管理实施方案》。积极推进城市管理执法体制改革，内设城市管理科，负责指导全市城市管理工作。截至年末，红塔区、江川区、澄江县、通海县、新平县5个县（区）单独成立城市管理局，峨山县、易门县、元江县、华宁县4个县与县住建局合属设置城市管理局。全市城市管理领域共有正式执法人员366人（其中公务员126人，事业人员188人，工勤人员52人），聘用及协管人员达380余人（不含劳务派遣），城市管理执法队伍不断壮大。全市城市管理执法队伍牢记初心使命，践行为民服务宗旨，持续开展“强基础、转作风、树形象”三项行动，以加强执法制度化、法制化为重点，努力提升依法行政水平，全面开创玉溪城市管理工作新局面，住房城乡建设部对市级城市管理执法机构在全国范围内给予了通报表扬。

【城市精细化管理】 2019年，市住建局持续营造做好城市管理工作的社会氛围，利用电视、报刊、网络等新闻媒体，大力倡导“城市是我家，维护靠大家”的理念，切实提高市民群众的整体素质，形成全民动员、人人参与城市管理的浓厚氛围。邀请人大代表、政协委员等献计献策，为城市管理工作找准堵与疏、管理与需求的最佳切合点，把群众满意与否作为城市管理工作的出发点和落脚点。将执法程序、执法标准、执法要求、执法结果等置于社会监督之下，不断提高市民群众对城市管理执法的理解、支持和信任。建立城市管理考核评价体系，进一步加强城市精细化管理。以数字城管平台为依托，加快数字城管建设，以考核评价为抓手，整合公安、交警和城管视频监控设备资源，完善数字城管系统，综合利用视频一体化技术，适时监控城市管理和市民反映的各种问题，探索快速处置、非现场执法等新型执法模式，提升城市管理工作效率，有效解决城市管理人少事多范围广的矛盾，推动城市管理水平提升。统筹推进城市更新、实施城市修补、生态修复、增绿添色，持续整治占道经营、工地扬尘、城市噪音、违规养犬、乱停乱放等突出问题。不断提升智慧化、信息化管理水平，优化城市智慧管理信息平台，充分借助信息化管理平台广泛发动群众参与，搭建智慧交通平台，加快推进城区智慧停车建设。实现“人民城市人民管”，持之以恒保持城市整洁、干净、文明、有序。联合相关部门开展马路围挡专项整治28次；实施智慧停车项目建设，新增施划停车位1 869个；开展中心城区占道经营整治，查处占道经营2 450起，取缔流动摊贩、乱摆乱放28 312起，整治商业噪音、油烟扰民810起，清理小广告9 845条。

【数字城市管理】 2019年，机构改革后，玉溪市聂耳文化广场管理中心更名为玉溪市数字城市管理中心，完成了覆盖全市的市级和六县两区市域范围数字城管平台建设，实现与红塔区、澄江县、峨山县、新平县的市、县（区）两级平台互联互通。数字城市管理系统按照信息收集、案件建立、任务派遣、任务处理、处理反馈及核查结案六个流程，实现对城市管理问题的处置和社会公众服务，推动城市治理精细化、智慧化，促进城市高效有序健康运行。通过监督员上报、城管部门自发现、“玉溪智慧城管”微信公众号、“市民通”手机App及12319城建服务热线电话上报、党员服务等渠道收集各类城市管理问题信息，通过数字城管系统对收集到的问题信息进行审核立案、派遣处置，年内通过数字城管平台处理城市管理案件70 264起。

【规范完善法治政策措施】 2019年，市住建局制定印发《玉溪市住房和城乡建设局关于全面推行行政执法公示制度执法全过程记录制度重大行政执法决定法制审核制度实施方案》《玉溪市住房和城乡建设局（玉溪市人民防空办公室）关于开展集中委托行政处罚权工作的决定》等文件。

【行政复议】 2019年，市住建局依法受理行政复议案件2件：依法不予受理1件，依法维持1件。

【权责清单调整】 2019年，市住建局完成对权力清单和责任清单进行动态调整，人防、消防等权责一并纳入，涉及行政许可14项，行政处罚287项，行政检查11项，行政征收2项，行政强制2项，行政确认1项，其他行政职权18项，对应的法律依据、责任事项、追责情形共5 113项。

【城乡建设执法稽查】 2019年，市住建局深入开展房屋建筑和市政工程安全生产、全市建筑施工专项治理行动、校园及周边治安综合治理、旅游市场秩序整治和“扫黄打非”等综合督查检查，组织开展执法人员业务培训，不断强化“红线意识”和“底线思维”，完善稽查执法工作长效机制，全面推进各项工作持续稳定向好。严格履行法定程序，立行政处罚案10起，结案9起，作出行政处罚决定14起，累计罚款453 004.67元，行政复议、行政诉讼发生率为零。

【城市扬尘污染治理工作】 2019年，市住建局深化建筑工地扬尘管控，相继制定印发《玉溪市全面推行城市精细化管理实施方案》《关于进一步规范和加强房屋市政工程施工现场扬尘污染防治管理工作的通知》《玉溪市住建局关于打赢蓝天保卫战三年行动实施方案》《关于开展中心城区建筑施工工地扬尘专项治理工作的通知》等文件，深入落实扬尘污染防治责任，全面建立了施工工地管理清单。加强道路扬尘管控，加强清扫保洁降尘，改进环卫方式，不断提高中心城区机械化清扫率，市政府建成区每日出动大小清扫车19辆，实行16小时三班制清扫保洁，机械清扫率达70%以上。加大执法力度，严格查处建筑工地污染防治措施落实不到位、违规运输渣土等违规违法行为，全市住建部门共下发建筑施工扬尘治理责令整改通知书227份，予以行政处罚3起，罚款12000元，全年市中心城区办理建筑垃圾和散体物料运输处置案件142件，罚款348 300元。

（市住房和城乡建设局提供）

公积金管理

【业务指标完成情况】 2019年，全市归集住房公积金31.14亿元，比上年增长7.43%，完成计划111.21%，超额完成年初归集目标任务28亿元；共计4.88万人提取住房公积金25.77亿元，比上年增长20.19%；发放个人住房贷款4 598笔，共18.40亿元，比上年增长2.51%，完成计划141.50%，超额完成贷款目标任务13亿元；开展“公转商”贴息贷款1 641笔，共8.87亿元。6月30日，为缴存职工个人账户年度结息1.13亿元，比上年增长0.12亿元。年末，全市累计归集住房公积金248.49亿元，累计提取住房公积金166.66亿元，累计发放住房公积金个人贷款159.17亿元，归集余额81.83亿元，住房公积金个人贷款余额82.70亿元；累计发放保障性住房建设项目贷款3亿元，收回2.19亿元，项目贷款余额0.81亿元。全市住房公积金存贷比102.06%。全市逾期贷款347.16万元，逾期率0.04%，资产不良率好于全省平均水平。全年实现增值收益1.05亿元，增值收益率1.30%。

【住房公积金政策】 2019年，市住房公积金管理中心规范租房提取住房公积金最高限额为1 000元/月；调整商业银行住房贷款提取政策，将原来提取住房公积金偿还商业银行住房贷款提取金额“不超过贷款余额”调整为“不超过已还贷款本息合计金额”，进一步减轻职工还款压力；限制多人频繁买卖同一套住房提取住房公积金；规范住房公积金贷款政策中对首套房、二套房的认定标准；调整住房公积金个人住房贷款最高额度，双缴存职工为60万元，单缴存职工为40万元；进一步明确职工购、建第三套及以上住房的，不予办理公积金个人住房贷款；自12月5日起，停止执行提取住房公积金支付物业管理费的政策。

【全面提升住房公积金服务水平】 2019年，市住房公积金管理中心切实转变思想观念，增强服务意识，加快服务平台建设，完善服务平台功能，稳步推进住房公积金“放管服”改革，成效显著。有条不紊推进县（区）管理部进驻当地政务服务中心，全面落实政务服务“一网、一门、一次”改革要求，深入推进审批服务便民化，目前中心城区、新平、元江管理部已经进驻当地政务服务中心，其余管理部正在建设中；实现按月冲还贷业务，缴存职工一次签约后，即可委托中心每月自动提取个人住房公积金归还住房公积金贷款，实现“最多跑一次”，切实减轻缴存职工负担，自5月开通“冲还贷”服务以来，至年末累计为60 610人次冲还贷3.42亿元；逐步实现与玉溪市“一站式惠民”服务平台深度融合，在市政务中心自然人大厅14台自助终端机上开通公积金信息24小时自助查询、打印功能，服务渠道的开通让缴存职工查询信息更加自主化、便利化；印发《玉溪市住房公积金管理委员会关于贯彻落实“放管服”精神进一步简化工作流程、规范政策及业务资料的通知》，主动向社会公开住房公积金业务受理范围、服务事项、业务办理流程、办结时限等，接受社会监督，提高服务透明度；贯彻落实“减税降费”，为企业“减负”，全年共有5家企业降低住房公积金缴存比例，涉及职工272人，减少缴存金额56.79万元，9家企业办理缓缴手续，涉及职工140人，累计减少缴存金额77.05万元；开通“网上大厅”功能，完成全市共3 158个单位网厅年度变更操作培训，实现单位缴存业务由线下向线上办理模式的转变和“零跑腿”管理目标。年内，市住房公积金管理中心完成公积金热线12329在线解答1 958个，公积金网站访问581 651人次，单位网厅注册用户3 158个，公积金服务短信推送2 125 821条，中心城区管理部自助终端查询843条，打印1 010人次。

【住房公积金防控管理体系建设】 2019年，市住房公积金管理中心不断规范业务管理制度，经公积金管委会审议通过《玉溪市住房公积金资金预警机制实施办法》《玉溪市住房公积金金融业务受托银行准入退出管理暂行办法》和《玉溪市住房公积金管理中心房地产开发企业楼盘准入管理暂行办法》，于5月20日起全面执行贷款面谈记录制度。制定了《玉溪市住房公积金管理中心经费财务管理制度》《玉溪市住房公积金资金管理办法》和《内部稽核审计管理办法》，进一步规范单位财务管理行为。借助新兴媒体的优势，实现玉溪市“互联网+公积金”智慧服务工作线上与线下同时推广，以信息系统建设为载体，全面实行不相容岗位制约制度，在业务窗口全面推行综合业务岗，将各岗位审批权限嵌入信息系统，用信息化手段控制业务的合法合规性，实现业务流程标准化管理。

【保障性住房建设项目贷款试点工作】 2019年，市住房公积金管理中心圆满完成项目贷款年度清收计划6000万元，全年收回项目贷款利息397.27万元，年末项目贷款余额8 100万元，顺利完成不动产抵押工作，确保信贷资产安全。

（市住房公积金管理中心提供）

“六城”同创

【“六城”同创】 2019年，市住建局和市直相关部门按照“四治三改一拆一增”实施城市精细化管理，全面推进“干净、宜居、特色”的“美丽县城”建设。以城市“脏、乱、差”等突出问题为切入点，聚焦群众反映强烈的市容市貌问题，巩固创卫、创园、创文成果，持续推进“六城”同创。加强建筑工地整治，组织召开工作会议10余次，开展建筑工地督查30余

①2019年3月5日，市创文办开展“3·5”学雷锋志愿服务活动，志愿者发放创文宣传资料　②2019年9月11日，中秋节期间志愿者发放创文宣传资料　③2019年4月26日，市图书馆举办玉溪市第六十九期文明讲堂（总堂）活动

（市创文办提供）

次，出动检查人员50余人次，共检查建筑工地50余个，对发现存在问题的工地提出整改限时整改要求，并及时跟进整改进度；对市创文办督查发现问题及时进行责任分解，监督机构进行跟进检查和整改情况反馈，确保在时限内按要求完成整改工作。对直接负责的项目围挡整治共投入经费25万元。开展中心城区占道经营整治，共查处占道经营2 450起，取缔流动摊贩、乱摆乱放32 437起，整治商业噪音、油烟扰民1 588起，清理占道水牌、小广告18 153条。开展志愿者服务，完善爱心服务点设施。组织志愿者200余人，开展10余次多种形式的志愿者活动，供排水公司和天然气公司建设2个志愿服务点。做好网格化管理工作，积极对接高仓社区、棋阳社区制定了工作方案，对照问题清单，进行每月一次督促、指导、协调工作。认真做好网上申报材料工作，对涉及的37项网上申报资料，安排专人进行资料的收集整理，按时按质完成网上申报材料工作。建立城市管理工作派单制，与市创文办、市创卫办统一意见，抓好协调联动，对文明城市、卫生城市、园林城市创建工作的明察暗访实行信息共享、分别派单并定期检查通报。派出书面工作交办单16份、47个问题，电话派单9个，责令限期改正，整改完成率达90%以上。

【争创中国人居环境奖】　2019年，市住房和城乡建设局紧紧围绕“建设生态宜居文明幸福魅力城市”目标，全面落实《玉溪市申报中国人居环境奖暨联合国人居环境奖工作实施方案》要求，严格执行《中国人居环境奖评价指标体系（试行）》标准，着力夯实创建基础和推进重难点指标任务建设，已委托住建部城乡规划中心编制完成了基础评价报告和申报材料。

（市住房和城乡建设局提供）

【创建文明城市】　2019年，玉溪市坚持以人民为中心的发展思想，积极回应市民关心关切，推动解决热点难点问题，推动文明城市创建工作向更宽领域、更深层次、更高水平迈进，圆满完成创建云南省文明城市年度测评工作，澄江县创建全国文明城市第二年测评成绩以95.82的高分位列10个县级提名城市首位。

加强组织领导，五届市委常委会先后3次传达学习云南省文明城市创建工作推进会等相关会议精神，听取精神文明建设、创建文明城市、未成年人思想道德建设工作情况汇报，研究贯彻意见。市委、市政府领导作出批示、靠前指挥、现场调研，组织召开推进会、联络员培训会、专题会等会议21次。印发《玉溪市创建文明城市工作2019年度考核办法》等文件，明确各县（区）、各责任单位目标职责。制定挂图作战表，细化105项具体工作，倒逼工作责任落细落实。报送创文工作报告和创文简报63期，制发《玉溪市创建文明城市实地考察指导手册（2019年）》7 700册，推动各责任单位学习全覆盖。实行“党建+创建”，推动198家市、区两级单位党组织下沉到43个社区网格，层层压实工作责任。充实创建队伍，创建全省、全国文明城市领导小组办公室所在的市文明办设置4个科室，增加正式编制人员5人，从市直部门、县（区）借用工作人员9人，公开招聘办公辅助岗位人员15人。社会主义核心价值观培育践行落细落实，以庆祝中华人民共和国成立70周年活动为契机，开展“同升国旗、同唱国歌”“我们的节日”、红土地之歌、玉溪精神演讲比赛等活动，在市级媒体刊播公益广告493余条，举办“文明玉溪　你我共创”公益广告大赛，设计3套公益广告模板，发放宣传物料60万份，建设玉溪大河孝文化主题园项目二期、两湖大瀑布社会主义核心价值观主题园项目，将社会主义核心价值观宣传展示引向深入。公民思想道德建设稳步推进，贯彻落实《新时代公民道德建设实施纲要》《新时代爱国主义教育实施纲要》，开展创建主题月活动，建立旅游“红黑榜”制度，在车站、景区发布文明旅游公约十条宣传广告。举办“文明讲堂”总堂活动11期，推动各县（区）、乡镇（街道）、社区（村组）举办文明讲堂活动677期。开展“德耀中华”道德模范事迹主题巡讲9场。评选命名第四届“玉溪好人”12人、第五届“玉溪好人”16人、第六届玉溪市道德模范及提名奖20人、第七届云南省道德模范及提名奖5人。发布善行义举榜1 083块，覆盖到村（社区）、学校。加强未成年人思想道德建设，健全“学校、家庭、社会”三结合教育网络机制，开展“扣好人生第一粒扣子”主题教育系列实践活动、优秀童谣推广传唱活动、第七届“聂耳杯”乡村学校少年宫才艺大赛。评选2019年“新时代玉溪好少年”20人，其中2人被评选为“新时代云南好少年”。志愿服务活动深入开展，围绕扶贫助困、抗旱救灾、环境保护、邻里守望、文明交通、关爱高原湖泊等主题，利用学雷锋纪念日等重要时间节点开展“送温暖、送平安、送新风”等形式多样志愿服务活动，帮助贫困儿童实现226个微心愿。加强实地调研，委托第三方测评机构2次对中心城区93个项目856个点位开展实地模拟测评，发放问卷调查720份，对江川区、易门县、新平县进行云南省文明城市年度测评。受理群众监督电话反映问题46个，邮件10份，发布曝光台稿件42期，对中心城区开展暗访4次、联合督查30次，赴县（区）实地调研18次，梳理问题810个，制发《玉溪市创文工作问题交办单》182份，交办52个责任单位整改。

（市创文办提供）

元江哈浦村　（官朝弼　摄）

新平哀牢山石门峡　（崔永红　摄）

环境保护

ENVIRONMENTAL PROTECTION

责任编校：李海明

生态环境保护

【概　况】　2019年，全市生态环境工作在市委、市政府的正确领导和省生态环境厅的指导下，以习近平新时代中国特色社会主义思想为指导，深入落实习近平生态文明思想和全国、全省、全市生态环境保护大会的安排部署，按照市委五届七次全会和市政府五届二次全会的要求，树牢“薄冰”意识、“底线”意识、“担当”意识，坚定不移实施生态立市战略，坚定不移争当全省生态文明建设排头兵，聚焦打好标志性战役，加大工作力度，进一步改善生态环境质量，协同推进经济高质量发展和生态环境高水平保护。制定实施了“三湖”保护治理、珠江红河水系保护修复、水源地保护、城市黑臭水体治理、农业农村污染治理、生态保护修复、固体废物污染治理、柴油货车污染治理等8个标志性战役行动方案。中心城区环境空气质量优良天数比率96.4%，纳入国家、省级考核的地表水水质优良比例为63.6%，26个省控以上重要河湖库渠水功能区水质达标率为76.9%。编制《玉溪市生态文明建设规划》，启动国家生态文明建设示范市创建工作，开展抚仙湖绿水青山就是金山银山理论实践创新基地申报工作。编制玉溪市“三线一单”和“环境准入清单”。强化生态环境监管执法，环保督察反馈意见整改任务稳步推进。总的来说，全市生态环境工作积极适应新常态，敢于迎难而上，勇于改革创新，各项工作推进有力，全市生态环境质量进一步改善，群众对生态环境的获得感不断增强，为全市经济社会发展做出了重要贡献。

【大气污染防治】　2019年，市生态环境局严格落实大气污染防治目标责任制度，深入落实《玉溪市打赢蓝天保卫战三年行动实施方案》，制定实施《玉溪市“散乱污”企业综合整治工作方案》《玉溪市重点行业挥发性有机物综合治理实施方案》，开展钢铁行业超低排放改造、工业炉窑综合治理、挥发性有机物、工业企业无组织排放管控整治工作，完成153户“散乱污”企业整治，淘汰10蒸吨及以下燃煤锅炉23台，超额完成了省上下达淘汰任务。华宁县、通海县、易门县、峨山县、新平县、元江县完成高污染燃料禁燃区划定工作。强化机动车尾气检测工作，全市21家机动车检验机构68条检测线共检测车次369 558辆，合格303 511辆，合格率82.13%，机动车尾气检测工作走在全省前列。加大空气质量监测的预警预判，先后下发28期环境空气质量预警函和6份预警通知，在全市范围内实施“三停”，严防空气污染。中心城区环境空气质量优良天数比率96.4%，其他区环境空气质量基本保持稳定优良，全市未出现中度及以上污染天气。

【水污染综合防治】　2019年，市生态环境局迎接全国人大常委会《中华人民共和国水污染防治法》执法检查。实施星云湖水质加密监测方案，每月对“三湖”以及主要入湖河流断面水质进行监测，及时分析研判水质情况。实施玉溪市跨界河流水环境质量补偿水质监测方案，及时预警通报南盘江、元江等流域超标国考断面水质情况。纳入国家、省级考核的地表水水质优良（达到或优于Ⅲ类）比例为63.6%，丧失使用功能水体（劣Ⅴ类）水体比例9.1%，达到了省级下达的2019年生态环境约束性指标任务。26个省控以上重要河湖库渠水功能区水质达标率为76.9%。开展东风水库、飞井水库以及24个农村“千吨万人”饮用水水源地保护区划分（调整）方案编制工作，组织对24个农村“千吨万人”饮用水水源地每季度开展一次水质监测。市、县两级集中式饮用水源水质达到或优于Ⅲ类的比例保持100%。

【土壤污染防治】　2019年，市生态环境局建立市级土壤污染防治项目储备库，累计申报11个土壤污染防治中央储备库项目。推进易门县芦潭冷水箐片区土壤污染治理与修复示范工程的实施。建立疑似污染地块信息库，利用全国污染地块土壤环境管理信息系统，对全市疑似污染地块进行逐一排查，完成11个疑似污染地块调查工作。开展重点行业企业用地污染基础信息调查，完成了全市范围内208个地块的重点行业企业用地土壤污染状况调查信息采集及调查风险筛查纠偏工作。开展工业固体废物堆存场所排查整治工作，对全市“十类”工业固体废物及堆存场所进行逐一排查，筛选出存在环境污染风险的问题整治清单。

【生态文明建设】　2019年，市生态环境局将全市31项生态文明体制改革事项任务分解细化到各责任单位，按进度要求抓紧推进各改革事项，完成《玉溪市建立市场化、多元化生态保护补偿机制工作方案》《玉溪市水源地保护攻坚战实施方案》《玉溪市柴油货车污染治理攻坚战实施方案》《玉溪市节水行动实施方案》。编制《玉溪市生态文明建设规划（2019—2025年）》，制定实施《玉溪市创建国家生态文明建设示范市实施方案》，组织易门县、红塔区、江川区申报省级生态文明县（区），制定了《玉溪市创建生态文明建设示范市工作方案》，完成抚仙湖绿水青山就是金山银山理论实践创新基地申报材料的编制工作。

【服务经济社会】　2019年，市生态环境局强化财政资金保障，全年争取中央、省级资金2.46亿元，为历年之最。实施《玉溪市生态环境局关于环境保护领域进一步深化“放管服”改革推动玉溪经济高质量跨越式发展的实施意见》，深化环境保护领域“放管服”改革，优化营商环境，为打好污染防治攻坚战、推动经济高质量跨越式发展提供有力支撑。制定实施《玉溪市长江经济带战略环境评价项目“三线一单”编制工作方案》，积极开展“三线一单”编制工作，按照生态环境部和省厅调研玉溪工作要求以及省级和市级“三线一单”成果两轮征求意见和反馈情况，完成玉溪市三线一单技术报告、“环境准入清单”和图集的更新及完善。着力优化环评审批服务，全面提升环评审批的质量和效率，对上年622个登记表项目进行专项清理核查，年内全市共审批建设项目环评文件290项，对1 606个建设项目进行了登记表备案。全面推进污染源普查清查建库、入户调查、产排污量核算等各项工作，玉溪市第二次全国污染源普查工作通过国家质量核查和第三方质量评估。

环保执法

【环境监管执法】　2019年，市生态环境局开展“三湖”流域环境监察工作、集中式饮用水水源地排查整治、抚仙湖“雷霆行动”、重点地区铊污染事件防范、“三磷”排查整治、生态环境保护执法大练兵、全市突出环境问题排查、推动落后产能退出环境监察、打击矿产开发领域黑恶势力违法犯罪行为、危险化学品企业专项执法、打击固体废物环境违法行为等环保专项行动。全市出动环境监察人员8 417人次，检查企业3072家（次），立案查处各类环境违法案件201件，罚款2 037.11万元。全市共办理四个配套办法案件54件，其中查封扣押11件、限产停产19件、移送拘留22件、环境污染犯罪2件。全市105户重点污染企业350台套的污染源自动监控设施完成建设安装运行；认真做好“12369”环保热线、环保微信举报等工作，畅通群众诉求渠道。加强环境信访工作，做好环境纠纷矛盾排查和化解工作，及时化解环境矛盾纠纷、解决群众关心的热点环境问题。全市共受理污染投诉754件，已办理754件，办结率100%，有效及时地化解矛盾，消除不稳定因素，维护和保障群众的环境合法权益；坚持预防为主，防治结合，安全第一的方针，多措并举，严格管理，抓好全市辐射环境安全监管。新办理4家辐射安全许可证，重新申领2家，收贮放射源7枚，对全市15家核技术应用单位的辐射安全许可证到期进行延续、变更、注销，对185家核技术利用单位、180枚放射源和283台射线装置进行了现场检查。举办2019玉溪辐射事故应急演习，全市未出现放射源失控、丢失和被盗，未发生辐射污染事故。

【环境保护督察整改】 2019年，全市相关部门切实扛起政治担当、历史担当、责任担当，夯实生态文明建设和生态环境保护整治责任，严格按照玉溪市贯彻落实中央环境保护督察、省委省政府环境保护督察、中央环境保护督察“回头看”及高原湖泊环境问题专项督察反馈意见问题整改方案，坚持问题导向、目标导向、结果导向，动真碰硬，倒逼责任落实，全力推进环保督察反馈问题整改落实。市级先后召开109次相关会议研究部署环境保护工作；市委、市政府主要领导先后作出66次批示，对集中式饮用水源地环境保护、黄标车淘汰、落实河（湖）长制、加强“三湖”保护治理等工作提出明确要求；市级领导先后152次深入现场检查调研，协调推动“三湖”保护治理、“森林抚仙湖”建设、通海县第二污水处理厂建设、国考断面水体达标等工作。市环保督察领导小组办公室加强整改督促检查，采取挂账督办、专案盯办，对整改滞后的及时下发督办通知，年内共下发督办通知、督办预警函10余份，明确整改时限和要求，对问题整改情况进行检查督办，及时跟踪问效，确保问题全面整改到位。2018年中央环保督察“回头看”及高原湖泊环境问题专项督察整改任务共22项，已整改完成14项，9项正在整改；2018年中央环保督察“回头看”涉及玉溪市的104件投诉举报件已全部完成验收。

【环境法制与宣传教育】 2019年，市生态环境局制定工作任务分工方案，全面推进依法治市工作、法治政府建设和普法依法治理工作，实施《玉溪市生态环境局全面推行行政执法公示制度执法全过程记录制度重大行政执法决定法制审核制度工作方案》，召开13次重大行政处罚案件审查会议审议重大案件，办理5件行政复议案件和6件行政诉讼案件，确保依法治市、依法行政和普法依法治理工作有序推进。召开全市生态环境损害赔偿制度改革工作推进会，积极组织开展生态环境损害赔偿案例实践工作。全市共有13所学校、9个社区和1个单位被命名为第十一批省级绿色学校、第九批省级社区和第七批省级环境教育基地。大力开展新闻宣传、舆论监督和环境宣传教育等工作，积极组织开展“六五”环境日等系列宣传活动，在全市营造全民参与环保工作、争当全省生态文明建设排头兵的浓厚氛围。

（赖恒红）

“三湖”保护

【“三湖”水污染综合防治】 2019年4月30日，市委书记罗应光主持召开“三湖”试验区管委会暨湖泊保护治理工作会议，强调必须始终强化“共抓大保护，不搞大开发”战略导向，坚持“保护第一、治理为要、科学规划、绿色发展”，坚决落实“四个彻底转变”，拉高工作标杆、因湖精准施策，抓好治水的人，管好装水的湖，治好流水的河，护好蓄水的山，坚决打好“三湖”保护治理攻坚战。市长张德华代表市政府分别与江川区、通海县、澄江县县（区）长签订2019年“三湖”保护治理年度目标责任书，并将考核结果纳入市对县（区）综合考评奖惩，用硬的制度倒逼责任落实。市委、市政府相继召开常委会、常务会、全市河（湖）长领导小组会、全市污染防治工作领导小组会、雷霆行动推进会、专题会等会议，研究落实“三湖”保护治理工作。市级河（湖）长纷纷到“三湖”实地调研督促河（湖）保护治理工作，带头落实“六必看、六必听、六必改、六提升”工作要求，以“河长制”推动“河长治”。坚持问题导向、一湖一策、精准治理，动真碰硬抓好各类督察巡视反馈问题整改，调整优化“三湖”“十三五”规划项目，调整后三湖“十三五”规划和山水林田湖草生态保护修复试点项目共86项，总投资159.75亿元（其中：抚仙湖106.38亿元、星云湖36.94亿元、杞麓湖16.44亿元），年底完工28项，扣除延期和调整至其他项目实施的5个项目，完工率34.56%，开工建设75项，开工率92.59%，项目到位资金70.99亿元，完成总投资97.05亿元，投资完成率60.75%。制定实施“一河一策”整治方案，抚仙湖18条入湖河道和星云湖12条入湖河道综合治理工程等重点工程全面开工建设，抚澄河水质实现脱劣。深入实施“六城同创”和“百村示范、千村整治”工程，以截污治污为抓手，系统推进“三湖”保护治理。年内，抚仙湖水质总体保持Ⅰ类，星云湖水质综合评价为劣Ⅴ类（12月份水质达Ⅴ类），杞麓湖水质综合评价为Ⅴ类。

【省委书记带头履行河（湖）长职责】 2019年6月3—4日，省委书记、全省总河（湖）长、抚仙湖河长陈豪在玉溪市督促检查抚仙湖、星云湖等湖泊保护治理工作时强调，要深入学习贯彻习近平生态文明思想和习近平总书记对云南工作重要指示精神，提高政治站位，强化责任担当，以系统性思维抓好抚仙湖等流域环境综合治理，以科学精准思维着力解决湖泊保护治理短板，以辩证思维实现“绿水青山”向“金山银山”有效转化，坚决守住生态之基和发展之本，努力建设深蓝抚仙湖、七彩抚仙湖、森林抚仙湖。12月7日，省委书记陈豪带队到澄江县督促检查抚仙湖保护治理工作时强调，要切实扛起政治责任和历史使命，保持战略定力，坚定信心决心，按照“保护第一、治理为要、科学规划、绿色发展”的工作思路，持之以恒抓保护治理，让抚仙湖一池清水永驻云岭高原。

【“三湖”保护治理雷霆行动启动】 在全面总结保卫抚仙湖雷霆行动的基础上，2019年6月12日，相关部门全面启动“三湖”保护治理雷霆行动。此次雷霆行动以实现“问题彻整改、四乱全清理、污染全截至、河道全脱劣”为抓手，突出问题导向，坚持“属地管理”与“分级负责”相结合，注重源头防治、过程处置、末端治理，将“三湖”流域空间管控、推进四退三还、防治面源污染、加快截污治污、开展河道整治等方面的130项问题（其中抚仙湖59项、星云湖40项、杞麓湖31项）纳入“三湖”保护治理雷霆行动实施整治，截至年底，“三湖”保护治理雷霆行动130项问题已全部验收销号，抚仙湖流域突出问题逐步减少，“三湖”流域四退三还、面源防治、截污治污等重点工作取得新进展、实现新突破。

【加强流域空间管控】 2019年，市抚管局整合抚仙湖径流区15个专项规划，完成《抚仙湖保护和开发利用专项规划》编制上报省级审批，星云湖、杞麓湖保护和开发利用总体规划正在抓紧编制，推进《抚仙湖流域控制性环境总体规划》编制。划定流域生态保护红线，严格执行“三线一单”，严把“三湖”项目审查关，开展项目前置审查22个、项目规划审查7次、在建项目实地检查10次，严格执行“三同时”制度。全面实施“停审停批停建”，抚仙湖径流区开发项目从25个减少到18个，规划建设用地面积从10.2万亩减少到3.5万亩，实供建设用地1.32万亩，开发利用强度大幅降低。全面开展“三湖”一级保护区“清四乱”工作，排查核查“四乱”问题189处，约44 101平方米。

【建立完善法律法规体系】 新修订的《云南省杞麓湖保护条例》自2019年3月1日起施行，《云南省星云湖保护条例》于9月28日经省十三届人民代表大会常务委员会第十三次会议审议通过，修订后的“三湖”保护条例更加科学、完备，为“三湖”保护治理提供坚强有力的法律保障。

【全面加强“三湖”执法监管】 执法体制改革以来，市抚管局执法工作以“一线精、二线强、三线足”为目标，练兵备战，规范程序，罚缴分离，从严打击，截至2019年年底，立案各类违法案件144件，结案135件，收缴罚没款36.79万元，收缴网具15 465张、地笼7 400个、漂浮和推进器等1 149个。抚仙湖严格执行开封湖禁渔制度，办理1 318份捕捞许可证，完成18个渔船归港点1 813条渔船的归港工作和694只废旧渔船的处置工作，收取渔业资源增殖保护费127.16万元并专项用于抚仙湖保护治理；依法重新启动取水许可审批，办理118户，注销4户；开创性实施全湖禁泳，劝阻入湖游泳行为21 746起，开展救援279起2 948人，获得了沿湖群众的普遍认同，圆满完成禁泳任务。星云湖、杞麓湖从单一执法向综合执法转变，起步开展一级保护区项目建设协调、监管、检查工作，严肃查处杞麓湖国家湿地公园填湖建设案件，从严打击非法捕捞行为，立案16件，罚款36 500元，改革前后形成鲜明对比；星云湖首次开办垂钓证392个，以规范娱乐垂钓行为，并开展专项整治行动，拆除偷鱼窝棚9个、钓鱼台16个、铲除复耕地1 000平方米；杞麓湖以渔净水的公司化模式成为湖泊及渔业管理示范，拆除湖内钓鱼台71个，清理湖面垃圾10余吨，清理整改湖岸畜禽养殖5户。

【持续强化“三湖”资源管理】 2019年，市抚管局对抚仙湖水生生物资源和土著鱼增殖放流效果进行系统调查，并开展抚仙湖银鱼精准捕捞及水生态系统良性循环综合研究试验，形成《抚仙湖银鱼精准捕捞可行性研究报告》。制定实施《玉溪市抚仙湖、星云湖、杞麓湖水生生物放生活动管理规定》，制发《抚仙湖土著鱼种目录及放生宣传册》1 000册，并对放生行为严格监管。推进实施“以鱼抑藻、以鱼控草、以鱼净水”生物治理，引入社会资本参与增殖放流，累计放流土著鱼苗到抚仙湖126.2万尾、星云湖517.98吨、杞麓湖4.55万尾，维护湖泊生物多样性。推动建立河流湖泊水质监测系统、水环境状况分析制度、水质状况评价通报考核制度，优化监测网络、加强湖区水质和水生态自动监控能力建设。

【全力实施“四退三还”】 截至2019年年底，抚仙湖一级保护区内16户私营企业全部退出；一次性启动抚仙湖环湖剩余2.2万人生态移民搬迁，按照分批次压茬推进的工作安排，10月10日启动了第一批2 488户8 495人的搬迁工作，截至10月24日全部完成签约，资金兑付完成；10月21日启动第二批1 846户7 393人的搬迁工作，截至12月5日完成协议签订1 838户，剩余8户，签约率达99.57%，资金兑付工作已完成；12月6日启动第三批次小凹下坝隔河、孤山牛摩片区1 344户5 057人的搬迁工作。星云湖一级保护区剩余1 576.2亩农田已全部完成退出，退房工作正在开展退房协议签订，目前已签订退房协议349户，签约率达90.4%，已经拆除16户农户房屋和4家企事业单位。杞麓湖一级保护区已完成征地6 600亩，兑付资金2.9亿元，正全力巩固“三线”生态搬迁成果。

【加快“森林抚仙湖”建设】 2019年，各级各相关部门共投资15亿元，一次性启动15.17万亩“森林抚仙湖·七彩抚仙湖”工程，对5.38万亩坡耕地实施治理，对6.59万亩石漠化可造林面积进行生态修复以及对3.2万亩未成林地造林抚育，截至2019年年底，森林抚仙湖项目完成建设任务10.82万亩，项目全部建成后，抚仙湖径流区森林覆盖率由43.78%（不含抚仙湖水域面积，下同）提高到65.84%以上，林木绿化率由54.17%提高到76.23%以上，每年可减少入湖泥沙约2万吨，减施化肥4 000吨。

【实施“高原湖泊卫士行动”】 2019年，市抚管局印发实施《玉溪市实施“高原湖泊卫士”行动方案》，实施党建引领“高原湖泊卫士”行动，打破环湖各领域党组织层级、隶属的藩篱壁垒，成立由市抚仙湖管理局、市河长办、“三湖”流域县（区）党委组成的“三湖治理”联席会议，深化环湖区域联动合作。在沿湖县（区）分别成立抚仙湖、星云湖、杞麓湖联合党委，建立区域性党组织44个，助推党建资源在环湖重大任务、重点项目建设一线聚集，联动解决湖泊保护治理问题。建立乡镇和部门“双召集”制度，统筹生态环境、自然资源、水利等部门执法力量和资源下沉，深化“党建＋河长制”，将河道管理纳入支部主题党日、“三会一课”、党员积分制管理以及沿湖4个乡镇20个社区的村规民约，激励党员争当产业先锋、项目建设先锋、生态修复先锋、护湖爱湖先锋、宣传教育先锋，形成党组织为龙头、党员作表率、群众齐参与的抚仙湖保护工作格局。

【取消抚仙湖资源保护费】 按照《云南省财政厅云南省发展和改革委员会关于取消地方设立的涉企行政事业性收费的通知》要求，自2019年7月1日起，取消抚仙湖资源保护费政策。抚仙湖资源保护费自2010年开征，截至2019年7月，共征收到8 997.58万元，按照“取之于湖、用之于湖”的原则，专项用于抚仙湖保护治理非工程措施管理、抚仙湖流域生态恢复、补偿费用，有力促进了抚仙湖生态环境保护。

【抚仙湖旅游度假区入列国家级旅游度假区】 2019年5月19日，抚仙湖旅游度假区被正式授牌为国家级旅游度假区，成为玉溪市首个、云南省第3个国家级旅游度假区。

（李培挥）

江川隔河村湿地　（崔永红　摄）

甜蜜的事业 （刘 斌 摄）

经济管理

ECONOMIC MANAGEMENT

责任编校：李海明

经济社会建设投资

能源工作

国有资产管理

工商行政管理

物价管理

审　计

统　计

国土资源管理

土地储备

质量技术监督管理

食品药品监督管理

安全生产监督管理

经济社会建设投资

【概　况】 2019年，全市完成生产总值1 949.7亿元、增长6.8%，其中：第一产业增加值181.6亿元、增长5.6%，第二产业增加值852.6亿元、增长4.9%，第三产业增加值915.5亿元、增长9.2%；固定资产投资下降8.8%，社会消费品零售总额439.4亿元、增长12%，一般公共预算收入133.2亿元、下降6.5%，城镇居民人均可支配收入40 700元、增长8.1%，农村居民人均可支配收入15 719元、增长10.2%，城镇化率达52.9%，居民消费价格总水平上涨2.7%，城镇登记失业率3.3%，单位生产总值能耗完成省下达任务。

（马庆凯）

【固定资产投资】 2019年，全市完成固定资产投资792.8亿元、负增长8.8%。县（区）投资“五正五负”：红塔区完成投资168.8亿元、负增长17.7%，江川区完成投资75亿元、增长6.7%，澄江县完成投资121.4亿元、增长0.7%，通海县完成投资64.2亿元、负增长5.5%，华宁县完成投资50.7亿元、增长3.9%，易门县完成投资72.1亿元、负增长19.1%，峨山县完成投资79.5亿元、增长2.3%，新平县完成投资63.7亿元、负增长34.8%，元江县完成投资97.5亿元、增长5.8%，高新区完成投资35亿元、负增长18.6%，10个县（市、区）均未完成2019年投资目标任务。行业投资“三正七负”：农业完成投资69.8亿元、增长2.3%，工业完成投资134.1亿元、负增长8.3%，房地产业完成投资199.6亿元、增长6%，综合交通完成投资186.6亿元、负增长29.2%，水利完成投资20.5亿元、负增长19.3%，教育完成投资25.8亿元、负增长18.6%，卫生计生完成投资3.5亿元、负增长39.7%，公共设施管理完成投资43.9亿元、负增长20.8%，旅游业完成投资44.1亿元、增长36.5%，仓储冷链物流投资4.4亿元、差目标任务10.6亿元，10大行业投资除旅游业完成2019年投资目标任务外，其余9大行业均未完成任务。

（杨　斌）

【“五网”建设推进情况】 2019年，全市“五网”建设认真贯彻落实习近平总书记考察云南重要讲话精神，主动服务和融入国家战略，全面推进互联互通、功能完备、安全高效、保障有力的五大基础设施网络建设，打好基础设施建设攻坚战。玉溪市“五网”建设安排重点项目161项，总投资1 587.4亿元，年度计划投资254.3亿元，其中：竣工20项、投资11亿元，续建44项、投资190.5亿元，新建48项、投资52.8亿元，前期49项，估算总投资355.4亿元。1—12月，全市上下认真实施重点项目推进副市长牵头负责和县（区）部门“一把手”负责，全力以赴推进“五网”重点项目建设。经过积极努力，161项重点项目进展顺利，完成投资271.7亿元，完成年度计划的106.8%，其中综合交通网66项、完成投资230.3亿元，能源保障网22项、完成投资5.9亿元，水保障网55项、完成投资13.6亿元，互联网7项、完成投资3.4亿元，物流网11项、完成投资13.6亿元，圆满完成年初确定目标任务，为“稳增长、增动力”做出了重要贡献。

（熊健先）

能源工作

【华宁天然气支线管道工程】 华宁天然气支线管道工程自红塔区师家塘至江川至小白坡至华宁，项目业主为玉溪博能能源投资有限公司。2019年12月全部建成，累计完成投资1.59亿元。管道全长75千米，设计压力4.0Mpa，工况压力3.6MPa，设计输气能力达47万Nm^3/d，管径分别为D273.1×7、D219×6、D168×5，设计年输气量为1.7亿Nm^3，配套建设3座场站（师家塘分输站，江川合建站和通海合建站）和2座阀室（小石洞阀室和雄关阀室）。

【禄脿—易门天然气支线管道工程】 禄脿—易门天然气支线管道工程起自位于安宁市禄脿镇白邑村北的中缅管道玉溪支线1号阀室，终点位于玉溪市易门县龙泉街道办事处麦子田村，项目业主为玉溪能投天然气产业发展有限公司。2019年1月正式通气投产，累计完成投资1.8亿元。管道全长32.35千米（安宁市境内8.49千米，易门县境内23.86千米），管径为DN300，设计压力为6.3MPa，设计输气量为4.5亿方/年，全线设置站场2座、分输阀室1座、输阀井2座，改造阀室1座。

（高　丽）

国有资产管理

【项目建设】 2019年，市国资委紧紧围绕市委、市政府的工作重点，督促指导监管企业着力抓好投融资工作，推进重点项目建设。市政府下达市国资委2019年投资目标任务150亿，完成147.42亿元，完成全年目标任务的98.28%；下达融资任务120亿，完成157.20亿元，超额完成31%。大矣资社区搬迁安置建设项目装修工程、江通高速、市政务服务中心和公共资源交易中心搬迁改造、玉溪市城市规划馆项目、泷水塘回迁安置房建设、玉溪市儿童医院建设等16个项目全部完工。澄江化石地博物馆主馆、澄川高速、市级行政综合服务中心、北片区供水（一期）工程、大化产业园区供水项目、“森林抚仙湖”项目等40余个项目稳步推进。

【国企改革见成效】 2019年，按省委、省政府安排部署，市委、市政府成立玉溪市深化国有企业改革领导小组，下设办公室在市国资委，市国资委及时成立相关组织机构，研究新一轮深化国有企业改革的总体方案，调整细化深化国有企业改革工作时间表和路线图。10月11日，市委、市政府制定出台《玉溪市深化国有企业改革行动实施方案》，相继印发《玉溪市市属国有企业投融资管理办法》等8个制度性办法和《关于印发玉溪市国有企业退休人员社会化管理服务实施办法的通知》《关于印发玉溪市国资委派出监事会管理办法（试行）的通知》及《玉溪市国资委监管企业公司章程管理办法》《玉溪市国资委监管企业推进混合所有制改革工作方案》等配套文件。全市新一轮国有企业改革已基本形成完善的制度体系，走在全省各州市的前列。市属国有企业整合重组方案、5户监管企业的组建方案已完成，“一企一策”改革实施方案和公司战略发展规划已着手研究制定。

【债务风险化解】 2019年，市国资委成立以市国资委党委书记、主任任组长的防范债务风险工作领导小组，及时分析研判债务风险，督促债务化解工作落到实处。制订《玉溪市政府国资委监管企业债务化解工作方案》，按照“谁借款谁偿还、谁使用谁偿还、谁审批谁负责”原则，提出化解债务防范风险的目标任务及措施办法，严控债务增量，严格限定举债程序和资金用途，实现“借、用、还”相统一。指导各监管企业制定一企一策债务化解方案。多方筹集资金化解债务。积极协调对接各金融机构，争取通过对监管企业存量债务提供抵押资产或匹配存款等资源作为增信措施，调整延长监管企业存量债务还款期限和金额，建立监管企业间应急救助机制。建立债务风险动态管控机制。拟定《关于加强玉溪市市属企业资产负债约束实施意见》，将债务统计表由季报制改为月报制，及时全面动态掌握监管企业债务情况。

【强化国有资本经营预算执行】 2019年，市国资委组织监管企业汇算清缴上年度国有资本经营收入，纳入国有资本经营预算收缴范围的15户投融资公司归属母公司净利润4 381.81万元，实缴国资收益139.44万元，完成年初预算130.81万元的106.6%，比上年减少4.01万元，减少2.8%。

【依法依规处置资产】 2019年，市国资委为加强国有资产管理，防止国有资产流失，严格依法依规，对企业报批的土地房屋、物资物料、公务车辆等资产进行处置。年内批准同意云南省玉溪汽车运输经贸总公司土地抵押置换；云南玉溪国家粮食储备库仓储用地抵押贷款；玉溪物流投资有限公司有关物资核销处理和报废处置；玉溪国有资本运营有限公司等4户企业的公务用车报废处置和净残值核销；玉溪农林投资开发有限公司的公务车辆划转；市粮食局等8户国有企业经营性国有资产的国有产权无偿划转工作等。

【融资担保工作】 2019年，市国资委充分发挥国有融资担保行业“稳定器”作用和政策性担保功能，对民营企业提供担保收取费率按照1%执行，比市场担保费率低100%—150%，有效降低了企业融资成本；将民营企业专项贷款风险代偿资金池、银行、担保公司三方风险分担的比例，由原来的1∶1∶8调整为2∶2∶6；市融资担保公司主体信用等级从之前的“AA-”级提升至“AA”级，成为玉溪市第一家、云南省第四家获得国内资信评级机构AA级主体信用评级担保机构。

【解决历史遗留问题】 2019年，市国资委做好“僵尸企业”排查出清工作，组织人员进行排查调研，认真开展排查“僵尸企业”工作，确定市科学技术局下属的4户企业属“僵尸企业”并提出处置意见；加快剥离国有企业办社会职能，完成驻玉中央、省属国有企业和中石化云南玉溪石油分公司职工家属区的“三供一业”分离移交工作，云南玉溪矿业有限公司、红塔集团玉溪卷烟厂职工家属区“三供一业”已签订框架协议与分离移交协议，基本完成目标任务。市县（区）国有企业全面完成“三供一业”分离移交工作。

【帮助企业脱困】 2019年，市国资委在加大市属投融资公司整合重组的同时，市国资委把推进老国有企业改革脱困工作放在重要位置。玉交集团是我市最大的困难企业，是全市改革脱困工作的重中之重，市国资委领导深入企业调研，指导企业制定改革脱困方案，提出了“两步走”的改革思路，赢得了企业广大干部职工的认同和支持。

【公务用车制度改革】 2019年，市国资委组织监管企业完成公务用车制度改革备案报告，形成《玉溪市国资委关于监管企业公务用车制度改革备案报告》，对核定取消的车辆进行清理、检测，确认处置车辆42辆，实现处置收入84.52万元。

【清理拖欠民营企业中小企业账款】 2019年，市国资委根据中央、省、市安排部署，清理监管企业拖欠民营企业中小企业账款，结合清偿要求，组织涉及拖欠民营企业中小企业账款的监管企业制定各自详细清偿计划、清偿台账。12户监管企业确认上报涉及拖欠民营企业中小企业账款的有5户，共拖欠账款12 825.11万元，年内，已偿还金额7 703.14万元，剩余金额5 121.97万元，清偿进度60.06%。

（市国资委提供）

工商行政管理

【企业注册】 2019年，市市场监督管理局全力推进市场主体登记全程电子化改革，全面实现全程电子化登记制度改革和简易注销改革，年内审核通过企业1 354户、个体3 025户，简易注销企业1 988户、已办结1 453户，颁发电子营业执照53 731份。继续推进“多证合一”“证照分离”有机结合的改革，办理“多证合一”企业营业执照8 411份；按照四种方式办理“证照分离”改革涉及事项企业3 091户，涉及业务3 156件，其中：取消审批9件，备案45件，告知承诺984件，优化准入服务2 118件。

【民营经济发展】 2019年，市市场监督管理局认真贯彻落实降费减负惠民惠企政策措施，营造发展民营经济的营商环境。全市企业免登记费11 422户、免收金额1 120万元，免收个体登记费93.69万元。加快实施市场主体简易注销登记改革，破解市场退出难题。全市申请简易注销企业2 023户，已办结1 652户。服务民营经济发展，年底有登记注册各类市场主体201 866户，其中：内资（非私营）3 119户、外资企业220户、私营企业28 277户、农民专业合作社1 861户、个体工商户168 389户。全市私营企业新开业登记4 174户、个体工商户新开业登记31 046户，新发展数分别比2018年底增长15.5%、20.5%。

【企业监督管理】 2019年，全市应公示年度报告企业28 122户，实际完成年报26 174户、年报率93.07%，个体工商户应公示年度报告141 719户，实际完成年报116 760户、年报率82.39%，农民专业合作社应公示年度报告1 705户，实际完成年报1596户、年报率93.61%。市市场监督管理局制定《玉溪市市场监管局随机抽查事项清单（第一版）》，通过政府信息公开网进行公示。推进涉企信息归集共享和失信联合惩戒机制建立，归集涉企信息35 320条（其中行政许可信息34 827条，行政处罚信息436条，抽查检查信息57条）。

【市场规范管理】 2019年，市市场监督管理局全面开展对长期停业未开展经营活动企业的清理吊销及个体工商户注销工作，组织开展清理整治无证无照经营专项执法行动，出动执法人员6 150人次，检查市场经营主体（含KTV、酒吧、网吧）12 774户。检查中发现无证无照经营1 224户，其中KTV（含歌舞厅）无证无照经营93户、酒吧无证无照经营35户，桑拿洗浴无证无照经营4户，网吧无证无照经营15户，其他1 077户；依法查处31件，其中KTV（含歌舞厅）10件，酒吧4件，网吧10件，其他9件；处罚金额44.1万。开展旅游市场、保健市场“乱象”、野生动物市场、农资市场、成品油市场商品质量、电动自行车市场、文化娱乐市场、违法勘查开采矿产资源治乱、校园及周边治安等综合专项整治工作。开展“消费满意在云南”、协助相关部门开展一部手机游云南等工作。结合玉溪市文明城市创建工作，全市共完成创建“诚信经营、放心消费”承诺企业117户、“诚信经营、放心消费”承诺店298户。

【网络市场监管】 2019年，全市辖区内有网络经营主体1 711个，其中：网络交易平台网站16个，非网络交易平台网站255个，网店214个，其他1 226个。国家总局和省、市局分配新的网络市场主体认领率为100%、巡查率100%；全市共办理电子标识277个，新增电子标识29个，增长率11.6%；查办网络违法案件16件，罚没金额54.97万元。市市场监督管理局督查指导网络交易平台4个，发出《网络监管工作指导建议书》4份。开展普洱茶市场专项整治，出动执法人员152人次，出动执法车辆21台次，检查超市、农贸批发市场106个，检查茶厂6家，检查经营户201户，未发现有违法行为。开展国庆期间网络交易市场排查工作，发现涉嫌博彩、色情行为的网站44家，拉入冗余库35家，责令整改网站17个。

【价格监督管理】 2019年初，全市党政机关机构改革，将原发改部门价格监督检查职能整体划入市场监督管理局，市场监督管理局内设价格监督检查科，履行《中华人民共和国价格法》《云南省价格管理条例》《云南省行政事业性收费管理条例》等法律法规规定的价格、行政事业性收费监督检查职能。市市场监督管理局先后组织开展屠宰行业收费专项检查、医疗服务价格专项整治、商业银行收费行为的长效监管、电力价格专项检查、持续整治涉企违法违规收费、殡葬服务收费情况调查摸排、铁路运输相关收费行为专项整治等，继续着力加强春节等重要节日市场监管。认真做好“12358”价格监管平台、业务平台的运行维护工作，及时调查处理群众价格举报、投诉、咨询，切实维护群众合法权益，化解价格收费矛盾。全市查处价格违法案件11起，没收违法所得24.48万元，责令清退多收价款200.68万元，罚款86.06万元。

【广告监督管理】 2019年，市市场监督管理局在全市重点领域开展广告整治工作，共出动执法人员1 886人，执法车辆146辆；监测检查各类广告4 823条；行政约谈21次，共查处广告违法案件25件，罚款51.5443万元。其中食品广告案件17件，罚款43.2343万元。严厉打击互联网广告违法行为，玉溪市辖区内共有网络经营主体网站网店1 711个，整治期间全市共监测互联网广告2 380条，开展专项整治工作宣传15次。查处互联网广告案件10件，罚款22.736万元。进一步开展涉嫌非法集资广告排查整治工作，共出动执法人员181人次，检查各类区域广告发布主体349户，现场检查广告、信息699条，非现场检查监测各类广告632条，开展行政约谈、行政指导53户。全国互联网监测中心派发的监测线索为2件。对市级广播、电视、报刊，玉溪网、玉溪广播电视新闻网、玉溪高古楼3个门户网站主流媒体广告监测率达到90%以上。

【消费者权益保护】 2019年，玉溪市“12315”投诉举报中心于5月22日完成搬迁，“五线合一、一号对外”的“12315”热线电话自5月27日零点起正式运行，共接听消费者咨询电话12 024个，接待来访人员4 210人，受理投诉1 740件，共解决1 659件（81件限时办理中），投诉办结率95.3%，为消费者挽回经济损失164.6万元；受理举报436件，共解决405件，举报办结率93%；共办结各类案件共917件，涉案案值239.20万元、罚没金额622.25万元。市市场监督管理局牵头组织开展“3·15”系列活动，全市20余家市直单位在3月15日当天举行启动仪式，对9家“诚信经营放心消费”承诺企业（店）进行授牌，现场发放10类宣传资料宣传相关法律法规；市场监管系统共设立现场宣传咨询服务点32个，发放各类宣传材料约10.96万份，接待群众12 000余人；通过玉溪市通信部门和新闻媒体共发布“3·15”报刊专题、专栏4期，广播电视节目9期，网络专题报道3期，发送消费警示、提示488条。

【个私协会工作】 2019年，全市个私协会系统“贷免扶补”工作目标85户，小额担保10户、小微企业3户。10月30日，创业担保资金全部发放到创业者的手中，扶持自主创业人员98人，其中大学生10人、妇女15人、下岗失业人员9人、复转军人1人、农民工44人、其他人员19人，带动就业人员426人，贷款金额1 575万元，创业者还款率达100%。

【案件稽查】 2019年，市市场监督管理局围绕年初制定的工作目标，强化队伍建设、强化制度落实、强化市场监管、进一步加强稽查能力建设，以规范市场秩序为目标，以查办行政违法案件为重点，加大违法案件查处力度，严厉打击违法违规行为。全市共办结各类案件1 075件，涉案案值396万元，罚没金额654.46万元。其中工商行政管理工作涉及案件：广告27件、假冒侵权38件、合同违法1件、反不正当竞争4件、网络违法4件、行政许可105件、其他25件。市局共办结各类案件72件，涉案案值7.67万元，罚没金额93.62万元。其中工商行政管理工作涉及案件：广告违法3件、网络违法2件、行政许可1件、其他2件。

（市市场监督管理局提供）

物价管理

【价格监测预警】 2019年，市发展改革委突出做好特殊时段、重要时期居民生活必需品、重要生产资料价格应急监测和预警，为价格调控监管提供信息支持。按照省发展改革委通知要求，针对粮食、食用油、水果、蔬菜、肉类等，建立菜篮子价格指数，选取红塔区、江川区、通海县、新平县、峨山县、元江县作为省级采价点，按时按质上报菜篮子价格和重要农产品价格监测数据；继续实施易地扶贫搬迁建材价格专项监测，及时上报各县（区）监测点钢材、水泥、砖、砂石、玻璃等建材价格变动情况。

【价格认定工作】 2019年，市发展改革委认真贯彻执行《价格认定规定》，做好涉案、涉纪、行政、涉烟等价格认定工作和全市价格认定管理工作，积极开展价格认定质量评查工作，推进价格认定法规制度建设，为维护司法、行政执法公正、社会和谐稳定、促进全市烟草产业健康持续发展发挥积极作用。全市办理各类价格认定案件1 332件，认定金额1.28亿元，其中，市级办理各类价格认定案件344件，认定金额3 578.04万元。加强对县、区价格认定工作指导，组织开展涉烟价格认定业务培训，增强县、区办理涉烟价格认定案件的业务能力。

【成本监审工作】 2019年，市级完成成本监审项目4项，成本调查1项，企业（事业单位）报送总成本1.41亿元，核定总成本0.92亿元，核减成本0.49亿元，核减率为34.75%。落实国家和省重大价格改革部署，完成省布置的管道燃气工程安装费成本调查工作。有序推进重点领域和民生项目监审，完成中心城区供水成本、中心城区污水处理成本、东风水库供水定价成本及市级公办养老机构基本服务成本监审工作。

（杨　蕾）

审　计

【审计成果】 2019年，全市审计机关共完成审计（调查）项目368项，完成市委、市政府交办和配合有关部门审计事项31件。促进增收节支7.88亿元，其中，经审计后上交财政资金1.47亿元、归还原渠道资金和减少财政拨款4 822万元、固定资产投资审计核减工程多计价款5.93亿元。查处移送处理事项186件，其中移送司法机关2件、纪检监察机关103件、移送有关部门81件。提交审计专题、综合性报告和信息简报473条，被批示采用178篇次，提出审计建议924条，市委、市政府领导对审计工作批示19次。

【重大政策措施落实跟踪审计】 2019年，全市审计机关始终把重大政策措施落实跟踪审计作为首要任务，紧扣全市经济社会发展“5577”总体思路，紧紧围绕市委、市政府确定的目标任务，紧盯“六个走在全省前列”、在全省率先全面建成小康社会、推动玉溪经济高质量跨越发展的目标要求，聚焦六稳、减税降费、清理拖欠民营企业中小企业账款、中央八项规定精神落实、优化营商环境等重大政策措施落实情况组织实施审计，揭示29方面94个问题，圆满完成并向市政府常务会议、市委审计委员会、市人大常委会汇报上年度市级预算执行和其他财政收支的审计工作。组织实施全市2019年涉企收费管理及降费措施落实情况专项审计调查，及时发现和督促被审计单位纠正和整改问题46个，向市委、市政府和市委审计委员会呈报审计专报4个，促进了全市重大决策部署不折不扣落到实处、促进重点项目规范有序实施、推动公共资金安全高效使用。

【国有企业资产负债损益审计】 2019年，市审计局围绕全面深化改革抓实审计监督，重点结合市委、市政府放管服及实施国企改革审计的工作要求，组织市、县（区）审计机关人员和社会中介机构人员77人，组成12个审计组，用2个月时间对市属12户国有企业资产负债损益进行全面审计，出具了12份审计报告，及时向市委、市政府报送“关于市属12户国有企业审计情况的专题报告”，针对国企改革进程中存在的一些倾向性、苗头性问题，研究提出既有力度、又有温度的6条审计建议并督促整改落实，推动全市国企改革向纵深发展、释放改革红利。梳理审计中发现的一些典型事例，撰写4篇审计典型案例，呈报市委审计委员会及市政府，为规范招商引资行为和建设单位履职尽责，认真做好“四制四控”工作，为促进政府投资项目的科学决策及提升财政资金使用绩效提供参考性建议，发挥审计作用。

【民生资金（项目）审计】 2019年，市审计局牢固树立以人民为中心的审计理念，把群众最关心、最直接、最现实的利益问题作为风向标，重点关注与民生利益相关的资金和项目，在全市审计机关统一调度人员，组织开展了7个县（区）保障性安居工程资金投入及使用情况审计、全市2017年至2018年残疾人就业保障金的分配使用及管理情况审计以及新平县和元江县脱贫攻坚跟踪审计，通过审计肯定全市民生项目和资金管理使用绩效的同时，反映和揭示存在的问题并督促整改落实，促进惠民政策落地见效、民生资金发挥效用、项目建设有力推进，着力提升人民群众获得感、幸福感、安全感。

【专项审计调查】 2019年，市审计局聚焦经济和环境风险防控，加强关口前移、“防火墙”前置，落细落小、防微杜渐。组织实施全市上年度地方政府专项债券资金管理使用情况审计、全市2019年防范化解地方政府隐性债务风险落实情况专项审计调查，加大对经济运行中风险隐患的审计力度，及时监测和揭示各类区域性、系统性风险，向市委、市政府上报政府债务、高新区招商引资项目、新能源汽车推广运用、市级行政事业单位国有资产管理项目等6个专题分析报告，让市委、市政府主要领导及时知晓并防范风险，助力打好打赢防范化解重大风险攻坚战。

【资源环境审计】 2019年，市审计局聚焦打好污染防治攻坚战，在促进生态文明建设上主动发力。研究制定了《玉溪市领导干部自然资源资产离任审计工作规划（2018—2020年）》及《玉溪市开展领导干部自然资源资产离任审计实施意见》。组织实施通海县委书记、原县长任职期间自然资源资产离任审计，组织实施93个抚仙湖流域山水林田湖草生态保护修复工程试点项目建设情况的专项审计调查并向市委、市政府主要领导报告审计发现问题，督促指导澄江县、江川区及市直有关部门在省审计厅开展对市委主要领导履行自然资源资产管理责任审计之前及时组织整改，进一步落实生态立市的发展要求。

【经济责任审计】 2019年，市审计局不断发挥审计监督制衡公权、反腐倡廉的功能作用，紧盯领导干部这个重点，坚持党政同责、同责同审，将全面从严治党要求贯穿于审计监督全过程。审核（出具）32位县（区）党委、政府及市直部门领导干部离任经济事项交接（审核意见书）；首次组织172个单位187位市直党政机关、国有企业主要领导干部报告年度履行经济责任情况的工作；完成了37名新（转）任的领导干部任前经济责任告知工作。分别向省审计厅、市委组织部和市国资委回复了320人次领导干部的审计廉政意见；组织实施团市委、市科技局、市人社局、研和工业园区管委会、通海县和澄江县等市、县（区）9名领导的经济责任审计，不断强化对领导干部权力运行的审计监督，促进领导干部履职尽责、规范权力运行。

【审计全覆盖】 2019年，市审计局结合地方党政机构改革，在运用大数据技术开展集中分析定位疑点的基础上，对18个市级一级预算单位上年度预算执行和其他财政财务收支情况进行专项审计调查，以促进科学从严编制预算，强化预算刚性约束，提升财政管理绩效水平，推进建立完整协调的政府预算体系为目标，重点抽查了16个市级一级预算单位并延伸抽查5个二级预算单位，采取疑点自证方式对2个部门进行调查。本次专项审计调查发现7个方面21个问题，涉及问题金额2 044.97万元，非金额计量的问题2个。经审计处理，要求上缴市财政484.91万元，分别是非税收入468.70万元，存量资金16.21万元。

【固定资产投资审计】 2019年，全市审计机关紧紧围绕提质增效，进一步规范重点项目、重点工程的投资审计工作，深化落实审计署、厅关于投资审计转型的要求，继续推进投资审计转型发展。严格审查报审项目基础资料，杜绝先审计后结算、先审计后验收、先审计后付款的项目出现，压量提质。全市审计机关共完成抚仙湖北岸湿地安置房龙润园一期建设工程、玉溪师范学院学生公寓楼工程、南盘江华宁县盘溪段治理工程、中心城区公租房建设等工程竣工决算审计148项，核减投资额59 256万元，其中，市级47 712万元，县级11 543万元。

【智慧审计】 2019年，市审计局利用云计算、数据挖掘、智能分析等新兴技术，探索开发出玉溪市大数据智慧审计平台，实现了对多领域多行业多部门多年度财务数据的自动采集、智能分析和规范管理。应用智慧审计平台和大数据技术结合审计重点建立计算机审计模型25个，对预算单位数据进行集中分析，并关联分析外部数据，形成疑点数据，以此助推部门预算执行审计提质增效。目前该平台已在省厅25个业务处室和全市审计机关推广使用。

（王　曦）

统　计

【统计服务】 2019年，市统计局围绕人代会、市政府目标任务做好统计监测。不断加强统计监测，确保依法统计、科学统计、不重不漏，为完成人代会、市政府目标任务提供扎实统计保障。通过“按月度、季度预警监测全市经济运行状况，对重点县（区）、重点部门采取共同研判、对口服务等方式提高统计数据指导经济社会发展的针对性，提升实效性”工作思路，切实加强统计监测水平，为全市重点工作推进提供高质量的统计数据支撑。加强服务县（区）和部门，明确“做好统计入库指导协调工作，抓好对重点部门、重点县（区）的指导力度，抓好领导干部统计业务培训，进一步夯实基层统计基础，进一步加强企业纳规纳限工作，督促县（区）认真遵守统计法律法规、依法统计，做好大型普查和重点调查工作”七项举措做好统计服务。通过市统计局领导班子成员分别与各县区统计局进行挂钩联系，深入基层一线开展调查研究，积极帮助协调解决当地统计工作中存在的困难和问题，推动重点工作开展；通过建立部门间经济运行分析联席制度、对市直部门统计人员开展业务培训等方式督促部门掌握学习统计方法制度，完善部门统计工作，形成统计数据部门齐抓共管的新局面，年内与发改、工信、住建、农业、商务等部门召开研判分析会20余次。不断提升统计信息时效性，年内发布统计信息95期，统计快报26期，高质量完成《玉溪市第四次全国经济普查登记情况》《玉溪市自然资源资产负债表编制试点工作报告》《上半年玉溪市经济运行情况快报》等多篇统计专报，得到市委、市政府主要领导和分管领导的重要批示。编写《玉溪市统计年鉴2018》《玉溪领导干部手册2018》《玉溪市2018年国民经济和社会发展统计公报》等统计资料，提高服务“两会”和党委政府决策部署的能力。充分运用“互联网+统计”，及时更新“数据玉溪”统计数据平台，为全市各级党政领导干部和社会各界提供更加优质的统计服务。

【统计改革】 2019年，市统计局深入学习贯彻中央统计改革安排部署，落实中央、省、市主要领导对统计改革工作提出的要求，持续推进统计改革向纵深发展。以核算改革为重点，深入贯彻落实《玉溪市地区生产总值统一核算改革方案》，稳步推进地区生产总值统一核算，各县（区）GDP及分行业增加值绝对值、增速与全市实现基本衔接。完成2017年玉溪地方资产负债表编制工作，初步编制2016、2017年玉溪自然资源资产负债表等改革工作。与相关部门共同发布《2016年、2017年玉溪市生态文明建设年度评价结果公报》。定期完成“三新”统计监测，积极将新兴产业、新型业态和新的商业模式等纳入统计。指导工信、商务、住建、文旅、农业、商务等部门联合开展信息产业、生物医药和大健康、先进装备制造、食品和消费品制造、新材料、现代物流、旅游文化、高原特色农业等行业统计数据监测。配合做好“放管服”改革工作，全面实施市场准入负面清单制度，继续完善“最多跑一次”审批制度和“互联网+监管”体系，落实服务事项清理完善，确保权力运行高效廉洁，规范有序。

【普查工作】 2019年，市统计局圆满完成第四次全国经济普查工作目标，被国务院第四次全国经济普查领导小组表彰为先进集体。6月16日至18日配合国家经普办完成对红塔区四个普查小区的数据质量抽查，结果符合标准，数据质量真实可靠。2018年全市生产总值总量修订为1 800.8亿元；2018年末全市共有从事第二产业和第三产业活动的法人单位26 708个，产业活动单位32 908个，个体经营户23.3万个；全市第二产业和第三产业法人单位从业人员44.98万人。及时研究上报第七次全国人口普查经费请示，下拨由省级直接安排的各县（区）经费，提前谋划成立普查机构、落实办公地点等相关工作。

【统计基础】 2019年，市统计局突出抓好统计基础工作。开展多层次培训，组织开展2019年基层统计人员综合能力提升培训班，本着“干什么，学什么”的原则，深入学习基层统计专业知识，全市统计系统共计190余人参加培训；组织全市统计系统业务骨干66人，赴广州中山大学参加玉溪市统计系统干部党性教育和经济普查数据资料开发培训班；举办全市统计系统业务培训12次，共计552人次参加各项统计业务培训；在职工大会开展业务骨干专题培训11次；组织市、县各专业人员参加国家、省统计局举办的各类培训，全方位提升统计系统干部职工业务水平。加强数据质量管理，严格按照统计工作制度要求，修订完善统计各专业数据质量控制办法，加强数据采集、审核、汇总、上报、储存等环节全流程质量控制。加强基本单位名录库建设，全市各县（区）完成101户单位进入联网直报，为全面反映经济社会发展奠定了坚实基础，其中：5 000万元以上投资项目法人单位44户，资质内建筑企业22户，规模以上工业企业15户，限额以上批发业企业2户，住宿业企业1户，房地产开发经营企业17户。开展“统计服务千企”专项行动，针对企业生产经营遇到的困难问题和统计工作存在的薄弱环节，市统计局对547家企业开展“面对面”服务，企业统计业务水平得到进一步提升，统计行为得到进一步规范。做好统计信息化建设及网络安全工作，加强门户网站、统计内网和“数据玉溪”平台维护，加强网络安全环境维护、提升网络防护水平，定期开展计算机安全检查和网络涉密检查。

【统计法制】 2019年，市统计局认真贯彻落实习近平总书记关于做好统计工作的批示指示精神及《关于深化统计管理体制改革提高统计数据真实性的意见》《统计违纪违法责任人处分处理建议办法》《防范和惩治统计造假、弄虚作假督查工作规定》精神，形成统计工作警钟长鸣的高压态势。在市委常委会和市政府常务会议上传达学习中央三个文件精神，并由市政府召开专题会议安排部署统计法制工作。由市政府办印发《关于加强依法统计进一步提高数据质量的通知》，由市统计局印发《玉溪市防范和惩治统计造假、弄虚作假责任制实施办法（试行）》，明确要求加强依法统计进一步提高数据质量。组织全市统计系统实职副科以上干部及统计执法骨干共70余人认真学习领会中央三个文件精神，加快推进全市依法统计依法治统工作。制定《玉溪市统计局2019年普法计划》，开展春节“送法下乡”活动，发放普法宣传资料1 000余份。修订《玉溪市统计局依法行政工作制度》，在党组理论学习中心组和职工大会上分别传达学习中央、省、市关于依法统计文件精神要求，提升干部职工知法、学法、用法的意识和能力。按照5%的要求，共对115户“四上”企业开展执法检查，其中属于“双随机”执法检查的为110户，由市统计局直接开展“双随机”执法检查的46户，全市抽查比例达7.8%。在省统计局2019年11月开展的“双随机”统计执法检查中，红塔区、新平县接受检查，市统计局积极配合省统计局执法检查组检查工作，进一步夯实数据质量。

（李 骏）

国土资源管理

【国有自然资源资产报告制度建立】 玉溪市于2019年10月建立国有自然资源资产报告制度，印发《玉溪市国有自然资源资产报告制度》。自然资源资产报告制度的建立对于夯实国有自然资源资产管理基础，维护自然资源资产全民所有者权益，加快推进生态文明治理体系和治理能力现代化，具有重要意义。

【土地利用规划评估修改】 2019年，玉溪市9个县（区）中，新平县、元江县开展了县级土地利用总体规划评估修改，其余7个县（区）有36个乡镇（街道）开展了乡级土地利用总体规划评估修改。新平县土地利用总体规划修改方案于12月16日经省自然资源厅批复，元江县土地利用总体规划修改方案已通过省自然资源厅审查，上报省政府待审批。36个乡级规划修改方案，已有33个经市政府批准并报省自然资源厅备案。

【生态保护红线】 2019年，市自然资源和规划局启动了全市生态保护红线评估调整工作，截至12月底，完成了生态保护红线评估调整县级自查、市级初审等工作，上报云南省自然资源厅进行了第一轮审查。

【预留建设用地指标申请及管理】 2019年，经市政府申请、省政府同意，省自然资源厅追加玉溪市省级预留规划建设用地指标797.55公顷，其中抚仙湖生态移民搬迁安置用地专项指标506.67公顷、玉昆钢铁产能置换升级改造项目用地专项指标290.88公顷。经市政府同意，下达县（区）预留城乡建设用地指标83.76公顷，其中：华宁县3.33公顷，红塔区49.76公顷，通海县30.67公顷。

【建设项目用地预审审批】 2019年，市自然资源和规划局办理建设项目用地预审12件，总面积1 950.73公顷。按土地分类分：农用地1 668.62公顷，耕地633.73公顷，基本农田179.99公顷，建设用地68.27公顷，未利用地213.84公顷；按土地用途分，公路用地1 867.31公顷，水库用地77.39公顷，城市公共设施用地6.02公顷。

【新增建设用地年度计划指标核拨及使用】 2019年，省自然资源厅下达玉溪市新增建设用地计划指标440公顷，追加下达66.07公顷，合计下达506.07公顷，其中占农用地指标426公顷，占耕地指标203.8公顷。全市核拨37个城镇批次、2个乡镇批次、3个民房、3个单选，新增建设用地计划指标828.49公顷，其中，农用地753.94公顷，耕地416.76公顷。

【用地报批】 2019年，全市报批农用地转用及土地征收报件63个，总面积3 654.84公顷，其中，农用地面积3 181.94公顷（耕地面积1 441.09公顷），建设用地面积160.57公顷，未利用地面积312.33公顷。

【降低土地成本】 2019年，根据《关于停止征收坝区耕地质量补偿费的通知》，免缴坝区耕地质量补偿费2.91亿元。全市办理21宗地块分期缴纳土地出让金，共计分期缴纳出让金1.8亿元。

【批而未供土地处置】 2019年，全市累计完成批而未供土地处置面积11 018.54亩。红塔区完成处置面积4 148.01亩；江川区完成处置面积680.53亩；澄江县完成处置面积1 433.32亩；通海县完成处置面积1 150.13亩；华宁县完成处置面积428.41亩；易门县完成处置面积453.71亩；峨山县完成处置面积1 024.42亩；新平县完成处置面积1 152.77亩；元江县完成处置面积547.25亩。

【第三次全国国土调查】 2019年2月14日，玉溪市三调办在云南省公共资源交易中心通过公开招标的方式确定了各县（区）的调查单位。2月21日，玉溪市三调办组织召开了全市第三次全国国土调查推进暨业务培训会。玉溪市三调办组成督察组，多次到各县（区）开展督察，以督察促进工作推进。全市7县2区的初始调查成果已通过国家级抽查，正在开展国家级全面检查。

【勘测定界项目的验收备案】 2019年，全市共完成654个项目206 197.60公顷的土地勘测定界备案工作。

【清退矿山地质环境治理恢复保证金】 2019年8月15日，市财政局印发《玉溪市财政局　玉溪市自然资源和规划局关于清退矿山地质环境保证金建立矿山地质环境治理恢复基金工作的通知》。全市262个矿山完成清退矿山地质环境保证金，清退金额18 330.6万元，283个治理责任主体灭失的矿山上缴财政，上缴财政金额5 058.8万元，清退率100%；126个矿山按照要求建立了矿山地质环境治理恢复基金，缴存基金15 610.46万元。

【补充耕地项目验收】 2019年12月30日，红河谷—绿汁江热区产业经济带26个补充耕地项目全部通过了竣工验收（其中，易门县3个、新平县17个、元江县4个、峨山县2个）。26个项目完成投资1.8亿元，实现新增耕地1.5万亩。

【新增耕地核查】 2019年12月17—23日，省测绘工程院对玉溪市19个补充耕地项目和1个高标准农田建设项目新增耕地进行了实地核定。

【自然资源部调研】 2019年11月28日，自然资源部咨询研究中心副主任宫玉泉一行到玉溪市对2019年度“十三五”规划纲要自然资源领域实施情况进行实地调研，先后调研了江川区江城镇大坪地红砖厂矿山生态修复项目、江川区雄关乡下营等2个村土地整治项目。

【地质灾害防治】 2019年，全市共发生小型地质灾害2起，其中滑坡1起，泥石流1起，直接经济损失15.8万元，无人员伤亡；成功预报避让1起，紧急转移人口2人，避免人员伤亡2人。构建应急指挥体系，4月底前各县（区）完成了《玉溪市县区地质灾害防治方案》《县区、乡（镇、街道）地质灾害应急预案》《重要地质灾害隐患点防灾预案》编制工作。5月，市地质灾害防治工作领导小组研究出台了《2019年玉溪市地质灾害防治方案》。按照《云南省2015年度地质灾害应急体系建设实施方案》要求，积极争取省自然资源厅支持，筹措资金开展市地质灾害会商系统建设（项目资金2 359 229.17元，其中省级配套1 756 064.40元，市级配套603164.77元），已按要求完成会商系统设备的安装调试工作，设备运行正常，已由省级组织验收。群测群防，年内全市辖区内通过巡查排查落实地质灾害监测点564个，落实监测员920名，其中纳入补助监测员890名。市级下达年度地质灾害监测员补助经费133.5万元。地质灾害防治培训和应急演练，年内，全市共举办地质灾害防治知识培训173期、参加人员7 658人次；开展地质灾害应急演练245次，参加演练人员9 525人次。地质灾害治理工程项目建设。全市大型以上地质灾害治理项目已完工29个，正在实施4个，已完成项目施工和监理招标6个，正在做项目施工和监理招标1个。中型地质灾害治理项目已竣工验收项目24个，已完工待验收4个，正在施工4个，正在做前期工作1个，完成前期工作3个。

【执法监察】 2019年，全市共开展自然资源动态巡查6 752车次、17 814人次，发现自然资源违法行为1 506起，下达责停通知书1 376份，当场整改违法行为431起，立案查处100起。认真调查核实自然资源投诉举报，共收到土地矿产举报件64件，经核查，有效线索57件。其中：土地类44件（群众举报32件，上级转办12件），矿产类13件（群众举报10件，上级转办3件），64件线索已全部受理办结，立案查处12件。依法开展案件查处，年内立案查处土地资源违法案件149宗，监测面积11 926.2亩，耕地面积5 939.14亩；收缴罚款6 824.46万元，没收违法建筑物487 617.73平方米，拆除违法建筑物78 333.4平方米；移送公安机关侦办3件；非立案拆除复耕87宗，恢复土地原貌面积46.8亩，复耕到位面积247.2亩；149宗土地违法案件全部结案。立案查处矿产资源违法案件34件，收缴罚款73.80万元，没收违法所得30.54万元，已结案29件。土地矿产卫片执法监督检查，年内实地核查、研判及系统填报上年度土地卫片监测图斑3 492个，实际拆分为3 529个，监测面积44 298.1亩，耕地面积25 707.13亩；矿产卫片监测图斑41个。查处整改违法用地图斑1 254个（1 051宗），监测面积16 486.18亩，耕地面积9 873.03亩；非法采矿22宗，其中：无证开采7宗，越界开采15宗。全市约谈问责比例为6.41%。矿产资源领域“打非治违”，全市共发现矿产资源领域违法违规行为35起，其中：无证开采22起、越界开采12起、非法转让矿权1起。立案查处30起，没收违法所得2.4万元，罚款67.4万元，移送公安机关处置7起；正在开展前期调查工作4起；情节轻微，当事人主动报告并及时改正违法行为，未立案1起。闲置土地处置工作，全市被省自然资源厅挂账闲置土地处置任务36宗1 066.22亩，红塔区7宗面积471.72亩未完成处置，已逐宗制定处置方案，有序推进处置工作。“大棚房”问题专项清理整治，共整改完成“大棚房”问题75个。

（市自然资源和规划局提供）

土地储备

【概　况】 2019年，市土地储备中心实现土地供应2 542.63亩（划拨用地1 977.51亩，出让用地565.12亩），超额完成1 600亩的目标任务，完成率为158.91%，实现应缴收供地收入610 330.37万元（缴入市级财政352 319.86万元），相较40亿元供地收入的目标任务完成率为152.58%，年度指标任务超额完成，土地市场颓势得到较大转变。

【存量储备土地盘活】 2019年，市土地储备中心公开出让了泷水塘片区、康井路以西片区、白龙路旁住宅用地和留置场所项目土地565.12亩，其中，泷水塘片区YXTC（2014）1-4号地块74.69亩为玉溪土地供应一级市场历史上单价、楼面价最高，分别为949.76万元/亩，4 070元/平方米。划拨供应了玉溪市残疾人康复中心、康井路以西片区城市基础设施、科教创新城片区广电传媒中心、玉溪体校二期建设项目用地1 010.63亩。

【专项债券充分发挥效用】 2019年，市土地储备中心新增的“玉溪科教创新城（核心区）职教片区土地储备项目（一期）”专项债券62 000万元全部拨付项目土地一级开发整理单位，用于玉溪科教创新城（核心区）职教片区项目（一期）的土地前期开发整理及缴交相关土地报批规费。

【前期开发整理取得新进展】 2019年，玉溪科教创新城（核心片区）已征收土地6 520亩，已批土地4 623亩，全面完成片区内红东引水渠保通工程实施方案和设计图纸的审批工作，完成11条道路的路基工程、路面和综合管沟建设工作，已拨付土地一级开发整理资金45 000万元用于片区土地一级开发整理工作。

【储备土地管护职责】 2019年，市土地储备中心积极采取委托管护、自主管护和临时利用等方式实现了五宗500余亩储备土地有效管护，提高了土地利用率；结合2019年玉溪市“双创”工作，对储备土地上的环境卫生进行了集中整治，对墙体广告美化、宣传标语等进行了更新。

【联合收储项目】 2019年，市土地储备中心严格履行合作储备协议约定职责，及时拨付合作储备资金，支持云南九溪润特仓储中心、华宁县青龙镇海镜社区、华宁县南过境路200米范围内土地、元江县县城规划区南片区土地、元江县医养结合试点5个项目，积极指导县区利用市级土地推介平台加大合作储备土地招商引资力度，有力推动县（区）经济发展。

（李　磊）

质量技术监督管理

【质量强市工作】 2019年，市市场监督管理局制定《关于开展质量提升行动的实施意见》，完成第四届省政府质量奖9家企业申报材料推荐上报。做好名牌评选和全国知名品牌创建示范区建设停止后续工作。对18家23个有效期内的产品和1个示范区创建加强监管，开展“双零”服务活动。开展防范“地条钢”死灰复燃抽查工作，开展辖区危险化学品、危险化学品包装物及容器、防爆电气、烟花爆竹为重点工业产品质量安全风险隐患排查工作。对普洱茶包装用纸生产企业、塑胶玩具产品增塑剂问题、特种劳动防护用品、认证目录6类玩具产品、超市（商场、批发市场）学生用品等开展专项整治检查。

【质量宣传】 2019年8月29日，玉溪市“质量月”活动启动仪式隆重举行。活动期间，组织市直有关部门、各县（区）及行业协会、企业、市民，共同开展质量提升、质量主题宣传、“质量开放日”等系列活动。市、县（区）监管部门组织开展市场专项整治，加强对工业产品质量安全、食品安全和特种设备安全的监管执法，切实保障人民群众的健康安全。全市共张贴宣传画500余张，发放宣传资料20 000余份，制作展板150个，组织7家单位和企业开展“质量开放日”活动，参加人数1 200余人。通过开展系列宣传活动，把提升质量意识融入社会的各个层面，努力营造政府重视质量、企业追求质量、人人关注质量的浓厚氛围，推动玉溪质量强市工作不断迈上新台阶。

【标准化工作】 2019年，市市场监督管理局成功组织实施服务业标准化示范项目3个，目前在建项目3个。10月24日，第九批国家农业标准化示范项目国家洋桔梗生产标准化示范区顺利通过项目终期目标考核。继续推进企业产品和服务标准自我声明公开和监督制度，我市共有156家企业，累计536项标准，涵盖703种产品，在企业标准信息公共服务平台自我声明公开。鼓励企业参与国家标准、行业标准、地方标准的制修订工作，贵研资源（易门）有限公司主导参与了两项国家标准的制定，云南江磷集团股份有限公司主导参与了一项行业标准的制定。对9个县（区）的21个烤烟收购站（烟）点《烤烟》国家标准执行情况进行监督检查，共抽查烤烟3 250把，抽查合格率达到70%以上。继续推进采用国际标准和国外先进标准工作，全市有7家水泥生产企业和1家工业黄磷企业提出采用国际标准复审申请，并核发采标证书。

【计量管理】 2019年，市市场监督管理局办理3家企业5个计量标准考核行政许可事项及2项计量授权行政许可事项，为3家企业颁发了计量合格证。对18家计量检定机构进行了清理，对行政区域内1家供排水计量授权检定单位进行监督检查。开展集贸市场在用计量器具专项整治，检查市中心城区主要集贸市场6个，共检查商户968家，检定各类计量器具954台/件，精度调校253台/件，没收作弊秤16台，没收无法调校电子秤1台。其中，合格949台，不合格19台，合格率为99.5%。开展“5·20世界计量日”宣传活动，共发放宣传资料2 000余张，现场销毁了上年初至5月在日常监管及执法检查中收缴的60余台“作弊称”，执法人员对集贸市场进行了检查，现场查获3台具有作弊功能的电子计价称，执法人员当场进行了收缴。开展全市烟叶收购站点计量器具监督抽查，共检查烟叶工作站点20个，抽查电子秤53台，抽查烟筐318只，对抽查过程中发现的因为烟筐破损造成的量值不准情况，现场要求涉事烟叶工作站进行整改，按要求把量值不准和破损严重的烟筐收回仓库，不允许继续使用。开展眼镜行业专项整治，对全市78家眼镜店，271台计量器具进行了检查，有26台设备未经检定。开展加油站加油机计量专项执法检查，共检查市内加油站167个，加油机1 110台。举办重点用能单位能耗在线监测系统建设工作培训，涉及84户重点用能单位和各县（区）市场监督管理局、发改委、工信局相关工作人员共计166人。

【认证认可工作】 2019年，市市场监督管理局开展“2019年世界认可日”主题宣传活动，全市共张贴宣传海报20余张、发放宣传材料1 500余份、现场免费咨询解答352人次、开放实验室7个，邀请223名公众参与、组织技术知识讲座及培训2次、138人次参加，检查检验检测机构12家。全面落实检验检测统计直报制度，完成87家检验检测统计报表、年度报告的填报、审核工作，填报完成率达到100%。推动低碳产品认证工作，1月，华宁玉珠水泥有限公司获得低碳产品认证证书，实现了玉溪低碳产品认证的零突破。开展电动自行车专项整治，对行政区域内1个组装企业进行现场摸底调查，6个电动自行车经销户进行入户提醒。按时完成本级“双随机、一公开”监管工作，检查检验检测机构5个，管理体系认证活动及获证企业各1个，有机产品认证获证企业2个，强制性认证企业1个。做好监管事项目录清单和检查实施清单领取和录入工作，认证认可工作共领取和录入了5项监管事项清单。

【特种设备安全监察】 2019年，全市共有特种设备设计单位4家，制造单位8家，安装、改造、修理单位18家；气体充装单位22家；特种设备检验检测单位1家，气瓶检验检测单位8家；特种设备使用单位5 127家；特种设备总数17 530台，其中：锅炉745台，压力容器7 265台，电梯4 873台，起重机械3 587台，场（厂）内专用机动车辆 1 040台，大型游乐设施20台；各类气瓶191 358只，其中液化石油气钢瓶127 698只、氧气瓶48 526只、乙炔气瓶13 264只。市市场监管局制作修订10项特种设备安全管理制度，安全生产责任特种设备安全监管职责明确、层层压实。加强节日期间特种设备安全检查，确保特种设备安全运行，切实做到“防风险、保安全、迎大庆”。年内，排查特种设备生产单位5家，安装单位7家，检验机构6家，气瓶充装单位20家，使用单位109家，排查隐患24项，下发安全监察指令书5份，受理投诉举报1起，立案查处3件，已办结3件，经济处罚8万元。以企业自查、部门排查、市局抽查、针对性预警的方式开展涉危特种设备安全专项整治行动，督促隐患落实整改，排查25户重点危化品生产企业，抽查13户，抽查重点设备82台（套），发现安全隐患问题7项，指出存在的问题11项，其中重大安全隐患1项。局长8次带队到各县（区）专项督查检查特种设备安全工作，涉及涉氨制冷、电站设备、天然气储罐及管道、空分装置、气瓶充装、起重机械整治、在建公路铁路特种设备、电梯安全等领域，重点协调了峨山县大白邑氧气厂无证充装和通海县起重机械历史遗留问题。在易门县、澄江县开展2次市局主办的特种设备事故应急救援演练。“3.15国际消费者权益日”和“6月安全生产月”工作共发放宣传资料1 300余份，制作展示展板6块。完成液化石油气气瓶充装单位年检12家，工业气体气瓶充装站年检8家，气瓶检验单位年检6家，立案查处3家非法充装违法行为。特种设备安全监察员取（换）证培训考试工作顺利完成，取（换）证人员合计533人，其中466人换证，67人新取证。“电梯应急处理服务中心”工作持续推进，指挥平台正在筹建。燃煤锅炉淘汰暨锅炉节能环保工作全面铺开至县（区）级。

【案件稽查】 2019年，全市共办结各类案件1 075件，涉案案值396万元，罚没金额654.46万元。其中质量技术监督工作涉及案件：特种设备33件、标准化5件、认证认可4件、计量45件、产品质量76件。市局共办结各类案件72件，涉案案值7.67万元，罚没金额93.62万元。其中质量技术监督工作涉及案件：特种设备9件、认证认可3件、标准化1件、质量5件。

（市市场监督管理局提供）

食品药品监督管理

【食品安全监管】 2019年，市市场监管局认真贯彻落实《中华人民共和国食品安全法》等法律法规，规范许可受理、现场核查等工作程序，把好食品经营准入关。市政府将“放心肉菜示范超市”和“明厨亮灶”建设列入市政府十件惠民实事。全市“三品一标”认证101家261个产品，认证面积60万亩，总产量99.64万吨。生猪定点屠宰场（点）13个，监管率和检疫率达100%。全市规模以上食品工业企业91户，产值同比增长6.3%，增加值同比增长8.7%。引导完成规模以上食品生产企业实施危害分析和关键控制点（HACCP）管理体系建设22户。稳步推进食品摊贩备案工作，截至年底全市共发放食品摊贩备案卡3 052份，共发放食品（销售）经营许可证15 949份。全面推进量化分级管理，量化分级评定总数10 911户，量化分级动态率达100%；学校食堂持证率达100%。全市完成“明厨亮灶”10 213户，占持证单位总数的78.65%。完成重大活动食品安全保障任务21次，累计保障天数82天，累计保障餐次4 261餐次，农残快速检查113批次，累计保障70 065人次的饮食安全。开展“云南省食品安全监管网”的推广应用，全市食品安全监管系统入网注册数2 956户，其中生产环节248户，流通环节1 376户，餐饮服务环节1 332户。市食安委全会2次专题听取研究食品安全相关工作，集体学习《地方党政领导干部食品安全责任制规定》《关于深化改革加强食品安全工作的意见》2个纲领性法规、文件；印发了市食安委工作规则、食安办工作细则、6个食安委专项协作小组议事规则，市食安委成员单位由28家增至30家。6月18日至28日，与全省同步开展食品安全宣传周系列活动。2次召开全市食用野生菌中毒防控会议，制作发放了野生菌中毒防控视频、图谱，组织应急演练和应急培训。及时发布预防常见食物中毒、预防食用草乌、附片等毒性中药材、预防误食有毒野生菌中毒预警公告4期。“宏斌”小米辣入选云南省“十大名菜”，“褚橙”牌冰糖橙入选云南省“十大名果”，云南达利食品有限公司入选“十强企业”，猫哆哩、宏斌、磨浆、丫眯、通海高原农产品5家公司入选“20佳创新企业”。通海蔬菜获省级“一县一业”产业示范县，新平县柑橘获省级“一县一业”特色县。

【药械保化安全监管】 2019年，市市场监督管理局抓紧日常监管，随机抽查全市37家药品经营使用单位，抓实专项整治，开展药品零售企业飞行检查，药品零售企业执业药师“挂

2019年3月15日，市市场监督管理局组织开展“信用让消费更放心”活动

（市市场监督管理局提供）

证”行为整治、中药饮片质量集中整治、药品类易制毒化学品清查、血液制品经营使用专项检查、中药材中药饮片违法经营行为集中整治等一系列专项治理工作。在红塔区开展药品零售企业经营血液制品试点工作，目前2家药品零售企业已取得血液制品经营许可。完成新开办药品零售企业GSP认证76户，注销药品零售企业GSP证书33户；办理《麻醉药品、第一类精神药品运输证明》1份，初审《药品类易制毒化学品购用证明》2份；协助省局完成3户药品批发企业变更许可、2户药品零售连锁企业总部许可。把无菌和植入类医疗器械、违法违规经营使用医疗器械专项整治等专项检查与日常监督检查相结合。抓好新修订《药品管理法》《疫苗管理法》两法宣贯工作，在全市范围内广泛开展“五个一”行动：制定一个宣贯方案、把握一个学习重点、组织一次参观学习、开展一次学习培训和进行一次集中报道。开展“安全用药月”宣传活动，举行全市启动仪式，“正确认识疫苗”科普公益、药品安全知识“五进”等系列活动。组织全市市、县、乡三级联动，开展以“安全用妆 点靓生活”“药品安全，科普惠民”为主题的“5.25爱肤日”、药品科技活动双周宣传活动，活动期间，共发放化妆品、药品科普知识手册等宣传资料15 000余份，为15 000余人开展了讲座、咨询、义诊服务。出具假药认定意见11件，涉案产品37个，全部移交公安机关办理，加大案件查办力度，共办结违法违规药品案件5件。

【监督抽检】 2019年，市市场监督管理局印发《产品安全抽检监测工作流程图》，分层级、分类别制定计划和方案，全市共完成食品抽检4 114批次，其中：国抽690批次、省抽742批次、市抽220批次、食用农产品1 925批次、非洲猪瘟专项抽检137批次、餐饮食品专项抽检40批次、流通食品专项抽检360批次，不合格60批次、合格率为98.54%。严厉打击化妆品违规违法行为，抽样76批、不合格产品11批、问题化妆品12种，立案13起。开展药品监督抽检700批次，其中：监督抽检536批次，不合格34批次，合格率为93.7%。基本药物抽检164批次，合格率100%，实现我市生产的基药全品规覆盖抽检。

【专项整治】 2019年，市市场监督管理局继续抓实民生领域侵害群众利益问题专项整治。开展食品安全风险隐患自查2 674户次，发现食品安全问题和隐患184个，完成整改156个。出动执法人员15 166人次，检查餐饮服务单位13 885户次，监督检查学校食堂、供餐单位及校园周边食品经营者2 528户次，约谈69户，责令改正85户，立案查处2起，罚没金额0.35万元；强化“云南省食品安全监管网”的推广应用，提升对全市食品安全监管的现代化水平。完成19家放心肉菜示范超市创建工作。抓好药品零售企业执业药师“挂证”行为、中药饮片质量、草乌等毒性中药材（饮片）、血液制品流通使用和其他特殊药品疫苗专项整治工作。检查医疗器械生产、经营、使用单位99户次，飞行检查10家医疗机构，立案4件、责令整改6户次。开展非洲猪瘟疫病防控工作，共出动执法人员23 365人次，出动执法车辆3 951辆次，检查农贸市场3 864个次，检查商场超市1 702家次，检查肉及肉制品生产加工、销售者35 417户次，检查餐饮服务经营者21 128个次，省外调入生猪产品备案共102件，共调入122.39 146吨。开展非洲猪瘟专项抽检137批次。组织开展白酒小作坊和散装白酒生产、茶叶初制所等2项专项整治工作，全市共有41家茶叶初制所。开展过桥米线、网络餐饮食品安全专项整治，制定下发“过桥米线”、网络餐饮食品安全专项整治工作方案，加强对全市23户“过桥米线”经营户检查。

【案件稽查】 2019年，全市共办结各类案件1 075件，涉案案值396万元，罚没金额654.46万元。其中食品药品监管工作涉及案件：食品583件（网络违法食品案件3件）、药品86件、医疗器械20件、化妆品16件。市局共办结各类案件72件，涉案案值7.67万元，罚没金额93.62万元。其中食品药品监管工作涉及案件：食品29件、药品9件、医疗器械5件、化妆品3件。

【监管事权移交】 按照国家、省市场监督管理体制改革精神和药品监管事权划分要求， 2019年6月20日，省药监局刘本军局长一行，到市局开展药品医疗器械化妆品相关企业的移交工作，标志着玉溪市局将23家药品生产企业、1家医疗机构制剂室、20家药品批发企业（含2家药品零售连锁企业总部）、1家医疗器械生产企业、5家化妆品生产企业正式移交至省药监局。

【技术支撑】 2019年，“玉溪市食品药品检验重点实验室”入选玉溪市重点实验室，为市食品药品监管科学技术创新搭建一个重要的平台。食品安全检（监）测能力建设项目完成现有仪器的调配、搬运、检定，人员配备。开展检验项目扩项工作，共扩项119项，包括食品常规理化项目71项，饮用水2项，化妆品46项。

【李利调研玉溪药企】 2019年10月21日，国家药品监督管理局党组书记、副局长李利率调研组，到玉溪沃森生物技术有限公司、云南维和药业股份有限公司等药品生产企业进行实地调研检查。李利指出，药品安全事关人民群众的身体健康，容不得丝毫马虎，要严防、严管、严控药品安全风险，落实企业主体责任、部门监管责任和属地管理责任，建立排查化解安全隐患的长效机制，保障产品质量安全；要加大企业研发力度，助推医药产业高质量发展；企业要主动承担社会责任，保证药品疫苗正常供应；要积极响应“一带一路”倡议，走国际化路线，惠及更多人民群众。李利强调，各级药品监管部门要坚持问题导向，排查薄弱环节，化解风险隐患，落实全过程、全链条监管责任；要加强疫苗驻厂检查员专业化队伍建设，构建“亲”“清”政商关系，在坚决守住药品质量安全底线的同时，服务支持药企高质量发展。市政府领导柳文炜、曾敏陪同调研。

（市市场监督管理局提供）

安全生产监督管理

【安全生产事故指标控制】 2019年，全市共发生各类生产安全事故53起、死亡55人，同比事故起数减少3起、下降5.36%，死亡人数减少3人、下降5.17%。其中，发生较大事故2起、死亡6人，同比事故起数与去年同期持平，死亡人数减少3人、下降33.33%。全市安全生产形势保持总体稳定，已连续17年杜绝了一次死亡10人以上的重特大事故发生。

【安全生产责任制落实】 2019年，市委、市政府高度重视安全生产工作，把安全生产纳入国民经济和社会发展规划，作为县（区）和部门综合考评、社会治安综合治理、精神文明建设、领导干部绩效考评的重要内容，加大量化考核权重，严格“一票否决”。相继出台了《玉溪市党政领导干部安全生产责任制实施办法》《玉溪市党政领导干部安全生产责任清单》等重要文件，进一步厘清、压实各级党委、政府及相关部门主要负责人安全生产第一责任人责任和班子成员对分管行业领域的直接领导责任。市委书记罗应光、市长张德华多次对安全生产工作作出重要指示批示，多次带队深入生产经营建设一线调研指导，及时研究解决安全生产重大问题、部署重点工作；召开3次市委常委会会议、6次市政府常务会议、每季度政府专题会议研究部署安全生产重点工作；市政府领导班子成员、9个县（区）政府、19个市直部门层层签订了2019年度安全生产目标责任书，细化明确年度安全生产责任和目标任务。机构改革后，及时调整充实市安全生产委员会成员单位，由市长任安委会主任、各位副市长任安委会副主任，明确市委常委、常务副市长直接分管安全生产工作，将47个市直部门纳入市安委会成员单位。各县（区）、各部门、各单位把应急管理和安全生产列入重要议事日程，认真履行属地管理、行业监管职责，全市“党政同责、一岗双责、齐抓共管、失责追责”的安全生产责任体系进一步健全完善。

【安全生产领域改革发展】 2019年，按照《云南省人民政府关于将全省安全生产监管部门确定为政府行政执法机构的通知》《省安委会关于强化基层安全生产执法能力建设的实施意见》精神，市政府将市应急管理部门纳入执法机构进行管理和保障；统筹加强安全监管力量，进一步充实县（区）安全生产监管执法人员，市应急局现有监管执法人员47名，9个县（区）共有监管执法人员190名；全市74个乡镇（街道）均明确了不少于2人专职负责安全生产监管工作；11个工业园区和全市所有景区均明确了负责安全生产监管工作的机构和人员。督促指导压实企业主体责任，紧紧抓牢企业党委书记、董事长安全生产第一责任人责任和“一企一标准、一岗一清单”等关键环节，有效推动企业安全生产责任体系“五落实五到位”和全员安全生产责任制各项要求落到实处。

【城市安全发展】 2019年，市委、市政府下发通知，全面部署推进城市安全发展各项工作；市安委办制定了《关于推进城市安全发展安全监管责任分工的通知》，对城市无人机、新型燃气、餐饮场所、未纳入施工许可管理的建筑施工、物流寄递等重点行业领域，城市高层建筑、管线管廊、道路交通、燃气工程、排水防涝、垃圾填埋场、渣土受纳场、电力设施及电梯、大型游乐设施等建设和运营重点环节安全监管责任单位进行逐一明确；制定了玉溪市中心城区安全生产禁止和限制类产业目录，将涉危建设项目纳入“十三五”规划，加强统筹谋划和沟通协调，切实加强涉危产业布局和土地利用总体规划的实施监管，优化各类城镇空间用地布局及消防设施部署，有效保证居民区、学校、医院等重要场所和建设用地的安全距离，源头上推动城市安全发展管理水平。

2019年9月29日，市政府主要领导率队开展国庆节前安全生产检查及走访慰问活动。图为市长张德华（前排右二）看望江川区消防救援大队执勤值守人员
（袁劲松　摄）

【重大安全风险防控】 2019年，市应急局始终把防范化解重大安全风险作为首要任务。强化落实安全生产形势分析研判，市安委会按季度、市安委办按月定期召开会议，通报分析安全生产形势，研究部署下一阶段安全重点工作和防范措施。强化落实重大风险防范工作，扎实深入开展查大风险防大事故百日行动，形成31个《防范化解安全生产重大风险分析报告》，确定6 386个高风险企业，高风险场所、部位和设施所属主体责任单位，确定1 118户重点监管单位、652户高风险单位，并逐一明确了安全风险防控责任和措施；制定了《玉溪市防范化解重大风险总体方案》，细化了危险化学品、非煤矿山、冶金工贸等8个重点行业领域的重大风险实施方案，有效提升防范化解重大风险的能力。强化重点时段隐患排查治理，先后组织开展春节、两会、汛期、中秋、国庆、岁末年初等重点时段安全生产大排查大检查和专项行动，全面深入排查治理各类安全隐患和问题，有效化解各类重大安全风险，全市共计排查安全隐患121 595项，已整改117 056项隐患，整改率96.26%。

【安全生产领域打非治违】 2019年，市安委会结合全市打非治违工作实际，印发《玉溪市安全生产委员会关于进一步建立完善安全生产领域打非治违常态化工作机制的通知》，严厉打击矿山企业无证开采、超越批准的矿区范围采矿，危化品非法运输，烟花爆竹非法经营，无资质施工、转包、违法分包，微型面包车、自用船非法营运，“三合一”“多合一”场所违法生产经营液化石油气非法充装、销售等行为，持续保持打非治违高压态势，积极构建完成常态化、长效化、规范化的安全生产“打非治违”工作机制，确保重点行业领域安全生产形势稳定。全市共查纠各类交通违法行为68万起，其中无证驾驶9 531起、饮酒驾车1 267起、醉酒驾车589起、超速行驶92 633起、客运机动车超过核定乘员37起、货运机动车超过核载质量382起；查处取缔河道非法采砂、采砂点51处，查处违法开采地下水行为4起，封停地下取水井7口，查处河道违法施工2起，非法向河道倾倒渣土行为3处。

【安全生产督促指导】 2019年，市安委办充分发挥指导协调作用，督促各县（区）、各部门、各单位严格落实安全生产责任制。强化落实安全生产警示约谈措施，针对部分县（区）、部分行业领域事故多发、易发的实际，向通海县、澄江县、易门县、峨山县、新平县政府，市交通运输局，市市场监管局，滇南铁路建设指挥部发出《玉溪市安全生产工作提醒通知书》，督促县（区）政府、市级行业主管部门和单位采取有效措施，坚决防范事故发生；对发生较大事故的红塔区、澄江县政府和连续发生2起一般事故的云南玉溪仙福钢铁（集团）有限公司及属地新平县应急管理局进行安全生产约谈，深入分析事故原因、查找存在问题，采取切实可行的措施，狠抓安全防范工作落实。强化隐患问题跟踪督办，对国家应急管理部检查发现烟花爆竹生产企业18项隐患、省对市2018年安全生产目标责任考核反馈28项隐患问题、省安办第七督查组督查发现20项隐患问题、省政府挂牌督办的4项重大隐患，严格落实隐患整改“五到位”要求，逐项整改完毕；加强日常监督检查、市政府综合督查发现隐患问题跟踪督办，下发隐患和问题《督办通知》18份，累计跟踪督办各类隐患和问题312项。

【安全工程三年行动计划】 2019年，按照省委、省政府和省安委会、安委办的部署要求，全市认真贯彻落实《玉溪市安全工程三年行动计划（2018—2020年）实施方案》，统筹谋划总体目标，盯紧盯死年度任务，明确时限、强化措施、综合施策，有力有序推动安全工程3年行动计划各项工作稳步开展。道路交通（水上交通）方面：大力推进公路安全生命防护工程建设，截至11月底，全市完成公路安全生命防护工程1 989.92千米，完成率为97.69%，预计年底前全部完成年度任务；在全市县级运政管理部门全面推广使用道路运输动态监管系统政府监管平台，基本实现“84 220强制停车休息制度”的闭环管理；338辆不具备限速功能的客运车退出运输市场，1 225辆“两客一危”营运车辆完成“五小工程”；74个乡镇（街道）、631个行政村（社区）均建立了农村道路交通安全管理“两站”“两员”，配备交管员106人、劝导员873人。建筑施工方面：加强深基坑、起重机械、脚手架及高大模板支撑体系、临建板房及高大围挡等危险性较大的分部、分项工程安全管理，落实安全专项施工方案编制、论证、实施和管控要求，建立健全台账和隐患清单；开展房屋市政工程安全生产标准化工地创建考核考评，创建完成“云南建筑施工安全生产标准化工地”68个，市级建筑施工安全生产标准化工地123个；全市43个在建公路、铁路隧道施工项目全部按规定设置了逃生通道；35个在建水利工程建设项目施工现场安全管理实现3个100%，推进开展水利工程安全生产标准化建设6个，目前已全部完成安全标准化创建评级。煤矿方面：完成了9万吨/年及以下煤矿关闭任务，启动实施30万吨/年以下煤矿引导退出工作；建成了1个瓦斯治理示范矿井，涉煤3县完成了以水害为主的隐蔽致灾因素普查，并落实和完善预防性保障措施；正常生产煤矿安全生产标准化达标率100%。非煤矿山方面：完成改造升级矿山11座，注销采矿许可证97座，注销安全生产许可证105座，整合重组矿山3座，开展“五化矿山”建设矿山4座，开展“双重预防机制”建设试点矿山18座，完成尾矿库“头顶库”隐患综合治理1座，实施尾矿库“病库”隐患治理1座，取缔关闭采石（砂）场7座，取缔临时采石（砂）场13座，关闭城市面山、三级以上等级公路沿线设置的临时采石（砂）场4座。危险化学品和烟花爆竹方面：完成2户涉及城镇人口密集区危险化学品生产企业的搬迁改造；完成9户不在城镇人口密集区，但不符合产业政策、安全生产条件差且无法整改的企业（装置）关闭退出工作；2户内部安全距离不足、工艺技术和装备水平低的危险化学品企业已完成1户就地改造，另外1户正在重新选址搬迁，目前已完成安全条件审查；完成3户涉及乙炔生产企业自动化控制改造升级并通过了专家验收。制定下发《玉溪市烟花爆竹生产机械化自动化改造实施方案》，全面启动烟花爆竹生产机械化自动化改造工作；全市现有的140户烟花爆竹长期零售店杜绝了“上宅下店”情况，零售店数量同比减少55户、压减39%；75户零售店实施加盟或连锁经营，连锁经营率达到54%；所有长期零售店安装了具有不少于30天记录保存功能、能覆盖烟花爆竹堆放区域的视频监控设施。旅游方面：全市40家旅行社企业、20家A级旅游景区设立了安全管理机构，明确了专兼职安全管理人员；14家旅游景区实行了游客最大承载量管理；12家旅游景区落实了景区山洪、

2019年11月10日，应急管理部调研检查玉溪市烟花爆竹安全监管工作

（周锐中　摄）

地质灾害防治措施和预报预警和监测机制；39家旅行社企业、旅游住宿企业、旅游车（船）企业及高风险旅游项目经营者参与云南旅游组合保险统保统筹，参与率63%。

【安全生产大检查长效机制建设】 2019年，市应急局按照省应急厅关于将“1+3+5”安全生产大检查长效机制建设作为安全生产监管常态化工作的要求，继续以推进长效机制“落地生根”为目标，以问题为导向，在提升隐患排查治理质量，强化系统应用上下功夫，不断夯实安全生产基础。年内，玉溪市安全生产大检查长效机制建设综合排名位列全省第一，其中企业隐患自查自报率、企业隐患查出率、企业标准现场管理自定义率、三项检查率四项指标均位列全省第一。全市纳入安全生产大检查长效机制管理系统正常生产的企业944户，企业隐患自查自报率平均值为99%，累计排查各类安全隐患124 413项，已整改120 311项隐患，整改率96.7%；全市各级政府综合督查、各部门专项检查、专家明察暗访“三项检查”共排查问题和隐患11 436项，已整改10 238项，整改率89.52%。

【安全监管法制建设】 2019年，市应急局进一步推进深化行政审批制度改革，制定加强事中事后安全监管办法。推动落实网上审批模式运用，简化审批环节，优化许可流程，提升行政审批服务质量和效率。梳理“事项通用目录及办事材料信息汇编表格”共8类328项，“一网通办”事项比例为93.75%、“一部手机办事通”上线事项比例为66.05%，法定时限平均压缩66.66%，平均压缩材料58.33%。完善监管执法“一单两库一细则”，全面推行“双随机、一公开”抽查机制，严肃查处安全生产违法违规行为。

【安全生产宣传教育】 2019年，市应急局以“防风险、除隐患、遏事故”为主题扎实开展六月“安全生产月”活动，积极组织开展应急救援演练、安全警示宣传教育、科普体验、播放安全警示宣传片、知识竞赛、“危化企业公众开放日”等活动。全市共计开展安全宣讲102场次，发放宣传资料17万份，在新闻媒体开设安全科普专栏25个，组织应急预案演练37场次，特别是成功举办了市级冶金煤气应急演练，取得较好效果。围绕“提高灾害防治能力，构筑生命安全防线”主题，组织开展了“防灾减灾宣传周”系列活动，全市共展出展板1 503块，悬挂宣传标语1 437条，发放宣传册子8万余册、宣传单17多万张、其他宣传品5万余份。深入推进以“三项岗位”人员为重点的安全培训工作，全市共培训人员8 384人，参加考试8 102人，考核合格发证6 375人，考核合格率为78.68%。

（王　嫣）

秀美田园峨山富良棚　（刘　斌　摄）

油菜花黄幸福来　（刘　斌　摄）

蓝天碧水伴我行　（崔永红　摄）

商业贸易

TRADE

责任编校：李海明

国内贸易

【概　况】 2019年，全市的商务工作聚焦聚力全年目标任务，着力提升内贸发展质量，消费市场始终保持活跃，深入实施“吃在玉溪、购在玉溪”三年行动计划，科学制定并认真落实消费升级工作方案，大力发展节日经济、会展经济、“夜经济”，积极组织企业开展新春欢乐购、年货街、美食节、苏宁电器以旧换新等促销活动，加快特色餐饮街区、特色商业区建设，和谐大商汇、汇龙星光广场等项目建成投运，鸿源餐饮文化广场工程基本完工即将投入运营，万达广场、新天地、青花街、幸福小镇等商业项目有序推进，全年通过省级验收新增限额以上企业42户。围绕“绿色食品牌”打造，积极组织绿色食品企业参加北京、上海、天津产销对接专场巡展、意大利米兰国际食品展、澳门国际贸易投资展览会、京东生鲜节及“双十一”、2019商洽会等展会活动，市场拓展成效明显。全市完成社会消费品零售总额439.4亿元，增长12%，高于全省（10.4%）1.6个百分点，增速排名全省第3位；聚焦招大引强，世界500强企业京东落户玉溪，数字商务发展取得实质性突破，全年实现电商销售额10.8亿元，增19.5%；聚焦固本强基、立足长远，着力抓实项目建设和产业招商，现代物流产业发展规模不断壮大，全年完成物流项目投资20.1亿元，实现物流产业增加值增长10%。注重行业质量提升，大力发展家政电商、互联网中介等家政服务新业态，推进行业服务标准化建设，培育创建家政服务知名品牌和示范企业，打造一批“玉溪厨娘”“玉溪月嫂”“玉溪保洁”“玉溪陪护”等有影响力的家政服务品牌，累计组织培训家政服务人员429人、饮食行业人员521人。完成加油站地下防渗改造175个、建成旅游厕所49座，国VI标准成品油推广使用顺利完成，世界500强企业中海油落户玉溪。

【京东云“互联网+”新经济项目】 2019年，市商务局积极抢抓省政府与京东集团战略合作机遇，成功引入全省与京东集团合作的首个项目—京东云“互联网+”新经济合作项目，共同实施“建设云南省绿色食品大数据中心、搭建绿色食品交易公共服务平台、打造品牌创新服务体系、共建玉溪新型智慧城市体系”的“4个1”计划。6月25日，市政府与京东集团“互联网+”新经济项目合作签约仪式在昆明成功举行，作为云南省与京东集团全面合作的开局项目，签约仪式得到省、市和京东集团的高度重视，境内外多家主流媒体进行宣传报道。项目落地以来，相继成功举办“10·17玉溪生鲜节”、京东（玉溪）特产馆“双十一”线上线下等活动，开展市、县赋能培训12期共1 500人次，中国特色馆·玉溪店成为京东商城最佳成长店第1名。云南省绿色食品大数据中心、区块链产业金融服务平台建设正式启动，普洱茶区块链溯源平台正式发布，京东（玉溪）新经济产业园、京东智臻链云南绿色食品追溯示范基地、京东云（玉溪）创新中心、京东（玉溪）新经济展厅正式揭牌。成功聚合引进京东生态、智慧物流、区块链技术等年产值过10亿的龙头企业12户。

【电商销售】 2019年，为促进优质农特产品的线上销售，市、县（区）商务主管部门、县级公共服务中心充分发挥自身优势，积极与精品云南“一县一品”组委会、京东、淘宝、聚划算、拼多多等知名电商平台沟通对接，推荐优质农特产品上线销售，全市纳入统计的105家电商销售企业实现年度电商销售金额10.8亿元。

【重点项目】 2019年，全市实施重点物流项目建设10个，其中，续建7个、新开工3个。累计组织参与境外招商4次、省外招商5次，深入上海、广州、深圳、香港、澳门等地开展物流招商推介，G7智联签约玉溪，成功引入京东物流云仓赋能项目提升全市物流管理能力，积极牵头京东集团、云南省普洱茶协会开展“普洱茶仓”项目合作。中国东南亚食品商贸仓储物流港（一期）项目商贸区顺利建成并完成招商入驻，云菜集团滇中智慧农业产业园、滇中（玉溪）粮食物流产业园区、杨广智慧农业小镇冷链物流园等项目稳步推进。大力争取国家、省政策资金支持跨境贸易、城乡配送、物流信息平台、冷链物流设施建设，组织通力物流、宏程物流、云菜集团、通海育农科技等企业的物流项目申报中央外经贸发展资金支持现代物流体系建设项目，其中，通力集团“物流信息信息建设”通过评审。此外，积极统筹推进物流产业工人队任务建设试点示范改革，举办实操技能培训6场次、参训289人次。全市物流企业总数达463户，其中，国家3A级物流企业2户、4A级1户。

（乔　羽）

对外贸易

【概　况】 2019年，面对错综复杂的国际形势和国内经济持续下行等多重压力，全市的商务工作聚力全年目标任务，攻坚克难，加压奋进，着力推动外经贸结构转型升级，外向型经济发展破壳蜕变、屡创新高，外贸企业开拓国际市场的信心得到极大提振，对外贸易实现历史性的高速增长，全年实现进出口总额30.8亿美元，增长67.7%，增速排名全省第3位，在总额超过10亿美元的全省各州市中排名第1位，其中，单月进出口额连续11个月超上年同期，8—10月连续3个月单月均在4亿美元以上，尤其是8月份进出口额达4.12亿美元，创单月历史新高。全年办理外商投资企业备案事项29项，新增外资企业6户，争取境外罂粟替代种植农产品返销进口指标22 934吨。全市经过国家商务部及省商务厅核准备案的境外投资项目共有38个，涉及12个国家和地区，其中，老挝13个、越南4个、柬埔寨2个、泰国9个、新西兰、印尼、马来西亚、罗马尼亚、缅甸、法国各1个，项目投资涉及农产品加工、烟草种植加工、矿产资源开发、建筑建材、房地产、水电开发、精细磷化工、贸易、餐饮等领域。全市在“一带一路”沿线国家对外投资项目32个，占全市对外投资项目总数的84%。

【外贸企业】 2019年，全市有进出口实绩企业数量创历史新高。新增有进出口实绩企业56户，总数达208户，其中，进出口额千万美元以上企业76户。优质百强企业数量创历史新高，全省外贸发展综合贡献百强玉溪企业首批上榜25户、第二批上榜44户，外向型农业发展百强玉溪企业首批上榜57户、第二批上榜64户，双百强企业数量居全省第1位。

【农产品出口】 2019年，全市138户农产品出口企业实现农产品出口额26.59亿美元，增长74.2%，占全市出口总额的88.2%，占全省农产品出口总额的55.6%，其中，出口水果20.41亿美元，增长81.7%，占全市出口总额的67.7%，占全省水果出口总额的95.8%；出口蔬菜3.99亿美元，增长87.3%，占全市出口总额的13.2%，占全省蔬菜出口总额的30%。

【智能终端制造】 2019年，手机、主板、智能手表等智能终端制造出口快速增长，出口额1.92亿美元，增长836%，成为全市外贸新的增长点，智能终端制造出口创历史新高。

【展会成果】 2019年，第二届中国国际进口博览会和2019南亚东南亚国家商品展暨投资贸易洽谈会共有20个项目6.11亿美元项目集中签约，其中，贸易项目18个、对外投资项目1个、利用外资项目1个，分别签约外贸协议金额3.2亿美元、6.2亿美元，取得丰硕成果。

【县（区）进出口】 2019年，红塔区、通海县、易门县、新平县、高新区进出口总值创历史新高，5个县(区)累计进出口值29.63亿美元，增长72.5%，占全市进出口总值的96.2%。其中，新平县新增有实绩企业3户，7户企业累计实现进出口值1.05亿美元，增长301.9%，新平县进出口值首次突破1亿美元。

【出口信用保险】 2019年，全市有43户企业投保出口信用保险，比上年增加21户，企业出口信用保险覆盖面由上年的14.9%提升至28.3%，出口信用保险覆盖面进一步扩大。

【玉溪海关】 2019年，玉溪海关建设稳步推进，已完成项目选址、规划设计方案招标遴选、优化，可行性研究报告评审，签订土地收回协议，项目审批立项，地上建（构）筑物、附着物等已移交给高新区管委会处置。

【境外投资备案】 为优化“走出去”营商环境，深化对外投资“放管服”，从2019年9月16日起，省商务厅通过委托管理方式向各州（市）商务部门移交备案、统计、报告、监管权限，商务部业务统一平台的州市管理端口权限正式开放，方便属地企业就近咨询、办理备案，实现了审核层级简化、办理时间缩短、企业备案便利化，降低了“走出去”企业备案成本。

（乔　羽）

招商引资

【概　况】 2019年，全市投资促进系统以习近平新时代中国特色社会主义思想为指导，全面落实“六个走在全省前列”、推进“两型三化”、打造“三张牌”工作要求，坚持经济社会发展“5577”总体思路，大力弘扬“玉汝于成、溪达四海”玉溪精神，积极应对经济下行的严峻挑战，创新方式方法、招大引强选优，突出重点地区、对接行业龙头，锁定重点产业、引资引智并举，加大统筹协调、增强工作合力，强化要素保障、助推项目落地，招商引资引智工作取得新进展。年内，全市引进招商引资项目数同比增长2%，其中，新报项目数同比增长11%；引进市外国内资金同比增长11%，引进省外资金同比增长11.2%；引进外资1 003万美元，新设外资企业6户，圆满完成年度目标任务。

【外来投资】 2019年，全市引进市外国内资金同比增长11%，引进省外资金同比增长11.2%，全市实际利用外资1 003万美元，圆满完成年度目标任务。新设外资企业6户，分别是：红塔区云南虎聚文化传媒有限公司和中荷生态环境服务（玉溪）有限公司，通海县云南隆天生物科技有限公司，新平宏山生物科技有限公司，元江县亨普（云南）国际控股有限公司和亨普（云南）生物资源产业园管理有限公司。各县（市、区）圆满完成内资引进任务：其中，红塔区引进市外国内资金同比增长3%，引进省外资同比增长2%；江川区引进市外国内资金同比增长9%，引进省外资金同比增长8%；通海县引进市外国内资金同比增长9%，引进省外资金同比增长21%；澄江县引进市外国内资金同比增长15%，引进省外资金同比增长15%；华宁县引进市外国内资金同比增长18%，引进省外资金同比增长14%；易门县引进市外国内资金同比增长11%，引进省外资金同比增长17%；峨山县引进市外国内资金同比增长40%，引进省外资金同比增长44%；

新平县引进市外国内资金同比增长13%，引进省外资金同比增长10%；元江县引进市外国内资金同比增长16%，引进省外资金同比增长10%；高新区引进市外国内资金同比增长57%，引进省外资金同比增长65%。

【产业招商】 2019年，全市七大产业引进项目数及引进市外国内资金分别占全市引进项目数及到位资金的70%和61%，两项指标较上年同期分别增长9.2%和24.5%。新兴产业及传统产业引进市外国内资金较上年同期分别增长34%和16%，旅游文化产业、现代物流产业、矿冶及装备制造业、卷烟及配套产业较上年同期分别增长54.4%、16.9%、39%和100.6%。“三张牌”引进项目及引进市外国内资金

2019年10月29日，市委书记罗应光（左三）为“百千万人才计划”项目授牌

（曾永洪　摄）

分别占全市引进项目及市外国内资金的42%和33%，引进市外国内资金较去年同期增长15.9%，其中："绿色能源""健康生活目的地"分别增长31.8%和30.6%，在全市初步形成以产业招商推动经济结构优化调整的良好势头。

【资智引进】 2019年，市投资促进局成功举办健康生活目的地（重庆）推介会、中德人工智能大会、《财富》全球可持续论坛、"相约春天""收获金秋 "等推介活动，大型推介活动对玉溪投资魅力的展示及对人才的吸引力逐步显现。年内，全市组织外出招商239次，市级组织78次，市领导带队35次，市党政主要领导带队20次，拜访考察了缅甸云南同乡会、环球融创、悦康药业、京东集团、创维集团、北京航天长峰、台北医学大学、中山大学肿瘤医院等多家高校、科研院所及行业领军企业，中建钢构、京东集团等重点项目成功签约，融创中国、成都会展、上海复星、华人文化等名企来玉成功对接。积极参加并充分利用第二届进口博览会、2019（第九届）中国数据中心产业发展大会、第二届市长与大数据领袖峰会、第二届数字中国建设峰会、2019中国新材料产业创新发展论坛等多个峰会及论坛活动，积极开展精准对接、招商引资引智活动，厚植客商资源。先后与复旦大学、上海音乐学院等32所高校院所对接，签订合作协议18个，成功引进300余名高层次人才，请回29名玉溪籍在外工作的专家人才畅叙友谊、共谋发展。

【区域合作】 2019年，市投资促进局继续巩固与北京顺义、广东佛山、上海金山等城市的友好合作，强化与平潭综合实验区的经济战略合作，持续与中科院绿色城市产业联盟、台湾（香港）上海台商联谊促进会等商协会的合作。年内，泛珠三角、长三角、环渤海、京津冀4个区域引进到位资金合计较去年同期增长18%，分别较去年同期分别增长22%、39%、9%，京津冀与去年基本持平，保持稳定。其中，福建、北京、广东、四川、浙江位居到位资金前5位，五省市到位资金共占总到位省外资金的58%。省内到玉溪投资的以昆明和省属企业为主。与新华网、云南日报、香港商报、玉溪日报、云南投促等媒体合作，先后刊发稿件200余篇，并在大型招商推介活动中，采用微信、手机客户端、网络直播等方式宣传，有力扩大玉溪的"朋友圈"，提升玉溪的美誉度和知名度。

【项目策划】 2019年，市级项目库收录项目175个，完成《2019年玉溪市投资指南》编印、188个重点项目深度策划包装和12个重点产业招商专案。所有项目资料均上线玉溪市招商项目可视化系统、"玉溪招商"微信公众号和官方网站，让企业客商便捷查询。调整充实市重大招商引资项目专家咨询评估工作领导小组，健全完善项目推进工作机制，出台《市驻点招商工作实施方案》，分别在京、沪、深设立投资合作联络处，选派12名同志驻点招商。

【要素保障】 2019年，市投资促进局召开全市招商引资工作委员会第一次全体会议，下发"2019年招商意见"，适时召开项目对接会、协调会和专题推进会，统筹推动全市投资促进工作。持续强化"一把手"招商，坚持市、县区党政领导联系重点招商引资项目责任制，充分发挥交办督办机制的作用，强化责任落实，加大协调服务，切实提高项目落地率和资金到位率。完善招商引资绩效考核办法，增加项目落地、税收、就业等指标权重，确保全市投促工作有序推进。年内，全市319个签约项目中，已开工144个，其中，21个已完工，项目开工率达45.45%。

【利用外资】 2019年，市投资促进局出台《全市利用外资工作计划》，定期发布《外资要情》，有力引导全市利用外资工作有序开展。成立市利用外资工作领导小组和市利用外资工作推进组，对重大外资项目，坚持"一对一"跟踪服务，从手续办理、公司注册、外资进入等环节进行全流程帮办代办服务。建立外资项目协调推进会制度，协调解决项目落地中的困难问题。同时，做好"优惠政策"的奖补兑现，进一步激发外资企业增资扩股、以商招商的积极性。全年全市到位外资1 003万美元，同比增长190.72%，增幅排名全省第二，总量排名全省第四位，圆满完成年度目标任务。

【队伍建设】 2019年，市投资促进局扎实开展"不忘初心、牢记使命"主题教育，认真落实省、市招商引资工作会议精神，优化充实投资促进系统的人员力量。借助优质高校资源，加强与组织部门沟通汇报，先后组织人员到清华大学、省投资促进局和市委党校开展4期业务培训，从国内外形势、招商策略、谈判技巧、产业知识等方面，全面提升干部职工的履职能力和业务水平。加强请示报告，积极融入省局举办的各类活动，组织人员赴上海、深圳、昆山等发达地区开展案例式培训。健全完善相关管理制度，选优配强驻点招商人员，在全市打造一支忠诚、务实、担当、进取的投资促进系统队伍，为全市投促工作提供了坚实的人才保障。

（李　强）

2019年10月29日，市委副书记、市长张德华（中）颁发招商引资顾问聘书

（曾永洪　摄）

贸易促进

【参展参会】 2019年，玉溪市贸促会持续开展以“一带一路”沿线国家为重点的境外市场考察、项目洽谈和经贸活动，积极动员组织企业赴国内外参展参会。4月10—20日，玉溪市贸促会党组书记丁伟带领2户企业参加第29届越南国际贸易博览会，赴越南、印尼和马来西亚3个国家开展贸易投资促进工作，取得良好成效。6月，组织16家企业和5家异地商会参加第14届中国—南亚东南亚商务论坛系列活动，寻找适合企业投资的项目2个，潜在可参与合作投资的项目3个。6月13日，在第3届中国—东南亚商务论坛期间，玉溪市贸促会与老挝国家工商会共同组织双方企业在昆明万达文华酒店嘉兰厅举行了“中（玉溪）老（挝）企业家贸易投资对接会”，玉溪市16家进出口企业共计46人参加此次对接会，5户老挝企业就需要进行对接洽谈的投资贸易项目依次进行介绍，玉溪相契合企业分别进行咨询提问，就自身想进行的贸易投资项目进行深度了解洽谈。8月，组织9户企业参加北京世园会“云南活动日”系列活动，开展6分钟的玉溪主题推介，玉溪市贸促会会长自福庄在推介会上专场推介了玉溪区位优势、经贸投资环境和玉溪特色企业，大力宣传玉溪在国家“一带一路”建设和云南建设面向南亚东南亚辐射中心的区位优势和发展潜力，吸引中外客商到玉溪投资兴业。11月中旬，动员企业参加2019年澜湄合作经济技术展览会（老挝万象）和第19届越中（老街）国际贸易交易会，做好协调服务工作。

【举办对接洽谈会】 2019年8月27日，玉溪市贸促会成功举办“中国（玉溪）与斯里兰卡贸易投资推介洽谈会”，邀请昆明国际商事仲裁服务中心专家和斯里兰卡律师，就“一带一路”走出去云南跨境交易的思维误区、云南周边国家法律政策、斯里兰卡招商引资及法律政策进行介绍，此次洽谈会旨在发挥玉溪市区位和产业优势，促进玉溪企业与“一带一路”沿线国家和地区的经贸合作，特别为玉溪市企业“走出去”搭建桥梁和平台，为宣传招商引资政策和优化营商环境提供良好服务。参会企业家纷纷表示，此次贸易投资推介洽谈会的举办为玉溪企业到斯里兰卡开展贸易投资与交流合作打开了一扇门。斯里兰卡是印度南亚大陆最南端的一个岛国，对中国而言具有区位优势，通过斯里兰卡可以打开印度、中东及阿拉伯国家市场，深化中国与斯里兰卡之间的贸易关系意义重大。9月19日，玉溪市贸促会举办“中国（玉溪）与越南（安沛）工商贸易投资对口洽谈会”，越南安沛省工贸代表团14户企业及47家玉溪企业代表参会，对接会上中越双方企业交流洽谈，投资意向强烈，纷纷进行一对一的交流与沟通，为玉溪外向型经济的发展打下了一定的基础，进一步深化双方在商贸、投资、技术等领域的交流合作。此次洽谈会促进了中越双方企业的交流与合作，进一步推动了安沛省与玉溪市在各领域的务实合作，更好地推动了安沛省与玉溪市的产业、文旅、经济、经贸等发展，促进了玉溪市与安沛省建立友好城市的工作。

【经贸摩擦应对工作】 2019年，玉溪市贸促会不断提升服务渠道和内容，多方面开展经贸摩擦应对和经贸信息预警。市贸促会通过政务网站、QQ群、微信群等载体，将中国贸促会（云南）南亚东南亚法律服务中心、中国贸促会云南省经贸摩擦预警中心等收集的经贸信息及时发布给相关行业企业，将玉溪市企业及行业的涉外信息及时上报中国贸促总会，形成上下联动机制，合力应对，为企业提供化解贸易纠纷和经贸摩擦应对服务。全年传递预警信息42条，转发实时经贸资讯60余条，帮助企业掌握实时贸易动态。

【外经贸实务培训】 2019年11月14—15日，玉溪市贸促会、玉溪市商务局、云南省贸促会法律部联合举办玉溪市外经贸实务培训班，来自全市各县（区）工信、商务和外经贸企业代表、玉溪国际商会会员70余家企业共计110余人参加培训。此次培训活动，采取专家专题授课、授课人与学员互动、经验交流分享等多种灵活方式进行，培训内容丰富、操作性强。邀请中国出口信用保险公司云南分公司的业务经理和专业律师、云南迈征律师事务所高级律师讲解出口信用有关法律法规和业务操作技能国际贸易主要法律制度及主要法律风险防范，邀请易门县外贸行业协会会长和云南宏斌绿色食品有限公司总工程师、国际贸易部经理与参会人员进行外贸经验分享。通过此次集中培训，企业经营管理人员和外经贸干部更深入地学习和了解外经贸业务知识，提高外经贸工作水平，进一步增强玉溪市外经贸企业依法经营理念、提高应对外经贸风险防范和应用新技术支撑开拓国际市场能力。

【企业服务工作】 2019年，玉溪市贸促会发挥资源优势，扩大对外联络网络。加强官方和民间多层次、多领域的交流，拓展经贸合作空间。3月，玉溪市贸促会和玉溪国际商会会领导拜访柬埔寨驻昆明总领事馆，交流和洽谈两国之间的贸易投资项目、投资环境、国家政策和市场需求，了解中柬贸易信息。11月5—7日，玉溪市贸促会接待缅甸工商会客商对玉溪前列电缆、阳光食品等9家企业进行深入考察洽谈，寻求合作机会。组建玉溪国际商会微信群，强化与云南国际商会、各异地商会的联系，扩大商会朋友圈，加强信息和资源共享。着力做好“玉溪好产品”收集挑选宣传工作，为帮助玉溪市企业产品畅销省内外、走出国门，玉溪市贸促会通过调研走访，在会员企业里收集、挑选一批优质企业和产品，形成分门别类、品种齐全的“玉溪好产品”宣传册，通过贸促会（国际商会）网站平台、商协会联络群、微信群、玉溪门户网站、知名网站等，配合玉溪市招商引资、贸易促进、博览会参展组展等活动，进行重点宣传推介，提升玉溪产品的知名度和影响力，助力绿色产业经济发展。深入基层调研，精准服务企业。玉溪市贸促会坚持需求导向和问题导向，深入企业走访调研，为企业提供便利化服务，加大政策执行、业务指导、工作协调服务力度。

（张　谨）

粮食行业

【概　况】 2019年，是市粮食和物资储备局挂牌成立的第一年。一年来，全市粮食和物资储备系统深入贯彻党的十九大精神和全国、全省粮食和物资储备工作会议精神，用总体国家安全观统领粮食和物资储备工作，坚持稳中求进工作总基调，强化粮食和物资储备管理，抓好粮食项目建设促进粮食产业发展，完成政策性粮食库存大清查工作任务，认真落实粮食监管和安全生产责任，全面提升全市粮食安全和战略应急物资储备安全保障能力。

【粮食保供稳价工作】 2019年，市粮食和物资储备局全面贯彻落实粮食安全行政首长责任制，夯实粮食安全责任，粮食保供稳价工作全面落实，全市粮食购销存数量实现“三增长”，即粮食购进数、销售数、库存数均增加，全市纳入统计的粮食企业购进粮食(原粮)59 820万千克，同比增9.0%；销售粮食（贸易粮）49 880万千克，同比增5.0%；库存（原粮）3 700万千克，同比增28.22%。其中全市国有粮食企业购进36 650万千克、同比增2.89%，销售28 680万千克，同比减2.59%，库存2 150万千克，同比增27.22%。认真抓好粮食收购工作，全市累计收购粮食789.1万千克，其中国有粮食企业收购粮食550.5万千克。加强粮食产销合作，扩宽全市粮源渠道，全市市外购进粮食约占购进总量的99%。做好军粮、救灾救济粮等政策性粮油供应保障，累计供应救灾救济粮118.4万千克、供应学生粮油364.15万千克。完成政策性粮食储备任务，突出抓好成品粮储备。认真做好储备粮轮换工作，完成市级储备粮轮换820.5万千克、菜籽油50吨。增强粮食安全应急保障能力，全市共建立粮油应急供应网点51个、应急加工企业16户，全年累计供应粮油2 400万千克。加强市场粮油价格监测分析，全市建立各级粮油价格监测点共13个。

【粮食产业发展】 2019年，市粮食和物资储备局牢固树立“产业兴、粮食安”发展理念，积极推进粮食领域项目申报建设，年内全市粮食项目共争取到各级资金支持8 782.1万元，其中，中央资金6 762万元。滇中（玉溪）粮食物流产业园争取到中央资金支持2 570万元，一期建设项目一标段已开工建设；园区招商引资工作全力推进，项目作为全省唯一的粮食投资推介项目在第二届中国粮食交易大会上进行招商引资项目推介，项目具体情况在《中国粮食经济》进行刊载；金钱集团饲料加工入园项目达成全额外资投资意向。粮库智能化升级改造项目各县区中心库初验工作全面完成。云南玉溪国家粮食储备库、云南源天生物集团有限公司成功申报为“中国好粮油”示范企业，分别获得中央补助资金838万元和1 667万元，易门县粮食收储有限公司、江川区粮食收储有限公司粮食产后服务体系建设项目成功申报2019年“优质粮食工程”项目，分别获得中央补助资金150万元和124万元。云南滇雪粮油有限公司“中国好粮油示范企业”项目建设获中央补助资金505万元，项目完成总投资的79.83%。粮食质量安全检验监测体系建设项目获得中央补助资金197万元，设备采购招投标工作已完成。积极培育玉溪粮油品牌，“滇雪”商标成功申报为国家驰名商标。继续做大做强本土粮油企业，发展粮食产业经济，全市国有粮食企业完成营业收入109 468万元、同比增7.71%；实现利润1 584.2万元、同比增19.13%，利润总额排名全省各州市第二。全市纳入粮食产业经济统计企业完成粮油工业总产值320 034.1万元、同比增5.32%。

2019年6月21日，云南滇雪粮油有限公司在第二届中国（郑州）粮食交易大会上展示优质粮油产品 （市粮食和物资储备局提供）

【政策性粮食库存数量和质量大清查】 2019年，市粮食和物资储备局深入贯彻落实国家、省、市政策性粮食库存数量和质量大清查工作要求，成立了以市政府分管领导为组长的政策性粮食库存数量和质量大清查工作领导小组，细化工作实施方案，坚持有仓必到、有粮必查、有账必核、查必彻底、全程留痕的原则，圆满完成了大清查各项工作任务，全面清查纳入检查范围的粮食库存实物数量、品种和粮权归属，以及不同年份、不同性质、不同品种粮食分仓（货位）储存管理情况，查实库存粮食质量指标、储存品质指标、食品安全主要指标等情况，参加人员266人次，清查政策性粮食承储企业14户、承储库点89个、货位个数442个，发现问题全部整改完成。经检查，全市承储的各级储备粮实际粮食库存数量、品种、性质真实，储备规模落实到位，粮食库存实物与保管账、统计账、会计账、银行资金台账账实相符、账账相符，守住了数量真实、账实相符、质量良好、储存安全的底线。

【物资储备】 2019年，市粮食和物资储备局积极完成救灾物资管理职责的交接工作，严格履行交接程序，确保工作交接稳妥有序，管理不断档、责任不缺位。加强救灾物资的日常管理，完成救灾应急物资紧急供应、运输、搬运相关协议签订，拓展了全市救灾应急物资紧急采购与快速运输渠道。积极搭建救灾物资管理平台，经市委编办批复成立“玉溪市救灾物资储备中心”，在玉溪市粮食质量监测中心加挂牌子。快速推进物资储备库项目建设，积极开展市救灾物资储备库项目申报的前期准备工作，可行性研究报告、初步设计评审已完成，经市委常委会议、市政府常务会议研究通过，申报纳入中央投资补助建设项目并进行市级资金配套；加快推进易门县、澄江县、新平县救灾物资储备库工程建设。圆满完成冶金行业煤气泄漏事故应急演练后勤保障组的各项工作任务。

【粮食监督检查工作】 2019年，市粮食和物资储备局加强重大节日粮食供应、粮食收购、粮食流通市场检查和巡查力度，全市共开展粮油食品执法检查321次，出动执法人员1 783人次，检查企业904个次。加强粮食质量安全专项检查，共开展储备粮定检、“放心粮油”抽检、新收获粮食质量调查和品质测报抽检等各类粮油检验934批次。积极开展粮食安全宣传活动，组织开展政策性粮食库存大清查宣传、食品安全宣传周粮食质量安全主题日活动、世界粮食日和粮食安全宣传周等专题宣传活动，积极推广宣传12 325粮食流通监管热线，主动接受社会监督。

【安全生产和安全储粮】 2019年，市粮食和物资储备局高度重视粮食库存管理工作，储备粮管理严格按照“一符、三专、四落实”要求，做到仓外有专牌，仓内有专卡，认真执行粮情“五、十”检查制度，确保粮食储存安全。组织开展安全生产检查，保证了粮食库存管理、储粮安全和安全生产，年内没有发生重大粮食质量安全事故和仓储设施及人员安全事故。

（姚 梅）

2019年10月30日，中华全国供销合作总社党组成员、理事会副主任蔡振红（右三）到玉溪市调研 （玉溪日报社提供）

供销合作

【概 况】 2019年，市供销社在市委、市政府坚强领导下，认真贯彻落实中央和省委、市委关于深化供销合作社综合改革的重大部署和中央农村工作会议精神、市委五届七次全会和市政府五届二次全会精神，省供销合作社四届二次理事会、监事会全体会议工作要求，主动融入乡村振兴战略，紧盯目标、压实责任、勇于担当，稳步推进各项改革发展工作，取得新实绩。全年实现销售总额180.37亿元，同比增36.91%；实现农副产品购进77.32亿元，同比增60.49%；电子商务销售额1.14亿元，同比减21.16%；实现汇总利润0.88亿元，同比增5.45%；实现社会贡献3.06亿元，同比增长6.57%；上缴各类税费0.30亿元，同比减10.07%；实现资产总额45.04亿元，同比增32.87%；实现化肥销售75.65万吨，同比减4.06%；化肥淡季储备4.5万吨，同比增8.91%；食用菌农业产值8.07亿元；全年组织各类培训1 155人次。

【农资供应】 2019年，全市供销社系统积极发挥农资销售主渠道作用，积极引导农资经营企业调结构、转方式，由单纯卖农资发展为集农业社会化服务、农资销售与服务一体的经营服务，在确保常规化肥、农药市场供应的同时，增加高效有机肥、生物农药的供给，推动农业绿色发展。制定印发《玉溪市供销合作社联合社关于推进农民专业合作社绿色发展的指导意见》，加强与农民专业合作社的农资供应工作对接，引导农民专业合作社调整种植结构，推广使用有机肥、生物农药，减少化学肥料、农药。加强监管，积极配合工商等部门的农资打假行动，督促系统内农资经营企业建立完善农资经营管理信息平台和管理制度，实现农资储备调供可追溯，杜绝假冒伪劣产品进入市场，年内供销社系统农资企业所销售农资抽检合格率达100%。全系统共供应各种化肥75.65万吨，农药1.93万吨，农膜0.3万吨，其中：有机肥销售2万吨；高效水溶肥销售0.36万吨。

【电子商务】 2019年，市供销社继续推进电商网络体系建设。构建玉溪供销电商公司为重点、县区电商公司为支点、乡镇服务站（点）为末端、省社电商公司互溶、社属社涉企业参与的电商网络体系。全市供销合作社系统已成立专业电商公司4个，开展电子商务业务的企业27个，与“供销e家”平台对接的企业1个，建成基层电商服务站点22个。由省社电商公司与玉溪供销电商公司合作投资200万元建设的玉溪电商运营中心完成验收并投入运营；积极推进跨区域联合合作，与贵州省、陕西省、昭通市、曲靖市等地供销社联系对接，寻求在市场共享、种植技术交流等方面联合合作。玉溪供销电商公司与贵电商合作，促成包括元江瑞丰名特酸角汁、华宁宁州香等24个种类产品上架贵电商微商城；强化产销对接，依托互联网开展农产品网销。采取参（控）股、农技培训、联系专家指导等方式，推进绿色农业发展，并与小农户、农产品基地、农民合作社等产销对接，实现优质优价带动农民增收。开展农资网销业务，市农资公司和通海县农资公司与“农一网”达成合作，创办农资网上代购点88个，年内各代购网点网销农资59万元，年网络销售额100万元。全系统实现电子商务销售额1.14亿元，其中农产品网销0.29亿元。

【高原特色产业】 2019年，市供销社围绕省政府打造世界一流的“三张牌”发展思路，积极推进高原特色产业发展。以社有农产品经营、加工龙头企业为骨干，充分发挥农民专业合作社的主导地位，领办绿色农产品生产基地，创建绿色农产品生产示范社；挂牌绿色农产品供给基地2个，面积1 120亩。认真履行食用菌产业发展管理协调服务职能，促进食用菌产业绿色发展；新领办食用菌专业合作社1家，先后组织30余人参加省食用菌产业办食用菌栽培及营销技术培训班；组织系统内10余家企业和合作社参加了在易门举办的第十五届中国（云南）野生食用菌交易会以及在昆明举办的第十五届农博会；通海县供销社领办的源森天麻专业合作社成功申报了“有机转换认证证书”。全市食用菌产量2.15万吨，产值8.07亿元，其中：野生菌1.10万吨，产值7.01亿元；人工食用菌1.05万吨，产值1.06亿元。

【基层组织体系建设】 2019年，全市供销系统创新发展合作经济组织，突出发展质量，发展方式由重数量转变为重质量，巩固提升合作经济组织。积极试点“村两委＋合作社＋供销社”模式，新建村级供销合作社4个；规范发展农民专业合作社10个，其中参股合作社2个；改造提升基层供销社5个；5个基层社召开了社员代表大会，选举产生新一届理事会、监事会；3个基层供销社成功创建为总社标杆社、4个农民专业合作社被评为总社示范社。根据国家11部委联合印发《开展农民专业合作社“问题社”专项清理工作方案》和省、市相关要求，对全市供销社系统内的农民专业合作社“空壳社”进行了清理。年内，创建省级供销社农民专业合作社示范社4个，发展农民合作社联合社3个，改造提升综合服务社36个。

【新型职业农民培训】 2019年，市供销社充分发挥直属干部学校的培训职能，通过联合办班、合作办学等方式开展培训工作。全年完成培训15期1 155人次，其中：开展农资及农化服务、食用菌产业发展、电商农产品基地建设和柑橘栽培管护等新型职业农民培训及供销社行业特有工种鉴定培训12期977人次；与市农广校、华宁县妇联开展合作办学2期76人次；举办全市供销社系统“三位一体”合作体系建设培训班1期102人。

【供销综合改革工作】 2019年，市供销社在做好农资供应、电子商务、高原特色产业、基层组织体系建设、新型职业农民培训等工作的同时，积极推进供销系统综合改革。召开全市供销合作社2019年工作会议，深入分析供销合作社改革发展形势和存在问题，安排部署2019年工作，制定下发《玉溪市供销合作社系统2019年主要任务指标考核办法》，推动各项目标任务完成。推进《玉溪市供销合作社关于新时代下全面深化改革打造玉溪新供销的实施方案》任务落实，着力提升综合服务能力。加强沟通汇报，争取各级支持供销社综合改革，年内，市社班子成员向省供销社沟通汇报工作16次，争取上级资金70万元。

【扶贫攻坚】 2019年，市供销社认真做好扶贫联系点华宁县大新寨村的帮扶工作，全社领导干部走访慰问联系户63人次，开展志愿者服务活动2次；主要领导到联系点调研、走访5次，帮助协调解决抗旱资金5万元。结合供销社行业工作特点，创新开展消费扶贫，与市级14个部门联合发出《动员社会力量共同参与消费扶贫的倡议书》，组织贫困地区产品进机关、进国有企业等，促进社属企业与贫困地区合作社建立长期稳定的产销关系，切实帮助贫困地区和农民解决农产品卖难问题。中秋节期间，玉溪供销电商公司与市直相关部门工会合作，开展消费扶贫，组织销售与建档立卡户结对的农民专业合作社、农产品基地、涉农龙头企业特色优质农副产品27.06万元。

（李玥敏）

元江哈尼族村民收割糯谷 （崔永红 摄）

红塔区春和街道黄草坝蚂蟥箐彝族村民参加婚宴 （崔永红 摄）

元江红河谷　（李晓媛　摄）

交通·邮政

TRANSPORTATION · POST

责任编校：佐湘麟

公路运输

铁路运输

交通运输管理

邮　政

公路运输

【概　况】　2019年，市交通运输局坚持稳中求进工作总基调，贯彻落实“巩固、增强、提升、畅通”八字方针总要求，以交通强国战略为引领，着力推进综合交通基础设施建设，提高综合交通运输网络效率，推动交通运输高质量发展。全市综合交通固定资产投资共计完成186.62亿元，其中高速公路完成投资136.77亿元，铁路建设完成投资34.21亿元，农村公路及路网改造完成投资15.65亿元。全年向上争取项目资金6.7亿元，为推动全市经济发展作出积极贡献。截至年末，全市公路里程为17 339.18千米，其中高速公路407.38千米，一级公路117.62千米、二级公路685.07千米、三级公路854.28千米、四级公路14 865.1千米、等级外409.73千米。

【高速公路建设】　2019年，全市在建高速公路项目7项，其中，国家高速网项目3项，弥楚高速弥勒至玉溪段、弥楚高速玉溪至楚雄段、墨江至临沧高速玉溪段；地方高速网项目4项，江川至通海高速、澄江至江川高速、新平大开门至戛洒高速、元江至蔓耗高速玉溪段。弥楚高速弥勒至玉溪段起自红河州弥勒市新哨镇刁岗哨，接已建广昆国家高速公路，止于玉溪市红塔区研和镇多依树，接已建的昆磨国家高速公路和拟建的玉溪至楚雄公路，路线全长114.94千米，其中红河州境内里程41.08千米，玉溪市境内里程73.86千米，全年累计完成投资35.59亿元。弥楚高速玉溪至楚雄段起于玉溪市研和镇多依树村，与昆明至磨憨国家高速公路交叉并顺接在建的弥勒至玉溪高速公路，止于楚雄市大坝村，与杭州至瑞丽国家高速公路交叉并顺接在建的楚雄至大姚高速公路，线路全长190.6千米，其中玉溪至易门段68.56千米，易门至楚雄段122.04千米，全年完成投资46.59亿元。墨江至临沧高速玉溪段位于新平县境内，起讫里程为K39+163—K51+097建设里程11.93千米，占墨临高速公路（中国铁建段）建设里程的8.64%，全年墨临高速玉溪段完成投资8.5亿元。江川至通海高速公路于9月30日正式建成通车，10月8日0时正式对过往车辆收取通行费，路线全长33.84千米，含紫红坝至大寨段和大寨至通海秀水沟段（紫红坝至大寨段9.76千米、大寨至通海秀水沟段24.08千米），起点位于江川紫红坝立交，接玉溪至江川高速，止于通海秀水沟村，接通海至建水高速公路，项目累计完成投资54.22亿元，完成投资总额的110.4%。澄江至江川高速公路全长46.48千米，起于昆明东南绕城高速仙湖大桥，止点与江通高速大寨至通海秀水沟段起点相接，项目累计完成投资66.23亿元，全年完成投资19.21亿元。大戛高速公路项目路线起于新平县大开门接国高G8511昆磨高速，止于戛洒镇，路线全长66.65千米，于2016年4月15日开工建设（试验路段），累计完成投资107.1亿元，全年完成投资13.08亿元；其中大开门至新平县城段，作为全市高速公路“能通全通”任务工程，于9月30日正式通车投入使用，该段于10月1日正式运营收费，收费标准根据《云南省交通运输厅　云南省发展和改革委员会关于新平县大开门至戛洒高速公路车辆通行费收费标准的函》执行。元江至蔓耗高速公路（玉溪段），路线全长41.9千米，起点位于元江县红光农场附近，接国

江通高速——大寨立交　（卢贵谦　摄）

2019年9月30日，昆明绕城高速公路东南段（澄江段）建成通车　（詹　波　摄）

高网G8511元磨高速，止于元江与红河县交界处，接拟建项目省高网S35永仁至金水河高速公路红河州境内路段起点；项目累计完成投资54.01亿元，全年完成投资11.61亿元。高速公路储备项目，永金高速公路工程已通过省发改委评审，土地预审已报至省自然资源和规划厅待审，其余前期支撑性报件均已取得批复，初步设计已完成，施工图设计已基本完成；澄华高速公路工程已取得省交通运输厅行业审查意见，规划选址已报省自然资源和规划厅待审批；昆磨高速公路复线（玉溪段）正在进行工可编制；新平（戛洒）至镇沅（者东）高速、新平（大开门）至石屏（宝秀）高速公路项目工可已报送至省交通运输厅工程咨询公司审查。

【农村公路建设及路网改造】 2019年，市交通运输局并组织完成玉溪市“四好农村路”市级示范乡镇创建工作，评选出9个“四好农村路”市级示范乡镇并完成公示，出台《玉溪市农村公路“路长制”实施方案》，督促县（区）出台县级农村公路“路长制”实施方案，9个县（区）正式印发“路长制”实施方案，安装路长制公示牌208块，695个行政村制定爱路护路村规民约，完成限高限宽杆264架，完成“畅返不畅”整治工程41千米。此外，还印发《玉溪市“美丽公路”创建实施方案》《玉溪市农村公路“美丽公路”建设及验收办法》，全年各县（区）自检达到美丽公路里程624.07千米，补种绿化245公里，农村公路路域环境得到优化，农村“出行难”问题得到有效缓解。易门、峨山、新平县红河谷—绿汁江沿线公路项目6月底开工，新平县河门口至丫勒公路改造工程建设项目完成投资5 992万元。截至年末，全市新改建农村公路345.5千米，完成全年目标任务的115%。

【民航机场推进情况】 2019年，市交通运输局优化调整玉溪民用机场选址，协调新平、元江县通用机场军地协议商签，开展机场可研编制，加快澄江、华宁、易门县通用机场选址工作。

铁路运输

【概　况】 2019年，根据《玉溪市深化党政机构改革领导小组关于印发〈玉溪市深化市级机构改革实施方案〉的通知》，市发展和改革委员会的地方铁路建设职能职责划入市交通运输局。机构改革职能职责和人员划转后，原市铁建办开展的铁路建设征地拆迁相关工作继续推进。全年铁路建设工作总体平稳，在建铁路工程未发生安全事故。

【玉磨铁路玉溪段建设完成情况】 2019年，玉磨铁路玉溪段完成投资33.93亿元，比上年增长16.8%，其中正线建设完成投资32亿元，征地拆迁完成投资1.93亿元。全线累计完成投资363.5亿元，完成总投资的71.9%；玉溪段完成投资128.75亿元，其中正线建设完成投资115.59亿元，征地拆迁完成投资13.16亿元。同时，开展征地拆迁工作，按时间要求提供建设用地，玉溪段完成永久征地5 545.12亩（协议任务数4 583.76亩），交付用地5 051.36亩；完成临时用地租用并交付5 482.74亩（协议任务数2 205.63亩），拆迁面积14.31万平方米（协议任务数8.97万平方米）。全年完成《玉磨铁路研和站进站道路工程预可行性研究报告》，道路设计全长2.48千米、路宽20米、道路总占地111亩（新增占用基本农田91.3亩），总投资1.28亿元；完成昆玉河铁路玉溪段1 824万元运营亏损补贴的申报和拨付工作；协调滇南铁路公司拨付市、县区政府垫付的251.3万元森林植被恢复费；协调滇南铁路公司拨付昆玉铁路征地拆迁清概资金2 256万元；配合完成玉蒙铁路四邻签字工作，协调资金450万元，解决通海县境内玉蒙铁路历史遗留问题；配合相关单位积极开展大开门片区、大化园区铁路专用线规划研究工作。

【铁路运输服务“优化”】 2019年，市交通运输局深化与中国铁路昆明局集团有限公司合作，延长玉溪至杭州动车组列车至嘉兴市，高铁客座率逐年上升，全年玉溪站发送旅客959 218人（动车发送421 055人）、比上年增加20.99%，到达旅客958 071人（动车发送328 098人）、比上年增加21.51%，客运收入7 002万元，比上年增加16.72%，铁路运输总周转量增速达到14.9%。

交通运输管理

【公路养护管理】 2019年，全市七县两区都深入开展“美丽公路”“路长制”“四好农村路”活动，在农村公路管理养护工作中，已初步形成“县道县管、乡道乡管、村道村管”和“统一领导、分级管理”的模式以及“日常养护沿线农民以户承包，路面养护专业队伍集中修复”相结合的养护方式；结合“四好农村路”建设，新修订完成《玉溪市“四好”农村路养护管理考核办法（试行）》，促进全市农村公路养护管理和“四好农村路”

建设。推进公路养护管理精细化、精准化，开展农村公路隧道提质升级和桥梁安全防护及连续长陡下坡排查评估工作，调整更换通建、玉江高速里程桩号交通标志，不断提升公路运营安全和抢险保通能力。全年全市大中修工程项目14项，特大桥、大桥养护修复12项，计划投资3 318.96万元，截至年末，已开工建设18项，完工12项，完成投资1 541.41万元；农村公路安全生命防护工程项目369个2 307千米（车辆购置税和港建费用补助资金计划第三批272个1 691千米，省补资金第一批82个407千米，省补资金第二批15个209千米），完成投资1.27亿元，完成1 447千米；农村公路危桥改造工程项目16座，完成投资938万元，完成6座、282延米；完成昆磨、昆楚高速路域环境整治54处。全市优良中等路率县道（含地管国省道）85%，乡道78%，村道71%；经常性养护率县道（含地管国省道）100%，乡道87%，县道76%；绿化率县道（含地管国省道）95%，乡道69%，县道57%。

【路政管理】 2019年，路政管理工作围绕全市交通运输行业发展大局，以深入推进路政改革发展创新为主线，做好“法治路政、智慧路政、平安路政、服务路政”的建设工作，不断提升路政管理服务能力，农村公路路政管理资金已列入市级财政一般公共预算；9月，已向市财政局申请将“农村公路路政管理市级补助资金”127.57万元分配到各县（区），用于农村公路路政管理工作；加强路产路权保护力度，成效明显；并通过组织实施路政巡查、加大对违法设施、破坏公路设施等违法行为的查处，有效减少对公路的损坏；高速公路、高等级收费公路每天巡查不少于2次、农村公路每月巡查不少于2次，道路巡查做好痕迹资料管理。截至年末，全市路政巡查1万次，巡查里程29.09万千米，发出巡查执法文书262份，查处涉路违法行为1 436起。同时，加强联合治超，强化执法力度，全年出动路面执法人员19 977人次，查处超限车辆1 018辆次，处罚金额为35.44万元，卸载货物1.36万吨，“百吨王”现象得到有效遏制，治超工作成效明显。此外，加强路政信息化建设，做好全市路政业务系统使用推广工作，市路政支队作为云南省智慧路政信息化试点建设单位，在云南省交通运输厅的支持和指导下全力推进玉溪市地方路政业务系统建设，利用业务信息系统加强路政管理，提高工作效率。

【道路运输管理】 2019年，全市道路运输管理工作围绕云南省道路运输管理局“十三五”道路运输发展目标，严格履行道路运输监管职责，构建高效便捷、安全可靠、绿色环保、规范诚信的道路运输服务体系，为社会经济发展、满足城市客货运输需求、方便人民群众便捷出行提供更加有力的道路运输保障。全年运管稽查累计出动执法人员16 734人次，检查运输车辆9.25万辆次，查处违章案件2 651起，罚款311.88万元。同时，推动道路货运行业集约高效发展，促进“互联网＋货运物流”的转型升级及货运企业安全管理；指导协调云南宏程物流集团有限公司在建现代物流配送及综合加工项目，此项目可提高江川、通海、华宁、澄江等玉溪以东地区的农产品的仓储、加工、运输等物流配送效率，有效降低物流成本。此外，严格执行“云南省危险货物道路运输电子运单信息系统”，全市12家危货运输企业，危货运输车辆全部纳入电子运单系统，车辆实行统一调派制度，全年开具电子运单10万份，运量185.32万吨（汽柴油93.33万吨、液氨15.78万吨、硫酸67.46万吨）；全市510辆危货运输车辆视频车辆动态监控设备已安装完毕，根据车辆所运危险化学品及车辆型号，每辆车辆已按要求配备手提式灭火器4只。同时，推进全市机动车检验检测机构改革，除6家不具备改造条件的检验检测机构外，已完成10户机动车检验检测改革，10户机动车检验检测机构实现“二检合一”试运行，除江川区外，货运车辆检验检测机构改革实现“二检合一”的全覆盖。深化机动车驾驶培训改革，提升机动车驾驶培训质量，全市有37户驾校，其中一级5户、二级24户、三级8户，均已安装计时培训系统；有教练车1 333辆，其中小型教练车1 267辆、大中型教练车66辆，教练员1417名；全年培训驾驶员4.3万余人，有6 516人报考道路运输从业人员，实考6 263人，考试合格4 952人，合格率为79%。截至年末，全市现有货物运输企业46 837户（危货运输企业12户、国际运输企业14户、50辆车以上规模企业31户、个体46 278户，占总数的98.8%）；在册货运车辆有5.97万辆（危货运输车510辆、国际运输车辆921辆、个体户5.11万辆，占总数的85%）；其他运输相关业户共2 851户（含货运站1户、汽车租赁38户、货运代理44户）；具有国际运输资质企业14家（国际危货运输资质2家），国际运输车辆921辆（牵引车407辆、半挂346辆、重型货车167辆），完成出口运输量6.78万吨。全年完成客运量1 732万人、客运周转量127 797万人千米，完成货运量1.41亿吨、货运周转量242.18亿吨千米，总周转量243.45亿吨千米，总周转量与上年同期相比增幅为14.53%；道路客运实名制售票率达到99.78%，实名制检票率达到95.4%，在全省排名均为第三。四十天春运期间，全市投入客车47 435辆次（加班441辆次，包车88辆次），完成客运量60.86万人，比上年下降8.01%，未发生重特大交通事故。

【城市公交、出租车管理】 2019年，推进公交线路优化调整工作，优先发展公共交通，提高交通资源利用效率，结合中心城区现行公交线路的实际情况，全年投入运营比亚迪新能源公交车72辆，开通35路（高新科技园—玉山城）、山水佳园2条社区公交；开通36路（灵秀—市公共汽车服务公司）城乡公交线路1条；新开市药监局—科技大楼、树蕙园—市药监局、北苑—保安大厦、葫田二区—保安大厦、教师小区—卫校新校区5条通勤线路；新开卫校新校区—城西客运站—城南客运站1条通学线路；新开通25路（万和家园—玉溪二小区）、29路（中卫—红塔工业园区）、9路（铭德上居—玉溪高铁）、26路（树惠园—儿童医院）4条常规公交；优化公交线路7条，延伸1路至万裕生态城、延伸2路至果木林场、延伸4路至万裕生态城、延伸5路至刘总旗社区、延伸7路至玉溪高铁站、延伸8路至启迪众创园、延伸15路至葛井庙；新增站点（牌）36个。实施公交车驾驶区域防护隔离安装，市政府对红塔区中心城区249辆公交车给予每辆1 000元的补助，249辆公交车已安装安全防护隔离设施。全年公交IC卡消费总次数为1 730万次，其中爱心卡1 526.6万次，普通卡80.23万次，学生卡32.18万次，员工卡5 890次，交通一卡通卡异地卡5.73万次，手机扫码支付84.68万次，完成营运里程874.48万千米。落实公交线路、巡游出租车及网约出租车三证的初审工作，2月1日起施行《玉溪市网络预约出租汽车经营服务管理实施细则》，明确规定网约车合规合法运营必须“三证齐全”，即注册平台持有《网络预约出租汽车经营许可证》、车辆持有《网络预约出租汽车运输证》、驾驶员持有《网络预约出租汽车驾驶员证》，经材料审查及实地核查后审批，全市有10家公司取得《网络预约出租汽车经营许可证》，4 089人取得《网络预约出租汽车驾驶员证》。截至年末，玉溪市中心城区共有城市公共客运从业人员4 636人（公交车在岗从业人员367余人、出租车在岗从业人员1 103余人），全年更新出租汽车52辆（新能源10辆）。5月，对辖区4家出租汽车公司开展2018年度服务质量信誉考核工作，经过考核，4家出租车公司服务质量信誉考核等级均为AA级（合格）。此外，强化出租车营运监管措施，稽查人员轮班每日上路稽查，加大路检路查力度，严厉查处拒载、不使用计价器、无从业资格证等违章行为，全年出动稽查人员1 990人次，检查公交出租车辆2 601辆次，处理出租汽车驾驶员违章案件42起，罚款3.4万元,督促相关公司清理不合规车辆1.29万辆，处理12起网约车违规案件，罚款30余万元，约谈相关责任人，客运市场秩序得到进一步规范；做好城市公共客运企业燃油申报和补贴发放工作，本着“谁出钱加油，谁享受补贴”的原则，根据每辆出租车的实际运行情况据实发放补贴，全年发放燃油补贴资金3 574.68万元（公交车2 725.21万元，出租车769.47万元，新能源车80万元）。全面推进公共交通行业公益广告刊播工作，中心城区190座公交车站台、187座站台线路牌、100座电子站台、236辆公交车车辆均按要求全部刊载创文公益广告；550辆出租车安装使用“社会主义核心价值观”主题座位套，车载顶灯循环滚动播放各类公益广告。规范和竭诚服务，为行业办实事，6月6—8日，组织开展第十四届爱心送考公益活动，中心城区有31辆公交车和130辆出租车参加，接送考生7 000余人次，帮助考生安全、快捷、准时的抵达考场。

【新能源汽车推广】 2019年，全市现有新能源车3 037辆，其中公交车665辆，出租车591辆，班线客运11辆，其他1 770辆；全年推广能源汽车483辆，其中公交车19辆，出租车161辆，其他303辆。全市建成玉溪城南汽车客运站、红塔区出水口公园、红塔区秀山西路9号、玉溪师院东门等21座集中式充电站，14个分散式充电桩（群），交流充电桩80枪，功率585千瓦，直流充电桩657枪，功率3.51万千瓦。

【公路质量管理】 2019年，市交通运输局围绕全市交通建设目标任务，执行有关公路工程质量管理方针、政策和法律、法规、规章制度，坚持按现行的规范和标准进行工程质量安全监督，做好痕迹管理，针对现场检查发现的工程质量安全问题，下发抽查意见通知书，对出现施工质量缺陷的工程部位均要求进行返工处理，确保工程质量安全处于受控状态。全年监督检查工程建设项目141个次，投入283人次，填发《工程质量抽查意见书》16份，《工程质量安全督查痕迹记录》90份（地方高速公路76份，农村公路7份，其他7份），会议纪要24期。同时，对澄川高速公路交通工程监督申请资料和江通、大戛、澄川高速公路交工验收检测方案进行审核备案；对江通高速公路、大戛高速（大开门—新平东互通段）开展交工验收质量检测核验工作。新增工地试验室备案审查1个，工地试验室备案延期审查22个，增项备案审查4个，办理试验检测人员变更17人次，试验室巡视检查3次，专项督查3批次，审查高速公路交工检测方案4份，开展交通运输产品质量监督抽查工作1次；对澄川、江通、大戛、元蔓（玉溪段）高速公路共34家试验检测单位及试验检测员、检测工程师234人、12家监理单位及监理工程师112人进行信用评价。

【运输服务管理】 2019年，市交通运输局实施毗县区公交化改造工作，全年完成通海—华宁、华宁—江川、峨山—玉溪、通海—峨山的客运班线公交化改造。培育定制客运市场，通过“玉溪出行”平台开行各县（区）至玉溪、玉溪至昆明长水机场和昆明南站定制客运，开行县市至昆明城区的医疗专线，开行64条（往返）定制线路，利用比亚迪E5新能源汽车运营。4月17日开通玉溪至长水机场空港快线，在首日发6个班次的基础上逐渐加密班次；积极探索运游结合，以各客运站点为基础，搭建旅客集散中心，打造以“客运带动旅游，旅游促进客运”的运游结合新模式；利用玉溪康辉旅游汽车有限公司的旅游车资源于6月底开通景区直通车，推出针对红塔工业园区、褚橙庄园、澄江抚仙湖、广龙小镇、新平磨盘山、戛洒小镇等颇具特色景点的高端定制游。降低实体经济物流成本，落实高速公路通行费优惠政策，全年绿色通道优惠4 132.45万元，ETC优惠1 933.38万元，从事跨境物流业务的客货运输车辆通行费优惠7.27万元，冷链运输车辆优惠7.35万元，甩挂车优惠5 699.04万元。

【交通安全管理】 2019年，市交通运输局加大安全监管力度，抓好问题隐患整改，严查严管道路运输领域“两客一危一货”等重点车辆，加强公路工程建设隧道、桥梁、高边坡等重点领域、重点单位、重点岗位防范措施，深入推进“平安工地”建设、“安全工程三年行动”“坚守公路水运工程质量安全红线”等专项行动，增强全市交通运输行业安全生产治理能力，促进全市交通运输安全生产形势持续稳定好转。全市道路运输领域平稳发展，未发生安全生产事故，工程建设领域发生5起安全生产一般事故、1起较大安全生产事故（7·11澄川高速EK0+880桥左幅4号墩高空坠落事故），死亡8人；排查行业乱象，加大交通社管综治力度，开展扫黑除恶、反恐维稳工作，促进行业稳定。畅通群众举报渠道，设立举报信箱、邮箱和电话，全市交通运输系统设立举报信箱69个，并落实专人管理、开箱及记录工作；开展行业排查，收集整理及核查上级移交问题线索46条，已向省交通运输厅扫黑办报送线索8条，向市扫黑办报送线索3条、备案2条；通过行业综合治理，非法营运、站外揽客、出租车管理不规范、侵占路产路权等现象明显减少。

【深化收费公路制度改革】 2019年，深化收费公路制度改革取消高速公路省界收费站是党中央国务院、交通运输部和云南省委省政府做出的重大决策部署，是一项严肃的政治任务、重大的民生工程。市交通运输局全力做好ETC推广应用工作，截至年末，全市ETC用户累计发行达38.22万张，圆满完成交通运输部下达的发行任务目标，其中全市客运车辆、公交、出租车（除红塔区外）、教练车、租赁车、危货车于11月实现ETC全覆盖；全市公务用车、执法执勤车、国有企业用车、专项作业车、其他车辆3 604辆，已办理ETC 3 538辆，安装率为98.17%，经过各县（区）的督办、核查，剩余未安装ETC的车辆均属于已报废车辆，以及经与银行、联网公司确认无法安装的车辆；市直各单位均积极组织单位干部职工安装使用ETC，安装率为98.78%。根据云南省交通运输厅规费办通报的工程进度情况与排名，结合与各收费公路经营管理单位工作开展实际，玉溪市境内通建高速、石红高速、玉元高速、元磨高速、武易高速、昆玉高速、呈澄高速、晋红高速、江通高速、大戛高速新平东收费站均按时完成了收费站改扩建、ETC车道或ETC/人工混合车辆改造工作，完成ETC门架改造94套、ETC车道改造180条，高速公路入口不停车称重检测设施改造41个。

【做好信访维稳工作】 2019年，市交通运输局受理上级转办、交办信访案件34件，市纪委转来群众来信件1件，按时办结率100%，回复率100%，满意率100%；完成人大代表建议和政协委员提案37件，实现代表委员面商率、满意率100%。同时，做好“12328”交通运输服务监督电话接听工作，接受群众服务监督、处理举报投诉、提供咨询服务，全年受理12328交通运输服务监督电话4 358单，其中咨询电话4 298单，主要为ETC相关业务咨询，为群众解惑答疑，树立良好交通运输形象。

（赵艳芳）

邮　政

【概　况】 2019年，全市许可快递企业64家（不含邮政EMS），备案分支机构258家（不含邮政EMS），快递末端网点112个（不含邮政EMS），品牌快递18个（邮政EMS、圆通、申通、中通、百世快递、韵达、顺丰、天天、全一、优速、京东、全峰、德邦、日益通、瑞丰、东骏、海硕、远成快运），邮政普遍服务营业场所84个，机要通信营业场所9个。玉溪市易门驰宇速递物流有限公司荣获“2019年云南省邮政行业统计先进单位”荣誉称号，张鸿伟荣获“2019年云南省邮政行业统计报表工作先进个人”荣誉称号。截至年末，全市邮政业累计完成业务收入2.66亿元（未包括邮政储蓄银行直接营业收入），比上年增长22.91%；累计完成业务总量3.02亿元，比上年增长35.94%。其中，快递业务量累计完成1 047.84万件，比上年增长49%；快递业务收入累计完成1.61亿元，比上年增长33.59%。

【优化行业发展环境】 2019年，市邮政管理局围绕寄递安全生产薄弱环节、关键节点做好政策法规宣传，加大对《中华人民共和国邮政法》《快递市场管理办法》《中华人民共和国反恐怖主义法》和《邮政普遍服务标准》《快递暂行条例》等法律法规的宣传，利用“3·15”国际消费者权益保护日、世界邮政日、“12·4”法制宣传日等组织开展用户现场咨询活动，全年举办邮政业安全生产知识、行业法律法规培训5次，举办全市邮政业特邀社会监督员培训1次，开展反恐演练1次。并制定出台《玉溪市邮政管理局　玉溪市邮政管理局关于印发〈玉溪市快递专用电动三轮车管理办法（试行）〉的通知》，规范快递专用电动三轮车的管理，有效促进行业持续健康发展。同时，积极推动企业资源整合和综合服务平台建设，与市商务局等4个部门制定印发《玉溪市县乡村物流体系改革实施方案》，与市交通运输局研究选取华宁县青龙镇山岐村委会作为农村综合服务站建设试点，积极推动玉溪县、乡、村三级物流体系建设工作；紧紧围绕快递行业快速增长与末端网点经营困难的突出矛盾，积极推进快递企业资源整合，企业降本增效取得成效；红塔区、易门、通海和华宁4个县（区）辖区范围内部分快递企业实现“三统一”（统一分拣、统一收寄、统一投递）；大力推动综合服务平台建设，与电信、移动开展战略合作，推动“快递+电信”“快递+移动”综合服务平台建设，提升末端创新发展能力。由市邮政管理局、市总工会和市人力资源和社会保障局共同主办的玉溪市邮政业快递业务员职业技能大赛决赛在玉溪技师学院举行，有14个品牌快递企业的50名选手参赛，比赛分为笔试和实操项目，设有团体奖和个人奖，史永清获先进个人一等奖，戴江、张国伟、肖建华、张磊、陈春梅、毛树祥6人获先进个人二等奖，高留珍、黄绍强、谢东林、朱敏、刘路瑶、李金、杜银福、李雯婷8人获先进个人三等奖；市邮政分公司获先进集体一等奖，玉溪韵达、玉溪百世获先进集体二等奖，通海配送中心、玉溪顺丰、玉溪品骏获先进集体三等奖，玉溪申通、玉溪圆通、玉溪中通、玉溪天天、玉溪京东、玉溪德邦、玉溪东骏、玉溪报业和玉溪优速联合队获先进集体组织奖。为提升全市邮政业快递从业人员队伍业务素质，市邮政管理局与市商务局共同举办玉溪市新时期现代物流产业快递工人队伍建设改革培训，红塔区快递从业人员有110余人参加；落实“人才强邮”战略，组织开展快递工程专业技术人员职称评审工作，全市有1人通过快递工程中级职称评审，4人通过快递工程初级职称评审。

市总工会等10家单位印发《玉溪市全面推进百人以上企业建会和货车司机等群体入会工作方案》，积极推进全市快递企业建会和入会工作，截至年末，易门、元江、通海、江川、峨山、华宁、新平7个县（区）快递联合工会已挂牌成立。

【“放管服”改革】 2019年，市邮政管理局开展撤销提供邮政普遍服务邮政营业场所审批、邮政企业停止办理或者限制办理邮政普遍服务业务和特殊服务业务审批经营审批工作、普遍服务营业场所备案信息变更登记工作。加强快递业务经营许可常态化、规范化管理，严格管控审批时限，做好快递市场准入工作，依法办理快递企业分支机构及末端网点备案工作，做好许可快递企业委托核查和经营许可年度报告工作。全年受理撤销邮政普遍服务营业场所审批2份，暂停邮政普遍服务业务和特殊服务业务审批1份，邮政普遍服务营业场所时间变更备案4份，审批邮政机要通信（营业、处理）场所搬迁1份；办理许可证变更核查和协查企业30家，增设分支机构93份，撤销分支机构27份，分支机构信息变更95份。

【邮政普遍服务监督管理】 2019年，市邮政管理局以贯彻落实《邮政普遍服务》新标准为监管工作主线，强化监督检查，召开季度邮政普遍服务和机要通信监管通报会，确保邮政普遍服务水平不降低，确保邮政机要通信万无一失，全市建制村直接通邮率100%，县级城市党政机关《人民日报》当日见报率100%。全年开展邮政普遍服务执法监督检查92人次，检查邮政普遍服务营业场所 49 个次，下发书面检查通知书 8 份；检查邮政机要通信网点 20 个次，检查 40 人次。全市 5 位邮政特邀社会监督员开展社会监督 294 次，反馈监督报告 294 份，走访消费者 294 次，提出问题 5 个 / 次，开展建制村直接通邮检查 19 个次。

【快递市场监督管理】 2019 年，市邮政管理局按照“全覆盖、零容忍、严执法、重实效”的总要求，加强日常监督检查和专项检查，与邮政企业和各快递企业主要负责人签订《2019 年度玉溪市邮政业寄递安全和保障责任书》《2019 年玉溪市邮政业旺季安全和服务保障工作责任书》，制定印发《关于进一步强化落实寄递企业安全生产主体责任的通知》、转发《国家邮政局关于印发〈邮政企业、快递企业安全生产主体责任落实规范〉的通知》等，全面强化邮政企业和快递企业安全生产主体责任落实；全力推进寄递安全“三个 100%”管理制度的落实，采取会议部署、签订责任书、督查检查等措施，全面贯彻落实三项安全管理制度，加大执法检查力度，依法检查企业违法违规经营行为，保障行业安全平稳运行；按照国家局、省局开展末端网点违规收费整治要求，开展末端网点违规收费治理；加快实名收寄信息系统推广应用工作，截至年末，全市邮件快件实名制收寄信息化率 99.57%。同时，抓好重要节点和快递业务旺季安全保障及应急工作，做好“春节”“两会”“一带一路”高峰论坛、北京世博会、亚洲文明对话、建国 70 周年等重大活动期间寄递渠道安全保障，开展全市邮政业“扫黄打非”“反恐维稳”“行业禁毒”、打击“假冒侵权”“缉枪治爆”等工作；开展全市邮政业扫黑除恶专项斗争工作，及时成立工作领导小组，制定印发《玉溪市邮政管理局关于在全市邮政开展扫黑除恶专项斗争的通知》，做好巡视专用邮政信箱寄递服务保障工作，开展行业乱象整治。全年实地检查邮政企业网点和快递企业及分支机构网点 344 家次，出检 811 人次，下发书面《责令改正通知书》32 份，约谈企业 8 家，实施行政处 30 起，其中，停产停业 1 起，处罚金额 16.53 万元。

【用户申诉】 2019 年，市邮政管理局为维护邮政业消费者的合法权益，促进邮政业服务质量的提高，根据《中华人民共和国邮政法》《中华人民共和国邮政法实施细则》等有关法律法规规定，做好消费者申诉处理工作，加强邮政业消费者申诉受理与市场监管的衔接和联动，及时妥善解决用户反映的问题和诉求。全年受理、处理消费者申诉 25 起，办结 25 起，不满意 2 起，用户满意率达 92%。

【机要通信安全检查】 2019 年 4 月 11—12 日，国家邮政局苏磊处长一行 3 人到玉溪检查邮政机要通信安全工作。检查组人员听取市邮政管理局关于玉溪市邮政机要通信监管工作情况汇报，查看 2018—2019 年一季度邮政机要通信监督管理工作台账；同时，深入到中国邮政集团公司玉溪市分公司机要通信分局和澄江县邮政机要室实地检查，通过现场检查、调取监控录像等方式，检查邮政企业落实和执行《邮政机要通信服务规范》《邮政机要通信保密管理规定》等法规规定情况，对检查中发现的问题要求邮政企业及时进行整改落实，确保国家秘密载体绝对安全，万无一失。

【调研玉溪寄递行业禁毒工作】 2019 年 7 月 11—12 日，国家邮政局市场监管司副司长侯延波带队，国家禁毒委和国家邮政局相关人员对玉溪寄递行业禁毒工作开展调研。调研组人员深入玉溪市公安局禁毒支队流动警务站进行现场调研，询问了解寄递渠道毒品查缉情况。同时，深入玉溪部分快递网点调研，详细了解企业“三个 100%”安全生产制度执行情况、绿色发展工作落实情况、进出港快件量、业务收入和利润等情况，要求企业在生产经营中要严格执行寄递安全“三个 100%”管理制度，加强员工教育培训，加强消防安全管理，高度重视对营业厅用电、用火、电动三轮车充电管理，严防发生火灾事故。调研中，听取了市邮政管理局、市公安局禁毒支队和治安支队关于邮政业禁毒工作开展情况的汇报，要求公安部门和邮政管理部门要高度重视寄递行业禁毒工作，加强组织领导，细化工作措施，开展联合执法检查，形成工作合力，着力提升全市寄递行业禁毒能力和水平。

（武映棣）

【市邮政分公司概况】 2019 年，市邮政分公司以习近平新时代中国特色社会主义思想为指导，贯彻新发展理念，围绕上级公司以及市委市政府的战略方针，坚持“稳中求进、进中求好”的总基调，全力保障普遍服务和特殊服务质量，企业改革不断深化，企业效能不断提升，企业规模不断壮大，为地方经济建设作出新贡献。全年实现邮政业务收入 1.1 亿元，比上年增长 7.02%，净增 723.62 万元，邮务类业务收入 3 366.2 万元。

【普遍服务水平不断提高】 2019 年，市邮政分公司始终坚守“人民邮政为人民”的初心使命和服务宗旨，扎实做好邮政普遍服务工作，认真执行规范经营“八条禁令”和投递服务“五条禁令”，不断推进城乡用邮服务均等化，充分发挥邮政行业在服务民生领域的公共平台作用，全年投入 1 197 万元用于履行邮政普遍服务和特殊服务责任，不断改善普遍服务用邮环境与服务质量。截至年末，全市有邮政支局（所）87 个，设置服务网点 93 个，其中农村支局所 68 个，妥投点 5.91 万个；开通邮路 87 条，城市投递段道达 2 270 千米（单程），农村投递线路达 7 712 千米（单程），其中汽车 1 427 千米（单程），电动三轮车 665 千米（单程），摩托车 4 968 千米（单程），电动自行车 625 千米汽车（单程），自行车 15 千米（单程），步班 12 千米（单程）。全市 51 个乡镇、429 个行政村通邮面达 100%。全年免费收寄义务兵函件和盲人读物 1 件，收寄国际国内及港澳台平常信件、印刷品 21.19 万件、给据函件 6.45 万件、无名址函件 24.88 万件，邮资封片卡 9.77 万件、普通包裹 0.74 万件、快递包裹 59.36 万件、标准快递 74.83 万件、投递国内平常函件 281.53 万件、给据函件 328.47 万件、快递包裹 406.18 万件、无名址函件 10.03 万件、普通包裹 1.31 万件、国际及港澳台函件包裹 0.11 万件、速递物流 0.5 万件、标准快递 123.94 万件，投递报纸杂志 1 624.35 万份，处理进出口机要邮件 2.92 万件，开发、兑付汇票 3.06 万笔，代收话费及公共事业费 26.83 万笔，代理彩票、航空、铁路、汽车票务 4.34 万张。此外，建制村直接通邮是中央交给邮政的一项重要任务，全市 442 个建制村于 10 月实现直接通邮率 100%，提前实现全面通邮目标；全面推行个人平信条码化保障群众通信权利，平信条码化率达 99.99%。做好国家机要通信传递工作，全年通过邮政渠道传递机要邮件 3.02 万件。

2019 年 5 月 24 日，市邮政分公司与玉溪移动分公司签署战略合作协议　（市邮政分公司提供）

【“邮”文化润色玉溪】 2019 年，市邮政分公司开展 37 场集邮活动，集邮文化讲堂、集邮展览等活动让集邮文化走进社会和校园，目前全市有集邮爱好者万余人，集邮协会会员 4 100 人；联合各地宣传部、教育局在全市多地开展图书公益销售巡展活动；以华宁陶艺、抚仙湖为主题积极参与全省第二届主题邮局文化展示活动，开发《聂耳》《华宁窑》等 85 个系列“美丽玉溪”邮资封，多方位展示玉溪特色的美丽风景文化；为春和镇打造“美丽家乡　邮我出力”影视策划，并投放腾讯视频、抖音等主流媒体；销售习近平新时代中国特色社会主义思想系列丛书、开发“有声图书馆”助力打造“学习型”社会。在市委市政府大力支持下，积极申报玉溪承办第十九届中华全国集邮展览活动。

【寄递类业务】 2019 年，市邮政分公司寄递类业务收入实现 1 639.77 万元。为满足当前邮件处理需求，在新邮件处理中心还未建设完成的情况下，投入 80 余万元租赁、改造新邮件处理场地，并于 11 月初完成搬迁。全年邮政进口邮件 145.05 万件，出口 130.21 万件，面对双 11、双 12、春节等邮运高峰的困难，全市邮政员工用实际行动践行快递行业“国家队”的社会责任和担当，做到“不爆仓、不限流、不积压”。

【邮政普惠金融服务】 2019 年，市邮政分公司辖内有 43 个代理金融网点，分布于全市七县二区主要城镇，投入大量人力、物力、财力不断升级代理金融网点硬件、软件设施，为广大人民群众提供优质周到的金融服务；全市共有 CRS、ATM、ITM 等自助机具 64 台，不断拓宽金融服务渠道，极大满足群众金融服务需求，构建智慧金融服务；为做好“三农”金融服务，开展“送金融知识进社区、进村寨”活动 2 000 余场，提高社会群众金融防诈骗能力，让更多百姓享受到邮政普惠金融的服务。全年代理金融业务实现收入 5 596.98 万元。

【便民服务】 2019 年，市邮政分公司贯彻落实市委、市政府有关“放管服”要求，充分发挥邮政网络、人力、物力的优势，全市建设 47 个警邮便民服务站、50 个邮税合作点。同时，积极响应中央服务“三农”的号召，打造邮政综合便民服务平台，利用全市 87 个邮政营业局所、19 个报刊亭、626 个便民服务站、5 个“三农”服务站等实体渠道，以及邮政网站、移动终端等电子渠道，为百姓提供邮政、金融、代收代付水电费及代办证照、代售飞机票、火车票、长途汽车票等“一站式”服务，全年代征税款 3 989.84 万元、代收电费 71.8 万笔、代售票务 3.72 万张，实现“让数据多跑腿，让群众少跑路”。

【电商惠农绿色通道】 2019 年，市邮政分公司依托“邮乐网”线上平台以及邮政线下渠道，以“寄递 + 销售”的模式，为玉溪农特产品打通邮政绿色通道，全市累计上线化念千里缘枇杷、江川绿壳鸡蛋、褚橙、云冠橙、老树橙等 140 多个农产品，全年农产品销售收入 300 余万元，使得 300 余户农户实现增收，助力地方经济发展。

【政企合作】 2019 年 3 月 28 日，市邮政分公司、玉溪铁塔分公司正式签订战略合作协议。全年与一汽红塔、玉溪农村农业局、财保玉溪分公司等多家政企单位签订战略合作协议。

【第六届“悦邮书香全面阅读”图书巡展活动】 2019年3月7日，第六届“悦邮书香 全面阅读”大型正版图书赠阅巡展活动在玉溪市聂耳文化广场隆重开幕。启幕仪式上，市邮政分公司向红塔区研和中心小学捐赠价值1万元的精品校园图书，还为10名品学兼优的小学生送上价值200元的书籍，图书巡展活动为期12天，书展汇集多家出版社的精品图书，涵盖儿童读物、中外文学、生活休闲、医疗养生、书法篆刻、科学科普等多种类别，以满足不同年龄层次的读者需求，所展图书以“卖2赠5”的公益形式吸引大量市民前来翻阅和选购。

【峨山邮政开展助农烤烟移栽活动】 2019年4月27日，峨山邮政积极响应县委政府的号召，迅速组织14名党员志愿服务者到烤烟移栽工作任务最艰巨的塔甸镇开展助农烤烟移栽志愿活动，完成移栽阶段任务，帮助当地烟农完成烤烟移栽3亩。

【快递竞赛展风采】 2019年5月18日，由市邮政管理局、市总工会、市人力资源和社会保障局组织开展的玉溪市2019年邮政业快递业务员职业技能竞赛（决赛），市邮政分公司代表队通过笔试和实际操作比赛的紧张角逐，取得团体一等奖，个人一等奖1名，个人二等奖3名，包揽个人赛排名前4名的优异佳绩。

【上门收寄校园包裹】 2019年6月18日，市邮政分公司到玉溪师院、民族大学、玉溪农职院三所高校现场设置流动服务点，以“服务亲情化”为宗旨，为学生提供周到、便利、细致的服务。组织“流动服务小车”到学生公寓门口服务，解决学生搬运物品不便的负担。

【举办“最棒小小银行家”活动】 2019年6月22日，市邮政分公司举办“最棒小小银行家”现场比赛，来自全市各县（区）26名小朋友参赛，经过三轮比赛角逐，分别评选出“金牌”“银牌”“铜牌”三个奖项。“今天小小银行家，明天人生大赢家”，财商教育当从娃娃抓起，市邮政分公司举办此次活动目的在于从小培养孩子树立正确的储蓄观、理财观、消费观，从而增强孩子的自律意识。

【召开庆祝建党98周年党员大会】 2019年7月3日，市分公司党委召开庆祝建党98周年党员大会，以深入开展“不忘初心、牢记使命”主题教育，全市140余人参加会议。会上，市分公司党委书记、总经理张朝辉，老党员代表杨露艳为四名新党员佩戴党徽；新党员入党宣誓，参会党员重温入党誓词；观看《滇中·红色记忆》党史纪录片。

【召开玉溪邮政生鲜（野生菌）供应链解决方案推介会】 2019年7月12日，玉溪邮政生鲜（野生菌）供应链解决方案推介会在易门胜利召开，来自市、县相关部门领导、全市商务（企业）代表150余人参加会议，推介会以向社会展示邮政在生鲜物流保障、金融支撑和电商平台销售的优势，扩大企业品牌宣传为目的，同时与“携手邮政·拼就未来”为主题，展示邮政整合电商产业资源，搭建电商、平台、邮政一体化的电商产业发展生态圈，促进电商企业参与互联网商务运营平台，提升中小企业线上销售能力，推动电商企业和个人转型发展。

【奋战“双11”】 2019年，市邮政分公司进口邮件11.84万件，11月15—17日，为确保“双11”期间邮件在内部处理环节“快出快进”，邮件处理中心首次采用24小时循环生产作业，每班保证8名操作人员，双人值守、动态管理，邮车随到随处理。为做好“最后一公里服务”，全市各级邮政企业因地制宜多措并举，市邮政分公司组织职能部门直接挂钩支撑揽投站，抽调14名职能部门工作人员到红塔区11个揽投站进行邮件投递；通海县分公司利用电子商务中心、揽投站便民服务站建立起农村投递网络有效缓解投递压力；江川区分公司利用遍布各乡镇的电子商务服务站点做好乡镇网点投递工作；峨山县分公司组织有私人摩托车和电动车的员工参与应急投递工作，做到邮件“日日清”。“双11”期间，全市出动投递用车342辆，参与投递人员339人，确保邮件不延误、不积压。

（段　娟）

峨山山后茶厂　（刘　斌　摄）

财政·税务

FINANCE · TAXATION

责任编校：佐湘麟

财 政

【概　况】　2019年，全市一般公共预算收入完成133.2亿元，为年初预算的91.2%，比上年下降6.5%。分级次看，市本级收入完成60亿元，为年初预算的94.8%，比上年下降3.3%；高新区收入完成5.3亿元，为年初预算的71.9%，比上年下降24.5%。

全市一般公共支出完成292.7亿元，为年初预算数的104.4%，比上年增长5.4%。分级次看，市本级支出完成65.7亿元，为年初预算的102.5%，比上年增长3.3%；高新区支出完成4.9亿元，为年初预算数的74.8%，比上年下降24.7%。

【政府性基金】　2019年，全市政府性基金预算收入完成81亿元，为年初预算的92.1%，比上年增长63.4%；支出完成82.1亿元，为年初预算的122.7%，比上年增长70.9%。市本级政府性基金预算收入完成36.3亿元，为年初预算的174.6%，比上年增长466.1%；支出完成16.5亿元，为年初预算的419.3%，比上年增长20.2%。高新区政府性基金预算收入完成1.2亿元，为年初预算的50.2%，比上年下降25%；支出完成0.7亿元，为年初预算的76%，比上年下降43.4%（受土地盘活进度不理想影响）。

【社会保险基金】　2019年，全市社会保险基金预算收入完成78.1亿元，为年初预算数的101.7%，比上年增长1.6%；支出完成68.2亿元，为年初预算的100%，比上年增长11.5%。当年收支结余9.7亿元，年终结余123.1亿元。市本级社会保险基金预算收入完成26.9亿元，为年初预算数的100.7%，比上年增长0.3%；支出完成17.7亿元，为年初预算的101%，比上年增长15.6%。当年收支结余8.2亿元，年终结余91.4亿元。

【国有资本】　2019年，全市国有资本经营预算收入完成434万元，为年初预算数的56.7%，比上年下降88.7%；支出完成44万元，为年初预算数的7.9%，比上年下降94.5%。市本级国有资本经营预算收入完成139万元，为年初预算数的129.9%，比上年下降2.8%。支出完成10万元，为年初预算数的100%。

【减税降费】　2019年，全市新增减税28.5亿元，其中2019年新出台的减税政策共计减免税额20.3亿元；延续2018年的减税政策减免税额1 870万元；2018年减税政策在2019年的翘尾减免税额8亿元。执行阶段性降低失业和工伤保险费率政策，降低企业社保缴费负担；下调城镇职工基本养老保险单位缴费比例至16%，1—11月，企业职工基本养老保险、失业保险、工伤保险缴费减少超过6.5亿元。同时，减免、降低部分行政事业性收费，清理规范有关政府性基金，2015年以来降费项目达60余项，1—11月降费约3.9亿元，其中，坝区耕地质量补偿费2.9亿元，江通、江华路停止收费约0.4亿元，其他项目降费约0.6亿元。

【政府性债务】　2019年，全市地方政府债务限额643.88亿元，其中，一般债务限额417.88亿元，专项债务限额226亿元；市政府性债务余额为557.32亿元，其中，一般债务351.54亿元，专项债务205.78亿元。全年市偿还到期债券本息合计58.65亿元，其中，通过发行再融资债券及预算资金偿还本金42.36亿元，通过预算安排资金偿还利息16.29亿元；全年新增债券资金52.6亿元，比上年增97%，其中，一般债券3.9亿元，专项债券48.7亿元。

【预算执行动态监控系统】　2019年，全市预算执行动态监控系统稳定运行，切实保障财政资金安全。全年全市监控系统共监控财政授权支付11.47万笔，涉及资金总额49.23亿元，其中预警监控支付4 904笔，占财政授权支付总笔数的4.28%，规范财政资金31.75亿元，占财政授权支付总金额的64.48%。通过全面跟踪财政资金支付的全过程，及时发现资金支付过程中存在的违规行为，对不合规使用的资金给予退回处理，切实做到将财政监督关口从事后前移到事前和事中，充分发挥动态监控的威慑、警示、纠偏、规范作用。

【预算绩效管理】　2019年，市财政局依托地方财政预算标准化平台，实现预算绩效一体化。开展事前项目评审，市级部门整体绩效目标管理达到100%，纳入预算绩效目标管理范围的项目数占到98%，资金数占95%，9个县区财政局绩效目标管理项目资金占99%；事中绩效运行监控，对1—9月的预算执行和绩效目标实现情况进行监控，市本级实施绩效运行监控管理的项目数量占98%，资金数占95%，纳入绩效运行监控的州（市）本级项目支出金额占纳入绩效目标管理的州（市）本级项目支出金额的100%，纳入绩效运行监控的县级项目支出金额占87%；事后绩效评价，全年市财政局要求各部门对2018年市本级财力安排的项目（含对下转移支付）开展绩效自评的金额占市本级项目支出金额的100%；构建"三位一体"的绩效管理闭环系统，有效提高预算绩效管理水平和预算资金使用效益。强化绩效评价结果应用，将评价结果作为预算安排的重要依据，2018年财政绩效再评价为"中"和"良"的项目，2019年年初预算减少安排6 500万元。全年开展的8个重点项目和市交警支队一个部门绩效评价，对项目实施单位存在的问题提出意见建议，并要求及时整改，将绩效评价结果纳入县区及部门的年终考评，将绩效再评价报告在玉溪网上公开。

【基本公共服务领域财政事权与支出责任划分改革】　2019年，省级出台基本公共服务领域财政事权与支出责任划分改革方案，省级在对州市划分担档次时，共将16个州市和3个财政省直管县划分为四个档次。其中，第一档为昆明市（含滇中新区），省级分担20%；第二档包括曲靖、玉溪、红河、楚雄、大理5个州市，省级分担70%。这是自1994年以来，玉溪第一次不再与昆明同为一档，划分为二档，省级分担由20%变成70%，从总量的4%变成14%，减少总量负担的十个百分点，调整之后，基本公共服务领域八大类18项，增加补助1.9亿元。

【保障性住房资金】　2019年，市财政局积极争取中央、省级财政支持，及时下达中央财政城镇保障性住房补助资金2.13亿元，并认真落实保障性住房"三金收入"政策，筹措下达市级住房公积金增值收益建设项目资金8 600万元。

【政府采购】　2019年，市政府采购需求预算9.17亿元，实际采购金额8.55亿元，比上年减少4 613万元，下降5.12%，节约采购资金6 144万元，节

约率为6.7%。全年在市政府门户网站政府采购专栏累计发布信息7 052条，其中采购信息公告（公示）4 473条，采购单位公告合同数量2 536条，监督公告9条。全年收到并受理投诉案件4件，投诉案件涉及金额1 074.13万元。供应商申请撤诉终止处理1件，改变原有结果2件；受理举报案件2件，涉及金额963.8万元，已全部结案；未发生行政复议和行政诉讼案件。7月1日，《云南省政府采购管理信息系统》上线运行。

【政府采购专家库建设和使用】 2019年，在线申报注册云南省政府采购评审专家库玉溪分库审核合格专家375人。公共资源交易中心专家抽取系统随机抽取专家评委的项目数量332项，抽取专家评委5 028人次，到位参评专家896人次。云南省政府采购管理信息系统随机抽取专家评委的项目数量196项，抽取专家评委1 276人次，到位参评专家485人次。

【政府采购营商环境整治】 2019年8月9日，市税务局在全市范围内组织开展政府采购领域专项整治，消除在政府采购过程中对不同市场主体设置的各类不合理限制和壁垒；9月29日，在全市范围内全面审查、清理和整改政府采购领域妨碍统一市场与公平竞争的规定和做法。

【差旅电子凭证网上报销改革试点】 2019年，1月改革试点工作启动，6月进行试点工作验收。为推进全市预算单位差旅电子凭证网上报销改革试点工作，进一步扩大改革面，根据全省试点推广工作业务培训会议精神，全市于8月开展第二批预算单位差旅电子凭证网上报销改革试点推广工作，新增试点单位69个，试点范围覆盖市本级及所有县区。全年注册用户5 635人，激活用户5 112人，出差申请单数1.12万单，申请通过单数111万单，出差申请平均审批时长每单61.65小时，出差人次22 873人，出差天数32 829天，报销单数1.02万单，报销申请平均审批时长每单144.77小时，通过公务卡管理系统完成差旅报销1 177万元。

【脱贫攻坚】 2019年，各级财政投入财政专项扶贫资金3.56亿元，其中中央资金9 895万元、省级资金3 100万元、市级资金1.81亿元、县级资金4 577.79万元。结余结转资金970.69万元，结余结转率为2.7%，其中市直部门为0、红塔区为0、通海县4.7%、江川区3.9%、澄江县5.9%、华宁县4.2%、易门县3.2%、峨山县3.8%、新平县3.2%、元江县5.5%。

【会计人员信息采集工作】 2019年5月14日，市财政局转发《云南省财政厅关于开展会计人员信息采集工作的通知》，对全市的会计人员信息采集工作进行安排部署。在采集过程中，加大对会计人员信息采集政策的宣传力度，严格按要求进行会计人员信息审核。截至年末，全市会计人员信息采集通过审核10 670人，其中，市本级1 765人、红塔区3 486人、江川区540人、澄江县628人、通海县1 028人、华宁县588人、易门县818人、峨山县560人、新平县682人、元江县575人。

【会计专业技术资格考试】 2019年5月和9月，玉溪市圆满完成初级、中级会计专业技术资格报名考试和高级会计专业技术资格报名工作。初级资格考试报名考生6 735人，出考4 446人，出考率为66%，考试合格657人，合格率为14.78%。中级资格考试报名考生1 867人，三个科目应考4 832科次，实考2 264科次，平均出考率46.85%，考试合格167人，合格率为8.94%。高级资格考试，玉溪市共有49人报考，实考23人，考试合格13人，合格率为56.52%。

【注册会计师考试】 2019年，玉溪考区（含版纳、普洱）注册会计师报名1 200人共3 370科次，实考1 334科次，平均出考率为39.6%，比上年高1.9%，全年专业阶段全科合格5人，综合阶段合格4人。

【财政干部培训】 2019年，市财政局为提升财政干部的职业素养、理论水平和履职能力，举办2次财政干部培训班。9月19—20日，举办政府会计改革师资培训班，市直各行政事业单位会计及各县区分管会计工作局领导、会计股长和师资349人参加培训。11月5—8日，市财政局举办乡镇财政干部培训班，全市142名基层财政干部参加培训。

【市珠算心算协会工作再创佳绩】 2019年7月25日，第二十四届全国少数民族珠算心算比赛在甘肃兰州举行，玉溪市珠算心算协会代表云南省参赛，盘溪中心小学代表队荣获团体二等奖，其中马诗琪、李思琪、金卓雅均荣获个人全能二等奖，杨玲、李达老师荣获优秀教练奖。

【河（湖）长制】 2019年，市级预算安排339.59万元用于三湖及二大水系水质监测，积极履行南盘江（玉溪段）市级河长联系单位职责，起草《南盘江保护治理方案（2019—2020年）》，并以市河长办下发有关县区执行，安排资金200万元用于南盘江（玉溪段）河道清洁和水质提升。

【厕所革命】 2019年，市财政局下达中央和省级农村无害化卫生户厕补助资金4 480.12万元，下达省级行政村村委会所在地公厕补助资金3 450万元，同时筹措市级资金4 543.24万元对验收合格的农村无害化卫生户厕2.71万座和行政村村委会所在地公厕345座给予配套补助。

【项目建设资金】 2019年，是新中国成立70周年，为保证重要基础设施和重要民生工程在国庆前顺利完工，市财政局下达红龙路项目建设资金1.5亿元、市规划建设项目资金0.5亿元、大坝路项目建设资金0.25亿元、东风路拆迁项目资金1.2亿、玉江大道提升改造工程0.8亿元。

【三湖保护】 2019年，市财政局积极向上争取资金和政策支持，组织抚管、环保、国土、林业、水利、住建等部门，以抚仙湖山水林田湖重点生态修复试点项目为依托，对中央、省、市、县四级资金和政策进行梳理，将能统筹开展的项目整理汇总，积极与省财政厅对接，争取上级政策和资金的支持，全年争取到中央水污染防治资金补助抚仙湖保护治理1.37亿元。下达中央山水林田湖重点生态修复试点工作补助资金并进行绩效跟踪，在收到省厅下达2019年中央山水林田湖草重点生态修复试点工作补助资金10亿元后，及时向主管部门提出资金分配方案，在市政府同意后，将资金下达到各项目所在县区。7月中旬对山水林田湖草重点生态修复试点工程展开全面绩效评价，并将绩效自评报告报送省自然资源厅、省生态环境厅、省财政厅。此外，落实李克强总理就抚仙湖保护治理作出重要批示和省委抚仙湖综合保护治理工作专题会议精神以及市委、市政府提出的保卫抚仙湖雷霆行动要求，争取到省级债券资金每年补助6亿元，其中2.1亿元已于上年下达市林业局，用于森林抚仙湖项目，剩余3.9亿元以债务形式由债务科直接下达澄江县。

【申报财政部首批“财政支持深化民营和小微企业金融服务综合改革试点城市”成功】 2019年，市财政局组织科技、工信、金融办、银保监局、人行等相关部门，认真准备，精心谋划，准备细致、完备、全面的申报资料，最终被省厅确定为全省2个试点城市之一的州市上报财政部。试点城市的申报成功，获得财政部5 000万元的补助资金，这将更好地发挥财政资金引导作用，支持玉溪市民营和小微企业发展，改善民营和小微企业金融服务模式，推进民营和小微企业金融服务高质量发展。

【PPP项目库规范管理工作】 2019年，全市PPP项目库管理工作注重基础分析工作，强化财政支出统计监测，按时报送项目库管理数据及信息，推进项目按期落地，规范实施；全面提升信息公开管理，深入推进项目动态管理，落实“能进能出”动态调整机制。成绩突出，成效显著。省财政厅对截至2018年12月31日全省进入财政部PPP综合信息平台项目管理库的项目个数和总投资全省占比进行综合考评，玉溪市成为全省唯一一个评分在80分以上的州市，排名全省第一，获得全省通表扬。

（任　媛）

税　务

【组织收入】 2019年，全市税务系统共组织收入562.64亿元，比上年增长72.04亿元，增幅14.68%。其中，税收收入完成472.23亿元，比上年增长68.98亿元，增幅17.11%；社会保险费入库62.87亿元，比上年增幅10.14%；非税收入入库22.48亿元，比上年下降11.85%；其他收入入库5.06亿元，比上年增长6.14%。市本级税收收入入库47.49亿元，完成一般公共预算税收收入目标的108.67%。

【分税种收入】 2019年，增值税入库104.77亿元，比上年下降8.3亿元，降幅7.34%；消费税累计入库271.51亿元，比上年增长81.12亿元，增幅42.61%；企业所得税入库35.81亿元，比上年下降9 808万元，降幅2.67%；个人所得税入库5.54亿元，比上年下降5.64亿元，降幅50.45%；资源税入库2.97亿元，比上年增长4 973万元，增幅20.11%；城市维护建设税入库24.03亿元，比上年增长1 843万元，增幅0.77%；房产税入库2.53亿元，比上年增长579万元，增幅2.35　%；印花税入库1.69亿元，比上年增长1 359万元，增幅8.74%；城镇土地使用税入库2.7亿元，比上年增长2 447万元，增幅9.97%；土地增值税入库3.86亿元，比上年增长1.24亿元，增幅47.31%；车船税入库2.07亿元，比上年增长6 803万元，增幅49.02%；车辆购置税入库4.64亿元，比上年下降5 498万元，降幅10.6%；烟叶税入库4.86亿元，比上年下降872万元，降幅1.76%；耕地占用税入库5 898万元，比上年下降6 857万元，降幅53.76%；契税入库4.2亿元，比上年增长8 439万元，增幅25.15%；环境保护税入库4 760万元，比上年增长2 641万元，增幅124.63%；营业税入库140万元，比上年下降496万元，降幅139.33%。

【社会保险费】 2019年，城乡居民基本养老保险费和城乡居民基本医疗保险费先后移交税务部门征管。截至年末，城乡居民基本养老保险费征缴进度达102.21%，83.63万人顺利完成缴费，入库养老保险费1.39亿元；城乡居民基本医疗保险征缴进度达97.83%，181.4万人顺利完成缴费，入库医疗保险费4.37亿元。

【产业税收结构】 2019年，三次产业税收“两减一增”，三产贡献下降。一产入库税收5 250万元，比上年下降1 378万元，降幅20.8%。二产税收在烟草制品业和建筑业的带动下高幅增长，入库406.52亿元，比上年增长75.65亿元，增幅22.9%。三产入库税收65.18亿元，比上年下降6.53亿元，降幅9.11%，其中重点税源行业除房地产业比上年增长2.34亿元，增幅22.87%外，批发零售业、金融业、租赁和商务服务业分别比上年下降1.11亿元、8 138万元、3.39亿元，降幅分别为4.09%、8.04%、57.18%；信息传输、软件和信息技术服务业成为三产新增长点，累计入库6 854万元，比上年增长3 938万元，增幅135.05%。三次产业税收占比分别为0.11%、86.06%、13.83%，三产占比比上年下降3.98%。

【非税及其他收入】 2019年，非税收入入库22.48亿元，比上年下降3.02亿元，降幅11.85%。其中，教育费附加10.62亿元，比上年下降251万元，降幅0.24%；地方教育附加7.08亿元，比上年下降163万元，降幅0.23%。全年累计减幅较大的项目为行政单位国有资产处置收入、事业单位国有资产处置收入和产权转让收入，分别比上年下降2.11亿元、7 337万元、2 525万元；累计增幅较大的项目为上缴财政的事业单位国有资产出租、出借收入，比上年增长2 391万元。自7月1日起，抚仙湖资源保护费停止征收。其他收入5.06亿元，比上年增长2 927万元，增幅6.14%。其中，工会经费2.15亿元，比上年增长

玉溪市区两级税务部门携手玉兴街道广文社区在小庙街商圈开展税收宣传月活动
（宋　寅　摄）

1 459万元，增幅7.29%；职业年金2.91亿元，比上年增长1 468万元，增幅5.31%。

【工业卷烟税收】 2019年，全市工业卷烟税收入库351.57亿元，比上年增长76.97亿元，增幅28.03%。其中，增值税49.85亿元，比上年下降5.84亿元，降幅10.49%；消费税268.46亿元，比上年增长80.95亿元，增幅43.17%；企业所得税12.48亿元，比上年增长1.64亿元，增幅15.11%；城市维护建设税20.78亿元，比上年增长2 213万元，增幅1.08%。

【减税降费】 2019年，全市税务系统开展32.06万户次宣传培训，27.35万户次点对点、面对面辅导，10余万份宣传材料发放，5 314户、23 401笔多缴退税应退尽退。全市新增减税30.37亿元，红利惠及纳税人42.15万户次；新增降费8.55亿元，红利惠及全市7 712户缴费单位。其中，深化增值税改革减税效应显著，累计减税18.83亿元，占新增减税总额的62.01%；制造业减税获益最大，新增减税19.17亿元，占新增减税总额的63.14%。

【国税地税征管体制改革】 2019年，市税务局统筹谋划，贯彻落实增值税、个人所得税改革举措，稳妥开展专项附加扣除信息核验工作，组建自然人税费服务管理团队，做好汇算清缴准备工作。金税三期顺利并库后，先后推进征管规范2.0版、纳税服务规范3.0版、稽查规范1.1版落地，征管方式进一步转变，征管流程进一步明晰，纳税服务进一步优化；以精神文明建设、税务文化建设为契机，选择重要时间节点，以党建带群团，组织开展日常性、经常性党团活动和文体活动，进一步丰富职工生活，增强干部同事间交流，促进队伍“四合”。

【优化税收营商环境】 2019年，全面落实“放管服”和“便民办税春风行动”的各项举措，拓展以电子税务局、自助办税终端为主导的“非接触式”服务，推进线上线下办税同质化。全市11个办税服务厅投入自助办税终端48台，增值税发票系统2.0版、电子发票公共服务平台顺利上线，全市首份区块链电子发票在新平成功开出，车购税网上申报在全市推开，个税App、一部手机办税费、电子税务局广泛运用。深化“放管服”改革的各项举措有序落地，全市158项涉税事项实现一次办结，60项证明事项取消，纳税人关注的企业开办时间和发票申领时间分别缩至2个工作日、0.5个工作日。红塔区、易门县、新平县、华宁县税务局办税服务厅顺利进驻政务服务中心，云南省房地产交易税收评估征管系统与玉溪市政府“一站式惠民服务平台”成功实现数据交互，助推全市实现一般性不动产交易登记2个工作日办结目标。截至年末，13大类158个涉税事项实现“最多跑一次”，11个办税服务厅投入自助办税终端共48台，电子税务局得到广泛推广运用，“银税互动”成效显著，全年授信贷款1 044户（次），授信贷款金额达17.59亿元。

【依法治税】 2019年，市税务局做好行政执法公示、执法全过程记录、重大执法决定法制审核等“三项制度”推行工作；建立完善法律顾问制度和公职律师制度，强化税收执法教育培训，提升新进税务人员依法行政能力。围绕“两权”运行，加强内控机制建设；全面推进“双随机、一公开”，坚持做好“双公示”，严格进户执法审批；深入开展打虚打骗两年专项行动，全面推进10个税收行业综合治理。全年税务系统审理重大税务案件27件，对274户企业开展检查，涉及查补税费1.26亿元，现已入库6 145万元；受理相关部门转办的涉黑涉恶涉税案件线索9件，已查结4件，在查5件，查补入库税款、滞纳金730万元；税收综合治理工作补缴税款及滞纳金3 442万元，调减亏损3 543万元。

【主题教育】 2019年，市税务局全面把握主题教育“守初心、担使命、找差距、抓落实”的目标要求，扎实开展“六项行动”，深入推进“8+3”专项整治活动，创新开展“榜样的力量”“扶贫济困志愿服务”等特色活动。全年税务系统征集各类意见建议159条；检视问题337个，提出整改措施408条；党员参加志愿服务活动1 006人次，为身边群众办实事好事430件。

【从严治党】 2019年，市税务局以发挥基层党组织战斗堡垒作用为落脚点，健全完善“条主责、块双重，纵合力、横联通，齐心抓、党建兴”的新纵合横通强党建机制体系，建立党建联系点工作制度，深入落实“下抓两级、抓深一层”工作机制，坚持做到机关党建和系统党建一起抓、系统党建和地方党建“一盘棋”；以“三会一课”为平台，以“云岭先锋”“学习强国”为载体，依托“主题党日+”，深入开展学习教育、党性锤炼，在建党98周年之际，评选表彰优秀共产党员、优秀党务工作者和先进基层党组织，不断加强基层党组织建设；持续加强对执行党的政治纪律和政治规矩的监督检查，组织开展党的十九大届期市局党委第二轮巡察，抓好党建述职评议考核，开展政治生态评价，强化党的政治建设，扎实做好日常监督教育、重要节点作风纪律监督检查，深入开展为基层减负等重点问题专项整治，围绕主题主业主线，加强自查整改、监督检查，为高质量完成减税降费政治任务、打赢扫黑除恶专项斗争、深化国税地税征管体制改革提供强有力的政治和纪律保证。全年税务系统运用监督执纪“四种形态”第一种形态共231人次，其中提醒谈话227人次，通报2人次，谈话函询2人次。

【队伍建设】 2019年，市税务局聚焦建设高素质专业化税务干部队伍，以税收专业本领和岗位胜任力为重点，分类分级开展税务干部专业能力教育培训；启用学习考评系统，开启“互联网+自学自测”新模式，以减税降费、“岗位大练兵、业务大比武”为契机，组织开展业务考试，提升税干治税管费本领能力；强化人事管理工作，开展非领导职务选任、跨区域稽查局人员公开遴选，推进县级以下机关职务职级并行工作，做好县级税务局行政编制核定、市县两级职级职数设置和调整工作。

【精神文明建设】 2019年，红塔区税务局干部苏云翠获第七届全国道德模范提名奖、被授予第七届云南省道德模范荣誉称号、玉溪市道德模范荣誉称号；易门县税务局一分局获“2017—2018年度全国青年文明号”荣誉称号；华宁县税务局被表彰为全国税务系统先进集体；10家单位经复查确认继续保留“云南省文明单位”荣誉称号；在全省税务系统业务大比武中，玉溪市税务局获集体二等奖；赵惠琼家庭、梁梦婕家庭获玉溪最美家庭提名奖；市税务学会分别被省税务学会、社科联表彰为优秀税务学会、先进集体。

（张　楠）

峨山富良棚乡（刘　斌　摄）

金融业

FINANCE AND INSURANCE

责任编校：佐湘麟

金融管理

【概　况】　2019年，市人行认真贯彻落实国家宏观调控政策和人民银行上级行工作部署，按照"强基础、严纪律、重落实、防风险、促提质"的工作主线，围绕玉溪经济社会发展目标，强化金融对实体经济支持力度、切实防范金融风险、有效提升金融服务水平，各项工作取得新的成效。全年各项存款余额1 956.81亿元，比上年增加109.44亿元；各项贷款余额1 340.57亿元，比上年增加198.02亿元，为历史年度最大增量，高于全省6.24个百分点。

【贯彻落实稳健货币政策】　2019年，市人行贯彻落实稳健货币政策和宏观审慎的管理要求，抓好2019年7次降低存款准备金率政策的考核，发挥好MPA逆周期调节和风险防范作用。强化窗口指导，着力疏通货币政策传导机制，督促引导全市金融机构加大信贷投放力度，发挥金融对地方经济发展的托举助推作用。

【金融服务民营和小微企业专项行动】　2019年，市人行配合昆明中支和市委市政府在玉溪共同举办"金融助力实体经济高质量发展暨支持民营和小微企业玉溪专项行动"融资促进会议。截至年末，在"专项行动"现场签约的15个重点项目（企业）已落地14个，授信总额179.19亿元，占现场签署协议金额的84%；已提款58.04亿元，提款进度为32%。现场签约的16户民营、小微企业已落地15户，落地进度为94%，已发放贷款1.86亿元，占现场签署协议金额的81%。积极推广应收账款融资服务平台，全年在应收账款融资服务平台融资成交22笔，金额46.48亿元。配合地方党委政府促成玉溪市列为云南省首批财政支持深化民营和小微企业金融服务综合改革试点城市，并获得国家5 000万专项扶持奖励资金。

【加大金融支持脱贫攻坚力度】　2019年，市人行推动建立玉溪市金融扶贫工作联席会议机制，加强对玉溪市扶贫开发金融服务工作的联合指导。通过加强窗口指导和组织协调，积极探索运用再贷款等政策工具，引导金融机构精准支持脱贫攻坚。年末玉溪市支农再贷款余额1.7亿元，支小再贷款余额14.5亿元（支小再贷款余额排名全省第一）。以扶贫小额信贷为重点，督促承贷机构对有贷款意愿、符合贷款条件的建档立卡贫困户做到应扶尽扶。年末小额扶贫贷款余额4.13亿元，贷款余额户数8 622户，风险补偿基金规模4 672万元。认真开展中央脱贫攻坚专项巡视整改工作，促进全市金融精准扶贫工作取得新成效，年末全市金融精准　扶贫贷款余额44.97亿元。

【金融风险预警和防范水平持续提高】　2019年，市人行以防范化解重大金融风险攻坚战为中心，坚决守住不发生系统性金融风险的底线。截至年末，全市金融机构不良贷款比年初减少18.12%；不良贷款率2.08%，比年初下降0.91%。完善和落实金融风险监测预警制度，对不良贷款率、拨备覆盖率等监测指标不符合监管标准的4家高风险法人金融机构进行预警提示。推动央行金融机构评级工作常态化，进一步缓释地方法人金融机构风险。加强对问题投保机构经营风险的监测，督促问题投保机构制定风险化解处置方案，积极采取风险化解措施。

【深入推进金融改革和金融基础建设】　2019年，市人行探索推动建设玉溪市区块链产业金融服务平台，并成功推动玉溪市成为全省首家签订政采贷线上融资协议及首个上线政采贷线上融资业务系统的州市。深入推进辖区利率市场化改革，督促金融机构严格执行有关利率政策规定，缓解小微企业融资贵问题，全市地方法人金融机构小微企业加权平均利率6.41%，比年初下降0.21个百分点。大力推进农村和中小企业信用体系建设，全市创建22个信用镇，187个信用村委会，1 547个信用村民小组，评定信用农户36.85万户，采集农户档案49.32万户，建立36个诚信宣传教育基地。加强全市支付系统管理，取消企业账户开户许可，提升支付服务水平，全市支付系统处理业务509.68万笔，清算资金4.22万亿元。加强国库管理，保障小微企业普惠性减免退税准确及时办理，确保国库资金运转真实、准确、完整和高效办理，全市国库收入655.21亿元，比上年增长16.52%；国库支出441.96亿元，比上年增长16.76%。加强人民币现金和反假管理，做好现金供应和服务工作。玉溪辖区累计投放现金75.97亿元，累计回笼现金60.76亿元，累计净投放现金15.21亿元。

【促进贸易投资便利化】　2019年，市人行深化外汇领域"放管服"改革，促进贸易和投资便利化，深入推动跨境人民币结算业务稳步发展，支持服务好玉溪外向型经济平稳发展。全市跨境收支申报总额12.8亿美元，跨境收支顺差11亿美元，银行结售汇总额4.4亿美元，增加1.6亿美元，增

"金融助力实体经济高质量发展暨支持民营和小微企业玉溪专项行动"融资促进会在玉溪召开　（市人行提供）

长 58%，结售汇顺差 2.7 亿美元。完成跨境人民币结算金额 59 亿元，比上年增长 29%。

【开展“不忘初心、牢记使命”主题教育】 2019 年，市人行强化理论武装。以党委理论学习中心组学习、讲党课、支部学习、自学等形式，坚持读原著学原文悟原理，运用“学习强国”“成方三十二”等载体，深入学习习近平新时代中国特色社会主义思想。同时深入调查研究、检视问题、整改落实，确保主题教育见实效。玉溪中支党委和各县支行党组开展集中学习研讨专题 72 个，中支班子成员开展调研专题 5 个，开展调研 8 次；辖内班子成员开展调研专题 25 个，开展调查研究 65 次。

【市人行文化建设】 2019 年，市人行搭建青年职工成长平台，开展青年课题研究，统筹开展政务信息工作。加强对工青妇团的领导和推动，组织开展社会主义核心价值观宣传教育，开展微电影、央行志愿者等形式多样的工会和青年活动。围绕庆祝新中国成立 70 周年开展党建宣传和主题活动，组织书法摄影展、演讲比赛、“我身边的榜样”宣传教育活动等。同时，加强人文关怀和心理疏导，建立职工心理减压设施，成立兴趣小组，组织职工在八小时外开展文化体育活动，并聘请玉溪市第二人民医院的专家开展职工心理健康专题讲座。

（徐 昊）

外汇管理

【概 况】 2019 年，市外汇局以习近平新时代中国特色社会主义思想为指导，贯彻落实中央经济工作会议以及总分行、总分局工作会议精神，坚持稳中求进总基调，全市涉外经济保持稳定发展，跨境收支规模大幅回升，外汇管理服务实体经济能力不断增强，防范化解外汇领域重大风险取得进展，微观监管能力得到提升，市场主体行为进一步规范，各项工作取得较好成效。

【深化“放管服”改革】 2019 年，市外汇局全面落实总分局各项“放管服”政策安排，在风险可控的前提下便利真实合规资金跨境结算。全市实现进出口报关总额 30.4 亿美元，比上年增幅 67.17%，跨境收支总额 12.8 亿美元，比上年回升 38.18%，银行结售汇总额 4.4 亿美元，比上年增幅 57.52%，跨境收支顺差和结售汇顺差分别增长 40.84% 和 127.8%，扭转了 2018 年“双降”的局面；坚持推进依法行政，优化政务服务，积极推行政务服务网上办理，便利办事群众，全年办结外汇行政许可事项 94 件；服务对外开放，跨境投资企业管理服务水平得到提升，保障促进跨境贸易投资便利化措施等 12 项系列外汇管理改革成果及时落地玉溪，便利外商投资企业将利润留存境内，全年外商投资企业资本金汇入比上年增长 141.56%。全年全口径跨境融资提款 1 000 万元人民币，实现全市全口径跨境融资“零突破”。

【维护外汇市场秩序】 2019 年，市外汇局加大对关键业务和关键主体的监测和核查力度，积极开展跨境资金流动监管核查，确保资金流转真实贸易背景。全年对 5 家货物贸易企业出口不收汇和少收汇、1 家服务贸易企业频繁异常资金流出、个人项下资金异常流出等行为进行监管核查；加大资本项目重点领域监测力度，密切跟踪大额利润流出、外债、境内机构内保外贷、中资机构境外发债规模及结构变化、境外上市公司资金调回结汇、借用银行卡跨境投资和购房等情况，有效维护外汇市场秩序，促进全市涉外经济的合规经营。全年对 2 家出口企业进行监管约见谈话，发放风险提示函 1 份，对 1 家贸易企业进行 B 类降级处理，降为 C 类企业 2 家；加强银行合规经营监管，对 1 家银行卡业务进行核查，对 5 家银行进行监管约见谈话。同时，坚决打击虚假、欺骗性交易和非法套利等违规行为，防范跨境资金异常流动风险；加强与金融办、公安、工商和通信管理等部门的协作，严厉打击地下钱庄和整治非法网络炒汇平台；持续对普罗米资产管理公司玉溪工作点涉嫌非法融资、网络炒汇行为进一步开展调查，积极向省分局汇报，协调有关部门配合玉溪公安部门对普罗米昆明总公司继续开展调查工作；不断提升非现场检查分析能力和成效，并配合省局成功承办 2019 年全国外汇管理非现场竞赛。

【持续提升微观监管能力】 2019 年，市外汇局坚持“两位一体”框架管理，充分发挥银行外汇业务合规与审慎经营评估系统的正向激励和监督作用，增强银行执行外汇管理规定的自觉性。不断提升微观合规监管效能，夯实国际收支统计数据质量基础，以专项核查为抓手提高统计数据质量，利用新渠道、新方式加强国际收支申报制度、结售汇统计制度的宣传普及。构建事中事后常态化监测核查体系，开展货物贸易项下重点监测企业、资本项下房地产企业境外发债及返程投资、个人项下分拆结售汇等各类核查，利用非现场核查分析手段，开展辖区外汇业务可疑和违规线索核查工作。加强辖区外汇形势分析工作，密切监测、评估和分析宏观环境变化对我市跨境资金流动的影响。先后派 2 人次参加省局组织开展的现场检查活动，学习和丰富外汇现场检查经验。强化跨部门联合监管合作，及时将 4 家出口不收汇企业信息通报政府相关部门，建议暂缓或取消其政府奖励。重点培育外汇市场主体自律意识，推动建立玉溪市外汇市场自律机制，“他律”与“自律”外汇管理格局基本形成，进一步夯实了玉溪市外汇市场健康有序发展的基础。

【外汇管理调查研究】 2019 年，市外汇局结合实际，围绕中美贸易摩擦、关税反制、人民币汇率“破 7”等新情况、新变化开展专题调研，向上级及时反馈涉外经济在国内外大环境影响下的发展状况。围绕推进资本项目改革开放等主题开展课题研究，完成重点课题《外商直接投资利润分配逆周期管理研究》，被评为全省重点课题二等奖，参与省局课题调研《云南省对中南半岛五国直接投资情况分析》（泰国部分），被总局刊用。立足“金融为民”，从供给侧和需求侧对全市外贸企业贸易融资问题开展初步调查研究，为领导决策提出工作建议。全年向省分局上报专题调研信息 7 篇、课题研究 2 篇、信息编译 16 篇。同时，强化外汇政策宣传，开展外汇知识、“网络炒汇”警示及诚信兴商等宣传活动，创新宣传途径，协助法院案件审议，并到法院开展“网络炒汇”政策宣讲。

（徐 昊）

银行业监管

【概 况】 2019年12月25日，在玉溪银保监分局挂牌成立1周年之际，“三定”方案正式落地实施。玉溪银行业坚持稳中求进工作总基调，贯彻回归本源、专注主业的要求，全力服务实体经济，着力强化金融风险防控，持续巩固市场乱象整治成果，实现总体稳健运行。全市银行业发展由规模快速增长转为结构优化，资产总额和存款余额小幅减少，贷款余额实现较大增长，不良贷款处置力度加大，不良率明显回落。截至年末，有银行业金融机构29家，持证营业网点355个，从业人员5 265人；全市银行业金融机构资产总额2 685.43亿元，较年初增长7.88%；负债总额2 505.27亿元，较年初增长6.36%；各项存款余额1 931.25亿元，较年初增长5.2%；各项贷款余额1 339.59亿元，较年初增长17.55%；保持信贷投放平稳较快增长，不良贷款余额27.91亿元，较年初下降18.12%，不良贷款率2.08%，较年初下降0.91个百分点，实现不良贷款“双降”，低于全省平均水平（2.2%）；全年实现账面利润20.43亿元，比上年增加1.55亿元，增长8.22%。

【服务实体经济】 2019年，玉溪银保监分局紧紧围绕地方发展战略，确保重点领域资金需求，围绕玉溪社会经济发展“5577”总体思路，加大四个一百、七大重点产业、五网建设等重点领域信贷支持。改进民营和小微企业金融服务，大力推进“百行进万企”融资对接工作，推动小微企业贷款全面增量扩面。截至年末，全市小微企业贷款余额495.96亿元，较年初增长20.02%，高于各项贷款增速2.47个百分点；小微企业贷款户数61274户，较上年同期增加6 411户。普惠型小微企业贷款余额138.67亿元，较年初增长7.96%；贷款户数60395户，较年初增加6 417户。全市支持“绿色三张牌”（绿色能源、绿色食品、健康生活）贷款余额166.12亿元，支持高原特色产业贷款余额90.74亿元，重点支持云菜、云果、云药等12个特色产业品牌，投入贷款78.13亿元；在支持新型农业经营主体中，重点支持农业龙头企业160个，贷款余额24.52亿元，支持省级农业龙头企业87个，余额16.57亿元。通过银政企内外联动，引导银行业金融机构投入信贷资金19亿元，精准支持杞麓湖湖内水域治理、环湖截污工程、生态巡护通道、湿地公园工程、农业面源污染治理和主要入湖河道整治等建设，助力高原湖泊碧水保卫战。

【提升普惠金融质效】 2019年，玉溪银保监分局强化监管引领，加大银行业金融机构对普惠金融服务的考核力度，引导银行业积极支持小微企业发展，严格按照收益覆盖风险原则合理设定小微企业贷款利率，在落实“两禁两限”收费政策的基础上进一步向小微企业减费让利，降低小微企业贷款综合成本。截至年末，减免小微企业利息合计1.29亿元，减少各种项目收费123.61万元，为企业节约掉头资金成本1 417.6万元，减少第三方评估费用698.3万元。通过推进“银税互动”工作，实现企业纳税信息共享，全市银税合作贷款余额达20.63亿元，较年初增加19.68亿元。推动落实小微企业流动资金贷款“无还本续贷”政策显成效，截至年末，“无还本续贷”贷款余额5亿元，较年初增长8.78%；小微企业贷款平均利率6.41%，较年初下降0.77个百分点，有效降低企业融资成本。立足“三农”，加大“三农”金融支持力度。截至年末，全市涉农贷款余额574.69亿元，较年初增长13.13%，实现扶贫小额信贷投放4.15亿元。

【推进精准脱贫】 2019年，玉溪银保监分局督促银行业加大金融精准扶贫力度，聚焦稳定脱贫长效机制，强化金融资源倾斜。截至年末，全市银行业发放各类项目扶贫贷款余额75.03亿元；督促银行业积极做好易地扶贫搬迁、农村危房改造等专项贷款发放工作，全市银行业易地扶贫搬迁贷款余额6.82亿元，农村危房改造贷款余额25.42亿元；督促银行业全面落实小额扶贫包干责任制，联合扶贫办制定银行业年度扶贫小额信贷计划，并进行分解落实，全市银行业累计发放扶贫小额信贷8 619户，4.15亿元。

【深化银行业改革发展】 2019年，玉溪银保监分局有序推进农信社改制农商行，以农商行改制工作为契机，督促农村中小银行坚守“支农、支小”市场定位，推动法人银行机构完善公司治理机制，按照“成熟一家、组建一家”的总体原则，玉溪辖内5家农商行完成改制，挂牌营业。澄江联社2018年启动改制工作，2019年6月获得云南银保监局筹建批复，进入开业准备阶段，预计2020年正式开业。此外，积极巩固农小机构县域双法人地位，加大力度培育村镇银行，目前全市有6家村镇银行，县域覆盖率66.67%，鼓励有条件的村行进行“多县一行”制探索；推进结构性去杠杆，发挥债委会作用化解企业债务危机，组建债委会4家，涉及企业授信额度23.3亿元，用信余额16.67亿元，支持经营良好企业3家，帮扶困难企业1家。

【强化风险管控】 2019年，玉溪银保监分局紧盯重点，牢牢守住系统性金融风险底线，强化不良资产真实披露和有效处置，保持案件风险防控高压态势，巩固治乱象成果并扎实开展相关检查。全市银行保险机构2018—2019年监管检查和自查发现问题3 977个，已整改问题3 706个，整改率93.19%，机构内部问责降低考核等级1家次，其他问责方式8家次；人员内部问责经济处罚累计2 514人次，处罚金额270.38万元，纪律处分、党纪处分等其他问责方式887人次，追回资金损失2 756.64万元，修订制度165个，完善信息系统74个。推动法人机构公司治理整治，开展农村中小银行股东股权专项排查整治，督促落实股权管理新规，坚守支农支小服务定位。截至年末，玉溪银保监分局对2家银行开展现场检查并罚款人民币155万元，对2名高管实施行政处罚。

【消费者权益保护】 2019年，玉溪银保监分局引领银行机构切实保护消费者合法权益。全年对4家机构2018年度消费者权益保护工作进行考核评价，组织开展玉溪银行业保险业侵害消费者权益乱象整治工作，处理信访投诉31件，处置2次缠访、闹访事件；持续打击侵害消费者权益行为，开展销售行为现场检查，严肃查处各类银行业、保险业违规销售行为，完善投诉处置及第三方纠纷调解机制；深入开展扫黑除恶专项斗争，深化涉黑涉恶问题线索摸排处置；严防交叉金融风险，协助地方政府清理规范隐形债务，稳步推进P2P网贷风险出清。

【干部队伍建设】 2019年，玉溪银

保监分局强化内部管理，党委履行主体责任，加强干部职工学习教育和培训，切实提升政治意识、思想素质和履职担当能力，切实提升监管能力；纪委强化监督和廉政文化建设，构建与被监管机构的“清”“亲”关系，打造“零物质往来”铁律；抓好群团建设，调动广大职工投身监管工作的积极性，着力打造“忠、专、实”监管队伍。玉溪银保监分局各项工作扎实推进，继续保留云南省文明单位荣誉，荣获2018年度全市党委信息工作先进单位（一类单位）等多项荣誉。

（段彩云）

商业银行

【市农发行经营概况】 2019年，市农发行全面落实总行、省分行各项决策部署，围绕“发展立行、创新兴行、管理强行”工作思路，以党建为统领，坚持稳中求进工作总基调，立足玉溪实际，全力服务乡村振兴，各项工作凸显成效。截至年末，各项贷款余额51.19亿元，累计发放各类贷款17.47亿元，比上年多放6.7亿元，增幅62.22%；各项存款余额15.88亿元，较年初增长0.3亿元，增幅1.94%。风险防控成效显著，无不良贷款，贷款质量保持良好。

【服务国家粮食安全】 2019年，市农发行立足主业，全力支持粮油收储，保障粮食安全。截至年末，累计发放收购、地方储备粮和粮油购销流动资金贷款1.48亿元，支持国有粮食购销企业收储粮食3.36亿千克、油脂2 941万千克。

【服务脱贫攻坚】 2019年，市农发行全力服务脱贫攻坚。截至年末，全行精准扶贫贷款余额14.75亿元，占全行各项贷款的28.92%；累计发放扶贫贷款890万元。完成云南元江大有为食品有限公司、云南省通海酱菜厂有限公司890万元产业扶贫贷款的发放；推动玉溪市贫困地区饮水安全巩固提升项目和玉溪市贫困地区农村人居环境（农村公路）等一批扶贫贷款项目的申报审批，向扶贫挂钩联系点芭蕉村委会投入各类扶贫资金11万元，重建灌溉沟渠，推进抗旱救灾工作，助推玉溪打赢脱贫攻坚战。

【推进农村产业兴旺】 2019年，市农发行落实服务民营小微企业提升工程，全年获批民营小微企业授信方案8户，金额2 760万元，投放金额1 530万元。其中，获批新平县土地整治乡村振兴项目1个，金额3.65亿。

【推动农村生态宜居】 2019年，市农发行获批全省首个总行审批重点项目——19亿元通海杞麓湖国家湿地公园生态建设项目，实现玉溪市分行成立以来最大单笔8亿元信贷资金投放，切实做好“三湖”保护治理工作。此外，获批投放贷款1.08亿元支持玉溪市红塔区李棋街道大矣资社区民房搬迁安置建设项目。

（武文韬　史　丽）

【服务实体经济能力进一步增强】 2019年，市工行以服务实体经济为出发点和落脚点，协调省再担公司完成滇雪粮油融资担保，推荐维和药业与玉溪市融资担保公司“风险代偿资金池”建立担保贷款合作，完成前列电缆“普惠金融发展专项资金池”融资担保业务对接，澄大、玉楚、元蔓、江通等高速公路贷款累计新增18.8亿元，全年累计发放公司贷款25.43亿元，公司法人客户贷款余额86.19亿元，较年初增加17.15亿元。

【普惠金融迈出坚实步子】 2019年，市工行加快推进银担合作，与玉溪市融资担保公司、玉溪市中小企业融资担保公司、云南省农担公司建立业务合作关系，首批入围玉溪银政担合作银行。积极推进线上线下一体化发展，线上稳步推进营销结算贷、税务贷和泛交易链等场景的白名单客户，线上业务由年初的7户、104万元增长至年末的74户、1 832万元；线下按照“业务拓展、规划先行”的原则，积极拓展各县区优质特色龙头客户，江川包装行业、澄江民宿行业实现业务突破，普惠贷款客户较年初增长76户，增幅146.15%。截至年末，普惠口径贷款余额2.47亿元，较年初增长4 804万元。

【个人贷款发展能力持续增强】 2019年，市工行按照“专业化、集约化、扁平化”的原则，积极构建全新的个人贷款经营模式，发挥公转商贴息贷款的先发优势，围绕“重点区域、重点企业、重点楼盘”，强化一手房贷款业务拓展；以重点房地产中介为突破口，强化二手房贷款业务拓展，全年累计发放二手房贷款356笔、金额1.44亿元。截至年末，个人贷款较上年新增4.75亿元，余额38.31亿元。

【金融服务质量持续提升】 2019年，市工行完成网点装修改造8个、开工装修网点3个，新装修网点完成数占全省网点装修量的11%，全行网点新装修比例达到71%。着力提升网点服务效率，积极推进网点“5变3”改革，全力组织实施“八个一”服务提升工程，网点五级分类评级大幅上移，在巩固北市区支行中银协“千佳网点”称号、江川支行“玉溪市银协文明规范服务示范单位”称号的基础上，红塔山支行获中银协文明规范服务“五星级”网点称号，全行社会形象、服务口碑持续改善。截至年末，人民币全部存款14.7亿元，比年初增长14.84%。

（瞿　敏）

【市农行经营概况】 2019年，市农行在岗员工799人，对外营业网点41个。截至年末，核心存款233.19亿元，四行（工、农、中、建）占比34.85%；各项贷款余额160.47亿元，四行占比35.23%。

【普惠金融监管指标全面达标】 2019年，市农行县域贷款增速14.83%，高于全行贷款增速1.61个百分点；县域增量贷存比124.27%，高于监管要求74.27个百分点；存量“贷存比”79.46%，高于监管要求29.46个百分点；涉农贷款增量17.74亿元。

【业务发展转型】 2019年，市农行“互联网+工会”缴费项目上线，该缴费项目是农业银行云南省分行首户“互联网+工会”职工医疗互助缴费项目，开创“互联网+工会”职工互助医疗缴费新模式。数字化转型，掌银月活客户“量质”双升，客户增长率、客群渗透率位居全省农行前列，互联网场景建设14个。

【助力政府专项债发行】 2019年，市农行连续三年为玉溪市政府专项债发行提供服务，参与玉溪政府专项债券发行工作共三期8个项目，发行金额21.1亿元，涉及红塔区、江川区、峨山县、通海县。

【服务“三农”和金融扶贫】 2019年，

市农行推出“烟农贷”“柑橘贷”“菜农贷”等支农惠农贷款。截至年末，全行农户贷款余额11.94亿元，比年初增长5.04亿元；精准扶贫贷款余额1.89亿元，比年初增长4 021.7万元。全年发放扶贫小额信贷536笔，金额2 635.5万元，超额完成市扶贫办下达的2 568万元扶贫小额信贷任务。

【网点转型与内部管理】 2019年，市农行完成41个网点导入回访工作。转型网点实现“两减两增”，网点营销岗占比51%；高柜转型后减20.5人，下降16%；低柜转型减5.5人，下降15%；大堂经理转型后增43.5人，增长76%；客户经理转型后增28.5人，增长79%。1月30日，玉溪分行首次召开主题为“感恩同行，一路有你”奉献玉溪农行30年以上好员工座谈会，对推荐考核认定的55名爱岗敬业好员工予以表彰并颁发纪念牌。

（柏存龙）

【市中行经营概况】 2019年，市中行融入国家战略和玉溪经济社会发展大局，狠抓发展提速、管理提质、效益提升，经营管理取得新的进步。截至年末，各项存款时点余额为74.46亿元，外币各项存款时点余额为2 196万美元，人民币各项贷款余额58.14亿元，全行不良贷款率0.45%。

【服务地方经济】 2019年，市中行在玉溪市委、市政府的支持指导下，以服务地方经济为己任，在深化金融扶贫工作、构建绿色生态产业体系、完善基础设施建设、促进民营经济发展上贡献力量，为玉楚高速、元蔓高速、玉溪能投等政府重点基础设施建设项目新增批复授信67.28亿元；外汇业务服务当地经济稳步推进，开办玉溪第一笔农民工工资支付保函业务，外汇内控合规发展位居全市金融机构考核第一名；累计拓展ETC 12 285户；不断加大对民营企业的贷款投放力度，服务民营企业总体呈现出“增速持续加快，服务能力提升，融资结构改善，创新活力增强”的良好态势。同时，贯彻新发展理念，服务全市经济高质量发展，加快推进科技改革创新，巩固特色优势，增强服务实体经济能力，丰富社会民生领域金融产品，促进产业和消费“双升级”，客户体验进一步提升。

（管迎春）

【市建行经营概况】 2019年，市建行围绕“党建工作强引领，主营业务铸根基，三大战略促转型，风险管控筑防线，文化建设提内涵，员工关爱暖人心”工作方针，聚焦“三个能力”，落实“三大战略”，推动各项工作持续向前发展。截至年末，一般性存款余额214.4亿元，其中对公存款余额110.87亿元；储蓄存款余额103.53亿元；各项贷款余额102.65亿元，新增5.54亿元，其中对公贷款余额48.04亿元，个人贷款余额54.61亿元。

【聚焦重点投放信贷】 2019年，市建行围绕玉溪市“四个一百”重点建设，加大对公路项目、抚仙湖、星云湖、杞麓湖水域治理项目，以及澄江、通海两个特色小镇等重点项目支持力度；配合地方政府完成澄江县12个棚改专项债项目申报及6.7万元债券发行；围绕“云烟”“云菜”“云游”等重点特色产业，加大对民营企业信贷支持。全年实现新增贷款投放5.3亿元，有力支持重点客户项目融资需求。

【履践责任服务民生】 2019年，市建行践行“以人民为中心”服务理念，全力支持地方重大民生项目金融服务需求。全年为易门县、红塔区老五街、江川江城和大街4个县（区）5个棚改项目2 683户居民兑付资金9.22亿元；全力支持生态玉溪梦建设，跟进棚改工作进度，策划综合服务方案，通过组建“张富清党员突击队”“张富清金融服务队”等方式，全面完成涉及2.8万人生态移民搬迁的澄江环湖棚改项目首期20亿元资金兑付任务。

【金融科技助力政务】 2019年，市建行抓“一部手机办事通”“智慧政务”推广，做好政务平台对接，完善金融服务链接，以“网上办、掌上办、指尖办，不求人、不见面”新型服务理念，助力解决政务服务“痛点”“难点”问题，借助“金融智慧”，打造新型政务服务生态圈。全年仅“银医一卡通”一项就为玉溪市人民医院实现线上挂号27万人次；围绕“房住不炒”消费理念，配合完成玉溪公积金中心接入住建部系统平台、接入全国住房公积金数据平台等项重要工作。截至年末，全行住房租赁系统已上线房源21 513套。

（郜　鸿）

【市交行业务平稳发展】 2019年，市交行围绕“提质增效和强基固本年”工作要求，积极支持小微企业、“三农领域”、战略性新兴产业和地方重大项目，持续提升零售业务贡献度，进一步夯实客户基础，资产质量保持优良水平，全面风险管控良好，内控评级保持稳定，在人行执行政策的评价中获评A等。截至年末，资产总额47.9亿元，各项存款余额46.5亿元，各项贷款余额44.93亿元，存贷比达96.6%，不良贷款4.7万元，不良率0.001%，实现经营利润7 091万元。

【支持实体经济】 2019年，市交行在总分行的指导帮助下，围绕市委、市政府经济发展战略，坚持以“三张牌”战略合作协议为契机，强化项目跟踪落实，对照“四个一百”“五网建设”等重点项目和企业清单，加强项目储备，加大资产投放，交通运输、海绵城市、城市水务等地方重点项目贷款获批总额41.07亿元，年内实现投放17.03亿元。

【服务小微企业】 2019年，市交行贯彻落实普惠业务发展要求，出台普惠专项竞赛方案，开展商圈行、园区行、“百年交行　服务万企”等活动。通过挖掘普惠小微客户，推广线上创新产品，普惠业务实现较快增长。截至年末，两增口径普惠贷款余额7406万元，较年初增加5 347万元；户数53户，较年初增加26户。

【两个主业融合发展】 2019年，市交行坚持以党的建设引领发展、统揽全局，坚持“四个贯穿始终”，扎实推进“不忘初心、牢记使命”主题教育。组织开展的ETC劳动竞赛、广场舞投票、对公开户等各类重点指标创先争优活动成效显著，玉溪分行获评云南省金融工会“云南金融五一劳动奖状”、交通银行总行“先进基层党组织”。营业部、红塔支行获评云南省财贸工会“职工小家”，红塔支行成功创建中国银行业文明规范服务示范单位“四星级”网点，党建和业务发展实现双丰收。

（乔艳梅）

【市华夏行经营概况】 2019年，市华夏行坚持稳中求进工作总基调，围绕“抓存款、控风险、增利润、促党建”的经营目标扎实开展各项经营管理工作，各项业务平稳运行，风险管理成效明显。截至年末，实现各项存款余额26.81亿元，较上年增加3.47亿元，其中对公存款21.62亿元，储蓄存款5.19亿元，全年实现考核利润0.79亿元。

【加快项目投放，支持地方经济】 2019年，市华夏行融入当地主流经济，重点加强对区域市场热点、市场机会及新业务的研究、追踪和营销，围绕全市重点企业、重点项目开展业务合作。6月、12月分两期协助玉溪市国有资本运营有限责任公司发行定向私募债3.8亿元；11月，发行PPN融资2亿元；12月，昆明分行与玉溪市人民政府签署全面战略合作协议，约定双方在实体产业发展、基础设施建设、生态环境保护、民生事业发展等方面开展深度合作。截至年末，各项贷款余额19.01亿元，全年投放个人贷款0.27亿元，对公贷款13.96亿元。

【调整结构】 2019年，市华夏行围绕核心客户上下游抓链式营销，延伸业务链条，批量化拓展客户；以产品和服务为手段深入企业营销，增进银企关系，提高合作黏度；加强对负债产品的组合应用，丰富产品运用；持续组织主题活动，拓宽获客渠道和平台，多渠道运用提升个人金融资产结构。

【网点建设】 2019年，市华夏行红塔路支行完成现金示范区的创建，营业部和红塔路支行全部通过“北京中金国盛认证有限公司”的测评认证，完成营业网点服务国家标准贯标工作。

【挂包帮精准扶贫】 2019年，市华夏行落实中央、省市脱贫攻坚决策部署，围绕市委关于“挂包帮”工作的目标要求，通过与村干部及农户座谈、电话沟通、实际走访等方式，以投入资金、寻找项目、扶持计划等为手段持续开展扶贫工作。全年捐助5万元扶贫资金，用于村党委完善党群党建服务工程。

（丁兆成）

【市民生行经营概况】 2019年，市民生行以党建工作为统领，以“客户、质量、效益、规模”协同发展为中心，着力培育业务新增长点、深化结构转型、严控新增风险，加大项目储备及信贷投放力度，支持地方经济建设，实现各项业务健康、平稳、高质量发展。截至年末，各项存款余额14.81亿元，比年初增加2.48亿元，各项贷款9.22亿元，比年初增加5.3亿元。

【服务实体经济】 2019年，市民生行以服务地方经济发展为己任，紧扣地方经济发展的主旋律，依托产业集群、特色行业、工业园区、供应链等平台，围绕市政“四个一百重点项目”“148户企业”“农业产业化龙头企业”重点项目建设开展业务，加大金融支持力度和信贷投放力度，提供全方位的金融服务，有效的金融创新为地方实体经济解决资金问题，为地方实体经济及社会发展注入新鲜血液，发放高等级公路公司6亿元项目贷款；成功落地玉溪市开发投资有限公司1亿元债权融资计划；加大对中小微民营企业的信贷支持，突出区域特色，创新体制机制和商业模式，为客户提供特色化、多样化、综合性的金融服务。截至年末，公司贷款7.16亿，比年初增加4.91亿。

【金融宣传】 2019年，市民生行积极履行社会责任，深入开展“扫黑除恶”专项斗争工作，使扫黑除恶工作的观念深入人心；开展“打击洗钱犯罪 构建和谐民生”为主题的反洗钱集中宣传活动，增强公众反洗钱意识，助力营造良好的金融市场秩序；强化社区金融服务，坚持“便民、利民、惠民”的理念，贴近居民，主动服务，同时开展多样化的客户活动，满足不同客户的理财配置需求，为客户提供高品质金融服务。

【夯实基础管理工作】 2019年，市民生行全面开展创建学习型组织活动，完善员工学习体系，提升专业服务能力；开展“合规创造价值+合规助力发展”合规文化年，通过多种形式的风险文化教育工作，不断增强员工合规经营意识理念，系统提升合规经营业务水平，有效促进合规稳健经营。

（廖 燕）

【市浦发行经营概况】 2019年，市浦发行围绕“调结构、稳增长、严合规、提质量、优管理、强能力”的经营主线，积极支持玉溪地方经济建设。截至年末，各项存款余额为19.39亿元，表内外授信业务余额为17.38亿元，个人金融资产余额达21.59亿元，不良贷款余额为85.57万元，较上年减少107.47万元，不良率为0.09%，较上年下降0.15个百分点。6月，市浦发行党委被昆明分行党委评为2018年度先进党组织。市浦发行营业部获玉溪市现金服务示范区创建表彰，成功创建为云南省现金服务示范区网点、玉溪市现金服务示范区示范网点。

【金融服务】 2019年，市浦发行完成星云湖环湖截污项目PPP项目投放1.24亿元，对该项目累计投放5.01亿元资产业务，为国家高原湖泊治理提供支持；为支持地方重大民生工程建设，向总行申请资金购买玉溪市澄江县棚户区改造地方政府专项债券8.7亿元，有效解决澄江县棚户区改造建设资金，为全市提升人居环境建设提供项目资金支持；支持澄江寒武纪化石博物馆PPP项目投放8 300万元，支持澄江旅游文化产业发展。全年新增214户企业客户，新增7户信贷客户，其中5户为民营企业客户。

【金融宣传】 2019年，市浦发行走进社区、市场、学校、企业、农村开展金融知识宣传活动13次，通过发放宣传折页、网点宣传、广告、金融知识讲座、短信或微信形式多渠道宣传，有机地将消费者金融知识普及与业务相结合，参与3.15金融消费者权益日宣传活动，开展以《普及金融知识，守住“钱袋子”》送金融知识进万家，送金融知识下乡、普及金融知识万里行、“扫黑除恶”专项宣传、推广“双录”工作、人民币反假、防范电信诈骗、征信知识等金融知识的宣传普及。

（李晓琳）

【市广发行经营概况】 2019年，市广发行把支持地方经济建设与自身业务发展有机结合，服务实体经济，助力小微企业，加强资产管理，严控经营风险，强化案防措施，确保全行稳健经营发展。截至年末，广发行各项存款余额22.98亿元，较上年增加9.86亿元，各项贷款余额9.65亿元，较上年增加5.55亿元。

【服务实体经济】 2019年，市广发行通过银政、银企关系的深入带动资产业务的发展。通过专项债投资，支持地方经济建设，成功中标云南省生态环境保护与治理专项债3.5亿元；

在市工商局专人驻点跟进工商e线通业务，利用行内推出的“税银通”“政采贷”“E秒贴”等系列创新产品拓展服务客户新渠道，提升满足小微企业差异化融资服务需求的能力。同时，加快业务转型，支持玉溪基础建设，与玉溪旅游投资有限公司、玉溪农林投资有限公司建立授信合作关系。

【个人贷款】 2019年，市广发行与市公积金管理中心签署合作协议，开展公积金相关业务，并提供的一手住房按揭贷款、二手住房按揭贷款、一手商用房按揭贷款、二手商用房按揭贷款、抵押易、筑梦一贷等抵押类贷款和保单信用贷、E秒贷、自信一贷等信用类贷款以支持广大玉溪当地市民的融资需求。

【顺利搬迁新址】 2019年，市广发行搬迁至云南省玉溪市红塔区星云路福禄瑞园商业区1—3层。将继续以务实的态度、诚信的理念、开放包容的胸怀，持续推进分行各项业务，实现稳健发展；继续优化经营结构、提升服务水平，回馈广大客户服务于广大的新老客户。

（杜红霞）

【市中信行经营概况】 2019年，市中信行存款规模保持良好的增长势头，截至年末，存款余额6.59亿元，其中对公存款余额4.99亿元，个人存款余额1.59亿；管理资产余额5.07亿元；各项贷款余额34.05亿元。

【业务发展】 2019年，市中信行立足玉溪实际，围绕总分行发展战略谋划布局，业务发展稳中有进。资产业务方面，大力支持地方经济发展，充分发挥中信集团协同、融智作用，积极营销总分行支持类行业领域，成功投放医疗行业贷款2亿元，普惠金融、制造业等领域金融服务持续推进中，为资产业务方面取得良好的开端。银政合作方面，与市税务局成功签订银税合作协议，为支持实体经济、服务民营小微奠定良好基础；积极参与市政府各类金融经济改革决策，为平台建设，专项债券项目包装、产业发展贡献力量。银企合作方面，以“融资+融智+融产”三融结合方式，为当地企业提供“银行+非银、表内+表外、境内+境外、线下+线上”等综合化、创新型的融资安排和全方位的综合金融服务。

【社会责任】 2019年，市中信行始终秉承总行“履行社会责任，追求持续发展”的责任理念，积极组织、参与各类宣传活动，在维护社会治安、维护群众金融利益、助力和谐社会建设方面不断努力。组织参与扫黑除恶专项斗争宣传、反洗钱宣传、普惠金融服务宣传、金融知识进万家等活动，持续将金融知识向广大市民宣贯，以实际行动践行“全力打造综合化服务平台”的社会承诺。

（白开旺）

【市邮储行经营概况】 2019年，市邮储行坚持服务“三农”、城乡居民、中小微企业定位，加速向数据驱动、渠道协同、批零联动、运营高效的新零售银行转型。截至年末，全行总资产60.12亿元，比上年增长14.51%；各项存款余额53.99亿元，比上年增长12.2%；各项贷款余额54.53亿元，比上年增长61.95%，全行不良率1.22%。

【做好金融服务】 2019年，市邮储行推进“信用村”建设，支持乡村振兴，充分发挥遍布城乡网络优势，稳步推进信用村建设，累计建设信用村22个，累计建立信用户2 128户，并给予1 712户，1.25亿元的信贷支持，进一步解决农户发展的资金需求。做好金融精准扶贫及民生支持工作，开展建档立卡户的“惠农易贷”业务，全年发放扶贫贷款0.51亿元，并探索推进产业扶贫，发放产业扶贫贷款0.48亿元；发放再就业贷款2.95亿元，累计支持19 000多名人员创业。

【加快产品创新】 2019年，市邮储行着力推进“一县一业、一行一品”工作，服务“三农”，落实政府提出的打好“三张牌”，支持“八大产业”发展，结合县域经济特点，加大特色信贷支持，创新推出“云菜贷”“云花贷”“云果贷”等系列产品，以“一县一业、一行一品”建设支持地方产业。截至年末，个人涉农贷款余额10.86亿元。加大对实体经济、民营企业的信贷支持，通过签约“银税互动”，进一步促进玉溪小微企业良性发展，实现小微企业、金融、税务三方共赢；积极创新小微贷款品种，把高新技术产业开发区、经济技术开发区、现代农业示范区和核心企业产业链“三区一链”作为支持重点，全年普惠型小微企业贷款共投放5.65亿元，较年初增加902户，净增2.48亿元。

【支持地方建设】 2019年，市邮储行参与当地重点项目，行内首笔民营企业公贷1亿元落地；地方政府专项债投放2亿元；对大戛高速、玉楚高速、弥玉高速等公路项目积极授信；支持住房公积金流动资金贷款投放。

【风险管控】 2019年，市邮储行坚持风险为本，树立“全面、全程、全员”的风险管理理念，推行稳健、审慎的风险管理政策。同时，对标监管和同业，开展差距分析，优化管理结构，持续提升合规意识。

（粟　芳）

【市富滇行经营概况】 2019年，市富滇行作为省属的地方性国有控股商业银行，围绕“打好三张牌”战略布局，为玉溪市的经济社会发展和人民群众的金融、经济生活提供优质、便捷的服务。截至年末，各项存款余额（含外币）23.05亿元，各项贷款余额52.67亿元，不良贷款率0.79%。

【抓实基层党建】 2019年，市富滇行学习贯彻党的十九大精神和习近平新时代中国特色社会主义思想，以“基层党建巩固提升年”“不忘初心、牢记使命”主题教育活动为抓手，切实加强基层党建、党风廉政和意识形态建设工作。通过加强与社区、市属国有公司联合开展支部联建工作，不断提高党建个工作水平，深入开展扶贫攻坚工作，分行联系的结对贫困户已全部实现脱贫出列。

【服务地方经济】 2019年，市富滇行加大力度支持玉溪“五网建设”、抚仙湖环境保护、旅游小镇、扶贫攻坚等成效显著，积极推动抚仙湖保护绿色贷款和仙湖周边澄江海诚广龙小镇建设，大力支持实体经济、民营经济、县域经济，分行民营和小微企业贷款余额达12.59亿元，累计储备客户（项目）42个，金额54亿元。

【提升金融服务】 2019年，市富滇行支持新平县“棚户区改造”、生态环境美化、医疗教育、扶贫攻坚等领域项目建设，为各项目环节资金承接主体提供金融服务。分行营业部开展调结构、挖潜力、促转型的工作，通过代发部分公务员工资，为市区相关

单位提供高质量金融服务。北苑支行利用区位优势积极服务社区居民，不断提升服务质量和服务水平紧密结合玉溪县域经济特点，提升玉溪分行的服务覆盖面，为设立澄江支行进行前期调研、选址，预计2020年中开业。

【防范化解风险】 2019年，市富滇行强化合规意识和责任意识，提高合规内控管理水平，对各业务条线、各部室定期开展内控合规及操作风险监督检查和员工异常行为排查，不断强化合规管理意识，提高合规操作风险防控水平。坚持问题导向，着眼解决实际问题，“一户一策”制定风险化解方案，解决分行存量债务风险。

（张芃婉）

【红塔银行经营概况】 2019年，红塔银行贯彻落实党中央关于经济金融工作的决策部署，平衡好防控金融风险、服务实体经济、转变发展方式的关系，全力提升工作效能、全面增强综合实力，整体保持持续向好的发展态势。截至年末，红塔银行资产总额1 137.09亿元，较上年增长8.2%，各项存款余额854.11亿元，各项贷款余额361.63亿元，存贷款增速分别比全省平均水平高6.88、19.02个百分点；积极服务实体经济，加大信贷投放，贷款在总资产中的占31.8%。全年实现营业收入20.55亿元，实现净利润7.27亿元，比上年增加28.49%；不良资产率0.43%，拨备覆盖率274.49%，不良贷款率比全国城商行平均水平低1.08个百分点，拨备覆盖率比全国城商行平均水平高120.53个百分点。连续3年获得“本币市场交易300强”称号，首次荣获2019年度银行间市场“最佳进步奖”。

【支持地方经济发展】 2019年，红塔银行发布中长期发展战略规划，为加速向高质量发展转型升级指明方向。红塔银行围绕玉溪市委市政府工作要求，多措并举，全力支持玉溪地方经济社会发展，省外烟草工商企业存款全部落地玉溪，余额177.2亿元，各项存款达439.16亿元，较上年增加46.64亿元，占玉溪市存款增量的43.47%。提升服务实体经济质效，坚持“立足当地、服务当地”，截至年末，贷款余额168.26亿元，较上年增长57.69亿元，占玉溪市贷款增量的62.04%。此外，作为地方法人金融机构，积极履行社会责任，主动践行社会使命，全年累计缴纳各项税金3.46亿元，累计向玉溪地区扶贫、助学等公益项目捐款100.93万元。

（赵杨骁潇）

【市农信社经营概况】 2019年，市农信社坚守“支农支小”定位，提高金融服务质效，截至年末，各项存款余额579.22亿元，较上年增长16.51亿元；各项贷款余额409.4亿元，较上年增长10.97亿元，各项业务稳步发展。

【专注“三农”主业】 2019年，市农信社持续推进农村信用体系建设和“一县一业”“一乡一品”服务模式，助力乡村振兴战略实施，建档农户49.32万户、评定信用农户36.85万户，信用村小组1 487个、信用村委会187个、信用乡镇22个；涉农贷款余额229.7亿元，其中农户贷款余额156.44亿元，高原特色农业贷款余额67.45亿元。

【强化小微民营服务】 2019年，市农信社签订“银税互动”合作协议，深化政银企合作，提升小微民营金融服务水平，推进实体经济减费让利工作。全年累计发放普惠型小微企业贷款66.3亿元、民营企业贷款62.96亿元，小微企业贷款余额170.02亿元、普惠型小微企业贷款余额70.25亿元、民营企业贷款余额73.61亿元；积极投放政策性扶持贷款支持创业促就业，累计发放“贷免扶补”创业小额贷款、失业人员小额担保贴息贷款和劳动密集型小企业贷款6.54亿元，各项创业促就业相关贷款余额14.84亿元。

【支持重点项目建设】 2019年，市农信社投资省政府专项债券给予峨山土地收储、澄江县棚户区改造、通海和江川生态环境保护与治理等重点项目资金支持4.5亿元，助力地方经济社会发展；做好存量7.22亿元、1.11万户农村危房改造贷款后续管理；积极发放通海“8.13、8.14”地震灾后民房重建贴息专项贷款1 671户、1.67亿元，惠及通海、华宁和江川6 581人。

【践行普惠金融责任】 2019年，市农信社累计发行惠农贷记卡4.68万张、ETC卡1.77万张、电子社保卡34.76万张，代理城乡居民养老保险缴费82.24万人、缴费1.16亿元，代理城乡居民医疗保费缴费176.63万人、缴费4.03亿元；有效提升普惠金融服务质量。

【助力精准脱贫攻坚】 2019年，市农信社建立目标责任制，开展行业扶贫干部工作培训和扶贫领域风险排查，规范扶贫小额信贷的发放和管理，扎实推进金融助力精准脱贫攻坚工作，全年累计发放扶贫小额信贷3.29亿元，支持贫困户6 857户。

（陈泓冰）

保险业监管

【概　况】 2019年，玉溪保险业贯彻回归本源、专注主业的要求，全力服务实体经济，着力强化金融风险防控，持续巩固市场乱象整治成果，实现总体稳健运行。截至年末，全市有保险公司26家，其中财产险公司15家，人身险公司11家；全市保险公司有员工1 985人，保险营销员14 557人；保险专业中介机构17家。全年保险业保持稳健增长，保险业资产总额71.74亿元，比上年增长17.91%，其中财产险公司资产总额8.94亿元，比上年增长30.39%；人身险公司资产总额62.8亿元，比上年增长16.32%。保费收入保持稳增，保险业实现原保费收入47.94亿元，比上年增长7.31%；产险公司保费收入20.25亿元，比上年增长7.13%，其中车险累计实现保费收入16.19亿元，比上年增速1.33%；人身险公司保费收入27.69亿元，比上年增长7.44%，其中人寿保险保费收入21.1亿元，比上年增长2.3%；健康保险保费收入5.9亿元，比上年增长33.5%；意外伤害保险保费收入0.69亿元，比上年减少5.25%。产险赔款支出增幅较大，赔款支出15.93亿元，比上年减少1.29%，其中产险公司赔款支出9.64亿元，比上年增长10.35%；人身险公司赔款支出6.29亿元，比上年下降15.02%。车险综合费用率下降，综合费用率为37.4%，综合成本率为90.86%，分别低于全省平均水平1.63、2.58个百分点。

【服务实体经济】 2019年，玉溪保险业围绕全市产业结构调整和经济发展需要，结合全市经济发展的工作重点，积极发展大型商业保险，拓宽业务覆盖面，为玉溪支柱产业发展、重点项目建设提供风险保障，助力实体经济发展。市人保财险公司为全市434户企业提供财产保险保障1 366.38亿元，有效化解企业因自然灾害及意外事故导致的厂房、机器设备、库存等财产的损失风险；中国平安财产保险玉溪中心支公司累计为全市823家中小微企业提供保险保障；市人寿财险公司为云南合和（集团）、云南中瑞（集团）有限公司、云南太标集团提供保险保障；阳光财产保险玉溪中心支公司为全市12家中小微企业提供保险保障。云南省安保互动高危行业意外伤害保险由中国太平洋人寿保险、中国人民财产保险、中国人寿财产保险、平安养老保险4家保险公司组成共保体（简称“安保互动共同体”），全年安保互动共同体已累计为玉溪市215家高危行业企业的10 080名企业职工提供相应的人身意外伤害风险保障，促进企业安全生产、稳定发展。此外，为满足企业日益增长的多元化保险需求，玉溪保险业积极推行团体意外、企业财产、雇主责任、道路客运承运人责任等保险，努力成为促进中小微民营企业发展的重要抓手。

【助力乡村振兴】 2019年，玉溪保险业致力提升农险质量推动乡村振兴战略，探索保险服务“三农”的新举措、新思路。农业险种基本覆盖全市农业经济发展中重要的粮食作物、经济作物、大小牲畜和经济林木，积极探索新型农业险种，开办甘蔗、烤烟、柑橘、香蕉等地方特色农业险种，并推动政策性农业保险联办共保落地，初步形成较为丰富的农业风险保障体系，为农户提供较为全面的风险保障。全年市人保财险公司种植险共理赔141件，受灾26 244户，受灾面积5.11万亩，累计赔付648.98万元，养殖险共理赔10 248件，累计赔付1 037.65万元；市人寿财险公司承保的商业性烤烟保险保费收入172.13万元，共报案93件，受灾面积0.57万亩，累计赔付215.56万元，受灾烟农共受益555户次。此外，还立足农村市场，为23户养殖大户近2.98万头商业性育肥猪提供风险保障，为18户菜农提供近千亩蔬菜种植风险保障，为香蕉种植大户提供900亩香蕉风险保障；截至10月28日，中国太平洋财产保险玉溪中心支公司提前完成2019年烟叶种植保险服务工作，共处理案件494起，涉及农户12 368户，受灾面积4.85万亩，累计赔付2 970.21万元。此外，创新应用e农险App、无人机等新技术进行查勘，新技术的应用便于及时定损赔偿，提高承保、理赔精度和速度。玉溪政策性农业保险由中国人民财产保险、中国人寿财产保险、诚泰财产保险3家保险公司组成共保体，涉及甘蔗、水稻、玉米、油菜、育肥猪、能繁母猪6个品种。

【脱贫攻坚】 2019年，玉溪保险业坚持以脱贫攻坚统揽经济社会发展全局，加大在基础设施建设、新农村建设等方面的扶持力度，探索保险支持精准扶贫的新路径。中国大地财产保险玉溪中心支公司在挂包帮扶的都贵村都贵小学、大归池上寨大归池小学设立“爱心书屋”、捐资助学；并资助元江县因远镇都贵村大归池上寨村3万元资金，用于基础设施建设。中国人寿财产保险玉溪市中心支公司派驻优秀干部，帮助挂钩扶贫村新平县平掌乡梭山村改善生产生活条件，累计为村中贫困户、学生送去价值4.38万元的生活用品、学习用品和慰问金；并组织员工捐款补助梭山村挂包贫困人员购买2019年医疗保险，实现健康医疗兜底保障。新华人寿保险玉溪中心支公司筹措专项资金6.56万元，用于峨山县富良棚乡塔冲村田芯坝清淤扩容扩建加固工程。中国人民财产保险为澄江县建档立卡户7 397人提供自然灾害救助、意外事故救助、见义勇为救助、精神病人伤人救助、教育助学救助，有效地支持当地政府因自然灾害及意外事故导致人员贫困的防贫工作。

农业保险赔款现场兑付会　（玉溪保险业协会提供）

【强化保险保障】 2019年，玉溪保险业围绕经济社会发展规划拓展保险保障范围，深度参与社会管理。推动责任保险在医疗安全、食品安全、电梯安全等重点领域深入发展，各领域量身打造的责任保险有效预防和化解社会矛盾，增进社会和谐；推动大病保险委托商业保险机构承办，提高社会保障水平，助推“健康玉溪”建设。市人寿财险公司承担起全市公立医疗卫生机构的医疗责任风险，为缓和医患矛盾、维护社会稳定作出积极贡献；并主动对接各级市场监督管理局，对“农村自办宴席食品安全责任保险”进行推进，全年为辖内食品企业提供7 825万元食品安全责任保险保障；截至年末，全市保险机构共理赔8起电梯安全责任保险案件，累计赔付2.4万元。

【化解保险纠纷】 2019年，市保调委按照市委、市政府对综治维稳工作的要求和安排，通过与玉溪公安交警、司法部门及鉴定机构紧密合作，结合人民调解工作实际，建立健全各保险机构及其县（区）保险调解室建设，把保险矛盾纠纷化解在基层，推进“平安玉溪”建设。截至9月，保调委共受理保险纠纷案件1 971件，调解成功案件1 971件，成功率达100%，保险纠纷无一例上访及群体事件发生。

【行业自律】 2019年，玉溪保险业强化车险自律和保险从业人员自律工作。车险市场自律工作严格执行中国银保监会“报行合一”规定，为整顿车险市场乱象、强化车险自律，玉溪保险业协会印发转发《玉溪市保险行业协会关于印发玉溪市保险业车险市

场自律规范实施方案（暂行）的通知》《关于签署〈云南省保险销售从业人员管理自律公约〉〈云南省人身保险业防范之力销售误导自律公约〉的通知》等文件要求，并组织检查组进行自律检查，进一步规范车险市场和保险销售人员的销售行为。

（段彩云）

保险公司

【市人保财险公司概况】 2019年，市人保财险公司全险种保费收入7.34亿元，较上年减少1.28亿元，综合成本率92.83%，累计处理92 127个赔案，支付赔款4.71亿元；上缴国家税收7 695万元；为全市人民提供财产和人身保险保障4 663亿元。

【创新商业保险模式】 2019年，市人保财险公司以创新为驱动，积极探索建立多元化商非销售体系，在全省范围内率先成立"云南分公司龚健康保险工作室"，开创行业间资源共享和优势互补新模式。

【保险项目助力精准扶贫】 2019年，市人保财险公司不断探索保险扶贫新方式，在各县域持续推进扶贫驻村工作队员意外伤害险、政府防贫保险、政策性农房保险等险种，在扶贫工作中引入保险机制，发挥保险机构参与扶贫的主观能动性，践行公司社会责任，让保险助力精准扶贫、精准脱贫。全年根据精准扶贫需要，制定澄江县政府防贫救助保险项目，为澄江县全县建档立卡户7 397人提供包括自然灾害救助、意外事故救助、见义勇为行为救助、精神病人伤人救助、教育助学救助在内的救助保险，保险保额共计4.44亿元，有效防止因自然灾害及意外事故导致建档立卡户返贫的情况，助力当地政府脱贫攻坚工作。

【支持"三农"建设】 2019年，市人保财险公司通过对政策性农险及商业农险的补充完善，为种/养殖户解决后顾之忧，充分发挥保险支持"三农"建设的保护伞作用。市人保财险公司中标2019—2020年政策性农业保险项目，成为主承保公司，份额占比50%，并负责落地服务工作。并对政策性农业保险项目"增品扩面"，承保传统的水稻、玉米、油菜等品种，新增小麦、马铃薯、甘蔗等品种保险，承保面积96.9万亩，为32.5万户种植户提供4.96亿元的风险保障，全年政策性种植业保险共计赔款936.3万元；新增育肥猪，全年承保能繁母猪、育肥猪共38.91万头，为2.42万户养殖户提供了3.12亿元的风险保障，政策性养殖险共计赔款1 047万元；为解决政策性农业保险产品不够丰富，不能满足农户需求等问题，人保财险玉溪市分公司积极探索、拓展商业性农险，承保花卉、蓝莓（果树）、柑橘、林木火灾等新型种植业商业保险共3 658亩，保额共计1 633.8万元，赔款共计369.57万元。

【扶贫帮困工作】 2019年，市人保财险公司密切联系挂钩扶贫点，派工作人员进驻公司挂钩扶贫点新平黑查莫村，对13个村民小组461户1 765人进行地毯式走访，了解村民生活状况。全年扶贫慰问帮扶对象39人次，投入扶贫资金6万元解决小寨、坝塘上、莫发起等6个党员活动室的桌椅板凳120套，投入1万元对村民开展农房保险和中药材栽培培训。11月14日，分公司党委委员、副总经理李丽以"聚焦三农　助推脱贫攻坚"为主题深入到公司"挂包帮"定点扶贫工作点黑查莫村，为当地党员同志讲授专题党课，进一步加深全村党员干部和扶贫队同志对"不忘初心、牢记使命"主题教育内涵的理解和把握，进一步增强打好打赢脱贫攻坚战的信心。

【警保联动】 2019年，市人保财险公司积极配合公安部门全面深化"放管服"，在全市范围内投入资金86万元，建设"警保联动"服务窗口11个、投入资金52万元建立两站两员"劝导站"20个，向群众提供检审、违章查询、交通安全劝导，协助交警部门开展快速查勘等服务工作。全年配合交警部门完成电动车落户工作，向群众提供流动上门检测服务，累计检测4.04万辆摩托车，方便群众生活；捐赠头盔2 200顶，反光背心200件，助力摩托车道路整治工作；5月，联合新平县人民政府开展主题为"警保联动　守余护生命"的直升机救援演练活动。

【履行社会责任】 2019年，市人保财险公司积极参与地方建设，履行社会责任，积极响应政府号召，开展创建文明城市、卫生城市、植树造林等多项工作；全年组织开展扫黑除恶培训等活动20余次，有500余人参与扫黑除恶知识测试、填写扫黑除恶承诺书；协助市保险行业协会开展"7·8保险公众宣传日城市定向挑战赛"活动，推动运动健康、健康生活的健康风险管理理念的普及。开展反洗钱、防范非法集资活动，全年进行洗钱、非法集资人员排查、非法集资广告信息风险排查、收付风险排查等风险排查7次，利用防范非法集资宣传月、每季度摩托车下乡检审等时机向市民进行金融知识宣传，提醒市民警惕洗钱及非法集资行为，增进消费者对正规金融、保险产品和服务的了解，提升社会公众运用保险管理风险的意识，充分发挥金融机构职能，助力金融机构稳健发展。

【提升服务品质】 2019年，市人保财险公司以规范服务为抓手、以客户满意为目标，通过强化考核监督，严格服务质量督导，提升服务品质。全市全险种案均报案支付周期7.66天，较上年提速11.38个百分点，全省排名第四；积极维护社会和谐稳定，人保财险人民调解室全年处理保险纠纷1 820起，连续5年被玉溪保险行业协会评为优秀调解室。2019年玉溪保险行业协会车险理赔服务满意度调查中，排名行业第一。

【党风廉政建设】 2019年，市人保财险公司把全面从严治党贯彻落实到公司经营管理的各个方面，提高各级党组织的战斗力。年初组织11个县支公司党支部和机关党支部签订《全面从严治党责任状》《纪检委员监督责任状》，不定时对易门、新平支公司党支部领导班子及其成员开展巡察工作。开展"不忘初心、牢记使命"主题教育活动，充分发挥公司内部宣传平台、手机及实物宣传资料等载体的作用，利用员工大会、公司宣传栏、公司内网、手机微信群、学习强国App等特色载体开展教育活动，11月15日，邀请云南省委党校省情和资政研究院副院长教授韩斌讲授"不忘初心、牢记使命——从七年知青岁月到走进新时代锤炼忠诚干净政治品格"的专题党课。

【团队建设】 2019年，市人保财险公司完成"三定"工作，对组织架构和中层领导干部队伍进行优化调整。截至年末，设立本部部门11个，区县级机构11个，员工501人，其中本部部门管理人员12人，区县级机构领导班子成员30人。完成商非标准化团队人员配置和团队组建等一系列工作，并于5月前完成全市11个商非标准化团队的现场验收工作，12月末全部通过省公司验收。市人保财险公司党委坚持以人为本，加强员工队伍建设，为员工打造提升技能、展现自我的舞台，提升公司凝聚力。全年举办见习经理培训班、后备干部培训班、青年干部培训班等培训班3次，提升基层管理骨干素质，满足管理岗的共性培训需求；开展送培训下基层培训11次。1月21—22日，在市体育馆举办以“奋进新时代，阔步新征程”为主题的第三届职工运动会，比赛项目包括篮球赛、团体操比赛、趣味运动项目等，4月28日举办“弘扬五四精神　展现青春风采”青年节活动，10月组织开展“PICC员工爱心日”捐助活动，通过举办多种形式的文体活动，丰富员工业余文化生活。举办第八届理赔技能大赛，促进学习型组织建设，开展理赔文化建设，提高理赔队伍整体素质，提升理赔线专业技术能力和服务水平。

【争先评优】　2019年，市人保财险公司荣获省分公司2018年度理赔综合管理奖二等奖；高新支公司被中国金融工会全国委员会评为模范职工之家、被人保集团公司授予“人保集团模范职工之家”荣誉称号；元江支公司被省分公司表彰为2018年度全省系统先进集体；通海支公司蔡芳菲被省分公司表彰为2018年度出单工作先进个人；玉溪市分公司魏佳被总公司评为2018年度信息工作先进个人；人保财险玉溪市分公司乐津秀、刘波、赵聃、康涛、范涛、李春林、普丽华、沈子译、赵丽江等被省分公司表彰为2018年度理赔能手；人保财险玉溪市分公司陈永东、黄雪、吉燕、谢光有、陈丽春、胡文丽、王欣、薛燕、晏桃、彭静、普文学、董晓琳、杨丹荔、阚迎春、李映兰等15人被省分公司表彰为2018年度省级先进个人。

（罗雅馨）

【市人寿保险公司经营概况】　2019年，市人寿保险公司坚持以习近平新时代中国特色社会主义思想为指导，围绕“重振国寿”新蓝图，以党建为统领，以高质量发展为根本诉求，坚持队伍驱动发展战略不动摇，坚持提升员工幸福感与获得感，坚持依法合规经营不松懈。全年实现总保费收入6.47亿元，其中，新单保费实现2.3亿元，比上年增长11.06%；长期险首年标准保费实现5 987万元，比上年增长58.68%；首年期交保费实现1.29亿元，比上年增长26.47%；十年期及以上首年期交保费实现6 717万元，比上年增长57.12%；保障型业务保费（10年期及以上）实现4 317万元，比上年增长68.13%；短期险保费（含红塔集团业务）实现8 552万元，比上年增长23%；给付支出1.86亿元，其中，处理赔案金额7 662.2万元；按照玉溪市保险行业协会统计，玉溪分公司寿险市场份额23.31%，排名第一。2019年全省州市分公司经营指标绩效考核得分99.36分、评级为BBB级、排名第一，较上年上升11位。

【组织架构】　2019年，市人寿保险公司按照上级公司分类分级管理政策，重构分支机构组织体系的要求，严格实施“三定”工作方案后，现有分支机60个，下辖9家支公司、8个营业部、42个营销服务部；分公司内设综合部、营销发展部、收展发展部、个险培训部、团体业务部、银行保险部、风险管理部和运营服务部8个部门；设置分公司党委，下设13个党支部，党员75名；党委、总经室成员4人，含党委书记、总经理1人，党委委员、副总经理1，党委委员、总经理助理2人，设有党委组织部、党委宣传部和党委办公室职能部门；在职职工206人，销售人员2 156人。

【管理创新】　2019年，市人寿保险公司积极推进机构改革创新，以市场运作优化资源配置，在全市实施经营单位《分级分类管理办法》，建立与市场接轨的差异化的动态分配机制，突出“以贡献定薪酬，以薪酬比价值，以实绩用干部”的人才激励导向，充分发挥薪酬的杠杆作用，提高干部、员工“干业务、挣费用、控成本、创绩效”的意识；在兼顾公平与效率的基础上，深化薪酬分配制度，调整员工薪酬结构，进一步落实薪酬向基层倾斜、向销售倾斜的政策，强化绩效和薪酬关联的密度，实现薪酬分配的差异化、科学化；启用大学生和年轻有为的干部，着力配齐配强各级管理干部，实施市、县两级后备干部选拔培养计划，形成干部队伍能上能下的机制，激发基层干部队伍的活力。

【队伍建设】　2019年，市人寿保险公司创新销售队伍管理模式，持续转型升级，向新型方向迈进，队伍质态进一步改善。全市系统共有代理制队伍持证人力2 156人，其中个险渠道2 046人，团险渠道62人，银保渠道客户经理48人。个险渠道坚持以新人育成3.0体系为核心，健康大使助新人腾飞，全年选聘12期共计192位筹建负责人；收展队伍年度月均持证人702人，队伍预算目标均超额达标；银保渠道成功套转新收展228人，平稳过渡；团险渠道共有11个拓展团队，主管8人，队伍基本与2018年持平。

【个险渠道】　2019年，市人寿保险公司标保及保障型产品比上年大幅提升，年度业务结构得以优化，内涵价值业务较上年大幅提升；突出保障型业务稳定发展模式，创新提出数字化销售逻辑，取得明显成效；队伍持续转型升级，创新管理模式，全年月均三晋率较去年比上年增长99.56%；以队伍周经营模式为基础，强势推进队伍建设基础工作落地，提升岗位适应队伍高速发展的能力；围绕收展队伍建设，科学投入配套资源，大力推进队伍的快速发展；年初取得开门红，仅用13天时间在全省率先完成任务目标。

【团险渠道】　2019年，市人寿保险公司政保业务继续领跑全省，计生保险以“增户扩面，提高保障”为工作总体要求，一季度收取保费近1 500万元，全市收取计生保险保费1 511.81万元，比上年增加107.22万元，连续5年稳居全省第一，获得2009—2019年全省计划生育家庭意外伤害保险工作“杰出贡献奖”以及“2019年计生家庭保险工作一等奖”；老年人意外伤害保险取得实效，仅用47天时间，全市老年人意外伤害保险保费实现810.73万元，参保人数达到16.21万人，较上年增加11 220人，参保率达44.17%，保费规模占全省老年人意外伤害保险总保费的三分之一；全年全市学生保险保费2 789.61万元，比上年增长45.64万元，实现学生保险“三增”的良好局面。

【银保渠道】　2019年，市人寿保险公司深挖与全市各代理机构合作潜力，“联动”机制促价值逐步提升；全市共有工、农、中、建、邮、广发等代理网点135个，全年实现期交代理的网点62个，举绩率达46%；全年银保渠道业务考核排名全省第一，获得省公司颁发的渠道贡献奖；全市超额达成首年期交、十年期交、渠道期交三项年度预算目标，成为全省首家三项指标提前一个季度达成的单位。

【运营服务】 2019年，强化销售融合，深化销售服务，持续推广国寿e店、国寿e宝、无纸化出单、微理赔、等应用方面下功夫下力度，契约无纸化投保率从一季度94.61%到四季度的100%，年度考核得分120分。寿险App的高效注册绑定与推广，满足客户多样化服务需求提高客户的服务体验，全年全市实现续收保单1.47万件，件数续期率达102.31%，续期保费4.19亿元，续期保费率98.64%。全年处理赔案4.7万件，累计赔付金额7 662.2万元，其中，长险1 095件、累计赔付金额1 679.35万元；短险4.58万件，累计赔付金额5 938.37万元；理赔调查阳性率12.99%，拒付不属于保险责任范围的保险金666.43万元；全流程智能化通过率54.25%，理赔环节e化率49.63%，全年没有发生严重违规、违纪案件，没有发生重大的投诉案件。

【党建工作】 2019年，市人寿保险公司党委认真履行党建第一职责，牢固树立“四个意识”、坚定“四个自信”，做到“两个维护”，党建工作进一步加强；组织党委理论学习中心组学习，坚决落实从严治党、加强党建相关要求，统筹抓好党建和发展经营工作，充分发挥基层党组织的桥梁纽带作用和党员的先锋模范作用；党委扎实开展“不忘初心、牢记使命”主题教育，组织全市领导干部听党课并实地瞻仰革命先烈纪念基地，接受红色教育的洗礼；全市13个党支部坚持“三会一课”的基本制度，组织召开生活会，让“不忘初心、牢记使命”主题教育活动与工作相结合、与业务相结合、与自身修养相结合。

【风险防范】 2019年，市人寿保险公司开展“巩固治乱象成果　促进合规建设”系列风险排查活动，先后开展“治乱象，促合规”个险渠道专项风险自查自纠、“治乱打非”专项自查自纠、“防范化解重大风险攻坚战”等风险大排查工作，全方位做好非法集资风险防控工作。纪检监察条线扎实开展廉政检查、“中央八项规定精神”检查及党委巡察工作；履行审计职责，自主完成四家县支公司经理任期经济责任审计；加大追责力度。借助预警系统、关键岗位系统、反洗钱系统、举报监督等加强对员工、业务人员的风险防范监控；通过运用约谈、批评、经济处分等多种形式，使追责成为常态，确保公司风险防线人人有责；治理违规销售非保险金融产品自查自纠工作、关联交易风险排查工作、侵害消费者权益乱象整治工作、制度清理自查、销售从业人员执业登记数据清核等工作的有效开展，存量风险得到进一步消化，增量风险得到有效控制。

【扶贫攻坚】 2019年，市人寿保险公司贯彻落实中央、总、省公司和当地党委、政府精准扶贫相关文件精神。与公司管理实际相结合，以调查研究为前提，有针对性地制定切实可行的帮扶计划，多措并举、逐步实施，对挂钩贫困户认真做好“转走访”“挂帮包”，适时送温暖解决燃眉之急；扶贫工作与乡振兴相结合，为普当地群众科学知识、改善群众居住环境，先后向定点扶贫单位捐赠科技文化室的建设资金，帮助安装太阳能路灯等工程。全年向全市5个定点扶贫单位投入扶贫物资（折款）1.83万元，捐赠活动经费或建设资金1.2万元，减免贫困学生保险费25.47万元；在全市2019年度市直及中央、省驻玉单位“挂包帮”定点扶贫和行业扶贫工作成效考核中，玉溪分公司考评结果为“优秀”；坚决落实系统电商消费扶贫，贯彻落实“三区三州”脱贫攻坚工作，购买定点扶贫县4.4万元的扶贫产品；向当地群众积极开展“自强、诚信、感恩”的主题教育活动；引导贫困群众克服“等靠要”思想和习惯、激发群众自力更生、脱贫奔小康的动力。

【品牌宣传】 2019年，通过学平险、计生保险、老年人意外伤害保险三项政保业务的扎实服务在广大群众以及相关政府部门中建立良好的公司品牌形象，全市唯一一家金融保险机构承办参与玉溪市2019年“普及金融知识　防范金融犯罪”暨涉金融领域扫黑除恶主题宣传活动，为普及金融知识，防范金融犯罪贡献力量；与云南电视台和石林天外天公司共同举办“碱性水免费喝”活动；与市计生协会开展“5·29”困难计生家庭慰问、重阳节爱老敬老、寒冬送温暖等系列活动的开展，提升公司的美誉度与社会担当；充分借助分公司户外LED大屏，对公司品牌、险种和相关活动进行宣传；举办第二届玉溪国寿“六一”梦幻卡通节、召开服务质量社会监督座谈会、中国人寿建司70周年司庆等活动以及在玉溪高铁站等地的户外广告投放广告，持续提升公司良好的社会形象。

【总部调研】 2019年6月13日，中国人寿股份总公司杨红副总裁在总公司客户服务部总经理李伟、客户服务部处经理沙维的陪同下，到玉溪分公司开展业务督导和工作调研。期间，深入了解基层需求，听取一线员工和管理干部对销售和运营服务工作的意见和建议，到客户服务中心看望慰问客户服务中心全体人员。

【史册编撰】 2019年，市人寿保险公司为纪念走过的历史的足迹，回顾和缅怀不平凡的岁月，玉溪分公司编写《中国人寿建司70周年玉溪分公司纪念史册》，记述玉溪分公司发展的历史进程和发展成果，全书用“启始不凡　成就远见”“玉汝于成　溪达四海”“不忘初心　牢记使命”“重振国寿　砥砺前行”等篇目，客观反映玉溪分公司自成立，特别是从1996年分业经营以来的成长，总保费收入从7 124万元发展到2018年的6.2亿元的进步，内容包含业务、管理、客户服务等各个方面，从不同层面，浓缩业务一线、内勤、高层管理等优秀人员与玉溪公司同在的风采展示。

（市人寿保险公司提供）

玉溪市2019年12月财产保险公司业务统计表

单位：万元

单位	险种	保险金额	保费收入				赔款支出			
			本年累计	上年同期	同比（%）	份额（%）	本年累计	上年同期	同比（%）	简单赔付率（%）
人保财险	1. 企业财产保险	3 827 264.22	1 619.95	1 730.27	-6.38%	54.92%	779.30	694.79	12.16%	48.11%
	2. 家庭财产保险	1 143 334.13	551.62	554.52	-0.52%	86.97%	254.84	955.66	-73.33%	46.20%
	3. 机动车辆保险	13 281 030.85	57 988.74	74 916.66	-22.60%	35.83%	40 547.67	39 459.74	2.76%	69.92%
	其中：交强险	2 776 000.20	15 038.90	18 729.88	-19.71%	33.59%	7 019.57	6 797.19	3.27%	46.68%
	4. 工程保险	55 446.96	96.72	315.13	-69.31%	59.91%	37.98	13.06	190.73%	39.27%
	5. 责任保险	5 378 370.87	2 428.84	1 800.26	34.92%	51.43%	1 166.67	800.53	45.74%	48.03%
	6. 信用保险	–	–	–	–	–	2.09	7.72	-72.97%	–
	7. 保证保险	27499.39	1667.91	1 742.84	-4.30%	15.49%	795.73	196.08	305.83%	47.71%
	8. 船舶保险	–	–	4.58	-100.00%	–	–	–	–	–
	9. 货物运输保险	815 214.33	380.77	508.16	-25.07%	57.23%	-37.57	650.14	-105.78%	-9.87%
	10. 特殊风险保险	–	–	–	–	–	–	–	–	–
	11. 农业保险	48 089.76	2 362.90	1 069.94	120.84%	24.90%	1 552.46	642.39	141.67%	65.70%
	12. 健康险	7 091 063.66	4 105.52	4 269.49	-3.84%	91.38%	2 767.58	2 819.30	-1.83%	67.41%
	13. 意外伤害保险	11 367 444.50	2 228.50	2 087.56	6.75%	31.13%	848.73	876.30	-3.15%	38.09%
	14. 其他险	–	–	–	–	–	–	–	–	–
	合计	43 034 758.67	73 431.46	88 999.43	-17.49%	36.17%	48 715.49	47 115.72	3.40%	66.34%
太保产险	1. 企业财产保险	1 695 891.63	432.33	497.61	-13.12%	14.66%	137.97	35.92	284.09%	31.91%
	2. 家庭财产保险	4 200.97	1.73	4.61	-62.55%	0.27%	0.30	2.11	-85.78%	17.37%
	3. 机动车辆保险	3 502 503.80	17 230.65	15 039.40	14.57%	10.65%	6 387.83	6 213.09	2.81%	37.07%
	其中：交强险	582 159.60	4 837.15	4 187.16	15.52%	10.80%	1 488.78	1 501.67	-0.86%	30.78%
	4. 工程保险	11 000.10	8.47	30.54	-72.27%	5.24%	23.23	–	–	274.35%
	5. 责任保险	667 265.88	189.41	181.42	4.40%	4.01%	29.14	92.93	-68.64%	15.39%
	6. 信用保险	–	–	–	–	–	–	–	–	–
	7. 保证保险	10 209.63	2 446.14	40.43	5950.59%	22.72%	–	–	–	0.00%
	8. 船舶保险	–	–	–	–	–	–	–	–	–
	9. 货物运输保险	92 378.91	43.75	51.79	-15.51%	6.58%	6.76	29.11	-76.76%	15.46%
	10. 特殊风险保险	–	–	–	–	–	–	–	–	–
	11. 农业保险	97 431.00	4 457.23	3 364.11	32.49%	46.96%	3 162.19	2 010.77	57.26%	70.95%
	12. 健康险	–	–	–	–	–	–	–	–	–
	13. 意外伤害保险	3 295 732.85	864.09	532.69	62.21%	12.07%	222.25	320.13	-30.58%	25.72%
	14. 其他险	–	–	–	–	–	–	–	–	–
	合计	9 376 614.76	25 673.80	19 742.59	30.04%	12.65%	9 969.68	8 704.05	14.54%	38.83%
平安产险	1. 企业财产保险	258 063.95	123.60	142.09	-13.01%	4.19%	27.69	78.35	-64.66%	22.40%
	2. 家庭财产保险	101 021.86	39.76	54.13	-26.56%	6.27%	27.31	223.59	-87.79%	68.68%
	3. 机动车辆保险	8 580 946.69	29 875.72	24 504.42	21.92%	18.46%	10 964.30	9 300.52	17.89%	36.70%
	其中：交强险	1 200 248.20	7 503.34	6 133.42	22.34%	16.76%	2 212.25	2 003.51	10.42%	29.48%
	4. 工程保险	1 933.74	4.06	26.62	-84.73%	2.52%	46.91	71.71	-34.58%	1154.02%
	5. 责任保险	915 221.71	623.82	543.01	14.88%	13.21%	234.90	207.24	13.35%	37.66%

（续表）

单位	险种	保险金额	保费收入				赔款支出			
			本年累计	上年同期	同比（%）	份额（%）	本年累计	上年同期	同比（%）	简单赔付率（%）
平安产险	6. 信用保险	–	–	7.56	–100.00%	–	15.89	45.70	–65.23%	–
	7. 保证保险	5 693.71	–	0.35	–100.00%	–	–	–	–	–
	8. 船舶保险	–	–	–	–	–	–	–	–	–
	9. 货物运输保险	911 919.21	145.77	115.11	26.64%	21.91%	80.11	117.87	–32.04%	54.95%
	10. 特殊风险保险	–	–	–	–	–	–	–	–	–
	11. 农业保险	500.00	1.25	–	–	0.01%	1.39	0.01	13800.00%	111.20%
	12. 健康险	525 273.69	203.70	92.30	120.70%	4.53%	85.38	38.39	122.44%	41.92%
	13. 意外伤害保险	8 640 289.67	1 381.63	1 007.10	37.19%	19.30%	127.01	64.38	97.28%	9.19%
	14. 其他险	32 992.12	43.21	13.48	220.55%	98.60%	2.17	0.52	317.31%	5.02%
	合计	19 973 856.36	32 442.52	26 506.18	22.40%	15.98%	11 613.06	10 148.27	14.43%	35.80%
天安产险	1. 企业财产保险	–	–	0.63	–100.00%	–	–	–	–	–
	2. 家庭财产保险	–	–	0.28	–100.00%	–	–	–	–	–
	3. 机动车辆保险	66 013.82	218.08	26.90	710.71%	0.13%	18.12	31.75	–42.93%	8.31%
	其中：交强险	–	74.28	9.61	672.94%	0.17%	4.80	17.32	–72.29%	6.46%
	4. 工程保险	–	–	–	–	–	–	–	–	–
	5. 责任保险	11 879.17	10.24	1.30	687.69%	0.22%	0.01	0.54	–98.15%	0.10%
	6. 信用保险	–	–	–	–	–	–	–	–	–
	7. 保证保险	–	–	–	–	–	–	–	–	–
	8. 船舶保险	–	–	–	–	–	–	–	–	–
	9. 货物运输保险	–	0.03	–	–	0.00%	–	–	–	0.00%
	10. 特殊风险保险	–	–	–	–	–	–	–	–	–
	11. 农业保险	–	–	–	–	–	–	–	–	–
	12. 健康险	12 808.10	10.56	7.57	39.50%	0.24%	7.41	–	–	70.17%
	13. 意外伤害保险	43 501.20	31.20	21.56	44.71%	0.44%	20.49	–	–	65.67%
	14. 其他险	–	–	–	–	–	–	–	–	–
	合计	134 202.29	270.11	58.24	363.78%	0.13%	46.03	32.29	42.55%	17.04%
华泰产险	1. 企业财产保险	1 019 092.58	219.94	240.29	–8.47%	7.46%	72.67	11.98	506.58%	33.04%
	2. 家庭财产保险	41.40	0.02	0.04	–56.64%	0.00%	–	2.00	–100.00%	0.00%
	3. 机动车辆保险	109 817.15	1 662.71	1 178.56	41.08%	1.03%	565.70	589.01	–3.96%	34.02%
	其中：交强险	81 642.40	521.57	369.10	41.31%	1.16%	128.61	169.30	–24.04%	24.66%
	4. 工程保险	–	–	–	–	–	–	–	–	–
	5. 责任保险	77 418.00	78.07	78.76	–0.87%	1.65%	80.35	72.33	11.08%	102.92%
	6. 信用保险	–	–	–	–	–	–	–	–	–
	7. 保证保险	–	–	–	–	–	–	–	–	–
	8. 船舶保险	–	–	–	–	–	–	–	–	–
	9. 货物运输保险	95 000.00	46.98	47.17	–0.40%	7.06%	25.00	61.05	–59.04%	53.22%
	10. 特殊风险保险	–	–	–	–	–	–	–	–	–
	11. 农业保险	–	–	–	–	–	–	–	–	–
	12. 健康险	234 190.20	17.09	8.18	108.98%	0.38%	10.05	–	–	0.00%
	13. 意外伤害保险	230 865.24	73.77	37.31	97.73%	1.03%	11.32	13.70	–17.39%	15.34%
	14. 其他险	–	–	–	–	–	–	–	–	–
	合计	1 766 424.56	2 098.56	1 590.30	31.96%	1.03%	765.08	750.07	2.00%	36.46%

（续表）

单位	险种	保险金额	保费收入				赔款支出			
			本年累计	上年同期	同比（%）	份额（%）	本年累计	上年同期	同比（%）	简单赔付率（%）
大地产险	1. 企业财产保险	77 531.27	50.46	63.61	-20.67%	1.71%	9.29	9.14	1.64%	18.41%
	2. 家庭财产保险	20 112.80	2.50	4.76	-47.48%	0.39%	0.35	-	-	14.00%
	3. 机动车辆保险	5 624 309.83	20 905.69	16 971.26	23.18%	12.92%	7 927.30	7 633.11	3.85%	37.92%
	其中：交强险	1 199 504.00	6 019.16	5 228.18	15.13%	13.44%	1 662.22	1 585.40	4.85%	27.62%
	4. 工程保险	858.65	2.31	-	-	1.43%	20.10	62.21	-67.69%	870.13%
	5. 责任保险	351 474.10	284.56	288.78	-1.46%	6.03%	196.68	67.87	189.79%	69.12%
	6. 信用保险	-	-	-	-	-	-	-	-	-
	7. 保证保险	14 959.74	4 942.13	1 192.97	314.27%	45.91%	265.45	-	-	5.37%
	8. 船舶保险	-	-	-	-	-	-	-	-	-
	9. 货物运输保险	20 955.00	17.97	104.03	-82.73%	2.70%	-	-	-	0.00%
	10. 特殊风险保险	-	-	-	-	-	-	-	-	-
	11. 农业保险	450.00	0.68	-	-	0.01%	-	-	-	0.00%
	12. 健康险	870 571.00	74.60	70.83	5.32%	1.66%	23.26	0.96	2322.92%	31.18%
	13. 意外伤害保险	2 494 012.49	902.70	681.48	32.46%	12.61%	275.34	160.30	71.77%	30.50%
	14. 其他险	-	-	-	-	-	-	-	-	-
	合计	9 475 234.88	27 183.60	19 377.72	40.28%	13.39%	8 717.77	7 933.59	9.88%	32.07%
永安产险	1. 企业财产保险	110.00	0.20	-	-	0.01%	-	-	-	0.00%
	2. 家庭财产保险	-	-	-	-	-	-	-	-	-
	3. 机动车辆保险	314 432.58	922.70	736.21	25.33%	0.57%	221.16	327.68	-32.51%	23.97%
	其中：交强险	136 225.20	413.35	314.82	31.30%	0.92%	93.76	104.51	-10.29%	22.68%
	4. 工程保险	1 898.42	3.61	0.94	284.04%	2.24%	-	-	-	0.00%
	5. 责任保险	51 068.90	37.83	41.55	-8.95%	0.80%	2.21	-0.29	-862.07%	5.84%
	6. 信用保险	-	-	-	-	-	-	-	-	-
	7. 保证保险	-	-	-	-	-	-	-	-	-
	8. 船舶保险	-	-	-	-	-	-	-	-	-
	9. 货物运输保险	-	-	-	-	-	-	-	-	-
	10. 特殊风险保险	-	-	-	-	-	-	-	-	-
	11. 农业保险	-	-	-	-	-	-	-	-	-
	12. 健康险	17 767.00	3.18	-	-	0.07%	-0.21	-	-	-6.60%
	13. 意外伤害保险	201 227.90	121.17	13.67	786.39%	1.69%	12.25	1.04	1077.88%	10.11%
	14. 其他险	-	-	-	-	-	-	-	-	-
	合计	586 504.80	1 088.69	792.37	37.40%	0.54%	235.41	328.43	-28.32%	21.62%
安邦产险	1. 企业财产保险	-	-	-	-	-	-	-	-	-
	2. 家庭财产保险	-	-	-	-	-	-	-	-	-
	3. 机动车辆保险	27 669.43	95.79	115.97	-17.40%	0.06%	33.70	83.27	-59.53%	35.18%
	其中：交强险	5 368.00	31.22	34.60	-9.75%	0.07%	2.88	31.54	-90.87%	9.22%
	4. 工程保险	-	-	-	-	-	-	-	-	-
	5. 责任保险	2 161.00	1.87	3.69	-49.33%	0.04%	-	-	-	0.00%
	6. 信用保险	-	-	-	-	-	-	-	-	-
	7. 保证保险	-	-	-	-	-	-	-	-	-

（续表）

单位	险种	保险金额	保费收入				赔款支出			
			本年累计	上年同期	同比（%）	份额（%）	本年累计	上年同期	同比（%）	简单赔付率（%）
安邦产险	8. 船舶保险	–	–	–	–	–	–	–	–	–
	9. 货物运输保险	–	–	–	–	–	–	–	–	–
	10. 特殊风险保险	–	–	–	–	–	–	–	–	–
	11. 农业保险	–	–	–	–	–	–	–	–	–
	12. 健康险	914.00	0.13	0.23	–42.64%	0.00%	–	–	–	0.00%
	13. 意外伤害保险	3 674.49	2.57	1.15	122.98%	0.04%	0.23	0.88	–74.22%	8.86%
	14. 其他险	–	–	–	–	–	10.00	13.48	–25.82%	–
	合计	34 418.92	100.36	121.03	–17.08%	0.05%	43.92	97.63	–55.01%	43.77%
阳光产险	1. 企业财产保险	347 066.00	62.34	44.78	39.21%	2.11%	7.89	15.09	–47.71%	12.66%
	2. 家庭财产保险	4 110.60	0.44	27.99	–98.43%	0.07%	9.70	11.33	–14.39%	2204.55%
	3. 机动车辆保险	70 570.90	5 071.54	3 703.31	36.95%	3.13%	1 720.10	1 496.51	14.94%	33.92%
	其中：交强险	–	1 915.88	1 460.23	31.20%	4.28%	488.25	445.50	9.60%	25.48%
	4. 工程保险	1 301.60	3.07	2.35	30.64%	1.90%	–	–	–	0.00%
	5. 责任保险	1 764.70	182.63	126.84	43.98%	3.87%	23.60	76.26	–69.05%	12.92%
	6. 信用保险	–	–	–	–	–	–	–	–	–
	7. 保证保险	5 414.00	1 707.00	2 463.44	–30.71%	15.86%	1 542.22	743.47	107.44%	90.35%
	8. 船舶保险	–	–	–	–	–	–	–	–	–
	9. 货物运输保险	130 458.39	16.99	4.86	249.59%	2.55%	7.69	0.23	3243.48%	45.26%
	10. 特殊风险保险	–	–	–	–	–	–	–	–	–
	11. 农业保险	–	–	–	–	–	–	–	–	–
	12. 健康险	–	–	–	–	–	–	–	–	–
	13. 意外伤害保险	1 689 108.85	232.30	132.25	75.65%	3.25%	30.88	18.07	70.89%	13.29%
	14. 其他险	–	–	0.91	–100.00%	–	–	–	–	–
	合计	2 249 795.04	7 276.31	6 506.73	11.83%	3.58%	3 342.08	2 360.96	41.56%	45.93%
永诚产险	1. 企业财产保险	385.15	0.80	0.87	–7.65%	0.03%	–	–	–	0.00%
	2. 家庭财产保险	–	–	0.01	–100.00%	–	–	–	–	–
	3. 机动车辆保险	340 357.55	696.76	710.93	–1.99%	0.43%	388.73	352.95	10.14%	55.79%
	其中：交强险	41 126.20	193.91	205.70	–5.73%	0.43%	111.77	72.23	54.74%	57.64%
	4. 工程保险	–	–	–	–	–	–	–	–	–
	5. 责任保险	2043.00	2.90	6.06	–52.07%	0.06%	0.01	1.14	–99.24%	0.30%
	6. 信用保险	–	–	–	–	–	–	–	–	–
	7. 保证保险	–	–	–	–	–	–	–	–	–
	8. 船舶保险	–	–	–	–	–	–	–	–	–
	9. 货物运输保险	–	–	–	–	–	–	–	–	–
	10. 特殊风险保险	–	–	–	–	–	–	–	–	–
	11. 农业保险	–	–	–	–	–	–	–	–	–
	12. 健康险	16 004.00	1.52	8.79	–82.71%	0.03%	4.17	2.07	100.98%	274.17%
	13. 意外伤害保险	232 124.34	22.10	33.67	–34.37%	0.31%	3.34	37.08	–90.99%	15.12%
	14. 其他险	–	–	–	–	–	–	0.30	–100.00%	–
	合计	590 914.04	724.08	760.33	–4.77%	0.36%	396.25	393.55	0.69%	54.72%

（续表）

单位	险种	保险金额	保费收入				赔款支出			
			本年累计	上年同期	同比（%）	份额（%）	本年累计	上年同期	同比（%）	简单赔付率（%）
渤海产险	1. 企业财产保险	–	1.88	1.00	88.00%	0.06%	–	3.00	–100.00%	0.00%
	2. 家庭财产保险	–	–	–	–	–	–	–	–	–
	3. 机动车辆保险	111 996.00	423.13	522.82	–19.07%	0.26%	289.60	329.30	–12.06%	68.44%
	其中：交强险	24 095.00	147.90	190.00	–22.16%	0.33%	125.60	83.00	51.33%	84.92%
	4. 工程保险	–	–	1.00	–100.00%	–	–	–	–	–
	5. 责任保险	–	2.56	37.00	–93.08%	0.05%	26.00	29.00	–10.34%	1015.63%
	6. 信用保险	–	–	–	–	–	–	–	–	–
	7. 保证保险	–	–	–	–	–	–	–	–	–
	8. 船舶保险	–	–	–	–	–	–	–	–	–
	9. 货物运输保险	–	–	–	–	–	–	–	–	–
	10. 特殊风险保险	–	–	–	–	–	–	–	–	–
	11. 农业保险	–	–	–	–	–	–	–	–	–
	12. 健康险	–	5.02	20.50	–75.51%	0.11%	19.30	32.30	–40.25%	384.46%
	13. 意外伤害保险	–	14.43	43.00	–66.44%	0.20%	24.40	5.00	388.00%	169.09%
	14. 其他险	–	–	–	–	–	–	–	–	–
	合计	111 996.00	447.02	625.32	–28.51%	0.22%	359.30	398.60	–9.86%	80.38%
人寿产险	1. 企业财产保险	291 417.97	268.89	275.86	–2.53%	9.12%	193.82	119.33	62.43%	72.08%
	2. 家庭财产保险	53 138.59	33.31	44.54	–25.22%	5.25%	3.05	59.11	–94.84%	9.16%
	3. 机动车辆保险	4 424 600.18	18 713.31	15 127.54	23.70%	11.56%	8 101.47	8 579.79	–5.57%	43.29%
	其中：交强险	739 466.40	5 127.26	4 251.62	20.60%	11.45%	1 072.40	1 628.26	–34.14%	20.92%
	4. 工程保险	3 221.22	8.54	8.40	1.61%	5.29%	98.89	111.57	–11.37%	1158.18%
	5. 责任保险	543 690.58	669.68	526.81	27.12%	14.18%	510.61	253.98	101.04%	76.25%
	6. 信用保险	–	–	–	–	–	–	–	–	–
	7. 保证保险	91.52	1.38	–	–	0.01%	–0.05	–	–	–3.54%
	8. 船舶保险	–	–	–	–	–	–	–	–	–
	9. 货物运输保险	2 218.00	11.90	15.76	–24.47%	1.79%	9.06	14.57	–37.83%	76.08%
	10. 特殊风险保险	–	–	–	–	–	–	–	–	–
	11. 农业保险	616 482.62	1 968.90	639.24	208.01%	20.75%	460.53	43.08	969.14%	23.39%
	12. 健康险	474 120.00	51.05	30.43	67.77%	1.14%	1.72	1.16	49.15%	3.38%
	13. 意外伤害保险	1 059 476.37	553.57	524.39	5.56%	7.73%	176.50	171.59	2.86%	31.88%
	14. 其他险	1 546.00	0.61	1.65	–62.90%	1.40%	0.02	0.06	–64.13%	3.67%
	合计	7 470 003.05	22 281.14	17 194.63	29.58%	10.98%	9 555.63	9 354.23	2.15%	42.89%
诚泰产险	1. 企业财产保险	361 584.70	90.40	96.37	–6.19%	3.06%	31.31	16.75	86.93%	34.63%
	2. 家庭财产保险	–	–	–	–	–	–	727.26	–100.00%	–
	3. 机动车辆保险	949 514.17	3 527.15	2 664.61	32.37%	2.18%	1 926.33	1 178.20	63.50%	54.61%
	其中：交强险	195 041.40	1 101.47	926.14	18.93%	2.46%	351.25	264.60	32.75%	31.89%
	4. 工程保险	–	–	9.69	–100.00%	–	–	0.01	–100.00%	–
	5. 责任保险	168 338.23	116.04	151.69	–23.50%	2.46%	47.51	22.78	108.56%	40.94%
	6. 信用保险	–	–	–	–	–	–	–	–	–
	7. 保证保险	–	–	–	–	–	–	–	–	–

（续表）

单位	险种	保险金额	保费收入				赔款支出			
			本年累计	上年同期	同比（%）	份额（%）	本年累计	上年同期	同比（%）	简单赔付率（%）
诚泰产险	8. 船舶保险	–	–	–	–	–	–	–	–	–
	9. 货物运输保险	5 000.00	0.56	0.63	−11.11%	0.08%	–	–	–	0.00%
	10. 特殊风险保险	–	–	–	–	–	–	–	–	–
	11. 农业保险	16 155.62	699.64	–	–	7.37%	12.83	65.38	−80.38%	1.83%
	12. 健康险	890.00	0.97	–	–	0.02%	0.03	–	–	3.09%
	13. 意外伤害保险	362 629.28	293.01	271.69	7.85%	4.09%	210.35	113.06	86.05%	71.79%
	14. 其他险	–	–	–	–	–	–	–	–	–
	合计	1 864 112.00	4 727.77	3 194.68	47.99%	2.33%	2 228.36	2 123.44	4.94%	47.13%
太平产险	1. 企业财产保险	12 189.70	13.08	10.66	22.70%	0.44%	354.92	4.37	8021.98%	2713.12%
	2. 家庭财产保险	70 911.50	4.92	11.97	−58.89%	0.78%	0.41	–	–	8.33%
	3. 机动车辆保险	1 396 601.95	3 477.42	2 730.11	27.37%	2.15%	1 029.68	868.33	18.58%	29.61%
	其中：交强险	723 118.40	1 518.39	1 264.56	20.07%	3.39%	444.73	349.36	27.30%	29.29%
	4. 工程保险	925.27	2.26	7.70	−70.60%	1.40%	–	2.74	−100.00%	0.00%
	5. 责任保险	45 784.40	85.21	46.73	82.35%	1.80%	12.71	1.18	972.82%	14.92%
	6. 信用保险	–	–	–	–	–	–	–	–	–
	7. 保证保险	–	–	–	–	–	–	–	–	–
	8. 船舶保险	–	–	–	–	–	0.02	–	–	–
	9. 货物运输保险	–	–	–	–	–	0.23	–	–	–
	10. 特殊风险保险	–	–	–	–	–	–	–	–	–
	11. 农业保险	–	–	–	–	–	0.01	–	–	–
	12. 健康险	384 607.44	18.43	6.01	206.82%	0.41%	0.37	–	–	1.98%
	13. 意外伤害保险	737 615.04	358.30	194.72	84.01%	5.01%	73.91	27.84	165.47%	20.63%
	14. 其他险	–	–	–	–	–	–	–	–	–
	合计	2 648 635.29	3 959.63	3 007.90	31.64%	1.95%	1 472.25	904.47	62.78%	37.18%
鼎和产险	1. 企业财产保险	31 949.85	65.81	66.17	−0.54%	2.23%	0.97	–	–	1.47%
	2. 家庭财产保险	1.00	–	–	–	–	–	–	–	–
	3. 机动车辆保险	330 056.17	1 053.46	804.28	30.98%	0.65%	245.16	198.93	23.24%	23.27%
	其中：交强险	84 875.40	326.77	195.29	67.33%	0.73%	50.53	46.59	8.46%	15.46%
	4. 工程保险	10 015.93	32.41	37.67	−13.96%	20.07%	–	–	–	0.00%
	5. 责任保险	2 860.00	8.74	0.86	916.28%	0.19%	–	–	–	0.00%
	6. 信用保险	–	–	–	–	–	–	–	–	–
	7. 保证保险	–	–	–	–	–	–	–	–	–
	8. 船舶保险	–	–	–	–	–	–	–	–	–
	9. 货物运输保险	60.00	0.62	–	–	0.09%	–	–	–	0.00%
	10. 特殊风险保险	7 557.54	59.01	47.09	25.31%	100.00%	17.46	0.76	2197.37%	29.59%
	11. 农业保险	–	–	–	–	–	–	–	–	–
	12. 健康险	3 050.40	0.80	1.04	−23.08%	0.02%	–	–	–	0.00%
	13. 意外伤害保险	225 463.00	78.72	59.87	31.48%	1.10%	8.15	6.53	24.81%	10.35%
	14. 其他险	–	–	–	–	–	–	–	–	–
	合计	611 013.89	1 299.57	1 016.98	27.79%	0.64%	271.74	206.22	31.77%	20.91%

（续表）

单位	险种	保险金额	保费收入				赔款支出			
			本年累计	上年同期	同比（%）	份额（%）	本年累计	上年同期	同比（%）	简单赔付率（%）
行业合计	1. 企业财产保险	7 922 547.01	2 949.67	3 170.20	-6.96%	100.00%	1 615.83	988.72	63.43%	54.78%
	2. 家庭财产保险	1 396 872.85	634.29	702.86	-9.76%	100.00%	295.96	1 981.05	-85.06%	46.66%
	3. 机动车辆保险	39 130 421.06	161 862.85	159 752.98	1.32%	100.00%	80 366.85	76 642.17	4.86%	49.65%
	其中：交强险	7 788 870.40	44 770.56	43 500.30	2.92%	100.00%	15 257.40	15 099.98	1.04%	34.08%
	4. 工程保险	86 601.89	161.46	440.05	-63.31%	100.00%	227.11	261.31	-13.09%	140.66%
	5. 责任保险	8 219 340.54	4 722.41	3 834.75	23.15%	100.00%	2 330.41	1 625.49	43.37%	49.35%
	6. 信用保险	-	-	7.56	-100.00%	-	17.98	53.42	-66.35%	-
	7. 保证保险	63 867.99	10 764.57	5 440.03	97.88%	100.00%	2 603.35	939.55	177.09%	24.18%
	8. 船舶保险	-	-	4.58	-100.00%	-	0.02	-	-	-
	9. 货物运输保险	2 073 203.84	665.34	847.50	-21.49%	100.00%	91.28	872.97	-89.54%	13.72%
	10. 特殊风险保险	7 557.54	59.01	47.09	25.31%	100.00%	-	0.76	-100.00%	0.00%
	11. 农业保险	779 109.00	9 490.60	5 073.29	87.07%	100.00%	5 189.42	2 761.63	87.91%	54.68%
	12. 健康险	9 631 259.49	4 492.56	4 515.36	-0.50%	100.00%	2 919.06	2 894.18	0.86%	64.98%
	13. 意外伤害保险	30 583 165.21	7 158.05	5 642.12	26.87%	100.00%	2 045.13	1 815.91	12.62%	28.57%
	14. 其他险	34 538.12	43.82	16.04	173.18%	100.00%	12.19	14.36	-15.12%	27.82%
	合计	99 928 484.55	203 004.61	189 494.42	7.13%	100.00%	97 732.05	90 851.51	7.57%	48.14%

玉溪市 2019 年 12 月车辆保险业务统计表

单位：万元

单位	车型分类	承保数量（件）			保费收入			赔款支出			
		本年累计	上年同期	同比（%）	本年累计	上年同期	同比（%）	本年累计	上年同期	同比（%）	简单赔付率（%）
人保财险	家用车	233 726	273 225	-14.46%	32 990.24	41 232.05	-19.99%	21 369.26	21 702.42	-1.54%	64.77%
	营业货车	211 261	262 153	-19.41%	14 112.71	19 398.93	-27.25%	10 813.60	9 250.38	16.90%	76.62%
	非营业货车	19 467	27 213	-28.46%	3 534.90	4 830.44	-26.82%	3 102.44	3 225.92	-3.83%	87.77%
	营业客车	24 297	32 775	-25.87%	366.01	567.04	-35.45%	286.78	254.98	12.47%	78.35%
	非营业客车	1 607	2 173	-26.05%	2 380.97	3 220.86	-26.08%	1 492.00	1 487.25	0.32%	62.66%
	特种车	12 814	17 010	-24.67%	2 659.74	3 418.37	-22.19%	2 612.70	2 267.08	15.25%	98.23%
	挂车	5 251	6 575	-20.14%	497.71	722.81	-31.14%	356.89	478.29	-25.38%	71.71%
	摩托车	1 668	2 191	-23.87%	859.25	879.67	-2.32%	234.66	300.57	-21.93%	27.31%
	拖拉机	72 837	74 274	-1.93%	587.21	646.50	-9.17%	279.34	492.86	-43.32%	47.57%
	合计	582 928	697 589	-16.44%	57 988.73	74 916.66	-22.60%	40 547.68	39 459.74	2.76%	69.92%
	其中：交强险	228 346	265 476	-13.99%	15 038.90	18 729.88	-19.71%	7 019.57	6 797.19	3.27%	46.68%
太保产险	家用车	57 452	45 031	27.58%	8 365.32	6 731.99	24.26%	2 771.57	2 638.89	5.03%	33.13%
	营业货车	12 487	12 455	0.26%	6 595.38	6 277.51	5.06%	2 754.29	2 632.63	4.62%	41.76%
	非营业货车	8 325	7 797	6.77%	1 310.46	1 129.61	16.01%	626.17	572.47	9.38%	47.78%
	营业客车	1 354	1 317	2.81%	346.98	327.00	6.11%	35.55	81.91	-56.60%	10.25%
	非营业客车	2 601	2 250	15.60%	283.45	256.19	10.64%	59.05	88.39	-33.19%	20.83%
	特种车	837	734	14.03%	278.72	276.21	0.91%	124.30	152.13	-18.29%	44.60%

（续表）

单位	车型分类	承保数量（件）			保费收入			赔款支出			
		本年累计	上年同期	同比（%）	本年累计	上年同期	同比（%）	本年累计	上年同期	同比（%）	简单赔付率（%）
太保产险	挂车	–	–	–	–	–	–	–	–	–	–
	摩托车	4 354	3 543	22.89%	50.34	40.89	23.11%	16.90	46.67	–63.79%	33.57%
	拖拉机	–	–	–	–	–	–	–	–	–	–
	合计	87 410	73 127	19.53%	17 230.65	15 039.40	14.57%	6 387.83	6 213.09	2.81%	37.07%
	其中：交强险	47 894	40 349	18.70%	4 837.15	4 187.16	15.52%	1488.78	1501.67	–0.86%	30.78%
平安产险	家用车	142 602	114 267	24.80%	22 352.30	18 273.94	22.32%	9 013.82	7 932.76	13.63%	40.33%
	营业货车	4 124	3 475	18.68%	3 311.65	2 987.69	10.84%	1 028.18	755.25	36.14%	31.05%
	非营业货车	12 410	8 434	47.14%	1 867.16	1 260.41	48.14%	491.28	263.58	86.39%	26.31%
	营业客车	1 205	1 336	–9.81%	350.66	354.71	–1.14%	67.39	46.54	44.80%	19.22%
	非营业客车	4 645	4 390	5.81%	1 021.25	790.44	29.20%	197.81	160.65	23.13%	19.37%
	特种车	1 186	839	41.36%	504.76	426.93	18.23%	60.32	69.19	–12.82%	11.95%
	挂车	862	768	12.24%	302.76	307.32	–1.48%	95.35	44.53	114.15%	31.49%
	摩托车	11 501	7 076	62.54%	165.18	102.97	60.41%	10.15	28.02	–63.80%	6.14%
	拖拉机	–	–	–	–	–	–	–	–	–	–
	合计	178 535	140 585	26.99%	29 875.72	24 504.42	21.92%	10 964.30	9 300.52	17.89%	36.70%
	其中：交强险	98 381	77 433	27.05%	7 503.34	6 133.42	22.34%	2 212.25	2 003.51	10.42%	29.48%
天安产险	家用车	1 721	255	574.90%	209.62	26.90	679.26%	18.12	31.75	–42.93%	8.64%
	营业货车	–	–	–	–	–	–	–	–	–	–
	非营业货车	–	–	–	–	–	–	–	–	–	–
	营业客车	–	–	–	–	–	–	–	–	–	–
	非营业客车	–	–	–	–	–	–	–	–	–	–
	特种车	–	–	–	–	–	–	–	–	–	–
	挂车	–	–	–	–	–	–	–	–	–	–
	摩托车	693	–	–	8.46	–	–	–	–	–	–
	拖拉机	–	–	–	–	–	–	–	–	–	–
	合计	2 414	255	846.67%	218.08	26.90	710.71%	18.12	31.75	–42.93%	8.31%
	其中：交强险	1 445	118	1124.58%	74.28	9.61	672.94%	4.80	17.32	–72.29%	6.46%
华泰产险	家用车	10 406	7 362	41.35%	1 417.79	998.22	42.03%	454.62	469.98	–3.27%	32.07%
	营业货车	156	95	64.21%	29.73	16.67	78.34%	3.49	1.18	194.84%	11.74%
	非营业货车	1 224	1 045	17.13%	162.29	132.10	22.85%	98.57	96.48	2.17%	60.74%
	营业客车	39	–	–	8.70	–	–	–	–	–	0.00%
	非营业客车	213	148	43.92%	40.83	27.98	45.90%	8.95	21.37	–58.15%	21.91%
	特种车	6	10	–40.00%	0.95	1.99	–52.47%	–	–	–	0.00%
	挂车	–	–	–	–	–	–	–	–	–	–
	摩托车	214	141	51.77%	2.42	1.60	51.78%	0.08	–	–	3.10%
	拖拉机	–	–	–	–	–	–	–	–	–	–
	合计	12 258	8 801	39.28%	1 662.71	1 178.56	41.08%	565.70	589.01	–3.96%	34.02%
	其中：交强险	6 699	4 810	39.27%	521.57	369.10	41.31%	128.61	169.30	–24.04%	24.66%

（续表）

单位	车型分类	承保数量（件）			保费收入			赔款支出			
		本年累计	上年同期	同比（%）	本年累计	上年同期	同比（%）	本年累计	上年同期	同比（%）	简单赔付率（%）
大地产险	家用车	95 730	85 234	12.31%	14 761.63	12 888.28	14.54%	5 929.48	6 031.95	-1.70%	40.17%
	营业货车	4 590	2 730	68.13%	2 735.74	1 263.12	116.59%	603.33	401.76	50.17%	22.05%
	非营业货车	16 131	13 653	18.15%	2 282.39	1 811.32	26.01%	1 037.72	872.76	18.90%	45.47%
	营业客车	798	710	12.39%	219.45	184.23	19.12%	26.25	15.09	73.96%	11.96%
	非营业客车	1 937	1 622	19.42%	341.48	289.09	18.12%	112.98	137.50	-17.83%	33.09%
	特种车	781	461	69.41%	176.45	107.37	64.34%	38.84	35.64	8.98%	22.01%
	挂车	–	50	-100.00%	–	19.84	-100.00%	–	0.68	-100.00%	–
	摩托车	33 756	35 851	-5.84%	388.55	408.01	-4.77%	178.70	137.73	29.75%	45.99%
	拖拉机	–	–	–	–	–	–	–	–	–	–
	合计	153 723	140 311	9.56%	20 905.69	16 971.26	23.18%	7 927.30	7 633.11	3.85%	37.92%
	其中：交强险	96 303	91 234	5.56%	6 019.16	5 228.18	15.13%	1 662.22	1 585.40	4.85%	27.62%
永安产险	家用车	5 163	3 981	29.69%	621.17	460.42	34.91%	148.73	107.37	38.52%	23.94%
	营业货车	263	354	-25.71%	61.68	97.94	-37.02%	17.91	24.78	-27.72%	29.04%
	非营业货车	879	732	20.08%	102.18	90.13	13.37%	41.45	77.46	-46.49%	40.57%
	营业客车	129	121	6.61%	37.06	48.10	-22.95%	0.77	0.23	234.78%	2.08%
	非营业客车	84	59	42.37%	14.03	7.89	77.82%	6.65	4.65	43.01%	47.40%
	特种车	13	9	44.44%	2.97	1.77	67.80%	–	102.30	-100.00%	0.00%
	挂车	–	–	–	–	–	–	–	–	–	–
	摩托车	7 408	2 655	179.02%	83.61	29.96	179.07%	5.65	1.92	194.27%	6.76%
	拖拉机	–	–	–	–	–	–	–	8.97	-100.00%	–
	合计	13 939	7 911	76.20%	922.70	736.21	25.33%	221.16	327.68	-32.51%	23.97%
	其中：交强险	11 166	5 758	93.92%	413.35	314.82	31.30%	93.76	104.51	-10.29%	22.68%
安邦产险	家用车	760	800	-5.00%	91.40	107.53	-15.00%	32.99	81.09	-59.32%	36.09%
	营业货车	4	8	-50.00%	1.08	1.26	-14.29%	–	–	–	0.00%
	非营业货车	20	46	-56.52%	1.94	4.41	-56.01%	–	0.85	-100.00%	0.00%
	营业客车	–	3	-100.00%	–	0.27	-100.00%	–	1.33	-100.00%	–
	非营业客车	18	27	-33.33%	1.37	1.91	-28.27%	0.29	–	–	21.17%
	特种车	–	6	-100.00%	–	0.59	-100.00%	0.42	–	–	–
	挂车	–	–	–	–	–	–	–	–	–	–
	摩托车	1	1	0.00%	–	–	–	–	–	–	–
	拖拉机	–	–	–	–	–	–	–	–	–	–
	合计	803	891	-9.88%	95.79	115.97	-17.40%	33.70	83.27	-59.53%	35.18%
	其中：交强险	400	441	-9.30%	31.22	34.60	-9.76%	2.88	31.54	-90.87%	9.22%
阳光产险	家用车	31 158	20 109	54.95%	3 912.20	2 510.09	55.86%	1 568.32	1 359.05	15.40%	40.09%
	营业货车	1 134	749	51.40%	556.38	346.27	60.68%	68.37	52.15	31.10%	12.29%
	非营业货车	291	251	15.94%	36.97	33.64	9.90%	10.96	3.10	253.55%	29.65%
	营业客车	480	825	-41.82%	124.70	166.96	-25.31%	6.40	7.31	-12.45%	5.13%
	非营业客车	786	1 612	-51.24%	131.70	345.40	-61.87%	28.24	42.80	-34.02%	21.44%
	特种车	60	21	185.71%	11.68	3.32	251.81%	5.06	–	–	43.32%
	挂车	42	27	55.56%	17.63	10.74	64.15%	6.13	0.55	1014.55%	34.77%

（续表）

单位	车型分类	承保数量（件）			保费收入			赔款支出			
		本年累计	上年同期	同比（%）	本年累计	上年同期	同比（%）	本年累计	上年同期	同比（%）	简单赔付率（%）
阳光产险	摩托车	24 639	25 296	-2.60%	280.28	286.89	-2.30%	26.62	31.55	-15.63%	9.50%
	拖拉机	-	-	-	-	-	-	-	-	-	-
	合计	58 590	48 890	19.84%	5 071.54	3 703.31	36.95%	1 720.10	1 496.51	14.94%	33.92%
	其中：交强险	43 335	38 442	12.73%	1 915.88	1 460.23	31.20%	488.25	445.50	9.60%	25.48%
永诚产险	家用车	-	-	-	-	-	-	-	-	-	-
	营业货车	-	-	-	-	-	-	-	-	-	-
	非营业货车	-	-	-	-	-	-	-	-	-	-
	营业客车	-	-	-	-	-	-	-	-	-	-
	非营业客车	-	-	-	-	-	-	-	-	-	-
	特种车	-	-	-	-	-	-	-	-	-	-
	挂车	-	-	-	-	-	-	-	-	-	-
	摩托车	-	-	-	-	-	-	-	-	-	-
	拖拉机	-	-	-	-	-	-	-	-	-	-
	合计	4 546	4 563	-0.37%	696.76	710.93	-1.99%	388.73	352.95	10.14%	55.79%
	其中：交强险	2 397	2 459	-2.52%	193.91	205.70	-5.73%	111.77	72.23	54.74%	57.64%
渤海产险	家用车	2 857	3 488	-18.09%	345.67	411.02	-15.90%	277.30	296.30	-6.41%	80.22%
	营业货车	53	156	-66.03%	10.10	29.00	-65.17%	-	11.00	-100.00%	0.00%
	非营业货车	348	526	-33.84%	44.20	65.00	-32.00%	5.00	20.00	-75.00%	11.31%
	营业客车	-	-	-	-	-	-	-	-	-	-
	非营业客车	113	105	7.62%	19.30	13.00	48.46%	7.00	1.50	366.67%	36.27%
	特种车	15	20	-25.00%	2.80	3.00	-6.67%	-	-	-	-
	挂车	-	-	-	-	-	-	-	-	-	-
	摩托车	80	133	-39.85%	1.06	1.80	-41.11%	0.30	0.50	-40.00%	28.30%
	拖拉机	-	-	-	-	-	-	-	-	-	-
	合计	3 466	4 428	-21.73%	423.13	522.82	-19.07%	289.60	329.30	-12.06%	68.44%
	其中：交强险	1 795	2 519	-28.74%	147.90	190.00	15400.00%	125.60	83.00	51.33%	84.92%
人寿产险	家用车	76 622	64 221	19.31%	11 154.33	9 406.13	18.59%	5 492.22	5 759.52	-4.64%	49.24%
	营业货车	7 484	5 932	26.16%	4 108.87	3 507.66	17.14%	1 589.20	1 754.62	-9.43%	38.68%
	非营业货车	14 402	10 519	36.91%	1 936.83	1 389.27	39.41%	690.78	751.04	-8.02%	35.67%
	营业客车	417	177	135.59%	117.46	30.34	287.21%	6.22	4.06	53.21%	5.30%
	非营业客车	3 811	2 699	41.20%	740.83	489.69	51.29%	217.39	206.40	5.33%	29.34%
	特种车	1 436	521	175.62%	562.41	174.90	221.56%	66.20	44.76	47.91%	11.77%
	挂车	-	-	-	-	-	-	-	-	-	-
	摩托车	6 162	9 311	-33.82%	68.96	104.75	-34.17%	31.39	53.10	-40.89%	45.52%
	拖拉机	1 211	1 386	-12.63%	23.61	24.80	-4.77%	8.06	6.29	28.16%	34.13%
	合计	111 545	94 766	17.71%	18 713.31	15 127.54	23.70%	8 101.47	8 579.79	-5.57%	43.29%
	其中：交强险	60 612	54 338	11.55%	5 127.26	4 251.62	20.60%	1 072.40	1 628.26	-34.14%	20.92%
诚泰产险	家用车	19 093	14 003	36.35%	2 641.05	1 887.07	39.96%	1 621.07	825.43	96.39%	61.38%
	营业货车	757	811	-6.66%	258.75	270.57	-4.37%	107.34	174.33	-38.43%	41.48%
	非营业货车	2 570	2 142	19.98%	333.69	261.30	27.70%	98.83	80.02	23.51%	29.62%
	营业客车	166	108	53.70%	55.16	39.17	40.82%	3.69	20.40	-81.91%	6.69%

（续表）

单位	车型分类	承保数量（件）			保费收入			赔款支出			
		本年累计	上年同期	同比（%）	本年累计	上年同期	同比（%）	本年累计	上年同期	同比（%）	简单赔付率（%）
诚泰产险	非营业客车	785	492	59.55%	143.90	99.56	44.54%	57.56	31.03	85.50%	40.00%
	特种车	161	97	65.98%	52.54	15.30	243.40%	11.96	23.76	-49.66%	22.76%
	挂车	24	18	33.33%	4.10	4.37	-6.18%	0.07	5.54	-98.74%	1.71%
	摩托车	3 160	7 860	-59.80%	37.96	87.27	-56.50%	25.81	17.69	45.90%	67.99%
	拖拉机	-	-	-	-	-	-	-	-	-	-
	合计	26 716	25 531	4.64%	3 527.15	2 664.61	32.37%	1 926.33	1 178.20	63.50%	54.61%
	其中：交强险	15 731	17 570	-10.47%	1 101.47	926.14	18.93%	351.25	264.60	32.75%	31.89%
太平产险	家用车	20 808	16 751	24.22%	2 722.98	2 129.94	27.84%	760.10	692.16	9.82%	27.91%
	营业货车	250	272	-8.09%	52.82	54.71	-3.46%	7.72	25.52	-69.74%	14.62%
	非营业货车	-	-	-	-	-	-	-	-	-	-
	营业客车	-	-	-	-	-	-	-	-	-	-
	非营业客车	753	641	17.47%	129.88	93.26	39.27%	31.85	28.27	12.65%	24.52%
	特种车	217	204	6.37%	28.83	27.40	5.21%	10.14	5.37	88.65%	35.17%
	挂车	-	-	-	-	-	-	-	-	-	-
	摩托车	47 276	37 299	26.75%	542.92	424.80	27.81%	219.88	117.01	87.92%	40.50%
	拖拉机	-	-	-	-	-	-	-	-	-	-
	合计	69 304	55 167	25.63%	3 477.42	2 730.11	27.37%	1 029.68	868.33	18.58%	29.61%
	其中：交强险	59 351	47 437	25.12%	1 518.39	1 264.56	20.07%	444.73	349.36	27.30%	29.29%
鼎和产险	家用车	3 906	2 106	85.47%	495.48	279.63	77.19%	167.44	110.30	51.80%	33.79%
	营业货车	30	17	76.47%	7.53	3.10	142.90%	-	1.80	-100.00%	0.00%
	非营业货车	1 431	1 107	29.27%	223.69	202.10	10.68%	46.30	42.35	9.33%	20.70%
	营业客车	-	-	-	-	-	-	-	-	-	-
	非营业客车	1 023	1 085	-5.71%	227.35	267.43	-14.99%	17.02	19.76	-13.87%	7.49%
	特种车	213	175	21.71%	60.91	51.64	17.95%	12.81	24.53	-47.78%	21.03%
	挂车	-	-	-	-	-	-	-	-	-	-
	摩托车	3 401	34	9902.94%	38.50	0.39	9771.79%	1.59	0.20	695.00%	4.13%
	拖拉机	-	-	-	-	-	-	-	-	-	-
	合计	10 004	4 524	121.13%	1 053.46	804.29	30.98%	245.16	198.94	23.23%	23.27%
	其中：交强险	6 957	2 402	189.63%	326.77	195.29	67.33%	50.53	46.59	8.46%	15.46%
行业合计	家用车	702 004	650 833	7.86%	102 081.19	97 343.22	4.87%	49 625.05	48 038.96	3.30%	48.61%
	营业货车	242 593	289 207	-16.12%	31 842.42	34 254.44	-7.04%	16 993.44	15 085.41	12.65%	53.37%
	非营业货车	77 498	73 465	5.49%	11 836.69	11 209.73	5.59%	6 249.50	6 006.02	4.05%	52.80%
	营业客车	28 885	37 372	-22.71%	1 626.19	1 717.82	-5.33%	433.05	431.85	0.28%	26.63%
	非营业客车	18 376	17 303	6.20%	5 476.33	5 902.69	-7.22%	2 236.79	2 229.57	0.32%	40.84%
	特种车	17 739	20 107	-11.78%	4 342.76	4 508.79	-3.68%	2 942.75	2 724.76	8.00%	67.76%
	挂车	6 179	7 438	-16.93%	822.20	1 065.07	-22.80%	458.45	529.59	-13.43%	55.76%
	摩托车	144 313	131 391	9.83%	2 527.49	2 369.00	6.69%	751.72	734.96	2.28%	29.74%
	拖拉机	74 048	75 660	-2.13%	610.82	671.30	-9.01%	287.39	508.12	-43.44%	47.05%
	合计	1 316 181	1 307 339	0.68%	161 862.85	159 752.99	1.32%	80 366.86	76 642.19	4.86%	49.65%
	其中：交强险	680 812	650 786	4.61%	44 770.57	43 500.30	2.92%	15 257.40	15 099.98	1.04%	34.08%

玉溪市2019年12月人寿保险公司业务统计表

单位：万元

单位	险种	保险金额	保费收入				赔款支出			
			本期	同期	同比（%）	份额	本期	同期	同比（%）	简单赔付率（%）
中国人寿	人身意外伤害险	6 089 436.25	3 218.48	3 379.26	−4.76%	46.51%	1 176.76	1 133.19	3.84%	36.56%
	健康险	5 483 751.12	10 778.75	7 789.37	38.38%	19.10%	4 041.44	4 431.99	−8.81%	37.49%
	寿险	4 563 993.89	50 729.06	50 770.54	−0.08%	23.68%	13 364.98	19 662.47	−32.03%	26.35%
	合计	16 137 181.26	64 726.29	61 939.17	4.50%	23.31%	18 583.17	25 227.65	−26.34%	28.71%
太保人寿	人身意外伤害险	350 346.25	895.43	1 088.67	−17.75%	12.94%	273.17	237.71	14.92%	30.51%
	健康险	661 369.75	275.98	206.24	33.81%	0.49%	85.55	101.61	−15.81%	31.00%
	寿险	1 572 339.05	16 655.86	16 613.83	0.25%	7.77%	4 691.60	4 076.21	15.10%	28.17%
	合计	2 584 055.05	17 827.27	17 908.74	−0.45%	6.42%	5 050.32	4 415.53	14.38%	28.33%
平安人寿	人身意外伤害险	90 995.70	714.94	709.43	0.78%	10.33%	133.90	27.89	380.10%	18.73%
	健康险	542 819.56	3 407.68	2 780.00	22.58%	6.04%	577.96	433.23	33.41%	16.96%
	寿险	653 976.03	14 640.57	12 810.77	14.28%	6.83%	1 584.51	1 995.73	−20.60%	10.82%
	合计	1 287 791.29	18 763.19	16 300.20	15.11%	6.76%	2 296.37	2 456.85	−6.53%	12.24%
泰康人寿	人身意外伤害险	77 580.62	114.74	211.73	−45.81%	1.66%	34.31	30.48	12.57%	29.90%
	健康险	6 834 486.47	13 691.83	9 584.34	42.86%	24.26%	2 127.97	1 314.72	61.86%	15.54%
	寿险	1 260 841.94	43 742.07	42 885.20	2.00%	20.41%	8 169.51	7 886.88	3.58%	18.68%
	合计	8 172 909.03	57 548.64	52 681.28	9.24%	20.73%	10 331.78	9 232.08	11.91%	17.95%
新华人寿	人身意外伤害险	1 123 359.50	383.50	228.68	67.70%	5.54%	226.28	61.71	266.68%	59.00%
	健康险	3 024 853.40	13 593.07	10 307.45	31.88%	24.09%	1 101.87	614.43	79.33%	8.11%
	寿险	202 229.55	22 323.40	21 048.16	6.06%	10.42%	603.12	649.21	−7.10%	2.70%
	合计	4 350 442.45	36 299.97	31 584.29	14.93%	13.08%	1 931.27	1 325.35	45.72%	5.32%
平安养老	人身意外伤害险	727 006.00	222.67	382.81	−41.83%	3.22%	317.97	491.75	−35.34%	142.80%
	健康险	344 993.86	354.56	275.26	28.81%	0.63%	256.28	336.53	−23.85%	72.28%
	寿险	99 662.00	104.19	21.10	393.79%	0.05%	94.03	552.40	−82.98%	90.25%
	合计	1 171 661.86	681.42	679.17	0.33%	0.25%	668.28	1 380.68	−51.60%	98.07%
人民人寿	人身意外伤害险	404 734.95	389.79	531.37	−26.64%	5.63%	135.46	49.44	173.99%	34.75%
	健康险	152 260.52	4 279.36	3 766.83	13.61%	7.58%	1 756.64	1 632.89	7.58%	41.05%
	寿险	54 893.99	20 584.24	22 722.89	−9.41%	9.61%	1 573.85	3 456.44	−54.47%	7.65%
	合计	611 889.46	25 253.39	27 021.09	−6.54%	9.10%	3 465.95	5 138.77	−32.55%	13.72%
太平人寿	人身意外伤害险	316 900.62	430.41	366.95	17.29%	6.22%	19.63	20.74	−5.37%	4.56%
	健康险	904 827.66	3 381.31	2 461.92	37.34%	5.99%	269.35	180.77	49.00%	7.97%
	寿险	32 005.00	6 548.24	5 176.69	26.49%	3.06%	458.32	520.99	−12.03%	7.00%
	合计	1 253 733.27	10 359.97	8 005.56	29.41%	3.73%	747.30	722.50	3.43%	7.21%
阳光人寿	人身意外伤害险	153 816.67	228.81	183.48	24.71%	3.31%	0.66	9.28	−92.89%	0.29%
	健康险	146 853.42	1 094.47	841.14	30.12%	1.94%	99.19	151.72	−34.62%	9.06%
	寿险	76 672.41	7 740.28	9 016.02	−14.15%	3.61%	657.96	1 378.37	−52.27%	8.50%
	合计	377 342.50	9 063.56	10 040.64	−9.73%	3.26%	757.81	1 539.37	−50.77%	8.36%
富德生命	人身意外伤害险	536 039.38	125.22	61.75	102.77%	1.81%	1.00	−	−	0.80%
	健康险	116 714.18	965.31	675.96	42.81%	1.71%	105.90	86.64	22.23%	10.97%
	寿险	46 535.35	3 304.90	5 278.19	−37.39%	1.54%	295.82	277.61	6.56%	8.95%
	合计	699 288.91	4 395.44	6 015.91	−26.94%	1.58%	402.72	364.25	10.56%	9.16%

（续表）

单位	险种	保险金额	保费收入				赔款支出			
			本期	同期	同比（%）	份额	本期	同期	同比（%）	简单赔付率（%）
华夏保险	人身意外伤害险	200.34	195.56	163.24	19.80%	2.83%	93.47	95.00	-1.61%	47.80%
	健康险	4 912.22	4 609.69	3 407.01	35.30%	8.17%	424.80	222.83	90.64%	9.22%
	寿险	37 062.06	27 892.14	22 384.56	24.60%	13.02%	110.77	–	–	0.40%
	合计	42 174.62	32 697.39	25 954.81	25.98%	11.78%	629.04	317.83	97.92%	1.92%
行业合计	人身意外伤害险	9 870 416.27	6 919.55	7 307.38	-5.31%	100.00%	2 412.60	2 157.19	11.84%	34.87%
	健康险	18 217 842.16	56 432.03	42 095.52	34.06%	100.00%	10 846.95	9 507.36	14.09%	19.22%
	寿险	8 600 211.27	214 264.95	208 727.95	2.65%	100.00%	31 604.47	40 456.31	-21.88%	14.75%
	合计	36 688 469.70	277 616.52	258 130.85	7.55%	100.00%	44 864.02	52 120.86	-13.92%	16.16%

玉溪市 2019 年 12 月各公司经营管理情况表

单位	综合赔付率		综合费用率		综合成本率	
	本期	同期	本期	同期	本期	同期
人保财险	58.91%	49.40%	33.92%	41.45%	92.83%	90.85%
太保产险	59.97%	46.87%	34.07%	46.68%	94.04%	93.55%
平安产险	46.21%	45.49%	41.45%	43.73%	87.66%	89.22%
天安产险	29.46%	-65.71%	78.83%	117.76%	108.29%	52.05%
华泰产险	36.46%	47.16%	39.40%	45.86%	75.86%	93.02%
大地产险	47.50%	51.24%	42.62%	44.00%	90.12%	95.24%
永安产险	34.53%	34.93%	51.78%	53.96%	86.31%	88.89%
安邦产险	50.69%	34.87%	53.67%	54.23%	104.36%	89.10%
阳光产险	35.65%	42.31%	39.69%	45.05%	75.34%	87.36%
永诚产险	51.80%	49.66%	46.10%	44.42%	97.90%	94.08%
渤海产险	55.70%	48.00%	39.78%	35.00%	95.48%	83.00%
人寿产险	52.12%	57.30%	33.19%	41.65%	85.31%	98.95%
诚泰产险	49.36%	45.80%	53.44%	68.56%	102.80%	114.36%
太平产险	34.66%	35.25%	52.90%	47.01%	87.56%	82.26%
鼎和产险	41.00%	42.00%	38.00%	34.00%	79.00%	76.00%
中国人寿	–	–	–	–	–	–
太保人寿	–	–	–	–	–	–
平安人寿	–	–	–	–	–	–
泰康人寿	–	–	–	–	–	–
新华人寿	–	–	–	–	–	–
平安养老	–	–	–	–	–	–
人民人寿	–	–	–	–	–	–
太平人寿	–	–	–	–	–	–
阳光人寿	–	–	–	–	–	–
富德生命	–	–	–	–	–	–
华夏保险	–	–	–	–	–	–

议，与市政府国资委、区政府国资公司、金融办等政府部门建立了顺畅的沟通渠道。

（信长科）

投资》两门课程的授课讲师，营业部相关人员积极投入相关工作中，受到教职员工及同学们的好评。

（雷亚萍）

证　券

【太平洋证券玉溪营业部经营概况】2019年，太平洋证券玉溪营业部在传统经纪业务的基础上，加强推进融资融券等信用业务、资管产品、基金销售、股票期权、期货IB等业务，优化营业部收入结构，取得较好的成绩。截至年末，营业部员工36人，其中投资顾问8人，投顾助理2人，客户经理17人。

【经营特色】　2019年，太平洋证券玉溪营业部为更好服务本地客户，强调客户服务工作的重要性，业务上强调高效精准，展示出专业、规范、有口碑的整体窗口形象；要求主动、认真、优质做好客户服务工作，增强客户与营业部的紧密性和信任度；通过细化客户服务、回访方式，推进客户分类管理，提供分层次针对性的咨询服务，借助多种信息服务渠道，构建客户交流平台，做好投资者教育工作，引导客户理性投资。同时完善资讯产品品种、内容和形式，重点加强针对高端客户的核心资讯开发，对高端客户提供公司的《红珊瑚稳健志赢》《红珊瑚机构内参》等报告，让客户找到合理的切入点。

【服务地方企业】　2019年，太平洋证券玉溪营业部积极响应云南省政府“金种子”政策，充分利用资源，以市国资委牵头，成立国企改革小组，参与市政府的国企改革。并以此为契机，和红塔区国有资产经营有限责任公司签署咨询服务协议，成功发行公司债。并作为唯一券商和市国有资产监督管理委员会签订了财务顾问协议，与市政府国资委、区政府国资公司、金融办等政府部门建立了顺畅的沟通渠道。

（信长科）

【大同证券玉溪营业部经营概况】2019年，大同证券玉溪营业部坚持“走特色化发展之路”的企业定位，贯彻“诚信立业，稳健经营，规范发展，求实创新”的企业宗旨，践行“有所为，有所不为，一切与资源相匹配”的经营理念，弘扬“同创、同赢、同分享”的核心价值观。截至年末，营业部共有员工18人，经纪人21人。

【业务创新】　2019年，大同证券玉溪营业部积极参加公司举行的各项专题活动，取得不俗成绩。截至年末，玉溪营业部有客户资金账户1.73余万户，全年交易量142亿元；新业务方面，营业部继续力推融资融券业务及金融产品销售；融资融券业务主要放在风险控制上，加强担保比例控制，尽量保证客户本金不受损失；加强对营业部员工产品销售能力的提升，转向稳健型理财产品的销售，累计销售开放式基金650余万元，其他金融产品9 500余万元。同时加快期权及期货IB业务开展步伐，现已取得业务开展资格。

【开展专项活动】　2019年，大同证券玉溪营业部和瑞达期货合作，举办3场大型投资策略报告会，其中5月的报告会除瑞达期货的老师外，营业部还邀请北京营业部张诚老师及忻州营业部栗怀玉老师，参会客户近200余人，客户评价及认可度较高，在提升客户黏度的同时，也对公司知名度产生正面影响。农职院聘请财富中心理财经理作为学院经济管理专业的兼职讲师，担任《公司理财》及《个人投资》两门课程的授课讲师，营业部相关人员积极投入相关工作中，受到教职员工及同学们的好评。

（雷亚萍）

【国泰君安证券玉溪营业部概况】2019年，是国泰君安玉溪玉兴路证券营业部成立2周年，在公司战略规划的引领下，玉溪营业部也逐步壮大。以先见把握机遇，以稳健创造价值，随着5G时代到来，金融科技驱动下的财富管理数字化或将成为未来行业财富管理发展趋势，国泰君安始终坚持“以客户为中心”的核心思想，依托以君弘App为核心的自有平台，为员工提供服务抓手，为客户创造服务价值。

【业务发展情况】　2019年，国泰君安证券玉溪营业部为个人客户提供证券经纪业务、信用业务、期货IB业务、贵金属业务、产品配置服务、投资顾问服务、君弘会员服务等多方面全覆盖的综合金融服务；作为企业的优秀合作伙伴，营业部为企业提供股债融资、并购重组、综合财务顾问以及资本中介等全投行业务链服务；在开展业务的同时始终践行“风险管理创造价值，合规经营才有未来”的理念，把合规管理嵌入到每一项业务流程中去，让合规风控理念深刻地植入每一个国泰君安人的思想意识和行事规范中去。截至年末，玉溪营业部在职员工7人，证券经纪人3名；开立客户资金账户6 501户，A股证券账户11 581户，基金账户12 409户，融资融券账户24户；全年证券交易金额34亿元，其中A股交易金额25.17亿元；基金交易金额7 410万元；债券融券回购交易金额7.85亿元，金融产品销售额3 979万元；开立期货账户36户，全年交易金额3.98亿元。

（雷冬梅）

元江洼垤乡它吉克村（刘 斌 摄）

教　育

EDUCATION

责任编校：王　斌

教育管理

学前教育

义务教育

普通高中教育

中等职业教育

高等教育

成人教育

特殊教育

民办教育

招生考试

教师队伍建设

学生工作

办学条件

教育管理

【概　况】 2019年，全市教育体育工作全面贯彻党的教育体育方针，坚持立德树人，围绕凝聚人心、完善人格、开发人力、培育人才、造福人民的工作目标，锐意进取，狠抓落实，促进各项重点工作任务圆满完成，全力开创教育体育现代化新局面。玉溪市教育局荣获省教育厅教育目标管理先进单位二等奖，玉溪创新推进“五化”校园建设工作荣获教育创新工作一等奖，玉溪强力推进科教创新城建设工作、推进职业教育绿色就业工作均荣获教育创新工作二等奖。江川区、新平县通过省级督导评估，江川区被认定为“教育工作先进县”、新平县被认定为“教育工作合格县”。

截至2019年底，全市有各级各类学校1 116所，其中，幼儿园477所，小学508所，初中84所，普通高中23所，职业中学10所，普通中专3所，成人中等专业学校8所，普通高等院校1所，高等职业学校1所，特殊教育学校1所。在校学生366 729人，其中，幼儿园（学前班）64 021人，小学142 679人，初中73 836人，普通高中39 277人，职业中学15 136人，普通中专7 673人，技师学院4 339人，普通高等学校19 212人，特殊教育学校556人。共有教职工32 253人，其中，专任教师26 910人。全市学前三年儿童毛入园率88.51%，比上年提高3.52个百分点；小学学龄儿童入学率99.98%，比上年提高0.02个百分点；九年义务教育巩固率95.29%，比上年提高0.3个百分点；高中阶段毛入学率90.2%，比上年提高2.91个百分点；残疾儿童入学率99.53%，比上年提高0.21个百分点。多项指标有所提升。

（陈永丽　蒋羽梦）

【全市教育大会】 2019年9月9日下午，全市教育大会在聂耳大剧院召开。省委高校工委常务副书记杨林在讲话中充分肯定玉溪市教育改革发展取得的成绩，对玉溪今后一个时期的教育工作提出明确要求。市委书记罗应光在讲话中分析了玉溪市教育改革发展面临的新形势、新任务，对当前及今后一段时期加快推进教育现代化工作进行全面安排部署。会议对玉溪第五中学等50个先进集体、宋继红等70名优秀教师和刘红英等30名优秀教育工作者予以表扬。第二阶段会议有83人参加，副市长、市委教育工委书记李劲松就玉溪《玉溪教育现代化2035》《加快推进玉溪教育现代化实施方案》及8项重点工作方案的起草、所要解决的突出问题和主要工作措施等方面进行讲解。

（陈永丽）

【校园安全工作】 2019年，市教体局全力维护校园安全稳定，压实安全主体责任，以目标责任制形式，明确各级安全责任。切实落实领导联系学校安全工作制度、安全责任追究制度、学校安全周检月查制度，层层压实责任。对在校5 876非在编人员进行政审，管控校内重点人员56人，消除安全管理隐患。做好全市12 964学生安全员、信息员管理培训。加强督导检查，市教育体育局与市公安局、市市场监督管理局等多部门进行春秋两季校园及周边治理督查以及市教育体育局专项督导检查5次，对76所学校进行督导检查，下达督查整改意见书81份。推进扫黑除恶工作，制定市教育体育局扫黑除恶专项斗争工作方案、争当扫黑除恶排头兵工作方案、中央第20督导组各阶段整改落实方案等。结合扫黑除恶专项斗争，深入开展“以案释法”宣传教育活动，发放光盘1 300份至各学校，各级各类学校结合学校预防欺凌、校园伤害等开展宣传教育活动。加强师生饮食安全，不断建立健全学校食堂食品安全工作责任制，落实校长第一责任人责任，履行学校对食品安全、饮用水安全的主体责任。以食堂“六T”（天天处理、天天整合、天天清扫、天天规范、天天检查、天天改进）实务管理为抓手，100%的学校食堂实行“六T”实务管理，全力推进食堂“明厨亮灶”工程，全面提升学校食品安全管理水平。全市各级各类学校未发生“一票否决”的安全责任事故；学生溺水、交通安全事故伤亡人数较往年下降；扫黑除恶专项斗争、学校食品安全整治专项行动、护校安园专项行动、高危物品专项整治行动取得成效。学校安全隐患问题自查自纠能力加强，当月一般隐患整改率达90%以上，学校食堂“六T”实务管理从全面推开到提升质量上发展。全市校园安全工作总体平稳，确保各级各类学校的长治久安，为玉溪社会经济发展提供了和谐、稳定的良好环境。

（刘家伟）

2019年4月12日，玉溪市教育体育局举行“云岭红烛·育人先锋”师德宣讲启动仪式　（市教体局提供）

【教育宣传】 2019年，在原“市体育局公众号”基础上重新改版、完善了“玉溪市教育体育局公众号”，关注人数从760人增加到28 949人，推送公众号信息232篇（条）。利用国家、省市各级报纸和微信公众号等，加大各类教育惠民政策、先进典型、为教师亮灯公益活动、教师节系列宣传等，传递正能量，弘扬主旋律，营造浓厚的教育宣传氛围。高考期间开通高考直播平台，播放量达10万人次。在市政府信息公开网上共发布266条信息，回复网站留言11条。玉溪市人民政府·教育网上共发布212条信息。向市政府政务信息平台报送信息57条。

（蒋羽梦）

【德育工作】 2019年，市教体局深入全市46所中小学校进行思想政治课实地调研，形成《玉溪市中小学思想政治课建设与实施现状调研报告》，印发了《中共玉溪市教育工委关于深化中小学思想政治理论课改革创新的实施意见》，坚持立德树人根本，加强全市中小学思想政治课建设。先后承办云南省中小学校思想政治理论课教师座谈会、云南省第四届“彩云杯”优秀传统文化节集中活动等5项省级会议和活动，参与起草了《新时代德育行动计划》等多个全省德育工作指导性文件，指导4个县区校外活动中心争取中央彩票公益基金200万元，用于开展“圆梦蒲公英”主题教育活动。根据《云南省教育厅关于举办第四届“彩云杯”中华优秀传统文化节的通知》要求，11月5日，市教育体育局组织开展市级初赛，全市80%以上中小学生通过作品征集、说课大赛和知识竞赛，参与第四届“彩云杯”中华优秀传统文化活动。11月24日，第四届“彩云杯”中华优秀传统文化活动决赛在玉溪举行，玉溪市代表队首次进入知识竞赛决赛并一举夺魁。8月，省教育厅认定玉溪市250名同学为省级三好学生，62名同学为省级优秀班干部，20个班级为省级先进班集体。按程序公示后，市教育体育局认定261名同学为市级三好学生，82名同学为市级优秀学生干部，21个班级为市级先进班集体。坚持立德树人根本，加强全市中小学思想政治课建设，深入全市46所中小学校进行思想政治课实地调研，形成《玉溪市中小学思想政治课建设与实施现状调研报告》。

（郭迎媚 张帆舸 邵昌云）

【生态环境教育】 2019年，“三湖”周边区县各中小学纷纷开展河湖保护主题教育活动，1 200余名师生开展保护抚仙湖宣传教育活动及实践活动。指导澄江县率先出台《教育系统保卫抚仙湖雷霆行动进校园实施方案》，下发《玉溪市教育体育局关于开展中小学生河湖保护管理教育活动的通知》，对河湖保护进校园提出明确要求，把“河长制”专项教育列入学校德育工作的重要内容，开展抚仙湖保护进校园活动，在沿湖中小学开展以抚仙湖保护为主题的“开学第一堂课”“小手拉大手”和“抚仙湖保护志愿者”等活动。组织学生参与自然体验、河湖清理，充分发挥好中小学校在开展生态文明教育活动中的主阵地作用。

（郭迎媚）

【教育对外交流与合作】 为规范、引导境外非政府组织在玉溪市教育领域开展活动，保障其合法权益，促进交流与合作，保障玉溪市中小学生出国参加夏（冬）令营等有关活动健康有序安全进行，市教育体育局印发《玉溪市教育体育局关于境外非政府组织在玉溪教育领域开展活动的管理办法》《玉溪市教育体育局关于进一步加强玉溪市中小学生出国（境）参加夏（冬）令营等有关活动管理的通知》。完成两轮全市教育体育系统国际学校风险排查和清理，完成“第二届美国优质高中校长交流访问团”访问玉溪的联络报备和玉溪省级中外人文交流中小学基地学校的遴选工作，玉溪一中、玉溪三中、玉溪一小入选中外人文交流基地学校。指导玉溪一中、玉溪实验中学继续做好“中德DSD语言教育项目”“中英伙伴学校交流计划”“澳门中学生及青年赴内地学习交流千人计划”等项目，协助学校做好2019年德语一级和二级语言考试、2019年高考外语科目申请、2019年初中学业水平考试德语科目评卷等相关工作；指导协助玉溪农职院做好与韩国牧园大学校际合作等项目的实施、推进和管理工作。

【教育科研课题】 2019年，市教育体育局组织全市各类学校申报全国、省、市教育科学规划课题，批准立项省级课题2项、市级课题65项，结题验收市级课题12项、省级课题3项，其中省级课题1个优秀、2个良好。召开教育科研培训会，认定14所“玉溪市教育科研实验学校”。组织参加省中小学幼儿园优秀校本课程评选，有20项成果获奖，其中，获一等奖3项、二等奖6项、三等奖11项。

【语言文字工作】 2019年，全市普通话测试站11个考点，对4 722人次进行普通话测试，4 645人取得等级证书。推荐5位国家级普通话测试员入选省级语言文字工作专家库。指导新平县平掌乡富库村创建为普及普通话示范村，73名“直过民族”和人口较少民族青壮年劳动力参加普通话培训，口语检测合格。开展第22届“推普周活动”和学前学会普通话行动。印发《玉溪市学前学会普通话行动工作方案》；举办60名教师参加的“墨韵智能”书法教学软件应用培训，选拔70名教师参加全国中小学教师书法培训、西部片区中华经典诵读讲骨干教师培训、少数民族教师普通话培训、云南省普通话普及情况调查培训等项目；选拔6组选手参加中华诗词大会云南选拔面试，选送30个优秀作品参加云南省“云岭杯”2019年中华经典诵写讲大赛；组织参加云南省2019年中华经典诵读大赛和经典课讲解大赛，3组选手入围全国比赛。

（张帆舸 邵昌云）

【学生资助】 2019年，全市投入中央、省、市学生资助资金5.3亿元，圆满完成各项学生资助工作，受益学生1 360 315人次，实现各级各类学生“应助尽助”目标，确保“不让一名学生因贫失学、一户脱困户因学返贫”。大力推进教育精准扶贫工作，全市建档立卡学生16 160名，小学生和初中生均享受义务教育阶段学生营养改善计划和“三免一补”的资助，普高和中职学生均享受免学费和国助金的资助。

【营养改善计划】 2019年，全市共有571所农村义务教育中小学校实施营养改善计划（小学488所，初中83所），受益学生173 978人，其中，小学生116 042人，初中生57 936人。支出营养改善计划补助资金累计1.425亿元，其中，中央资金1 880.1万元、市级配套资金6 208.84万元、县级配套资金6 262.1万元。全市442所农村中小学校采取学校食堂供餐方式，占全市农村中小学总数的77.41%。享受学校食堂供餐的学生126 174名，占享受营养改善计划学生总数的72.52%；129所农村中小学校采取企业供餐方式，占全市农村中小学校总数的22.59%。享受企业供餐的学生47 804名，占享受营养改善计划学生总数的27.48%。全市有1 822名工勤人员，应配备2 697名，缺配875名。地方政府购买服务性岗位1 498个，投入资金累计3 334.65万元。全市仅通海县未配备食堂工勤人员。

【国家助学金和免学费资金管理】 2019年，全市按照普通高中一等助学金2500元/生/年、二等助学金1500元/生/年的标准，下拨国家助学金资金共计1 193.74万元，其中，中央资金956.96万元，省级资金134.01

万元，市级资金33.81万元，县级配套68.96万元，受益学生16 516人次。市属三所高中学校少小民族“三免一补”项目，按照“免补”对象的条件、内容及标准，下拨资金20.5万元，对125名符合条件的学生进行资助。免除普通高中建档立卡家庭经济困难学生学杂费，到位资金共380万元，其中，中央资金304万元，省级资金53.2万元，市级资金2.7万元，县级配套资金20.1万元，受益学生5 855人次。按照中等职业教育国家助学金2 000元/生/年的标准，共下拨资金1 055.4万元，其中，中央资金801.04万元，省级资金200.28万元，市级资金13.54万元，县级配套资金40.54万元，全市4 185名中职学生享受国助金资助。中等职业教育免学费资助，共下拨资金4 419.55万元，其中，中央资金3 446.08万元，省级资金524.43万元，市级资金276.84万元，县级配套资金172.2万元，共21 025名学生受到资助。

【大学新生助学贷款和奖励计划】 2019年，全市为贫困家庭学生办理电子合同16 005份，申请贷款金额1.25亿元。全市办贷金额首次突破亿元，贷款学生人数比上年增长23.09%，申贷金额增长25.03%，再创历年新高。还款救助涉及三个县区（江川区、华宁县、易门县）共3人，还款救助金额58 271.95元。实施“省优秀贫困学子奖励及高校建档立卡户家庭经济困难学生学费奖励项目”，共下拨省级资金515.5万元，其中省优秀贫困学子奖励489万元，高校建档立卡户家庭经济困难学生学费奖励26.5万元；1 031名学生受到资助，其中省级优秀贫困学子奖学金通过人数965名，高校建档立卡户家庭经济困难学生学费奖励通过人数66名。实施“市优秀贫困学子奖励计划项目”，共下拨市级资金226.5万元，757名学生受到资助。实施“普通高校家庭经济困难新生入学资助”，共下拨中央资金18.05万元，283名学生受到资助，其中：建档立卡户学生136名；省内205名，省外78名；本科158名，专科125名。

（郭　珏）

【中小学教育提质增效】 2019年，市教体局加强统一检测与备考研究指导，组织全市高三学生34 138人次参加省、市统一检测，认真进行质量分析，组织召开740名教师参加重难学科高考备考复习研讨会、高中教育提质增效培训会；组建“玉溪市普通高中质量提升研究指导中心”，分10个学科组深入高中学校开展听课、查阅教案、检查学生作业、查阅教学计划等内容的教学研究指导工作；组织11个市级高中名师工作室开展“名师助力高考”送教活动，送教到校64校次、作专题复习讲座85场次、上示范课29节。发挥初中、小学名师工作室引领作用，开展教学研究和送教活动，初中名师工作室讲示范课23节、专题讲座22场，参加研讨的师生约1 600人次；小学名师工作室送教到校20余所，受益教师2 400多人次。组织开展全市84所初级中学教学质量监控综合评价工作，评价结果优秀和成绩进步较快的学校进行通报表扬，圆满完成全市初中学业水平考试评卷、质量分析和成绩反馈工作，印发《2019年玉溪市初中学业水平考试质量分析报告》；举办全市中小学（幼）和职业学校25个学科的“秋韵杯”课堂教学竞赛，评出一等奖131名、二等奖92名、三等奖97名，3 600余名教师参加观摩。

（张帆舸　邵昌云）

学前教育

【启动幼儿园办园行为督导评估工作】 2019年，在全市全面启动幼儿园办园行为督导评估工作，助推幼儿园规范办园行为、科学实施保教自觉性的提升工作。全市幼儿园依托幼儿园办园行为督导评估系统完成自评498所，县区督评完成114所，市级抽评6所。平均得分844.30分，其中：城镇幼儿园平均得分905.17分，农村幼儿园平均得分816.58分；公办幼儿园平均得分858.67分，民办幼儿园平均得分833.26分。

（李震宁）

【学前教育普及普惠发展】 2019年，全市按照“一县一示范、一乡一公办、一村一幼”的目标要求，优化布局调整，利用闲置资源，加快推进乡镇中心幼儿园及村幼儿园建设，在74个乡镇（街道）中建成58个中心幼儿园，9个乡镇（街道）中心幼儿园正在建设中。2019年，全市有适龄幼儿66 971人，新增幼儿园124所139个教学班，在园在班幼儿64 021人，学前三年毛入园率88.51%，比上年的84.99%高3.52个百分点；新认定普惠性民办幼儿园16所，全市普惠性民办幼儿园达到131所，普惠性民办幼儿园在园幼儿20 189人，普惠性幼儿园覆盖率85.31%，超过省级2020年规划的目标。

【学前教育质量提升工程】 2019年，江川区一幼、峨山县幼儿园晋升为省一级一等幼儿园，元江县第一幼儿园晋升为省一级二等幼儿园，全市一级一等幼儿园达到10所，占全省113所的8.85%，占比全省第二，全市一级幼儿园达到23所，所有县区均有示范幼儿园。以红塔区（全省三个课程游戏化实验区之一）为龙头，以市一幼、市二幼、新平幼儿园等9所省级课程游戏化试点园为骨干，深入调

2019年6月5日，玉溪聂耳小学开展花灯礼赞新中国　戏曲奋进新时代——“玉溪花灯”进校园系列活动　（市教体局提供）

研，坚持以问题为导向，立足玉溪实际，积极改革创新，大胆先行先试，不断加大统筹推动力度，以课题研究和教师培训为抓手，充分发挥园区平台的作用，探索出区域内整体推进课程游戏化的有效途径和方法，形成玉溪“453N41”课程游戏化整体推进模式（突出“四个抓手”，实施“五个策略”，区分“三个层次”，依靠“n个支点”，探索“四条路径”，带动“一个整体”），有效缩短全市幼儿园实施课程游戏化进程的周期，为学前教育普及阶段快速提升质量贡献了“玉溪方案”。充分发挥市一幼省级园长骨干教师培训基地优势，持续开展第四期园长培训班，培训学员71人，全期培训300余人，为全市幼儿园园长资格培训骨干教师学习创造了良好的条件，为全市学前教育质量提升提供人才保障。

（杨金发）

义务教育

【义务教育均衡发展】 2019年，云南省通过国家督导检查，整体实现义务教育基本均衡发展目标，经国家教育督导检查组核查，全市9个县区小学综合差异系数在0.42—0.567之间，初中综合差异系数在0.21—0.429之间，均在国家标准以上，未出现指标反弹县区。2019年连续开展红塔区义务教育优质均衡发展两轮整改，优质均衡指标达标提升较快。截至12月，红塔区80所公办义务教育学校在“资源配置”7项指标达标上，66所小学有17所学校达到优质均衡资源配置指标要求，较上年增加15所，占应达标校数的25.75%；14所初中学校有10所学校达到优质均衡资源配置指标要求，较上年增加9所，占应达标校数的71.43%。

【义务教育质量监测】 2019年，通海县、元江县分别被教育部基础教育质量监测中心抽样为国家义务教育质量监测样本县。按照国家义务教育质量监测相关要求，两个县周密部署、精心组织，圆满完成了监测工作，均被教育部基础教育质量监测中心授予“县级优秀组织单位”称号。

（李震宁）

【控辍保学工作】 2019年，在全市范围内开展控辍保学专项行动，抓实做细控辍保学工作。截至12月底，全市共有辍学、失学学生244人，其中小学辍学率为0.0044%，初中辍学率为0.32%，两项指标均低于省定标准，全市户籍适龄人口无因贫辍学。全市九年义务教育巩固率达95.29%。推进《义务教育学校管理标准》落实工作，全市313所义务教育学校达标，280所学校基本达标。除红塔区外，8个县区小学、初中已消除大班额、超大班额。落实外来务工随迁子女在流入地接受义务教育政策，全市外来务工随迁子女义务教育阶段在校生26 864人，其中就读公办小学比例达97.9%；就读公办初中比例达87.6%。小学及初中在公办学校就读比例都高于云南省85%的指标要求。

（杨 蔼）

2019年11月6日，“秋韵杯”小学道德与法制学科课堂竞赛活动在玉溪一小山水校区举行。图为学生在进行课堂活动 （市一小提供）

普通高中教育

【高考成绩稳步提升】 2019年，全市有13 575名普通高中学生报考，因部分考生参加全省高职院校自主招生考试被录取，实际考生为12 054人，其中：文史类考生5 829人，理工类考生6 225人。600分及以上709人，比上年增加74人，增幅达11.65%。整体成绩稳步提升，600分及以上人数、一本及本科上线人数三项指标均比上年明显提升，分别提升1.16、2.27、10.52个百分点。市直普通高中成绩总体向好，玉溪一中600分及以上人数、一本上线人数占全校报考人数的比例分别提升7.55、3.18个百分点；师院附中600分及以上人数占比提升1.67个百分点；市民中文科一本率、文理科本科率有所提升，600分及以上人数、一本上线人数有所下滑。县区高中均衡发展成效初显，18所县区高中有10所出现600分及以上的考生。民族考生、德语班考生成绩喜人，市民中19名“特少小”民族考生参加高考，上线率100%，玉溪一中德语班28人参加高考，600分以上19人，26人通过DSD二级语言证书考试，其中18人达到C1，比例居全国第一。

（沈海亮 王 星）

【市直普通高中教育质量绩效考核方案通过审议】 2019年10月，玉溪市第五届人民政府第32次常务会议审议通过《玉溪市直普通高中教育质量绩效考核方案》，市直3所普通高中每年学校非税收入20%返回学校作为绩效增量，市政府每年安排500万市级财政预算作为绩效增量，对管理水平高、教学成绩突出的普通高中进行考核激励。绩效工资的发放坚持“向教学一线教师倾斜、向班主任倾斜”，体现“量大多得、质优多得、责大多得”的原则。

【普通高中学校捆绑发展】 2019年，市教体局进一步完善实施市直高中与县（市、区）高中“捆绑考核、协同发展”，将民办高中一同纳入捆绑考核，全市普通高中组成四组捆绑体，分别由玉溪一中、师院附中、市民中和玉溪三中作为牵头学校，本着“优势互补、合作交流、携手共进、资源共享”的原则，从办学理念、学校管理、师资建设、教学研究、资源共享、校园文化建设、学生交流等方面引入“学区化”办学理念对捆绑学校进行扶持，推进规范化、制度化、精细化管理，促进双方办学水平整体再上新台阶，进一步提高全市高中学校管理水平，提升教学质量，构建优质资源共享机制，逐步实现学校教育资源一体化，带动全市高中学校办学水平整体提升。

【增加高中学位】 2019年，全市共增加普通高中学位1 700个，玉溪市红塔区衡水实验中学增加高中学位1 000个，新平县衡水实验中学增加高中学位700个，满足人民群众子女上普通高中的需求。新平县政府引进云南长水教育集团控股有限公司合作创办新平衡水实验中学，初步办学规模42个教学班，2 100名学生，每年700个高中学位、14个教学班，8月新平衡水实验中学完成竣工验收，9月完成招生工作。

（李　彤）

中等职业教育

【中等职业教育招生】 2019年，全市3所中专学校、10所职业高级中学计划招生8 265人，2所技工（师）学校（院）计划招生1 590人，计划共招生9 855人，实际完成招生10 071人，完成招生计划的102.19%。其中，普通中专2 686人，职中5 372人，技校2 013人。

【职业院校毕业生就业情况】 2019年，全市13所职业院校毕业9 505人，有1 246人升入高一级院校，升学率13%。一次就业人数7 786人，一次就业率82%。本地就业3 785人，占就业人数的49%；异地就业4 001人，占就业人数的51%，升学与就业均保持良好态势。

【骨干专业建设】 2019年，经市教育体育局党组会议研究讨论，玉溪工业财贸学校8个专业（电气运行与控制、建筑装饰、市场营销、电子商务、计算机网络技术、会计电算化、计算机应用、汽车维修），玉溪卫生学校3个专业（助产、营养与保健、康复技术），玉溪体育运动学校2个专业（运动训练足球方向、电子竞技运动与管理），玉溪第二职业高级中学5个专业（数控技术应用、机电技术应用、计算机平面设计、建筑工程施工、会计电算化），江川区职业高级中学2个专业（农产品保鲜与加工、电子电器应用与维修），通海县职业高级中学、澄江县职业高级中学食品生物工艺专业，华宁县职业高级中学民间传统工艺（陶瓷艺术）专业，峨山县职业高级中学电子商务、计算机网络技术专业，新平县职业高级中学汽车运用与维修专业等25个专业达到骨干专业办学水平，同意认定为市级骨干专业并进行公示。截至年底，全市职业院校共开设170多个（次）专业，建成5个省级骨干专业、37个市级骨干专业，年均培养输送毕业生1万人左右，为玉溪经济社会发展提供急需的各类人才。

【职业教育质量提升项目库】 2019年5月5日，市教育体育局从职业教育质量提升项目库中择优选出70个项目报省教育厅终审。市财政局、市教育体育局联合下达2019年职业教育质量提升中央专项资金2 913万元，其中：职业教育质量提升计划中央专项资金2 898万元，省专项资金15万元。下达市属学校1 397万元，县区职业学校1 516万元。专项资金主要用于支持中职学校的实训基地建设、校舍维修改造、学校信息化建设、教学仪器设备购置、图书资料配置、创新人才培养模式等项目。在推进项目建设过程中，市教育体育局严格执行《云南省州市财政支出预算执行进度考核办法》，认真制定绩效目标，实施绩效目标考核，提高资金使用效率，扎实推进所有项目按期启动建设并投入使用。通过项目建设，各职业院校的师资队伍建设、学校信息化建设和实训基地建设得到进一步加强，教学仪器设备不断完善。

【实训基地项目建设】 2019年，玉溪工业财贸学校、玉溪农业职业技术学院获得国开行1 300万元的贷款资金支持，拟建设1 400平方米的实训基地，总投资规模达1 410万元。其中：玉溪工业财贸学校与奇瑞汽车股份有限公司共建实训基地，建成汽车总装模拟生产线，建设规模300平方米，工贸学校提供实训基地建设地点，奇瑞汽车股份有限公司提供价值110万元的设备；玉溪农业职业技术学院与华大基因建立玉溪高原特色农产品基因测序中心，建设规模400平方米，国开行贷款资金1 000万元；玉溪农业职业技术学院与昆明动物研究所建立高原湖泊珍稀鱼类保育中心，建设规模700平方米，国开行贷款资金300多万元。

【推行终身职业技能培训制度】 2019年，玉溪市各职业院校以推行终身职业技能培训制度为重点，强化就业前职业培训，开展职业技能教育和劳动预备制培训，实施“雨露计划”，开展大学生、退役军人和残疾人的就业培训；实施岗前职业培训，全面推行现代学徒制和企业新型学徒制计划，积极打造玉溪劳务品牌；持续推进创业培训工作，组织有创业培训需求的人员参加创业培训；努力推进职业技能培训全领域发展；加强职业教育培训资源全方位建设；构建技能人才多元评价机制；构建技能提升多渠道激励机制。充分发挥职业教育资源优势，面向全体劳动者特别是重点人群及技术技能人才紧缺领域开展职业

玉溪卫校新校区外景　（卫校提供）

培训，培训内容涉及中草药种植与初加工、食用菌栽培、陶瓷制作、乡村电子商务、农机维修、陶瓷模具成型工艺、茶艺、糕点制作、农家菜烹饪等，共培训各类人员8 727人。

【职业技能鉴定】 2019年，全市完成职业技能鉴定2 536人，占申报毕业生人数2 626人的96.57%，其中初级鉴定考核67人、中级鉴定考核2 469人。其中，玉溪工业财贸学校627人，玉溪二职中987人，通海职中302人，峨山职中289人，华宁职中165人，农职院69人，江川职中67人，元江30人。

【职业技能大赛】 2019年，市教体局组织全市13所职业院校504名师生参加云南省2019年技能大赛，参与14个大项144个（次）竞赛项目的比赛，涵盖大赛所有竞赛项目。参赛学生318名、参赛及指导教师186名，涉及农业类、汽修类、电工电子类中的机器人应用技术、护理类、学前教育类、民族技艺类、职业素养类、会计类、建筑技术类、信息技术类、信息化教学类等比赛项目。中职组获55项一等奖，获奖150余人（次）；67项二等奖；77项三等奖。高职组获一等奖5项，二等奖14项，三等奖11项。市教育体育局、玉溪农业职业技术学院荣获优秀组织奖。

组织参加全国职业技能大赛，玉溪农职学院获测绘技能大赛1个一等奖、1个三等奖、1个团体三等奖，中华茶艺大赛1个一等奖、1个三等奖；玉溪工贸学校获得电子电路装调与应用1个一等奖，获焊接技术、电气安装与维修2个二等奖，汽车机电维修、车身修复（钣金）、网络空间安全3个三等奖；华宁职中获农机维修专业竞赛1个三等奖。

【职业教育活动周】 2019年5月6—12日，市教体局组织以“迎祖国七十华诞·展职教时代风采”为主题的职业教育活动周，全市1 736名教师、21 670名学生、113家企业及7 300余名社会人士参加，学生参与覆盖率达98%。

【校企合作】 2019年，在长期建立校企合作、订单培养的人才供求关系的基础上，全市职业院校与市内外200余家企业开展校企合作，形成“立足玉溪、面向全省、辐射全国”的就业服务网络，全市13所职业院校全部开展东西部校企合作，建立了20多个校企联合办学点、50个校企合作实训基地，大力推行“引厂入校”“引校进厂”等校企深度合作模式，实现校企双方合作办学、合作育人、合作发展。

【开展“1+X”证书制度试点】 2019年6月，玉溪确定玉溪农职学院、玉溪工贸学校（技师学院）2所院校开展“1+X”证书制度试点学校。玉溪农职学院“1+X”证书制度主要有农作物植保、农产品食品检验、动物检疫检验、动物疫病防治、家畜防治、汽车维修、西式面点和中式面点等8种证书。2019年参加鉴定的学生有1 480人次，获证1 303人次，通过率88%。玉溪工贸学校（技师学院）“1+X”证书制度主要有汽车运用与维修证书、建筑信息模型（BIM）证书、Web前端开发证书和物流管理证书，涉及1 500余名学生。

【综合高中试点】 根据云南省教育厅“原则上每个州市至少确定2—3所综合高中试点建设学校”的要求，2019年7月24日，市教体局印发开展综合高中试点工作实施方案，将峨山县、易门县、新平县、澄江县4所职业高级中学确定为试点学校并上报省教育厅。9月11日，省教育厅公布综合高中试点学校名单，易门县和新平县职中被列入全省44家综合高中试点学校行列。

【评审设立玉溪比欧三语职业高中】 2019年5月24日，市教体局组成评审专家组，深入红塔区小石桥乡玉溪比欧三语职业高中，对玉溪比欧三语职业高中的校园文化、办学条件、师资力量、资金来源渠道等进行实地考察和评估，通过考察评估，专家组认为玉溪比欧三语职业高中达到设立的资质和条件。6月24日，经市教育体育局党组研究同意批准设立玉溪比欧三语职业高中。

【通海职中加挂“玉溪烹饪学校”牌子】 2019年5月29日，市教体局邀请来自省、市、县，涵盖教育、人大、政协、人事、行业协会等7人组成专家组，到通海职中进行座谈评估，专家组一致认为通海职中加挂牌子可提升学校品牌效应，具备加挂“玉溪烹饪学校”牌子的条件。6月20日，经市教体局研究批复，同意通海县职业高级中学加挂“玉溪烹饪学校”牌子。

【市教体局与北方汽修签约框架协议】 2019年5月，在开放合作引智引校北京峰会上，市教体局与中职北方智扬（北京）教育科技有限公司签订两方和四方合作框架协议。“协议”将推动新能源汽车、汽车电子技术应用、汽车运用与维修、烹饪等方面开展学历教育和技能培训的深度合作，并从四个方面明确了各自的权利和义务，双方将携手推动校企合作、深化产教融合，进一步加快玉溪职业教育现代化建设。2019年计划招生300人，学制三年。

（龚雪刚）

【卫校培训工作】 2019年，玉溪卫校开展中医药适宜技术——母婴保健技能培训112人次，国家护士执业资格证考试培训724人次，大理大学、楚雄医专升学考试培训478人次，成人高考培训85人次。首次在学校开展三校生考前文化课强化学习，14名学生参加，效果显著，平均分393分，比同期参加考试其他学生平均分高出116分，均上公办专科学校分数线。首次开展临床执业（助理）医师医学综合笔试考前辅导，5名学员顺利通过考试，通过率50%，比全市平均通过率高出20%以上。

【中等职业院校护理技能大赛】 2019年7月8日，由市教育体育局主办，玉溪卫校承办的2019年玉溪市中等职业学校护理技能大赛在玉溪卫校举办。本次技能大赛分三个竞赛项目：密闭式静脉输液、单人徒手心肺复苏、无菌技术，共评出一等奖3名、二等奖6名、三等奖9名，优秀奖9名，卫校60名学生参赛，分获一、二、三等奖和优秀奖。

（易 帅）

高等教育

【师院招生录取工作】 2019年，玉溪师院完成普高、专升本、预科升学录取工作，其中本科录取人数3 000人，专升本录取人数509人，少数民族预科录取人数100人，五年制升段录取人数345人，五年制高职录取445人。一本批次生源质量逐步提高。

二本批次生源充足，生源情况继续保持较好水平，省外生源情况稳定。认真推进与落实“县校合作计划”继续向省教育厅、省招生考试院请示，争取到针对峨山、元江、新平三个民族自治县少数民族考生的预科定向计划50人。定向少数民族预科录取峨山籍少数民族考生21名、元江籍少数民族考生12名、新平籍少数民族考生17名。录取玉溪籍考生1 095人，占学校录取人数比的24.89%。

【师院教学竞赛获佳绩】 2019年，玉溪师院荣获第三届云南省高校教师教学大赛复赛、决赛二等奖1名、三等奖2名、优秀奖1名；荣获“云南省职工业务技能大赛——‘高教社杯’高等师范院校化学教师教学技能大赛”和“云南省第十六届职工职业技能大赛——云南省第二届思想政治理论课教师教学技能大赛”二等奖1名、三等奖2名、优秀奖2名；荣获云南省“高教社杯”第七届师范专业大学生教学技能竞赛一等奖3名、二等奖7名、三等奖4名、优秀奖1名；荣获2019年“挑战杯”云南省大学生学术科技作品竞赛金奖1项、银奖3项、铜奖6项和优秀奖5项；荣获第五届中国“互联网+”大学生创新创业大赛金奖1项、银奖2项、铜奖8项；荣获云南省第八届辅导员素质能力大赛二等奖；《乡村振兴战略背景下大学生返乡创业探究》《文化自信背景下“吸收外来”的基本方略论析》分别荣获西南片区高等师范院校学生工作研究会论文评选一等奖、三等奖；云南省第八届高校文化节系列活动“礼敬中华优秀传统文化”展演活动二等奖；云南省高校广播联展1个优秀组织奖，1个优秀节目奖，3个最佳编辑奖，1个最佳后期奖，“校园好声音”大赛优秀组织奖，《玉溪师院构建校园文化实践育人体系的探索》荣获“一校一品”校园文化优秀成果三等奖；云南省第十一届少数民族传统体育运动会1金2银3铜。玉溪师院“小桔灯”夜校被作为云南唯一项目入选大学生志愿服务社区示范项目。

【师院学科建设与专业调整】 2019年，玉溪师院组织申报省科技厅创新团队培育对象，省教育厅高校科技创新团队、省高校重点实验室、省高校工程技术中心均获得立项；组织申报省中青年学术和技术带头人后备人才，1人获批。5月云南省学位委员会发文公布，玉溪师院电子信息工程、应用生物科学两个专业新增为学士学位授权专业。

【师院毕业生工作】 2019年，玉溪师院完成2019届2 998名本科毕业生毕业资格和学士学位授予审核工作，66名专科毕业生毕业资格审核。本科生毕业2 911名、结业87名，专科生66名毕业。本专科毕业率97%；本科生授予学士学位2 900人，学士学位授予率97%。2019届毕业生的学历信息和学士学位授予信息按时注册完毕。完成2020届毕业生学历证书电子注册图像信息采集3 139人。有36名2017届、2018届的毕业学生通过了毕业资格和学士学位授予资格审核，换发毕业证书及授予学士学位。

【师院成人教育和非学历教育工作】 2019年，玉溪师院巩固成人学历教育，成人函授招生专业29个（本科18个、高起本8个和专科3个）。成人函授在籍学生2 199人，本科1 536，专科663人；奥鹏在籍本专科学生400多人，涉及本专科专业70多个。教学管理已经推进实施“线上+线下”混合学习模式。同步拓展非学历教育工作，完成2018年“国培计划”乡村教师培训团队研修项目总结提升阶段6天260人的培训任务；组织专家团队分4次赴绿春县跟踪指导，完成两个阶段的培训；组织申报省教育厅2019年“国培计划”项目，上报8个子项目的申报书。完成玉溪市巡察干部5天177人的业务培训；完成2019年玉溪市纪检监察干部4期培训，培训906人；完成玉溪卷烟厂2019年专兼职纪检监察人员业务培训班工作任务。完成红河州绿春县初中语文、物理、数学等7个学科500名教师的培训；两期宁夏回族自治区平罗县“初高中教师互联网+教育及信息技术研修班”培训工作。与玉溪市教育体育局联合举办了100人的“2019年玉溪市领航校长骨干培训班”。组织全国等级计算机考试、自学考试、红塔集团考试等10个不同类型社会考试，服务考生16 189人。

【师院教师队伍建设】 2019年，玉溪师院加大教师人才队伍建设，实行内培外引并举，对各类人才项目和人才称号积极申报。引进博士29人，37人考取博士，3人毕业返校报到，在职攻读博士72人。申报云南省“千人计划”“万人计划”教师17人，其中：万人计划13人（文化名家4人，教学名师1人，青年拔尖人才8人），千人计划4人（青年人才2人，项目培养经费支持2人），获云南省“千人计划”1人，“万人计划”1人；组织申报玉溪市“百千万人才计划”52人，其中入选“百人计划”31人，入选“千人计划”“兴玉文化名家”3人，“千人计划”“兴玉教学名师”3人，“千人计划”“兴玉社工人才”2人；申报玉溪市第一批人才工作创新项目1项，有玉溪市委联系专家21人。

【师院科研工作】 2019年玉溪师院公布获准立项纵向项目84项（立项经费530.3万元），横向项目16项（经费153.5万元），合计100项（科研经费共计683.8万元）。其中：国家社会科学基金项目2项，国家自然科学基金项目6项，国家艺术基金项目1项，教育部社科规划项目3项，国家民族事务委员会民族研究项目1项，国家语保项目2项。2018年度云南省地方本科高校联合项目14项，省哲社规划项目3项，省哲社教育专项项目1项，省哲社科普项目1项，省创新团队科研项目1项，省哲社艺术类项目1项，2019年省教育厅项目25项，玉溪市社会科学课题项目立项20项，其他地厅级项目3项。获准横向项目立项16项。

【师院对外交流与合作】 2019年，玉溪师院与缅甸仰光大学、泰国清莱皇家大学、泰国曼谷皇家理工大学等签署11个校际合作协议，新增合作院校7所，新增实习基地4个。完成7名教师国家公派出国留学项目、西部项目和云南省地方公派项目的申请。完成196名学生赴泰国和缅甸开展专业学习、教学实习；完成英语2名、泰语3名、缅语1名等外教的聘用及管理；完成泰国、缅甸、老挝等202名留学生的学历、非学历、校际交流及各类长、短期汉语言进修的教学任务；完成67门课程的教学及考试工作，HSK四级的考务工作；争取到省市两级项目培养、培训经费40万元；完成32名留学生云南省奖学金申报及年度评审工作；派送97名学生到泰国院校进行为期3—5个月的带薪汉语教学实习。玉溪师院建有国外带薪实习基地30个，国外汉语言文化中心3个，2019年新增实习基地4个。

2019 年 6 月 24 日，玉溪师范学院与泰国圣约瑟夫学校合作共建教学实习基地签字仪式举行 （钱秋月 摄）

玉溪师院与泰国清莱皇家大学和呵叻皇家大学合作联合培养“2+2”泰语专业人才，派送 73 名泰语专业学生赴泰进行为期两年的专业学习，毕业后可同时获得双方院校的毕业证及学位证。

【师院获批第二批云南省应用型本科人才培养示范院校建设单位】 2019 年 3 月，省教育厅、财政厅发文公布第二批云南省应用型本科人才培养示范院校建设单位，玉溪师院名列其中。玉溪师院将围绕“加强基层党建、加快转型发展、加速内涵提升”三大重点工作任务，认真贯彻落实全国教育大会、新时代全国高等学校本科教育工作会议精神，以培养一流本科人才为目标，主动融入国家和云南省发展战略，对接地方产业转型升级，积极推进改革创新，着力构建产教融合的人才培养体制机制，推进政产学研深度结合、协同育人，在服务区域经济社会发展和产业振兴中发挥引领示范作用，努力建设成为云南省一流地方应用型大学。

（玉溪师院提供）

【农职院招生就业工作】 2019 年，玉溪农职学院计划招生 4 100 人，其中三年制高职 3 000 人（普高、三校生 2 533 人，单招 467 人），五年制高职 1 100 人（校本部 160 人，联合办学点 940 人）。五年制转段 515 人。完成高职专科录取计划 2 990 人，计划完成率 99.7%，校本部高职专科、五年制专科、五年制转段总报到数 3 604 人。计划招生人数比上年增加 1 500 人，增幅达 57.7%。通过玉溪农职学院单招、扩招和普招三个阶段的招生工作，有力地支持全国高职院校大规模扩招 100 万人工作。

2019 年，农职学院高职毕业学生 1 213 人，就业 1 162 人，就业率为 95.8%，其中：267 人升入高一级院校，升学率为 22%；895 人实现一次就业，就业率 73.8%。本地就业 268 人，占 23.1%；异地就业 894 人，占 76.9%，升学与就业情况保持良好态势。完成 360 名毕业生的就业创业帮扶申报工作，发放求职补贴 36 万元。

【农职院深化中高职衔接改革】 2019 年，加快实施《玉溪农业职业技术学院转型发展为综合性玉溪职业技术学院的方案》，保留原农职学院 6 个学院，组建卫生康体学院、工业信息学院、交通运用学院，全面整合职业教育资源，提升职业教育层次，加快玉溪现代职业教育体系建设，构建中高职衔接“立交桥”。聘请第三方“云南高博尔教育评估中心”收集、整理、完善“玉溪职业技术学院”更名材料，4 月下旬专家组进行初审，并将初评结果报送省教育厅，由省教育厅报告教育部组织评审。

【增加农职院教育投入】 2019 年，除正常生均公用经费、教职工人员经费、学校保障运转经费安排外，已安排高等职业教育奖励补助资金 228 万元，现代职业教育质量提升计划中央专项资金 170 万元，省政府奖学金 2.4 万元，市级配套用于中等职业教育学校免学费补助资金 274.5 万元，共投入职业教育专项资金 674.9 万元。财政部门下达高等职业教育奖励补助资金 228 万元；下达第二批高等职业院校生均拨款奖励补助资金 178 万元。市教育体育局以补短板、抓项目为重点，加强对学校基础能力建设，使用职教扶贫工程建设项目国开行 2.47 亿元贷款，建成了图书馆、第三和第四幢学生公寓、多功能风雨场馆、实训大楼、汽修实训室等工程建设；加强教学基本建设，保证按专业需求建设较为先进的实验室和实训基地，改进校内实验实训条件，完成玉溪华大高原特色农业基因测序中心、高原土著鱼保育中心、物流、文秘、市场营销、食品药品、自动化、汽修等专业实训室的规划和建设。

【农职院专业与产业对接】 2019 年，玉溪农业职业技术学院共有三年制高职专业 57 个，五年制高职专业 24 个，中职专业 12 个，涵盖农业种植技术、养殖技术、电子信息技术、财经管理、农产品加工技术、公共事业管理与服务、设计技术七大职业门类。围绕玉溪产业发展需求，建设形成 7 个专业群。烟草生产与加工专业团队主持完成国家专业标准的编制工作，并审定通过，已由教育部公开发布。组织实施国家级质量工程 3 项，省级质量工程 15 项，校级质量工程 26 项。

【农职院科研与社会服务能力进一步提升】 2019 年，玉溪农职院主持完成各级各类课题 10 项，其中省级课题 2 项，市级课题 2 项；主持立项各级各类课题 23 项，其中省级课题 11 项，横向课题 3 项（共获资助 9 万元），横向课题实现零的突破；获得科研成果奖励 4 项，其中一等奖 2 项，二等奖 2 项；专利 1 项。发表教科研论文 8 篇；主编教材 2 册。科技服务方面，学院 4 人入选 2019 年度“三区”人才支持计划科技人员专项计划。完成各种职业技能培训鉴定 4 046 人次，学历继续教育在籍人数达 692 人，毕业 95 人，共计 4 833 人。2019 年，韩国牧园大学、贵州农业职业学院等 20 余所学校到校进行交流，中荷农业部上海园艺培训示范中心、大北农云南分公司、昆明永道建设工程管理有限公司等 40 余家企业到校洽谈合作，举办玉溪现代农业职教集团2019年年会及校园开放日、“企业家话职教”论坛等活动。

【农职院建立高原特色农业技术创新基地】 玉溪农职学院采取院校合作、校企合作、扶持创业等多种模式，先后与深圳华大、中科院昆明动物研究所、广东温氏集团等多家科研院所、大型企业合作，初步建立高原特色农业技术创新基地，主要包括中草药科普园、高原湖泊土著鱼扩繁基地、滇中软籽甜石榴示范园、绿色防控基地、食用菌研究中心、高原特色农业基因测序技术中心、畜禽安全生产应用技术创新中心和大学生创业园。同时，积极探索校企合作办学机制体制，取得了一些产教融合教学成果，与新平县建兴乡政府、新平盛康食用菌开发有限公司建立了“校乡企”合作、产教融合基地，2018年在新平盛康公司成立“陈丽萍专家工作室”，学校获发明专利授予1项；2019年，学校在建兴乡推广示范猪苓32.8亩，举办“建兴乡药用菌（猪苓）种植技术暨经营管理能力提升培训”，参培农民117人。

【农职院校企合作】 玉溪农职学院与武汉伟创聚赢科技有限公司合作计算机应用和计算机网络技术两个专业，共计联合培养学生304人，招生资金投入107.8万元，教材研发投入26万元，实验实训设备投入37万元，配备计算机（软硬件）90台（套），建设多媒体教室3间、实训室（机房）2间、学生创业工作室1间、办公室2间、会议室1间。双方开展合作后，武汉伟创聚赢科技有限公司除了在招生、教学、实训、就业上投入大量人力和资金，还和学校联合进行教材研发，鼓励并支持学生创新创业。

【农职院“1+X”证书制度】 2019年，玉溪农职学院“1+X”证书制度主要有农作物植保、农产品食品检验、动物检疫检验、动物疫病防治、家畜防治、汽车维修、西式面点和中式面点等8种证书，参加鉴定的学生有1 480人次，获证1 303人次，通过率达到88%。

【农职院以赛促教】 积极参加省级技能大赛，组织14名学生参加2019年云南省中职学校学生技能大赛获奖11项；组织100余名学生参加2019年云南省高职院校大学生技能大赛获奖30项，其中一等奖5项、二等奖14项、三等奖11项。其中，“中华茶艺、园林景观设计、电子商务技术、花艺设计、工程测量”五个项目进入全国大赛，获一等奖3项，三等奖2项。学校连续三年被云南省教育厅授予“优秀组织奖”。

【加大农职院奖助学金覆盖面】 2019年，省财政厅下达玉溪农职学院国家奖助学金538.52万元，较上年下达的426.33万元增加112.19万元。市财政局下达中等职业学校免学费补助资金9.67万元，中等职业教育国家助学金25.58万元。2019年，共发放高职助学金、奖学金568.95万元；中职生学费减免、助学金和省政府奖学金128.22万元，入伍学生学费补偿、贷款代偿和复学学生学费减免58.08万元。对2019年生源地助信用学贷款的政策、贷款办理说明作了广泛宣传，为家庭经济困难学生申请贷款提供了有力的帮助，本学年共有1 968人，贷款总额为1 449.48万元。

【农职院创新创业教育成果初显】 2019年，农职院高度重视创新创业教育工作，积极组织学生参加各类比赛，荣获中国“互联网+”大学生创新创业大赛铜奖1项；荣获“挑战杯—彩虹人生”全国职业院校创新创效创业大赛二等奖1项；荣获云南省“互联网+”大学生创新创业大赛金奖2项，银奖4项，铜奖8项；荣获“挑战杯—彩虹人生”云南省职业院校创新创效创业大赛金奖1项，银奖2项，铜奖5项，优秀奖1项；荣获“创青春”云南省大学生创业大赛铜奖1项，优秀奖4项；荣获“挑战杯”云南省大中专学生课外学术科技节一等奖1项，三等奖4项。

（龚雪刚）

2019年10月28日，玉溪师范学院创新创业学院揭牌成立 （廖鹏飞 摄）

成人教育

【开放教育、中高衔接项目】 2019年，玉溪市依托云南开放大学和玉溪开放学院、红塔开放学院、新平县职业高级中学教学点等学习中心，以推进开放教育、中高衔接项目为重点，采取线上与线下相结合开展教学培训活动，以学历教育为抓手、远程教育为手段、实践实训为补充，注重顶层设计，加强统筹谋划、强化过程管控，确保培养质量。全年招收开放教育、中高衔接项目学员8 987人，其中：2017级3 244人、2018级3 039人、2019级2 704人。开放学院及学习中心开设专业涉及工程造价、会计、计算机应用技术、建筑工程技术、汽车检测与维修技术、数控技术等31个。报读层次包括专升本及专科。

【推进“双提升”项目】 2019年，玉溪市依托云南开放大学和各县区职业学校、县区委党校开展村干部能力素质“双提升”计划，共招收双提升项目学员324人。全市9个县（区）

均开设学习中心或教学点，专业涉及法律事务、行政管理、农业经济管理、法学、农林经济管理等，报读层次包括专升本及专科。各教学点以专家队伍、导学队伍、助学队伍、管理队伍、实践指导教师队伍和志愿者队伍六支队伍建设为契机，采取线上与线下相结合开展教学培训活动，以学历教育为抓手、远程教育为手段、实践实训为补充，狠抓“双提升”项目负责人及代课老师工作职责，规范教学行为，强化对学员的服务意识，及时跟进学员学习进度，及时开展辅导，确保培养质量，推动城乡基层干部培养常态化，努力建设一支高素质、专业化城乡基层干部队伍。

【社会技能培训】 2019年，全市13所职业院校开展社会培训9 029人，培训项目81个，培训内容涉及草莓栽培技术、动物疾病防控、蔬菜栽培、中草药种植与初加工、农作物病虫害防治、家禽养殖、柑橘种植、茶艺师、陶瓷制作工、全国武术套路培训、铜锅技术培训、高压电的操作、保育员、陶瓷模具成型工艺技能培训班、家政服务培训等80多个。

（龚雪刚）

特殊教育

【“1234”送教上门】 玉溪市为无法入学的中重度适龄残疾儿童少年开展“送教上门”服务，探索构建“1234送教上门”玉溪模式，2019年为359名残疾儿童少年开展送教上门12 000课时，补齐中、重度残疾儿童少年的入学短板。“1”即完善1个特殊教育工作机制，2019年5月，下发《玉溪市教育体育局关于印发玉溪市特殊教育资源中心工作实施方案的通知》，成立了玉溪市特殊教育资源中心专家委员会，12月底各县（区）已全部建立县级残疾人教育专家委员会，进一步完善玉溪市特殊教育工作机制。经市教育专家委员会评估，全年共安置175名适龄残疾儿童入学接受义务教育。玉溪市有市级特殊教育资源中心1个，县级特殊教育资源中心8个，峨山县特殊教育资源中心在建设中，下达的40个新建资源教室项目中，27个资源教室已建好并投入使用。“2”即加强两个保障，加强经费保障，财政安排60万专项资金用于“送教上门”教师课时津贴，共发放“送教上门”残疾学生生活补助39万元；加强人员保障，聘请省内外专家、特校教师、县区残联康复员117人，按照就近就便原则选派中小学学科教师参与送教工作，全市“送教上门”工作参与人员达330人。“3”即打造三支队伍，打造专家支持队伍，聘请国内知名特教专家组成支持队伍，组建专家资源库，定期举办高水平讲座和专题培训，深入“送教上门”工作一线，开展教学诊断和帮扶；打造特校巡回指导队伍，加大特校巡回指导教师的专业培训力度，开展市内各种培训130余人次，参加省内外专业培训100余人次，全面提升专业素养；打造县区工作队伍，定期不定期召开专题会、培训会，对送教上门的康复员和教师进行全员培训，从沟通交流、心理健康干预、康复技能和送教实践能力入手，大力破解山区少数民族地方语言不通、入户不便的问题，全方位提高送教队伍的工作能力。“4”即抓好四个“融合”，抓好系统融合，融合教育体育、残联、卫健、人社、财政、编制等部门资源，形成市、县区特殊教育资源中心、特殊教育资源教室上下联动网络；抓好医教融合，根据“送教上门”服务对象的残障特点，将教育、医疗和康复训练的办法手段融合为一体，对送教对象进行补偿和补救性服务；抓好普特融合，特殊教育学校与县区普通学校进行深度合作，推动特教、普教资源共建共享，共同推进送教服务；抓好互联网与送教服务融合，借助送教平台和信息化设备，实施远程送教，加强质量管理，极大程度丰富了送教形式，提高了工作效率。

（李 彤 刘 静）

【云南省特殊教育送教上门师资培训会在玉溪举行】 2019年6月18—20日，由省教育厅主办，市教育体育局、现代特殊教育编辑部、市特殊教育学校承办的2019年度全省首个特殊教育培训项目“云南省特殊教育送教上门师资培训会”在玉溪市特殊教育学校举行。本次培训内容以玉溪市国家特殊教育改革实验区“送教上门”实验工作为基础，紧紧围绕特殊教育送教上门这一主题，全面诠释谁来送、送什么、怎么送的问题，探讨融合教育发展背景下送教上门有效模式与支持保障，分享特殊教育送教上门国改实验区的玉溪成功经验。来自云南省各州（市）、县（区）教育体育局分管领导，全省各特殊教育学校校长、资源中心（资源教室）负责人300余人参加培训。

（李 彤）

【师资培训培养项目】 2019年5月28日下午，玉溪特校与昆明医科大学康复学院召开师资培训培养项目合作座谈会，就两校师资培训培养项目合作事宜进行座谈，并确定了培训内容、培训形式和培训对象。昆明医科大学康复学院副院长敖丽娟、副主任陈茉弦及学院相关专家，玉溪特校党支部书记、校长张国强，副校长朱睿、送教办主任袁顺彪、康复中心主任甘云红参加座谈会。7月8日，玉溪特校与昆明医科大学康复学院师资培训合作项目启动仪式在玉溪市特殊教育学校举行。昆明医科大学康复学院副院长敖丽娟出席启动仪式，玉溪市特殊教育学校校长张国强主持开班仪式，并做动员讲话。启动仪式后合作项目的第一期培训开班，共有80人参加培训，培训为期5天，邀请昆明医科大学康复学院专家、教授进行授课，培训内容为人体结构与功能、康复概念与ICF框架与应用、儿童发育、功能评估、常见儿童残疾与表现、儿童沟通障碍与沟通技巧、儿童活动分析与日常生活训练及辅具、儿童认知与情绪行为障碍、运动的基本方法与物理治疗基本技术等。

【中国听力语言康复研究中心到玉溪特校开展评估工作】 2019年9月17日，中国听力语言康复研究中心对市特殊教育学校开展听力语言康复机构规范建设评估工作。由中国听力语言康复研究中心11人组成的检查组对玉溪特校听力语言康复机构建设与管理、服务过程及服务效果等方面的工作进行详细评估。检查组通过查看服务现场，查阅管理和服务资料、档案，测试专业人员操作能力，分别从康复教育管理、听力学、学前教育、听力语言康复等方面对玉溪特校听力语言康复工作进行专业、细致地评估。在评估反馈会上，检查组一行对玉溪特校听力语言康复的团队管理、教师专业化程度给予了充分肯定。希望玉溪特校树立全面康复的理念，促进孩子全面发展，使听力语言康障碍儿童更好地融入普幼、普校等方面继续加强工作。

【新时期特殊教育深化改革经验交流与学术研讨会在玉溪举办】 2019年9月25—28日，由《现代特殊教育》杂志社及玉溪市特殊教育资源中心、红河州特殊教育学校联合举办的“礼赞新中国 奋进新时代—新时期特殊教育深化改革经验交流与学术研讨会”在玉溪举行，来自全国的特殊教育专家和16个省市60多所特殊教育学校的200多名校长、老师参加会议，向新中国70华诞献礼，共同见证中西部特殊教育的崛起。

（刘 静）

民办教育

【概 况】 2019年，玉溪市加大对民办教育的审批及监管力度，全市民办学校达到573所，其中民办幼儿园231所、民办小学2所、民办完中2所、民办普通高中2所、民办中职学校1所、校外培训机构335所；在校学生38 010人，教师6 727人；占地面积1 614.3067亩，校舍建筑面积645 454.33平方米，资产99 501.3632万元，教学仪器设备总值22 509.889万元。与上年相比，新增民办幼儿园28所、民办小学1所、校外培训机构213所、民办普通高中1所、民办中职学校1所；学生总数增加1 462人，教师总数同比增长50.01%；建筑面积增加367 143.23平方米，教学仪器设备值同比增长50.18%。全市民办教育分类登记工作有序推进，现有营利性幼儿园20所、高中1所、校外培训机构303所，非营利性校外培训机构32所、幼儿园211所、小学2所、高完中2所、高中1所、职中1所。

【民办教育管理】 2019年，全市加大对无证幼儿园及校外培训机构的治理力度，对28家无办学许可证的民办幼儿园开展分类整治工作，取缔关停13所，整改合格实施审批3所，下发停办通知4所，1所整改完毕待发证，7所按要求整改中；录入全国校外培训机构管理服务平台机构总数531个，其中待排查145个，限时整改110个，没有问题156个，整改完成107个，停止办学13个，发布“白名单”305家、“黑名单”89家。认真落实民办教育政策扶持，争取到2019年中央财政支持学前教育发展专项资金1 634万元，对44所村级幼儿园建设实施项目补助，新增学位3 464个；对12所普惠民办幼儿园实施奖补，受益幼儿1 411人。同时，下达市级民办教育专项资金250万元，对31所民办幼儿园规模发展实施补助，有效提升投资者信心，受益大批幼儿。

（杨金发）

招生考试

【普通高校招生考试】 2019年，全市高考报名人数14 743人，其中：文史类考生6 409人，理工类考生7 166人，三校生1 168人。全市共设置11个高考考点，502个标准化考场。实考12 770人，上线12 695人，上线率93.51%，比上年增3.77个百分点；一本上线2 083人，上线率16.31%，比上年增0.56个百分点；二本上线4 819人，上线率37.74%，比上年增1.9个百分点；专科上线5 793人，上线率45.36%，与上年基本持平；600分以上702人，占实考人数的5.50%，比上年略增0.46个百分点。理科全省前50名玉溪有2人。

全市共录取考生13 751人，其中普通高校12 751人，三校生1 000人。录取率93.27%，比上年增2.37个百分点；其中：一本录取2 096人，录取率14.2%；二本录取4 853人，录取率32.9%，比上年下降2.92个百分点；专科录取6 772人，录取率45.93%，比上年增5.14个百分点。

【高初中学业水平考试】 2019年，全市共组织2次高中学业水平考试。1月，全市报考63 898科次，其中文化课62 436科次，信息技术1 462科次。7月，全市报考89 760科次，文化课77 591科次，信息技术12 169科次，全市共设考点18个。初中学业水平考试，初三应届毕业生26 977人，报考人数26 305人，报考率97.51%，考点76个，考场907场。初二报考考生26 709人，考点85个，考场933场。体育科目报考人数26 188人。录取考生26 614人，占报考数的101.17%，其中普通高中录取14 594人，普通中专录取12 020人。

【成人高考、自学考试及其他考试】 2019年，全市成人高考报名人数7 271人，其中：专升本3 759人，高起本359人，专科3 140人，专升本免试生10人，中专免试生3人。录取6 222人，录取率85.57%，其中：专科起点升本科3 266人，高中起点升本科249人，专科2 707人。自学考试，上半年报考2 209人，4 783科次。下半年报考1 994人，4 338科次。共办理毕业证22人，其中本科8人、专科14人。社会考试，全国计算机等级考试报名人数上半年3 269人，下半年1 978人；高校教师资格笔试38人，71科次；特岗教师考试503人；全国中小学教师资格(笔试)12 396人，报名人数首次突破万人，27 670科次。

（方丽华）

教师队伍建设

【教师队伍建设】 2019年，全市通过公开招聘、选调等方式，新增教职工776人。5月27日，市委全面深化改革委员会印发《关于深化新时代中小学教师队伍建设改革的实施意见的通知》，全面推进教师队伍改革发展。圆满完成36个学科2 618人考生的教师资格证面试工作。评审通过中专讲师39人，一级教练员7人，一级教师1 175人，高级教师1 120人；申报并通过省级评审高级讲师18人、正高级教师11人、正高级讲师2人。选派9名高中教师帮扶怒江州开展脱贫攻坚人才支持，选派26名教师到迪庆州、怒江州开展跟岗研修与支教活动。飞惠玲被人力资源和社会保障部、教育部授予“全国模范教师”称号，李秀梅和普慧花被教育部授予“全国优秀教师”称号；1个单位、3名教师被省教育厅表彰为全省教育系统先进单位和优秀教师；全市评选表彰先进集体50个、先进教育工作者30名、优秀教师70名；推荐获省教育厅表彰乡村学校从教20年优秀教师27名；推荐2人获得享受省政府特殊津贴。

加强师资队伍培训。认真贯彻落实省市教育大会精神，加强教师队伍建设，多渠道开展教师业务培训，提高教师专业化水平。积极配合完成“国培、省培”计划项目工作，选派67名教师、校(园)长参加“国培计划”“万名校长培训计划”等项目培训学习，遴选102名小学科学、信息技术、综合实践等学科教师参加乐高“创新人才培养计划”、上海信托“上善”系列等项目的研修班。组织普通高中校领导、教研员、高中质量提升研究指导中心主任等60人，赴河北衡水中学、四川大学附属中学、成都七中等学校进行新高考改革培训；委托华东师范大学云南基础教育研究院举办“玉溪市领航校长骨干培训班”，100名小学、初中校长参加培训；组织全市300多名幼儿教师参加玉溪市幼儿园课程游戏化培训，聘请省内外知名专家做专题讲座。积极组织各县（区）教研员和骨干教师104人，参加教育部、省教育厅组织的现场培训和网络培训。按照省教育厅的安排，组织全市义务教育相关学科教师全员参加人民教育出版社举办的“三科”教材网络视频培训。

开展师德师风建设，持续开展师德师风自查自纠与落实整改“九个一”专项行动，组织师德教育活动1 000余次。其中“云岭红烛·育人先锋”师德宣讲活动在市县两级共开展巡讲67场，参与教师超过13 130人次，引领弘扬高尚师德，更好发挥“头雁效应”。

（谢伯龙　张帆舸　邵昌云　郭迎娟）

【名师队伍建设】 2019年，在发挥全市27个省、市名师工作室和云南省“国培计划”项目8个名师（校长）工作坊引领辐射作用的同时，积极组织申报云南省中小学、幼儿园职业高中美术特色工作室。19个工作室被认定为云南省教育科学研究院美术特色工作室。组建了7个云南省“万人计划”教学名师工作坊，由玉溪市云南省“万人计划”教学名师担任坊主的，组建玉溪市音体美市级名师工作室。

（张帆舸　邵昌云）

【中等职业教育师资队伍建设】 2019年，全市职业院校编制核定的教职工总数2 054人，实际在职在编教职工2 022人，其中专任教师1 716人，文化课教师540人，占专任教师的31.47%；专业课教师1 176人，占专任教师的68.53%；“双师型”教师965人，占专任教师的56.23%。全市中等职业学校有国家级教学名师1人，云岭教学名师3人，省级首席技师1人，全省教学名师4名，省级学科带头人16名，市级学科带头人37名，“双师型”教师687人。

（龚雪刚）

学生工作

【开展“扣好人生第一粒扣子”系列主题活动】 2019年，全市中小学校广泛开展了一系列以“学雷锋”为主题的国旗下讲话、手抄报评比活动、“环保小卫士”“公益宣传”等志愿活动，全市共计134 500余人次参加。开展“劳动美”社会实践活动，全市组织40余所中小学校共26 390名师生到学校周边清理垃圾。开展“阳光成长”心理健康教育活动，玉溪市第一中学、玉溪市第三中学、玉溪市民族中学等学校完成“阳光助考”讲座15场，帮助3 000余高考学子缓解考前心理压力。4名通海县女童保护志愿者讲师团成员为500余名孩子开展“爱护我们的身体”防性侵知识讲座。开展“传承红色基因”系列教育活动，全市18余万名小学生开展“清明祭英烈”主题宣传教育活动，运用本地网络开展“网上祭英烈”，参与网上寄语、点赞活动，共计7 500余条；线下组织学生前往革命烈士陵园或通过主题班会、国旗下的讲话、黑板报等方式缅怀先烈。“七一”期间，全市983所中小学、幼儿园积极组织开展“童心向党”主题活动，引导未成年人铭记革命历史、崇尚革命英雄、继承革命事业。2019年，通过主题班队会、家长协助、校园宣传载体等方式，全市共有17万余名中小学生参与此项活动。

【爱国主义教育活动】 2019年，在全市中小学举办“新时代好少年”主题教育读书活动“我为祖国点赞”朗诵、演讲比赛，收到“我为祖国点赞”主题教育活动征文430余份，书画作品70余份；2019年9月25日至10月9日，全市广大中小学生集中开展“向国旗敬礼”寄语留言、主题班（队）会、国旗下讲话、网上签名寄语等活动，全市500余所中小学近20万中小学师生参加此次主题教育活动，营造了良好的爱国主义教育氛围，增强师生爱国意识。

【文明创建工作】 2019年，全市未成年人思想道德建设工作推动有力，文明校园创建广泛覆盖，玉溪师范学院附属中学、澄江县凤山小学等8所学校评为第一届云南省文明校园。志愿者服务日渐常态，市直教育系统共计24 926人完成志愿者网上实名注册工作，注册比例达90%，共发布组织参与的志愿项目150余个，切实落实文明创建工作责任。

（郭迎娟）

2019年11月24日，聂耳小学学生代表在云南省“彩云杯”第四届优秀传统文化节上，现场高唱国歌　（市教育体育局提供）

办学条件

【加大教育经费投入】 2019年，全市改善办学条件投入61 318万元，其中：中央11 931万元、省级6 197万元、市级8 608万元、县区34 582万元。按照改善办学条件投入级次分类：高等教育投入3 700万元；中等职业教育投入4 505万元；普通高中教育投入10 941万元；中小学教育31 649万元；幼儿教育6 319万元；其他4 204万元。

【项目建设】 2019年，全市各级各类学校项目建设共投入各级资金28 109万元（其中：中央资金6 958

2019年10月，建设中的玉溪体育运动学校及市少体校 （科教创新服务中心提供）

万元，省级资金 2 721.3 万元，市级资金 1 163.4 万元，县级资金 16 756.6 万元，其他资金 509.7 万元），全年施工面积 114 772 平方米（其中新开工面积 83 916 平方米），竣工校舍面积 91 197 平方米（其中：教学及辅助用房 54 829 平方米，行政办公用房 1 150 平方米，生活服务用房 24 570 平方米，其他用房 10648 平方米），校园新增土地面积 44 898 平方米，新增固定资产价值 25 803.1 万元，全市各级各类学校校舍建筑面积达 566.05 万平方米。

（业 凌）

【职教园区基础设施项目】 为整合全市职教资源、优化职业教育布局、加快构建现代职业教育体系，2017 年 9 月，玉溪市启动科教创新城职教园区项目建设。项目位于玉溪市红塔区玉枕山片区，属于全省教育卫生补短板的重点项目，2019 年，玉溪科教创新城加快职教园区基础设施，征地拆迁工程建设，加速建设园区内创华路、创景东路、科兴路等 11 条道路，道路总长 9.766 千米，占地 411 亩，估算总投资 11.54 亿元，2019 年投资 8 亿元，预计 2020 年 4 月全面竣工。

【科教创新城创新创业中心项目】 2017 年 9 月，玉溪市启动科教创新城项目建设。项目启动后，市委、市政府主要领导多次调研玉溪科教创新城，现场帮助协调解决问题，高位推动科教创新城建设，各职能部门在指挥部的统一领导下，在规划设计、基础设施建设、重点项目推进等方面做了大量扎实有效的工作，取得了阶段性成果。2019 年 8 月 1 日，玉溪科教创新城创新创业中心项目和玉昆钢铁集团科技研发中心项目的开工仪式在玉溪科教创新城举行。玉溪科教创新城创新创业中心以打造玉溪科教创新城名片及商业服务配套为核心，用地面积 62.7 亩，总建筑面积 21.187 061 万平方米，估算总投资 16.8 亿元。建设年限 2020—2025 年，分三期实施。项目主要建设科创中心写字楼、科创大楼、星级酒店及配套商业等。玉昆钢铁集团科技研发中心项目，是云南玉昆钢铁集团有限公司产能置换升级改造项目的配套项目，是全市民营经济转型发展和钢铁产业转型升级的示范项目、标杆项目。项目总用地面积约 105 亩，总建筑面积 28 400 平方米，估算总投资 17.4 亿元。建设年限为 2019—2022 年，项目建成后将为钢铁企业吸引国内外优秀科研专家及技术人才提供优质的平台保障。中电科技、现代数字城市创新中心等一批签约项目也入驻科教创新城。2019 年，科教创新城核心区累计完成固定资产投资超过 25.49 亿元。

【玉溪卫校搬迁新校区】 2019 年 8 月 21 日，玉溪卫校搬迁至玉溪科教创新城入驻办学。卫校新校区实际用地 315 亩，总建筑面积 26.67 万平方米，累计完成投资 10 亿元，设计办学规模 8 000 人，玉溪卫校新校区基础设施完善，教学功能齐全。玉溪卫校的顺利搬迁，对于全面整合玉溪职业教育资源，聚集职业教育人才，服务玉溪经济社会发展具有重大的意义。

【玉溪运动学校及市少体校迁建项目】 项目规划用地面积 796.37 亩（含主体育场、游泳馆、主体育馆、交流中心），总建筑面积 27.17 万平方米，总投资 13.87 亿元。截至 2019 年 12 月底，项目累计完成投资 126 386.65 万元，占总投资额的 91.1%。一区工程主体育场加紧进行主体工程施工，游泳馆、主体育馆加紧进行飘带、屋面桁架及二次结构施工，篮排球乒羽馆、室内网球馆、风雨网球场、风雨足球场、交流中心已封顶，正在进行装修工程施工，体育工艺施工单位已进场施工。二区工程教学中心、学生公寓、运动员公寓、餐饮中心、实训楼主体工程已封顶，正在进行装修工程施工；行政后勤服务中心主体结构已经封顶，正在进行二次结构施工；体操馆、综合训练馆和射击馆已完成主体钢结构吊装，正在进行土建二次结构施工。三区工程图书馆和高原参赛交流中心正在进行主体工程施工。工程计划于 2020 年 9 月竣工，实现入驻办学。体育馆、游泳馆、交流中心计划 2020 年 12 月竣工使用。2020 年全年计划完成投资 1.22 亿元。

（杨玉婷）

红塔区高仓街道干海子村乡道　（李卫东　摄）

江川隔河村　（李卫东　摄）

科学技术

SCIENCE AND TECHNOLOGY

责任编校：王　斌

科技管理

自然科学研究与应用

知识产权

科技情报

社会科学研究

科技管理

【概　况】 2019年，玉溪科技工作全面落实省委、省政府和市委、市政府科技创新工作的决策部署，加快实施创新驱动发展战略，以国家创新型城市建设为主线，扎实推进《玉溪市建设国家创新型城市实施方案》落实，推动以科技创新为核心的全面创新，积极培育发展新动能，致力打造创新实力，奋力践行科技新担当，科技进步加快，工作亮点频现，省级研发机构、高新技术企业、省级创新团队拥有量、技术合同成交额居全省第二位，创新资源集聚、创新能力提升取得实效，科技合作交流迈出新步伐，农业科技创新成果丰硕，生物医药产业发展良好，高新技术产业成为经济增长新亮点，全市科技对经济增长的贡献率达59%，为玉溪高质量跨越式发展提供强有力支撑。

【国家创新型城市建设】 2019年，市科技局围绕国家创新型城市建设任务，强化顶层设计，上下联动，积极探索加快建设路径，省政府分管领导和省科技厅领导多次到玉溪调研，听取国家创新型城市建设情况汇报，提出工作要求。2月22日，市政府召开国家创新型城市建设推进暨国家创新型城市建设工作领导小组会议，市长张德华对推进国家创新型城市建设工作进行安排部署。市科技局加强与省科技厅协同，共同起草《云南省人民政府关于支持玉溪开展国家创新型城市建设的意见（代拟稿）》，争取省政府对玉溪建设国家创新型城市政策、资金等支持，联合指导通海县加快国家创新型县建设。7月8日，市委书记罗应光对市科技局上报的《玉溪国家创新型城市建设专报》做出批示；11月4日，市委书记罗应光主持召开市委深改会，专题听取创新型城市建设工作汇报，对一年来的工作给予高度肯定。11月23日，副省长董华在市科技局上报的专报中对玉溪创新型城市建设及区域创新工作做出批示。进一步开阔视野，创新工作思路，5月20—24日，组织县区分管领导、市直部门领导和科技管理工作者30人到江苏考察，学习借鉴创新型城市建设先进经验。6月20—26日，在浙江大学举办国家创新型城市建设专题培训，加快国家创新型城市建设思路创新。加大宣传力度，营造建设氛围，创新宣传举措，以“请进来和走出去”的方式加大科技宣传力度，邀请中央和省市新闻媒体宣传报道玉溪科技创新工作和国家创新型城市建设取得的成效，新华社、科技部和省政府网站、《云南日报》、云南电视台、《玉溪日报》、玉溪电视台等中央和省市媒体对玉溪建设国家创新型城市作专访、报道60余次，印发玉溪建设国家创新型城市工作专报3期、简报3期，获省市领导批示和肯定，引起各级领导和社会各界对玉溪科技创新的广泛关注。截至2019年，玉溪国家创新型城市建设成效初显，科技创新实力领先，卷烟及配套产业技术保持全国领先、部分达到国际先进水平；贵金属二次资源回收填补了国内空白，部分技术工艺达到国际先进水平，从二次资源回收的铂族金属量已经超过全国矿产铂族金属量；沃森十三价肺炎球菌多糖结合疫苗获批上市，成为中国第一个、全球第二个研发成功并具有自主知识产权的同类疫苗产品，疫苗研发和产业化能力达到世界先进水平；固体物料浆体管道输送技术达到国际先进、国内领先水平；建成了全国最大的卷烟辅料生产研发基地，全国最大的半导体光电子照明蓝宝石单晶片（LED衬底片）研发生产基地，西南三省最大的太阳能热水器设备生产研发基地，全省知名高端数控机床制造、生物医药、农产品精深加工基地。云南贡润祥茶产业开发有限公司让普洱茶膏产品成为太空饮品和博鳌论坛指定礼茶；云南林缘香料有限公司成长为中国冰片之王。云南蓝晶科技有限公司成为云南省唯一国家级制造业单项冠军企业，滇雪粮油蝉联“中国食用油加工企业50强”和“中国油菜籽加工企业10强”；云南达利食品有限公司连续两年入列“云南省绿色食品10强企业”。

2019年玉溪市文化科技卫生“三下乡”集中示范活动启动仪式在华宁县泉乡广场举行　（市科技局提供）

【创新政策兑现】 2019年，市科技局推动落实“科创贷”资金5 000余万元，缓解科技型中小企业融资难、融资贵问题。拨付各县区省级科技资金3 801万元；创新资金拨付模式，市级直接拨付项目单位高新技术企业、省级科技型中小企业认定和研发经费投入等后补助资金9 993.94万元，创历史新高，充分激发全市科技企业创新热情。

【生物医药产业发展】 玉溪生物医药企业实力进一步提升，以疫苗、单抗为代表的生物技术取得突破，沃森生物首个国产（全球第二个）十三价肺炎球菌多糖结合疫苗于2019年12月31日获批上市，标志着我国细菌多糖结合疫苗研发和产业化能力达到世界先进水平。以民族药、特色药为代表的中成药初具规模，核心区产业集聚效应初步显现，重点项目建设稳步推进。全市现有生物医药企业26户，规模以上企业19户，拥有药品批准文号257个，规模以上生物医药企业工业增加值同比增速为28.6%。

【科技合作与交流】 2019年1月11日，市政府召开玉溪院士专家工作站建设推进会，省科技厅分管领导到会讲话，对玉溪建设工作给予高度认可肯定。2019年，玉溪新申报院士专家工作站4个，累计建站13个，通过院士专家工作站建设项目，建站单位在人才培养、技术提升、产品提质、运营增效等方面均取得明显成效，突破核心技术24项，开发新产品27个，备案技术标准20个，实现新增销售收入98 758万元。10月11日，市政府与玉溪师院共同举办“玉溪师范学院高层次人才服务玉溪国家创新型城市建设对接会”，玉溪师院10余名博士与玉溪企业签订合作协议，为地方高校高层次人才服务当地经济社会发展拓展了新模式。加强与国家级科研院所的合作，市长张德华带队到中国科学院考察交流，建立和完善与中国科学院的合作机制；强化“科技入玉”工作，主动对接引进省内外科技资源，配合相关部门举办“相约春天”和“收获金秋”招才引智洽谈会，大力推动中国科学院绿盟玉溪办事处和中科（玉溪）创新园在玉溪高新区成功落地。

【创新企业培育】 2019年，市科技局深入贯彻企业是创新的第一主体理念，采取“一线工作法”，对企业开展针对性指导和有效服务，3月29日，邀请省高促会专家到玉溪举办高新技术企业申报、科技型中小企业申报暨第五届云南省创新创业大赛培训会，指导企业申报各类创新企业，组织25家企业参加创新创业大赛。9月23—24日，举办全市高新技术企业申报专家咨询会，邀请10位省内知名专家对115户企业进行“一对一、面对面”辅导，提升全市高新技术企业培育数量和质量。2019年，认定高新技术企业36户，全市拥有高新技术企业98户，居全省第二位；认定国家科技型中小企业49户；认定省科技型中小企业66户，累计471户。

【创新平台建设】 2019年，认定省科技企业孵化器2个（云科红塔双湖汇众创空间、云科玉溪高新众创空间），实现了玉溪省级孵化器认定零的突破，两个科技企业孵化器入驻企业共80户。新认定重点实验室、工程技术研究中心5个，全市累计认定54个。2019年，全市新注册企业27家，登记技术合同66项，技术合同成交额为42 551.43万元，其中，技术交易额8 584.69万元，比上年的1 505.76万元增加7 078.93万元，增长470%，居全省第二位。

【创新人才培引】 2019年，全市有国家创新创业人才4人，国家科技创业领军人才3人，省学术和技术带头人及后备人才14人、省技术创新人才及培养对象15人，市级中青年学科技术带头人160人。省创新团队4个，居全省第二位。积极拓宽高端外国人才绿色通道，审核通过“外国人来华工作许可”46件。玉溪泽润生物技术有限公司总经理曾宪放获省人民政府2019年度云南省外国专家“彩云奖”，成为全省10个获奖人之一。

【研发经费投入】 2019年，市科技局与统计、财政等部门通力合作，深入到各县区、高新区和各工业园区及全市规模以上企业开展研发投入政策宣传。12月11日，举办玉溪国家创新型城市建设2019年研发经费投入统计培训班，邀请省市专家对相关企业500余人次进行培训，提升业务素质能力。开展专项督查，对各县区、对规模以上企业做到全面摸底重点挖掘，指导企业对研发投入应统尽统、精准上报。2018年度，全市研发（R&D）经费投入14.81亿元，比上年增加5.72亿元，增长62.94%，居滇中城市增幅之首，高于全省平均增速（18.73%）44.21个百分点，投入强度0.99%，创历史新高。

【农业科技创新】 以国家农业科技园区建设为平台，助力乡村振兴，打好“绿色食品牌”，2019年，玉溪市3个项目通过省级星创天地备案建设，云南磨浆农业股份有限公司、云南猫哆哩集团食品有限责任公司、玉溪丫眯休闲食品有限公司、云南宏斌绿色食品集团有限公司、云南高原农产品有限公司5户企业入列“2019年云南省绿色食品20佳创新企业”，占比居全省第一位。云南云秀花卉有限公司、通海锦海农业科技发展有限公司、玉溪明珠花卉股份有限公司、云南爱必达园艺科技有限公司4户企业生产的花卉入选“2019年云南省十大名花”，占比居全省第二位。8人被认定为国家“三区人才”。申报省级科技特派员113人（超过过去5年申报总数），被省科技厅认定112人，通过认定率达99.1%。加大科技扶贫力度，通过实施科技项目、举办科技培训、开展科技宣传等措施，进一步强化科技产业扶贫能力，“挂包帮”扶贫联系点实现建档立卡贫困户全部脱贫。

【科技惠民活动】 2019年1月11日，玉溪市2019年文化科技卫生“三下乡”集中示范活动启动仪式在华宁县泉乡广场举行，玉溪市委宣传部、市科技局、市科协等19家单位参加活动，向华宁县宁州街道送去了价值258万元的项目、资金和物资。5月11日，举办第四届科普讲解大赛，40余名选手参赛，选拔4位选手参加云南省第五届科普讲解大赛，三位选手分别获二等奖、三等奖和优秀奖，市科技局获“优秀组织奖”。5月30—31日，云南省第五届科普讲解大赛选拔3位选手代表云南省参加全国科普讲解大赛，玉溪2人入选，均获优秀奖。5月19日，市科技局主办的2019年玉溪市科技活动周启动仪式暨集中示范活动在江川区怡心园广场举行，开展丰富多彩的群众性科技活动，突出展示玉溪市科技创新成就和新成果、新技术、新产品、新服务，同时组织开展了玉溪市科普传播使者巡回讲解活动、科普大篷车进基层等系列活动。

【获云南省科学技术奖项目】 2019年度玉溪市6项科技成果获云南省科学技术奖，其中科学技术进步一等奖1项、二等奖1项、三等奖4项。玉溪山水生物科技有限责任公司参与完成的《高含量新型天然除虫菊酯绿色农药研发及产业化应用》获省科学技术进步奖一等奖；红塔烟草（集团）有限责任公司主持完成的《高档包装纸印刷质量检测与控制关键技术研发及应用》获省科学技术进步奖二等奖；玉溪市农业科学院参与完成的《三绿、低单宁、高蛋白优质蚕豆新品种选育及应用》，玉溪市人民医院参与完成的《彝医生命时空理论体系的构建与应用》，玉溪市人民医院主持完成的《623例心房主动电极单中心临床应用研究》，玉溪市疾病预防控制中心参与完成的《腹泻病原监测检测及腹泻病防制关键技术优化推广》获省科学技术进步奖三等奖。

【县域成果转化中心建设】 2019年，按照省科技厅《关于印发云南省县域科技成果转化中心建设实施方案》，深入实施创新驱动发展战略，促进县域创新驱动发展的要求，全市进一步加快县（区）科技成果转化中心建设步伐，各县（区）先后以新建、改建及依托建设的形式建成了县区科技成果转化中心，县域科技成果转化机构在全省率先实现全覆盖。这些县区科技成果转化中心的主要职责为：贯彻落实科技成果转移转化法规，以及有关的规划、计划和行动；开展县域经济社会发展关键共性技术的需求分析研究；承担县域成果转移转化公共服务平台搭建、运营，为转移转化提供孵化、培育等公共服务；组织和承担成果示范、技术推广等科技项目；承担科技政策解读与宣传、培训，科学技术普及、科技特派员和“三区”科技人员选派等专项工作；开展科技咨询、项目策划与组织服务。县区科技成果转化中心的成立，进一步促进了全市科技成果转移转化工作的开展。

（胡　晓）

自然科学研究与应用

【气象监测及预报服务】　2019年，市气象局以项目实施为抓手，努力推进气象现代化建设。通过山洪项目的实施，争取资金72万元，建设9个国家气象站天气现象视频监测系统，建设10套“三温三雨”传感器。澄江县、江川区、通海县、峨山县实施完成气象防灾减灾“六个一”标准化建设。江川区局开展“靶向气象灾害预警信息发布”试点工作，自主研发县（区）级区域自动站靶向预警系统，基层气象灾害防御应对和快速反应能力进一步提升。

巩固提升基础业务质量及监测能力。完成全市10个气象台站（包括磨盘山无人自动站）的气象探测环境评估报告。开展观测场（室）防雷安全工作检查，提高设备运行稳定率。落实《云南省气象观测质量管理体系建设》相关工作，质量考核达到或超过省局的考核目标。

灾害性天气监测预警服务。完善“滚动监测、及时预警、靶向服务”的监测预警服务策略，做好上级台站短时临近天气预报产品和预警产品的实时检验和订正，强对流天气预警能力进一步提高，暴雨、大风、雷电的预警准确率分别达76.5%、68%和75%，预警时间提前量为67.5、90、50分钟。

重大活动气象保障服务。加强与有关部门的联合会商，做好重大节假日、重大活动气象保障服务，先后为市人代会、春运、新中国成立70周年唱国歌快闪活动、市交通局文化活动、聂耳音乐合唱周、云南省冶金行业煤气泄漏事故应急演练提供重大活动气象保障专题服务材料93期。组织技术人员积极参与应急演练，开展现场气象服务保障演练，锻炼提升重大活动气象保障服务能力和水平。

以服务“三农”为重点做好专题专项服务。根据市委、市政府及相关部门工作要求，完成“2019年气象灾害预测”等专题材料12期，完成农业气象服务专报48期；完成干旱监测报告、地质灾害旬报等62期；制作森林火险、电力气象、抗旱专题气象服务67期；制作重要气象信息专报2期；完成烤烟气象服务专题服务材料38期。全市气象服务“三农”综合推进达到考核标准的85.2%，达到市农委考核要求。

抗旱保春耕气象保障服务。面对异常的天气气候，准确分析和研判干旱发展趋势，于4月19日、5月9日先后向市委、市政府报送两期《重要气象专报》，得到党委、政府高度重视。自5月14日起，全市气象部门启动重大气象灾害（干旱）Ⅳ级响应，进入抗旱应急服务响应状态，每天报送《抗旱专题气象服务》材料，为党委、政府安排部署烤烟生产和抗旱工作提供决策信息。加强与农业、林业、水利、环保等相关部门的联动，及时制作发布各类专业气象服务材料，提供针对性的气象信息服务。积极向市政府提出开展人工增雨作业的建议，争取到市财政增雨补助经费60万，抓住有利天气条件及时开展人工增雨作业，助力抗旱保民生。

【人工影响天气工作】　2019年，市气象局强化管理，保障各项人影工作安全开展。认真组织实施《2019年玉溪市人工影响天气工作实施方案》，围绕全市烤烟生产种植需求，布设人工影响天气作业点97个。全年实施人工防雹作业530点次，发射箭弹3 353枚。防区外烤烟受灾率为9.49%，防区内1.50%，最大限度降低烤烟雹灾损失。实施人工增雨作业192点次，发射增雨弹858枚，有效增加了作业区域的降水量。加快推进人工影响天气基础设施建设。着力推进作业点标准化建设，建成标准化作业点20个。积极争取中央人影专项对下转移支付资金的支持，完成江川区作业点视频监控项目和5门高炮自动化改造项目建设。积极争取省人影专项对下转移支付资金的支持，开展元江县人影指挥平台项目建设。

【服务星云湖水体脱劣达标工作】　为加大星云湖2019年脱劣工作推进力度，根据玉溪市河长制办公室《星云湖水体达标2019年脱劣会商制度》要求，市气象局开展星云湖流域降雨历史资料及预测情况气象服务，先后制作《星云湖专题气象服务》6期、《近10年星云湖周边降水、气温变化分析及2019年汛期降水趋势预测》1期，为星云湖脱劣工作提供科学决策依据，同时结合服务需求，开展生态气象监测业务，并抓住有利时机组织实施人工增雨作业，助力生态修复。

【气象行政执法与防雷减灾】　2019年，市气象局深入开展建设工程行政审批制度改革和优化营商环境改革工作。配合相关部门完成工程建设项目办理事项目录清单梳理；做好监管事项目录清单和检查事项清单的梳理报送工作，开展技术性审查服务事项清理排查工作及其他各项工作任务。

落实防雷管理协调会制度，认真做好防雷安全监管。联合市住建局牵头召开全市建设工程防雷管理协调会议，分析防雷安全监管工作中存在的困难和问题，推动防雷安全监管各项工作任务的落实。开展“查大风险防大事故百日行动”，组织开展防雷安全隐患排查工作。检查易燃易爆危险化学品场所276家，雷电易发区矿区17家，雷电易发区景区11家。

规范行政许可，依法开展执法检查。进一步规范气象行政许可工作，全年发出执法通知书256份，发出责令停止违法行为通知书1份。依法办理施放气球活动审批7件、防雷装置设计审核6件、防雷装置竣工验收6件，无投诉及复议、诉讼案件发生。组织对辖区内的施放气球企业开展施放气球“双随机、一抽查”工作。

强化法制宣传，依法规范天气预报预警信息发布和传播工作。加强气象普法依法治理工作，开展部门“七五”法制宣传教育。联合市网信办、市广电局共同印发《关于加强天气预报预警发布和传播管理工作的通知》，规范天气预报预警信息发布和传播管理工作，并向社会公开天气预报预警发布和传播相关法律法规规定及本地天气预报预警获取官方渠道信息。

（李林润）

【防震减灾概况】　市防震减灾局始终牢记地震工作者的初心使命，将习近平总书记防灾减灾救灾“两个坚持、三个转变”作为防震减灾工作服务经济社会发展的根本遵循，不断夯实全市地震监测预报、震害防御、震灾处置工作，防震减灾综合能力不断提升。2019年，全市防震减灾各项工作成果丰硕、富有成效。市防震减灾局荣获人力资源社会保障部、中国地震局联合授予的“全国地震系统先进集体”称号；云南省2019年度州市防震减灾工作综合考核一等奖（连续10年）及社会动员工作单项奖；云南省2019年度地震趋势研究报告评比第一名。市防震减灾局防震减灾科普馆荣获省人力资源和社会保障厅和省科学技术普及奖“先进集体”称号。通海县防震减灾局获云南省2019年度县区防震减灾工作综合考核二等奖。

组织玉溪第六中学代表玉溪市参加“云南省中学生防震减灾知识竞赛暨全国防震减灾知识大赛云南省初赛”获优秀奖。通海县防震减灾局罗炬获第三届全国防震减灾科普讲解大赛二等奖、获第二届云南省防震减灾科普讲解大赛三等奖；市防震减灾局杨智越获第三届全国防震减灾科普讲解大赛优秀奖、第二届云南省防震减灾科普讲解大赛二等奖、云南省第五届科普讲解大赛优秀奖、市第四届科普讲解大赛三等奖；张娜、陶黎明获第二届云南省防震减灾科普讲解大赛优秀奖；市防震减灾局续外芬、元江县防震减灾局龙成山获全省防震减灾工作“先进个人”称号；云南省2019年度地震预测效能评比，新平县防震减灾局张玉龙获第一名、通海县防震减灾局张体移获第三名。

【地震活动】 2019年1月1日至12月31日，玉溪市境内共发生可定位1.0级以上地震965次。其中：1.0—1.9级946次，2.0—2.9级15次，3.0—3.9级4次。具体分布为：新平县311次，易门县259次，元江县121次，红塔区109次，通海县49次，江川区39次，澄江县33次，峨山县28次，华宁县16次。最大地震为8月31日发生在元江县因远镇的3.9级地震，震源深度8千米，震时元江县因远镇、那诺乡、羊街乡震感明显，此次地震为元江县1965年以来最大一次地震。

【防震减灾科普宣传】 2019年4月，市抗震救灾指挥部下发《关于在全市开展防震减灾科普宣传工作三年行动计划的通知》，要求自2019年起，按照属地为主、分级负责原则，通过举办防震减灾专题讲座、开放玉溪市防震减灾科普馆、开展集中宣传活动、发放防震减灾宣传资料、开发防震减灾科普馆线上展厅等方式，全市上下有计划地完成对各级党政机关、企事业单位、学校、社区、农村等群体的防震减灾科普宣传教育全覆盖。2019年，市防震减灾科普馆累计开馆89次、接待6 533人次；市县区两级举办科普讲座252场，受众47 980人（其中，市级举办31场、受众12 250人，县区级举办221场、受众35730人）；市局发放宣传资料77 177份，发放科普宣传光盘519片，覆盖96个市级单位。全市防震减灾宣传教育活动获得社会各界的好评。

【人才队伍建设】 2019年，市防震减灾局采取“沉下去、走上来”的工作机制，开展驻县调研指导到市局跟班学习，打造精干专业的业务队伍。监测预报、震害防御、震灾处置三大业务科室立足基层困难问题，常态化、制度化、分批次的开展驻县区调研指导工作，在调研中发现问题、解决问题，针对县区存在的薄弱环节，现场指导帮助县区进行业务提升，并同步做好相关业务知识的培训工作。县区根据自身工作实际，派出相关技术人员到市局开展为期1个月以上的业务跟班学习。市局业务科室开展驻县区调研指导12批31人次，县区局派员跟班学习2批3人。通过“沉下去、走上来”的工作机制，全市防震减灾队伍业务水平得到明显提升。市局各业务科室常态化在全市防震减灾系统开展业务知识视频讲座培训，提升防震减灾队伍业务水平。全年累计开展培训14期，内容涉及地震监测、地震地质基层知识、地震灾害与应急、震害防御、地震预测预报、活动断裂等方面，全市防震减灾系统780余人次参加培训，取到良好的学习交流效果。

【地震监测预报】 强化震情跟踪。2019年，市防震减灾局制定《玉溪市2019年度震情监视跟踪工作方案》《技术方案》《2019年度玉溪市震情监视跟踪工作措施及任务分解》等制度措施，完成玉溪及周边地区地震预测预报指标清理，提高地震研判能力。按照震情发展趋势和形势，组织召开各类震情会商会50余次，及时上报会商报告、宏微观异常报告，编制年中、年度地震趋势会商报告。截至12月底全市有宏观观测点112个，全年收到宏观异常20起。

加强震情监视。易门县绿汁观测站立项2019—2023年预防和处置地震灾害能力建设10项重点工程，到位资金42万元。截至2019年年底，完成专家论证、2口观测井选址等，安装1套气象三要素观测设备。在全市原9个观测点的基础上，再安装7套低精度水温设备，并初步开发手机App和电脑软件。完成全市2个综合观测站高清视频监控的安装调试及部分强震台供电系统升级。配合省防震减灾局完成国家地震烈度速报与预警工程项目云南子项目玉溪分项的台站

2019年11月2日，2019年发展中国家地震学与地震工程培训班学员到玉溪市防震减灾科普馆考察学习 （市防震减灾局提供）

建设，完成峨山富良棚基本台、峨山小街基准台、华宁盘溪基准台的基础建设，35 个一般台的选址复核，预警终端示范学校仪器设备安装选址等工作。

提高地震监测预报队伍整体素质。7 月 17 日在红塔区举办玉溪市地震监测预报及信息网络管理维护培训班，培训围绕全面加强震情监视跟踪，提高信息网络保障能力，提升全市地震监测预报、信息网络等方面。

【震害防御】 2019 年，市防震减灾局深入开展综合减灾示范社区和防震减灾科普示范学校创建工作。国家减灾委员会、应急管理部、中国气象局和中国地震局联合认定玉溪市红塔区玉兴街道玉湖社区、易门县六街街道茶树社区为 2019 年度全国综合减灾示范社区。省防震减灾局和省教育厅联合认定玉溪市江川区江城镇龙街中心小学、玉溪第六中学等 16 所学校为省级防震减灾科普示范学校。市防震减灾局与市教育体育局联合认定玉溪第四小学为市级防震减灾科普示范学校。截至 2019 年底，全市共创建省级防震减灾科普示范学校 18 所，市级防震减灾科普示范学校 54 所。

利用“1·05”“5·12”“11·6”等重要时间节点深入开展防震减灾法律法规和科普知识宣传。编印《玉溪防震减灾报》随《玉溪日报》发行 15.3 万份。利用微信公众号、玉溪市政府信息公开网“市防震减灾局”栏目积极传播防震减灾科普知识。11 月 6 日“玉溪市防震减灾科普馆线上展厅”上线，截至年底点击数 1.72 万人次，进一步拓展防震减灾科普知识宣传广度，为不能现场参观科普馆的公众提供全新便捷的参观途径。为澄江至华宁高速公路（健康大道）、新平戛洒至镇沅者东高速公路等项目提供抗震设防意见。

【震灾处置】 2019 年，机构改革后，市抗震救灾指挥部作为玉溪市自然灾害应急管理委员会下设的四个专项指挥部之一。市抗震救灾指挥部下设市防震应急办公室在市防震减灾局，市抗震救灾办公室在市应急管理局，市抗震防震（恢复重建）办公室在市住房城乡建设局。根据机构改革，抗震救灾指挥部及时调整充实成员单位，调整后共有 39 家成员单位。8 月 22 日防震应急办公室组织市抗震救灾指挥部全体成员开展“地震灾害与应急工作”培训，学习《玉溪市地震应急预案》，熟悉应急流程和职能职责。

地震应急准备检查。3 月 15 日省抗震救灾指挥部工作组到玉溪市开展地震应急准备检查工作。市防震减灾局根据上级检查调研时反馈的问题抓实整改，进一步加强应急抢险队伍和装备建设，完善救灾物资储备，强化应急演练，确保能够快速高效处置灾情，全力维护人民群众的生命财产安全。5 月 28—30 日对红塔、江川、澄江、华宁、易门、峨山 6 县区防灾减灾救灾工作进行督查，通过督察进一步夯实全市地震应急备震基础。

开展震灾处置业务培训。6 月 10—13 日在红塔区组织开展地震救援第一响应人培训，增强以基层民兵、民政为主的地震救援能力建设和提高第一响应人带头组织开展自救互救基本技能。6 月 25—28 日，组织 4 名震灾处置业务骨干参加“云南省应急救援第一响应人教官培训班”，为今后独立开展“第一响应人”培训储备师资力量。9 月 5 日，组织县区防震减灾局 22 名领导及震灾处置业务干部开展地震灾害应急处置技术能力培训班，进一步夯实县区震灾处置工作基础。11 月 2 日配合省地震局承办发展中国家地震学与地震工程培训班到玉教学考察任务。

指导开展地震应急演练。5 月 9 日、13 日实地指导玉溪四小、玉溪二幼分园玉兴实验幼儿园开展地震应急疏散演练。8 月 23 日与市银行业协会在玉溪兴和村镇银行联合开展地震应急疏散演练。通过演练，参演单位地震应急疏散、自救互救能力得到进一步提高。11 月 16 日指导江川区抗震救灾指挥部开展地震应急桌面推演，通过推演，进一步加强江川区地震灾害应急指挥、抢险救援和协调联动能力。

（尹俊峰）

2019 年 6 月 10 日，市防震减灾局在红塔区举办地震救援第一响应人培训班

（市防震减灾局提供）

知识产权

【知识产权专利】 2019 年，全市商标申请量 4 679 件、注册量 5 146 件、有效注册量 25 313 件，注册量和有效注册量全省第二，申请量全省第六。地理标志商标 21 件，地理标志保护产品 4 件。全市专利申请量 2 079 件，授权量 1 514 件，有效量 899 件，授权量、有效量全省第二，申请量全省第三。全市查处侵犯商标权案件 30 件，案值 10.83 万元，罚没金额 12.04 万元。

【知识产权优势企业】 截至 2019 年底，全市 3 家企业获批国家知识产权示范和优势企业，其中国家知识产权示范企业 2 家：红塔烟草（集团）有限责任公司和玉溪大红山矿业有限公司；国家知识产权优势企业 1 家：云南玉溪水松纸厂。红塔烟草（集团）有限责任公司位居云南省国家知识产权示范企业榜首，知识产权信息化管理水平较高，已完成 1 018 件专利汇编，进行海外知识产权布局并实施。玉溪大红山矿业有限公司建立专利数据库，建立知识产权入股、股权和分红等激励机制，国家知识产权管理体系认证通过，知识产权规范化管理、运用和风险防范方面迈入行业领先水平，近3年知识产权产品销售额占企业产品总销售额的73.6%、81.2%、81.2%。云南玉溪水松纸厂“十三五”末，企业拥有专利200件，专利实施转化率达80%以上，构建知识产权预警机制，在行业领域和区域范围发挥引领示范作用。全市7家企业获批云南省知识产权优势企业，分别是：贵研资源（易门）有限公司、新平紫岩农业机械工程有限公司、云南福慧科技股份有限公司、云南通变电器有限公司、云南同方科技有限公司、云南腾达机械制造有限公司、云南中科物联网科技有限公司。玉溪高新区确定为云南省知识产权示范园区，是全市第一家省级知识产权示范园区。

【知识产权转化运用】 2019年，推荐云南大红山管道有限公司、云南江磷股份有限公司参加第二十一届中国专利奖评选活动。红塔集团、云南江磷集团股份有限公司等3家企业的3项发明专利参加省专利奖评选活动。3家茶企业申报省普洱茶地理标志保护产品专用标志使用复审。推进玉溪国家专利权质押融资试点地区工作，推荐云南福慧科技股份有限公司、云南通变电器有限公司等8家企业参加省优势企业认定申报；红塔烟草（集团）有限责任公司、玉溪大红山矿业有限公司申请省知识产权优势企业期满考核复核；推荐玉溪大红山矿业有限公司申报并通过国家“贯标”认证；组织推荐玉溪高新区、华宁县陶瓷文化产业园2家申报省知识产权示范园区。

【知识产权宣传周活动】 2019年4月23日，以“严格知识产权保护，营造一流营商环境”为主题的全市知识产权宣传周活动启动仪式在玉溪举行，活动为期一周，市县级两个层面同步进行。市级举行知识产权宣传周活动启动仪式、知识产权促进保护专题论坛、专利权质押融资培训班和融资对接会等系列活动，宣传形式和效果较往年有很大创新和发展。县区级开展宣讲、展览、培训、咨询、执法等多种形式的宣传活动，开展专题讲座8场，人数2 000人，送知识产权进乡镇、进企业、进学校15次，咨询服务20次，发放资料3万余份。在全市形成集中开展知识产权宣传周活动营造“尊重知识、崇尚创新、诚信守法”的良好氛围，切实推动了知识产权事业发展的新进展、新风貌、新经验、新成效，树立行业良好形象，营造良好营商环境，提升了知识产权意识。

【健全知识产权保护机制】 2019年，市市场监管局下发《2019年度玉溪市知识产权保护专项行动方案》《2019年知识产权执法“铁拳”行动实施方案》《转发省知识产权局关于开展知识产权行政执法案例指导工作的通知》等文件，确保知识产权保护监管有保障，各县区开展相应行动。开展中秋及国庆“双节”执法，全市知识产权铁拳行动，加大打击侵犯知识产权和制售假冒伪劣商品行为的力度。开展国家、省、市知识产权保护相关法律法规宣讲，宣讲典型案例。为通海正华包装公司与四川当事人专利纠纷提供意见陈述4份，维护专利权人合法利益。指导通海正华包装公司进行专利纠纷司法诉讼，申请专利评价报告6份。组织做好知识产权领域“双随机、一公开”工作，录入监管事项51项，开展定向抽查。督促指导侵犯知识产权行政处罚案件的信息公开和案件信息统计上报工作，及时将依法依规认定为知识产权（专利）领域严重失信行为惩戒对象信息推送至相关部门和平台。

（于　洋）

科技情报

【技术合同登记】 2019年，玉溪市技术交易规模稳步增长，玉溪市技术合同登记站共认定登记各类技术合同66项，全市新注册企业27家，技术合同成交总额42 551.43万元，其中，反映技术转移和成果转化规模的技术交易额为8 584.69万元，全省排名第二。全市认定登记的66项各类技术合同中，按合同类别分：技术开发合同52项，合同成交金额为41 064.41万元；技术服务合同14项，合同成交金额为1 487.03万元。按合同计划来源分：计划内51项，其中国家科技合作计划3项，合同成交金额为335万元；省市计划34项，合同成交金额为36 611.26万元；地市计划13项，合同成交金额为4 118.5万元，部门计划1项，合同成交金额为150万元，计划外项目15项，合同成交金额为1 336.67万元。按社会经济目标分：农林牧渔业项目21项，社会发展和社会服务项目20项，环境保护、生态建设及污染防治项目9项，工商业发展项目7项，能源生产、分配和合理利用项目3项，其他民用目标项目3项，卫生事业发展项目2项，非定向研究项目1项。

【玉溪市创新型城市改革政策研究项目结题验收】 2018年6月，科技部对“玉溪市创新型城市改革政策研究”项目批准立项，同意、支持玉溪开展“玉溪市创新型城市改革政策研究”课题研究。本项目以“玉溪市创新型城市发展战略及对策”为研究重点，主动融入国家战略，结合自身特色和发展实际，按照玉溪创新型城市发展的战略路径、战略形态、战略动力、战略政策的研究逻辑，探索研究玉溪市国家创新型城市的战略目标、战略路径、发展模式，探索云南边疆、多民族地区创新型城市发展的可借鉴、可推广的经验。2019年12月，“玉溪市创新型城市改革政策研究”项目顺利通过科技部结题验收。

【科技统计调查】 2019年全市科学研究和技术服务业非企业单位科技统计调查名录清单核定，核定新增一家调查单位，全市统计调查单位数量由上年的10个增加到11个。2018年度，玉溪市财政科学技术支出39 753万元，占财政支出比重1.43%。

（胡　晓）

社会科学研究

【社科研究】 2019年，市社科联围绕市委“5577”总体思路及“六个走在全省前列”、打造“三张牌”的新定位新要求，聚焦经济转型升级、深化改革开放、乡村振兴、新型城镇化、生态文明、民生保障、党的建设等重点工作和关键环节，立项开展年度课题研究23个。成功申报云南社会智库建设项目课题3个，实现了量的突破、县级社科联申报立项零的突破。参加桂滇黔三省（区）第五届南盘江流域发展论坛，组织社科专家学者围绕“脱贫攻坚与革命老区振兴”主题开展研究，呈报反映玉溪脱贫攻坚经验做法的精品力作11篇，获一、二

2019 年 5 月 11 日，玉溪市第四届科普讲解大赛　（市科技局提供）

等奖各 1 篇，三等奖 2 篇，对外学术交流取得新突破。推动学科体系建设迈出新步伐，立项开展“云南传统重彩壁画图像学研究”“新时代玉溪市体育公共服务均等化研究”等 10 个重点课题研究，支持玉溪师院美术、体育两个特色学科建设。以“70 年不忘初心·新时代继续前进”为主题，组织开展玉溪市庆祝中华人民共和国成立 70 周年学术论文征文及理论研讨会，收到征文 121 篇，评出入围论文 40 篇，于 9 月 26 日召开玉溪市庆祝新中国成立 70 周年理论研讨会。鼓励党校高校科研机构申报 2019 年度国家、省社科基金项目，获国家社科规划项目立项 2 项、省级社科规划项目立项 3 项。组织参加省第 23 次哲学社会科学优秀成果评奖，共申报成果 15 项。

【社科组织建设】　2019 年，市社科联对标对表《市社科联系统深化改革实施方案》，研究印发《市社科联系统 2019 年度深化改革重点任务分解方案》，对 15 项改革任务逐项细化，明确责任领导、责任部室和完成时限，推进改革任务落实。12 月 11—12 日，市社科联第五次代表大会召开圆满完成换届工作。建立市社科联常委重点发言制度。四届市社科联兼职副主席苏涛在市社科联四届五次全会上围绕社科类社会组织建设做了发言，积极建言献策。市社科联机构改革工作完成。增设市社科联（市社科院）副主席领导职数 1 名，并通过召开市社科联四届五次全会进行增选；调整优化内设机构，将科研部、研究室调整为科研智库部、科普学会部。县区社科联建设工作稳步推进。深入县区开展调研指导，积极争取县区党委、政府对社科联建设的重视和支持，推动县区社科联建设工作落地落实。7 个县区社科联的负责人已配备到位并开展工作，通海、峨山县已举行社科联挂牌仪式。社科类社会组织管理服务进一步加强。推进社科类社会组织党建示范点创建，不断提高党的组织和党的工作覆盖质量。动员社科类社会组织积极投身全市争当扫黑除恶专项斗争排头兵的工作，纵深推进社科领域扫黑除恶专项斗争。动员社科类社会组织参加全市脱贫攻坚巩固提升“回头看”“回头帮”行动，与挂靠单位一道，深入扶贫联系点调研帮扶，扎实做好脱贫攻坚巩固提升工作。配合开展社科类社会组织清理规范工作，依规将市社科联从社会组织登记中报批注销，督促市古滇国文化研究会对存在问题进行整改。

【社会科学知识普及】　2019 年，市社科联以深入宣传贯彻习近平新时代中国特色社会主义思想为重点，联合市委市直机关工委举办《习近平新时代中国特色社会主义思想解读》讲座，配合县区委宣传部举办《建设具有强大凝聚力和引导力的社会主义意识形态》《提高党性修养　做合格党员干部》等讲座，指导社科普及示范基地举办《大国崛起与习近平治国理政方略》《讲好中国故事　坚定文化自信》等讲座，推进习近平新时代中国特色社会主义思想进机关、进学校、进基层。承办“云岭大讲堂·玉溪讲坛”8 讲、受众 2 400 多人次。完成 2019 年度省级社科普及示范基地的申报工作，申报省级基地 2 项，易门孙兰英纪念馆获批，通海青少年校外辅导中心列为培育对象。积极做好“云岭大讲堂”主讲嘉宾的推荐工作，将玉溪师院文学院院长时遂营副教授推举为省委宣传部、省社科联主办的“云岭大讲堂”主讲嘉宾。完成《云南蒙古族史话》编纂，并呈报省社科联作为《云南民族史话》系列丛书之一出版发行。办好玉溪社会科学网站，确保玉溪社科网意识形态阵地安全。

（新　雨）

抚仙湖星轨　（李卫东　摄）

元江作松莫　（李卫东　摄）

文化事业

CULTURE

责任编校：王　斌

文化管理

【概　况】　2019年是文旅融合的开局之年，玉溪市丰富文化产品供给，补短板与提效能同步，提升公共文化服务水平。积极推进全市图书馆、文化馆总分馆制建设，探索公共文化机构法人治理结构改革，实现公共文化基本性、普惠性和共享性的目标；举办专业人员和各类公益性培训近百期次，不断加大“三馆一站”免费开放力度，通过文化馆、图书馆、博物馆等平台举办公益性展览60余期，丰富“三馆一站”免费开放的内容；围绕“自强、诚信、感恩”主题，组织开展好各节庆、假日的系列文化和演出活动，广泛开展文艺、美术、书法等作品创作，组织专业院团和3 500支优秀业余文艺演出队编创一批优秀文艺作品，走进县区、基层农村、厂矿、学校、部队开展文化惠民演出1 231场，观众173.1万人次，播放免费少儿电影70余场。认真组织2019年“文化和自然遗产日”“国际博物馆日”等系列活动。圆满完成第六届中国聂耳音乐（合唱）周玉溪分会场活动和玉溪市庆祝中华人民共和国70周年等系列活动。启动并全力推进“中华诗词之市”“中国最佳楹联文化城市”创建，举办创作培训班，开展面向全国的诗词征集活动。

加强文化交流，推进艺术创优。推进优秀文化走出去，圆满完成文化和旅游部“欢乐春节”赴非洲纳米比亚、吉布提文化交流活动，赴老挝万象寮都“相约彩云南.走进老挝”和赴泰国“相约彩云南.走进泰国”2次涉外文化交流演出。组织“玉溪古代书画精品展”“中国的声音——聂耳与国歌”赴北京、红河多地展出。优秀滇剧《贵妇还乡》《水莽草》、花灯剧《山茶花红》及竹乐演奏、少数民族歌舞等剧节目受邀赴市外、省外演出，稳步扩大玉溪文化影响力。引进先进文化，通过“聂耳音乐之都”建设，聂耳大剧院引入21个演出剧（节）目、24场演出，其中国外团队5个，国内团队16个，涵盖戏曲、芭蕾舞剧、话剧、交响乐、默剧、舞剧、音乐会、合唱等诸多艺术类别。成功举办6个全国性、3个全省性的重要文化活动项目。通过市博物馆引入其他城市优秀古文化，不断丰富群众精神生活。加大地方文化演出，组织聂耳文化广场文化演出200余场，举办“周末小舞台”群众性优秀演出40余场。积极申报国家2020年度艺术基金项目，有舞台艺术资助项目新编现实题材花灯剧《花腰飞虹》、跨界融合竹乐作品《花腰竹女》，交流传播推广项目花灯剧《山茶花红》和滇剧《贵妇还乡》26项。参加全国第十一届少数民族传统体育运动会、省第十一届民族民间歌舞乐展演、省第十五届新剧目展演荣获6个单项奖，成绩优异。

文化遗产保护利用取得实效。强化文物安全、消防安全管控，对全市博物馆、县级以上文物保护单位针对文物古建筑消防安全管理、档案建立、火灾隐患检查整改、用火用电管理、消防设施设备及使用情况进行逐一排查并督促整改到位，确保全市文物安全保护稳步提升。加强文物申报工作，新增通海大回村马家大院、澄江文庙古建筑群、峨山八字岭大庙等4个省级文保单位和甘棠箐遗址、江川文庙2个国家级文保单位。加大各级文物修缮力度。落实国保资金1 797万、省保资金790万、市保资金250万和县保资金11万，对新平陇西世族庄园、江川李家山等开展抢救性修缮。持续推进江川甘棠箐遗址第三次发掘。积极推进县区博物馆建设工作，各县区已就建设博物馆事宜开展调研和规划，配合市级有关单位做好重大工程项目文物调查评估，配合完成通海县申报国家历史文化名城工作。新增15名省级非遗传承人，组织峨山彝族花鼓舞、新平傣族服饰和元江九祭献3个项目申报国家非遗项目。

提升行业监管能力，依法监管文化市场，与“扫黑除恶”“双随机一公开”、节庆执法检查等工作有机结合，开展执法检查9 142人次、检查经营单位3 994家次、责令改正41家

2019年7月，第六届中国聂耳音乐合唱周玉溪分会场“聂耳杯”合唱展演　（瞿文君　摄）

次、受理举报 23 件、立案调查 79 件、办结案件 79 件（其中：移送案件 6 件），吊销许可证 1 家次，取缔经营单位 26 家次，罚款 280 056 元，没收违法所得 5 800 元，没收非法音像制品 1831 盘（张）、非法出版物 1 017 册；对照文化旅游领域乱象 24 条，开展文化娱乐市场乱象专项整治工作。

【市文化和旅游局成立】 2019 年 1 月 13 日，玉溪市文化和旅游局正式挂牌成立。新组建的玉溪市文化和旅游局将原玉溪市文化广播电视局的文化管理职责与原玉溪市旅游发展委员会的工作职责相整合，作为玉溪市政府工作部门，加挂玉溪市文物局牌子，主要职责为贯彻落实党的文化工作方针政策，研究拟订玉溪市文化和旅游工作政策措施，统筹全市文化和旅游业发展，深入实施文化惠民工程，组织实施文化资源普查、挖掘和保护工作，维护各类文化市场包括旅游市场秩序，加强对外文化交流，推动文化旅游产业转型升级、融合发展等。玉溪市文化和旅游局设办公室、政策法规科、财务科、艺术科、公共服务科（非物质文化遗产管理科）、文博科、产业发展科、资源开发科、市场管理科（行政审批科）、安全管理科、机关党委（人事科）11 个科室，行政编制 31 名。

（李　敏）

【市文联开展“找问题、补短板、抓落实、奔小康”专题调研】 2019 年 3 月 10—20 日，市文联成立专题调研组，围绕“找问题、补短板、抓落实、奔小康”主题和率先在全省建成小康社会目标，深入各县区文联、市直文艺家协会、基层文艺单位开展专题调研，深入了解玉溪文艺事业发展存在的困难和问题，研究玉溪文艺事业发展面临的机遇和挑战，提出新时代繁荣玉溪文艺事业的思路和办法，撰写了题为《推动文艺事业繁荣发展　助力全面建成小康社会》的调研报告，为推动玉溪文艺事业繁荣发展、促进玉溪全面建成小康社会提供理论依据。

【全省作协会员培训班在玉溪举办】 2019 年 5 月 6—9 日，由省文联、省作协主办，市文联承办的 2019 年度全省作协会员培训班在市委党校举办，来自玉溪市、红河州的省作协会员以及网络作家、自由撰稿人等新文艺群体 100 余人参加培训。此次专题培训旨在加强对省作协会员的思想政治引导，教育引导作家和文学爱好者深入学习贯彻习近平新时代中国特色社会主义思想和习近平总书记关于文艺工作的重要论述，坚定文化自信，增强文化自觉，坚持以人民为中心的创作导向，深入生活、扎根人民，努力创作一批思想精深、艺术精湛、制作精良的优秀文艺作品。省文联党组书记、常务副主席李勇，云师大教授、评论家胡彦，作家马原，云南大学教授、评论家宋家宏，诗人霍俊明等为学员们讲授《易学视野中的金陵十二钗》《小说和你自己的生活》《创作方法与文学阅读》《当下诗歌的面孔、可能与困惑》《外国文学与我们的写作》等专题讲座。

【省文联专题调研暨玉溪文艺工作座谈会】 2019 年 7 月 17 日，省文联专题调研暨玉溪文艺工作座谈会在聂耳大剧院召开，省文联党组书记、常务副主席李勇出席会议并讲话，市文联领导班子成员、各县区文联主席、市直文艺家协会主席、知名文艺家代表和新文艺群体代表近 30 人参加座谈会。会议传达学习习近平总书记致中国文联中国作协成立 70 周年的贺信。李勇强调，玉溪广大文艺工作者要深入学习贯彻习近平新时代中国特色社会主义思想和党的十九大精神，特别是习近平总书记关于文艺工作的重要论述，坚定文化自信，增强文化自觉，创新工作思路，勇于担当使命，在坚定方向、把握导向上推进文联工作，在围绕中心、服务大局上开创文联工作，在强化职能、扩大服务上推进文联建设，以更加坚定的信心、更加进取的精神努力开创文联工作新局面。各县区文联、市直文艺家协会、文艺家代表、新文艺群体代表分别围绕贯彻落实习近平新时代中国特色社会主义思想、扎实推进文联和作协深化改革、加强基层文联自身建设等方面进行了交流发言。

【市文联四届七次全委会】 2019 年 10 月 9 日，市文联召开四届七次全委会，传达学习习近平总书记在庆祝新中国成立 70 周年大会上的讲话精神，增补和更替文联委员，选举产生第四届文联主席。会议增补和更替鲁春红、飞霞、黄俊、金晓阳为市文联第四届委员会委员，选举鲁春红为玉溪市文联第四届委员会主席。

【市文联第五次代表大会】 2019 年 12 月 11—13 日，市文联第五次代表大会召开。市委书记罗应光，省文联党组书记、常务副主席李勇出席会议并讲话。大会总结回顾了过去五年的文联工作和主要成就，安排部署了未来五年的工作任务，听取并审议通过了鲁春红代表玉溪市文联第四届委员会所作的《坚定文化自信　坚守初心使命　推动玉溪文艺事业在新时代实现创新发展》的工作报告，审议通过了《玉溪市文学艺术界联合会章程》，表扬了过去五年来工作成绩突出的 9 个先进文艺集体和 29 名优秀文艺工作者。大会选举产生 29 名委员组成的玉溪市文联第五届委员会委员，并由玉溪市文联五届一次全会选举产生第五届文联领导班子，鲁春红当选为主席，贾来发当选为副主席，龚紫山、杨耀芬当选为兼职副主席。

（杨　勇）

【文化馆站专项治理工作培训】 2019 年 4 月 10—13 日，全市文化馆站专项治理工作培训举行，对文化馆站治理第二阶段工作框架及任务、玉溪市实施总分馆制建设工作安排、2019 年几项重点工作安排等进行培训、讲解，市县区 150 人参加培训，旨在通过培训进一步提升文化馆、图书馆、文化站服务效能，实现“建、管、用”较好结合，落实和抓好“专项治理工作”中的难点和重点。

（王　一）

【闽滇赣文化市场综合执法第二协作区对口交流协作暨联合培训】 2019 年 8 月 5—8 日，2019 年闽滇赣文化市场综合执法第二协作区对口交流协作暨联合培训在玉溪举行，共 92 人参加培训。培训重点突出以案施训教学模式，邀请云南省文化市场执法总队、福建省福州市文化市场执法支队及江西省九江市文化市场综合执法支队执法业务专家从社会艺术水平考级执法、文物市场执法、演出票务市场执法等方面传授综合执法办案经验，同时，组织执法人员对江川区青铜器博物馆、李家山国家文保单位等进行实地巡查，对澄江县禄充 4A 级风景区、红塔区九龙池公园进行联合执法检查，随机抽取红塔区部分文旅经营单位进行交叉执法检查。

（殷学勇）

群众文化

【市图书馆举办中华人民共和国成立70周年系列活动】 2019年4月10日至7月31日，市图书馆举办第八届“为祖国喝彩·迎70华诞”朗读大赛暨第二届“爱阅读”博看朗读杯朗读大赛。比赛历时四个月，共收到124份作品。大赛以网络评选和专家评选的方式进行评分，按得分高低，评选出一等奖4名、二等奖6名，三等奖10名，纪念奖104名。8月17日在图书馆一楼影视厅，举行大赛颁奖仪式，获奖者、朗读爱好者、读者等120人参加。10月8日，市图书馆与省图书馆联合，在市图书馆一楼展厅举办《我和我的祖国——庆祝中华人民共和国成立70周年摄影图片展》。展示云南省在党的领导下70年政治、经济、民生的发展变化。展览从10月8—22日，7 400人次参观。

（梁彬 郜丹）

【三州市书画巡回联展】 2019年10月24日，由玉溪市文化馆、文山州文化馆、红河州文化馆、玉溪市图书馆主办，以“盛世相约 翰墨飘香”为主题的2019年玉溪、文山、红河庆祝中华人民共和国成立70周年书画巡回联展在市图书馆一楼展厅开展。本次巡回联展汇集玉溪、文山、红河三地州艺术院校和中小学教师、美术爱好者、基层农民美术爱好者的99幅彩墨丹青妙笔，其中书法作品49幅，绘画作品50幅，每地33幅。玉溪为巡展第二站。

【王啟新、李春连优秀画作展】 2019年7月12日至8月20日，王啟新、李春连两位本土画家《城边上的行者》优秀作品画展在市文化馆展出。此次画展共展出他们记录玉溪发展变化点点滴滴的73件优秀作品，包括王啟新25件水粉画和李春连48件油画，作品多数描写玉溪景色。本次活动意在加强玉溪市文化馆与基层群众文化活动的紧密联系为目的，给民间艺术家互相交流提供平台，同时也是玉溪市文化馆艺术辅导培训的成绩汇报展。

（张喜云）

【冯光祥剪纸艺术作品展】 2019年5月17日，冯光祥剪纸艺术作品展在市文化馆综合展厅开展。冯光祥是云南省工艺美术大师，中国艺术家协会会员，云南省民间文艺家协会会员，市级非物质文化遗产代表性传承人，从事剪纸创作二十余年。多年来，他在继承民间传统剪纸工艺的基础上，不断吸取绘画的基本技法进行大胆创新，形成了自己特有的艺术风格。其作品精致细腻，构思精巧，主题涉及民风民俗、吉祥纹饰、历史人文、花鸟风景、神话传说、唐诗宋词等方面，展出的120幅作品，是从冯光祥2 000余件作品中挑选出来的精品。旨在挖掘民间传统文化的精髓，把深藏于民间的艺术呈现在观众面前，形成共同保护和传承优秀文化的共识。

（岳彩云）

【“碧玉清溪是我家”绘画作品展】 2019年6月1日儿童节之际，玉溪市第三届“碧玉清溪是我家”少儿书画优秀作品展在玉溪市文化馆综合展示厅开幕。本次展览共收到186位青少年儿童205件书法绘画投稿作品，其中入选展出120件作品。孩子们用天真的慧眼感悟生命成长，用画笔涂鸦想象浪漫的童年世界，用稚嫩的笔触描绘美丽家乡、可爱的幼儿园、亲切的家人。2019年新春佳节之时，第四届“碧玉清溪是我家”绘画展在市文化馆举办。此次参展的绘画作品均来自玉溪市七县二区各基层美术爱好者之手。参展绘画作品84件，画法风格各异，作品内容突出“我爱我家”主题，全面诠释玉溪市各界画友们对玉溪生活的热爱和对家乡人文地理情感的感悟。展出作品有国画、油画、水彩、水粉、版画等种类，绘画技法形式多样。

（张喜云）

【公益培训】 2019年1月21日至2月1日，市文化馆举办为期10天的2019年寒假少儿公益培训班，开设少儿书画、音乐、舞蹈、曲艺、器乐等16个专业28个班级，共招录388人。3月4日至4月25日，玉溪市文化馆2019年艺术公益培训（成人班）开班，开设12个专业、14个培训班，课程包括形体、舞蹈、音乐理论、声乐、瑜伽、肚皮舞、书法、色彩、曲艺等艺术门类，招生240人。

（梁昆）

文化交流

【出访非洲两国】 2019年是中国与吉布提建交40周年、与纳米比亚建交29周年，2019年1月13—23日，由云南省文化和旅游厅组团，市文化和旅游局组织玉溪市聂耳竹乐团、红塔区聂耳文化演艺有限公司23名演员，创排一台以“魅力彩云南”为主题的精品晚会出访非洲吉布提、纳米比亚两国，执行国家文化和旅游部会同相关国家部委、各地文化团体和驻外机构在海外共同推出的“欢乐春节”国际化品牌节日，提高国家文化软实力，促进文化交流互鉴。节目包括土家族舞蹈《摆手女儿家》、原生态女声独唱《大西山上草茵茵》、彝族打歌《阿依赛》、云南花灯舞蹈《灯妹子》、花腰傣舞蹈《裙儿摆摆秧箩情》、特色竹乐哼葫合奏《竹楼情歌》等少数民族精品“歌、舞、乐”节目，为两国观众呈现了绚烂多彩的云南少数民族风情，双语（纳米比亚语、中文）女声小合唱“纳米比亚传统歌曲”唱出中纳两国情深意切，傣族舞蹈、竹乐器独奏与观众亲切互动；歌曲《我和我的祖国》《向往》把晚会推向高潮。尾声舞蹈《多彩的民族花》衷心祝福中国与吉布提、纳米比亚两国共同发展、携手前行。

【出访东南亚两国】 2019年2月12日至2月21日，应云南文化交流协会教育中心邀请，玉溪市红塔区聂耳演艺有限公司演员参团代表云南省出访老挝、泰国两国开展新春佳节慰侨演出活动，分别参加在老挝万象、琅勃拉邦地区举办的“相约彩云南·2019走进老挝”和在泰国清莱、清迈地区举办的“相约彩云南·2019走进泰北”文艺演出，演出了土家族舞蹈《摆手女儿家》、原生态女声独唱《彝族四腔》、彝族舞蹈《阿依赛》、云南花灯舞蹈《灯妹子》、花腰傣舞蹈《裙儿摆摆秧箩情》等少数民族精品“歌、舞、乐”节目。驻老挝、泰国中国和平统一促进会、中华总商会等知名侨领及3 000余名各界华人华侨观看演出。

（徐亚玲）

【聂耳竹乐团演出活动】 2019年9月4—6日，2019年《财富》全球可持续论坛在玉溪抚仙湖畔举办。在9

①2019年1月20日，纳米比亚首都温得和克“沙海交响·情系中华”2019年华侨华人春节晚会举行，玉溪市文旅局组织少数民族特色节目参与演出 （市文旅局提供） ②2019年4月28日，玉溪市滇剧院携滇剧《贵妇还乡》参加在成都举行的著名剧作家“徐棻艺术生涯七十周年系列活动”展演 （普文贵 摄）

月4日晚云南招待会上，聂耳竹乐团与省歌舞剧院共同合作器乐曲《欢乐颂》，为中外嘉宾展示玉溪竹乐的独特魅力。9月5日晚在财富方招待晚宴中，聂耳竹乐团作为特别演出嘉宾，击鼓迎宾，并演出《撮泥鳅》（哈尼族）、《林间的歌》（花腰傣）、《簸谷》（彝族）等10余首极富玉溪民族民间特色的器乐作品，为来宾们展示竹管琴、竹排琴、哦比、竹芦丝、竹古琴以及全世界最小的小三弦等乐器。5月3—12日，2019年第四届深圳OTC凤凰花嘉年华在深圳华侨城生态广场举办。玉溪聂耳竹乐团受邀参加主题为“凤凰花开·竹乐飘香”跨国届自然音乐会，竹乐团演奏云南经典竹乐音乐外，与来自哥伦比亚、俄罗斯、巴西、菲律宾、美国、埃及等多国艺术家现场即兴合奏。竹乐团器乐技师现场制作竹乐器并请观众吹奏体验，让国外艺术家进一步了解玉溪少数民族艺术丰富多元的魅力。

（刘　毅）

【《贵妇还乡》赴成都演出】 2019年4月，市滇剧院现代滇剧《贵妇还乡》受成都川剧研究院邀请，作为“笔吐玑珠·心怀时代——徐棻艺术生涯70周年系列活动”徐棻作品中上乘之作首场演出，该剧由市滇剧院创排，中国戏剧梅花、文华奖、白玉兰奖获得者冯咏梅领衔主演，中国文联副主席董伟、四川省委宣传部副部长周青、中国戏曲表演学会会长黎继德等领导及中国戏曲界名家名人到场观看演出。

【市花灯剧院参加第四届嘉陵江灯戏暨地方戏剧艺术节】 2019年10月，市花灯剧院受邀参加由中国艺术研究院戏曲研究所、四川省文化和旅游厅、南充市政府主办的第四届嘉陵江灯戏暨地方戏剧艺术节。玉溪市花灯剧院复排的《补缸》《小姨妹过河》《老海休妻》《闹菜园》等精彩花灯传统经典剧目作专场交流展演，玉溪花灯的独特魅力给戏剧界专家及南充市观众留下深刻的印象。

【参加广东（佛山）非遗周暨佛山秋色巡游活动】 2019年11月，受佛山市文化和旅游局邀请，峨山县群众文化工作队携彝族舞蹈《烟盒胡琴调》参加2019广东（佛山）非遗周暨佛山秋色巡游活动，这是峨山县群众文化工作队第二次受邀参加此活动。彝族舞蹈《烟盒胡琴调》让看惯舞狮和武术表演的现场观众眼前一亮，彝族人民铿锵有力的音乐、绚丽多姿的服饰、精彩绝伦的烟盒胡琴舞蹈震撼现场，观众掌声不断。

（徐亚玲）

【参加北京文化创意大赛】 2019年7月25日至8月18日，“歌华有线杯2019北京文化创意大赛”西南赛区玉溪市分赛区决赛在玉溪市聂耳纪念馆举行。本次赛事由北京市文化创意产业促进中心主办，西南赛区玉溪市分赛区由市文化和旅游局主办。赛事吸引了从事文化创意的机构、院校、设计公司和各类文化+企业、工艺美术师、手工艺制作者等参加。初赛作品51件，经专家评审及陪审评委现场评比，12件作品进入决赛。最终，决赛作品经5位专家评审及10位陪审评委现场评审，文创作品《溪光》《“南疆瑞兽”云南民俗陶艺品市场开发与推广项目》《绝版木刻技艺助力边疆贫困生创业就业项目》获三等奖；文创作品《瓦猫》《滇瓦紫砂》获二等奖；《云南独龙族文化融合项目建构扶贫产业新模式》项目获一等奖并代表西南赛区参加大赛总决赛。8月18日大赛总决赛在北京东城区天鼎218文创园圆满落幕，西南赛区玉溪市分赛区荣获最佳赛区奖；《滇瓦紫砂》荣获组委会特别奖；《云南独龙族文化融合项目建构扶贫产业新模式》项目荣获年度媒体关注奖。

（杨　梦）

【异位的振幅——第2届中德艺术交流展】 2019年3月19日，“异位的振幅——第2届中德艺术交流展”中国境内最后一站展览在玉溪开展。此次展览从原参展的作品中根据创作题材及样式挑选约70件作品，并特邀三位玉溪艺术家参展，最后共80余件作品参展。展览根据参展作品的创作题材和样式来营造各种对比和呼应，构建一种在主题、色彩和表现形式之间对比强烈的节奏。

【“澄怀韵秀——云南玉溪藏古代书画精品展”】 2019年7月25日，由市博物馆、通海县博物馆共同推出“澄怀韵秀——云南玉溪藏古代书画精品展”在北京鲁迅博物馆开展。此次展览分作“翰墨生辉——玉溪地区藏书法精品”和“丹青流韵——玉溪地区藏绘画精品”两个部分，展出100余件（套）藏书画作品。

（杨云舒）

文化市场管理

【文化娱乐场所乱象专项整治抽查】 2019年7月2—6日，市文化市场综合行政执法支队对全市文化娱乐市场乱象专项整治情况进行重点抽查。抽查组通过听取汇报、查阅资料、明察暗访、实地查看、线索排查、延伸检查、反馈意见等方式，重点抽查全市网吧55家、KTV厅114家、酒吧34家，发现问题136个，切实做到抽查面“两必检”（前期检查中发现的问题必检，县城所在地KTV全部必检），全程“盯办”文化娱乐市场乱象治理，推动全市文化娱乐市场乱象专项整治工作取得实效。

【文化市场综合执法案卷评查】 2019年初，市文化市场综合行政执法支队抽取各县区文化行政执法部门2017年、2018年已结案的行政处罚案卷共18卷，通过交叉互评、集中评查、复核检查等方式进行评查。此次评查评出优秀案卷4卷、良好案卷5卷、合格案卷7卷、不合格案卷2卷，案卷优秀率22.22%、良好率27.78%、合格率38.89%、不合格率11.11%，评查结果在全市进行通报。

（殷学勇）

【简化行政许可审批】 2019年，市文化和旅游局公示行政许可事项清单，编制规范化的行政许可事项办理流程图、材料清单、服务指南，简化行政许可审批材料，并对社会公布；实现部分事项“不见面”审批，通过系统网络服务平台，实现旅行社设立许可、导游证核发两项事项“不见面”审批，申请人在线提交材料，审批人在平台中实现审批事项；压缩行政审批时限，文物类审批时限压减7天，由20天压缩至13天，旅行社设立许可压减5天，由15天压缩至10天。导游证核发审批时限压减5天，由10天压缩至5天。由文物部门实施的“文物保护单位保护范围内进行其他建设工程或者爆破、钻探、挖掘等作业的许可”“文物保护单位的建设控制地带内进行建设工程的许可”“进行大型基本建设工程前在工程范围内有可能埋藏文物的地方进行考古调查、勘探的许可”“配合建设工程进行考古发掘的许可”等4项审批事项，合并为“建设工程文物保护和考古许可”1项，并编制办事指南和操作手册。

（董　辉）

【国庆文化旅游市场执法检查】 2019年10月2—4日，市文化旅游市场综合执法支队到红塔区、高新区等县区开展文化旅游市场执法检查工作。要求旅游企业严格执行云南省旅游从业人员“八不准”规定及云南省旅游市场秩序22条整治工作措施；认真排查隐患，检查中出现的问题，现场及时指出并整改，现场不能整改的责令限期整改；对发现存在上网人员吸烟现象的2户网吧，采取向公安部门抄告“工作提示函”形式及时进行查处，加强网吧管理人员的教育培训，做到上网人员文明上网，经营者规范经营，共同做好网吧控烟工作，经营业主加强行业自律，完善经营管理制度，提高安全意识，为国庆假日期间文化旅游市场的安全与稳定营造良好的氛围。

【文化旅游市场领域“扫黑除恶”专项斗争督导检查】 2019年4月8—11日，市文化市场综合行政执法支队抽调4名执法人员组成督导检查组，对红塔区、江川区、澄江县、华宁县等县区开展文化旅游市场督导检查工作。共抽检4县区文旅经营单位31户，其中：网吧11户、歌舞娱乐场所5户、游艺娱乐场所1户、印刷企业2户、打印复印店2户、书报刊店3户、音像制品店3户、旅行社（服务网点）2户、A级景区（点）2户。对检查出的4户未亮证经营、1户安全通道锁闭等问题，要求经营单位逐条认领，责令其认真整改到位。同时，进一步延伸督查检查范围，下沉到红塔区北城街道，江川区江城镇，华宁县华溪镇、盘溪镇等大集镇农村文化市场开展督导工作。督查中分别在红塔区北城街道、华宁县盘溪镇查处3户音像制品经营单位违规经营行为，现场收缴非法音像制品1100余盘（张），案件交由属地文化市场综合行政执法大队立案调查，分别给予当事人警告，并收缴非法音像制品的行政处罚。

（殷学勇）

文化产业

【文化产业博览会】 2019年7月17—21日，玉溪市文化产业博览会在市博物馆开展。本届文博会以“文化推动发展，创新引领未来”为主题，集中展示玉溪市文化产业的发展成就，助力提升城市创新能力、文化魅力和发展潜力，为实现玉溪市经济社会高质量发展做出积极贡献。本届文化产业博览会由市委宣传部，市文化和旅游局、市总工会主办，玉溪日报社、市博物馆承办，省非物质文化遗产保护中心、省工艺美术行业协会、各县区宣传部、省木雕协会协办，玉溪报业传媒有限责任公司执行。会场设玉溪市文化产业综合展区，共137个展位，有100多家参展商前来参展，内容涵盖玉溪七县两区的文化创意产品。华宁陶展区：展现了华宁陶的悠久历史、精湛技艺和深厚的陶文化底蕴；玉溪青花易门陶瓷展区：以玉溪陶瓷和易门陶瓷文化及产品为重点，展示两地陶瓷深厚的历史文化底蕴和陶瓷产业发展的硕果；金土文化产业展区：主要展示各县区独具代表的“金、土”文化、民族手工艺文化、科技文化产业或产品，包含本土陶瓷文化（新平土陶、华宁陶）、江川铜文化、通海银饰品文化等；木石布文化创意展区：展示以“木、石、布”为主的刺绣、木雕、竹编、石雕、茶叶、民族服饰等文化创意产品；家居文化展：展示提升生活品质，高雅生活相关的仿古门窗、红木艺术及雕塑、奇花异草、奇石、根雕艺术品等。还增设了云南省国家级非遗文化展、玉溪工匠文化展、省级民族民间工艺美术大师展等9个展示内容。本届文化产业博览会还举办“讲述工匠故事，传播玉溪声音”论坛，邀请多名玉溪匠人，到现场讲述自己的工匠故事。云南省“工美杯”优秀作品征集、评选及颁奖活动，面向本届文博会参展商及参展个人作品进行征集，由特邀评委现场评出一、二、三等奖，激励玉溪匠人再创精品。同时还举办抖音大赛、亲子陶艺彩绘、儿童涂鸦、益智玩具比赛、小记者逛文博会、瓜果蔬菜大变身等精彩互动文化活动。丰富的展品与多彩的活动充分突出“文化引领未来，创新推动发展”的活动主题，本届文化产业博览会作为新中国成立70周年、决胜全面建成小康社会关键之年举办的重要展会，被列为第六届中国聂耳音乐（合唱）周玉溪分会场系列文化活动之一。

（杨云舒）

【参加第14届中国义乌文化产品交易博览会暨第11届中国国际旅游商品博览会】 2019年4月27—30日，市文化和旅游局组织玉溪滇瓦紫砂厂参加在浙江省义乌市国际博览中心举办的第14届中国义乌文化产品交易博览会暨第11届中国国际旅游商品博览会。借助国际旅游商品博览会文旅融合交流平台，玉溪滇瓦紫砂工艺厂的斑砂茶具、工艺品、彩金杯碗等多个系列产品以古滇国文化融合独特紫砂多元素创新创意，赢得会展参展

2019年10月22日，玉溪市花灯剧院携一批传统经典小戏参加在四川南充市举行的第四届嘉陵江灯戏暨地方戏剧艺术节

（李忠福　摄）

商的高度评价与青睐。在展会期间通过发放宣传资料、受理旅游咨询、旅游商品品鉴等形式，充分宣传玉溪市丰富的旅游资源和独特的文旅产品。

（杨　梦）

【参加创意云南文化产业博览会】 2019年8月8—12日，创意云南2019文化产业博览会（简称“文博会”）在昆明国际会展中心举办。市文化和旅游局组织红塔区、华宁县文化和旅游局及市内47家文旅企业参展。展品涵盖“金、木、土、石、布”民族民间工艺品全部门类，不仅有玉溪青花瓷、华宁陶、江川青铜器、通海银饰、峨山彝绣、元江哈尼族原创民族服饰、傣族织锦、元江红宝石，还有木雕、土陶、竹编、剪纸等。红塔区和华宁县分别搭建了162平方米和531平方米的主题形象展厅。红塔区展厅以“玉溪青花瓷”为主题，展台以玉溪古窑青釉和青花为底色，通过实物、图片和视频的形式展示玉溪青花瓷六百多年的发展历程。参展青花瓷以纯手工青花茶具、茶叶罐等古朴青花瓷精品赢得参观者驻足端详品鉴。对玉溪陶瓷文化旅游产业创意园（玉溪青花街）项目进行招商推介。华宁展厅以“云南华宁　国际陶都”为主题，展馆风格极简留白，体现了东方美学，把华宁陶的素简极雅、悠然自在、朴实厚重之美完美展现。展品以艺术陶、生活陶、建筑陶作品为主，陶艺大师李自轩、邓红锦、舒文照、汪华、陈俊玮、汪海涛、戴云明等坐镇现场，展示传承陶文化，为观众带来一场别开生面的陶瓷艺术盛宴。文博会期间“玉溪窑青花瓷”首次通过独立舞台向世人展示其风姿。“玉溪窑青花瓷”展厅被省文博会组委会授予“最佳展位奖”。红塔区文化和旅游局被组委会授予“优秀组织奖”。云溪陶作品《南疆瑞兽·瓦猫贮贝器》荣获创意云南2019文化产业博览会“我与我的祖国”文创大赛金奖。

（杨　梦）

【玉溪在京召开文化旅游招商引资宣传推介活动】 2019年11月29日，玉溪市文化旅游招商引资宣传推介活动在北京东苑戏楼举行，积极搭建玉溪与北京的文化交流平台，面向国内外投资商宣传展示玉溪旅游文化资源，全面宣传推介玉溪市文化旅游资源特色、产业发展前景和投资环境，促进全市文化旅游产业高质量跨越式发展。在文化创意特色产品和非物质文化遗产项目展示与项目洽谈活动上，华宁县陶瓷文化产业服务中心、玉溪滇瓦紫砂工艺厂、玉溪高原彩特色食品有限公司等11家企业惊艳亮相，广受青睐。玉溪市政府现场与中国文化产业协会签订战略合作框架协议；华戏（北京）文化发展有限公司等多家企业表示拟到玉溪深入洽谈相关项目的意向，易门县菌子、滇瓦紫砂等文化旅游商品广受好评，红塔区玉之陶文化传播有限公司、玉溪滇瓦紫砂工艺厂、通海县糕点厂、澄江县印象抚仙湖旅游产品开发有限公司与多家企业达成合作意向。

（吴瑞帅）

文化基础设施建设

【公共文化基础设施建设】 2019年，全市文化馆、图书馆、文化站、村级文化室建设实现全覆盖，文化室建设向自然村、组延伸，确定了2个县级文化馆、图书馆分馆建设和16个乡级文化站分站项目建设点，9个县区全面启动总分馆制建设工作。市县区图书馆、文化馆为残疾人配备了无障碍设施。峨山、新平、元江、易门配备舞台演出“大篷车”、易门、江川配备图书流动借阅车。积极推进县级文化馆图书馆总分馆制建设工作。

（王　一）

【市图书馆推进县级总分馆建设】 2019年，市图书馆成立了图书馆总分馆制建设专家小组，对各县区、乡镇系统建设升级，搭建全市图书馆多层级总分馆服务体系。完成了玉溪政务云申报工作。申请玉溪政务云主机8G、32GB、15TB总空间，100M出口带宽等云资源，作为总分馆建设项目及玉溪市图书馆其他11个现用信息化系统建设运行平台。将建成市级中心馆1个；区县级总馆9个；乡镇分馆75个；村级分馆727个。

（李宇志）

文学艺术活动

【精品剧目打造】 2019年，市花灯剧院大型革命历史题材花灯剧《山茶花红》聘请国内知名编剧、导演、灯光、舞美等组成创作队伍，重新创作改版；市花灯剧院对取材于“梁山伯与祝英台”的传奇爱情故事的新编传奇花灯剧《蝶舞》进行提升打磨；玉溪市滇剧院重点提升打造大型滇剧《王者江上》。

（徐亚玲）

【“建设聂耳音乐之都”——“梅香玉溪，献礼祖国”戏曲晚会】 2019年10月19日，为庆祝中华人民共和国成立70周年，由中国戏曲表演学会、中共玉溪市委、玉溪市人民政府主办，中国戏曲表演学会艺术团、玉溪市滇剧院、玉溪市花灯剧院演出的“梅香玉溪，献礼祖国”戏曲晚会在玉溪市聂耳大剧院举办，晚会名家荟萃，邀请2名“梅花大奖”、5名“二度梅花奖”等17名中国戏曲梅花奖获得者，融汇全国13个剧种，国家级大奖获奖剧目及经典重现古今戏曲精品，是汇聚戏曲名角最多，剧种涵盖面最广的一台戏曲晚会，特邀央视戏曲频道《戏曲采风》栏目专访播出。通过活动培育地方戏曲活起来、传下去、出精品、出名家的良好氛围，提升玉溪文化艺术在全国的知名度及影响力。

（李佳晴）

【中央民族歌舞团大型民族歌舞晚会】 2019年10月22日晚，在聂耳大剧院举办建设“聂耳音乐之都”系列演出——中央民族歌舞团大型民族歌舞晚会。晚会旨在弘扬少数民族文化，展现多姿多彩的少数民族歌舞艺术，曲比阿乌、肉孜阿木提、杨倩琳等国家一级演员，彝人制造、阿旺·洛桑顿珠、卞英花、扎西顿珠等实力派青年演员登台表演，为玉溪观众描绘了一幅中华民族大家园的多彩画卷。

【云南省老干部合唱音乐会】 2019年10月12—13日，市文化和旅游局与云南省合唱协会，分别在聂耳大剧院和聂耳文化广场举办“聂耳音乐之都”系列演出——云南省老干部合唱音乐会。来自全省离退休老干部10支合唱团含玉溪3支550人参加音乐会演出，演唱作品节选新中国成立70周年优秀合唱作品，赞美祖国，赞美家乡，抒发广大离退休老干部对党、对国家、对家乡的无限热爱及深厚情感高唱新时代主旋律、传递正能量，激励年轻一代继承和发扬老一辈的优良传统，“不忘初心．牢记使命”，为建设多彩云南、美丽玉溪努力奋斗。

（徐亚玲）

【“聂耳音乐之都”“中国梦·唱响云南”彩云之歌音乐会】 自2017年以来，“中国梦·唱响云南”作为玉溪市建设“聂耳音乐之都”省级重点项目已连续成功举办三届。2019年12月3日晚，由云南广播电视台、玉溪市委、玉溪市政府主办，玉溪市委宣传部、云南广播电视台音乐频率、玉溪市文化和旅游局、玉溪广播电视台承办，玉溪市文化管理服务中心协办的庆祝中华人民共和国成立70周年“聂耳音乐之都”“中国梦·唱响云南”彩云之歌音乐会在聂耳大剧院举行。整台晚会分为“逐梦而歌”“岁月畅想”和“共谱华章”3个章节15个节目。熊汝霖、李维真、高淑琴、黄绍成、刘寒冬、太阳女组合等众多云南本土知名歌手、音乐组合及音乐人一一登场，演唱了《小河淌水》《放马山歌》，《马铃儿响来玉鸟儿唱》《有一个美丽的地方》《月亮情歌》《打歌》等反映时代精神的优秀歌曲，用丰富多彩的音乐风格展示了云南深厚的民族音乐文化底蕴。

（刘　毅）

【“唱响音乐之都”云南第二届“聂耳杯”流行歌手大赛决赛】 2019年8月28日至10月25日，2019“唱响音乐之都”云南第二届“聂耳杯”流行歌手大赛决赛举行。本次比赛赛制采用线上海选+线下复赛+玉溪总决赛的方式进行。9月20日至10月13日复赛在玉溪、昆明、文山、曲靖、版纳、芒市、楚雄7个城市先后举行。10月25日在玉溪聂耳大剧院进行总决赛及颁奖晚会，从675名参赛选手中脱颖而出入围决赛的25组优秀青年歌手尽展音乐才华，角逐大赛所设一、二、三等奖，以及最佳潜力男歌手、最佳潜力女歌手、最具魅力女歌手、最具魅力男歌手、最佳组合奖、最佳原创作词奖、最佳原创作曲奖、最佳编曲奖等10余项专业特色奖项。

（刘　毅）

【建设“聂耳音乐之都”——“礼赞新中国·奋进新时代”少数民族声乐表演人才培养玉溪音乐会】 2019年10月8日，“礼赞新中国·奋进新时代”少数民族声乐表演人才培养玉溪音乐会在聂耳大剧院演出，音乐会由玉溪市委、玉溪市政府、上海音乐学院主办，市委宣传部、市文化和旅游局承办，是2019年度国家艺术基金资助的成果展示。少数民族声乐表演人才培养项目是由上海音乐学院承办并实施，选拔全国19个少数民族35位声乐人才，举办为期30天民族声乐与少数民族声乐培养，挑选有着丰富教学经验国宝级专家教授针对性开展教学，首场“走出去”在玉溪演出，将爱的诗章带给聂耳家乡玉溪人民。此次音乐会，既是对培训班教学成果的一个总结，也是对民族音乐文化的一次集中展示。音乐会分为三个部分：第一章《欢歌》，表现了少数民族团结友爱、欢声笑语的景象；第二章《情歌》，表现了少数民族男女之间纯洁而真挚的爱情；第三章《颂歌》，体现了在中国共产党的领导下少数民族安居乐业、幸福生活的美好景象，歌颂党的领导、歌颂伟大祖国繁荣昌盛。

（徐亚玲）

【第六届中国聂耳音乐（合唱）周玉溪分会场】 第六届中国聂耳音乐（合唱）周以“礼赞新中国　奋进新时代”为主题，以系列文化艺术活动为载体，采取“一体两翼”的方式，在玉溪、昆明设立分会场，在昆明举行开幕式，在玉溪举行闭幕式。玉溪分会场系列活动由中国合唱协会、中共玉溪市委、玉溪市政府主办，中国合唱协会、上海音乐学院合作，玉溪市委宣传部、玉溪市文化和旅游局、玉溪市文学艺术界联合会、云南聂耳音乐基金会承办，于2019年7月16—19日举行，集中安排8项主题活动，分别在9个表演（培训、座谈）场地，举办15场演出，3次培训，1个音乐研讨会，5晚万人广场舞，5天文化产业博览会，8场城市路演。17日晚第六届中国聂耳音乐（合唱）周玉溪分会场启动仪式暨文艺演出在聂耳大剧院举行，市委副书记、市长张德华主持，玉溪市委书记罗应光、中国合唱协会理事长李培志致辞，《礼赞新中国》文艺晚会由本土400余名演职人

2019年7月，第六届中国聂耳音乐合唱周玉溪分会场“古乐·新声”敦煌古谱音乐会　（瞿文君　摄）

员参演，拉开第六届中国聂耳音乐（合唱）周玉溪分会场帷幕；举办“聂耳杯”全国性合唱展演，有来自全国16个省（市、自治区）及玉溪本地的20支合唱团1 000余名合唱演员参加为期3天展演活动，玉溪澄江县抚仙湖之声合唱团、玉溪江川区高原水乡合唱团荣获成人组混声合唱一等奖；举办聂耳作品研讨座谈会，邀请国内音乐界11名著名专家学者及有关人员30余人参加研讨，专家围绕聂耳作品、聂耳文化在创新中如何更好地传承和保护、“聂耳音乐之都”建设等内容献计、献策；举办合唱专题讲座和专家点评会；特邀上海音乐学院表演“古乐·新声”敦煌古谱音乐会和昆明聂耳交响乐团“启鸣之声”音乐会；首次举办城市路演，邀请省内优秀现代流行时尚乐队和音乐人，分别在玉溪中心城区极·中心、东风广场、兰溪桥三个地点表演；在聂耳文化广场舞台、聂耳音乐广场、玉溪花灯剧场举办地方戏曲、民族歌舞及广场舞表演。7月21日晚在聂耳大剧院举办第六届中国聂耳音乐（合唱）周闭幕式暨文艺晚会，为期6天的第六届中国聂耳音乐（合唱）周在激昂的歌声中落下帷幕。

（刘　毅）

【庆祝新中国成立70周年系列文艺演出】 2019年9月26日，玉溪市庆祝中华人民共和国成立70周年《我和我的祖国》大型文艺晚会在聂耳大剧院举行，晚会分为“站起来”“富起来”“强起来”三个篇章，讴歌新中国成立70年来历届玉溪市委、市政府团结带领全市各族人民，锐意进取，奋力开拓，全市社会经济发展取得天翻地覆的辉煌成就。晚会紧扣主题，是以展示浓郁的地方特色、唯美的视觉冲击、独特的时代气息、新颖的创作手法等艺术特点创作的一台内容丰富、形式多样的专题文艺晚会。晚会由市花灯剧院、市滇剧院、市文化管理服务中心、红塔区聂耳文化演艺有限公司、元江县群众文化工作队、峨山县群众文化工作队、易门县文化馆群众文化辅导展演工作队等400余名演员参演。9月30日至10月27日，市文化和旅游局与市内有关单位合办中国成立70周年庆祝系列文艺演出活动。活动包括玉溪市离退休干部庆祝新中国成立70周年暨全国第七个老年节活动；“中国梦·劳动美”玉溪市职工学习习近平新时代中国特色社会主义思想诵读晚会；“红领巾向党，争做新时代好队员”文艺晚会；“你好.祖国”玉溪民族音乐会；“不忘初心.携手前行.文明玉溪”玉溪少年交警在行动文艺晚会等多个文艺晚会和活动，以诗歌、朗诵、戏曲等方式向祖国70周年大庆献礼。

（徐亚玲）

【通海馆藏拓片精品展】 2019年4月4—26日，由玉溪市图书馆、通海县文化和旅游局联合主办，通海县博物馆、通海县图书馆承办馆藏拓片精品展在玉溪市图书馆展出，普光山智照兰若记、河西城祠记、至圣先师孔子赞、秀山古柏行、登秀山寺、颢穹宫常住碑记、孔聘贤夫妇诰封碑、石鼓文字等石刻拓片，良工精拓，凸显名家书法神韵，极具现代审美意趣。

（陈南男）

【庆祝中华人民共和国成立70周年美影书作品展】 由市文化和旅游局主办，市文化馆承办的“庆祝中华人民共和国成立70周年玉溪市书画摄影作品展览”，于2019年9月20日至10月22日在市文化馆综合展厅展出，通过美影书作品形式献上一份对祖国的礼赞。此次展出的书画摄影作品来自全市七县二区各基层、各行业美影书爱好者，经过评审人员严格把关、认真筛选，共展出美影书作品90件，其中绘画、书法、摄影各30件。参展作品风格多样，其书画形式、布局、构图、造型、色彩、风格各异，蕴涵着深厚的艺术底蕴；高清的摄影片段记录了玉溪发展历程，光与色、布局与设计都具有鲜活的时代气息和较高的审美价值。

（张喜云）

【“不忘初心、牢记使命”档案文献展】 2019年10月12日，“不忘初心、牢记使命”档案文献展在市博物馆开展，展览分为理论探索、理想信念、不懈奋斗、牢记宗旨和自身建设5个部分16个板块，展出的355件档案文献中，270件来自中央档案馆，具有较高的史料价值和理论研究价值。展品有马克思、列宁、毛泽东、周恩来、刘少奇、朱德、邓小平、陈云等老一辈无产阶级革命家的书信、文稿、笔记、照片、诗词等，有叶挺、冼星海、程砚秋等知名人士的入党申请书和相关档案，有夏明翰、彭湃、赵一曼、方志敏、刘伯坚等革命先烈的遗书和相关事迹档案资料，有王进喜、焦裕禄、雷锋、甘祖昌、柳青、张秉贵、杨善洲、高德荣等先锋模范的优秀事迹档案，以及中国共产党历史上多篇重要文献等。

【妇女创业创新刺绣作品展】 2019年9月17日，由玉溪市妇联主办，玉溪市博物馆协办的“礼赞新中国 绣美新时代”玉溪妇女创业创新刺绣展在玉溪市博物馆开展。玉溪市生活着彝、哈尼、傣、回、白、蒙、苗、

2019年11月8日，微电影《拉祜·呼啦》荣获第七届亚洲微电影艺术节“美丽临沧”48小时极拍微电影竞赛一等奖和最佳导演奖、最佳配乐奖　（杨　勇　摄）

拉祜等25个民族，有少数民族人口72.3万，多元文化的共存、多民族艺术的融合，孕育了玉溪独有的刺绣艺术，而玉溪绣娘，用用绣针和彩线无声地记录了玉溪各民族的历史和社会的发展。展览展出的刺绣作品有装饰画、服饰、生活用具、装饰品200余件，是玉溪少数民族彝、傣、苗、哈尼、蒙古族等刺绣文化缩影。

（杨云舒）

【迎新春活动】 2019年1月11—29日，市文联、市书法家协会共同举办“我们的中国梦”文化进万家——2019年迎新春书赠春联活动，组织15名书法家分别到华宁县城，红塔区紫艺社区、朱槿社区、驻玉某部队为广大群众和部队官兵免费书赠春联2 000余幅。1月29日，市文联在聂耳文化广场举办“我们的中国梦”2019年迎新春文艺晚会。晚会由市戏剧家协会、市曲艺家协会承办，市老干部聂耳合唱团、市滇剧院、市花灯剧院、红塔集团工会、红塔区聂耳文化演艺有限公司等单位参加演出。演员们为广大群众表演了《花开的声音》《又一个新时代》《春米庆丰收》等9个节目，这些节目内容丰富、形式多样，包含舞蹈、独唱、花灯小戏、滇剧等多种艺术形式。

【“我和我的祖国”征文征集活动】 2019年5—8月，市委宣传部、市文联共同组织开展“我和我的祖国”征文征集活动，面向全市相关门类专业人士和社会各界文艺、文学爱好者征集了129篇文学作品、699幅摄影作品、7部短视频，聘请文学类、影视类专家对征集到的作品进行认真评选，评选出优秀文学作品30篇、摄影作品70幅、短视频2部，用文艺、文学的形式生动展现在中国共产党领导下玉溪取得的辉煌成就，玉溪各族人民追求幸福生活努力奋斗的精神风貌。

【庆祝新中国成立70周年书画摄影作品展】 2019年9月20日至10月20日，“大美玉溪——玉溪市庆祝中华人民共和国成立70周年书画摄影作品展”在市博物馆举办。展览由市委宣传部、市文联、市文化和旅游局主办，市书法家协会、市美术家协会、市摄影家协会、市博物馆承办。展览展出作品210件，其中书法、美术、摄影作品各70件，这些作品主题突出、题材广泛、内容健康，具有较高的思想性、艺术性、观赏性，富有浓郁的生活气息和时代特点，充分展示了新中国成立70周年来玉溪经济社会发展所取得的巨大成就。

（杨　勇）

文艺人才培养

【文化馆基层戏剧曲艺创作培训】 2019年7月3日，市文化馆举行玉溪市基层戏剧曲艺创作培训班开班仪式。来自玉溪市七县两区的文学作品创作人员22人参加。邀请省滇剧院副院长、省艺术创作中心剧目工作室主任国家一级编剧包钢、原市滇剧院院长国家一级编剧李忠发、原市文化馆副研究馆员周少金等几位专家举办讲座进行培训。培训班在开班前一个月就着手收集整理所有作品并分发到几位专家的手中，对上报剧本加工提升，进行深入细致的修改，在内容上做细节拓展，衍生出更好地戏剧曲艺作品。

（梁　昆）

【创作采风活动】 2019年7月28日至8月2日，受文山州文化馆开展“走进马洒·描绘壮乡”文山州第四届群文美术骨干写生采风活动的邀请，市文化馆选派5名文化馆优秀美术辅导老师参与此次活动。这是市文化馆加强区域内横向联系与交流，促进群众文化事业共同繁荣的一次有益尝试。8月12—16日，市文化和旅游局组织市花灯剧院、市滇剧院、市艺术创作研究所、新平县群众文化工作队、峨山县群众文化工作队、元江县群众文化工作队、易门县文化馆群众文化辅导展演工作队等单位的编剧、编导、作曲等20余名一线创作人员，到元阳县、红河县、元江县、新平县、峨山县进行为期5天的采风交流。

（张喜云　徐亚玲）

【少数民族民间小调传承培训】 2019年10月29日，玉溪市少数民族民间小调传承培训班在市文化馆综合演艺厅开班，培训班以集体授课的方式，对各县（区）文化馆、文化站（文化事务中心）工作人员及民族民间小调爱好者50余人进行为期4天的哈尼族、彝族、傣族民族民间小调的传承知识培训。邀请倪伟顺、刀明华、白华仙分别对哈尼族、彝族、傣族三个民族民间小调的表现形式及演唱技巧等知识进行讲授，旨在不断加强学员的非物质文化遗产传承工作责任意识，提升专业知识结构等素养的同时，满足人民群众基本文化需求，进一步推动民族民间音乐艺术的传承保护。

（岳彩云）

【诗词楹联创作培训】 2019年10月22—24日，市文化和旅游局举办诗词楹联创作培训班，市老干部诗书画协会理事长及会员代表、各县区文化和旅游局负责人、各县区诗联学会会长及会员代表、各县区中小学校长及教师代表等100余人参加培训。中华诗词学会副会长刘庆霖，原市委书记、省诗词学会名誉会长孔祥庚，省诗词学会会长朱籍、副会长马培祥等出席开班仪式。培训要求全市各级诗词楹联组织继续发扬优良传统和好的做法，打造好诗词楹联文化品牌，积极开展诗词楹联文化“进学校、进机关、进社区、进企业、进农村、进旅游景区”工作，营造浓郁文化氛围，全面深化“中华诗词之市”创建活动。培训课程包括刘庆霖的“力量与法门”、朱籍“近体诗创作杂谈”、孔祥庚“诗词创作入门”、贾来发“谈谈怎样写格律诗词”等，培训旨在引领、激发全市诗词楹联爱好者学习、研讨、创作诗词的热情，掀起全市创建“中华诗词之市”的热潮。

（王　一）

【“两片区”文学创作笔会】 2019年6月27—29日，由市文联主办、元江县文联承办的2019年“哀牢山四县文学创作笔会”在元江县举行，元江、易门、峨山、新平县的文学爱好者50余人参加培训。培训期间，全体参训人员还到澧江街道者嘎村进行文学采风，了解当地傣族的民族服饰、民风民俗。7月10—12日，由市文联主办、澄江县文联承办的2019年“抚仙湖文学创作笔会”在澄江县举行，省作协副主席、秘书长胡性能，《滇池》副主编李小松、包倬到会授课，红塔区、江川区、通海县、华宁县和澄江县文联领导和文学创作骨干80余人参加培训。

（杨　勇）

文艺创作成果

【《彝山花鼓》获奖】 2019年9月8—16日，在第十一届全国少数民族传统体育运动会上，玉溪市选送的《彝山花鼓》表演项目荣获一等奖，参加表演的杨建萍等4人获评道德风尚奖。《彝山花鼓》表演项目由市民族宗教局牵头组织，市文化馆负责集训，以彝族群众爱花鼓、跳花鼓为素材，展现彝族群众喜爱花鼓和快乐劳作、勤劳致富、精准脱贫奔小康的生活场景。

（白艳清）

【6件楹联书法作品入选“云南省名胜古迹楹联书法作品展”】 2019年7月，在省文化馆举办的“云南省名胜古迹楹联书法作品展”中，玉溪市文化馆6件作品入展，2件作品获优秀奖。这次参展作品以通海、澄江、易门等当地名胜古迹悬挂的古今楹联为创作内容，对宣传玉溪文化名胜起到积极作用。

（张喜云）

【玉溪代表队在赛装节获佳绩】 2019年7月22—26日，在楚雄州举办的“丝路云裳·民族服装服饰设计暨形象大使大赛（决赛）”，玉溪市代表队斩获佳绩，连续三年夺得“优秀组织奖”，并荣获“十佳传统民族服装服饰”1项及提名1项、“十佳民间刺绣（布艺）能手”1项及提名1项、“十佳创意民族服装服饰”提名2项、“十佳民族服装服饰形象大使”1项及提名1项、“十佳民族服装服饰设计师”提名3项，共12个奖项。本届大赛由省委宣传部、省民族宗教事务委员会、省商务厅、省文化和旅游厅、楚雄州委、楚雄州政府主办，以“云衣彝裳、世界共享”为主题。

（后晓莹）

【云南花灯小戏《谷花鱼》入围第十八届群星奖决赛名单】 2019年5月，第十八届群星奖决赛在上海举行，全国有音乐、舞蹈、戏剧和曲艺四大门类84件作品入围。玉溪市文化馆和易门文化馆共同创作的花灯小戏《谷花鱼》代表云南省入围曲艺类作品。花灯小戏《谷花鱼》讲述了主人公王作诚用饲料鱼充作谷花鱼贩卖，妄图以假乱真、从中牟利，后被扶贫工作队员李大鹏撞见并及时制止的故事。剧目反映改革开放以来广大农村在“两个文明”建设进程中的突出现象，展现了当地农村在推进扶贫攻坚工作中日益改善的乡风民俗，倡导和弘扬社会主义核心价值观。

（马一雄）

【参加省新剧目展演获佳绩】 玉溪市优秀剧目2018年度国家艺术基金资助项目大型滇剧《王者江上》和新编传奇花灯剧《蝶舞》经过提升修改打磨，于2019年9月入选参加云南省第十五届新剧节目展演，成绩突出，荣获6个单项奖，花灯剧《蝶舞》获导演奖、作曲奖、舞台美术奖（灯光设计），滇剧《王者江上》获导演奖、舞台美术奖（灯光设计）、剧作奖。

【参加省“扫黄打非”进基层文艺汇演】 2019年10月22日，红塔区聂耳文化演艺有限公司赴楚雄州参加由省委宣传部、楚雄州委、州人民政府主办的云南省第二届“扫黄打非”进基层文艺汇演活动，小品《胎教》荣获一等奖。

【花灯剧《山茶花红》申报参加国家级评选】 2019年5月，花灯剧《山茶花红》入选参加由省委宣传部、省文化和旅游厅共同举办的云南省庆祝中华人民共和国成立70周年优秀剧目展演。《山茶花红》作为云南省优秀剧目由省委宣传部选送参加中宣部2019年“五个一工程奖”评选和云南省文联推选申报“中国戏剧节”入选剧目。

（徐亚玲）

【文艺创作喜获丰收】 2019年5月，由白正华作词、杨晓明作曲的歌曲《追梦石林》被评选为昆明市2019年第六届运动会会歌。7月，庆祝新中国成立70周年云南省曲艺展演活动在曲靖市麒麟区举行，玉溪市推荐参演的情景剧《奔跑吧》荣获“云南省曲艺奖”，小品《谎言》荣获“剧目入围奖”、剧中演员高庆敏荣获“最佳演员奖”，滇剧小戏《老墙》荣获“剧目入围奖”、剧中演员李宝剑荣

2019年5月11日，花灯剧《山茶花红》在昆明参加云南省庆祝新中国成立70周年重点剧目展演　（市文旅局提供）

获“最佳演员奖”，市文联、市曲艺家协会、市花灯剧院分别荣获“优秀组织奖”。10月，玉溪有9件美术作品入选第十三届全国美术作品展览，其中油画4件、版画3件、国画1件、水粉1件，这是玉溪参加全国美术作品展览以来入选作品最多的一次，占全省60件入选作品的15%，充分彰显了玉溪美术创作的实力。10月11日，马玫的长篇小说《观音泥》入选“庆祝新中国成立70周年”暨2019年优秀网络文学原创作品推介活动。此次活动由国家新闻出版署、中国作家协会主办，新华网承办，全国55家网站推荐450部网络文学作品参评，《观音泥》成为25部获推介作品之一，也是云南唯一入选的作品。12月，由李成刚、余金松表演的民歌《欢欢乐乐唱起来》荣获第十四届中国民间文艺山花奖·优秀民间艺术表演作品。

（杨　勇）

文化遗产保护管理

【江川甘棠箐遗址第三次考古发掘】 2019年7月8日，江川甘棠箐遗址第三次考古发掘工作圆满结束。江川甘棠箐遗址是一处早更新世旧石器旷野遗址，对研究我国旧石器文化具有很高的科研价值，入选“2015年度全国十大考古新发现”。江川甘棠箐遗址第三次考古发掘于2018年10月开始，由省文物考古研究所、市文物管理所、江川区文物管理所、澄江县文物管理所联合组队发掘，2019年3月，野外发掘结束并转入整理阶段，7月8日整理工作结束。此次发掘借助无人机航拍、RTK测绘、三维建模和考古工地数字化管理平台等设备和手段科学记录遗址的发掘情况，实现发掘资料管理数字化。此次发掘面积50平方米，布5×5米探方2个。出土标本主要有石制品、木样品、动物化石等，其中石制品标本1 227件，木样品538件、动物化石627件、骨器9件。此次发掘找到早、中更新世地层的接触面。证实遗址存在时代不同的两个地层堆积，对分析了解遗址成因、形成过程、年代判断具有重要意义；同时在原文化层上覆地层也发现了文化遗物，特别是大量木制品的发现，丰富了研究材料，增加了遗址文化层的厚度，这对研究木制品的时空分布、古人类行为技术等非常有益；对遗址环境背景及遗址堆积成因，遗址物埋藏学研究也有进展。发掘中还出土了不少新的动、植物种类、用火遗存及红、黄色颜料等。2019年10月，被国务院公布为全国重点文物保护单位。

（张琼梅）

【基本建设工程文物考古调查】 2019年，市文物管理所配合基本建设工程，先后完成通海西片区水资源配置、寒武纪乐园、抚仙湖国际健康旅游谷、澄江至华宁高速公路等4个项目文物考古调查评估工作，调查面积约18 000多亩，调查公路里程约106千米。调查过程中，新发现墓葬、遗址5处，其中在澄江境内新发现麻栗棵火葬墓地、龙脊遗址；江川境内新发现麦地上贝丘遗址；华宁镜内新发现大岩子贝丘遗址、扎营山贝丘遗址。华宁境内发现的贝丘遗址位于青龙河流域，这是玉溪首次在远离“三湖”区域发现贝丘遗址。麻栗棵火葬墓地是抚仙湖北岸经考古勘探确认的第一座火葬墓，其年代为明代中晚期，出土10余件珍贵文物，为研究澄江地区火葬墓的分布等情况提供新材料；龙脊遗址位于抚仙湖北岸，分布面积约3 000平方米，对比江川光坟头遗址和澄江学山遗址等地出土器物，该层堆积年代可推断为春秋战国至汉代；麦地上贝丘遗址推测年代早于汉代，并且其文化面貌有别于周围的其他贝丘遗址；大岩子贝丘遗址可初步推断年代不晚于汉代，且应属于石寨山类型青铜文化，该遗址分布面积大，文化层堆积厚且保存较好，区域文化特色明显，具有重要的文物价值；扎营山贝丘遗址主要分布于山顶、半山腰和山脚四周，面积约3万平方米，遗址包括明清时期和战国至汉代时期两个时间段的堆积。

（张琼梅　李洪海）

【全国、省级文物保护单位】 2019年10月16日，国务院公布第八批全国重点文物保护单位名单，江川文庙和甘棠箐遗址新晋国家级文物保护单位行列。2月27日，云南省人民政府公布第八批省级文物保护单位名单，江川文庙、澄江文庙古建筑群、通海大回村马家大院、峨山八字岭大庙新晋省级文物保护单位行列。

【华宁县二龙山遗址考古调查】 2019年3月，云南省文物考古研究所、玉溪市文物管理所、华宁县文物管理所联合组队对华宁县二龙山遗址进行考古调查。遗址面积达2万余平方米，采集标本30多件，为石、陶器、骨器、青铜器，初步判断该遗址为青铜时代遗址，为多学科合作还采集了部分土样。二龙山遗址是华宁首次发现并确认的青铜时代遗址。

（徐晓秋　李奇松）

【申报国家级非遗名录】 2019年6月，文化和旅游部启动第五批国家级非物质文化遗产名录项目申报工作。玉溪市的传统舞蹈彝族花鼓舞（峨山县）、民俗类傣族服饰（新平县）2个项目被省文化和旅游厅推荐申报第五批国家级非物质文化遗产名录。截至2019年底，全市有滇剧、花灯戏、关索戏、通海高台、妙善学女子洞经音乐、棕扇舞6个项目为国家级非物质文化遗产。

（邵建洪）

【15人入选第六批省级非遗代表性传承人】 2019年11月11日，省文化和旅游厅公布第六批省级非物质文化遗产代表性传承人名单，玉溪市有15人入选。元江县彝族民间故事“阿哩”传承人普有来被评为民间文学传承人；峨山县滇南四大腔（彝族四腔）传承人李成刚被评为传统音乐传承人；新平县彝族四弦舞传承人李学亮和彝族花棍狮子舞传承人普长光、元江县棕扇舞传承人白金保和傣族狮子舞传承人封有兴、易门县跳三桩传承人龙明忠被评为传统舞蹈传承人；滇剧传承人明震云和花灯戏传承人沈玉仙、澄江县太平花灯传承人杨树林被评为传统戏剧传承人；通海县滇南石狮传承人解智达、华宁县竹编传承人张文华被评为传统美术传承人；易门县豆豉制作技艺传承人魏建堂被评为传统技艺传承人；华宁县苗族服饰传承人罗永英、元江县哈尼族九祭献传承人李贵龙被评为民俗传承人。

【评审第五批市级非物质文化遗产代表性项目】 2019年8月27日，市文旅局组织召开第五批市级非物质文化遗产代表性项目评审会，34项非物质文化遗产代表性项目提交评审，分别是民间文学（1项）、传统音乐（4项）、传统舞蹈（2项）、传统美术（1项）、传统技艺（20项）、传统医药（2项）、民俗（4项），按照非遗项目评审相关要求，本着公平、公正原则逐一对申报项目进行认真审核，通过观看项目申报片，查阅申报文本、申报照片等资料对各申报项目的历史渊源、主要特征、濒危状况、重要价值、保护计划等方面进行详细论证和探讨，并形成评审意见。最终评选出具有地域特色的30个项目，推荐列入第五批市级非物质文化遗产代表性项目名录。

（邵建洪）

【“文化和自然遗产日”活动】 2019年6月5—8日，由市文化和旅游局、易门县政府主办，市文化馆（非物质文化遗产保护中心）、市博物馆、易门县文化和旅游局承办的玉溪市2019年“文化和自然遗产日”集中宣传展示活动在主场地易门县举办。活动紧紧围绕“非遗保护，中国实践”这一主题，活动分为非遗项目实物展示、游展、影像展播、专场文艺晚会、法律法规宣传、文物鉴赏、地方戏曲专场晚会等8方面，充分展示玉溪近年来文化遗产保护的丰硕成果，营造全社会共同参与、关注和保护传承优秀传统文化的浓厚氛围。除主场活动外，各县区组织开展10余场“文化和自然遗产日”宣传展示活动。红塔区举办玉溪青花瓷烧制技艺、土陶烧制技艺、剪纸、刺绣等项目展示及省、市、区传承人座谈会；江川区开展撒弦乐、刺绣等非遗进校园活动；新平县举办传统手工艺展示有傣族服饰、傣族传统土陶制作技艺、竹编、银饰制作等；华宁县开展华宁陶、彝族五三腔、烟盒舞、竹编项目展示及19名省、市级非遗传承人汇报展示；元江县开展棕扇舞、傣族狮子舞、彝族四弦、彝族民歌进校园活动及非遗保护成果展示；通海县开展洞经音乐展演活动和非遗图片展；峨山县开展非遗保护成果展示展演等。

（王　一）

文化场馆

【三馆一站建设】 截至2019年12月，全市有文化馆10个（含市文化馆），覆盖率111%；图书馆10个（含市图书馆和市图书馆下辖的一个自助图书馆，不含区域内各大专院校图书馆），覆盖率111%；博物馆7个（玉溪市博物馆、玉溪市聂耳纪念馆、玉溪市红塔区聂耳故居纪念馆、云南李家山青铜器博物馆、通海县博物馆、澄江化石地自然博物馆、易门县野生菌博物馆），覆盖率78%；乡镇文化站76个，覆盖率101%；农村文化活动室648个，覆盖率92.30%，1 100多个群众文化活动广场（含部分晒场），3 500多支业余文艺队。基本实现“市县有文化馆、图书馆，乡有文化站，村有活动室（图书室）、文化体育广场、文艺队”的四级基础设施网络。

（李　敏）

【市图书馆图书借阅服务】 2019年，市图书馆总藏量549 084册，其中图书502 106册，报刊40 678件，试听文献6 300件，盲文图书1 536册。完成书刊外借册次223 078，接待流通人次440 044，提供馆内读者阅览书刊1 585 204册次（其中电子阅览193 246人次，移动电子书借阅31450册），举办阅读推广等文化活动312次，参与人次488 458。在对外服务工作中，共记录读者咨询1 396条。全馆共有借书证22 907个。向各县区和部队、监狱等23个图书流通点及2个分馆配送图书4次，配送图书6 734册。

【市图书馆网站与院校签订资源共享协议】 2019年10月23日，市图书馆与玉溪农业职业技术学院图书馆文献资源共建共享与服务合作协议签约，实现馆藏纸质文献书刊联合目录数据库，文献资源共享互通。11月29日，市图书馆与玉溪师院文学院签订“讲好玉溪故事”文化交流合作协议。通过合作图书馆借助文学院的专业特长和师资力量，利用“数字图书馆公开课”平台宣传和展示玉溪本地的特色文化。

【市图书馆全民阅读推广活动】 2019年，市图书馆结合推荐优秀图书，建立书香借阅点，开展讲座、展览、阅读指导、读书沙龙、阅读分享、读书征文、诵读、培训等全民阅读推广活动，特别关注少年儿童，残疾人、老年人等特殊群体、困难群体的阅读需求，活动走进农村、学校、社区、部队、监区，扩大全民阅读覆盖面，打造全民阅读活动品牌。组织“玉溪市全民阅读征文竞赛”；针对留守儿童、农民工子女、小记者等举办“走进聂耳图书馆”系列培训、阅读推广活动；针对幼儿举办“书香阅读．第二课堂”系列绘本故事演绎和亲子阅读活动；“玉溪市公共文化讲堂”到基层为戒毒所、监狱、工厂、部队举办心理调适、国学导读、健康保健，时事政治等公益讲座；举办“正心读书”系列公益讲座和阅读沙龙活动，推荐优秀图书、引导阅读；为外来务工人员、下岗工人举办“文化共享工程计算机技能免费培训”；“玉溪市图书馆展览”组织内容丰富的书画、摄影、科普展览；春节“开展文化惠民活动”传承中国传统文化，深入农村、社区，为广大群众书赠春联、发放科普宣传资料、赠书等活动；“玉溪市图书馆读者沙龙”开展诗词、书画、音乐爱好者交流互动活动，组织基层书画爱好者开展书画研习和培训活动；开展“科技活动周、图书馆服务宣传周进校园活动”，走进特殊学校、农民工子女学校、少数民族村寨开展全民阅读活动。全年举办阅读推广、科普等各类文化活动312次，参与人数488 458人次。

（雷　蕾）

新闻出版印刷管理及电影发行

【出版发行及零售市场】 2019年，全市有出版发行单位212家，其中图书报刊160家、音像制品52家，从业人员1 054人，发行网点155个，营业收入22 006.09万元，利润总额3 202.85万元，资产总额22 637.31万元。出版物销售总额14 720.83万元，其中：图书销售额14 445.72万元、报纸期刊销售额140.24万元、电子音像销售额130.74万元、网络交易销售额4.13万元。出版物销售数量1 150.84万册（张、盘），其中：图书1 079.61万册（含网络销售0.3万册）、报纸期刊44.43万张、电子音像26.8万盘。

【印刷企业】 2019年，全市有印刷企业129家（省管企业13家、市管企业116家），从业人员6 290人，有上市企业1家，外商投资企业2家，年印刷总产值5 000万元以上印刷企业16家。2019年，全市印刷企业营业收入249 849.38万元，增长4%，利润总额42 330.33万元，增长6%，工业总产值244 993.32万元，增长3%，外商投资总额467万美元。

【印刷和出版市场监管】 2019年，市委宣传部联合市文旅、公安、市场监管等部门开展春节和全国“两会”期间新闻出版市场、印刷行业专项检查工作，出动文化市场综合行政执法人员2 119人次，检查书报刊经营单位302家次、音像（电子）出版物经营单位127家次、印刷企业425家次，查处印刷打复印案件2件、音像制品案件4件，移送案件6件，没收非法音像制品1831盘（张）、非法出版物1 017册，通过整治，有效打击各种违法违规经营行为，进一步净化出版和印刷业市场。按照全国全省统一部署，完成全市印刷企业网上年检、网下换证工作，针对江川区、通海县印刷企业较多的实际，采取“服务上门”的方式，组织人员就地集中进行年检，受到企业的好评。进一步优化审批流程，精简审批环节，压缩办事时限，扎实做好行政审批服务工作，2019年，全市印刷企业新设立5家、变更9家，核发内部资料出版物准印证249个。

【版权保护】 2019年，市委宣传部举办“玉溪市2019年知识产权、版权宣传周”系列活动，制作版权宣传单2万份、宣传笔记本1 000份、宣传品800份，在“12.4国家宪法日”“4.26世界知识产权日”活动中，向广大市民开展宣传工作，共发放宣传单2 000余份，接受群众版权保护咨询20余起，引导广大市民尊重版权、保护版权。巩固政府机关软件正版化工作成果，持续推进机关软件正版化工作并形成长效机制，在全市范围内推广《正版软件管理工作指南》及正版软件检查系统软件，制定下发2019年《关于开展软件正版化工作自查的通知》，对市级55家党政机关5 647台计算机软件使用情况进行统计。制发《玉溪市打击网络侵权盗版“剑网2019”专项整治行动实施方案》，联合网信、公安、文旅、工信等部门大力开展专项整治行动，强化互联网平台治理，严厉打击网络侵权盗版行为，2019年，未发现网络侵权盗版行为，有力维护网络空间秩序。

【全民阅读工作】 2019年，市委宣传部制发《玉溪市2019年全民阅读工作方案》《关于开展玉溪市“全民阅读·书香玉溪”第八届青少年读书征文活动的通知》，部署和组织全市开展“书香九进”系列读书活动，联合市教体、市文旅、团市委、市关工委等部门在玉溪市博物馆举办玉溪市2019年“4.23世界读书日”系列活动启动仪式，倡导全社会积极踊跃参与全民阅读活动，养成“勤读书、读好书”的良好习惯，各单位积极响应，以不同方式举办阅读活动。市新华书店在博物馆举办“书香彩云南玉溪惠民书展”，向中小学生捐赠“绿书签”1万份，向两所山区小学各捐赠价值2.5万元图书；市图书馆先后举办“书香玉溪读书征文”“爱阅读”朗读竞赛、“传承聂耳精神、讲述红色故事”演讲比赛，开展“流动书箱进校园”、国学、文明（道德）讲堂及展览等活动；峨山县甸中小学举办“做新时代好少年·我为祖国点赞”读书演讲活动。同时，各单位“不忘初心、牢记使命”主题教育读书班、党建书屋、职工书屋、书香机关等阅读活动蓬勃开展，全社会爱读书、读好书、善读书的阅读氛围愈加浓厚，全民阅读成效明显。开展云南省全民阅读示范基地申报工作，玉溪师院被省委宣传部评定为“云南省2019年度全民阅读示范基地”。

【农家书屋】 2019年，全市农家书屋有727个，争取中央补助农家书屋出版物补充更新经费80万元，对519个农家书屋补充更新图书50 437册。按照省委宣传部安排部署，选定红塔区4个农家书屋作为全省推动农家书屋和新华书店农村发行网点结合建设及开展农家书屋阅读示范活动示范点，不断推动基层宣传工作强基础、补短板。

【“乡愁书院”“校园书店”建设】 2019年，市委宣传部围绕省委宣传部安排部署，坚持把社会效益放在首位，把新华书店发行网点向乡村延伸，提升服务质量。研究制发《玉溪市新华书店农村发行网点、“乡愁书院”“校园书店”建设方案》，有序推进“乡愁书院”和“校园书店”建设。3家“云上乡愁书院”和3家“校园书店”建成投入使用，为广大群众特别是青少年提供了方便舒适的阅读环境，成为当地标志性文化活动场所，也成为乡村振兴的举措和载体之一。

【农村公益电影放映】 2019年，全市有农村电影放映队37支，放映点424处。全年共放映电影故事片5 405场次，观众506 605人；放映广场电影162场，观众37 110人；放映扫黑除恶宣传片3 932场、科教宣传片575场、血色记忆（道路交通安全）宣传片511场、禁毒防艾知识宣传片764场，圆满完成年度放映计划任务。举办了一期全市电影放映员业务培训，进一步提升放映员的业务素质和服务意识。按省电影局下达的每个行政村每月放映一场电影的放映任务，认真组织开展农村公益电影放映工程工作，不断丰富基层群众文化生活。落实中央补助玉溪农村公益电影放映资金103.68万元。

【城市影院放映】 2019年，全市有数字影院18家，63个厅7 765座，城市影院共放映电影13.39万场次，观影人数127.44万人次，票房收入4 162.31万元。全市电影主管部门加大对城市影院监管力度，在春节、五一、国庆等节假日，组织人员对城市影院放映内容、放映质量、消防安全和经营效益等专项检查5次，确保电影放映工作正常有序开展，同时，各级城市影院积极配合主管部门认真开展“扫黑除恶”专项斗争及“4.15国家安全日”等宣传活动，播放“扫黑除恶”与“4.15国家安全日”宣传片共计522场。

【电影事业发展】 2019年，争取到中央补助玉溪电影事业发展经费52万元（其中：奖励放映国产影片成绩突出12万元、加入“人民院线”影院补贴资金40万元）；省级电影专资补贴125.1万元（其中：国产影片放映奖励资金61.9万元、先进电影放映技术设备补贴3.2万元、县城数字影院补贴资金60万元），为玉溪电影事业的发展起到较好的推动作用。

（谭 俊 熊 位）

广播电视

【概　况】 市广播电视局2019年1月17日挂牌成立以来，以习近平新时代中国特色社会主义思想为指导，紧密结合“不忘初心、牢记使命”主题教育，以实际行动深化主题教育成效，聚焦广播电视、网络视听阵地建设和行业监管，聚焦广播电视安全播出，聚焦巩固壮大主流思想舆论，聚焦精品创作生产，着力推动全市广播电视事业顺利发展。

督促指导广播电视媒体以新闻宣传为抓手，牢牢把握思想意识形态正确导向，结合市委、市政府重大决策部署，深入基层关注民生、了解民情、反映民意，源源不断地宣传报道党的路线、方针和政策。全市广播电视新闻采播11 879条，新媒体推送新闻24 198条次。在省台播出电视新闻1 258条，在中央台播出电视新闻70条，在省台播出广播新闻244条，在中央台播出广播新闻34条，广播和电视宣传成绩总分排名均列全省第一，玉溪广播电视台继2015年以来连续四年获得外宣成绩第一名。

推进广播电视事业建设不断夯实，圆满完成中央广播电视节目无线数字化覆盖工程建设，有力保障广播电视信号畅通、安全，大大增强农村地区的广播电视公共服务水平，为广播电视公共服务可持续发展奠定坚实的基础；督促指导125个未通达有线广播电视行政村联网工程，在全省率先实现辖区内所有行政村通达有线电视的目标；持续推进高山台站基础设施项目建设，基础设施建设得到及时完善和加强，发射广播电视节目的能力得以极大的保障。

【商业广告监管和公益广告制作展播】 2019年，市广播电视局以组织开展广告专项整治行动为重点，相继落实联合整治“保健”市场乱象百日行动、影视剧项目非法集资类广告整治、新中国成立70周年广播电视广告专项监管等工作，组织全市广电媒体对在播拟播广告进行清理，年内未发现广电媒体播出虚假违法广告。组织广电媒体落实新中国成立70周年、健康教育、“扫黑除恶”等各类公益广告展播活动。向省局推送新中国成立70周年重点公益广告作品4件。市级广电媒体累计制作公益广告71条，展播各类公益广告91 696条次。

【广播电视播出机构管理】 2019年4月，市广电局审核上报云南峰道文化传媒有限公司申请设立省内广播电视节目制作经营单位材料，获得省广电局批准设立。5月，组织开展三年一度的全市广播电视播出机构许可证换证审核工作，全市9家机构均获得国家新闻出版广电总局换发的新证。11月，玉溪广播电视台现有频道向国家新闻出版广电总局申办“高标清同播”频道获批。1月和3月，市广电部门监测发现黑广播线索2条，及时报送信息到公安、工信等部门并及时取缔这2个黑广播。7月，玉溪广电部门打击黑广播的经验在系统内外推广。

【规范网络视听节目管理】 2019年，市广电局督促持证网站玉溪广播电视新闻网完善内容审核流程，严把审核播出关，确保内容、播出、技术和应用的安全。组织各县区广电局开展网络视听节目平台和公共视听载体的摸底排查工作，督促辖区内专网及定向传播视听节目服务单位依法依规开展业务，落实网络视听领域监管责任，确保全市重保期网络视听安全。新中国成立70周年期间，全市网络视听节目管理安全有序。推进网络视听节目创新创优方面，向省广电局选送《普朝富的黑板报》等社会主义核心价值观原创网络视听节目作品4件。

【非法卫星地面接收设施整治】 2019年，市广电局定期开展对持有接收卫星传送的境外电视节目许可证的三星级以上涉外宾馆进行专项检查，严格规范境外卫星电视节目管理。联合相关部门多次开展执法行动，下发整改通知书100余份，取缔非法卫星地面接收设施销售和安装点6家，查处擅自安装使用卫星地面接收设施宾馆酒店21家。

（普　悦）

【宣传展示玉溪发展成就】 2019年，全市各级广电媒体紧紧围绕庆祝新中国成立70周年的主题主线，唱响爱国主旋律，讲好玉溪故事，突出发展成就，充分运用各媒体平台，注重融合传播，做到电视有音画、广播有声音、新媒体有作品，形成主题宣传的浓厚氛围和强大声势。各级广电媒体采制播出广播电视新闻925条，推送新媒体信息2 318条次，摄制专题片、微电影、微视频等8部，对玉溪市70年来经济社会各方面发生的翻天覆地的变化进行多层次、多角度、多平台立体宣传。展播优秀主旋律电视剧21部580余集、动画片12部180余集，广播电视公益广告22 524条次。

【元江县融媒体中心外宣成绩突出】 2019年，市广电局按照打基础、强基层，扶优扶强的原则，精心指导、多方协调支持元江融媒体中心创新创优，取得良好成绩。元江县融媒体中心在中央电视台播出28条（中央一台新闻联播5条），比上年同期（20条）增8条；在云南电视台播出272条；在玉溪广播电视台播出663条，比上年同期（643条）增20条；组织策划网络直播12场次，在全省各州市县开展直播活动80场；官方微信平台“热情元江”关注人数45 391人，发布图文消息974条、365期，在全市县区官方微信公众号中被关注人数、转发次数和浏览数等指标名列前茅。7月3日，2019年云南广播电视新闻年会暨县级融媒体中心建设推进培训会在玉溪召开，元江县融媒体中心在全省100多家县级融媒体中心新闻宣传工作中成绩突出，被云南广播电视台授予2018年度全省广播电视宣传新闻工作先进集体。

（陈　娜）

【中央广播电视节目无线数字化覆盖工程】 2019年，由中央财政投资建设的中央广播电视节目无线数字化覆盖工程建设完成，工程涉及全市16个台站、总投资1 890万元。6月，经国家广播电视总局广科院按相关技术标准进行工程项目第三方技术检测，技术检测合格后，市广电局组织完成16个项目点市级全面考核验收。11月，省级验收考核组实地抽查验收老窝底发射台、老尖山发射台、元江咪哩发射站、峨山大白邑发射台等四个台站后，评价良好，顺利通过验收。此项工程惠及本市80%以上人口，覆盖区内的群众可以免费收看到中央12套标清电视节目。大大增强农村地区的广播电视公共服务水平，为全市广播电视公共服务可持续发展奠定坚实的基础。

【在全省率先实现所有行政村通达有线电视】 2019年，全市125个未通达有线广播电视行政村联网工程为市政府2019年重点督办任务，市级财政补助工程建设资金1 000万元。在市广电局督促指导下，工程于4月正式开工，10月竣工，完成主干光缆敷设1 478千米。工程的完工，实现了全市行政村广播电视网络光纤全覆盖。

（包翠芬）

【高山台站基础设施项目建设】 2019年，市广电局督促完成总投资1 286.5万元的6个高山台站（玉溪市五脑山广播电视发射台、玉溪市照壁山广播电视发射台、元江县广播电视发射台、易门县广播电视发射台、峨山县广播电视发射台、华宁县广播电视发射台）基础设施建设项目移交和资产下划工作；推进新平县耀南山广播电视发射台基础设施项目建设，年

内已完成总进度的80%；指导元江县老白期广播电视转播台基础设施建设项目申报，正有序推进前期各项工作；积极争取省政府支持，补助峨山县大白邑广播电视发射台进台道路建设资金100万元，进台道路硬化工程已全面启动，预计2020年初竣工。

【启动“标准化、规范化、智慧化美丽台站”建设】 2019年，市广电局按照省广播电视局局长李涛调研玉溪时提出的“三化一美丽”台站建设的相关要求，全市9个高山发射台投入资金近540万元，实施设施设备改造50余项，建立完善管理制度50余项，落实台站智慧化建设项目12项，实施台站生态美丽化工程9项。5个市级直属发射台站党支部均完成规范化建设达标创建任务。

【安全播出】 2019年6月，市广电局召开全市广播电视安全播出联席会议，对《玉溪市广播电视安全播出应急突发事件预案》和《玉溪市广播电视安全播出突发事件应急协调预案》进行重新修订完善，加强与政法、公安、网信、工信、供电等部门协调联动，为形成多部门联动、齐抓共管的安全播出工作合力提供保障。按照中宣部、新闻出版广电总局做好庆祝新中国成立70周年期间的广播电视和网络视听安全保障要求，市广电局配合国家新闻出版广电总局、省广电局检查组完成安全播出大检查，并多次组织开展全市广播电视安全大检查，督促整改存在的隐患和薄弱环节。组织全市安全播出责任单位完成广播电视安全传输保障工作，投入600余人次值班备勤紧盯关键环节、重点部位，做到第一时间发现问题、处置问题、解决问题。及时转发总局、省局预警信息500余条次，实现庆祝新中国成立70周年广播电视和网络视听安全传输零失误、零事故。

（马　苑）

【新闻宣传工作】 2019年，玉溪广播电视台以庆祝中华人民共和国成立70周年为主线，把宣传贯彻习近平新时代中国特色社会主义思想作为重中之重的任务认真抓好。广播、电视、网站、新媒体同步开设“壮丽70年奋斗新时代”“在习近平新时代中国特色社会主义思想指引下——新时代新作为新篇章”“不忘初心、牢记使命”等聚焦主题主线的新闻专栏，全力以赴把习近平新时代中国特色社会主义思想的宣传工作推向深入，全年采制播出广播电视新闻12 146条。

采制播出庆祝新中国成立70周年广播电视新闻410条，推送新媒体信息975条次，摄制专题片、微电影、微视频等8部，对全市70年来经济社会各方面发生的翻天覆地的变化进行多层次、多角度、全方位宣传。系列报道《全媒体记者老区行》《数说玉溪70年》等一批高质量新闻作品，电视专题《壮丽航程　奋斗赞歌》《玉溪：敢为人先70年》、微电影《寻找建国》等电视节目受到广大观众的好评；“在习近平新时代中国特色社会主义思想指引下——新时代新作为新篇章”专栏聚焦各级各部门学习贯彻习近平新时代中国特色社会主义思想及习近平总书记对云南工作的重要指示精神，努力推动各项工作采取的措施、取得的成效进行了及时深入的报道；围绕市委、市政府各个阶段的重点工作，先后开设《跨越发展　争创一流　比学赶超　奋勇争先》《开展扫黑除恶　建设善美玉溪》《绿水青山就是金山银山》《聂耳音乐之都　玉溪艺术之梦》等30多个新闻专栏，从不同的侧面和角度，加大对全市脱贫攻坚、生态文明、招商引资、重大工程、创文创卫、“三农”发展、农村人居环境综合整治、先进基层党组织、个体私营经济以及精神文明建设等相关工作的报道力度；“不忘初心、牢记使命”的宣传报道紧跟主题教育开展情况，及时报道新进展、新典型，为全市主题教育的顺利开展营造了良好氛围。

2019年7月18日，市广电局到元江县对全市125个行政村联网工程项目开展情况检查　（市广电局提供）

【升国旗唱国歌快闪活动】 为庆祝中华人民共和国成立70周年，按照省委宣传部和市委宣传部的安排，玉溪广播电视台于2019年4月组建唱国歌快闪活动策划及摄制团队，7月2日上午，来自全市社会各界的万名干部群众齐聚玉溪聂耳音乐广场，在庄严的国旗下精神饱满、激情满怀地齐唱国歌，整个广场萦绕着浓浓的爱国情怀和满满的正能量，掀起唱国歌、传唱国歌的爱国热潮。9月制作了玉溪市庆祝中华人民共和国成立70周年唱国歌快闪活动视频《同唱国歌　祝福祖国》（时长：4分57秒）。节目在玉溪广播电视台两个电视频道及新媒体平台推出之后，在全市广大干部群众中引起强烈的反响，受到广泛好评，并带动了部分县区融媒体中心也策划拍摄歌唱爱国歌曲快闪活动。

【全省广播电视新闻年会暨县级融媒体中心建设推进培训会在玉溪召开】 2019年7月2—5日，由云南广播电视台主办、玉溪广播电视台协办的云南省广播电视新闻年会暨县级融媒体中心建设推进培训会在玉溪召开。来自云南广播电视台和全省16个州（市）台、2家驻省属单位记者站、115家县级融媒体中心的400名新闻工作者代表参加会议。会议总结了2018年以来全省广播电视新闻宣传工作，并就推动传统媒体和新兴媒体融合发展进行了深入研讨。会上表彰了2018年度全省广播电视新闻宣传工作成绩突出集体17个和个人100名。

2019年6月，市广电局开展对持有接收卫星传送的境外电视节目许可证的三星级以上涉外宾馆进行卫星地面接收设施专项检查　（市广电局提供）

【新闻外宣工作实现“四连冠”】2019年7月3日，在2019年云南省广播电视新闻年会上，云南广播电视台通报 2018年度全省广播电视新闻宣传工作上稿情况，玉溪广播电视台以优异成绩荣获2018年度全省广播电视新闻宣传工作第一名。这是继2015年、2016年、2017年后，玉溪广播电视台再次蝉联全省广播电视新闻宣传第一名，实现了“四连冠”。据云南广播电视台统计，2019年，玉溪广播电视台在云南广播电视台和中央台播出电视新闻1 322条，其中云南台1 249条、中央台73条；广播新闻在省台播出255条，在中央台播出43条，播出数量和质量在全省各州市广播电视台中继续保持第一。

【媒体融合稳步推进】玉溪广播电视台不断加强新媒体传播渠道建设，到2019年底，已搭建10个新媒体平台13个发布通道，1—12月，发布新媒体资讯24 860条次，七彩云平台访问量突破6 000万人次。出现了一批点击率高、影响力大的融媒体产品，聂耳音乐周期间推出的互动产品“为演出团队打call”访问量达170多万人次，融媒体矩阵影响力逐步提升。

【社教节目提质增效】2019年，玉溪广播电视台7个电视专栏播出364期，完成各类电视专题节目、微视频等53部集，20个广播自办栏目播出节目7 280期；文艺节目方面，播出电视连续剧45部1 824集、动画片21部608集。广播电视合计播出公益广告106 532条次，内容涉及庆祝中华人民共和国成立70周年、社会主义核心价值观、扫黑除恶、中国梦、玉溪精神等。

【广电节目获奖作品】2019年5月，在第35届云南新闻奖评选中玉溪广播电视台共有7件作品获奖，其中，《40年风雨无阻！普朝富的黑板报》获媒体融合短视频二等奖。9月，玉溪广播电视台访谈节目《为爱心助力 为公益行走》荣获第二届全国电视公益节目推选活动好公益栏目奖。10月，市委党史研究和地方志编纂办公室、玉溪广播电视台联合摄制的党史纪录片《滇中·红色记忆》在第二届红色微电影盛典中荣获优秀作品奖。12月，公益广告《传递法治力量　共享法治阳光》荣获2019“壮丽70年　法治新时代”微电影、微视频、微动漫大赛三等奖。

（张　涛）

报　刊

【建国70周年主题宣传】2019年，《玉溪日报》利用全媒体优势开展新中国成立70周年主题宣传策划和组织。在头版及时事版开设“壮丽70年·奋斗新时代”专栏。推出《玉溪花卉产业发展“快马加鞭”》《建设“数字玉溪”抢占高质量发展制高点》《玉溪烤烟生产走出高质量发展之路》等报道文章。主题报道刊发稿件236篇幅，“爱国情·奋斗者”栏目刊发稿件11篇幅，转发人民日报、云南日报社论及评论员文章16篇。在10月1日编辑出版“新中国成立70周年”特刊，刊发玉溪70年成就性报道，礼赞祖国，祝福玉溪。在玉溪网及新媒体平台开设“壮丽七十年·奋斗新时代”专栏，共计发稿350余篇，利用视频的优势，以影像记录的方式，实施“红色记忆看变化”“我和共和国同成长”“我和我的家乡”主题摄影、“这就是玉溪”等主题宣传报道。

【脱贫攻坚宣传报道】2019年，玉溪日报社加强报道策划，优化栏目设置，提高采编质量，为全市脱贫攻坚工作营造良好舆论氛围。安排重点版面开设“坚决打赢脱贫攻坚战”栏目，通过全媒体联动，形成全方位的脱贫攻坚宣传报道态势，共刊发稿件704篇。玉溪网首页开设“坚决打赢脱贫攻坚战”专栏，在玉溪网及各新媒体平台上编发稿件301篇。同时，重点策划组织“自强诚信感恩”系列报道，对21个典型进行宣传报道，在基层群众中引起强烈反响。

【“扫黑除恶”专题宣传报道】2019年，《玉溪日报》开设“开展扫黑除恶、建设善美玉溪”“有黑扫黑、有恶除恶、有乱治乱”2个专栏，刊发消息、评论、综述等相关新闻稿件486篇，刊登扫黑除恶宣传专项斗争公益广告34期。《玉溪日报》党报户外阅报栏张贴扫黑除恶宣传标语16条。玉溪网及新媒体刊发稿件816篇（幅），发布公益视频广告4条，图片公益广告20条，微视频2条。同时，统筹做好网上舆论宣传引导，玉溪网“三湖社区”、新闻客户端“问政”、玉溪发布微信公众号“市民心声”等栏目平台，对网络跟帖进行严格审查把关，加强网上舆情监控。

【“不忘初心、牢记使命”主题教育宣传报道】2019年6月6日起，《玉溪日报》陆续开设“不忘初心牢记使命”“不忘初心、牢记使命主题教育先学先改进行时”“不忘初心、牢记使命为民服务解难题”“深入开展不忘初心、牢记使命主题教育”4个栏目。同时，在玉溪网及新媒体平台开设相应栏目。形成传统媒体、新媒体“两微一端”全覆盖的宣传格局。《玉溪日报》共刊发稿件800余篇（幅）。一批稿件被人民网、新华网、光明网、云南网等媒体转发。

2019 年 11 月 9 日，《玉溪日报》创刊 30 周年纪念座谈会　（玉溪日报社提供）

【玉溪日报抖音号开通上线】 2019 年 6 月，玉溪日报社组建视频工作室，正式开通上线玉溪日报抖音号。自开通以来，玉溪日报抖音号始终坚持发出好声音、传播正能量，讲好玉溪故事，2019 年累计发布原创抖音视频 306 条，抖音粉丝增长至 10.9 万，累计播放次数 1.4 亿，累计获赞 287.8 万。发挥优势推广手机直播，对市内相关活动进行报道。2019 年组织开展 20 余次直播活动，产生了良好宣传效果。

【玉溪日报社受表彰】 2019 年 5 月 16 日，全国报纸自办发行协会会员代表大会在银川市举行，玉溪日报社获评先进集体。玉溪日报社自 2003 年起组建发行网络并开始自办发行。10 多年来，玉溪日报社积极探索适应党报党刊发行的路子，实现了创新转型，融合发展，自办发行工作取得了一定的经济效益和社会效益。

11 月 20 日，云南省报业协会、云南省印刷行业协会共同组织的云南省第十七届（2018 年度）报纸印刷质量评比活动在昆明进行，玉溪日报社印刷厂承印的《玉溪日报》荣获金质奖。

【获各级各类新闻奖作品】 玉溪日报社在 2018 年度各类省级新闻奖评选中，29 件作品获奖，获奖数量较上一年度有所增加。在第三十五届云南新闻奖评选中 6 篇稿件获奖，《让“马上就办”成为真抓实干新常态》《婀娜村脱贫鸡“啄”开脱贫致富新大门》《民间手造：华宁陶有情怀的呼吸》获二等奖，《玉昆钢铁集团包动车送农民工回家过大年》《云南省首张电子社保卡在玉签发》《昆磨高速货车失控冲出匝道挂悬崖边　多亏这个网兜救了两人生命！》获三等奖。在第二十一届云南报业新闻奖评选中 7 篇稿件获奖，《打好“三张牌”的玉溪实践》获一等奖，《寻味玉溪系列报道》获二等奖，《一夜间，这里搭起 400 余顶帐篷》《春节，纪律规矩不“放假”》《玉昆钢铁集团包动车送农民工回家过大年》《用生命书写的答卷——追记新平县扶贫攻坚一线殉职的优秀干部饶云》获三等奖，《昆曼公路：历尽沧桑镌刻繁华》获图片报道奖。四篇稿件获 2018 年云南报纸副刊好作品奖，《民间手造：华宁陶有情怀的呼吸》获一等奖，《肖会玉：巧手绣出花腰彝七彩生活》《味留舌尖誉满城——民国时期昆明城的玉溪街与玉溪美食》获二等奖，《十街土法榨糖：从牛榨马驮到电商营销》获三等奖。三篇论文获 2018 年度第五届云南报业新闻论文奖，《地方新媒体与传统文化“联姻”双赢》获二等奖，《增强经济新闻可读性　记者要成为“解码器”》《如何在全媒体时代加强党报通讯员队伍建设》获三等奖。三篇论文获 2018 年度云南新闻论文奖三等奖，分别是《大数据时代新闻编辑观的转型研究》《融媒体时代报纸更应打造好品牌栏目》《一次跨区域合作提升党报影响力的成功实践》。六篇论文获 2018 年度中国城市党报论文奖，《新媒体环境下地方党报提升舆论引导力探析》获一等奖，《媒体融合语境下如何破解地市党报新媒体经营难题》《融媒体时代报社在突发事件中如何扩大影响力》获二等奖，《推进地方党媒深度融合发展的“玉溪实践”》《新时期纸媒与新媒体的融合研究》《经济新闻记者如何把自己“炼”成一个“解码器”》获三等奖。2019 年，玉溪日报社采编人员在光明日报、人民网等媒体刊发稿件 76 篇（幅），中国财经新闻网刊发稿件 1 篇；在云南日报刊发稿件 21 篇（幅），云南网刊发稿件 508 篇（幅），向学习强国云南平台推荐优秀稿件。

（卢　超）

抚仙湖樱花谷　（李卫东　摄）

旅游业

TOURISM

责任编校：王　斌

景区建设与促销

【概　况】 2019年，玉溪旅游产业高质量跨越发展，各项旅游经济指标均保持快速增长。全市共接待海外游客7 593人次，同比增长7.58%；接待国内游客4 716.03万人次，同比增长9.93%；实现旅游总收入452.03亿元，同比增长22.72%；住宿业营业额19.90亿元，同比增长15.1%，增幅在全省排名第二名。重大项目完成投资99.22亿元，同比增长19.9%，全省排名第八位；完成旅游固定资产投资44.13亿元，同比增长35.6%。

优化产业结构布局，文旅重大项目稳步发展，研究推出77个文旅融合项目。充分发掘本地独特的民族文化，建设具有浓厚民族文化特色的旅游县、旅游小镇、旅游村寨，积极打造省精品旅游自驾线路及特色徒步旅游线路规划。玉溪特色节庆、寒武纪乐园欢乐大世界、青花街、碗窑村历史文化遗存保护与开发等文旅品牌塑造工程全力推进。扎实推进"厕所革命"，共争取上级投入1 186万元资金建设旅游厕所79座，完成国家旅游厕所管理系统拍照、定位、打点、百度打点及A级评定验收工作。推进旅游示范区建设。澄江县、新平县申报省级全域旅游示范区已完成验收初评和认定材料上报；抚仙湖获评为国家级旅游度假区；完成红塔区大营街社区、新平县戛洒镇、通海县古城旅游创建省级旅游度假区的工作计划上报，规范A级景区标准化建设。

招商与宣传结合，拓展玉溪文化旅游影响力。包装50余个招商引资项目，参加中国国际旅游商品博览会、重庆都市旅游节暨城际旅游交易会，到北京、重庆、上海、深圳等地开展市外招商引资宣传推介活动6次，对接洽谈22家企业，签订3个3 000万以上的协议合同，圆满完成招商引资任务。在市内外各类媒体和户外平面广告上进行宣传，在高速路口、星级酒店等场所投放玉溪文化旅游宣传广告。依托"一部手机游云南"平台加大宣传，20件商品上线销售，50余个景点完成"一机游"扫码识景上线，31个景区名片完成制作上线，开展米线节、花街节、沐浴节等20场民俗节庆活动直播，丰富宣传内容。通过微信公众号、官方微博账号等新媒体及时发布重大政务信息、旅游资源、区域旅游资讯、文化旅游产品、文化旅游线路等信息。依托新华网、中国网、云南日报、春城晚报等知名媒体和网站发布玉溪文化旅游信息稿件90余篇。

加大旅游市场监管力度，对旅游市场开展督查检查282批次，联合执法检查68批次，参与单位299家次，检查涉旅企业1 524家次，其中：旅行社（含旅行社分社及服务网点）705家次，饭店213家次，景区景点270家次，旅游车船公司12家次，其他涉旅企业323家次，处罚金额8.5万元，严厉打击各类违法经营行为，共受理办结各类投诉286件次。

（李　敏）

【成立旅游购物退换货监理中心暨建立旅游"红黑榜"制度】 2019年4月25日，玉溪市召开旅游购物退换货监理中心暨建立旅游"红黑榜"制度新闻发布会，对成立玉溪市旅游购物退货监理中心暨建立退换货工作制度及建立玉溪旅游"红黑榜"制度做新闻发布并回答了媒体提问。标志着玉溪市旅游购物退换货监理中心成立，退换货机制和旅游"红黑榜"制度开始建立。市旅游购物退换货监理中心严格按照省级游客购物退换货工作要求，建立健全工作机制，认真履职尽责，贯彻落实好《全省游客购物退货工作管理暂行办法》，执行好旅游购物"30天无理由退货"，全年累计完成旅游商品退货2件次，价值97 000元，有效维护了退货游客合法权益。发挥旅游"红黑榜"守信激励和失信惩戒作用，严格按照《玉溪市旅游"红黑榜"制度实施方案》要求，强化文化旅游市场监管，不定期召开工作会议，客观分析研判"红黑榜"名单，全年累计发布文化和旅游"红黑榜"6期，其中上"红榜"的单位（个人）17家，"黑榜"15家，"红黑榜"制度的实施进一步规范了文化旅游市场秩序，促进了全市文化旅游业持续健康稳定发展。

【"一部手机游云南"建设工程】 2019年，全市扎实推进智慧景区建设，组织开展2019年第一、二批"一部手机游云南"智慧景区建设以奖代补考核工作，全市5家景区顺利通过市级验收和省级复核，争取到省级奖补资金，分别是玉溪映月潭休闲文化中心（4A）、新平磨盘山国家森林公园（4A）、玉溪古滇国文化园（3A）、澄江仙湖湾景区（3A）、新平戛洒国家级特色小镇；持续推进名特优商品精选上报工作，完成通海斯贝佳、江川高原彩和丫眯系列商品在"游云南"平台上线销售；对2019年抚仙湖国际半程马拉松赛、江川第三届七夕文化旅游节等多场活动进行直播；2019年4月中旬，玉溪市及七县两区旅游购物退货监理中心相继挂牌成立，设立玉溪旅游"红黑榜"制度，全年旅游商品退货2件，价值97 000元，发布"红黑榜"6期。

（普俊松）

【"中国旅游日"主题活动】 2019年5月19日，市文化和旅游局组织红塔区、易门县、通海县、元江县、江川区开展2019年"中国旅游日"主题宣传活动，主会场设在红塔区聂耳广场（其他县区设分会场）。活动组织红塔区内旅游景区、旅游商品生产企业、旅行社等30家文旅企业，围绕"文旅融合，美好生活"宣传主题开展"中国旅游日"主题宣传活动。活动当天向市民宣传发放文明出行安全旅游、云南旅游从业人员"八不准"规定、文明旅游行为公约、生态红塔休闲天堂等宣传资料，举办文艺表演吸引市民关注、了解和参与现场宣传活动，邀请市内主流媒体对宣传活动进行宣传报道，形成良好的活动氛围和社会影响。

【参加2019中国国际旅游交易会】 2019年11月15—17日，市文化和旅游局组织42家涉旅企业参加在昆明滇池国际会展中心举办的2019中国国际旅游交易会。主题形象展厅240平方米，以抚仙湖为创意，玉璧为造型，着重突出"抚仙湖国家级旅游度假区""中国华宁·国际陶都"两大板块。展厅设置52个展位，全市各县区文旅局、博物馆、景区、酒店、特色文旅商品企业、旅游策划等单位参展。小龙茵、滇瓦紫砂、舒氏陶艺等15家创新扶贫文化旅游企业借助旅游商品展馆扶贫展平台，展现"旅游＋扶贫"模式下玉溪文化旅游产业助力脱贫攻坚的成效。抚仙湖国家旅游度假区获邀代表云南省参加文化和旅游部度假休闲旅游展馆的歌舞表演，玉溪花腰傣文艺节目作为云南省唯一代表，展示云南民族风采。《竹林卜少》《赶摆》等玉溪特色民族歌舞在文旅部度假休闲展馆、云南省形象展厅和玉溪形象展厅接连上演，宣传展示玉溪丰富的自然资源和独特的民族风情。玉溪展厅通过特色文旅商品展示、播放宣传片、设置体验休闲区、民族歌舞展演等方式，从视觉、听觉等维度展现“抚仙湖”“帽天山”“花腰傣”“聂耳”等文化旅游名片，彰显玉溪自然人文之美。设置旅游咨询，旅游线路及产品展示，为游客到玉溪休闲度假提供便利。玉溪展厅在3天的会展中，接待国内外来宾3.5万人次咨询了解，发放各类宣传资料近4万份。华宁陶、滇瓦紫砂、江川红心猕猴桃、印象抚仙湖藕粉等特色文旅商品受到众多采购商、游客的青睐，现场累计成交额19.51万元，5家签约。玉溪展团荣获“最佳组织奖”，展台设计荣获“最佳展台奖”，成为全省州市文化旅游局6家荣获“双料最佳”的单位之一。磨盘山国家森林公园、褚橙庄园、澄江海诚旅游发展有限公司也纷纷揽奖而归。

在中国国际旅游交易会期间举办的“2019南亚东南亚品牌文化旅游商品国际大赛暨云品100创新创意大赛”上，玉溪市9家文创企业商品入围，并在2019中国国际旅游交易会上进行现场展示。在78件大赛获奖商品中，玉溪高原彩松茸鸡汤米线系列斩获大赛唯一金奖；“桃花结·花器”系列作品获铜奖、小卜少傣家四宝获“百佳品牌伴手礼”称号、斯贝佳巧克力豆末糖获“最佳人气奖”。

（杨　梦）

【旅游业态开发建设】 2019年，市文化和旅游局坚持品牌引领产业发展，以品牌创建构筑旅游发展新优势，推动旅游产业转型升级。经过省、市文旅部门和县区政府的共同努力，抚仙湖获评为国家级旅游度假区、通海县河西镇荣获“中国历史文化名镇”称号、大营街社区荣获“全国乡村旅游重点村”称号。同时，积极申报5个省级旅游名镇和13个省级旅游名村，支持华宁县华溪镇、黑牛白村、红塔区黄草坝村、新平县耀南村申报省级旅游扶贫示范乡村，有效带动一批乡村旅游的转型升级。澄江小湾村结合区域发展方向，调整产业发展思路，引进新理念新手段，成为抚仙湖边乡村振兴、农旅融合、退一进三的转型样板。

继续打造省精品旅游自驾线路玉溪段4条精品线路，即楚新元、昆勐磨、石澄元、耿墨宁北回归线自驾旅游线路，加快推进磨盘山、元江侨乡、磨豆山等营地项目建设。继续举办环抚仙湖自行车赛、帆船赛、滑翔赛等重点体育旅游赛事活动，提出各县区策划、包装、打造一条特色徒步旅游线路建设目标，推进象鼻温泉旅游度假区提升改造等温泉养生项目建设。进一步提升新平花腰宴舞演艺节目，全力推进寒武纪乐园欢乐大世界、青花街、碗窑村历史文化遗存保护与开发等文旅融合项目建设，使之成为示范性项目。

（普　允）

【参加重庆都市旅游节暨城际旅游交易会】 2019年3月28—30日，第23届重庆都市旅游节暨城际旅游交易会在重庆国际会议展览中心举行。市文化和旅游局组织广龙旅游小镇、红塔工业旅游接待中心、通海县秀山历史文化公园、玉溪旅游文化体育投资有限责任公司、新平县哀牢山旅游开发有限责任公司、华宁县宁州舒氏陶艺有限责任公司、江川区培兴铜艺坊等具有代表性的旅游和文化创意产品企业参加展会。通过发放宣传资料、赠送旅游纪念品、景区门票、提供现场旅游咨询服务、播放玉溪旅游宣传片等形式，向参展商和重庆市民宣传和推介玉溪的文化旅游资源和文化旅游产品，获得参展商和市民的一致好评，参展企业达成了多家合作意向。

【参加南亚东南亚国家商品展暨投资贸易洽谈会】 2019年6月12—18日，南亚东南亚国家商品展暨投资贸易洽谈会在昆明滇池国际会展中心举行。市文化和旅游局在云南旅游馆设置108平方米的文化旅游形象展区，以“抚仙湖、帽天山、花腰傣”三张名片为主要元素，以休闲康养为主题，融入打造全国一流健康生活目的地的全新定位，彰显玉溪文旅融合发展的新风貌。组织华宁舒氏陶艺有限责任公司、江川陆培兴纯手工铜艺坊、通海茗锋茶魂茶具厂、玉溪滇瓦紫砂、小龙茵刺绣传习馆、映月潭休闲文化中心6家文旅企业参展，开展旅游资源、文旅产品的宣传推广与营销，着重展示推广特色旅游商品陶、铜、银、刺绣等文创产品。玉溪特色花灯舞蹈《玉溪好在》、花腰傣舞蹈《裙儿摆摆秧箩情》、哈尼族棕扇舞、竹乐团乐曲连奏等文艺节目轮番上演，吸引了众多宾客驻足观看。市文旅局向参展商和市民推广“玉溪旅游”微信公众号、“游云南”App；发放宣传手册、折页、旅游地图、旅游纪念品等

2019年7月18日至8月4日，峨山县举办火把狂欢旅游节暨第五届彝族花鼓舞艺术节　（柏云飞　摄）

旅游宣传品2.6万余份；陶、铜、银、刺绣文创特色手工艺品深受客商和市民的喜爱，参展企业完成现场交易额16.83万元。

【参加中国特色旅游商品大赛】 2019年9月3—9日，市文旅局组织江川区培兴铜艺坊、峨山县彝赐方、玉溪滇瓦紫砂、通海呼呼大王、通海斯贝佳食品有限公司、云南通海民族银饰制品参加2019中国特色旅游商品大赛，参赛作品经省文化和旅游厅遴选，通海斯贝佳食品有限公司、云南通海民族银饰制品2家企业的参赛作品入选代表云南参加在四川省峨眉山市四川国际旅游交易博览中心举办的2019中国特色旅游商品大赛，斯贝佳的糕点系列荣获铜奖。

【旅游媒体宣传】 2019年，市文旅局继续加强与市内外各类媒体的合作，组织更换和验收玉溪市文化和旅游局在澄江县、华宁县、红塔区3个县区区域内租用的5块户外广告牌。9月13日云南空港雅仕维信息传媒有限公司在昆明长水机场国内航班到达出口文化长廊免费为玉溪提供投放使用期半年，总面积200多平方米的广告位，用于玉溪文旅形象宣传。通过投放平面广告，大力宣传玉溪旅游的整体形象，擦亮帽天山、抚仙湖、花腰傣三张名片，提升玉溪旅游的关注度和知名度。

（杨　梦）

【完善文化和旅游信息基础设施】 2019年，市文化和旅游局持续完善智慧景区、智慧厕所、智慧停车场等工作，提升文化旅游数字经济“硬件”水平。鼓励、引导景区开展智慧化建设，以奖促建，减轻景区经济压力，多次召开技术培训会，邀请相关专家介绍智慧化建设案例及发展趋势，赴重点景区开展奖补考评标准解读及建设指导。映月潭休闲中心、汇龙生态园、秀山公园、禄充景区、磨盘山国家森林公园、新平县戛洒特色小镇等景区通过云南智慧景区以奖代补考核验收。红塔区、通海县智慧停车有序推进。全市58座智慧厕所、461座旅游厕所、市政公厕可通过手机打卡定位，百度打卡定位全省第一。景区网络基础设施进一步完善。实施全市A级景区4G网络覆盖性能测试优化专项行动，有效解决新平磨盘山等A级景区4G网络覆盖不足等问题，基本实现A级景区主要区域4G网络全覆盖。投诉处置体系进一步完善。全市设置1个市级、9个县级指挥中心，覆盖190余家涉旅行政部门，极大提升了投诉响应、处理时间。

（普俊松）

旅游节庆活动

【油菜花暨开新街文化旅游节】 2019年2月2日，油菜花暨开新街文化旅游节在峨山县塔甸镇瓦哨宗村拉开帷幕，开幕式结束后，系列活动在塔甸镇、富良棚乡、大龙潭乡、甸中镇、岔河乡展开，游客体验到峨山当地独有的祭龙祭鼓等传统仪式，以及颇具看点的鸡王争霸赛，舞龙争霸赛等精彩活动。据统计，在近半个月的活动中，接待游客17万人次。彝韵高山梯田油菜花及独有的彝族开新街活动，全力打响“天下彝家·笃慕梦园”旅游文化品牌。

【花腰傣花街节】 2019年2月4—10日，新平县举办一年一度的花腰傣花街节。本届花腰傣花街节以“我在新平花街节等你”为主题，在戛洒镇活动主会场游客除了能体验到古老神秘的花腰傣迎宾礼外，还可观赏花腰傣原生态歌舞展演、特色文化水幕电影、民俗刺绣、祭祀、巫术、染齿、文身、手编竹篮、农耕礼仪展示等文化展示；参与花街巡游与花腰傣少女纵情歌舞、畅饮同心酒、品尝牛肉汤锅、干黄鳝、秧箩糯米饭、腌鸭蛋、西尼红糖等特色美食，感受回归原始、自然、生态、“满城尽是花腰傣”的别样风情。新平花街节接待游客56.88万人次，同比增长7.69%，其中，过夜游客5.64万人次；实现旅游总收入35 248.98万元，同比增长17.24%。

【米线节】 2019年2月6日，随着大营街“汇龙祈福”迎“土主”鞭炮响起，红塔区拉开了2019年玉溪米线节序幕。活动由大营街街道牵头，汇龙生态园具体承办的方式，围绕“传承民俗文化，挖掘玉溪风味美食，打造生态休闲特色旅游文化”，突出“一年之计在于春，大碗吃出好彩头”的活动主题，按照“政府引导、企业主导、社会参与”的原则，通过“米线搭台”，举办文艺展演、趣味知识问答和妙趣横生的吃米线、吃烤鸭擂台赛、商贸街、米线美食街等丰富多彩的文旅活动，让游客深度体验玉溪米线悠久的历史文化。活动期间，新兴饭店、青堆米线、桥香园、只卖鳝鱼米线、王及小吃等在玉溪颇有名气的特色米线店分布在各个角落，来自四面八方的游客品尝杂酱米线、鳝鱼米线、凉米线、玉溪土八碗等特色风味美食，米线节活动赢得大家的好评。据不完全统计，仅仅6天主题活动，红塔区接待游客23万人次，销售米线24吨，实现销售收入260万元。吸引了大批省内外游客，辐射带动红塔区的住宿、餐饮、旅游消费。

【“二月二”戏会】 2019年3月8日，易门县历史最为悠久、名声最为响亮、最具代表性、群众性民俗民间文化活动“二月二”戏会在易门县龙泉国家森林公园开幕。此次“二月二”戏会活动历时3天，安排有花灯、龙灯、舞狮、首届舞龙邀请赛、第四届广场舞大赛、民俗文化展、商品贸易展和“二月二”庙会等系列文化旅游活动。在龙泉文化广场举办首届“二月二·龙抬头”民俗文化旅游节，邀请省花灯剧院和市花灯剧院在龙泉公园及易门会厅演出花灯剧《山茶花红》《七妹与蛇郎》《小姐与长工》，花灯小戏《开财门》《小姨妹过河》《二愣子招亲》《丑中丑》《戏中戏》《教歌放逃》《逼侄赴科》等六场传统戏剧，深受广大游客的喜爱。据不完全统计，易门县“二月二”戏会期间接待游客10余万余人，实现旅游收入6 000万元。

【“五一”花腰傣风情沐浴节】 2019年5月1—4日，以“纵情沐浴欢歌，畅享花腰风情”为主题的“五一”花腰傣风情沐浴节在新平县举行。在县城、戛洒镇、磨盘山国家森林公园分别举办万人泼洒狂欢、洒水祈福、跨红线、栓红线古老花腰傣迎宾礼，花腰傣传统村寨民风民俗刺绣、织布、染齿、土陶制作、竹编等手工技艺展示；哀牢山住农家屋、吃农家饭、摘农家果、购农特产品、红河谷沿岸凤凰花拍摄、桔荔庄园时鲜水果采摘体验；磨盘山国家森林公园赏大树杜鹃、徒步活动、丛林飞跃、露营、自助烧烤、亲子游等沐浴狂欢节庆系列活动。在县城举办的“民族赛装暨旗袍”秀，吸引了省内和新平县的63支参赛队2 000余人参加。据统计，节庆期间新平县接待游客23.7万人次，其中过夜游客 3.98 万人次，一日游客 19.72 万人次；实现旅游收入 14 123.04 万元；比上年分别增长 10.73%、21.15%。主要旅游景区磨盘山、哀牢山、戛洒特色旅游小镇接待人数、旅游收入均比上年大幅增长。接待游客、旅游收入双双走高，假日旅游经济效益显著。

【金芒果文化旅游节】 “中国·元江 2019 金芒果文化旅游节”于 6 月 7 日至 7 月 14 日（主体活动时间 6 月 14—16 日）在元江县举行，4 大板块 18 项系列活动贯穿其中，节中有节，精彩纷呈。元江金芒果文化旅游节是云南省著名的旅游节庆品牌之一，2019 年是第十六届。2019 年的芒果节与端午节、傣族花街节三节相遇，节中有节，更加热闹，持续时间更长。端午小长假期间，在者嘎村举行“舞动旋律·傣族舞狮争霸赛”，吃秧箩饭、观看舞狮表演、体验傣族蒙面情歌等。主题活动期间开展舞动旋律·傣族舞狮争霸赛、芒果飘香·民族歌舞晚会、狂欢之夜·啤酒音乐嘉年华、礼赞祖国·芒果“快闪”活动、挑战自我·吃芒果比赛、激情浪漫·万人泼水狂欢、花果元江·观光采摘、金芒果·热带水果一条街、长街宴·特色美食一条街、乡土味·土特产品一条街、元江绣·民族服饰文化展演等系列活动，游客尽情观高桥、赏奇花、尝异果、游云海、品花茶、啃牛蹄、看风情，感受“滨江花果城·避寒养生地”的魅力。3 天主题活动接待旅游者 26.44 万人次，实现旅游业总收入 1.55 亿元。

【第四届荷花节】 2019 年 6 月 29 日至 8 月 24 日，以“美丽乡村 为荷倾城”为主题的澄江县第四届荷花节在悦莲庄园举办。在为期两个月的荷花节中，游客除了观赏荷花，还可参与到“乡村振兴 + 农旅结合”论坛、滇中农业特色产品展示、荷花瑜伽、茶花荷塘、荷塘写生、品尝当地特色农产品及周末主题游园会等与“荷”相关的科普、研学、亲子系列活动。据统计，本届荷花节期间约 15 万人次进园观赏，约 15 家省内外旅行社进入澄江踏勘旅游线路，为撬动澄江旅游市场发挥积极的作用，促进了国家级全域旅游示范区的创建，提高了抚仙湖国家级旅游度假区的知名度和美誉度。

【野生食用菌交易会】 2019 年 7 月 20—24 日，“聚集华夏山珍，推进绿色发展”—第十五届中国（云南）野生食用菌交易会在易门县举行。展会期间，举办了民俗文化展演、迎宾文艺晚会、“情韵水城·醉美菌乡”第二届魅力女人旗袍秀展演、野生食用菌产品交易、美食展、野生菌科普展、品牌汽车展、易门县食用菌产业十年规划展、人工栽培食用菌展等 21 项活动。同时，还组织菌类拍卖、野生菌产业发展大会、野生食用菌美食名店评选、招商引资推介暨投资、外贸项目签约仪式。第十五届中国（云南）野生食用菌交易会共设 4 个区域 700 个展位，其中菌类商品及名特优产品交易区设展位 170 个、野生食用菌鲜货交易区设展位 320 个、小商品交易区设展位 180 个、美食展区设展位 30 个。交易会实现菌类交易 1 620.293 吨，菌类及其他各类品牌交易额 12 492.603 万元。据统计，交易会接待游客近 13 万人次。

【抚仙湖铜锅美食节】 2019 年 8 月 9—11 日，以“滇濮山水间 寻味仙湖境”为主题的抚仙湖铜锅美食文化旅游节在禄充风景区举行。开幕式后的大铜锅煮鱼环节，将本届活动推向高潮。本届铜锅美食节活动分为“古韵风情”“澄江文市”“澄江艺市”和“澄江互市”四大板块，还设置文化长廊、风情通道、特色打卡点、非遗展演、醉仙湖摄影展、DIY 艺术体验营、特色商品市集、古乐游园会、澄江故事开讲等配套内容，展现澄江具有代表性的关索戏面具、编制手工艺、彝族刺绣等文化内容，增强游客的互动体验。

【中国·云南华宁国际陶都柑橘节】 2019 年 9 月 10—12 日，中国·云南华宁国际陶都柑橘节在华宁县举行。本届柑橘节以“壮丽 70 年 奋斗新时代”为活动主题，进一步打造推介宣传华宁“泉乡、橘乡、陶乡”文化

①“五一”花腰傣风情沐浴节 （新平县文旅局提供）

②澄江县第四届荷花节 （澄江县文旅局提供）

名片，营造建设云南华宁国际陶都的浓厚氛围，增强华宁全域旅游吸引力。在县城泉乡文化广场设主会场，在华溪镇、盘溪镇设分会场。活动包括庆祝中华人民共和国成立70周年文艺演出、乡村民俗、华宁陶民间手造系列活动、长街宴、特色炊锅宴等15项。节庆期间接待国内旅游者48 792人次，其中过夜游客21 078人次，一日游27 714人次，实现旅游收入3 182.18万元。与上年同期相比，游客总量增长16.5%，旅游收入增长23.66%。

【梯田人家“嘜奢扎”】 2019年9月23日，作为2019年中国农民丰收节70地全媒体直播活动举办地之一的中国·元江羊街2019梯田人家“嘜奢扎”实景演出在元江县羊街乡戈垤村委会的阿郎邦克梯田举行。嘜奢扎节，是哈尼族的四大传统岁时节令年节之一，意为新米节、新谷节或秋收节，兼具宗教祭典节日的色彩，既有天文历法、农事耕作的意义，又有感恩、祭神的底蕴。梯田人家“嘜奢扎”以“哈尼人民庆丰收，梯田欢迎国庆”为主题，与“中国农民丰收节”文化内涵不谋而合，旨在展示秋收成果，激发群众的创造性和积极性，提升农民群众的荣誉感、幸福感和获得感。活动当天，360多名哈尼族群众身穿节日盛装，以蓝天白云作幕，以梯田稻浪为台，为游客们带来原汁原味的国家级非物质文化遗产——哈尼棕扇舞表演，演绎了和谐美好的生活，演出篇章主要以远古秘密、建设家园、收获丰收、和谐家园、安居乐业组成，一曲曲富有浓郁民族特色的歌舞，赢得现场观众阵阵喝彩。农事竞赛庆丰收、趣味运动庆丰收、哈尼长街宴庆丰收等趣味活动，以梯田农耕文化和民族文化深度融合的传统农事庆祝丰收活动为内容，秉承“庆祝丰收、弘扬文化、振兴乡村”的宗旨，展示产业发展新成就、乡村振兴新面貌，献礼新中国70周年华诞。系列活动的开展，有效展示、宣传、弘扬了哈尼民族传统文化，打响了民族节庆旅游品牌，提升了哈尼民族文化的影响力。

（杨　梦）

旅游行业管理

【非法安装使用卫星地面接收设施整治行动】 2019年6月上旬，玉溪市文化执法部门与广电部门在前期摸底调查的基础上，对全市有线覆盖区内非法安装使用卫星地面接收设施的三星级以下宾馆酒店开展排查整治联合执法行动。共出动人员83人次，车辆17车次，现场检查三星级以下宾馆酒店100余家，下发《整改通知书》93份，要求限期自行拆除安装和使用的全部卫星地面接收设施，对到期未整改的进行行政处罚。

【专项检查暨乱象整治回头看行动】 2019年9月上旬，市文化旅游市场综合行政执法支队联合元江、新平县文化旅游市场综合行政执法大队对市内22家旅游景区和相关单位展开一轮专项检查暨文化旅游市场乱象整治回头看行动，针对旅游景区和相关行业单位证照经营范围、消防安全、卫生环

元江“嘜奢扎”拔河比赛　（元江县文旅局提供）

2019 年 3 月 16—17 日，江川区文化和旅游局联合江城镇人民政府、云南中天国际旅行社有限公司、云南中天会展服务有限公司共同组织在江城镇侯家沟村大平地 1200 亩梨花山筹办了“梨花报新春·硕果贺华诞”江川第三届梨花文化旅游节

（江川区文旅局提供）

境、投诉渠道及“一部手机游云南”宣传、旅游商品销售等五个方面，着力排查存在于文化旅游市场吃、住、行、游、购、娱等各环节的问题。检查旅游景区和相关单位 22 家，其中景区 5 家、旅行社 7 家、娱乐场所 3 家、网吧 7 家。针对发现的问题和隐患，可以立即整改的，要求业主或负责人落实好主体责任、限期整改，并积极向当事人宣传好文化和旅游市场相关法律法规，要求他们增强安全隐患意识、责任意识，涉及欺诈、低价旅游等经营行为的危害意识，并以此为契机主动自查整改，把提高服务质量作为经营的重中之重。

（殷学勇）

【星级饭店评定复核】 2019 年，全市有星级饭店 25 家，参加星级年度常规性复核 21 家，通过复核 21 家；因装修和新评定原因延期复核 4 家。通过复核星级饭店 21 家分别是：红塔大酒店、汇龙温泉大酒店、龙马大酒店、西都大酒店、昆明铁路国际旅行社（集团）象山宾馆、易门大酒店、非常阳光酒店、新平惠通酒店、峨山大酒店、通印大酒店、金茂大酒店、凯迪宾馆、景湖酒店、天运温泉度假村、江川宾馆、新平宾馆、宏福大酒店、大云酒店、穆斯林宾馆、象鼻温泉度假村、云溪宾馆。暂缓复核星级饭店 4 家分别是：玉溪中玉酒店（正在装修）、戛洒山绿玖大酒店（新评定）、宏盛酒店（正在装修）、贵元酒店（正在装修）。

【旅行社审批及导游换证】 2019 年，按照《旅行社条例》和《导游管理条例》，及时做好旅行社、分社及服务网点（门市部）等相关事项的申报、审批和备案工作。全年共办理完结旅行社许可审批 5 家，注销 1 家；旅行社分社注销备案 1 家；旅行社服务网点注销备案 20 家；完成电子导游证换发 94 人。截至年底，全市共有 40 家旅行社（出境旅行社 2 家、国内旅行社 38 家），分社 5 家，服务网点（门市部）149 家，完成电子导游证换发 489 人。

【星级乡村旅游接待户评定】 按照《玉溪市乡村旅游接待服务设施质量等级评定办法》，玉溪市积极推动乡村旅游规范化、标准化发展。2019 年评定乡村旅游星级接待户 7 户，全市共有星级乡村旅游经营户 127 家（四星级 14 家、三星级 98 家、二星级 15 家），从业人员 1700 人。全年接待游客 210.62 万人次，乡村旅游综合收入 7 961 万元。

【旅游协会第四届第一次会员大会】 2019 年 12 月 16 日，市旅游行业协会召开第四届第一次会员大会，116 家会员单位参加。大会回顾总结第三届旅游行业协会工作，分析当前旅游行业的发展形势，讨论确定今后协会的工作任务及发展目标，审议通过协会第三届理事会工作报告、财务报告和《协会章程修改案》。通过现场投票选举，云南玉龙景区开发建设有限公司董事长张德生当选为第四届理事会会长，大会选举常务副会长 3 名，副会长 14 名，秘书长 1 名，副秘书长 2 名，监事长、副监事长、监事员各一名。

（董　辉）

【旅游精品饭店和星级民宿规范建设】 2019 年，市文化和旅游局依据《云南省精品酒店建设指导规范》《云南省旅游民宿建设和管理规范》，积极开展精品旅游饭店和精品民宿评定推荐工作，对拟申报的 119 家精品旅游饭店和精品民宿进行实地检查评定，并向省文旅厅推荐申报 85 家精品旅游饭店和 31 家精品民宿，经省级精品旅游饭店和精品民宿评定专家组开展现场复核打分和评定验收，选出 6 家精品旅游饭店和 14 家精品民宿共 20 家推荐上报，最终评定精品旅游饭店 1 家（同尘院精品度假酒店）、五星级旅游民宿 4 家（抚仙湖古月宿清精品民宿、云逸度假酒店、云觅栖舍海景度假酒店、通海元亨客栈）、四星级旅游民宿 6 家（澄江瑞德度假酒店、抚仙湖拾方度假酒店、抚仙湖方寸间多萝西特色民宿、抚仙湖云海山居度假民宿、寒舍度假酒店、恬庄之乐酒店有限公司）。

（普　允）

华宁磨豆山 （李卫东 摄）

卫　生

HYGIENE

责任编校：王　斌

卫生管理

医疗保障

卫生规划与建设

卫生监督执法

基层卫生

疾病预防控制

卫生应急

妇幼保健

爱国卫生

医政管理

社会办医

中医药管理

卫生管理

【概　况】 2019年，市卫健委以创新的思路、改革的举措和务实的工作奋力破解前进道路上的难题，实现卫生健康工作的新发展。顺利完成卫生健康系统机构改革；全省第一家在全市范围内启动紧密型县域医共体建设；编制实施《玉溪市大健康产业发展规划（2018—2035年）》；实现国家卫生县城创建全覆盖；全市9家县区人民医院通过提质达标验收；全市孕产妇死亡率、婴儿死亡率控制等排名全省前列；传染病发病率连续4年全省最低，在全省率先实现消除全面消除麻风病目标；全市人均预期寿命为77.78岁。

公立医院综合改革持续深化。全面启动紧密型县域医共体建设。全省第一家在全市范围内启动紧密型县域医共体建设，医保基金打包付费全面推开，峨山县、新平县被列为国家级试点县。市人民医院与新平县、通海县签订专业紧密型医联体建设协议，市儿童医院与华宁县盘溪中心卫生院签订玉溪市儿科专科联盟协议，实现优质医疗资源下沉到基层，提升基层诊疗服务能力。启动市人民医院互联网医院试点，57家基层卫生院可以远程视频问诊，方便基层老百姓看病就医，不断提高老百姓的就医体验。加快现代医院管理制度建设。全面推进公立医院章程、预算、审计、绩效考核等实现覆盖，42家医院制定医院章程，其中：二级以上公立医院16家，覆盖全市80%的公立医院。启动新三轮公立医院医疗服务价格调整。调整医疗服务价格补偿率达90.58%，医疗服务收入达33.65%，比上年提高0.97个百分点，百元医疗收入的医疗支出104.26元，较上年降低4.97元。推进市儿童医院改革与发展。市医改领导小组会议审议通过《关于支持玉溪市儿童医院改革与发展的实施意见》并印发实施，累计完成医院基本建设和设备购置投资4.6亿元，开展新业务新技术10余项。

大健康产业发展有序推进。抓好大健康产业，制定下发《玉溪市大健康产业发展规划（2018—2035年）》，组织开展一系列招商引资活动，全力打造“健康生活目的地”，2019年健康产业新增到位投资总金额为21.18亿元，增长20.05%。抓好全国健康城市试点建设，制定《玉溪市2019年建设国家健康城市试点工作计划》，国家健康城市试点通过全国爱卫办评价，排名2018年度健康城市建设全省第一位城市。深入开展全民“三减三健”行动。统筹抓好医疗卫生项目建设。市人民医院改扩建工程、市儿童医院建设项目如期投入运营。持续抓好爱国卫生工作，3个县通过国家卫生城市验收，实现国家县城创建全覆盖。

医疗服务能力显著提升。推进县级公立医院提质达标，全市9家县区人民医院通过提质达标验收，提前一年完成目标任务。推进“五大中心”建设。通海县人民医院成为全国首批示范卒中防治中心，新平县、元江县人民医院卒中中心建设通过省级验收；澄江县、通海县、新平县人民医院、市三院通过中国胸痛中心认证，江川区人民医院通过中国胸痛中心现场认证，华宁县人民医院通过省级胸痛中心验收；通海县人民医院已通过省级创伤中心验收；新平人民医院危重孕产妇救治中心、元江人民医院危重新生儿及儿童救治中心通过市级专家评审。实施基层服务能力提升工程。投入补助资金200万元抓好澄江龙街中心卫生院等4个县区卫生院慢病管理中心和心脑血管救治站建设。市级补助160万元建设27个村卫生室提质达标建设。为卫生院优先配备数字化诊疗设备，为远程医疗建设打基础。中医药服务体系加快健全，基层中医药服务覆盖率达到90%以上，发挥“名医”效应，加强骨伤科等重点学（专）科建设，开展中医医术确有专长人员医师资格考核，发掘民间医术优势。

疾病预防与公共卫生服务不断增强。2019年全市人均预期寿命77.78岁，孕产妇死亡率13.43/10万、婴儿死亡率和5岁以下儿童死亡率分别为3.67‰和5.10‰，各项健康指标优于全省。疾病预防工作得到加强。全市共报告甲乙类传染病病种12种，均为乙类传染病，传染病发病率136.68/10万，已连续13年低于全省平均水平，连续4年全省最低。在全省率先实现以州市为单位全面消除麻风病目标，提前实现了国家2020年全面消除麻风病规划目标。大力推进“健康惠民工程”，全市共接种Hib疫苗77 100剂、23价肺炎疫苗160 055剂。做好妇幼健康工作。新生儿疾病筛查，苯丙酮尿症和先天性甲状腺功能减低症筛查率97.39%、听力筛查率97.39%。扩大妇女常见病筛查覆盖面，筛查率达83.75%；出生缺陷综合防控，产前筛查率达91.34%，婚检率89.89%。加强“三病”母婴消除工作，阻断措施覆盖率100%，艾滋病防治发现率、治疗率、有效率三项指标位居全省第三。有效衔接职业健康发展。市、县区整合现有资源，组建职业健康工作机构，启动职业病危害项目申报系统，建立企业信息档案209户；组织劳动者职业健康检查26 811人次、建立职业健康监护档案30 837份；机构改革后在全省率先出台推进职业健康发展的实施意见。

健康扶贫巩固提升。围绕“基本医疗有保障”的目标要求，认真执行省健康扶贫30条政策。截至2019年12月31日，全市建档立卡贫困患者实际自付比例为9.28%，落实自付比例控制在10%以内的要求，大病专项救治率达99.76%，县域内救治率达93%。严格控制医保目录外用药，严格执行建档立卡患者或家属签字制度，严格转诊转院程序，推进临床路径管理，扩大临床路径实施范围。农村贫困人口饮用水水质卫生监测工作得到加强。

（杜　洋）

【执业注册管理】 2019年，全市网上报名1 518人，审核通过1 325人，参加实践技能操作考试1 302人，915人成绩合格参加医学综合笔试一试（366人成绩合格），373人参加医学综合笔试二试（116人成绩合格）。强化执业注册管理。继续全面推进医疗机构、医师、护士电子化注册管理，电子化注册率均达100%。做好多点执业备案工作，截至12月30日，多点备案184人。结合医疗卫生机构监管和护士注册工作实际，按照“谁主管、谁负责”的原则，下放护士执业注册审批。按要求做好医师定期考核和补考工作。按要求开展医疗机构、医师、护士电子化注册信息核查和管理工作。

【医疗监督管理】 2019年，市卫健委认真组织开展医疗乱象专项整治行动。集中整治阶段，共监督检查各类医疗机构1 252户，立案查处各类违法行为27起，吊销医师执业证书7人，暂停医师执业33人，清理违法广告23条，罚款6.62万元，净化了医疗行业环境，促进医疗行业规范有序发展。在全市开展血液透析室和新生儿科（室）专项飞行检查工作，出动卫生监督员 9 人次，专家 18 人次，监督检查血液透析室 12 户，新生儿科（室）8 户，下达卫生监督意见书 12 份督促整改。认真执行《云南省医疗机构不良执业行为记分管理暂行办法》，加强医疗机构监督管理，规范医疗机构医疗执业行为，维护医疗服务市场正常秩序，增强医疗机构依法执业意识，保障医疗服务质量和医疗安全。按要求组织全市各级各类医疗机构开展全国医疗机构感染防控排查整顿工作。推进检查检验结果互认，在医共体内逐步实行检查检验结果互认工作。加强医疗废物管理工作。全面落实医疗机构主体责任，规范医疗废物管理，加强处置管理，逐年提升医疗废物集中处置率。2019 年共登记医疗卫生机构 1 411 户，各类医疗卫生机构产生各类医疗废物 1 900 吨，实行集中处置 1 746 吨，集中处置率 97.00%（比 2018 年上升 2.13%），自行处置 54 吨，自行处置率 3.00%。配备医疗污水处理设施，规范处理医源性污水。

【药事管理】 2019 年，市卫健委认真贯彻落实《云南省医疗机构临床药学查房工作实施方案（试行）》，组织二级及以上医院加强医疗机构药事管理组织建设，认真落实临床药学查房各项工作任务和要求。贯彻落实国家卫生健康委员会、国家中医药管理局《关于加快药学服务高质量发展的意见》，加强药品耗材招采和药房管理，规范基层药事管理、推动药学服务转型发展，增强药学队伍服务能力、提高临床合理用药水平。加强抗肿瘤药物、抗菌药物、辅助用药等重点药品临床应用管理，促进临床合理用药。

【医疗技术管理】 2019 年，市卫健委贯彻落实《医疗技术临床应用管理办法》，强化医疗技术临床应用事中事后监管，做好医疗技术临床应用备案管理工作，落实临床应用信息上报工作，加强限制类医疗技术临床应用日常管理工作。2019 年备案限制类医疗技术 26 项次。

【医疗质控组织体系建设】 2019 年，全市继续建立健全医疗质控体系网络，新建 5 个医疗质量控制中心：玉溪市人民医院呼吸科疾病诊疗质量控制中心、疼痛病医疗质量控制中心、肿瘤诊治质量控制中心、眼科疾病诊疗质量控制中心、妇科医疗质量控制中心。推进医疗管理专业化，逐步实现同质化服务。组织开展质控督查工作。年内组织血液透析、医院感染、临床输血、院前急救质量控制中心开展专项督查。持续推进县区质控小组建设，充分发挥质控中心医疗质量管理作用。

【构建和谐医患关系】 2019 年，全市卫生医疗部门贯彻落实《医疗纠纷预防和处理条例》，完善医疗纠纷多元化解机制，建立医疗损害鉴定制度体系。严厉打击涉医违法犯罪，持续深入推进扫黑除恶专项斗争，努力实现医疗秩序持续好转。继续做好医疗纠纷调处工作，强化以人民调解为主体，医院调解、人民调解、司法调解、医疗风险分担机制有机结合的制度体系建设。深化“平安医院”创建活动，提高医疗机构安全防范能力，健全警医联动机制，严厉打击涉医违法犯罪行为。做好医疗责任保险统保相关工作，医疗事故行政处理工作。进一步改善服务态度和改进服务流程、规范医院行为、宣传和传播医院正能量，聘请医德医风社会监督员、价格监督员，对医院廉洁行医、医疗质量、医疗服务、医疗收费等情况进行监督检查，发现违规问题或存在损害群众利益的行为及时向医院反映和提出意见、建议，协助医院做好行风评议工作。加强社会和病人监督，设立意见箱，医德医风问卷调查、开通医德医风投诉热线（公布医院投诉电话），认真接待群众来信、来访、来电等多种方式反映问题件及投诉件，做到有诉必查，有责必纠，件件核实，及时反馈。对工作中反映出的问题及时进行解决，力争病人综合满意度在 90% 以上。

【医疗服务管理】 2019 年，全市卫生医疗部门认真贯彻落实《玉溪市卫生和计划生育委员会关于印发玉溪市进一步改善医疗服务行动计划（2018—2020 年）》，继续建立完善预约诊疗、远程医疗、临床路径管理、检查检验结果互认、医务社工和志愿者制度，积极推进医疗服务模式创新。在市人民医院推广多学科诊疗和日间手术试点，增加日间手术试点病种和术式，提高医疗救治能力和中医药服务能力，改善人民群众就医体验。推进“五大中心”建设，提升危急重症救治能力。加强卒中中心建设，市人民医院，通海县、新平县、元江县人民医院通过验收。加强胸痛中心建设，市人民医院、市第三人民医院，澄江县、通海县、华宁县、新平县人民医院通过验收。加强创伤中心建设，通海县人民医院通过验收，市人民医院、市第三人民医院和新平县人民医院待验收。推进“互联网 + 医疗健康”。通过“以建促用、以建促改”，解决看病“三长一短”问题，大力推进市级卫生健康信息平台建设。推进市人民医院互联网医院试点，着力推进区域心电中心建设，促进优质医疗资源向基层延伸。推进分娩镇痛试点工作，加强麻醉医疗服务。组织市妇幼保健院、市三院，新平县、元江县人民医院等 4 家第一批试点医院按照要求，认真落实分娩镇痛试点工作，有效降低分娩带来的剧烈疼痛。组织市人民医院、红塔区妇幼保健院、江川区人民医院、通海县人民医院、玉溪和万家妇产医院、通海秀山医院等 6 家医院做好第二批试点申报工作。会同市发展改革委、市财政局、市人力资源社会保障局、市医保局制定《玉溪市加强和完善麻醉医疗服务的实施意见》，进一步优化麻醉医疗服务资源配置，完善麻醉医疗服务体系，提高麻醉医疗服务能力，加强和完善麻醉医疗服务。认真开展医院满意度调查试点工作，积极组织辖区二级及以上医院参加全国医院满意度调查试点工作。推广典型经验，不断增强人民获得感、幸福感、安全感。

（杨　坤）

【智慧医院建设】 2019 年 1 月 24 日上午，市人民医院举行“互联网医院”授牌仪式，建立云南省首家互联网医院，市政府副市长曾敏、市卫健委主任鲁志明及市发改委、财政局、人力资源社会保障局、医保局、市第二人民医院、中医医院、儿童医院、妇幼保健院主要领导出席授牌仪式。6 月 12 日，互联网医院开始正式试运行，与全市 56 家下级医疗机构和 2 家药店实现互联互通，促进优质医疗资源有效下沉。至 12 月 31 日，互联网医院患者总计问诊量 1 684 次、处方量 664 次、用户注册量 795 人次。此外，市人民医院还持续推进市级区域卫生信息互联互通平台、一卡通、HERP、移动医护等项目工作，完成远程数据备份中心建设和容灾备份系统更换，进一步优化线上预约、移动支付、床旁结算、就诊提醒、结果查询、信息推送等便捷服务。

（杨　丽）

【无偿献血】　2019年，市中心血站采集全血22 156人次，采血量6 694 600毫升；机采血小板447人次，709.5个治疗量。较上年相比全血采集量上升7.32　%，机采血小板采集量上升3.8　%，无偿献血率为9.48/千人口，较上年上升0.15/千人口。建立献血者队伍机采献血者415人、稀有血型献血者359人、固定无偿献血者7 835人；连续14年实现全市医疗临床用血100%来自自愿无偿献血。

【血液检测】　2019年，市中心血站完成血液检测22 557人份；血液检测率为100%；血型检测准确率为100%；血液标本漏检率为0；血液检测报告发放准确率为100%；质量安全事故率为0。

【成分输血】　2019年，市中心血站积极推广成分输血，全年向临床供应血液57 473U，分别是悬浮红细胞：31 742.5U；新鲜冰冻血浆：15 454U；机采血小板：710U，冷沉淀：4031U，洗涤红细胞：604.5U，冰冻解冻去甘油红细胞：4U，冰冻血浆：4927U。成分输血率100%。

【医务工作者无偿献血活动】　2019年1月3日至2月6日，为及时缓解全市春节前临床用血紧张局面，市卫生和计划生育委员会动员全市卫计系统干部职工开展无偿献血活动，共有835名卫计工作者献血221 550毫升，带动1 338名人民群众献血406 950毫升，有力保障了临床用血。

（沈佳佳）

【老龄工作】　2019年，市卫健委、民政局制定下发玉溪市卫健委　玉溪市民政局《关于做好市县级老龄工作委员会办公室职能职责转接工作的通知》，主动承接老龄工作委员会办公室职能职责，认真做好老年优待证发放、敬老月和春节走访慰问等工作，保持老龄工作的稳定性和持续性。优化老年人健康服务，全市18个二级以上综合性医院（含中医医院）已有8家医院设老年病科，设置比例达到44.4%；65岁及以上老年人享受免费健康体检177 020人，体检率80.49%；186 974名65岁以上老年人拥有家庭医生，老年人家庭医生签约服务率达70.09%，老年人健康服务更加可及便捷。加强医养结合工作，持续推广“居家型、互助型、融入型、引入型”四类医养结合模式，全市60个养老机构与医疗机构签订医疗卫生服务协议，占全市70个养老机构的85.71%。

（邓光明）

【院前急救】　2019年，市急救中心受理呼救49 200人次，有效受理呼救7 585人次，其中：完成院前急救6 201人次，较上年同期的5 424人次，增加777人次，同比增长14.3%；完成长途转运2 842人次，较上年同期的2 697人次，增加145人次，增长5.4%。全年受理危重患者813人，抢救危重患813人，危重患者处置率100%，CPR抢救人数58人，其中成功人数10人次，CPR成功率为14.6%。全年回访9 615人次，满意2 660人次，不满意75人次，群众满意率95.3%。全年无重大医疗事故发生。派出273人次提供卫生保障服务83次，全面完成上级有关部门安排布置的市委工作会议、市人大、政协会议等一系列卫生保障任务；参与由市卫健委、市政府和对口县区急救站等单位组织的卫生应急演练9次，进一步提高全中心突发事件应急处置能力。稳步提升调度能力，总体实现“一分钟调度，二分钟出诊”要求。在每次调度中，做到急救电话接听时间平均不超过7秒，调度派车时间平均不超过60秒，急救电话受理时间平均不超过60秒，体现“救命电话”的特殊功能。日平均完成院前急救调度17次，日平均完成转院返送9次。

【院前急救全市联网】　为构建玉溪市“互联网＋健康医疗”服务体系，实现玉溪市院前急救网络大数据管理平台化，2019年1月25日，市卫健委主办，市急救中心承办的玉溪市院前急救联网启用仪式在急救中心举行。玉溪是云南省首个启用院前急救全市联网的城市。市急救中心实现与各县区急救站调度指挥系统的相互联网，实现对全市参与院前急救车辆的网络信息全覆盖，为玉溪市指挥调度系统在全市范围内实现车辆GPS实时定位、轨迹查询，调度信息、出诊信息、日任务流水表、患者信息等院前急救信息共享迈出了坚实的一步，也为在全市范围内实现对院前急救资源的统一协调、统一管理，构建“平时分级调度，战时统一指挥”的院前急救体系提供了平台基础。院前急救全市联网的启动将在全市范围内形成一个完整、统一的急救医疗网络，实现省、市、县三级联网无缝对接，进一步提升全市院前急救工作水平。

【首次航空救援转院】　2019年5月21日，市急救中心首次与金汇通航合作从德宏州梁河县紧急救援转运一名因高空坠落，导致颈椎、胸椎多处骨折的男性患者，安全将患者转送至九二〇医院（原43医院）。本次航空救援是市急救中心医生首次执行直升机航空救援任务，标志着市急救中心应急救援迈上一个新台阶。

（杞云搏）

2019年10月24日，玉溪市中心血站开展“热血玉溪情，我的中国心”献血者联谊活动，邀请获得2016—2017年度全国无偿献血奉献金、银、铜奖献血者代表200人参加活动　（市中心血站提供）

医疗保障

【医疗保障局成立】 2019年1月12日，玉溪市医疗保障局挂牌成立，作为市政府工作部门，“三定”方案核定行政编制9名（9月增加1名行政周转编制，共10人），机构规格正处级，领导班子一正三副，内设3个科室。下属事业单位玉溪市医疗保险中心参公事业编制44名，机构规格副处级，领导班子一正三副，内设10个科室。4月，全市医保系统三定方案、人员转隶、办公整合等各项工作全部完成。同时，职能划转顺利推进，城镇职工基本医疗保险和城乡居民基本医疗保险、生育保险、医疗救助、药品和医疗服务价格管理职能已划转移交，各级医疗保障局的组建，从组织层面理顺了医保管理体制，为统筹推进全市医保改革和相关领域联动打下坚实基础。

【基本医疗保险】 2019年，全市城镇职工基本医疗保险参保288 257人，城乡居民基本医疗保险参保1 852 882人，共参保2 141 139人，完成目标任务数的100.6%。根据2018年年末市户籍人口220.3万人计算，全市基本医疗保险参保率为97.19%。同时，统筹推进2020年城乡居民基本医疗保险集中缴费。城镇职工基本医疗保险参保单位缴费费率为8%，个人缴费费率为2%，灵活就业人员缴费费率为10%，全年征缴城镇职工基本医疗保险基金13.89亿元；全市城乡居民医保筹资金额达到每人每年788.80元，其中各级财政补助568.8元（中央财政补助416元，省级财政补助72.8元，市县区补助80元），个人缴费220元。2019年城乡居民医保财政补助资金新增30元的一半（人均15元）用于大病保险，稳步提升医疗保障待遇。2019年城乡居民收入15.38亿元，支出14.41亿元，累计结余7.07亿元。

【基本医疗保险待遇水平】 2019年，全市城乡居民在政策范围内平均住院报销比例为71%，城镇职工政策范围内平均住院报销比例为86.7%。全市参保城镇职工就医271.35万人次，统筹基金支付74 106万元。参保城乡居民就医871.75万人次，统筹基金支付128 728万元。对重性精神病给予政策倾斜，城镇职工和城乡居民严重精神障碍住院，住院医疗费由基本医疗保险和大病保险按项目结算，报销比例为90%，门诊治疗不设起付线，每人每年3 000元，统一由基本医疗保险统筹基金全额报销。全市慢性病就诊医疗机构延伸到县乡医疗机构及村卫生室，慢性病购药药店56家。

【健康扶贫】 截至2019年底，根据市扶贫办提供的动态调整锁定的93 166人建档立卡贫困人口信息，除参加城镇职工医疗保险的有1 110人、死亡停保36人、参加异地医保5人、服刑2人、服兵役3人外，剩余92 010人全部参加城乡居民医疗保险，实现建档立卡贫困人口100%参加医疗保险。全面落实《云南省健康扶贫30条措施》政策。2019年，全市建档立卡贫困人口普通住院19 574人次，总费用9 623.25万元，政策范围内费用9 102.60万元，基本医疗保险支出6 570.95万元，大病保险支出397.73万元，医疗救助1 270.19万元，兜底保障449.07万元，政策范围内报销比例95.44%，实际报销比例90.28%。实现了基本医疗保险、大病保险、医疗救助、兜底保障“一站式”即时结算。

【打击欺诈骗保专项行动】 2019年4月被确定为全国“打击欺诈骗保 维护基金安全”集中宣传月。4月25日，玉溪市“打击欺诈骗保 维护基金安全”集中宣传月启动仪式在聂耳文化广场举行。在专项行动月期间，全市现场检查73家定点医疗机构，处理定点医疗机构26家，追回医保基金174 525.62元，违约金367 345元，暂停医保系统1家，终止服务协议2家；现场检查定点药店32家，处理定点药店8家，追回医保基金3 941.6元，违约金16 305.8元，暂停医保系统1家。组织宣传4场，发放宣传资料4 802份，曝光典型案例8例。2019年，通过日常检查、专项检查，全市对协议医药机构进行检查1 510家，发现503家协议医药机构存在违规行为，终止服务协议12家，暂停医保支付系统25家，拒付追回违规金额1 305.74万元（含违约金）。

【医保异地就医】 2019年，全市省内异地就医门诊535 271人次，医保基金支付3 315万元；省内异地住院48 717人次，医保基金支付38 925万元。自跨省异地就医系统开通以来至2019年底，全市跨省异地就医备案3 772 人次，参保人员到省外持卡就医1 880人次，总费用5 039万元，其中医保基金支付3 395万元；省外参保人员到本市就医846人次，费用831万元，其中医保基金支付592万元。全国跨省异地就医平稳有序开展。

【家庭医生签约工作】 2019年，市医保局持续提升签约服务质量，在医保基金支出比较持紧的情况下挤出部分基金，支持家庭医生签约工作。全市签约78 250人次，签约总费用1 878 336元，医保基金支付939 000元。

【医保惠民政策】 2019年5月1日起，玉溪市城镇职工基本医疗保险缴费基数从6 650元调减为4 870元。城镇职工基本医疗保险缴费基数调减

2019年9月，打击欺诈骗保专项月期间稽核人员检查医院药店 （王 颖 摄）

后，5—12月为企业、灵活就业人员减负1.03亿元，惠及全市4 427户参保单位和10.78万参保人员，有效地减轻各单位特别是企业和个人经济负担，对促进医疗保险制度可持续发展起到了积极作用。为进一步提升医疗保险服务水平，方便特殊病慢性病患者门诊就医购药，减少患者就医购药往返次数，自9月1日起，医疗保险审核规则对门诊特殊病慢性病就医购药每种药品单次处方最大用药量限制由一个月放宽至三个月。10月1日起取消城乡居民门诊慢性病中的高血压、糖尿病评审年龄限制。11月1日起，将参加居民医保人员，经规范诊断为高血压、糖尿病，但未纳入门诊慢特病保障范围的“两病”患者，降血压、降血糖的药物纳入普通门诊支付范围，政策范围内支付比例为50%，年度最高支付限额400元（与普通门诊合并累计计算）。为有效解决慢性病评审等待期过长的问题，将原来的6个月评审一次调整到3个月评审一次，参保人提供二级部分特殊病种如恶性肿瘤、慢性肾功能衰竭、器官移植、系统性红斑狼疮、再生障碍性贫血、血友病、重性精神病、儿童生长发育障碍等12个病种缩短到15天评审一次，确保参保人能及时享受待遇。

【电子医保结算系统应用】 按照相关文件要求玉溪市积极做好电子社保卡药店扫码支付试点和推广工作。为方便参保人员就医购药，市医保中心积极推进电子社保卡扫码支付的系统建设和部署，并于2019年3月在红塔区范围内首批6家定点药店开展电子社保卡扫码支付的试点工作。6月，在试点的基础上扩大到全市范围内的健之佳、一心堂、玉溪市医药公司等连锁药店进行推广工作。截至2019年底，全市开通电子社保卡扫码支付的定点药店263家，合计通过电子社保卡扫码支付13 433人次，总费用145.9万元。华宁县医院开通全省首家电子社保卡诊间支付工作医院。

【DRG结算支付】 2017年1月开始，全市市、县区两级10家人民医院住院费用全部推行DRG支付，付费病组从2016年的493个扩大到2019年的661个，覆盖10家人民医院98%以上的出院病例；通过智能审核和人工审核相结合，实现医院和医保经办机构之间付费数据的双向传输和联合监管，切实规范医疗行为，保证基金合理有效使用。10家人民医院发生DRG住院医疗费用11.26亿元，医保按DRG付费支付7.65亿元；实行DRG付费的医院2019年与2015年相比，10家人民医院城镇职工次均费用下降11.1%，2017年至2019年10月间接减少医保基金支出5 795万元，减少参保人员个人负担1 628万元；城乡居民次均费用下降9.3%，两年间接减少医保基金支出13 305万元，减少参保人员个人负担10 040万元。

【医共体打包付费改革】 2019年，以峨山县为医共体全额打包付费试点县，其余县区为区域医共体打包付费，各县区组建单一医共体。在不改变现行医保政策的情况下，按照“总额管理、结余留用、超支不补”的原则，将城镇职工、城乡居民门诊、住院发生的应由基本医疗保险统筹基金、大病保险基金支付的费用统一打包给医共体牵头医院，由医共体统筹管理使用。峨山县实行“全额打包”，将其参保人员在县域内、县域外所发生的医保基金全额打包给医共体；其他县区的医共体实行区域性打包，将参保人员在该医共体内医疗机构所发生的医保基金打包给医共体。年底，医保经办机构按时拨付医疗保险资金到医共体，切实加强医共体医疗保险资金保障。2019年，医共体内住院人次增幅3%，同比下降10个百分点，住院总费用增幅-2%，同比下降19个百分点，住院次均费用3 325元，同比下降176元，降幅5%；统筹区外就诊人次增幅进一步缩小，医共体内部主动接收确需住院的参保患者，住院人员外流的局面得到初步控制，城镇职工市外就诊人次增幅同比下降7个百分点，城乡居民增幅同比下降28个百分点。

【医疗服务价格改革】 2019年1月，市发改委印发《关于玉溪市城市公立医院新三轮调整部分医疗服务价格的通知（试行）》，新三轮医疗服务价格调整执行“一市一策”，按照体现劳务、降低设备、结构调整、升降搭配原则，兼顾理顺医疗服务比价关系，提高413项体现医务人员技术劳务价值的医疗服务项目价格，降低16项普及惠及群众的检验和利用大型医用设备开展的检查项目价格。执行新三轮公立医院医疗服务价格调价后，全市19家公立医院上报的1—9月数据看，取消药品加成减少的合理收入执行医疗服务价格弥补70%的目标已经达到，进一步理顺了比价关系，逐步建立通过医保支付标准引导价格合理形成的机制。

【药品招标采购改革】 2018年全市药品采购询价新确标药品3 020个品规，执行期两年。为更好满足医疗机构临床用药需求，根据国家相应药品目录调整公布，2019年玉溪市医疗保障局及时开展目录动态增补调整工作，并实行平台药品价格动态调整，共涉及调整品规1 272个，平均降幅8.93%。通过价格动态调整，使平台价格更加符合市场实际，老百姓得实惠减少了医保资金支出。

（赵晓睿）

卫生规划与建设

【项目建设】 2019年，玉溪市卫健委抓好中央预算内项目建设。截至2019年12月底，2016年及以前年度中央预算内项目已全部竣工，2017年的三个中央预算内项目，通海县疾控中心项目已完工，峨山县中医医院迁建和峨山县妇幼保健院迁建项目主体已完工；2018年的三个中央预算内项目，新平县妇幼保健院项目已完工，通海妇幼保健院项目正在进行主体三层施工，峨山县疾控中心项目正在进行三层板面工程。9月，市卫健委联合市发改委申报2020年中央预算内投资项目3个，分别是通海县中医医院整体搬迁建设项目、华宁县中医医院新建项目和市中心血站实验楼建设项目，项目总投资1.47亿元，申请中央预算内投资1.368亿元。市人民医院改扩建工程、市儿童医院建设项目分别于9月30日、9月26日投入运营；市人民医院扩容提质、市中医院扩容、市妇幼保健院迁建项目正在开展前期工作，2月市卫健委牵头成立项目协调推进领导小组，统一组织、协调、指导各个项目的推进工作。

【大健康产业及招商引资】 2019年6月起，市卫健委组织市级各医疗卫生单位和各县区卫健部门积极谋划、储备一批大健康产业重点储备项目，包含大健康产业在建及前期项目83个，概算总投资878亿元，储备项目涉及医疗卫生、公共养老、生物医药、健康食品、健康旅游、健康养生、健

市儿童医院新院区外景 （市儿童医院提供）

康农业等 9 大重点工程，建立玉溪市大健康产业重点项目储备库。全年对接洽谈企业 50 余户，组织省外活动 6 次，组织市外活动 3 次。

（黎明燕　王一舒）

卫生监督执法

【“双随机、一公开”工作】 2019 年，市卫生监督局以深化简政放权、提高行政工作效率、优化服务水平为重点，积极扎实开展“双随机、一公开”工作，通过制度保障、调查研究、提高执法人员业务素质等多种途径，提高卫生监督执法水平，制定了《玉溪市卫生和计划生育开展“双随机、一公开”工作实施方案》，根据《云南省 2019 年卫生健康随机监督抽查计划的通知》等有关文件工作要求，提出具体要求。截至 10 月全市“双随机”953 户，完成 892 户，关闭 61 户，监督完成率 98.43%，完结 100%，案件查处 11 件，罚款 3 500 元。抽检任务按 2019 年国家抽检计划全部完成，对 4 个专业按质按量完成抽检任务。

【卫生监督稽查】 2019 年，市卫生监督局开展对各县区卫生监督局的卫生监督执法专项稽查和层级稽查工作，县区局均实现医疗机构和公共场所行政处罚、行政许可均在执法过程中全程记录，开展 2018、2019 年度卫生计生监督执法案例征集和评选活动，抽取全市 2019 年 44 个行政处罚案卷和行政许可案卷进行自查、交叉评查、集中评查，全市在信用云南和卫生监督信息网公示行政处罚案件 138 件，许可案件 1667 件，全年共查处行政违法案件 138 件，受理投诉举报 55 件，查处 55 件。

【行政许可业务】 截至 2019 年 12 月 31 日，全市累计受理办结各类卫生行政许可事项 2 009 件，其中，医师执业注册 587 件；护士执业注册 1 246 件；医疗机构设置审批 1 件；医疗机构执业登记 56 件；母婴保健技术服务机构执业许可 6 件；母婴保健服务人员资格认定 28 件；放射源诊疗技术和医用辐射机构许可 29 件；麻醉药品、第一类精神药品购用许可 27 件；医疗广告审查 17 件；医疗机构放射性职业病危害建设项目预评价报告审核 8 件；医疗机构放射性职业病危害建设项目竣工验收 4 件。

【传染病防治监督】 2019 年，全市卫生监督部门开展传染病防治监督检查 1 368 户次，医疗机构控感管理、医疗废物及医院污水管理卫生监督 1 356 户次，消毒药物、消毒器械使用及消毒实施情况监督检查 1 353 户次，实验室生物安全监督检查 142 户次，预防接种单位监督检查 723 户次，内镜室监督检查 28 个，口腔科（诊所）167 个；全年共抽检医疗机构 365 户、样品 1 798 件，合格 1 733 件，合格率 96.4%；全年产生医疗废物 1 885.2 吨，督促集中处置 1 858.2 吨，集中处置率 98.566%。给予违反传染病防治法律法规处罚 57 户，警告 13 户，罚款 86 300 元。

【医疗机构监督管理】 2019 年，市人民政府制定下发《玉溪市打击非法行医三年行动计划（2019—2021 年）》，明确工作目标、主要任务、工作步骤，建立市级部门联席会议制度，紧紧围绕打击非法行医的重点工作，加大对依法执业情况、医疗技术、抗菌药物管理、麻醉药品及第一类精神药品的监督检查工作，依法对各类无证行医、医疗乱象等违法违规行为进行严肃查处。全年监督检查医疗机构执业情况 1 361 户次，医疗技术和医疗质量管理 391 户次，抗菌药物临床应用管理 1 180 户次，麻醉药品及和第一类精神药品管理 129 户次。全年给予医疗机构行政处罚 39 户，警告 21 户，罚款 14.5 万元，注销医师执业证书 7 人；查处非法行医 43 起，罚款 306 300 元，没收违法所得 326 025.36 元，没收药品器械 31 户标值 33 423.6 元，吊销执业证书 1 人，移送公安部门 5 起，申请强制执行 1 起。严格执行《云南省卫生计生委关于印发云南省医疗机构不良执业行为记分管理暂行办法的通知》，主要针对行政处罚情况、医疗事故处理情况进行记分，已对 23 户医疗机构进行不良执业行为进行记分。

【餐饮具集中消毒监管】 2019 年，全市卫生监督部门监督检查餐饮具集中消毒服务单位 30 户，建档率为 100%，抽检消毒备用餐具 342 件，检测合格 336 件，合格率 98.25%。组织人员对 9 个县区餐饮具集中消毒服务单位进行监督检查及督导，并对 3 个县区餐饮具集中消毒服务单位负责人、从业人员进行了现场培训。

【食品安全企业标准备案】 2019 年，全市卫生监督部门依法规范开展食品安全企业标准备案工作。进一步完善有关工作制度，做好食品安全企业标准备案相关工作，从人员、技术、管理等方面保证食品安全企业标准备案工作顺利开展。制定工作方案、配套措施和管理制度，做好各项准备，充分利用并统筹现有资源，强化能力，确保下发事权的正确履行。明确具体操作流程，按照规程办理备案工作。全年审查并发布各类食品安全企业标准 114 个。

【学校卫生监管】 2019 年，全市卫生监督部门加强部门联动、定期召开联席工作会议、形成工作长效机制。

市卫健委联合市教育体育局召开全市传染病防控视频会，进一步加强学校传染病防控工作，形成全市学校卫生有人抓、有人管、有人监督的工作局面。全力开展好全市春秋两季学校卫生监督检查工作。进一步强化学校卫生监督监测，对学校教学环境、饮用水、传染病防控工作进行综合评价，对不合格学校进行通报并下达卫生监督意见书，要求整改。积极开展防控儿童青少年近视卫生监督工作，对课桌椅配备、窗地面积、课桌面照度、黑板照度、专职卫生技术人员或专兼职保健教师配备、学生档案建立、年实施学生健康体检情况进行监督检查。对全市7县2区623所学校及254所托幼机构开展监督检查，监督检查覆盖率100%。

【生活饮用水卫生监管】 2019年，全市卫生监督部门对全市集中式供水、小型集中式供水、二次供水的单位的卫生管理情况，水质进行抽查。推进农村集中式供水卫生安全巡查服务。全市城市集中供水单位11户，均有饮用水消毒设施并正常运转，配有饮用水检测设备并对出厂水和管网末梢水开展自检，出厂水检测合格率100%。全市对城市二次供水单位实施发证管理，共计295户二次供水单位，取得卫生许可证289户，持证率98%。现制现售饮用水供水单位共有24户，抽检红塔区5个饮用水应用现场水样，检测合格4个，对不合格的1个水样责令供水单位立即整改，经再次送检，饮用水符合标准要求。对涉水产品生产企业开展生产能力现场审查6户次，审查涉水产品9个，监督抽检输配水管材2个产品及化学处理剂1个产品，检测全部合格。监督检查涉水产品生产企业及经营单位25家，有13家未索取产品卫生许可批件，卫生监督员现场下达卫生监督意见书要求改正。全力推进贫困村饮水安全巩固提升工程，对全市198个建档立卡贫困村饮用水开展卫生监督巡查工作，共抽检7县二区14个贫困村饮用水水样，14个水样，合格6个，合格率42.8%。对饮用水检测不合格的贫困村，所属县区卫生监督局要求加以整改，必须确保饮用水符合国家卫生标准。全年全市处罚集中供水单位4户（城市供水1户，农村供水3户），罚款5 900元。

【职业放射卫生监管】 2019年，全市卫生监督部门共监测各类场所防护103户次、721项次，合格721项次，检测各类放射诊疗设备性能221台次、2 431项次，合格2 431项次，场所防护和设备性能检测的频次覆盖率、家次、台次、项次合格率均为100%。共对放射诊疗建设项目预评价卫生审核17户，职业病危害放射防护设施竣工卫生验收22户；换发、校验放射诊疗许可证97户次。

【职业卫生监督】 2019年，全市卫生监督部门共出动职业卫生执法监督员83人次、15车次，对2家职业病诊断机构和7家职业健康检查机构进行了全面细致的监督检查，监督覆盖率100%，有1家诊断机构和5家体检机构资质证已过期（待上级出台新的资质审核规定），未发现超出资质批准范围服务的现象。9家机构的专业人员均符合相应要求，共有从事职业健康检查的医师129人，职业病诊断医师资格的49人。9家的仪器设备均符合基本要求以上，主要仪器设备各有5—8种、共337台次（含车载DR一台）。均有职业病诊断和健康检查内部管理制度、报告制度、档案管理制度、外聘人员管理制度、仪器设备管理制度、业务培训制度等。

【公共场所卫生监管】 2019年，全市卫生监督部门严把卫生许可证的发证及审验关，完善基础卫生设施。公共场所日常卫生监督管理实行分片区网格化管理，预防性卫生审查与经常性监督相结合，通过卫生监督管理信息统计分析并进行相关督导。全市公共场所新发卫生许可证1 469户，变更56户，延续337户，注销30户。公共场所卫生监督覆盖率100%。从业人员15 889人，持健康合格证及卫生知识培训合格15 651人，持证率98.5%。下沉协助指导县区开展国家卫生县城创建工作，积极开展住宿场所卫生专项整治。结合创建国家卫生县城及创建全省全国文明城市工作，出动卫生监督员3 319人次，车辆541车次，对艾滋病防治重点的三类公共场所进行经常性监督，共检查2 258户。对未粘贴或摆放艾滋病防治宣传资料的个别经营场所，卫生监督员下达卫生监督意见书要求立即进行整改。全市公共场所查处违法案件54件(简易程序9件,一般程序45件)，罚款6.01万元。

【消毒产品卫生管理】 2019年，卫生监督部门对全市19家消毒产品生产企业进行全覆盖的现场监督检查。监督员对存在问题的单位下达卫生监督意见书并限期进行整改。通过检查，未发现生产违法违规产品。共出动198人次30余车次对268家消毒产品经营单位进行监督检查，检查1 000多个品种。在监督检查过程中，未发现标示为消毒产品冒充药品的行为，无标示虚假、无批准文号的产品冒充药品的行为。开展（抑）菌制剂专项整治工作，共检查消毒产品经营单位261家。开展卫生用品专项整治工作，共出动车辆50辆，出动人员179人次，检查卫生用品生产企业14家，检查卫生用品种类56个，检查卫生

市人民医院改扩建新大楼分科门诊候诊室 （董国清 摄）

用品经营单位195家，其中连锁药店143家，大型超市52家。抽查销售卫生用品839种，其中销售的卫生用品828种索取了有效的消毒产品生产企业卫生许可证、产品批次检验报告，销售的839种卫生用品包装标签说明书均符合规范的要求，被检查产品合格率98.7%。

（赵思嘉）

基层卫生

【基层慢病心脑血管中心建设】 2019年，下达省级补助资金200万元，澄江县龙街中心卫生院、通海县杨广中心卫生院、华宁县盘溪中心卫生院和易门县六街中心卫生院按要求完成慢病管理中心、心脑血管救治站建设。

【基层卫生服务能力提升】 2019年，全市卫生院上报省卫健委集中采购DR14台、全自动生化分析仪14台、全自动血球分析仪16台、心电图机62台、彩色B超35台、全自动尿液分析仪28台。市级预算160万元，补助27个村卫生室开展提质达标建设。启动2019年基层卫生人才能力提升培训项目。统一培训大纲、统一培训教材、统一培训时间，采取理论培训和临床实践的方式，培训乡村两级医疗卫生机构医务人员371人。

【家庭医生签约服务】 2019年。玉溪市家庭医生签约服务工作按照“年底签约，次年享受服务”的原则进行，使家庭医生签约服务工作与基本公卫服务时间同步、信息化建设同步、考核同步。紧紧围绕“签约一人、履约一人、做实一人”的要求，以实化服务内容为主线，统一工作要求，开展培训，加强调研指导，为签约人员提供基本医疗服务、公共卫生服务和健康管理服务。各县区组建签约服务团队1 483个，提供签约服务人员3 527人，签约977 633人，重点人群签约675 336人。

【卫生院达标升级】 2019年，经市级复评，澄江县龙街卫生院、澄江县右所卫生院、通海县杨广中心卫生院、易门县十街中心卫生院、易门县六街中心卫生院、易门县龙泉镇卫生院、峨山县化念镇中心卫生院、元江县甘庄中心卫生院达国家基本标准；红塔区玉兴街道社区卫生服务中心、红塔区玉带街道社区卫生服务中心、红塔区凤凰街道社区卫生服务中心达云南省甲级社区卫生服务中心标准；红塔区大营街中心卫生院、红塔区研和中心卫生院、红塔区北城中心卫生院、江川区江城镇中心卫生院、华宁县盘溪中心卫生院、华宁县青龙中心卫生院、新平县戛洒镇卫生院、新平县漠沙镇中心卫生院达云南省甲级乡镇卫生院标准。

（邓雪松）

疾病预防控制

【重点传染病防治】 2019年，全市共报告甲乙类传染病病种12种，均为乙类传染病。发病3 030例，发病率136.68/10万；死亡11例，死亡率0.50/10万。发病数顺位：梅毒（822例）、病毒性肝炎（790例）、肺结核（539例）、淋病（274例）、猩红热（257例）、痢疾（139例）、艾滋病（85例）、伤寒/副伤寒（84例）、登革热（22例）、布病（14例）、乙脑（3例）、麻疹（1例）。各县区发病率分别为：元江县188.43/10万、新平县183.95/10万、红塔区156.78/10万、澄江县135.32/10万、华宁县132.50/10万、通海县110.54/10万、峨山县105.39/10、江川区94.02/10万、易门县91.71/10万，元江县是发病率最高的县；职业分布主要以农民、学生和幼托儿童为主，分别占发病总数的64.92%、6.11%和4.65%。

全市共报告11 045例手足口病病例，其中有11例重症病例，未出现死亡病例。全市流感监测哨点（玉溪市人民医院）报告流感样病例1 059例，全市共报告暴发和聚集性病例6起，都按要求进行了规范上报。共进行3例不明原因肺炎的实验室排查（市人民医院2例，市第三人民医院1例），经过实验室检测，3份不明原因肺炎病例均为阴性。对198名中东朝觐回国人员中东呼吸综合征健康监测，有可疑症状7人均对其进行密切观察和排查，均排除中东呼吸综合征。全市报告布病15例，狂犬病无病例报告，炭疽病无病例报告，全市7县2区全部通过省级麻风病达标验收，提前实现了国家2020年全面消除规划目标。

【结核病防治】 2019年，市卫健委制定印发了《2019年结核病防治工作任务指标的通知》，完成对9个县区18次21个乡镇27例病人结核病防治工作业务指导、患者登记管理。2019年全市传染病疫情报告肺结核发病人数572例，发病率25.75/10万。

【慢性病防治】 根据省级核算玉溪市2019年人均期望寿命达77.78岁，高于全省的75.1岁，位居全省第二（昆明市78.03）。全市100%的医疗机构开展18岁以上人群首诊测量血压工作；认真落实高血压、糖尿病患者登记报告制度，共22家医疗机构开展高血压、糖尿病登记报告工作。全市为高血压患者建档179 263人，任务建档率104.06%；规范管理（按基层高血压管理规范完成4次随访）162 385人，规范管理率90.58%；管理人群最近一次血压控制118 957人，血压控制率66.36%。全市为糖尿病患者建档41 404人，任务建档率95.85%；体检38 405人，体检率92.76%；规范管理（按第三版规范完成4次随访并体检）36 882人，规范管理率89.08%；管理人群最近一次随访血糖控制23 238人，血糖控制率56.13%。全市完成65岁及以上老年人建档222 217人，建档率83.77%；在管老年人中完成生活自理能力评估213 636人，评估率96.14%；体检（含辅助检查）183 312人，体检率82.49%；健康管理180 238人，健康管理率67.95%；腹部B超检查175 864人，检查率79.14%。全市累计建档12 736人，累计死亡1 623人，在册患者人数11 113人，报告患病率4.67‰。全市9个县区监测点网络报告2019年死亡个案14 978例，报告粗死亡率6.37‰，县级医疗机构（院内）报告及时率95.77%，乡镇卫生院（院外）报告及时率97.31%，及时审核率99.49%，死因编码错误比例1.00%，身份证填写完整率为99.88%，多死因链完整率为99.41%，漏报率为0.07%，根本死因吻合率为98.45%。全市9个县（区）网络报告2019年事件发生数11 775例，事件发生率501.13/10万，任务完成率167.04%；报告死亡数3 662例，报告死亡率155.85/10万，任务完成率97.39%；漏报率3.35%。全市新发病例3 490例，发病率159.36/10万，任务完成率93.74%；死亡病例1 622例，死亡率74.07/10万，任务完成率74.06%。

全市累计登记报告发病病例9 335人，死亡病例731人。全市共有6个县区通过慢性病综合防控示范区建设达标验收。其中，红塔区和新平县为国家级慢性病综合防控示范区，易门县、澄江县、江川区和通海县为省级慢性病综合防控示范区。易门县申报国家级示范区并接受国家现场复核评审；元江县慢病综合防控示范区建设工作通过市级现场复核评审。华宁县、峨山县已启动慢病综合防控示范区建设工作，建设工作稳步推进中。

开展居民死因监测、心脑血管事件登记报告、肿瘤随访登记报告管理、慢阻肺病例登记报告、儿童口腔疾病综合干预等项目工作。全市窝沟封闭人数7 722人，封闭牙数25 737颗，任务完成率95.32%。心血管病高危人群完成初筛2 000人，初筛完成率100%，高危检出人数545人，高危检出率27%，完成高危干预人数508人，高危干预调查完成率为101.6%。

（罗永波）

【艾滋病防治】 2019年，全市发现艾滋病任务数的完成比例48.6%，4个县区的发现任务完成比例低于全市平均水平，分别为澄江县28.6%、通海县33.3%、江川区37.1%、易门县44.7%。发现任务数完成比例较高的3个县：元江县74.3%、新平县68.0%和峨山县60.9%。2019年12月底，全市发现率83.1%，各县区均未达指标要求（指标要求90%）。3个县区低于全市平均水平，分别为：江川区74.6%、澄江县80.2%、通海县82.8%。全市艾滋病发现率较高的县：易门县87.3%、峨山县86.8%、元江县86.7%、华宁县85.1%。全市治疗率91.8%（指标要求90%），较上年上升1.4%。新平县、元江县、华宁县、江川区、澄江县5个县区治疗率较上年上升明显。全市治疗有效率95.8%（指标要求90%），较上年上升4.5%。9个县区均达标。治疗有效率较高的县区：易门县99.3%、峨山县98.4%、红塔区97.0%，新平县96.7%。江川区、元江县、新平县、华宁县、易门县、峨山县6个县区治疗有效率较上年上升明显。

（陈利民）

【免疫接种】 2019年，市卫健委印发《开展疫苗流通和使用监管专项检查的通知》，并先后3次组织辖区内的排查工作，市级组织排查130个单位。县（区）全面组织辖区内预防接种单位的排查工作。全市共接种Hib疫苗77 100剂、23价肺炎疫苗160 055剂。全市各县（区）均及时报告接种率表，报告率100%。“五苗”基础免疫报告接种数分别为：卡介苗应种数24 617人，实种数24 539人，接种率99.68%；脊灰疫苗全程应种数25 137人，实种数25 077人，接种率99.76%；百白破疫苗全程应种数28 103人，实种数27 508人，接种率97.88%；麻风疫苗应种数26 872人，实种数26 769人，麻风疫苗接种率99.62%；流脑第一针应26 338人，实种26 210人，接种率99.51%，流脑第二针应种25 988人，实种25 843人，接种率99.44%；乙脑应种27 256人，实种27 112人，接种率99.47%；乙肝疫苗全程应种数26 629人，实种数26 526人，接种率99.61%，首针24小时及时接种23 746人，及时接种率为94.37%。

【疟疾、登革热、地方病防治】 2019年，市卫健委制定印发了《玉溪市2019年重点地方病防治项目实施方案》《玉溪市重点地方病控制和消除评价工作实施方案》，加强碘缺乏病工作，突出红塔区、通海县、峨山县克山病，江川、澄江、易门3县区饮水型地方性氟中毒工作。全市消除疟疾目标任务指标数为3 423例，完成3 831例，完成率为103%。全市实验室确诊登革热病例23例，都为输入性病例，及时对病人进行救治，对同行人员和密切接触者开展流行病学调查、实验室初筛、现场疫点处置，无本地病例。

【公共卫生防控】 2019年，全市各县区的城区饮用水和乡镇饮用水检测指标为GB5749-2006中的水质常规指标、氨氮指标和消毒剂指标，共35项，分枯水期和丰水期进行水样监测检验。全市需要监测水样862件，实际全市监测880件，任务完成率100.09%。对198 个贫困村农村饮用水出厂水水质进行监测，监测198件水样，合格134件，不合格64件，合格率67.68%。从业人员健康体检工作，市疾病预防控制中心承担中心城区公共服务从业人员健康体检及健康证办理工作，体检项目包括《食品安全法》规定检查的伤寒、痢疾、甲型肝炎、戊型肝炎、活动性肺结核、化脓性及渗出性皮肤病。截至6月28日对5 419名公共服务从业人员进行了健康体检。市疾病预防控制中心自7月1日起不再承担从业人员预防性健康体检工作，转由市第三人民医院和玉溪矿业医院承担红塔区从业人员预防性健康体检工作。全市共完成49所学校的学生健康体检工作，有63 970名学生参加了体检，完成12个全市双随机抽样的学校教学、生活环境监测，并撰写监测报告书发放到市卫生监督所及各学校，全市共对363所学校进行了传染病检查指导。

（罗永波）

卫生应急

【公共卫生事件】 2019年，全市共报告突发公共卫生事件29起（学校21起，发病658例，波及14 523人，无死亡病例，罹患率为5.74%），累计发病834例，事件波及14 761人，死亡5例。其中传染病暴发疫情20起，发病634例，无死亡病例；突发中毒事件9起，发病200例，死亡5例。Ⅲ级事件4起，发病10例，死亡5例；Ⅳ级事件21起，发病745例，无死亡病例；未分级事件4起，发病79例，无死亡病例。突发事件集中在12月，报告9起，其次是11月，报告5起。各县区报告起数分别为：易门县和峨山县各6起、红塔区5起、澄江县和元江县各3起、华宁县和新平县各2起、江川区和通海县各1起；市、县区疾病预防控制中心进行了及时调查、处理，并进行网络直报，其中25起事件已结案。

【健全卫生应急组织体系】 2019年，市卫健委成立了以卫健委主任为组长、分管副主任为副组长的突发公共卫生事件防范与应急处置领导小组，明确具体承当应急管理日常业务的相关人员。各县区卫健局也建立相应的组织领导机制，明确具体承担应急管理日常业务的相关人员。市直属各医疗卫生单位相关领导和专家组成卫生应急领导小组，成立专兼职办公室，医疗卫生单位设有专兼职处突办或应急综合协调科室；明确疾病预防控制组、医疗救援组等各专业组织的分工职责。市卫健委印发《关于成立玉溪市市级卫生应急队伍名单的通知》，应急专业队伍建立实施AB角制度，以确保突发应急需要的时候，拉得出、用得上、能发挥应急处置的作用。修订完善《玉溪市人感染高致病性禽流感应急预案（试行）》《玉溪市人感染 H7N9 禽流感应急预案（试行）》《玉溪市埃博拉出血热应急预案》《玉溪市地震灾害医疗卫生救援应急处置预案（试行）》等近 40 个全市突发事件卫生应急专项预案。充实完善应急队伍，市卫健委直属的各卫生医疗单位都已成立应急救援队，包括市人民医院医疗救援队（其中：市中医医院、儿童医院、妇计中心队员配属）、市疾控中心卫生防疫队、市急救中心院前救援队、市中心血站血液供应队、市第二人民医院心理救援队、市卫健委卫生监督局卫生监督队，配备了相应的个人卫生应急队员装备。市卫健委印发《关于建立突发公共事件信息速报工作制度的通知》，加强应急值守，确保信息畅通，严格执行 24 小时电话值守和领导带班制度，落实岗位责任制，做到任务到岗、责任到人、管理到位，严禁出现缺岗、脱岗现象，保证信息报告及公众咨询渠道畅通。

（罗永波）

妇幼保健

【妇女常见病筛查】 2019 年，市卫健委联合工会、妇联、人社、财政 5 个部门，整合“两癌”、婚检、免费孕前优生健康检查项目、农村妇女免费增补叶酸等项目资源资金，按照“两癌免费，多病同查”原则，全面组织实施妇女常见病普查普治工作。全市 20—64 岁妇女病筛查 197 586 人，筛查率 82.96%，妇女常见病患病总人数 36 867 人，患病率 18.66%；乳腺癌免费检查 30 676 人，乳腺癌 21 例，患病率 63.87/10 万；完成宫颈液基细胞（TCT）检查 52 015 例，宫颈癌 29 例，患病率 52.82/10 万，妇女常见病、宫颈癌、乳腺癌普查率和早诊率明显提高。

【关爱妇女儿童健康行动】 市政府把“关爱妇女儿童健康行动”作为 2019 年政府 10 件惠民实事之一，组织实施保障母婴安全、妇女儿童重大疾病防治、出生缺陷三级综合防控行动和妇幼健康服务能力提升行动。2019 年，全市产妇数 22 117 人，活产数 22 335 人，孕产妇健康管理率 93.17%，产妇系统管理率 93.15%，住院分娩率 99.99%；高危产妇管理人数 3 067 人，检出 13.87%；全市孕产妇辖区内死亡 3 例，死亡率为 13.43/10 万。全市 7 岁以下儿童 156 148 人，其中 5 岁以下儿童 113 932 人，3 岁以下儿童 73 334 人；7 岁以下儿童健康管理率 97.35%，3 岁以下儿童系统管理率 97.04%；婴儿死亡率 3.67‰，5 岁以下儿童死亡率 5.10‰。孕产妇死亡率、婴儿死亡率和 5 岁以下儿童死亡率优于全省、全国平均水平。2019 年，市妇幼保健院成为第一批国家分娩镇痛试点医院，并获国家卫健委批准开展产前诊断技术，成为云南省获批的两家医疗机构之一，为省内州市级唯一具有开展产前诊断技术的医疗机构。市妇幼保健院被省卫生健康委列为省级出生缺陷（遗传代谢病）救助项目定点医院，成为全省 7 家项目实施定点单位之一。

【消除艾滋病、梅毒和乙肝母婴传播】 2019 年，全市为新婚登记人群提供 HIV、梅毒免费检测 28 186 人，HIV 阳性 35 例，阳性率 0.12%；梅毒阳性 93 人，阳性率 0.33%。为孕产妇提供 HIV、梅毒和乙肝检测 29 093 人，检测率 100.00%，HIV 阳性孕产妇 50 例，检出率 0.17%。梅毒阳性孕产妇 106 例，检出率 0.36%。HIV 阳性孕产妇服药率 100%，婴儿服药率 100%，HIV 感染产妇所生儿童抗体检测率 100%，HIV 感染产妇及所生儿童母婴传播阻断措施覆盖率 100%。梅毒孕产妇药物治疗率 98.21%，药物规范治疗率 98.21%。梅毒感染产妇所生儿童规范治疗率 100%，乙肝感染产妇所生儿童免疫球蛋白注射率 100%。母婴阻断网络直报及时报告率 100%。

【托幼机构卫生保健管理】 2019 年，市卫健委与市教育体育局联合制定《玉溪市托儿所幼儿园卫生保健工作管理实施细则（试行）》《玉溪市托儿所幼儿园卫生保健工作规范（试行）》和《玉溪市托幼机构（幼儿园）卫生评价实施方案》，完成一轮辖区所有托幼机构（幼儿园）的卫生评价工作，对市管托幼机构开展健康管理与指导，并对儿童健康状况进行综合评估。2019 年，全市有托幼机构 374 个，幼儿园卫生保健员 260 人；教职工人员 5 396 人，体检率达 100%。在园儿童 56 560 人，体检人数 55 380 人，体检率达 97.91%。低体重人数占 1.33%、龋齿人数占 44.05%、弱视斜视人数占 0.94%、佝偻病人数占 0.27%、贫血人数占 1.73%。

【0—6 岁儿童眼保健和视力筛查】 坚持普查质量与数量并重原则，与全国全省同步启动实施了 0—6 岁儿童眼保健和视力筛查项目，全力做好儿童近视防控工作。2019 年，全市 0—6 岁儿童视力健康电子档案建档 146 093 人，电子建档率 102.09%；0—6 岁儿童眼保健和视力检查覆盖 148 971 人，检查覆盖率 104.10%。

（杨新燕）

【综合防控出生缺陷】 全面执行婚前、孕前、孕期、产前、产后“一条龙”系列防控出生缺陷策略，出生缺陷发生率控制在 138.44/ 万。2019 年，

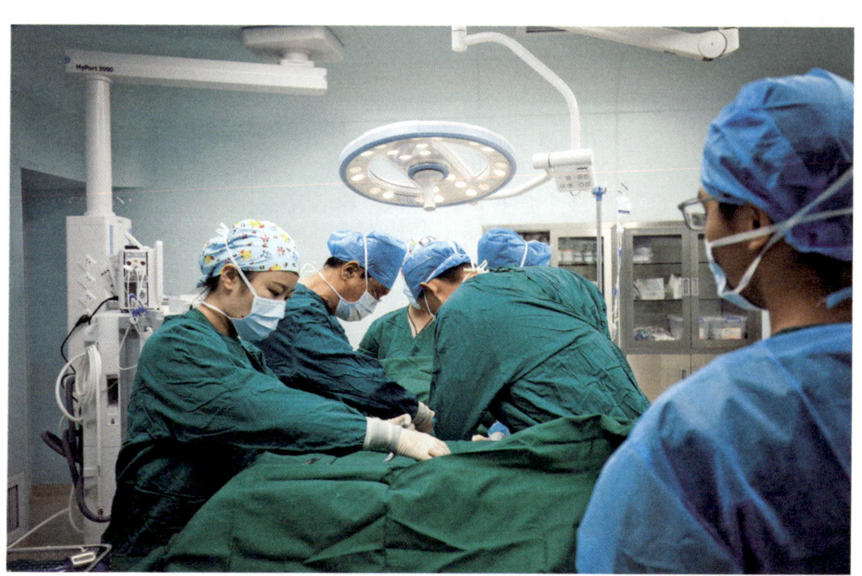

2019 年 7 月 20 日，市儿童医院开展儿外科手术治疗 （市儿童医院提供）

全市不再统一执行婚前免费医学检查政策。全年结婚登记 29 940 人，婚前医学检查 26 912 人，婚前医学检查率 89.89%，检出疾病 2 268 人，其中指定传染病 440 人（性传播疾病 140 人），严重遗传性疾病 4 人，有关精神疾病 6 人，生殖系统疾病 1 183 人，对影响婚育疾病的医学意见 107 人。提升孕前优生健康检查质量。整合国家免费孕前优生健康检查和农村妇女免费增补叶酸预防神经管缺陷项目资金资源，孕前优生健康检查 23 090 人，省级下达目标任务完成率 102.17%；完成叶酸发放人数 18 374 人，省级下达目标任务完成率 120.09%。启动实施地中海贫血防控项目。地中海贫血筛查夫妇 1 169 对，地中海贫血筛查补助 18.70 万元，基因检测夫妇 40 对，检出地贫基因携带者 64 人。地中海贫血孕妇产前诊断 5 人，α 地贫胎儿 2 例，β 地贫胎儿 1 例，切实预防和减少重症地中海贫血患儿出生，提高出生人口素质和儿童健康水平。优化产前诊断服务。2019 年，完成 20 201 例产前血清学筛查，产前筛查率达 91.34%；无创产前 DNA 检测 1 613 例，遗传咨询 8 060 人次，通过对 749 位筛查为高风险的孕妇进行羊膜腔穿刺羊水细胞培养产前诊断，确诊 49 例胎儿染色体异常，分别为：唐氏综合征（21 三体）25 例、18 三体 5 例、性染色体异常 5 例、其他结构异常 14 例。完成 506 例外周血染色体检查，确诊异常染色体核型 17 例；通过对 22 791 名新生儿进行遗传代谢病筛查，检出 G6PD 阳性 88 例，确诊先天性甲减 7 例、苯丙酮尿症 1 例，确诊的阳性病例均得到了有效的随访管理和干预治疗。加强新生儿疾病筛查。2019 年，完成新生儿疾病苯丙酮尿症和先天性甲状腺功能减低症筛查 21 757 例，筛查率 97.39%；听力筛查 21 751 例，筛查率 97.39%。联合市残联启动实施了“涵盖 6 大类 72 个病种的畸形儿救助项目”，启动并落实好遗传代谢病和先天性心脏病救助项目，全市累计筛查出先天性结构畸形患儿 417 例、筛查发现 85 例先心病阳性患儿、确诊先心病患儿 18 例，救助先天性结构畸形患儿 64 例、先天性心脏病患儿 18 例、遗传代谢病患儿 38 例，做到应治尽治、应助尽助，不漏一人。

（杨新燕）

爱国卫生

【厕所革命】 2019 年，市卫健委制定了《玉溪市医疗卫生机构厕所整洁专项行动实施方案》，成立了以市卫健委主要领导任组长，分管领导任副组长，相关科室负责人任成员的领导小组，积极开展工作。全市共有乡镇中心卫生院 70 个（含红塔区 3 个社区卫生服务中心），有厕所 543 座，其中卫生厕所 521 座（含无害化卫生厕所 517 座）、旱厕 17 座、有专兼职人员对厕所进行保洁 457 座；村卫生室 637 个（含红塔区 11 个社区卫生服务站），包含厕所共 456 座，其中卫生厕所 381 座（含无害化卫生厕所 283 座）、旱厕 59 座、有专兼职人员对厕所进行保洁 336 座，无厕所村卫生室 257 个。

【控烟工作】 2019 年 5 月 31 日，根据第 32 个世界无烟日“烟草和肺部健康”这一主题，重点抓好“无烟日”的社会控烟大发动、大宣传，以营造全社会支持控烟的大环境，把控烟宣传与开展创建“无烟医院”“无烟机关”“无烟学校”活动结合起来，集中力量抓好无烟党政机关创建工作，通过电子屏幕滚动播放、展板、宣传资料发放、无烟环境布置等方式宣传控烟相关知识。2019 年开展 10 家无烟党政机关（市委办、市人大办、市政府办、市政协办、红塔区委办、红塔区人大办、红塔区政府办、红塔区政协办、江川区委办、江川区人大办）创建活动，并召开工作推进会，深入开展公共场所控烟行动。辖区内无烟医疗卫生单位、无烟学校覆盖率均达 100%，室内公共场所、工作场所和公共交通工具均设置禁止吸烟警语和标识，覆盖率达 100%。各医疗卫生单位实行全面禁烟，划定禁烟区域，在醒目位置设立禁烟告示牌。玉溪市控烟工作成效显著，在省级暗访中位居全省第一，并在全省健康教育工作会议中作经验交流。

【爱国卫生月活动】 2019 年 4 月，是第 31 个爱国卫生月，根据《云南省爱卫办关于开展第 31 个爱国卫生月活动的通知》要求，以“共推‘厕所革命’共促卫生健康”为主题深入开展爱国卫生运动。市爱卫办组织各县区紧扣宣传主题、结合自身工作特点，通过向群众发放宣传资料、现场义诊等方式，向群众广泛宣传厕所革命、环境卫生常识、疾病预防、健康保健等方面知识，倡导科学、健康、文明的生活方式。全市共悬挂横幅 3 448 条，展出宣教展板 762 块，发放宣传材料 102.25 万份，出黑板报 919 期，电视 413 次、电子显示屏 396 块，手机短信 23 886 条，微信公众号 257 个，健康讲座 481 次，组织全面健身活动 805 次，公众咨询活动 717 次，义诊 1 480 次，环境卫生整治共清除垃圾 1.3 万吨，出动车辆 9 346 辆次，清理污水沟 123 990 米，清除违章占道 3 974 处，清除乱贴乱画小广告 249.19 万张，清除污水死角 5 164 处，投放灭鼠毒饵 1.6 万千克，灭蟑药 3 741 千克，灭蚊 763.29 万平方米。

【建设全国健康城市试点工作】 2019 年，市卫健委制定《玉溪市 2019 年建设国家健康城市试点工作计划》及《玉溪市推进建设国家健康城市试点工作实施方案（2019 年）》，完善健康细胞工程，健康社区、健康家庭、健康单位、健康学校、健康餐饮、健康小屋等健康细胞工程工作有序推进。开展全民减盐、减油、减糖和健康口腔、健康体重、健康骨骼“三减三健”行动。玉溪市 3 个示范区（红塔区、高新区、江川区）共建成健康社区 65 个，健康单位 21 家，健康家庭 300 户，健康学校 15 所，健康食堂 6 家，健康餐厅 11 个，健康主题公园 4 个，健康步道 5 条，健康一条街 4 条，健康小屋 9 个。实现社区 15 分钟健身圈设施覆盖率达 100%。保持体育设施完好率达 85% 以上，实现人均体育场地平均面积达到 1.8 平方米。红塔区、元江县、易门县各项创建工作按照《全国健康促进县（区）建设项目方案》稳步推进，顺利通过 2018—2019 年度健康促进县（区）创建工作省级评估，元江县被列为全国第四批健康促进试点县。

【国家卫生县城复审】 2019 年 5 月 29 日至 6 月 6 日，峨山、元江、通海、华宁县通过创建国家卫生县城省级评估。7 月 16—22 日澄江、新平、易门县迎接 2019 年度巩固国家卫生县城（乡镇）省级复审，澄江县 803 分、新平县 786 分、易门县 791 分的好成绩顺利通过省级技术评估。

（黎明燕　王一舒）

医政管理

【医联体建设】 2019年，市卫健委认真总结推广峨山县紧密型医共体建设、医保总额打包付费、县域卫生人才统筹使用管理等经验，结合实际制定《玉溪市全面推进紧密型县域医共体建设实施方案（试行）》和《2019年度紧密型县域医共体建设重点任务清单》，召开玉溪市紧密型县域医共体建设推进暨经验交流会，在全市全面推进医保区域性打包付费支付方式改革的紧密型县域医共体建设工作，并在峨山县开展医保全额打包付费支付方式改革的紧密型县域医共体建设试点工作。各县区建立了以县区人民医院牵头的紧密型县域医共体，峨山县、新平县被列为国家紧密型医共体建设试点县。继续推进市人民医院与峨山县人民医院专业紧密型医联体建设工作。继续推进市人民医院医联体、心电网络专科联盟，市第二人民医院精神专科联盟，市中医医院中医医联体、针灸推拿专科联盟、肛肠专科联盟，市妇幼保健院产前筛查暨新生儿疾病筛查专科联盟。组织市儿童医院牵头与30家医疗机构组建玉溪市儿科专科联盟。推进监狱医院、强制隔离戒毒所医院同社会医院协作，构建监狱医院、强制隔离戒毒所医院同社会医院医疗联合体建设和发展，切实提升监狱医院、强制隔离戒毒所医院医疗服务能力。

【医疗卫生服务能力建设】 2019年，按照省委、省政府将在澄江县建设国家区域医疗中心的要求，为推进国家区域医疗中心建设，全力助推云南省打造世界一流“健康生活目的地”，玉溪市积极向省政府、省卫健委、省发改委汇报争取项目立项，并积极对接中山大学、上海交通大学附属第六人民医院、中日友好医院，做好相关准备工作。将市三院及江川区、华宁县、易门县、峨山县、元江县人民医院等6家医院的提质达标工作纳入年度重点工作，加强督促指导，组织6家医院进一步完善、细化医院提质达标建设方案，认真进行评估和开展创建工作，对标对表，认真落实，全部通过验收。组织各医院强化组织领导，完善创建措施机制，加强重点专科建设，全面提升诊疗水平和核心竞争力，5个专科获得2020年度省级临床重点专科项目。加强院前急救管理。启动院前急救全市联网、一键定位呼救、互联网＋急救，全市院前急救网络已互联互通，发生紧急情况时，能够实现全市统一调度。在红塔区建立6个网络急救站，加强院前急救网络建设。市卫健委制定《关于加强院前医疗急救工作的通知》，规范院前医疗急救服务管理，提升应急医疗救援能力和水平，加强院前医疗急救工作。加强院前急救质量督导检查，开展院前急救质量督查和疾病应急救助基金管理指导相关工作。

【建立现代医院管理制度】 2019年，市卫健委会同市人社局、市财政局开展了2018年度玉溪市公立医院绩效考核工作，并将考核结果作为财政安排补助资金、确定医院薪酬总量积及医院班子成员绩效工资的重要依据。制定《2019年度玉溪市公立医院绩效考核方案》和《2019年度玉溪市公立医院绩效考核评分标准》。组织市级公立医院开展自查工作，组织县区卫健局开展县区公立医院考核工作。制定《玉溪市开展制定医院章程工作实施方案》，推进制定医院章程工作，4家市级医院、15家县级医院、32家社会办医院制定了医院章程。认真贯彻落实“两证合一”，优化社会办医疗机构跨部门审批流程。规范医疗机构设置审批，严格医疗机构命名管理，完善诊疗科目、执业范围和科室建设，逐步提升社会办医疗机构管理能力和医疗质量安全水平。加强医疗机构基础护理，持续深化优质护理，提高临床护理质量。组织开展第六批优质护理病区验收工作，共21个病区（房）验收合格，抽查8个病区（房）均复查合格。

（杨 坤）

2019年6月13日，玉溪市儿童医院与昆明市儿童医院签订联盟合作协议 （市儿童医院提供）

社会办医

【鼓励支持民营医院发展】 2019年，玉溪市进一步推进医疗服务领域供给侧结构性改革，激发医疗领域社会投资活力，支持社会力量提供多层次多样化医疗卫生服务，调动社会办医积极性，促进全市医疗资源配置更加合理，进一步简政放权，优化规范行业运行机制，促进社会力量进入医疗服务领域并在有序、高效的监管下平稳、安全运行，有效提升全市医疗服务能力。为推进和规范医师多点执业工作，维护正常医疗秩序，保障医疗服务质量和医疗安全，促进医疗优质人力资源的有序流动，提升医疗专业人员工作效能，鼓励符合条件的医师到基层医疗卫生机构和社会办医疗机构多点执业，2019年共办理医师多机构执业备案187人。继续简化审批流程，压缩审批时限。成立许可审核科，统一受理，对资料齐全、符合条件的社会办医疗机构，在执业登记、变更、校验以及医师、护士注册等审批事项力争当场办理，并将医疗机构设置审批时限由《医疗机构管理条例》规定的30日压缩为15日，将执业登记时限由《医疗机构管理条例》规定的45日压缩为20日。鼓励创等达标。为促进社会办医疗机构医疗质量的持续改进，为患者提供良好的医疗服务，提升品牌形象，鼓励、支持社会办医院创等达标。积极对接省卫健委，对通海秀山医院二级甲等综合医院评审结果进行公示无异后，予以确认。实行新、改、扩建项目的预防性审查及竣工验收制度，主动介入新、改、扩建的社会办医疗机构的选址、设计、建设等前期工作，从建设标准和要求等方面进行审查和把关，避免不必要的改造经费投入。

【社会办医疗机构情况】 截至2019年底，全市共有民营医疗机构580个（其中民营医院41个），占医疗卫生机构总数的40.78%；实有床位3 135张，占全市医疗卫生机构床位总数的23.27%；执业（助理）医师1 846人，占全市医师总数的27.72%；护士2 635人，占全市护士总数的29.94%。2019年，民营医疗机构门急诊人次377.4万人次，占全市门急诊人次的20.91%；出院人次7.32万人次，占全市出院人次的16.62%；医疗收入8.06亿元，占全市医疗机构医疗收入的17.95%。

（杨　坤）

中医药管理

【中医医联体建设和发展】 2019年，市中医医院牵头全部区县8家中医医院及市第三人民医院、江川区人民医院、新平县人民医院、江川区江城卫生院及玉溪矿业医院共13所医疗机构共同组建成立玉溪市中医医院医联体。以此为平台12所医疗机构还组建成立了玉溪市针灸推拿专科联盟、玉溪市肛肠专科联盟。8家县区级中医医院牵头，托管了18个乡镇卫生院，正在构建紧密型医共体。

【中医药扶贫工作】 2019年7月24日，市中医医院与西双版纳州勐海县、勐腊县、红河州石屏县、泸西县中医医院签订帮扶合作协议。市卫健委史勇副主任对帮扶工作提出了相关要求，并表示愿意为4个对口帮扶县乡镇卫生院免费提供市卫健委自主研发的电子病历信息系统软件，力争通过帮扶合作共建，促进各方医院建设，使合作共建工作的成效惠及各县人民群众，促进中医药事业的长足发展。

【中医药服务能力提升】 2019年年底，全市3个社区卫生服务中心，66个乡镇卫生院、3个社区卫生服务站、647个村卫生室能提供中医药服务的占比为100%、100%、100%、83.31%。社区卫生服务中心、乡镇卫生院、社区卫生服务站、村卫生室的中医门诊人次占总门诊人次分别为12.96%、13.55%、15.46%、12.50%。

【中医药健康服务项目】 2019年1月15—25日，市卫健委组织市级专家完成全市2018年度中医包项目工作考核，进一步规范中医包档案台账、服务记录表。截至12月底，全市65岁以上常住居民任务目标人数237 527人，累计完成老年人中医药健康服务管理174 873人，项目管理率为73.62%；0—36个月儿童任务目标人群74 006人，儿童中医药健康管理服务管理完成63 629人，项目管理率为85.98%。均已经超过省级指标任务45%的要求。

【中医药治疗艾滋病】 2019年，市中医药治疗艾滋病任务数为280人，截至12月底，累计完成入组患者建档治疗558人，正在治疗288人，完成CD4检测287人次，完成常规检测305人次，完成累计病载检测50人次。

【大型义诊宣传活动】 2019年，市卫健委组织完成2019年“服务百姓健康行动”义诊活动、“中医中药中国行——中医药健康文化推进行动”义诊宣传活动。全市10家中医医疗机构参加义诊宣传活动，义诊人次14 460人次，为患者减免医药费用22 178元。发放宣传材料7 265份，健康知识讲座、指导1 079人次。9月市中医院联合凤凰街道社区卫生服务中心，走进学校为广大青少年学生进行脊柱侧弯筛查义诊活动，为玉溪第四小学、瓦窑小学、景程学校、少体校、灵秀小学、玉溪八中、玉溪二职中、体校、师院附中共12 560学生进行筛查。

（龙江涛）

红塔大道 （张本聪 摄）

抚仙湖帆船　（李卫东　摄）

体　育

PHYSICAL EDUCATION

责任编校：王　斌

体育管理

竞技体育

群众体育

体育产业

体育管理

【概　况】 2019年以来，玉溪市教体局认真落实国家体育总局、省体育局的安排部署，开创了玉溪体育事业发展新局面。

群众体育蓬勃发展。全面实施《玉溪市全民健身实施计划2016—2020》，紧紧围绕群众体育工作“六边工程”，大力实施“七彩云南全民健身工程”。争取国家、省级资金561.76万元用于群体工作。开展“市、区元旦·春节环城跑活动”“环东近面山自行车赛”“市、区健身日登山健步走活动”“玉溪市县区乡镇(街道)篮球大联赛”玉溪市老年人运动会及市各单项协会赛事活动等各类全民健身活动109余次。政府十件惠民实事有效落实，省级项目：2019年修建健身步道2条共32.3千米，实施体育基础设施项目10项，开展全民健身示范活动14项(州市级3项，县级8项，乡镇级3项)、全民健身精品赛事活动1项；市级项目：新建1条15千米全民健身步道，完善健身步道5条，实施3个乡镇20个行政村基础设施建设，打造“七彩云南全民健身活动示范工程”市级2个、县级9个、乡镇级9个。市级、七县二区共有体育总会8个，市级体育协会28个、国家级青少年体育俱乐部2个。培训各级社会体育指导员853人，全市现拥有各级社会体育指导员6 752人，全市每周参加1次及以上体育锻炼人数为95万人，经常参加体育锻炼的人数(每周3次以上)达37.7%，人均体育场地面积1.48平方米，每万人拥有足球场地0.62块。

竞技体育稳步推进。竞技体育工作围绕以筹备省十六运会为中心，抓实新周期组队备战训练，推进基层青少年体育和学校体育工作，贯彻落实玉溪市足改方案、校园足球实施意见，组织各级各类赛事活动。出台《关于做好云南省第十六届运动会筹办工作全面推进玉溪体育事业发展的实施意见》《玉溪市备战参赛云南省第十六届运动会周期训练目标责任管理实施办法》，逐步建立玉溪市筹备省十六运会政策支撑体系。组织各项目教练员到基层选拔、集中选材、试训、集训等方式加强运动员选材，大幅增加运动员招收数量。玉溪体校、市少体校共招收运动员750余人开展备战训练。玉溪运动员参加国际比赛获得世锦赛冠军1个，世界杯冠军2个，参加全国第二届青年运动会决赛获得1个第一，1个第二，1个第三，5个第五，1个第六，1个第七，1个第八。组队参加省级青少年U系列比赛获得金牌137枚，银牌144枚，铜牌183枚。教育体育机构合并后，加大体教融合力度，优先融合青少年体育竞赛和学生体育比赛，探索青少年学生竞赛体系，组织举办7项次全市青少年学生体育比赛，承办4项次省级青少年体育比赛活动。协调指导各县区参加足球、篮球等省级学校联赛。组织全市各级体校教练员30人次参加国家体育总局教练员培训班5期，举办教练员培训1期，举办足球教练员培训班2期。批授国家二级运动员71人，三级运动员1人。批授国家二级裁判员350人，三级裁判员1 288人。批授236人为二级社会体育指导员，批授159人为三级社会指导员。

体育产业加快发展。出台《玉溪市户外运动发展纲要(2019－2025)》。国办、国家体育总局、国家发改委等相关部委赴玉溪市开展体育产业专题调研，开展工作得到高度认可。重点打造了抚仙湖帆船基地、万科国际户外营地、小密罗单车公园等体育旅游基地。参展中国国际旅游交易会体育旅游馆被授予“最佳展台奖”。新平磨盘山国际户外运动公园连续三年被评为中国体育旅游精品景区，抚仙湖国际旅游度假区、新平磨盘山国际户外运动公园被评为云南省体育旅游精品景区，元江冬季滑翔伞邀请赛被评为云南省体育旅游精品赛事。

(靳志良　李洪周　解家敏　陈永丽)

【体育彩票销售】 2019年，玉溪销售管理部共计销售7.13亿元，完成任务117.35%，销量全省地州市排名第一，玉溪市体彩与福彩市场份额占比为65.09%，全省排名第一。

(董文明)

【学生体质健康监测】 2019年11—12月，组织全市在校在读的全日制普通小学、初中、普通高中、中等职业学校学生开展体质健康测试，602所学校272 276人参加测试，优秀率6.47%，良好率35.59%。总体及格率96.28%，10 112人测试成绩不及格，不及格率3.71%。平均分77.58分，较上年的77.16分提高0.42分。

(靳志良　刘海屹)

2019年10月26日，云南省首届户外运动嘉年华在抚仙湖举行，有1200余人参与此次活动　(市教体局提供)

竞技体育

【参赛全国第二届青少年运动会】 2019年年初，玉溪市组队代表云南省参赛全国第二届青年运动会。玉溪市少体校组队参加网球、女子体操项目，玉溪体育运动学校组队参加柔道、铁人三项项目。2校训练单位积极备战，为后续全国比赛储备人才。

7月30至8月18日，4支队伍共34名运动员赴山西太原参加决赛阶段的比赛。经过激烈角逐，网球项目中，尼玛顶争获甲组男子单打第五名，梁田、尼玛顶争获男子双打第五名，杨东平、罗元翔获第七名。农心旖、吴彦锡获甲组女子双打第五名。梁田、农心旖获混双第六名。玉溪市少体校代表队及尼玛顶争、梁田、农心旖、杨东平荣获体育道德风尚奖。体操项目中，玉溪市少体校代表队获得女子甲组团体第八名，谭舒文荣获体育道德风尚奖。柔道项目中，华健获得乙组男子 90 千克级第五名，朱芸惠获甲组女子 78 千克级第七名。铁人三项中，白起利获甲组男子半程组第五名，万马骋铁获甲组男子短距离组第十二名。

7 月 20 日，第二届全国青年运动会跨界跨项高山滑雪比赛在黑龙江省哈尔滨市融创滑雪场举行。玉溪参加国家体育总局跨界跨项选材的女子运动员张锦依，在高山滑雪项目小回转女子团体项目的比赛中夺得金牌，同时获该项目个人赛铜牌。

2019 年 8 月 12 日，首届云台青年学生帆船训练营在抚仙湖畔矣渡湾的帆船基地—玉溪抚仙湖高原帆船基地正式开营，来自云南、台湾两地的青年学生参与训练

（市教体局提供）

【参加全省青少年体育比赛】 2019 年上半年，玉溪组队参加皮划艇、自行车、中长跑竞走、射击、柔道、散打、摔跤、拳击、篮球、击剑、举重、排球、体操、网球、乒乓球 15 个项目的云南省青少年 U 系列冠军赛、锦标赛，获金牌 63 枚、银牌 63 枚、铜牌 78 枚。下半年，玉溪组队参加射击、射箭、击剑、举重、排球、沙滩排球、田径、篮球、武术散打、摔跤、柔道、游泳、皮划艇、拳击、自行车、武术套路、体操、网球、乒乓球 19 个项目的云南省青少年 U 系列冠军赛、锦标赛，获金牌 74 枚、银牌 81 枚、铜牌 105 枚。

【青少年儿童体育比赛】 2019 年 7 月 18—22 日，“迎国庆”2019 年玉溪市中小学生田径体育标兵比赛在玉溪师院附中、玉溪体育运动学校举行，比赛设儿童组 13 个竞赛项目，少年组 18 个竞赛项目，体育标兵组 6 个竞赛项目，共有来自全市各区县 315 名男、女运动员参赛。经角逐，红塔区、元江、华宁、通海、澄江、峨山、江川、易门代表队分获团体总分第一至第八名。华宁一中、易门、峨山、通海代表队分获体育标兵团体总分第一至第四名。红塔区、新平、华宁一中代表队及 33 名个人荣获体育道德风尚奖。

7 月 23—29 日，“迎国庆”2019 年玉溪市少年儿童（学生）篮球比赛在玉溪师范学院进行，比赛设男、女县区组、男子俱乐部学校组 3 个项目，来自全市各县区 22 支球队共 303 名运动员参赛。最终元江、澄江、峨山、新平、通海、红塔区、江川、华宁、易门代表队获得县区男子组第一至第九名。华宁、峨山、江川、澄江、红塔区、元江、通海、新平、易门代表队获得县区女子组第一至第九名。江川江城中心小学、玉溪一小、艾京俱乐部、易门天蓝翼俱乐部代表队获得学校俱乐部男子组第一至第四名。新平男队、华宁女队、易门天蓝翼俱乐部代表队及 31 名个人荣获体育道德风尚奖。

8 月 9—11 日，“中国体育彩票杯”2019 玉溪市青少年（学生）乒乓球比赛在玉溪市少年儿童体育学校举行，比赛设高中组、初中组、小学甲、乙组 4 个组别，共有 7 支运动队 61 名运动员参赛。比赛分设男、女团体和单项共 16 个项目。经过 3 天的角逐，峨山、红塔区、江川前卫小学、通海云龙小学代表队分获小学男子甲组团体第一至第四名。澄江凤山小学、江川前卫小学、红塔区三乡缘俱乐部代表队分获男子乙组第一至第四名。红塔区、峨山、红塔区三乡缘俱乐部代表队分获女子乙组第一至第三名。28 人荣获体育道德风尚奖。

8 月 9—11 日，“中国体育彩票杯”“迎国庆”2019 玉溪市青少年（学生）羽毛球比赛在玉溪市体育发展促进中心举行。比赛设大学组、高中组、初中组、小学甲、乙组 5 个组别，共有 109 名运动员参加男、女单打共 10 个项目的比赛。20 人荣获体育道德风尚奖。

9 月 19—22 日，“中国体育彩票杯”“迎国庆”2019 年玉溪市儿童（学生）游泳比赛在玉溪体育运动学校举行，比赛分 7 岁、8—9 岁、10—11 岁 3 个组别，来自 6 个区县的 192 名运动员参加了 50 米、100 米、200 米、400 米蛙泳、仰泳、自由游等共 40 个项目的角逐。最终获得男子团体总分第一至第六名的代表队分别是：元江、通海、江川、新平、红塔区、华宁。分获女子团体总分前六名的代表队是：元江、江川区、新平、通海、红塔区、华宁。有 3 人 3 次打破 9 岁组 100 米蛙泳市儿童纪录。元江、通海代表队及 21 名个人荣获体育道德风尚奖。

【承办青少年幼儿体育比赛】 2019 年 2 月 21—26 日，2019 全国青少年体育冬夏令营（云南站）幼儿体育项目冬夏令营活动在红塔区第三幼儿园举行，以幼儿体育嘉年华的形式，展示幼儿体育活动的各方面技能，增进幼儿生活自理能力。来自全省 8 个州市 12 支队伍 108 名运动员参加活动。冬令营设置安全教育类、社会实践类、自主游戏类、趣味竞技类、文艺表演类活动，共设运搭积木、袋鼠接力跳、特色酷跑、一分钟跳绳、运球定点投篮、平衡车接力、足球射门、野战游戏、滚草墩垒高、风火轮、20 米 ×10 人迎面接力以及登山健走、参观古窑遗址 13 个项目。

8月19—23日，2019年全国青少年冬夏令营暨云南省第五届“阳光体育大会”青少年户外体育活动在澄江县抚仙湖国际户外营地举行，本次活动由云南省体育局、云南省教育厅、共青团云南省委主办，共有来自全省13个州市18支队伍360名运动员参加。活动设五人制男子足球、三人制混合篮球、定向、车轮滚滚（10×100米接力）、10人11足跑、个人综合体能测试、CS野战、徒步8个竞赛项目，健康大课堂、飞盘高尔夫等6个体验项目和文艺展演。玉溪市派出2支队伍参加，澄江县二中最终获得10人11足跑、个人综合测试、三人篮球3项第一名，勇攀高峰第二名，车轮滚滚、徒步项目第四名，击鼓颠球第七名。江川江城中学获得三人篮球赛第五名。大会积累了承办户外体育活动的经验。

7月27日至8月4日，由云南省体育局主办、玉溪市教体局承办的“中国体育彩票杯”2019云南省青少年U系列射箭锦标赛在玉溪体育运动学校举行，比赛设青少年组、特色网点（俱乐部）学校、高校3个组别，共有来自全省11个州市236名运动员参加团体、个人、全能等51个项目的比赛。玉溪市派出3支队伍参赛。玉溪、昆明、临沧代表队及50名个人荣获体育道德风尚奖。

7月28日至8月5日，由云南省体育局主办、玉溪市教体局承办的2019年云南省青少年U系列击剑锦标赛暨大众击剑公开赛在新平县举行，共有来自全省9个州市501名男、女运动员参赛。比赛共设青少年组、大众组男、女共12个项目。玉溪市派出2支队伍参赛，玉溪聂耳小学获“校园击剑开展先进奖”。

【青少年足球】 2019年，市教体局继续贯彻落实国家、省、市足球改革发展部署，推进30所青少年足球训练网点学校建设，创建国家级校园足球特色学校79所。组织开展校园足球四级联赛，促进学校体育工作发展。加强多途径探索与发展，初步达成与北京体育大学合作意向，依托北京体育大学科学、教育、训练、比赛的优势，整合玉溪公共体育场馆资源，优先满足北京体育大学与玉溪体育后备人才全年候体育训练的互派互往，拓宽玉溪市体育后备人才培养输送渠道。共建“北京体育大学—玉溪市青少年足球训练中心”，委派足球青训总监及骨干教练员，开展足球教练员队伍建设和青少年足球、幼儿足球的后备人才培养工作，共建高原足球青训中心争取到中央体彩公益金377万元。

5月18日至6月16日，中国足球协会会员协会冠军联赛云南省玉溪赛区暨第三届“玉溪杯足球”比赛在玉溪师范学院、玉溪第二职业高级中学举行，比赛设男子成年组、青少年组2个组别，分别有成年组16支队伍、青少年组12支队伍共538名运动员参赛。青少年比赛采用赛会制，成年组采用周末业余和赛会制相结合进行。最终红塔区开放学院、红塔物业、红塔区代表队获前三名。青少年组的前三名分别为：新平一队、玉溪精英俱乐部、通海代表队。红塔区、峨山青年足球、通海里山中心小学、华宁示范小学代表队荣获体育道德风尚奖。

7月31日至8月7日，“迎国庆”2019年玉溪市青少年校园足球选拔赛暨啦啦操比赛在玉溪师范学院、玉溪师院附中、玉溪二职中举行，比赛共设小学组（萌芽杯）、初中组（幼苗杯）、高中组（希望杯）3个组别，共有来自全市各县（区）教育体育局、市属学校及相关单位的67支足球队和43支啦啦操队1 686名运动员参赛。经过8天激烈角逐，玉溪第四小学、易门龙泉小心小学、新平第四小学代表队分获小学男子足球前三名。峨山化念中心小学、华宁盘溪中心小学、玉溪聂耳小学代表队获小学女子足球前三名。玉溪八中、玉溪四中、玉溪六中代表队获初中男子足球前三名。澄江五中、新平二中、元江三中代表队分获初中女子足球前三名。玉溪体校、玉溪师院附中、玉溪一中代表队获高中男子足球前三名。玉溪体校、元江民中、澄江一中代表队获高中女子足球前三名。易门龙泉中心小学获得小学组啦啦操比赛“最佳口号”和“最佳校园文化展示”，江川大街小学获“最佳团队”和“最佳编排”。元江三中获中学组啦啦操比赛“最佳口号”，华宁三中获“最佳团队”，玉溪四中获“最佳校园文化展示”和“最佳编排”。高中组啦啦操比赛中，“最佳口号”和“最佳编排”均被通海二中获得，“最佳团队”和“最佳校园文化展示”均被元江民中获得。25队（次）荣获体育道德风尚奖，17所学校荣获“优秀组织奖”。

10月18日至11月3日，“中国体育彩票杯”2019年玉溪市青少年足球精英赛在玉溪师范学院、玉溪二职中举行，比赛设男子甲组、男、女乙组3个组别，共有18支队伍312名运动员参赛，采用周末赛的方式进行，历时3周。比赛锻炼了队伍，同时选拔优秀足球苗子组建市级队伍备战云南省第十六届运动会。最终新平、江川、峨山代表队获男子甲组前三名。红塔区、新平一小、通海里山中心小学代表队分获男子乙组前三名。峨山化念、华宁盘溪中心小学，红塔区代表队获前三名。元江、通海，澄江海口中心小学代表队获体育道德风尚奖，元江、华宁宁州示范小学、江川代表队获优秀组织奖。

【玉溪籍运动员参加国际国内比赛】 2019年5月25—26日，在波兰举行的2019年皮划艇世界杯上，玉溪市红塔区籍运动员刘浩分别与队友郑鹏飞、孙梦雅搭档，夺得男子500米双人划艇和混合500米双人划艇2枚金牌。8月24日，在匈牙利塞格德举行的皮划艇世锦赛上，刘浩/王浩组合以3分40秒55的成绩获得了男子双人划艇1 000米项目的冠军，展示了中国皮划艇运动员在这个项目上的实力。同时刘浩获得2020年东京奥运会的入场券。

2月，玉溪市江川区籍运动员侯皓怡参加全国第二届青年运动会，获得自由式滑雪障碍追逐（混合团体）第二名。冬季项目跨界跨项选材输送运动员张锦依，获得全国第二届青年运动会高山滑雪项目小回转女子团体项目金牌，同时获该项目个人赛铜牌。11月25—30日，2019年全国射击总决赛在河南郑州举行，由玉溪体校培养输送的云南省射击队运动员潘晓润在步枪混合团体项目中夺得冠军。12月22日，2019中国枪王争霸赛总决赛（大众组）比赛在云南省北教场体育训练基地收枪，代表云南省射击协会参赛的玉溪体校射击教练、哈尼族女运动员李春丽，在10米气步枪赛上以142环的总分获得冠军。12月26日，国家体育总局公布洛桑2020年冬青奥运会中国代表团最终参赛队伍名单，侯皓怡入选参加自由式滑雪障碍追逐比赛，成为首位入选冬青奥运会此项目中国代表团的玉溪选手。12月28日，2019年中国箭王争霸赛在昆明国际会展中心落下帷幕。玉溪体育运动学校共派出13名运动员参加反曲弓大众男女组的角逐。在女子组预赛中蒋欢庆以排名赛第一、坝雪影以排名赛第二的成绩携手进入个人2分之一淘汰赛。淘汰赛中，坝雪影击败蒋欢庆，坝雪影在2019年中国箭王争霸赛中问鼎“箭王”。

（靳志良 蒋晓霜）

【运动员输送及教练员裁判员培训批授】 2019年，市教体局组织各县区向市级训练单位输送运动员269人。组织全市各级体校教练员30人次参加国家体育总局教练员通识培训班5期；组织举办市级教练员培训1期。授予田径、游泳、拳击、击剑、皮划艇、篮球、网球、武术、排球等9个项目71名国家二级运动员称号。组织7个项目350余人次裁判员业务学习。授予田径、拳击、柔道、篮球、足球、排球、乒乓球、羽毛球、桥牌、散打等10个项目350名国家二级裁判员称号。

（靳志良）

【玉溪体校参加云南省第三届校园健美操啦啦操锦标赛获佳绩】 2019年11月17日，“2019年云南省第三届校园健美操啦啦操锦标赛暨十四届全国学生运动会健美操项目选拔赛”在云南师范大学西区飞碟体育馆（呈贡校区）拉开帷幕，玉溪体育运动学校派出7名学生参加中职组男子单人竞技健美操、中职组女子单人竞技健美操、中职组混合双人竞技健美操、中职组三人竞技健美操4个项目的比赛，分别取得中职组男子单人竞技健美操第一名和第二名，中职组混合双人竞技健美操第一名的好成绩。

（蒋晓霜）

群众体育

【玉溪体校代表云南省参加全国第十一届少数民族运动会龙舟比赛获佳绩】 2019年9月8—16日，由国家民委、国家体育总局主办，河南省政府承办的中华人民共和国第十一届少数民族传统体育运动会在郑州市举行。玉溪体育运动学校代表云南省参加10个龙舟项目的比赛取得好成绩：获得女子小龙舟500米、混合小龙舟500米、女子大龙舟500米、男子大龙舟500米、男子大龙舟800米、女子大龙舟800米、混合大龙舟1 000米、女子大龙舟1 000米8个项目二等奖；男女子小龙舟500米、混合大龙舟800米2个项目获得三等奖。玉溪体育运动学校为云南和玉溪争得了荣誉。

（蒋晓霜）

【“全民健身日”系列活动】 2019年8月4—8日，由玉溪市人民政府、云南省体育局举办，云南社会体育指导中心、玉溪市教体局承办的2019年 “七彩云南全民健身运动会”暨2019年云南省“全民健身日”系列活动式于在玉溪举行。8月8日上午9点，在聂耳文化广场举行2019年“全民健身日”云南省启动仪式暨“七彩云南全民健身运动会”开幕式。省体育局副局长张晓憬致辞、市政府副市长李劲松讲话、市委副书记保明顺宣布活动开始。启动仪式上进行了太极拳、舞龙、柔力球、北冰南展轮滑、广播体操和广场舞蹈等节目展演，2 000余人参加活动。

8月4—7日，2019年云南省舞龙锦标赛在通海县举行，省内7支代表队，160余人参加，项目男子设：舞龙障碍赛、舞龙竞速赛、舞龙规定套路、舞龙自选套路、舞龙全能；女子设：舞龙规定套路、舞龙自选套路。男子舞龙障碍赛一等奖：通海县代表队；二等奖：玉溪市代表队、滇源白邑龙狮队、云南鲁木纳龙狮艺术团。男子舞龙竞速赛一等奖：玉溪市代表队；二等奖：通海县代表队、云南鲁木纳龙狮艺术团、滇源白邑龙狮队。男子舞龙规定套路一等奖：通海县代表队；二等奖：云南鲁木纳龙狮艺术团、滇源白邑龙狮队、玉溪市代表队。男子舞龙自选套路一等奖：玉溪市代表队；二等奖：云南鲁木纳龙狮艺术团、通海县代表队、滇源白邑龙狮队。男子舞龙全能一等奖：玉溪市代表队；二等奖：云南鲁木纳龙狮艺术团、通海县代表队、滇源白邑龙狮队。女子舞龙规定套路一等奖：大理金花队；二等奖：五华区西翥厂口社区女子舞龙队、俏佳人女子舞龙队。女子舞龙自选套路一等奖：大理金花队；二等奖：五华区西翥厂口社区女子舞龙队、俏佳人女子舞龙队。

8月5—6日，2019年云南省广场舞大赛暨玉溪市第三届广场舞大赛在聂耳文化广场举行，28支代表队300余人参加，赛事设规定套路和自选套路比赛。规定套路一等奖：昆明市代表队、德宏州代表队、大理州代表队、玉溪市老年人体育文娱活动中心时装队、昭通市代表队、玉溪市老体协艺术团、丽江市代表队、玉溪市老体协民族歌舞队；二等奖：峨山县姊妹花健身舞蹈队、元江县彝族文化学会代表队、普洱市代表队、怒江州代表队、高原舞韵文艺队、红塔区玉兴街道右所文艺队、华宁县健身操舞队、通海枫桦文艺队、易门县群星文艺队、江川区教育体育局代表队、春之韵艺术团。德宏州代表队、昆明市代表队、丽江市代表队、普洱市代表队、怒江州代表队、大理州代表队、昭通市代表队、峨山县姊妹花健身舞蹈队、华宁县健身操舞队获体育道德风尚奖。

8月6—8日，2019年云南省柔力球比赛在玉溪市体育馆举行，11支

2019年8月8日，2019年“全民健身日”云南主会场启动仪式暨“七彩云南全民健身运动会”开幕式在聂耳文化广场举行。图为舞龙展演 （市教体局提供）

代表队150余人参加，一等奖：玉溪市一队、文山州代表队、昆明市代表队；二等奖：保山市代表队、楚雄州代表队、大理州代表队、临沧市代表队、怒江州代表队、文山州代表队、昭通市代表队、玉溪市二队。

8月6—8日，2019年少数民族健身操（舞）大赛在聂耳文化广场举行，13支代表队150余人参加，赛事设自选套路和规定套路，自选套路一等奖：德宏州代表队、大理州代表队、普洱市代表队、玉溪市代表队、昆明市代表队、丽江市代表队、迪庆州代表队；二等奖：曲靖市代表队、昭通市代表队、保山市代表队、文山州代表队、怒江州代表队。自选套路一等奖：玉溪市代表队、德宏州代表队、大理州代表队、普洱市代表队、昭通市代表队、文山州代表队、曲靖市代表队；二等奖：保山市代表队、迪庆州代表队、昆明市代表队、丽江市代表队、怒江州代表队、保山市代表队。文山州代表队、迪庆州代表队、丽江市代表队、普洱市代表队、保山市代表队、怒江州代表队获优秀组织奖、玉溪市代表队、大理州代表队、昆明市代表队、昭通市代表队、曲靖市代表队、德宏州代表队获得体育道德风尚奖。

8月13日，2019年“七彩云南全民健身运动会”暨玉溪市全民健身日系列活动—登山健步走在玉溪科技广场举行。市长张德华、人大常委会副主任龙兰、副市长李劲松、市政协副主席郭亚刚、市政府秘书长张亚辉、市教体局局长张绍东参加活动，来自社会各界1.2万余人参加活动。从高新科技公园、抚仙路、秀山路、胜利水库、观松寺路、抵达终点红塔集团工业旅游接待中心，全程7.5千米。

【玉溪市运动会】 2019年6—10月，玉溪市运动会举行。6月20日19点30分，2019年玉溪市运动会在市体育馆开幕，市教体局局长张绍东讲话，市人大常委会副主任、市总工会主席马良昌宣布开幕，运动会设职工组、大众组、老年组三个竞赛组别，15个竞赛项目。其中，职工组设篮球、羽毛球、气排球、广播操4个项目，获得团体1—8名分别是：玉溪体育运动学校、玉溪师范学院、玉溪市公安局、玉溪市人民医院、玉溪第一中学、云南省第三强制戒毒所、建设银行玉溪市分行、玉溪技师学院；大众组设乒乓球、跆拳道、中国象棋、围棋、健身气功5个项目；老年组设健身操舞、花式柔力球、网式柔力球、羽毛球、气排球、地掷球6个项目，比赛地点为红塔区，本次运动会共计3 000余人参加。

【元旦·春节环城赛跑】 2019年1月7日，2019年“玉溪市、红塔区元旦·春节环城赛跑”在聂耳文化广场举行，活动设中、青年男、女竞赛组、单位集体方队及老年人组，来自市、区直属机关、省属驻玉单位、厂矿、学校、乡（街道）、企业163个单位，10 773人参加活动，其中单位方队9165人、老年组1229人、中青年组竞赛248人。

【“三八”职工趣味运动会】 2019年3月8日，市妇联、市总工会、市教体局联合举办2019年玉溪市庆三八职工趣味运动会。本次比赛在聂耳音乐广场举行，市属各单位、大中专院校等83家单位1 300多人参加。

【第五届环东近面山自行车赛】 2019年3月23日，2019年玉溪市第五届环东近面山自行车赛在瀑布生态公园举行，来自全市七县二区的1 200名自行车爱好者参加此次比赛。比赛设个人组和家庭组，赛道全长约12千米。

2019年8月8日，2019年“全民健身日”云南主会场启动仪式暨“七彩云南全民健身运动会”开幕式上广场舞展演

（市教体局提供）

【第七届篮球大联赛】 2019年4月21—27日，玉溪市第七届篮球大联赛在江川区举行。此次篮球大联赛由市教体局主办，江川区教育体育局承办。来自全市9个县区17支男女代表队的230多名运动员参加比赛，比赛采用大循环赛的方式进行，共进行64场比赛。峨山县、澄江县、江川区代表队男子组获前三名。红塔区、江川区、元江县代表队获女子组前三名。

【参加省第八届健身气功交流比赛（站点联赛）】 2019年8月13—17日，由省体育局主办，省健身气功管理中心承办的“七彩云南全民健身运动会健身气功交流比赛暨云南省第八届健身气功交流比赛（站点联赛）”在红河州建水县举行，玉溪选派10人参加，获集体“易筋经”“太极养生杖”一等奖，“气舞”二等奖。个人获1个第一名，2个第二名的成绩。

【国民体质监测】 2019年3月6日上午，玉溪市“智慧体育 健康玉溪”国民体质监测惠民工程项目在市体育馆正式启动。该项目由云南动享体育产业发展有限公司与泰山体育产业集团有限公司、玉溪体育运动学校联合运营，在各县区和市体育馆搭建1个“国民体质监测中心”、9个“国民体质监测站”及多个国民体质监测服务店，全年共抽测人员11 023人，站点免费向群众开放，利用互联网平台及手机应用端向用户提供健身指导、康复健身、膳食管理等常态化服务。

（李洪周 董朝阳 谭 斌 王冬洁）

【老年人体育活动】 2019年4—6月，玉溪市累计派出149人参加在全省各州市举办的云南省第九届老年人健身运动会，共取得团体优胜奖16个、团体优秀奖6个；个人优胜奖12个、个人优秀奖11个；双人（双打）优胜奖3个、双人（双打）优秀奖3个；体育道德风尚奖14个。9月9—16日，组队参加由毕节市人民政府主办，毕节市体育局、毕节市老年人体育协会承办的滇黔桂三省（区）十市州第34届老年人体育协作赛门球和钓鱼比赛。荣获团体第四名，门球和钓鱼获得优胜奖。10月11—13日，组队参加由国家体育总局、中国老年人体育协会、云南省体育局、丽江市人民政府主办，云南省老体协、丽江市人民政府等单位承办的2019年全国第三届中老年广场舞大赛的广场舞比赛，荣获两个特等奖，一个第一名。

3月26—28日，由市老年人体育协会主办、市老年人体育文娱活动中心协办的“云南省第十二届州市老年人乒乓球邀请赛”在玉溪举行，来自全省15个州市老体协、乒乓球协会的29支代表队共232人参加。6月3—6日，由省体育局、省卫健委、省老体协主办，市教体局、市卫健委、市老体协承办的“第九届老年人健身运动会”地掷球项目在玉溪市老年人体育文娱活动中心举行，来自省内的16支代表队200余人参加比赛。8月12—15日，由市老体协主办，市老年人体育文娱活动中心承办的玉溪市第一届中央、省驻玉单位老年人健身运动会举行，有中央、省驻玉单位的17家单位253名运动员参加。9月9—20日，举办玉溪市第十七届老年人健身运动会。运动会设2个非竞技类项目，4个竞技类项目的比赛，参赛人数800余人。10月15—18日，玉溪市老年人体育文娱活动中心第二十届运动会暨第十五届体育文艺汇演举办。设体育文艺汇演和竞赛项目，体育文艺汇演包括舞蹈、健身操、时装、合奏；竞赛项目包括门球、地掷球、乒乓球、羽毛球、气排球、台球、网式柔力球、花式柔力球、麻将、武术、健身气功。中心17个小组1 000余人参加。

（瞿 俊）

体育产业

【体育产业培训】 2019年7月8—12日，市教体局在北京体育大学举办玉溪市体育产业管理人才培训班，来自市直相关单位、各县区政府、教育体育局领导、部分体育企业负责人等50人参训。培训班邀请山东省体育产业发展服务中心综合业务部部长陈爱辉博士、中国运动与健康研究院副院长张一民博士、全国体校联合会常务副理事长、中国体育场馆协会副主席、中奥体育总裁刘亚群等多名业内资深人士担任主讲，围绕《体育产业统计助推体育产业高质量发展》《国家健康战略与体育产业发展》等专题授课，对玉溪市体育产业转型升级具有深远意义。9月23日，市教体局组织管理干部及市内体育企业负责人8人到成都体院参加由省体育局主办的2019年云南省体育产业发展业务培训班。

【体育产业统计】 2019年，市教体局聘请第三方机构玉溪恒生市场调查咨询服务有限公司开展2018年玉溪市国家体育产业调查统计工作，编制发布《玉溪市2018年体育产业统计调查报告》。调查统计结果显示：2018年玉溪市体育产业法人单位93户，比上年减少16.97%，行政、事业体育单位25户，非营利体育企业113户，比上年增加16.94%，体育彩票销售机构522户，比上年减少0.19%，体育个体经营户347户，比上年增加9.46%。2018年玉溪市体育及相关产业总产出13.83亿元，比2017年增加6.52亿元；增加值4.63亿元，比2017年的4.18亿元增加10.77%，占全市生产总值（1493.0亿元）比重为0.31%，比上年增加0.015个百分点。总体来看，玉溪市体育产业发展较快，2018年比2017年的增加值占全市GDP的比重有所增长，玉溪市大力推进体育产业发展取得一定成效。

【获体育旅游精品奖项目】 2019年11月19日，由省文化和旅游厅、省体育局指导，省旅游规划研究院主办的云南省体育旅游工作研讨会在中国国际旅游交易会体育旅游馆举行。会上为体育旅游精品项目颁奖，玉溪市3个项目获奖，其中抚仙湖国际旅游度假区、新平磨盘山国际户外运动公园获评云南省体育旅游精品景区，元江县冬季滑翔伞邀请赛获评云南省体育旅游精品赛事。同时，新平磨盘山国际户外运动公园入选国家体育总局评选的2019中国体育旅游精品景区。

【参加体育产业会展】 2019年11月15日，由文化和旅游部、中国民用航空局和云南省政府共同主办的2019年中国国际旅游交易会在昆明滇池国际会展中心开展，玉溪体育产业展馆亮相“体育旅游”主题展馆区。玉溪展馆围绕“国家体育产业联系点城市。喜迎2022年云南省第十六届运动会”这一主题，重点推介“一地四乡”体育旅游资源，期间共派发玉溪市体育招商引资宣传资料5 000份。玉溪展馆被组委会授予2019中国国际旅游交易会“最佳展台奖”。

4月28—30日，2019年第14届斯迈夫全球体育产业大会在北京国家会议中心举行。市教体局组织玉溪市4家体育企业和单位参展，在云南展馆设立宣传灯箱4个，发放宣传材料1 000余份，与10多家参展单位进行合作洽谈。在大会期间举行的全国中等城市体育研讨交流会上，玉溪市向与会单位及媒体宣传推介玉溪体育产业资源及发展情况，重点宣传推介玉溪磨盘山、抚仙湖户外运动赛事、航空运动、水上运动资源及赛事活动。

【组织举办户外及商业性赛事】 2019年4月21日，“七彩云南全民健身运动会”首届云南·新平磨盘山户外运动挑战赛在新平县磨盘山国际户外运动公园圆满落幕。比赛由省社会体育指导中心、市教体局、新平县政府、玉溪旅游文化体育投资有限责任公司主办，省登山户外运动协会、市体育总会、新平县教体局、玉溪体育产业发展有限公司、新平磨盘山樱花庄园有限公司、玉溪市云汉体育发展有限公司承办。比赛设山地越野赛、越野跑体验赛、野战运动对抗赛及丛林飞越4个项目400余人参赛。

8月11日，2019年玉溪·江川云南省铁人三项公开赛在江川区茶尔山举行，来自全国各地近300名爱好者参赛。比赛由省社会体育指导中心、市教体局、江川区政府主办，赛事共设6个组别：标铁全程组、小铁人全程组、标铁接力组、成人体验组、小铁人组以及单项赛，单项赛的组别设置，降低了铁人三项运动的参与门槛，促进了该运动在云南省的普及和推广。

8月12日，2019年首届云台青年学生帆船训练营在抚仙湖矣渡湾帆船基地开营。在为期5天的活动中，来自台湾淡江大学、澎湖科技大学、台北海洋科技大学、佛光大学、屏东科技大学的22名师生和云南师大、玉溪师院的12名师生参加了此次帆船训练。青年学生们参加无动力帆船操作系统的培训，同时到玉溪师院传习馆、云南陆军讲武堂等地参观学习。

9月15日，“一带一路·七彩云南”2019抚仙湖国际半程马拉松赛在抚仙湖畔开赛，本次比赛由中国田径协会、省体育局主办，市教体局、澄江县政府承办，澄江县教体局协办。比赛设半程马拉松、10千米、迷你马拉松（包含健步行和企业跑）、亲子跑4个组别，参赛总人数达到10 335人。

10月26日，2019云南省首届户外运动嘉年华主会场活动在抚仙湖畔举行。本次嘉年华由省体育局主办，市教体局、澄江县政府、省登山户外运动协会、抚仙湖国际户外营地承办，以“七彩云南，户外乐土”为主题，包括AA越野赛、环湖自行车赛、攀岩、皮划艇、亲子定向、真人CS等20余个户外运动项目，约2 000人参加。

11月24—25日，云南省第四届野战运动公开赛在澄江县圆满落幕。此次赛事由省社会体育指导中心、市教体局、玉溪体育产业发展有限公司主办，玉溪市云汉体育发展有限公司、云象体育发展有限公司承办。有来自四川、江苏、北京和省内昆明、玉溪、楚雄等州市的32支队伍参加大众组合青少年组5V5团队对抗赛、单人定点赛。

12月14日，“2019玉溪市首届全民健康节”活动在聂耳文化广场举行。活动由市总工会、玉溪日报社、市教体局、市卫健委、市市场监督管理局联合主办，市体育总会、玉溪报业传媒有限责任公司、云南动享体育产业发展有限公司、云南省健身服务行业协会承办。活动主题为“健康玉溪，筑梦中国”，意在让广大市民收获“健康、友谊、快乐”。本次健康节受到广大市民好评，参与者年龄跨度5—85岁。

12月15日，环法挑战赛全球系列赛事最终站—澄江抚仙湖站举行，来自14个国家共1 920名自行车参赛选手在抚仙湖旅游度假区激烈角逐。最终苏浩钰以3小时23分52秒的成绩拔得头筹，获得男子组冠军，如愿跻身2020环法挑战赛·世锦赛，将与环法挑战赛诸暨站冠军胡浩一起代表中国出征法国尼斯环法挑战赛。

12月29日，2019云南·江川国际体育旅游嘉年华暨江川北山公园国际定向越野赛在江川区举行。赛事由市教体局、江川区政府主办，省登山户外运动协会、江川区教体局、江川区江城镇政府承办。赛事吸引了来自国内外的1 000多名户外运动爱好者参加。奥运冠军王军霞与长跑名将钟焕娣来到现场一同奔跑。中国越野跑选手申加升获得50千米越野赛男子组冠军，女子组50千米越野赛冠军被杨俊获得。

【第二届全民运动体育狂欢节】 2019年11月，“2019年玉溪市第二届全民运动体育狂欢节”举行，活动设瑜伽大会、全民健身与体育产业发展公益讲座及拉丁舞城市邀请赛等赛事活动。11月2日，玉溪体育场举办“秘之境温蒂凡之美瑜伽大会”，设有瑜伽表演、瑜伽教学等环节，吸引全市800余名瑜伽爱好者报名参加。11月22日，在市体育馆举办“2019年玉溪市第二届全民运动体育狂欢节·全民健身与体育产业发展公益讲座”。讲座邀请国内体育产业、运动健康行业知名专家教授、奥运冠军和体育企业代表前来分享交流。来自全市各县区教育体育系统人员、各体育产业企业代表和各体育院校师生代表1 800余人参加。11月24日，在市体育馆举办拉丁舞城市邀请赛，来自全省各州市10支代表队、120名选手参加伦巴、恰恰恰、斗牛、牛仔舞和桑巴5个舞种项目的比赛。

（解家敏　谭　悦　赵志丹）

歪且莫新村规划整齐的住房 （崔永红 摄）

元江哈尼族梭比人 （官朝弼 摄）

社会生活

SOCIETY

责任编校：王　斌

人力资源管理

【劳动关系】 2019年，全市人社部门加强对全市102家人力资源服务市场主体管理服务，推动全市就业择业和人员流动。不断健全完善劳动关系“三方四家”协调机制，规范劳动合同管理，全市企业劳动合同签订率96.49%。持续加大劳动监察执法力度，在全市范围内开展根治欠薪夏季专项行动、冬季攻坚行动等专项行动，对用人单位工资支付情况进行集中排查，受理涉及拖欠农民工工资举报投诉203件，立案调查及协调处理132件，结案率100%。向公安机关移送立案查处9件，向社会公布重大劳动保障违法案件4批3件，列入拖欠农民工工资“黑名单”3件。为1 046名农民工追回劳动工资所得912.28万元，查处和追发拖欠农民工工资案件数量、涉及人数、涉及金额均显著下降。认真处理劳动争议案件和信访件，坚持阳光仲裁、调解优先的原则办理案件，全市劳动人事争议仲裁案件当期结案1 361件，仲裁结案率、调解成功率分别高于目标任务9.78%、16.89%。

【人才队伍建设】 2019年，全市人力资源和社会保障局进一步深化人才发展体制机制改革，紧紧围绕玉溪经济社会发展“5577”总体思路，切实做到事业留人、环境留人、感情留人和政策留人，引进、培养并激发各类人才创新创业活力。认真贯彻落实玉溪市“百千万人才计划”，配套发布相应的工作方案、工作要求，构建“百千万人才计划”评审体系；根据方案及工作要求对人才项目进行评审，评审结果向社会公布，涉及10家单位、78名个人。

全市各类高层次人才平台数量增长迅速，新增“省级专家基层科研工作站”4个（累计25个）、“省级博士后科研工作站”1个、云南省“万人计划”首席技师2名（累计10名）；新建“市级专家基层科研工作站”5个（累计15个）；选拔培养“兴玉技能大师”两批15人、新增“技能大师工作室”10个（累计15个）；建设玉溪市专家服务基地1个（澄江小院）；建设玉溪市高层次人才服务基地1个（玉溪技师学院）；获准向国家推荐“国贴”4人，获准“省突”24人、“省贴”30人。2019年，前三批省级工作站，就带入团队人才329人，累计投入资金9 977.2万元，开展科研合作59项（国家级1项、省部级12项、其他46项），获得专利授权120项，培养人才47人（副高以上职称），开展技术培训7 023人次，新增产值32 749.6万元，新增利润5 304.59万元，有力推动了产学研深度合作。

【人社部专家学术休假活动在玉溪举办】 2019年8月25—30日，人力资源和社会保障部专家学术休假活动在玉溪举办，本次活动由人力资源和社会保障部主办，云南省人力资源和社会保障厅、玉溪市人民政府承办，市人力资源和社会保障局负责具体事务。来自全国22个省、市、自治区、直辖市和水利部、中国农科院的33名专家学者及家属57人参加活动。本次活动获得了专家的高度评价，在活动结束之际进行的问卷调查中，活动专家百分之百投出了满意票，很多专家还特意加上“特别满意”“非常满意”的标注，人力资源和社会保障部专业技术人员管理司，云南省人力资源和社会保障厅对本次活动的开展也给予了充分的肯定与褒奖。

2019年2月27日，玉溪市2019年“春风行动”暨“农村劳动力转移就业百日行动”大型招聘会在澄江县凤山公园启动。现场共有230多个单位进场招聘，提供岗位4.1万个，进场3.25万多人次，初步达成就业意向的有1.2万人，达成意向性协议5100多个，其求职人数、招聘岗位都创历年之最 （市人社局提供）

【清华大学研究生社会实践活动】 2019年6月，清华大学公共管理学院“清华大学研究生社会实践活动”第二期，清华大学公共管理学院在读博士（硕士）研究生12名（其中博士研究生8名，硕士研究生4名）到玉溪开展为期2至6周的社会实践活动。实践期间，人社部门对实践内容和日程做了精心安排，为研究生开展实践和完成调研课题提供最大程度的便利和支持。开展社会实践调研，紧紧围绕玉溪经济社会发展实际，认真筛选调研课题，分组进行实地调研，并形成调研报告；结合学生专业、研究方向及玉溪产业发展需求选派到相应市直单位挂职锻炼，协调市委政研室、市人社局、市民政局、市国资委、市投资促进局、市市场监督管理局、市工信局、市生态环境局、市科技局等9家党政部门作为本次实践活动的接收单位；开展集体学习交流活动，先后组织实践学生到红塔集团、澄江县、通海县等地进行实地考察和学习，深入了解玉溪聂耳文化、企业文化、生态文明建设成果等；以“七·一”建党节、“主题党日”“人社知识大讲堂”等活动为契机组织全体实践学生开展特色党建活动、主题宣讲和各类文体活动。并认真收集整理本次社会实践活动的内容和图片，汇编成册，详实记录2019年清华大学公共管理学院赴玉溪社会实践的过程，活动获得清华大学社会实践银牌项目，受到清华大学和实践单位的好评。

【组织高层次人才活动】 2019年11月18—22日，由省人力资源和社会保障厅会同省人才工作领导小组办公室、昆明理工大学主办，玉溪市人社局承办的“云南省青年人才扶贫扶智基层行暨玉溪市专家服务基层大篷车活动”，围绕市医疗卫生、高原特色农业等发展难题，邀请省级17名青年专家到基层扶贫扶智。全力争取引进海外高层次人才，为“智力玉溪”建设搭建平台；积极申办“海外赤子为国服务行动计划”“中国留学人员回国创业启动支持计划”“高层次留学人才回国资助试点”等项目，全年共向省级单位提供海外高层次人才等需求和项目需求96条，提供博士、硕士引才需求70余个。

【事业单位人事管理】 2019年，全市通过公开招聘、提前招聘、“三支一扶”等基层项目定向招聘、“村官”定向招聘、退役士兵安置等方式办理1 498人事业单位工作人员招聘聘用手续。完成市级政府口所属事业单位科级领导职务选聘备案267人。加强事业单位岗位管理，核发“岗位卡”1 131张，为320批次事业单位480名工作人员办理各类岗位等级晋升聘任审核备案手续，对42家市级事业单位、152家县区事业单位的岗位设置方案进行调整核准。做好2019年机构改革事业单位人员转隶工作，完成82家市直事业单位3 207人转隶工作（其中整体转隶3 147人，部分转隶60人）。新取得各类专业技术职务资格6 674人，重新调整和组建评审委员会9个。

【严格落实工资政策】 2019年，市人社局认真贯彻落实《关于进一步保障义务教师工资待遇的通知》《关于完善基层卫生机构绩效工资政策保障家庭医生签约服务工作的通知》等政策，稳慎完善和推进机关事业单位工资收入分配制度改革。巩固落实事业单位实施绩效工资制度，规范事业单位奖励性绩效工资的核定和分配工作，促进事业单位收入分配制度的健康发展。完成义务教育阶段教师工资保障工作，做好市级机构改革事业单位人员转隶工资福利转移接续工作，认真总结公立医院薪酬制度改革试点经验，积极争取全面推行薪酬制度改革试点。指导、督促企业和用人单位、职工个人继续严格贯彻落实云南省2019年最低工资标准，红塔区月最低工资标准为1 500元，小时最低工资标准为14元；其他县区月最低工资标准为1 350元；小时最低工资标准为13元。及时发布玉溪市2019年企业工资指导线：企业货币平均工资增长上线为11%，增长基准线为7%，增长下线为3%。

【人事档案管理】 2019年，市人社局协助全市各单位、部门查阅档案3 698卷、查阅人次1 278人次，专审出入库2 357卷、612人次。接收档案213卷，转出档案193卷；接收并整理228家单位，移交3 030人次，零散材料共计14 990份。档案室库存档案初步清查为17 279册。其中：公务员档案3 046册，事业单位人员档案8 842册，人事代理档案1 700册，企业人员档案3 460册，亡故人员档案231册。

【企业退休人员管理】 2019年，市人社局负责全市纳入社会化管理服务企业退休人员56 344人（含省属企业退休人员4 056人），社会化管理率100%，其中进入乡镇（街道）、社区管理55 837人，社区管理率99.1%。按中央、省有关国有企业退休人员社会化管理相关工作要求，2019年6月，原市企业退管中心管理的3 646名市直企业退休人员已按居住地移交各县区街道（乡镇）、社区进行社会化管理服务，居住市外的192名市直退休人员转由市社保局代管。县区企业退休人员社区社会化管理工作有序推进，社区与退休人员建立工作联系，对退休人员开展社会化管理服务。

【人事考试】 2019年，由市委组织部、市人事考试院共同组织与全国、全省同步统一开展2019年度国家、省公务员笔试考试，其中省考参考人数15 691人，国考参考人数9 600人。组织全省事业单位公开招聘统一笔试，全市共设22个考点，845个考场，提供公开招聘岗位260个，为24 077名考生提供了考试服务。2019年，全市提供“三支一扶”招募岗位49个，5 132名考生通过资格审核参加笔试，最终招募到岗38人，已于9月1日上岗。2019年全市面向农村基层服务项目服务期满高校毕业生（特岗教师、“三支一扶”人员和西部志愿者）共提供40个岗位计划定向招聘40人，2个岗位因无人报考取消，因怀孕暂缓聘用1人，最终办理招聘聘用手续31人。

【农村劳动力转移】 市人社局于2017年与广东省惠州市、惠州市博罗县、博罗县石湾镇政府建立了三个驻粤农村劳动力转移就业工作服务站，成立工作领导小组，实行工作站玉溪、惠州双站长责任制。市人社局积极巩固劳务对接机制，发挥与三个工作站建立的劳务合作伙伴关系，加大岗位对接工作力度，定期收集推送岗位，积极邀请玉溪驻广东三个工作站人社部门及优质企业参与玉溪各类大型招聘会，不断向省外转移输出劳动力，2019年全年，共向工作站服务地转移就业16 945人，其中成建制转移3 165人。

（王　锦）

社会保险

【电子社保卡签发】 截至2019年底，全市电子社保卡签发数达46.37万张，电子社保卡签发占实体社保卡比例21.6%，签发量和签发率居全省首位，已经上线的电子社保卡签领渠道已累计至19个，开通的应用主要有线上身份凭证、人社内部应用、扫码购药及扫码就医四个方面。通过推进电子社保卡签领及在民生保障和公共服务领域中的创新应用，广大群众体验到更加高效、便捷、安全的线上线下用卡服务。

【工伤认定】 2019年，继续严格执行2018年10月印发的《玉溪市人社局关于进一步明确工伤认定工作有关事项的通知》，明确工伤认定工作由原来市级集中认定调整为按属地管理进行认定，进一步精简工伤认定办事流程。全市共受理工伤认定申请1 897件，认定为工伤的1 846件；受理劳动能力鉴定804件。建筑业新建项目实现100%参加工伤保险。

【建档立卡贫困人员基本养老保险】 2019年，市人力资源和社会保障局与市扶贫办加强沟通联系，并根据扶贫办提供的数据制定了社会保险扶贫工作计划，确保建档立卡贫困人员100%参加基本养老保险、基本医疗保险和大病保险。截至2019年末，全市建档立卡贫困人口93 160人，符合参保条件73 951人，已参保73 951人，参保率100%；60周岁及以上建档立卡贫困人口已领取待遇15 093人，全部按时足额领取待遇；全市应代缴贫困人口31 648人，其中贫困人口10 515人，低保对象和特困人员29 797人，所需资金322.52万元已全部到位，按要求全面完成贫困人口财政代缴工作。参加基本医疗保险和大病保险 93 726 人，参保率均达 100%。落实好建档立卡贫困人口参加医疗保险全额资助政策，2018 年度居民医保参保缴费工作在 2017 年底已绝大部分完成，建档立卡贫困人口未收取 2018 年医保费，其个人缴费部分按《云南省人民政府办公厅关于印发云南省健康扶贫 30 条措施的通知》精神，由省财政和市财政对已脱贫建档立卡贫困人口按照 4 ：6 的比例承担，对未脱贫建档立卡贫困人口按照 6 ：4 的比例承担。继续贯彻落实好市政府健康扶贫 30 条措施和一站式就医即时结报政策。

【扩大社会保险覆盖面】 2019 年，市人力资源和社会保障局加大社会保险政策宣传力度。通过广播电视、报纸杂志、网络电信、微信、现场咨询等方式，以农民工、“农转城”人员、非公组织从业人员等为重点，大力宣传社会保险相关政策，进一步增强用人单位和广大职工的参保意识。2019 年，全市基本养老保险参保人数达 156.5 万人（不含机关离休人员 236 人），完成年度事业发展计划的 153.21 万人的 102.15%。其中：全市城镇职工基本养老保险参保人数 34.58 万人（不含机关离休人员 236 人），完成年度事业发展计划 33.68 万人的 102.67%；城乡居民养老保险参保人数 121.92 万人，完成年度事业发展计划 119.53 万人的 102%。工伤保险参保人数 27.84 万人，完成年度事业发展计划 25.82 万人的 107.82%。参加失业保险 17.13 万人，完成目标任务 16.6 万人的 103.19%。

【提高社会保险待遇】 2019 年，市人力资源和社会保障局持续提高养老、工伤保险待遇。全市共涉及调整退休人员养老金 75 778 人，人均增加 163.10 元。其中，企业退休人员基本养老金调整 50 270 人，人均增加 150.14 元；机关事业单位退休人员 25 508 人，人均增加 188.62 元。已领取城乡居民养老保险待遇的 65 周岁以上城乡居民养老保险参保人（包括贫困人口）每人每月增加基础养老金 5 元（60 周岁时 103 元，65 周岁后 108 元）；丧葬补助费从每人 600 元提高到 1 236 元。工伤保险提高伤残津贴月均 270 人，月人均增加 213 元；供养亲属抚恤金 531 人，月人均增加 80 元；生活护理费 237 人，月人均增加 254 元。

【降低社保费率】 贯彻实施降低社保缴费费率和降低社保缴费基数“双降”政策，2019 年，全市养老保险、工伤、失业保险累计降费减负 76 323.69 万元，其中：企业职工基本养老保险降费率减负 19 518.56 万元，因调整降低缴费基数减负 18 816.72 万元，个体（灵活就业）养老保险减负 8 786.67 万元。机关事业单位基本养老保险降费率减负 14 720.82 万元；工伤保险降费减负 3 460 万元；失业保险 11 020.92 万元。

【足额发放社会保险待遇】 2019 年，市人力资源和社会保障局及时办理资金拨款，按时足额发放机关事业和企业离退休人员养老金待遇，社会化发放率达 100%。全市涉及离退休领取待遇人员 7.9 万人，发放养老金 31.8 亿元（不含机关事业单位离休人员统筹外养老金）。城乡居民养老保险领取待遇人员 29.69 万人，发放养老金 4.28 亿元。严格执行政策，确保及时支付工伤生育保险待遇，全市涉及支付工伤保险待遇人员 3 303 人，发放待遇 1.03 亿元。领取失业保险金 5 007 人，其中本年新增领取失业保险金 2 861 人，12 月末正领取失业保险金人数为 2179 人，全年共有 615 名农民合同制工人领取一次性生活补助。全市领取失业保险金 4 589 人，其中本年新增领取失业保险金 2 635 人，12 月末正领取失业保险金人数为 2157 人，全年共有 392 名农民合同制工人领取一次性生活补助。

【社会保险基金收益】 2019 年，市人社局严格执行《社会保险基金银行账户存款保值增值协议》，各项存款利率均按基准利率的 1.4 倍执行。七项社保基金（含失地农民社会保障资金）银行存款合计 101.59 亿元，收益为 3.03 亿元，平均收益率达 3.14%。同时，按照省人社厅、省财政厅要求如期完成了全市 5.23 亿元资金归集上划任务。

（王　锦）

退役军人事务管理

【市退役军人事务局成立】 2018 年 11 月 29 日，玉溪市退役军人事务局成立，作为市政府工作部门，机构规格正处级。设 5 个内设机构和机关党委（人事科）；行政编制 13 名，设局长 1 名，副局长 3 名；正科级领导职数 6 名。下设 3 个事业单位：玉溪市退役军人服务中心，公益一类事业单位，正科级，核定事业编制 10 名，设主任 1 名（正科级），副主任 1 名（副科级），成立于 2019 年 4 月 30 日；玉溪市军队离退休干部休养所，公益一类事业单位，正科级，核定事业编制 17 名，设所长 1 名，副所长 1 名，于 2019 年 3 月 8 日从市民政局转隶至市退役军人事务局；玉溪市烈士纪念园管理所，公益一类事业单位，正科级，核定事业编制 3 名，设所长 1 名，于 2019 年 3 月 8 日从市民政局转隶至市退役军人事务局。市退役军人事务局主要承担退役军人的思想政治、权益维护、移交安置、就业创业、服务管理、拥军优抚、褒扬纪念和解困帮扶等工作。

【军转干部安置】 2019 年，市退役军人事务局切实抓好军转安置工作，完成 49 名安置计划分配军转干部、17 名自主择业军转干部，4 名随调家属和 6 名随军家属的安置任务，实现了单位、个人、部队“三满意”。

【退役士兵安置】 2019 年，全市共接收退役士兵 732 名，符合政府安排工作退役士兵 183 名，自主就业 549 名。同时，发放自主就业和自谋职业补助经费 266.49 万元，组织 320 名退役士兵开展职业技能培训，投入培训经费 230.3 万元。

【就业创业工作】 2019 年，全市举办退役士兵专场招聘会 14 场，为自主就业的退役士兵搭建与用工单位双向选择平台，通过建立退役士兵培训就业微信公众号、QQ 群发布就业信息，形成培训机构、安置机构、退役士兵三位一体的就业信息互动平台，引导退役士兵积极就业创业，全市有 21 914 名退役军人创业就业。

【双拥创建工作】 2019 年，全市健全完善双拥工作机构和工作制度，制定《玉溪市创建全国双拥模范城“五连冠”实施方案》，出台《玉溪市关于进一步加强拥军优属拥政爱民工作意见》。召开市退役军人领导小组第一次会议暨双拥领导小组会议和两次创建全国双拥模范城“五连冠”工作推进会。投入 18.3 万元设立单立柱宣传牌 2 块，双拥宣传牌 130 块；推出

2019年，国庆70周年之际，玉溪市退役军人事务局在市军队干休所为抗战老兵颁发荣誉勋章 （市退役军人事务局提供）

了全国“最美退役军人”张永林等先进典型。组织开展春节和“八一”慰问活动，支出慰问金516.25万元。12月5日全省退役军人工作会议在昆明举行。玉溪市退役军人事务局、江川区退役军人事务局被表彰为“云南省退役军人工作模范单位”；玉溪市退役军人事务局副局长施义东被表彰为“云南省退役军人工作模范个人”；通海县四街退役军人许文春、峨山县云南尚呈生物科技有限公司董事长普林文、新平县嘎洒卫生院工会主席封正文、元江县张海水果种植有限公司总经理张志海等4人被表彰为“云南省模范退役军人”。

【抚恤优待工作】 2019年，全市享受优抚的人员17 124人，其中：享受伤残抚恤金人数910人，享受定期抚恤金人数245人，享受定期补助人数15 969人。2019年度共办理新评残11人，伤残关系转移42名，审批带病回乡退伍军人8名。全年发放优抚资金1.4亿元。采取定点采集和上门采集相结合、手工采集和电子采集相结合、自主申报和交叉比对相结合的方式，完成退役军人、军属及其他优抚对象信息采集62 665名，悬挂光荣牌61 908块。

【褒扬纪念工作】 2019年，全市退役军人事务局加强纪念设施安全、绿化、值班等内部管理，为祭扫活动、红色教育提供良好的服务。市烈士纪念园接待148个单位，1.15万人，县区烈士陵园清明祭扫期间累计接待祭扫人员3.3万人次，为123批次944人开具到红河、文山等地祭扫烈士证明书。

【退役士兵保险接续工作】 2019年，全市符合社会保险接续政策退役士兵录入3 403人，完成保险接续受理3 381人，通过保险接续初审1 246人，养老保险已核查379人，医疗保险已核查444人，困难人员认定1人。

（晋新苑）

民政事务管理

【社会救助】 2019年，全市城市低保标准从560元/人·月提高到610元/人·月，农村低保标准从3500元/人·年提高到4200元/人·年，特困人员基本生活供养标准由665元/人·月提高到732元/人·月。2019年全市发放农村低保金1.16亿元，保障对象21 727户40 515人；发放城市低保金8 146.02万元，保障对象11 330户15 972人；纳入特困人员救助供养4 048人（集中820人，分散3228人），按月足额发放供养资金3 841.6万元；临时救助困难群众8 080人次2 216.17万元。发放困难群众价格临时补贴36.28万人次，895.3万元。实行精准低保积分制管理，持续开展城乡低保专项治理行动，清退低保对象8 309人，新增8 886人。健全社会救助监督管理机制，深入开展扶贫领域腐败和作风问题专项治理工作，印制20万份社会救助宣传资料向群众宣传救助政策和市、县、乡三级低保监督举报电话。完成政府购买社会救助服务工作，县、乡社会救助工作人员177人，村级社会救助协理员703人（共计880人）已全部培训上岗，全年支付购买服务人员薪酬资金1 236.62万元（其中：省级补助1 059万元，市级匹配168.5万元，峨山县级匹配9.12万元）。全市建档立卡困难群众纳入城乡低保18 031人（其中：“无业可扶、无力脱贫”兜底对象6 177人，“脱贫不脱保”7 098人，“救助渐退”4 756人），建档立卡对象纳入特困人员供养398人。

【社会组织管理】 2019年市本级新增社会组织3个（其中社会团体3个），注销社会组织22个，撤销7个，依法办理社会团体变更登记45家（社会团体42家，民办非企业单位3家），到期换证5家，名称核准1家；按照程序对市属社会组织进行年检，市属社会组织86个确定为合格，63个确定为基本合格，1个确定为不合格，对43个社会组织开展日常抽查和双随机检查。进一步清理规范社会组织，下发整改通知48份，涉及36个业务指导单位110个社会组织，约谈社会组织109个，进一步规范社会组织管理。继续做好行业协会商会收费排查整治工作，规范行业协会商会收费。推动社会工作体系建设，制定《玉溪市社会工作专业人才登记管理实施细则（试行）》，组织120人开展社工专业资格考前培训，全市登记持证社会工作师122人（中级社会工作师60人，助理社会工作师62人）；组织开展“兴玉社工人才”评选，评选“兴玉社工人才”5人，向市人才领导小组申报“社工人才培养”项目，被评估为一类项目，获补助资金15万元；启动“三社联动”试点工作，选定8个社区作为“三社联动”试点工作单位。开展志愿服务管理工作，全市实名认证志愿者总数240 712人，志愿团体1 806个，项目总数17 708个。发放《志愿服务条例》《中华人民共和国慈善法》共1万多册，倡议全市社会组织参与全国全省文明城市创建，1 231家社会组织、1 273支志愿者服务队、103 058人实名认证志愿者织积极参与创建活动。

【殡葬改革】 2019年，市民政局等六部门制定《关于进一步加强和规范殡葬管理工作的通知》。全市深入开展违法违规私建“住宅式”墓地等突出问题专项摸排和殡葬服务行业侵害群众利益专项整治工作，全面推行火葬，大力推广小型墓穴、树葬、花葬、塔葬、草坪葬等节地生态葬，举办澄江县节地生态安葬活动，2019年全市节地生态安葬比例达51.53%，完成玉溪殡仪馆搬迁，玉溪市殡葬改革案例入选全国36个殡葬综合改革试点优秀案例。

【流浪乞讨人员救助】 2019年，市民政局下拨661万元资金，用于城市生活无着的流浪乞讨人员的救助管理工作。累计救助3 900余次，其中救助管理机构救助906人次，社会力量3 000余人次。市救助管理站组织开展以“大爱寻亲温暖回家”为主题的救助管理机构“开放日”活动，接待60名市民参观，让市民了解救助管理工作，大力推广智能寻亲手段，引导社会公众参与，助力流浪乞讨人员返乡回家。

【留守儿童和困境儿童保障工作】 2019年，民政部门对全市9 589名困境儿童和4 200名农村留守儿童实行动态管理；投入困境儿童生活补助资金506.86万元，为322名困境儿童提供保障。举办玉溪市第二届“情暖童心·爱系留守”星启公益夏令营，帮助全市115名留守儿童开阔视野。

【婚姻收养登记】 2019年，全市依法办理婚姻登记22 321对，其中结婚登记15 984对，协议离婚登记6 337对。涉外婚姻登记39对，其中结婚登记36对，协议离婚登记3对。办理收养登记72件，其中国内收养70件，涉外收养2件。

【残疾人保障工作】 2019年，全市民政部门继续开展“明天计划”“富康工程”等残疾人康复项目。严格落实困难残疾人生活补贴和重度残疾人护理补贴制度，启用全国残疾人两项补贴信息系统，实现残疾人两项补贴信息动态管理。全市发放残疾人“两项补贴”2 584.3万元，为33 188名困难残疾人和重度残疾人提供了保障。

（史　丽）

基层民主政治建设

【概　况】 2019年，市民政局配合组织部制定出台《关于加强职业化专业化社区工作者队伍建设的实施意见》《关于建立村干部岗位补贴长效机制的通知》等文件，提高村（社区）干部各种工作福利待遇，进一步调动村（社区）干部在脱贫攻坚和乡村振兴中的积极性、主动性。按时足额下拨省级社区党组织和居委会专职人员生活补贴补助经费1 344万元，教育培训补助经费28万元，确保社区为民服务工作正常开展；及时下拨2019年农村原大队一级离职半脱产干部和农村离职村办干部定期生活补助经费18.1万元和32.3万元；及时下达702个村（社区）民政信息员生活补助经费168.48万元。建立城乡社区公共服务设施建设项目库，提升城乡社区服务功能，及时下拨省级福彩公益金资金95万元、市级福彩公益金100万元，用于完善城乡社区综合服务设施建设和农村社区建设试点工作，提高村（社区）为民服务能力水平。结合扫黑除恶专项斗争开展和村（社区）干部任职资格联审工作，扎实开展“基层群众性自治组织特别法人统一社会信用代码证书”信息比对发放工作，完成全市基层群众性自治组织特别法人统一社会信用代码证书更换工作。

【基层政权领域扫黑除恶专项斗争】 2019年，市民政局积极配合市委组织部，认真组织对村（社区）“两委”、村组干部任职资格联审进行“回头看”，审查出受过刑事处罚、存在涉黑涉恶、村霸问题和其他问题的不符合条件的村（居）民委员会委员、村（居）务监督委员会委员、村（居）民小组干部442人；对受过刑事处罚、存在涉黑涉恶、村霸问题293人已坚决清理出干部队伍，同步补齐配强292人，并要求各县区根据实际情况进行处置，逐一建立台账，做到应清尽清，进一步夯实基层执政基础。

【城乡社区治理体系建设】 2019年，市民政局制定出台《关于深入推进农村社区建设试点工作的实施方案》，加强和创新基层社会治理，健全自治、法治、德治相结合的城乡治理体系，实现政府治理和社会调节、居民自治良性互动，全面提升城乡社区治理能力和水平。深化村（居）务公开民主管理，实现村（居）务公开民主管理制度100%覆盖。充分利用“互联网+村（居）务”信息化管理系统，确保农村集体“三资”管理在阳光下运行。大力推行村（组）干部微小权力清单，从源头上织密扎牢村组干部权力笼子。

【修订完善村规民约】 截至2019年10月底，全市9个县区702个村（社区）全部完成村规民约（居民公约）修订完善工作，覆盖率100%。通过修订完善村规民约，进一步深化村（居）民自治实践，健全自治、法治、德治相结合的现代乡村治理体系，有效抵制和约束当前一些地方存在的滥办酒席、天价彩礼、攀比炫富、铺张浪费，家庭暴力、拒绝赡养老人、侵犯妇女特别是出嫁、离婚、丧偶女性合法权益，涉黑涉恶、“黄赌毒”等突出问题。

（史　丽）

2019年7月23日，玉溪市村（社区）干部、社工人才、民政信息员培训班在市委党校开班　（市民政局提供）

地名管理

【清理整治不规范地名】 2019年，按《云南省列入清理整治范围的不规范地名认定原则和标准》要求，全市开展不规范地名的清理整治工作。经过清理，全市未发现刻意夸大、崇洋媚外、怪异难懂的地名；对无名、重名、同音地名进行标准化处理，清理整治不规范地名210条。通过清理整治不规范地名，地名命名、更名、发布和使用管理进一步得到规范，提升了地名法制化、科学化、标准化水平。

【地名普查成果转化】 2019年，全市建立地名普查数据库10个，共采集地名信息数据26 883条，成果图91幅，地名标准化处理776条，挖掘地名文化信息649条，跨界自然地理实体331条，少数民族语地名2 825条，多媒体信息照片33 082张。上报《云南省少数民族语地名故事》9个，上报《中国地名大会》试题答案37个。全市投入130余万元经费完成地名图或行政区划图编制。编制出版发行《玉溪市地图》《玉溪市行政区划图》和7个县区《行政区划图》《乡镇地图》。华宁县、红塔区编纂的《地名志》通过专家审稿修订，江川区、新平县的《地名志》正在编纂中。全市建成专门地名档案室10间，完成业务成果类、文书类、声像类、电子类等档案归档工作。易门县率先在全市完成地名普查文书类档案的整理归档工作，对地名普查办收集整理的所有文书类归档材料严格审核后进行分类、排列、编号、编目、修整、编页、装盒，装订地名普查文书类档案11盒211件。江川区建成专门地名档案室，完成文书类11类、业务类7类、成果类11类、声像类4类、其他类3类档案的整理归档工作，整理档案36类、1 560袋、214盒。

【地名标志设置】 2019年，全市投入381.86万元经费，设置各类地名标志牌2 557块。澄江县补助经费279.1万元对332个自然村地名标志进行设置，易门县投入资金1.56万元，制作安装城区新建房屋门牌及缺失门牌900余块，更新修复完善城区主要街路20块破损地名标志牌，实现地名标志城区全覆盖。峨山县投入资金2万元完成街路牌修缮52块，乡镇地名标志牌6块。新平县结合打造旅游小镇，投入99.2万元，安装居民点地名标志牌1 247块。

【行政区域界线】 2019年，全市排查解决边界资源纠纷2次，安换破损界桩2棵，及时消除和化解边界线上存在的一些不稳定因素，为巩固完善行政区域界线长效管理机制奠定基础，促进边界地区的繁荣稳定和发展。完成“楚玉线”联检，与楚雄州签订共建平安边界公约及界桩管理协议书，维护“楚玉线”界线的完整性、法定性和稳定性。

（史　丽）

民族事务

【争创全国民族团结进步示范市工作】 2019年，市民宗局贯彻落实《玉溪市创建全国民族团结进步示范市实施意见》《玉溪市深入开展民族团结进步示范创建“八进”活动实施方案》等文件精神，下发《关于全面深入持久开展民族团结进步创建工作铸牢中华民族共同体意识的实施意见》；组建示范创建专班，市财政安排1 000万元专项资金，强化创建人员和经费保障；加强对市直部门、各县区创建工作指导，构建市县乡村四级联动的创建工作格局，合力推进示范创建8个方面32项具体任务落实。8月28日召开全市创建全国民族团结进步示范市工作推进会，市级命名了110个示范单位（家庭），全市建成遍布城乡的224个民族团结进步示范点；10月，峨山县委被表彰为全国民族团结进步模范集体、新平县文化和旅游局杨永岚被表彰为全国民族团结进步模范个人；12月，新平被国家民委命名为全国民族团结进步示范县，成为首个获此殊荣的县区。

【省内首个民族团结进步创建联盟在新平成立】 2019年4月29日，由新平县牵头，墨江、镇沅、双柏、石屏、峨山、元江7个县共同组成“行政接边地区七县民族团结进步创建联盟”，在新平县戛洒镇举行联盟公约签约仪式，该联盟在云南省创建示范区建设中为首创，创建经验在国家和省级等各大媒体平台报道推广。

【“同心智汇”大讲堂】 2019年10月28日，由市民宗局主办的统一战线第四期“同心智汇”大讲堂在市委党校举行，以“中华民族一家亲，同心共筑中国梦”为主题，深入贯彻落实习近平总书记在“不忘初心、牢记使命”主题教育工作会议上重要讲话精神，讲好玉溪民族团结进步故事，推动玉溪民族团结进步事业不断开创新局面。市委统战部、市创建全国民族团结进步示范市工作领导小组成员单位、民族宗教干部、宗教界人士等400余人参加。

【民族团结进步示范区项目建设】 2019年，市民宗局向上争取资金2 560万元，实施1个示范县（峨山县）、21个示范村（特色村）、2个示范社区项目建设，所有项目均已完成验收；完成“第二轮十百千万工程”项目建设验收考核工作，考核为优秀，2016—2018年，按照省民宗委第二轮“十百千万”示范创建工程三年行动计划安排，全市实施1个示范县、5个示范乡镇、59个示范村（特色村）、3个示范社区示范创建工程，安排省级资金8 640万元，配套市级资金1 630万元，整合资金120 500万元。同时完成第二轮（2016—2018年）少数民族特色村、镇验收和申报国家、省级命名挂牌工作，12月新平县戛洒镇等3个乡镇上榜首批云南省少数民族特色小镇，元江县洼垤乡它才吉村委会坡垤村等6个村上榜第三批中国少数民族特色村寨，峨山县富良棚乡塔冲村等17个村上榜云南省第二批少数民族特色村寨。

【民族地区脱贫攻坚工作】 2019年，市民宗局安排建档立卡贫困村项目11个，资金1 100万元，实施基础设施提升改造，产业发展扶持，民族文化提档升级等项目，受益建档贫困户1 096户4 050人，全市拉祜族实现整族脱贫。加大对“直过民族”拉祜族在内的全市6种人口较少民族（支系）的帮扶力度，采取特殊政策，对6种人口较少民族（支系）代缴新农合个人承担费用561.45万元。继续实施少数民族学生学历培养工作，市财政预算专项资金60万元，定额补助玉溪师范学院、玉溪农业职业技术学院、玉溪技师学院在校“六种人口较少民族”学生学历培养61名，补助金额22.3万元；一次性补助各县区其他少数民族困难大学新生 145 名，补助金额 37.7 万元。

【民族文化工作】 2019 年，市民宗局争取省级资金 109 万元，组织实施 11 个省级少数民族文化项目。《彝山花鼓》节目代表云南在第十一届全国民运会表演项目中获一等奖；编写出版《玉溪民族刺绣》一书；举办刺绣培训 16 期，培训绣娘 1 千多人。

【民贸民品】 2019 年，市民宗局贯彻落实国家和省扶持民族贸易和民族特需用品生产企业的优惠政策，抓宣传，强服务，搭平台，重实效，培育发展民族特色优势产业，以通海银饰、工艺刀具、石雕、木雕品牌等为代表的民族民间工艺品影响力和产业实力逐步提升。争取到中央、省级民贸民品贴息引导性资金 340 万元。12 家企业纳入国家民委“十三五”期间民族特需商品定点生产企业。

【城市民族工作】 2019 年，市民宗局建立健全由市民族宗教局牵头，公安、民政、教育、工商、人力资源等部门参加的城市民族工作协调联系机制和市、区、街道、社区四级工作网络，发挥城市社区和基层群众的作用，推进少数民族流动人口服务管理和清真食品管理工作。以示范社区创建为切入点推进城市民族工作，实施的红塔区玉兴街道北苑示范社区、通海县秀山街道大树示范社区取得初步成效。

【团结稳定工作】 2019 年，市民族宗教局加强宣传教育，深入持久开展民族宗教政策和法律法规“六进”活动，形成贯穿全年、覆盖全面的常态化工作，编印《民族宗教政策法规知识宣传册》发放到社会各界。积极开展矛盾隐患排查调处，健全完善民族关系协调机制、监测机制和应急机制，制定处置涉及民族宗教因素突发事件应急预案，进一步完善市县乡“三级”同步监测监管涉及民族宗教领域团结稳定问题长效机制，建立属地管理、受理接访和化解纠纷的联动机制；抓好矛盾纠纷排查化解，坚持以回族聚居区、行政接边地区和中心城区为重点，定期开展民族宗教关系分析研判，积极稳妥化解各类矛盾纠纷隐患，维护全市连续 20 年没有发生因民族宗教问题引发群体性事件的团结稳定局面。

（杨筱劼）

宗教事务

【宗教活动场所管理】 2019 年，各县区民族宗教局指导宗教活动场所认真对照市民宗局草拟的《宗教活动场所管理组织工作制度》（样本），从管理组织、人员、财务会计、固定资产、治安管理制度、消防安全、文物保护、卫生防疫、教务活动、物资采购使用、印章管理、档案管理等方面修订和完善本场所管理制度。全市 126 个场所有 123 个建立了 10 至 14 项制度，部分县区由民族宗教局统一制作安装上墙。做好宗教活动场所民主管理组织换届工作，公开、公平、公正推选出民主管理组织，对场所新任的管理组织和主要教职人员进行备案。加强宗教活动管理，严格实行开展宗教活动审批程序，各宗教活动场所举办宗教活动及时申报、安全有序。

【依法治理】 2019 年，市民宗局继续抓好基督教私设聚会点治理，对新发现的 4 个基督教私设聚会点依法予以取缔。开展佛教商业化治理工作，对各佛教活动场所进行核查，依法取缔违规设立的功德箱，开展违规乱建的大型露天宗教造像治理工作。持续做好伊斯兰教经文学校（班）规范管理工作，对师生和教材进行核查，规范工作取得实效。

【政策法规学习月活动】 2019 年 6 月，全市民宗系统开展为期 1 个月的政策法规学习月活动，编印《宗教工作资料汇编》2 000 册发放至各县区。各县区民宗局举办民族宗教政策法规学习月培训班和动员会，宗教团体和宗教活动场所在参加民宗局集中培训班学习的基础上，明确学习重点，带领宗教活动场所结合“五进”活动、民族团结进步示范创建等活动，利用召开座谈会、举办学习班、融入宗教活动宣讲、设置宣传栏、发放学习资料等多种形式开展学习。

【朝觐组织服务】 2019 年，市民宗局认真做好朝觐事务组织服务工作，精心组织，严格管理，用心服务。全市 199 名朝觐人员自 7 月 13 日出发，8 月 21 日返回，历时 39 天，圆满完成朝觐功课，实现“平安朝觐、有序朝觐、文明朝觐”的工作目标。

【宗教活动场所“五进”活动】 2019 年，全市持续深化国旗国歌、宪法和法律法规、社会主义核心价值观、中华优秀文化、民族团结进步建设进宗教活动场所活动，引导宗教界坚持宗教中国化方向，培育和践行社会主义核心价值观，促进宗教与社会主义社会相适应，增强对伟大祖国、中华民族、中华文化、中国共产党、中国特色社会主义的认同，筑牢中华民族共同体意识，为全市经济发展、社会和谐、文化繁荣、民族团结、宗教和睦贡献力量。全市 126 个宗教活动场所深入到活动中来，有 81 个场所实现“五进”活动全覆盖，设置宣传栏 400 余块，宣传法律法规、社会主义核心价值观、中华优秀传统文化，党报党刊覆盖全市宗教活动场所。

【“宗教慈善周”活动】 2019 年 9—10 月，全市宗教界以“三教同行・助力扶贫”为主题，开展“宗教慈善周”活动。各县区认真组织宗教界学习《中华人民共和国慈善法》，各宗教活动场所利用公示栏、墙报、条幅等方式开展宣传，教职人员围绕“慈善周”活动相关内容进行专题宣讲，动员广大信教群众积极参与到慈善活动中来，力所能及捐资捐物或参与志愿者服务活动。开展扶贫、济困、助学、助残、敬老等公益慈善活动，全市宗教界累计捐款捐物 77 万余元，全部用于扶贫助弱、怜恤孤寡、助学助残等社会公益事业。

【宗教团体建设】 2019 年，市民宗局抓好宗教团体建设，指导宗教团体积极开展活动。督促、指导 3 个全市性宗教团体完善内部管理制度，不断加强思想建设、组织建设和教风建设，提高自我管理水平。帮助指导宗教团体开展对宗教教职人员的教育培训，进一步提高其教务水平和管理服务水平。定期拨付 3 个全市性宗教团体工作经费和副秘书长以上人员生活补助资金 49.49 万元。10 月 28—31 日，市民宗局举办全市宗教界人士培训班，佛教、伊斯兰教、基督教的 94 名代表人士齐聚市委党校，围绕依法治国、多元一体的中华文化、国史党史、民族团结进步示范创建、宗教政策法规开展学习交流。

【宗教界庆祝建国 70 周年活动】 2019 年国庆前夕，全市宗教界纷纷举行爱国主题活动，喜迎中华人民共和国成立70周年。市佛教协会举办“庆祝中华人民共和国成立70周年暨2019年玉溪市佛教协会讲经交流活动”，以“弘扬优良传统，发挥佛教作用”为主题，倡导全市佛教界要深入践行社会主义核心价值观，弘扬中华优秀传统文化，融入新时代发展潮流，为家乡繁荣和祖国昌盛贡献力量。市伊斯兰教协会召开迎国庆座谈会，重温中华人民共和国成立70年来取得的辉煌成就，回顾各族儿女团结一心建设祖国的壮丽诗篇，展望中华民族一家亲，同心共筑中国梦的美好愿望，倡议全市伊斯兰教界要牢牢坚持伊斯兰教的中国化方向，用社会主义核心价值观引领、用中华文化浸润，用团结进步、和平宽容等观念引导广大信教群众爱国爱教、正信正行。红塔区伊斯兰教界人士和300多名信教群众齐聚北城清真寺升国旗、唱国歌，围绕“助力新时代，共筑中国梦”主题举行“卧尔兹”演讲比赛。市基督教两会举办“喜迎国庆，爱我中华”庆祝活动，教职人员和信教群众自编自演了诗歌朗诵《中华必复兴》、舞蹈《中国心》、合唱《我和我的祖国》、管弦乐《歌唱祖国》等23个节目。

（杨筱劼）

移民工作

【移民规划安置工作】 2019年，全力推进元江县鲁布水库移民安置工作，全年完成移民安置636人，其中搬迁安置406人，生产安置230人。年内完成移民安置投资1 010万元，其中峨山县化念镇溪洛渡水电站外迁完成移民安置投资740万元，元江县鲁布水库完成移民安置投资270万元。完成峨山县化念镇溪洛渡水电站外迁移民工程后期收尾阶段土地整理和外部水利设施配套工作。协调戛洒江一级电站业主中国电建新平公司及相关单位，及时妥善解决电站停建后续工作。

（陈 明）

【移民后期扶持工作】 坚持移民动态管理，准确核实后期扶持对象，按月核减因死亡、判刑、参加工作、农转非等原因不符合扶持政策的移民，及时准确发放后期扶持直补资金，2019年，全市发放移民后期扶持直补资金1 235.8万元。推进移民后期扶持项目建设，实施各类项目29项，总投资6 364.88万元，其中移民专项资金5 917.67万元，其他专项及自筹资金447.21万元。通过扶持，积极改善了库区和移民安置区的生产生活条件。

（赵艳霞）

计划生育

【计划生育指标完成情况】 据人口计生自然年报显示（所有数据均不包含澄江县阳宗镇）：2019年底全市户籍总人口224.51万人，年内全市出生婴儿21 374人，比上年同期减少1 997人，其中：男婴11 153人，女婴10 221人，出生婴儿性别比109，比上年同期上升3个点。从分孩次出生婴儿看：一孩出生9 527人，一孩率44.57%，出生性别比109；二孩出生10 508人，二孩率49.16%，出生性别比108；多孩出生1 339人，多孩率6.26%，出生性别比121。与上年同期相比，一孩出生减少706人，一孩率上升0.79个百分点；二孩出生减少1 285人，二孩率下降1.3个百分点；多孩出生减少6人，多孩率上升0.51个百分点。在出生的21 374人中，政策内生育20 242人，符合政策生育率为94.70%，比上年同期降低0.28个百分点。分孩次符合政策生育率情况分别为：一孩94.51%，比上年同期上升0.9个百分点，二孩99.26%，比上年同期下降0.08个百分点，多孩60.34%，比上年同期下降6.87个百分点。计划外出生1132人，比上年同期减少41人，计划外生育率5.30%，比上年同期上升0.28个百分点。其中计划外多孩出生531人，比上年同期增加90人，计划外多孩生育率2.48%，比上年同期上升0.59个百分点。全市已婚育龄妇女419 811人，占全市总人口2 245 104人的18.70%，比上年同期减少999人。落实各种节育措施353 653人，比上年同期减少773人；综合节育率84.24%，比上年同期上升0.02个百分点。其中：长效节育人数317136人，与上年同期相比减少4 281人，优选节育率75.54%，比上年同期下降0.84个百分点；采取针药及避孕药具避孕36 517人，增加3 508人，针药具避孕率8.70%，比上年同期上升0.85个百分点。

【计划生育家庭奖扶优待】 市卫生健康委继续贯彻落实中央、省、市出台的计划生育“奖优免补”系列政策，2019年度奖、免、扶、补资金兑现4 043.25万元，惠及群众111 624人。其中：兑现农村独生子女家庭奖励扶助金（农村养老生活补助）9 525人，资金968.376万元；兑现计划生育家庭特别扶助制度（独生子女伤残、死亡家庭）1 547人，资金774.9万元；兑现计划生育家庭特别扶助制度（其他家庭）769人，资金187.44万元；兑现农村独生子女家庭“一次性奖励金”732人，资金36.88万元；兑现农业人口独生子女教育“奖学金”7 864人，资金414.902万元；兑现新型农村合作医疗符合全额资助条件（新农合）资金79 870人，资金1 440.74万元；兑现独生子女死亡家庭“一次性抚慰金”91人，资金22.75万元；兑现城镇居民未享受退休金独生子女父母“养老扶助金”850人，资金86.772万元；兑现独生子女保健费10 382人，资金110.495万元。以上项目资金均已及时、足额兑现到人（户），兑现率达100%。

【生育服务改革】 2019年，市卫健委以增进家庭和谐幸福、促进人口长期均衡发展为主线，深入落实全面两孩政策，继续推进生育登记服务改革，结合“一部手机办事通”App的推广使用，及时开展业务培训，推广手机办理生育登记服务证，继续完善全员人口信息系统数据库。截至2019年12月底，全员人口系统录入人口信息个案226.92万人，系统内办理生育登记20 066人，系统内审批三孩生育证586人。全市所有乡（镇、街道）均可以开展网上办证和手机办证服务。筹备启动婴幼儿照护服务工作，开展市县两级业务知识培训，上线试运行托育服务机构备案管理信息系统。

（刘浩勇）

【组织建设】 截至2019年底，全市有计生协会组织812个，其中：企业计生协会26个、流动人口计生协会42个，协会理事8 895人，团体会员1 765个，个人会员19.53万人，会员小组4 491个，志愿者团队170个3 559人，“会员之家”812个，文化社团925个。县乡村计生协会建会率达99%。

【计生协五届二次理事会】 2019年7月10日，市计生协会召开第五届理事会第二次会议，副市长、市计生协会会长曾敏出席会议并讲话。市计生协会党组书记、副会长郑丽英对五届理事会以来的工作进行通报并对下半年重点工作做了安排。会议选举、增补、更换产生副会长1名、常务理事5名、理事6名。

【干部培训】 2019年7月10—11日，市计生协会在市委党校举办2019年全市计生协干部综合业务培训班。培训会上大家观看《新时代人口发展和计划生育》视频，听取了社会工作在计生协工作中的运用、党风廉政建设专题讲座、新时期计生协的职责任务。全市各县（区）计生协会常务副会长（或专职副会长）、秘书长，各乡（镇、街道）计生协会秘书长，市计生协会机关全体干部160人参训。

【宣传服务活动】 2019年5月29日是中国计生协会成立39周年纪念日，也是计生协会第21个“会员活动日”。全市各级计生协会以“共奋进建新功喜庆新中国成立70周年”为主题，组织开展丰富多彩的宣传服务活动。5月24日，云南省、玉溪市、红塔区计生协会联合在聂耳广场举行“5·29会员活动日”系列活动启动仪式。启动仪式前开展了百人参与的《我和我的祖国》合唱快闪活动。省计生协会常务副会长李善荣、副会长兼秘书长苏建波、玉溪市副市长、市计生协会会长曾敏出席启动仪式，并分别致辞。启动会后，举办专场文艺晚会。活动期间市县两级计生协会共开展宣传活动9场、乡级105场、村级278场，参与群众12.6万余人；组织文艺队专场演出119场，观看人数4.4万人次；发放宣传资料12万份，广播321次，出板报228块，开展健康知识讲座8场，参训人员15 975人次。市、县（区）计生协会联合卫健部门，组织医疗卫生、理事会成员单位开展宣传咨询服务活动，服务12 877人次、为9 800余人次进行义诊、量血压，为5 300余人“查环、查孕、查病”。中国人寿保险玉溪市分公司向市慈善总会捐赠12.8万元，用以慰问县级以下计生贫困家庭255户，县级计生协会积极筹资慰问计生困难家庭100余户。省政协副主席、省计生协会会长高峰到红塔区走访慰问计生困难家庭，对计生协会工作提出要求。市计生协会对红塔区、江川区、通海县的36户特殊计生家庭进行走访慰问。全市各级计生协会共开展走访慰问活动100场，走访慰问人员619人，慰问金额93 926元，慰问品折币42 505元。5月15—31日，市计生协会举办计生协会知识竞赛和计生基本国策网络宣讲评选活动，网络宣传和知识竞赛参与人数114.98万余人次。市计生协会还制作公益广告视频，在中心城区590部电梯电子屏滚动播放。

【计生项目】 玉溪市计生协第六轮计划生育基金帮扶项目至2019年3月到期，期间共实施帮扶项目点19个，帮扶计生困难家庭46户，其中：独生子女户13户、双女户14户、其他计生困难户19户，发展种植业42户、养殖业4户，项目受益群众181人。2019年5月10日市计生协第七轮计生基金帮扶工作启动，本轮基金帮扶11个乡（镇、街道）18个社区（村委会）56户计生家庭，其中分民族帮扶少数民族41户（彝族28户、傣族4户、苗族4户、拉祜族3户、哈尼族2户）、汉族15户；分类型帮扶种植46户、养殖10户，帮扶家庭人数225人，投入帮扶资金82.5万元。做好在期省级帮扶项目监督管理和服务工作。全市有省级在期帮扶项目4个，投入资金70万元，分别是省计生协2017年度计划生育基金——帮扶计生困难家庭项目（峨山县20万元）、省计生协2017年度生育关怀——帮扶计生困难家庭种养殖项目（澄江县20万元）、省计生协2018年度帮扶计生家庭发展致富项目（易门县10万元）、省计生协计划生育基金项目（红塔区20万元）。对以上项目，市计生协会采取不定期深入基层，直接面对帮扶户，做好同4个县（区）的对接沟通，及时掌握项目进展、存在问题，适时帮助解决问题，做好各项服务工作，同时加大项目监督管理力度，确保资金安全、项目良好运作，目标如期实现。抓好18个青春健康教育示范点工作。成立青春健康项目专家组和师资队伍、志愿者队伍；学校成立青春健康同伴社，项目内容延伸拓展“家长培训”“预防性病/艾滋病宣传教育”“我青春我健康我快乐—青春健康进高校”等子项目；项目点学校抓好相关项目的融合发展，形成“基地建设规范化、项目内容丰富化、项目活动多样化”格局，同时，及时做好青春健康活动总结、图片资料、视频资料的收集整理上报。12月在玉溪人民警察训练基地举办全市青春健康教育师资培训班，提高全市青春健康教育师资水平和能力，使青春健康教育更好地融入“学校、家庭、社会”。

2019年5月24日，云南省、玉溪市、红塔区三级计生协会联合开展以“共奋进建新功喜庆新中国成立70周年”“5·29会员活动日”系列宣传服务活动启动仪式在聂耳广场举行 （市计生协提供）

【玉溪市全国地方计生协综合改革试点工作】 2019年5月，中国计生协会确定玉溪市为全国地方计生协综合改革试点单位，是云南省唯一、全国20个试点市之一。7月9日市委深改委成立以市委副书记为组长，市政府副市长为副组长的计生协综合改革试点工作领导小组，明确市委市政府各相关部门负责人、县（区）政府副县（区）长为领导小组成员，坚持上下联动、系统推进计生协改革。市委深改委印发《玉溪市计生协综合改革试点工作实施方案》，明确改革试点的指导思想、总体目标、主要内容和措施、工作保障等。各级党委政府加强领导，统筹安排，一体推进，在机构改革中对所辖县（区）计生协机构编制、职能职责、领导配备和“入序”等问题进行规范和明确，全面推动地方计生协改革与发展。加强组织领导，推动改革方案出台。市委深改委成立综合改革试点工作领导小组及办公室，明确职责任务分工，出台《玉溪市计划生育协会改革实施方案》《玉溪市计生协综合改革试点工作实施方案》。

7月10日市委召开全市地方计生协综合改革试点工作启动会，中国计生协会党组成员、专职副会长姚瑛、省计生协会常务副会长李善荣和市委市政府相关领导出席会议并作讲话；国家、省计生协会和市直相关部门、单位制定相应工作措施和办法。坚持问题导向，健全体制机制。强化政治引领，发挥党的领导核心作用；优化机构设置和人员编制；建立完善工作机制。制定时间表，明确路线图。制定“工作计划”；明确“预期成果”；明确“工作任务清单”；纳入“六个走在全省前列”重点工作之一。突出特色亮点，做好试点示范。做好“一县一精品”的试点示范，实施家庭服务中心项目、“会员之家”、流动人口计生协会等一系列项目建设，探索可复制可推广的经验模式，打造工作品牌。把握工作重点，创新服务模式。举办青春健康教育师资培训，开展青春健康工作调研、“幸福微笑—唇腭裂儿童救治”项目、“失独家庭”住院护理保险工作、暖心家园项目等；创新载体，开展“世界艾滋病日”宣传、咨询检测和慰问活动、“5.29”系列宣传服务活动；强化服务，开展志愿服务、助耕帮扶活动。玉溪地方计生协综合改革试点工作经验《云南玉溪市扎实推进计生协综合改革试点工作》在中国计划生育协会《改革通报》（第16期）刊发。11月21日，中国计生协会党组书记、常务副会长王培安到云南调研，专题听取了玉溪市副市长、计生协会会长曾敏《关于玉溪开展全国地方计生协综合改革试点工作情况》汇报。

【计生家庭意外伤害保险】 2019年，全市计划生育家庭意外伤害保险承保户数143 606户；保单份数376 671件；承保人数359 244人；实现保费收入1 510.80万元，其中：政府补助27.53万元，家庭投保金额1 483.27万元。全市计生家庭意外伤害保险保费总额已连续7年名列全省前茅，2019年荣获云南省计生保险杰出贡献奖。全年理赔5 473件，理赔总金额1 129.94万元，其中死亡赔付148件，赔付金额291.78万元；伤残赔付50件，赔付金额26.14万元，医疗赔付5 275件，赔付金额812.01万元。充分发挥了计生保险为政府分忧、为计生群众解难的保险功能作用。

（孙文山）

养老服务

【老年人优待】 2019年1—6月，全市民政系统为5 028位60岁以上老年人办理《云南省老年人优待证》，为13位百岁寿星颁发荣誉证书和“盛世乐天年”百岁匾。全年按时足额为全市80周岁以上老年人发放高龄（长寿）保健补助金3 964万元。

【养老服务基础设施建设】 2019年，市民政局狠抓省政府十件惠民实事推进落实，完善城乡社区养老服务设施建设，投入省市补助资金423万元新建10个居家养老服务项目。完成20个农村敬老院消防安全改造项目和16个居家养老服务中心（农村互助养老服务站）提质改造，投入资金524万元。

【养老院服务质量提升专项行动】 2019年，全市民政部门启用云南省“互联网＋智慧养老”平台管理系统，全市所有养老机构和床位信息、入住养老机构老年人信息全部录入系统。及时下拨养老机构运营经费851万元（省级451万元，市级400万元），确保全市投入使用的养老服务机构和设施能正常提供有效养老服务。加强养老机构安全生产管理，对澄江县、华宁县、通海县和红塔区10家存在消防安全隐患的养老服务机构实施整改。建立《民政系统养老服务安全监管约谈制度》和养老服务机构《三自主两公开一承诺》制度。开展养老机构管理等级评定，通过政府采购第三方社会评价机构对全市49家申请参评的养老服务机构统一开展等级评定工作，共33家养老院达到等级养老机构标准，其中3星级5家，2星级10家，1星级18家。为进一步提升全市养老服务机构服务质量开启新的管理模式。

【养老服务体系建设】 2019年，全市民政部门建立养老服务体系建设2019—2021年项目储备库，筛选储备各类养老服务项目1 478个，优先筛选54个项目积极向上级民政部门争取资金支持。开展失能老年人情况调查，导入省“互联网＋智慧养老”平台系统数据5 862人，其中特困供养失能人员455人。市政府办公室印发《玉溪市开展覆盖全社会养老服务体系建设试点工作实施方案》，启动全市覆盖全社会养老服务体系建设试点工作，提出到2020年，全市养老服务体系建设基本实现“三级一有”目标，即“每个县（区）最少有一个老年公寓、乡镇（街道）按照区域整合最少有一个以农村敬老院为基础的养老服务中心、每个村（社区）最少有一个居家养老服务中心或者老年人活动中心。全市构建起以居家为基础、社区为依托、机构为补充、医养相结合，养老服务供给与人口老龄化进程相适应、与经济社会发展水平相协调、与全面建成小康社会指标相衔接，功能完善、规模适度，相互衔接、互为补充的覆盖全社会特别是特困、失能半失能老年人的养老服务体系。

（史　丽）

关心下一代工作

【思想道德教育】 2019年，全市各级关工委紧紧围绕“庆祝新中国成立70周年”积极主动与相关部门配合，在全市青少年学生中广泛开展“两史”教育、“中华魂”主题教育、中华优秀传统文化教育、养成教育、“两有”教育、“学雷锋，见行动”实践活动、争当“新时代好少年”等青少年思想道德教育，把“传承红色基因，争做时代新人”主题教育引向深入，让广大青少年了解党史、新中国史和改革开放史，不断增强对中国特色社会主义的道路自信、理论自信、制度自信和文化自信，促进青少年德智体美劳全面发展。全市广大“五老”积极发挥政治优势、经验优势、威望优势和时空优势，协助、配合有关部门成立了宣讲团、演讲团，自编讲稿，深入学校、社区、企业、机关宣传党的十九大精神，帮助青少年学生正确理解和掌握习近平新时代中国特色社会主义思想的核心要义、精神实质、丰富内涵、实践要求，坚定走中国特色社会主义道路的信心，听党话、跟党走。年内，各级关工委成立思想道德宣讲团 304 个，有宣讲员 1 361 人，作报告 1 581 场，受教育人数 39.64 万人次。积极推荐玉溪聂耳纪念馆入选第三批全国关心下一代党史国史教育基地。

【关心下一代年度工作会】 2020 年 1 月 9 日，市委、市政府召开全市关心下一代工作会议。会议总结 2019 年工作、部署 2020 年任务，进一步统一思想、明确方向，不断推进全市关心下一代工作创新发展。市关工委成员单位领导及各县区党委或政府主管联系领导等 80 余人参加会议。副市长、市关工委副主任李劲松主持会议并讲话。市关工委执行主任黄宪庭做工作报告，并就 2020 年关心下一代工作提出三点要求：一要继续加强青少年思想道德建设，引导青少年树立和践行社会主义核心价值观，教育广大青少年听党话、跟党走；二要坚持不懈地为青少年做好事、办实事、解难事；三要进一步加强自身建设，努力建设一支高素质的“五老”队伍。

【老同志读书班】 2019 年 12 月 3—4 日，市关工委在市委党校举办玉溪市乡镇（街道）关工委老同志读书班。全市乡镇（街道）关工委驻会老同志及在职专兼干部，各县区关工委常务副主任，等 114 人参加。读书班邀请了市委党校副教授魏旭萍做《坚定中国特色社会主义制度自信　开启中国之治的崭新篇章——深入学习党的十九届四中全会精神》专题辅导，使全体学员进一步坚定理想信念，增强做好新时代关心下一代工作的信心和责任意识。各县区关工委结合工作实际，就如何学习宣传贯彻好党的十九届四中全会精神进行了分组讨论。最后，玉溪市关工委副主任杨凤荣作了读书班小结。

【假期活动】 2019 年，市关工委、市教育体育局继续在各县区采取统一要求、自行组织的办法举办以“爱祖国、感党恩、奋进新时代”为主题的玉溪市第十五届“关爱”夏令营和以“心系国防·奋进新时代”为主题的玉溪市少年军校第二十五期军政训练，全市 2 093 名中小学生参加夏令营活动，7 440 名中小学生接受军政训练和国防知识教育。7 月，市关工委联合市教育体育局、民宗局组织 28 名山区少数民族地区小优秀教师到贵州省遵义红色文化培训基地进行为期 6 天的关爱学习培训并撰写了 28 篇心得体会。各级关工委协同相关部门，充分利用重要时间节点，整合假日学校、家长学校、“留守儿童之家”、乡村少年宫等资源，积极开展“继承中华美德，弘扬民族精神”主题演讲、“墨香书法展示”“寻访红色足迹”“小小百家讲坛”“书画家进校园”“缅怀先烈·报效祖国”“保护母亲湖”等丰富多彩的假日教育活动。年内，全市各级关工委共举办假期活动 208 次，参加活动青少年 40 622 人次。

【“中华魂”主题教育活动】 2019 年初，市关工委、文明办、教育体育局、司法局、团市委联发《关于开展 2019 年“中华魂”（爱我中华——新中国成立七十周年）主题教育活动的通知》，征订《爱我中华——新中国成立七十周年》读本 18 308 册，在全市 387 所中小学的 18.1 万名师生及云南省第三强制隔离戒毒所九溪所区的 3 000 余名劳教强戒人员中开展主题教育活动，收到各县区、各学校推荐

2019 年 9 月，玉溪一小组织开展献礼祖国 70 年华诞活动　（李爱玲　摄）

2019年7月，峨山县关工委举办玉溪市第十五届“关爱”夏令营峨山县分营活动　（峨山县关工委提供）

的读书征文323篇。年内，在全国“中华魂”（腾飞的祖国—改革开放四十年）主题教育活动表彰中，市关工委获先进集体称号，荣获先进个人1人、优秀辅导员2人，学生荣获一等奖1人、二等奖1人、三等奖3人，受到中国关心下一代工作委员会、教育部关心下一代工作委员会、全国“中华魂”主题教育活动组织委员会的表彰；在云南省“中华魂”（腾飞的祖国—改革开放四十年）主题教育活动表彰中，5个单位获先进集体，学生荣获一等奖4人、二等奖5人、三等奖6人，荣获先进个人4人、优秀辅导员5人，受到省关心下一代工作委员会、教育厅、司法厅的表彰。

【济困助学活动】 2019年，市关工委、财政局开展困难家庭未成年人救助工作，发放省、市救助金31万元，救助困难家庭未成年人391人。市关工委深入贫困山区学校开展志愿者慰问活动11次，爱心救助款50 147.8元，慰问困境儿童156人次；“爱心圆梦大学”公益救助6人；协调资金5万元，新建“留守儿童之家”2个，至此，市关工委共建“留守儿童之家”28个。联合市残联持续帮扶6名残疾少儿困难家庭发展“生产自救”。与市慈善总会联合筹集爱心企业善款280万元，重点用于关心关注农村（社区）留守儿童、孤儿、单亲家庭子女、孤残青少年、贫困生、“触法青少年”、外来务工人员子女和残疾青少年的成长，协调配合有关部门帮助他们解决就医、就学、生活困难等突出问题，把关爱帮助活动落到实处。

【法制教育与帮教】 2019年，全市各级关工委主动配合相关部门，继续以第三届“关爱明天、普法先行”青少年普法教育活动为载体，开展模拟法庭、警示教育、以案释法、现身说法、巡回法庭、预防青少年犯罪研讨、法律知识竞赛、黑板报、广播宣传、征文及演讲比赛等活动，进一步抓好法治宣传教育进学校、进农村、进社区的工作，使《宪法》《未成年人保护法》《预防未成年人犯罪法》等法律法规的学习宣传有声有色，效果显著。在对青少年的法治宣传教育中，突出对《宪法》的学习宣传，教育引导青少年从小知晓宪法、尊崇宪法，让青少年做社会主义法治的忠实崇尚者、自觉遵守者和坚定捍卫者。积极发动“五老”开展“结对一帮一”“亲情面对面”等帮教失足青少年活动。抓好禁毒防艾、网吧义务监督工作，全市有“五老”网吧监督员190人，监督城区网吧183个，农村网吧59个。开展“扫黑除恶”专项斗争宣传活动112场次，受教育青少年11.38万人次，发放宣传资料17 800多份。全市关工委系统配合参加法制宣讲1 294人，宣讲940场次，受教育人数45.43万人次。各级关工委有帮教员6 550人，其中老同志1 877人，帮教对象3 727人（其中未成年人2332人），通过帮教，有转变的2 399人（其中未成年人1958人）。

【未成年人司法项目工作】 2019年，全市各县区均成立未成年人司法项目领导小组及办公室，有序开展未成年人司法项目工作，取得了明显成效。在2018年全省未成年人司法项目工作评比中，玉溪市及红塔区未成年人司法项目指导小组办公室被评为先进单位，2人被评为先进个人。各县区未成年人司法项目办应邀参与公安机关首次、后续维权467人次，参与检察机关维权106人次，参与法院庭审63人次；接受检察机关委托进行社会背景调查117人，提出司法分流建议

39 人，办案机关采纳意见分流 34 人；组织帮教触法未成年人 112 人，有明显转化并终止帮教的 45 人，继续帮教触法未成年人 67 人。

【家庭教育】 2019 年，全市各县区关工委积极配合妇联、教育体育局等部门，继续以三种不同类型的办学形式坚持举办家长学校，不断引导家长树立正确的家教观念。6 月，市关工委、妇联、教育体育局联合在全市范围内征集家庭教育优秀讲稿。全市各级关工委成立家庭教育讲师团 198 个，有成员 869 人，配合举办家长学校 13 321 期，讲课教师 2 013 人，受训家长 23.86 万人次。

【农村青年致富培训】 2019 年，全市各级关工委继续坚持扶贫同扶志、扶智相结合，重视对回乡初、高中生的技能培训，通过举办农村青年养殖、种植等培训班，助力脱贫攻坚。各级关工委联合相关部门成立农村（社区）青年致富报告团 126 个，参与报告人数 461 人，作报告 354 场；举办农村青年科技培训 943 期，受训青年 8.83 万人次，投入培训经费 116.5 万元。全市有科技致富带头人 1 604 人，共建立农村青年"讲政治、育新人、学科技、奔小康"教育示范科技培训基地 150 个，培育农村青年致富带头人 2 060 人次。

（李雪梅）

残疾人事业

【概　况】 2019 年，市残联按照中央、省委、市委的决策部署要求，全力推动实现"全面建成小康社会，残疾人一个也不能少"的总目标，不断满足残疾人美好生活需要，全市残疾人工作者牢记"为广大残疾人谋幸福、为残疾人事业谋发展"的初心和使命，锐意进取、开拓创新，努力推动新时代玉溪残疾人事业高质量跨越式发展。澄江县残联被国务院残疾人工作委员会表彰为残疾人之家，江川区残联被评为全省教育工作先进区残联，元江县残联被评为全省扶贫工作先进县残联，新平县残联被评为全省社会保障工作先进县残联。2019 年，在"全国助残日"及"春节"前夕，全市各级党政领导走访慰问残疾人 2 166 名，慰问现金 85.20 万元。

【全国助残日活动启动仪式暨省残疾人就业（玉溪）专场招聘会】 2019 年 5 月 13 日，由省残联、省人社厅、市政府主办，市残联、市人社局、市教体局承办的 2019 年玉溪市全国助残日活动启动仪式暨云南省残疾人就业（玉溪）专场招聘会在聂耳广场举行，省残联党组书记、理事长王兴宁、市人大常委会副主任龙兰、副市长李劲松、政协玉溪市委员会副主席杨建敏、省残联党组成员、理事、省残疾人劳动就业服务中心主任徐彦国和市直有关单位领导出席启动仪式并参加系列助残活动。启动仪式上副市长李劲松致辞，徐彦国主任代表省残联讲话。省残疾人辅助器具资源中心、中国狮子联会云南代表处向玉溪市援助辅助器具适配项目和捐赠文化助残礼包，6 家爱心企业为残疾人捐赠辅助器具。市特殊学校聋哑学生表演了精彩的文艺节目。活动共收到爱心机构和企业捐赠价值 128.556 万元残疾人辅助器具及其他物资；45 家企业参加残疾人就业招聘会，提供 10 个工种 400 多个就业岗位，239 名残疾人参加应聘，127 名残疾人签订意向协议；市盲协和市特校盲障学生为社会群众服务 180 余人次；市特校学生创作的艺术作品和文艺节目演出受到群众好评。

【残疾人技能培训】 2019 年，全市残联培训农村残疾人种养业实用技术 3 186 人次，培训手机维修、刺绣等各类残疾人技能 1 500 人次，组织 5 名残疾人参加省级手工编织和电子商务综合技能培训班，输送 3 名职业能手代表云南省参加全国残疾人职业技能竞赛，获陶艺项目第六名、第八名。组织盲人按摩培训 6 期，培训按摩师 156 人次，35 名盲人取得医疗按摩师证书，投入资金 5.7 万元对 5 家盲人保健按摩机构进行规范化建设，有效提高盲人综合素质和社会竞争力。

【残疾儿童康复救助】 2019 年 4 月，市政府制定出台《关于建立残疾儿童康复救助的实施意见》，市残联联合相关部门制定出台残疾儿童康复救助配套措施。各县区政府分别制定出台当地的《残疾儿童康复救助实施意见》，全市共为有康复需求的 150 名 0—6 岁残疾儿童实施康复救助，残疾儿童康复救助工作实现应救尽救。

【残疾人康复服务】 2019 年，全市残联深入开展残疾人精准康复需求调查，全市有康复需求的残疾人 33 721 名，32 585 人得到基本康复服务，康复服务率为 97%；辅助器具适配有需求 5 861 人，已服务 5 395 人，辅助器具适配率 92%。针对残疾人康复需求，组织实施一系列惠及广大群众的康复项目。完成复明手术 3 635 例、发放辅助器具 1 343 件、为 80 名截肢残疾人安装假肢。为 427 名听力残疾人验配助听器。为 200 例重度精神病患者提供免费住院救助、1 350 例精神病患者提供免费服药救助工作，为 1 849 名重度残疾人开展"阳光家园"居家托养服务。

【残疾人教育】 2019 年，市残联以全力保障残疾人享有平等教育权利为目标，开展助学活动，积极争取省彩票公益金助学项目资金 24 万元，资

2019 年 5 月 13 日，玉溪市全国助残日活动启动仪式暨云南省残疾人就业（玉溪）专场招聘会在聂耳广场举行　（市残联提供）

助贫困残疾人学生及残疾人子女就学189人。投入资金82.09万元救助考取大中专院校的残疾人及残疾人子女369人，投入资金60万元为在校中小学残疾学生发放生活补助1 033人。各级残联认真组织开展“六一”节看望慰问特校残疾儿童活动，对学生给予每人300—500元的慰问。全市随班就读残疾儿童少年732人，特校就读538人，其中“送教”312人，参与送教上门的教师及康复员334人，累计送教上门服务8 000人次。同时采取跟班就读、建设残疾儿童资源教室等措施，确保全市残疾儿童无人辍学。

【残疾人脱贫攻坚】 2019年，市残联多措并举助力残疾人脱贫攻坚工作。主动配合人社、医保部门落实残疾人参加城乡居民基本养老保险和医疗保险补贴政策，督促完成自缴费用的兜底缴费，做到不漏一人、全面覆盖。配合市民政局开展低保动态管理，确保符合条件的残疾人及时享受低保政策，做到应保尽保。配合民政部门对全市32 983名残疾人两项补贴情况进行初审，做到符合条件的残疾人应发尽发、应补尽补。配合住建部门做好农村4类重点对象危房存量核查中的残疾人家庭信息比对工作，协助开展危房认定。全面完成4类重点对象中残疾人危房改造1 392户，对新增的237户农村贫困残疾人实施危房改造。协调省残联投入230万元专项资金，对通海8.13、8.14地震受灾残疾人383户开展灾后重建无障碍设施改造工作。为100户贫困残疾人家庭实施无障碍改造。培训农村残疾人实用技术3 186人，向中央财政争取资金68.692万元为2 642名肢体残疾人发放残疾人机动轮椅车燃油补贴。

【残疾人文体活动】 2019年，全市残联举办“全国助残日”文艺晚会3场，开展各具特色的文化活动80场。举办全市首届盲人朗读比赛，选送3名盲人参加全国演讲比赛，获1个二等奖、2个优秀奖。邀请省残疾人体育指导中心教练到各县区挑选残疾人运动员，选拔出残疾人运动员120名，向省队输送运动员25名。组织残疾人田径运动会及体育趣味活动，246名残疾人参加比赛。

【协会活动】 2019年，市残联以使“残疾人在残疾人组织中更加活跃、残疾人组织在基层更加活跃、残疾人和残疾人组织在社会上更加活跃”为目的，围绕“庆祝祖国70华诞”为主题组织5个专门协会开展红歌联唱、拔河比赛、棋牌比赛、看无障碍电影等活动7场，400多名残疾人及家属参加活动。举行“盲人智能听书机借阅启动仪式”，将58部盲人智能听书机捐赠给盲人朋友使用。

【市政府惠民实事】 2019年市政府惠民实事任务是为贫困残疾人家庭实施无障碍改造100户，为残疾人免费适配辅助器具1 000件，为贫困重度精神残疾人实施免费医疗救助，住院200人、服药1350人。全年共完成贫困残疾人家庭无障碍改造100户，完成率100%。完成残疾人免费适配辅助器具1 343件，完成率达134%。完成精神残疾人住院救助200人、服药1 350人，完成率100%。

（张　莉）

慈善事业

【概　况】 2019年，全市认定慈善组织6个，具有公开募捐资格的慈善组织7个。创新慈善事业发展新路径，积极探索“党建＋公益”行动计划，广泛发动社会组织开展扶贫济困、赈灾救孤、扶老助残等慈善活动，累计捐款3 110万元，志愿帮扶820次参与志愿者1.7万人（次）、帮扶人数19.98余万人。实施“小桔灯夜校”“四点半课堂”“壹乐园”等儿童服务项目，服务儿童1 957人次、时长2 146小时。做好福利彩票销售发行，完成销售福利彩票3.82亿元。市慈善总会接收捐款644.77万元，组织实施一批扶贫、助医、助学、助残、扶老等项目。组织开展“福彩助学·爱心圆梦”贫困家庭大学新生资助活动，资助贫困大学生632人，其中建档立卡家庭学生58人，城乡低保家庭学生89人，重点优抚对象、困难残疾人家庭学生58人，其他困难群众427人，发放资助资金189.6万元。市慈善总会服务爱心企业捐款121万元，为24个街道、社区、村、小组开展精准扶贫，用于党群服务中心、社区基础服务设施、卫生室、道路硬化、人居环境整治等建设。接收玉溪市老龄事业发展促进会捐赠9.69万元，定向用于扶贫、扶老、救孤、恤病、助残等社会慈善事业。接收中国人寿保险股份有限公司玉溪分公司捐赠13万元，用于红塔区计生特殊困难家庭救助。为全市44名抗战老兵，发放生活补助金15.48万元。

【助学助教】 2019年，全市接收爱心企业捐款337.425万元，并从市慈善总会创始资金中拨款0.7万元开展助学、助教工作。争取“衣恋阳光助学款”在云师大易门附属中学实施，项目每年从云师大易门附属中学的新生中挑选50名贫困高中生，每学年每人资助3 000元的助学款，共发放3年，解决部分贫困家庭学费问题，2019年为2018级、2019级学生发放助学款及走访、慰问费共30.225万元。接收易门铜业有限公司捐赠10万元，定向用于易门县助学。接收云南玉溪仙福钢铁（集团）有限公司捐赠80万元、云南玉溪玉昆钢铁集团有限公

2019年3月21日，暖暖公益协会爱心人士为市社会福利服务中心城乡福利院老人捐赠物品　（市民政局提供）

司捐赠 200 万元，定向用于市关委在全市困境儿童中开展助学、助困、助残、助孤、助医等“五助”关爱帮扶活动，建立“留守儿童之家”，帮扶残疾少儿困难家庭开展“生产自救”，举办“关爱”夏令营、少年军校、少数民族教师关爱学习培训及未成年人司法项目等慈善公益工作。接收玉溪星启眼科视光有限责任公司捐赠 7.2 万元，用于团市委“爱心圆梦大学”公益项目及抗旱进校园送水等活动。接收红塔烟草（集团）有限责任公司玉溪卷烟厂捐赠 6 万元，用于“小桔灯夜校”，为流动儿童、单亲家庭儿童、贫困家庭儿童提供学习辅导服务。接收中国人寿保险股份有限公司玉溪分公司捐赠 4 万元，定向用于玉溪第二中学购置电教钢琴教育教学设备及 1 名特困大学生困难救助。

【助医助残】 2019 年，全市接收捐款约 142.17 万元用于开展助医、助残工作。按省慈善总会要求，定向接收省慈善总会下拨捐款 50 万元，在玉溪先施医院设立“爱心公益医疗费用救助基金”，为建档立卡户、贫困家庭、重急病患者等进行救助，截至 2019 年 12 月 18 日，为全市 621 名贫困家庭重、急病患者发放救助款 43.51 万元。接收湖南爱眼公益基金捐赠 80 万元，联合市残联会、玉溪华山眼科医院共同实施“慈善玉溪光明行”公益救助项目，为残疾困难人群眼疾病（白内障、翼状胬肉等眼部常见多发疾病）患者提供慈善医疗救助及手术救治。2018 年 10 月至 2019 年 9 月为全市 1160 名中、老年人白内障、翼状胬肉等眼病患者进行手术救助。开展特重贫困病人救助工作，争取省慈善总会大病救助资金 6 万元，救助特重贫困病人 3 人。市工业和信息化局退休老职工个人捐赠 61 735.04 元，用于开展助残工作。

（史　丽）

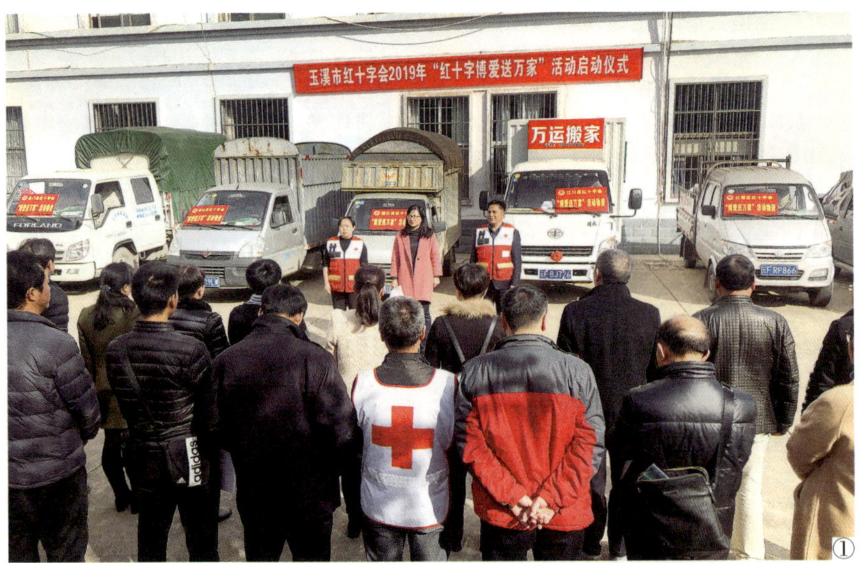

① 2019 年，全市各级红十字会积极开展“红十字博爱送万家”活动，共筹集到救助款物价值 54.2 万元，通过各县区红十字会及时送到困难群众手中，活动惠及全市 33 个乡镇街道 6034 人。图为 2019 年 1 月 14 日活动启动仪式　②玉溪卫校红十字志愿服务队进行救援救护知识和技能培训

（市红十字会提供）

红十字会

【市红十字会第四次会员代表大会】 2019 年 12 月 12—13 日，市红十字会第四次会员代表大会召开。大会听取并审议通过题为《高举习近平新时代中国特色社会主义思想伟大旗帜　推动玉溪红十字事业发展再上新理事会、监事会领导班子，曾敏任会长，欧光荣任常务副会长，田海泉任副会长，陈挺、曲校德、孙乔宽任兼职副会长；沐德能任监事长，彭曾平任副监事长。

【红十字博爱周活动】 2019 年 5 月 8 日，在第 72 个“世界红十字日”到来之际，市红十字会与市文明办联合在聂耳文化广场举行 2019 年红十字博爱周活动启动仪式，副市长、市红十字会会长曾敏参加启动仪式并讲话，红十字团体会员单位、理事单位及红十字志愿者代表 400 余人参加活发出“博爱一日捐”倡议，各单位汇报组织捐款情况，活动收到 59 家单位“博爱一日捐”爱心捐款 43.21 万元。

【应急救护培训】 2019 年，市红十字会与市交通局、市教体局等单位联合发文，在公共交通、学校、社区、消防、旅游等重点行业和人群中开展公益培训和救护员培训。全年开展公益培训 121 场次，参加培训人员 3.47 万余人。7 月 23 日，市红十字会举办全市处级以上领导干部应急救护知识讲座，近 600 名副处级以上领导干部聆听讲座。

【“红十字服务进社区”项目】 市红十字会与市委组织部联发工作方案，依托社区党群服务中心，在城市社区普遍建立红十字服务站工作。2019年，在全市60个城市基层党建示范点党群服务中心建设红十字服务站。在各县区选择试点，以群众需求为导向，依托社区党群服务中心建设社区红十字家园，红塔区、江川区、新平县的社区建成红十字家园10个，在普及应急救护知识、处置突发意外灾害、开展人道志愿服务等方面发挥积极作用。

【红十字生命健康安全体验馆开馆】 2019年9月19日，市红十字生命健康安全体验馆开馆揭牌暨AED捐赠仪式举行。体验馆面积173平方米，分为红十字运动知识、应急救护、家庭安全等八个模块，为市民提供学习、体验应急救护知识的场所。至年底，300余人到体验馆参观学习。

【募捐救助】 2019年，全市红十字会积极开展筹资募捐工作，共筹集款物合计368万元，其中市本级收到捐款173.82万元，救助964人。在关注民生、救助社会弱势群体、助力脱贫攻坚等方面中发挥了积极作用。

【旅游景区红十字救护站建设】 2019年，在通海秀山，澄江孤山、禄充，新平磨盘山、哀牢山等5个景区建成红十字救护站，在救护站设置红十字服务柜，摆放常用应急救护药品、急救箱、AED等器械，由市红十字会对景区管理人员进行救护员培训，为游客提供急救服务。旅游景区救护站的建成，增强了景区处理突发意外事故的能力，提高了旅游景区应急救护水平和游客的自救、互救意识。

【救援保障能力建设】 2019年，玉溪市红十字应急救护队、玉溪市红十字赈济救援队、通海县红十字名邦救援队及玉溪师范学院、玉溪卫校、玉溪通力集团、玉溪阳光、玉溪农职院等8支红十字志愿服务队成立，发展志愿者314人。市红十字会分别对8支志愿者队伍开展救援救护知识和技能培训。通过实施红十字救护救援保障能力建设项目，扩大了红十字志愿者队伍，提升了社会力量参与红十字救援救护的能力。

【“三献”宣传】 2019年，市红十字会积极宣传“三献”相关知识，提高公众知晓率和参与率，采集造血干细胞捐献志愿者血样80人份，并将个人的血样检测信息资料录入中华骨髓库等待配型。16人登记成为捐献人体器官志愿者，1名人体器官捐献志愿者逝世后捐献器官组织，挽救了重症患者的生命，充分彰显了“人道、博爱、奉献”的红十字精神。

（杨　梅）

新平戛洒平寨　（崔永红　摄）

油菜花黄幸福来 （刘 斌 摄）

县（区）概况

GENERAL SITUATION OF THE COUNTRIES AND DISTRICT OF YUXI

责任编校：王 斌

红塔区

【地理位置】 红塔区位于云南省中部，玉溪市西北部，位于东经102° 17′ 32″—102° 41′ 37″，北纬24° 08′ 30″—24° 32′ 18″ 区间，东与江川区相连，东南与通海县毗邻，西南与峨山县交界，北与晋宁区接壤。距省会昆明88千米。区内交通便利，213国道、昆磨高级公路和昆玉铁路、玉蒙铁路纵贯南北，形成云南省南北交通枢纽，是泛亚铁路东线、中线和昆曼、昆河高速公路等区域性国际大通道的交汇区域。

【自然概貌】 红塔区平面形态呈北宽南窄不规则三角形状，区境四面环山。市区中心——州城海拔1 630米，境内最高点（高鲁山）海拔2 614米，最低点（玉溪与通海交界处的曲江河滩）海拔1 502米。幅员周边长161千米，区域面积1 004平方千米，森林覆盖率61.33%。土壤酸碱性适中，有机质含量和熟化程度高，宜种性广。境内地层褶皱、断裂构造复杂，水系比较发育，玉溪大河横贯其间，河流的主干和支干流总长350余千米，河网密度0.35%，水资源年均总量4.3亿立方米，其中地下水占29%。境内自然资源丰富，有动物、植物1 500多种。矿藏有铁矿、硅矿、煤等16个矿种，有大、中、小矿床28个，矿点11个。

红塔区为中亚热带半湿润冷冬高原季风气候，冬无严寒，夏无酷暑，气候宜人。2019年平均气温17.7℃，极端最高气温33.6℃（5月19日），极端最低气温-1.7℃（12月7日）。全年日照时数为2 348.7小时，日照率53%。霜降从2018年11月27日始至2019年2月7日止，共73天；全年降雨131天，降雨量671毫米。年内冬季阶段性低温天气明显，低温霜冻较常年略偏重；春夏干旱较常年偏重。2019年气候条件对库塘蓄水、森林防火极为不利，对交通、旅游较有利，对农业生产属偏差年景。

【行政区划】 红塔区设玉兴、玉带、凤凰、北城、大营街、研和、李棋、春和、高仓9个街道和洛河、小石桥2个彝族乡；村委会（社区居委会）104个，其中社区94个、村委会10；村（居）民小组1 106个，其中社区居民小组1 035个、村民小组71个；自然村437个。

【人口民族】 2019年末，全区总户数186 170户、总户籍人口459 324人。其中，乡村人口186 201人，城镇人口273 033人；少数民族人口为76 840人，占总人口的16.7%，有30个民族，其中世居民族有汉、彝、回、白、哈尼5个。人口密度457人/平方千米。年内出生人口5 441人，出生率11.91‰，死亡人口2 508人，死亡率5.49‰，净增人口2 933人，人口自然增长率6.42‰。

【城市建设和生态环境】 2019年，红塔区按照中心城区“一心一轴两片八组团”的总体空间布局，建设“科教创新城、健康宜居城、生态园林城”。玉溪卫校迁入科教创新城办学，推进市体校、市少体校、职教园区基础设施建设等项目。创新创业中心等一批新建项目不断加快，中电科技等一批已签约项目挂牌入驻。新建市儿童医院、市人民医院改扩建项目建成投入使用。开展城区9个老旧小区改造试点，税务小区等4个示范点，辐射带动全区既有住宅加装电梯。推动玉交集团片区、老五街片区棚户区改造，提升城市综合承载力。

打造最美红塔、花城建设，累计投资1.4亿元，绿化面积50余万平方米，形成“春花、夏荫、秋绚、冬绿”丰富植物景观。完成中心城区范围内4.7万余株行道树和绿地乔木、灌木31.78万平方米、草坪植被20.36万平方米、水面3 800平方米、游路硬地3.8万平方米的管护保洁。

2019年，开展农村集体土地清理整治及规范管理农村集体资产资源，全区拆除临违建筑50.13万平方米，拆除率8.5%。1.21万户农村危房改造全部开工建设，竣工1.03万户，竣工率85.7%。推进农村厕所革命，改造了5 731座镇区公厕、行政村公厕、户厕；加快推进农村人居环境提升PPP项目前期工作；实施黄草坝玉碗水传统村落建设和新寨水库周边村落环境综合整治工程；争取中央资金2 375万元实施赵元河流域村落污染综合治理。

在区级、街道、社区、街巷建立和巩固四级城市网格管理，城市管理工作中的短板逐渐消除，城市管理和公共服务水平逐步提升。加大执法力度，开展建筑垃圾和散体物料运输、非法运营、市容秩序、市场经营秩序、噪声污染等专项治理行动，中心城区交通秩序和市容环境明显改善。整治出店经营者、流动摊贩4万起，清理乱粘乱贴违法宣传广告1.9万起，拆除布标1 000余条；清理沿街散发小广告1 600多起。城市下水道清淤和排水设施维护，清除淤泥及垃圾1 200立方米；修复市政道路路面3.9万平方米，沥青补缝8.8千米、更换修复窨井盖、雨水篦子67个。城区环境卫生，城市清扫保洁机扫率70%。推进生活垃圾收集转运系统、生活垃圾焚烧发电PPP项目，生活垃圾卫生填埋厂日均处理生活垃圾444.71吨，全年处理生活垃圾16.23万吨，城市生活垃圾无害化处理率98%以上，382个自然村建立垃圾收费制度。完成数字城管九大核心基础子系统建设，拓展了5个子系统，新增了行政执法子系统、执法通、移动考勤3个子系统，接入市级数字城管平台。

2019年，红塔区推进大气污染综合防治、饮用水源地周边环境保护、大河综合治理、生态文明体制改革，实行蓝天、碧水、净土保卫战，大营街片区5户企业“退二进三”，面源污染治理，推进全区国土空间绿化美化工程。黑臭水体和城镇污水治理，实行河（湖）长制，编制“一河一策”方案，建设信息平台。调查重点行业企业用地土壤污染状况，采集企业信息，清理排查全区固体废物存点。开展绿色示范创建，5家单位申报省级绿色社区（学校），通过市级审核“省级生态文明区”创建，通过考评验收。加强环境监管执法，扬尘污染防治，中心城区空气质量优良率90.9%以上。

【综合经济指标】 2019年，全区实现地区生产总值（现价）841.03亿元，按可比价计算（下同），比上年增长4.4%。人均生产总值实现生产总值162 832元，同比增4.0%。在生产总值中：第一产业（农业）增加值19.15亿元，同比增5.6%；第二产业（工业、建筑业）增加值508.74亿元，同比增2.3%；第三产业（除一、二产业外）增加值313.14亿元，同比增8.8%。三次产业在生产总值中的比重分别为：2.3%、60.5%、37.2%。区属生产总值455.51亿元。其中，第一产业（农业）增加值为19.15亿元，同比增5.6%；第二产业（工业、建筑业）增加值137.75亿元，同比增8.2%；

第三产业（除一、二产业外的行业）增加值 298.61 亿元，同比增 9.0%。不含红塔集团的三次产业在生产总值中的比重分别为：4.2%、30.2%、65.6%。

【固定资产投资】 2019 年，全区固定资产投资下降 17.7%，增速低于全市的 8.9 个百分点。其中民间投资增长 7.7%。在固定资产投资完成总额中，非房地产投资同比下降 26.5%；房地产开发企业投资同比增长 5.1%。从产业投资情况看，第一产业投资同比增长 20.1%；第二产业投资同比下降 15.8%，其中工业投资同比下降 15.9%，非电力工业投资同比下降 15.5%；第三产业投资同比下降 18.8%。从主要行业投资完成情况看，生产经营性行业投资同比下降 12.4%，占投资完成总额的 23.0%，比重同比增长 1.4%；房地产行业同比下降 0.7%，占投资完成总额的 41.2%，比重同比增长 7.0 个百分点；基础设施建设投资同比下降 41.5%，占投资完成总额的 21.2%，比重同比下降 8.6 个百分点；社会公共事业投资同比下降 16.6%，占投资完成总额的 14.6%。

【农　业】 2019 年，红塔区农、林、牧、渔业（现价）总产值 34.88 亿元，同比（可比价，下同）增长 5.7%。其中，种植业产值 23.03 亿元，占农业总产值的 66%，同比增长 6.6%；畜牧业产值 11.17 亿元，占农业总产值的 32%，同比增长 3.3%；其他产值 6 800 万元，同比增长 11%。全年农业增加值完成 19.31 亿元，同比增长 5.5%。其中，种植业 14.87 亿元，同比增长 6.2%；畜牧业 4.03 亿元，同比增长 3.2%；其他 4 100 万元，同比增长 7%。

2019 年，全区乡村从业人员 18.64 万人，比上年减 767 人。其中男劳动力 9.54 万人，女劳动力 9.10 万人。在农村从业人员中：从事第一产业的从业人员有 6.40 万人，占农村从业人员的 34.3%，比重比上年下降 0.5 个百分点；从事二产业的从业人员有 6.61 万人，占农村从业人员的 35.5%，比重下降 0.4 个百分点，从事三产业的从业人员有 5.62 万人，占农村从业人员的 30.2%，比重上升 0.9 个百分点。

2019 年，全区经济作物种植面积 18 737.27 公顷，比上年减少 457.20 公顷，减 2.4%；烤烟播种植面积 2 304.33 公顷，比上年减少 12.27 公顷，减 0.5%；烤烟总产量 463.41 万千克，比上年减少 15.28 万千克，减 3.2%；油料种植面积 2 643.93 公顷，比上年减 18.4%，产量 689.69 万千克，比上年减 13.8%。全年蔬菜种植面积 11 380.53 公顷，比上年减少 37.93 公顷，减 0.3%；蔬菜总产量为 29 405.43 万千克，比上年增加 1 149 万千克，增长 4.1%；花卉种植面积 888.27 公顷，比上年增 304.27 公顷，增 52.1%。全年粮经作物种植比例由上年的 20.31 ：79.69，调整为 22.14 ：77.86，经济作物比重比上年下调 1.83 个百分点。

年末，生猪存栏 11.37 万头，同比减 13.5%，其中存栏能繁母猪 6 900 头，减 2.8%。生猪出栏 22.49 万头，减 4.4%；出栏肉牛 8 800 头，增 37.4%；出栏家禽 450.36 万只，减 26.1%。肉蛋奶总产量 5 028.6 万千克，同比减 6.1%；猪、牛、羊肉总产量 2 297.9 万千克，同比减 8.3%，其中猪肉产量 2 083.2 万千克，同比减 10.3%；禽蛋产量 1 722.50 万千克，同比增 28.0%。

2019 年，全区完成计划绿化造林 225.03 公顷，其中林地征占用植被恢复造林 106.67 公顷，义务植树基地造林 5.67 公顷，绿色廊道工程绿化 25.38 公顷，义务植树 72.6 万株。全区有湿地总面积 985.37 公顷，其中人工湿地 812.05 公顷，自然湿地 173.32 公顷。林业有害生物发生面积为 1 973.33 公顷，主要是小蠹虫和金龟子，重点采取人工清理蠹害木、喷粉和喷烟的方法防治，防治率 100%；无公害防治面积 1 960 公顷，无公害防治率 99.4%。

2019 年，全区新建衬砌渠道 1 条；新建蓄水池 18 座、水窖 77 座，铺设镀锌钢管灌溉管道 7 736 米；砼硬化机耕路 4 条、长 5 415 米。通过项目建设高标准农田 353.33 公顷，受益建档立卡贫困户 66 户、254 人，在高仓龙树建设高标准农田 613.33 公顷。村镇公厕实现各乡（街道）所在地建成 2 座以上，村镇公厕覆盖率 100%。土地流转面积 4 253.33 公顷。完成土地承包经营权确权登记颁证，确权耕地面积 1.18 万公顷，确权承包农户 6.85 万户。开展清产核资，完成 77 个村（社区）、756 个村（居）民小组清产核资。规范发展农民合作社，新增农民专业合作社 2 个，认定市级示范社 2 个。新增家庭农场 5 个，认定市级示范场 5 个。兴修农田水利设施，治理水土流失面积 4 平方千米，投资 84.7 万元对 16 件小型水库工程维修养护，推进秧田冲水库、玉兴幸福水库等小型病险水库除险加固工程。实施农村饮水安全巩固提升工程 82 件，改善 7 万余人的饮水安全问题，其中涉及贫困行政村 15 个，受益建档立卡贫困户 1 197 户、建档立卡贫困人口 4 340 人。

【工　业】 2019 年，全区工业总产值（现价，下同）完成 1 066.62 亿元，比上年同期增长 8.2%。其中规模以上工业产值完成 1 026.06 亿元，同比增长 8.3%。区属工业总产值完成 561.49 亿元，同比增长 14.3%，其中区属规模以上工业总产值完成 520.93 亿元，同比增长 15.1%。在区属工业中，钢铁产业、装备制造业、战略性新兴产业、农产品加工业有所增长，卷烟配套产业略有下降。钢铁产业实现总产值 258.37 亿元，同比增长 18.7%，占区属工业总产值的 46.0%；卷烟配套产业实现总产值 32.39 亿元，同比下降 1.4%，占区属工业总产值的 5.8%；战略性新兴产业实现总产值 41.80 亿元，同比增长 6.8%，占区属工业总产值的 7.4%；农产品加工业产值 50.81 亿元，同比增长 2.2%，占区属工业总产值的 9.0%；装备制造业实现产值 42.15 亿元，同比增长 19.3%，占区属工业总产值的 7.5%。

2019 年，区属规模以上工业企业实现主营业务收入 510.45 亿元，同比增长 13.3%；工业企业实现利税总额累计 36.16 亿元，同比下降 5.4%。其中利润总额 24.72 亿元，同比下降 6.4%。亏损企业 31 户（亏损面为 24.4%），比上年增加 4 户；亏损企业亏损总额 1.18 亿元，同比下降 5.5%。涉及 23 个行业中，计算机、通信和其他电子设备制造业、食品制造业、黑色金属冶炼和压延加工业、化学原料和化学制品业等 7 个行业的利税总额为负增长，其他行业保持较快发展。计算机、通信和其他电子设备制造业实现利税总额 2 300 万元，同比减少 87.7%；食品制造业实现利税总额 4.99 亿元，同比减少 18.6%；黑色金属冶炼和压延加工业实现利税 10.37 亿元，同比减少 14.5%；化学原料和化学制品业实现利税总额 1.08 亿元，同比减少 13.4%。非金属矿物制品业实现利税总额 3.97 亿元，同比增长 42.4%；

电力供应业实现利税 2.58 亿元，同比增 15.1%；印刷业实现利税 1.44 亿元，同比增 12.4%；医药制造业实现利税 4.34 亿元，同比增长 5.3%。水泥产量 334.12 万吨，同比增长 40.9%。钢铁行业的生铁产量 503.72 万吨，同比增长 3.1%；粗钢产量 547.97 万吨，同比增长 2.8%；钢材产量 523.72 万吨，同比增长 1.4%。塑料制品产量 8.62 万吨，同比增长 3.6%；金属切削机床产量 7 250 台，同比增长 31.8%。

【房地产业】 2019 年，全区房地产开发企业完成投资 60.06 亿元，同比增 5.1%。其中住宅投资 41.93 亿元，同比增 3.6%；办公楼投资 5 000 万元，同比下降 49.3%；商业用房投资 4.06 亿元，同比下降 20.0%；其他投资 13.57 亿元，同比增 28.2%。住宅投资占房地产开发投资总额的 69.8%。年末，全区有联网直报的房地产开发企业 49 家，其中具有一级资质等级 1 家，二级资质等级 9 家，三级资质等级 7 家，四级资质等级 12 家，五级资质等级 20 家。有项目开发的房地产公司 37 家，共 45 个在建楼盘，其中新开工项目 10 个。

【商业物流业】 2019 年，红塔区电子商务发展迅猛，电子商务产业园入驻企业 45 户，线上销售额 9 175 万元，建成洛河、小石桥农村电子商务服务站。消费拉动经济增长的作用持续增强，城乡地区结构改善，假日经济、旅游经济推动消费品市场快速发展。全年完成社会消费品零售总额 197.96 亿元，同比增长 11.9%。分销售地域看，城镇消费品零售额 172.38 亿元，同比增长 11.7%，其中城区实现零售额 158.25 亿元，同比增长 11.8%；乡村实现零售额为 25.58 亿元，同比增长 13.2%。从消费形态看，餐饮收入 30.32 亿元，同比增长 10.3%；商品零售额 167.64 亿元，同比增长 12.2%，占全区消费品零售总额的 84.7%。年末，全区公路货运周转量 1 060 730 万吨千米，同比增长 14.6%；公路客运周转量 42 635 万人千米，同比增长 8.4%。公路货运量 5 465 万吨，同比增 11.8%；公路客运量 508 万人，同比增长 2.2%。

【招商引资】 2019 年，红塔区加大落实重点产业招商引资优惠政策、工业项目投资优化奖补政策，加强招商引资项目管理措施，推进"三城"建设，打造七大产业集群招商。召开"相约春天，共筑梦想""相约红塔，收获金秋"招商大会，参加昆交会、南博会，到全国各地进行点对点和精准招商。加强与泛珠三角、长三角、环渤海、成渝经济区等重点区域对接，推动区域经济交流合作。年内，实施市外国内招商引资项目 55 项，引进资金 309.18 亿元，同比增长 3.1%，其中到位省外资金 294.0 亿元，同比增长 2.4%。实施外资项目 2 个，到位外资 589.37 万美元。

【对外经济】 2019 年，全区进出口总额 3.89 亿美元，比上年增加 1.93 亿美元，同比增长 98.2%。其中出口总额 3.85 亿美元，比上年增加 1.93 亿美元，同比增长 100%；进口总额 461 万美元，比上年增加 48 万美元，同比增长 11.6%。

【财政金融】 2019 年，全区财政总收入完成 35.57 亿元，同比下降 4.7%。全区地方公共财政预算收入完成 18.08 亿元，比上年同期增加 1 800 万元，增长 1.0%；地方公共财政预算支出完成 34.49 亿元，比上年同期减少 1 500 万元，下降 0.4%；其中财政八项支出完成 28.31 亿元，同比增长 11.0%。

2019 年末，全区金融机构人民币各项存款余额为 1 129.12 亿元，同比增加 69.91 亿元，增长 6.6%。其中，住户存款余额 372.76 亿元，同比增加 34.55 亿元，增长 10.2%；非金融企业存款余额 518.75 亿元，同比增加 14.83 亿元，增长 2.9%；机关团体存款余额 210.65 亿元，同比增长 3.40 亿元，增长 1.6%。全区金融机构人民币各项贷款余额 715.57 亿元，同比增加 137.42 亿元，增长 23.8%。从贷款用户看，住户贷款余额 219.49 亿元，同比增加 58.93 亿元，增长 36.7%；非金融企业及机关团体贷款余额 495.08 亿元，同比增长 80.49 亿元，增长 19.4%。

【交通邮电】 2019 年，全区公路通车里程 1 430.9 千米，与上年持平。其中，国道 141.1 千米，省道 22.2 千米，县道 162.8 千米，乡村道路 1 104.8 千米。公路网密度 142.5 千米 / 百平方千米。年末，全区有机动车 24.84 万辆，其中汽车 17.41 万辆（载客汽车 14.30 万辆、载货汽车 2.98 万辆、其他汽车 1400 辆）、挂车 2 600 辆、摩托车 7.4 万辆。机动车驾驶员 28.75 万人，其中汽车驾驶员 26.93 万人。

2019 年末，全区本地电话交换机总容量 430.81 万门，比上年增加 32.51 万门。固定电话机总数 4.26 万户，比上年减少 4 985 户；移动电话用户 67.81 万户，比上年增长 1.34 万户；电话普及率每百人 139 部，其中移动电话普及率每百人 131 部。互联网宽带用户平稳增长，有 21.43 万户，比上年增长 4.1%。

【科　技】 2019 年，红塔区完善科技创新创业政策体系，促成云南克雷斯制药有限公司与中国工程院院士张兴栋，建立天然药物深度开发院士工作站，与清华、北大、省科学技术院等一批科研院所及成果转化机构达成合作。认定高新技术企业 6 户、省级科技特派员 23 人。创业创新孵化基地被认定为省级科技企业孵化器，入驻企业 34 户，涉及人工智能大数据、虚拟现实系统开发及应用、工业机器人研发生产、生物医药等多个领域。知识产权新突破，专利申请 1 251 件，授权 927 件，专利有效量 526 件，每万人发明专利拥有量 10.19 件。实施质量强区战略，拥有省、市人民政府质量奖 3 项。

【教育体育】 2019 年，全区有学校（幼儿园）182 所。其中，高等院校 2 所，中等专业学校 3 所，普通中学 23 所，中等职业学校 2 所（成人中等专业学校 1 所、职业高中学校 1 所），特殊教育学校 1 所，小学 68 所，幼儿园 83 所。在校学生 10.60 万人，比上年增 1.9%。其中，小学在校学生 3.45 万人，普通中学在校学生 2.96 万人（初中 1.80 万人，高中 1.16 万人）；中等职业学校在校学生 7 846 人；普通中专在校学生 8 747 人；特殊教育学校在校学生 613 人；高等学校在校学生 2.47 万人。全区有专任教师 6 178 人。争取上级资金和项目建设，实施城区校点布局建设三年行动计划，完成下赫小学、李棋中学、玉溪八中改扩建及黄草坝、大石板等 7 个"一村一幼"项目建设，小石桥中心幼儿园建成招生，规划新建玉溪师范学院高新区实验小学、黑村小学易地重建等项目。整合资源，培育品牌，小石桥中学与李棋中学合并办学，玉河小学整合为玉溪一小溪源校区。完善营养餐供餐模式和机制，保障全区农村义务教育学校营养改善计划实施。全区 73 所学校（10 所初中、61 所小学、

2所民办学校）开展地方试点，受益学生3.19万人。13所农村中小学校通过学校食堂方式供餐，60所学校采取企业供餐。全区学校配备专职安保379人，169所学校设置安全保卫机构，168所学校、幼儿园的一键式报警系统联入公安机关监控平台，6所学校的视频监控系统接入公安机关监控平台，提高学校安全稳定风险防控。

2019年，红塔区组织开展七彩云南全民健身运动会、市、区元旦·春节环城赛跑，1.5万人参加活动。开展全国老年人太极拳健身推广大联赛活动，开展宣传健康知识活动，600余名中老年朋友参加活动。周周有活动，月月有比赛，丰富了全区群众的文体生活。

【文化旅游】 2019年，红塔区有文艺表演团体5个，群众艺术馆13个，博物馆5个，文物管理所5个；市区公共图书馆2个，藏书77.2万册，其中：市图书馆藏书54.9万册；区图书馆藏书22.3万册。全年博物馆、纪念馆活动参观人数90.9万人次。开展创建中国最佳楹联文化区、中华诗词之乡活动，举办“诗词与文化旅游发展”专题培训班，传承和弘扬中华优秀诗词文化，促进文旅融合。少儿舞蹈音乐《吉祥彩雀》荣获国家级金奖；《伞下卜少》《荷》《咋诺洼》入选云南省民族民间歌舞乐展演。先后到吉布提、纳米比亚、老挝等国家参加文化交流演出活动。“聂耳音乐之都”影响力和辐射力逐步提升，城区初步形成“周周有活动，月月有演出，节日有庆典，群众都受益”的文化氛围。开展公益演出117场次，观众7.24万人次；中国旅游日、中国聂耳音乐合唱周开幕式等专场演出32场；“扫黑除恶”专项斗争巡演暨戏曲进乡村文化惠民演出56场。传统酸醋酿制技艺等4项非物质文化遗产列入区级保护名录。投入资金520万元，改造玉溪窑址3号保护棚、新建展览室，修缮李家大院9号院、赖氏宗祠。启动建设由玉溪民俗博物馆、玉溪窑址青花博物馆、聂耳故居、郑氏旧居等组成的红塔区博物馆群。

2019年，红塔区融媒体中心挂牌成立，实现媒体资源和媒体从业人员的整合，通过网站、客户端以及微博、微信等全媒体，做到同步发声、同频共振，使宣传报道生动、接地气。全年采编播出电视新闻（包括《我有话要说》）1 920条。采编播出自办栏目《哇家玉溪》52期、《法治红塔》栏目7期，脱贫攻坚专题片3部、庆祝新中国成立70周年系列专题片7部、扫黑除恶专项斗争专题片3部，其中《州城记忆》专题片点击量超10万。坚持送电影下乡至全区10个行政村和54个社区（居委会）的农村数字电影放映点。

2019年，红塔区融合推进全域旅游多元发展，优化新业态空间布局，通过省级全域旅游示范区评审。“旅游+”，优化红塔工业接待中心、汇龙生态园、映月潭休闲文化中心等景区产品，推进文化产业创业园与旅游的融合发展。特色小镇创建，大营街社区申报全市首家第一批“全国乡村旅游重点村”成功。加快大营街幸福小镇建设，打造温泉康养、滇中乡村美食体验休闲度假旅游胜地，辐射带动周边旅游产业发展。年末，全区有国际旅行社27家，国内旅行社25家；2家四星级酒店、3家三星级酒店、2家二星级酒店，平均床位出租率72.53%，比上年提高33.47个百分点。接待中外旅游者1 460.26万人次，同比增长8%；实现国内旅游收入132.57亿元，同比增长18.6%；其中接待海外旅游者1 676人次，同比增长7.2%，实现外汇收入246.69万美元，同比增长206.7%。

【卫　生】 2019年，全区采购基本药物4 117.87万元，销售基本药物4 142.44万元。其中乡街道卫生院（社区卫生服务中心）采购，分别占到全区基药购销的67.4%和69.3%。创新医疗服务模式，构建全民健康保障网，建立分级诊疗机制，基本实现“小病不出村，常见病不出乡，大病不出区，康复在基层”的就医格局；家庭医生签约服务以“1+1+1标准+定制服务”，满足群众医疗服务多样需求，签约服务覆盖率38.2%，重点人群签约服务覆盖率87.8%以上。新建、改扩建8个卫生室，投入使用，配齐、配强各种医疗设备165台（件），改善基层医疗服务环境。玉溪市第三人民医院通过国家县级医院提质达标和国家胸痛中心验收，被国家早癌防治中心、国家高血压防治中心纳入第一批县级试点，启动卒中中心、创伤中心建设。大营街、玉兴等6家卫生院、社区卫生服务中心完成省级等级评审，北城中心卫生院通过省级社区医院评审。

截至年末，全区共有卫生机构322个，其中：医院、卫生院37个，急救中心1个，采供血站1个，社区卫生服务中心（站）4个，妇幼保健院（所）2个，卫生疾病预防控制中心2个，卫生监督局2个，乡村卫生室80个，诊所、医务室186个。卫生技术人员7 223人，医院和卫生院床位5 564张。

全区孕产妇系统管理率91.94%，住院分娩率100%；加强儿童生长发育健康监测，新生儿代谢性疾病筛查率95.22%，听力筛查率123.66%；免费孕前优生健康检查率73.19%，婚前医学检查率97.80%，降低出生缺陷，提高人口质量。年末，全区有已婚育龄妇女8.96万人，占总人口的19.55%，已选用各种节育措施7.75万人。本期三术节育率74.06%，综合节育率86.49%。

【社会保障】 2019年，全区对部分低保户、五保户、贫困户等困难群众1 791户、1 913人实施春荒粮、冬寒衣被救助，发放铺盖帐盖1 290套、救助现金5万元。纳入城乡低保对象2 876户、3 866人，发放资金1 662.8万元。城乡特困人员救助供养306户、319人城乡特困人员，发放资金295.32万元。完成残疾人两项补贴信息基础数据录入及历史数据补录，发放两项补贴4 362人、261.56万元。健康扶贫基本医疗保障，全区建档立卡贫困人口中，孕产妇分娩、0—6岁儿童、老年人、高血压患者、糖尿病患者、重性精神疾病患者纳入基本公卫健康管理，贫困人口家庭个性化健康教育服务100%全覆盖，实施先诊疗后付费、一站式、一单式结算。推进养老服务，有乡（街道）敬老院3所、居家养老服务中心16个，床位291张，为辖区内老人提供集娱乐、休闲、康复、保健等一体化、一站式多功能综合性场所。全区60周岁以上老年人8.30万人，占全区总人口的18.27%。发放长寿保健补助12.2万人次，发放资金1 229.5万元。年末，全区参加医疗保险单位（含市级）3 367个、13.79万人（含灵活就业）。其中企业（个体）2 274个、9.06万（含灵活就业）人，机关及事业单位460个、4.73万人。收缴基本医疗保险金6.77亿元。参加城镇居民基本医疗保险参保登记32.32万人。

2019年，全区新增城镇就业人员7 100人，就业困难人员再就业2 550人。推进贷免扶补、创业促就业小额担保贷款、劳动密集型小企业贷款扶持创业，吸纳就业3 303人。推进农村劳动力培训转移就业，实施农村劳动力转移就业扶贫、技能扶贫专项行动，新增农村劳动力转移就业4300人。全年城镇登记失业率为3.38%。

【人民生活】 2019年，全区城镇居民人均可支配收入42154元，比上年增加3 086元，增长7.9%，扣除价格因素，实际增长4.6%。其中工资性收入22 900元，比上年增加1 939元，增长9.3%。城镇居民人均消费性支出32 851元，比上年增加6 948元，增长26.8%。农村居民家庭人均可支配收入18 733元，比上年增加1 734元，增长10.2%，扣除价格因素，实际增长6.9%。其中工资性收入11 735元，比上年减少181元，减1.5%；农村居民人均生活消费支出14 570元，比上年增加54元，增长0.4%。全区城乡居民收入比为2.25∶1（以农村居民可支配收入为1）。年末，城镇居民人均拥有生活住房面积95.7平方米，汽车、家庭电脑、钢琴等高档消费品进入城市居民家庭，每百户平均拥有家用汽车76辆、家用电脑88台、健身器材9套、移动电话252部。农村居民生活质量不断提高，全区农村居民人均拥有生活住房面积74平方米，每百户农民家庭拥有彩色电视机118台、电冰箱101台、家用电脑37台、家用汽车78辆、摩托车69辆。

【领导名录】 区委书记书张小良（彝族），区委副书记瓦庆超、任峻宏。区人大常委会主任殷绍焜，区人大常委会副主任李家金、姜永祥、杨文武、龙海燕（女）。区政府区长瓦庆超，区政府副区长李永聪、牛旺林、王红（女）、梁士洪、李剑（傣族，2019年11月免）、黄云鹏。区政协主席王文平，区政协副主席孟国平、白发福（彝族）、董晋红（女）、缪玉（2019年1月任）。区纪委书记李荣奇、区纪委副书记郭金安（2019年6月免）、张云春、何明春、杨光波（2019年6月任）。

（王德莉）

江川区

【地理位置】 江川区地处云南省中部，位于东经102° 35′—102° 55′和北纬24° 12′—24° 32′之间。东接华宁县，南连通海县，西与红塔区交界，北同晋宁区、澄江县毗邻。区政府驻地距省会昆明市106.05千米、距市政府驻地红塔区25.4千米。

【自然概貌】 江川区境由湖泊、盆地、中低山组成。区境东西最大横距31.9千米，南北最大纵距33.7千米，区域面积850平方千米。在总面积中，山区、半山区占71.67%，平坝占15.96%，湖泊占12.37%。整个地势为四周高、中部低，西部九溪略向玉溪倾斜。境内最高峰谷堆山海拔2 648米，最低点九溪河口村海拔1 690米。境内主要河流有16条，河道总长184.8千米，属珠江流域西江水系，最大洪水流量315立方米/秒，多数为季节性河流。境域中部有高原断陷湖泊星云湖，辖有抚仙湖三分之一水面。星云湖总面积34.33平方千米，最大水深10.95米，平均水深7米，蓄水量2.1亿立方米，正常水位海拔1 722米，属富营养型湖泊，十分适合鱼类生长，被誉为“天然养鱼塘”。抚仙湖总面积212平方千米，其中江川区辖水面68.94平方千米，占水面总面积的32.5%。

2019年平均气温为18.0℃，比历年同期偏高2.1℃，比2018年同期偏高1.3℃，属特高年份，创历史新高。年极端最高气温出现在5月19日为33.8℃，突破历史极端最高纪录；年极端最低气温出现在12月7日为-1.6℃。日照时数为2 334.9小时，比历年同期偏多145.5小时（7%），为近5年同期最多。全年江川国家气象观测站年降水量为600.4毫米，较历年偏少248.4毫米（-29%），仅多于1969年及2011年，列历史第3少年。

【行政区划】 2019年，全区辖大街街道，江城、前卫、九溪、路居4个镇，雄关乡、安化彝族乡2个乡（2016年经抚仙湖径流区统一托管，路居镇行政区划仍在江川区，但行政权、财政权、人事权暂时划入澄江县）。全区共有64个村委会（社区）（其中，有18个社区、46个行政村）；287个自然村；398个村（居）民小组（其中，有居民小组148个，村民小组253个）。

【人口民族】 2019年末，全区有常住人口28.84万人，其中，城镇人口13.06万人，乡村人口15.78万人。年末全区城镇化水平达45.27%，比上年提高1.1个百分点。自然增长率为5.89‰，比上年降0.23个千分点。在总人口中，汉族人口26.38万人，占总人口的92.2%；少数民族人口22.47万人，占总人口的7.8%。

【城市建设和生态环境】 2019年，全区建成区面积5.8平方千米，建成区人口5.89万人。供水管道107.8千米，年供水总量680.4万立方米，城区处理生活污水465.9万立方米。拥有城区城市路灯3 724盏，环卫机械25台（包括15辆机械车，8辆电瓶车，1台压缩机，1台环保除尘雾炮机），全年清运生活垃圾43 372.8吨，绿化覆盖面积218.3公顷，园林绿地面积193.7公顷，绿化覆盖率39.7%，人均公共绿地面积9.9平方米/人。城市生活垃圾无害化处理率达100%。城市生活污水处理率达96.5%。路灯设施完好率99%，亮灯率达95%以上。

根据《云南省星云湖保护条例》要求，确保《星云湖流域水环境保护治理“十三五”规划》有效实施，推进星云湖一级保护区（星云湖1 722.5米水位线外延100米以内的区域）“退人、退房、退田、退塘，还湖、还水、还湿地”相关工作。星云湖一级保护区生态修复及生态屏障构建项目涉及大街、江城、前卫3个镇（街道），包括星云湖一级保护区内的房屋搬迁及居民安置、农业用地清退、场地清理平整、生态修复及生态屏障构建。项目涉及的退田工作已完成，三个镇（街道）共退出农田1 576.2亩（含环湖截污133.89亩），其中大街街道736亩，江城镇372.2亩，前卫镇468亩（含环湖截污），共计兑付2019年土地租金及奖励2 748.8万元，拨付2020年土地租金499万元。完成退出农田的清表和围栏划界工作，切实做好管护，杜绝复耕复种现象发生。完成应退房屋的“三调”评估，被搬迁农户的房屋评估报告已全部送达到户，下发《星云湖一级保护区生态修复及生态屏障构建工程房屋搬迁补偿安置方案》及各村、组安置方案，安置房采用统规自建、联建的方式已启动建设，退房协议签订、补偿资金兑付接近尾声，房屋拆除正在大力推进。第一期退房工作涉及403户农户房屋，完成签约兑款376户，签约率达93.3%；涉及20户集体公房（含两个村委会）完成签约兑款，两类房屋共计完成兑付补偿补助及奖励资金18 157.1万元。完成拆除房屋159户。

【综合经济指标】 2019年，全区完成地区生产总值（GDP）133.94亿元，比上年增10.3%。分产业看：第一产业增加值21.62亿元，增5.8%；第二产业增加值42.97亿元，增13.2%；第三产业增加值69.34亿元，增9.7%。第一产业增加值占地区生产总值比重为16.1%，第二产业增加值比重为32.1%，第三产业增加值比重为51.8%。一、二、三产业分别拉动GDP增0.9、4.6和4.8个百分点，对经济增长的贡献率分别为8.8%、44.6%、46.6%。全区人均地区生产总值46 457元，比上年增10.2%。非公经济增加值80.7亿元，增10.5%，占全区地区生产总值比重为60.3%，拉动全区经济增6.6个百分点，对全区经济增长贡献率达63.5%。

【固定资产投资】 2019年，全区500万元及以上固定资产投资（不含农户）增6.7%，其中500万元及以上项目投资同比降11.7%。从三次产业看：第一产业增53.7%；第二产业降16.7%；第三产业增16.3%。从所有制关系看：国有单位降17.6%；其他单位增43.8%。按国民经济行业划分：农林牧渔业增53.7%，工业（不含电力）降17.5%，房地产业增105.5%，交通运输、仓储和邮政业降31.4%，水利、环境和公共设施管理业增19%，教育增221.1%，公共管理、社会保障和社会组织增78.3%。

【农　业】 2019年，全区实现农、林、牧、渔业增加值22.15亿元，比上年增5.8%。其中，农业（种植业）增加值16.69亿元，增5.4%；林业增加值4 236万元，增3.5%；牧业增加值3.51亿元，增9.0%；渔业增加值9 916万元，增3.7%；农林牧渔服务业增加值5 272万元，增2.8%。

2019年全区常用耕地面积127 947亩；农作物总播种面积451238亩，比上年增加20 536亩，增4.8%。其中全年粮食播种面积94 545亩，增加1 475亩，增1.6%。油料播种面积40 229亩，增加3 691亩，增10.1%。烤烟栽种面积90 434亩，增加1 227亩，增1.4%。蔬菜栽种面积207 435亩，增加9 812亩，增5.0%。花卉面积14 227亩，增加2 774亩，增24.2%。全区粮食总产量4 522万千克，增0.9%。全区收购烟叶1 171.7万千克，收购单价29.29元/千克，收购金额34 323.01万元。蔬菜产量47 411.02万千克，增4.1%。油料产量907.79万千克，增16.5%；园林水果产量1 120.61万千克，降0.9%。全年完成营造林面积500亩，人工造林500亩，特色经济林4 000亩。全区森林覆盖率45.65%，自然湿地保护率99.71%。

2019年，全区肉蛋奶总产量2.82万吨，比上年增1.0%，其中，肉类总产量1.86万吨，降4.1%；禽蛋产量9 629.2吨，增12.8%。年内肥猪出栏14.8万头，降0.2%；年末生猪存栏11.万头，降2.3%。其中能繁殖母猪1.4万头，降1.1%。水产品产量4376吨，比上年增加21吨，增0.5%，其中星云湖2 567吨，增加202吨，增8.5%；抚仙湖576吨，增加18吨，增3.2%。

【工　业】 2019年，全区完成全部工业增加值25.99亿元，拉动GDP增3.4个百分点，对经济增长的贡献率为33.4%。规模以上工业增加值增18.5%。2019年全区规模以上工业企业47户，主营业务收入59.68亿元，利税总额6.44亿元。在规模以上工业中，分经济类型看：国有控股企业增加值增44.0%；股份制企业增加值增18.6%；私营企业增加值增15.4%。分门类看，采矿业增加值增43.9%；制造业增加值增15.4%。分行业看，非金属采矿业增加值增43.9%；农副食品加工业增加值增12.7%；造纸和纸制品业增加值增3.5%；化学原料和化学制品制造业增加值增11.6%；橡胶和塑料制品业增加值增17.5%；非金属矿物制品业增加值增60.1%；装备制造业增加值增16.4%。

工业园区实现工业增加值同比增25.4%，高于全区规模以上工业增加值增速6.9个百分点，拉动全区规模以上工业增加值增5.1个百分点，对全区规模以上工业增长贡献率达27.6%。

【建筑业】 2019年，全区建筑业增加值实现16.99亿元，同比增9.8%。全区具有资质的建筑施工企业27户，资质建筑企业期末人数7 353人，其中工程技术人员1 487人。资质以上建筑企业房屋施工面积39.8万平方米，同比降13.0%；房屋竣工面积24.7万平方米，同比增14.6%。全区商品房销售面积22.4万平方米，同比增31.7%。

【国内贸易和对外经济】 2019年，全区社会消费品零售总额完成31.05亿元，增12.1%。按销售单位所在地统计：城镇市场实现消费品零售额26.57亿元，增10.4%；乡村市场实现消费品零售额4.48亿元，增23.3%。按消费形态分：餐饮收入5.84亿元，增19.2%；商品零售25.22亿元，增10.6%。全年销售营业额合计56.78亿元，增15.5%，其中，批发业销售额9.57亿元，增23.3%；零售业销售额31.02亿元，增12.6%；住宿业营业额2.98亿元，增17.0%；餐饮业营业额13.2亿元，增16.9%。

2019年，全区进出口总额4 562万美元，比上年同期增21.5%。其中出口总额4 499万美元，比上年同期增23.3%；进口总额63万美元，比上年同期降40%。

【招商引资】 2019年，全区招商引资项目共实施72个，其中续建项目51个，新建项目21个。年内实际引进市外国内资金98.03亿元，比上年增加7.78亿元，增8.6%，其中省外资金87.45亿元，增加6.55亿元，增8.1%；引进外资400万港元，合计54.57万美元，完成外资年度目标任务200万美元的27.3%。

【财政金融】 2019年，全区一般公共预算收入5.37亿元，同比降31.5%，其中税收收入完成4.14亿元，降2.6%。全区一般公共预算支出20.72亿元，同比增0.9%。其中一般公共服务支出2.2亿元，降13.4%。

2019年全区金融业增加值实现5.59亿元，同比增7.7%。年末金融机构各项存款余额139.69亿元，同比增3.6%，其中住户存款余额101.82亿元，同比增12.3%。各项贷款余额121.23亿元，同比增18.8%。存贷比为86.8%，比上年提高11.4个百分点。

【交通邮电】 2019年，全区交通运输、仓储及邮政业增加值4.25亿元，同比增9.4%。年末全区公路总里程937.894千米，其中：高速公路51.47千米，一级公路15.07千米，二级公路54.156千米，三级公路197.697千米，四级公路594.216千米，等外公路23.995千米。年末全区拥有公共交通车辆284辆，载货汽车8 336辆，载客汽车508辆。全区公路运输客运量完成178万人，同比降2.2%，旅客运输周转量10 225万人千米，同比增

8.3%。完成货运量 1 836 万吨，同比增 11.5%；完成公路运输货物周转量 354 060 万吨千米，增 14.5%。

全区邮政业务总量 1 901 万元。电信业务总量 14.53 亿元，比上年同期增 65.61%。移动电话用户 260 770 户。固定电话用户 6 272 户，其中住宅电话 4 120 户。互联网用户 282 354 户。

【科　技】 2019 年，全区向国家、省、市推荐申报科技项目 58 个，其中，省级科技项目 9 个，市级科技项目 49 个。共争取各类科技项目补助经费 1138 万元。全年专利申请量 147 件，同比增 22.5%；专利授权量 88 件，同比增 57.1%。全年商标申请量 199 件，同比降 87.7%；商标注册量 555 件，同比降 58.1%，商标有效注册量 2 695 件，增 4.4%。

【教育体育】 2019 年，全区现有学校 129 所，其中乡镇中心完小 12 所，村完小 43 所，教学点 2 个，乡镇中学 12 所，普通高中 2 所，职中 1 所，进修学校 1 所，公办幼儿园 39 所（区级幼儿园 2 所），民办幼儿园 17 所（其中普惠性民办幼儿园 13 所）。有教学班 1 081 个，其中幼儿学前班 250 个，小学 502 个，初中 200 个，普通高中 91 个，职业高中 38 个。在校生 36 799 人，其中在园（班）幼儿数 7 623 人，小学 15 267 人，初中 8 197 人，普通高中 4 528 人，职业高中 1184 人。学年三年儿童毛入园率 89.45%，九年义务教育巩固率 96.23%，高中阶段毛入学率 92.13%。现有教职工 2 262 人，专任教师合格率高中达 100%、初中达 100%、小学达 99.81%。

全区有体育馆 1 座，篮球场 224 块，乒乓球场 65 块，小运动场 29 块，全民健身路径 316 条，田径场、足球场、室内乒乓球馆等共 716 块体育场地，体育场地面积 32.86 万平方米，人均体育场地面积 1.14 平方米。全区有体育协会组织 10 个，累计举办活动 17 余场，参加活动人数 0.8 万人次，营造出全民健身活动的积极氛围。全区乡镇（街道）均挂牌成立“全民健身指导站”，晨晚训练点 55 个。拥有社会体育指导员 686 人，全年举办区级体育比赛活动 9 次，组织基层体育比赛活动 7 次，全区体育人口达 34%。举办全民健身活动 17 次，人数 0.8 万人次；竞训体育有省传统游泳项目 1 个点，在训运动员 32 人；市训练项目（足球）3 个点，在训运动员 90 人；区训练项目（篮球、乒乓球、田径）7 个点，在训运动员 186 人。

【文化旅游】 2019 年，全区共有文化馆 1 个，公共图书馆 1 个，分馆 2 个，博物馆 1 个，乡镇综合文化站 8 个，共有文艺队 256 个，文化馆辅导文艺团体 85 个，组织文艺调演汇演 32 次；组织文艺活动 248 次；现有文化室 75 个，全年共举办展览 23 期，举办各种培训班 176 期。全年区电视台共播出电视新闻 1 030 条，被玉溪电视台采用 211 条；播出自办节目 38 期；播出电视剧 730 集；播出宣传标语、各类通告、公益广告 169 条；播出文明出游宣传片 4 次。放映农村公益性数字电影 636 场次，累计观众 11.86 万人次，放映覆盖率达 100%。印象影城放映电影 3 823 场次，累计观众 5.83 万人次。做好全区 3 915 户广播电视“户户通”用户后期维护服务工作，为“户户通”用户排除各类故障 260 个，确保工程长期通、优质通。

2019 年，全区共接待游客 613.55 万人次，比上年同期增加 55.99 万人次，增 10.0%。旅游总收入达 57.15 亿元，增加 10.9 亿元，增 23.6%。年底全区拥有星级饭店 2 家；国际国内旅行社 4 家；国家级 A 级以上景区 3 个。

【卫　生】 2019 年，全区共有卫生机构 171 个（含门诊、村医务室），其中，区级医院 2 个、其他医院 2 个、卫生院 7 个，妇幼保健院 1 个，疾病预防控制中心 1 个，卫生监督机构 1 个；卫生机构拥有床位数 854 张；卫生技术人员 1 472 人，其中执业医师和执业助理医师 554 人，注册护士 673 人，其他 127 人。

2019 年，传染病发病率为 97.26/10 万，孕产妇建卡率为 100%，孕产妇系统管理率 100%，住院分娩率 100%。全区已婚育龄妇女人数 45 141 人，已领取独生子女证人数达 5406 人，比上年减少 250 人。本期三术节育率 78.54%，综合节育率 83.68%。

【社会保障】 2019 年，全区参加基本养老保险人数 173 338 人，其中，城镇职工参加基本养老保险 11 364 人；城镇离退休人员参加基本养老保险 5 963 人；参加城乡居民养老保险 150 530 人；机关事业单位参加养老保险 5 481 人。已参加失业保险 8 745 人；参加工伤保险 19 048 人；参加生育保险 11 717 人（不含路居镇）。

全区享受居民低保户数 2 425 户，其中城镇 641 户，农村 1 784 户。享受居民低保人数 4 319 人，其中城镇 898 人，农村 3 421 人。共发放低保资金 1 199.9 万元。全区共有养老机构 6 个，其中敬老院 6 个。养老服务床位共 689 张。

全区城镇新增就业 2 808 人，城镇失业人员再就业 809 人，公益岗位就业 485 人，年末全区城镇登记失业率 3.10%。

【人民生活】 2019 年，全区城镇居民人均可支配收入 39 766 元，比上年增 8.5%。农村居民人均可支配收入 14 688 元，比上年增 10.6%，城乡居民人均收入比值为 2.71。

【领导名录】 区委书记徐贤，区委副书记王志华（2019.09 离任）、常成（2019.09 任）、李长金（2019.07 离任）、张文彬（2019.09 免职）、矣向林（2019.11 任）。区人大常委会主任龚桂存（女），区人大常委会副主任李绍华、普朝鹏、何眉（2019.02 离任）、李保平、李德坤（2019.03 任）。区政府区长王志华（2019.08 离任）、常成（2019.09 任代理区长，2020.01 任区长），区政府副区长李卫东、杨军苹、王柄璋（2019.05 离任）、溥恩武（2019.10 离任）、李忠海、龚文勇（2019.09 任）、钱凡（2019.10 任）、周靖宇（2019.12 任，挂职）。区政协主席罗跃岗，区政协副主席杨吉英（女）、邓春元、顾秋。区纪委书记矣向林（2019.11 离任）、郭玉（2019.11 任）。

（徐凡清）

澄江县

【地理位置】 澄江县地处云南中部，位于北纬 24° 29′—24° 55′，东经 102° 42′—103° 4′ 之间。东沿南盘江与宜良县交界，西与呈贡、晋宁两区接壤，南跨抚仙湖与江川区、华宁县为邻，北含阳宗海与宜良毗连。县城位于舞凤山下，海拔 1 755 米，距省会昆明 52 千米，距市政府所在地红塔区 93 千米。

【自然概貌】 县境南北长47.5千米，东西宽26千米，总面积773平方千米，其中山区占73.43%、水面占18.6%、坝区占7.97%。形成“七山二水一平坝”的天然格局。境内有淡水湖泊抚仙湖、阳宗海。“滇中第一山”梁王山为境内最高点，海拔2 820米；境内最低海拔1 328米，绝对高差近1 500米，立体气候明显。常年气候温和，四季如春。2019年，县境内平均气温17.8℃，属于偏高年份，与历年平均值比偏高0.7度，与上年比偏高1.2℃。年极端最高气温32.6℃（5月13、18日），年极端最低气温-1.6℃（12月6日）。境内雨量充沛，常年降雨量924.9毫米。2019年，降雨量998.6毫米，属于偏多年份，与历年平均值比偏多73.7毫米，与上年比偏多79.8毫米。日照充足，常年日照时数2 064.8小时，2019年日照总数2 316.8小时，与历年平均值比偏多252.0小时，与2018年比偏多283.0小时，年日照百分率52%，日照时数最多出现在5月，其值为262.0小时，最少月出现在7月，其值为72.2小时。

【行政区划】 2019年，全县辖2个街道办事处、4个镇，即凤麓、龙街2个街道办事处，阳宗、右所、海口、九村4个镇，下辖25个社区居民委员会、15个村民委员会，242个居民小组、142个村民小组。受市抚仙湖管理委员会委托管理江川区路居镇3个社区居民委员会、7个村民委员会，20个居民小组、43个村民小组；华宁县海关、海镜2个社区，19个居民小组。

【人　口】 2019年年末，澄江县（含阳宗镇，不含路居镇）常住人口为18.27万人，与上年相比增加0.07万人，增长0.38%；自然增长率6.02‰；全县出生人口0.25万人，出生率13.68‰；死亡人口0.14万人，死亡率7.66‰；全县城镇人口9.66万人，比上年增加0.25万人；城镇化率为52.9%，比上年提高1.2个百分点。

【城市建设和生态环境】 2019年，澄江县投资2.51亿元加强城市基础设施建设。县城建设区面积3.97平方千米，城区道路长53千米，道路面积103.4万平方米，其中人行道面积19.39万平方米，人均道路面积32.72平方米；供水管道总长215.72千米，年内供水总量307.92万立方米，出厂水水质合格率100%，管网水细菌合格率100%，管网水大肠菌群合格率99.9%，管网水浊度合格率100%；县城饮用水水源水质达标率100%。抚仙湖水质达GB3838-2002 Ⅰ类标准。建成区路灯4 872盏，路灯道路总长达24.2千米，夜景灯11 000盏；城市绿化覆盖面积189.31公顷，建成区绿化覆盖率40.07%，建成区园林绿地面积156.94公顷，人均公园绿地面积11.96平方米；人均公共绿地面积34.0平方米，包括公园绿地面积及天然绿地面积（防护绿地）。

2019年，澄江县编制完成《抚仙湖保护和科学利用专项规划》。争取专项债36.7亿元，一次性启动抚仙湖环湖2.2万人棚户区改造暨生态移民搬迁。环湖截污主管网基本贯通，实施城区截污治污、雨污分流。完成200个村组污水治理，第二污水处理厂和路居、海口污水处理厂主体工程建设完成。推进“七彩·森林抚仙湖”，完成造林任务10.8万亩，陆地森林覆盖率39.2%；实施城市主干道“增绿添色”工程，新增城市绿化面积20万平方米；建设完成“森林村庄”15个，其中2个入选首批国际“森林乡村”；获“全国绿化模范单位”称号。山水林田湖草项目完成总工程量48.6%。库坝塘水产养殖、畜禽规模养殖全部退出抚仙湖径流区。推进土地流转休耕轮作，种植荷藕蓝莓1.8万亩、绿色有机烟叶2万亩，获云南首届最具影响力烟区称号。高效节水减排项目4.1万亩建成运行。入湖河道基本脱劣。抚仙湖稳定保持Ⅰ类水质，总磷、总氮、化学需氧量等大幅削减。

【综合经济指标】 2019年，全县完成现价生产总值139.76亿元，按可比价计算增长6.8%。分产业看：第一产业增加值12.49亿元，增长2.7%；第二产业（工业、建筑业）增加值32.15亿元，降低3.3%；第三产业增加值95.13亿元，增长11.9%。三次产业结构由上年的9.2∶25.0∶65.8调整为8.9∶23.0∶68.1，一、二、三产业分别拉动生产总值增长0.3、-0.9、7.4个百分点，对生产总值增长贡献率分别为4.0%、-13.4%、109.4%。全县人均生产总值76 625元，按可比价计算增长6.3%。全县非公经济增加值达86.67亿元，按可比价计算增长6.8%，占GDP的比重为62.0%。

【固定资产投资】 2019年，全县完成固定资产投资（不含农户）121.39亿元，增长0.7%。其中房地产开发投资57.26亿元，增长37.4%。分产业看，第一产业完成投资7.62亿元，增长25.1%；第二产业（工业投资）完成投资7.72亿元，下降44.2%；第三产业完成投资106.05亿元，增长5.4%。从施工和新开工项目情况看，2019年在库项目86个，在建77个，其中续建项目52个，新建项目25个。从投资规模看，亿元以上项目34个，完成投资110.51亿元；亿元以下项目43个，完成投资10.88亿元。

【农　业】 2019年，全县农、林、牧、渔业总产值（现价）完成20.51亿元，按可比价（下同）增长2.8%。其中，农业（种植业）产值19.15亿元，增长15.6%；林业产值875万元，增长3.9%；畜牧业产值8 327万元，减少

2019年12月，澄江规划馆建成　（徐万林　摄）

69.8%；渔业产值3 377万元，增长7.6%；农林牧渔服务业产值1 031万元，增长3.9%。农林牧渔业增加值（现价）完成12.55亿元，按可比价（下同）增长2.7%。其中，农业增加值12.03亿元，增长2.5%；林业增加值762万元，增长25.3%；畜牧业增加值2 068万元，减少1.5%；渔业增加值1 739万元，增长7.6%；农林牧渔服务业增加值546万元，增长4.8%。

2019年，全县农作物总播种面积385 091亩，减少20.1%；粮食作物播种面积67 959亩，减少22.8%；蔬菜种植面积207 804亩，减少9.8%；烤烟种植面积51 815亩，增长15.6%。全年农作物播种面积的复种指数由上年199.36%下降到159.31%，下降40个百分点。粮食作物播种面积与非粮食作物播种面积比例由上年18.26：81.74调整为2019年的17.65：82.35，非粮食作物比重比上年下降0.6个百分点。全县粮食总产量2 565.55万千克，减少26.7%；烤烟总产量868.82万千克，增长35.0%；蔬菜产量21 887.19万千克，减少10.4%。

2019年，全县农业机械总动力13.5万千瓦，拥有拖拉机3 491辆。农用化肥施用量18 796吨，地膜覆盖面积100 366亩，农药使用量123.46吨，农村用电量4 562.08万千瓦小时。

2019年，全县肉类总产量191.43万千克，减少76.4%；牛奶产量14.6万千克，减少93%；禽蛋产量5.54万千克，减少96.8%。全县水产品产量1283吨，比上年减少403吨，减少23.9%。

2019年，全县林业用地面积57万亩（含非林业部门管理林地8.3万亩），其中有林地面积37.5万亩，森林覆盖率34.81%。全年完成义务植树40.03万株，全县发生各类破坏森林资源和野生动植物案件131起，查处131起，综合查处率100%。全年发生森林火警、火灾35起，无特大森林火灾发生。实施森林病虫害防治面积5.8万亩，防治率达到100%；采伐木材7 089.32立方米，木材调运检疫2 162立方米，苗木调运检疫136.78万株。

2019年，全县建设水利工程11件，水利建设投入资金4 804万元。无新增有效灌溉面积，改善灌溉面积5 295亩；治理水土流失面积14平方千米。拥有水库、坝塘134座，其中中型水库2座，小（一）型水库5座，小（二）型水库31座，坝塘96座。总库容4 400万立方米，蓄水工程设计供水能力2 700万立方米。

【工　业】 2019年，全县完成全部工业增加值11.92亿元，按可比价计算下降12.9%，拉动GDP增长-1.7个百分点，对GDP增长的贡献率为-25.3%。全县规模以上工业企业23户，增加值按可比价计算下降22.6%。规模以下工业企业增加值按可比价计算比上年增长2.8%。

规模以上工业企业工业产值分行业情况：水泥制造及水泥制品业完成工业总产值11.08亿元，同比增长27.5%；实现增加值3.47亿元，同比减少4.8%。农副食品加工业完成工业总产值4.11亿元，同比增长27.4%；实现增加值5 590万元，同比增长26.1%。食品制造业完成工业总产值7 821万元，同比减少24.9%；实现增加值1 507万元，同比减少24.4%。塑料制品业完成工业总产值1 846万元，同比减少33.2%；实现增加值319万元，同比减少32.1%。化学原料及化学制品制造企业完成工业总产值15.99亿元，同比减少34.4%；实现增加值3.12亿元，同比减少38.8%。其中磷化工生产企业完成工业总产值13.72亿元，同比减少40.1%；实现增加值2.75亿元，同比减少43.5%。金属制品企业完成工业总产值1 992万元，同比减少33.5%；实现增加值408万元，同比减少34.6%。通用设备制造业。通用设备制造企业完成工业总产值3 402万元，同比增长6.5%；实现增加值798万元，同比增长7%。电力行业。发电、供电企业完成工业总产值2.15亿元，同比减少33.4%；实现增加值1 956万元，同比减少31.4%。其中，发电企业完成工业总产值10 071万元，同比减少31.6%，实现增加值1 061万元，同比减少31.1%；供电企业完成工业总产值11 398万元，同比减少34.9%，实现增加值895万元，同比减少32.1%。农副食品加工业、食品制造业、橡胶及塑料制品制造业、化学原料及制品制造业、电力生产及供应业、水的生产和供应业等形成多点支持发展局面。

【建筑业】 2019年，全县完成建筑业增加值20.57亿元，按现价计算增长8.5%，完成现价总产值22.04亿元，增长35.7%。全县具有资质等级证的建筑施工企业26家，资质建筑业期末人数7 528人，其中工程技术人员1 898人，比重为25.2%。2019年资质以上建筑企业房屋施工面积59.8万平方米，增长11.6%；房屋竣工面积32.3万平方米，下降3.3%。

【国内贸易和招商引资】 2019年，全县实现社会消费品零售总额27.91亿元，比上年增长12%。按经营地统计，城镇消费品零售额23.55亿元，增长11.7%；乡村消费品零售额4.37亿元，增长13.1%。按消费形态统计，批发业销售额17.49亿元，增长16.4%；零售业销售额29.29亿元，增长14.6%；住宿业零售额35 781万元，增长18%；餐饮业零售额130 504万元，增长17.4%。

2019年，全县招商引资实际利用市外国内资金109.4亿元，比上年增加14.38亿元，增长15.14%。重点包装、宣传、推介项目63个。

【财政金融】 2019年，全县一般公共预算收入完成9.22亿元，下降3.1%。其中，国内增值税完成6 469万元，下降19.2%；改征增值税完成1.77亿元，增长32.7%；企业所得税完成2 497万元，增长37.7%；个人所得税完成638万元，下降43.3%；城市维护建设税完成2 420万元，增长11.1%。一般公共预算支出完成36.1亿元，增长32.5%。八项支出合计28.29亿元，增长28.3%。其中，一般公共服务支出5.54亿元，增长11.3%；公共安全支出1.13亿元，增长5.3%；教育支出4.33亿元，增长9.8%；科学技术支出824万元，增长18.6%；社会保障和就业支出3.44亿元，增长2.8%；卫生健康支出1.89亿元，增长5.7%；节能环保支出7.02亿元，增长73.0%；城乡社区支出完成4.87亿元，增长73.6%。

2019年，全县金融业实现增加值4.74亿元，增长21.3%。年末金融机构各项存款余额128.87亿元，增长13.6%，其中住户存款余额82.06亿元，增长25.7%；金融机构各项贷款余额93.21亿元，增长43.8%。存贷比72.3%。

【交通邮电】 2019年，全县境内公路通车里程为2 612.19千米（含石安公路过境线10千米）。按行政等级划分：有国省道153.06千米，县道164.73千米，乡道744.07千米，村道 42.35 千米，专用公路 9.87 千米；按技术等级划分：有二级公路 62.72 千米，三级公路 73.4 千米，四级公路 1 351.99 千米。公路密度 345.57 千米/百平方千米。2019 年，全县拥有各种机动车辆 49 217 辆，其中：大型汽车 1 130 辆，小型汽车 22 226 辆，摩托车 25 728 辆，三轮汽车、低速货车 1 辆，其他车辆 132 辆。县城第一路至第十三路公交车、环湖公交车，投放运行 122 辆，覆盖全县 5 个镇（街道）。

2019 年末，全县有固定电话用户 6 257 户，移动电话 148 292 户，互联网宽带用户 159 682 户。国内函件 6 832 件；订销报纸 123 万份；杂志 6.2 万份。

【科 技】 2019 年，全县培育省级科技型中小企业 3 户、国家级科技型中小企业 3 户、国家高新技术企业 3 户。举办科普宣传及展览 11 次，发放科普宣传材料 1.25 万余份，观众 2.29 万余人次。

【教育体育】 2019 年末，全县有中小学、幼儿园及职业学校 87 所，其中，普通中学 6 所，职业高级中学 1 所，小学 42 所，幼儿园 38 所。全县在校中小学生 18 636 人（含职业中学），其中，职业高级中学 628 人，普通中学 6 983 人（高中 2 210 人、初中 4 773 人），小学 11 025 人。在园幼儿 5 045 人（学前班 57 人）。全县有教职工 1 680 人，其中，专任教师 1 636 人，普通中学有专任教师 679 人，小学 870 人，幼儿园 68 人（不含民办）。全县有教学班 529 个，其中，普通高中 39 个，初中 118 个，小学 372 个，幼儿及学前班 170 个。全县小学学龄儿童入学率 99.98%，少数民族儿童入学率 100%，小学毕业生升学率 100%，巩固率 100%，辍学率 0%；初中阶段学龄人口入学率 99.5%，初中学龄人口毛入学率 108.3%，升学率 94.02%。全县九年义务教育阶段巩固率 97.77%。全县有 894 名考生参加高考，上线人数 884 人，比上年增加 41 人，其中本科上线 235 人。“三免一补”政策惠及学生 102 943 人次，免补资金 1 696.68 万元。

2019 年，全县经常参加体育活动人数达 6.7 万人，占全县总人口比重的 37%。年末，全县有体育场地 339 块，其中标准体育场地 196 块、占 58%，非标准体育场地 143 块、占 42%。

【文化旅游】 2019 年，澄江县开展文化“三下乡”活动，放映电影 464 场（次），观众 5.1 万人（次），其中“2131”工程放映 364 场（次），观众 3.5 万人（次），广场电影周放映 95 场（次），观众 1.5 万人（次）。举办文化广场晚会和文化专场演出 89 场活跃农村文化。年末，全县有公共图书馆 1 个，图书室 54 个，总藏书量 20.5 万册，总流通 25.42 万人次，总流通图书 38.6 万册次，读者 23.51 万人次，外借图书 16.14 万册次，阅览 13.7 万人次。

2019 年，县广播电视台开办电视栏目 322 期，播出电视新闻稿 1 654 条，其中被省、市电视台及广播采用 576 条，播出新闻直通车节目 249 条，播出公益广告 3 240 条次、标语 2 555 条次。年末，全县广播电视覆盖率 100%；广播节目综合人口覆盖率为 100%；电视节目综合人口覆盖率为 100%。

2019 年，全县接待国内外游客 631.48 万人次，与上年同期 584.22 万人次相比增长 8.09%，接待海外游客 607 人次，比上年增长 12.62%，旅游总收入 68.33 亿元，比上年增长 22.59%。2019 年全县（含托管区）接待国内游客 1 244.7 万人次，同比增长 9.02%，接待海外游客 1 299 人次，同比增长 9.62%，实现旅游总收入 125.48 亿元，同比增长 23.04%。住宿营业额增长 18%。

【卫 生】 2019 年末，全县有卫生医疗机构 79 个，其中，镇及镇以上卫生机构 14 个；村级卫生所 41 个；个体医疗诊所 24 家；床位数 636 张；在职职工 1 047 人，其中卫生技术人员 974 人（执业医师 348 人、职业助理医师 56 人、注册护士 428 人、药剂人员 48 人、检验人员 46 人、其他卫生技术人员 48 人），占总人数 93.03%。每千人口拥有卫生技术人员 5.35 人，拥有病床数 3.5 张；门诊人数 105 807 人次，住院人次 18 239 人。市内乙类传染病发病率 144.03/10 万人，比上年下降 122.49/10 万人，五苗覆盖率 98.58%，餐具、饮具合格率 100%。全年孕产妇建卡管理人数 1 830 人，管理率 99.13%，孕产妇系统管理人数 1 780 人，管理率 96.42%，7 岁以下儿童保健人数 12 728 人，儿童保健管理率 99.56%，3 岁以下儿童保健人数 5 665 人，管理率 98.85%。

【社会保障】 2019 年，全县城镇新增就业人员 3 243 人，帮助就业困难人员实现就业 778 人，城镇下岗失业人员再就业 933 人，开发公益性岗位 611 个，全县城镇登记失业率 3.06%。

2019 年，全县基本养老保险参保人数 20 022 人（不含城乡居民养老保险），基本养老保险参保人数完成率 102.22%。全年养老保险应征基金 18 450 万元，实际征收 20 752 万元，基金收缴率 112.5%；工伤保险参保 16 306 人，应征基金 727.84 万元，实际征收 716.37 万元，基金收缴率 98.4%；生育保险参保 12 663 人，应征基金 640.55 万元，实际征收 636.15 万元，基金收缴率 99.3%；参加职工和城乡居民基本医疗保险人数 180 084 人，其中参加城乡居民基本医疗保险人数 163 506 人，基本医疗保险参保人数完成率 100.72%。参加大病医疗保险人数 180 084 人，参保率 100.72%。

2019 年，全县享受优抚对象人数 1 887 人，发放优抚金总额 1 300 万元。集体办敬老院 5 个，实有床位 222 张，年末在院人数 81 人；社会困难救济 771 人次，支出 271.01 万元；已享受居民低保 2 892 户，人数 5 325 人，其中，城镇居民 1 098 户、1 910 人，发放低保金 1 093.42 万元；农村居民 1 794 户、3 415 人，发放低保金 1 193.65 万元。全年发放低保资金 2 287.08 万元。

【人民生活】 2019 年，全县居民消费价格（CPI）比上年上涨 1.9%。2019 年，全县城镇居民人均可支配收入 41 336 元，增长 8.0%。城镇居民人均生活消费支出 26 747 元。城镇居民人均住房面积 86 平方米。农村居民人均总收入 24 472 元，增长 13.7%，农村居民人均可支配收入 16 775 元，增长 10.1%。农村居民人均生活消费支出 14 391 元。农村居民人均居住住房面积为 69 平方米。

2019 年末，全县单位从业人员 18 075 人，其中在岗职工 13 142 人。从业人员工资总额 141 489 万元、增长 35.1%，其中在岗职工工资总额 118 157 万元、增长 28.3%。从业人员平均工资 79 270 元，减少 1.2%，其中在岗职工平均工资 90 939 元、增长 2.7%。

【领导名录】 县委书记孙金会，副书记范永光（彝族）、施忠诚（彝族）、孙琦（女，2019年12月任职）。县人大常委会主任王亚波（2019年3月离职）、赵丽华（女，2019年8月任职），县人大常委会副主任马汝乾（回族）、余安全、赵宏高、蒋冬琼（女）。县政府县长范永光（彝族），县政府常务副县长高正刚，县政府副县长朱光波（2019年12月离职）、刘燕萍（女，2019年6月离职）、刘吉祥（2019年10月离职）、陈斌、刘荣（2019年3月离职）、朱云海（挂职两年，2019年6月离职，2019年6月任职）、李东泰、瞿绍堂（2019年3月任职）、李洁（女，白族，2019年10月任职）。县政协主席陆永泽，县政协副主席吴运龙、郭亮、张丽萍（女）、任自能。县纪委书记张盛国（2019年5月离职）、郑江（彝族，2019年5月任职）。

（赵腾蛟）

通海县

【地理位置】 通海县位于东经102°30′25″—102°52′53″，北纬23°55′11″—24°14′49″之间，地处云南省中南部、玉溪市东部，地理、区位优势突出，东与华宁县接壤，西与峨山县、红塔区相邻，南与红河州石屏县、建水县交界，北与江川区毗邻。县人民政府驻地秀山街道海拔1 820米，距省会昆明市125千米，距玉溪市政府所在地红塔区47千米。

【自然概貌】 通海县地貌由盆地、中山、河谷三种组成。地势由西南向东北逐渐降低，坡度3—10度，海拔1796—1820米。地形呈东西阔、南尖、北微凸之蘑菇状地势南低北高，海拔最高点位于河西镇螺峰山2 443米，最低点位于高大乡马脖子1 350米。县域东西最大横距39.97千米，南北最大纵距36.15千米，总面积721平方千米。通海属亚热带湿润凉冬高原季风气候，冬无严寒、夏无酷暑，全年气候宜人，年温差小而昼夜温差相对较大。雨量充沛，分布不均，全年分干、雨两季，降水主要集中在雨季。无霜期长，年平均无霜期272天。年平均相对湿度73%，最小相对湿度14%。年平均风速2.3米/秒，最多风向西南风。主要气象灾害有洪涝、大风、冰雹、干旱、低温、霜冻、雷暴。2019年全县年雨量635.2毫米，与常年同期相比偏少29.4%，与上年同期相比偏少29.7%。年平均气温17.3摄氏度，与常年同期相比偏高1.3摄氏度，与上年同期相比偏高1.1摄氏度。总日照时数2 442.3小时，与常年同期相比偏多12.7%，与上年同期相比偏多11.1%。年内春末夏初干旱严重、汛期暴雨洪涝影响偏轻。本年水分条件偏差，热量和光照条件较好。气候条件对交通、旅游较有利，对湖泊和库塘蓄水、森林防火工作较不利，对农业生产属略差年景。境内河流属珠江水系南盘江流域。全县水资源总量2.13亿立方米，其中地表水径流1.59亿立方米，地下水径流0.54亿立方米。杞麓湖是通海县的主要水域，坐落于通海盆地中偏东侧，流域面积370.5平方千米，水域面积35.54平方千米，河流分为湖盆区内河和高大（曲江）河及其支流。主要湖盆区河流有中河、大新河。

【行政区划】 2019年末，全县辖2个街道办事处、4个镇、3个乡，即：秀山街道、九龙街道、河西镇、杨广镇、四街镇、纳古镇、兴蒙乡、里山乡、高大乡。设49个村委会、27个社区居委会，331个村民小组、219个社区居民小组，361个自然村。

【人口民族】 2019年末，全县户籍人口为105 478户292 080人，分别比上年增加961户1 380人。其中，男性144 814人，占总人口的49.6%，女性147 266人，占50.4%；城镇人口135 595人，占总人口的46.4%；乡村人口156 485人，占总人口的53.6%；少数民族人口50 358人，占17.2%。2019年全县出生人口3 101人，出生率为10.16‰；年内死亡人口1 851人，死亡率6.07‰；自然增长人口1 250人，自然增长率4.10‰，比上年同期减0.14个千分点。兴蒙蒙古族乡是云南唯一的蒙古族聚居地。

【城市建设和生态环境】 2019年，通海县持续推进古城保护利用和县城提质扩容，礼乐西路、文华路、景秀路、玉泉路改扩建项目实现通车，秀山第一小学新区项目开工建设。实施延龄路雨污分流、盆景艺术主题街区建设，启动秀山路“三点一线”、江通一级公路入城段改造提升项目。改造完成329个智慧停车位，正东海智慧停车项目加速推进。国家历史文化名城通过国住建部、文物局专家组实地考察，国家卫生县城通过省级技术评估，省级文明城市、园林县城、生态文明县创建稳步推进。申报美丽乡村16个，建成美丽公路110千米，清理“大棚房”7.3亩，拆除临违建筑39.6万平方米，六街村认定为全国乡村治理示范村。第二污水处理厂规范运营，建成纳古镇污水处理站。改造公共旱厕39座，行政村、自然村卫生公厕覆盖率分别达100%、70%。改造无害化卫生户厕8 543座，覆盖率达66%。自然村垃圾治理率、生活污水处理率分别达70%、58.7%。完成123个自然村建设规划编制提升，民房恢复重建开工3 493户、竣工269户，开工率和竣工率分别为88.5%、6.8%。年末县城建成区面积达到7.4平方千米；县城建成区道路长度76.28千米，道路面积107.98万平方米；建成区绿化覆盖面积312.8公顷，覆盖率42.27%，园林绿地面积290.39公顷。

2019年，新修订的《云南省杞麓湖保护条例》顺利施行，杞麓湖湿地公园正式成为国家级湿地公园，保护治理规划项目完成计划投资的70%，全湖水质稳定Ⅴ类持续向好。“四退三还”征租地收尾，环湖截污南岸西南岸全面竣工并投入使用，一级保护区生态修复项目二期工程全面开工建设，主要河道生态治理顺利推进。种植鲜食玉米4.06万亩，实施水旱轮作262亩。实施工业、建筑业等重点领域能效提升计划，35户涉危涉重企业规范化达标管理。持续推进蓝天保卫战，完成声环境功能区划和生态环境风险调查评估，“散乱污”企业关停29户、搬迁3户、升级改造4户，县城空气质量优良率达94.6%。整改完成中央环保督察和省委湖泊保护治理巡察反馈问题38个。山水林田湖草生态修复试点、国土绿化行动、生态退化修复快速推进，完成退耕还林2 700亩、异地植被恢复造林1 272亩，森林覆盖率达52.2%。创建绿色社区1个、绿色学校2个。推广测土配方施肥22.7万亩次，实施蔬菜绿色防控54.3万亩次，3万亩水肥一体和高效节水项目顺利推进。畜禽养殖废弃物资源化综合利用率达90%，化肥、农药施用量下降5%、3%，农药包装废弃物回收率达90%。

【综合经济指标】 2019年，全县完成现价生产总值156.77亿元，比上年增长8.9%。其中，第一产业增加值22.09亿元，增长6.0%；第二产业增加值40.13亿元，增长12.3%；第三产业增加值94.55亿元，增长7.8%。三次产业比重为14.1 ∶ 25.6 ∶ 60.3。一、二、三产业对生产总值增长的贡献率分别为9.0%、40.9%、50.1%，分别拉动生产总值增长0.8、3.6、4.5个百分点。全县人均生产总值达到50 296元，比上年增加4 933元，增长8.7%。非公经济增加值105.29亿元，比上年增长9.0%，占全县生产总值的比重达67.2%，比上年下降0.3个百分点。

【固定资产投资】 2019年，全县着力推进1个省级、43个市级“四个一百”项目建设，滇中引水、湿地公园、智慧小镇、美丽县城、穆光工贸技改等100个重点项目完成投资47.2亿元。探索实施“水务一体化”建营模式，琉璃河水库扩建工程、马脖子水电站提质扩容增效项目进展顺利，木格水库主体工程、16座小坝塘除险加固全面完工。新建改建电力线路45.8千米，完成云南天然气支线、玉溪城际天然气管道及合建站建设。全县固定资产投资比上年减5.5%，其中工业投资减30.7%。其中500万元以上项目投资减5.7%，房地产投资增长13.7%。按产业划分：第一产业增长17.1%；第二产业减30.7%；第三产业增长0.2%。本年施工房屋面积减25.4%，其中住宅面积增长1.3%，竣工房屋面积增长139.9%。

【农　业】 2019年，通海县被列为全省“一县一业”示范县、国家农村产业融合发展示范园。全年完成农林牧渔业总产值35.5亿元，比上年增长6.1%。其中，农业（种植业）产值21.9亿元，增长7.4%；林业产值1 301万元，减6.3%；牧业产值12.95亿元，增长4.4%；渔业产值2 904万元，增长0.1%；农林牧渔服务业产值2 307万元，增长0.1%。实现农林牧渔业增加值22.16亿元，比上年增长5.9%。农作物总播种面积41.33万亩，其中，粮食、油料、烤烟、蔬菜、花卉面积分别为6.59万亩、0.88万亩、5.05万亩、27.41万亩和0.95万亩。粮食与非粮食作物面积比例基本稳定在16 ∶ 84。秀山街道列为全国“一村一品”示范村镇，高原农产品公司获云南省十大名品创建“20佳创新企业”，“云秀”月季鲜切花、“锦海”月季种苗位列全省“10大名花”第1名和第3名，新认证绿色蔬菜食品19个、“三品一标”29个，农产品质量快速检测合格率达97.4%。新建16个农民专业合作社，入列全国农民合作社质量提升整县推进试点名单。畜牧业持续稳定发展，猪牛羊禽全面增长，肉蛋产量继续增加。水产品产量3 046吨，其中杞麓湖产量1 500吨。

主要农作物产量：粮食产量2 525.01万千克，比上年增3.5%；油料总产132.14万千克，比上年减16.2%；烤烟总产705.03万千克，比上年增4.0%；蔬菜总产86 377.07万千克，比上年增8.8%；水果产量902.31万千克，比上年减1.6%。主要畜牧产品产量：猪年末存栏90 962头，比上年增1.9%；猪当年出栏143 222头，比上年增4.9%；牛年末存栏12 061头，比上年增4.1%；牛累计出栏12 874头，比上年增1.5%；羊年末存栏26 047只，比上年增3.6%；家禽期末存栏5 872 520只，比上年增13.6%；家禽当年出栏5 627 593只，比上年增6.0%；肉类总产量23 642.6吨，比上年减0.2%。其中，猪肉产量10 686.9吨，比上年增0.9%；牛肉产量2 380.7吨，比上年增3.8%；羊肉产量664.7吨，比上年增6.3%；禽肉产量10 178吨，比上年增4.9%；禽蛋产量34 716.9吨，比上年增7.5%；奶类产量5 218.8吨，比上年增2.3%。

全年植树造林1 572亩，义务植树56.06万株。全县林业用地面积41 843.4公顷，占全县土地总面积的56.49 %，全县森林覆盖率为51.76 %。全县林木绿化率为55.01 %，其中有林地覆盖率50.38%，灌木林覆盖率3.95%，四旁树占地折算覆盖率0.68%。

【工　业】 2019年，通海县五金产业园区工业总产值突破百亿元，实现增加值19.45亿元、增长17%。新增5户规上企业、1户省级民营小巨人企业，民营经济增加值增长9%、占GDP比重67.2%。钢铁行业淘汰落后产能、化解过剩产能取得实效，穆光工贸顺利重组投产，拉动规模以上工业增加值增长19.6个百分点。五金机电、彩印包装、食品加工三大产业实现产值186.1亿元、增长3.4%，76户规模以上工业企业完成工业总产值139.77亿元，比上年增长21.2%；工业增加值同比增长18.2%，实现工业销售产值132.02亿元，增长16.7%，产销率为94.5 %，比上年下降3.6个百分点。全年实现工业增加值31.42亿元，增长14.1%，对GDP的贡献率为38.2%，拉动GDP增长3.4个百分点。全年电子信息产品制造业完成收入1.05亿元。2019年规模以上工业主要产品产量：小麦粉11 018吨，比上年减53.4%；糖果3 074吨，比上年增6.2%；方便面1 952吨，比上年减23%；酱油281吨，比上年减2.8%；食品添加剂115吨，比上年减7.8%；机制纸及纸板52 625吨，比上年减8.3%；多色印刷品187万对开色令，比上年减20.1%；硅酸盐水泥熟料271 865吨，比上年减2.9%；水泥376 943吨，比上年减4.4%；商品混凝土221 487立方米，比上年增2.9%；生铁766 814吨，比上年增194%；粗钢778 150吨，比上年增243.1%；钢材1 767 204吨，比上年增76.6%；铝材8 259吨，比上年增2.4%；金属紧固件10 009吨，比上年增0.7%；变压器5 673 141千伏安，比上年增16.2%；油墨1 669吨，比上年增1.3%；自来水生产量3 833千吨，比上年增6.4%；供电量1 032 541万千瓦时，比上年增3.7%。

【建筑业】 2019年，全县建筑业完成增加值87 613万元，增长4.5%。具有资质等级证的建筑、装饰企业21户，从业人员9 015人，完成建筑业总产值266 912万元，增长30.1%。

【国内贸易和对外经济】 2019年，全县实现社会消费品零售总额42.68亿元，比上年增11.8%。按经营单位所在地分：城镇消费品零售额20.76亿元，增长12.8%；乡村消费品零售额21.92亿元，增长10.8%。按消费形态分：餐饮收入14.88亿元，增长11.9%；商品零售27.8亿元，增长11.7%。批发业完成109.42亿元，同比增长14.4%，完成年初增长计划；零售业完成任务42.29亿元，同比增长13.9%；低于年初增长计划14.8%的0.9个百分点。限额以上批发业完成86.21亿元，同比增长14.7%；限额以上零售业完成11.47亿元，同比增长19.9%。县电子商务便民服务站交易额1 475.39万元。农村淘宝完成交易额4 356.67万元，订单数58.4万件。县电商孵化中心16户企业累计网络交易额6 227.40万元，6户非入驻企业累计网络交易额12 895.90万元，全年通海县电商交易额为2.3亿元。

全年完成进出口贸易总额15.38亿美元，增长40.6%，其中，进口额为零，出口贸易额完成15.38亿美元，增长40.7%。农产品出口额为15.26亿美元，占全县进出口额的99.75%，同比增46.54%。积极开展项目招商、产业招商、以商招商、委托招商、异地招商，引进10个项目协议总投资61.4亿元，全年共引进市外国内资金77.09亿元，增长9%，其中引进省外资金64.68亿元，增长21%。

【财税金融】 2019年，全县完成财政总收入7.72亿元，比上年减18.6%。地方财政收入完成4.21亿元，减25.8%。一般公共预算收入完成3.95亿元，减23.2%。税收收入完成2.94亿元，减8.6%，其中：增值税9 367万元，减15.2%；企业所得税1 463万元，减1.8%；烟叶税4 296万元，减4.3%。全年地方财政总支出21.86亿元，增长1.6%。一般公共预算支出18.49亿元，增长2.5%，其中：一般公共服务支出4.47亿元，增长104.7%；教育支出4.45亿元，增长11.8%；社会保障和就业支出3.36亿元，减11.6%；农林水事务支出9 501万元，减38.6%；医疗卫生与计划生育支出1.6亿元，减8.0%。年末全县金融机构各项存款余额152.78亿元，增长6.4%，其中住户存款余额123.77亿元，增长6.2%。各项贷款余额95.37亿元，增长4.5%，存贷比为62.4%。

【交通邮电】 2019年，江通高速建成通车，弥玉高速通海段全面启动，全县改扩建农村公路20千米，完成29条农村公路安全生命防护工程。年末公路通车总里程1 038千米。其中，国道41.1千米，省道99.1千米，县道114千米，乡村公路783.9千米。公路总里程中，高速公路48.9千米，一级公路22.8千米，二级公路24.2千米，三级公路102.7千米，四级及以下公路839.4千米。全县机动车拥有量111 848辆（含拖拉机），比上年增6 831辆，其中，汽车69 175辆，大中小型拖拉机8 084台，摩托车33 491辆，挂车1 098辆。全县公路营运货车4 472辆，吨位63 870吨；运营客车195辆，客座4 141座。公路运输客运量完成242万人，旅客运输周转量12 219万人千米；完成货运量2 121万吨，公路运输货物周转量380 700万吨千米；建成新能源汽车充电站4座，投入新能源绿色公交车30辆、出租车31辆，开通6条县城和县际新能源公交线路。

全年邮电业务总量21.42亿元，电信业务总量19.18亿元，电信业务收入17.21亿元，电信业务总量同比增长63.82%。固定电话用户10 520户，其中住宅电话7 217户。移动电话用户292 518户。电话普及率97.2部/百人。宽带用户数7.4万户。

【科 技】 2019年，全县财政科技支出占比达3.5%，科技进步对国民经济增长贡献率达58.5%。新增专家工作站4个、国家和省级科技型中小企业13户、省级工程技术研究中心1个、市级工程技术研究中心6个，7户企业与大专院校、科研院所建立技术合作关系，获专利授权47件，新增高技能人才210人。2019年共储备国家、省、市各级各类科技项目64项，其中国家级11项，省级45项、市级8项。组织申报52项，其中国家级8项，省级39项，市级5项。

【教育体育】 2019年，全县中、小学、中等职业学校共63所，其中，高级中学2所，完全中学1所，初级中学7所，中等职业学校1所，小学52所，其中小学教学点1个。全县中、小学、中等职业学校班数954个，其中，初中班214个，高中班84个，职业高中班30个，小学班 626个。全县在校学生总数36 823人，比上年减少724人，其中，普通高中4 651人，初中10 005人，中等职业学校1 066人，小学21 101人。全县有幼儿园46所，班数321个，在园幼儿数9 802人，比上年减少277人。全县专任教师2 689人，比上年增加5人，其中，普通中学1 111人，中等职业学校63人，小学1 270人，幼儿园245人。全县毕业生人数8 775人，比上年增加484人，其中，高中1 522人，初中3 355人，中等职业学校397人，小学3 501人。学龄儿童入学率达99.95%，小学升学率93.17%，初中升学率86.63%，3—5岁儿童毛入园率100.10%。2019年举办县内各种竞赛活动21次，参赛人数1.5万人次。参加国家、省、市比赛355人次，获一等奖32块、二等奖44块、三等奖16块。向上级输送运动员20人。

【文化旅游】 2019年末，全县有文化馆1个，公共图书馆1个，乡镇（街道）文化站9个。被列入国家级“非遗”名录项目2个，保护单位1个；省级项目3个，保护单位1个；市级项目13个，保护单位1个；县级项目12项，保护单位1个。国家级非物质文化遗产代表性传承人1人，省级7人，市级15人，县级25人。2019年全县共接待海外旅游者3 447人次，同比增长7.02%；接待国内旅游者548.11万人次，同比增长8%。实现旅游总收入45.73亿元，同比增长22.27%。实现住宿营业额17 636.8万元，同比增长13.5%。

【卫 生】 2019年，全县有医疗卫生机构193个，其中，医疗机构191个、预防保健服务机构1个、卫生监督机构1个，急救中心1个。在医疗机构中：医院8个（卫生部门所属医院2个，其他医院6个），乡镇卫生院8个；工业、其他部门所属医务室及个体办医106个；村卫生室66个。全县医疗机构实有床位1 367张，其中卫生部门所属医疗机构实有床位888张。全县医疗卫生技术人员2 183人，其中卫生部门所属机构卫生技术人员999人，其他机构及个体诊所卫生技术人员1 184人。全县每千人口拥有床位数4.4张，每千人拥有卫生技术人员7.0人，每千人拥有执业（助理）医师数2.6人，每千人拥有注册护士数3.26人。全县无甲类传染病报告，乙类传染病发病率105.26/10万，共报告丙类传染病病种4种1 603例，较上年上升9.95%，发病率为516.43/10万，较上年上升9.95%。无丙类传染病死亡报告。高血压患者累计完成管理23 368人，完成目标任务数22 640的103.22%，糖尿病患者管理6 463人，完成目标任务数6 150人的105.09%。孕产妇系统管理人数3 260人，孕产妇系统管理率92.55%，产妇产前检查率99.09%，孕早期检查率94.40%，住院分娩率100%；7岁以下儿童保健人数23 560人，保健管理率98.37%，3岁以下儿童系统管理人数10 729人，系统管理率97.62%，孕产妇死亡率0/10万，婴儿死亡率4.56‰，5岁以下儿童死亡率6.69‰，出生缺陷发生率156.58/万元。

【脱贫攻坚】 2019年，通海县聚焦解决“两不愁、三保障”突出问题，基本完成4类重点对象危房改造，投资1 027万元完成15个整村推进扶贫项目。投入1 298万余元对贫困生助学，整合项目资金 9 863 万元实施贫困地区农村人居环境整治项目，实施野山椒种植和分布式光伏发电 2 个专项扶贫产业，覆盖 207 户建档立卡贫困户，带动户均增收 1 000 余元；与县内的 4 家蔬菜龙头企业洽谈商定新型经营主体带贫益贫帮扶协议，实现有效带动 458 户有产业发展的贫困户稳定增收；实现烟草产业带动 169 户贫困户稳定增收，总体实现有发展能力的贫困户产业带动全覆盖；完成 390 户 1 925 万元的放贷。培训建档立卡贫困劳动力 434 人次，新增转移就业 64 人。建档立卡贫困户 100% 参加基本医保、大病保险、医疗救助，慢性病人 100% 享受签约服务。2019 年纳入建档立卡贫困户符合享受低保、特困供养人员共 439 户 1 453 人；投入 103.2 万元为 172 户贫困残疾人家庭实施无障碍改造；投入 17.75 万元资助 60 名残疾贫困大中专生；投入 132 万元先后为 235 名残疾人实施白内障手术，为 10 名装配假肢，对 23 名残疾儿童进行早期康复训练，供应用品用具 172 件。2019 年末全县 9 个贫困行政村建档立卡贫困人口 730 户 2 400 人全部脱贫。全县贫困监测人均可支配收入为 10 526 元，同比增长 14%，增速高于农村居民收入 5 个百分点。

【社会保障】 2019 年，全县参加城镇职工养老保险人数为 24 640 人，参加城乡居民基本养老保险人数 163 991 人。参加城镇乡基本医疗保险人数 278 453 人，参加工伤保险职工人数 19 279 人，生育保险职工人数 15 535 人。参加失业保险的职工人数 13 211 人，失业人员再就业人数 1 027 个，发放创业担保贷款 1.4 亿元，城镇新增就业 3114 人，年末全县城镇登记失业率为 3.30%。年末全县有农村敬老院 6 个，有床位 261 张。全年为全县 3 746 户 6 445 人城乡最低生活保障户提供最低生活保障金 2 136 万元；为 241 名在乡复员、带病回乡人员发放 494.49 万元定补金；为“三属”、革命伤残军人及义务兵家庭、优抚对象发放抚恤、补助金 717.61 万元，为 14 660 人受自然灾害救济对象安排口粮 17.02 万千克、提供救济衣被 600 件（条）、救助资金 140 万元。全年全县城镇居民人均可支配收入 40 720 元，比上年增加 3 051 元，增 8.1%；农村居民人均可支配收入 18 162 元，比上年增加 1 726 元，增 10.5%；城乡居民人均储蓄存款 39 708 元，比上年增加 2 298 元，增 6.1%。

【人民生活】 2019 年，全县城镇居民人均可支配收入 40 720 元，比上年增加 3 051 元，增 8.1%；农村居民人均可支配收入 18 162 元，比上年增加 1 726 元，增 10.5%；城乡居民人均储蓄存款 39 708 元，比上年增加 2 298 元，增 6.1%。

【领导目录】 县委书记卢维江（壮族），县委副书记马春明（回族）、金宏森（2019 年 9 月离任）、牛建明（2019 年 9 月任）。县人大常委会主任陈文存，县人大常委会副主任孟志明（2019 年 1 月任）、周清、钱秀琼（女）、王国雄。县政府县长马春明（回族，2019 年 1 月任），县政府副县长刘绍宏、杨兴龙（2019 年 10 月离任）、张希也（女）、孟志明（2019 年 1 月离任）、常伟（2019 年 9 月离任）、张发彦、苏明东（2019 年 1 月任）、侯冬（2019 年 10 月任）、赵春波（2019 年 11 月任），县政协主席钱润光，县政协副主席吴云（女）、马吉光、施俊（回族）、龚汉坤。纪委书记张建波。

（苏为勇）

华宁县

【地理位置】 华宁县地处滇中偏东南，玉溪市东部，位于北纬 23° 59′—24° 34′，东经 102° 49′—103° 09′ 之间。东接弥勒市，南连建水县，西邻通海县、江川区，北倚澄江、宜良县。县城距市政府所在地红塔区 53 千米，距省会昆明市 148 千米。

【自然概貌】 境内东西宽 34 千米，南北长 59 千米，总面积 1 313 平方千米。地势西北高，东南低，地形东西狭，南北长，崇山峻岭连绵起伏，高山、丘陵、盆地、河谷间杂交错，呈“两脊夹两槽”地形，较大的盆地有宁州坝和盘溪坝。主要河流有南盘江、青龙河、海口河、龙洞河和华溪河，均属珠江水系。境内最高海拔磨豆山 2 663.1 米，最低海拔磨法冲江边 1 110 米，相对高差 1 553.1 米。气候总体属亚热带半湿润高原季风气候，但由于地形地貌复杂，形成南亚热带、中亚热带、北亚热带和南温带 4 个气候类型区，呈现垂直变化大、季节变化小、干湿季分明、地区差异明显的立体气候特点。2019 年平均气温 17.4℃，比常年平均值偏高 1.1℃，属偏高年份，极端最高气温 33.0℃（6 月 10 日），极端最低气温 -2.8℃（12 月 7 日）；年日照总时数 2 403.2 小时，与常年平均值相比，偏多 225.3 小时，2019 年降水总量 654.0 毫米，较常年平均值（898.3 毫米）偏少 27%，属偏少年景。

【行政区划】 2019 年，全县辖宁州街道，青龙、盘溪、华溪 3 个镇，通红甸彝族苗族乡，23 个社区居委会、54 个村委会，649 个村（居）民小组。

【人口民族】 2019 年年末，全县总人口 77 001 户 213 635 人，同比增加 420 人。其中，男性 109 499 人，女性 104 136 人，男女比例为 105：100。乡村人口 141 002 人，城镇人口 72 633 人，城镇化率达 48%。少数民族 65 682 人，占总人口的 30.7%。年内出生 1 790 人（不含海镜、海关），出生率 8.64‰；死亡 1 113 人，死亡率 5.37‰。自然增加人口 677 人，人口自然增长率为 3.27‰。

【综合经济指标】 2019 年，华宁县完成县内生产总值 115.03 亿元，同比增长 9.6%，其中，第一产业实现增加值 24.04 亿元，同比增长 6.0%；第二产业实现增加值 23.68 亿元，同比增长 14.5%；第三产业实现增加值 67.31 亿元，同比增长 8.8%。三次产业结构由上年的 19.1：20.2：60.7 发展变化为 20.9：20.6：58.5。非公有制经济完成增加值 60.27 亿元，同比增长 9.7%，占生产总值的 52.4%。规模以上工业总产值 40.68 亿元，同比增长 16.3%；农业总产值 36.79 亿元，增长 6.1%。

【固定资产投资】 2019 年，全县 500 万元以上在库项目 54 项，固定资产投资同比增长 3.9%，其中，房地产投资同比增长 20.1%。从行业看，第一产业投资同比降低 59.7%；第二产业投资同比降低 27.5%，其中非电工业投资同比降低 27.7%；第三产业投资同比降低 38.8%。

【招商引资】 2019 年，全县引进县外国内资金 73.3 亿元，同比增长 0.9%，其中引进省外资金 63.61 亿元，同比增长 14.2%。

【农　业】 2019年，全县农、林、牧、渔业总产值36.79亿元，同比（按可比价格计算，下同）增长6.1%。从产业构成上看，农业（种植业）产值27.1亿元，占73.7%，同比增长6.0%，其中，粮食产值1.43亿元，同比下降15.6%；烤烟产值3.52亿元，同比下降12.1%；蔬菜产值7.9亿元，同比增长5.9%；林业产值2 355万元，占0.6%，同比增长5.5%；牧业产值8.67亿元，占23.6%，同比增长6.0%；渔业产值4 952万元，占1.3%，同比增长6.1%；农林牧渔服务业产值2 823万元，占0.8%，同比增长10.3%。“三棵树”产值11.12亿元，同比增长5.9%，其中，柑橘产值10.55亿元，同比增长7.5%；柿子产值3 125万元，同比下降29.1%；核桃产值2 610万元，同比增长1.6%。

【工　业】 2019年，全县完成工业增加值15.83亿元，同比增长15.6%，高于上年0.8个百分点，其中规模以上工业增加值同比增长20.7%。规模以上工业总产值40.68亿元，同比增长16.3%。

【财税金融】 2019年，全县入库各种税收4.44亿元，同比减收3 381万元，下降7.1%。完成地方财政收入6.33亿元，同比增收16 174万元，增长34.3%。其中，公共财政预算收入3.15亿元，同比减收12 400万元，下降28.2%；政府性基金收入3.17亿元，同比增收28 574万元，增长9.1倍。地方财政支出18.57亿元，同比减支17 930万元，下降8.8%。其中，公共财政预算支出17.41亿元，同比减支1 776万元，下降1.0%。2019年年末，全县金融机构各项贷款余额57.85亿元，同比增加54 408万元，增长10.4%；各项存款余额81.02亿元，同比增加10.17亿元，增长14.4%，其中，住户存款60.89亿元，同比增加8.43亿元，增长16.1%。

【交通邮电】 2019年年末，全县境内公路里程1 859千米，其中，二级以上59.6千米，占总里程的3.2%。在总里程中，省（国）道39.5千米，县道404.1千米，乡村道路1 308.7千米。全年公路客运量32.2万人次，旅客周转量2 251.9万人千米；公路货运周转量129 315.5万吨千米；邮政业务总量1 093万元，同比增长8.4%。

年末，全县拥有固定电话用户5 430户，同比减少289户，下降5.1%；移动电话用户181 593户，同比减少19 708户，下降9.8%；互联网用户184 727户，同比增加148 509户，增长4.1倍。

【科技教育】 2019年，全县科技投入1 610万元，申报科技项目7项；新列入科技专项计划项目20项，其中省级项目11项，市级项目9项。

2019年年末，全县共有各级各类学校123所，其中高级中学1所、完全中学1所，初级中学8所、完小70所（不含海关，海镜），教师进修学校1所、职业中学1所、幼儿园41所。全县在校生29 951人，其中高中在校生3 037人，初中在校生7 545人，小学在校生12 763人，职中在校生671人，幼儿园（学前班）在园幼儿园5 479人。在职在编教职工2 399人，师生合计32 350人，占全县总人口的15.14%。学前3年幼儿毛入园84.7%，同比增长8.76%；学龄前儿童入园（班）率102.12%，同比减少11.77%。小学适龄儿童入学率99.98%；小学辍学率为0.38%。初中毛入学率114.18%；初中辍学率0.57%。

【体　育】 2019年，县级组织体育竞赛27次，参赛代表队171支次，参赛4 819人次，向上级输送运动员12人。建有400米跑道田径场4块，游泳馆（池）5个，网球场5块，篮球场224块，地掷球场10块，门球场9块。经常参加活动人数7.9万人，占全县总人口的37.2%。

【文化旅游】 2019年，全县有图书馆、文化馆各1个，乡镇文化站5个，文物管理所1个，农村图书室78个，群众业余演出团（队）319个。图书馆藏书10.4万册，接待读者2.98万人次，外借、阅览图书5.98万册次。县、乡文化馆（站）举办展览26个，组织文艺活动152场，藏书3.54万册，文物藏品306件（套）。2019年，全县广播覆盖率100%，有线电视传输干线网络总长1 700千米，有线电视用户4.84万户，其中农村用户3.11万户。全年播出公共（自制）节目5 840小时。在中央电视台、央广网、人民网、新华网等中央级媒体刊播华宁新闻69条；在《云南日报》《云南法制报》《云南经济日报》、云南网等省级媒体刊播发新闻428篇（幅）；在《玉溪日报》刊登新闻772篇（幅）；在玉溪广播电视台综合频道和大众台播出新闻362条，在玉溪广播电视台综合频道播出《新闻直通车》310条；在华宁新闻网——乡镇直通车发布信息2 542条；华宁发布信息78期356条，华宁广播电视台、华宁新闻手机台（公众号）刊播新闻911条；县广播电视台制作专题片7部，播出公益公告2.6万多条次。

2019年，全县共接待游客140.3万人次，同比增加12.8万人次，增长10%；实现旅游收入16.64亿元，同比增加4.02亿元，增长31.8%。

华宁陶开窑　（杨文桥　摄）

【卫　生】 2019年，全县有卫生机构129个，其中，医院3个，卫生院5个，妇幼保健院、疾病预防控制中心、卫生监督所各1个，诊所、卫生所、医务室117个；病床793张；卫生专业技术人员1 207人，执业医师328人，执业助理医师104人，注册护士532人。医疗机构全年门诊诊疗115.17万人次，同比下降1.4%。住院31 017人次，同比增长1.2%，出院31 453人次，死亡109人，死亡率0.4%。年内报告乙类传染病9种295例，传染病发病率138.36例/10万人；免疫“五苗”覆盖率99.04%。

【社会保障】 2019年，全县职工基本养老保险参保单位4 213个，参保职工12 943人，离退休人数5207人，全年收缴基本养老金1.83亿元，支出养老保险金2.08亿元；城乡居民养老保险参保人数124 797人，参保率99.2%，筹集保险金3 471万元，其中，个人缴纳1 126万元，中央补助1 813万元，省补助486万元，市补助0.7万元，县补助45.8万元。按月领取养老金人数27 855人，支出养老金3 969万元，人均领取1 424.9元。城镇职工医疗保险参保单位524个，参保职工14 593人，基本医疗保险统筹基金收入3 215万元，个人账户基金收入4 025万元，基本医疗保险统筹基金支出3 230万元（包含上解上级支出），个人账户基金支出3 574万元；城镇职工工伤保险参保单位508个，参保职工13 536人，收缴保险金393万元，支付保险金536万元；城镇职工生育保险参保单位502个，参保职工10 886人，收缴保险金526万元，支付保险金377万元；城镇职工失业保险参保单位417个，参保职工9 055人，筹集保险金563.8万元，支付保险金376.2万元，其中，对失业职工发放288.9万元。城乡居民医疗保险参保人数182 323人，享受待遇535 703人次，其中住院38 225人次，门诊497 478人次。待遇支出7 535.4万元，其中住院7 284.2万元，门诊251.1万元。

全县享受定期补助优抚对象总人数1 554人，优待金总额1 073万元。困难临时救助543户，救助金额145万元；困难医疗救助782人次，救助金额60万元。纳入最低生活保障7 020人，其中城镇居民2 193人，农村居民4 827人；发放最低生活保障金2 577万元，其中城镇居民1 180万元，农村居民1 397万元。

【人民生活】 2019年，全县城镇居民人均可支配收入40 127元，同比增长8.3%；农村居民人均可支配收入15 381元，同比增长10.1%。社会消费品零售总额25.96亿元，同比增长12.0%。城镇常住居民人均可支配收入40127元，比上年增加3 075元，增长8.3%；农村常住居民人均可支配收入15381元，比上年增加1 411元，增长10.1%。全年居民消费价格指数上涨2.8%。

【创建国家卫生县城】 2019年6月6日，经省级技术评估，华宁县创建国家卫生县城工作以790分的成绩通过省级技术评。2017年2月正式启动创建国家卫生县城工作，3月向省爱卫办递交创建国家卫生县城的申请。把爱国卫生工作纳入《华宁县国民经济和社会发展第十三个五年规划纲要》，写入政府工作报告，摆上重要议事日程。“创卫”工作实行目标责任制度，坚持“谁主管，谁负责”的原则，对照《国家卫生县城标准》9项52条具体指标任务进行逐项逐条分解落实达标。县财政共拨付专项工作经费近1 100万元，为爱卫、创卫日常工作提供经费保障，全面实施创卫网格化管理，将县城建成区（创卫区域）分成29个网格，实行网格长负责制，加强日常监管。成立以县委书记、县长为组长的双组长制创卫工作领导小组，以整治市容市貌、环境卫生、市场和交通秩序为突破口，努力提高全民的健康行为形成率和大卫生观念，城镇环境卫生得到进一步改善，县城整体形象不断提高，初步形成了一个文明整洁的县城。

【领导名录】 县委书记黄云鹍(2019年8　月离任），王志华（2019年8月任），县委副书记张洪坤。县人大常委会主任魏德锦，县人大常委会副主任陈宁、高玉萍（女）、黄永祥、王明清。县政府县长张燕华（女），县政府副县长罗勇(2019年5月离任)、梁玉浩（回族，2019年5月任）、殷智才（彝族）、王平伟、郭艳（女）、李敏灿、邓会宾。县政协主席白应海（彝族），县政协副主席张进文、高双全、何文珠（女，土族）、万燕（女）。县纪委书记杨俊荣（哈尼族）。

（张　兰）

易门县

【地理位置】 易门县地处滇中西部，玉溪市西北部，位于北纬24° 27′－24° 57′、东经101° 54′－102° 18′之间。东接安宁市、晋宁区，南连峨山县，西邻楚雄州双柏县，北与禄丰、安宁两县市接壤，东南距市政府所在地红塔区146千米，东北距省会昆明市94千米。

【自然概貌】 县域东西横距44千米，南北纵距57千米，地形西高东低，呈马蹄形，东、北、西三面高山屏立，中部是溶蚀性盆地，东南面为中山河谷地带。区域面积1 526.57平方千米，坝区和河谷面积占3%，山区面积占97%。境内最高海拔2 608米（县北小街乡甲浦老黑山顶），最低海拔1 036米（县南绿汁镇南部炉房村旁易门与双柏、峨山交界处的绿汁江面），县人民政府驻地龙泉街道海拔1 570米。2019年全县降水量为510.1毫米，比历年平均值偏少333.4毫米，偏少39.5%；比上年同期偏少320.3毫米，偏少38.6%，属特少年份，是自1956年有气象记录以来的最少降雨年份。2019年年平均气温偏高17.6℃，比历年平均值偏高1.1℃，比上年同期偏高1.0℃，属偏高年份。远在宋朝的时候，易门就有“仙源”之称，境内高山河谷相间，立体气候明显，森林覆盖率60.09%，气候温润，生态环境良好，林丰草茂，多样性生物衍生出多类型植被和多种动物，100多种野生动物活跃在高山峡谷、平坝青溪中，300多种野生菌是森林的精灵，70多种可食用野生菌以品种全、数量多、品质优、口感好而闻名全省，干巴菌、鸡㙡、美味牛肝菌和铜厂黑松露名声尤著。境内蕴藏着铜、钴、铁、锰、铅、锌、钨、钼、高岭土（瓷土）、大理石、花岗石、石灰石等24种矿产资源，以县境东部的东山铁矿和西部绿汁江岸的铜矿储量最大。

【行政区划】 2019年，全县辖龙泉、六街2个街道，绿汁镇、浦贝彝族乡、十街彝族乡、铜厂彝族乡、小街乡4个乡（镇），39个村民委员会、19个社区居民委员会、781个自然村、766个村（居）民小组。县政府驻地龙泉街道。

【人口民族】 2019年末，全县总户数60 015户，总人口165 433人，其中城镇人口72 340人，占总人口的43.7%，乡村人口93 093人，占总人口的56.3%。在总人口中，男性84 062人，女性81 371人，男女性别比为103.3：100。人口自然增长率2.05‰。少数民族人口56 180人，占总人口的34.0%，上升0.1个百分点。

【综合经济指标】 2019年，全县实现现价生产总值136.4亿元，比上年增长8%。其中第一产业增加值14.7亿元，比上年增长5.9%；第二产业增加值58.8亿元，比上年增长6.8%；第三产业增加值62.9亿元，比上年增长9.9%。全县人均生产总值75261元，比上年增加6 689元，按可比价格计算增长7.9%。三次产业结构为10.8：43.1：46.1。全年固定资产投资（不含农户）下降19.1%。从资金来源上看：民间投资下降15.1%，国有投资下降22.8%，其中财政投资下降30.4%。从三次产业投资看：第一产业投资下降33.6%，第二产业投资增长10.0%，第三产业投资下降25.5%。重点行业：工业投资增长10%，农业投资下降33.6%，房地产投资下降73.9%。

【农 业】 2019年，全县完成农、林、牧、渔业总产值24.5亿元，增长6%，其中，种植业产值11亿元，增长5.8%；林业产值0.6亿元，增长5.2%；畜牧业产值12.5亿元，增长6%；渔业产值0.1亿元，增长5.7%；农林牧渔业服务业产值0.2亿元，增长10.8%。全年播种面积40.8万亩，其中，粮食作物19.6万亩，经济作物21.1万亩，蔬菜10.7万亩，油料2.1万亩。全年粮食总产6 004.8万千克，增长0.9%，其中，大春4 808.1万千克，小春1 196.7万千克。全年蔬菜总产14 065.7万千克，油料总产222.3万千克，水果产量977万千克。种植烤烟64 169亩，收购烟叶782.5万千克，收购金额2.3亿元，平均交售单价29.05元/千克，中上等烟比例达95.53%，其中上等烟比例71.74%。生猪存栏15万头，肥猪出栏16.8万头。肉蛋奶总产3 461万千克，其中猪肉产量1 396.7万千克。家禽出栏679万只。

【工 业】 2019年，全县完成工业总产值224.3亿元，增长9.7%，其中，规模以上工业产值完成174.6亿元，增长12.5%，规模以下工业产值完成49.6亿元，增长0.8%。在三大产业中：矿冶业产值完成134.2亿元，增长3.2%；水泥陶瓷建材业产值完成44.3亿元，增长22.6%；食品加工业产值完成27.6亿元，增长21.7%。主要工业产品产量：软饮料49 888吨，下降21.5%；硫酸438 779吨，下降2.7%；水泥265万吨，下降4.0%；粗铜119 607吨、增长19.5%，铸铁件10 143吨、增长33.6%，墙地砖13 196万平方米，增长12.8%；日用陶瓷2 729万件，下降0.5%；发电量7 523万千瓦时，下降28.1%；供电量114 997万千瓦时，增长8.7%；自来水生产量312万吨，增长0.6%；石膏板4 257万平方米，增长3.8%。

【财政金融】 2019年，全县财政总收入完成12.9亿元、增长13.1%，其中地方财政收入完成10.6亿元、增长35.7%，地方财政支出21.8亿元、增长11.4%，一般公共预算收入6.8亿元、增长6%，一般公共预算支出20.3亿元、增长9%，其中财政八项支出18亿元、增长22.5%。金融机构人民币存贷款余额140.5亿元、增长2.6%，其中，各项存款余额80.6亿元、增长2.3%；各项贷款余额59.9亿元、增长2.9%。

【交通邮电】 2019年，全县交通运输、仓储和邮政业实现增加值13.15亿元，增长9.3%。公路运输客运量92万人次，旅客运输周转量4 531万人公里。全县公路通车里程达2 078.6千米，其中，高速路34.4千米、省道120千米、县道220.8千米、乡道1 160.9千米、村道532.9千米、专用公路9.6千米，每百平方千米公路密度为132.3千米。启动建设新平至十街（易门县）公路改造项目。全县有客运车辆308辆，其中市县线班车83辆，（市际线路3条，县际线路3条），农村客运车辆225辆，公交车线路7条37辆、出租车70辆，行政村通车率达100%。全年邮电业务总量11.39亿元，其中：邮政业务总量1 607万元；电信业务总量11.23亿元。年末固定电话用户4 884户，其中住宅电话3 264户；移动电话14.42万户；互联网用户14.86万户。

【科 技】 2019年，全县科技项目申报49项。其中申报国家级科技计划项目3项，立项3项；申报省级科技计划项目21项，立项19项；申报市级项目25项，立项25项。3户企业认定为省科技型中小企业，1户企业认定为高新技术产业，19户企业获得研发经费投入补助资金669.48万元。全县发明专利拥有量52件，全年专利申请量117件。

【教育体育】 2019年，全县有中、小学、幼儿园63所，其中普通高中1所，职业高级中学1所，县级幼儿园1所，初级中学8所，小学52所。共有教职工2 183人（含政府购买岗位344人）。全县在校学生19 799人，其中幼儿3 833人，小学7 926人，初中4 527人，普通高中2 371人，职业高中1 142人。学前教育三年毛入园率达91.13%，九年义务教育巩固率97.78%，初中辍学率0.13%，高中阶段毛入学率96.39%，残疾儿童少年入学率97.67%。

2019年，省对县体彩公益金项目转移支付116.9万元。体育彩票销售3 766万元。完成小绿汁社区、张所村委会体育活动场所建设。完成社会及校园足球场建设选址15块，2块足球场建成投入使用。举办体育赛事比赛8次，组织参加市级体育比赛6次，指导各单项体育协会开展活动10余次。组织参加市第七届篮球大联赛、第三届“玉溪杯”足球赛等市级体育赛事，获团体第一名1个、第二名3个、第三名2个；参加市青少年（儿童）暑期体育比赛获得团体一等奖1个、二等奖1个，获得个人单项第一名8个、第二名6个、第三名8个。组织乒乓球裁判员培训及资格认定8人，太极拳、健身操等三级社会体育指导员培训及资格认定68人。完成全县7个乡镇（街道）、58个村（社区）老年人体育协会组织100%全覆盖。全县常年参加体育锻炼的人数达7.3万人，占全县总人口的40.3%。

【文化旅游】 2019年，县图书馆接待读者6.91万人次，书籍流通12.94万册次。完成馆藏书目数据库建设，博看、超星电子期刊借阅、查询系统访问量8.78万人次，阅读、下载图书2.36万册。县文化馆开展文化免费开放进校园、进乡镇（街道）、进社区、进单位等工作。举办各类培训95期，培训文艺爱好者4 200余人次。举办业余文艺创作骨干培训班3期。举办春节、“二月二”戏会、第十五届“中国·云南”野生食用菌交易会、易门首届农民丰收节、易门首届舞龙大赛、庆祝改革开放40周年、新中国成立70周年、纪念建党98周年、“百团千队”送戏下乡惠民演出等97场次。成功申报易门高粱酒制作技艺等3项市级非遗保护项目，成功申报魏建堂、龙明忠为省级非遗传承人。

县广播电视台制播《易门新闻》165期，播出新闻稿件956条；在电视、网站、微信公众号等平台继续开设《乡村振兴进行时》《向善、向上》《理论学习园地》《永自强　崇美德　感党恩》《砥砺前行、奋进易门》《美在易门》《不忘初心、牢记使命》《党建引领强发展》等专题专栏，编辑、制作《新闻直通车》40期220条在玉溪电视台播出；播出公益广告6 000条次。《玉溪日报·易门专版》采编信息48期339条；“易门发布”微信公众号采编信息152期684条；易门新闻网采编信息8 237条；“云南通·易门县”党政客户端采编信息301条。

全年接待国内旅游者246.3316万人次，同比增长8.02%，海外旅游者99人次，同比增长7.61%，实现旅游总收入22.2亿元，同比增长23%。实现住宿营业额1.18亿元，同比增长18%。完成花果山欢乐谷旅游投资1.35亿元。强力推进文化旅游融合发展，举办春节、“二月二”民俗文化旅游节、铜厂“二月九”、浦贝“浪漫玫瑰节”、绿汁音乐节、十街“摆衣之约”摸鱼节、“火把节”、六街茶文化节和第十五届野生菌交易会文化系列活动，全县开展有一定规模的文化旅游节庆活动13次。建成5座旅游厕所。实施休闲农业和乡村旅游精品工程，投资200万元完成樟木箐喜祥庄园民宿客栈、烧烤区等项目建设；投资75万元完成元源生态庄园炼苗棚、组培瓶及试验器材建设；投资120万元推进十街摆衣村游村民宿客栈、文化陈列室建设。完成龙泉河3A级景区创建工作，完成《易门县创建AAAA级景区规划》编制工作和龙泉国家森林公园2A级景区复核；开展龙泉河、南屯湖、栗园湖景区景点征名工作，确定58个景点景观的名称。

【卫　生】　2019年，全县有医疗卫生机构111个，其中县级医疗机构3个（县医院、中医医院、妇幼保健院）、疾控中心1个，急救站1个，乡镇卫生院7个、村卫生所53个（其中5个乡镇卫生院所在地的村卫生室不开展诊疗活动）、民营医院3个、个体诊所38个、医务室5个。辖区内医疗机构有病床编制855张（民营医院228张），实际开放955张（民营医院258张）。建档立卡贫困人口100%参加基本医保和大病保险。基层医疗卫生机构100%开展家庭医生签约服务，为74 065人已签约居民提供签约服务。建档立卡贫困人口、五保户、低保户和计生特扶家庭人口100%完成签约。签约人员中74 065人已全部建立电子健康档案，核查档案74 065人，服务70 868人，服务率95.68%。居民健康档案电子建档率94.46%。建设健康社区（村）18个，健康家庭108户，健康医院6个，健康学校9所，健康单位33个，健康企业3个，健康小屋1间，建成兴文街健康一条街，完善建设健康步道1条，健康主题公园1个。10月，建设省级健康促进县通过省级评估。

2019年9月28日，易门县举行国庆70周年合唱比赛　（陈　永　摄）

【社会保障】　2019年，全县参加城镇职工基本医疗保险18 392人，参加城乡居民医疗保险141 581人。参加城镇职工基本养老保险19 011人，参加城乡居民养老保险100 981人，参加城镇职工失业保险8 906人，参加城镇职工工伤保险25 836人，参加城镇职工生育保险15 132人。推广电子社保卡35 975张。人才招聘129人，其中紧缺型人才提前招聘24人，两批事业单位工作人员招聘50人，大学生村官定向招聘19人，退伍安置24人，医学订单定向4人，“三支一扶”转正10人。做好重点群体的就业帮扶工作，完成城镇新增就业2 795人，城镇失业人员再就业846人，就业困难人员就业763人。开发公益岗位402人，城镇登记失业率3.2%，高校毕业生就业见习　50人。开展电工、农村养老护理员等培训，农村劳动力培训14 391人次，其中培训建档立卡户2 610人次，新增农村劳动力转移3 545人。

【人民生活】　2019年，全县城镇常住居民人均可支配收入达40 465元，比上年增长8.0%；农村常住居民人均可支配收入达15 102元，比上年增长10.7%。城镇常住居民人均消费性支出22 629元，增长5.8%，农村常住居民人均生活消费支出12 924元，增长15.4%。居民消费价格指数102.2%。

【领导名录】　县委书记吴渔琛，县委副书记刘世伟（2018年9月任）、张庆春（2018年11月任）。县人大常委会主任王华堂，县人大常委会副主任王文芳、李翠仙（女）、沐尚葵（女）、刘光夫。县政府县长刘世伟（2019年1月任），县政府副县长杨剑纲、赵兴堂、王跃华、段丽蓉（女）、李贵祥、彭安富（2019年1月任）。县政协主席吕培生，县政协副主席周黎明、朱林、侯丽芬（女）、刘政（2019年11月政协副主席候选人，2020年1月经选举任政协副主席）。县纪委书记杨潇（女）。

（杨雅越　矣永明）

峨山彝族自治县

【地理位置】 峨山彝族自治县地处云南省中部，位于东经 101° 52′—102° 37′、北纬 24° 01′—24° 32′ 之间。东接红塔区，东南与通海县交界，南与红河州石屏县接壤，西南与新平县山水相连，西北与楚雄州双柏县隔江相望，北与易门县相通，东北与昆明市晋宁区毗邻。县委、县政府驻地双江街道距玉溪市政府驻地 24 千米，距云南省会昆明市 118 千米。峨山素有“滇中咽喉”之称，是云南连接东南亚的重要节点，省道易峨高路和正在建设的弥楚高速公路横贯东西，国道 213 线、昆曼国际大通道和正在建设的泛亚铁路中线（玉溪至磨憨铁路）纵贯南北。

【自然概貌】 峨山县属高原地貌，区域面积 1 972 平方千米，山区面积占 96%，坝区及河谷占 4%。区域最大横距 74.6 千米，纵距 56.7 千米。丘陵、平坝、河谷、中山相间，地势西北高东南低，县城海拔 1 538 米，最高点为北部甸中镇镜湖行政村的火石头山，海拔 2 583.7 米，最低点在西部富良棚乡绿汁江边的丫勒，海拔 820 米。立体气候显著，属亚热带半湿润凉冬高原气候区。县境地形似三角形，东部狭长，西部较宽，由中山、河谷、小盆地三种地貌构成。境内海拔 2 000 米以上的高山有 60 多座，较大的有高鲁山、大西山、总果山、大黑山、火石头山等。地势西北高东南低，东部因受曲江（县境称猊江）切割，形成西北至东南走向的山地与谷地相间的地貌形态。中部的岔河、塔甸、富良棚等乡（镇）属岩溶比较发育的石灰岩地区，群山起伏，溶洞、洼地较多，有地下沟、河分布，地面水源较缺。西部和北部山高坡陡，箐深谷狭，地形破碎。境内峰峦叠翠、山清水秀，素有“山有多高，水有多高，冬无严寒，夏无酷暑，四季如春”之美称。境内主要河流有 25 条，分属红河、珠江两大水系，由高鲁山经高平、厂上李家山向南延伸到石屏县的山系构成分水岭。分水岭以东为珠江水系，以西为红河水系。2019 年，境内最高气温为 34.5℃，最低气温 -2.6℃年平均气温为 17.4℃，比常年平均值偏高 1.2℃，比上年平均值偏高 1.1℃；雾日 11 天，霜日 21 天；年日照时数 2 412.3 小时，比常年偏多 317.4 小时，比上年偏多 340.9 小时。年降雨量 573.1 毫米，比常年偏少 352.7 毫米，比上年偏少 373.3 毫米。主要气候特征表现为“高温多光少雨”，冬季降水偏多气温偏高，春季多大风，春夏出现重特气象干旱，雨季开始偏晚结束偏早，强对流天气集中于 7 月、8 月，12 月有低温霜冻；气候条件对生产、生活属偏差年景。境内矿产资源有煤、铁、铜等，其中：煤保有储量 3 000 万吨，铁保有储量 8 978 万吨，铜保有储量 475 万吨，水泥用灰岩保有储量 1 981.4 万吨，高岭土保有储量 16.3 万吨，硅藻土保有储量 102.5 万吨。县内森林资源丰富，分布野生植物 1 500 多种，其中，国家一级保护野生植物 1 种，国家二级保护野生植物 8 种。香菇、木耳、干巴菌、鸡㙡等 20 多种野生食用菌以质优量大闻名省内外。全县陆生野生动物共有 174 种，其中国家二级保护陆生野生动物 13 种。

【行政区划】 2019 年，全县辖双江街道、小街街道、化念镇、甸中镇、塔甸镇、岔河乡、富良棚乡、大龙潭乡 2 个街道 3 个镇 3 个乡。设 55 个村民委员会、21 个社区，579 个村（居）民小组，536 个自然村。

【人口民族】 2019 年末，全县常住人口 17.02 万人，比上年增加 0.01 万人，其中城镇人口 8.06 万人，乡村人口 8.96 万人。常住人口出生率为 12.93‰，死亡率为 7.64‰，自然增长率为 5.29‰。全县城镇化率为 47.36%，比上年提高 1.1 个百分点。居住着汉族、彝族、哈尼族、回族等，按 2018 年的统计，少数民族 106 841 人，占总人口的 68.6%；彝族 88 456 人，占总人口的 56.8%。

【城市建设和生态环境】 2019 年末，县城建成区面积 4.23 平方千米，建成区绿地面积 1.53 平方千米，建成区绿地率 36.12%。共有道路照明灯 6 770 盏，亮灯率 99%。县城建成区生活垃圾无害化处理率 100%。生态文明创建稳步推进。峨山县被省政府命名为“云南省生态文明县”，8 个乡镇（街道）全部被命名省级生态乡镇，其中 2 个乡镇（街道）被命名国家级生态乡镇，3 个乡镇（街道）审核通过待国家命名。

全力打好蓝天保卫战，出台《全面加强生态环境保护坚决打好污染防治攻坚战的实施意见》《峨山县打赢蓝天保卫战三年行动实施方案》，全年环境空气质量监测有效天数 362 天，其中一级天数 240 天，二级天数 115 天，超二级天数 7 天，县城环境空气优良率达 98.1%。全面深化碧水攻坚战，出台《峨山县水源地保护攻坚战实施方案》《峨山县两大水系保护修复攻坚战实施方案》，完成“千吨万人”水源保护区划定，县城集中式饮用水源地水质达标率 100%。

【综合经济指标】 2019 年，全县完成现价生产总值 112.55 亿元，按可比价计算同比增长 10.0%，其中，第一产业增加值 15.31 亿元，增长 5.9%；第二产业增加值 31.58 亿元，增长 15.0%；第三产业增加值 65.66 亿元，增长 8.3%。三次产业结构由上年的 12.5∶27.1∶60.4 调整为 13.6∶28.1∶58.3，一、二、三产业分别拉动 GDP 增长 0.8、4.5 和 4.7 个百分点，对 GDP 增长的贡献率分别为 8.0%、45.2% 和 46.8%。全县人均生产总值为 66 128 元，比上年增加 7 082 元，按可比价计算同比增长 9.9%。全县实现非公有制经济增加值 68.53 亿元，按可比价计算同比增长 10.2%，占 GDP 的比重为 60.9%。

【固定资产投资】 2019 年，全县规模以上固定资产投资同比增长 2.3%。其中，5 000 万元及以上项目投资增长 37.9%，500—5 000 万元项目投资下降 34.7%，房地产开发投资下降 5.8%。分产业看：第一产业投资增长 9.2%，占投资总额的比重为 19.8%，拉动投资增长 1.7 个百分点；第二产业投资增长 26.6%，占投资总额的比重为 14.5%，拉动投资增长 3.1 个百分点；第三产业投资下降 3.6%，占投资总额的比重为 65.7%，影响投资下降 2.5 个百分点。

2019 年，全县有固定资产投资施工项目 151 个（当年新开工项目 116 个、续建项目 35 个），比上年减少 37 个。其中 5 000 万元以上项目 25 个，500—5 000 万元项目 123 个，房地产开发投资项目 3 个。

2019 年，全县房地产开发投资同比下降 5.8%，其中，住宅投资下降 4.7%，占房地产开发投资的 94.3%；商业营业用房投资下降 11.1%，占房地产开发投资的 2.8%；其他投资下降 29.6%，占房地产开发投资的 2.9%。

全年房屋施工面积470 193平方米，增长2.1%，其中：本年新开工面积9 454平方米，下降96.6%；房屋竣工面积4 507平方米；商品房销售面积71 136平方米，增长18.7%。

【农　业】 2019年，全县完成农、林、牧、渔业总产值22.75亿元，按可比价计算同比增长6.0%，其中，农业产值14.41亿元，增长4.9%；林业产值1.3亿元，增长16.9%；牧业产值6.56亿元，增长6.5%；渔业产值1 699万元，增长4.4%；农林牧渔服务业产值3 163万元，增长1.0%。完成农林牧渔业增加值15.53亿元，按可比价计算同比增长5.8%，其中，农业增加值10.32亿元，增长5.5%；林业增加值9 980万元，增长5.4%；牧业增加值3.9亿元，增长6.9%；渔业增加值1 031万元，增长4.3%；农林牧渔服务业增加值2 192万元，增长0.7%。

2019年，全县农作物总播种面积413 030亩，比上年增加8 690亩，增长2.15%；复种指数为189.4%，比上年提高0.7个百分点。其中，粮食播种面积17.87万亩，比上年增加3 500亩，增长2.0%；油料播种面积58 281亩，比上年减少260亩，下降0.4%；蔬菜播种面积95 874亩，比上年增加5 507亩，增长6.1%。全年实现粮食总产量7 306.14万千克，比上年增加186.64万千克，增长2.6%；油料总产量819.49万千克，比上年增加17.89万千克，增长2.2%；蔬菜总产量19 742.08万千克，比上年增加1 559.42万千克，增长8.6%；烤烟总产量1 049.2万千克（收购量937.5万千克），比上年增加15.43万千克，增加1.5%。

2019年，全县农机总动力为31.34万千瓦，比上年增加0.58万千瓦，增长1.9%；全年使用化肥31 243.35吨，比上年减少91.85吨，下降0.3%；使用农用塑料薄膜1 299.77吨，比上年增加62.57吨，增长5.1%；使用农药572.93吨，比上年增加18.43吨，增长3.3%。

2019年，全县完成新造林7 089亩，完成义务植树32.6万株，完成核桃提质增效2.5万亩，年末实有茶园面积3 620亩。森林覆盖率为68.37%。

2019年，全县实现肉蛋奶总产量20 201.6吨，比上年增加1 641.6吨，增长8.8%。全年生猪出栏156 802头，增长10.6%；牛出栏14 815头，增长6.9%；羊出栏44 350只，增长6.7%；家禽出栏1 523 124只，增长6.6%。

2019年，全县实现水产品总产量1 085.26吨，比上年增加27.26吨，增长2.6%。其中，水产养殖面积6 200亩（池坝塘2 776亩，水库3 424亩），水产品产量1 018吨（池坝塘772吨，水库246吨）；稻田养鱼4 203.8亩，稻花鱼产量67.26吨。

【工　业】 2019年，全县完成全部工业增加值20.42亿元，按可比价计算同比增长15.6%，拉动GDP增长3.3个百分点，对GDP增长的贡献率为33.0%，其中30户规模以上工业企业增加值按可比价计算同比增长17.5%。在规模以上工业中，轻工业增加值增长6.5%，占规模以上工业增加值的比重为14.4%，拉动规模以上工业增加值增长1.1个百分点；重工业增加值增长19.6%，占规模以上工业增加值的比重为85.6%，拉动规模以上工业增加值增长16.4个百分点。从三大门类看：制造业增加值增长11.0%，占规模以上工业增加值的比重为65.4%，拉动规模以上工业增加值增长7.7个百分点；采矿业增加值增长24.6%，占规模以上工业增加值的比重为32.6%，拉动规模以上工业增加值增长7.3个百分点；电力生产业增加值占规模以上工业增加值的比重为2.1%，拉动规模以上工业增加值增长2.5个百分点。

【建筑业】 2019年，全县共有资质等级建筑业企业12户，与上年持平。其中，施工总承包二级资质4户，施工总承包三级资质7户，专业承包三级资质1户。全年实现建筑业增加值111 695万元，按可比价计算同比增长13.5%。

【国内贸易和对外经济】 2019年，全县实现社会消费品零售总额22.3亿元，同比增长12.2%。按销售单位所在地分：城镇市场实现零售额18.91亿元，增长10.2%；乡村市场实现零售额3.39亿元，增长24.5%。按消费形态分：实现商品零售18.04亿元，增长12.4%；实现餐饮收入42 688万元，增长11.3%。

全年引进市外国内项目84个，其中，新建项目69个，结转项目15个。全年引进市外国内资金111.09亿元，同比增长39.5%，其中，省外国内资金97.01亿元，增长43.6%。全年外贸进出口总额为1 533万美元，同比增长31.7%。其中，出口总额1 518万美元，增长30.9%；进口总额15万美元，增长275%。

【财税金融】 2019年，全县实现财政总收入（省口径）6.29亿元，比上年减收2 110万元，下降3.2%。一般公共预算收入完成3.82亿元，比上年减收6 483万元，下降14.5%。其中，税收收入2.61亿元，增收1 949万元，增长8.1%，占一般公共预算收入的比重为68.4%；非税收入1.21亿元，减收8 432万元，下降41.2%，占一般公共预算收入的比重为31.6%。一般公共预算支出完成17.47亿元，比上年增支6 450万元，增长3.8%。其中，财政八项支出完成14.83亿元，增支2.27亿元，增长18.1%，占一般公共预算支出的比重为84.9%。

2019年末，全县金融机构人民币存款余额76.89亿元，同比增长7.5%，其中，住户存款余额51.04亿元，增长4.9%。金融机构人民币贷款余额51.84亿元，同比下降3.1%。存贷比为67.4%，比上年下降7.4个百分点。住户人均存款29 986元，同比增加1 369元，增长4.8%。

【交通邮电】 2019年末，全县公路通车里程2 321.986千米（含易峨高），其中，国道186.495千米（含易峨高），省道94.018千米，县道394.208千米，乡道1 383.595千米，专用公路44.609千米，村道219.061千米。按技术等级分：高速公路35.959千米，一级公路12.014千米，二级公路117.227千米（含易峨高），三级公路46.953千米，四级公路2 109.833千米。按路面等类型分：沥青混凝土路面238.389千米（含易峨高），水泥混凝土路面684.311千米，简易铺装路面97.954千米，砂石路面1 301.332千米。全县共有客运车辆134辆2 151个客位，全年客运量为111万人，旅客周转量为5 200万人千米。共有货运车辆2 197辆30 367吨位（货车总质量4.5吨以上，含牵引车、挂车），全年货运量为993万吨，货物周转量为152 571万吨千米。全年公路运输总周转量为153 091万吨千米，同比增长14.5%。

2019年，全县完成电信业务总量106 063万元，同比增长60.6%；年末共有固定电话用户5 260户（其中住宅固定电话3 371户），共有移动电话用户 13.63 万户，电话普及率为 83.2%。完成邮政业务总量 1 561 万元，同比增长 30.9%；快递业务总量为 36.93 万件。

【科　技】 2019 年，全县完成高新技术企业入库培育 3 户，认定科技型中小企业国家级 1 户、省级 5 户；申报省级科普教育基地 1 户，认定省级“星创天地”1 户，认定市级工程技术研究中心 1 户；加快领军型科技创新创业人才培育，认定省级科技特派员 14 人；申请专利 69 件，授权 44 件，有效发明拥有量 14 件。

【教育体育】 2019 年，全县共有幼儿园 18 所（公办 7 所，民办 11 所），专任教师 159 人，招生 1 435 人，在校学生 3 268 人，毕业生 1 434 人。共有小学 41 所（完全小学 40 所，教学点 1 个），专任教师 885 人，招生 1 271 人，在校学生 8 099 人，毕业生 1 521 人。共有初中 9 所，专任教师 572 人，招生 1 458 人，在校学生 4 908 人，毕业生 1 725 人。有高中 1 所，专任教师 302 人，招生 1 438 人，在校学生 4 274 人，毕业生 1 352 人。有职业高中 1 所，专任教师 95 人，招生 344 人，在校学生 1 139 人，毕业生 468 人。全县学前三年毛入园率 80.55%，九年义务教育巩固率 96.97%，高中阶段教育毛入学率 94.87%，高考本科上线率 52.63%。

2019 年，全县组织体育竞赛 11 次，参赛代表队 45 支，参赛 6 602 人次，向上级输送运动员 20 人。年末实有田径场 1 块，体育馆 1 个，网球场 2 块，篮球场 182 块，地掷球场 1 块，门球场 2 块。经常参加体育锻炼人群 5.26 万人，占全县总人口的 30.9%。

【文化旅游】 2019 年末，全县共有文化馆 1 个，公共图书馆 1 个，乡镇综合文化站 8 个；接待读者 5.47 万人次，外借刊物 3 200 册次；开展文化惠民演出 49 场，观众 6.9 万人次；开展“送戏曲下乡”11 场次，观众 1 万余人次。不断扩大峨山彝绣知名度，通过成立刺绣协会、组织传承培训及外出参展等举措，形成了“协会 + 公司 + 基地 + 大师 + 绣娘”的发展模式，全县有“云南十大刺绣名村”1 个、省级非遗彝族服饰传承人 1 人、省级刺绣工艺大师 4 人，年产刺绣成品 4 万余件。非遗保护和传承工作有序推进，彝族花鼓舞成功进入全省 30 个向国家上报的目录名单；“罗里关帝庙”被列为县级文物保护单位，“峨山文庙”被列为市级文物保护单位，“八字岭大庙”被列为省级文物保护单位。全县广播综合覆盖率 99.76%，电视综合覆盖率 99.82%。

2019 年，全县共接待国内外游客 258.97 万人次，实现旅游总收入 28.66 亿元，同比增长 25.4%，其中：接待国内游客 258.96 万人次，实现国内旅游收入 28.65 亿元，同比增长 25.4%；接待海外游客 98 人次，实现外汇旅游收入 5.13 万美元，同比增长 23.9%。

【卫　生】 2019 年末，全县共有卫生机构 127 个，其中，县级直属卫生机构 5 个，乡镇（街道）卫生院 8 个，村（居）委会卫生室 75 个，民营医院 1 家，个体诊所 30 家，厂矿与学校医务室 8 个。卫生机构实有病床 702 张，拥有卫生技术人员 1 063 人，其中，执业医师 290 人，助理执业医师 68 人，注册护士 405 人。

【社会保障】 2019 年，全县城镇新增就业人数 2 710 人，城镇失业人员再就业 715 人，就业困难人员再就业 705 人，开发公益性岗位 425 个，城镇登记失业率为 2.96%。共发放“贷免扶补”、创业担保及小微企业贷款 1.22 亿元，带动创业就业 958 人。完成农村劳动力转移培训 12 046 人次，其中，建档立卡贫困劳动力 344 人次；新增农村劳动力转移就业 2 492 人，其中，建档立卡贫困劳动力转移就业 40 人。

2019 年，全县城乡居民最低生活保障人数为 5 800 人，共发放低保资金 2 398 万元。其中，城市居民最低生活保障户数 1 608 户 2 000 人，发放低保资金 1 091 万元；农村居民最低生活保障户数 2 162 户 3 800 人，发放低保资金 1 307 万元。全县参加城乡居民基本养老保险 91 833 人，城镇职工基本养老保险 22 244 人，企业养老保险 11 171 人，机关事业养老保险 4 800 人；工伤保险 16 378 人，生育保险 11 353 人，失业保险 9 210 人。参加基本医疗保险 147 262 人，其中城镇职工参保 16 848 人，城乡居民医疗保险参保 130 414 人。企业劳动合同签订率 93.6%，劳动人事争议仲裁结案率 100%，劳动保障监察举报投诉案件结案率 100%。

【人民生活】 2019 年，全县城镇居民人均可支配收入 40 927 元，比上年增收 3 067 元，增长 8.1%；农村居民人均可支配收入 144 04 元，比上年增收 1 357 元，增长 10.4%。年末城镇居民人均住房建筑面积50.28平方米，农村居民人均住房建筑面积 57.27 平方米。

【脱贫攻坚】 2019 年，全县脱贫攻坚深入贯彻落实“精准扶贫、精准脱贫”基本方略，以富良棚贫困乡和 35 个贫困村为主战场，全力打好扶贫对象动态管理、巩固提升“夏季攻势”、反馈问题即知即改、攻坚项目加快建设、压实责任克难奋进等“组合拳”。全年投入财政扶贫专项资金 3 789.47 万元，认真抓实整村推进、产业扶贫、老区扶贫、小额到户贷款等专项扶贫和教育扶贫、健康扶贫、就业扶贫、住房保障、安全人饮等行业扶贫，进一步夯实贫困地区基础设施建设改善生产生活条件，扶持产业发展增加贫困户收入，积极解决“两不愁三保障”突出问题，全县脱贫攻坚巩固提升稳步推进，年度脱贫人口 130 户 449 人，贫困发生率从 2013 年末的 11.81% 实现清零目标。全县呈现出脱贫提速、发展提效、民生提质的良好局面，为有效衔接乡村振兴、同步全面建成小康社会奠定了坚实基础。

【领导名录】 县委书记张燕华（2019 年 12 月任），县委副书记、县长鲁春红（2019 年 9 月离任），县委副书记、代理县长王鹏（2019 年 9 月任）。县委副书记、县委统战部部长王勇（2019 年 9 月离任），高峻岭（2019 年 11 月）。县人大常委会主任陈爱军，县人大常委会副主任陈丽、李顺龙、王朝斌、朱国翠（2019 年 1 月任）。县政府副县长常成（2019 年 9 月离任）、朱国翠（2019 年 1 月离任）、马东坤、徐强、倪强、普睿（2019 年 1 月离任）、施仲彪（2019 年 1 月任）、施艳芳（2019 年 9 月任）、李剑（2019 年 11 月任）。县政协主席董云勇，县政协副主席邱永明、普丽华、马晓东、方银芬。县纪委书记、监委主任康德勤（2019 年 5 月离任），县委常委、县纪委书记王洪（2019 年 5 月任）。

（宋绍伟）

新平彝族傣族自治县

【地理位置】 新平彝族傣族自治县位于云南省中部偏西南，地处哀牢山中段东麓，北纬 23° 38′ 15″—24° 26′ 05″，东经 101° 16′ 30″—102° 16′ 50″ 之间。东与峨山彝族自治县毗邻，东南与石屏县接壤，南连元江哈尼族彝族傣族自治县，西南接墨江哈尼族自治县，西与镇沅彝族哈尼族拉祜族自治县相接，北隔绿汁江与双柏县相望。县人民政府驻地桂山街道办事处，海拔 1 480 米，距省会昆明市 180 千米，距市政府所在地红塔区 90 千米。

【自然概貌】 境内地势西北高、东南低，境内最高海拔哀牢山主峰大磨岩峰 3 165.9 米，最低海拔漠沙镇曼线村委会阿迭组江边 422 米。全县总面积 4 223 平方千米，其中山区面积 4 139.6 平方千米，坝区面积 83.4 平方千米，是全市土地面积最大的县。气候受海拔差影响，形成河谷高温区、半山暖温区、高山寒温区三个气候类型。2019 年年平均气温 18.8℃，极端最高气温 35.3℃（5 月 20 日），极端最低气温 -0.7℃（12 月 7 日），全年总降水量 647.1 毫米，总日照时数 2 585.1 小时，无霜期 303 天。

【行政区划】 2019 年，全县辖 2 个街道 4 镇 6 乡，即：桂山街道办事处、古城街道办事处、扬武镇、漠沙镇、戛洒镇、水塘镇及平甸乡、新化乡、老厂乡、建兴乡、平掌乡、者竜乡，共设村（居）民委员会 124 个，村（居）民小组 1 459 个。

【人口民族】 2019 年年末，全县户籍人口总户数 87 672 户，比上年减 0.3%。户籍人口 280 353 人，比上年增 0.2%；城镇人口 63 911 人，比上年增 0.5%；乡村人口 216 442 人，比上年增 0.1%。彝族傣族人口 184 678 人，比上年增 0.4%，占全县总人口的 65.9%。年内出生人口 3 025 人，出生率 10.81‰；死亡人口 1 914 人，死亡率 6.84‰。人口自然增长率 3.97‰，比上年下降 1.94 个千分点。

【城市建设和生态环境】 2019 年末，全县城镇建成区面积 14.9 平方千米，其中县城中心城区建成区面积 6.8 平方千米。县城建成区绿化覆盖面积达 255 公顷，绿化覆盖率 39.2%；绿地面积 225 公顷，绿地率 34.6%；公园绿地面积 76 公顷，人均公园绿地面积 14.2 平方米。国家卫生县城顺利通过省级技术评估和省级文明城市年度测评。

年内，县城环境空气质量优良率 98.6%，比上年下降 0.85 个百分点。县城集中饮用水水源地清水河水库、他拉河水库水质均达到Ⅱ类，饮用水源地水质达标率为 100%；乡镇（街道）集中式饮用水水源地水质达到或优于Ⅲ类水质标准占比达 88.89%，比上年提升 6.54 个百分点。戛洒一中获云南省第十一批绿色学校命名，水塘镇水塘社区获第九批云南省绿色社区命名。截至年末，全县共建成省级绿色学校 18 所，市级绿色学校 36 所，省级绿色社区 7 个，市级绿色社区 14 个和省级环境教育基地 2 个。仙福公司烧结机脱硫、鲁奎水泥脱硝等 7 个纳入省、市级重点管理减排项目治理设施运行稳定，综合脱硫率、脱硝率和污水处理厂运行负荷率均稳步提升，主要污染物总量减排目标任务顺利完成。全年出动环境监察执法 228 人次，检查企业 99 家次，下达监察记录 74 份，下达责令整改决定书 7 份，进行立案查处 7 起，共罚款 63.95 万元。

【综合经济指标】 2019 年，全县实现生产总值 197.22 亿元，按可比价计算比上年增 8.2%。其中，第一产业增加值 26.45 亿元，比上年增 6.0%，拉动生产总值增长 0.8 个百分点，对生产总值增长的贡献率达 9.2%；第二产业增加值 80.24 亿元，比上年增 7.1%，拉动生产总值增长 3.1 个百分点，对生产总值增长的贡献率达 38.4%；第三产业增加值 90.53 亿元，比上年增 10.0%，拉动生产总值增长 4.3 个百分点，对生产总值增长的贡献率达 52.4%。三次产业结构由上年的 12.0∶41.8∶46.2 调整为 13.4∶40.7∶45.9，经济结构呈三、二、一格局。全县人均生产总值 67 517 元，按可比价计算比上年增 8.2%。

【固定资产投资】 2019 年，全县规模以上固定资产投资增速比上年减 34.8%，其中第一产业减 39.3%，第二产业增 37.9%，第三产业减 46.4%。

全年完成房地产开发投资 2.5 亿元，比上年增 30.9%，其中，商品住宅投资 1.99 亿元，比上年增 1.9 倍；商业营业用房投资 3 044 万元，比上年减 70.8%。全年商品房施工面积 29.4 万平方米，比上年增 18.5%；商品房销售面积 4.3 万平方米，比上年增 10.3%；实现销售额 1.83 亿元，比上年增 44.7%。

【农　业】 2019 年，全县实现农、林、牧、渔业总产值（现价）486 294 万元，按现价计算比上年增 22.0%，其中，种植业产值 30.96 亿元，比上年增 21.4%；林业产值 3.23 亿元，比上年增 29.4%；畜牧业产值 13.45 亿元，比上年增 21.4%；渔业产值 3 360 万元，比上年增 40.2%。年末乡村从业人员 162 593 人，比上年减 0.2%，其中从事一、二、三产业的从业人员分别为 110 049 人、17 949 人、34 595 人，分别占乡村从业人员总数的 67.7%、11.0%、21.3%。

2019 年末，全县拥有农业机械总动力 26 057 万瓦特，比上年减 9.0%；大中型拖拉机 99 台，比上年增 3.1%；小型拖拉机 5540 台，与上年持平。全年化肥施用量 79 986 吨，比上年减 1.2%；农药使用量 901 吨，比上年减 4.9%。全年粮食总产量 1.77 亿千克，比上年增 3.1%，其中，大春 1.56 亿千克，比上年增 5.8%；小春 2 188 万千克，比上年增 13.7%。烤烟总产 1 037 万千克，比上年减 6.0%。甘蔗总产（估产）439 595 吨，比上年减 8.3%。油料总产 150.4 万千克，比上年增 17.4%。蔬菜总产 22 345 万千克，比上年增 1.7%。水果总产 24 623 万千克，比上年增 9.9%。茶叶总产 190.8 万千克，比上年增 6.8%。核桃总产 5 684 吨，比上年减 19.3%。笋丝总产 566.7 吨，比上年减 38.2%。

2019 年末，全县拥有水库、坝塘 701 座，总库容 1.55 亿立方米，年末蓄水量 6 055.7 万立方米，其中：中型 2 座，库容 5 730 万立方米，年末蓄水量 2 388.4 万立方米。

2019 年，全县完成造林面积 6 200 亩，核桃低效林改造 6 万亩、县城面山竹子抚育 1 700 亩，种植旱冬瓜 100 万株，建成核桃科技示范基地 4 100 亩，完成核桃竹子林区道路建设 100 千米，投入资金 1 643.7 万元。森林覆盖率 65.2%。全年实现林业增加值 1.6 亿元，按可比价计算比上年增 5.1%。

2019 年，全县实现畜牧业增加值 7.84 亿元，按可比价计算比上年增

4.4%。肉蛋奶总产量3 066万千克，比上年增6.2%。生猪年内出栏20.11万头，比上年增7.6%；生猪年末存栏20.3万头，比上年增6.4%。牛年内出栏2.62万头，比上年增5.7%；牛年末存栏7.11万头，比上年增7.0%。山绵羊年内出栏7.75万只，比上年增5.9%；山绵羊年末存栏10.49万只，比上年增4.7%。家禽年内出栏337.5万只，比上年增5.4%。

2019年，全县水产品产量达1490吨，比上年增0.9%，实现渔业增加值1 807万元，按可比价计算比上年增12.7%。

【工　业】 2019年，全县实现规模以上工业总产值273.56亿元，按现价计算比上年增13.9%；实现工业增加值632 371万元，按可比价计算比上年增9.6%，拉动GDP增长3.4个百分点，对GDP增长的贡献率为41.4%。全年规模以上工业企业实现利税总额28.21亿元，比上年增13.5%；实现利润总额18.48亿元，比上年增31.2%。主要工业产品产量：成品糖54 609吨，比上年增28.8%；合成橡胶16 109吨；比上年减19.6%；铁精矿4 667 566吨，比上年增10.6%；机制纸及纸板61 668吨，比上年增28.6%；铜金属含量41 120吨，比上年增8.0%；铁矿石原矿10 905 412吨，比上年增22.7%；粗钢2 255 561吨，比上年增10.8%；线材1 038 241吨，比上年增11.7%；棒材770 015吨，比上年增12.0%；耐磨钢球40 587吨，比上年增50.5%；水泥1 167 426吨，比上年减1.0%；手提包（袋）、背包669万个，比上年增13.6%。

【建筑业】 2019年，全县具有资质等级的建筑企业13个，从业人员3086人，比上年减10.5%。从业人员中工程技术人员612人，占从业人员总数的19.8%。完成建筑业总产值36.97亿元，比上年增30.0%；实现建筑业增加值17.06亿元，按可比价计算比上年增2.7%。

【国内贸易和对外经济】 2019年，全县实现社会消费品零售总额80.68亿元，比上年增12.1%。从消费类型统计，实现餐饮收入15.28亿元，比上年增12.3%；实现商品零售额65.4亿元，比上年增12.1%。按经营地统计，城镇实现消费品零售额68.87亿元，比上年增12.2%；乡村实现消费品零售额11.81亿元，比上年增11.5%。

2019年，全县实施市外国内资金项目81项，实际到位市外国内资金92.86元，比上年增12.6%；完成进出口总额1.045亿美元，比上年增3.0倍，其中出口1.0419亿美元，比上年增3.2倍；进口31万美元，比上年减79.2%。

【财政金融】 2019年，全县实现地方财政收入20.56亿元，比上年增24.2%，其中一般公共预算收入13.02亿元，比上年减3.2%；完成地方财政支出37.42亿元，比上年增8.1%，其中一般公共预算支出36.51亿元，比上年增7.3%。

2019年末，全县金融机构各项存款余额102.15亿元，比上年减4.9%，其中住户存款余额69.14亿元，比上年增5.8%；贷款余额88.32亿元，比上年增3.3%。

【交通邮电】 2019年末，全县公路通车里程5 698.8千米，按行政等级划分，国高22千米，省高30.8千米，国道254.8千米，省道118.3千米，县道512.2千米，乡道2 268.3千米，村道973.4千米；按技术等级划分，高速公路52.8千米，二级公路124.4千米，三级公路120.1千米，四级公路3 947.9千米，等外公路1 453.6千米，公路密度　135千米/百平方千米。年末拥有各种机动车辆104 471辆（不含拖拉机），比上年增6.1%，其中营运货车1 866辆，营运客车488辆（出租汽车100辆、公交车18辆、班线客车120辆、农村客运车辆250辆）；客运周转量17 456万人千米，比上年增58.9%。全年实现交通运输、仓储及邮政业增加值201 154万元，按可比价计算比上年增10.7%。

全年报刊累计发行156.6万件，比上年增19.3%。年末电话机总数26.22万部，比上年增6.7%，其中：固定电话0.67万部，比上年减1.5%；移动电话25.55万部，比上年增6.9%；电话普及率89.8部/百人，比上年增7.2%；互联网用户5.34万户，比上年增5.3%。

【科　技】 2019年，全县向省科技厅申报中央引导地方科技发展专项资金项目1项并获立项实施。申报认定国家科技型中小企业5户、国家知识产权贯标企业1户、市工程技术研究中心1个、市级企业中心1个。组织企业申报高新技术企业再认定1户、国家知识产权示范企业1户、省知识产权优势企业1户、省科技型中小企业3户。申报省万人计划“产业技术领军人才”专项4人、市“百千万人才计划”5人。组织申报省知识产权高层次人才1人、省知识产权领军人才1人，申报市委联系专家5人，县委联系专家9人。全年共争取省、市级高新技术企业研发经费和科技项目经费补助1 799.4万元。全年完成专利申请193件、专利授权112件、发明专利有效量195件。年内，在市对县“建设国家创新型城市目标”考核工作中，新平县荣获全市第二名。年末，全县事业单位共有各类专业技术人员4 263人，其中正高级8人，副高级1 266人，中级1 627人，初级930人，员级114人，未定等级318人。企业共有各类专业技术人员703人，其中正高级4人，副高级22人，中级128人，初级476人，未定等级73人。

【教育体育】 2019年末，全县共有各级各类学校193所，其中，高中1所，高级职业中学1所，教师进修学校1所，初级中学12所，完全小学92所，幼儿园85所。教职员工3 824人，专任教师3 015人，其中，小学1 371人。在校学生38 221人，比上年增1.0%。学龄儿童入学率99.99%，小学巩固率100%，小学升学率97.46%，初中升学率92.82%，高中升学率94.9%。全县有党职技校13所，其中县委党校1所，乡镇（街道）党职技校12所。

2019年，全县共主办、承办、协办各种赛事及运动会17场次，全县人均体育场地面积1.8平方米，有各类体育专业社会团体17个，社会体育指导员500余人，体育人口占全县总人口的48.0%。年内向玉溪体育运动学校输送体育后备人才10名。新平县体育馆连续三年被国家体育总局列为大型体育场馆（丙类）免费低收费开放场馆。

【文化旅游】 2019年，全县共有不可移动文物保护单位11处（国家级1处、省级1处、市级5处、县级4处）；可移动文物82项344件；认定非物质文化遗产项目117项（省级14项、市级28项、县级75项），培养传承人93名（省级11人、市级18人、县级64人）。全年举办、协助、参与各项文艺演出累计70场次，创作歌曲、舞蹈、小品、诗朗诵13个，编排第二十二套广场舞6个。在全国第十一届少数民族传统体育运动会上，群众文化工作队表演节目《彝山花鼓》获国家级金奖。县、乡、村三级图书馆（室）、农家书屋共有藏书82 988册。年内，在光明日报、学习强国、人民网、新华网、云南日报等中央省市媒体发布新平信息1 505条；在“大美新平”手机App客户端发布各类信息2 649篇，点击量48.85万人次，下载量达20 511次；在“大美新平”和“新平新闻”微信公众平台发布各类信息2 300条，阅读量85.3万人次；在新平新闻网更新栏目新闻1.15万条；在广播及电视台播出新闻4 677条。

2019年末，全县共有A级景区5个，其中，4A级景区1个、3A级景区1个、2A级景区3个。具有一定规模的餐饮企业556家、餐位7.9万个，住宿企业337家、床位1.6万张，其中星级饭店7家（二星级酒店4家，三星级酒店3家）；星级乡村旅游接待点37户（其中，四星级3户，三星级32户，二星级2户）。年内，全县接待海外游客322人次，同比增7.33%，接待国内游客552.8万人次，同比增18.6%，实现旅游总收入51.9亿元，同比增31.13%。完成住宿业营业额2.55亿元，同比增16.5%，完成娱乐业营业收入202.9万元，同比增51.99%。

【卫　生】　2019年末，全县有医疗卫生机构27个，其中，县级5个，乡镇卫生院10个，社区卫生服务中心2个，私立医院6个，厂矿医院1个，综合门诊部3个。有医院编制床位1 302张，实有病床1 438张。职工2 362人，其中卫生技术人员1720人，比上年减2.8%；执业医师475人，比上年增3.9%；执业助理医师123人，比上年增6.0%；注册护士742人，比上年增0.8%。村级卫生室122个，乡村医生和卫生员316人。每万人拥有卫生技术人员58.9人，每一名卫生技术人员负担人数为169.8人。全年病床使用率73.8%，门诊治疗病人182.6万人次，入院人数4.74万人。年内无甲类传染病病例报告，乙类传染病发病率为193.02/10万，丙类传染病发病率为1 118.78/10万。

【社会保障】　2019年，全县有206 568人参加基本养老保险，其中职工31 267人，城乡居民175 301人；有17 980人参加失业保险；有273 689人参加基本医疗保险，其中城镇职工23 911人，城乡居民249 778人；有16 833人参加职工医疗互助活动。全县共有929户1 635名城镇居民享受最低生活补助，累计发放最低生活保障金2 146.2万元。年内实现城镇新增就业3 197人、农村劳动力转移就业4 831人，城镇失业人员再就业865人，城镇失业登记率为3.32%。

【人民生活】　2019年，全县在岗职工年平均工资89 492元，比上年增17.1%，其中：国有经济单位113 125元，比上年减2.7%。农村常住居民人均可支配收入14 807元，比上年增10.3%。城镇常住居民人均可支配收入40 494元，比上年增8.2%。

【领导名录】　县委书记邓皓（2019年1月任），县委副书记普光照，王建宏（2019年2月任）。县人大常委会主任史亚新，县人大常委会副主任郭健鑫、张永光、李学明、高焕美。县政府县长普光照，县政府副县长郭铭强（2019年2月任）、刀文高、杨峰（2019年5月任）、李盛林（2019年11月任）、郭金平、张林、王丽娟（2019年5月离任）、杨雪波（2019年11月离任）、普红青（2019年1月离任）、巨立中（2019年4月离任）。县政协主席刘振华，县政协副主席毛启芳、龙家寿、陈强。县纪委书记坝汝明。

（刀燕勤）

元江哈尼族彝族傣族自治县

【地理位置】　元江县位于云南省中南部，东经101°39′—102°22′、北纬23°19′—23°55′之间；东与红河州石屏县接壤，南与红河县相连，西与普洱市墨江县毗邻，北与新平县紧邻。县城距市政府所在地红塔区132千米，距省会昆明220千米。

【自然概况】　县境南北长64.5千米，东西宽71.5千米。总面积2 858平方千米，其中，山区2 766.5平方千米，占96.8%；坝区91.5平方千米，占3.2%。地势西北高，东南低；山脉南北走向，以元江（河）为界，西南支属哀牢山脉，东北支属横断山脉，两山脉逶迤向南延伸，使元江河谷形成了东峨坝、元江坝等河谷盆地。境内最高海拔2 580米，最低海拔327米；县城所在地海拔380米。气候属低纬高原季风气候；由于地形复杂，立体气候特点突出，山区温凉，坝区炎热。2019年城区年平均气温为25.8℃，乡（镇）气温在16.8℃—24.4℃，与常年同期相比偏高1.9℃。据监测：元江城区最高气温43.1℃（5月19日），创1961年以来最高纪录。最低气温6.3℃（12月7日）。其中城区冬季平均气温为18.8℃，春季平均气温为28.1℃，夏季平均气温为30.2℃，秋季平均气温为26.2℃。年降水量为375.0毫米，较历年同期偏少429.3毫米，较上年同期少458.4毫米。其中冬季降水量为145.7毫米，春季降水量为30.2毫米，夏季降水量为160.1毫米，秋季降水量为75.0毫米。年日照时数为2 538.6小时，与上年同期相比，偏多366.1小时。

【行政区划】　2019年，全县辖5个乡、2个镇、3个街道，即咪哩乡、羊街乡、那诺乡、洼垤乡、龙潭乡、曼来镇、因远镇、澧江街道、红河街道、甘庄街道。设81个村（居）委会，其中：57个村民委员会、24个社区居民委员会，765个村（居）民小组，684个自然村。

【人口民族】　2019年年末，全县户籍人口总户数67 936户，户籍人口211 522人，比上年增加365人，其中：男108 874人，女102 648人。城镇常住人口9.76万人，城镇化率43.45%，比上年提高1.1个百分点。年内常住出生人数0.3万人，出生率13.36‰，年内死亡人数0.17万人，死亡率7.57‰，人口自然增长率为5.79‰，比上年下降0.4个千分点。人口密度为74人/平方千米。全县少数民族户籍人口173 692人，占总人口的82.1%，少数民族中，哈尼族92 910人，占总人口的43.9%、彝族46 277人，占总人口的21.9%、傣族25 664人，占总人口的12.1%、白族5 900人，占总人口的2.8%、苗族1 113人，占总人口的0.5%、拉祜族1 161人，占总人口的0.6%、其他少数民族667人，占总人口的0.3%。

【城市建设和生态环境】　2019年末，县城建成区面积3.87平方千米；县城建成区道路长度35.68千米，道路面积 81.8 万平方米；建成区绿化覆盖面积 157.33 公顷，覆盖率 40.65%，公园绿地面积 37.69 公顷。全县不断强化污染减排、环境综合整治和环境执法工作。全年现场监察 247 家次，共出动监察执法人员 741 人次，共查处环境违法行为 13 件，其中，要求整改并处罚款 13 件，罚款 128.133 万元，结案 9 件，下达环境违法行为限期改正决定书 8 家。共受理各类信访案件 48 件，处理率 100%，办结率 100%。

全年化学需氧量（COD）排放 2 524 吨，氨氮排放 184 吨，二氧化硫排放量 107 吨，氮氧化物排放 1 125 吨。二氧化硫排放达标率 100%；工业废水排放达标率 100%；工业废气处理率 100%；工业固体废弃物综合利用率 80%。

【综合经济指标】 2019 年，全县实现生产总值（GDP）117.03 亿元，按 2015 年可比价格计算，同比增长（下同）9.6%。其中，第一产业增加值 25.75 亿元，增长 6%，对生产总值贡献率为 13.6%，拉动生产总值增长 1.31 个百分点；第二产业增加值 34.33 亿元，增长 14%，对生产总值贡献率为 45.7%，拉动生产总值增长 4.39 个百分点。在第二产业中，工业增加值 18.83 亿元，增长 14.2%，建筑业增加值 15.53 亿元，增长 13.7%；第三产业增加值 56.95 亿元，增长 8.3%，对生产总值贡献率为 40.7%，拉动生产总值增长 3.91 个百分点。三次产业在生产总值中的比重分别为 22%、29.3%、48.7%。人均地区生产总值 5.21 万元，可比价增长 9.6%。全县非公有制经济增加值 58.44 亿元，可比价增长 9.8%；非公有制经济增加值占生产总值的比重为 49.9%，比上年下降 0.9 个百分点。

【固定资产投资】 2019 年，全县 500 万元以上固定资产投资完成额增长 5.8%，较上年同期回落 25.2 个百分点，增速高于全市水平 14.6 个百分点。其中城镇投资下降 13.2%；房地产开发投资增长 6.7 倍。按三次产业划分，第一产业投资增长 81%；第二产业投资下降 14.4%；第三产业投资下降 3.4%。一、二、三产业投资占总投资的比重分别为 20.5%、6.9%、72.6%。从在库项目看，全年在库施工项目 169 个，比上年增加 33 个，增长 24.3%。其中投资项目 157 个，房地产项目 12 个。

【农　业】 2019 年，全县实现农林牧渔业总产值（现价）41.23 亿元，按可比价格计算，增长 6.1%，其中：农业产值 34.65 亿元，增长 5.8%；林业产值 8 752 万元，增长 4.2%；牧业产值 5.29 亿元，增长 8.7%；渔业产值 3 066 万元，增长 4.2%；农林牧渔服务业产值 1 178 万元，增长 5%。

全年农作物总播种面积 489 627 亩，减少 2.5%。复种指数为 174.7%，比上年下降 5.1 个百分点。全年粮食播种面积 281 698 亩，占总播种面积的 57.5%，比重比上年提高 1.8 个百分点；经济作物面积 207 929 亩，占总播种面积的 42.5%，比重比上年下降 1.8 个百分点。

特色生物产业进一步发展，全年芦荟鲜叶产量 26 732 吨，下降 19.4%；实现农业产值 1 361 万元，下降 19.5%；实现工业产值 30 257 万元，增长 19%。茉莉花鲜花交易量达 6 200.01 吨，减少 9.1%；实现农业产值 18 042.02 万元，增长 0.3%；种植花卉 10 081 亩，实现花卉产值 16 470 万元，增长 26.2%。青枣产量 49 111.7 吨，实现产值 24 801 万元；香蕉产量 3 052 吨，实现产值 8 969 万元。

2019 年，全县完成营造林面积 5.77 万亩，义务植树 61 万株；森林覆盖率 59.72%；林木绿化率 66.63%，其中国家特别规定灌木林面积 13 638.55 公顷。

2019 年，全县共有生猪标准化规模养殖场 74 个。全年出栏肥猪 50 头以上的规模户 74 户，其中 500 头以上的 5 户，1 000 头以上的 7 户。饲养肉牛 20 头以上的规模户 128 户，其中 100 头以上的 4 户。饲养羊 50 只以上的规模户 79 户，其中年出栏 50 只以上的规模户 8 户，年出栏 100 只以上的 6 户。年出栏肉鸡 1 000 只以上的规模户 18 户，其中：1 万只以上的 6 户；5 万只以上的 1 户。年出栏水禽 500 只以上的 12 户。

2019 年，全县水产养殖面积 19 509 亩（含稻田养殖面积），其中池坝塘 2 414 亩，水库 6 895 亩，稻田 10 200 亩。水产品产量 1896 吨，比上年增加 24 吨，增长 1%。

全县年末乡村劳动力 132168 人。全年完成农田建设 2.15 万亩，年末实有常用耕地面积 277 067 亩，其中田 71 885 亩，地 205 182 亩（含水浇地 40113 亩）。全年有效灌溉面积 160 800 亩，减少 44 550 亩，水利化程度达 57.38%。全县年末实有水库 48 座，其中：中型水库 4 座，小型水库 44 座，水库总库容 10 928.8 万立方米；小坝塘 170 座，总库容 291.283 万立方米。全年完成供水量 14 645 万立方米，其中：农业供水 11 648 万立方米；工业供水 2 013 万立方米；城镇生活供水 499 万立方米；农村生活供水 425 万立方米。

全年化肥施用量 47 081.95 吨，比上年减少 1 917.86 吨；农药使用量 560.66 吨，比上年减少 25.65 吨，减少 4.4%；农膜使用量 570.02 吨，比上年减少 9.58 吨，减少 1.7%。

2019 年，全县年末农业机械总动力达 9.12 万千瓦，其中拖拉机 1 149 台 1.19 万千瓦。

【工　业】 2019 年，全县实现现工业总产值 59.19 亿元，增长 15.4%。增加值 18.83 亿元，增长 14.2%，对生产总值贡献率为 28.1%，拉动生产总值增长 2.7 个百分点，其中规模以上工业企业（年主营业务收入 2 000 万元以上独立核算）24 家，实现产值 46.23 亿元，增长 19.1%；增加值增长 18.4%；非公有制工业增加值占全部工业增加值比重达 65.5%。

【建筑业】 全年实现建筑业增加值 15.53 亿元，可比价增长 13.7%，现价增长 16.9%，对生产总值增长贡献率为 17.6%，拉动生产总值增长 1.7 个百分点。资质以上建筑企业有 14 户，其中 3 级资质 13 户，2 级资质 1 户。实现资质以上建筑企业总产值 21.74 亿元，增长 32.2%；实现合同额 23.4 亿元，增长 22.7%；实现新增合同额 21.78 亿元，增长 24.3%；期末从业人员 5 016 人，增长 21.5%。

【国内贸易和招商引资】 2019 年，全县实现社会消费品零售总额 34.63 亿元，增长 12.2%。批发业销售额 9.24 亿元、零售业销售额 38.27 亿元、住宿业营业额 1.47 亿元、餐饮业营业额 14.55 亿元，分别增长 17.4%、12.9%、16.9%、16.9%。全年共实施招商引资项目 49 项，实际利用县外国内资金同比增长 15.6%，其中省外国内资金同比增长 8.8%。全年实现进出口总额 682 万美元，其中出口 646 万美元。

【财税金融】 2019 年，全县实现地方财政收入 6.24 亿元，下降 16.2%，其中一般公共预算收入4.52亿元，增长3.5%。地方财政支出21.44亿元，增长0.8%，其中一般公共预算支出20.53亿元，增长2.2%。各项税费收入8.71亿元，下降4.8%，其中税收收入4.08亿元，下降12.6%。

全县金融机构人民币存贷款余额122.97亿元，下降1%，其中存款余额65.65亿元，下降2.9%；贷款余额57.32亿元，增长1.2%。存贷比87.3%。

【交通邮电】 2019年，全县交通运输、仓储和邮政业增加值5.09亿元，可比价增长12.6%。年末，全县公路通车里程2 802.397千米；公路运输客运量完成41.43万人，下降14%；旅客运输周转量4 075.4万人千米，下降14.4%。完成货运量515万吨，增长11.23%；完成公路运输货物周转量108 010万吨千米，增长14.46%。

2019年，全县拥有机动车89 769辆，其中，大型汽车793辆，小型汽车20 918辆，摩托车67 839辆，农用运输车（三轮汽车、低速货车）5辆，挂车140辆，教练车、教练摩托车74辆。全县共有汽车驾驶员41 712人，摩托车驾驶员37 507人。营运客车219辆，其中，班线客车113辆，（县内班车69辆，县际班车22辆，市际班车22辆），客运出租车41辆，城市公交车25辆，城市客运观光电瓶车40辆。

2019年，全县邮政业务收入2 605.3万元，其中快递企业业务收入1 151.8万元。固定电话用户5 697户，移动电话用户16.97万户，互联网（宽带网）用户16.94万户。国内外函件1.56万件，订销报纸累计111.13万份，订销杂志累计5.41万份。

【科　技】 2019年，全县有效发明专利16件，申请专利12件，专利授权37件，科技项目获得省市主管部门立项支持22项，争取项目资金285.44万元，其中省级2项（项目资金28万元）、市级28项（项目资金257.44万元）。

【教育体育】 2019年，全县有教师进修学校1所、普通高中2所、职业高中1所、初级中学9所、完全小学45所、小学教学点17个、幼儿园29所（含民办幼儿园6所）、其他教育体育事业单位6个。在职公办教职工2 523人，其中教师进修学校教职工11人；义务教育阶段学校教职工1 901人（小学1 243人、初中658人），专任教师1 816人（小学1 209人、初中607人）；高中阶段学校教职工339人（普高278人，职业高中61人），专任教师296人（普高246人，职业高中50人）；学前阶段公办学校教职工210人，专任教师188人；其他事业单位教职工62人。在职民办教职工208人，专任教师135人。全县在校学生31 481人，其中义务教育阶段学校在校学生23 063人（小学15 868人、初中7195人）；普通高中在校学生3 087人；职业中学在校学生281人；学前在园（班）儿童5 050人。小学学龄儿童入学率99.94%，初中学龄人口入学率93.35%，学前3年儿童入园率84.75%，小学毛入学率115.85%，小学辍学率0%，初中毛入学率114.06%，初中辍学率0.53%。全县共投入“三免一补”资金3 220.34万元，14 135名农村义务教育学生享受营养改善计划补助，12 561名义务教育寄宿生享受生活补助，农村中小学寄宿制学生生活水平不断提高。

2019年，全县共举办群众性体育活动26次，综合性运动会3次，累计参加运动人数18 506人。全县经常参加体育锻炼人数占总人口数的39%。2019年，向上级输送各类体育人才24人。年内，组织开展“园丁杯”篮球赛、第十七届“滨江明珠·太阳城杯”篮球赛、乡镇级2019年傣族五月花街节传统体育狮子舞比赛、县级2019年太阳城杯三人篮球赛等体育赛事。举办中国“萨王纳”元江冬季户外运动嘉年华系列活动和第二届“玉溪九峰”元江阿朴迷楚森林茶马古道登山大会，全程18.24千米，来自玉溪市新阶人士及2区7县及昆明、红河、普洱、弥勒等16支户外协会和运动团队共608人参加。

【文化旅游】 2019年，全县有文化馆1个，公共图书馆1个，乡镇（街道）文化站10个。被列入国家级“非物质文化遗产”名录项目1个，省级项目4个，市级项目25个，县级项目58个。省级重点文物保护单位4处，市级8处，县级11处。国家级非物质文化遗产代表性传承人1人，省级10人，市级26人，县级116人。全年县群众文化工作队下乡演出60场次，观众达11.53万余人次。县文化馆共组织各类文娱活动35场次，观众达3.96万余人次；县图书馆共开展各类读书活动29场次，读者0.4万余人次；全县10个乡镇（街道）文化站共组织各类文娱活动143场次，观众7.99万余人次。放映电影2 025场，观众70 530人次。县图书馆藏书3.5万册、期刊226种、报纸10种。2019年，新华书店发行图书90.75万册，完成销售收入1 341万元，其中，门市销售396万元，其他销售收入945万元，实销利润288万元。县档案馆馆藏档案合计95 961卷。

2019年末，全县广播人口综合覆盖率达97.5%，电视人口综合覆盖率达93.5%。2019年，中央电视总台财经频道《生财有道》栏目3次受邀到元江，录制并播出《云南元江：春暖花开味道鲜》《生态元江的水果宴》《芒果飘香财富来》专题节目；《花开彩云南》云南广播电视台献礼新中国成立70周年的大型融媒体直播活动走进元江，展示元江县产业发展新成就、乡村振兴新面貌，扩大了元江知名度和美誉度。元江新闻在省台、中央台播出数量大幅增长，外宣保持强劲势头，荣获2018年度全省广播电视新闻宣传工作先进集体荣誉称号。1—12月，元江新闻在玉溪广播电视台播出663条，与上年同期（643条）增20条；在云南电视台播出272条；在中央电视台播出28条（其中，中央一台新闻联播5条），比上年同期（18条）增8条。

2019年，全县接待海外旅游者552人次，接待国内旅游者264.73万人次，旅游业总收入达28.85亿元。年末全县实有住宿设施151家，其中星级旅游饭店1家。共有床位6 254张，其中星级旅游饭店床位162张。实有乡村旅游星级接待单位17家，其中四星级2家，三星级12家，二星级3家。共有旅行社1家，旅行社网点5家。稳步推进果香四季国际旅游度假区，山云华界农业旅游庄园、元江大酒店分布式太阳能光伏并网发电等重点旅游项目建设。截至2019年12月，完成固定资产投资7.26亿元，完成市级下达元江县固定资产投资考核指标任务。

【卫　生】 2019年末，全县共有各级各类医疗卫生机构118家，其中，县直医疗卫生机构5家，乡镇卫生院9家，社会办医22家（个体诊所19家，综合门诊部1家，民营医院2家），村卫生室76家，学校医务室3家，

2019年5月19日，元江县民族刺绣班举行开班仪式　（元江县史志办提供）

其他医疗机构3家。实有职工1 676人，其中卫生技术人员1 259人。每万人拥有卫生技术人员56人。全年门诊诊疗病人131.8万人次，入院人数3.4万人，病床使用率68.67%；传染病发病率211.7/10万。

2019年，全县人口出生率7.11‰；出生婴儿性别比为112；死亡1 135人，死亡率5.42‰；人口自然增长率为1.69‰；计划生育率86.42%，比上年下降2.48个百分点。有已婚育龄妇女43 518人，落实避孕节育措施35 521人，节育手术856例，综合节育率81.62%；一孩出生592人，二孩出生656人，二孩与一孩出生比1.11。流动人口计划生育基本公共服务工作。全县流动人口16 736人，其中流出人口9 083人，流出已婚育龄妇女2 399人，发放流出人口婚育证明580人。流入人口7 653人，流入已婚育龄妇女1 792人，巩固建设流动人口综合服务示范站6个，示范单位3个街道3个社区，示范企业1家，示范学校1所，示范户3户。截至2019年12月31日，家庭医生共签约94 562人。已建电子健康档案95 876人，核查档案95 876人，体检84 025人，开展健康状况评估76 820人。

【社会保障】　2019年年末，全县共有重点优抚对象1 122人，发放抚恤定补金额1 406.92万元；义务兵家属111户，发放义务兵家属优待金111.555万元；享受城市最低生活保障613户752人，发放城市最低生活保障金376.18万元；享受农村最低生活保障3 338户6 509人，发放农村最低生活保障金1 684.42万元；全县共有“特困供养”对象349人，其中集中供养的74人。共有运营公办敬老院9家，核定床位248张，实有床位123张，工作人员21人。

2019年，全县职工基本养老保险参保人员17 286人，其中企业参保11 706人，机关事业单位参保5 580人。实际征收基本养老保险基金2.19元，全年支付养老保险金2.96亿元；城乡居民基本养老保险参保人数112 981人，参保率98.67%，实际收缴养老保险基金1 199.45万元，政府补贴3 188.35万元，实际支付养老金3 496.07万元。城镇职工基本医疗保险参保19 881人，其中在职人员13 135人，全年实际收缴基本医疗保险金9 132万元，支付9 124万元；全县参加城乡居民医疗保险人数183 470人，居民保费收入4130万元。全年享受待遇95万人次，基金支出7 554万元。工伤保险参保企业职工18 063人，其中农民工8 629人，全年收缴保险基金595万元，支付588万元。生育保险参保企业职工12 867人，其中农民工8 629人，全年实际收缴生育保险金635万元，支付538万元。失业保险参保职工9649人，全年实际收缴失业保险金635万元，支付538万元。失业保险参保职工9649人，全年实际收缴失业保险费637.89万元；支出252.77万元。全县城镇新增就业人员2 732人，城镇下岗失业人员再就业727人，帮助就业困难人员实现就业716人，开发公益性岗位519个，城镇登记失业率3.19%。

【人民生活】　2019年，城乡居民生活水平进一步提高。城镇居民人均可支配收入39 845元，增长8.4%；农村居民人均可支配收入14 099元，增长10.1%。全县在岗职工年平均工资预计91 693元，比上年增加11 708元，增长14.6%。

【领导名录】　县委书记杨光旭，县委副书记封志荣、白文华（2019.11离任）郭红杰（2019.11任）。县人大常委会主任方国铁，县人大常委会副主任陈家福、白春林、吴海燕。县政府县长封志荣，县政府副县长雷鸣（2019.01离任）、卢春剑（2019.01任）、李丽、瞿瑞、郑荣、邓拾祥、刘玉龙。县政协主席黄文康，县政协副主席陶明、刀桂芳、赵德福、白雄。县纪委书记、监委主任魏鸿林。

（李红兰）

元江车垤村　（官朝弼　摄）

元江蒙面情歌　（崔永红　摄）

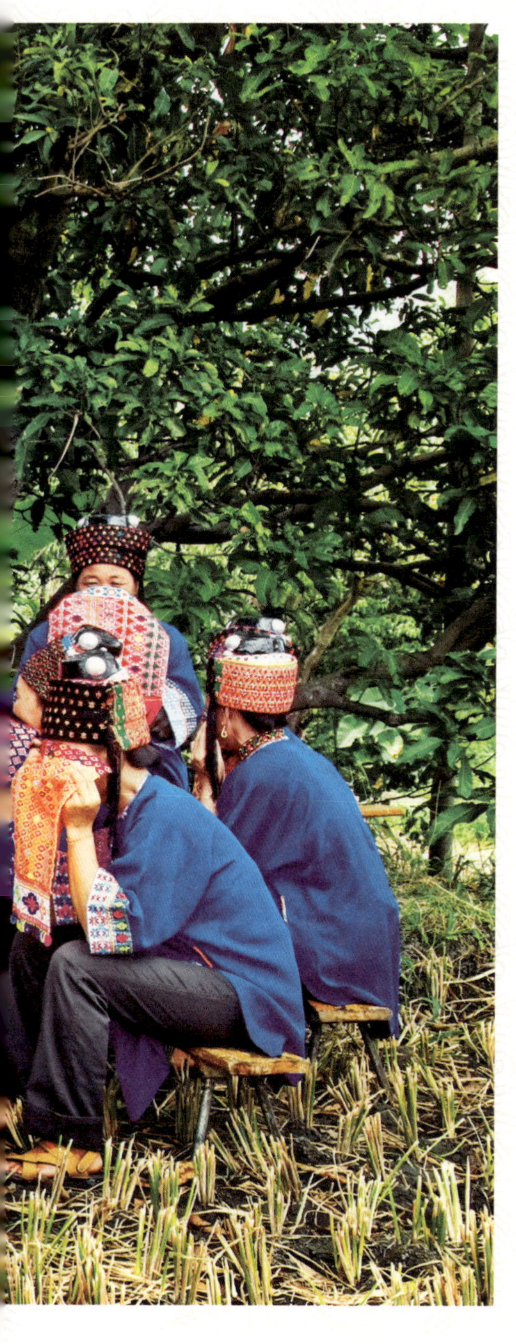

人　物

FIGURES

责任编校：王　斌

云南省劳动模范

云南省先进工作者

享受省政府特殊津贴

受表彰人物

玉溪市见义勇为先进群体和先进个人

第五届“玉溪好人”

云南省劳动模范

【苏加泽】 男，1969年5月出生，中共党员，现任云南玉溪钢铁集团钢铁有限公司玉昆炼铁厂1号高炉炉长，冶炼工程师。

苏加泽工作20多年来，一直兢兢业业，奋斗在炼铁生产一线，工作认真负责，凡事身先士卒，刻苦学习，钻研业务，带领员工从小事做起，大胆创新管理，切实关心工段员工，同时注重员工技能培训和队伍建设，在平凡的岗位上取得显著成绩，曾先后多次获“先进工作者”“优秀共产党员”“科技创新能手”等荣誉称号，2019年根据人力资源社会保障部 中国钢铁工业协会《关于表彰全国钢铁工业先进集体、劳动模范和先进工作者的决定》，授予苏加泽全国钢铁工业劳动模范。2019年，经云南省人民政府认定为云南省劳动模范。

云南省先进工作者

【杨爱斌】 男，汉族，1978年6月出生，中共党员，大学本科学历，云南省澄江县人，澄江县人民法院副院长。

2009年1月，杨爱斌任刑事审判庭庭长，在担任刑庭庭长的7年中，共办理刑事附带民事赔偿案件140余件，调解126件，评价调解率达90%，支付金额共700余万元，平均支付率达97%，其中2011年受理的附带民事诉讼案件，调解率100%，当庭支付到位率100%。办案过程中，杨爱斌认真践行“调解优先”的司法理念，不断转变工作理念，站在群众的角度思考问题，树立正确的纠纷解决观，最大限度化解民间矛盾。2014年6月，面对准备自焚的男子，杨爱斌冒着生命危险抢下汽油瓶；2015年澄江“2.13”人质劫持事件中，为解救人质，他不顾自身安全挺身而出。因工作成绩突出，根据中共云南省委、云南省人民政府《关于表彰云南省第六届人民满意的公务员和人民满意的公务员集体、记一等功公务员和记一等功公务员集体的决定》，杨爱斌于2018年12月被授予云南省第六届“人民满意的公务员”荣誉称号。2019年，经云南省人民政府认定为云南省先进工作者。

（市工会提供）

享受省政府特殊津贴

【张　钟】 男，汉族，1969年3月出生，云南省红塔区人，本科学历，农业推广研究员，玉溪市中青年学科技术带头人，现任玉溪市农业科学院院长。

张钟从事农业科技工作28年。近5年来，张钟组织、主持和参与粮油作物新品种选育、月季花卉和滇黄精等特色经作新品种选育工作，承担良种繁育、良法推广、机艺融合、成果转化等多项中央、省、市农业科研推广项目。5年来，共选育并注册登记农作物新品种10个，获科技成果奖励13项次，其中省部级成果奖2项（2014—2016年度全国农牧渔业丰收奖二等奖、2017年云南省人民政府科学技术进步奖三等奖）、地厅级11项次。获授权专利25项，其中发明专利3项、实用新型专利20项、外观设计专利2项。制定技术标准16个。发表论文66篇，其中核心期刊54篇。组织培训和指导农技人员、农户2 000多人次。近两年，获科技成果奖3项（其中省部级1项、地厅级2项），新品种登记9个，专利19项。新品种、新技术累计推广494.72万亩，新增产值14.48亿元，取得显著的经济、社会和生态效益，为玉溪高原特色现代农业走在全省前列做出积极贡献。经云南省人民政府批准，享受2019年“云南省政府特殊津贴”。

【纳　强】 男，1964年4月生，医学学士，骨科主任医师、昆明医科大学和大理大学硕士研究生导师，兼职教授，2017年被评为“兴玉名医”，玉溪市中青年学术技术带头人。现任玉溪市人民医院骨科主任兼骨外一科主任。

2001—2003年，纳强入选中国援外医疗队专家组，在非洲乌干达共和国金贾医院工作。2003年被外交部、卫生部、商务部评为全国援外医疗工作先进个人。多次被评为昆医大优秀教师和“三育人”先进个人。2013年，所在科室被评为云南省省级重点专科建设项目，现已经通过验收。近5年来发表论文18篇。主持或主要参与完成医学科研11项。获玉溪市政府奖励3项。经云南省人民政府批准，享受2019年“云南省政府特殊津贴”。

【胡向东】 男，1964年12月出生，玉溪工业财贸学校正高级讲师。

胡向东从教35年，始终辛勤耕耘在职业教育教学一线。模范履行教师职责，兢兢业业，教书育人，为人师表。教学经验丰富，教学效果突出。曾获玉溪地区优秀教师、玉溪市教育系统优秀党员、云南省五一劳动奖章、云南省第三届“黄炎培职业教育奖杰出教师奖”、云南省首批“云岭教学名师”（现为云南省“万人计划”教学名师）、全国“优秀指导教师奖”、第四批国家“万人计划”教学名师、省“万人计划”人才培养激励等荣誉称号。2019年9月10日，作为国家“万人计划”教学名师代表，受邀赴北京参加庆祝2019年教师节暨全国教育系统先进集体和先进个人表彰大会。

2016年入选中共玉溪市委联系专家。2012年指导学生参加全国职业院校技能大赛分别获一、二等奖，2016、2017年指导学生参加省技能大赛分别获得4个一等奖，2017年指导学生参加全国职业院校技能大赛获二等奖，2018年指导学生参加全国职业院校技能大赛获二等奖，2019年指导学生参加全国职业院校技能大赛获一等奖。2018年入选全国职业院校技能大赛中职组“电子电路装调与应用”赛题库专家。获外观设计专利1项。编撰课程开发与项目设计《LY-292模块电路》和《电子产品安装与调试——故障检测》两本校编教材。参与编写教材《电子实训》《电工与电子》分别由云南大学出版社、江苏教育出版社出版。经云南省人民政府批准，享受2019年“云南省政府特殊津贴”。

（市人社局提供）

受表彰人物

【飞惠玲】 女，汉族，1968年3月出生，本科学历，玉溪第二小学高级教师。

飞惠玲任教30年以来，热爱教育事业，始终不忘人民教师职责，真正做到为人师表，教书育人。主要从事数学学科教学，担任班主任、辅导员11年，年级组长、备课组长和学校教研组长14年。她自创“引导探究、自主学习”模式，应用“探究”模式“顺学而导”学生“自主”悟、议、得，实现效果最优化，曾连续24次毕业统考及期末统测均获年级第一名。指导学校20余名教师成长为市、区骨干教师。2018年被省教育厅评为工作室“优秀成员”，两次被红塔区政府评为“优秀教师”。“数学目标教学学生创新思维训练初探”课题被全国目标教学专业委员会评为二等奖、“让阳光照进学生心间”课题获省教科院二等奖。微课《百分数》获国家级优秀奖、市级三等奖；独立编写《同步导学》《教材全解通》《寒假活动》等标准教辅，由云南人民出版社出版，省内使用受好评。2次获评全国“优秀辅导员”。2019年9月5日，被人力资源和社会保障部、教育部评选为全国模范教师。

【李秀梅】 女，1969年6月出生，大专学历，澄江县凤山小学高级教师。

李秀梅忠诚教育事业，爱岗敬业，29年来兢兢业业、踏踏实实工作，根据学科特点和学生情况，将理论与实践相结合，让学生在生活中体验数学，感悟数学，从生活、学习、心灵上关心爱护学生，被学生亲切地称为“妈妈老师”。教学成绩多年来均名列澄江县前列，参加市、县数学教学竞赛，多次荣获一、二等奖。论文“针对儿童的思维特点抓好引渡工作”获国家级一等奖，“后进生管理之我见”及“学困生转化之我见”获省级二等奖并发表在《云南教育》上。“求平均数”教学设计获市级三等奖，省级二等奖，被收录《云南省教育教学优秀论文精选》。“三角形面积的计算”的教学设计、说课稿分别获省级二等奖和国家级一等奖。2017年9月被评为“澄江县优秀教师”“教学能手”，2018年被评为“澄江县学科优秀教师”“澄江县师德标兵”。4次被澄江县人民政府评为优秀教师。2019年9月4日，被教育部评选为“全国优秀教师”。

【普慧花】 女，彝族，1982年10月出生，本科学历，新平县漠沙中学一级教师。

17年的教书育人生涯中，普慧花热爱教育事业，求真务实，时刻以“如何提高业务水平”“如何育好人”来警醒自己，虽一直在山区中学工作，但始终恪守教师职业道德规范，爱岗敬业，为少数民族地区教育工作发展做出了积极贡献。她注重对后进学生和留守儿童、单亲家庭学生的指导和培养，帮助他们解决在学习上、生活上的困难，成为学生的良师益友。在教学中，她认真钻研教材，积极倡导自主合作探究的学习方式， 2014—2018年，所任教班级英语成绩明显提高，英语成绩在新平县的排名得到大幅提升。同时，她积极参加各种课赛、教研教改培优、培训活动，带头上好示范课，起到了真正的骨干模范带头作用。在《中国教育教学理论研究杂志》《教师与教学研究》《云南社科学术》等论文评选活动中多次获奖；多次获得市、县级政府教育部门授予的“优秀教师”“教学能手”称号。2019年9月4日，被教育部评选为“全国优秀教师”。

（周 洁）

【张永林】 男，汉族，1963年5月出生，现任云南省玉溪市太标太阳能有限公司董事长。

张永林1980年12月入伍，1985年12月退伍，回乡创业。回乡35年来，张永林始终不忘党的培养和部队的锤炼，发扬特别能吃苦、特别能战斗、特别能攻坚的军人本色，通过多年辛苦努力，创建玉溪太标太阳能设备厂。经过资源整合、革新技术、升级扩容，当初的小厂逐步发展成为集太阳能运用技术研发生产、机床设计制造、可再生资源开发等多领域项目集成的综合性集团公司，解决就业岗位3 000余个，接收退役军人300余人，实现年产值近32亿元。在致富的同时，累计为1 000多名退役军人免费培训就业技能，帮助500多名退役军人实现就业创业。同时，张永林还出资近3 000余万元创办了云南省唯一的国家国防教育主题公园—玉溪国防兵器园，免费向社会开放，截至2019年有500多万人次进园参观，接受国防教育。玉溪市国防兵器园成为普及国防知识的重要参观地，成为玉溪市一张独特的军事品牌名片，是青少年学习革命传统、陶冶道德情操的重要课堂。张永林多次被省、区、市评为优秀科技工作者、优秀民营企业家、劳动模范和先进工作者等荣誉，2016年7月，被表彰为“全国爱国拥军模范”。2019年7月26日，在全国退役军人工作会议上，人力资源和社会保障部、中共中央组织部、退役军人事务部、中央军委政治工作部等军地相关部门联合表彰为“全国模范退役军人”称号。

（晋新苑）

玉溪市见义勇为先进群体和先进个人

一、见义勇为先进群体

（一）马兰仙、鲁川玉、鲁海萍群体

马兰仙 玉溪市峨山县塔甸镇塔甸村委会村民

鲁川玉 玉溪市峨山县塔甸镇中心小学学生

鲁海萍 玉溪市峨山县塔甸镇中心小学学生

（二）张世伟、吴燕春、王立才群体

张世伟 玉溪市峨山县双江街道居民

吴燕春 玉溪市峨山县甸中镇甸中村委会村民

王立才 玉溪市峨山县甸中镇甸尾村委会村民

（三）李建琨、方荣忠、李建发、马海鹏群体

李建琨 玉溪市烟草公司峨山县分公司员工

方荣忠 玉溪市交通运输集团公司峨山分公司员工

李建发 玉溪市烟草公司峨山县分公司员工

马海鹏 玉溪市峨山县祥瑞综合服务烟农专业社员工

（四）沈金海、喻国云群体

沈金海 玉溪市通海县人民法院法官助理

喻国云 玉溪市通海县投资促进局职工

对以上4个群体，分别授予“玉溪市见义勇为先进群体”称号，颁发荣誉证书；对马兰仙、鲁川玉、鲁海萍群体奖励10万元；对张世伟、吴燕春、王立才群体，李建琨、方荣忠、李建发、马海鹏群体和沈金海、喻国云群体各奖励2万元。

二、见义勇为先进个人

徐文永 玉溪市元江县曼来镇红光社区居

张 键 玉溪市通海县河西镇河西社区居民

对以上2名人员，分别授予“玉溪市见义勇为先进个人”称号，颁发荣誉证书，各奖励3万元。

第五届“玉溪好人”

一、诚实守信

王治秀　华宁县环境卫生管理站清扫工作人员

董春富　通海锦海农业科技发展有限公司总经理

杨绍荣　峨山县甸中镇杨老二休闲农庄经理

鲁文红　易门县浦贝乡浦贝社区养鸡场个体经营者

二、见义勇为

顾保华　澄江县龙街街道万海社区大河口村村民

马　俊　江川区大街街道下营新街二巷10号居民

郑　春　新平县社会保险局职工

三、敬业奉献

蒲金平　81集团军32133部队班长

王志诚　峨山县富良棚乡人民政府关工委副主任

四、孝老爱亲

祁国英　元江县曼来社区曼来小组居民

普云进　通海县高大傣族彝族乡普丛村委会五组村民

张兴友　峨山县大龙潭乡绿溪村委会波思甸小组村民

马思明　玉溪技师学院教师

五、助人为乐

刘吉凤　江川区前卫镇周官村村民

易家明　新平县古城街道昌源社区新农村小组组长

张瀚文　玉溪市少年儿童体育学校教师

峨山纳苏服饰　（官朝弼　摄）

红塔区大密罗村 （官朝弼 摄）

秀美田园峨山富良棚　（刘　斌　摄）

附　录

APPENDIX

责任编校：王　捷

重要文件

主要经济指标

重要文件

玉溪市贯彻落实省政府保持经济平稳健康发展 22 条措施的实施方案

2019 年是新中国成立 70 周年，是我市在全省率先全面建成小康社会的决胜之年。全市上下要以习近平新时代中国特色社会主义思想为指导，按照党的十九大和十九届二中、三中全会，中央经济工作会议，省委十届五次、六次全会，市委五届七次全会精神，坚持稳中求进工作总基调，坚持经济社会发展“5577”总体思路，统筹推进稳增长、促改革、调结构、惠民生、防风险工作，进一步稳就业、稳金融、稳外贸、稳外资、稳投资、稳预期，确保经济持续健康发展和社会大局稳定，全面建成小康社会目标基本实现。面对 2019 年错综复杂的经济形势，保持经济平稳健康发展关系重大，为落实《云南省人民政府关于保持经济平稳健康发展 22 条措施的意见》，现制定以下实施方案：

一、切实稳住有效投资

（一）加强重大项目谋划储备。建立项目储备和滚动接续机制，抓好 141 项重大项目前期工作。关注铁路、公路、机场、水利、能源、农业农村、城镇基础设施等重点领域，围绕卷烟及配套、矿冶及装备制造、高原特色现代农业、生物医药及大健康、文化旅游、信息、现代物流七大重点产业和打造“三张牌”，充实完善投资项目库，确保储备的年度投资项目总投资不得低于 2018 年度实际完成投资的 150%；纳入国家或省“十三五”规划的项目，确保 2019 年全部开工；纳入国家中长期规划的项目，尽快启动前期工作，力争“十三五”期间开工；谋划一批“补短板、增动力”省级重点项目，启动“十四五”重点项目谋划。在各类园区实行投资项目承诺制。力争储备项目转化率达到 50% 以上。强化优质项目储备和项目研究包装，力争通过发行专项债券解决项目前期经费需求。加大前期工作经费投入，确保市级不少于 7 000 万元、县区不少于 2 000 万元、高新区不少于 1 亿元。（市发展改革委、市财政局牵头负责；市直有关部门，各县区人民政府落实）

（二）加大重点项目推进力度。配合做好玉磨铁路建设工作，江通高速公路建成通车，加快澄川、大戛、元蔓等 5 条高速公路建设，力争开工建设 S35 永金高速公路戛洒至元江段、九村至螺蛳铺健康大道。推进玉溪民用运输机场前期工作，加快江川、元江通用机场建设，推进新平、易门、华宁 3 个通用机场前期工作。配合做好滇中引水主体工程建设相关工作，抓好 15 件重点水源工程建设，确保 3 个中型和 5 个小（一）型水库主体工程完工。实施 5 个 110 千伏及以上输变电工程。每季度召开 1 次重点项目协调推进会，组织一批项目集中开工，建立健全交流经验、督促检查、解决问题工作机制。（市发展改革委、市交通运输局、市水利局、市能源局、市滇中引水办按照职责职能负责，各县区人民政府落实）

（三）着力优化投资结构。在改革盘活存量、招商引进增量上下功夫，力争全年工业投资增长 10% 以上、民间投资增长 20% 以上。大力支持工业企业技改转型，实施 100 个新一轮技术改造重点项目，扎实推进玉昆钢铁、仙福钢铁、杭萧钢构、九龙大数据产业园、智能终端产业园、南恩糖纸公司搬迁改造转型升级等重点项目建设，加大技术改造投资力度。持续加大招商引资力度。为招商引资项目提供全程无偿代办服务。全面实施市场准入负面清单制度，破除各类隐形障碍，引导社会投资进入交通、能源、电信、生态环保、社会事业等基础设施补短板领域。出台配套政策，大力支持社会资本参与城市公共停车场建设。（市工业和信息化局、市发展改革委牵头负责；市商务局、市交通运输局、市能源局、市生态环境局、市教育体育局、市卫生健康委、市民政局、市住房城乡建设局等部门，各县区人民政府落实）

（四）千方百计筹集项目建设资金。积极争取中央和省预算内资金，盘活财政存量资金，重点支持在建基础设施项目。抓住国家大幅增加地方政府专项债券规模的机遇，积极争取新增专项债规模，加强政银企对接，建立专项债券项目安排协调机制。梳理一批“补短板、增动力”重大项目清单，由市金融办牵头，人行、银保监配合，汇总对接融资需求，重大项目清单转送商业银行参考。采取出让国有资源资产和资产证券化等多种方式补充基础设施建设项目资本金。综合开发利用铁路沿线土地，将火车站、铁路沿线用地（包括地下空间）纳入市场化开发范围，并将开发收益的政府分成部分用于铁路建设。加大与国际资本市场对接力度，对募集资金 1 亿美元以上的境外发行债券和借用国际商业贷款项目，积极争取省财政补助支持。（市发展改革委、市财政局牵头负责；市自然资源和规划局、市政府国资委、人民银行玉溪市中心支行、银保监玉溪分局，各县区人民政府落实）

（五）强化土地要素保障。加强项目用地、市政配套、环评审批、资金落实等要素保障，对新上重大项目能耗指标实行单列，确保重大项目按时落地实施。盘活现有招商引资项目和存量建设用地。全面清理批而未供、供而未用的土地，在不违反基本农田保护和现状地类未发生变化的前提下，经县级政府核实，妥善处理有关征地补偿事项，经原批准机关批准并报自然资源部备案后，可进行调整利用。力争年内处置批而未供土地 50% 以上、处置闲置土地 30% 以上。涉及占用永久基本农田的项目，按照《自然资源部关于做好占用永久基本农田重大建设项目用地预审的通知》（自然资规〔2018〕3 号）规定办理。新增建设用地计划和城乡建设用地增减挂钩指标优先支持省市重点项目；积极争取省级预留用地指标对20亿元以上的产业投资项目给予保障。优化建设用地审批流程，开通重点项目用地审批“绿色通道”，加快用地预审、征转报批工作，采取临时用地、先行用地、分段报批等方式保障重点项目用地。（市自然资源和规划局牵头负责；市直有关部门，各县区人民政府落实）

二、加快发展壮大新动能

（六）全力打造“三张牌”。“绿色食品牌”方面，聚焦烟菜花果药畜6大重点产业，加快国家农业可持续发展试验示范区暨农业绿色发展先行先试区、特色农产品优势区、红河谷—绿汁江热区产业经济带开发建设，打造国家级绿色农产品加工基地，新增5户市级以上农业龙头企业，新增“三品一标”农产品20个、云南名牌农产品5个，确保农业增加值增长6.2%，产品加工业产值增长10%，力争农产品加工产值与农业总产值之比达到1.2∶1左右。“健康生活目的地牌”方面，统筹推进国家健康城市试点，启动览海国际健康旅游谷项目建设；推进文化和旅游融合发展，完善智慧旅游管理、服务、营销体系，培育40家旅游企业，力争旅游人次增长8%、旅游总收入增长16%以上；引导社会资本参与特色小镇和康养小镇建设，每个县区至少打造1个特色小镇，加快6个特色小镇和2个康养小镇试点建设，力争创建2个全省高质量示范特色小镇。“绿色能源牌”方面，开工建设220千伏玉磨铁路牵引变外部工程、2项110千伏增容工程，确保110千伏早街变二期工程建成投产，继续推进玉溪市应急气源储备中心项目、玉溪市生活垃圾焚烧发电项目，加快推进江川—通海—华宁生活垃圾焚烧发电项目前期工作。（市农业农村局、市卫生健康委、市文化和旅游局、市能源局、市自然资源和规划局、市住房城乡建设局、市发展改革委、市工业和信息化局、市科技局按照职责职能负责；市直有关部门，各县区人民政府落实）

（七）增强制造业竞争力。积极申报2019年省级“三个一百”工业转型升级重点项目。实施新一轮重大技术改造升级，鼓励支持企业加快技术改造、设备更新、业态升级，切实提高企业装备水平、信息化和智能化水平、新品研发应用能力、节能减排水平。对符合条件的技术改造项目，积极争取省级固定资产投资事后奖补。实施3个智能制造示范项目、8个重点技术创新项目，支持云南蓝晶科技有限公司新增3500万片/年LED衬底片扩建项目加快建设，提速高新区终端智能制造，确保23个项目达产达效，产值超过百亿元。抓好专项规划实施，扶持沃森、维和、克雷斯等有成长潜力的骨干企业做大做强，确保生物医药产业增加值增长15%。继续打造研和工业园区数控机床产业园，加快培育新能源汽车及配套产业，力争装备制造业实现增加值增长15%。积极引进10亿元以上新材料产业企业。培育扶持新认定制造业中心并指导企业申请省级一次性奖补。指导各类法人使用省级进口设备采购平台，对符合产业政策导向和集中采购条件的各类法人采购1 000万元以上进口设备，用好省发展改革委按照平台国际招标中标价格减免10%—20%的优惠政策。（市工业和信息化局、市发展改革委牵头负责；市科技局、市财政局、市商务局、市投资促进局配合）

（八）加快现代服务业发展。制定实施服务经济倍增计划年度方案。继续开展服务业规模以上企业培育，指导符合条件的14类规模以上服务业企业争取省级奖励。争取省级服务业集聚示范区政策支持。重点支持澄江县发展会展产业。推进现代物流产业发展，加快建设雄关农产品物流园、通海杨广国际冷链物流园一期、传化通力公路港二期等项目，确保现代物流业增加值增长7%。支持金融服务业创新发展，推广应用动产融资统一登记公示系统和应收账款融资服务平台，支持应收账款质押、应收账款转让、融资租赁、存货和仓单质押的业务进行登记和查询，保护动产融资交易安全，实现金融机构存贷款余额增长10%。支持社会力量增加医疗、养老、教育、文化、体育等服务供给。（市商务局，银保监玉溪分局、人民银行玉溪中心支行按照职责职能负责；市发展改革委、市财政局、市卫生健康委、市民政局、市教育体育局、市文化和旅游局、市投资促进局配合）

（九）推动数字经济加快发展。推动宽带网络升级，加强互联网骨干直联点、国际光缆、国际通信枢纽建设，完善4G网络建设，扩充适应全市数字经济发展的互联网出口宽度，加快开展5G网络建设和应用。以数字化助推“三张牌”融合发展，依托阿里巴巴、华为、腾讯、360等企业，大力发展人工智能、大数据等新兴信息技术产业，信息产业增加值增长25%。建设新一代绿色数据中心集群，争取华为玉溪云计算数据中心、联通玉溪数据中心列为云南重要的云服务中心。推进“互联网+现代农业”，加快发展农业农村互联网、农业物联网、农业信息化服务。制定工业互联网发展行动计划，加快中科曙光工业互联网平台等项目建设，推进矿冶、能源、建材等传统行业数字化改造，推动重点制造领域装备数字化、智能化。（市互联网信息办、市工业和信息化局、市农业农村局按照职责职能负责，各县区人民政府落实）

（十）切实增强创新驱动。深入推进国家创新型城市试点建设，加快推进科教创新城项目建设。完善政产学研用协同创新体系，促进创新资源向企业集聚，吸引国内外知名高校、科研院所在玉溪设立研究院，新建重点实验室及工程技术研究中心5个，年内培育认定高新技术企业20户、省级科技型中小企业10户。落实“规模以上高新技术企业研发经费投入引导提升1个百分点”支持政策，力争全社会研发经费投入占生产总值比重达1.5%。年内组织认定省级企业技术中心8个以上，指导新认定的企业技术中心、质量控制和技术评价实验室按照标准申报省级一次性奖补。加大创新创业和科技企业孵化力度，提升启迪众创园孵化能力，大力培育和发展孵化楼宇、创业社区、创业小镇、大学科技园、农民工返乡创业园等各类孵化载体建设。（市科技局、市科教创新服务中心、市财政局、市工业和信息化局、市人力资源社会保障局、市统计局按照职责职能负责，各县区人民政府落实。）

三、着力激发市场主体活力

（十一）持续降低实体经济企业成本。力争全年为实体经济企业减负50亿元以上。全面落实减税降费政策，确保降低企业增值税税率、个税专项附加抵扣、降低养老保险费率等系列政策及时落到实处。全面清理涉企行政事业性收费。按照省级统一部署，落实养老保险降费政策，继续落实工伤保险阶段性降低费率政策。按照省级部署推进高速公路差异化收费改革。推行公路分时段弹性收费，推进“三检合一”。积极调整运输结构，大力提升铁路货运比例，用好铁路大宗出省工业制成品等重点领域重点产品运费补助政策。支持一般工商企业、冷链物流企业和高新技术、互联网、大数据、高端制造业企业参与电力市场化交易，争取2019年底市场化交易电量达到70亿千瓦时；依规调减输配电价，降低企业用能成本。（市发展改革委牵头负责；市税务局，市人力资源社会保障局、市交通运输局、市公安局、市市场监管局、市生态环境局、市工业和信息化局、云南电网公司玉溪供电局，各县区人民政府落实）

（十二）着力破解融资难融资贵。切实缓解实体经济特别是中小微企业融资难融资贵问题。扩展中小微企业融资渠道，督促银行机构将央行再贷款优惠利率政策切实传导至小微企业，促进小微企业融资成本降低，建立完善再贷款投放和小微企业贷款发放的正向激励机制，引导辖区金融机构增加对重点领域、小微企业等薄弱环节的信贷投放。逐步扩大中小微企业贷款风险补偿金使用规模和范围。建立健全企业风险补偿机制，搭建"银企担"融资服务平台，加强对民营企业定向支持。扎实开展"银税互动"，创新因税获贷融资产品。落实无还本续贷等支持政策。探索应用"信易贷"等信用产品。鼓励符合条件的大型企业集团公司设立财务公司，强化资金集中管理，提供专业化金融管理服务。培育上市后备企业，加强对企业股改上市挂牌的指导服务，为有条件上市的企业开通"绿色通道"，积极推进企业上市融资。（市财政局，人民银行玉溪市中心支行按照职责职能负责；银保监玉溪分局、市金融办、市发展改革委、市工业和信息化局、市税务局，各县区人民政府落实）

（十三）大力培育壮大市场主体。实施中小企业成长工程，精准推动"个转企、小升规、规改股、股上市"，全年新增省级成长型中小企业8户以上。建立"小升规"重点企业培育库，全年新增规模以上企业30户。对新建投产并于当年纳入规模以上的工业企业，一次性奖励15万元；由规模以下首次升为规模以上的工业企业，一次性奖励10万元；所需资金从市产业科技创新发展专项资金中安排。集中政策资源培育50户民营小巨人企业。由各重点产业推进组主抓部门分别负责组织培育一批本产业领域细分行业隐形冠军企业。（市工业和信息化局、市科技局牵头负责；市发展改革委、市财政局、市金融办、市农业农村局、省商务厅、市文化和旅游局、市卫生健康委，各县区人民政府落实）

（十四）强化招商引资助推开放型经济。围绕七大重点产业和打造　"三张牌"，制定重点产业链招商路线图，大力引进落地补链、延链、强链重点产业项目。推进长三角、珠三角、京津冀、川渝驻点招商和代理招商，策划包装150个以上重大项目，主动承接产业转移。积极助力企业开拓市场，引导企业"走出去"发展，大力发展加工贸易和跨境电商。鼓励企业参加全省"10大名品""10强企业""20佳创新企业"评选表彰活动，全力办好"相约春天""收获金秋"招商活动和《财富》全球可持续发展论坛。指导在玉溪注册、服务、结算和纳税的电子商务企业按照标准申报省级奖励。指导总投资1亿美元以上或设备总包、工程承包总额5 000万美元以上的国际产能合作项目申报省级政策性保险保费补助，用好省内企业重大装备首台（套）、新材料首批次应用投保全额保费补助政策。（市投资促进局、市商务局牵头负责；市直有关部门，各县区人民政府落实）

四、拓展城乡区域协调发展新空间

（十五）推动新型城镇化高质量发展。实施"城乡环境提升年"，统筹推进"六城同创"。全面启动"美丽县城"建设，申报5个、力争3个县城进入省级"美丽县城"奖补名单。重点完善县城基本功能、美化生态环境、提升基本公共服务，加快对老城区、老社区、老厂区、老街区改造升级再利用，实现干净、宜居、有特色的目标。推进城市道路、亮化绿化工程、旧城改造、城市公园等项目建设。做好国家海绵城市试点验收准备工作。加快推进"厕所革命"，2019年新（改）建城市公厕16座，全面消除城市和乡镇镇区旱厕。提标改造城镇污水处理设施4座，建设老旧城区污水配套管网20千米。加快澄江撤县设市工作，统筹推进"一城三镇八村"建设。深化户籍制度改革，落实"人地钱"挂钩机制，力争4万农业转移人口有序实现市民化。（市住房城乡建设局、市城乡统筹办、市发展改革委牵头负责；市自然资源和规划局、市人力资源社会保障局、市公安局、市民政局、市交通运输局、市农业农村局，各县区人民政府落实）

（十六）深入实施乡村振兴战略。全面实施《玉溪市乡村振兴战略规划（2018—2022年）》。出台细化方案，配合落实"美丽乡村建设万村示范行动"，完成省下达美丽乡村建设任务。深入开展农村人居环境整治三年行动，创建30个省级农村人居环境整治示范村。推进"一县一业"示范区建设，出台破解农业企业融资难、土地流转慢、物流成本高等问题的政策措施。实施农村一二三产业融合发展示范工程，打造国家级绿色农产品加工基地。抓好农村集体产权制度改革试点，建立规范完善的现代农村集体产权制度，盘活农村集体资产，保护农村集体经济组织及农民合法权益。建立农村土地流转交易中心，推动集体经营性建设用地入市，探索农村宅基地自愿有偿退出机制。以特色小镇建设为契机，鼓励村民以出租、合作等方式盘活利用宅基地，在现有宅基地基础上进行集中统一规划建设。（市农业农村局、市自然资源和规划局按照职责职能负责；市发展改革委，各县区人民政府落实）

（十七）扎实推进精准脱贫攻坚。扎实推进易地扶贫搬迁复垦复绿，认真落实后续配套产业发展和转移就业措施，确保搬迁群众中有劳动能力的家庭至少1人实现稳定就业。全面落实产业扶贫等政策，加大资产性收益项目和扶贫车间项目扶持，产业扶贫资金占财政整合扶贫资金总额的30%，每个县区启动1个特色旅游扶贫示范村建设，切实促进农民增收。全力推进农村危房改造，完成4类重点对象农村危房存量改造任务，实施50个贫困自然村环境整治示范工程。借助"万企帮万村"、社会扶贫等机制，推动贫困地区特色农产品进入挂钩帮扶党政机关、企事业单位和学校食堂。贫困地区农村居民人均可支配收入增幅高于全市农村居民人均可支配收入2个百分点以上。（市扶贫办牵头负责；市发展改革委、市自然资源和规划局、市农业农村局、市人力资源社会保障局、市财政局、市住房城乡建设局、市文化和旅游局、市工商联，各县区人民政府落实）

五、着眼国内市场稳就业促消费

（十八）积极稳定当前就业。开展"春风行动""百日行动""民营企业招聘周""金秋招聘月""就业扶贫行动日”等就业专项活动，确保城镇新增就业2.7万人、8 000名就业困难人员实现就业。落实税费减免、社保补贴、援企稳岗等扶持政策。提高稳岗返还标准，对不裁员或当年参加失业保险人数不超过5%的失业保险参保企业，按其上年度企业和职工实际缴纳失业保险费的50%给予一次性返还。落实就业见习补贴范围扩展至16—24周岁失业青年政策。加大职业技术培训力度，年内完成15万人次农村劳动力培训、800人次高校毕业生就业培训、800人次企业职工在岗培训。配合推广“一部手机找工作”应用。着力发挥“双创”对就业的带动作用。落实“贷免扶补”创业担保贷款政策，扶持不少于7 000人自主创业，带动（吸纳）就业11 000人以上；落实大学生创业扶持政策，对毕业3年内（含毕业学年）在市内创业的大学生给予最高不超过3万元的一次性创业补贴。积极支持我市省级创业平台争创省级示范基地建设。加大就业帮扶安置力度，市、县区财政安排一定的就业补助资金，积极开发一批公共服务、生态护林、扶贫工作、农村保洁、基层社会管理、公路养护、环境保护、治安巡逻等公益性岗位，促进就业困难人员就业，确保零就业家庭动态清零。（市人力资源社会保障局牵头负责；市发展改革委、市财政局、市扶贫办、市农业农村局、市林业草原局、市生态环境局、市交通运输局、市公安局，各县区人民政府落实）

（十九）增加高品质供给促进居民消费。进一步落实促消费各项政策，支持信息、绿色、旅游等领域新消费发展。推进“明厨亮灶”工程，实施餐饮业提档升级行动，加快特色餐饮街区、特色商业区建设。提升景区导游导览、刷脸扫码入园、智慧厕所等基础服务功能。指导各大景区针对特定时段、特定区域、特定人群开展旅游促销活动。全面落实住宿、餐饮商家明码标价，诚信经营。促进房地产市场平稳健康发展，坚持房子是用来住的、不是用来炒的定位，落实稳地价稳房价稳预期责任，实现商品房销售面积增长12%。探索开展家政服务标准化试点示范建设，引导培育婴幼儿照护服务行业发展并加强监管。（市商务局、市文化和旅游局、市住房城乡建设局按照职责职能负责；市发展改革委，各县区人民政府落实）

（二十）深入挖掘新兴消费潜力。进一步优化新能源汽车推广应用环境，落实资金和扶持政策，加快充电基础设施建设，加大新能源汽车推广工作力度。探索合规措施，允许符合条件的闲置房产、待售商品房通过改造进入房屋租赁市场。挖掘农村市场消费潜力，健全城乡流通市场体系，适应消费升级趋势，鼓励大型零售企业在县、区布局设点，开展优质工业品下乡活动。支持电子商务企业开拓农村市场。依法依规为养老机构设施建设提供净地出让。通过公建民营、民办公助、政府补贴、购买服务等多种途径，鼓励社会力量进入养老服务业。强化农村消费市场监管，保障农村居民消费安全。积极筹备办好省第十六届运动会，丰富各类体育赛事活动，扩大体育消费市场潜力。（市工业和信息化局、市商务局、市能源局、市交通运输局、市教育体育局按照职责职能负责，各县区人民政府落实）

六、深化改革开放激发释放动力活力

（二十一）进一步深化“放管服”改革。全面实施“营商环境提升年”工作部署。开展营商环境评价，深入推进“放管服”改革，进一步简化优化政务服务流程。推进“证照分离”改革，加快推动“照后减证”。进一步压缩企业开办时间，深入实施企业登记全程电子化和电子营业执照改革。开办企业登记时间缩短至3个工作日。加快“一部手机办事通”建设，实现更多政务服务事项“掌上办”，力争尽快实现政务服务“一网、一门、一次”。完善企业信用信息公示制度，增强企业信息透明度，建成全市公共信用信息共享平台，加大对守信联合激励和失信企业联合惩戒力度。建立健全企业家参与涉企政策制定机制。加大向上争取力度，争取上级资金保障工作推进。（市政务服务管理局、市发展改革委、市市场监管局牵头负责；市直有关部门，各县区人民政府落实）

（二十二）扩大开放稳外贸稳外资。深度融入和服务“一带一路”国家发展战略，认真贯彻落实省稳外贸政策，及时发布玉溪市深化和扩大对外开放政策要点。贯彻落实好人员、车辆、货物、资金进出境便利化举措，支持跨境旅游、跨境物流、跨境结算加快发展。支持跨境电商产业发展，巩固扩大南亚东南亚市场，加快推进东南亚食品商贸仓储物流港等项目建设。积极开展面向南亚、东南亚的商贸、种植、加工、制造、建筑等投资合作，推动优势企业在境外建立生产基地和营销平台，加大外贸出口产品结构调整力度，积极争取省级相关政策扶持，支持农产品、智能终端制造等产品出口，确保外贸进出口总额增长10%。积极参与境外能源资源合作开发和能源基础设施建设，带动能源技术、装备“走出去”。放宽市场准入，全面实施准入前国民待遇加负面清单管理制度，保护外商合法权益。对符合进口国际先进技术、关键装备及零部件的市内企业，指导帮助申报省级资金补助。（市商务局牵头负责；市发展改革委、市工业和信息化局、市财政局、市交通运输局、市农业农村局、市文化和旅游局、市外事办、市能源局，人民银行玉溪市中心支行配合）

（二十三）狠抓落实稳预期。市直有关责任部门、各县区及时宣传落实《云南省人民政府关于保持经济平稳健康发展22条措施的意见》（云政发〔2019〕1号）、《玉溪市贯彻落实云南省关于保持经济平稳健康发展22条措施的实施方案》，以扎实有效工作实现既定目标任务，切实稳定经济发展预期、稳定投资者预期、稳定社会民众预期。加强重点行业监测与运行调度，强化市、县领导干部联系帮扶重大产业项目、重点企业工作机制，对纳入全省重点工业投资项目综合管理服务平台进行动态管理的5亿元以上工业投资项目，加强跟踪指导服务，向省级主管部门通报进展情况并抄报市发展改革委；密切关注对稳增长影响较大的100户重点工业企业生产运营情况，及时采取“一户一策”针对性措施支持企业稳定发展；由行业主管部门牵头、市统计局配合加强对电子商务、数字经济等新业态、新经济的统计监测。将《玉溪市贯彻落实〈云南省人民政府关于保持经济平稳健康发展22条措施的意见〉实施方案》各项既定目标任务完成情况作为各县区各部门年终考核的重要参考依据。各县区各部门每季度末向市人民政府书面报告贯彻落实推进情况，并抄送市政府督查室和市发展改革委。（市政府督查室、市工业和信息化局、市发展改革委按照职能职责负责；市直有关部门，各县区人民政府落实）

玉溪市人民政府

2019年2月24日

玉溪市人民政府
关于探索建立涉农资金统筹整合长效机制的
实施意见

一、总体要求

（一）指导思想

全面贯彻党的十九大精神，以习近平新时代中国特色社会主义思想为指导，深入贯彻习近平总书记系列重要讲话和考察云南重要讲话精神，认真落实党中央、国务院决策部署，统筹推进"五位一体"总体布局和协调推进"四个全面"战略布局，坚持稳中求进工作总基调，牢固树立和贯彻落实创新、协调、绿色、开放、共享的发展理念，遵循国家"三农"工作方针政策，紧紧围绕实施乡村振兴战略，将涉农资金统筹整合作为深化财税体制改革和政府投资体制改革的重要内容，优化财政支农投入供给，加强财政支农政策顶层设计，理顺涉农资金管理体系，创新涉农资金使用管理机制，改革和完善农村投融资体制，切实提升国家支农政策效果和支农资金使用效益。

（二）基本原则

坚持问题导向。针对当前涉农职能交叉重复、涉农资金多头管理、使用分散、效益不高等问题，优化顶层设计，创新体制机制，完善政策措施，不断提高涉农资金使用效益。

坚持简政放权。深入推进我市涉农领域"放管服"改革，进一步推动审批权下放，赋予县区必要的统筹涉农资金的自主权，为县级统筹整合涉农资金创造条件。突出县区人民政府涉农资金统筹整合的主体地位，激励地方积极主动作为。加强事中事后监管，依法依规、有序有效推进涉农资金统筹整合。

坚持统筹协调。各方协作，上下联动，促进市级政策指导和各县区自主统筹的有机结合。进一步明晰涉农部门职责关系，以"大专项"为抓手，有序推进行业内和行业间涉农资金统筹整合。合理划分农业领域市以下财政事权和支出责任，建立激励约束机制，充分调动各方积极性。

坚持分类施策。按照专项转移支付管理的职责分工，在市县等层级分类有序推进涉农资金统筹整合，对行业内涉农资金在预算编制环节进行源头整合，行业间涉农资金主要在预算执行环节进行统筹，加强行业内涉农资金整合与行业间涉农资金统筹的衔接配合。

（三）主要目标

2018 年，实现农业发展领域行业内涉农专项转移支付的统筹整合。到 2019 年，基本实现农业发展领域行业间涉农专项转移支付。到 2020 年，构建形成农业发展领域权责匹配、相互协调、上下联动、步调一致的涉农资金统筹整合长效机制，并根据农业领域市以下财政事权和支出责任划分改革以及转移支付制度改革，适时调整完善。

二、推进行业内涉农资金整合

（四）归并设置涉农资金专项

市级涉农资金以党中央、国务院、省委、省政府和市委、市政府有关决策部署和相关法律法规为依据，根据预算法等相关规定按程序设立。进一步完善市级涉农资金管理体系，对行业内交叉重复的市级涉农资金予以清理整合，原则上一个部门设置一项专项转移支付资金。市级行业部门对涉农资金分配和管理工作负主体责任。对清理整合后的涉农专项转移支付，市级行业部门会同市财政局进一步明确政策目标、扶持对象、补助标准、实施期限、绩效管理等。构建市级涉农资金设立、执行和退出评估机制，统筹安排、科学配置财政资源。（市财政局、市自然资源规划局、市水利局、市农业农村局、市林草局、市搬迁安置办等负责，2019 年基本完成并逐步完善）

（五）推动存量资金整合

对市级行业部门承担的涉农新工作、新任务，一般不再单独新增专项转移支付资金，优先通过调整存量资金结构解决。确需新增专项转移支付资金的，应按照设立程序提出申请，经批准后，通过增加资金额度予以支持，不得每新增一项涉农工作、涉农任务都新设立一项专项转移支付资金。市级行业部门要加强涉农资金管理，杜绝资金在部门内部分散设置、结构固化等现象发生，不得在政府规章、规范性文件、政策性文件及工作会议中对设立涉农资金事项作出规定，不得对涉农预算支出占财政收入或财政支出等比重及增长幅度作出要求或纳入考核范围。（市财政局、市自然资源规划局、市水利局、市农业农村局、市林草局、市搬迁安置办等负责，2018 年起持续推进）

（六）合理设定任务清单

参照中央和省涉农资金管理模式，市级涉农资金在建立大专项的基础上，实行"大专项＋任务清单"管理模式。市级行业部门根据各项涉农资金应当保障的政策内容，会同财政部门设立任务清单，明确绩效目标。任务清单区分约束性任务和指导性任务，实施差别化管理，给予各县区不同的整合权限。约束性任务主要包括党中央、国务院、省委、省政府和市委、市政府明确要求的涉及国计民生的事项、重大规划任务、新设试点任务、有特定要求的任务及农业生产救灾、对农民直接补贴等，其他任务为指导性任务。充分赋予各县区自主权，允许各县区在完成约束性任务的前提下，根据当地"三农"发展需要，区分轻重缓急，在同一大专项内调剂使用资金。任务清单由市财政局衔接平衡，并会同市级行业部门对任务清单定期开展评估，建立调整优化和退出机制，根据形势任务变化情况分年度调整，为最终形成划分科学、依法依规、运转高效、调控有力的市以下财政事权和支出责任划分模式奠定实践基础。

（市财政局、市自然资源规划局、市水利局、市农业农村局、市林草局、市搬迁安置办等负责，2019年基本完成并逐步完善）

（七）同步下达资金与任务清单

市级涉农资金由市财政局分别会同市级行业部门以因素法为主、项目法为辅等方式分配，统筹考虑任务清单中各项任务的性质，不断完善资金分配指标体系，加强资金分配与任务清单的衔接匹配，确保资金投入与任务相统一。以大专项为单位，市级主管部门在研究涉农资金分配意见时，应同步细化分县区的任务清单，制定资金使用方案和任务完成计划，实行涉农资金与任务清单集中同步下达。县区有关部门要组织完成约束性任务，因地制宜统筹安排指导性任务，制定任务实施方案和资金使用方案，分别报市级行业部门和市财政局备案。（市财政局、市自然资源规划局、市水利局、市农业农村局、市林草局、市搬迁安置办等负责，2019年基本完成并逐步完善）

（八）建立与整合相适应的绩效评价制度

进一步调整完善涉农资金绩效评价制度，建立完善科学全面的绩效评价指标体系，逐步由单项任务绩效考核向行业综合绩效考核转变。强化绩效评价结果运用，逐步建立以绩效评价结果为导向的涉农资金大专项和任务清单设置机制及资金分配机制。涉农大专项的绩效目标分年度确定，由行业主管部门随预算编制同步报送同级财政部门，作为预算安排和绩效评价的重要依据，下达资金时同步下达绩效目标。市级行业部门负责对县区项目实施和涉农资金使用情况进行绩效评价，评价结果与转移支付资金分配结果挂钩。市财政局视情况每年组织或委托第三方评估机构选取部分涉农专项转移支付资金进行总体评价，评价结果与下年度该专项资金预算安排挂钩。市财政局会同市级行业部门，重点围绕各县区涉农资金整合方案编制、组织实施、监督管理等方面，对各县区涉农资金统筹整合总体情况进行绩效评价，对工作成效突出的地方在资金安排上予以适当倾斜。（市财政局、市自然资源规划局、市水利局、市农业农村局、市林草局、市搬迁安置办等负责，2019年基本完成并逐步完善）

三、推进行业间涉农资金统筹

（九）充分发挥规划的引领作用

县区人民政府要摸清涉农资金底数，根据财政收支形势等情况编制三年滚动财政规划和政府投资规划，并与国民经济和社会发展五年规划纲要及相关涉农专项规划进行衔接。县区人民政府因地制宜搭建各类涉农资金统筹整合平台，科学编制有关专项规划、推行多规合一，减少重复规划、多头规划，稳步解决涉农领域规划衔接不紧不实现象，不断提升规划的科学性、适用性和可操作性，以规划引领涉农资金统筹使用和集中投入，逐步实现平台规划统一布局、项目分片分步实施、资金分年分级落实。（各县区人民政府负责，2018年起持续推进）

（十）加强性质相同、用途相近的涉农资金统筹使用

针对性质相同、用途相近的涉农资金，加大预算编制环节的统筹协调力度。市级有关部门要及时建立会商机制，统一建设标准，完善支持方式，加强指导服务，为各县区推进涉农资金统筹使用创造条件。在预算执行环节，各县区可在确保完成目标任务的前提下，将各级财政安排的性质相同、用途相近的涉农资金纳入同一资金池，统一设计方案、统一资金拨付、统一组织实施、统一考核验收，形成政策合力，提升资金使用效益。市财政局会同市级有关部门要及时总结本部门、本行业在预算分配环节的统筹整合经验，进一步明确职责分工和资金用途，推动实现同一工作事项按照部门职责分工由一个行业部门统筹负责。（市财政局、市自然资源规划局、市水利局、市农业农村局、市林草局、市搬迁安置办，各县区人民政府负责，2018年起持续推进）

（十一）促进功能互补、用途衔接的涉农资金集中投入

支持各县区以改革任务、优势区域、重点项目等为切入点，按照“渠道不乱、用途不变、集中投入、各负其责、各记其功、形成合力”的原则，统筹安排各类功能互补、用途衔接的涉农资金。县区人民政府要加强整体部署，协调推进，推动涉农资金整合，自下而上完善涉农资金统筹整合体制机制。（市财政局、市自然资源规划局、市水利局、市农业农村局、市林草局、市搬迁安置办，各县区人民政府负责，2018年起持续推进）

（十二）充分发挥县级整合主体地位，加大涉农资金执行环节整合

县级根据中央、省、市切块下达的资金和任务清单，在完成约束性任务的前提下，结合本地区工作实际和任务目标，区分轻重缓急、发挥一线优势、精心筛选项目，合理编制好涉农资金统筹整合方案，明确资金使用方向和任务完成计划，报市级相关部门备案后组织实施项目。县级要增强责任意识、加强沟通协调，紧紧围绕项目抓好落实工作，挖掘亮点典型，总结推广经验，加强项目推进中的监督检查，严格项目验收程序，确保资金安全有效。（市财政局、市自然资源规划局、市水利局、市农业农村局、市林草局、市搬迁安置办，各县区人民政府负责，2018年起持续推进）

四、改革完善涉农资金管理体制机制

（十三）加强管理制度体系建设

继续对涉农资金管理制度进行清理、修订和完善，做到每一项涉农资金对应一个资金管理办法。市级相关部门在出台或修订相关资金管理制度办法时，要充分考虑中央和省市关于涉农资金统筹整合的新要求，为各地开展整合工作创造宽松的政策环境。市级相关部门要切实加强资金管理制度培训和执行工作，指导各县区制定与中央、省市统筹整合要求相适应的资金管理办法，确保涉农资金统筹整合取得实效。任何部门、单位不得干预县级依法依规开展涉农资金统筹整合工作。（市财政局、市自然资源规划局、市水利局、市农业农村局、市林草局、市搬迁安置办，各县区人民政府负责，2019年基本完成并逐步完善）

（十四）进一步下放审批权限

市级相关部门要按照简政放权、放管结合、优化服务改革的总体要求，加强政策指导，进一步下放涉农项目审批权限，赋予各地相机施策和统筹资金的自主权。强化县区人民政府统筹使用涉农资金的责任，不断提高项目决策的自主性和灵活度。（市财政局、市自然资源规划局、市水利局、市农业农村局、市林草局、市搬迁安置办，各县区人民政府负责，2018年起持续推进）

（十五）充实涉农资金项目库

依据国家“三农”工作方针政策和相关规划，强化规

划的权威性和约束力，科学编制三年滚动计划，加强各类涉农项目储备。完善项目论证、评审等工作流程，对项目库内项目实施动态管理。加强财政和行业部门之间，省级和市级之间、市级和县区级之间，年度之间项目库的衔接，归并重复设置的涉农项目。加快资金安排进度，适当简化、整合项目报建手续，健全完善考核措施，确保项目发挥效益。根据项目性质，采取投资补助、民办公助、贷款贴息等方式予以支持，不断提升涉农项目的公众参与度。（市财政局、市自然资源规划局、市水利局、市农业农村局、市林草局、市搬迁安置办，各县区人民政府负责，2018 年起持续推进）

（十六）改革资金分配方式

市级涉农资金主要采取切块方式下达，市级相关部门会同市财政局按因素法提出市级涉农资金分配意见，由市财政局切块下达资金。资金下达一般分为二个批次：第一批，在市人民代表大会批准市级预算后按规定时限下达；第二批，根据市级新增资金安排情况，按规定时限下达。农业生产救灾及特大防汛抗旱等应急救灾资金，可根据灾情发生情况及时下达。（市财政局、市自然资源规划局、市水利局、市农业农村局、市林草局、市搬迁安置办等负责，2018 年起持续推进）

（十七）加强涉农资金监管

市级相关部门及县区人民政府要加强对涉农资金的监管，形成权责明确、有效制衡、齐抓共管的监管格局，防止借整合名义挪用涉农资金。探索建立第三方评估体系，通过竞争择优的方式选择专家学者、研究机构等对涉农资金政策进行评估。完善决策程序，健全决策责任追究制度，对违反涉农资金统筹整合相关制度规定、造成涉农资金重大损失的，要对相关责任人予以问责。严肃查处违纪违法违规行为，及时追回被骗取、冒领、挤占、截留、挪用的涉农资金，依纪依法追究相关单位和责任人的责任。加强信用监管，对严重失信主体探索建立联合惩戒机制。（市财政局、市自然资源规划局、市水利局、市农业农村局、市林草局、市搬迁安置办，各县区人民政府负责，2018 年起持续推进）

（十八）加大信息公开公示力度

全面推进信息公开，健全公告公示制度。各县区人民政府及有关部门在涉农资金统筹整合方案决策前要听取各方意见，涉农资金管理办法、资金规模、扶持范围、分配结果等应按规定向社会公开。利用互联网、大数据等信息化手段，探索实行"互联网＋监管"新模式。推动县级建立统一的涉农资金信息公开网络平台。涉农大专项资金管理办法、资金规模、扶持范围、分配结果等应按规定向社会公开，实行市级公开财政支农政策、资金规模和分配结果，县级公开资金来源、扶持范围、建设和补助标准、项目审批程序和结果等，乡镇公示项目实施进度、实施结果和补助对象等的三级公示制度。建立健全村务监督机制，继续完善行政村公告公示制度。（市财政局、市自然资源规划局、市水利局、市农业农村局、市林草局、市搬迁安置办，各县区人民政府负责，2018 年起持续推进）

五、保障措施

（十九）加强组织领导

市级成立玉溪市涉农资金统筹整合领导小组及办公室，主要负责上下衔接、总体设计、政策制定、组织协调、督促检查等工作。各县区人民政府要高度重视，也要建立政府统一领导、相关部门参与的涉农资金统筹整合领导小组及办公室，把涉农资金统筹整合工作摆在突出位置，切实承担主体责任，为推进统筹整合工作提供组织保障。（市财政局、市自然资源规划局、市水利局、市农业农村局、市林草局、市搬迁安置办，各县区人民政府负责，2018 年基本建成并持续加强领导）

（二十）加强部门协同

各相关部门要加强沟通配合，为推进涉农资金统筹整合工作提供机制保障。财政部门要以资金、规划和任务清单管理为抓手，指导和支持涉农资金统筹整合。行业部门要科学设置、细化分解任务清单，做好任务落实和考核评价等工作。（市财政局、市自然资源规划局、市水利局、市农业农村局、市林草局、市搬迁安置办，各县区人民政府负责，2019 年基本完成并逐步完善）

（二十一）鼓励探索创新

县区人民政府可参照"大专项＋任务清单"管理模式，在预算编制环节合理设置本级涉农资金大专项，探索实施任务清单差别化管理。鼓励县区根据行业内资金整合与行业间资金统筹的工作思路，因地制宜开展多层级、多形式的涉农资金统筹整合，突破现有管理制度规定的，应按管理权限和程序报批或申请授权。在开展涉农资金统筹整合中涉及财政专项扶贫资金时，要遵循精准使用的原则，不得用于非建档立卡贫困户和非扶贫领域。（市财政局、市自然资源规划局、市水利局、市农业农村局、市林草局、市搬迁安置办，各县区人民政府负责，2018 年起持续推进）

（二十二）加强舆论宣传

认真总结和推广各地区、各有关部门在涉农资金统筹整合中的好经验、好做法，加强信息报送和政策宣传，注重宣传的引导性和时效性，努力营造全社会关心、支持涉农资金统筹整合的新局面。（市财政局、市自然资源规划局、市水利局、市农业农村局、市林草局、市搬迁安置办，各县区人民政府负责，2018 年起持续推进）

（二十三）细化分解落实任务

市级行业部门会同市财政局制定部门贯彻落实方案，各县区人民政府制定本县区贯彻落实方案，进一步细化推进涉农资金统筹整合的工作目标和政策措施。各县区各有关部门贯彻落实方案，报市涉农资金统筹整合领导小组办公室备案。（市财政局、市自然资源规划局、市水利局、市农业农村局、市林草局、市搬迁安置办，各县区人民政府负责，2019 年 2 月底基本完成并持续推进）

玉溪市人民政府
2019 年 3 月 13 日

玉溪市高原特色现代农业产业发展三年行动计划（2018—2020年）

为认真贯彻落实中央和省市关于实施乡村振兴战略的部署安排，围绕农业产业兴旺要求，加快推进玉溪市高原特色农业现代化建设，根据《玉溪市高原特色现代农业产业发展规划（2016—2020年）》提出的目标任务，进一步明确工作职责，细化推进措施，压实工作任务，特制定本行动计划。

一、总体要求

深入学习贯彻习近平新时代中国特色社会主义思想和党的十九大精神，以实施乡村振兴战略为引领，推进现代农业建设为目标，农业供给侧结构性改革为主线，按照打造"大产业"、培育"新主体"、建设"新平台"的总体部署，进一步聚焦重点产业、重点园区和重点企业，着力做好品牌化、资本化、绿色化、国际化四篇大文章，加快培育农业农村经济发展新动能，推动高原特色现代农业发展再上新台阶。

二、行动目标

（一）总目标

力争到2020年底，高原特色农业现代化建设取得突破性进展，高原特色现代农业产业体系、生产体系和经营体系不断完善，装备条件显著改善，产业结构逐步优化，产业发展有机融合，资源利用和生态环境保护水平不断提高，农业质量、效益和竞争力明显提升。烤烟、蔬菜、花卉、水果、生物药、畜禽等6大重点产业产值达300亿元左右，全市农村一二三产业综合产值430亿元以上。全市农业增加值达170亿元以上，其中6大重点产业的农业增加值达160亿元左右，农业增加值增速保持全省前列。农村常住居民人均可支配收入达1.7万元以上，直接来自6大重点产业的家庭经营收入达10 000元左右。

（二）分年度目标

玉溪市高原特色现代农业六大重点产业年度指标

单位：万亩、万吨、万担、亿元

产业	指标	2018	2019	2020	备注
烤烟	面积	55.6	57	59	
	产量	150.1	156	162	
	产值	22.5	23.4	24.3	
蔬菜	面积	139	135	140	
	产量	266.7	270	280	
	产值	55	70	80	
花卉	面积	8	9	10	
	产值	26	27.4	29	
水果	面积	92.2	86	87	
	产量	94.63	82	85	
	产值	40	40	50	
生物药	面积	7.06	7.2	8	
	产量	5.5	6.5	7	
	产值	4.3	4.5	5	
畜禽	产值	66.69	105	110	

三、行动任务

针对玉溪市高原特色现代农业产业发展三年行动目标，实施以下十大行动任务。

（一）重点产业提升行动

1. 聚焦重点产业。进一步聚焦重点产业和区域性主导产业，集约项目、集中力量，全产业链打造，培育差异化竞争优势，不断提升产业规模和效益，将烟草、蔬菜产业打造成全省综合实力第一，全国竞争力一流的大产业，将水果、花卉打造成全省特色化、差异化、品牌化发展的产业，以生猪和家禽为重点将畜牧业打造成持续助农增收的重点产业，以芦荟、重楼为重点将生物药业打造成助推玉溪农业发展的新兴产业，力争到2022年将畜牧业、蔬菜、水果培育成百亿元产业。（牵头单位：市农业农村局、市烟草产业服务中心，责任单位：市林草局、各县区人民政府）

2. 优化区域布局。持续推进山地林农生态经济带、烟畜果生态循环产业带、低热河谷特色优质经果产业带、"三湖"环湖绿色高效休闲农业观光产业带"四带"建设，"稳粮、保烟、调油、优菜、扩果、增花、压蔗、推畜"，引导优势主导产业向最适宜区聚集。加快划定和建设全市粮食生产功能区、重要农产品生产保护区，力争到2019年底，完成全市"两区"划定工作，持续巩固和提升粮食、油料、糖料产能。编制实施全市特色农产品优势区建设规划，积极争取国家相关部委认定一批中国特色农产品优势区。建立农业产业准入负面清单制度，因地制宜制定禁止和限制发展的产业目录。建立农业绿色循环低碳生产制度，明确种植业、养殖业发展方向和开发强度，促进一二三产融合发展。（牵头单位：市农业农村局。责任单位：市发展改革委、市自然资源规划局、各县区人民政府）

3. 推进项目建设。建立总投资额1 000万元以上竣工、续建、新开工和前期重点项目调度制度，加强项目管理和服务工作。扎实推进农业产业"四个一百"重大建设项目，力争每年新上投资规模1 000万元以上的项目40个以上，农业固定资产投资年增长15%以上。（牵头单位：市农业农村局，责任单位：市发展改革委、各县区人民政府）

（二）新型主体培育行动

1. 打造农业小巨人。扎实推进农业“小巨人”三年振兴计划，做好重点培育对象筛选工作，强化分类指导，力争到2020年底，年销售收入5亿元以上的农业“小巨人”达到10户。加强与金融机构的协调对接，探索金融助力“小巨人”成长新方法。整合市重点产业发展基金、省级农业担保公司担保资金等主要农村金融机构的资源，开辟全产业链金融支持新路子。遴选一批符合产业发展方向、示范带动性强、成长性高的农业小巨人企业，建立拟挂牌上市企业资源库，实行分类指导和全过程跟踪服务，加快农业小巨人企业挂牌上市进程。（牵头单位：市农业农村局，责任单位：市财政局、市政府金融办、各县区人民政府）

2. 壮大农业龙头企业。完善龙头企业认定标准，壮大市级以上重点龙头企业队伍，每年新增市级以上农业龙头企业5户，到2020年达185户以上。用好用活财政扶持资金，采取直接补助、贷款贴息、以奖代补、担保基金、风险补偿基金、参股等多种形式扶持政策，对重点培育的农业龙头企业给予倾斜扶持。加大对农业龙头企业在税收、土地、能源等方面既定优惠政策的协调落实力度。支持龙头企业围绕重点产业，开展技术研发和技术创新，改进加工生产工艺，不断提高农产品精深加工水平。支持重点培育企业创新商业模式，大力发展互联网+、电子商务、现代物流等新业态，全市农业龙头企业营业收入年均增幅达8%以上。（牵头单位：市农业农村局，责任单位：市财政局、市工业和信息化局、市林草局、市供销社、各县区人民政府）

3. 规范发展农民专业合作社。以提高农民专业合作社运行质量为重点，围绕登记管理、章程制度、组织机构、产权关系、经营服务、财务管理、盈余分配、信用合作、社务公开和档案管理十个方面完善制度措施，规范农民专业合作社发展。深入开展示范社创建行动，建设一批组织机构健全、内部管理民主、财务核算规范、运行机制完善、利益分配合理的农民专业合作社示范社。积极引导农民专业合作社组建联合社，实现优势互补，做大做强。鼓励支持农民专业合作社组织独立或联合其他经营主体兴办加工、流通服务业，提升生产经营、市场开拓和组织带动能力。力争到2020年底，全市登记的农民专业合作社达到1 100个以上。（牵头单位：市市场监管局，责任单位：市农业农村局、市供销社、各县区人民政府）

4. 积极培育家庭农场。加强政策支持引导，建立完善家庭农场认定制度和退出机制，按照生产标准化、经营品牌化、产品生态化、成员知识化、管理规范化的要求，着力培育一批综合效益好，带动能力强的示范性家庭农场。积极推进家庭农场名录建设和信息化管理。力争到2020年底，全市经农业部门认定的家庭农场达到1 100个以上，创建省级示范性家庭农场50个。（牵头单位：市农业农村局，责任单位：各县区人民政府）

5. 培育新型职业农民。以新型经营主体和服务体系的骨干为重点对象，精准开展新兴职业农民培训。大力推行农民田间学校、送教下乡、利用新媒体等培训模式，增强培训的针对性和实效性。以县级为单位制定新型职业农民认定管理办法，开展新型职业农民认定工作。研究制定新型职业农民在承担农业项目、土地流转、基础投入、金融信贷、税费减免、信息服务、营销推广等方面的政策措施。以技能培训、创业指导、政策扶持、跟踪服务为重点，分产业、分类型培育一批现代青年农场主。实施农民创业创新行动计划和大学生返乡创业行动，培育一批创业创新带头人、树立一批创业创新典型。力争到2020年底，全市培育新型职业农民1万人。（牵头单位：市农业农村局，责任单位：市人力资源社会保障局、各县区人民政府）

（三）新型平台建设行动

1. 大力发展农村电商。开展电子商务进农村综合示范，培育发展农业电子商务市场主体，加快推进农业电子商务公共服务平台建设，健全农业电子商务物流体系，加大电商人才培训力度，提高农业电子商务应用水平，积极推进农产品电子商务发展。引导农业龙头企业、农民专业合作社等新型农业经营主体与农业电子商务平台对接，推动农产品、农业生产资料和休闲农业相关优质产品网上营销。每年组织1次农产品电子商务专题培训、开展1次新型经营主体与省内外知名电商平台对接活动，推动我市优质特色农产品上网营销比例，力争到2020年底，60%的农业龙头企业和农民专业合作社等新型经营主体参与网络营销。（牵头单位：市商务局，责任单位：市农业农村局、市工业和信息化局、市供销社、各县区人民政府）

2. 加快建设现代农业产业园。按照“一年有起色、两年见成效、四年成体系”的总体安排，以规模化种养基地为基础，依托农业产业化龙头企业带动，聚集现代生产要素，建设“生产+加工+科技”的现代产业园。制定出台推进现代农业产业园建设指导意见，组织制定市级、县区级现代农业产业园建设方案和项目管理办法、资金管理办法、认定管理办法，坚持提升与新建相结合，力争到2020年底，全市建成一批覆盖不同产业类型、不同地域特色、不同发展层次的现代农业产业园。（牵头单位：市农业农村局、市财政局，责任单位：各县区人民政府）

3. 打造“绿金走廊”。挖掘农业生态、休闲、文化和非农价值，大力发展观光游、风情休闲游、文化体验游，加快推动重点产业与特色旅游、民族风情文化、绿色餐饮、“大健康”等第三产业融合发展，打造一批以农业产业为基础、以农旅体验为主题、以农旅融合为核心的高原特色现代农业产业“绿金走廊”，支持建设一批具有浓郁文化特色的农业主题公园、田园综合体、博览园、体验馆。深入实施农村产业融合发展试点工程，探索建设杨广智慧农业小镇等一批三产融合特色小镇。（牵头单位：市农业农村局，责任单位：市发展改革委、市财政局、市文化和旅游局、各县区人民政府）

4. 完善农业信息化平台。建立全市统一的农业物联网云平台，将零散分布的农业物联网数据聚集到农业物联网云平台，开发可视化电商服务应用、农业灾害预警、气象灾害预警及农业应急指挥调度等功能。力争到2020年底，完成10%市级以上农业产业化龙头企业和标准化建设基地的物联网体系建设。建设“云农12316”三农综合信息公共服务平台，将政务服务、民务服务、商务服务、气象服务延伸到村，搭载农业生产、加工、流通等实用信息进村入户。全面推进信息进村入户建设工程，加快“网”和“端”的建设、运管和应用。建设高原特色农业信息化服务体系，充实和完善农村基层党组织服务点、农业技术推广单位、通信运营商乡村营业站点和“三农”服务体系。（牵头单位：市农业农村局，责任单位：各县区人民政府）

（四）品牌市场提升行动

1. 打造品牌集群。建立农业品牌培育、发展和保护体系，形成标准化生产、产业化运营、品牌化营销的现代农业新格局。主动对接协调相关媒体，利用各种展会平台，积极开展农业品牌宣传活动，强化特色农产品生产阶段气候条件分析评估和生长指标研究，利用气候优势积极宣传推广特色农产品气候品质认证。每年组织开展“一村一品示范村镇”评选上报工作、“三品一标”认证工作和“云南名牌农产品”评选认定工作；结合优势特色产业发展情况，逐年开展蔬菜、花卉、水果、中药材等品类农产品的评选活动，积极推进有机农产品示范县建设工作，积极向消费者推荐优质、特色农产品；积极对接品牌服务咨询机构和相关媒体，认真编制农业品牌目录，加大农业品牌宣传力度。着力构建以区域公用品牌、企业品牌和产品品牌为主体的玉溪农业品牌体系，力争到2020年底，培育打造在全国知名度和影响力较高的区域公用品牌3—5个，新增“云南名牌农产品”10个，着力构建以区域公用品牌、企业品牌和产品品牌为主体的玉溪农业品牌体系。（牵头单位：市农业农村局，责任单位：市市场监管局、各县区人民政府）

2. 积极开拓市场。立足高原优质特色农产品“丰富多样、生态环保、安全优质、四季飘香”特点，坚持“价值健康化、形态快销化、传播时尚化、品牌全国化、农业国际化”的理念，充分依托国际国内知名展示推介活动平台，加大展示推介力度，积极拓展国内外市场。鼓励重点企业开发特色产品，引导参加国内外展示推介活动，帮助建立完善省外、国外市场营销网络。重点依托中国—南亚博览会、昆明农博会、全国农交会等专业展会活动，组织农业龙头企业等农业新型主体开展展示展销暨产销对接活动，积极开拓省外市场。结合特色产业发展情况，组织相关企业赴国外开展推介展示活动，积极开拓国外市场。通过积极开展我市优质特色农产品展示推介活动，切实提升我市农产品国内外市场占有率。（牵头单位：市商务局，责任单位：市农业农村局、市投资促进局、各县区人民政府）

3. 建设现代农产品物流体系。围绕把玉溪建成全省最大的特色农产品集散中心和面向南亚东南亚国家的农产品生产、加工、出口基地，努力构建完整的新型现代农业生产、经营、服务三大体系，以蔬菜、水果、禽蛋产品为依托，推动玉溪国际农产品交易中心建设工作，以南亚东南亚市场为重点，改造提升一批国外营销网点，推动建设一批农产品外销直销点。大力发展农产品电子商务，发展网上销售、直销配送、连锁经营等现代流通业务，畅通特色农产品流通渠道。支持商贸流通、供销、邮政等系统物流服务网络和设施开展为农服务，实施农产品产区预冷工程，支持农产品冷链物流配送中心和配送站建设，完善跨区域农产品冷链物流体系。建设农产品营销公共服务平台，推广农社、农企等形式的产销对接，支持城市社区设立鲜活农产品直销网点。（牵头单位：市商务局，责任单位：市农业农村局、各县区人民政府）

（五）科技创新提升行动

1. 健全产业体系。促进农业科研院所、高等学校和企业联合攻关，培育一批农业科研领军人才、青年科技人才和创新团队，建立适应农业供给侧结构性改革的技术供应体系。以高原特色现代农业各重点产业为重点，按照“横向打破体制分割，纵向连接科研推广应用”的方法，遵循“技术链与产业链”深度融合的原则，健全9个产业技术体系。（牵头单位：市农业农村局、市科技局，责任单位：各县区人民政府）

2. 深化基层农技推广体系改革。完善推广人员绩效考核和激励机制，推动科研机构、中高等院校开展推广服务，构建以基层农技推广机构为主导、科研院校为支撑、农业社会化服务组织广泛参与的农技推广新体系，探索公益性服务与市场化运营相结合的农技推广新路径。每年，依托基层农技推广体系改革与建设，培育万户科技示范主体，提升万名农技人员能力素质，建立百个长期稳定的试验示范基地，力争到2020年底，全市基层农技推广服务于高原特色农业现代化发展的整体效能得到进一步发挥。（牵头单位：市农业农村局，责任单位：市科技局、各县区人民政府）

3. 完善农业科技创新条件。加强农业知识产权、作物品种权保护，加快农业科技成果转化、处置和收益管理制度建设，健全农业科研机构、高等院校转移转化科技成果激励机制。建设10个左右玉溪市高新农业产业示范区，积极争取省级支持建设国家级创新平台。（牵头单位：市农业农村局、市科技局，责任单位：各县区人民政府）

4. 强化技术集成创新。深入开展粮食绿色增产模式攻关和整建制绿色高产高效创建，组装运用区域性、标准化的绿色高产高效技术模式，打造一批现代农业产业科技创新中心。（牵头单位：市农业农村局、市科技局，责任单位：各县区人民政府）

（六）设施装备提升行动

1. 加强高标准农田建设。强化水利围绕农业产业，推进重点水源工程、大中型灌区续建配套与节水改造。加强小型农田水利设施和防洪抗旱减灾工程建设。大力发展高效节水灌溉，提高农业用水效率。创新机制，合力推进高标准农田建设。力争到2020年底，全市建成高标准农田140万亩。（牵头单位：市农业农村局，责任单位：市发展改革委、市财政局、市自然资源规划局、市水利局、市烟草产业服务中心、各县区人民政府）

2. 提升农机装备水平。适应农业产业基地规模化、专业化经营需要，围绕提高农业生产效率，大力发展适宜不同作物种类、不同生产环节、不同地貌特征的中小型、微型农机化作业，加大农机新技术新机械推广力度。力争到2020年底，全市主要农作物耕种收综合机械化水平达到55%以上，比2016年提升5.9个百分点。（牵头单位：市农业农村局，责任单位：各县区人民政府）

3. 大力发展节水农业。大力发展田间节水设施设备，积极推广抗旱节水品种和喷灌滴灌、水肥一体化、深耕深松、循环水养殖等技术，解决大水漫灌，提升精准灌溉水平，力争到2020年底，全市建成高效节水灌溉面积50万亩以上。统筹推进流域水生态保护与治理，加强农业面源污染综合治理。（牵头单位：市水利局，责任单位：市农业农村局、市林草局、各县区人民政府）

（七）绿色发展能力提升行动

1. 推进农业清洁生产。落实“一控两减三基本”的要求，全面提升基地绿色化水平，大力推进绿色有机生产基地认证、推行有机农业用地挂牌保护，实施主要农作物化肥农药使用量零增长行动，合理使用高效、低毒、低残留农药和先进施药机械，大力推进专业化统防统治和绿色植保技术，力争到2020年底，全市测土配方施肥技术覆盖率达90%以上，农作物病虫害绿色防控覆盖率达50%以上，肥料、农药利用率分别达到43%、45%以上，全市主要农作物化肥、农药使用量实现零增长。（牵头单位：市农业农村局，责任单位：市生态环境局、市市场监管局、各县区人民政府）

2. 推进农业废弃物资源化利用。加强畜禽养殖基础设施建设，鼓励引导规模养殖场圈舍标准化改造和设备更新，配套建设粪污资源化利用设施。开展畜禽养殖标准化示范创建和绿色发展示范县创建活动，大力发展标准化规模养殖。以畜禽养殖废弃物减量化产生、无害化处理、资源化利用为重点，开展畜牧业整县推进畜禽养殖废弃物综合利用。鼓励养殖密集区建设集中处理中心，开展专业化集中处理。集成推广先进适用的清洁养殖工艺和粪污资源化利用模式。大力推广肥料化、饲料化、燃料化、基料化、原料化等秸秆全量化利用方式，开展秸秆固化、气化等能源化利用新技术示范。鼓励推广使用优质可降解地膜，推动农用残膜回收利用。力争到2020年底，全市秸秆综合利用率达90%以上，农膜回收率达到80%以上。（牵头单位：市农业农村局，责任单位：市发展改革委、市生态环境局、各县区人民政府）

3. 推行种养循环。加快农业可持续发展试验示范区建设，抓好生态循环农业示范区创建工作，推广“生态养殖+有机肥生产+绿色种植”、稻渔综合种养等生态循环农业模式，以种定养、以养定种，实现县域大循环、园区中循环、主体小循环。加快发展太阳能、风能、微水电、生物质能等可再生能源和产品，力争到2020年底，规模化大型沼气达到20座。（牵头单位：市农业农村局，责任单位：市发展改革委，各县区人民政府）

4. 推进农业资源养护。实施基本草原保护、禁牧休牧和草畜平衡制度，大力开展草原防灾减灾工作，推进渔业资源养护，加快推进标准化水产健康养殖，加大水生生物增殖放流力度，严格执行涉渔工程环境影响评价审批制度，健全涉渔工程建设资源生态补偿机制，完善水生野生动植物经营利用管理制度，力争到2020年底，全市增殖放流苗种数量累计达700万尾以上。（牵头单位：市农业农村局，责任单位：市林草局、市水利局、各县区人民政府）

5. 推进耕地轮作休耕制度。适当扩大生态严重退化区休耕试点规模。完善耕地轮作休耕推进协调指导工作机制，组织开展定期督查。开展遥感动态监测和耕地质量监测，建立健全耕地轮作休耕试点数据库，跟踪试点区域作物种植和耕地质量变化情况。（牵头单位：市农业农村局，责任单位：市自然资源规划局、各县区人民政府）

6. 提升农产品质量安全水平。加强产地环境、农业投入品、农产品监督检测力度，建立健全监测结果通报制度和质量诚信体系。继续推进“三品一标”认证登记保护，每年新增认证登记产品60个以上。健全市、县、乡农产品质量安全监管体系，探索建立村级监管员制度。加强农业执法监管能力建设。积极推进农产品质量安全县创建。做好云南省农产品质量安全追溯平台运行推广工作，每年新增纳入追溯平台的企业5家以上。加强农产品质量安全监测，每年抽检样品2.3万个，合格率保持在98%以上。（牵头单位：市农业农村局，责任单位：市市场监管局、各县区人民政府）

（八）农产品加工能力提升行动

1. 夯实农产品产地初加工。加强农产品产地初加工技术的引进、研发、储备、筛选和示范推广，加强初加工设施和装备建设。支持农民和专业合作组织加强菜篮子产品和特色农产品产后商品化处理，改善贮藏、保鲜、烘干、清选分级、包装等设施装备条件，减少农产品产后损失，提升入市品级。引导农产品加工企业向产区延伸，促进农产品就地加工转化。统筹安排企业技术改造专项、公益性行业（农业）科研专项、现代农业产业技术体系专项、重大关键技术推广专项等项目对产地初加工的重点支持。（牵头单位：市工业和信息化局，责任单位：市农业农村局、市林草局、各县区人民政府）

2. 加快推进精深加工。围绕我市特色优势农产品，建立以“研发体系为龙头、以集成基地为平台、以推广应用为重点”的农产品精深加工科研体系，支持企业和科研院所加强产品研发和功能研发，采取引进吸收和自主研发相结合，重点在生物工程技术、超高温灭菌、冷冻保鲜、分子蒸馏等精深加工技术取得新突破，在提取蛋白质、脂肪、纤维、新营养成分、药用成分及活性物质等方面取得突破。建立“以特色优势农产品为基础、以农产品精深加工企业为载体、以先进加工装备为依托、以市场需求为导向”的农产品精深加工体系，不断提高农产品精深加工业比重和产品附加值。力争到2020年底，农产品加工产值达到500亿元左右，年均递增25%以上；农产品加工业总产值（除烟草制造业外）与农业总产值比值达到2：1，2022年达到2.5：1左右。（牵头单位：市工业和信息化局，责任单位：市农业农村局、市林草局、各县区人民政府）

3. 推进资源综合利用。树立循环发展、物尽其用的理念，加大科研攻关，注重产业配套，科学选择一批重点地区、园区、品种和环节，主攻农业副产物循环利用、加工副产物全值利用和加工废弃物梯次利用。在秸秆、稻壳米糠等外果及皮渣、畜禽骨血、水产品皮骨内脏等环节开展试点。（牵头单位：市农业农村局，责任单位：市工业和信息化局、市生态环境局、各县区人民政府）

（九）农业开放发展行动

1. 加大招商引资力度。深挖重点产业发展优势，开展定向招商、精准招商、中介招商、以商招商。优化农业招商引资工作流程，全面提升招商引资工作整体质量和效益。落实市级顶层设计和检查督导、县区主体责任，健全工作机制。策划和包装招商引资重点项目，突出招商重点，瞄准北京、上海、广州等发达地区，坚持以知名农业龙头企业及优质外资企业为目标，全力做好招大引强工作，力争每年落地5 000万元以上招商引资项目达到10个以上，农业招商引资额年均增幅达到10%以上。（牵头单位：市投资促进局，责任单位：市农业农村局、各县区人民政府）

2. 扩大对外开放。发挥高原特色农产品绿色生态的优势，围绕更多领域开展更深层次地对外开放。加快蔬菜、水果、花卉、畜禽等外向型生产基地建设，力争到2020年底，完成50万亩农产品出口基地备案工作。建立玉溪农产品国内销售中心，实现玉溪高原特色农产品销售北上广深等重要一线城市全覆盖。改造提升一批南亚东南亚农产品营销网点，畅通农产品出口渠道，巩固提升农产品出口在全省的占比份额。（牵头单位：市商务局，市农业农村局，责任单位：各县区人民政府）

3. 加强交流合作。全面深化农业科技交流与合作，推进重要环节农业技术标准对接。引进国内外先进农业生产技术，推进农产品精深加工，延长农业产业链。瞄准南亚东南亚和中东、欧洲等重点区域市场，借力中国—南亚博览会、昆明农交会、中国普洱茶国际博览交易会等平台，加快推动农产品“走出去”。（牵头单位：市农业农村局，责任单位：市商务局、市科技局、各县区人民政府）

（十）合作经济发展行动

1. 大力发展新型农村合作经济。成立运作规范、带动力强的农民专业合作社，引导农户入社，建档立卡贫困户实现入社全覆盖，实行统一管理和服务，建立农户与合作社、合作社与龙头企业之间紧密的利益联结机制，实现公司、合作社、农户、基地联动发展。创新财政扶持资金使用方式，以资产股权量化为纽带，积极盘活农民自有资产，调动农民专业合作组织、村集体经济组织、龙头企业等新型经营主体带动支持农户增收致富的积极性。按照“资产变股权、农户有股份、农民得权益”的思路，推进股份合作。支持农户以土地经营权、资金、大型农机具、收益权等入股组成股份合作制企业，形成“公司＋合作社＋农户”的利益联合体，共同参与产业发展，实现农民分享二、三产业增值的可持续增收机制。力争到2020年底，实现新型农村合作经济建档立卡贫困户全覆盖，并逐步扩大非贫困户覆盖范围。（牵头单位：市农业农村局，责任单位：市林草局、市供销社、各县区人民政府）

2. 发展壮大农村集体经济。积极促进村集体经济组织运行机制创新，充分发挥村集体经济组织带动功能，合理利用当地优势，大力发展资源开发型、产业带动型、股份合作型、旅游文化型、服务创收型等多种村集体经营模式。鼓励农村集体经济组织结合农业结构调整和产业化经营，建设种养业特色商品基地，发展农业龙头企业。支持农村集体经济组织依法参与城镇建设和发展商贸业、乡村旅游业，通过招商引资建造厂房、市场和仓储设施等二、三产业载体，发展配套服务业。力争到2020年底，争取全市村（社区）集体经济收入均达5万元以上，带动更多群众增收致富，村级集体经济组织的经营水平和服务能力显著增强。（牵头单位：市农业农村局，牵头单位：市财政局、各县区人民政府）

3. 培育农业经营性服务组织。按照“主体多元化、服务专业化、运作市场化”要求，大力培育多元化、多形式、多层次的农业经营性服务组织，发挥经营性服务组织的生力军作用。鼓励各类组织、企业和个人，利用自身资本技术优势，成立农业专业服务公司，为农业生产经营提供全程服务。通过政府订购、定向委托、奖励补助、招投标等方式，引导经营性服务组织参与公益性服务，为农业生产经营提供低成本、便利化、全方位的服务。力争到2020年底，实现农业经营服务组织在主要农产品生产区域基本覆盖，农业生产社会化服务水平明显提升。（牵头单位：市农业农村局，责任单位：市林草局、市供销社、各县区人民政府）

四、保障措施

（一）强化组织保障

在高原特色现代农业产业推进组的统一领导下，各有关部门按照职责分工，协调配合，统筹推进计划实施工作。各县区要建立重点产业推进工作机制，明确工作职责，细化推进措施，加强督促检查，确保各项工作顺利推进。市级财政支农资金重点支持产业重点乡镇建设，每年选择部分重点乡镇集中打造，做到启动有方案，过程有考核，结果有验收。

（二）加大政策支持

加强政策创设，推动出台支持农产品加工与流通业发展政策措施、构建培育新型农业经营主体政策体系的意见、加快发展新型农村合作经济助推脱贫攻坚的意见、农业产业扶贫规划、现代农业产业园建设指导意见。同时，认真贯彻落实中央、省、市重大决策部署，及时出台加快高原特色现代农业发展的政策。加大经费投入，继续调整部门预算支出结构，确保有限的财政经费投入用在产业推进的重要领域和关键环节。积极争取中央、省对我市农业的投入，力争中央、省每年对我市的农业基本建设投入和产业发展项目资金稳步增加。

（三）深化农村改革

稳步推进农村土地集体所有权、农户承包权、土地经营权“三权分置”并行，继续深化农村土地制度改革，加快推进农村土地确权登记颁证，2018年底全市全面完成。深化农村集体产权制度改革，全面开展农村集体资产清产核资，精准确认农村集体经济组织成员身份，有序推进经营性资产股份合作制改革。加快农村金融服务创新，推动县区建立农业投融资平台，撬动更多金融和社会资本投向农业农村。稳步推进农村土地承包经营权和农民住房财产权抵押贷款试点。

（四）营造发展氛围

新闻媒体要大力宣传高原特色现代农业产业建设好成效、好经验、好典型、好做法，充分调动各级各部门和全社会的积极性，营造社会各界关心支持高原特色现代农业发展的浓厚氛围。

玉溪市人民政府办公室

2019年4月17日

玉溪市加快文化创意产业发展实施方案

为推动玉溪文化创意产业高质量跨越发展，优化产业结构布局，促进创新经济发展，培育新的经济增长点，结合我市实际，制定以下实施方案。

一、总体要求

以习近平新时代中国特色社会主义思想为指导，贯彻落实党的十九大精神，按照"科学发展、创新发展、特色发展"工作要求，依托玉溪文化资源优势，加快文化创意产业与旅游、科技、农业等相关产业融合发展。到2022年，培育出具有核心竞争力的龙头企业，建成具有产业拉动作用的重大项目，形成人气旺、市场宽、前景好的文化消费新热点，打造出有影响力的文化创意品牌，推动文化旅游业成为玉溪经济发展的支柱型产业。

二、主要任务

（一）优化产业结构布局。根据玉溪文化旅游资源分布和产业特点，按照"一体两翼"空间布局，合理规划产业布局，形成特色鲜明、重点突出、错位发展、城乡联动的区域特色文化产业群。充分发掘"三湖"地区山水生态资源，建设具有示范意义的国家公园；依托"三湖"地区深厚的历史文化底蕴，开发历史文化名镇、青铜文化园、陶工艺园区和创意小镇等；利用世界自然遗产的吸引力，把帽天山打造成为国际知名的古生物科考、修学、科普集中地，积极融入昆明石林、楚雄恐龙谷等研学旅游群，打造云南地质奇观文化旅游专线。充分发掘中心城区"三乡"特色文化，打造聂耳音乐之都。充分发掘易门、峨山、新平、元江独特的民族文化，开发风情体验、歌舞演艺、民族节庆、休闲观光、特色美食等特色项目，打造具有浓厚民族文化特色的旅游县、旅游小镇、旅游村寨。（各县区人民政府负责，市文化和旅游局等配合）

（二）培育和壮大市场主体。培育、引进具有较强实力和竞争力的龙头文化企业，发展一批"专、精、特、新"成长型小微企业，建设具有重大示范效应和产业拉动作用的重大产业项目。打造文化创意产业园区（基地），发挥文化创意产业园区企业的示范、窗口和辐射作用。到2022年，力争培育市级文化创意企业和文化创意产业园区（基地）2批次，力争3个文化创意企业、2个园区（基地）进入省级行列。（市文化和旅游局负责，市工业和信息化局、市投资促进局等配合）

（三）实施项目带动战略。发掘文化创意产业新动能，大力实施项目带动战略，按照"谋划一批、储备一批、推进一批"的思路和要求，全市每年谋划1个投资超3 000万元的文化创意项目，各县区每年谋划1个以上投资超500万元的文化创意项目，完善市级文化创意产业项目库，争取列入省级文旅融合项目库获得扶持。（各县区人民政府负责，市文化和旅游局等配合）

三、重点工作

结合我市实际和优势，重点抓好八个方面工作：

（一）文化艺术。一是完善文化设施建设。改善各县区现有演出剧场资源，推进县乡文化设施建设，支持和鼓励社会资本新建、改建剧场，鼓励城市商业综合体引进文化演艺项目，建设一批文化旅游演艺阵地。二是加快演艺产业发展。以花灯、滇剧、关索戏、洞经音乐、民族歌舞等特色文化为重点，组织专业团队，开展原创作品创作生产，支持创作玉溪地域文化特征鲜明、有市场的剧目，利用现代新技术、新形式、新手段，打造一批文化演艺精品。三是打造文艺发展产业链。加快各县区音乐酒吧街区、文化演艺街区建设，鼓励各类演出团体、演艺机构建设旅游演艺综合体，建立贯穿艺术生产、演出、票务销售和演出场所等在内的全产业链，加强演艺产业化发展，打造具有市场影响力的演艺品牌。四是加快文博和非遗保护利用。围绕各类博物馆、纪念馆、非遗传承中心等创意和设计，提升改造老博物馆、老作品，增强吸引力，扩大影响力；建设中国古滇青铜器博物馆、云南省九大湖泊生态展示馆、星空小镇天文馆、华宁陶博物馆等，打造研学旅游产品品牌。五是加强历史街区、历史建筑、名人故居等历史文化遗迹保护，加快促进传统文化的保护利用，推动文博和非遗文化创意产品开发。（各县区人民政府负责，市文化和旅游局、市住房城乡建设局、市自然资源规划局、市市场监管局、市商务局等配合）

（二）创意设计。一是培育壮大设计产业。促进工业设计向高端综合设计服务转变，加强陶和铜工艺品设计、土特产品和广告设计的水平提升。二是完善创意设计服务体系。引进创意设计人才、团体和企业，组建创意中心，举办创意设计大赛，搭建创意设计公共服务平台。三是实施设计服务发展计划。推进文化创业和设计服务与装备制造、数字经济、休闲旅游、特色农业、康养等产业全方位、深层次、宽领域融合发展，把玉溪打造成为云南设计创意产业的重要基地。（市工业和信息化局、市文化和旅游局负责，市农村农业局、市教育体育局、各县区人民政府配合）

（三）文化旅游。一是加快打造县域特色文化旅游街区。围绕州城明清历史文化风貌街区等特色资源，加强各县区老街区科学保护与传承设计，采取保留一部分、恢复一部分、按老传统新建一部分等方式，利用老街子、老巷子、老厂区等资源，打造传承城市历史文脉、看得见历史、留得住记忆、彰显自身特征的特色文化旅游街区，形成一个市场吸引力强的文化旅游产品。二是加快打造县域美食街区、购物街区和休闲养生街区。围绕各县区特色美食、休闲购物等创意和设计，把特色街区建成游客聚集区，形成三个市场人气最旺的文化旅游产品。三是擦亮"三张"老名片。围绕抚仙湖、帽天山、花腰傣特色资源创意和设计，推进抚仙湖旅游产业、帽天山化石文化产业、花腰傣民族文化产业发展，形成三个市场认知度高的文化旅游产品。四是做美"三张"新名片。围绕通海历史文化名城、哀牢山和磨盘山旅游区创意和设计，推进历史文化的挖掘利用，提升哀牢山和磨盘山旅游区的开发水平，形成三个市场热度高的文化旅游产品。五是加快培育未来新名片。围绕象鼻温泉度假中心、星云湖水上运动中心、红塔区田园综合体等创意和设计，推进度假村提档升级、星云湖旅游业创新发展、特色田园综合体建设，形成三个市场影响力大的文化旅游产品。六是加快打造“三条”精品旅游线。以古朴的风貌街、特色美食、民族风情为特色，策划打造红塔—新平—戛洒—哀牢山民族风情旅游线路；以湖泊康体休闲为特色，策划打造“三湖”休闲度假旅游线路；以田园、绿色、健康、乡愁为特色，策划打造红河谷—绿汁江绿色生态旅游线，形成三个市场竞争力强的文化旅游产品。（各县区人民政府负责，市文化和旅游局、市住房城乡建设局、市自然资源规划局、市市场监管局等配合）

（四）节庆会展。一是全力打造特色节庆活动品牌。围绕各县区特色节庆活动资源创意，提升聂耳音乐（合唱）周、米线节、芒果节等活动的吸引力、影响力，各县区打造1个在省内有较高知名度的特色节庆活动，市级打造1至2个在国内有较高知名度的特色节庆活动品牌。二是全力打造会展活动品牌。以打造澄江国际会议中心为重点，围绕云南野生菌交易会等大型活动创意和设计，全面提升活动品质，大力发展会展经济。（各县区人民政府负责，市文化和旅游局、市市场监管局、市商务局等配合）

（五）影视动漫。一是推进广播影视创新发展。支持各县区媒体转型升级，拓展网络和新媒体业务，举办创新展示活动，推动企业交流与发展。二是引进影视动漫专业机构。以玉溪特色资源为题材，扶持、推出一批讲述玉溪故事的影视动漫作品。三是培育现代传媒新业态。充分运用数字传媒、网络等手段，构建立体、高效、覆盖面广的传播网络。发展网络文学、网络音乐、微视频等，大力培育以数字化产品、网络化传播、个性化服务为核心的网络视听产业。促进移动游戏、电子竞技等新业态发展，举办电竞赛事，建设电竞赛事场馆。（市广电局负责，市工业和信息化局、市投资促进局、市文化和旅游局等配合）

（六）创意农业。一是加强特色庄园设计。以褚橙庄园、桔荔庄园等为重点，开发休闲农业旅游，推进农业与旅游、科技、生态的融合，形成规模聚集效应，各县区打造1个以上市场吸引力强的特色庄园。二是加快地理商标保护。支持农业企业申报农产品地理标志商标、农产品商标的注册和保护，推介绿色环保产品，各县区每年推出1件以上市场对路的特色旅游农产品。三是加快乡村旅游发展。结合乡村振兴战略，引导实施一批有乡村记忆、地域风情、民族特色的特色文化项目，加快特色小镇、美丽乡村建设，每个县区集中打造1个以上乡村旅游示范村。四是加快乡村民宿创意设计。以澄江小湾村为代表，开发特色乡村旅游，每个县区推出1个以上市场形象好的精品民宿客栈，提升乡村旅游品质。（各县区人民政府负责，市农村农业局、市文化和旅游局、市住房城乡建设局、市自然资源规划局、市市场监管局配合）

（七）体育休闲。一是加快健身休闲产业发展。围绕各县区健身中心、体育场馆等设施，结合全民健身要求，开展足球、篮球、羽毛球、游泳、体育舞蹈、广场舞、瑜伽、太极拳、马术等创意和设计，发挥协会作用，举办各类专题活动，把中心城区和各县城建成休闲娱乐核心区，打造城市健身休闲文化品牌。二是加快户外运动创新发展。围绕“三湖”健身休闲资源，开展帆船、龙舟、皮划艇、潜水、垂钓、环湖自行车、环湖马拉松和徒步等创意和设计；围绕磨盘山、龙马山、磨豆山等山地优势，开展山地、汽摩、滑翔、定向、越野、徒步、探险、拓展、露营等创意和设计，打造特色户外运动品牌。三是加强策划节赛事活动。加快引进国际山地自行车赛、中国环湖自行车拉力赛、环湖马拉松赛等重大体育竞技赛事，持续举办抚仙湖帆船赛、元江凤凰山滑翔赛等赛事，发展星云湖国际野钓大赛、马术运动赛等项目，打造特色节赛事运动品牌。各县区分别打造1个适合老、中、青人群的影响力大、参与性强、普及面广的活动品牌，市级分别打造1个国家级和省级的活动品牌，构建多业态的健身休闲产业体系。（市教育体育局负责，市文化和旅游局、各县区人民政府配合）

（八）文化科技。一是利用高新技术，推动文化产品和服务的生产、传播、消费的数字化、网络化进程；大力发展新媒体、短视频、手机报、动漫游戏等业态，推进数字、网络、区块链等高新技术的应用，提高文化产品和服务的科技含量。二是落实国家文化科技创新工程西部行动方案，以数字、软件、云计算等高新技术提高文化企业科技水平，形成高附加值、多功能、多业态的数字化文化企业集群。（市科技局负责，市工业和信息化局、市文化和旅游局、各县区人民政府配合）

四、保障措施

（一）加强组织领导。由市文化创意产业发展领导小组统筹推进全市文化创意产业发展工作。各县区成立相应领导小组，确保文化创意工作推进。

（二）加强政策扶持。设立市级文化创意企业、市级文化创意产业园区（基地）、市级文化创意项目管理，实行认定制度，每两年认定一批，实行动态管理。积极支持文化创意企业申报国家、省级示范基地。凡被国家部委、省人民政府、市人民政府评为文化创意产业示范园区（基地）的，纳入市财政一事一议项目给予奖励。（市文化和旅游局、市财政局负责）

（三）加强财税支持。凡新开办的符合鼓励发展的文化创意企业，自开办之日起1年内实际缴纳企业所得税税额中地方留成部分予以全额返还；凡被认定为国家、省级文化创意产业示范企业的，自被认定之日起3年内，以该企业上一年度实际缴纳的企业所得税税额为基数，新增的地方留成部分予以全额返还；对符合小型微利企业条件的企业，按照规定享受小型微利企业所得税优惠政策；对国家重点鼓励的文化产业出口实行营业税免税；落实文化创意企业用水、用电、用气，实行与工业同价政策。（市税务局负责）

（四）加强土地保障。鼓励利用存量土地、自有房产兴办文化创意和设计服务企业，在符合规划的前提下，符合《划拨用地目录》的可继续保留划拨方式使用，不符合《划拨用地目录》的须按照有偿方式使用。文化企业依法取得的划拨土地，因转让或改变用途不再符合《划拨用地目录》的，可依法采取协议方式办理用地手续。经省人民政府批准授权经营的文化企业可在使用年限内采取作价出资（入股）、租赁的方式配置土地，或者在直属企业、控股企业、参股企业之间转让。（市自然资源规划局负责）

（五）加强宣传推介。建设玉溪市文化创意企业库、项目库、人才库，举办文化创意招商推介会，举办文化创意大赛活动。创设文化创意活动周、文化创意产业论坛，搭建信息共享、政策发布、宣传包装、企业交流互动平台，不断扩大文化创意产业影响力。加大对创业者的宣传力度，在全市营造有利于文化创意产业和人才发展的环境氛围，使玉溪真正成为大众创业、万众创新的热土。（市文化和旅游局负责）

（六）加强招商引智。一是明确招商重点。积极引进我市重点发展的八类文化创意项目，形成一批投资体量大、辐射面广、带动力强的优质项目。二是创新招商方式。加强文化创意招商引智总体策划，健全完善目标责任制、招商项目库和统筹推进机制。以国内知名企业为重点，实行“精准招商”，加强交流合作。三是注重招商实效。坚持“签约”与“跟踪”相结合，完善“一站式”服务，努力打造一流政务环境和服务环境。（市投资促进局负责，市文化和旅游局、各县区人民政府配合）

玉溪市人民政府办公室
2019年10月21日

元江洼垤石头寨　（官朝弼　摄）

主要经济指标

全市国民经济和社会发展主要指标（一）

指标名称	单位	2015年	2016年	2017年	2018年	2019年	2019年比2015年（%）	
							增长	年均递增
一、综合								
年末常住人口	万人	236.2	237.5	238.1	238.6	238.9	1.1	0.3
年末户籍人口	万人	216.01	217.49	219.00	220.25	221.27	2.4	0.6
年末从业人员数	万人	160.60	162.15	163.11	166.77	171.74	6.9	1.7
地区生产总值	万元	13 606 959	14 704 644	16 291 354	18 008 415	19 497 079	36.8	8.1
第一产业	万元	1 233 833	1 350 203	1 403 222	1 494 518	1 816 394	26.7	6.1
第二产业	万元	6 929 788	7 426 223	7 691 004	8 106 235	8 525 810	29.3	6.6
第三产业	万元	5 443 338	5 928 218	7 197 128	8 407 662	9 154 875	50.1	10.7
生产总值中：工　业	万元	6 322 444	6 411 375	6 571 890	6 836 841	7 215 913	25.9	5.9
建筑业	万元	612 720	1 020 072	1 124 667	1 275 171	1 315 976	82.4	16.2
人均地区生产总值	元	57 622	61 933	68 508	75 555	81 667	34.9	7.8
生产总值比重								
第一产业	%	9.1	9.2	8.6	8.3	9.3	—	—
第二产业	%	50.9	50.5	47.2	45.0	43.7	—	—
第三产业	%	40.0	40.3	44.2	46.7	47.0	—	—
二、农业								
农林牧渔业增加值	万元	1 281 982	1 366 909	1 420 337	1 512 878	1 835 781	26.8	6.1
1. 农业增加值	万元	834 735	889 727	1 015 502	1 126 007	1 365 794	26.7	6.1
2. 林业增加值	万元	36 584	38 239	40 886	39 420	43 303	20.6	4.8
3. 牧业增加值	万元	375 862	402 488	326 158	307 631	383 425	27.7	6.3
4. 渔业增加值	万元	18 802	19 749	20 477	21 460	23 872	18.8	4.4
5. 农林牧渔服务业增加值	万元	15 999	16 706	17 314	18 360	19 387	33.4	7.5

注：1. 年末户籍人口不含澄江县阳宗镇人口；
2. 年末从业人数数据包含私营企业从业人员。

全市国民经济和社会发展主要指标（二）

指标名称	单位	2015年	2016年	2017年	2018年	2019年	2019年比2015年（%）	
							增长	年均递增
主要农产品产量								
1. 粮食	万千克	58 247	58 044	59 381	60 156	60 374	3.7	0.9
2. 蔬菜	万千克	219 669	229 669	240 216	268 029	278 925	27.0	6.2
3. 油料	万千克	3 793	3 209	3 183	3 591	4 131	8.9	2.2
4. 甘蔗	万吨	85.98	75.60	65.31	67.79	63.04	-26.7	-7.5
5. 烤烟	万千克	8 070	8 019	7 533	7 992	8 160	1.1	0.3
6. 园林水果	万千克	63 317	70 575	80 642	95 947	97 233	53.6	11.3
7. 茶叶	万千克	383.0	366.8	379.0	397.0	413.0	7.8	1.9
8. 肉蛋奶总产量	万千克	24 569	24 444	24 869	27 079	27 129	10.4	2.5
其中：肉类总产量	万千克	18 417	18 134	18 425	19 903	19 376	5.2	1.3
9. 水产品产量	吨	16 491	16 812	17 179	17 153	17 229	4.5	1.1
三、工业								
1. 规模以上工业增加值	亿元	607.4	597.3	623.7	—	—	26.0	6.0

（续表）

指标名称	单位	2015 年	2016 年	2017 年	2018 年	2019 年	2019 年比 2015 年（%）	
							增长	年均递增
其中：中央省属企业	亿元	465.3	445.2	452.5	—	—	2.4	0.6
市县区属企业	亿元	142.1	152.1	171.2	—	—	115.5	21.2
总计中：①卷烟及配套产业	亿元	434.4	401.2	403.9	—	—	-4.1	-1.1
②矿冶业	亿元	106.4	90.3	125.6	—	—	91.8	17.7
总计中：轻工业	亿元	464.9	443.8	453.1	—	—	2.5	0.6
重工业	亿元	142.5	153.5	170.6	—	—	116.9	21.4
大中型企业	亿元	516.2	505.5	520.0	—	—	10.8	2.6
2. 分行业增加值								
煤炭采选业	万元	5 077	6 171	2 538	—	—	108.7	20.2
黑色金属矿采选业	万元	236 754	253 826	255 065	—	—	61.3	12.7
有色金属矿采选业	万元	101 438	91 343	106 312	—	—	62.4	12.9
制糖业	万元	13 282	8 904	10 695	—	—	44.8	9.7
烟草制品业	万元	4 238 378	3 909 637	3 936 239	—	—	-3.7	-0.9
印刷业	万元	50 567	52 151	45 170	—	—	36.6	8.1
造纸及纸制品业	万元	58 215	74 334	77 133	—	—	86.3	16.8
化学原料及化学制品制造业	万元	126 657	132 543	155 618	—	—	41.0	9.0
肥料制造业	万元	24 105	19 327	22 142	—	—	47.4	10.2
塑料制品业	万元	31 979	36 154	41 653	—	—	109.3	20.3

注：1. 云南调查总队根据第三次全国农业普查数据，对全市 2015-2017 年粮食、畜牧业数据进行了重新修订；

2. 云南省统计局对全市 2016-2017 年园林水果及茶叶数据进行了重新修订。

全市国民经济和社会发展主要指标（三）

指标名称	单位	2015 年	2016 年	2017 年	2018 年	2019 年	2019 年比 2015 年（%）	
							增长	年均递增
水泥、石灰及石膏制造业	万元	83 874	88 905	114 665	—	—	108.8	20.2
黑色金属冶炼及压延加工	万元	285 992	247 243	347 935	—	—	95.2	18.2
有色金属冶炼及压延加工业	万元	181 048	205 869	176 301	—	—	108.3	20.1
金属制品业	万元	19 942	34 446	39 613	—	—	226.5	34.4
电气机械及器材制造业	万元	26 871	26 336	31 135	—	—	65.7	13.5
电力、热力生产和供应业	万元	185 462	226 853	227 280	—	—	118.9	21.6
自来水的生产和供应业	万元	3 091	5 246	4 942	—	—	87.1	17.0
3. 规模以上工业销售率	%	92.8	92.1	92.3	94.7	96.1	—	—
其中：中央省属企业	%	98.7	95.4	97.2	96.4	101.2	—	—
市县区属企业	%	86.3	88.7	88.3	93.3	92.6	—	—
4. 产品产量								
糖	吨	105 400	79 562	76 393	65 202	73 614	-30.2	-8.6
铁矿石原矿量	万吨	1 820	1 719	1 829	1 146	1 405	-22.8	-6.3
磷矿石（折含 $P_2O_5$30%）	万吨	216	122	156	111	98	-54.6	-17.9
硫酸（折 100%）	吨	248 876	263 470	351 092	451 552	438 779	76.3	15.2
黄磷	吨	160 393	159 794	166 457	154 490	106 345	-33.7	-9.8
水泥	万吨	995	1 070	1 163	1 293	1 525	53.3	11.3
生铁	万吨	383	401	409	515	580	51.4	10.9
成品钢材	万吨	610	665	660	759	883	44.8	9.7
变压器	万千伏安	298	361	403	488	567	90.3	17.4

全市国民经济和社会发展主要指标（四）

指标名称	2018 年比上年增长（%）	2019 年比上年增长（%）
四、固定资产投资		
1. 固定资产投资完成额	11.3	-8.8
其中：500 万元以上项目投资	5.7	-16.7
按经济类型分：		
国有经济	2.3	-25.4
集体经济	-44.5	-50.0
外商和港澳台投资	-39.7	-33.2
其他经济	37.1	20.1
按隶属关系分：中央省属单位	27.9	27.1
市县区属单位	7.4	-39.1
按三次产业划分：		
第一产业	99.1	4.8
第二产业	15.3	-10.4
第三产业	6.0	-9.7
2. 在库项目（不含房地产开发）	-27.7	-0.6
本年新入库项目	-33.2	-12.6
建成投产项目	-43.3	14.1
3. 施工房屋面积	-2.6	0.9
其中：住宅	-11.5	13.1
商品房施工面积	18.7	13.3
其中：住宅	15.4	13.8
商品房竣工面积	32.7	-3.6
其中：住宅	39.6	5.8
商品房销售面积	22.2	17.1
其中：住宅	32.2	10.5

注：2018 年、2019 年固定资产投资统计方法制度改革，不公布绝对数。

全市国民经济和社会发展主要指标（五）

指标名称	单位	2015 年	2016 年	2017 年	2018 年	2019 年	2019 年比 2015 年（%）	
							增长	年均递增
五、社会消费品零售总额								
全市社会消费品零售总额	亿元	291.4	326.8	367.4	392.5	439.4	50.8	10.8
1. 按销售单位所在地分：								
城镇	亿元	249.6	279.9	314.7	329.7	369.0	47.8	10.3
乡村	亿元	41.8	46.9	52.7	62.8	70.4	68.4	13.9
2. 按行业分：								
商品零售	亿元	243.2	267.8	301.1	325.8	364.7	50.0	10.7
餐饮收入	亿元	48.2	59.0	66.3	66.7	74.7	55.0	11.6
六、人民生活								
单位从业人员	万人	26.87	27.64	27.66	30.51	31.12	15.8	3.7
在岗职工平均工资	元	51 735	60 408	70 106	76 141	82 696	59.8	12.4
城镇常住居民人均可支配收入	元	29 631	32 177	34 880	37 650	40 700	37.4	8.3
农村常住居民人均可支配收入	元	10 977	11 968	13 057	14 264	15 719	43.2	9.4

注：2019 年单位从业人员、在岗职工平均工资两项指标为预计数。

全市国民经济和社会发展主要指标（六）

指标名称	单位	2015 年	2016 年	2017 年	2018 年	2019 年	2019 年比 2015 年（%）	
							增长	年均递增
七、财政收支								
一般公共预算收入合计	万元	1 248 167	1 310 605	1 372 211	1 424 887	1 331 987	6.7	1.6
增值税（含改征增值税）	万元	232 961	377 388	490 541	555 090	510 234	119.0	21.7
企业所得税	万元	47 273	42 353	54 565	58 821	57 275	21.2	4.9
个人所得税	万元	11 208	13 802	19 498	17 874	8 854	−21.0	−5.7
城市维护建设税	万元	185 814	155 956	165 074	187 110	188 397	1.4	0.3
烟叶税	万元	52 460	53 791	44 666	49 433	48 561	−7.4	−1.9
一般公共预算支出合计	万元	2 232 989	2 333 523	2 621 228	2 778 124	2 926 903	31.1	7.0
教育支出	万元	368 087	418 644	483 273	440 205	488 006	32.6	7.3
科学技术	万元	29 328	31 031	57 963	39 753	38 971	32.9	7.4
卫生健康支出	万元	219 283	274 387	269 434	276 600	291 640	33.0	7.4
八、金融								
金融机构存款余额	亿元	1 322.3	1 515.7	1 719.4	1 847.4	1 956.8	48.0	10.3
金融机构贷款余额	亿元	846.2	903.5	996.9	1 142.5	1 340.6	58.4	12.2
住户存款	亿元	683.5	752.3	825.2	876.0	966.0	41.3	9.0
存贷比	%	64.0	59.6	58.0	61.8	68.5	—	—
九、对外经济与旅游								
外贸进出口总额	万美元	189 602	201 900	210 099	183 664	307 950	62.4	12.9
其中：出口总额	万美元	185 217	199 158	206 353	179 615	301 407	62.7	12.9
进口总额	万美元	4 385	2 742	3 746	4 049	6 543	49.2	10.5
接待国内旅游人数	万人次	2 309.6	2 710.7	3 580.6	4 290.2	4 716.0	104.2	19.5
旅游总收入	亿元	126.4	162.9	283.2	368.3	452.0	257.6	37.5

全市国民经济和社会发展主要指标（七）

指标名称	单位	2015 年	2016 年	2017 年	2018 年	2019 年	2019 年比 2015 年（%）	
							增长	年均递增
十、物价指数（以上年为 100）								
居民消费价格总指数	%	102.0	101.3	101.1	101.8	102.7	—	—
工业生产者出厂价格指数	%	95.5	99.4	110.0	104.0	103.8	—	—
商品零售价格总指数	%	101.8	100.5	100.9	102.1	101.9	—	—
农业生产资料价格指数	%	102.5	100.9	100.9	104.0	94.4	—	—
十一、交通运输邮电								
公路客运量	万人	2 027	1 912	2 011	1 680	1 732	−16.5	−3.9
公路旅客周转量	万人公里	119 803	120 106	135 138	117 922	127 797	6.7	1.6
公路货运量	万吨	10 300	10 054	11 392	12 669	14 135	11.2	8.2
公路货运周转量	万吨公里	1 623 537	1 578 768	1 823 519	2 113 859	2 421 764	49.2	10.5
固定电话机总数	万部	12.7	11.3	10.5	9.7	7.9	−37.8	−11.2
移动电话用户数	万户	204.6	224.6	258.9	247.1	223.3	9.1	2.2
十二、教育文化								
高等学校在校学生数	人	14 923	15 687	16 148	16 799	19 212	28.7	6.5
普通中专学校在校学生数	人	7 786	7 890	7 618	7 973	7 673	−1.5	−0.4

（续表）

指标名称	单位	2015 年	2016 年	2017 年	2018 年	2019 年	2019 年比 2015 年（%）	
							增长	年均递增
普通中学在校学生数	万人	12.8	12.4	12.1	11.7	11.3	-11.7	-3.1
小学在校学生数	万人	15.4	14.8	14.4	14.3	14.3	-7.1	-1.8
学龄儿童入学率	%	99.94	99.96	99.96	99.96	99.98	—	—
文化馆	个	10	10	10	10	10	持平	持平
公共图书馆	个	10	10	10	10	10	持平	持平
广播人口覆盖率	%	98.92	99.10	99.11	99.11	100.00	—	—
电视人口覆盖率	%	99.00	99.28	99.29	99.29	100.00	—	—
十三、卫生								
全市卫生机构病床数	张	12 811	13 238	13 522	13 563	13 470	5.1	1.3
卫生机构技术人员	人	14 849	15 724	17 107	17 966	18 563	25.0	5.7
其中：执业（助理）医生	人	5 336	5 572	5 889	6 074	6 558	22.9	5.3

注：普通中学在校学生数含普通高中在校学生人数。

分县区主要指标完成情况（一）

县 区	生产总值（万元）			第一产业增加值（万元）		
	2019 年	2018 年	增长（%）	2019 年	2018 年	增长（%）
全 市	19 497 079	18 008 415	6.8	1 816 394	1 494 518	5.6
红塔区	8 410 258	8 044 870	4.4	191 500	157 896	5.6
江川区	1 339 362	1 181 796	10.3	216 189	176 226	5.9
澄江县	1 397 636	1 290 166	6.8	124 873	117 919	2.7
通海县	1 567 739	1 410 804	8.9	220 946	179 418	6.0
华宁县	1 150 327	1 018 154	9.6	240 369	194 970	6.0
易门县	1 363 727	1 241 834	8.0	147 399	120 530	5.9
峨山县	1 125 492	1 004 370	10.0	153 144	125 134	5.9
新平县	1 972 186	1 786 268	8.2	264 477	213 976	6.0
元江县	1 170 352	1 030 154	9.6	257 497	208 449	6.0

分县区主要指标完成情况（二）

县 区	第二产业增加值（万元）			第三产业增加值（万元）		
	2019 年	2018 年	增长（%）	2019 年	2018 年	增长（%）
全 市	8 525 810	8 106 235	4.9	9 154 875	8 407 662	9.2
红塔区	5 087 385	4 979 025	2.3	3 131 373	2 907 949	8.8
江川区	429 749	376 656	13.2	693 424	628 914	9.7
澄江县	321 467	322 814	-3.3	951 296	849 433	11.9
通海县	401 300	356 513	12.3	945 493	874 873	7.8
华宁县	236 831	205 617	14.5	673 127	617 567	8.8
易门县	587 543	548 969	6.8	628 785	572 335	9.9
峨山县	315 787	272 186	15.0	656 561	607 050	8.3
新平县	802 430	746 948	7.1	905 279	825 344	10.0
元江县	343 318	297 505	14.0	569 537	524 200	8.3

分县区主要指标完成情况（三）

县　区	一般公共预算收入（万元）			一般公共预算支出（万元）		
	2019 年	2018 年	增长（%）	2019 年	2018 年	增长（%）
全　市	1 331 987	1 424 888	-6.5	2 926 903	2 778 124	5.4
市本级	599 502	619 645	-3.3	657 479	636 673	3.3
高新区	52 930	70 089	-24.5	48 910	64 926	-24.7
红塔区	180 772	179 012	1.0	344 903	346 418	-0.4
江川区	53 681	78 359	-31.5	207 226	205 342	0.9
澄江县	92 199	95 148	-3.1	361 034	272 519	32.5
通海县	39 539	51 515	-23.2	184 970	180 534	2.5
华宁县	31 537	43 937	-28.2	174 149	175 925	-1.0
易门县	68 331	64 460	6.0	203 196	186 432	9.0
峨山县	38 185	44 668	-14.5	174 708	168 258	3.8
新平县	130 156	134 418	-3.2	365 060	340 150	7.3
元江县	45 155	43 637	3.5	205 268	200 947	2.2

分县区主要指标完成情况（四）

县　区	固定资产投资	社会消费品零售总额（万元）		
	比上年增长（%）	2019 年	2018 年	增长（%）
全　市	-8.8	4 394 244	3 924 834	12.0
红塔区	-17.7	1979 599	1769 487	11.9
江川区	6.7	310 531	277 040	12.1
澄江县	0.7	279 119	249 320	12.0
通海县	-5.5	426 838	381 943	11.8
华宁县	3.9	259 631	231 798	12.0
易门县	-19.1	263 767	235 318	12.1
峨山县	2.3	223 026	198 828	12.2
新平县	-34.8	305 463	272 478	12.1
元江县	5.8	346 271	308 622	12.2

分县区主要指标完成情况（五）

县　区	农村居民人均可支配收入（元）			城镇居民人均可支配收入（元）		
	2019 年	2018 年	增长（%）	2019 年	2018 年	增长（%）
全　市	15 719	14 264	10.2	40 700	37 650	8.1
红塔区	18 733	16 999	10.2	42 154	39 068	7.9
江川区	14 688	13 280	10.6	39 766	36 651	8.5
澄江县	16 775	15 236	10.1	41 336	38 274	8.0
通海县	18 162	16 436	10.5	40 720	37 669	8.1
华宁县	15 381	13 970	10.1	40 127	37 052	8.3
易门县	15 102	13 642	10.7	40 465	37 468	8.0
峨山县	14 404	13 047	10.4	40 927	37 860	8.1
新平县	14 807	13 424	10.3	40 494	37 425	8.2
元江县	14 099	12 806	10.1	39 845	36 757	8.4

全省分州市主要经济指标完成情况（一）

州 市	生产总值（亿元）				第一产业增加值（亿元）			
	2019 年				2019 年			
	绝对数	排序	增速（%）	排序	绝对数	排序	增速（%）	排序
昆明	6 475.9	1	6.5	15	270.3	4	5.5	8
曲靖	2 637.6	2	9.6	8	438.4	1	5.7	1
玉溪	1 949.7	4	6.8	14	181.6	11	5.6	4
保山	960.7	9	9.8	6	204.8	8	5.6	4
昭通	1 194.2	7	9.8	6	197.2	10	5.3	14
丽江	472.5	14	9.9	5	64.2	14	5.6	4
普洱	875.3	10	8.1	12	199.0	9	5.5	8
临沧	759.3	11	8.5	10	209.0	6	5.5	8
楚雄	1 251.9	6	9.1	9	221.8	5	5.7	1
红河	2 212.0	3	8.5	10	284.4	2	5.6	4
文山	1 081.6	8	10.1	3	206.4	7	5.5	8
西双版纳	568.1	12	10.1	3	124.7	12	5.5	8
大理	1 374.9	5	6.1	16	273.1	3	5.3	14
德宏	513.7	13	7.9	13	103.6	13	5.7	1
怒江	192.5	16	11.1	2	26.9	15	5.3	14
迪庆	251.2	15	11.6	1	15.5	16	5.5	8

全省分州市主要经济指标完成情况（二）

州 市	第二产业增加值（亿元）				全部工业增加值（亿元）			
	2019 年				2019 年			
	绝对数	排序	增速（%）	排序	绝对数	排序	增速（%）	排序
昆明	2 078.8	1	4.6	15	1 319.2	1	4.6	15
曲靖	1 004.3	2	10.0	10	757.8	2	11.1	7
玉溪	852.6	4	4.9	14	721.6	3	5.5	13
保山	367.2	9	14.1	6	205.2	9	11.8	5
昭通	459.2	6	10.0	10	294.1	6	8.5	11
丽江	150.0	12	16.4	5	81.5	12	13.2	4
普洱	231.2	10	11.1	9	140.9	10	7.1	12
临沧	196.6	11	12.2	7	121.8	11	9.3	10
楚雄	493.1	5	11.7	8	306.6	5	11.5	6
红河	875.2	3	9.9	12	557.9	4	9.7	9
文山	370.5	8	16.7	4	207.5	8	15.6	2
西双版纳	134.0	13	22.1	1	72.1	13	10.4	8
大理	411.2	7	3.6	16	292.8	7	3.3	16
德宏	107.9	14	7.1	13	64.0	14	5.4	14
怒江	67.1	16	17.3	3	36.7	16	15.4	3
迪庆	95.3	15	19.8	2	63.8	15	27.9	1

全省分州市主要经济指标完成情况（三）

州　市	建筑业增加值（亿元）				第三产业增加值（亿元）			
	2019 年				2019 年			
	绝对数	排序	增速（%）	排序	绝对数	排序	增速（%）	排序
昆明	760.2	1	4.4	13	4 126.8	1	7.7	9
曲靖	247.6	3	5.9	12	1 194.9	2	10.6	2
玉溪	131.6	8	0.4	16	915.5	4	9.2	3
保山	162.2	7	17.8	7	388.7	10	7.5	12
昭通	165.3	5	13.3	8	537.8	6	11.3	1
丽江	68.7	12	21.2	2	258.3	14	7.1	13
普洱	90.4	10	19.7	4	445.0	9	7.6	11
临沧	74.8	11	19.1	5	353.7	11	8.0	7
楚雄	186.8	4	11.9	9	537.0	7	7.7	9
红河	317.9	2	9.9	11	1 052.4	3	7.9	8
文山	163.3	6	18.4	6	504.8	8	6.8	14
西双版纳	61.9	13	45.3	1	309.4	12	6.7	15
大理	118.7	9	4.1	14	690.6	5	8.2	5
德宏	44.0	14	10.1	10	302.2	13	8.9	4
怒江	30.4	16	20.5	3	98.5	16	8.2	5
迪庆	31.5	15	2.6	15	140.5	15	6.6	16

全省分州市主要经济指标完成情况（四）

州　市	一般公共预算收入（亿元）				一般公共预算支出（亿元）			
	2019 年				2019 年			
	绝对数	排序	增速（%）	排序	绝对数	排序	增速（%）	排序
全省	2 073.5	—	4.0	—	6 770.1	—	11.4	—
昆明	630.0	1	5.8	7	820.9	1	8.5	7
曲靖	149.1	2	5.1	10	541.6	3	13.5	3
玉溪	133.2	4	-6.5	15	292.7	8	5.4	11
保山	67.2	8	1.6	13	270.9	11	3.7	12
昭通	81.8	7	4.6	11	640.6	2	39.3	1
丽江	45.4	12	5.9	6	173.0	13	3.4	13
普洱	49.8	10	-8.3	16	301.4	7	2.8	14
临沧	46.5	11	5.2	9	274.1	10	2.5	15
楚雄	87.6	6	1.1	14	279.6	9	1.3	16
红河	148.1	3	4.1	12	505.6	4	12.7	4
文山	63.7	9	5.6	8	373.1	6	8.7	6
西双版纳	34.7	14	11.1	3	139.9	16	8.2	8
大理	103.3	5	7.4	5	390.9	5	6.7	10
德宏	40.1	13	8.3	4	165.5	15	10.3	5
怒江	13.1	16	20.5	2	175.7	12	26.4	2
迪庆	14.1	15	23.1	1	171.3	14	7.0	9

注：本表数据为省财政部门反馈数。

全省分州市主要经济指标完成情况（五）

州　市	固定资产投资		社会消费品零售总额（亿元）			
	2019 年		2019 年			
	增速（%）	排序	绝对数	排序	增速（%）	排序
全省	8.5	—	7 539.2	—	10.4	—
昆明	2.8	14	3 056.6	1	9.7	13
曲靖	13.5	9	735.3	2	12.1	2
玉溪	−8.8	16	439.4	4	12.0	3
保山	18	6	260.2	9	12.2	1
昭通	20.7	4	315.9	8	11.2	5
丽江	20.2	5	136.8	14	9.9	12
普洱	26.6	1	220.1	11	10.4	10
临沧	25.7	2	222.1	10	9.2	15
楚雄	3.8	13	399.2	7	11.2	5
红河	1.4	15	469.3	3	11.5	4
文山	15.8	8	429.2	5	10.6	9
西双版纳	25	3	155.1	13	10.1	11
大理	11.5	11	426.0	6	9.0	16
德宏	10.4	12	169.4	12	11.2	5
怒江	17.2	7	42.1	16	11.2	5
迪庆	11.8	10	62.6	15	9.6	14

全省分州市主要经济指标完成情况（六）

州　市	农村常住居民人均可支配收入（元）				城镇常住居民人均可支配收入（元）			
	2019 年				2019 年			
	绝对数	排序	增速（%）	排序	绝对数	排序	增速（%）	排序
全省	11 902	—	10.5	—	36 238	—	8.2	—
昆明	16 356	1	9.8	15	46 289	1	7.7	16
曲靖	13 697	4	10.5	10	37 314	3	8.4	4
玉溪	15 719	2	10.2	13	40 700	2	8.1	11
保山	12 499	7	10.8	5	35 351	9	8.3	7
昭通	10 555	14	11.4	1	29 930	14	8.3	7
丽江	11 475	11	10.5	10	35 667	8	8.4	4
普洱	11 502	10	10.7	7	31 456	13	8.1	11
临沧	11 907	9	10.7	7	29 524	15	8.7	2
楚雄	12 015	8	9.3	16	36 868	6	7.9	13
红河	12 570	6	10.9	4	36 181	7	8.3	7
文山	11 133	13	11.0	3	32 630	10	7.9	13
西双版纳	14 478	3	10.7	7	31 903	11	8.8	1
大理	12 665	5	10.2	13	36 982	5	7.8	15
德宏	11 409	12	10.5	10	31 479	12	8.2	10
怒江	7 165	16	11.1	2	26 650	16	8.5	3
迪庆	9 446	15	10.8	5	37 305	4	8.4	4

游客在抚仙湖体验帆船运动 （崔永红 摄）

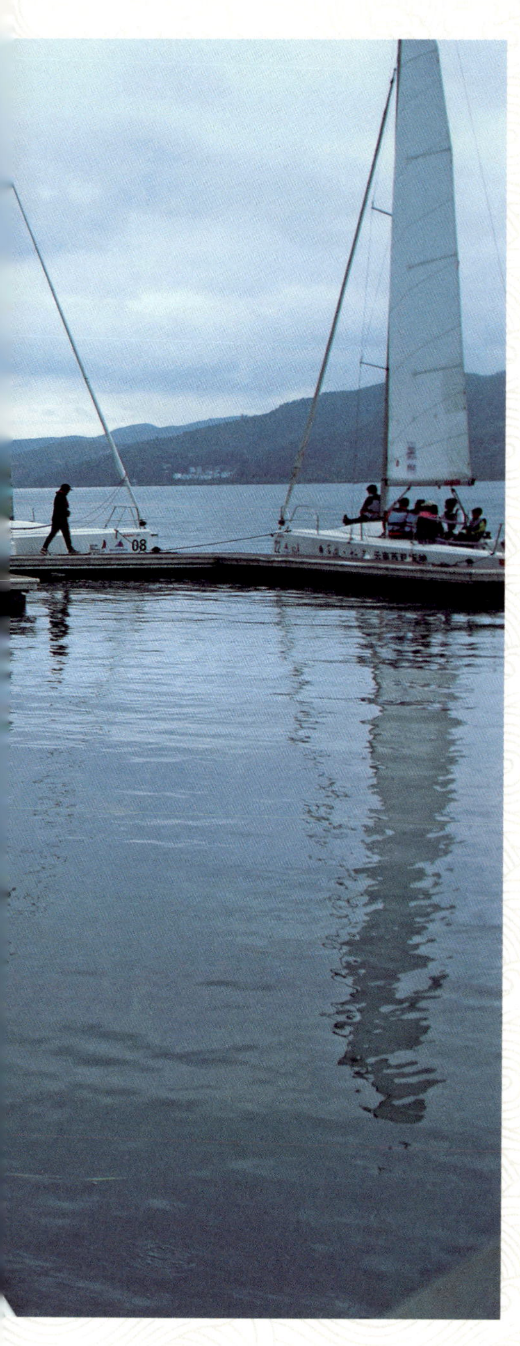

索　引

INDEX

编　制：李海明

说　明

一、本索引采用主题分析方法，索引范围包括各部类条目和表格。按主题词汉语拼音顺序排列。
二、书中的类目题、分目题用黑体字标明，其余用宋体字排印。
三、索引的主题词后面的数字表示内容所在页码，数字后面的字母（a、b、c）表示该页从左至右的栏别。
四、以数字开头的款项，不按音序排列，集中于“非音序”栏中。

条目索引

A

B

C

D

E

F

K

L

T

W

X

Y

Z

表格索引

非音序